中国造纸年鉴

ALMANAC OF CHINA PAPER INDUSTRY

2019

中国造纸学会　编

Edited by China Technical Association of Paper Industry

中国轻工业出版社

图书在版编目（CIP）数据

中国造纸年鉴 = ALMANAC OF CHINA PAPER INDUSTRY. 2019/中国造纸学会编. —北京：中国轻工业出版社，2019.9
ISBN 978 - 7 - 5184 - 2621 - 8

Ⅰ. ①中… Ⅱ. ①中… Ⅲ. ①造纸工业 - 中国 - 2019 - 年鉴 Ⅳ. ①F426.83 - 54

中国版本图书馆 CIP 数据核字（2019）第 177670 号

责任编辑：林　媛　　责任终审：滕炎福
策划编辑：林　媛　　责任监印：张　可

出版发行：中国轻工业出版社（北京东长安街 6 号，邮编：100740）
印　　刷：三河市万龙印装有限公司
经　　销：各地新华书店
版　　次：2019 年 9 月第 1 版第 1 次印刷
开　　本：787 × 1092　1/16　　印张：47.75
字　　数：1600 千字　　插页：84
书　　号：ISBN 978 - 7 - 5184 - 2621 - 8　　定价：300.00 元
邮购电话：010 - 65241695
发行电话：010 - 85119835　传真：010 - 85113293
网　　址：www.chlip.com.cn，www.ctapi.org.cn
邮　　箱：club@chlip.com.cn，123123@ctapi.org.cn
如发现图书残缺请与我社邮购联系调换
190335K4X101HBW

《中国造纸年鉴 2019》编辑委员会

本卷《年鉴》正文用纸选用
芬欧汇川（中国）有限公司
“UPM 丽印®” 70 克/米^2 双胶纸印刷

《中国造纸年鉴 2019》编辑部

对本书有关的各项业务与意见均请与编辑部直接联系

地址：北京市朝阳区望京启阳路 4 号中轻大厦 B 座 10 层

邮编：100102

电话：010－64778768，64778761，64778766

传真：010－64778769

网址：www. ctapi. org. cn

邮箱：123123@ ctapi. org. cn

Any Business refers to this book，please contact editorial board

Address：10th floor，Block B，Sino-light Plaza，No. 4 Qiyang Rd.，Wangjing，Chaoyang District，Beijing 100102，China

Tel：010－64778768，64778761，64778766

Fax：010－64778769

Http：//www. ctapi. org. cn

E-mail：123123@ ctapi. org. cn

编 辑 说 明

《中国造纸年鉴》是由中国造纸学会编纂的专业性年鉴，是目前我国唯一逐年辑录的有关中国造纸工业的资料性工具书。自1986年创刊以来，伴随着中国造纸工业的发展，《中国造纸年鉴》已陆续出版发行22卷，本卷《中国造纸年鉴2019》为第23卷。

《中国造纸年鉴2019》的13个栏目分别是：1. 综述；2. 发展现状；3. 产品与市场；4. 纤维原料；5. 节能减排 环境保护；6. 装备与器材；7. 科技 教育 出版；8. 大事记；9. 地方造纸工业；10. 重点企业介绍；11. 社团工作；12. 附录；13. 企业名录。

本卷年鉴在编写过程中，得到各有关部门、企事业单位和有关人士的大力支持、指导和积极配合，在此谨表谢意。并诚请广大读者对本卷年鉴编辑、出版中的不足之处给予批评指正。

《中国造纸年鉴》编辑部

2019年9月

彩色广告目录

前插彩页

正文彩页

后插彩页

十年来的中国造纸工业

（2008–2018年）

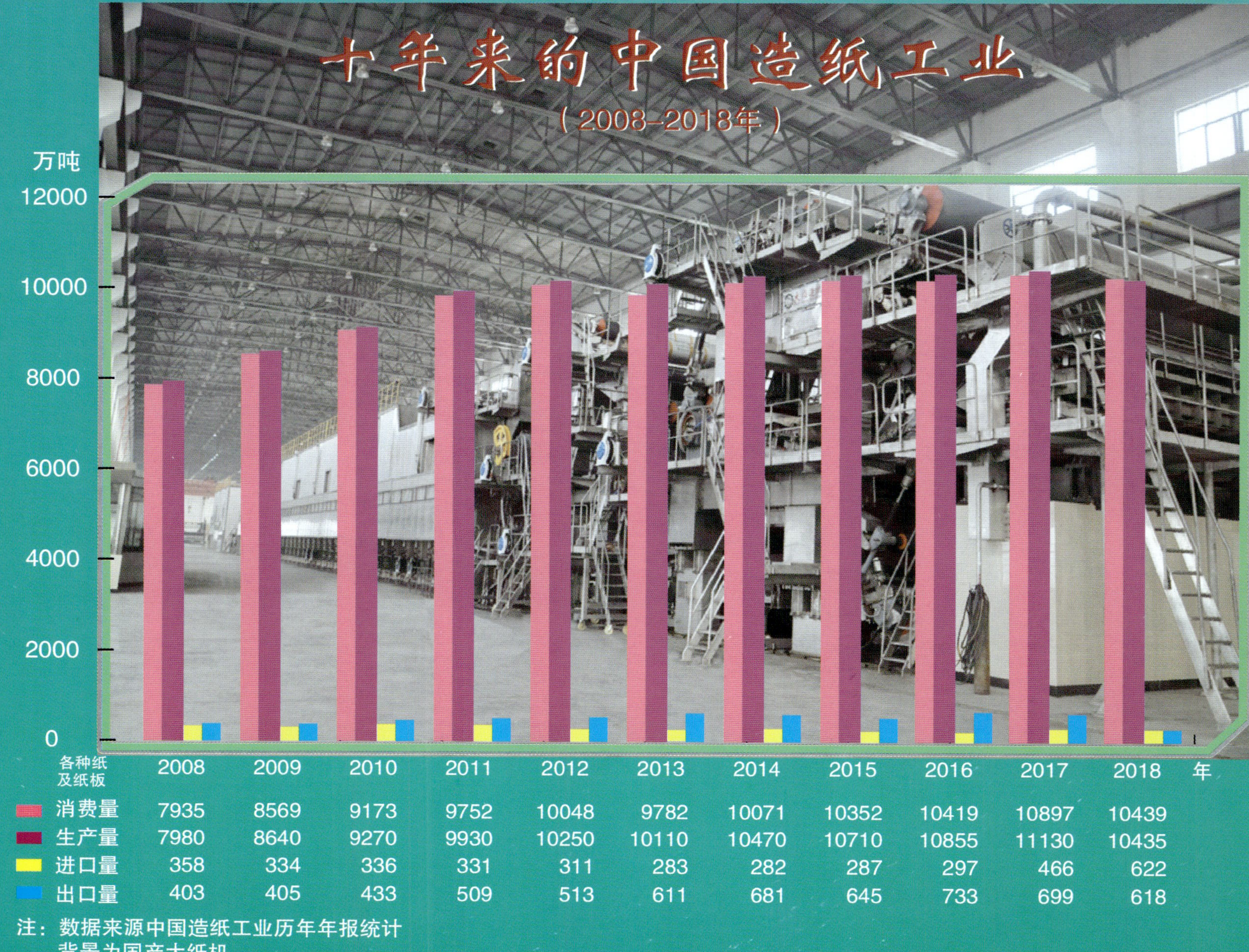

各种纸及纸板	2008	2009	2010	2011	2012	2013	2014	2015	2016	2017	2018
消费量	7935	8569	9173	9752	10048	9782	10071	10352	10419	10897	10439
生产量	7980	8640	9270	9930	10250	10110	10470	10710	10855	11130	10435
进口量	358	334	336	331	311	283	282	287	297	466	622
出口量	403	405	433	509	513	611	681	645	733	699	618

注：数据来源中国造纸工业历年年报统计
背景为国产大纸机

EHO®　上海一核阀门股份有限公司
SHANGHAI EHO VALVE CO.,LTD.

上海一核阀门是国家高新技术企业，百万千瓦级核电核级阀门国产化制造单位，上海市企业技术中心，上海科技小巨人企业，拥有国家核安全局颁发的核 2、3 级阀门制造、设计资格许可。针对核电行业、造纸、化工、军工、电力等行业，提供各种完美的解决方案及产品。我们期待与您携手共进，共创美好未来！

技术过硬：创新驱动、质量为先、绿色发展、以人为本

高性价比：为全球客户提供强腐蚀、结晶、气蚀等严劣工况解决方案

质 量 优：阀门开关 200000 次零泄漏

售 后 优：24 小时大中华区域使命必达，并提供产品成本易损件

无 顾 虑：产品终身维保、做全球阀门的管家

扫描登录官网
了解更多信息

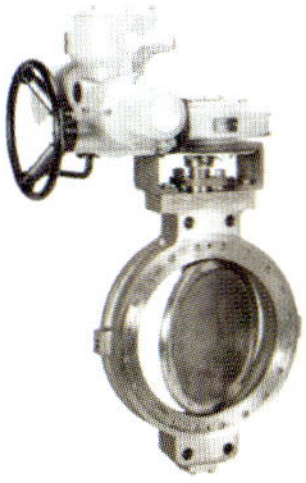

诚信 合作 共赢

Valmet 关键供应商

浙江鹏翔暖通设备有限公司

ZHEJIANG PENGXIANG HVAC EQUIPMENT CO.,LTD.

浙江鹏翔暖通设备有限公司

部分业绩区域分布

造纸车间通风机与消防风机

- 消防排烟风机

- 屋顶风机

- 通风机组

- 壁式机组

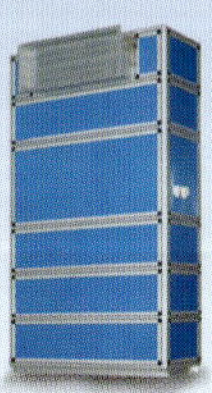

纸机工艺通风与气罩通排风

- 高压离心风机

- 立式皮带轴流风机

- 卧式皮带轴流风机

- 中低压离心风机

电话：+86-575-82590988　邮箱：px@sypxnt.com　网址：www.zjpxnt.com

联系代表：赵先生　联系手机：136 0657 3578　地址：浙江省绍兴市上虞区丰惠镇创业路1号

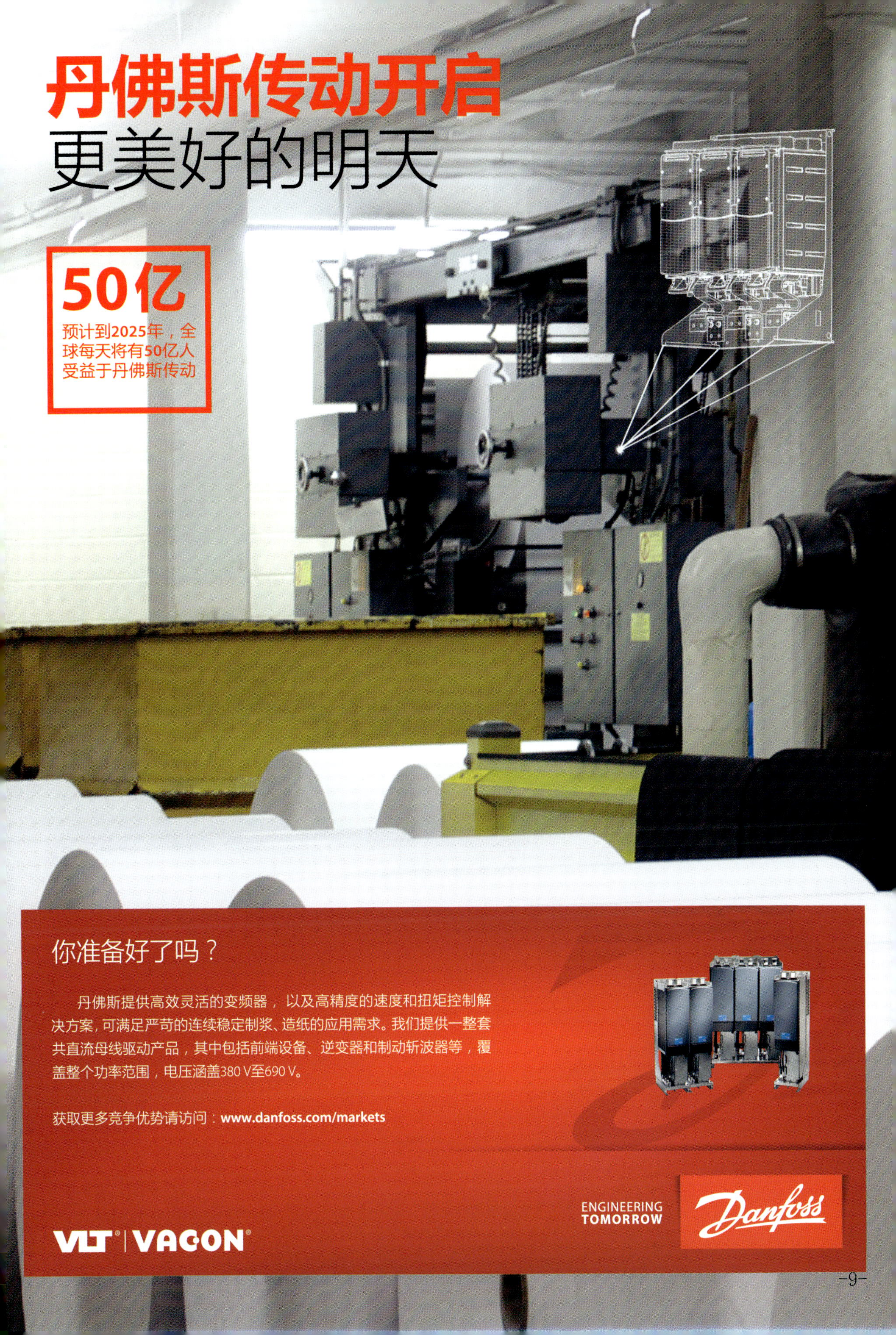
丹佛斯传动开启
更美好的明天
50亿
预计到2025年，全球每天将有50亿人受益于丹佛斯传动
你准备好了吗？
丹佛斯提供高效灵活的变频器，以及高精度的速度和扭矩控制解决方案，可满足严苛的连续稳定制浆、造纸的应用需求。我们提供一整套共直流母线驱动产品，其中包括前端设备、逆变器和制动斩波器等，覆盖整个功率范围，电压涵盖380 V至690 V。
获取更多竞争优势请访问：www.danfoss.com/markets
ENGINEERING TOMORROW
Danfoss
VLT | VACON

博威磨片

BOWEI 博威

企業简介 Company introduction

丹东博威磨片有限公司是一家专业生产造纸磨片、密度板磨片、玉米淀粉磨片的企业。是中国造纸协会、中国淀粉工业协会、中国林产工业协会的会员单位。产品已通过ISO 9001：2000质量管理体系认证。

自1983年创建以来，丹东博威充分引进国内外先进的铸造设备与工艺，研发生产的“博威”牌磨片，已为数百个厂家的造纸磨浆机、玉米脱胚磨、热磨机配套，满足了用户的各种需求。

公司长期与大专院校科研院所合作，共同研究、开发、生产多规格和各种材质磨片，产品已达到和超过进口磨片，实现国产替代化。产品以质量稳定、价格合理、使用周期长，受到国内外客户的一致好评。各产品行销全国二十多个省、市、自治区及台湾地区，并远销巴基斯坦、越南、俄罗斯、澳大利亚等国家。

服务客户永远是博威人持之以恒的坚定信念！

丹东博威磨片热忱欢迎海内外朋友惠顾，期待与您携手共创美好明天！

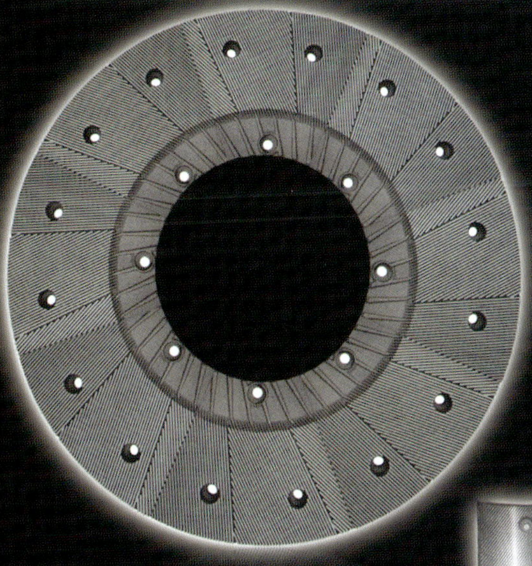

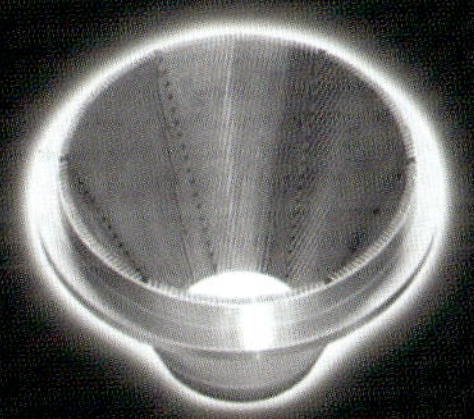

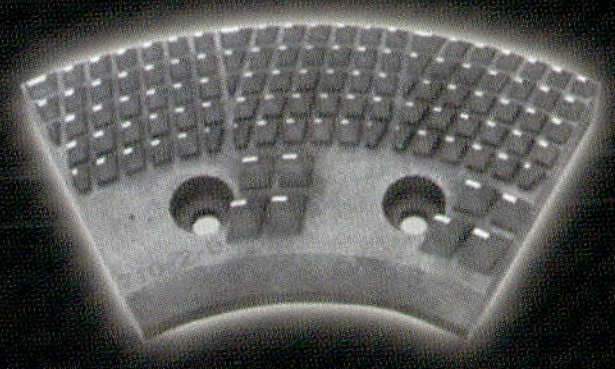

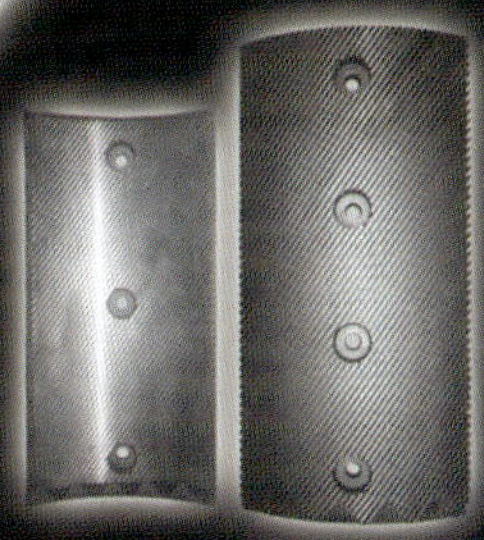

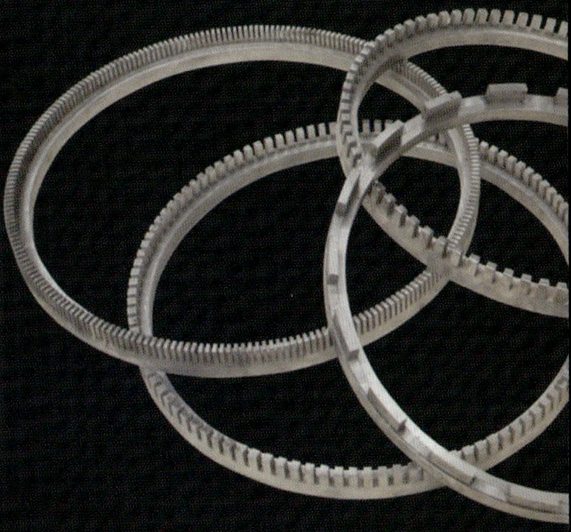

北辰轻机 NORTH STAR MACHINERY

杭州北辰轻工机械有限公司成立于2009年，是浙江地区较大规模的造纸整体装备制造企业。

公司现已建成30000米^{2}的现代化生产车间。员工200余人，其中各类工程技术人员50余人。

公司一直致力于各类纸机的制作和节能降耗的各类新关键件的开发，宽度5600毫米以下，车速1000米/分以下的各类纸板机、膜转移施胶机、涂布机，均有几十个案例可考！

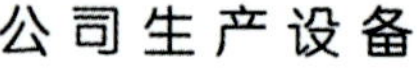

公司生产设备

生产车间

以人为本、诚信立业、合作共赢、共创辉煌

瓦楞原纸机、涂布纸机、文化纸机、特种纸机、浆板机

高速涂布机

膜转移施胶机

新型空气转向器

纸机压榨部

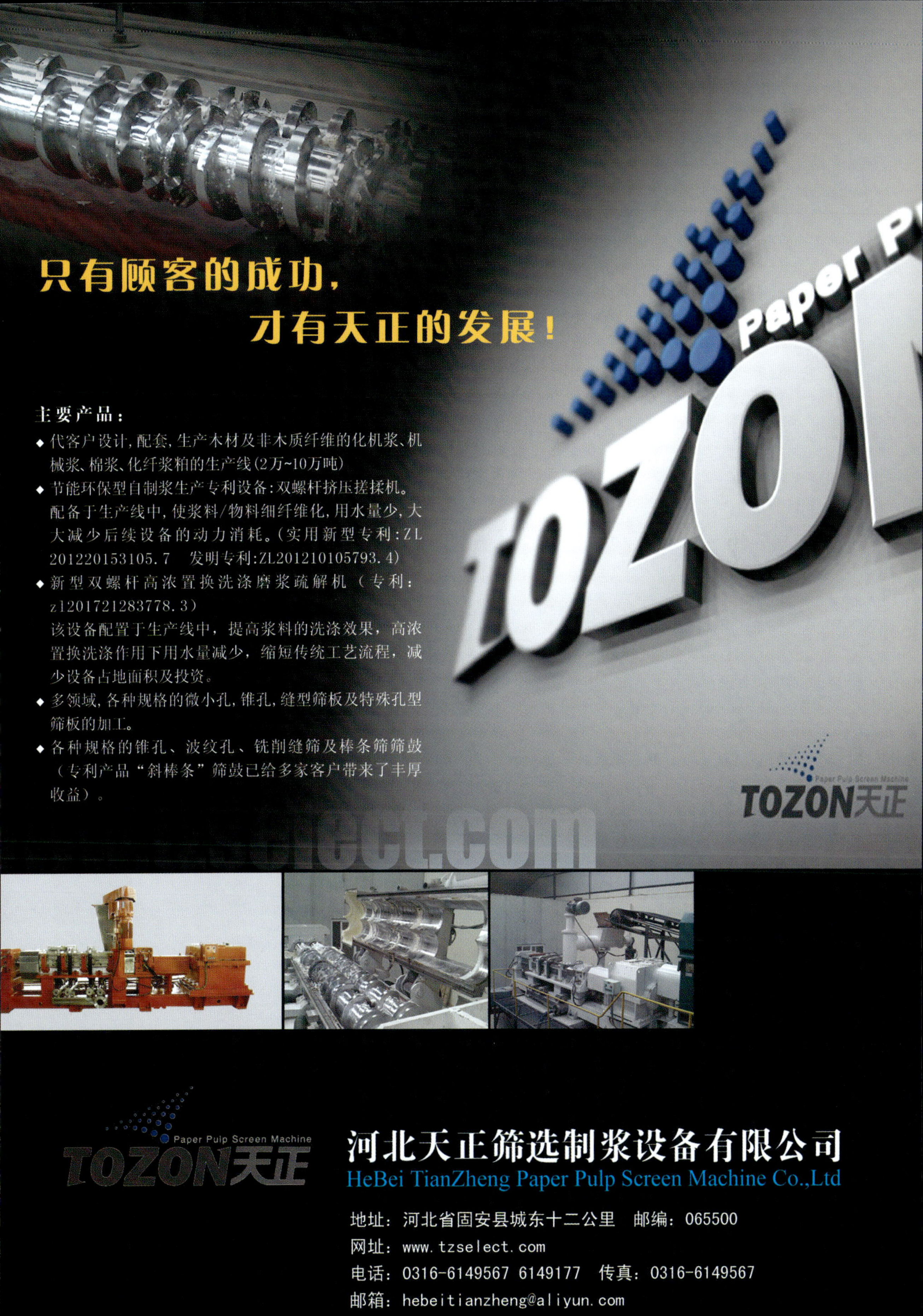

目　　录

1　综　述

2　发展现状

3　产品与市场

4　纤维原料

5　节能减排　环境保护

6 装备与器材

7 科技 教育 出版

8 大事记

9 地方造纸工业

10 重点企业介绍

11　社团工作

12　附　录

13　企业名录

CONTENTS

1. GENERAL TOPICS

2. CURRENT STATUS OF DEVELOPMENT

3. PRODUCTS AND MARKET

4. FIBROUS MATERIALS

5. ENERGY SAVING, EMISSION REDUCING AND ENVIRONMENTAL PROTECTION

6. EQUIPMENT & ACCESSORIES

7. SCIENCE AND TECHNOLOGY, EDUCATION AND PUBLICATION

8. EVENTS

9. LOCAL PAPER INDUSTRY

10. KEY ENTERPRISES

11. ASSOCIATION AFFAIRS

12. APPENDIXES

13. ENTERPRISES LIST

中国造纸学会活动纪实

2018年4月召开中国造纸网毯团体标准会议

2018年5月召开中国造纸学会第十八届学术年会

2018年8月召开中国造纸学会第七届十次常务理事会

2018年8月召开2018国际造纸技术报告会

2018年8月召开中国国际造纸创新发展论坛

2018年10月召开2018全国特种纸技术交流会暨特种纸委员会第十三届年会

中国造纸学会第八次全国会员

表大会暨学会成立55周年庆祝会

2019年 5月30日　杭州

关于APP（中国）

APP（中国）全称为金光纸业（中国）投资有限公司及其在中国大陆投资的公司。自1992年进入中国以来，始终秉持可持续发展战略，以可持续造纸的“林浆纸一体化”理念，努力践行绿色循环。目前，APP（中国）旗下拥有林务事业部、纸浆事业部、大纸事业部、生活用纸事业部等。

此外，APP（中国）及其母公司金光集团也正着手于推动企业可持续发展的城市综合体及科技园项目，以实现资源多元化配置。如今，已经在上海及长三角地区开发了5个大型城市综合体项目，包括：上海白玉兰广场、上海金光外滩中心、上海金虹桥国际中心、上海星荟中心和宁波金光中心。

截止2018年底，APP（中国）拥有30多家全资和控股浆纸企业，以及17家林业公司，总资产约为1726亿元人民币，年加工生产能力约1,100万吨，2018年在华销售额约589.5亿元人民币，拥有全职员工逾2.7万名。

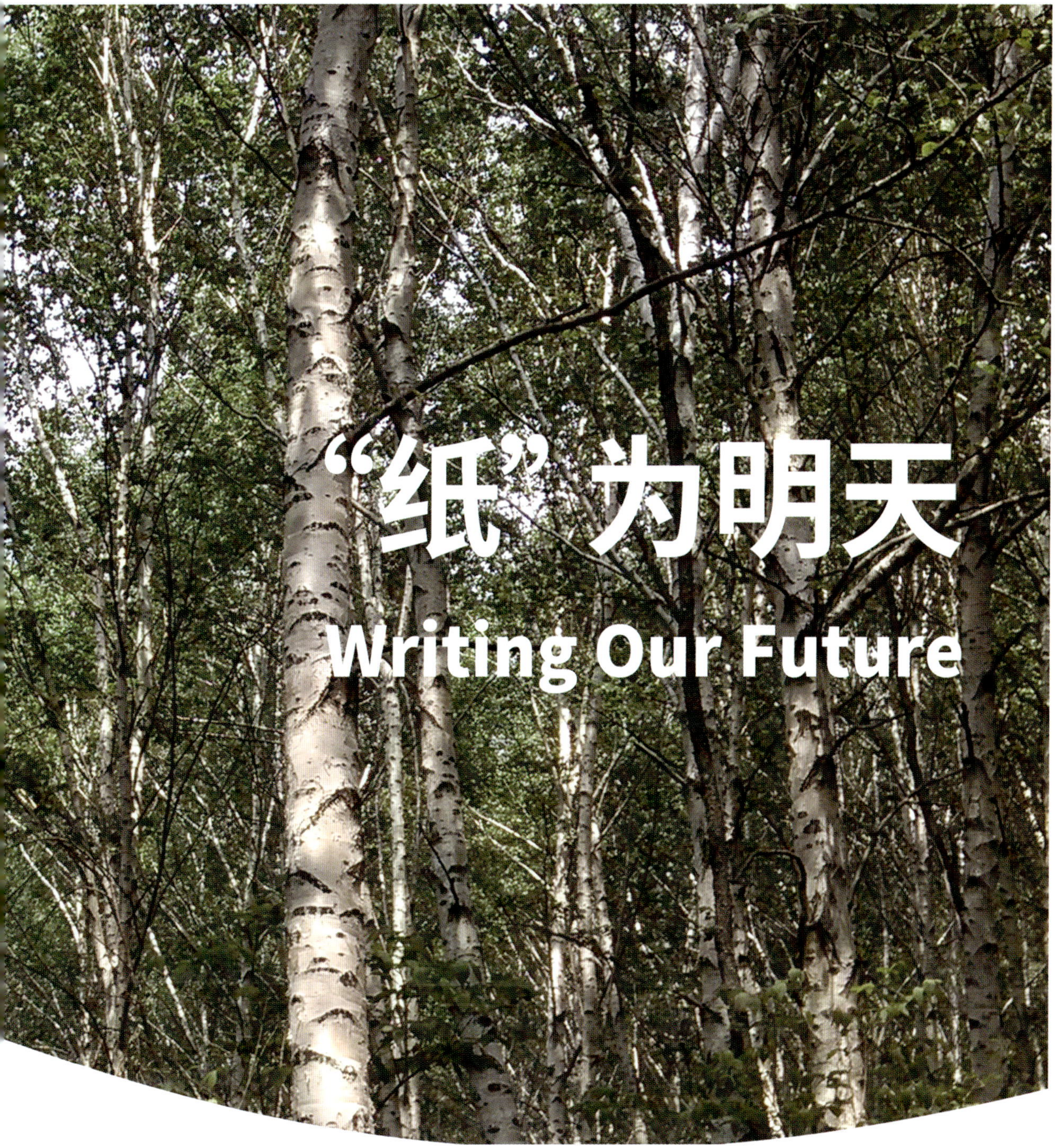
“纸”为明天
Writing Our Future

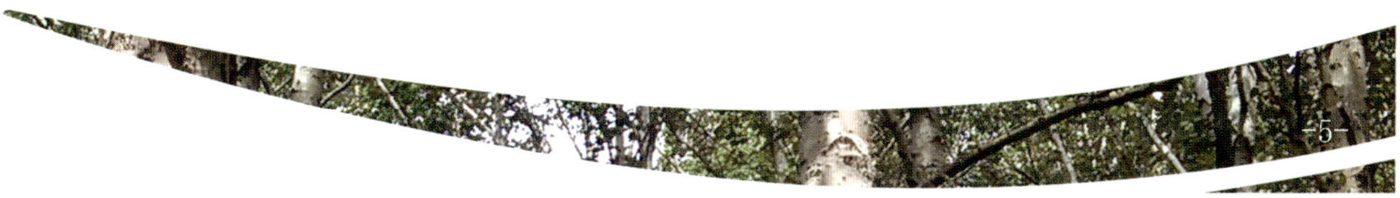

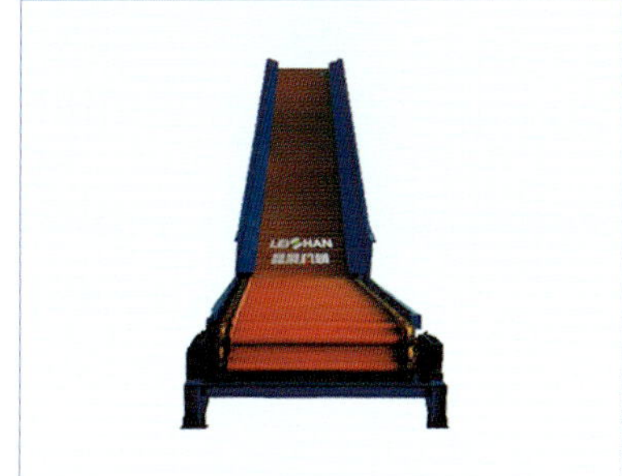
链板输送机

散包机

转鼓碎浆机

D型碎浆机

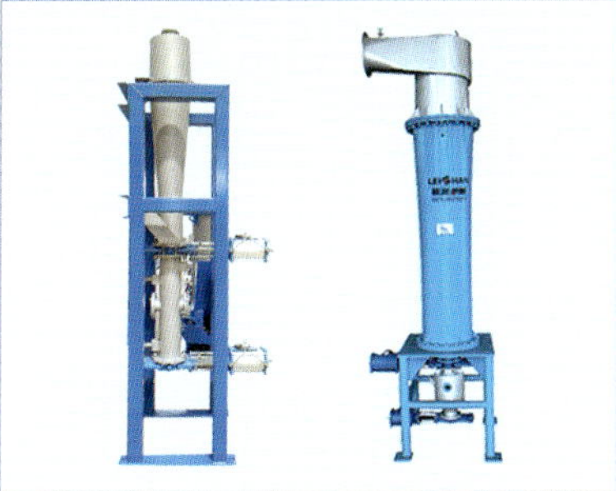
高浓除渣机

浮选清渣机

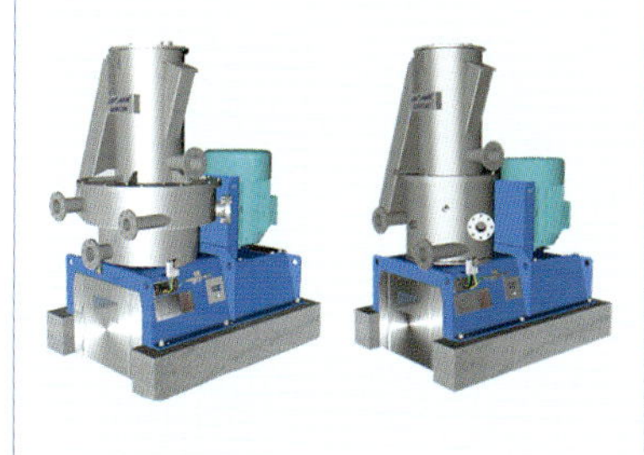
粗、精筛尾渣筛

排渣分离机

中浓压力筛

内流式压力筛

双盘磨浆机

搅拌器

广州造纸集团有限公司

GUANGZHOU PAPER GROUP

越秀集团 成员企业

广州造纸集团有限公司位于广州市南沙自贸区，始建于1936年，是中国第一家生产新闻纸以及第一家采用全废纸生产新闻纸的企业。公司占地73万米^2，总资产100亿元，产能60万吨。3台纸机均从国外引进，代表当今国际造纸先进水平。其中9号纸机，年产40万吨新闻纸，2007年以1682米/分开机车速，创造了国内造纸项目建设史的一大奇迹。凭借稳定的供应和高质的服务，主营产品新闻纸的市场占有率已达28%，稳居国内第二。2014年开始，通过对产能富余的新闻纸生产线进行技术改造，研发生产环保书写纸、试卷纸、环保牛皮纸、冷固纸、环保淋膜原纸、防黏原纸等新产品，并快速占领市场，获得客户的认可。

公司坚持“用户至上，创新提质赢市场；绿色发展，达标减排护环境；低碳运营，节能降耗增效益；以人为本，预防治理保安康。”的管理方针，通过了质量管理体系、环境管理体系、能源管理体系、职业健康安全管理体系认证，荣获许多奖项和荣誉。包括全国、省、市质量效益型先进企业、全国用户满意单位、全国节能先进集体、广东省诚信示范企业。“广纸”牌新闻纸是全国用户满意产品、广东省用户满意产品、广东省名牌产品。

公司坚持创新驱动和人才战略，通过国家高新技术企业认证，先后组建“广州市制浆造纸重点技术工程研究开发中心”和“广东省级企业技术中心”，研发工作涉及制浆、造纸、节能、环保等专业领域。多项科研成果达到国内领先水平，多个科研项目成果荣获政府、行业科技奖，培养出技术能力强、专业水平高的研发人才队伍，在行业中起到领先示范作用。

在未来，公司将不忘初心，深耕主业，坚守新闻纸事业，肩负起国有企业负责任有担当的光荣传统，不断开拓创新，发挥自身优势，全面深入推进改革，向着打造“广纸梦、百年店”的目标努力奋斗！

地址：广州市南沙区珠江街新广一路29号
电话：020-34663302
传真：020-84946051
网址：www.gzpaper.com.cn

CHINA PAPER CORPORATION

中国纸业投资有限公司

GREEN PAPER BETTER LIFE

中国纸业为中国诚通控股集团有限公司（简称“中国诚通集团”）全资子公司。中国诚通集团是经国务院国资委批准的唯一拥有林浆纸生产、开发并利用主业的央企，也是国资委确定的国有资本运营试点之一。作为中国诚通集团纸业版块的运营平台，拥有四家上市公司：冠豪高新（SH，600433）、粤华包B（SZ，200986）、岳阳林纸（SH，600963）、美利云（SZ，000815）。其产品涵盖文化类印刷用纸、涂布白纸板、白卡纸、无碳复写纸、热敏纸、不干胶标签纸等多个品种，居国内烟卡市场、热敏纸市场、无碳复写纸市场、文化纸市场前列。同时，中国纸业不仅对传统的浆纸产业相关领域进行了投资，在近年的发展中，对于园林、绿化、市政、生态治理等领域及相关PPP项目也进行了探索、投资和运营。

China' s Paper Industry is a wholly owned subsidiary of Chengtong Holdings Group Co., Ltd. (hereinafter referred to as "China Chengtong Group"). China Chengtong Group is the only central enterprise which produces forestry-pulp-paper, develops and uses the main business and which is approved by the SASAC, and it is also one of state-owned capital operation pilots determined by the SASAC. As an operation platform of China Chengtong Group paper industry, it has four listed companies: Guanghao paper industry (SH, 600433), Yuehuabao B (SZ, 200986), YueYang forestry paper (SH, 600963) and Meiliyun (SZ, 000815). Its products include printing paper, coated white board paper, white cardboard, no-carbon carbon paper, thermo-sensitive paper, sticky label paper and many other varieties, and it ranks first in the domestic cigarette card market; it ranks first in the thermo-sensitive paper market; it ranks second in no-carbon carbon market; and it ranks first in cultural paper market. At the same time, China' s Paper Industry not only invests into related fields of traditional pulp paper industry, it also explores, invests and operates

公司主业

林浆纸生产、开发及利用

Company's main business Production, development and utilization of forestry-pulp paper

总资产

逾 365 亿元

Its total assets are over 36.5 billion

当前生产能力

浆纸产能：总产能超过350万吨/年，国内自有林地：超过200万亩。海外林地布局：东南亚、南美

Current production capacity Capacity of pulp paper:35 million tons per year. Domestic owned forestland: 200 million Mu. Oversea forestland layout: Southeast Asia, North America

主要成员企业

MAIN MEMBER ENTERPRISES

红塔仁恒

高档涂布白卡纸 / 防伪专利产品
液体包装原纸 / 灰底涂布白纸板

High-grade coated whitcardboard/ anti-counterfeiting patent products/ Liquid packaging body paper/ duplex grey board

冠豪高新

热敏记录纸/
无碳复写纸/不干胶标签

Heat sensitive recording paper/No-carbon carbon paper/ Self-adhesive label

中国纸业
CHINA PAPER

岳阳林纸

文化纸/包装纸/化学木浆

Cultural paper/packaging paper/chemical wood pulp

美利云

云计算 /文化纸/特种纸

Cloud computing/cultural paper/specialty paper

银河纸业

文化纸/箱纸板

Cultural paper/ cardboard paper

岳阳林纸股份有限公司，2004年5月在上证所上市，股票代码600963，公司控股股东泰格林纸集团股份有限公司是中国诚通控股集团有限公司旗下中国纸业投资有限公司的控股公司。

公司属于造纸及纸制品行业，主营业务包括机制纸、机制浆的生产和销售及木材种植、销售。公司拥有多台世界先进水平的纸机，为国内大型文化用纸、工业用原纸、包装纸生产企业。主导纸产品为双胶纸、轻型纸、书纸、簿本纸、轻涂纸、纯质纸、牛皮纸，办公用纸等。产品畅销全国31个省、市、自治区以及亚洲和东非地区。公司造纸产能100万吨/年，浆产能60万吨/年，企业总资产规模160亿元。

岳阳林纸在产品创新方面拥有雄厚的实力，旗下有一家国家技术研发中心。中心大力开展科技研发活动，每年开展科技活动近100余项。

Yueyang Forest & Paper Co., Ltd (hereinafter referred to as YFPC) was listed in SSE in May 2004 with Stock Code of 600963. it's share holder Tiger Forest and Paper Group is a holding company of China National PaperIndustry Investment Corp of China Chengtong Holdings Group Ltd.

The company mainly engages manufacturing and sales of machine-made pulp and paper products; and planting and sales of timbers. With many world advanced paper machines, the company is a large scale manufacturer of graphic paper, industrial paper and packaging paper in China. The leading paper products include offset paper, Light paper, book paper, LWC, kraft paper, office paper and so on。Our products are sold to 31 provinces, cities, municipals in China and other regions in Asia and East Africa. The annual paper capacity is 1 million tons, pulp capacity is 600,000 tons, and total assets are 16 Billion Yuan.

YFPC has strong technical innovationabilities; it has aState Level Technology Center which carries out approximately 100 science and technological R & D activities.

www.yypaper.com

公司地址：湖南省岳阳市城陵矶
销售电话：0730 8591889
客服电话：0730 8590315
公司网址：www.yypaper.com

Address：Chenglingji Yueyang Hunan
Sales Tele：0730 8591889
Customer：0730 8590315
Company Website：www.yypaper.com

红塔仁恒
HONGTA RENHENG PACKAGING

大全集团

恒安集团简介

福建恒安集团有限公司创立于1985年，是目前国内最大的生活用纸和妇幼卫生用品制造商之一。

恒安国际于1998年12月8日在香港联交所上市。2011年6月7日，恒安国际入编香港恒生指数成分股。上市20周年以来，企业保持持续健康发展，

恒安拥有安尔乐、心相印、安儿乐等三枚中国驰名商标，妇女卫生巾、婴儿纸尿裤、生活用纸三大主导产品市场占有率在国内市场名列前茅。

恒安坚持持续创新。2002年以来，先后引进世界著名管理咨询公司美国汤姆斯集团、美国博斯公司和IBM公司，先后三次推行企业全面管理变革，全方位提升企业核心竞争力。同时全面导入卓越绩效管理体系。

2013年底，恒安开启以信息化、平台化为基础的第三轮管理变革，打造信息化可视化运营平台，推行平台化小团队经营，实现企业战略转型，巩固和提升核心竞争力。

近年来，恒安引进世界先进生产设备，同步推进福建晋江、湖南常德、山东潍坊、重庆、安徽芜湖及新疆昌吉等六大生活用纸原纸造纸基地的产能扩张，生活用纸产能规模在行业名列前茅。

受益于国家“一带一路”倡议，恒安集团也加快步伐走出去，先后在马来西亚收购上市公司，在印尼、俄罗斯等国投资建厂，并在芬兰投资生物制浆项目，进一步延伸产业链和布局国际市场。

2016年，因在低碳、绿色、可持续发展方面的优异表现，恒安集团被世界环保大会授予“国际碳金总奖”，CEO许连捷先生被授予“碳金变革领导者奖”；2016年、2017年，许连捷先生连续两年荣登哈佛商业评论“中国百佳CEO”榜单。

恒安实现企业发展的同时，注重承担社会责任，仅上市21年以来，企业累计纳税超300亿元。企业发展34年以来，恒安及其主要股东累计捐款超14亿元。

恒安坚持“诚信、拼搏、创新、奉献”的精神，以“追求健康，你我一起成长”为使命，目标是通过持续的创新与优质产品服务，成为国际顶级生活用品企业。

心相印为恒安集团旗下主力品牌，作为国内生活用纸领导品牌，二十多年来始终以丰富多样的优质产品服务大众，以温馨、关爱为调性，利用领先技术成就卓越品质，为广大消费者提供卫生、优质的生活用纸，同时竭诚提高服务质量，用心关爱身边的每一个人。自2000年起，“心相印”纸巾连续十四年全国市场占有率第一名，2018年入选国家品牌计划，是WEC世界环保大会唯一推荐品牌，并凭借过硬的产品技术和雄厚的品牌底蕴，成为官方领导人会晤、阅兵、金砖会议等官方重要场合的指定纸巾。

广州楹鼎生物科技有限公司是一家以石油化工集成炼制技术为蓝本，为客户提供植物生物质多组分分离技术与云控式可变式对比分析运算模型（VCO系统）服务，以达到植物纤维原料各组分充分利用、少产生或不产生“三废”的环保型高新技术研发与输出型企业。

ESIII集成生物炼制系统

蔗渣

秸秆

竹子

木片

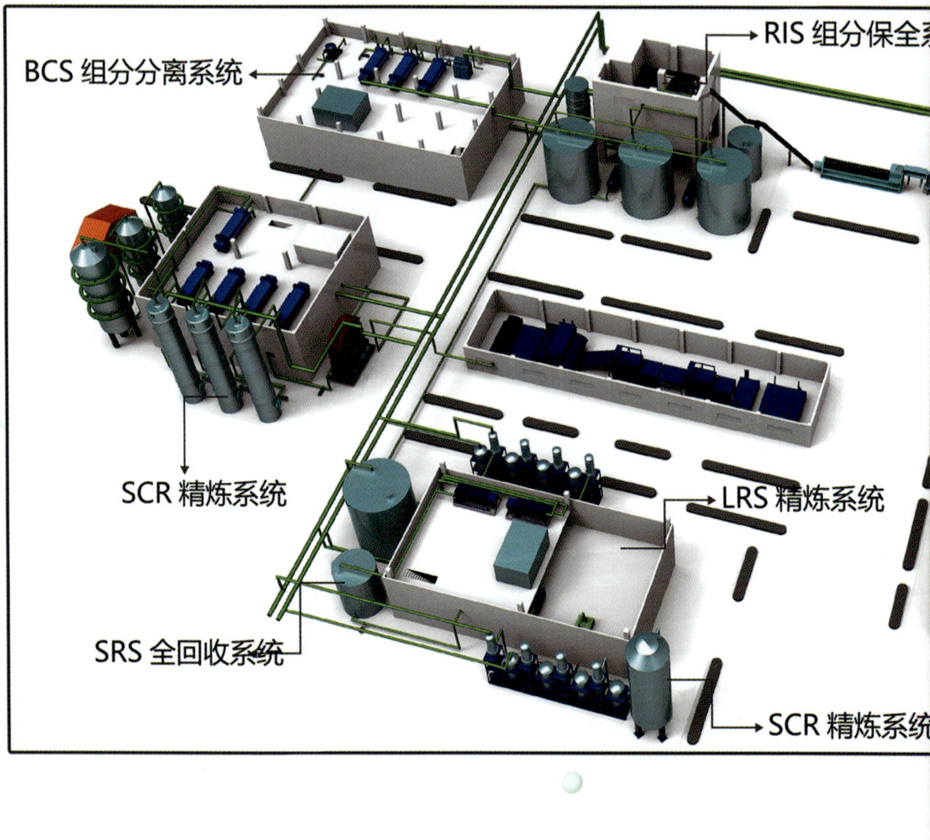

BCS 组分分离系统

RIS 组分保全系

SCR 精炼系统

LRS 精炼系统

SRS 全回收系统

SCR 精炼系统

广州楹鼎生物科技有限公司

地址：广东省广州市天河区林和西路9号耀中广场A2201-02

电话：020-85656812

传真：020-85656646

网址：www.yinnovator.net

楹鼎生科自主研发的ESⅢ集成生物炼制技术具有”技术门槛高、原料来源广、生产成本低、工艺调整易、产品品质优、产品品类全、环保固碳良“等工艺特点可广泛利用秸秆、蔗渣等农业废弃物以及竹子、木材等可再生经济作物为原料，生产出包括溶剂木质素、纤维素、半纤维素三大类，如木质素碳纤维、溶解浆、低聚糖溶液、生物基活性炭等多品种的高附加值产品。

斗输送系统

试剂储存区

原料堆场

CPS 再利用系统

纤维原浆

纸制品　药品胶囊　服装　生活用品

溶剂木质素

民用碳纤维　橡胶增强　燃料分散剂　聚氨酯泡沫

低聚糖溶液

呋喃树脂　面霜　木糖醇　钙片

弱酸性有机质

弱酸性有机缓释肥　生物基活性炭　脱硫脱硝剂　融雪剂

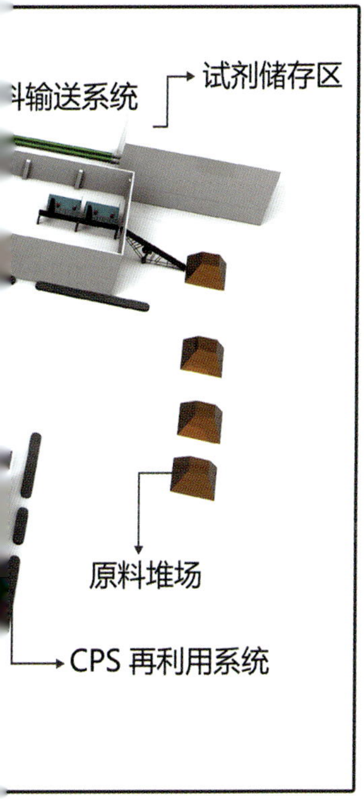

欢迎关注
楹鼎生科微信！
随时掌握快讯

晨鸣集团是中国造纸龙头企业，世界纸业 10 强，中国企业 500 强第 190 位，中国制造业 500 强第 81 位。成立于 1958 年，历经 60 多年创新发展，现已成为以制浆、造纸、金融、矿业、林业为主，同时涉足物流、建材、地产等领域的大型企业集团。目前在山东、广东、湖北、江西、吉林等地均建有生产基地，总资产 1100 多亿元，年浆纸产能 1100 多万吨。

晨鸣集团是一家拥有 A、B、H 三种股票上市公司，是中国上市公司百强企业、中国十佳明星企业，被评为中国最具竞争力的 50 家蓝筹公司之一，荣获全国五一劳动奖状、轻工业全国十佳企业、中国企业管理杰出贡献奖、全国精神文明建设先进单位等省级以上荣誉称号 200 余项，经济效益主要指标连续 20 多年在全国同行业保持领先地位。

晨鸣集团坚定不移地实施“林浆纸一体化”战略，引进国际上先进的制浆造纸技术和装备，产品涵盖高档胶版纸、白卡纸、铜版纸、轻涂纸、生活用纸、静电复印纸、热敏纸、格拉辛纸等系列，主要产品市场占有率均位于全国前列。企业拥有国家企业技术中心、博士后科研工作站、国家认可 CNAS 浆纸检测中心等科研机构，获得国家专利授权 213 项，其中发明专利 18 项，获得“国家新产品”7 项，省级以上科技进步奖 13 项，承担国家科技项目 5 项、省级技术创新项目 54 项。在全国同行业率先通过ISO 9001 质量体系认证、ISO 14001环保体系认证和FSC-COC体系认证。

步入新时代，晨鸣集团以“打造千亿企业、铸就百年晨鸣”为目标，大力弘扬“学习、超越、领先”的企业精神，全面提升企业管理水平和运行质量，努力建成具有全球竞争力的世界一流企业集团。

打造千亿企业 铸就百年晨鸣

70 万亩林业基地

纸浆生产线

下线产品

水处理系统

先进的造纸生产线

用于纸张制造和纸品加工行业的
分切和复卷技术

GOEBEL IMS自1851年以来一直处于机械工程和制造的最前沿，是各种纸张材料的复卷机、分条机以及检测复卷机的领先供应商。GOEBEL IMS采用最新技术开发出 高性能的机器，用于制造和加工纸张和纸板、烟纸和其他特殊纸张。

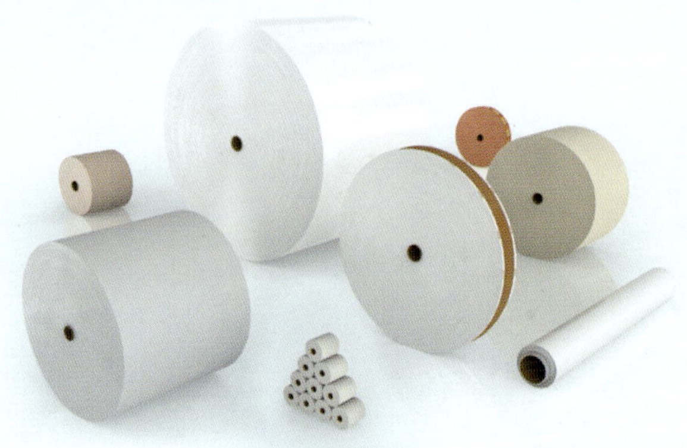

格贝尔爱玛斯中国
曹兵
+86 136 0179 1600
caobing@goebel-beijing.cn

新亚纸业
XINYA PAPER

新亚集团董事长　宋敬志

公司简介
INTRODUCTION

新乡新亚纸业集团股份有限公司是以制浆造纸为主，集热电联产、医药化工、物流商贸、机械制造、林基地开发、环保综合治理于一体的股份制企业集团。公司占地175公顷，下设18个生产单位与子公司，拥有各种型号的造纸生产线23条，总资产60亿元，现有员工3800多名，年制浆能力60万吨，造纸生产能力83万吨。产品通过了国家ISO 9001质量体系认证和ISO 14001环境体系认证。是中国质量管理达标企业，中国企业改革示范单位、中国制浆造纸研究院试验基地。河南省产能规模最大的制浆造纸企业、河南省百户重点企业、河南省转型升级试点企业、河南省综合效益先进企业、河南省优秀民营企业、河南省农业、林业产业化重点龙头企业。新乡市利税大户、新乡市重点保护企业、新乡县域经济支柱企业。

公司拥有两个省级技术中心—河南省企业技术中心和河南省造纸污染治理工程技术研究中心，拥有 由30多名知名专家、工程师和技术骨干组成的研发队伍。与中国制浆造纸研究院有限公司及陕西科技大学、华南理工大学制浆造纸国家重点实验室强强联合，实施产、学、研结合，打造了一支科研队伍和职工技术队伍。近年来，在制浆造纸工艺、资源循环利用、环保综合治理等领域取得科技成果20余项，其中麦草半化学浆黑液碱回收技术荣获全国节能减排技术二等奖。

公司主营产品为包装用纸、文化用纸、生活用纸三大系列。主要品种有涂布白卡纸、食品液包纸、瓦楞原纸、箱纸板、胶版印刷纸、静电复印纸、电脑打印纸、双面书写纸、中高档生活用纸。“新亚”、“新辉煌”、“新锦绣”等系列品牌荣获河南省十大驰名品牌、著名商标。

近年来，公司累计投资近5亿元建立了完善的污染物治理和资源循环利用工程，成为河南省造纸行业的典范和标杆。分别获得了河南省污染防治优秀企业、新乡市环保十大诚信企业、全国首届践行生态文明优秀示范企业和河南省科技环保优秀企业等荣誉称号。

www.xinyapaper.cn

公司办公楼

25万吨白卡纸生产线

10万吨高档文化用纸生产线

高强瓦楞原纸生产线

新乡新亚纸业集团股份有限公司

地址： 河南省新乡纸制品工业园区（107国道686公里处）

联系电话： 0373-5681188 **联系传真：** 0373-5680286

联系邮箱： xinyaren@126.com **单位网址：** www.xinyapaper.cn **邮编：** 453731

公司设备图

国际先进的14.5米定型机

国际先进的全自动插接机

国际先进的BK800织网机

包装纸SSB三层成形网

文化纸SSB三层成形网

特种纸SSB三层成形网

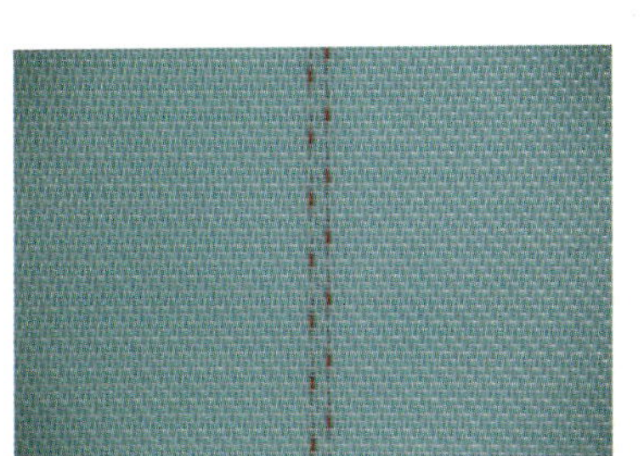

两层半系列成形网

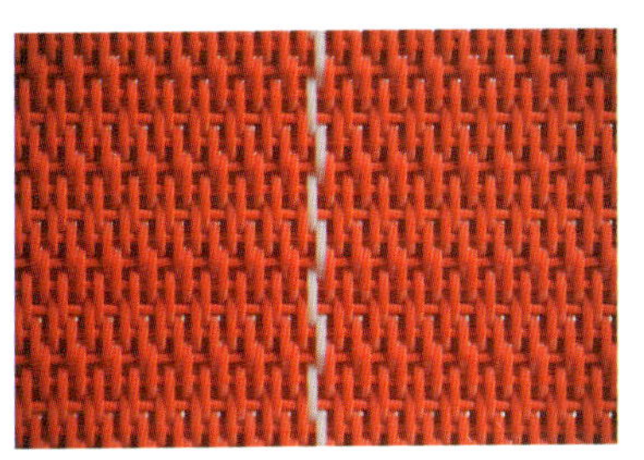

1.5层扁丝干网

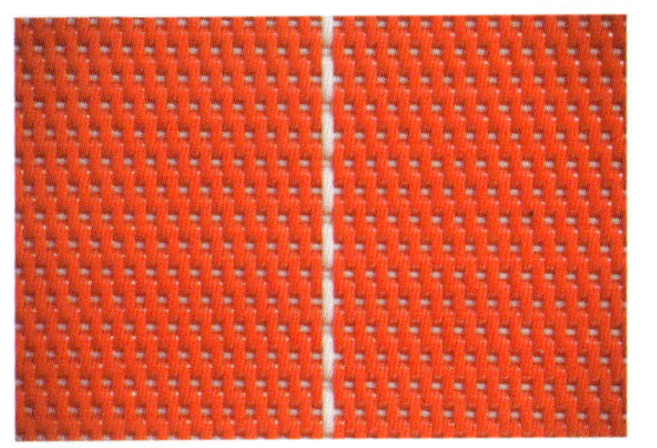

双经线扁丝干网

让天更蓝、水更清、人们生活更美好！

华西能源环保锅炉装备

制浆造纸企业“三废”

废液 废气 固废 → 碱回收锅炉 / 制浆废渣固废锅炉 / 循环流化床锅炉 → 废物无害化处理 企业经济效益

碱回收锅炉部分业绩

华泰纸业1150tds/d碱炉

宜宾纸业900tds/d碱炉

广西金桂400tds/d-APMP碱炉

太阳纸业1000tds/d碱炉

凤凰纸业667tds/d碱炉

青山纸业500tds/d碱炉

冠桂360tds/d碱炉

制浆废渣固废锅炉部分业绩

太阳纸业480tds/d
固废处理BFB锅炉

太阳宏河纸业180t/h
固废处理CFB锅炉

1. 中工国际白俄罗斯40万吨纸浆厂3×75t/h 固废处理CFB锅炉
2. 山东太阳纸业480tds/d固废处理BFB锅炉
3. 山东太阳宏河纸业180t/h固废处理CFB锅炉
4. 广东粤电湛江生物质发电公司2×220t/h 高温高压固废处理CFB锅炉
5. 山东博汇1500tds/d固废处理CFB锅炉

循环流化床锅炉部分业绩

1. 广西金桂浆纸业有限公司670t/h高温超高压燃贫煤循环流化床锅炉
2. 湖北孝感金凤凰130t/h高温高压燃贫煤循环流化床锅炉
3. 印尼金光670t/h高温超高压燃煤循环流化床锅炉
4. 海南金海浆670t/h高温超高压燃煤循环流化床锅炉
5. 安徽山鹰纸业140t/h高温超高压燃煤循环流化床锅炉

公司制造能力

正在生产的集箱

正在生产的锅筒

膜式壁生产线一角

省煤器模块集聚港口待发

地址：四川省自贡市高新工业园荣川路66号
电话：0813-6666666　028-65252188
网址：www.cwpc.com.cn
邮箱：cwpc@cwpc.com.cn

维达集团

1985年，维达集团创建。维达集团为亚洲具规模的卫生用品企业，多年来始终秉承"健康生活从维达开始"的生活理念，竭诚为每个家庭提供优质卫生护理用品和服务。维达集团以维达、得宝、多康、添宁、包大人、轻线、薇尔、丽贝乐、Drypers等主要品牌发展生活用纸、失禁护理、女性护理及婴儿护理四大业务。全球领先的卫生用品产品公司爱适瑞集团为其控股股东。2016年4月，维达集团进一步扩展业务至亚太地区，矢志发展成为亚洲领先的卫生用品公司

愿景

成为亚洲生活卫生用品和服务的第一选择

使命

让人们享受高品质的生活卫生用品

多元化的产品组合

生活用纸

成人护理

婴儿护理

女性护理

业务保持强劲增长

维达国际于2007年在香港联交所主板上市，股份代号3331。截止2018年，维达全年业绩达149亿港元，收益上升10.3%。

强大的生产及科研能力

维达集团于中国内地建有十大先进生产基地，于马来西亚有两大生产基地，中国台湾地区有一间生产基地，以及澳洲一间后期加工工厂。目前，维达在亚太地区拥有2个国际化的研发中心，持续专注于整合全球先进技术，进行多品类的研发工作。

一直以来，维达集团坚持效率型发展，矢志发展成为亚洲领先的卫生用品公司。

Vinda
维达

孙俪
维达韧性体验官

全新一代
Vinda
维达
Deluxe 棉韧
亲肤无刺激
4D立体美
8包
自然无香
全新一代
Vinda
维达
超韧 Ultra Strong
湿水不易破

PMP （Paper Machinery Producer）是全球卫生纸机、文化包装纸机及纸板机供应商，支持制浆造纸行业的发展已有超过165年的历史。集团总部位于波兰耶莱尼亚古拉，在波兰、美国、中国和意大利拥有6家分公司，业绩遍布6大洲33个国家。PMP的五大业务包括：卫生纸机、文化及工业包装纸机、外协加工、特种产品和服务。

PMP集团总部 - PMPoland S.A.
地址：Fabryczna 1, 58-560 Jelenia Gora, Poland
电话：+48-75-7551061　传真：+48-75-7551060
邮箱：marketing@pmpgroup.com

PMP中国工厂 - 艾博（常州）机械科技有限公司
地址：江苏省常州市武进高新区龙翔路7号
电话：0519-86225355　传真：0519-86225320
邮箱：marketing@pmpgroup.cn

PMP智能卫生纸机技术平台

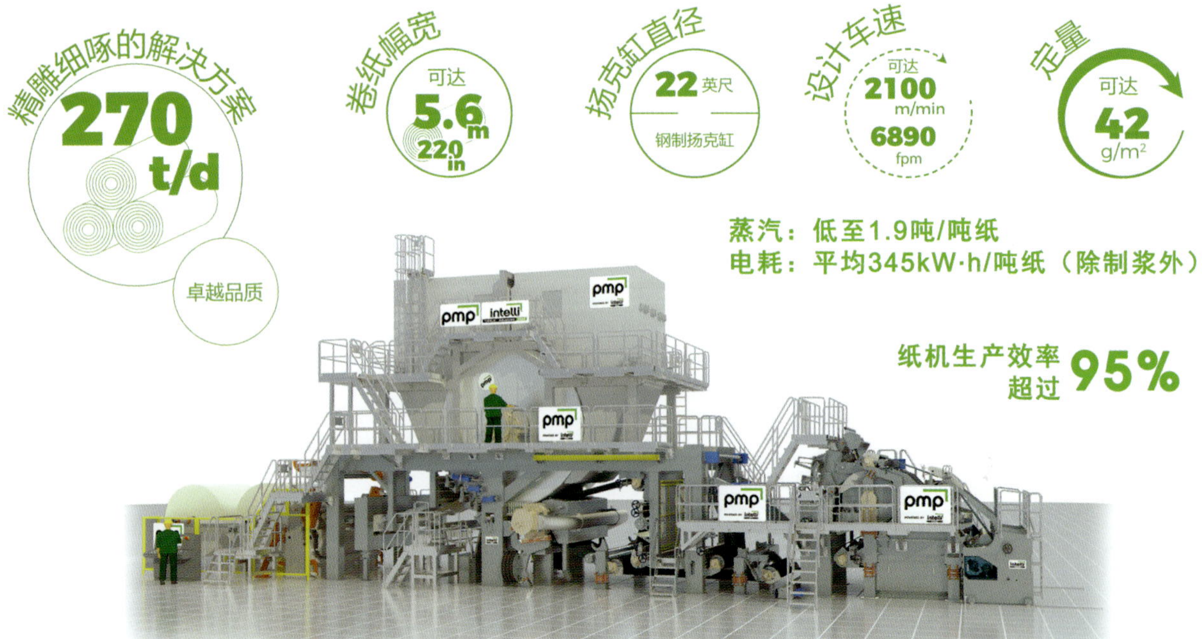

www.pmpgroup.com

PMP文化及工业包装纸机技术平台

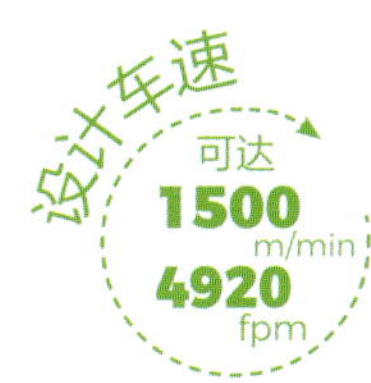

水力式流浆箱

intelli JET-V

唇口宽度：可达10m
类型：水力式（配备或不配备稀释水系统）
流道数：2~12
总管层数：单层或多层

摇振装置

位置：纸机传动部，与胸辊相连
应用：长网成形&叠网成形
工作状态：0~25mm
1~10Hz（每分钟振动60~600次）

成形部
顶网成形器

纸幅宽度：可达7.5m
类型：4~5个网辊结构

压榨部
靴式压榨

纸幅宽度：可达10m
配对辊：平辊，Intelli-DCR®可控中高辊
压力范围：可达1400 kN/m
出压区干度：可达53%

膜转移施胶机

intelli SIZER

纸幅宽度：可达10m
胶料类型：淀粉，PVA，颜料
固含量：可达18%（淀粉）
表面施胶量：总量可达8 g/m²
高质量的碳纤维或复合材料构成的上料梁机构

干燥部

纸幅宽度：可达10m
烘缸直径：可达1830 mm
压力等级：1MPa
传动：由平网辊带动钢制烘缸

卷取部

纸幅宽度：可达10m
液压或气动操作

简单　高效　卓越

联盛纸业（龙海）有限公司于 2010 年在福建省漳州台商投资区建厂，是一家以再生资源废纸为主要原料的环保型造纸与热电联产为一体的福建省龙头企业。历经磨砺，如今已发展成为集产品研发、废纸回收、废纸制浆、造纸、销售、物流为一体的现代化造纸企业。

公司位于毗邻厦门的漳州台商投资区，旗下有联盛纸业（龙海）有限公司、漳州市联益废纸购销有限公司、漳州市益盛能源环保有限公司、福建省联盛物流有限公司、厦门玖立纸业进出口有限公司等多家子公司。拥有员工 2300 余人，占地面积 1500 多亩，包装纸年产能 260 万吨。

多年来，联盛纸业一贯践行企业发展和社会责任并重的经营理念，坚定不移走低碳、节能、环保的循环经济发展道路，以可循环使用的废纸为生产原料，采用国内外先进的生产工艺和设备，采用一流的环保设施，生产绿色环保产品。主导产品包括涂布白纸板、涂布牛卡纸、高强瓦楞原纸、高档牛卡纸、纱管原纸、灰纸板、白面牛卡纸 7 个品种多个级别的包装纸，产品被誉为“福建省名牌产品”。

公司已全面实现自动化、信息化管理，先后通过 ISO 9001 质量管理、ISO 14001 环境管理、OHSAS 18001 职业健康管理、FSC-COC 森林认证以及成熟的人力资源管理等体系认证，为公司可持续性发展夯实了稳固的基础。

面对全球经济一体化的机遇与挑战，联盛纸业坚持“以诚为本、优质服务”的经营方针，以“务实、简单、高效、卓越”为发展主题，以创新为动力，通过产品多元化及高端产品研发，走出一条具有自身特色可持续发展道路，确立在行业中的独特优势，致力跻身国内造纸前列，为我国经济、社会发展做出更大的贡献。

联盛纸业（龙海）有限公司生产基地

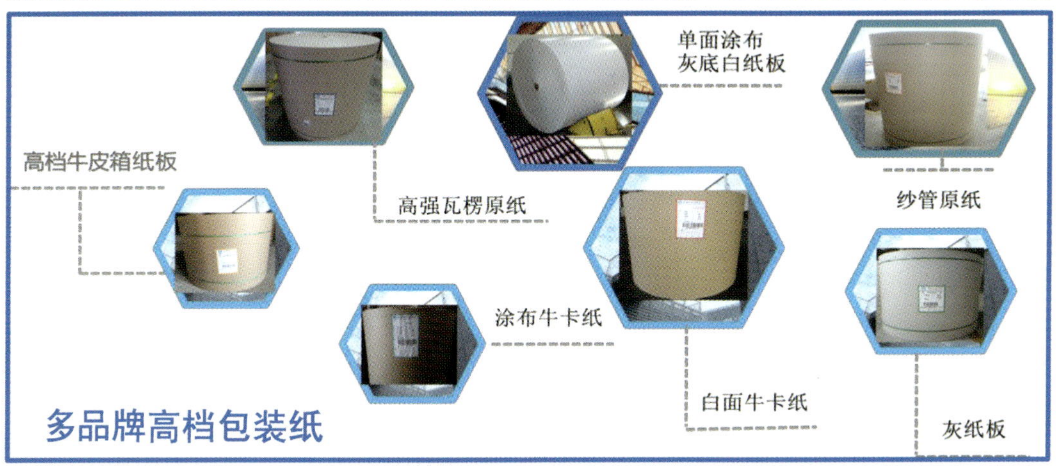

水处理系统

先进造纸生产线

健华打包机制造（香港）有限公司
东莞市嘉铭环保设备有限公司

智能控制 性能稳定

固废（垃圾、废塑料）压缩捆膜设备

公司十五年以来专注于造纸行业的废纸、浆渣等废料处理的研发、设计与制造，并取得二十多项专利，公司总部位于香港，负责海外销售、市场调研、产品研发以及进口零部件的采购。生产工厂位于东莞市桥头镇，占地面积2万米^2，具备现代化生产场地，并配备先进的生产加工设备：德国的加工中心、全自动切割机、日本OTC焊接设备及国内一流的机加工设备，有领先的研发团队、经验丰富的生产团队，配备高效率专业售后系统，在江苏常州市设立分公司、服务范围幅射东北、华北、华中、华东、西南地区，保障客户稳定高效的使用。

大吞吐量废纸打包机

二级除尘设备

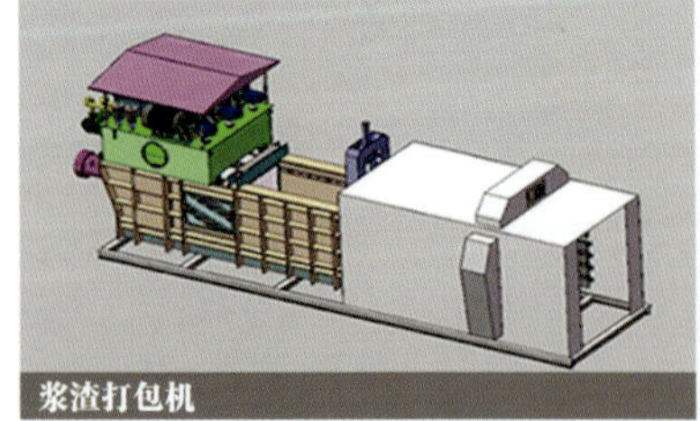
浆渣打包机

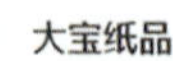

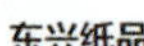

香港总公司：
地 址：香港荃湾青山道264号南丰中心1611室
电 话：852-68720018 / 68721784
网 址：www. kenhua.com

地 址：广东省东莞市桥头镇邓屋村桥龙路561号
电 话：0769-81039183 / 83349603 阮生 13602322383
传 真：0769-81036680 / 83349602
邮 箱：kenyuen383@gmail.com

美丽中国，美丽广东
美丽东莞，美丽京源

京源科技发展（广东）有限公司

京源科技发展（广东）有限公司，位于东莞市中堂镇湛翠豫洲工业区8号同力硅谷工业园，成立于2010年，公司致力于制浆造纸设备研发和制造。公司始终秉承以质量求生存、以科技求发展、质量第一、客户至上的经营理念，高力度投入研发创新和严格的质量要求，以满足造纸企业日益发展对设备的更新合理需求。

京源科技发展（广东）有限公司，是具有活跃创新理念的公司，以造纸生产工艺独有技术为核心，致力于造纸生产装备的开发和制造，公司拥有多项自主知识产权的发明专利和新型专利。

公司造纸碎浆系列、除杂系列、筛选系列等设备，基于多年的研发和应用实践，获得战略伙伴理文纸业、金田纸业等业界客户的肯定。在高浓打浆方面，不断引进先进设备，对高浓度打浆系统的研发、优化，设备的制造和改造方面为客户创造了巨大的经济效益。在中国产业转型升级发展的关键阶段，京源科技坚持致力于提供核心技术支撑，引领产业智能转型，开创了国内领先的DCC 3.0造纸白水资源再生利用系统和DCSC 3.0造纸废水深度处理系统。组织团队努力满足用户需求，持续为造纸行业的发展提供产品支持和技术服务。

京源科技实践创新
白水回用工业革命

DCC 3.0造纸白水资源回用系统

DCSC 3.0造纸白水资源再生利用系统，实现白水消毒、杀菌、脱色无限回用、白水COD去除率40%以上，可以降低造纸原料消耗5%~10%，水耗降低80%以上，固废减少95%。吨纸电力降低5~15元，吨纸废水处理药品降低10~15元，造纸白水吨纸排放1-2立方米，综合成本吨纸降低100~300元。颠覆了传统造纸工艺技术、白水回用和传统废水处理技术，实现节浆、节水、节电，把造纸白水吃干榨净，是真正意义上的造纸白水回用系统，可以说是一次造纸工业白水回收和固废处理的工业革命。

公司始终专注服务造纸行业，“以科技放飞梦想、用实力挑战未来”，成为客户信赖的合作伙伴，服务是我们的宗旨。欢迎造纸界各位企业家、朋友莅临公司考察指导，共商合作大计！

技术优势

五大优势：

1. DCC 3.0 造纸白水资源回用系统：系统自动运行，无人值守，不需要清洗、不需要专人操作，节约人力。
2. DCC 3.0 造纸白水资源回用系统：实现消毒、杀菌、脱色，整个白水处于无菌状态，白水不变质，可无限循环使用，不添加絮凝剂节约化学药品，提高纸机网部脱水效率，提高车速、生产量，减轻厌氧塔堵塞，降低废水处理负荷。
3. DCC 3.0 造纸白水资源回用系统节浆：污泥回收和白水无限循环使用，95%以上的细小纤维和填料回用，节约浆料，不影响产品质量。
4. DCC 3.0 造纸白水资源回用系统节电：系统梯级式溢流，一台泵送入本系统后一切回用水自流，实现节约电力。
5. DCC 3.0 造纸白水资源回用系统节水：白水回用率97%以上，吨纸排水1~2立方米，降低80~90%的排放量，实现超低排放。

新老系统成本管控对照表：

系统	工艺	优缺点
气浮机	传统白水回收工艺	须加絮凝剂，白水无法封闭循环使用，造纸白水阴离子垃圾累积造成抄造困难影响产品质量，运行成本偏高，化学药品费用高，白水无法长期回用，造成用水量大。
多圆盘过滤机	滤法回收造纸白水	不稳定的状况，填料回收率低，操作困难，操作困难，使用人工多，这两种方法处理后的白水，细小纤维和填料回收率50-60%，大量的细小纤维和填料流失，进入污水处理厂的污水悬浮物高，增加了污水处理负荷，给污水深度处理增加负荷和费用。
DCC3.0白水资源回用系统	造纸白水回用的一次工业性革命	无人值守，不添加其他化学药品，污泥回收和白水无限循环使用，95%以上的细小纤维和填料回用，节约电力，实现超低排放。

经典案例：福建永丰茂纸业　山东川星纸业
河南恒丰纸业　新疆东盛祥纸业
山东万松纸业　四川三环纸业
河北东方纸业　山东鲁西南纸业
湖南金太阳纸业　云南红星兄弟纸业
日照华泰纸业　四川永丰纸业

制浆造纸设备

高浓水力碎浆机

粗筛、精筛

PM系列双盘磨浆机

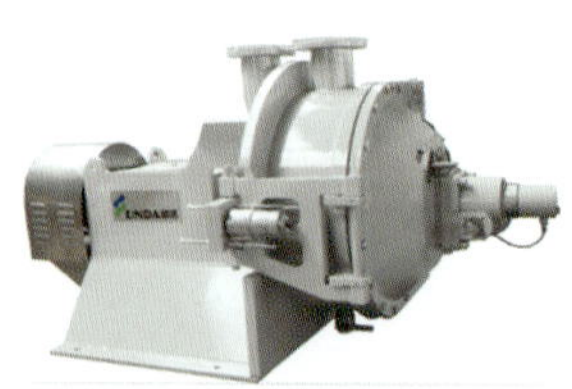

废纸散包机

战略合作伙伴

玖龙纸业（控股）有限公司　山东世纪阳光纸业集团有限公司
理文造纸有限公司　山东太阳纸业股份有限公司
东莞市建晖纸业有限公司　东莞金洲纸业有限公司
东莞市金田纸业有限公司　森叶（清新）纸业有限公司

京源科技发展（广东）有限公司

地址　东莞市中堂镇湛翠豫洲工业区
8号同力硅谷工业园B栋
电话：0759-88895186
网址：www.jingyuanfazhan.com

全方位提供自动化、数字化解决方案

高屋建瓴 达道天下

分布式集散控制系统
(DCS)Distributed control system (DCS)
电气传动控制系统
Drive control system
定量水分控制系统
(QCS) Quality control system
蒸汽(凝泵)及冷凝水回收控制系统
Steam and condensate control system
GDWIS表面缺陷检测系统
Gaoda Web Inspection System

四川高达科技有限公司
SICHUAN GAODA SCIENCE&TECHNOLOGY CO.,LTD

SIEMENS 全球战略合作伙伴

TEL: 0816-2829267
FAX: 0816-2250099
WEB: http://www.scgdkj.com
ADD: 四川绵阳高新区路南工业园

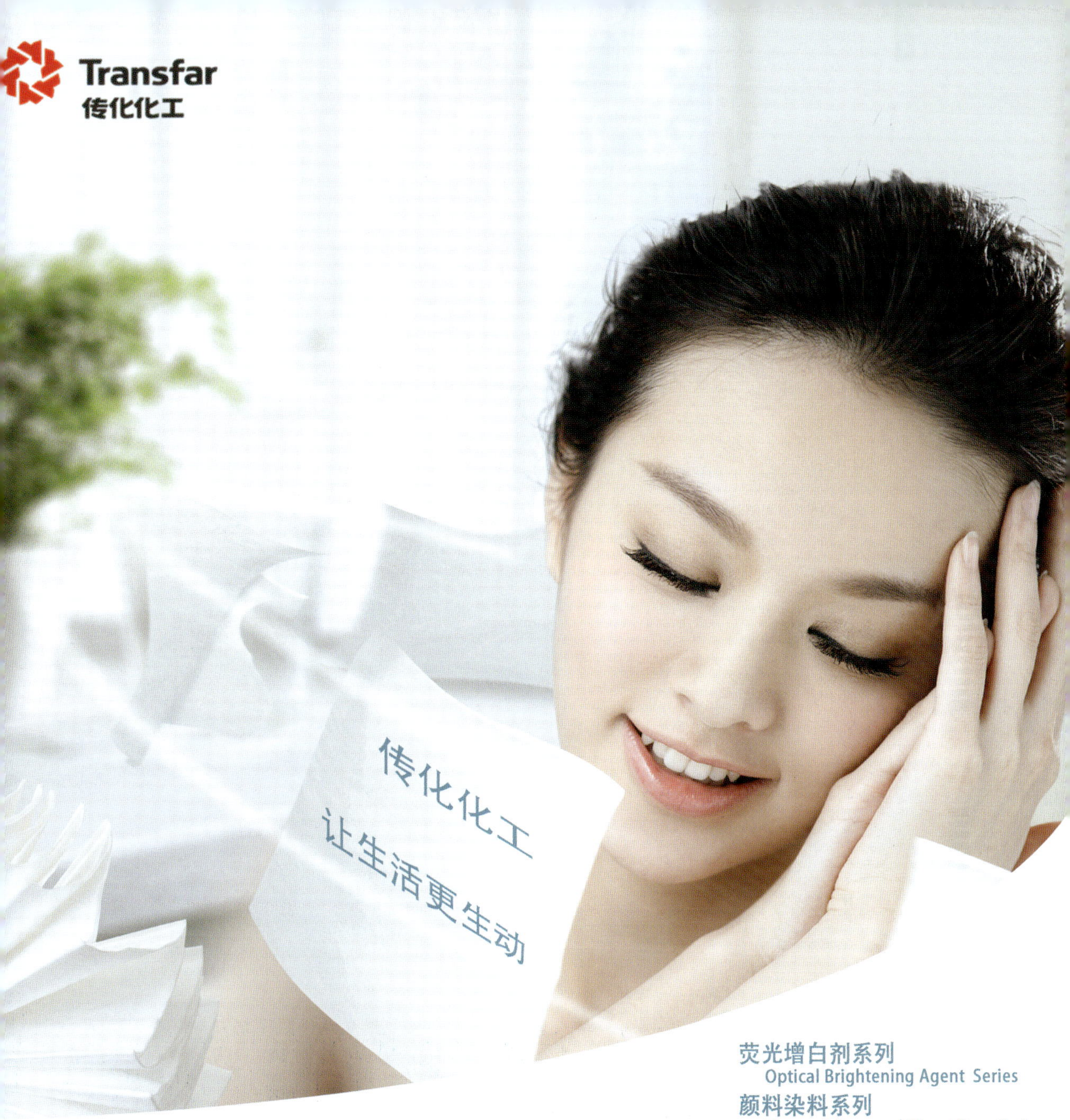
Transfar
传化化工
传化化工
让生活更生动

FLOW INSTRUMENTS

流量仪表

浆液型电磁流量计

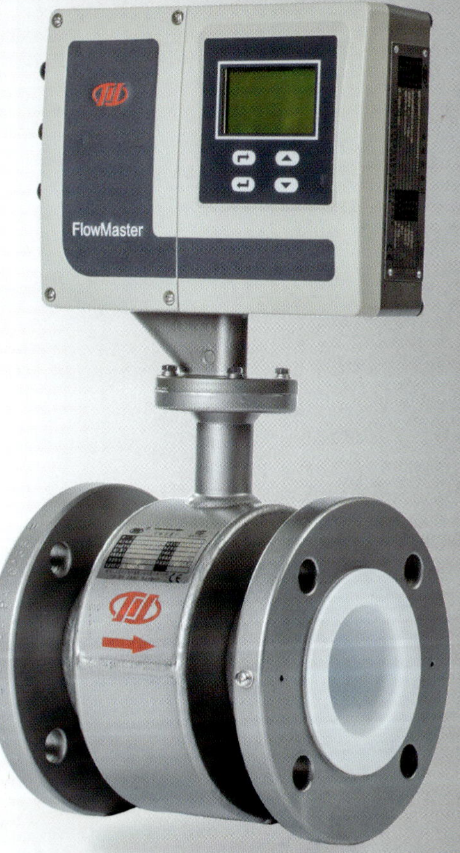

特点:

- 精度可达0.5级
- 可测纸浆浓度可达10%
- 采用多频励磁技术、DSP数字滤波技术、高速采样技术、数据统筹分析技术解决浆液测量的稳定性及快速响应

适用:

- 木材、草料及废纸等材料作为原料的打磨浆测量
- 化浆、脱墨浆、CTMP、机械浆、损液浆五种浆料参与配浆过程计量
- 添加剂、分散剂和漂白剂的测量

重庆川仪自动化股份有限公司流量仪表分公司

地址：中国 重庆

电话：+86 23 67032666 传真：+86 23 67032676

网址：www.sicflow.com.cn

常州市伯山机械有限公司
CHANGZHOU BOSHAN MACHINERY CO.,LTD

产品介绍
Product introduction

复卷机

BSF型双底辊下引纸复卷机适用于范围广泛的纸种，如包装用纸，文化用纸，白纸板，特种纸。借助其独特的设计，高要求的动平衡调教，以及一丝不苟的工艺处理，使设备能在高速状态下稳定的对原纸进行不同规格的分切以及复卷，它还能用作成品纸卷的再卷机，以确保产品质量或消除斑点。设备还拥有完善的安全防护功能，包括各种机械保护、连锁保护和光电保护等，从而保证操作人员及设备的安全。适用于1000~6500毫米规格的原纸复卷，最高车速可达2400米/分。

客户可根据需求额外添加以下辅助功能

纵切部自动排刀功能：通过PLC预设数据直接对多套整组切刀进行高精度的统一调整，精度可达千分之一，整个时间约35秒。（采取9套刀调整至不同规格的时间计算）

卷曲部自动断纸功能：利用断纸刀机构，在推纸辊将成品纸推出的时候直接对成品纸进行切断分离，可以有效的降低损纸率，以及大幅度的降低操作工的工作强度。

卷曲部自动上纸芯功能：利用先进的上纸芯装置，操作工可以轻松的储存，安全放置纸芯筒至两个底辊之间。

纸芯自动喷胶系统：配合上纸芯功能，直接通过喷胶系统对纸芯进行喷胶处理，免除操纵工繁琐的黏胶工作。大幅度降低工作强度。（该功能需配合上纸芯功能）

卷纸机

BSJ辊库式卷纸机适用于门幅8000mm，车速1200m/min的纸机。拥有可靠的性能。有效地解决原纸紧度、失圆等的问题，从而为后续分切复卷设备提供稳定的运行基础。本设备可以进行自动换辊、换卷。

客户可根据需求额外添加以下辅助功能

水针断纸功能

地址：常州市新北区薛家工业园

直线：0519-85951315
传真：0519-85959315

E-mail：boshanjixie@163.com

北京巨鑫华瑞工贸有限公司

BEIJING JUXINHUARUI INDUSTRY AND TRADE CO., LTD

北京巨鑫华瑞工贸有限公司（原北京巨鑫华瑞纸业机械制造厂），为中国防伪行业协会团体会员、理事单位，中国造纸学会特种纸专业委员会会员单位。

本公司经过近二十年的发展，积累了多年生产经验，生产出各种规格直径的产品，可根据客户的不同需要量身订做，从Φ500～2000mm，辊面宽可达8000mm的饰面辊，本产品应用于：特种纸、文化纸、高强瓦楞纸、箱板纸、黑白水印防伪纸等（定量17～400g/m²）。适应于车速700m/min以下。自主研发设计及制造的中、高频摇振器，适用于中、高车速长网纸机及叠网纸机网部的胸辊摇振专用设备。并在造纸行业广泛应用并取得了很好的效果，为客户大幅度提高了纸张的质量，受到了新老客户的一致好评。

主要生产造纸用饰面辊（防伪水印辊），中、高频摇振器，不锈钢网，进口造纸用消泡剂。

JX-300偏心轴式中频摇振器

适应车速：500米/分钟以下
振次：0--300次/分钟；可以无级调整
振幅：0--18mm；可以无级调整

JX-300偏心轴式中频摇振器

适应车速：500米/分钟以下
振次：0--300次/分钟；可以无级调整
振幅：0--18mm；可以无级调整

公司地址：北京市通州区马驹桥镇联东U谷工业区北一区4号
生产地址：河北省河间市时村工业区
电话：0317-3670770　13910792319　13911513487
传真：0317-3670773　邮箱：juxinhuarui@163.com
网址：juxinhuarui.1688.com

武汉武锅能源工程有限公司（武锅能源）前身是始建于“一五”期间的武汉锅炉厂，是国内专业生产电站锅炉、各类特种锅炉和电站阀门的骨干企业。武锅能源设有武锅研究院、总师办等七个职能部门，下辖总包项目、锅炉制造和节能环保三个事业部，以及全资子公司武汉锅炉集团阀门有限责任公司。武锅能源注册资本金3亿元，现有员工751人，技术人员151人，继承了老武锅雄厚的技术力量、市场资源和人力资本优势。

武锅能源公司以专业技术为依托，为用户提供核心锅炉产品和总承包业务，并提供可持续能源系统解决方案及技改优化等增值服务，具体业务领域包括：

废液焚烧技术：包括碱回收锅炉，化工废液焚烧锅炉和各类型高盐有机废水焚烧炉等；

废气及燃气燃烧技术： 臭气及VOC收集清洁焚烧处理，天然气锅炉，生产工艺尾气焚烧炉等；

生物质资源利用技术：生物质直燃锅炉，生物质CFB气化炉，多燃料锅炉等；

洁净煤燃烧技术：各容量煤粉锅炉，循环流化床，水煤浆锅炉，旋风炉等；

烟气治理技术：SDS脱硫，SNCR和高、低温SCR，粉尘治理、烟气消白等；

高端电站阀门：各类型安全阀，闸阀，调节阀，堵阀等；

武锅能源公司秉承老“武锅”“激情燃烧，承压奋进”的精神，坚持“采众长、树独帜、献碧水蓝天”的价值观，引领绿色节能环保锅炉的研发制造，用更加高效节能、更洁净环保的技术和产品守护碧水蓝天！

特别说明：根据武汉国企改革要求，武汉锅炉集团有限公司和武汉锅炉集团工程技术有限公司（原武汉特锅公司）不对外开展经营业务，武锅能源公司是唯一市场主体。

地址：武汉市江夏区大桥新区何家湖街与工业二路交界处
电话：027-87655091　027-87655092
传真：027-87655494
邮箱：jingyingbu@whtzgl.com
网址：www.wgjt.com.cn
邮编：430220

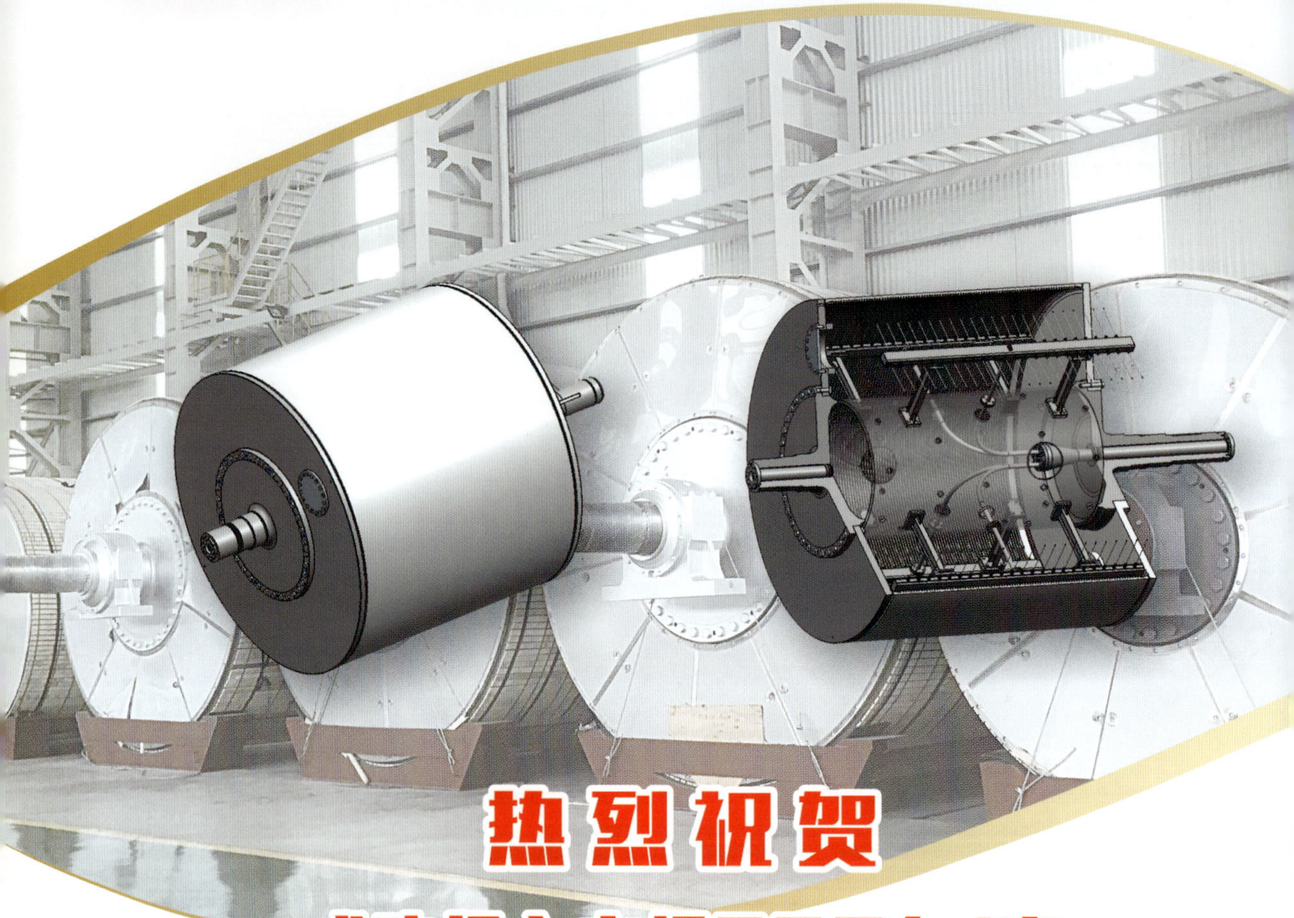

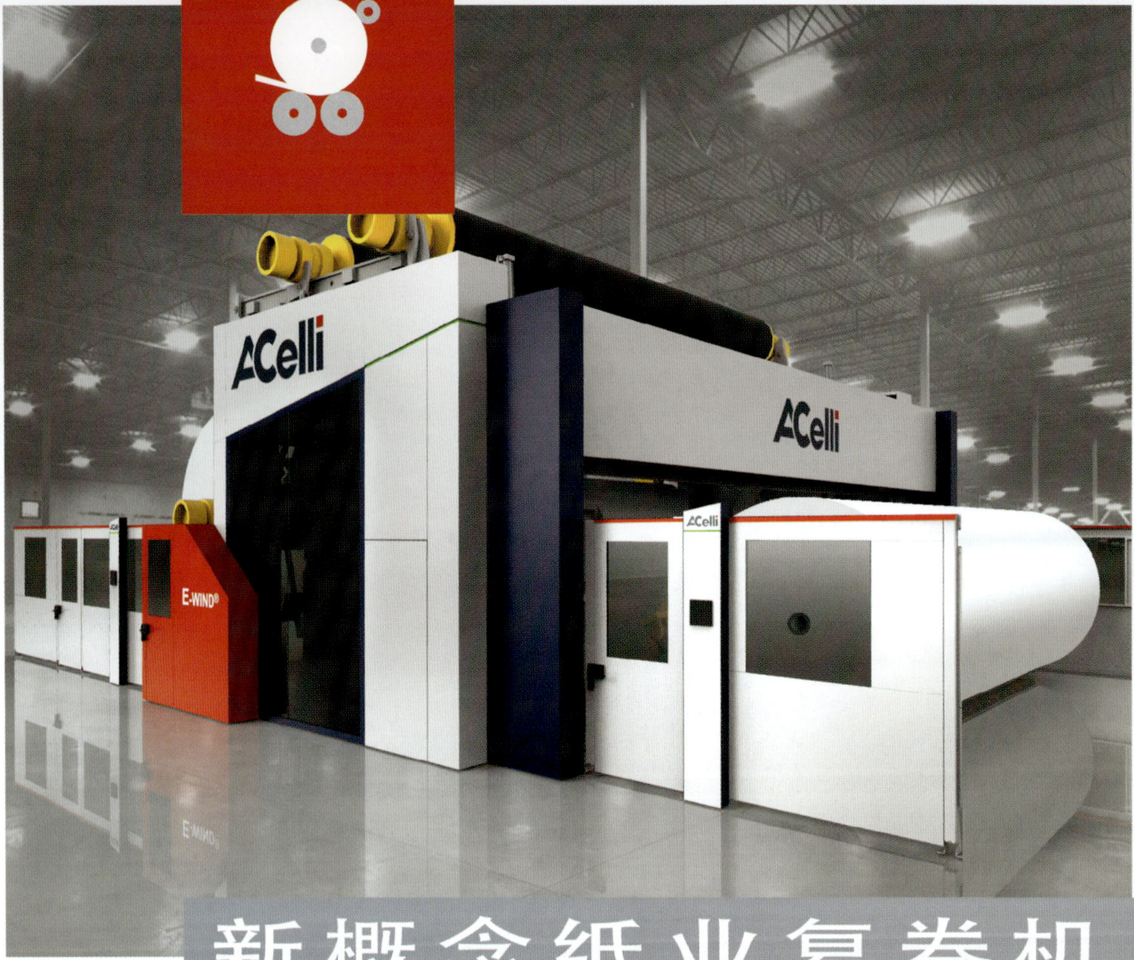

江苏四方锅炉有限公司

JIANGSU SIFANG BOILER CO.,LTD.

江苏四方锅炉有限公司是拥有 A 级锅炉、A1 级压力容器专业制造、ASME 认证资质和“U+S”钢印的高新技术企业。公司现有先进的整套汽包、膜式壁、蛇形管、集箱生产线。具有 480 t/h 高温超高压以下的设计、制造能力，可年产锅炉 14000 蒸吨。现有覆盖 280 t/h 高温高压参数以下的各类锅炉。其中主要有流化床（燃煤、燃生物质）锅炉、垃圾焚烧炉、煤粉锅炉、燃气（油）锅炉、余热锅炉等。

1. 高效环保循环流化床锅炉特点：

- **高效低耗** 定态设计和流态重构
- **烟气的环保低氮** 炉膛合理、分级送风、分级燃烧
- **结构优化** 高效分离装置、新型风帽及布风装置

2. 高效煤粉炉特点：

- **高效节能** 浓淡燃烧技术、优化气固两项比例
- **洁净燃烧** 分级燃烧、烟气再循环、分级送风
- **结构优化** 旗式受热面、汽水循环系统

3. 高效环保燃气、余热锅炉特点

- **高效节能** 高效燃烧技术
- **超低排放** 多级配风、分级分区燃烧、烟气再循环
- **结构优化**

地　址：江苏省徐州市华润工业园　（221142）
电　话：0516-85871846
传　真：0516-85778877
网　址：www.jssfgl.com
邮　箱：13685127598@163.com
联系人：渠继船　销售总公司副总经理　13685127598

中国轻工业南宁设计工程有限公司

China Light Industry Nanning Design Engineering CO., Ltd.

中国轻工业南宁设计工程有限公司（简称中轻南宁公司）创建于1974年，前身为轻工业部南宁设计院、中国轻工业南宁设计院。2002年12月改制成为由国务院国资委监管的中央企业——中国轻工集团公司下属的科技型企业。2017年改制重组后，成为保利集团公司下属科技型企业。2010年荣获高新技术企业证书。

公司持有国家颁发的工程设计甲级、工程咨询甲级、工程总承包甲级、工程建设监理甲级、工程造价甲级、机电安装工程施工总承包贰级等多项资质证书。建立了严格规范的现代企业管理制度，获得了质量、环境、职业健康安全管理体系认证证书。

四十多年来，公司在专业从事轻工、纺织、民用建筑、制糖、制浆造纸、食品发酵、烟草、林产化工、化工石化医药、商业、现代物流、粮油加工、电子、电力、市政、环保等多领域中的工程咨询、工程设计、工程监理和工程总承包等方面创造了优异的业绩。

公司制浆造纸精品工程

老挝年产30万吨溶解浆工程

白俄罗斯年产40万吨漂白硫酸盐木浆工程

广东东莞年产40万吨包装纸工程

广西年产15万吨漂白化学蔗渣浆工程

广西劲达兴年产20万吨漂白木浆EPC总承包工程

柳州两面针生活用纸EPC总承包工程

欢迎关注我司微信公众号，了解更多关于我们相关的资讯。
增加关注方法：
1、搜索微信公众号：
中国轻工业南宁设计工程有限公司
2、扫描左方二维码

地　址：广西南宁市星光大道42号
邮　编：530031
电　话：07714800448
传　真：07714830802
E-mail：cnec@vip.163.com
网　址：www.zqnn.cn

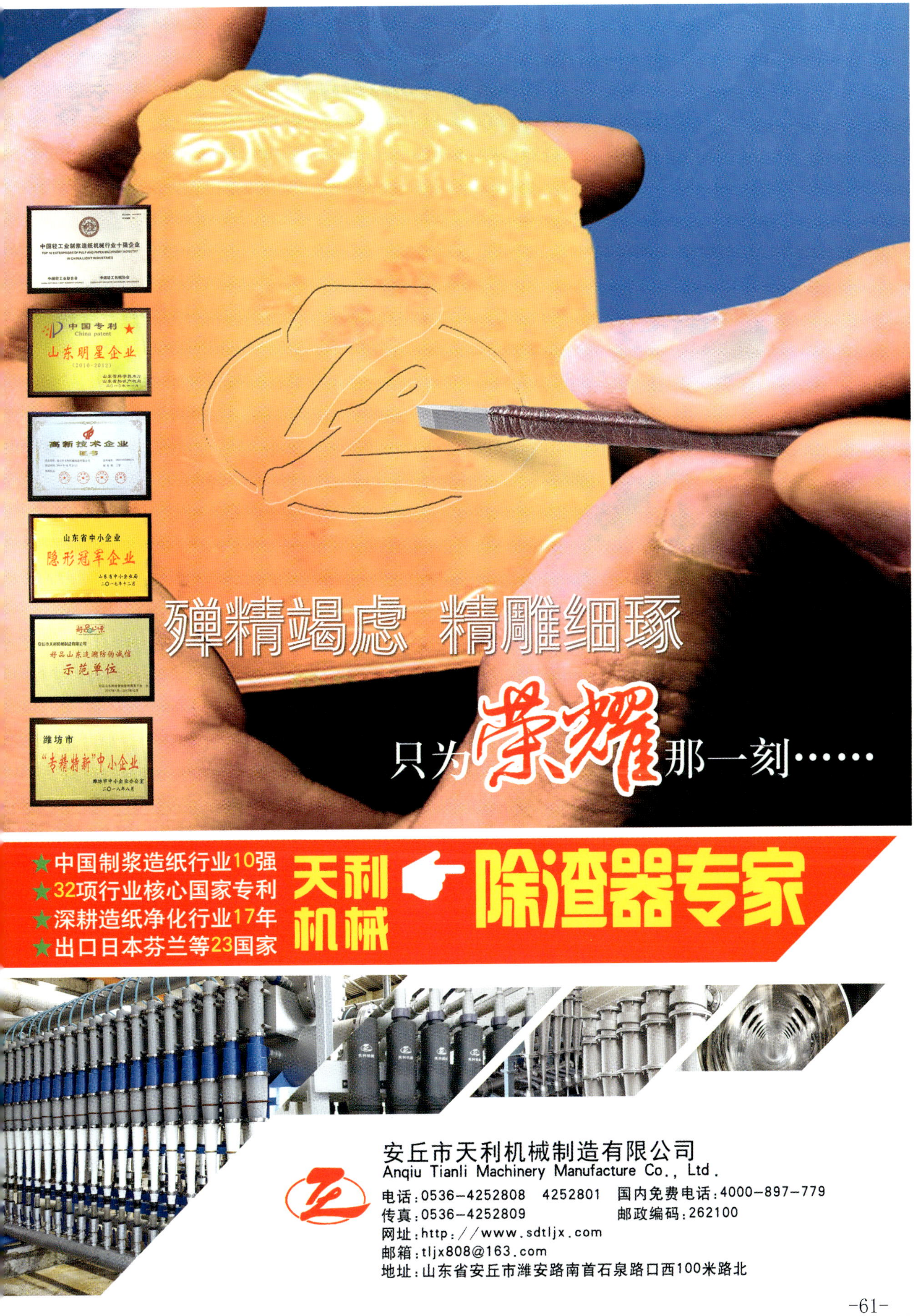
中国轻工业制浆造纸机械行业十强企业
中国专利
山东明星企业
高新技术企业
山东省中小企业
隐形冠军企业
好品山东追溯防伪诚信
示范单位
潍坊市
"专精特新"中小企业
殚精竭虑 精雕细琢
只为荣耀那一刻……
★中国制浆造纸行业10强
★32项行业核心国家专利
★深耕造纸净化行业17年
★出口日本芬兰等23国家
天利机械
除渣器专家
安丘市天利机械制造有限公司
Anqiu Tianli Machinery Manufacture Co., Ltd.
电话:0536-4252808 4252801 国内免费电话:4000-897-779
传真:0536-4252809 邮政编码:262100
网址:http://www.sdtljx.com
邮箱:tljx808@163.com
地址:山东省安丘市潍安路南首石泉路口西100米路北

复卷机、切纸机纸边收集、打包、除尘系统

纸边处理系统由碎纸风机通过安装在复卷机、切纸机，纵切刀下的两个吸口将纸边切断后输送至板式分离器,纸边下落至水力碎浆机或打包机，含尘空气可用布袋除尘或水除尘处理。

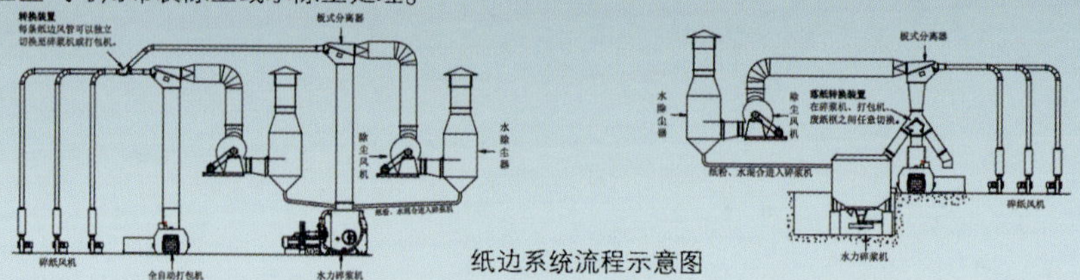

纸边系统流程示意图

大型造纸厂整理车间有多台平板切纸机、复卷机。纸边从板式分离器下来可有三个通路：

垂直向下进打包机，向左进碎浆机，向右进废纸收集框。针对有些纸厂切纸机和复卷机会加工不同品种的纸，纸边不能混合。公司设计了在每根纸边管道加转换器，可根据实际使用工况将纸边切换至碎浆机或打包机。

整套系统实现自动化运行。在板式分离器上安装压力检测装置，由PLC实时运算指令变频器改变除尘风机频率，使系统压力平衡。避免打包机或碎浆机内正压或负压太大，出现粉尘向外喷或纸边悬浮在分离器内造成系统堵塞。

纸机、复卷机除尘系统

纸机、压光机刮刀除尘系统—由除尘风机，通过安装在刮刀上部的铝制吸口将含粉尘空气送入除尘系统。

复卷机纸面除尘系统—由吸纸毛风机，通过安装在复卷机纸的正反两面的吹、吸组合式吸口将含纸毛空气送入除尘系统。

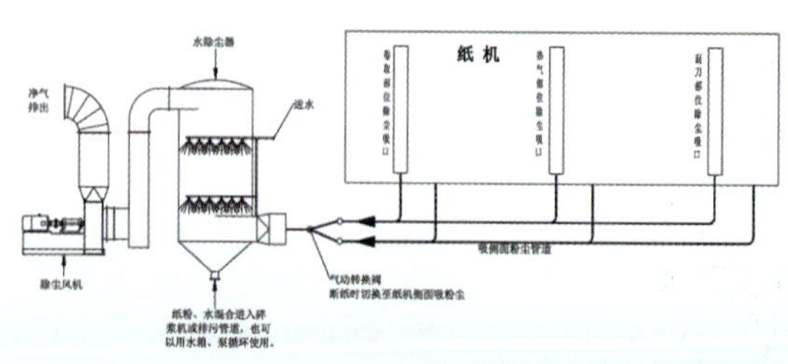

卫生纸纸机除尘系统示意图

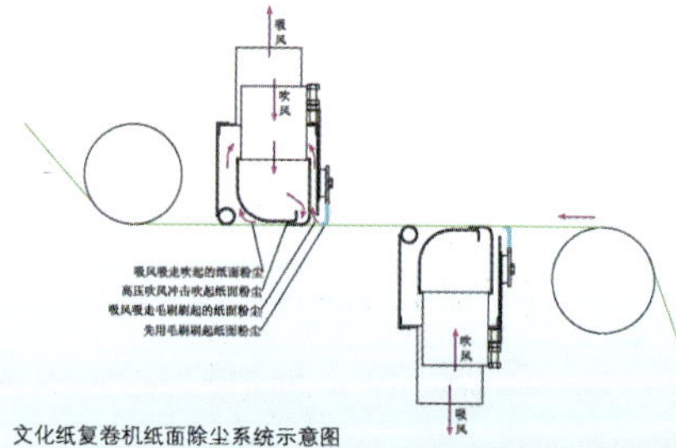

文化纸复卷机纸面除尘系统示意图

除尘系统可分为水除尘和布袋除尘。

水除尘系统：吸尘风机将粉尘送入水除尘器，粉尘和水充份混合经除尘器排水管排出，也可使用循环水，净气排出。

布袋除尘系统：吸尘风机将含纸毛、粉尘空气经管道吸进布袋除尘器，粉尘黏附在布袋上经脉冲清灰装置将粉尘清理至收集箱，由操作工定期清除，净气排出室外。

卫生纸除尘系统

卫生纸在造纸、复卷、分切、卫卷过程中产生大量粉尘严重地影响了品质，危害了职工的身心健康，污染了环境。公司经多次实践开发了卫生纸除尘系统，极大地改善了生产环境，达到国家环保标准。

销售业绩：

金东纸业（江苏）股份有限公司	宁波亚洲浆纸业有限公司
广西金桂浆纸业有限公司	亚太森博（广东）纸业有限公司
山东太阳纸业股份有限公司	牡丹江恒丰纸业股份有限公司
安徽山鹰纸业股份有限公司	岳阳纸业股份有限公司
平湖荣成环保科技有限公司	东莞玖龙纸业有限公司
山东亚太森博浆纸有限公司	齐峰新材料股份有限公司
广东、江苏理文造纸有限公司	玖龙纸业（天津）有限公司
浙江夏王纸业有限公司	浙江仙鹤特种纸有限公司
玖龙纸业（河北）有限公司	金红叶纸业（湖北）有限公司

BOS PAPERTEC®

Since 1895

德国制造的优质产品　备件整体解决方案

Suction Box Covers made from CERAMX®

FLEX GUARD®

Product range

- 计量棒、棒座
- 施胶涂布加载气囊
- 涂布刮刀
- 流浆箱孔板，飘片
- 齿轮
- 真空辊密封条
- 真空箱脱水面板
- 刮刀片

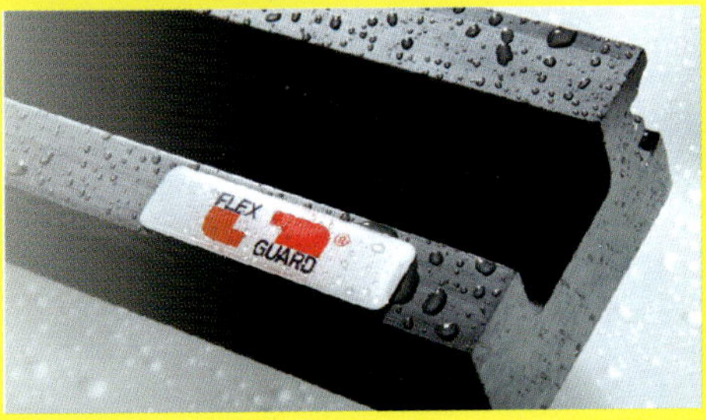

昆山亚欧梭耶机械设备有限公司
BOS Papertech GmbH

TEL：+86 512 86186263
FAX：+86 512 36823823
TEL：+86 13625296310
E-mail: info@ks-yosy.com
www.ks-yosy.com

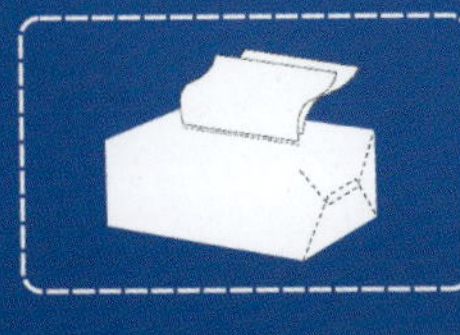

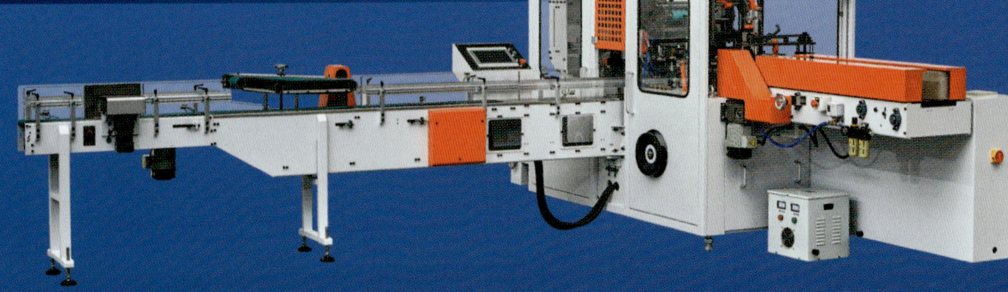

TP-B40TW 软抽中包机 速度：35包/分

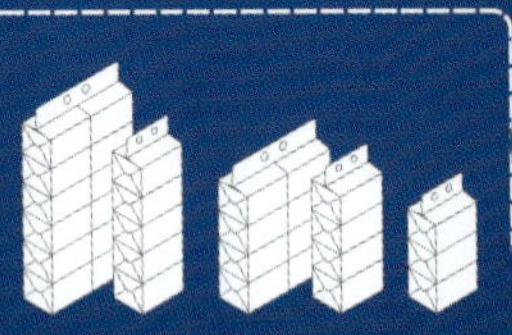

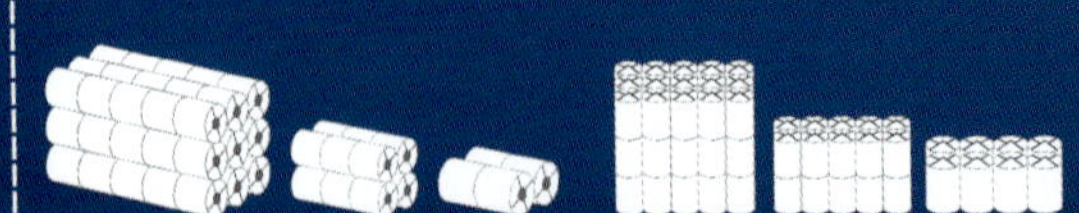

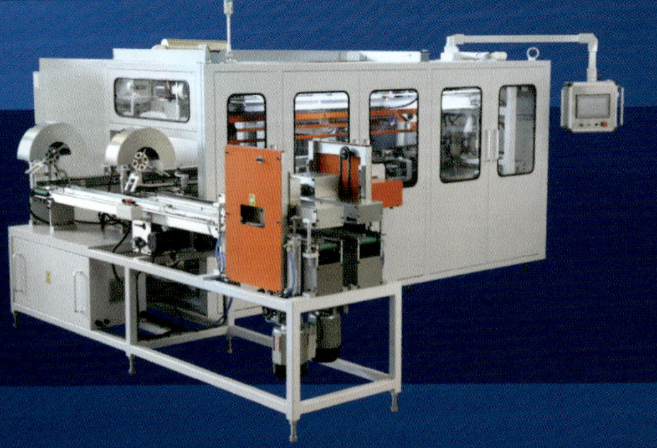

TP-B30RY 扁卷卫生纸中包机
速度：22包/分

TOC Auto-Equipment
同成智能装备
TOC AUTO-EQUIPMENT

OFFICE BUILDING
办公楼

PRODUCTION FACILITY
生产车间

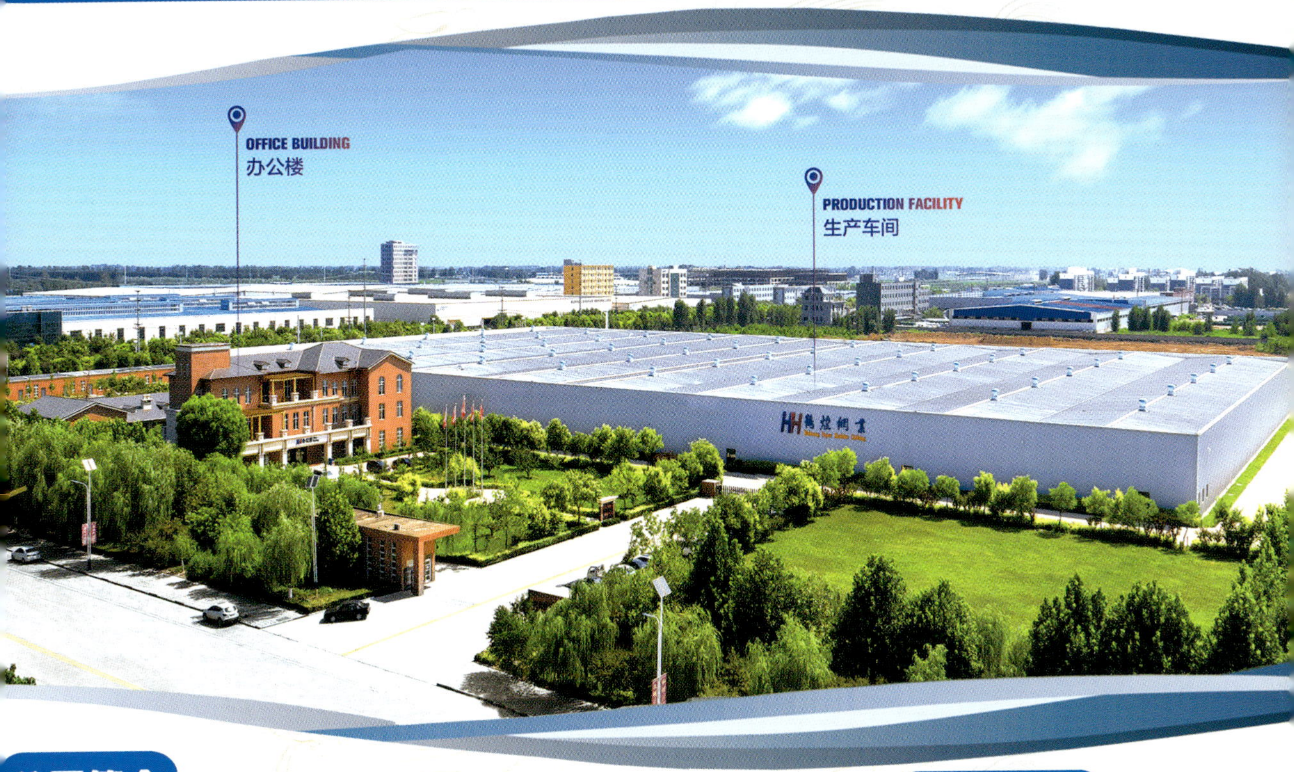

公司简介

河北鹤煌网业股份有限公司始建于1987年，位于中国著名的“丝网之乡”—河北省安平县，公司注册资本9941.1万元。2015年，在安平县高新技术产业开发区建设了占地200亩、具有国际化标准的新厂区，并已投产。

该公司生产车间按工艺要求达到了恒温、恒湿、无尘标准，最大程度保证了产品性能的稳定性和一致性。目前，公司拥有世界先进的生产设备，设备包括：Jeager整经机、Jeager织网机、Juergens织网机、WIS全自动插接机、Jeager定型机等数台（套）。

该公司主要产品有造纸机用成形网、干网、有端和无端的浆板网，产品覆盖所有纸种，适用于高、中、低速所有造纸机型。公司生产的造纸成形网、造纸干网，可用于车速1400米/分以上、宽度10米以上的高速造纸设备， 年生产能力达到了60万平方米以上。

河北鹤煌网业以“提供优质的产品及服务，和客户共同发展”为企业宗旨，强化质量管理，完善售后服务，为客户量身定制适合的产品，并提供专业及时的全流程服务。

主要产品

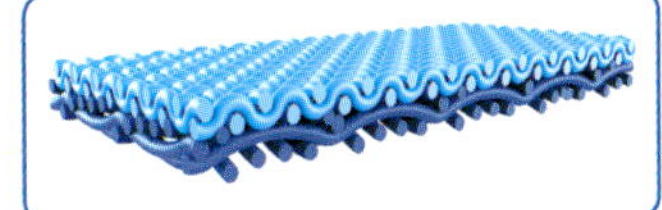
SSB成形网

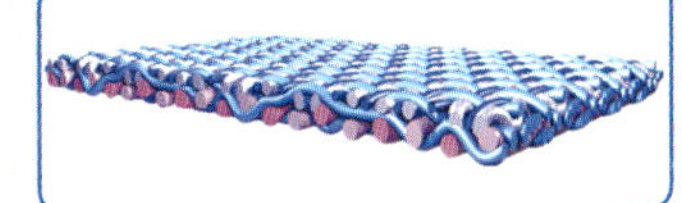
2.5层成形网

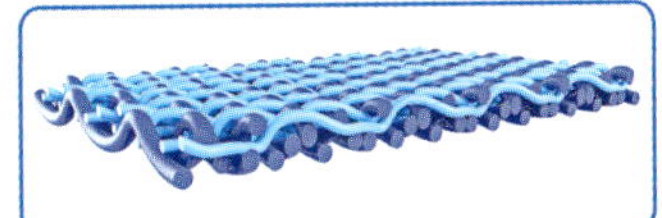
单层成形网

双经扁丝干网

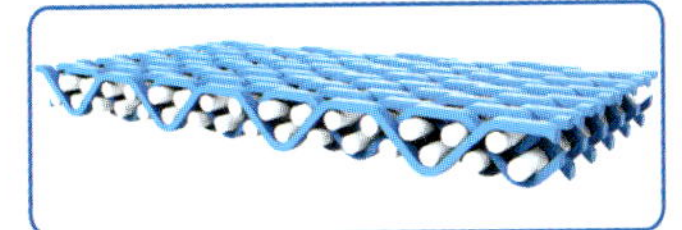
单经扁丝干网

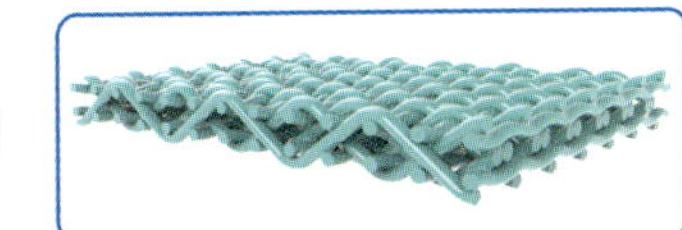
圆丝干网

地址：河北省安平县高新技术开发区经五路21号 郑总：15613336666 李总：13803182568

山东金蔡伦集团

Shandong Goldencailun Group

山东金蔡伦集团坐落于打虎英雄武松的故乡——阳谷县境内。是一家集造纸、热电、印刷、玻璃加工、人造板、新型建材、城区供暖、水质净化于一体的综合性现代化循环经济企业集团。集团共分为文化、能源、新型建材、民生四大板块，11家子公司，子公司之间相互关联、闭合，形成了循环经济产业链。集团现有员工1600余人，占地140万平方米。其下辖的山东金蔡伦纸业有限公司始建于1987年，现有员工750余人，年产轻型印刷纸15万吨，是一家轻型印刷纸专业生产厂家。2001年在国内率先研制开发出轻型印刷纸，填补了国内空白，是国内轻型印刷纸的龙头企业，还是轻型印刷纸国家标准的起草单位之一。其产品具有绿色环保、保护视力、纸质松厚、不透明度高、色泽柔和、儒雅含蓄等特点，被业内及印刷界誉为“精品”和“王牌”。山东金蔡伦纸业有限公司严抓质量管理，持之以恒、敬终如始，在历次中国出版材料工作委员会、中国制浆造纸研究院有限公司、国家纸张质量监督检验中心、中国印刷技术协会联合举办的纸张及其印刷适性检测评比中名列前茅，始终处于行业领跑者地位。

山东金蔡伦纸业有限公司积极推进管理创新，企业现代化管理显著提升，2016年“金蔡伦”被评为山东省著名商标，先后荣获“全国守合同重信用企业”“全国模范职工之家”“全国母亲河奖——绿色贡献奖”“省级环保优秀企业”“省级高新技术企业”“省级诚信企业”“省最具发展潜力企业”“省轻工行业先进企业”“国家二级安全标准化企业（轻工）”等多个荣誉称号，并于2007年通过了ISO 9001和ISO 14001认证，2017年通过了FCS-COC体系认证，2019年通过了中国环境标志（Ⅱ型）产品认证。

“金蔡伦”将秉承“以质量求生存永不满足，以客户为至尊诚信经营”的经营理念，发扬“品立天下，诚信致远，自强不息，追求卓越”的企业精神，继续以科学严谨的管理、求真务实的态度、优质高效的服务，与社会各界朋友携手共进，共创未来！

宁波邦威泵业有限公司

宁波邦威泵业有限公司是专业生产造纸专用泵的厂家。自2006年公司进入造纸行业十几年来，公司造纸研发团队，不断与造纸厂沟通交流；不断地到造纸厂现场进行探测；不断地进行技术创新，把造纸厂各种介质（物料）进行分析研究，公司成功地研发了三大系列造纸专用泵：

A. 造纸涂料专用泵

B. 造纸施胶剂专用泵

C. 造纸化学品专用泵

这三大系列造纸专用泵成功地在各大造纸厂投入使用，据使用企业反馈消息，该公司产品，输送效果显著，压力稳定，平稳输送物料，密封可靠，节能环保，使用寿命长。

该公司一直在为山东晨鸣纸业集团股份有限公司、东莞建晖纸业有限公司、山东太阳纸业股份有限公司、理文造纸股份有限公司、联盛纸业股份有限公司、仙鹤股份有限公司、浙江夏王纸业有限公司等大型造纸企业服务。

宁波邦威泵业有限公司

地址：浙江省余姚市河姆渡镇罗江工业区

电话：0574-62962899 62962896 传真：0574-62962898

手机：13957862406 邮箱：bonvepumps@aliyun.com

网址：www.bvwww.com

www.liporihk.com

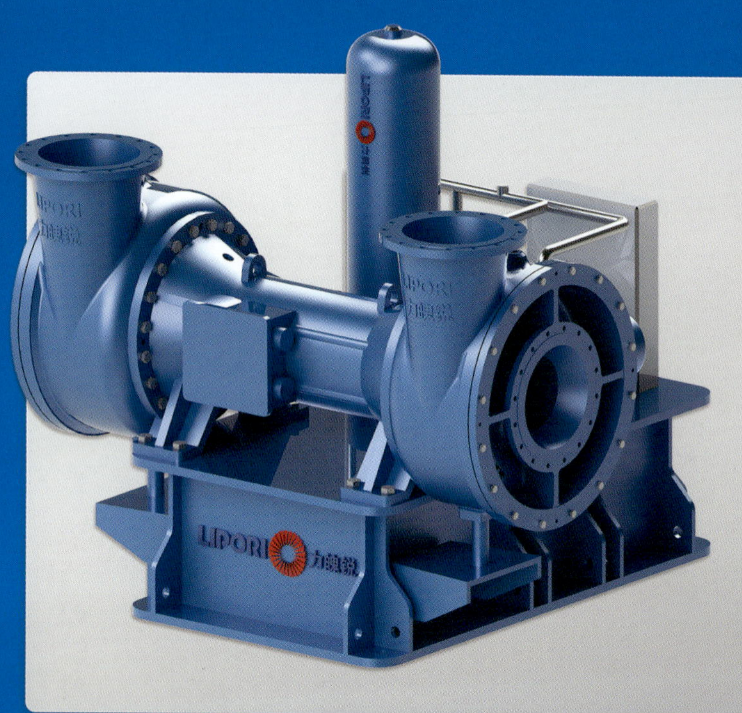

力魄锐**直驱式**
高速离心真空泵

航空技术
高效更可靠

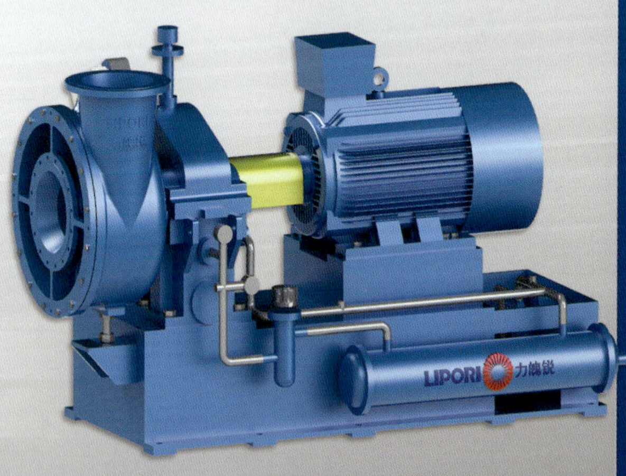

高科技
高标准
高性能
高可靠
高效率
高品质

源自航空动力
铸就军工品质

杭州力魄锐航空科技有限公司

T/ 0571-86699203 13811997780
E/ lipori@liporihk.com

车辆

博世科® BOSSCO

广西博世科环保科技股份有限公司

业绩超预期发展
各项财务指标飙升
注：↑ 表示同比增长

BOSSCO 2018 奋斗年

2018年新增合同额 54.98亿 EPC占比50%

总资产 65.26亿 64.19% ↑

在手订单 142.37亿

2018年净资产 15.31亿 31.92% ↑

2018年营业收入 27.24亿 85.49% ↑

2018年净利润 2.35亿 60.37% ↑

博世科环保（股票代码：300422）成立于1999年，总部设在广西南宁，并在国内外设有多家分子公司及服务机构。公司是国家认定企业技术中心、技术创新示范企业、国家科技部火炬计划重点高新技术企业、中国环境保护产业协会骨干企业及全国环保优秀品牌企业，检测中心通过国家CNAS认可及CMA资质认定，并拥有博士后科研工作站、院士工作站等科研平台。业务领域重点为工业治污、城乡环境、生态修复、固废处置与新能源开发、智慧环卫、环境服务等。

作为拥有核心技术的综合环境服务提供商，博世科环保构建覆盖环评、检测、咨询设计、研究开发、装备制造、工程建设、投资运营等环保全产业链的服务体系。

博世科环保秉持“博览世界，科技为先”的理念，针对不同客户的技术、运行和环境要求，为客户提供贴心周到的服务。公司已跻身国内环保产业的一线品牌，技术与产品远销东欧、东盟、西非、南美等海外市场。

荣誉平台

2016年度国家科技进步二等奖
2018/2013年度教育部科技进步一等奖
2018年广西科学技术奖特别贡献类特等奖——王双飞
2018/2013年度中国轻工业联合会科技进步一等奖
2015年度广西科技进步一等奖
2017年度南宁市科技进步一等奖
2016年度南宁市科学技术重大贡献奖
国家科技部重点新产品
国家重点环保实用技术
国家重点环保示范工程
……

国家企业技术中心
国家技术创新示范企业
国家火炬计划重点高新技术企业
国家高新技术企业
博士后科研工作站
自治区院士工作站
广西工业水污染控制工程技术研究中心
国家海智基地南宁工作站
CNAS认可实验室
CMA检测中心
……

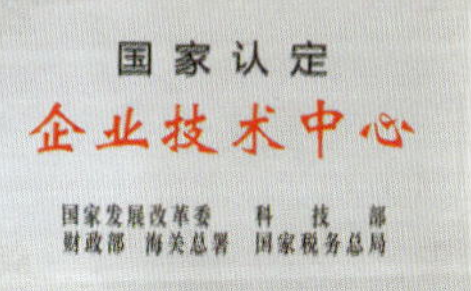

业务领域

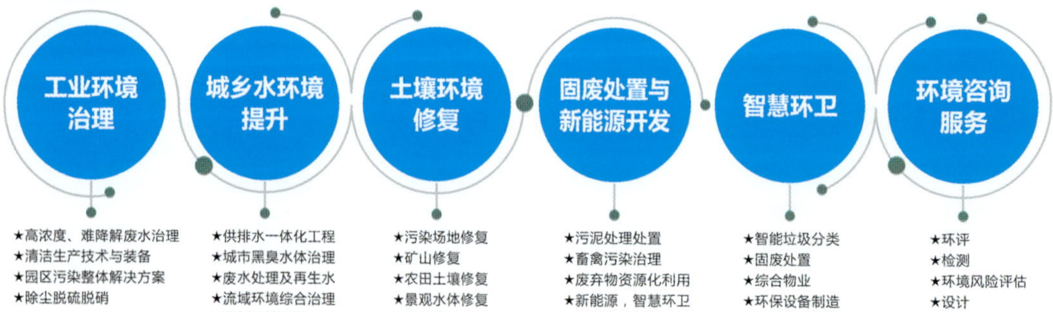

工业环境治理：
★高浓度、难降解废水治理
★清洁生产技术与装备
★园区污染整体解决方案
★除尘脱硫脱硝

城乡水环境提升：
★供排水一体化工程
★城市黑臭水体治理
★废水处理及再生水
★流域环境综合治理
★农村环境整治

土壤环境修复：
★污染场地修复
★矿山修复
★农田土壤修复
★景观水体修复
★生态农业

固废处置与新能源开发：
★污泥处理处置
★畜禽污染治理
★废弃物资源化利用
★新能源，智慧环卫
★危废处理处置

智慧环卫：
★智能垃圾分类
★固废处置
★综合物业
★环保设备制造
★环卫方案咨询设计

环境咨询服务：
★环评
★检测
★环境风险评估
★设计
★咨询
★第三方治理

微信公众号

广西博世科环保科技股份有限公司(总部)

地址：广西南宁市高新区科兴路12号
销售热线: 188 7711 2988 0771-3299118/168 传真：0771-3299118/168-400
E-mail:bsk@bossco.cc
网址：www.bossco.cc

新会远东网业有限公司

Xinhui Yuandong Paper Machine Clothing Co. ltd

江门市新会远东网业有限公司(原中新造纸网厂)是一家集聚酯成形网、干网的研发、生产、销售和技术服务于一体的现代化企业。公司先后从瑞典、挪威、奥地利引进了先进的整经机、织网机、热定型机和插接机等生产设备，现有整经机5台、织机17台、热定型机5台，年生产成形网30万平方米、干网20万平方米，并建有配套的实验室、检测中心，利用先进的检测仪器和手段使产品质量稳定可靠，在国内同行处于领先水平。

公司与广东工业大学共建广东省博士后创新实践基地，与五邑大学共建研究生工作站，与广东华科新材料研究院共建新型研发机构，多方共建纺织研究院。公司与高校和相关专业研发机构形成了长期稳定的合作关系，拥有雄厚的技术力量，使我们的产品开发不断取得突破，同时产品质量也得到稳步提高。公司拥有精湛的造纸网整经、织造、定型、插接技术、先进的研发优势和管理优势，而且拥有完备的资源体系、成熟的市场体制和完善的配套体系，近3年来在造纸网行业整体市场不景气的环境下年均以20%的速度持续逆势增长。

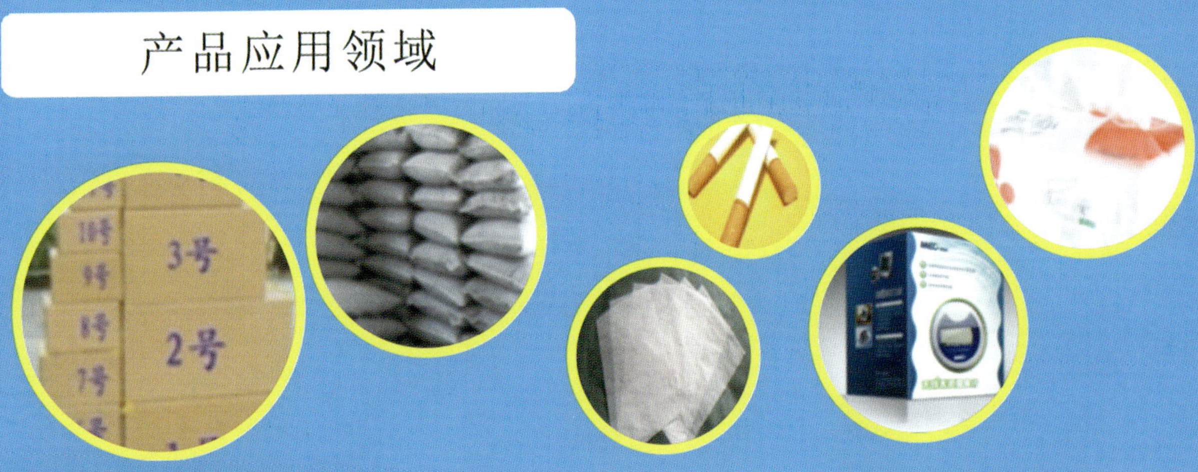

恒丰纸业集团简介

牡丹江恒丰纸业集团有限责任公司坐落在黑龙江东南部—牡丹江市，这里群山环绕，四季分明。

恒丰纸业集团始建于1952年，是经济成分多元化的大型国有企业，是全国造纸行业首家高科技上市公司，综合竞争实力位居全国同行业首位、世界同行业位居前三甲。公司连续多年保持利税超亿元，位列黑龙江省规模以上工业企业利税50强排行榜。恒丰纸业集团公司分别以32.60%、50.52%的比例控股牡丹江恒丰纸业股份有限公司，控股牡丹江恒丰热电有限公司。

恒丰纸业集团现有资产总额33亿元，拥有机制纸生产线20条，年生产能力18万吨，主要生产各类卷烟纸、滤嘴棒成型纸、铝箔衬纸、接装原纸、圣经纸及其他特种薄页纸等，是全国最大的卷烟辅料用纸生产基地，被国家烟草总公司确定为卷烟辅料生产基地。公司国内产品综合市场占有率30%左右，国外客户遍布欧洲、亚洲、南美洲、北美洲、非洲。

公司技术实力雄厚，是国内卷烟配套用纸研发和生产领域的领军企业，是中国卷烟配套用纸国家标准和行业标准的主要制定单位。公司主要研发机构技术中心是黑龙江省级技术中心，研制成功了我国第一张滤嘴棒成型纸、铝箔衬纸，并承担了国家火炬计划项目和国家重点新产品项目多项研发任务。2018年末，公司拥有专利22项，其中发明专利14项，实用新型8项，多项专利填补国内空白，并替代进口。同时，拥有18件国际专利授权。

十几年来，公司积极推进大项目建设，先后完成特种纸、高档铝箔衬纸、高档印刷型水松原纸、圣经纸、高透气度滤嘴棒成型纸、食品包装纸等大型技术改造项目，实现产品结构的优化，促进企业发展壮大。

2019年4月，迪拜国际烟草博览会恒丰纸业展厅

企业人文环境良好。作为省级花园式单位，公司被国家工信部认定为“资源节约型、环境友好型”试点企业。公司先后被授予“全国先进基层党组织”“全国企业文化建设百家重诚信单位”“全国厂务公开民主管理示范单位”“全国就业先进企业”、全国“守合同重信用”企业、全国“五一”劳动奖状获得企业、“全国轻工业卓越绩效先进企业”“全国模范劳动关系和谐企业”等荣誉称号。

未来，恒丰纸业集团将继续秉承“恒远兴业 诚信求丰”的经营理念和“创新 超越 强企 兴邦”的企业精神，推进公司实现高质量持续发展的奋斗目标。

高档印刷型水松原纸生产线

特种纸生产线

圣经纸生产线

丰润之路

恒丰秋色

给排水处理系统

联系地址：黑龙江省牡丹江市阳明区恒丰路11号
联系电话：0453-6886000

GENERAL TOPICS

1

中国轻工业联合会会长张崇和在中国造纸可持续发展论坛上的致辞

Congratulation Speech on the Forum of Sustainable Development of China's Paper Industry, Delivered by Zhang Chonghe, the Chairman of China National Light Industry Council

（2019 年 2 月 22 日）

各位专家，各位来宾，新闻媒体朋友们：

大家上午好！

非常高兴参加今天的论坛和《中国造纸工业可持续发展白皮书》发布仪式。首先，我代表中国轻工业联合会，对本次论坛的召开，表示热烈的祝贺！向为造纸行业发展做出积极贡献的企业家，致以诚挚的问候！向长期以来关心、支持造纸行业发展的有关政府部门和社会各界人士，表示衷心的感谢！

造纸工业是基础原材料产业，是中国轻工业的组成部分，在国民经济中发挥着重要作用，在促进物质文明和精神文明建设中承担着重要职能。

2017 年，我国造纸工业主营业务收入 1.48 万亿元，利润超过 1000 亿元，纸张消费总量超过 1 亿吨。造纸工业为我国经济发展做出了无可替代的贡献。

中国造纸协会、中国造纸学会组织编纂的《中国造纸工业可持续发展白皮书》，数据翔实，案例经典，汇聚了权威信息，解析了热点问题，为我国造纸工业可持续发展提供了积极有益的历史借鉴。书中“经济资源、生态环境、社会责任、产品结构”等内容，系统地记述了多年来行业实施可持续发展战略、践行社会责任的绩效和进步，科学地分析了行业发展阶段性特点和市场趋势，前瞻性地提出了未来发展前景和努力目标，为我国造纸行业可持续发展指明了前进方向，明确了发展重点。

借此《白皮书》发布之际，我对造纸行业提 3 点希望。

一要服务生态发展需要。“绿水青山就是金山银山”，坚持绿色生态才能可持续发展。造纸行业要实行清洁生产，淘汰落后工艺，落实治污主体责任，减少废气废水排放，加强固体废物处置。要构建良性循环生产体系，提高再生资源利用率，加大农林废物回收，加强水资源循环使用，为推动绿色循环与生态保护协同发展多做贡献。

二要服务媒体融合需要。习近平总书记在中央政治局第十二次集体学习时指出，要推动传统媒体和新兴媒体融合发展。造纸行业要提升新闻纸品质，丰富印刷纸品种，优化信息纸性能，增强纸媒视觉感、阅读性，以优质媒体用纸，服务党政宣传、新闻传播和舆论引导，为推动传统媒体与新兴媒体融合发展多做贡献。

三要服务文化生活需要。中国发明了纸，纸承载了中华文化。千百年来，书写绘画、教材课本、报刊文摘、剪纸春联、灯笼风筝，为丰富人民文化生活发挥了不可或缺的重要作用。造纸行业要以服务人民文化生活为动力，提升造纸工艺，增强纸张质量，以高品质、多元化、个性化、实用性的纸张，为满足人民日益增长的文化生活需要多做贡献。

同志们！纸是传承人类文化和社会文明的重要载体，造纸行业承担光荣使命，肩负重要责任。衷心希望造纸行业的同志们，始终坚持以习近平新时代中国特色社会主义思想为指引，不忘初心，砥砺前行，为造纸行业的美好明天做出新的更大的贡献！

最后，预祝本次论坛和发布仪式圆满成功！

谢谢大家！

创新促进升级 开放推动发展
——在第四届中国造纸装备发展论坛上的报告

Innovation Promotes Upgrading and Openness Drives Development ——Report on the 4th China Pulp and Paper Machinery Development Forum

中国轻工业联合会原会长 步正发

第四届中国造纸装备发展论坛以“创新促进升级 开放推动发展”为主题，围绕造纸装备高质量发展的重点问题，组织企业家、科技专家和社会各界人士研讨交流、集思广益，汇聚、探索发展的新思路、新举措，这对于推动造纸装备业高质量发展和行业协会各项工作有着重要意义。

一、改革开放取得的成就为造纸装备业高质量发展打下了坚实的基础

改革开放 40 多年以来，我国造纸装备业取得了举世瞩目的成绩，逐步实现了由模仿学习、消化吸收到集成创新、自主创新的转变，技术水平由低端向中高端的转变。

(1)整体实力大幅提升，规模和效益持续增长。2018 年制浆造纸专用设备制造企业数量为 187 家，主营业务收入 195.6 亿元，同比增长 20.25%；利润总额 11.05 亿元，同比增长 164.18%。

(2)科技创新能力不断增强，形成一大批具有自主知识产权和突破性的创新成果。高速文化用纸机实现了国产高速纸机零的突破。麦草清洁制浆及其废液资源的利用技术和装备，纸浆清洁漂白技术，废纸处理成套技术装备等，居于世界先进水平，取得显著的经济效益和社会效益。我国制浆造纸装备专利数量快速增长，2018 年已占全球同行专利数量的 21.27%。

(3)转型升级稳步推进，融合发展取得积极成效。产品结构、产业结构、产权结构发生了深刻的变化。环保、节能型制浆造纸成套装备不断推出，产品性能、档次、质量不断提升，初步形成了从人才培养、研究开发、设计制造、质量控制、标准检测，安装调试到交钥匙工程承包的较完整的生产型服务体系。应该特别指出的是，技术创新模式的不断探索出现了新的突破，以山东泉林纸业有限责任公司、河南江河纸业股份有限公司为代表的制浆造纸企业，研发为本行业服务的技术装备，实现了纵向一体化，大大降低了研发的交易费用。造纸装备制造业同相关企业、院校、科研单位之间进一步密切合作，融合发展取得积极成效。

(4)积极参与国际竞争，国产装备加快进入国际市场。我国制浆造纸装备以其优良的性价比，近几年出口额每年以 20% 左右的速度增长，2018 年我国制浆造纸装备出口额 14.6 亿美元，同比增长 30%。企业“走出去”的步伐加快，一些企业开始在国外建立研究中心和办事机构。

回顾我国造纸装备改革开放 40 多年来走过的艰辛历程和取得的辉煌成就，总结其宝贵经验主要有以下几点。

(1)得益于改革开放的历史机遇。党和国家的改革开放方针和政策极大地解放了人们的思想，激发了人们的积极性和创造性，为解放和提高生产力提供了强大的动力和保障。

(2)得益于充分的市场竞争。发挥市场配置资源的决定作用，企业在剧烈的市场竞争中优胜劣汰，磨炼成长。

(3)得益于与时俱进的创新精神。不断适应经

济、社会发展，特别是科技创新的新变化，持续激发企业的内生动力，不断满足用户的新需求，催生新产品、新档次、新的发展模式。

(4)得益于对外开放。融入全球开放发展的格局，走出了一条进出口良性互动，自主创新发展，中外合作发展的路子。

(5)得益于涌现出一批优秀人才。一批具有开阔眼界和创新精神的优秀企业家，潜心钻研、百折不挠的科技工作者，具有工匠精神的产业工人为造纸装备业的发展提供了组织保证。

改革开放40多年来的实践和经验是我们今后发展的宝贵财富，为造纸装备业高质量发展打下了坚实的基础。

二、准确把握我国造纸装备业高质量发展面临的形势

2019年是新中国成立70周年，是决胜全面建成小康社会，实现第一个百年奋斗目标的关键之年。要准确把握我国造纸装备业高质量发展面临的形势，在充分肯定成绩的同时，清醒地看到外部环境条件的深刻变化和行业自身面临的诸多问题和挑战，看到新形势下造纸装备业发展的机遇。

1. 经济发展的外部环境条件复杂严峻

世界经济增速放缓，不稳定、不确定因素明显增加。保护主义、单边主义加剧，国际大宗商品价格大幅波动，外部输入性风险上升。华为事件折射出令人深思和应对的许多问题。国际金融危机以来各国制造业的生产和协作方式发生重大改变，发达国家制造业在保持和抢占产业高端的同时，凭借其优势加快向其他领域延伸，发展中国家也抓紧发挥自身优势，争取更多的市场份额。我国装备制造业面临来自产业高端和中低端的争夺和竞争的多重压力。

国内经济下行压力加大。消费增速减缓，有效投资增长乏力。2018年，主要生产消费品的轻工业由多年来一直超过全国工业增速，变为低于整个工业增速。劳动力、资本、土地等要素条件发生深刻变化，传统增长模式已难以适应经济发展新常态的要求。造纸装备行业受原料、价格等因素影响，2019年以来增速放缓。企业营商环境存在的实际问题尚未有效解决，一些改革发展举措落实不到位。管理部门的形式主义、官僚主义仍然突出，检查考核过多过频，加重了基层负担。这些问题给造纸装备业的高质量发展带来影响和难度。

2. 国外技术占主导优势需长期应对

我国造纸装备业的科技创新能力和整体实力与世界强国相比还有较大差距。产品的可靠性、先进性、能耗差距明显，高端装备、核心技术、关键材料仍主要依靠进口。基础工作薄弱，自主品牌影响力不强。目前大型高速、宽幅造纸机的核心装备，大型化学制浆生产线的核心装备等，国外技术占据主导、垄断地位，改变这种状况，需要长期应对。

3. 转型发展面临新的挑战

当前世界正处在从以机械化、电气化、自动化为主要特征的工业经济向以信息化、网络化、智能化为主要特征的数字经济加速转型。我国造纸装备多为传统制造，机械化、自动化程度发展较快，但仍有不小差距，与信息化、网络化、智能化相比差距就更大。既面临用高新技术改造传统制造，完成工业2.0、3.0的补课，又面临用信息化、网络化、智能化技术加快造纸装备业转型升级。全行业技术改造和转型升级的任务十分艰巨。

4. 解决制约发展的创新体制、机制还不完善

造纸装备业的产业集中度小，产品同质化仍较普遍。集聚优势资源、优秀人才解决装备业发展的核心技术的创新体系不健全、不完善，多数企业以提供装备产品为主，距现代制造服务业的要求还不尽适应。行业从体制机制上解决集聚优势资源、保障科技投入和人才储备等还存有许多薄弱环节。

5. 变挑战为机遇，发展前景广阔

我国发展处在重要的战略机遇期没有改变，造纸装备业发展仍有许多有利条件，拥有足够的韧性和巨大的潜力。造纸产业的转型升级催生造纸装备产业升级的机遇。随着国家对环保及能耗要求不断提升，倒逼造纸产业转型升级。大规模开发利用非粮生物质和木质纤维生物质炼制技术已成为世界各国重点研究方向，尤其对我国这样一个人口众多、能源资源匮乏的大国来说，具有特别重要的战略意义和现实意义。这既给造纸产业带来转型发展前景，也给造纸装备业转型发展提出新的要求，带来发展机遇。

消费升级促进造纸装备业的转型发展。适应人们对美好生活的需求，电子商务、快递所用的包装用纸，符合健康、环保需求的生活用纸，以及具有特种功能的用纸等需求量快速增长，品种、质量要求不断提升，这给造纸产业和造纸装备业都带来新的发展机遇。

外国造纸项目、纸厂改造及配套项目也给我国造纸装备业创造更多的发展机遇。

三、以创新、开放的思路推进造纸装备业高质量发展

中央经济工作会议把推动制造业高质量发展列为2019年第一项重点工作。我国造纸装备业正处在转型升级，迈向高端和制造业强国的关键时期。要以创新、开放的思路扎实推进造纸装备业高质量发展。坚持创新引领发展，促进造纸装备业优化升级，坚持扩大开放，培育国际合作和竞争的新优势。要着力抓好以下几点工作。

1. 加大科技创新力度，提升企业核心竞争力

高质量发展主要依靠科技进步和原始创新，真正的核心技术、前沿技术不可能通过购买和引进得到。针对造纸装备业发展存在的瓶颈短板，加强科技攻关和技术改造升级，着力攻克制约装备业发展的核心技术，关键材料、产品技术，进口替代技术。争取将造纸装备攻关项目列入国家重大工程项目中，加快缩小同国际先进水平差距的进程。密切同相关企业，大专院校，科研院所，国家和省级研发中心、标准检测、质量监督、评价机构的联系与合作，构建开放协同、高效的共性技术研发平台，加强和完善以用户需求为导向，企业为主体的产学研一体化创新机制。布局建设一批行业创新中心，加快科技成果转化为现实生产力。

2. 抓住工业互联网发展机遇，赋予产业转型新的动能

工业互联网是新一代网络信息技术与制造业的深度融合，旨在通过全要素产业链的链接推动形成全新的工业生产制造和服务体系。它既是发展数字经济的基础设施，也是推动制造业高质量发展的重要抓手。我国造纸装备业要抓住工业互联网发展机遇，从自身实际出发运用好这一基础和抓手。首先加快由机械化转为数字化的进程，用数字化优化加工、设计、制造、管理等流程，在此基础上，应用工业互联网集聚优势资源，发展网络化协同研发制造、大规模个性化定制、云制造等新业态、新模式，延伸在线设计、数据分析、智能物流等增值服务，发展在线监测，远程诊断，促进优化结构，降低成本，提高质量，推动融合发展。加快发展和完善科技创新体系，全要素链接的制造和服务体系。

3. 优化结构，增强行业发展的内生动力

优化结构是适应生产要素条件变化，推动制造业高质量发展的关键所在。通过充分发挥市场作用，促进优胜劣汰，激发行业发展内生动力，加快造纸装备业的结构优化升级。

(1)提升中高端产品比例，改善产品结构。淘汰落后产能，使产品和服务更加适合用户的需求。

(2)推动合资、合作，优化产业结构。巩固发展制浆造纸企业向造纸装备技术延伸发展的成功做法，推动装备企业同造纸企业之间，中外造纸装备业之间的合资、合作。把大型强势企业研发制造的优势同中小企业机制灵活，创新、试错成本低的“专精特新”优势结合起来，密切专业化协作，各展所长，协同发展。

(3)注重成套技术和全过程服务，改善能力结构。围绕用户需求，按照提供成套装备技术和全过程服务的要求，提升综合能力，增强总体实力，加快装备制造业同现代制造服务业的融合发展。

4. 扩大对外开放，提高“走出去”的水平

坚持扩大对外开放是国家坚定不移的方针，也是造纸装备业高质量发展的不可或缺的重要途径。

要巩固发展现有出口和“走出去”的成果和比较优势，按照互利互惠合作共赢的思路，研究新形势下开放合作的实际问题，紧紧抓住国际市场中造纸装备需求的新变化、新特点，进一步拓展多元化出口市场，提高国际经营能力。不断提高出口贸易的价值增值，利用国内国际两种资源为造纸装备高质量发展服务。充分运用国家“一带一路”发展战略，利用企业在外办事机构及相关双边和多边贸易及合作机制，培育国际合作和竞争的新优势，提升企业“走出去”的水平。

5. 积极争取政府支持，改善企业发展环境

行业和企业的发展离不开政府的支持，2019年政府在大规模减税、化解企业融资难、融资贵，促进消费，支持民营经济发展，保护知识产权，健全政企沟通机制，发挥行业协会作用等方面出台了一系列政策措施，力度空前。要充分运用和认真落实这些政策措施，及时同政府有关部门沟通，使政策红利真正转为减轻企业负担，增强企业活力，改善发展环境，促进行业和企业发展的实际效果。

行业协会要及时反映行业和企业经济运行及贯彻落实政府政策措施方面的情况和问题，提出解决实际问题的建议和措施，不断提升服务行业和企业，服务政府的能力，为推动造纸装备业的高质量发展，发挥好桥梁、纽带作用和引领作用。

我国成为制造业强国还有很长一段路要走，发展是解决我国一切问题的基础和关键，让我们更加紧密团结在以习近平同志为核心的党中央周围，凝心聚力，开拓进取，扎实工作，为建设造纸装备强国而不懈奋斗，做出新的贡献！

中国造纸工业可持续发展白皮书

The White Paper of Sustainable Development of China's Paper Industry

中国造纸协会　中国造纸学会

（2019 年 1 月）

第一部分　中国造纸工业概况

造纸工业作为重要的基础原材料产业，在国民经济中占据重要地位。造纸工业关系到国家的经济、文化、生产、国防各个方面，其产品用于文化、教育、科技和国民经济的众多领域。历史的经验表明，纸张的生产和消费水平代表了一个国家的科技与经济发展水平，因此造纸业被称为"社会和经济晴雨表"。

一、造纸工业在国民经济中的支柱地位

1. 造纸工业是重要的基础原材料产业

造纸工业是与国民经济和社会发展关系密切的重要基础原材料产业，具有可持续发展特点，在国民经济各领域发挥着重要作用。纸张产品广泛用于文化传播、包装、装潢、工农业生产、国防建设和人民生活等各个领域，在促进物质文明和精神文明建设中承担着重要职能。

2017 年中国造纸工业（造纸及纸制品业的统称）总资产已达 1.46 万亿元，主营业务收入达 1.48 万亿元，利润 1016 亿元；纸张消费总量已达 10879 万吨，约占到全球消费总量的 1/4；产品质量大幅度提升，品种越来越丰富，已基本满足国内各行各业对纸张的需求，为我国的经济发展、社会建设及人民生活做出了无可替代的贡献。

2. 纸是传承人类文化和文明的重要载体

纸是中国劳动人民长期经验的积累和智慧的结晶，自我国汉代发明以植物为原料生产的纸张以来，迄今已经近 2000 年。造纸术是我国古代的四项伟大发明之一，是书写材料最重大的一次革命，结束了古代简牍繁复的历史，为中华文明的繁荣和传承提供了物质技术基础，在历史的薪火相传中扮演着重要角色。纸的大量生产，使纸本书籍成为传播人类文化和文明的最有力的工具。造纸术的对外传播，促进了世界文化的交流，影响着世界文明的发展进程，是中华民族在人类文化传播和文明发展史上做出的伟大贡献。

3. 纸的消费水平是社会经济发展的重要标志

纸及纸板的消费水平是衡量一个国家经济和文明程度的重要标志，消费量受到全社会各个领域的直接和间接影响，被称为"社会和经济晴雨表"。目前国际上的发达国家或工业强国都建设有一个强大的造纸工业，是其经济中的支柱产业之一。

纸及纸板人均消费量是衡量一个国家综合经济实力的重要指标。2017 年世界纸及纸板人均消费量约 57 千克/年，中国为 78 千克/年，比 2008 年提升了 15 千克/年。虽然中国人均消费水平超过世界平均水平，但低于发达国家 150 ~ 300 千克/年的人均消费量，仍有巨大的发展空间。

二、造纸工业具有跨领域协同发展的能力

1. 造纸工业是技术密集型产业

造纸工业是技术密集型产业，体现在跨领域、多学科，包含多个技术领域或交叉学科，涉及植物化学、微生物学、流体力学、电子和计算机、热力学、数学、材料科学、化学工程、机械和自动化、环境科学，甚至工艺美术等。

现代化的造纸设备体现了高技术含量，高度自动化、超高制造精度和材料要求，并正在向信息化、数据化、智能化方向发展，保证了高速运转条件下实现高可靠性和产品质量性能，同时还要满足节能环保、降低成本的要求。一些大型造纸生产线的造价、制造难度和精度要求甚至比大型客机

还高。

2. 造纸工业上下游产业链较长

造纸工业产业链长、涉及面广。造纸生产以木材加工剩余物、竹、芦苇、麻类等原生植物纤维和废纸等再生纤维为原料，上游产业广泛涉及农业、林业、化工、机械制造、电子仪器、能源电力、环保、贸易物流等领域；造纸产品应用下游产业包含文化传播、印刷出版、生活居住、卫生护理、商务办公、贸易物流、交通运输、教育培训、产品包装、装潢、工农业技术、科研国防等多个方面。

3. 造纸工业服务经济社会发展多领域

造纸工业既是为文化生活提供消费材料的工业，也是为制造业提供基础原材料的制造业，还是为工农业、技术、科技、国防提供功能性材料的工业；既是产品的供应者，也是社会经济链条上不可缺少的重要一环。作为资金技术密集型行业，它聚集数万亿社会资本，为社会提供总量约占世界1/4的各类纸产品，为上下游产业的发展起到了拉动和促进作用。

4. 造纸工业绿色循环发展潜力巨大

造纸工业使用的原料和生产过程排放的固态、气态、液态废物基本是可回收利用，纸张产品更是可以循环利用。这一特性奠定了造纸工业循环经济基础。

造纸工业实施全生命周期管理，致力于提高资源的高效和循环利用。开发绿色产品，创建绿色工厂，引导绿色消费，转变发展方式，按照减量化、再利用、资源化的原则，提高水资源、能源、土地及植物原料等利用效率，减少能源消耗和污染物排放。造纸工业开展循环经济、节能减排等工作，对产业结构调整和产业升级起着重要支撑和推动作用。

三、造纸工业整体发展态势良好

1. 生产量持续稳定增长

改革开放以来，经过造纸人的艰苦努力，中国造纸工业持续稳定发展，特别是进入新世纪之后，造纸工业进入快速发展期，造纸生产量大幅提升，连续超过日本、美国，甚至整个欧洲跃居全球第一，生产量占比超过世界纸及纸板生产量的1/4，成为最大的造纸生产国和消费国。据统计，2017年中国纸及纸板生产量为11130万吨，比2008年的6415万吨多出近1倍。

2008年至2017年间，我国纸及纸板生产量和消费量与经济发展基本保持了同步增长，产品品种发展成目前数百个品种，产品质量和技术含量明显提高，基本可以满足国内市场需求，为社会经济发展提供了可靠的供给保障。

在市场需求的作用下，造纸产品结构得到较好调整，包装用纸的消费量占纸张总消费量比例由2008年的61%提高到2017年的64%；文化用纸的消费量占比由2008年的29%下降到2017年的24%；生活用纸的消费量占比由2008年的6%提高到2017年的8%；其他用途的纸及纸板的消费量占比保持稳定。

中国造纸产业持续稳定增长，已经成为全球造纸产业持续发展的最大动力，并带动林业、装备、化工、环保等相关产业的发展。

2. 非国有资本成造纸工业主要力量

造纸工业是一个充分竞争的产业。随着我国造纸工业的发展，民营企业和外资及港澳台资企业从无到有，比重不断提高，使得造纸产业的资本结构发生了巨大的变化。

在中国造纸工业企业中，国有及国有控股企业数量由2008年196家减少到2017年的96家，占比由1.96%下降到1.45%；集体、民营企业及其他企业由8664家减少至5687家，占比由86.54%减少到85.80%；外资及港澳台资企业由1151家减少至845家，占比由11.50%上升到12.75%。

主营业务收入中，国有及国有控股企业比重由2008年的8.78%下降到2017年的4.58%，集体、民营企业及其他企业由58.50%上升到68.80%，外资及港澳台资企业由32.72%下降到26.61%。

从各类所有制企业固定资产投资额明显看出，2008年到2017年，中国造纸工业累计固定资产投资2.09万亿元，完成新增固定资产1.59万亿元，其中民营企业累计投资达到1.66万亿元，贡献率达到79.4%，已成为绝对的主力。

3. 资产增长，收入提升，就业增加

造纸产业的不断壮大，有力带动了经济的发展，各项经济指标在国家统计局41个工业行业中排在20位左右。根据国家统计局统计，2017年我国规模以上造纸工业企业约6681家，比2008年10011家减少3330家，资产总计1.46万亿元，比2008年7449亿元增加96%；主营业务收入1.48万亿元，比2008年7501亿元增加97%；利润1016亿元，比2008年435亿元增加134%。

造纸工业是流程性生产模式，造纸生产线的连续生产和高效运行，需要不同层次和技术人员操作和维护，随着造纸新建项目的不断增加，为社会提供了大量的就业机会。2008年，我国规模以上造纸及纸制品业就业人员为59.4万人，2017年就业人员已增至 127.1 万人，10 年间增加就业人员 67.7 万人。造纸行业与其他产业的关联度较强，充分延伸了就业链，从高层次科技人才到普通技工均能获得就业机会，有力缓解了社会就业压力。

4. 持续优化调整，集中度提高

近年来，造纸产业持续推进转型升级，取得明显成效。原料结构不断优化，废纸利用率快速提高，木浆比重逐步增加，非木材浆比重不断降低。产品结构持续调整，中高档纸及纸板比重约占 75%，其中新闻纸、复印纸、未涂布书写印刷用纸、铜版纸、箱纸板、瓦楞原纸、涂布白卡纸、生活用纸、高档装饰用纸、特种纸等主要纸种的产品品质达到国际先进水平。

产业集中度进一步提高。2008 年到 2017 年间，我国造纸工业随着企业生产规模逐步扩大，行业企业的集中度不断提高。纸及纸板生产量排在全国前 30 位的生产企业合计占全国纸及纸板总生产量的比例，由 2008 年的 38.38% 增加到 2017 年的 59%。产业集中度的提高，为资源的利用率提高以及环境治理的进步提供了有效的保障，提升了中国造纸工业的综合竞争力。

四、消费稳定增长，拉动全球贸易

1. 纸浆和纸张消费量持续增长

造纸产业的消费需求与一个国家的经济总量和经济结构有直接的关系。我国经济总量大，制造业相对发达，人口众多，纸及纸板的消费总量目前在世界排名第 1 位。

2017 年我国纸及纸板表观消费量为 10897 万吨，比 2008 年增加 37.32%，占全球消费量的 1/4，10 年间消费量年均增长率 3.59%；纸浆消费量为 10051 万吨，比 2008 年的 7360 万吨增加 2691 万吨，10 年间消费量年均增长率 3.52%；纸制品消费量为 6513 万吨，比 2008 年的 2999 万吨增加 3514 万吨，消费量年均增长率 9.00%。

2. 在全球贸易中占有突出地位

造纸工业已高度市场化，林地和纸浆厂主要集中在森林资源丰富的地区，造纸和纸制品企业主要集中在靠近用户和废纸回收方便的地区，造纸业的特点决定了制浆造纸企业需要纸业国际化、全球化合作。中国作为木片、纸浆、纸及纸板和纸制品的全球化贸易和合作的重要角色，影响着全球造纸及相关产业的国际贸易。

中国的纸和纸制品进出口贸易量在全球排名中靠前。2017 年我国从 116 个国家和地区进口了纸和纸板 466 万吨、纸制品 19.4 万吨，合计占世界纸和纸制品进口量的 3%，排名第 9 位，同时也向 218 个国家和地区出口了纸及纸板 699 万吨、纸制品 307 万吨，合计占世界纸和纸制品出口量的 11.1%，排名第 2 位。

由于我国造纸原料缺乏，需要大量进口纸浆和废纸。根据统计，2017 年我国纸浆进口量 2372 万吨，占到了国际纸浆贸易量的 44%；废纸进口量为 2572 万吨，占国际废纸贸易量的 44.32%；木片进口量为 1140 万吨，占到了国际贸易量的 28%。

第二部分　可持续发展—循环经济篇

一、造纸全周期形成良性循环体系

现代造纸工业具有典型循环经济属性，已发展成一个完整的资源可循环、低能耗、低排放、可实现自然界碳循环的循环经济体系，是我国国民经济中具有循环经济特征的重要基础原材料产业和新的经济增长点。

造纸所用的原料均是可再生资源。林业“三剩物”（采伐剩余物、造材剩余物和加工剩余物）、废纸、农业秸秆，制糖工业废甘蔗渣和造纸行业自身固体废物（树皮、秸秆废渣、甘蔗髓、废纸制浆污泥、废水处理污泥、碱回收白泥）的大规模回收利用，使我国造纸工业主要原料中有 77% 的原料来源于各类固体废弃物，有约 20% 的能源来源于固体废物，有约 70% ~99% 的制浆化学品来源于造纸过程产生的固体废物。

通过清洁生产，“林业、竹业、农业等——纸浆和生物质能源——纸产品——废纸——再生纸浆——造纸和生物质能源”形成了一套完整的良性循环经济产业链，其包括造纸行业的 4 个循环圈：林、竹、苇、农、纸一体化，实现原料来源的绿色大循环；废纸或废纸板回收再制浆，实现产品从生产到消费、消费废弃物回收、再回到生产和消费的大循环；生产过程多渠道回收化学品、水和能源等，实现生产体系内部的大循环；污染物资源化社会的再利用，实现减量再生大循环。

二、纤维原料来源确立绿色循环基础

1. 原料来源广，均为可再生资源

造纸纤维原料是可再生资源，即植物。植物在生长过程中靠光合作用吸收二氧化碳而形成纤维材料，经过制浆过程后有大约 50% 以上的碳以纤维的形式形成了纸浆，而另外约 50% 经过回收用于生产能源。利用木材、竹、芦苇、蔗渣、麦草等原生植物制浆造纸实现了自然界的碳循环。

利用农林废弃物制浆造纸，进入工业生产领域，生产过程中的废弃物通过生物精炼生产化工产品或肥料反哺农田，既可提高农林废弃物的利用效率，同时也为农民提供部分就业和收入来源。

2. 回收废纸，巧用“城市森林”

废纸造纸有助于减少原生林木采伐，减少温室气体和污染物的排放，体现了纸张的天然可循环的属性，被称作“城市森林”。根据生产实践，使用1吨废纸可以替代使用4~7米^3 的原生木材，废纸也因此成为许多国家争夺的战略性资源。据测算，每年伴随我国商品出口而附加出去的包装纸及纸板和纸制品高达2000万吨以上，为了弥补国内废纸在数量和质量上的不足，需以废纸贸易的形式进口大量废纸回到国内循环体系。中国造纸工业充分利用世界废纸循环，在市场的规则和力量下，形成了较为合理的原料利用格局。

废纸是造纸工业最大的纤维原料来源之一，我国有65%的纸张是以废纸为原料生产的。废纸造纸可以充分利用原料资源，降低生产成本，减少废物的排放。在制浆造纸生产过程中，约90%的污染物发生在制浆过程中。废纸作为造纸原料，与原始的植物纤维原料相比，不需要化学蒸煮制浆过程，没有高浓度废液的产生，污染物的产生量不到原生植物制浆造纸过程的50%，大大减轻了污染。基于现有的污染物处理技术，使用废纸造纸产生的固气液废物处理可以更好地实现达标排放。

三、清洁生产构建内部循环系统

1. 生产过程实现资源充分利用

造纸企业积极引进新技术、新设备，优化原料结构，延伸循环经济产业链条，减量化、再利用、资源化，实现全过程控制。在制浆造纸过程中，对水资源、化工、原料和能源等方面实现了最大程度的循环回收利用。

在化学品的回收利用和生产再生能源内循环过程中，制浆废液经过提取、浓缩、燃烧后，回收无机物用于蒸煮原生植物原料，燃烧产生的中、高压蒸汽，用于发电或生产使用。生产过程中产生固体废弃物经燃烧后，可产生再生能源用于生产过程。在生产用水的内循环利用过程中，通过提高生产过程循环利用率，降低单位产品水耗，使水得到充分利用，使废水外排量降到最低。

制浆造纸企业一般都建有热电站，大型制浆造纸企业基本达到了热电平衡，自供汽电，取得了较好的经济效益。热电联产是利用造纸生产的废汽和余热发电的新型应用技术，提高了能源的利用效率，减少了环境污染，具有节约能源、改善环境、提高供热质量、增加电力供应等综合效益。以年产30万吨化学木浆为例，采用热电联产，满足生产蒸汽和电力需要外，还能有部分剩余，每年节约电费近4000万元。

造纸产生的固体废料经回收可用于焚烧发电，部分企业逐步实施生物质发电技术。蒸煮前后的粗渣、蒸煮废液和废气、碱回收产生的废气、废水处理过程产生的沼气和污泥等都作为生物质能源回收利用。

碱回收设施是碱法化学制浆的关键组成，在特定条件下焚烧制浆废液中有机质转化为能源，并通过一系列化学反应再生回收碱和硫化物。约80%~99%的有机污染物在碱回收工序被转化为生物质能源，极大地降低了污染负荷，产生的生物质能源可达到全部能源需求的40%~80%。再生回收的碱和硫化物回用于制浆蒸煮过程，减少化学品的使用，相比外购碱每吨碱节省成本约1500元。中国有世界上最先进的黑液提取碱回收工艺设备，木浆黑液提取率超过99%，碱回收率达到98%以上。

2. 水资源实现充分循环利用

水在制浆造纸过程中起着至关重要的作用，通过建设先进生产线和加快淘汰落后产能等有效措施，造纸行业在节水工作方面取得了明显进步与成效。特别是进入新世纪以来，我国造纸工业步入高速发展时期，新建和改扩建的大、中型项目，普遍采用了当今国际和国内先进成熟的技术和装备，同时淘汰了一大批高耗能、耗水的落后工艺、技术和装备。绝大多数造纸企业都比较重视节水，通过提高技术装备水平，应用先进适用的节水技术和装备，使造纸过程中水重复利用率逐步提高，水耗大幅度降低，取得了显著的节水效果，万元产值取水量和单位产品取水量呈大幅下降趋势。目前在中国运行的部分先进新闻纸机和文化用纸纸机新鲜水取水量已不到10米^3/吨，有的甚至达到更低的水平。国内已有瓦楞原纸生产线的新鲜水取水量达到极限值5米^3/吨，指标明显优于欧盟制定的最佳技术标准(瓦楞原纸生产线案例新鲜水取水量6.5米^3/吨)，水重复利用率可以达到95%以上，处于国际领先水平。

第三部分　可持续发展—原料篇

一、造纸原料具有绿色特性

1. 造纸原料和产品具有天然绿色属性

造纸原料具有先天的绿色属性，现代造纸工业的纤维原料主要来源于植物。植物生长依靠二氧化碳和水通过光合作用产生纤维素、半纤维素和木质素等。制浆过程主要是提取纤维形成纸浆，进而生产纸张。植物纤维到纸浆、纸张再到废纸回收过程，固碳作用明显，效果显著，体现了其绿色属性。

2. 纸张生命全周期固碳减碳作用显著

制浆造纸以天然植物纤维为原料，其产品不仅有循环再生优势，更重要的是有固碳作用。主要体现：一可形成森林碳汇：植物生长通过光合作用吸收二氧化碳形成纤维材料，碳以纤维形态被固定，达到固定二氧化碳作用，从而可发挥出森林碳汇功能；二是低碳排放：制浆造纸过程中黑液、废渣、污泥和沼气等可作为生物质能源回收利用，进而降低石化能源消耗，减少二氧化碳排放；三是循环再用：绝大部分纸产品使用后都能回收利用，废纸经处理后可代替原生纤维原料再用于造纸。这些功能和作用为造纸工业走循环经济、绿色经济、低碳经济之路奠定了基础。

二、原料结构与来源保障

1. 造纸纤维原料政策稳定

国家发展和改革委员会、工业和信息化部、国家林业局2011年发布的《造纸工业发展“十二五”规划》以及《中国造纸协会关于造纸工业“十三五”发展的意见》均提出，改善原料结构，增加国内供给：(1)提高木纤维比重。木材原料供应要充分利用国内、国外两种资源，支持企业提升原料自给能力。(2)加大废纸回收和利用力度。稳定和拓宽国外废纸回收渠道，同时加大国内废纸回收系统建设，规范和统一回收及贸易行为，提高国内废纸有效供给水平和利用率。(3)科学合理利用非木纤维。继续坚持因地制宜、合理利用的原则，科学、合理利用非木资源，提高非木纤维应用水平。

2. 造纸纤维原料结构趋向合理

随着造纸工业结构调整，我国造纸原料结构持续优化，木浆使用比例逐渐提高。2017年原料结构为废纸62.7%、木浆31.4%、非木材浆5.9%，基本满足国内目前产品结构的生产需求。2008年至2017年废纸浆提高2.4个百分点，木浆消耗的比例升高9.3个百分点，非木材浆由于质量和环保等因素，生产用量逐渐降低，下降了11.7个百分点。

2017年废纸进口量有所下降，通过加强国内废纸回收，发掘废纸回收潜力，国内废纸回收量有所提高，使造纸原料结构中废纸浆的比例保持在60%以上。木浆消费比例增加，主要依靠进口木浆的提升。

3.“林纸一体化”有效保障原料安全

推进“林纸一体化”过程建设是我国缓解原料对外依存度高、保障国家经济安全的有效途径，由于在落实林地、林木采伐权、资金、经营模式等方面存在较大困难，总体进展较慢，目前尚无法满足我国对纤维资源增长的需求。但林纸一体化的发展模式和已取得的成功经验为我国造纸工业今后推进低碳和绿色发展指明了方向。

4. 非木材是造纸用原料的补充

中国是非木材纸浆的生产大国，全球非木材纸浆生产量约70%产自中国。非木材纤维资源主要包括竹子、芦苇、麦草和甘蔗渣等。使用非木材纤维原料制浆造纸在中国已有悠久历史，产品应用也较广泛。

随着生态环境质量要求越来越高和市场竞争越来越激烈，非木材纤维的劣势也在凸显，使得我国造纸非木材浆比例近年来逐渐降低。深入开展对非木材纤维原料和工艺技术研究，有望提高非木材纤维原料应用，缓解国内纤维资源的不足。

5. 原料进口支撑起半壁江山

在我国造纸纤维原料消耗总量中，进口商品木浆、废纸和木片占据较大的比例，支撑了造纸产业的发展。2008年至2017年进口的商品木浆和废纸(在国内制成废纸浆)占纸浆消耗总量的比例始终维持在40%左右。2017年我国消费各类纸浆10051万吨，其中进口商品木浆2372万吨(2112万吨用于造纸)，占木浆总消费量的67%；进口废纸2572万吨，折合废纸浆2063万吨，占废纸浆消耗总量的32.7%。另外，木片进口约1140万吨，主要用于制浆工业。目前我国造纸用原料(木浆、废纸和木片)对外依存度高达50%以上。随着中国造纸工业的发展，造纸生产将对纤维原料的需求持续增加，进口造纸原料将继续占有一定的比例。

三、废纸原料是重要战略性资源

1. 利用废纸原料是世界造纸的发展方向

废纸是支撑造纸工业未来发展最重要的原料，也是许多国家争夺的战略性资源。目前一些发达国家造纸原料60%以上是废纸，废纸回收利用率高达72%以上。废纸回收具有良好的社会公益、环境保护性质。发达国家大多制定了专门的法律或法规，明确废旧资源回收和分类是政府的公共职责和任务。

废纸浆作为中国造纸工业最大原料来源，在造纸行业中的作用越来越大。目前我国废纸浆原料占纸浆总消费量 63%，废纸利用量占世界 1/3 以上。近年来我国国内废纸回收率不断提高，2008 年到 2017 年，我国废纸回收保持平稳增长态势，废纸回收率由 39.4% 提高到 48.5%，回收总量已超过 5000 万吨，达到了目前可回收量的 90% 以上，废纸利用率保持在 70% 左右，已达到世界较高水平。

为促进废纸回收和利用，提高废纸分类水平和质量，2013 年中国造纸协会发布《中国造纸协会废纸回收分类及贸易指南》，对国内废纸的回收、分类、运输和贸易等行为进行了规范。

2. 利用废纸原料可有效促进生态建设

造纸工业的纤维原料是可再生的，其产品经使用废弃后还可重新作为造纸原料，使纸成为一种生态产品。随着造纸工业技术进步，利用废纸浆已能抄造出各种纸及纸板产品，主要包括新闻纸、箱纸板、瓦楞原纸、白纸板的芯层和底层、包装用纸，经过脱墨后可生产厕用卫生纸、书写印刷用纸等。

由于不同废纸是用不同纤维原料（如漂白与未漂白化学浆、机械浆等）制成，其废纸浆能生产的最终品种由废纸所含的纸浆品种所决定。其中瓦楞原纸、箱纸板、新闻纸和灰底白纸板是使用废纸量最大的品种。

近 10 年来，我国纸及纸板近 70% 新增的具有国际先进水平和国内领先水平的产能基本都是以废纸为原料。实践证明，用 100% 废纸浆可以生产质量符合使用要求的瓦楞原纸、箱纸板、生活用纸、新闻纸、灰底白纸板、文化用纸等产品，并且确保这些产品能够在国际和国内市场上具有较强的竞争力。

3. 进口废纸是影响我国造纸工业发展的重要因素

2017 年我国废纸进口量占全球废纸贸易量约 40%，是全球最大的废纸进口国，进口废纸制成的纸浆已占纸浆总量的 20.5%。

我国木材纤维资源短缺，非木材纤维资源利用又遇到瓶颈，因此当前支撑我国造纸工业发展的纤维原料，相当一段时间主要是依靠废纸原料。由于国内产业结构和需求，尤其制造业产品出口占比较大，国内约 30% 的纸张总量作为出口包装物、说明书和标牌等被携带到海外，加上人们日常生活和工业生产消耗及书籍、档案沉淀，造成国内废纸可回收量减少。所以，进口废纸原料就成为了造纸工业纤维原料的主要补充来源和维持废纸纤维质量的保障。将随出口产品带走的包装物和纸产品再度跨国回收，以废纸贸易的形式回到本国的循环体系，也是目前经济发达国家的普遍做法。

（受废纸进口政策的影响，2018 年及以后，废纸进口量将大幅减少或禁止，为满足纤维原料的需求，对国内废纸的需求量将增多，但国内废纸回收已超过了可回收量的 90%，已接近极限，使废纸原料价格高涨，掺假掺杂现象严重，许多造纸企业不得不修订废纸收购质量标准。另外，含有优质纤维的进口废纸减少，会造成纸张产品质量下降，进而造成国内回收废纸纤维质量急剧下降，生产过程污染物发生量会普遍上升，由此趋势带来的影响应引起进一步的关注。）

第四部分 可持续发展—产品篇

目前世界上造纸产品有上千种，我国生产的种类达几百种。国家统计局制订的《统计用产品分类目录》中，把机制纸及纸板产品分为未涂布印刷书写用纸、涂布类印刷用纸、生活用纸原纸、包装用纸及纸板、感应纸及纸板、纤维类过滤纸及纸板和其他机制纸及纸板七大类产品。

2008 年到 2017 年，我国纸张市场对各类包装及纸箱用纸的需求始终占纸张品种的主导地位。包装及纸箱用纸的消费量占纸及纸板总消费量的比例由 2008 年的 61% 提高到 2017 年的 64%。文化用纸消费量的比例由 2008 年的 29% 下降到 2017 年的 24%。生活用纸消费量的比例由 2008 年的 6% 提高到 2017 年的 8%。其他纸和纸板消费量的比例保持稳定不变。

目前各种纸张已经广泛应用于人民的日常工作和生活之中，并在工业、军事、航空等领域有重要应用。为适应未来发展趋势，造纸行业加大了对低定量化、功能化、环保型纸及纸板新产品的研发，以适应市场需求变化。

一、文化用纸提升文化建设和文明传承

纸张的发明和应用促进了社会文明的发展，社会主义文化教育和精神文明建设离不开造纸、印刷、出版等产业的发展。文化用纸是用于传播知识的书写、印刷纸张，包括新闻纸、未涂布印刷书写纸和涂布印刷纸。我国 2017 年文化用纸生产总量为 2790 万吨，消费量为 2645 万吨。

文化用纸的生产保证了全国每年约 2.5 亿人在各类层次学校（含学龄前教育）学生的教育所需的课本教材等。同时更多的是用于在文化宣传的书籍、期刊杂志及办公用纸等消费上，并且每年还有一定

数量产品出口国际市场，为文化建设和文化传承发挥着应有作用。

二、包装用纸彰显中国制造无限魅力

造纸工业生产的各类包装及纸箱用纸，是与人民生活、农副产品和工业生产所需紧密相关的基础原材料。纸及纸板在包装领域里，从生产加工、运输以及回收等环节与其他包装材料比，在成本和广泛的适用性方面具有明显的优势。

随着国民经济发展，各类包装及纸箱用纸的产量和需求量不断增加。以纸和纸板为材料的包装不仅为与人民生活息息相关的日用品提供方便，还为多种耐用消费品（彩色电视机、家用电冰箱、家用空调器、家用洗衣机和手机等）提供了有效的保护产品、方便运输、品牌塑造、提升形象的作用。在我国出口商品中，纸和纸板为材料的包装发挥着重要的作用。

三、生活用纸满足人民群众美好生活

生活类用纸是纸张品种中与消费者关系最为密切的日常生活用品，产品主要包括生活用纸和一次性护卫用品等。伴随着我国经济的发展及消费习惯上的变化，人们对生活类用纸的需求不断提高。在2008 年到 2017 年期间，我国生活用纸和一次性护卫用品的生产量和消费量逐步增加，生活用纸市场规模从 400 亿元增加至 2017 年的 1106 亿元，每年人均消费量由 2.95 千克增加至 6.1 千克；一次性护卫用品市场规模从 488 亿元增加到 2017 年的 1200 亿元。

随着人们生活水平的提高和对美好生活的追求，人们对生活类用纸产品品种也提出了多样化、个性化需求，反映了人们生活习惯的变化，促进了消费升级。2017 年我国厕用卫生纸消费量占生活用纸产品消费量比例已由 2008 年的 79% 下降到 55.2%，而面巾纸消费量占生活用纸产品消费量比例则由 9% 提高到了 27.4%。女性卫生用品市场规模占比已由 2008 年的 72% 降到 43.6%，而婴儿纸尿裤（布）市场规模占比则由 24.1% 提高到了 45.4%。

第五部分　可持续发展—生态与环境篇

一、践行绿色发展理念，推进生态文明建设

1. 遵守法律法规，促进环境治理

中国造纸工业坚持绿色发展和循环经济的发展理念，严格执行国家和地方颁布的一系列有关的经济技术政策、法律法规和标准，坚持科技创新和先进技术与装备的应用，积极实施清洁生产，注重结构减排、工程减排和管理减排，坚持狠抓源头和生产过程及末端污染物治理，提高自我监测能力，扎实推进节能减排、资源节约及综合利用，推进了造纸工业与生态环境保护协同发展。

随着国家和各地造纸行业相关排放标准日益严格、相关政策的收紧，以及造纸末端治理技术的进步，造纸行业的清洁生产和污染防治取得了明显进步。近年来新建和技术改造的制浆造纸企业技术装备水平较高，特别是清洁生产和环保治理设施达到了国际先进水平甚至领先水平。在政策引导和技术投入等共同作用下，2008 年至 2017 年我国造纸行业的新鲜水用量、能源消耗、排水总量、排气总量及主要污染物排放总体呈下降趋势。

2. 全面构建环保体系，探索绿色发展道路

造纸行业坚持生态优先和发展“绿色造纸”，倡导“没有环保就没有造纸”的理念，加强生态系统保护，积极提升生态环境质量，并促进造纸工业可持续发展。

造纸生产企业基本建立并完善环境管理体系，落实生态环境硬性约束指标和措施，制定推进持续性清洁生产方案，切实保障环境管理有效、规范开展；对环保督察反馈的问题积极开展专项整改；为加强环境风险防控，按照突发环境事件应急预案和防风险评估备案要求，编制突发环境事件应急预案及防风险评估报告，积极组织员工定期培训和演练，不断提升环保应急处置能力。通过构建并不断完善环保体系，推进造纸行业生态文明建设发展。

二、坚持绿色发展，改善生态环境

1. 节能减排、淘汰落后工作成绩斐然

节能减排是造纸行业一项重要工作。近年来，造纸行业通过技术进步和先进装备应用及淘汰落后产能，使得能源消费，污染物排放呈逐年下降趋势，取得明显的成效。

2010 年到 2014 年造纸行业已关停淘汰生产线共计 2079 条，涉及落后产能 3395 万吨。2016 年造纸行业能源消费总量 4105.25 万吨标煤，占全国能源消费量的 0.94%，比 2008 年的 1.51% 下降了 0.57 个百分点；单位产品能源消耗 378.18 千克标准煤/吨，比 2008 年的 501.08 千克标准煤/吨减少了 24.5%。2006 年到 2015 年，单位产品化学需氧量从 23.9 千克/吨下降到 3.1 千克/吨，减少了 87.1%；单位产品二氧化硫（SO_2）排放量从 6.6 千克/吨下降到 3.4 千克/吨，减少 48.1%；单位产品氮氧化物（NO_x）排放量从 3.6 千克/吨下降到 1.6 千

克/吨，减少 56.4%。

2. 森林认证体系建设加快

中国森林认证体系(CFCC)建设工作始于 2001 年，经过各利益相关方的共同努力，中国森林认证体系逐步建成，并于 2014 年与森林认证体系认可计划(PEFC)实现了互认。目前，中国森林认证范围涵盖了森林经营认证、产销监管链认证、非木质林产品认证、竹林认证、森林生态环境服务认证、生产经营性珍稀濒危物种认证、碳汇林认证和森林防火认证等领域，已发布实施国家标准 2 项、行业标准 23 项。目前，我国已经有 51 家制浆造纸企业获得 CFCC/PEFC 认证，其中包括 4 个纸材速生丰产林基地，有 1022 家制浆造纸企业通过了 FSC 认证。

三、加强“三废”污染治理，有力保护碧水蓝天

1. 实施严格的环保标准

目前中国造纸工业执行的环保标准，部分指标比欧美国家还要严格。以生产漂白硫酸盐浆为例，化学需氧量(COD_{Cr})指标，制浆企业的国家标准要求是 4.5 千克/绝干吨，而世界银行 EHS 导则给出的是 20 千克/绝干吨，欧盟最佳技术导则(BAT)是 8 ~ 23 千克/绝干吨，美国 EPA 没有对 COD_{Cr} 提出要求；生物耗氧量(BOD_5)指标，制浆企业的国标要求是 0.9 千克/绝干吨，世界银行 EHS 导则要求 1 千克/绝干吨，欧盟 BAT 导则是 0.3 ~ 1.5 千克/绝干吨，美国 EPA 标准是 2.41 千克/绝干吨。在环保高标准的倒逼之下，造纸企业通过采用先进技术与装备，加大技术改造投入，增加运行成本等措施，全行业基本做到了达标排放，实现了增产减污目标。

2. 率先实行排污许可制度

排污许可证制度是国际上广泛采用，对固定污染源实行“过程管理”、全生命周期“一证式”监管的较成熟的基础性制度。2015 年 1 月，我国首次在全国范围推行排污许可证制度，并率先在造纸行业实施。截至 2017 年 6 月 30 日，造纸企业排污许可证申请与核发工作基本完成，并依证开展环境监管执法。“一企一证”制度将污染物排放总量控制深入细化到各排污口，强化了企业责任，约束了企业排污行为，同时也激发了造纸企业主动治污、科学减污的积极性，促进了产业转型升级。

造纸作为首批试点行业，为排污许可制度提供了先行先试的成功经验。政府部门结合造纸行业排污许可制实施中的经验和问题，对排污许可证申请、核发、执行、监管全过程的相关规定进行完善，进一步提高管理、执法等工作的可操作性。

3. 高效利用植物纤维原料

生物质能源由于其可再生性和环保性而得到越来越多的重视，已被列为国家战略新兴产业。制浆造纸企业利用生产过程使用木材等生物质原料特点，积极推进生产过程产生的废渣、废液等作为生物质能源的有效利用；也有部分企业采用生物质精炼等技术，在生产纸浆产品的同时，利用溶出物(排放就是污染物)生产生物质燃料和生物质化学品，如乙醇、木糖、香兰素、木素磺酸钙(镁)等产品，既提高了利用效率，又减少了污染物排放，创造了较好的经济和社会效益。

4. 逐年减少废水排放

2008 年 6 月 25 日，环境保护部发布《GB3544—2008 造纸工业水污染物排放标准》，各控制指标限值进一步加严。该标准的贯彻实施倒逼造纸企业为达到排放标准，不得不投入大量资金进行扩建改造，并增加三级处理或深度处理措施，以降低废水中 COD_{Cr} 排放量。

2006 年到 2015 年间，造纸行业废水排放量从 37.4 亿吨下降到 23.6 亿吨，减少了 36.78%，年均降低 4.97%，占全国工业行业排放量的比例从 18.00% 下降到 13.04%，减少 4.96 个百分点。造纸行业 COD_{Cr} 排放量从 155.32 万吨下降到 33.54 万吨，同比下降了 78.41%，年均下降 15.66%；万元产值 COD_{Cr} 排放量从 2006 年的 53.83 千克/万元下降到 2015 年的 4.69 千克/万元，同比下降了 91.28%，年均下降 23.75%。2015 年单位产品 COD_{Cr} 排放量为 3.31 千克/吨，已远小于了欧盟 5.61 千克/吨。行业氨氮排放量从 3.64 万吨下降到 1.23 万吨，同比下降了 66.2%，年均下降 11.36%；万元产值氨氮排放量从 2006 年的 1.26 千克/万元下降到 2015 年的 0.17 千克/万元，同比下降了 86.50%，年均下降 19.95%。

5. 持续减少 SO_2、NO_x、烟尘排放

制浆造纸企业普遍安装脱硫脱硝等相关处理设施，以大幅减少 SO_2、NO_x、烟尘等污染物排放。

2006 年到 2015 年间，造纸行业 SO_2 排放量从 42.78 万吨下降到 37.1 万吨，同比下降 13.28%，年均下降 1.57%；万元产值 SO_2 排放量从 2006 年的 14.83 千克/万元下降到 2015 年的 5.19 千克/万元，同比下降了 64.97%，年均下降 11.01%。

NO_x 排放量从 23.22 万吨下降到 16.9 万吨，同比下降了 27.23%，年均下降 3.47%；万元产值 NO_x 排放量从 2006 年的 8.05 千克/万元下降到 2015

年的 2.37 千克/万元，同比下降了 70.61%，年均下降 12.7%。

烟(粉)尘排放量从 22.11 万吨下降到 13.8 万吨，同比下降了 37.59%，年均下降 5.10%；万元产值烟(粉)尘排放量从 2006 年的 7.66 千克/万元下降到 2015 年的 1.93 千克/万元，同比下降了 74.79%，年均下降 14.2%。

6. 多元化治理固体废物

制浆造纸企业产生的固体废弃物主要包括备料废渣、碱回收车间白泥、废水处理污泥以及废纸利用过程中产生的脱墨污泥等。对这些固体废弃物的处置方法随着国家环保要求的提高而不断改进和提高。

2006 年到 2015 年间，单位产品(一般)固体废物产生量从 24.6 千克/吨下降到 24.0 千克/吨，下降了 2.4%。固废的综合利用率达到 84% 以上，加上存贮和处置量，固废综合利用量达到了产生量的 99% 以上，倾倒丢弃量不足 1%。

我国制浆造纸企业目前用废水处理产生的污泥生产肥料是应用最广泛的技术之一，部分企业也有采取焚烧处理回收热能的方法。化学制浆在碱回收过程中产生的苛化白泥(主要成分是碳酸钙)，目前应用较多是生产精制碳酸钙填料，此外也有用作建筑材料，或生产烟气脱硫剂。脱墨污泥主要为有机物和造纸填料，主要处理途径是焚烧处理，此外还有进行农业堆肥。

第六部分　可持续发展—技术发展与人才培养篇

一、科技创新推动行业高质量发展

1. 科技进步促进生产水平提升

为促进我国制浆造纸工业技术进步、转型升级发展，2008 年到 2017 年间，针对植物纤维资源高值化利用、造纸过程节能减排、装备国产化、纸张材料的功能化应用等方面展开了多项科技计划重点项目的研究，包括国家科技支撑计划项目、“863”计划项目、自然科学基金项目等，以制浆造纸技术领域为主题的研究项目超过 80 项，同时，各省级科技主管部门和企业也设立了大量的制浆造纸领域技术研发项目。这期间我国制浆造纸行业取得国家级科技进步二等以上奖励共 10 项。随着科技成果的转化，填补了我国制浆造纸工业一些空白产品和技术，提升了行业整体的技术装备水平。

2. 新产品研发投入增加

截至 2017 年，国家认定的制浆造纸企业技术中心 9 家，共有研发人员 3789 人，其中具有中高级职称人数超过 1000 人，平均年研发经费投入占到主营业务收入的 3% ~4%。

据国家统计局统计，2017 年造纸及纸制品业企业开展研究与试验发展项目数达 4373 项，新产品项目数 4537 项，投入研究与试验发展经费就达 144.6 亿元，开发新产品经费 145.7 亿元，当年实现新产品销售收入 2429 亿元，新产品出口销售收入 170.1 亿元。

3. 专利申请数量大幅增加

2008 年到 2017 年间，我国制浆造纸行业获得的国内专利累计达到 14130 项，其中发明专利 8349 项，实用新型专利 5781 项。2008 年我国制浆造纸行业拥有发明专利共计 604 件，其中外国企业拥有专利 100 件。2017 年我国制浆造纸行业已拥有发明专利共计 2580 项，其中外国企业拥有专利 76 件。10 年来，我国在造纸技术、国产装备、纸基功能材料的开发应用、节能环保技术、造纸化学品等领域进行了大量的攻关和创新，造纸技术(包含纸基功能材料技术)的专利数量是 2008 年的 4.1 倍，造纸装备的专利数量是 2008 年的 5.7 倍。

4. 标准不断完善，提升竞争能力

2008 年年底，我国造纸工业标准共有 336 项，其中国家标准 224 项，行业标准 112 项；造纸产品标准 171 项，测试方法标准 165 项。截至 2017 年年底，我国造纸工业已有标准 470 项，其中国家标准 358 项，行业标准 112 项；造纸产品标准 241 项，测试方法标准 229 项。

10 年间，我国造纸工业标准增加了 134 项，数量增加了接近 40%。这些标准的制定为我国造纸工业的发展，以及与国际接轨起到了巨大的推进作用。

二、技术装备水平不断提高

1. 技术装备水平国际领先

造纸工业为满足国内经济发展对纸及纸板的需求，通过合资合作及引进国际先进生产装备，改变了过去生产线产量小、效率低的状况，提升了国内造纸工业整体技术装备水平。目前，国内约 70% 的造纸生产线已达到国际或国内先进水平，各重点造纸企业中，几乎都配有目前国际上幅宽最大、车速最高的大型造纸机。例如：幅宽 11000 毫米，车速 2000 米/分的新闻纸机；幅宽 8100 毫米，车速 1000 米/分的白纸板机；幅宽 7920 毫米，车速 1500 米/分的箱纸板机；幅宽 10600 毫米，车速 1700 米/分的文化纸机；幅宽5600毫米，车速2000米/分的卫生纸机等。这些先进纸机分别采用了诸如稀释水流浆箱、夹网成形、靴式压榨、在线监测检验装置、智能化控制系统、纸病在线检测系统等最先进的技术，提升了生产效率和产品质量，为我国制浆造纸企业向大型化、规模化、自动化发展提供了保障。

2. 国产装备水平不断提升

随着造纸工业的发展和需求，中国造纸装备经过多年的努力，技术水平和国际竞争力有较大提升，整体实力正在逐步增强。近年来，我国国产造纸机技术进步较大，在幅宽和车速上均有所提高。尤其是卫生纸机从原来幅宽2500毫米，车速250米/分以下的圆网纸机发展到幅宽超过3600毫米，车速超过1000米/分的新月型夹网纸机。在关键技术方面，如水力式流浆箱、叠网成形、稀释水装置、自动引纸、大型焊接烘缸等技术装备已经成熟，并得到较好应用，夹网成形、靴式压榨等技术已有突破并开始推向市场。

目前，中国制造的中等规模、中档制浆造纸生产线在国际上已经具备一定的竞争力。近年来，东南亚、中东及少数欧洲国家建设的造纸生产线更多地选择了中国制造的造纸装备。中国制造的制浆造纸装备已经在27个国家落地生根。

三、科技人才培养体系健全

1. 科研教育体系不断完善

目前，我国制浆造纸技术研究创新平台主要是由专业科研机构、高等院校和企业技术研发部门3部分组成。根据不完全的调查与统计，截至2017年底，我国制浆造纸行业内具有较高影响力的主要科研机构共有37家。其中行业性专业科研院/所和工程设计院/公司有22家，设有制浆造纸专业的高等教育机构26所，其中本科院校20所、大专4所、研究院所2所。高等院校设制浆造纸研究机构7家，国家认定的制浆造纸企业技术中心9家。

2. 科技创新把握未来机遇

当前，正值新一轮科技革命和产业变革大潮与我国加快转变发展方式形成历史性交汇的重要节点，是中国造纸工业实现产业升级、由大变强、由快变好的重要时期，是实施创新驱动发展的关键时期。

造纸行业切实加强科技创新，以科技创新培育造纸行业竞争新优势。目前，造纸行业正在加大新一代制浆、造纸技术的研发力度。诸如清洁分离技术、膜分离技术、新型涂布技术、高清快干影印技术、废水回用技术、生物质精炼技术等前沿技术研发。技术装备方面，以提升造纸装备制造能力，加快装备自动化、数控化、智能化进程，推动工艺技术研发与造纸、印刷装备制造融合，以科技创新，推动造纸工业转型升级。

3. 人才队伍不断发展壮大

科学技术的竞争归根结底是人才的竞争。造纸行业经过多年的努力，通过引进高端科技人才，实际工作中培养人才，开展教育工作培养人才资源等方式，造就了一支素质优良、门类齐全、结构基本合理的人才队伍。

目前，国内现有高等院校或科研机构中具有硕士研究生招生资格机构22所，具有博士研究生招生资格的10所，他们是我国制浆造纸学科培养高层次人才的主要基地。截至目前全国已累计培养制浆造纸学科本科生32000余人、硕士研究生3700余人、博士研究生600余人。

第七部分 可持续发展—社会责任篇

一、社会责任体系建设取得成效

1. 提高政治站位，履行社会责任

随着经济全球化的不断发展，企业国际化的不断深入，社会信息化的速度日趋加快，新的发展理念正在引领中国进入新时代，传统的企业价值观念和责任观念发生了日新月异的变化，全社会更加关注生态环境、投资者权利、劳动者权益、消费者利益和商业伦理，作为企业主动承担对利益相关者和社会的责任，已经成为当前全球发展的趋势。

积极履行社会责任是企业可持续发展的客观要求，中国造纸企业越来越认识到社会责任的重要性，并开始主动实施企业社会责任战略。通过主动履行社会责任提升社会对造纸行业的正面认识，以实现企业经济利益、环境利益和社会利益的多方共赢。虽然中国造纸企业对社会责任的认识还有待提升，在履行社会责任方面还处于起步阶段，但经过近十年来持续不断的努力，正取得积极的进步和成绩。山东太阳纸业股份有限公司、玖龙纸业（控股）有限公司、金光纸业（中国）投资有限公司、亚太森博（山东）浆纸有限公司、芬欧汇川（中国）有限公司、斯道拉恩索（广西）浆纸有限公司、福建恒安集团有限公司、维达纸业（中国）有限公司等知名企业先后获得不同形式的企业社会责任或可持续发展的国内外相关奖项。

2. 完善管理体系，重视标准引领

中国造纸企业日益重视管理体系建设，积极开展各项管理体系认证工作，各项管理制度日趋科学、规范，使产品质量更趋稳定，质量管理更为有力。目前中国造纸企业实施的管理体系覆盖各个方面，大部分企业通过 ISO 14001 环境管理体系、ISO 9001 质量管理体系认证，部分企业通过 ISO 22000 食品安全管理体系认证，OHSAS 18001 职业健康安全管理体系认证。部分企业还通过了能源管理体系（GB/T23331）、两化融合管理体系（GB/T23020）、测量管理体系（GB/T19022/ISO 10012）、有害物质管理标准（QC 080000）等认证，持续不断完善造纸企业的各项管理工作。随着对社会责任工作的重视，少量造纸企业积极做出表率，率先开展并通过了社会责任管理体系认证（SA 8000）。

3. 倡导诚信建设，营造公平环境

企业信用建设是社会信用体系建设的重要内容。大部分造纸企业都能坚持把诚信经营作为核心价值，在商业活动中严格遵守《公司法》《招标投标法》《反不正当竞争法》和《关于禁止商业贿赂行为的暂行规定》等法律法规的规定，并通过培训和宣传等手段不断加强诚信意识；不仅如此，中国造纸协会与所有会员企业共同制定了会员单位自律公约，以保障和提高造纸行业的诚信经营水平。

在信用评级方面，据不完全统计，目前在造纸行业中，有 6 家大型造纸企业的信用级别达到 AA+以上，这些企业具有优秀的信用纪录，经营状况佳，盈利能力强，代表了国内造纸行业最高的信用度。有 33 家中小型造纸企业的信用等级在 AA 级以上，其中 AAA 级有 29 家，AA 级 4 家。此外，部分企业还获得“环保诚信企业”“最佳信贷诚信客户”称号。

4. 强化服务质量，升级消费体验

产品质量是企业成长的生命线。大部分造纸企业都建立有完善的供应商管理制度，并与优质供应商保持良好合作关系，保障了原辅料来源和品质，以此可保证生产稳定和产品质量。

大部分企业还设有专业的客户服务团队，按照完善的客户服务工作流程，主动开展全方位售前、售中、售后等服务，构建全面客户服务网络，为客户提供精益求精的产品和更加快捷、更加有效的销售服务。积极为客户提供技术支持、投诉或意见跟进，解决客户的困难和疑虑。开展客户满意度调查工作，持续提升产品质量和服务水平。

二、积极履行责任促进社会和谐

1. 不忘发展初心，积极造福社会

企业发展离不开社会各界的支持，造纸企业提高运营效率和公司业绩，在发展壮大的同时，积极回馈社会，履行对国家、股东、客户、职工、社会、环境的责任，努力创造企业公民的社会价值。主动承担社会责任，参与地方教育、文化、科学、卫生、社区建设、扶贫济困、环境保护等社会公益事业。

造纸企业不断完善企业社会责任管理体系建设，积极参与社区共建，着力开展精准扶贫工作，促进公司与社会的协调、和谐发展，推动构建和谐社会建设，为社会发展和民生改善做出贡献。

2. 关爱善待员工，倡导共同发展

聚天下英才而用之。高度重视员工教育培训与职业规划，做好团结、引领、服务工作，真诚关心员工、爱护员工、成就员工，激励广大员工为行业发展贡献聪明才智。提升提高员工综合素质，培养锻炼年轻干部，提高干部队伍的管理、专业知识及技能。引进高端人才，为企业发展提供有力的人才支撑。引进高端人才，为企业发展提供有力的人才支撑。一大批企业为员工提供发展机会和广阔舞台，促进企业工作效率和经营管理水平的不断提升。如福建恒安集团有限公司，企业借助具有 400 多人的内部团队（恒安管理学院）培养人才，形成恒安系统的人才梯队与循环机制，达到企业与员工的共同发展和双赢。

3. 落实主体责任，保证安全生产

安全生产责任重大，造纸企业遵守《劳动法》《安全生产法》和《职业病防治法》等法律法规，持续完善安全管理制度，积极开展员工安全知识培训，提高员工安全防范的意识和能力，确保高风险作业项目获有效监管。建立健全环境污染事故应急机制，提高企业应对环境污染事故能力，防止突发性环境污染事故的发生。部分企业建立并实施了 OHSAS 18001 职业健康安全管理体系。在芬欧汇川（中国）有限公司常熟纸厂，企业以发展世界级的安全文化为目标，将安全作为企业管理运营的重中之重。该纸厂的 1 号纸机至今已达 4000 多天无损工事故，为整个工厂树立了安全标杆。2017 年，该纸厂连续第 6 年蝉联芬欧汇川集团安全管理领先工厂的殊荣。

造纸企业更重视产品安全，并努力构建科学的原料供应保障体系，以良好的供应链管理系统确保产品质量和安全，维护企业声誉，提升行业形象。部分企业还通过了 QC 080000 有害物质过程管理认证，确保以高质的产品和服务满足客户需求，增加客户对造纸产品的信任。

4. 参与公益慈善，树立良好形象

社会公益是企业建立企业公众形象和维护社区关系的重要体现，造纸企业在稳健经营、持续创造经济效益和争取为股东带来最大价值的同时，兼顾社会效益，积极回报社会，参与社会公益慈善活动，持续投身光彩事业，利用自身的资源制定和推进其企业公益战略，支持科教文化事业，支持地方经济建设，扶助弱势群体，促进社会公益事业发展，开创了一条企业发展与社会责任相辅相成的和谐共进之路。

根据对造纸上市企业的统计，65% 的企业进行了社会捐助和社区共建工作。玖龙纸业(控股)有限公司、理文造纸有限公司、山东晨鸣纸业集团股份有限公司、华泰集团有限公司、山东太阳纸业股份有限公司、亚太森博(山东)浆纸有限公司、金光纸业(中国)投资有限公司、福建恒安集团有限公司等大型造纸企业，在社区发展和公益慈善方面都倾注了巨大的爱心和行动，得到了当地政府和社会各界的高度评价和赞誉。亚太森博(山东)浆纸有限公司将社会公益与行业知识的普及相结合，坚持开放参观，让业外人士了解制浆造纸工艺，了解浆纸行业的环境保护、清洁生产和循环经济。该企业入选了山东省首批工业旅游示范基地单位，每年接待数百批、上万人次社会各界参观。

5. 投身精准扶贫，促进民生改善

当前，脱贫攻坚是国家的重大政治任务，企业是精准扶贫的主要力量。造纸企业在稳健经营、持续创造经济效益的同时，兼顾社会效益，积极响应国家号召，实施精准扶贫，体现企业的社会责任和担当。

造纸企业根据自身长期经营战略与扶贫规划，以就业扶贫、教育脱贫、健康扶贫等多种形式，探索以技能、技术等继续进行精准扶贫；有的企业经探索并提出了扶贫先扶志的工作理念，增强被帮扶对象增收脱贫的信心和决心，精准施策，奋力新作为，扎实推进精准扶贫工作再上新台阶。玖龙纸业(控股)有限公司长期坚持开办的“玖龙班”，是一项扶助贫困地区学员再教育及就业的阳光工程，迄今已培养学员 900 多人，通过职业教育扶贫，资助偏远山区贫困学生学习深造并提供就业机会。

第八部分 造纸工业可持续发展展望

一、深化供给侧结构性改革，提高供给质量和水平

展望中国造纸行业可持续发展的未来，政策、资源、环境、市场仍将是影响造纸行业可持续发展的主要因素。造纸行业在国民经济中的地位没有变，对造纸行业的扶持和保障政策保持稳定；在资源上仍是国内外、多种原料保证的格局；环境保护治理会继续保持高压态势；国内市场呈现着缓慢增长态势。

人民日益增长的美好生活需要和发展不平衡不充分之间的矛盾日益突显，给造纸行业可持续发展指明了方向，提供了未来可持续发展的广阔空间。面对新机遇新挑战，造纸行业将以供给侧结构性改革为抓手，提高行业生产力水平、转变发展方式，从数量增长转向质量增长、结构优化，进一步提高发展质量和经济效益，实现健康、理性和平稳发展。

到 2020 年末，全国纸及纸板总生产量将达到 11555 万吨，年人均消费量达到 81 千克。纸及纸板生产量将低速增长，产品结构继续调整，包装用纸和生活用纸的增长仍将高于其他品种。

二、推进生态文明建设，实现绿色低碳循环发展

造纸行业将继续坚持现有造纸产业发展政策中提出的造纸原料政策，发挥造纸行业循环经济的优势，在目前木材和非木材纤维原料总量不足的情况下，抓好废纸资源回收和利用。废纸回收政策或有波动，需要密切关注政策走向；将进一步健全、完善国内废纸回收体系，加大国内废纸回收力度以提高数量；强化国内废纸分类以提高质量；科学利用好国内、国外两个渠道资源，通过利用国外的优质纤维资源改善国内回收废纸制浆的质量；推进国内林纸一体化工程建设和科学利用好非木材原料，逐步增加国内纤维原料供应量，保障造纸工业可持续发展。

继续充分利用有限的资源，加大对林业“三剩物”、制糖工业废甘蔗渣、农业废弃秸秆、湿地芦苇和回收废纸等工农业废弃物利用林纸一体化工程建设将成为一项持续不断的持久性工作，增加国内种林面积，提高国内木材纤维原料供给能力，降低造纸原料对外依存度过高的风险，保障产业安全。

国家环境保护法律法规的健全和完善，造纸行业的环境保护意识由被迫转变为自觉，由被动转变为主动，由要我做转变为我要做，为造纸行业树立了绿色、低碳的良好的社会形象，创造出新的发展空间。造纸行业仍将继续遵循“绿水青山就是金山银山”的理念，在造纸全周期全面形成更加科学、合理的循环经济体系。

三、贯彻新发展理念，建设造纸业现代化经济体系

中国造纸行业将继续全方位提高社会责任意识，主动担当社会责任，共同维护和执行行业自律公约，维护行业诚信，维护行业市场公平性、保护职工权益，积极参与社会公益事业，弘扬传统造纸文化，推动教育和社会事业发展。聚集林、浆、纸及其产业链上下游各类人才，共同打造健康的产业价值链，继续提高行业的环境保护水平，倡导绿色、低碳消费，回馈社会和协调发展，把造纸工业具有绿色、低碳、可循环发展转化为产业发展优势，继续塑造绿色可持续的产业形象，使行业社会形象得到社会各方面的广泛认可。通过增强创新能力，推动产业优化升级，实施“三品”战略，培育新的竞争力，构建符合我国国情的现代造纸工业生产体系，加快构筑可持续发展的科技创新型、资源节约型和环境友好型的绿色纸业，实现中国造纸工业绿色可持续发展目标。

发展现状

CURRENT STATUS OF DEVELOPMENT

2

中国造纸工业 2018 年度报告

Annual Report of China's Paper Industry in 2018

一、纸及纸板生产和消费情况

(一)纸及纸板生产量和消费量

据中国造纸协会调查资料，2018 年全国纸及纸板生产企业约 2700 家，全国纸及纸板生产量 10435 万吨，同比下降 6.24%；消费量 10439 万吨，同比下降 4.20%，人均年消费量为 75 千克(13.95 亿人)。2009—2018 年，纸及纸板生产量年均增长率 2.12%，消费量年均增长率 2.22%(见图 1～图 3、表 1)。

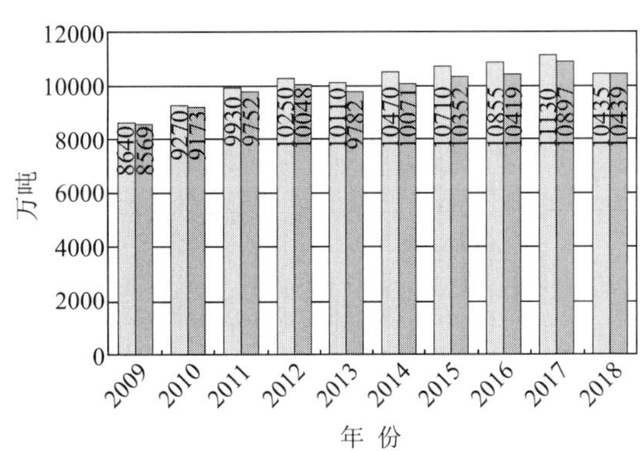

图1　2009—2018年纸及纸板生产和消费情况

□生产量　■消费量

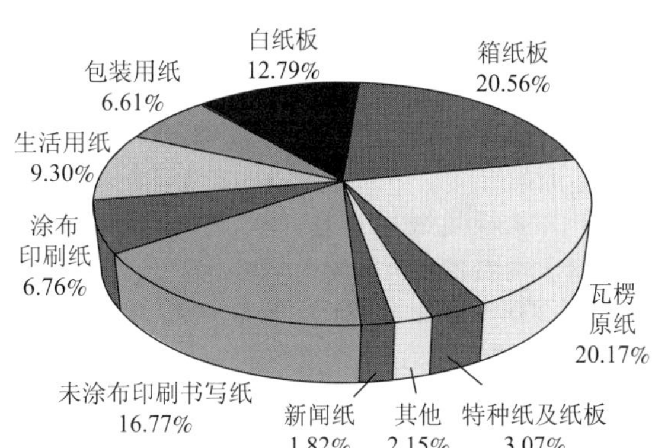

图2　2018年纸及纸板各品种生产量占总生产量的比例

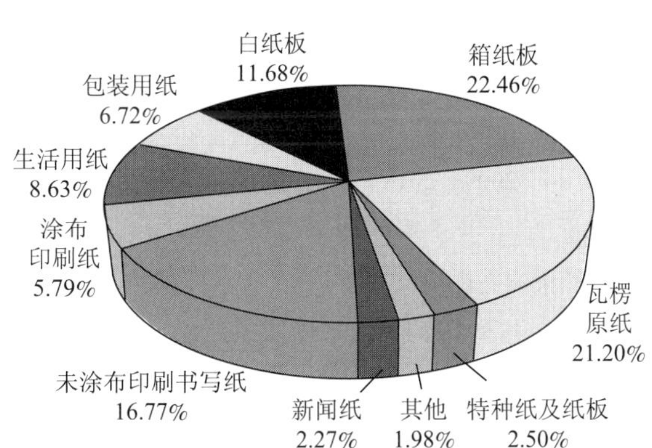

图3　2018年纸及纸板各品种消费量占总消费量的比例

表 1　　2018 年纸及纸板生产和消费情况　　单位：万吨

品　种	生产量		同比/%	消费量		同比/%
	2017 年	2018 年		2017 年	2018 年	
总量	11130	10435	－6.24	10897	10439	－4.20
1. 新闻纸	235	190	－19.15	267	237	－11.24
2. 未涂布印刷书写纸	1790	1750	－2.23	1744	1751	0.40
3. 涂布印刷纸	765	705	－7.84	634	604	－4.73
其中：铜版纸	675	655	－2.96	585	581	－0.68

续表

品 种	生产量		同比/%	消费量		同比/%
	2017 年	2018 年		2017 年	2018 年	
4. 生活用纸	960	970	1.04	890	901	1.24
5. 包装用纸	695	690	-0.72	707	701	-0.85
6. 白纸板	1430	1335	-6.64	1299	1219	-6.16
其中：涂布白纸板	1370	1275	-6.93	1238	1158	-6.46
7. 箱纸板	2385	2145	-10.06	2510	2345	-6.57
8. 瓦楞原纸	2335	2105	-9.85	2396	2213	-7.64
9. 特种纸及纸板	305	320	4.92	249	261	4.82
10. 其他纸及纸板	230	225	-2.17	201	207	2.99

（二）纸及纸板主要产品生产和消费情况

1. 新闻纸

2018 年新闻纸生产量 190 万吨，同比下降 19.15%；消费量 237 万吨，同比下降 11.24%（见图 4）。2009—2018 年新闻纸生产量年均递减 9.78%，消费量年均递减 7.13%。

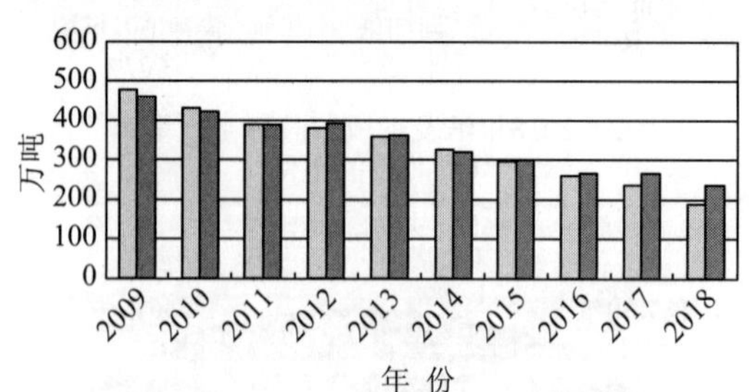

图4 2009—2018年新闻纸生产量和消费量

▫生产量 ▪消费量

2. 未涂布印刷书写纸

2018 年未涂布印刷书写纸生产量 1750 万吨，同比下降 2.23%；消费量 1751 万吨，同比增长 0.40%（见图 5）。2009—2018 年未涂布印刷书写纸生产量年均递增 1.65%，消费量年均递增 1.76%。

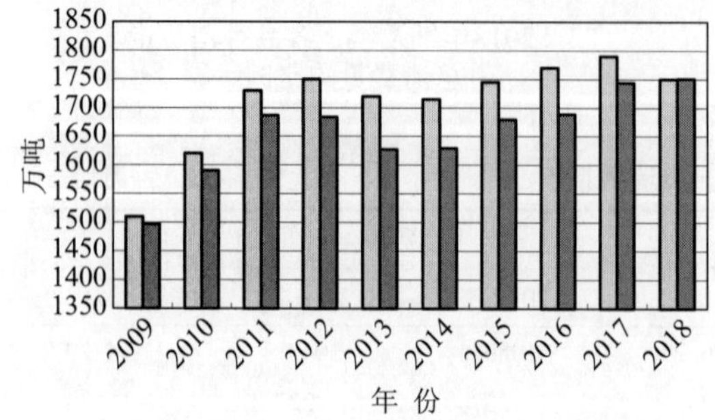

图5 2009—2018年未涂布印刷书写纸生产量和消费量

▫生产量 ▪消费量

3. 涂布印刷纸

2018 年涂布印刷纸生产量 705 万吨，同比下降 7.84%；消费量 604 万吨，同比下降 4.73%（见图 6）。其中：铜版纸生产量 655 万吨，同比下降 2.96%；消费量 581 万吨，同比下降 0.68%（见图 7）。2009—2018 年涂布印刷纸生产量年均递增 1.98%，消费量年均递增 3.00%。2009—2018 年铜版纸生产量年均增长率 3.05%，消费量年均递增 4.26%。

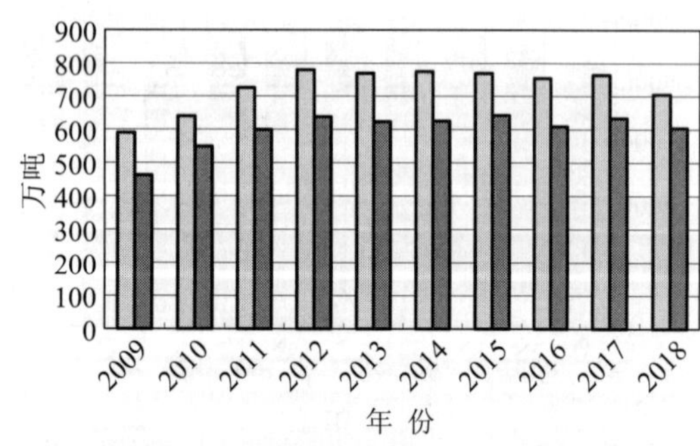

图6 2009—2018年涂布印刷纸生产量和消费量

▫生产量 ▪消费量

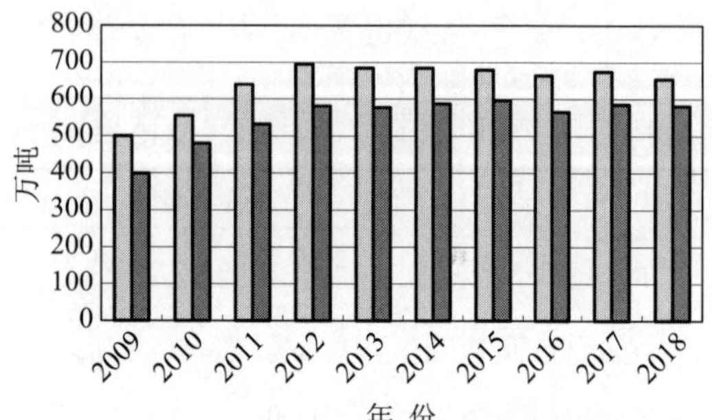

图7 2009—2018年铜版纸生产量和消费量

▫生产量 ▪消费量

4. 生活用纸

2018 年生活用纸生产量 970 万吨，同比增长 1.04%；消费量 901 万吨，同比增长 1.24%（见图 8）。2009—2018 年生活用纸生产量年均递增 5.88%，消费量年均递增 6.10%。

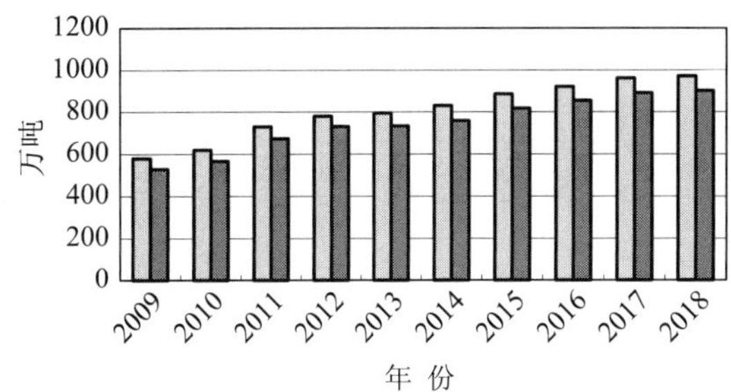

图8　2009—2018年生活用纸生产量和消费量

生产量　消费量

5. 包装用纸

2018 年包装用纸生产量 690 万吨，同比下降 0.72%；消费量 701 万吨，同比下降 0.85%（见图 9）。2009—2018 年包装用纸生产量年均递增 2.05%，消费量年均递增 1.99%。

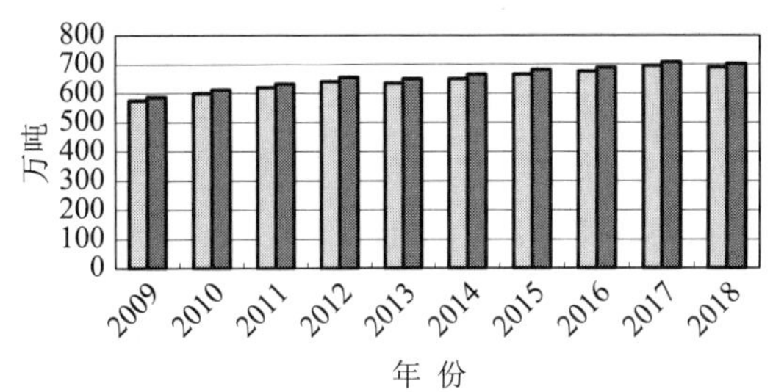

图9　2009—2018年包装用纸生产量和消费量

生产量　消费量

6. 白纸板

2018 年白纸板生产量 1335 万吨，同比下降 6.64%；消费量 1219 万吨，同比下降 6.16%（见图 10）。其中：涂布白纸板生产量 1275 万吨，同比下降 6.93%；消费量 1158 万吨，同比下降 6.46%（见图 11）。2009—2018 年白纸板生产量年均递增 1.67%，消费量年均递增 0.55%。2009—2018 年涂布白纸板生产量年均递增 1.65%，消费量年均递增 0.47%。

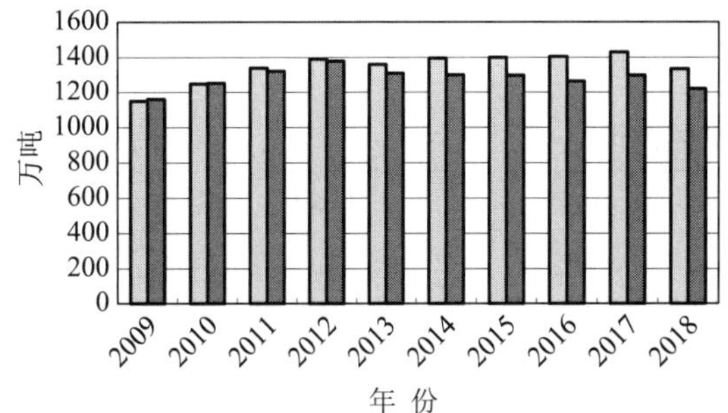

图10　2009—2018年白纸板生产量和消费量

生产量　消费量

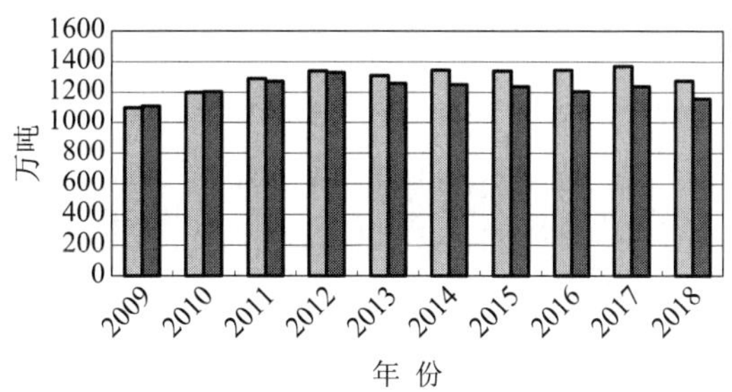

图11　2009—2018年涂布白纸板生产量和消费量

生产量　消费量

7. 箱纸板

2018 年箱纸板生产量 2145 万吨，同比下降 10.06%；消费量 2345 万吨，同比下降 6.57%（见图 12）。2009—2018 年箱纸板生产量年均递增 2.42%，消费量年均递增 2.93%。

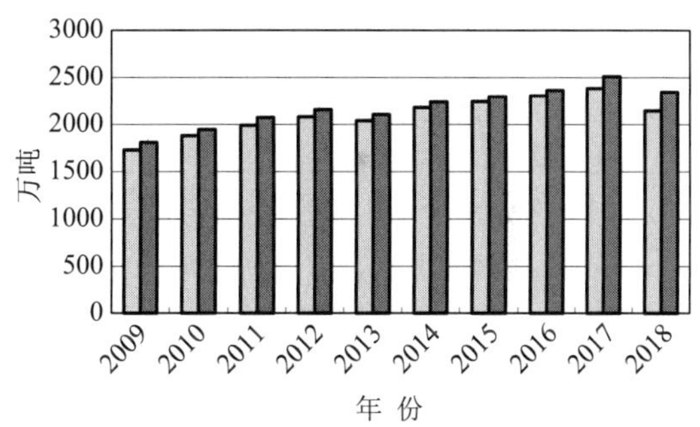

图12　2009—2018年箱纸板生产量和消费量

生产量　消费量

8. 瓦楞原纸

2018 年瓦楞原纸生产量 2105 万吨，同比下降 9.85%；消费量 2213 万吨，同比下降 7.64%（见图 13）。2009—2018 年瓦楞原纸生产量年均递增 2.30%，消费量年均递增 2.59%。

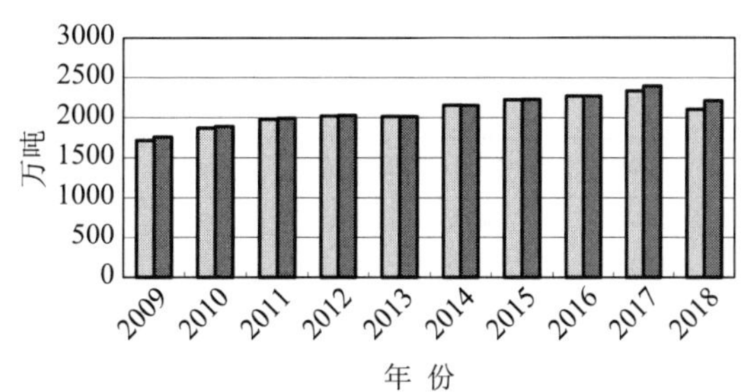

图13　2009—2018年瓦楞原纸生产量和消费量

生产量　消费量

9. 特种纸及纸板

2018 年特种纸及纸板生产量 320 万吨，同比增长 4.92%；消费量 261 万吨，同比增长 4.82%（见图 14）。2009—2018 年特种纸及纸板生产量年均递增 8.78%，消费量年均递增 6.83%。

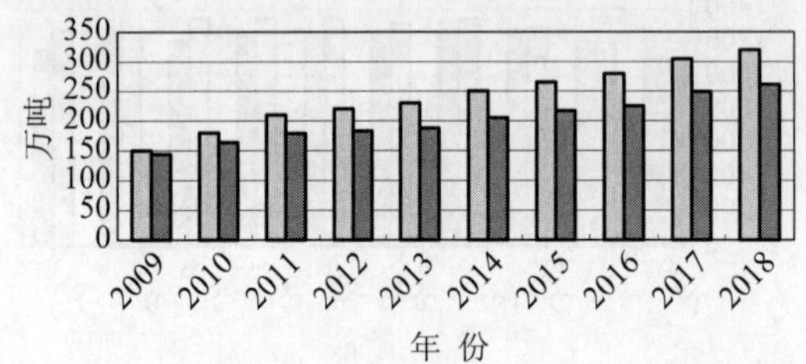

图14 2009—2018年特种纸及纸板生产量和消费量

二、纸及纸板生产企业经济指标完成情况

据国家统计局统计，2018 年 1—12 月规模以上造纸生产企业 2657 家；主营业务收入 8152 亿元；工业增加值增速下降 0.70%（见图 15）；产成品存货 390 亿元，同比增长 14.31%；利润总额 466 亿元，同比下降 15.05%（见图 16）；资产总计 10505 亿元，同比增长 4.58%；资产负债率 59.30%，较 2017 年增加 3.39 个百分点；负债总额 6229 亿元，同比增长 6.02%；在统计的 2657 家造纸生产企业中，亏损企业有 543 家，占 20.44%。

三、纸浆生产和消耗情况

（一）2018 年纸浆生产情况

据中国造纸协会调查资料，2018 年全国纸浆生产总量 7201 万吨，同比下降 9.41%。其中：木浆 1147 万吨，同比增长 9.24%；废纸浆 5444 万吨，同比下降 13.61%；非木材浆 610 万吨，同比增长 2.17%（见表 2）。

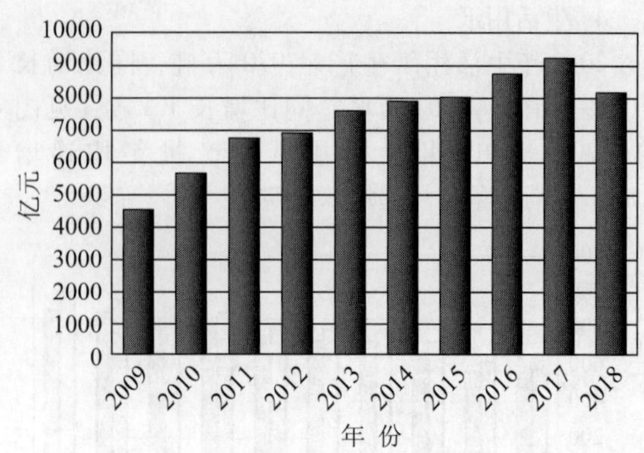

图15 2009—2018年主营业务收入

注：2009—2010年主营业务收入数据为中国造纸协会数据。

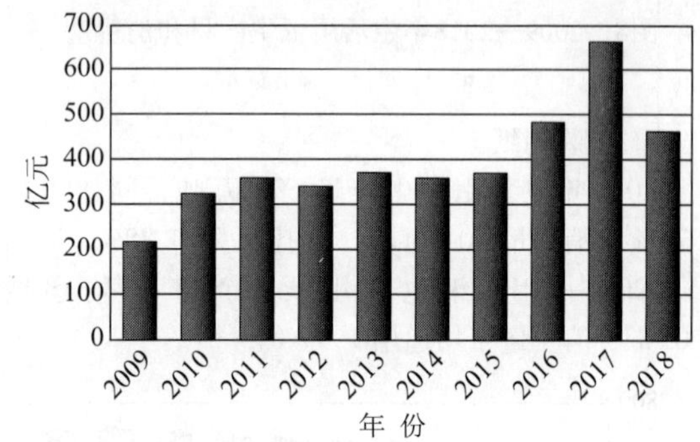

图16 2009—2018年利润总额

注：2009—2010年利润总额数据为中国造纸协会数据。

（二）2018 年纸浆消耗情况

2018 年全国纸浆消耗总量 9387 万吨，同比下降 6.61%。木浆 3303 万吨，占纸浆消耗总量 35%，其中：进口木浆占 23%、国产木浆占 12%；废纸浆 5474 万吨，占纸浆消耗总量 58%，其中：用进口废纸制浆占 16%，用国产废纸制浆占 42%；非木材浆 610 万吨，占纸浆消耗总量的 7%（见表 3、图 17 ~ 图 18）。

（三）2018 年废纸利用情况

2018 年全国废纸回收总量 4964 万吨，同比下降 6.07%；废纸回收率 48%；废纸利用率 64%。2009—2018 年废纸回收总量年均递增 3.39%（见表 4、图 19）。

表 2 2009—2018 年纸浆生产情况 单位：万吨

品种	2009 年	2010 年	2011 年	2012 年	2013 年	2014 年	2015 年	2016 年	2017 年	2018 年
纸浆合计	6733	7318	7723	7867	7651	7906	7984	7925	7949	7201
1. 木浆	560	716	823	810	882	962	966	1005	1050	1147
2. 废纸浆	4997	5305	5660	5983	5940	6189	6338	6329	6302	5444
3. 非木材浆	1176	1297	1240	1074	829	755	680	591	597	610
苇浆	144	156	158	143	126	113	100	68	69	49
蔗渣浆	98	117	121	90	97	111	96	90	86	90

续表

品种	2009 年	2010 年	2011 年	2012 年	2013 年	2014 年	2015 年	2016 年	2017 年	2018 年
竹浆	161	194	192	175	137	154	143	157	165	191
稻麦草浆	676	719	660	592	401	336	303	244	246	250
其他浆	97	111	109	74	68	41	38	32	31	30

表 3　　2018 年纸浆消耗情况

品种	2017 年		2018 年		同比/%
	消耗量/万吨	占比/%	消耗量/万吨	占比/%	
总量	10051	100	9387	100	-6.61
木浆	3151	31	3303	35	4.82
1. 进口木浆	2111[1]	21	2166[2]	23	2.61
2. 国产木浆	1040	10	1137	12	9.33
废纸浆	6303	63	5474	58	-13.15
1. 进口废纸浆	1	-	30	-	2900.00
2. 国产废纸浆	6302	63	5444	58	-13.61
其中：进口废纸制浆	2063	21	1457	16	-29.37
国产废纸制浆	4239	42	3987	42	-5.94
非木材浆	597	6	610	7	2.18

注：1. 2017 年进口纸浆 2372 万吨，扣除溶解浆 260 万吨，废纸浆 1 万吨，实际木浆消耗量 2111 万吨。
2. 2018 年进口纸浆 2479 万吨，扣除溶解浆 283 万吨，废纸浆 30 万吨，实际木浆消耗量 2166 万吨。

表 4　　2009—2018 年国内废纸利用情况

年份	国内废纸回收量/万吨	废纸净进口量/万吨	废纸浆消费量/万吨	废纸回收率/%	废纸利用率/%
2009	3676	2750	4997	42.9	74.4
2010	4017	2435	5305	43.8	69.6
2011	4347	2728	5660	44.6	71.2
2012	4473	3007	5983	44.5	73.0
2013	4377	2924	5940	44.7	72.2
2014	4841	2752	6189	48.1	72.5
2015	4832	2928	6338	46.7	72.5
2016	4963	2850	6329	47.6	72.0
2017	5285	2572	6303	48.5	70.6
2018	4964	1703	5474	47.6	63.9

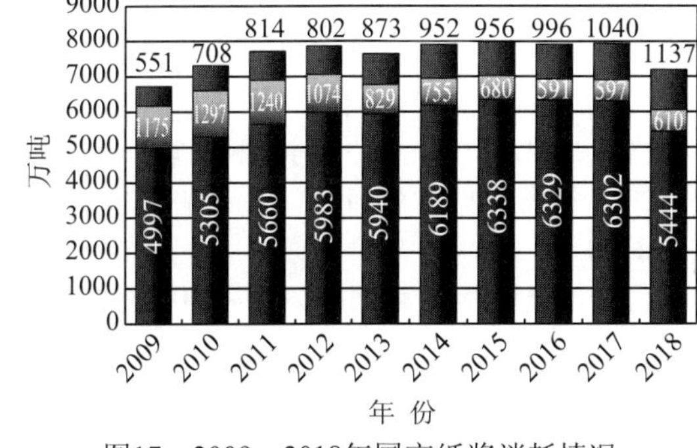

图17　2009—2018年国产纸浆消耗情况
■废纸浆　■非木材浆　■木浆

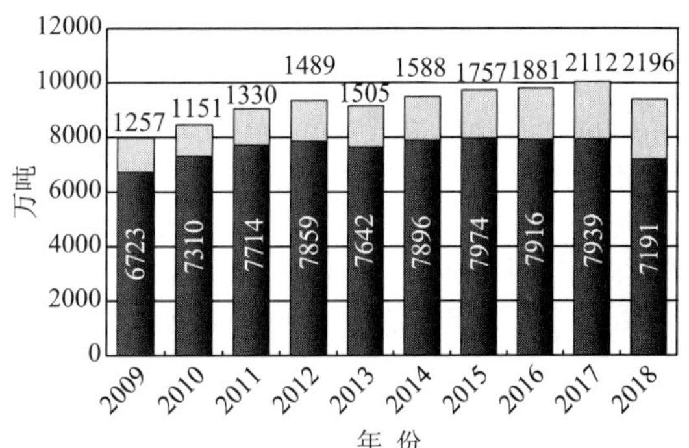

图18　2009—2018年纸浆总消耗情况
■国产纸浆消耗量　■进口纸浆消耗量

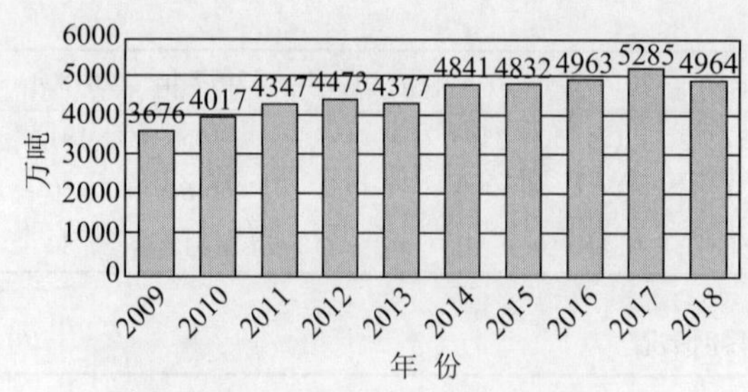

图19 2009—2018年全国废纸回收总量

四、纸制品生产和消费情况

根据国家统计局数据，2018 年全国规模以上纸制品生产企业 4003 家，生产量 5578 万吨，同比下降 17.98%；消费量 5273 万吨，同比下降 19.04%；进口量 18 万吨；出口量 323 万吨。2009—2018 年纸制品生产量年均递增 3.99%，消费量年均递增 3.88%（见图 20）。

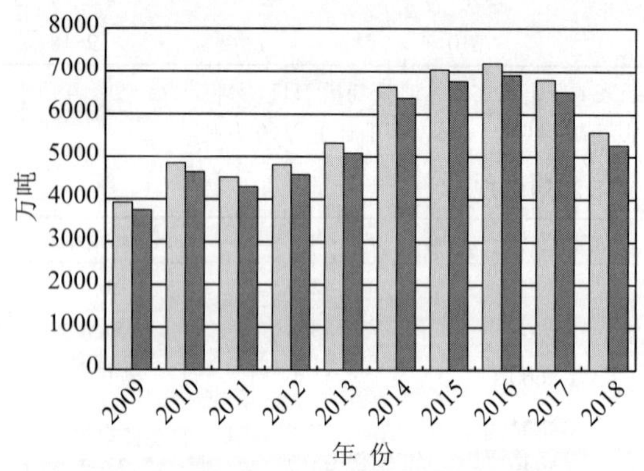

图20 2009—2018年纸制品生产和消费情况

▫生产量 ▪消费量

注：数据来源于国家统计局（规模以上企业统计）。

五、纸及纸板、纸浆、废纸及纸制品进出口情况

（一）纸及纸板、纸浆、废纸及纸制品进口情况

2018 年纸及纸板进口量 622 万吨，同比增长 33.48%；纸浆进口量 2479 万吨，同比增长 4.51%；废纸进口量 1703 万吨，同比下降 33.79%；纸制品进口量 18 万吨，同比下降 5.26%。

2018 年进口纸及纸板、纸浆、废纸、纸制品合计 4822 万吨，同比下降 11.18%；用汇 302.12 亿美元，同比增长 15.67%。进口纸及纸板平均价格为 888.99 美元/吨，同比下降 1.36%；进口纸浆平均价格为 795.31 美元/吨，同比增长 22.99%；进口废纸平均价格为 252.03 美元/吨，同比增长 10.33%（见表 5）。2018 年纸及纸板各品种进口量占总进口量的比例见图 21。

表 5 2018 年我国纸浆、废纸、纸及纸板、纸制品进口情况 单位：万吨

品种	进口量		同比/%
	2017 年	2018 年	
一、纸浆	2372	2479	4.51
二、废纸	2572	1703	-33.79
三、纸及纸板	466	622	33.48
1. 新闻纸	33	48	45.45
2. 未涂布印刷书写纸	63	85	34.92
3. 涂布印刷纸	45	49	8.89
其中：铜版纸	33	32	-3.03
4. 包装用纸	23	21	-8.70
5. 箱纸板	137	207	51.09
6. 白纸板	62	54	-12.90
其中：涂布白纸板	61	53	-13.11
7. 生活用纸	4	5	25.00
8. 瓦楞原纸	65	111	70.77
9. 特种纸及纸板	26	30	15.38
10. 其他纸及纸板	8	12	50.00
四、纸制品	19	18	-5.26
总计	5429	4822	-11.18

注：数据来源于海关总署。

（二）纸及纸板、纸浆、废纸及纸制品出口情况

2018 年纸及纸板出口量 618 万吨，同比下降 11.59%；纸浆出口量 9.99 万吨，同比增长 1.22%；废纸出口 0.06 万吨，同比下降 60.00%；纸制品出口量 323 万吨，同比增长 5.21%。

2018 年出口纸及纸板、纸浆、废纸、纸制品合计 951.05 万吨，同比下降 6.39%；创汇 192.69 亿美元，同比增长 7.20%。出口纸及纸板平均价格为 1408.57 美元/吨，同比增长 13.57%；出口纸浆平均价格为 1311.32 美元/吨，同比下降 3.91%（见表 6）。2018 年纸及纸板各品种出口量占总出口量的比例见图 22。

（三）纸及纸板主要产品 2009—2018 年进出口情况

1. 新闻纸

2018 年新闻纸进口量大于出口量，净进口量 47 万吨。2009—2018 年新闻纸进口量及出口量见图 23。

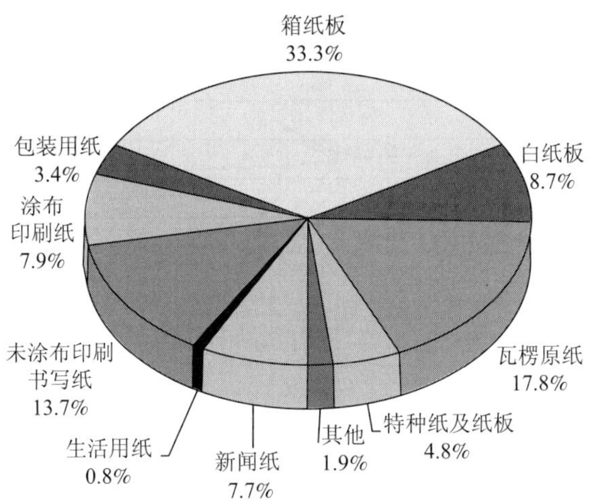

图21　2018年纸及纸板各品种进口量占总进口量的比例

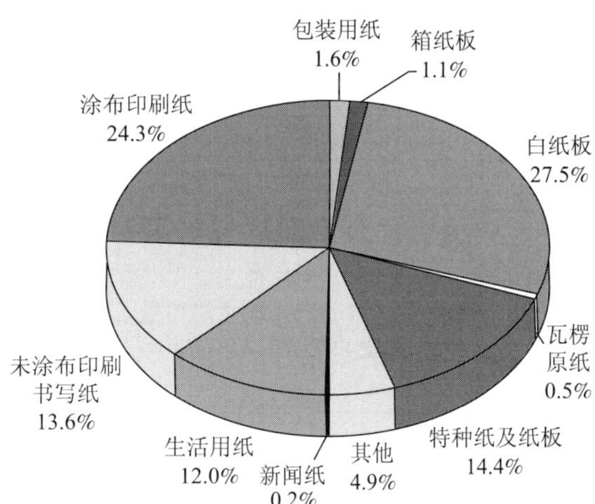

图22　2018年纸及纸板各品种出口量占总出口量的比例

表 6　2018 年我国纸浆、废纸、纸及纸板、纸制品出口情况　单位：万吨

品种	出口量		同比
	2017 年	2018 年	/%
一、纸浆	9.87	9.99	1.22
二、废纸	0.15	0.06	-60.00
三、纸及纸板	699	618	-11.59
1. 新闻纸	1	1	0.00
2. 未涂布印刷书写纸	109	84	-22.94
3. 涂布印刷纸	176	150	-14.77
其中：铜版纸	123	106	-13.82
4. 包装用纸	11	10	-9.09
5. 箱纸板	12	7	-41.67
6. 白纸板	193	170	-11.92
其中：涂布白纸板	193	170	-11.92
7. 生活用纸	74	74	0.00
8. 瓦楞原纸	4	3	-25.00
9. 特种纸及纸板	82	89	8.54
10. 其他纸及纸板	37	30	-18.92
四、纸制品	307	323	5.21
总　计	1016.02	951.05	-6.39

注：数据来源于海关总署。

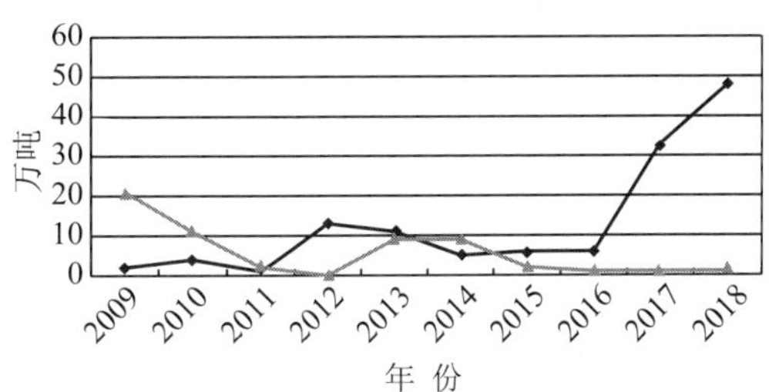

图23　2009—2018年新闻纸进口量及出口量

进口量　出口量

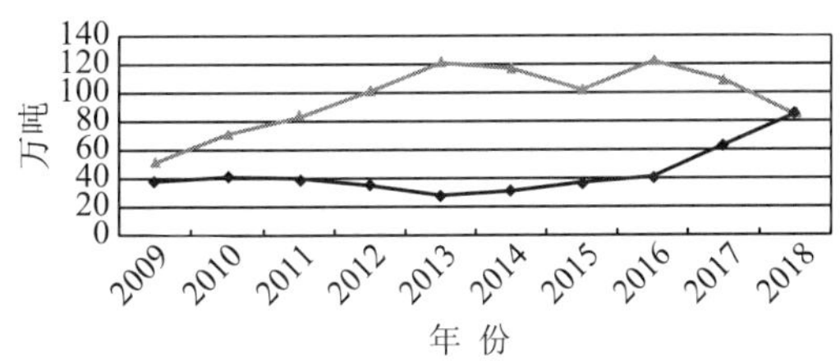

图24　2009—2018年未涂布印刷书写纸进口量及出口量

进口量　出口量

2. 未涂布印刷书写纸

2018 年未涂布印刷书写纸进口量大于出口量，净进口量 1 万吨。2009—2018 年未涂布印刷书写纸进口量及出口量见图 24。

3. 涂布印刷纸

2018 年涂布印刷纸出口量大于进口量，净出口量 101 万吨。其中：铜版纸出口量大于进口量，净出口量 74 万吨。2009—2018 年涂布印刷纸进口量及出口量见图 25。2009—2018 年铜版纸进口量及出口量见图 26。

4. 生活用纸

2018 年生活用纸出口量大于进口量，净出口量 69 万吨。2009—2018 年生活用纸进口量及出口量见图 27。

5. 包装用纸

2018 年包装用纸进口量大于出口量，净进口量 11 万吨。2009—2018 年包装用纸进口量及出口量见图 28。

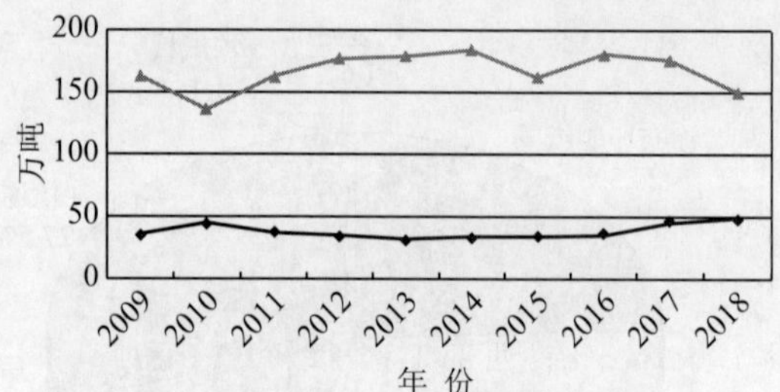

图25 2009—2018年涂布印刷纸进口量及出口量

进口量 出口量

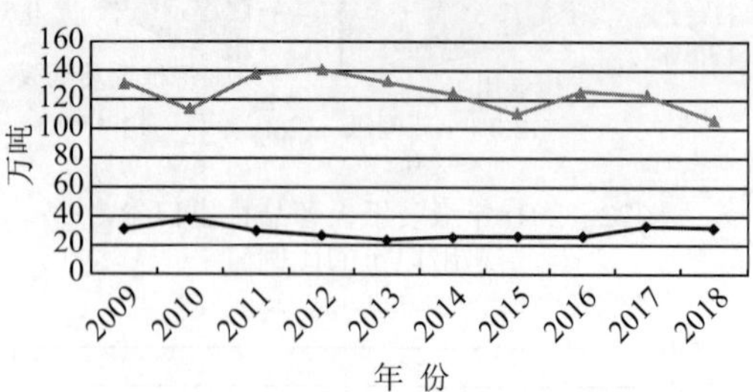

图26 2009—2018年铜版纸进口量及出口量

进口量 出口量

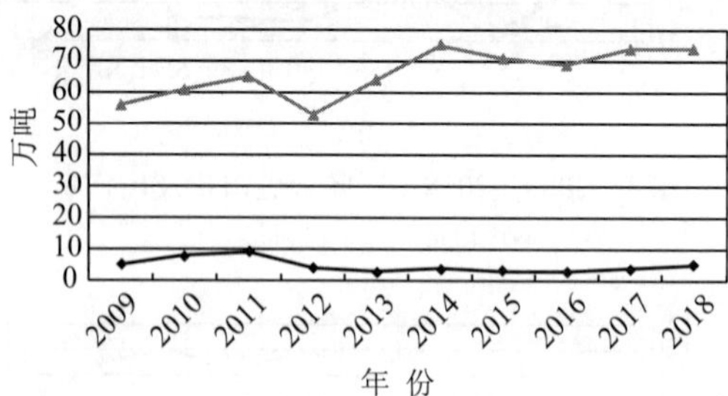

图27 2009—2018年生活用纸进口量及出口量

进口量 出口量

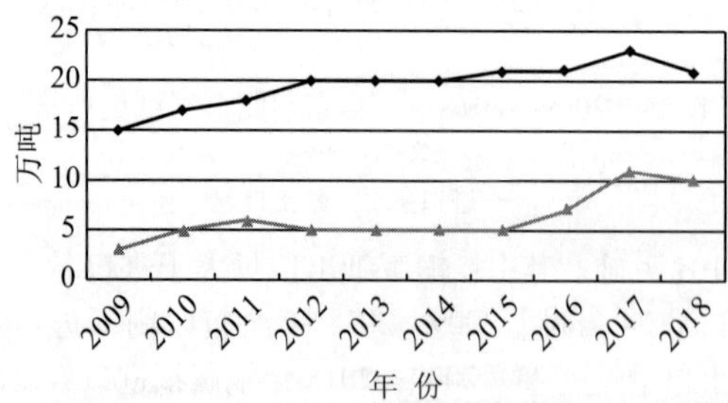

图28 2009—2018年包装用纸进口量及出口量

进口量 出口量

6. 白纸板

2018年白纸板出口量大于进口量，净出口量116万吨。其中：涂布白纸板出口量大于进口量，净出口量117万吨。2009—2018年白纸板进口量及出口量见图29。2009—2018年涂布白纸板进口量及出口量见图30。

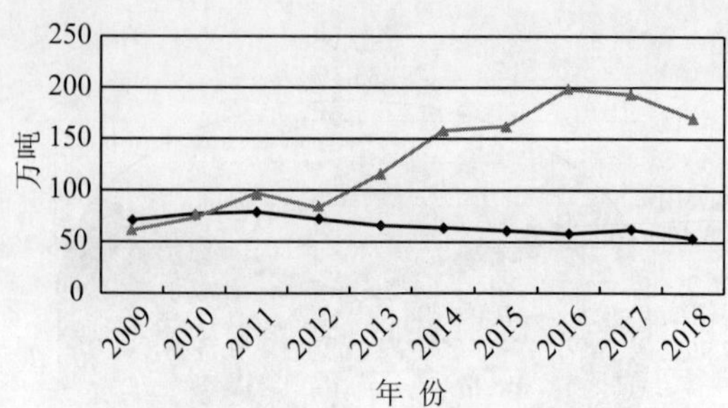

图29 2009—2018年白纸板进口量及出口量

进口量 出口量

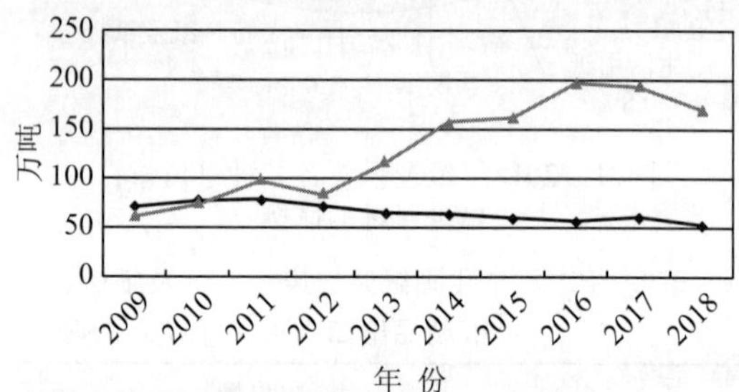

图30 2009—2018年涂布白纸板进口量及出口量

进口量 出口量

7. 箱纸板

2018年箱纸板进口量大于出口量，净进口量200万吨。2009—2018年箱纸板进口量及出口量见图31。

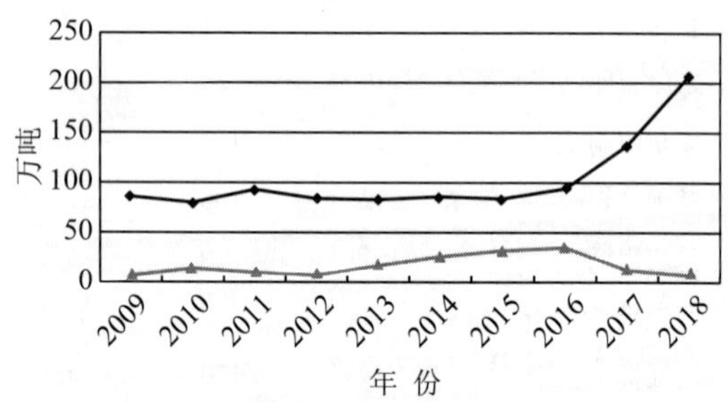

图31 2009—2018年箱纸板进口量及出口量

进口量 出口量

8. 瓦楞原纸

2018年瓦楞原纸进口量大于出口量，净进口量108万吨。2009—2018年瓦楞原纸进口量及出口量见图32。

9. 特种纸及纸板

2018年特种纸及纸板出口量大于进口量，净出口量59万吨。2009—2018年特种纸及纸板进口量及出口量见图33。

（四）纸制品进出口情况

（1）2018年纸制品进口量18万吨，比2017年减少1万吨，同比下降5%。2009—2018纸制品进口情况见图34。

（2）2018年纸制品出口量323万吨，比2017年

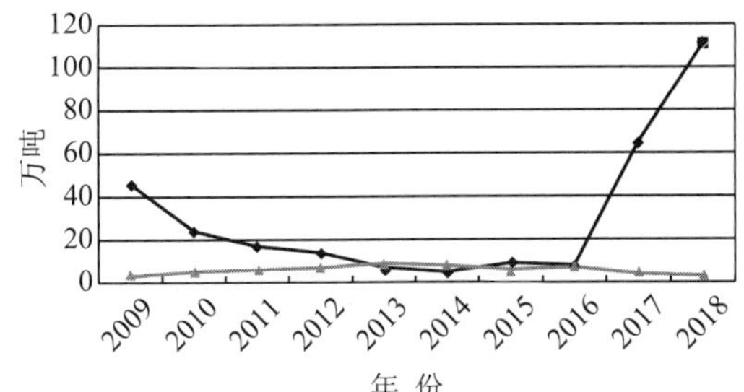

图32　2009—2018年瓦楞原纸进口量及出口量

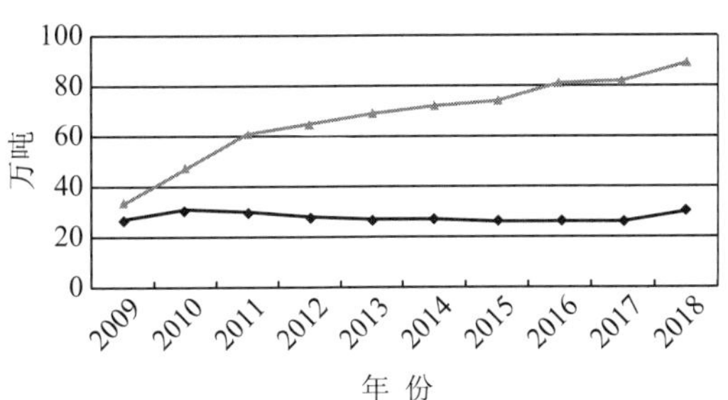

图33　2009—2018年特种纸及纸板进口量及出口量

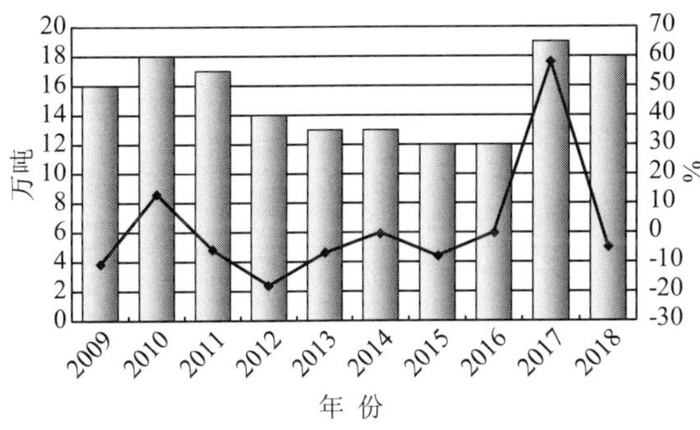

图34　2009—2018年纸制品进口情况

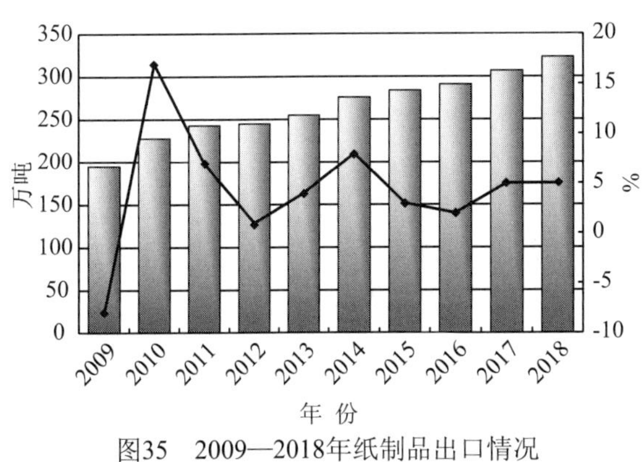

图35　2009—2018年纸制品出口情况

增加 16 万吨，同比增长 5%。2009—2018 年纸制品出口情况见图 35。

六、纸及纸板生产布局与集中度

根据中国造纸协会调查资料，2018 年我国东部地区 11 个省(区、市)纸及纸板生产量占全国纸及纸板总生产量的比例为 74.2%；中部地区 8 个省(区)占 16.3%；西部地区 12 个省(区、市)占 9.5%(见表 7、图 36)。

2018 年广东、山东、浙江、江苏、福建、河南、湖北、安徽、重庆、四川、广西、湖南、天津、河北、江西、海南和辽宁 17 个省(区、市)纸及纸板生产量超过 100 万吨，生产量合计 10047 万吨，占全国纸及纸板总生产量的 96.28%(见表 8)。

表 7　2018 年纸及纸板生产量区域布局变化

	2017 年		2018 年	
	生产量/万吨	占比/%	生产量/万吨	占比/%
纸及纸板生产量	11130	100	10435	100
其中：东部地区	8332	74.9	7742	74.2
中部地区	1767	15.9	1697	16.3
西部地区	1031	9.2	996	9.5

注：据中国造纸协会调查资料。

表 8　2018 年纸及纸板生产量 100 万吨以上的省(区、市)　单位：万吨

省(区、市)	生产量		同比/%
	2017 年	2018 年	
广东省	1885	1815	-3.71
山东省	1875	1810	-3.47
浙江省	1711	1510	-11.75
江苏省	1253	1141	-8.94
福建省	758	750	-1.06
河南省	568	490	-13.73
湖北省	267	325	21.72
安徽省	302	305	0.99
重庆市	309	288	-6.80
四川省	221	245	10.86
广西壮族自治区	251	240	-4.38
湖南省	290	235	-18.97
天津市	231	220	-4.76
河北省	297	205	-30.98
江西省	196	200	2.04
海南省	173	166	-4.05
辽宁省	97	102	5.15
合计	10684	10047	-5.96

注：据中国造纸协会调查资料。

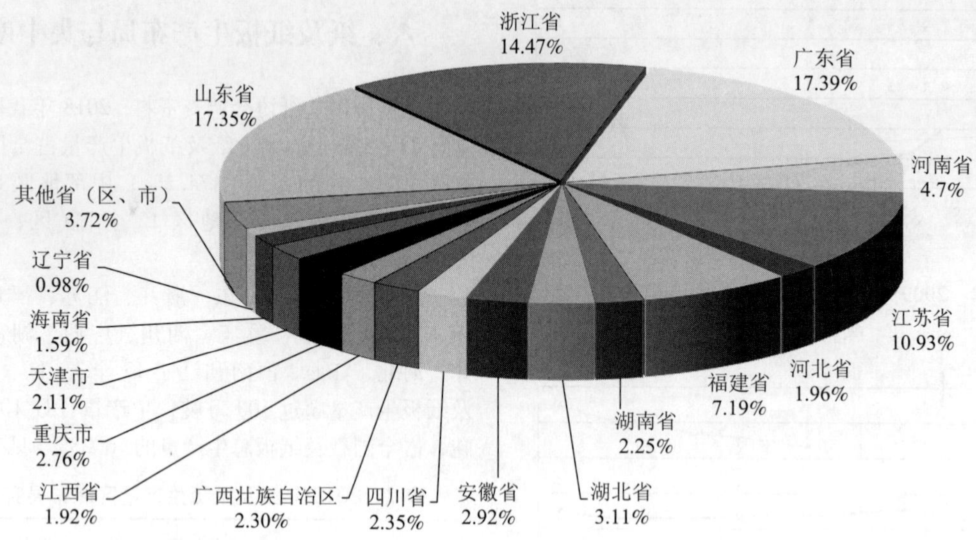

图36 2018年主要省（区、市）纸及纸板生产量占全国纸及纸板总生产量的比例

注：据中国造纸协会调查资料。

七、结 语

2018 年，我国经济运行保持在合理区间，造纸行业生产经营总体保持平稳。但在复杂多变的国内外经济形势下，造纸企业与我国多数实体企业一样经受了挑战。受经济下行、市场需求减少、原材料供给收紧等多重因素影响，造纸行业出现了生产量下降，经济效益下滑，生产和运行困难增多的局面。面对新的形势，全行业通过供给侧结构性改革、有效控制新增产能、增强创新能力、增加新动能，维持了造纸行业的整体平稳运行。

附表：2018 年重点造纸企业生产量前 30 名企业

序号	单位名称	生产量/万吨		同比/%
		2017 年	2018 年	
1	玖龙纸业(控股)有限公司	1313.00	1394.00	6.17
2	理文造纸有限公司	554.98	563.17	1.48
3	山鹰国际控股股份公司	358.00	461.00	28.77
4	山东太阳控股集团有限公司	443.16	459.73	3.74
5	山东晨鸣纸业集团股份有限公司	510.11	456.72	-10.47
6	华泰集团有限公司	313.17	313.64	0.15
7	中国纸业投资有限公司	280.00	290.00	3.57
8	宁波中华纸业有限公司(含宁波亚洲浆纸业有限公司)	228.00	252.11	10.57
9	江苏荣成环保科技股份有限公司	209.53	220.97	5.46
10	金东纸业(江苏)股份有限公司	206.41	191.00	-7.47
11	福建联盛纸业有限责任公司	236.00	182.00	-22.88
12	山东博汇集团有限公司	191.66	175.22	-8.58
13	亚太森博中国控股有限公司	142.00	153.64	8.20
14	东莞建晖纸业有限公司	147.93	150.71	1.88
15	金红叶纸业集团有限公司	107.02	146.00	36.42

续表

序号	单位名称	生产量/万吨		同比/%
		2017 年	2018 年	
16	浙江景兴纸业股份有限公司	139.19	138.72	-0.34
17	山东世纪阳光纸业集团有限公司	128.84	124.50	-3.37
18	维达国际控股有限公司	110.00	122.00	10.91
19	广西金桂浆纸业有限公司	93.00	109.10	17.31
20	武汉金凤凰纸业有限公司	83.88	104.19	24.21
21	海南金海浆纸业有限公司	110.00	103.78	-5.65
22	恒安国际集团有限公司	91.63	102.83	12.22
23	芬欧汇川(中国)有限公司	94.00	87.00	-7.45
24	东莞金洲纸业有限公司	108.80	85.21	-21.68
25	新乡新亚纸业集团股份有限公司	82.18	82.35	0.21
26	永丰余造纸(扬州)有限公司	65.10	65.40	0.46
27	大河纸业有限公司	61.84	62.95	1.79
28	漯河银鸽实业集团有限公司	63.95	61.84	-3.30
29	邹平汇泽实业有限公司(山东天地缘)	68.52	60.71	-11.40
30	金华盛纸业(苏州工业园区)有限公司	60.11	59.03	-1.80

注：按已收集到的数据排列。

我国制浆造纸装备产业发展形势分析及创新竞争力研究

Development Analysis and Innovative Competitiveness Research of Pulp and Paper Equipment Industry in China

装备制造业是国民经济中的战略性基础产业，是制造业的核心部分。装备制造业的水平和现代化程度决定了国民经济的水平和现代化程度，在世界各国的工业中占有重要的地位。发达国家长期以来都把制造业，特别是装备制造业作为其经济的主要支柱和强大国力的后盾。我国拥有 41 个工业大类、191 个中类和 525 个小类，是全世界唯一拥有联合国产业分类中全部工业门类的国家，形成了一个举世无双、行业齐全的工业体系，成为我国竞争力的重要源泉。习近平总书记指出："中国经济要避免脱实向虚，要从制造业大国迈向制造业强国。""装备制造业是国之重器，是实体经济的重要组成部分，要把握优势，乘势而为，做强做优做大。"大力发展装备制造业，事关国家经济的命脉，是我国经济高质量发展的基石，中华民族实现伟大复兴的重要基础。

一、我国制浆造纸装备业发展情况分析

1. 我国制浆造纸装备制造业基本情况

根据国家统计局数据，制浆和造纸专用设备制造工业规模以上企业数量逐渐下降，2018 年只有 187 家。近几年亏损企业数量基本在 30 家左右，受最近两年造纸行业形势好转的影响，2018 年企业的亏损额出现了下降，当年亏损额为 18670 万元，比上年同期下降 66.87%。企业数量的下降是市场调整的结果：一是市场竞争加剧，促使部分企业被淘汰；二是企业并购重组，通过强强联合或优势互补，提升企业的竞争力。

近年来，制浆和造纸专用设备制造面临的发展形势较为复杂，主营业务收入 2016 年首次突破 400 亿元，不过近两年收入有所下降，2018 年为 195.60 亿元，仅为往年的 1/2 左右，原因不明。利润总额在 2013 年超过 26 亿元之后，近年来却出现了持续下降的现象，2015—2017 年稳定在 22 亿元左右，与主营业务收入一样，在 2018 年却陡然下降，当年利润总额为 11.05 亿元，为近年历史最低值。

2. 我国制浆造纸装备制造企业情况

根据企业工商注册信息，经过筛选，最后汇总 603 家有效企业信息。

从地域分布来看，制浆造纸装备企业主要分布在沿海地区，中部地区较少，西部地区最少。数据显示，除港澳台外，31 个省市区中有 23 个省市区至少有 1 家制浆造纸装备企业。其中，山东省企业数量最多，共有 218 家，占到全国的 1/3 以上。其次是广东省，有 73 家，第三是江苏省，有 56 家。企业数量较多的省份还有河南省、浙江省、辽宁省、福建省、河北省，其他 14 个省市区的企业数量均少于 20 家。从企业数量来看，与各省市区的造纸产业的发展和生产量有一定的正相关性。

根据细分数据，603 家制浆造纸装备企业共分布在 85 个地级市。其中，企业数量最多的是山东省潍坊市，共有 128 家，占所有企业数量的 1/5。其次是广东省广州市 49 家，第三是河南省焦作市有 38 家。此外，山东省淄博市 26 家，广东省佛山市和浙江省杭州市均有 22 家，辽宁省丹东市 20 家，其他 78 个市的企业数量低于 20 家。

从企业性质来看，港澳台及外资企业有 24 家，中外合作 2 家，577 家为内资企业。

从成立时间来看，最早的企业成立于 1958 年，改革开放之后，企业数量开始逐渐增加，特别是新世纪之后，新建企业数量大幅增长。

3. 我国制浆造纸装备制造企业产品情况

为了对我国制浆造纸装备产业有一个较为完整

的了解和认识，对全国540家规模以上的制浆造纸装备及相关企业进行统计，将各种设备企业分为：备料设备、制浆设备、洗选漂设备、造纸设备、完成设备、辅件配件、仪器仪表、环保设备、泵阀设备、脱水器材、辅助设备、自动化、工程技术服务、科研检测机构等14个类别。

制浆造纸装备企业的主要产品存在较大差异，除了少数企业具备整机成套设备生产能力，大部分企业只生产部分设备，甚至只做其中一个单品。根据统计，从事造纸设备的企业数量最多，为135家；其次是制浆设备，为70家。从事泵阀设备、辅件配件、脱水器材的企业较多，分别为53家、54家、48家，这些企业大多只生产单一产品。此外，完成设备、洗选漂设备、环保设备的企业也较多，分别为46家、41家、41家。从事工程技术服务、辅助设备的企业也有一定数量，分别为35家、30家。仪器仪表、自动化分别为24家、23家，科研检测机构、备料设备的企业较少，分别为11家和10家。

最近几年我国造纸产业发展遇到瓶颈，新增生产线有所减少，对制浆造纸装备企业是一个严峻的考验。对于具有技术实力、产品线较为完整的企业来说，虽然市场需求有所下降，但业务仍然保持稳定。

4. 我国制浆造纸装备国际贸易情况

制浆和造纸专用设备企业近年来加大"走出去"力度，不断开拓国外市场。根据统计，近几年我国制浆和造纸专用设备出口台套数量整体呈现增长势头，2018年出口483.48万台，同比增长21.82%。出口金额也随之保持增长，2018年出口额超过14亿美元，为14.59亿美元，达到历史最好水平。

制浆和造纸专用设备进口数量波动较大，2018年进口台套数量为0.87万台，同比增长3.57%。进口金额逐年快速下降，不过在2018年进口金额有明显回升，当年进口4.45亿美元，同比增长30.45%。

制浆和造纸专用设备进口数量的下降，主要受两个方面因素的影响，一是国内新建制浆造纸生产线增长有所放缓，减少了对制浆和造纸专用设备的需求；二是国产制浆和造纸专用设备有了较大的进步，在一定程度上取代了进口设备。

5. 我国制浆造纸装备企业"走出去"情况

虽然我国制浆造纸装备企业与国际领先的装备企业相比，在高档纸机方面仍然有较大的差距，不过在中档纸机领域已经具备了一定的实力，目前有更多的企业开始走出去，服务国外企业。根据对我国制浆造纸装备企业2011年以来出口国家进行统计发现，我国的制浆造纸装备已经在31个国家落地生根，比两年前多了4个国家。大部分是东南亚、中东以及非洲等地区的国家，此外也不乏欧美等地区的国家。其中，印度尼西亚是我国制浆造纸装备企业业绩最好的国家，共获得了15个企业项目合同，其次是印度有14个，第三是俄罗斯有8个，越南和马来西亚均有5个，埃及有4个，伊朗、泰国、缅甸和孟加拉均为3个。其他国家和地区均为1~2个项目。

6. 国际制浆造纸装备企业在我国发展情况

目前已投产大型纸机大部分来自国外造纸装备供应商，这些造纸设备具有单机生产规模大、装备水平高、工艺技术先进等优点。装备供应商主要以福伊特公司、维美德(美卓)公司为主，另有安德里茨公司、凯登公司等几家国外供应商。国内造纸装备商主要有上海轻良实业有限公司、山东昌华机械科技有限公司、潍坊凯信机械有限公司、江苏华东造纸机械有限公司、许昌中亚造纸设备有限公司、河南大指造纸装备集成工程有限公司等。

2017年我国规模以上制浆造纸装备企业销售额为397亿元，同比增长2.64%。与维美德公司、福伊特公司两大国际造纸装备巨头相比，我国制浆造纸装备业仍然较小，2012年之前2家企业的销售收入比我国所有造纸装备企业的收入还要高。2013年之后，我国制浆造纸装备企业销售收入才超过2家企业的总和，但并没有超出多少，即使到了2017年，维美德公司1家企业的销售收入，就和全国规模以上制浆造纸装备企业1/2销售收入相当。我国制浆造纸装备企业还需要奋力追赶，加快缩小与国际巨头的差距。

二、我国造纸企业投产项目及进口纸机情况

1. 我国造纸企业投产纸机综合情况

近年来，我国造纸企业通过大量引进国外先进技术和装备，提高了行业整体技术水平和生产能力，大型企业的装备水平进入全球先进行列，先进设备的产能在全行业中占有较大份额。中国新建和扩建的造纸生产线，拥有一系列具有国际先进水平的装备，大型造纸生产线以高档产品为主，单机规模越来越大，新建项目基本采用目前国际和国内最新的技术和装备。

从纸机投产时间分布看，1999—2019 年的 20 年间我国投产 246 条纸机，产能合计为 7797 万吨。2018 年我国造纸生产量为 11661 万吨，新建产能占造纸总生产量的 67%。其中，1999—2009 年投产 60 条，年产能为 2183 万吨，2010—2019 年投产 186 条，产能为 5614 万吨。从时间段分布，76% 的纸机是在 2010 年之后投产和新建，近 10 年新建产能占 72%。

从投产纸机的产品看，大部分是包装用纸及纸板机，合计达到 187 条，占 76%，年产能合计 5954 万吨，占 76.4%。其中，瓦楞原纸机数量最多，合计 80 条，年产能 1953 万吨；箱纸板机 41 条，年产能 1506 万吨；牛卡纸生产线 32 条，年产能 1285 万吨；白纸板机 16 条，年产能 838 万吨；其他纸及纸板机 13 条，年产能 372 万吨。此外，文化用纸机 22 条，年产能 633 万吨；白卡纸机 5 条，年产能 275 万吨；铜版纸机 7 条，年产能 460 万吨；特种纸及纸板 30 条，年产能 475 万吨。

随着市场需求和企业理念的调整，新建纸机趋于理性和实用，不再一味追求纸机的幅宽和车速，从产能变化来看，2010 年之前的平均每条生产线年产能达到 36 万吨，2011 年之后降为 30 万吨。

2. 我国投产包装用纸机情况

根据对 2010—2019 年投产的产能超过 10 万吨/年的 159 条包装用纸机进行统计，10 年间包装用纸机新建产能达到 4880 万吨，占我国纸和纸板总生产量的 1/3 以上。

从产能分布来看，超过 60 万吨/年以上的超大型纸机有 21 条。大部分纸机的年产能集中在 30 万～50 万吨/年，其中，50 万吨/年 11 条，45 万吨/年 10 条，40 万吨/年 15 条，35 万吨/年 16 条，30 万吨/年 32 条。15 万～25 万吨/年的纸机也较多，其中，25 万吨/年 5 条，20 万吨/年 26 条，15 万吨/年 14 条。另外，10 万吨/年有 19 条。

从时间分布来看，2010—2014 年是一个快速增长的时期，特别是 2014 年有 32 条包装用纸生产线投产。从 2016 年起随着市场价格的高涨，投产的纸机数量再度大幅增加，2017 年和 2018 年均有 20 余条生产线投产。

从地区分布来看，20 个省市区均有不同产能投产。其中，山东省投产产能最多，达到 710 万吨/年，占 14.6%。其次是湖北省，投产 590 万吨/年，占 12.1%。第三是福建省，投产 465 万吨/年，占 9.5%。紧随其后的是江苏省、浙江省和广东省，分别投产了 440 万吨/年、416 万吨/年和 390 万吨/年。此外，江西省投产 310 万吨/年。投产产能超过 200 万吨/年的还有四川省 258 万吨/年、安徽省 237 万吨/年、辽宁省 225 万吨/年。河北省、重庆市、天津市、云南省均超过 100 万吨/年，其他 6 个省市区的投产产能低于 100 万吨/年。

从纸机供应商来看，绝大部分来自国外造纸装备供应商，其中福伊特公司、维美德(美卓)公司为主。国内造纸装备商主要有上海轻良实业有限公司、许昌中亚造纸设备有限公司、山东昌华机械科技有限公司、潍坊凯信机械有限公司、河南大指造纸装备集成工程有限公司等。

3. 我国造纸企业引进进口纸机情况分析

国际制浆造纸设备具有单机生产规模大、装备水平高、工艺技术先进等优点，近年来，国际上最先进、单机产能最大的制浆造纸设备均被引进我国。大批先进设备在我国的安装和投产，促进我国造纸现代化水平快速提高。

根据 1949—2019 年的不完全统计，新中国成立 70 年来，我国先后引进 292 条纸机，合计产能 6488 万吨/年，占总产能的 1/2 左右。进口纸机在我国造纸产业现代化进程中发挥了重要的作用。

从时间分布看，1949—1999 年的前 50 年进口纸机并不是很多，合计 59 条，占总进口条数的 20%，由于单条生产线的产能较小，合计产能 598 万吨/年，仅占总进口产能的 9%。2000—2009 年是进入新世纪后我国造纸产业发展的“黄金十年”，进口纸机的条数和产能均急剧增加，累计引进 168 条造纸生产线，占 58%；合计产能 3971.7 万吨/年，占 61%。2000—2019 年我国进口纸机条数和产能明显下降，合计进口 65 条生产线，占 22%；不过此阶段进口的一般都是大型纸机，合计产能为 1911 万吨/年，占 30%。

从产品类别看，包装用纸是在进口纸机中产能最大的类别，其次是文化用纸、生活用纸和特种纸。具体来看，包装用纸机合计进口 144 条，占 49%；年产能 4443.9 万吨，占 69%。其次是文化用纸机进口 78 条，占 27%；年产能 1748.1 万吨，同样占 27%。生活用纸机进口 51 条，占 17%；年产能 189.1 万吨，占 3%。生活用纸机是进口纸机条数最多的类别。特种纸机合计进口 19 条，占 7%；年产能 89.45 万吨，占 1%。

从供应企业看，维美德(美卓)公司、福伊特公司 2 家企业是最主要的进口纸机供应商。其中，维美德(美卓)公司共提供 106 条，占 46%；年产能合计 3021 万吨，占 49%。福伊特公司有 68 条，占

23%；年产能 1921.2 万吨，占 30%。其他包括安德里茨公司、凯登公司、日本川之江造纸株式会社等企业的纸机。

三、全球制浆造纸装备业科技创新竞争力评价

科技革命正在深刻改变世界发展格局，科技创新成为影响世界经济主要变量。科技创新评价可以为行业未来发展明确方向，目前常用的评价方法包括文献计量和专利计量。通过检索 1945—2018 年有关制浆造纸装备的科技论文和专利，从产业、国家和机构 3 个层次，评价全球制浆造纸装备领域发展态势，以及主要国家和机构在制浆造纸装备领域的科技创新竞争力。

英文科技论文数据来自 Web of Science 核心合集数据库，专利数据来自 Incopat 专利检索数据库。科技论文文献类型包括 article 和 review。统计时间窗为 1945—2018 年，收集时间为 2019 年 3 月 26 日。

1. 全球制浆造纸装备业国家综合竞争力评价

为了揭示不同国家在全球制浆造纸装备产业的综合科技创新竞争力和综合科技水平，设计了国家综合评分指标(S) = WoS 论文份额(A) + 专利家族份额(B)，即 S = A + B。选取 1981—2018 年时间段和 2018 年时间点的截面数据，分别反映造纸装备产业不同国家的长周期的科技创新总体情况以及现阶段的发展情况。

根据 2018 年综合评分可以看出，我国在综合评价中得到最高分 97.69 分，位居全球首位，表明现阶段我国造纸装备领域的科技创新竞争力最为突出。而长周期综合指标显示我国的排名为第 3 名，表明我国的历史累计综合竞争力尚未达到最高。美国、德国、中国、日本和芬兰是历史累计综合竞争力最高的五个国家，加拿大、瑞典和法国长期稳定在 TOP10 行列中，表现出较强的科技创新综合实力。

2. 全球制浆造纸装备业科技论文产出和专利申请数量

根据 1945—2018 年全球造纸装备行业科技论文产出数量和专利申请数量进行年度统计，科技论文产出数量出现 4 个波动周期，第一阶段 1945—1980 年为上升期，论文数量增长较快，呈现直线上升走势；第二阶段 1980—2000 年为波动期，论文数量呈现波动式上升；第三个阶段是 2000—2015 年为平台期，论文数量趋于平稳或微降；第四个阶段是 2015 年至今为跃升期，科技论文呈现明显的跃升趋势。2017 年全球制浆造纸装备业的科技论文数量达到 1548 篇，达到历史新高。

专利申请数量大致分为 3 个周期，1945—1990 年是缓慢增长期，一直维持在年申请量在 100 以下；1991—2000 年是平稳增长期，年均申请量保持在 200 ~ 250 篇；2001 年至今是回落反弹期，这一时期的专利申请量前期回落到 150 篇上下，近几年再度增长到 200 篇左右。

3. 主要国家和机构 WOS 科技论文发展态势

根据 1981—2018 年制浆造纸装备业科技论文产出数量 TOP10 国家的数据显示，2000 年之前，美国和加拿大 2 国的论文产出一直维持在较高水平，远远超过其他国家，德国在 1995—2000 年论文数量迅速攀升。从 2010 年起我国发展势头迅猛，目前已经高居第 1 位。2018 年我国制浆造纸装备业论文数量达到 52 篇，是美国的 2 倍。

在 1981—2018 年制浆造纸装备科技论文产出数量 TOP20 科研机构中，有 7 家来自美国，4 家来自瑞典，加拿大和芬兰均有 3 家，我国 2 家，日本 1 家。加拿大的 FPINNIVATIONS 以 190 篇高居第 1 位，加拿大 UNIV BRITISH COLUMBIA 以 106 篇紧随其后，瑞典 INNVENTIA 以 98 篇位列第 3 位。我国的华南理工大学和南京林业大学，排在第 19 位和第 20 位，分别有 44 篇和 43 篇。2018 年，我国有 6 家机构进入 TOP10(并列 14 家机构)，其中，华南理工大学、南京林业大学和陕西科技大学位分居前 3 位，显示出在制浆造纸装备科技创新方面的后发优势。

4. 主要国家和技术类别专利申请趋势

根据 1945—2018 年全球制浆造纸装备业专利申请数据，2000 年之前，专利申请国主要集中在德国、美国、日本、芬兰等国家，2005 年之后我国专利申请数量突飞猛进，2010 年以 327 件超越德国成为世界第 1 位，此后我国专利申请量呈“井喷”之势，2017 年达到 1262 件的新高，增长了近 4 倍，遥遥领先其他国家。

造纸装备产业的 IPC 专利分类主要是小类 D21F (造纸机；用以生产纸张的方法)和 D21G(压光机；造纸机辅助设备)。在小类 D21F 中，申请专利数量最多的大组是 D21F1(制造连续纸幅的纸机湿部)，专利数量达到 16882 件，占专利总量的 34%。

专利申请国的专利数量的多少表示该国的科技创新能力。根据制浆造纸装备领域技术类别——专利申请国矩阵图显示，在技术类别 D21F1 大组中，

专利数量最多的专利申请国是美国、德国和日本，我国排名第4位，其次是芬兰、加拿大，这些国家都表现出较强技术创新竞争力。

四、结 语

我国制浆造纸装备产业历经多年的发展，取得了巨大成就，一批重大装备得到工程化、产业化应用，自主研发水平和系统集成能力逐步提升，产业创新能力不断增强。但还存在对外依存度高、产业结构不合理、国际竞争力不强等诸多问题。同时，制浆造纸装备业面临市场需求增长放缓，企业经营难度增大等影响。随着国内市场空间变窄，企业需要更加多元化，将倒逼制浆造纸装备业加快转型步伐，通过科技进步提高产业发展质量。对此，建议制浆造纸装备企业加快提高创新能力，探索智能制造新模式，提升关键技术装备、工业软件、智能制造成套装备等供给能力和国产化水平。扎实推进“一带一路”国际合作，推动优势企业实现装备、技术、标准和服务“走出去”，在全球范围内优化配置创新资源，树立我国制造的国家品牌形象。

（周在峰 周秋菊 胡 楠）

2018 年我国深沪上市造纸公司概况

Papermaking Companies Listed in Shenzhen and Shanghai Stock Market in 2018

一、造纸工业整体运行环境概述

据中国造纸协会调查资料，2018 年全国纸及纸板生产企业约 2700 家，全国纸及纸板生产量 10435 万吨，比 2017 年下降 6.24%。消费量 10439 万吨，比 2017 年下降 4.20%，人均年消费量为 75 千克(13.95 亿人)。2009—2018 年，纸及纸板生产量年均增长率 2.12%，消费量年均增长率 2.22%。造纸行业从 2016—2017 年的需求旺盛期和效益黄金期进入平稳状态，企业业绩开始分化。在统计的 2657 家造纸生产企业中，亏损企业有 543 家，占 20.44%，亏损企业数量比 2017 年增加 1 倍(2017 年亏损企业有 281 家)。

2018 年，国内经济整体形势基本面是平稳向好，造纸行业生产运行整体情况在 2018 年度保持基本平稳态势，但随着经济发展放缓，需求下降，全年纸及纸板生产总量有所减少，产销基本保持平衡。

本年度国内造纸行业经历了较为复杂的经营环境，受国家环保政策影响，外废配额进一步缩减。同时，中美贸易摩擦升级导致关税成本上升，外废供给紧张，国内工业品输出受阻。这些因素的叠加影响，迫使部分中小企业的落后产能退出市场，造纸行业集中度持续提升；而龙头企业成本优势明显，且转嫁能力强，盈利能力有望进一步提升，市场占有率也将逐步扩大，尤其是环保设施齐全且具有明显规模效应的大型龙头纸企将成为环保政策下的真正受益者。

“十九大”报告提出要加快生态文明体制改革，建设美丽中国，再次确立了“绿水青山就是金山银山”的两山理论，将建设生态文明列为中华民族永续发展的千年大计。在“水十条”“土十条”“大气十条”相继实施的基础上，2018 年 1 月 1 日正式施行新的《水污染防治法》《中华人民共和国环境保护税法》。国家有关部门频繁组织的环保督查开展了环保督查“回头看”，曝光惩处了一大批不合格企业。这些政策的高压推进，正改变我国纸业的发展理念，为行业可持续健康发展指明了方向。

二、上市公司总体概述

按目前两市上市公司行业分类，造纸和印刷上市公司在同一类型中，共有 52 家企业，截至 2018 年年底在深沪两市正常运作的含有制浆造纸和纸制品业务的上市公司为 27 家。本年度整个板块盈利指标有所下滑，但总体保持平稳，并有持续向好的积极信号。

1. 龙头企业凸显优势，整体经营状况持续向好发展

各公司面对复杂环境，克服诸多困难，交出了不错的成绩，各项经营指标也是近年来造纸板块较好的一年，除个别企业出现经营不善外，绝大多数企业盈利能力普遍较好，总体持续向好发展，引人关注。27 家上市公司总股本数 2975733 万股(其中无限售流通股 2596148 万股)；总资产 2980 亿元，比 2017 年净增约 195 亿元，同比增长 6.99%；净资产达 1242 亿元，比 2017 年净增 30 亿元，同比增长 2.51%；主营业务收入 1708 亿元，比 2017 年净增 205 亿元，同比增长 13.60%；实现净利润 103.54 亿元，比 2017 年减少 19.65 亿元，同比下降 15.95%。资产负债率有效控制在 60% 以下合理水平，2017 年平均资产负债率 58.46%，比 2017 年提高 1.82 个百分点。2018 年平均销售净利润 6.06%，比 2017 年下降 2.13 个百分点；2018 平均总资产收益率 3.46%，比 2017 年下降 0.95 个百分点。特别是重点企业继续承担了这一板块的盈利责任，山东晨鸣纸业集团股份有限公司、山东太阳纸

业股份有限公司、安徽山鹰纸业股份有限公司、浙江景兴纸业股份有限公司、岳阳林纸股份有限公司、美盈森集团有限公司、中顺洁柔纸业股份有限公司等多家企业盈利能力稳定，约占总盈利的95%。安徽山鹰纸业股份有限公司盈利最大，占总净利润约1/3。整体经营向好主要原因是供给侧改革和淘汰落后产能政策的双重影响，造纸行业供需矛盾格局得到进一步改善，加上国家对江、河、湖泊流域生态环保政策的进一步严格，各地方政府相继出台更加严厉的产能引导退出政策，促进市场供需平稳有序，有利于大型企业的发展壮大，重点企业盈利能力获得较好保障。

2. 包装类产品核心作用支撑明显，是行业最重要的盈利来源

本年度以高强瓦楞原纸、牛卡纸、白卡纸为主的包装用纸板类企业获利能力再创新高，围绕现代运输包装用的高档瓦楞纸箱、纸板及缓冲包装材料为主的绿色环保产品，不仅实现保护商品、便于仓储、装卸运输的功能，还起到美化商品、宣传商品的作用，同时能够减少损耗及包装空间。因以其优越的使用性能和良好的加工性能，逐渐取代了传统的木箱等运输包装容器，成为现代包装运输的主要载体，发展空间较大，业绩斐然。以围绕卷烟、电子商务和建材等行业配套的工业用纸、卷烟纸、热敏纸和壁纸为主的特种纸盈利能力稳中有升；生活用纸属于快消品，直接面对消费品，品牌效益逐步凸显，高品牌和高档产品盈利能力保持稳定。以双胶纸、复印纸、铜版纸为主的文化纸类因产能增量较大，市场供需出现失衡，盈利能力有所下降。从近年糖纸一体化发展进程看，受蔗渣来源和制品规模较小的严重约束，纸品业务的持续萎缩，步履艰难，已不再是糖业公司的核心业务，也是不争的事实。南宁市糖业连年亏损，本年度亏损近14亿元，拖累了整个造纸板块业绩。

3. 坚持绿色发展理念，切实履行一个公众公司的社会责任

2018年本版块27家公司年度报告审计结果均是无保留意见的审计报告，同时没有一家公司处于ST状态，这是继2017年之后历史上第二次，这说明各公司增强了内控审计和合规运行意识，更加注重公众形象和自身肩负的社会使命。本年度拟有19家企业进行了现金配发，占27家的70%，是历史上最多的一年，业绩持续增长的龙头企业起到了主导作用。在年报里大篇幅说明环保治理达标排放情况，践行生态绿色发展的公众义务；本年度绝大多数企业响应中央统一部署，到2020年国家实现小康社会的目标，广泛关注“精准扶贫”计划，并采取切实行动，履行社会责任情况。如福建省青山纸业股份有限公司捐赠146万元，开展捐资助学活动和助建道路设施；山东太阳纸业股份有限公司向山东省扶贫开发基金会捐赠善款100万元，定向用于重庆市万州区龙驹镇中心卫生院购买医疗设施设备和改善就医环境；安徽山鹰纸业股份有限公司出资100万元支持郑蒲港新区姥桥镇官塘村脱贫致富等。

各公司坚持倡导“循环经济、绿色制造”的发展理念，严格遵守国家及地方政府环保法律、法规和相关规定，项目建设严格执行建设项目环境影响评价制度，生产运行严格遵守国家《环境污染防治法》《大气污染防治法》《水十条》及《固体废弃物污染防治法》，确保各项污染物严格按照法律法规的要求达标排放和合理处置。注重节能减排和发展循环经济，坚持“增收节支、节能降耗”宗旨和目标，加大清洁生产、节能减排、环保治理建设，达到环保排放新要求，取得了不俗的成绩，造纸行业在公众心中的正面形象不断获得提升。

4. 创新驱动渐强，有力推动高质量发展

我国造纸工业已经取得长足进步，绝大部分企业已建立起现代化企业制度和形象，持续提升创新驱动和技术进步的效应，已成为造纸工业可持续发展的核心手段。各公司均能围绕做强核心业务，积极投身新产品的开发与产品生产工艺的升级和改进，打造拥有一支专业、高效、技术过硬的科技研发队伍，将研发成果转化为生产力，加快新旧动能转换，推动高质量发展。

各公司加强信息化管理，在提高风险管控方面取得显著成绩。如安徽山鹰纸业股份有限公司继包装产业成功实施SAP项目后，又通过造纸ERP项目、造纸CRM项目、造纸MES项目以及供应商采购平台等集成的信息化体系搭建，引入和建立第三方资源库，推进精益改善项目，并对采购、生产和销售等重点业务环节进行标准化、规则化管理，进一步提升了公司的管理效率，降低运营风险。预计今后一段时间，造纸行业“技术+品牌”将成为衡量企业综合竞争力的“评分标准”。

随着物联网、大数据、云计算等新兴技术的发展，今后在生产方式上一定会迎来一场巨大变革，主要的就是在人工智能方面。各公司要抢抓先机，继续优化、提升、推进一批智能化、自动化项目，加快智慧工厂建设步伐，在进一步减轻员工劳动强度，提升工作效率的同时；同时大力推动OA办公系统、物资需求计划请购系统等智能化管理系统，为企业职能管理、投资决策提供精准、快速服务。

5. 政府补助创历史新高，而修身自强才是发展之本

2016 年和 2017 年市场需求持续高涨，整体效益普遍趋好，吸引新资本的大量流入，同时刺激许多企业纷纷增加投资扩产，2018 年新增产能相继下线，给行业稳定发展增添更多的不确定因素。高企的市场价格，已迫使下游加工企业不堪重负，需求萎缩，一些企业开始去库存低价销售，价格竞争迫在眉睫，经营风险隐患增大，应引起高度重视，谨防大波动大冲击。

由于近些年国民经济脱实向虚发展凸显，工业制造业实体受到严重冲击，贸易保护主义抬头风险剧增，各地政府纷纷向本区域的骨干企业输血扶持。2017 年上市公司共获得各种政府补助 13.05 亿元，超过 2016 年 12.65 亿元成为历史以来最高的一年。但政府补助只是因为实体经济受到总体经济增长减速或国际环境复杂等因素极大冲击下的一种非常规的临时救助措施，不具备可持续性，也无法成为企业发展的稳定器。所以企业要修身自强，提升核心业务盈利能力，才有持续的供血保障，方可做大做强。

6. 资金固化严重，去库存压力增大

本年度国家严加环保政策，加快了落后产能淘汰进程，促使许多小企业停产，大量落后产能退出，纸业景气度较好。在极大改善造纸行业整体效益的同时，也极大刺激企业技改或扩产的欲望，特别是包装类产品，受电商快递业的持续高涨推动，许多企业投资欲望膨胀，供需失衡风险剧增，价格竞争带来的市场剧烈波动将会重复上演，应引起足够警惕。但受上游纤维原料价格攀升、废纸进口限制和下游印刷包装的盈利能力被严重削弱等因素影响，库存周期持续高位态势，总计应收账款(含应收票据)、存货和在建工程三大资金占用项高达 661 亿元，再创历史新高，如果遇到市场需求低迷，造纸行业势必会陷入困境，进入新一轮的恶性循环状态，必须健全风险预警和对策机制，有效化解这一风险。

7. 精心布局，全球扩展、向产业链一体化方向发展

多年来部分重点企业在全国布局生产加工基地，继而设立全国或区域全覆盖销售网络，通过互联网+，打造完整地销售平台，拉近了与客户的距离，降低了运输成本，提高了运输效率，提升与市场的对接能力。个别公司为优化造纸产业布局，实现外延式发展，放眼全球，多领域开展并购，实施“一带一路”战略，踏上国际化、多元融合的新征程。

2018 年以来，外废配额收紧、贸易摩擦影响纸浆进口等因素导致造纸原材料供应紧张，造纸成本大幅攀升，存在较大的原材料海外依赖性，为了改变这一现状，造纸企业纷纷通过向上下游的延伸，加速海外产能布局，解决原材料供应核心问题，以实现从源头控制原材料降低成本。2018 年安徽山鹰纸业股份有限公司收购荷兰废纸收购企业 WPT，完善废纸—原纸—包装—废纸的产业链闭环。玖龙纸业(控股)有限公司、山东太阳纸业股份有限公司、山东晨鸣纸业集团股份有限公司和安徽山鹰纸业股份有限公司等重点企业公司，在产业链上游的纸浆环节进行业务布局来获得竞争优势。

三、2019 年发展前景初探

纵观 2018 年我国造纸工业的生产及运行情况，在宏观经济“稳中有变”“稳中有缓”的形势下，市场供求关系总体处于平衡状态。但造纸行业也遭遇了市场需求减少，原材料成本上升，利润下降等困境，加上贸易摩擦问题，汇率变化等外部环境因素叠加在一起，使得 2018 年度造纸行业整体生产和运行问题增多，企业表现产生分化，困难企业增多。

过去两年行业处于景气值高峰，促使行业出现主动性扩张，但相较以往扩张周期，本次产能扩张和项目实际落地明显受到环保政策和原料供应的抑制，新增产能的成本大幅提升，未来行业内大规模固定资产投资不具备可持续性，加上环保压力下落后产能的持续清出，受中美贸易战及国内零售市场需求萎缩的影响，本年度行业首次出现旺季不旺的情况。

目前多个省份正在制定产业转移“负面清单”，加大了产业结构的调整力度。这一变化，将对造纸产业现有的企业、产品、区域等结构及市场格局带来改变，同时对部分造纸企业生产运行造成影响。

2019 年，是新中国成立七十周年，是决胜全面建成小康社会第一个百年奋斗目标的关键之年，习近平主席人类命运共同体的理念和我国的“一带一路”倡议在国际上得到广泛认可，推动非洲、中东、中亚、东南亚等地区的经济取得快速发展，为造纸工业国际化提供良好的发展机遇。

2019 年，国家会继续坚持稳中求进的总基调，实施积极的财政政策和稳健的货币政策，使经济继续保持在合理区间运行。造纸行业有关数据显示，2018 年下半年开始行业新增产能投产增多，与宏观经济关联性较高的包装纸、铜版纸需求或将承压，供需格局预计在 2019 年将有所恶化，供需关系从紧平衡转向供给过剩。

但只要行业坚持“绿色纸业”的方向，通过供给侧结构性改革，增强创新能力，增加新动能，并有效控制新增产能，继续淘汰落后产能，可以预见在 2019 年度我国造纸行业还将继续保持总体平稳态势。

表 1　2018 年造纸板块财务指标一览表

序号	代码	上市公司	总资产/万元		总股本/万股		主营业务收入/万元		净利润/万元		所有者权益/万元		每股收益元/股		加权平均净资产收益率/%	
			2017 年	2018 年	总股本	其中无限售	2017 年	2018 年	2017 年	2018 年	2017 年	2018 年	2017 年	2018 年	2017 年	2018 年
		一、包装用纸和纸板	8775559	10627801	1217204	1081673	6010947	7033778	649232	679464	3850515	4443137				
1	600103	青山纸业	479137	510738	177371	106184	265554	286051	12802	17655	348498	369417	0.059	0.087	3.250	4.580
2	600567	山鹰纸业	2693057	3590637	457066	457066	1746968	2436654	202023	343670	1044527	1353547	0.440	0.700	21.540	27.550
3	200986	粤华包 B	542637	579469	50543	17193	358316	368300	3523	-5698	360249	352345	0.040	-0.010	0.940	-0.140
4	002067	景兴纸业	629881	637868	111120	97490	535962	593813	69239	35775	397898	435765	0.580	0.300	17.910	8.330
5	600966	博汇纸业	1334921	1848825	133684	133684	895481	833944	87402	25600	496498	513828	0.640	0.192	18.870	5.050
6	002078	太阳纸业	2605628	2952314	259155	255091	1889429	2176840	225013	224219	1082409	1262835	0.800	0.860	22.650	19.540
7	600793	宜宾纸业	353874	364599	10530	10530	115796	129280	9246	17446	14570	32017	0.878	1.657	92.960	74.900
8	603165	荣晟环保	136424	143351	17735	4435	203441	208896	39984	20797	105866	123383	2.300	1.170	43.740	18.240
		二、文化纸系列	14214021	14196001	778899	607982	5300381	5453590	482784	305427	4953069	4594052				
9	600308	华泰纸业	1427177	1407287	116756	116756	1365892	1476335	68324	17998	736076	789460	0.577	0.616	9.864	9.713
10	000488	晨鸣纸业	10562510	10531873	290461	192847	2942245	2887576	375896	256474	3027418	2587169	1.130	0.510	18.500	8.510
11	600069	银鸽投资	400522	460329	162383	162383	293737	283517	1231	-10119	201922	191803	0.040	-0.055	2.710	-4.290
12	000815	美利云	279769	310054	69526	31680	84129	104868	2559	4487	202125	206611	0.040	0.060	1.290	2.200
13	600963	岳阳纸业	1544043	1486458	139773	104316	614378	701294	34774	36587	785528	819009	0.280	0.260	4.570	0.540
		三、特种浆纸	2453977	2488807	399233	370893	1487679	1671004	56574	61244	1590186	1579583				
14	600235	民丰特纸	223466	218081	35120	35120	160958	151789	1842	8846	129582	128684	0.050	0.030	1.510	0.780
15	600356	恒丰纸业	271686	273193	29873	29873	144418	161093	9657	6451	209534	213027	0.330	0.220	4.800	3.160
16	600433	冠豪高新	382955	397078	127132	119028	205991	255016	4515	10700	254030	263077	0.040	0.090	2.090	4.230
17	002012	凯恩股份	177739	186261	46763	46703	102839	112832	4173	3860	129756	133642	0.070	0.050	2.550	2.030
18	300057	万顺股份	558597	617238	43966	29164	321281	416879	9034	14158	280975	275834	0.181	0.277	3.380	4.820
19	002521	齐峰股份	446055	435962	45469	42529	357331	367909	16051	5835	341671	337613	0.320	0.120	4.740	1.730
20	002565	顺灏股份	393479	360994	70910	68476	194861	205486	11302	11394	244638	227706	0.150	0.140	4.720	4.300

续表

序号	代码	上市公司	总资产/万元		总股本/万股		主营业务收入/万元		净利润/万元		所有者权益/万元		每股收益元/股		加权平均净资产收益率/%	
			2017 年	2018 年	总股本	其中无限售	2017 年	2018 年	2017 年	2018 年	2017 年	2018 年	2017 年	2018 年	2017 年	2018 年
		四、纸制品	1567525	1672495	352480	339657	1286219	1679540	19318	78473	1004214	1041527				
21	002235	安妮股份	249586	252186	62396	50037	65842	71487	-36671	7559	222323	218643	-0.588	0.121	-16.630	3.420
22	002228	合兴包装	646186	701360	116952	116544	874781	1216613	19006	28537	276994	302388	0.130	0.200	7.000	8.790
23	002303	美盈森	593122	636991	153132	153076	285742	324895	34482	39246	445543	458763	0.226	0.261	8.450	9.160
24	603022	新通联	78631	81958	20000	20000	59854	66545	2501	3131	59354	61733	0.130	0.160	4.280	5.180
		五、卫生用纸	579185	514591	128669	125726	463835	567852	34907	40699	304394	331124				
25	002511	中顺洁柔	579185	514591	128669	125726	463835	567852	34907	40699	304394	331124	0.280	0.320	12.280	12.670
		六、糖纸类	355746	399427	99248	70217	487971	676642	-10932	-129907	413621	430241				
26	000833	贵糖股份	355746	399427	66840	37809	197329	316817	8904	8330	272791	269596	0.128	0.132	3.210	3.240
27	000911	南宁糖业	738882	581622	32408	32408	290642	359825	-19836	-138237	140830	160645	-0.600	-4.210	-12.880	-189.440
		总计	27946013	29899122	2975733	2596148	15037032	17082406	1231883	1035400	12115999	12419664				

表 2　2018 年造纸板块个股一览表

序号	代码	上市公司	2019 年拟分红计划	2018 年已分红	主要投资情况	主要信息披露	备注
		一、包装用纸和纸板					
1	600103	青山纸业	以资本公积金向全体股东每 10 股转增 3 股	不分配不转增	碱回收系统环保提升改造项目已完成并交付使用	投资设立福建青铙山新材料有限公司，投资建设“年产 4000 吨高档引线纸”项目。投资成立深圳恒朴光电科技有限公司，主营 100G 及以上光模块产品的研发与产业化导入	标准无保留审计意见
2	600567	山鹰纸业	不分配不转增	每 10 股派现金 1.33 元(含税)	公司收购联盛纸业 100% 的股权，出资设立华中山鹰，间接控股子公司收购凤凰纸业 100% 的股权，收购 WPT100% 的股权等	本年度公司发行了 6 期超短期融资券；公司对外担保总额约 56 亿元，占净资产 42.66%	标准无保留审计意见
3	200986	粤华包 B	不分配不转增	每 10 股派现金 0.18 元(含税)		担保总额约 12 亿元，占净资产 62%	标准无保留审计意见

续表

序号	代码	上市公司	2019 年拟分红计划	2018 年已分红	主要投资情况	主要信息披露	备注
4	002067	景兴纸业	每 10 股派现金 0.20 元(含税)	每 10 股派现金 0.50 元(含税)		公司在马来西亚设立全资子公司，启动马来西亚生产基地一期项目即 80 万吨/年废纸浆板项目	标准无保留审计意见
5	600966	博汇纸业	每 10 股派现金 0.17 元(含税)	不分配不转增	江苏博汇建设二期年产 75 万吨高档包装用纸项目、建设年产 50 万吨高档牛皮箱纸板项目和年产 50 万吨高强瓦楞原纸项目在建，预计 2019 年相继投产	对外担保约 60 亿元，占净资产 116.9%	标准无保留审计意见
6	002078	太阳纸业	每 10 股派现金 1.0 元(含税)	每 10 股派现金 1.0 元(含税)	公司本部 20 万/年吨高档特种纸项目、老挝 30 万吨/年化学浆项目、邹城 80 万吨/年高档纸板改建及其配套工程项目全部在 2018 年内按照项目计划竣工达产；公司启动老挝年产 120 万吨造纸项目	公司拟募集资金总额不超过 100000.00 万元，其中 70000.00 万元用于股份回购项目，30000.00 万元用于补充流动资金	标准无保留审计意见
7	600793	宜宾纸业	不分配不转增	不分配不转增			标准无保留审计意见
8	603165	荣晟环保	每 10 股派现金 4.7 元(含税)	每 10 股派现金 6 元(含税)送 4 股	公司计划主要新建项目包括年产 3 亿米^2 新型智能包装材料建设项目及绿色节能升级改造项目		
	二、文化用纸系列						
9	600308	华泰纸业	每 10 股派现金 1.85 元(含税)	每 10 股派现金 1.74 元(含税)	日照华泰浆纸项目在建		标准无保留审计意见
10	000488	晨鸣纸业	普通股每 10 股派现金 2.4 元、优先股每 10 股派现金 6.2 元	普通股、优先股每 10 股派现金 6 元，转增 5 股	美伦化学浆项目、高档文化用纸项目、黄冈浆纸项目，原新闻纸改文化用纸项目开始投入运行。公司融资租赁业务规模持续压缩，净回收 61.91 亿元	2018 年 3 月 27 日，公司 2018 年面向合格投资者公开发行公司债券(第一期)募集资金总额人民币 90000 万元，扣除已支付的发行费用 135 万元后，募集资金净额 89865 万元汇入公司债募集资金专户。公司对外提供担保约 162 万元，占净资产的 64.48%	标准无保留审计意见
11	600069	银鸽投资	不分配不转增	每 10 股转增 3 股		公司将通过收购佳杉资产 51% 的劣后合伙份额和 51% 的普通合伙份额实现对明亚保险的控股权收购，构成重大资产重组	标准无保留审计意见

续表

序号	代码	上市公司	2019 年拟分红计划	2018 年已分红	主要投资情况	主要信息披露	备注
12	000815	美利云	不分配不转增	不分配不转增	誉成云创数据中心项目在建	公司设立了全资子公司宁夏中冶美利云新能源有限公司，并由其投资建设 50 兆瓦光伏发电项目；已全额并网发电，处于试运行阶段	标准无保留审计意见
13	600963	岳阳纸业	每 10 股派现金 0.27 元（含税）	每 10 股派现金 0.38 元（含税）	湘江纸业岳阳分公司包装纸生产线正常运行；恒泰公司雅园二期交房，雅园三期开始修建；双阳高科完成了 2000 吨/年环己甲酸和 10000 吨/年固体聚氯化铝等项目投产	湘江纸业在北京产权交易所有限公司挂牌出售第一批设备资产，交易价格为 2323.58 万元。全资子公司诚通凯胜中标梅山保税港区企业服务平台 PPP 项目，项目总投资 6.7 亿元；全资子公司诚通凯胜与其他公司合作中标一些工程	标准无保留审计意见
三、特种浆纸							
14	600235	民丰特纸	每 10 股派现金 0.05 元（含税）	每 10 股派现金 0.1 元（含税）			标准无保留审计意见
15	600356	恒丰纸业	每 10 股派现金 0.68 元（含税）	每 10 股派现金 0.99 元（含税）			标准无保留审计意见
16	600433	冠豪高新	每 10 股派现金 0.26 元（含税）	每 10 股派现金 0.13 元（含税）			标准无保留审计意见
17	002012	凯恩股份	每 10 股派现金 0.05 元（含税）	不分配不转增			标准无保留审计意见
18	300057	万顺股份	每 10 股派现金 1.00 元（含税），以资本公积金向全体股东每 10 股转增 2 股	每 10 股派现金 0.5 元（含税）	年产 240 万米^2 节能膜生产线建设项目（含收购汕头市东通光电材料有限公司股权）	完成了可转换公司债券发行，募集资金 9.5 亿元	标准无保留审计意见
19	002521	齐峰股份	每 10 股派现金 0.5 元（含税）	每 10 股派现金 2 元（含税）	年产 6.8 万吨高性能环保装饰板材饰面材料工程和热电联产等在建		标准无保留意见的审计报告
20	002565	顺灏股份	以资本公积金向全体股东每 10 股转增 5 股	不分配不转增	新型立体自由成形环保包装建设、微结构光学包装材料建设等项目在建	截至 2018 年 6 月 30 日，公司实际非公开发行普通股 21636615 股，募集资金总额扣除发行费用后，实际募集资金净额为 15125 万元	标准无保留意见的审计报告

续表

序号	代码	上市公司	2019 年拟分红计划	2018 年已分红	主要投资情况	主要信息披露	备注
	四、纸制品						
21	002235	安妮股份	不分配不转增	每 10 股转增 5 股		合作设立厦门安妮大数据科技有限公司、收购北京市淘智惠电子商务有限公司 100% 股权	标准无保留审计意见
22	002228	合兴包装	每 10 股派现金 0.5 元(含税)	每 10 股派现金 0.5 元(含税)		公司完成第三次定向增发，成功募集 5.53 亿元，增资以实施“智能包装集成服务建设项目”。公司第一期超短期融资券 2 亿元成功发行	标准无保留审计意见
23	002303	美盈森	每 10 股派现金 2.0 元(含税)	每 10 股派现金 1.3 元(含税)	智能包装研发生产基地在建		标准无保留审计意见
24	603022	新通联	每 10 股派现金 0.47 元(含税)	每 10 股派现金 0.38 元(含税)	将“绿色重型包装材料建设项目”变更为“重庆璧山县笔电包装项目”		标准无保留审计意见
	五、卫生用纸						
25	002511	中顺洁柔	每 10 股派现金 0.23 元(含税)	每 10 股派现金 1 元(含税)转增 7 股			标准无保留审计意见
	六、糖纸类						
26	000833	贵糖股份	每 10 股派现金 0.15 元(含税)	每 10 股派现金 0.5 元(含税)	公司下属全资子公司—云硫矿业完成了收购云浮联发化工有限公司 66.04% 的股权，并以 2018 年 1 月 31 日作为合并日将云浮联发化工有限公司纳入合并报表范围	公司于 2017 年 6 月决定退出生活用纸成品纸的生产经营业务后，生活用纸主要以原纸生产经营业务为主	标准无保留审计意见
27	000911	南宁糖业	不分配不转增	不分配不转增		实际担保总额 8.1 亿元，占公司净资产的 110.54%	标准无保留审计意见

参考资料：1. 中国造纸协会发布《中国造纸工业 2018 年度报告》；
2. 2018 年各纸业上市公司年报。

（陈奇志）

国家统计局数据：2018 年全国造纸及纸制品行业主要经济指标

Data from National Statistics Bureau: Key Economical Indexes of Paper and Paper Products Industries in 2018

2018 年造纸及纸制品业主要经济指标　　单位：千元、%

指标名称	汇总企业个数	亏损企业个数	同比	主营业务收入	同比	利润总额	同比	产成品存货	同比
造纸及纸制品业	6704	1045	23.52	1372792962	8.30	76642954	-8.52	56967937	12.88
1. 纸浆制造	44	9	-10.00	15643561	26.16	1322928	72.37	1011533	118.96
木竹浆制造	36	6	0.00	13891131	25.41	1340618	43.57	979012	121.88
非木竹浆制造	8	3	-25.00	1752430	32.52	-17690	89.36	32521	56.87
2. 造纸	2657	543	42.89	815219307	6.90	46566714	-15.05	38967853	14.31
机制纸及纸板制造	2261	481	45.32	769696149	7.13	44846441	-15.35	36301586	14.19
手工纸制造	90	16	45.45	9745635	-3.92	463814	4.93	606291	-1.65
加工纸制造	306	46	21.05	35777523	5.44	1256459	-10.09	2059976	22.51
3. 纸制品制造	4003	493	8.11	541930094	10.01	28753312	1.98	16988551	6.75
纸和纸板容器	2391	281	4.85	291905335	6.35	14821226	1.58	7241360	3.67
其他纸制品制造	1612	212	12.77	250024759	14.62	13932086	2.40	9747191	9.15

注：1. 资料来源：国家统计局。

2. “规模以上”是指年主营业务收入 2000 万元及以上全部工业法人企业。

（郭永新）

国家统计局数据：2018 年全国造纸及纸制品行业分地区产品生产量

Data from National Statistics Bureau：Productions of Paper and Paper Products Industries by Region in 2018

2018 年造纸及纸制品行业分地区产品生产量

单位：吨

地 区	一、纸浆（原生浆及废纸浆）	同比 /%	二、机制纸及纸板（外购原纸加工纸除外）	同比 /%	其中：1. 未涂布印刷书写用纸	同比 /%	其中：新闻纸	同比 /%	2. 涂布类印刷用纸	同比 /%	3. 卫生用纸原纸	同比 /%	4. 箱纸板	同比 /%	三、纸制品	同比 /%	其中：瓦楞纸箱	同比 /%
全 国	12004416	2.38	116605809	-1.51	5853980	1.39	1496705	-9.86	6831983	-6.18	4300395	5.53	11475992	6.70	55784866	2.42	27334617	-3.99
北 京	0	0	56860	-4.36	0	0	0	0	0	0	43530	-11.15	0	0	363928	-7.94	140442	-13.46
天 津	0	0	2760035	-3.69	0	0	0	0	5418	-7.31	0	0	165034	-5.84	1113351	4.57	623362	9.19
河 北	465843	8.31	2821351	-8.67	340841	-3.09	336770	-2.45	82210	36.93	13605	-12.17	987978	-4.90	1353570	-2.43	654920	-7.54
山 西	28118	-10.43	460732	1.16	3962	-16.83	0	0	0	0	0	0	0	0	203405	35.36	148431	42.65
内蒙古	0	0	127235	-1.03	0	0	0	0	0	0	0	0	54032	30.80	209079	10.76	204320	8.71
辽 宁	61456	-19.95	1186784	6.48	55480	-15.45	0	0	0	0	613	-99.29	266078	6.94	463334	3.07	221854	8.64
吉 林	8751	-30.46	647611	5.10	23453	27.17	0	0	234018	-12.86	0	0	0	0	291422	-16.66	274901	-13.95
黑龙江	0	0	453212	14.89	0	0	0	0	0	0	8960	-33.47	10755	-45.52	196449	8.27	145593	8.41
上 海	0	0	167938	-63.69	0	0	0	0	22938	-10.74	112034	-3.99	27726	-38.58	1405343	1.16	840450	-3.77
江 苏	518408	18.10	11409700	-8.74	406920	-3.22	0	0	2454839	-6.33	347063	4.87	410132	-0.03	4297311	-2.53	2100044	-8.71

续表

地区	一、纸浆（原生浆及废纸浆）	同比/%	二、机制纸及纸板（外购原纸加工纸除外）	同比/%	其中：1. 未涂布印刷书写用纸	同比/%	其中：新闻纸	同比/%	2. 涂布类印刷用纸	同比/%	3. 卫生用纸原纸	同比/%	4. 箱纸板	同比/%	三、纸制品	同比/%	其中：瓦楞纸箱	同比/%
浙江	57169	10.76	18690518	-1.48	40178	23.28	25654	18.58	142744	-5.07	42102	-25.57	1440934	11.70	6636844	0.35	3128866	-20.87
安徽	27276	43.40	3536974	3.57	295411	14.48	191331	18.87	2397	6.22	246199	5.51	1936612	3.91	1156338	-9.87	524249	-22.72
福建	383774	1.00	7714140	5.02	282105	10.23	0	0	103982	20.71	317153	-4.80	1964270	20.07	4405051	1.53	1905181	-2.23
江西	157646	-2.57	2145018	5.27	3253	-56.56	0	0	59225	5.72	175720	-1.22	33351	-20.47	1123261	15.78	791006	15.10
山东	3498964	-1.60	20336651	-1.79	1102718	-9.38	502898	-28.86	1156219	-5.61	56487	-8.88	1252371	7.18	1633615	-15.78	763778	-31.99
河南	433384	-2.62	3790670	-1.88	694312	13.66	45803	141.59	61001	-19.49	91171	-9.84	25598	-1.64	3189195	13.96	2248875	8.87
湖北	14019	-20.16	3259108	23.32	393037	-2.01	9699	-37.13	0	0	80155	1.17	33024	-6.82	3857415	18.30	1479240	11.89
湖南	616995	-13.72	3483305	-5.12	396679	5.76	2437	2.18	464341	-19.75	309974	14.26	474564	33.82	2564717	0.16	1182347	0.99
广东	1096673	4.02	20945481	-3.50	1449131	4.63	380602	0.39	997633	-0.92	301063	32.80	1447768	-6.50	10322228	2.92	4187573	9.54
广西	1684423	11.27	2948417	2.46	44247	-54.66	0	0	7196	-20.20	492235	2.40	66039	0.17	1733571	0.93	1113634	-6.76
海南	1725271	5.83	1663832	-5.01	0	0	0	0	1037756	-5.83	561005	-2.19	0	0	1391	-9.29	1391	-9.29
重庆	196761	4.60	3084748	0.09	0	0	0	0	0	0	493365	39.74	124006	-10.72	1863780	-0.61	767876	-26.47
四川	428963	14.40	2614693	13.38	157652	36.94	0	0	0	0	258136	6.62	556773	59.30	3856768	3.57	1918209	-5.29
贵州	281398	19.76	173392	32.11	0	0	0	0	0	0	110431	251.59	0	0	537623	-10.75	335145	-3.01
云南	301885	-9.56	885103	-0.69	0	0	0	0	0	0	49651	21.93	88384	-5.72	633921	0.84	486309	12.33
西藏	0	0	8643	-66.02	0	0	0	0	0	0	0	0	0	0	7871	-70.72	7545	-71.48
陕西	0	0	724127	-7.04	0	0	0	0	0	0	167765	0.26	58774	-24.68	1562313	29.00	623756	41.56
甘肃	0	0	48791	82.61	0	0	0	0	0	0	7014	-13.57	0	0	213238	-36.29	85147	-52.84
青海	0	0	0	0	0	0	0	0	0	0	0	0	0	0	301	-34.54	301	-34.54
宁夏	16282	-18.74	233436	-2.54	163089	10.96	0	0	0	0	14964	-39.59	9061	-25.66	144358	-5.36	108887	-5.05
新疆	959	-97.57	227308	-5.62	1511	-84.59	1511	-84.59	65	-99.28	0	0	42728	-41.68	443873	2.91	320985	-0.94

注：1. 资料来源：国家统计局。
2. “规模以上”是指年主营业务收入 2000 万元及以上全部工业法人企业。

（郭永新）

历年我国纸浆、纸及纸板生产量(1949—2018)

Productions of Pulp, Paper and Paperboard in China (1949 - 2018)

历年我国纸浆、纸及纸板生产量 单位：万吨

年 度	机制纸浆		纸及纸板			
	生产能力	生产量	机制纸及纸板		手工纸生产量	生产量合计
			生产能力	生产量		
1949		3.5		10.8	12.0	22.8
1952		24.3		37.2	23.1	60.3
1957		80.1		91.3	31.4	122.7
1978	452.8	345.5	499.4	438.7	27.5	466.2
1979	489.5	392.9	541.6	492.8	25.7	518.5
1980	533.1	426.3	593.8	543.6	28.0	562.6
1981	563.9	406.3	563.9	540.2	29.1	569.3
1982	579.3	421.1	685.7	589.0	24.8	613.8
1983	619.7	458.9	728.9	661.3	22.6	683.9
1984	664.8	514.6	780.5	755.9	20.6	776.5
1985	720.4	615.3	886.8	911.2	19.6	930.8
1986	875.15	679.15	805.87	998.57	17.8	1016.4
1987	969.51	694.5	1225.76	1141.05	23.4	1164.5
1988	1097.85	872.59	1396.34	1270	20.0	1290
1989	1198.08	868.56	1493.99	1333	20.0	1353
1990	1240.17	834.96	1595.62	1371.87	20.0	1391.87
1991	1345.02	1075	1688.34	1478.69	20.0	1498.69
1992	1448.59	1199	1847.51	1725.07	20.0	1745.07
1993	1362.24	1529	2001.05	1867.87		1867.87
1994	1534.94	1705	2269.90	2138.27		2138.27
1995	1425.11	1862	4420.35	2812.30		2812.30
1996	1896.94	1900	3335.06	2643.94	24.76	2668.70
1997	1874.60	1738	3509.87	2733.19	23.98	2757.17
1998		2384		2800.00	24.00	2824.00
1999		2443		2900		2900
2000		2501		3050		3050

续表

年　度	机制纸浆		纸及纸板			
	生产能力	生产量	机制纸及纸板		手工纸生产量	生产量合计
			生产能力	生产量		
2001		2490		3200		3200
2002		2944		3780		3780
2003		3309		4300		4300
2004		3723		4950		4950
2005		4446		5600		5600
2006		5204		6500		6500
2007		5935		7350		7350
2008		6415		7980		7980
2009		6732		8640		8640
2010		7318		9270		9270
2011		7723		9930		9930
2012		7867		10250		10250
2013		7651		10110		10110
2014		7906		10470		10470
2015		7984		10710		10710
2016		7925		10855		10855
2017		7949		11130		11130
2018		7201		10435		10435

注：1. 各年纸浆生产量及生产能力统计数据，估计统计不全，仅供参考。

2. 1985—1986 年纸及纸板实际生产量大于生产能力是由于前者是全国生产量而后者仅指轻工系统内企业统计数据。

3. 1995 年数据系依据 1995 年全国工业普查统计资料，包括了乡镇、村及私人等造纸企业。比一般年度数据偏高。

4. 1998 年生产量按 1997 年统计口径估计机制纸板为 2800 万吨、手工纸为 24 万吨。

5. 1999 年以后纸及纸板生产量为全部国有和年产品销售收入 500 万元及以上非国有工业企业生产的产品生产量，手工纸未统计。

6. 2009 年机制纸浆生产量为中国造纸协会 2010 年修正数据。

（邱江惠）

历年我国纸和纸板、纸浆及废纸进出口概况(1996—2018)

Imports and Exports of Paper and Paperboard, Pulp and Waste Paper in China (1996 - 2018)

表 1 历年我国纸及纸板进出口量(1996—2018) 单位：万吨

年份	纸及纸板		纸制品	
	进口量	出口量	进口量	出口量
1996	499. 49	23. 31	66. 15	58. 20
1997	552. 43	28. 27	67. 14	70. 50
1998	577. 20	30. 35	50. 74	64. 58
1999	652. 30	13. 44	39. 01	62. 63
2000	597. 14	71. 83	34. 04	74. 47
2001	562. 24	79. 95	24. 50	73. 32
2002	636. 94	85. 47	23. 89	88. 28
2003	634. 71	129. 09	22. 61	106. 65
2004	614	124. 78	16	95. 97
2005	524	193. 90	15	123. 76
2006	441	341	17	143
2007	401	461	19	156
2008	358	403	18	211
2009	334	405	16	195
2010	336	433	18	228
2011	331	509	17	243
2012	311	513	14	245
2013	283	611	13	255
2014	282	681	13	276
2015	287	645	12	284
2016	297	733	12	291
2017	466	699	19	307
2018	622	618	18	323

表 2　　历年我国纸浆及废纸进口量(1996—2018)

年份	纸浆		废纸	
	进口量/万吨	金额/亿美元	进口量/万吨	金额/亿美元
1996	146.80	7.75	137.18	1.93
1997	154.16	7.47	161.82	1.76
1998	219.93	9.23	191.47	1.71
1999	309.7		251.6	2.45
2000	334.51	21.21	371.36	5.57
2001	490.38	20.76	641.91	6.59
2002	526.49	21.68	678.26	7.32
2003	603.40	26.60	938.18	12.3
2004	732	35.67	1230	17.26
2005	759	37.25	1703	
2006	796	43.92	1962	
2007	845		2256	
2008	952		2421	
2009	1367		2750	
2010	1137		2435	
2011	1445		2728	
2012	1647		3007	
2013	1685		2924	
2014	1797		2752	
2015	1984		2928	
2016	2106		2850	
2017	2372		2572	
2018	2479		1703	

表 3　　历年纸浆及废纸出口量(1996—2018)

年份	纸浆		废纸	
	出口量/万吨	金额/亿美元	出口量/万吨	金额/亿美元
1996	1.68		0.53	
1997	2.20		0.35	
1998	1.98	0.09	0.08	0.01
1999				
2000	2.55	0.10	0.46	0.004
2001	1.26	0.083	0.09	0.0008
2002	1.92	0.16	0.07	0.0007
2003	2.51	0.21	0.11	0.0018
2004	1.75		0.07	
2005	4.70		0.01	

续表

年 份	纸 浆		废 纸	
	出口量/万吨	金额/亿美元	出口量/万吨	金额/亿美元
2006	7.47		0.01	
2007	11.16		0.05	
2008	7.23		0.002	
2009	8.70		0.03	
2010	8.10		0.08	
2011	9.91		0.36	
2012	7.99		0.24	
2013	8.31		0.10	
2014	9.75		0.07	
2015	10.2		0.07	
2016	9.57		0.23	
2017	9.87		0.15	
2018	9.99		0.06	

资料来源：历年《中国造纸协会年度报告》，历年《中国造纸年鉴》。

（邱江惠）

历年我国与世界纸浆、纸及纸板的生产量与消费量(1996—2018)

Productions and Consumptions of Pulp, Paper and Paperboard in China and the World (1996 - 2018)

历年我国与世界纸浆、纸及纸板的生产量与消费量　　单位：万吨

年　份	全世界					我国				
	纸浆生产量	纸浆消费量	纸及纸板生产量	纸及纸板消费量	纸及纸板人均年消费量/千克	纸浆生产量	纸浆消费量	纸及纸板生产量	纸及纸板消费量	纸及纸板人均年消费量/千克
1996	17404	17294	28197	27940	48.5	1900	2045	2600	3028	24.7
1997	17820	17900	29904	29690	50.8	1738	1890	2744	3270	26.5
1998	17553	17511	30101	29852	50.4	2384	2604	2800	3347	26.8
1999	17913	18007	31571	31439	52.8	2443	2752	2900	3525	27.8
2000	18868	18901	32329	32338	53.8	2501	2834	3050	3575	28.0
2001	17937	18257	31815	31802	51.8	2490	2980	3200	3683	29
2002	18200	18265	33070	33076	53.7	2944	3470	3780	4332	33
2003	18516.5	18442.3	33881.5	33912.5	51.7	3309	3910	4300	4806	37
2004	18849.6	18775.4	35959.9	35752.7	55.6	3723	4455	4950	5439	42.0
2005	18320	18843.9	36702.5	36639.8	56.3	4446	5200	5600	5930	45.0
2006	18660	19230	38200	38176	70.8	5204	5992	6500	6600	50.0
2007	18835	19619	39430	39418	59.2	5935	6769	7350	7290	55
2008	19240	19302	39090	39133	57.8	6415	7360	7980	7935	60
2009	17796	17900	37069	37074	57.5	6732	7980	8640	8569	64
2010	18560	18500	39390	39500	57.0	7318	8461	9270	9173	68
2011	18380	18380	39898	39900	56.8	7723	9044	9930	9752	73
2012	18120	18170	39999	40150	57.2	7867	9348	10250	10048	74
2013	17936	18064	40260	40364	56.9	7651	9147	10110	9782	72
2014	17850	17962	40645	40752	56.8	7906	9484	10470	10071	74
2015	17877	17937	40760	41070	56.6	7984	9731	10710	10352	75
2016	18055	18061	41088	41358	56.5	7925	9797	10855	10419	75
2017	18441	18399	41969	42329	57.2	7949	10051	11130	10897	78
2018						7201	9387	10435	10439	75

注：2009 年中国纸浆总产量为中国造纸协会 2010 年修正数据。

（邱江惠）

历年我国纸及纸板生产量、进出口量、消费量及消费结构（2001—2018）

Productions, Imports and Exports, Consumptions and Consumption Structures of Paper and Paperboard in China（2001 – 2018）

历年纸及纸板生产量、进出口量、消费量及消费结构（2001—2018） 单位：万吨、%

年份	项目	总量	新闻纸	未涂布印刷书写纸	其中：书刊印刷纸	书写纸	涂布纸	其中：铜版纸	生活用纸	包装用纸	白纸板	其中：涂布白纸板	箱纸板	瓦楞原纸	其中：高强瓦楞原纸	特种纸及纸板	其他纸及纸板
2001 年	生产量	3200	173	670	300	140	130	110	270	400	300	250	460	600	180	65	132
	进口量	562. 24	15. 37	25. 78			99. 44	97. 03	2. 95	27. 80	97. 78	82. 55	126. 48	117. 87		38. 28	9. 13
	出口量	79. 95	1. 85	30. 50			17. 59	12. 48	12. 19	2. 61	2. 50	2. 42	1. 25	3. 14		7. 43	0. 39
	消费量	3683	186	665	296	140	212	195	261	466	396	338	545	715	295	85	152
	消费比例	100. 00	5. 05	18. 06	8. 04	3. 80	5. 76	5. 29	7. 09	12. 65	10. 75	9. 18	14. 8	19. 41	8. 01	2. 31	4. 13
2002 年	生产量	3780	185	920	420	180	180	160	310	400	460	430	600	600	190	70	55
	进口量	636. 94	19. 92	36. 50			121. 77	61. 48	3. 32	31. 37	81. 48	79. 58	125. 44	133. 48		48. 07	34. 51
	出口量	85. 47	0. 60	19. 51			25. 18	18. 67	15. 88	2. 63	5. 51	5. 51	0. 67	3. 26		9. 60	1. 94
	消费量	4332	204	937	436	180	276	203	297	429	536	504	725	730	320	108	90
	消费比例	100. 00	4. 71	21. 63	10. 06	4. 16	6. 37	4. 69	6. 86	9. 90	12. 37	11. 63	16. 74	16. 85	7. 39	2. 49	2. 08
2003 年	生产量	4300	207	960	520	520	240	210	347	480	550	510	680	670	230	80	86
	进口量	635	35	40			101	52	4	28	104	103	117. 2	135		44	26
	出口量	129. 09	1. 19	25. 93			43. 31	35. 30	22. 98	3. 80	9. 95	9. 94	1. 71	3. 02		14. 92	1. 31
	消费量	4806	241	973	534	250	298	227	328	504	645	603	796	802	362	109	110
	消费比例	100. 00	5. 01	20. 25	11. 11	5. 20	6. 20	4. 72	6. 82	10. 49	13. 42	12. 55	16. 56	16. 69	7. 53	2. 27	2. 29

续表

		总量	新闻纸	未涂布印刷书写纸	其中：书刊印刷纸	书写纸	涂布纸	其中：铜版纸	生活用纸	包装用纸	白纸板	其中：涂布白纸板	箱纸板	瓦楞原纸	其中：高强瓦楞原纸	特种纸及纸板	其他纸及纸板
2004 年	生产量	4950	300	1020	550	280	300	250	384	470	670	630	830	810	27	85	81
	进口量	614	12	47			102	63	5	8	108	107	150	114		41	27
	出口量	124. 78	1. 74	21. 73			44. 24	38. 40	27. 58	3. 93	6. 44	6. 43	1. 53	2. 76		12. 41	2. 42
	消费量	5439	310	1045	575	280	358	274	361	474	772	931	978	921	381	114	106
	消费比例	100. 00	5. 70	19. 21	10. 57	5. 15	6. 58	5. 04	6. 64	8. 71	14. 19	13. 44	17. 98	16. 93	7. 00	2. 10	1. 95
2005 年	生产量	5600	319	1070	570	300	365	300	436	510	790	755	980	950	410	90	90
	进口量	524	14	43			73	52	5	9	91	90	138	88		40	23
	出口量	193. 90	1. 98	34. 38			78. 66	62. 85	31. 41	2. 89	18. 27	18. 27	2. 71	3. 31		16. 02	4. 27
	消费量	5930	331	1079	579	300	359	289	409	516	863	827	1115	1035	495	114	109
	消费比例	100. 00	5. 58	18. 20	9. 76	5. 06	6. 05	4. 89	6. 90	8. 70	14. 55	13. 95	18. 80	17. 45	8. 35	1. 92	1. 84
2006 年	生产量	6500	375	1220			460	380	470	520	940	900	1150	1130		110	125
	进口量	441	1	45			61	45	5	10	73	72	114	71		44	17
	出口量	341	32	54			121	93	38	2	41	41	14	8		23	8
	消费量	6600	344	1211			400	332	436	528	972	931	1250	1193		131	135
	消费比例	100. 00	5. 21	18. 35			6. 06	5. 03	6. 61	8. 00	14. 73	14. 11	18. 94	18. 08		1. 98	2. 05
2007 年	生产量	7350	450	1340			510	420	520	530	1050	1000	1360	1340		120	130
	进口量	401	2	45			56	40	4	10	70	70	103	53		43	15
	出口量	461	59	53			140	93	48	3	58	58	25	39		27	9
	消费量	7290	393	1332			426	367	476	537	1062	1012	1438	1352		136	136
	消费比例	100. 0	5. 4	18. 3			5. 8	5. 0	6. 5	7. 4	14. 5	13. 9	19. 7	18. 6		1. 9	1. 9
2008 年	生产量	7980	460	1400			550	460	550	560	1120	1070	1530	1520		140	150
	进口量	358	2	39			54	38	5	12	64	64	88	45		38	11
	出口量	403	36	54			137	97	52	3	53	53	13	13		34	8
	消费量	7935	426	1385			467	401	503	569	1131	1081	1605	1552		144	153
	消费比例	100. 0	5. 4	17. 5			5. 9	5. 0	6. 3	7. 2	14. 3		20. 2	19. 6		1. 8	1. 9
2009 年	生产量	8640	480	1510			590	500	580	575	1150	1100	1730	1715		150	160
	进口量	334	2	38			36	31	5	15	71	71	86	46		27	8
	出口量	405	21	51			163	132	56	3	61	61	7	3		33	7
	消费量	8569	461	1497			463	399	529	587	1160	1110	1809	1758		144	161
	消费比例	100. 0	5. 4	17. 5			5. 4	4. 6	6. 2	6. 9	13. 5	13. 0	21. 1	20. 5		1. 7	1. 9

续表

		总量	新闻纸	未涂布印刷书写纸	其中：书刊印刷纸	书写纸	涂布纸	其中：铜版纸	生活用纸	包装用纸	白纸板	其中：涂布白纸板	箱纸板	瓦楞原纸	其中：高强瓦楞原纸	特种纸及纸板	其他纸及纸板
2010 年	生产量	9270	430	1620			640	555	620	600	1250	1200	1880	1870		180	180
	进口量	336	4	41			45	38	8	17	77	77	80	24		31	9
	出口量	433	11	71			136	113	61	5	73	73	14	5		47	10
	消费量	9173	423	1590			549	480	567	612	1254	1204	1946	1889		164	179
	消费比例	100.0	4.6	17.3			6.0	5.2	6.2	6.7	13.7	13.1	21.2	20.6		1.8	1.9
2011 年	生产量	9930	390	1730			725	640	730	620	1340	1290	1990	1980		210	215
	进口量	331	1	40			37	30	9	18	79	79	93	17		30	7
	出口量	509	2	83			163	138	65	6	97	97	10	6		61	16
	消费量	9752	389	1687			599	532	674	632	1322	1272	2073	1991		179	206
	消费比例	100.0	3.99	17.3			6.1	5.5	6.9	6.5	13.56	13.0	21.3	20.4		1.8	2.1
2012 年	生产量	10250	380	1750			780	695	780	640	1390	1340	2080	2020		220	210
	进口量	311	13	35			35	27	4	20	72	72	84	14		28	6
	出口量	513	0	101			177	141	53	5	83	83	7	7		65	15
	消费量	10048	393	1684			638	581	731	655	1379	1329	2157	2027		183	201
	消费比例	100.00	3.91	16.76			6.35	5.78	7.28	6.52	13.72	13.23	21.47	20.17		1.82	2.00
2013 年	生产量	10110	360	1720			770	685	795	635	1360	1310	2040	2015		230	185
	进口量	283	11	28			32	24	3	20	66	65	83	7		27	6
	出口量	611	9	121			179	132	64	5	116	116	17	9		69	22
	消费量	9782	362	1627			623	577	734	650	1310	1259	2106	2013		188	169
	消费比例	100.00	3.70	16.63			6.37	5.90	7.50	6.64	13.39	12.87	21.53	20.58		1.92	1.73
2014 年	生产量	10470	325	1715			775	685	830	650	1395	1345	2180	2155		250	195
	进口量	282	5	31			34	26	4	20	64	64	86	5		27	6
	出口量	681	9	117			184	124	75	5	158	158	26	8		72	27
	消费量	10071	321	1629			625	587	759	665	1301	1251	2240	2152		205	174
	消费比例	100.00	3.19	16.18			6.21	5.83	7.54	6.60	12.92	12.42	22.24	21.37		2.04	1.73
2015 年	生产量	10710	295	1745			770	680	885	665	1400	1340	2245	2225		265	215
	进口量	287	6	37			34	26	3	21	61	60	84	9		26	6
	出口量	645	2	102			162	110	71	5	162	162	32	6		74	29
	消费量	10352	299	1680			642	596	817	681	1299	1238	2297	2228		217	192
	消费比例	100.00	2.89	16.23			6.20	5.76	7.89	6.58	12.55	11.96	22.19	21.52		2.10	1.85

续表

		总量	新闻纸	未涂布印刷书写纸	其中：书刊印刷纸	书写纸	涂布纸	其中：铜版纸	生活用纸	包装用纸	白纸板	其中：涂布白纸板	箱纸板	瓦楞原纸	其中：高强瓦楞原纸	特种纸及纸板	其他纸及纸板
2016 年	生产量	10855	260	1770			755	665	920	675	1405	1345	2305	2270		265	215
	进口量	297	6	41			35	26	3	21	58	57	94	8		26	5
	出口量	733	1	122			181	126	69	7	198	197	35	7		81	32
	消费量	10419	265	1689			609	565	854	689	1265	1205	2364	2271		225	188
	消费比例	100. 00	2. 54	16. 21			5. 85	5. 42	8. 20	6. 61	12. 14	11. 57	22. 69	21. 80		2. 16	1. 8
2017 年	生产量	11130	235	1790			765	675	960	695	1430	1370	2385	2335		305	230
	进口量	466	33	63			45	33	4	23	62	61	137	65		26	8
	出口量	699	1	109			176	123	74	11	193	193	12	4		82	37
	消费量	10897	267	1744			634	585	890	707	1299	1238	2510	2396		249	201
	消费比例	100. 00	2. 45	16. 00			5. 82	5. 37	8. 17	6. 49	11. 92	11. 36	23. 03	21. 99		2. 29	1. 84
2018 年	生产量	10435	190	1750			705	655	970	690	1335	1275	2145	2105		320	230
	进口量	622	48	85			49	32	5	21	54	53	207	111		30	12
	出口量	618	1	84			150	106	74	10	170	170	7	3		89	30
	消费量	10439	237	1751			604	581	901	701	1219	1158	2345	2213		261	207
	消费比例	100. 00	2. 27	16. 77			5. 79	5. 57	8. 63	6. 72	11. 68	11. 09	23. 46	21. 20		2. 5	1. 98

（邱江惠）

2018 年国内市场部分纸张价格

Domestic Prices of Partial Paper and Paperboard Grades in 2018

2018 年国内市场部分纸张价格（仅供参考，以供应商实际报价为准）

产品名称	品牌/厂家	定量/（克/米^2）	价格/（元/吨）											
			1 月	2 月	3 月	4 月	5 月	6 月	7 月	8 月	9 月	10 月	11 月	12 月
铜版纸	华夏	64（A3）	8900	8900	9000	9000	8500	8700	8700	8700	8700	7700	7200	7200
		70（A3）	8700	8700	8800	8800	8300	8500	8500	8500	8500	7500	7000	7000
		80（A3/A2）	8500/8400	8500/8400	8600/8500	8600/8500	8100/8000	8300/8200	8300/8200	8300/8200	8300/8200	7400/7300	6700/6800	6700/6800
		90（A3/A2）	8300/7200	8300/7200	8400/7300	8400/7300	7900/7800	8100/8000	8100/8000	8100/8000	8100/8000	7200/7100	6500/6600	6500/6600
		100～105（A3/A2）	8100/8000	8100/8000	8200/8100	8200/8100	7700/7600	7900/7800	7900/7800	7900/7800	7900/7800	7000/6900	6300/6400	6300/6400
		120～250	7900	7900	8000	8000	7600	7900	7900	7900	7900	6800	6200	6200
	天阳	128～230	7700	7700	7800	7800	7400	7700	7700	7700	7700	7700	6000	6000
	九州太阳	110	7600	7600	7700	7700	7200	7500	7500	7500	7500	7500	5800	5800
	东帆	100～105（双铜）	7820	7820	7820	7620	7420	7220	7420	7470	7220	6820	6420	5920
		120～200（双铜）	7620	7620	7620	7420	7220	7020	7220	7270	7020	6620	6220	5720

续表

产品名称	品牌/厂家	定量/（克/米²）	价格/（元/吨） 1月	2月	3月	4月	5月	6月	7月	8月	9月	10月	11月	12月
铜版纸	长鹤	100～105（双铜）	7620	7620	7620	7420	7220	7020	7220	7270	7020	6620	6220	5720
	长鹤	120～200（双铜）	7420	7420	7420	7220	7020	6820	7020	7027	6820	6420	6020	5520
	紫兴	128～200（双铜）	7420	7420	7420	7320	6920	6720	7020	7020	6820	6520	6120	5720
	紫兴	230～300（双铜）	7520	7520	7520	7420	7120	6920	7020	7020	6820	6520	6120	5520
	华泰牡丹	97～105（双铜）	7420	7470	7470	7120	6820	6420	6820	6820	6720	6320	6020	5520
	华泰牡丹	115～200（双铜）	7120	7170	7120	6820	6520	6220	6520	6520	6420	6020	5720	5220
	金海鲸王	150（双铜）	7060	7060	7060	6960	6760	6760	6960	7060	6960	6360	5760	5560
	金海鲸王	200～250（双铜）	6960	6960	6960	6860	6660	6660	6760	6860	6760	6160	5660	5360
	晨鸣雪兔	120～200（双铜）	6960	6960	6910	6710	6310	6160	6360	6410	6210	5910	5310	5110
	晨鸣雪鹰	120～200（双铜）	7160	7160	7110	6910	6510	6360	6560	6610	6410	6110	5610	5410
	太空梭	128～200（哑光）	7620	7620	7620	7420	7220	7020	7220	7270	7020	6620	6220	5720
	金海鲸王	150～200（哑光）	7060	7060	6960	6860	6760	6760	6960	7060	6960	6360	5760	5360
	紫兴	128～200（哑光）	7420	7420	7420	7320	6920	6720	7020	7020	6820	6520	6120	5720
	紫兴	230～300（哑光）	7520	7520	7520	7420	7120	6920	7020	7020	6820	6520	6120	5520

续表

产品名称	品牌/厂家	定量/（克/米^2）	价格/（元/吨）											
			1月	2月	3月	4月	5月	6月	7月	8月	9月	10月	11月	12月
铜版卡纸	UV2 宁波	230~320（双铜,高松）	6820	6920	7020	7020	7020	7020	7020	7020	7020	7020	7020	7020
	宁波 酋长	250~400	7110	7110	7110	7010	6110	5610	5810	5810	5810	5810	5610	5310
	宁波 酋长	230~320（高松）	7360	7360	7360	7260	6410	5910	6110	6110	6110	6110	5910	5610
	金太阳	190~400	8610~8410	8610~8410	8610~8410	8610~8410	8610~8410	8610~8410	8910~8710	8910~8710	8910~8710	8910~8710	8410~8610	8410~8610
	万国 骄阳	170~350	7110~7410	7110~7410	7110~7410	7110~7410	6710~7010	6710~7010	7010~7310	7010~7310	7210~7510	6910~7210	5710~6110	5410~5810
食品卡纸	金太阳	250~350（白芯）	9110	9110	9110	9110	9110	9110	9410	9410	9410	9410	9410	9410
	金太阳	250~350（黄芯）	8910	8910	8910	8910	8910	8910	9210	9210	9210	9210	9210	9210
胶版纸	华夏	60	8100	8100	8300	8300	7900	7900	7900	7900	7900	7400	6900	6900
	华夏	70~120	7900	7900	8100	8100	7700	7700	7700	7700	7700	7200	6700	6700
	金太阳	60	8400	8400	8600	8600	8300	8300	8300	8100	8300	7600	7100	7100
	金太阳	70~120	8200	8200	8400	8400	8100	8100	8100	7900	8100	7400	6900	6900
	天阳本白	60~120	7300	7300	7500	7500	7600	7600	7600	7600	7600	7100	6600	6600
	天阳高白	70~120	7500	7500	7700	7700	7500	7500	7500	7500	7500	7000	6500	6500
涂布白卡纸	华夏 太阳	190~400	7410~7810	7410~7810	7410~7810	7410~7810	7010~7410	7010~7410	7310~7710	7310~7710	7510~7910	7210~7610	6710~7110	6710~7110
	金太阳	190~360（高松）	9110~9410	9110~9410	9110~9410	9110~9410	9110~9410	9110~9410	9410~9710	9410~9710	9410~9710	9410~9710	8710~9010	8710~9010
	万国 骄阳	170~400	7410~7710	7410~7710	7410~7710	7410~7710	6810~7210	6810~7210	7110~7510	7110~7510	7310~7710	7010~7410	5710~6110	5410~5810
	红梅	190~230	7400~7500	7400~7500	7400~7500	7350~7500	7350~7500	7350~7500	7350~7500	7350~7500	7350~7500	7350~7500	7350~7500	7250~7400

续表

产品名称	品牌/厂家	定量/（克/米^2）	价格/（元/吨）											
			1月	2月	3月	4月	5月	6月	7月	8月	9月	10月	11月	12月
涂布白卡纸	宁波金丽	250～400	6910	6910	6960	6760	5810	5310	5610	5710	5910	5710	5310	5210
	金桂金蝶兰	250～350	6910	6910	6960	6760	5810	5310	5610	5710	5910	5710	5310	5210
	金桂富桂	235～365（高松）	7110	7110	7110	6910	5910	5510	5810	5910	6110	6910	5510	5310
	博汇	235～365（高松）	6110	6510	6410	5870	5220	4960	5310	5360	5460	4960	4560	4410
	晨鸣丽致	250～400	6060	6460	6410	5860	5210	4910	5360	5410	5510	5010	4460	4510
	骄阳	250～400	7110～7510	7210～7510	7210～7510	6910～7210	6710～7010	6510～6910	6510～6910	6610～7010	6710～7110	6310～6610	6010～6310	-
涂布白纸板	海龙	250	4660	4860	4860	4860	5060	5060	5310	5010	5010	4610	4510	4510
		300	4510	4710	4710	4710	4910	4910	5160	4860	4860	4460	4360	4360
		350～400	4410	4610	4610	4610	4810	4810	5060	4710	4710	4360	4260	4260
	地龙	250	4560	4760	4760	4760	4960	4960	5110	4810	4810	4510	4410	4410
		300	4460	4660	4660	4660	4860	4860	5010	4710	4710	4410	4310	4310
		350～400	4360	4560	4560	4560	4760	4760	4910	4610	4610	4310	4210	4210
复印纸	Double A（泰国）	80（B）	13100	13400	13600	13600	13500	13600	13700	13800	13700	13300	13500	13600
	绿叶/蔡伦纸业	80（C）	12000	12300	12500	12500	12500	12600	12700	12800	12800	12400	12200	12100
	太阳/广东太阳纸业	80（C）	12000	12300	12500	12400	12400	12500	12600	12600	12600	12200	12000	11800
	百旺/亚太森博（广东）	80（B）	12000	12300	12500	12400	12300	12400	12500	12600	12600	12200	12000	12100

续表

产品名称	品牌/厂家	定量/（克/米^2）	价格/（元/吨）											
			1月	2月	3月	4月	5月	6月	7月	8月	9月	10月	11月	12月
复印纸	云雀/互益纸业	70/80（C）	12000	12300	12500	12400	12200	12300	12300	12300	12300	11900	11800	11700
	羚羊/互益纸业	70/80（C）	11000	11200	11000	11000	10800	10900	10900	10900	10800	10400	10500	10600
	银羊/互益纸业	70/80（C）	10800	11000	10800	10800	10600	10700	10700	10700	10600	10200	10300	10400
	小钢炮/APP	80（C）	12000	12300	12500	12400	12400	12500	12600	12600	12600	12200	12000	12100
	金丝雀/APP	80（C）	13100	13400	13600	13600	13500	13600	13600	13800	13700	13300	13500	13600

注：B 表示 5 包/箱，500 张/包；C 表示 10 包/箱，500 张/包。

（邹　怡）

2018 年中国造纸协会纸浆指数分析

China Paper Association Pulp Index (CPAPI) in 2018

2018 年年初，整体市场需求疲软，下游纸厂对后期浆价走势并不看好，加之受春节假期的影响，1—2 月纸浆市场成交量有所下滑，纸浆价格下行。进入 3 月，纸厂陆续复工，纸浆市场行情弱势反弹。3—4 月，纸浆物量及价格总指数上扬。5—6 月受用纸淡季的影响，纸浆市场整体交投清淡，纸浆价格及物量总指数均下滑。7 月国内纸浆市场多为刚需交易，整体交投平稳。8 月国内纸浆市场处于淡旺交接阶段，整体氛围尚可，各类纸浆均量价齐增，但未见明显放量。9—11 月，国内纸浆市场的传统旺季没有如约而至，文化用纸、生活用纸及白卡纸市场需求低迷，在高库存及低迷需求情况下，纸浆价格指数及物量指数连续 3 个月齐跌，价格指数降幅明显增加。12 月造纸市场行情持续低迷，但随着纸浆期现货价格的大幅下滑，纸厂刚需补库需求增加，纸浆交投有所活跃，浆价虽然整体下行为主，但表现企稳趋势，纸浆指数也终结了连续 3 个月的量价齐跌走势，纸浆价格总指数环比下滑 6.8%，物量总指数环比增长 1.64%。2017—2018 年中国造纸协会纸浆价格、物量总指数及分类纸浆价格和物量指数(包括定基指数和环比指数)如图 1 ~ 图 6 所示。

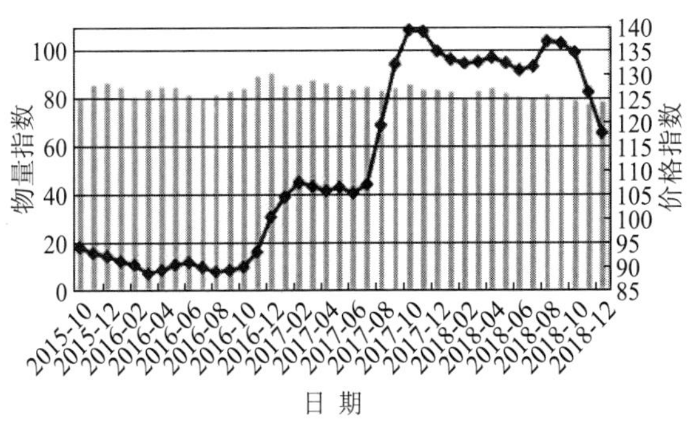

图1　中国造纸协会纸浆指数（定基总指数）

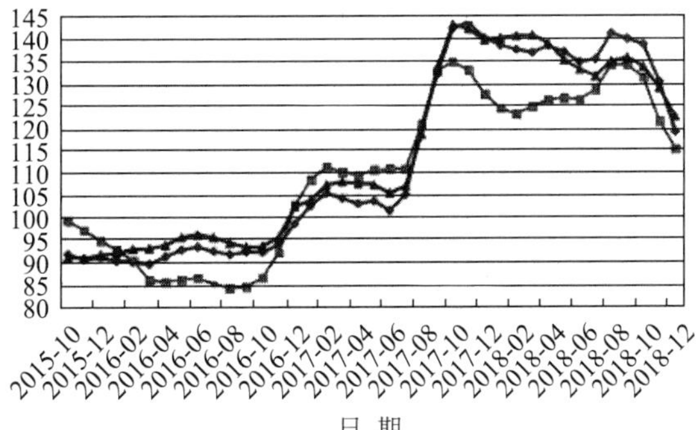

图2　中国造纸协会纸浆指数（分类价格定基指数）

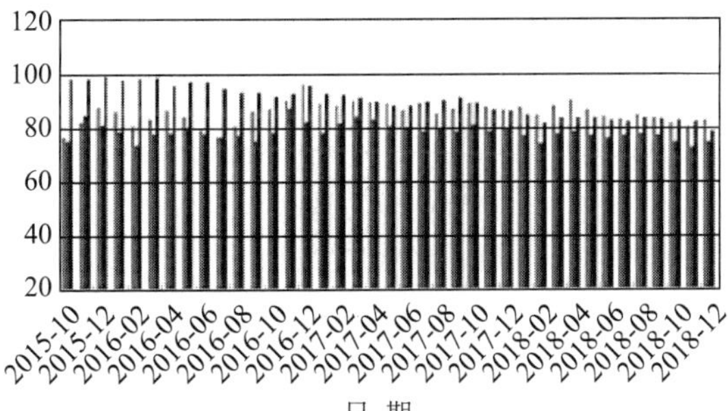

图3　中国造纸协会纸浆指数（分类物量定基指数）

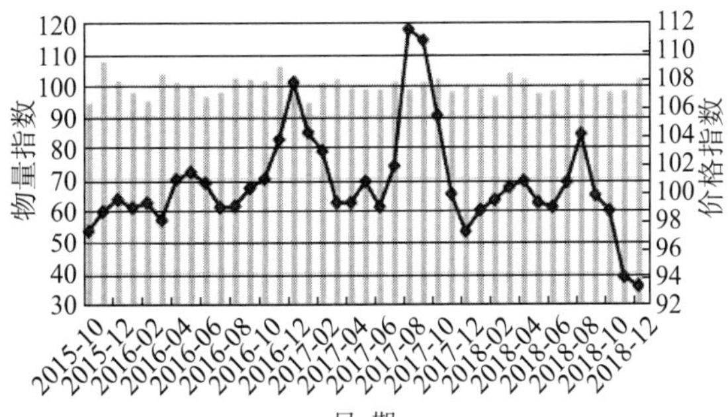

图4　中国造纸协会纸浆指数（环比总指数）

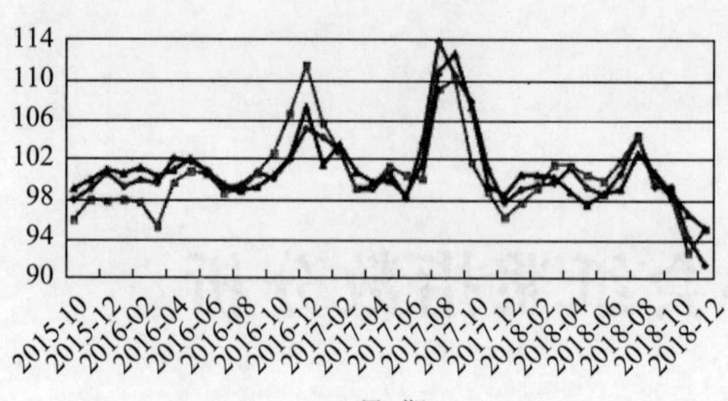

图5 中国造纸协会纸浆指数（分类价格环比指数）

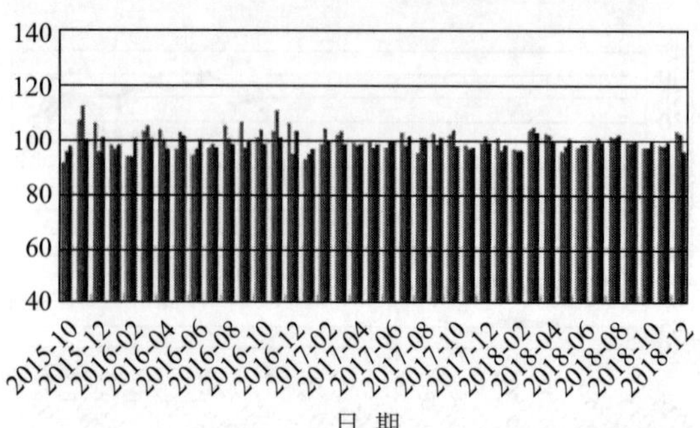

图6 中国造纸协会纸浆指数（分类物量环比指数）

分类来看，2018 年 1—2 月，漂白硫酸盐针叶木浆市场行情一般，部分品牌现货有限，但市场需求乏力，针叶木浆现货价格呈稳中有降走势，价格指数和物量指数均有所下滑。3 月，漂白硫酸盐针叶木浆市场行情偏淡，纸厂以消耗库存为主，需求不振，但是下半月受俄罗斯针叶木浆价格上涨的带动，浆价整体止跌企稳，加之纸厂复工，漂白硫酸盐针叶木浆物量指数环比上涨。4 月，漂白硫酸盐针叶木浆成交量价均涨。5—7 月，主要是受文化用纸、生活用纸淡季影响，漂白硫酸盐针叶木浆价格一路下滑，7 月中下旬之后，受到人民币汇率持续下滑影响，针叶木浆进口成本增加，价格止跌反弹、一路上扬。8 月漂白硫酸盐针叶木浆价格指数及物量指数双双上行。9—12 月，漂白硫酸盐针叶木浆市场整体以去库存为主，市场交投清淡，漂白硫酸盐针叶木浆量价持续走低。漂白硫酸盐针叶木浆期货上市前，其现货价格呈小幅下滑走势；期货上市后，由于对后期市场预期普遍悲观，针叶木浆期货价格连续走低，叠加现货市场清淡需求，针叶木浆现货价格出现大幅下滑。12 月，漂白硫酸盐针叶木浆外盘价格大幅下调，降幅 30 ~ 80 美元/吨，后期浆价或企稳后小幅震荡为主。

漂白硫酸盐阔叶木浆方面，1—2 月，市场行情清淡，成交量价均减。3—4 月，因主要阔叶木浆厂停机检修，市场库存持续下滑，市场需求增多，漂白硫酸盐阔叶木浆行情稳中有升，成交量价均涨。5—6 月，漂白硫酸盐阔叶木浆市场转向淡季，下游需求不足，成交量下滑，6 月量价齐跌。7—8 月，因人民币汇率持续下滑，进口浆的成本增加，导致报价上涨，加之刚需市场需求向好，阔叶木浆量价齐增，8 月价格指数环比上涨 4.37%。9—11 月，漂白硫酸盐阔叶木浆旺季不旺，高库存、低需求的供需不平衡现状持续加剧，成交量价均下滑，11 月国内主港地区木浆库存量处于近 5 年新高，主要品牌的阔叶木浆价格降幅达 500 元/吨左右，价格指数环比下滑 7.51%。12 月阔叶木浆市场整体企稳表现明显，虽然价格仍然延续下滑的趋势，但下游补库需求有所增加，其现货市场交投变得活跃，国内港口库存压力有所舒缓。

本色浆方面，1—3 月，整体来说，本色浆市场交投氛围尚可，下游纸厂刚需采买，报价维稳，需求稳定，1、2 月本色浆成交量减价增，3 月量价均涨。4—7 月，本色浆市场整体交投较为清淡，需求一般，成交价格持续下滑，物量指数也在 6、7 月持续下滑。随着用纸淡季的结束，8—9 月本色浆市场交投平稳，在进口成本增加及其他浆种涨价等因素驱动下，本色浆价格稳中有升。10—12 月，本色浆市场交投一般，下游需求萎缩，本色浆价格和物量呈下行走势，在下游需求持续清淡、外盘走低等因素共同影响下，本色浆现货行情以趋弱为主。

（杨 扬 王 斌）

2017—2018 年全球分地区和种类纸浆需求量

Global Pulp Demand by Region and Grade in 2017 - 2018

表 1　　2017—2018 年全球不同地区化学浆需求量　　单位：千吨

地区	2017 年	2018 年	同比/%
北美	7689	7388	-3.9
西欧	15346	15552	1.3
东欧	2479	2662	7.4
拉丁美洲	3308	3316	0.3
日本	2234	2257	1.0
中国	21035	20528	-2.4
其他亚洲地区	8505	8314	-2.3
大洋洲	359	340	-5.1
非洲	693	740	6.7
全球	61647	61096	-0.9

表 2　　2017—2018 年 1—12 月全球化学浆需求量　　单位：千吨

月份	2017 年	2018 年
1 月	4836	4842
2 月	4862	4776
3 月	5497	5647
4 月	4695	4876
5 月	4979	5154
6 月	5325	5440
7 月	4887	4979
8 月	5170	5392
9 月	5264	5558
10 月	5027	4817
11 月	5278	4621
12 月	5828	4994
合计	61647	61096

表 3 2017—2018 年全球不同浆种需求量 单位：千吨

浆种	2017 年	2018 年	同比/%
化学浆	61647	61096	-0.9
亚硫酸盐浆	105	104	-0.7
漂白硫酸盐针叶木浆	25654	24833	-3.2
其中：北方松	15049	14765	-1.9
其他	10605	10067	-5.1
漂白硫酸盐阔叶木浆	33864	33994	0.4
其中：桉木浆	23959	24594	2.7
其他	9905	9400	-5.1
未漂白硫酸盐浆	2024	2166	7.0
高得率浆	4361	4297	-1.5
合计	66008	65393	-0.9

注：数据来源于纸浆纸张产品理事会(PPPC)。

（杨　扬　李荔平）

2017—2018 年全球分地区和种类纸和纸板需求量

Global Paper and Paperboard Demand by Region and Grade in 2017 - 2018

表 1　2017—2018 年全球不同地区纸和纸板需求量　单位：千吨

地区	印刷用纸			纸箱用纸板			生活用纸		
	2017 年	2018 年	同比/%	2017 年	2018 年	同比/%	2017 年	2018 年	同比/%
北美	19720	18781	-4.8	31817	32324	1.6	8115	8224	1.3
西欧	23085	21693	-6.0	24041	24408	1.5	6720	6750	0.4
东欧	5605	5494	-2.0	8770	8996	2.6	2180	2293	5.2
拉丁美洲	5826	5649	-3.0	12898	13128	1.8	4002	4103	2.5
日本	11249	10495	-6.7	9196	9277	0.9	1980	1962	-0.9
中国	15760	14868	-5.7	45232	43117	-4.7	8244	8607	4.4
其他亚洲地区	19680	19160	-2.6	26786	27601	3.0	3848	4002	4.0
大洋洲	1399	1299	-7.1	2011	2056	2.3	459	471	2.6
非洲	2676	2812	1.3	3234	3280	1.4	814	853	4.8
全球	105001	100151	-4.6	163990	164188	0.1	36363	37265	2.5

表 2　2017—2018 年 1—12 月全球纸和纸板需求量　单位：千吨

月份	印刷用纸		纸箱用纸板		生活用纸	
	2017 年	2018 年	2017 年	2018 年	2017 年	2018 年
1 月	8597	8525	13602	13812	2958	3130
2 月	8452	7864	12640	12418	2821	2791
3 月	9456	8941	13966	13922	3121	3200
4 月	8473	8277	13325	13636	2987	3078
5 月	8915	8390	13900	14003	3082	3143
6 月	8638	8321	13686	13764	3003	3077
7 月	8567	8246	14017	14050	3072	3153
8 月	8870	8501	13885	13772	3070	3145
9 月	8746	8244	13540	13569	3009	3095
10 月	8965	8712	13997	14002	3110	3193
11 月	8821	8162	13757	13757	3037	3095
12 月	8502	7967	13675	13484	3092	3165
合计	105001	100151	163990	164188	36363	37265

表 3 2017—2018 年全球不同纸种需求量 单位：千吨

纸种	2017 年	2018 年	同比/%
印刷用纸			
新闻纸	21046	19388	-7.9
未涂布机械浆纸	10608	10135	-4.5
涂布机械浆纸	11050	10259	-7.2
未涂布不含磨木浆纸	40644	40155	-1.2
涂布不含磨木浆纸	21654	20215	-6.6
纸箱用纸板			
牛皮纸板	34364	34547	0.5
半化学浆瓦楞原纸	9350	9354	0.0
挂面箱纸板	68951	68921	0.0
废纸瓦楞原纸	51326	51365	0.1

注：数据来源于纸浆纸张产品理事会(PPPC)。

（杨 扬 李荔平）

产品与市场

PRODUCTS AND MARKET

2018 年我国造纸工业生产运行情况
2018 年我国浆纸市场分析
2018 年我国废纸利用及国内外废纸市场概况
2017 年我国出版印刷用纸市场综述
2018 年我国生活用纸行业概况和展望
2018 年我国一次性卫生用品行业概况和展望
2018 年我国包装纸板发展概况
2018 年我国特种纸产业发展现状及分析
2018 年溶解浆市场回顾与展望

3

2018 年我国造纸工业生产运行情况

Analysis of Production and Sale Situation of China's Paper Industry in 2018

一、2018 年我国造纸工业生产完成情况

据中国造纸协会调查资料，2018 年全国纸及纸板生产企业约 2700 家，全国纸及纸板生产量 10435 万吨，较 2017 年下降 6.24%；消费量 10439 万吨，较 2017 年下降 4.20%；人均年消费量为 75 千克(13.95 亿人)。

二、主要经济指标完成情况

据国家统计局统计数据，2018 年 1—12 月规模以上制浆造纸及纸制品业企业主要经济指标完成情况如下。

1. 主营业务收入

全行业累计完成 13727.93 亿元，同比增长 8.30%。其中：纸浆制造业累计完成 156.44 亿元，同比增长 26.16%；造纸业累计完成 8152.19 亿元，同比增长 6.90%；纸制品制造业累计完成 5419.30 亿元，同比增长 10.01%。

2. 利润总额

全行业累计 766.43 亿元，同比下降 8.52%。其中：纸浆制造业累计 13.23 亿元，同比增长 72.37%；造纸业累计 465.67 亿元，同比下降 15.05%；纸制品制造业累计 287.53 亿元，同比增长 1.98%。

根据统计快报数据分析，2018 年制浆造纸及纸制品全行业整体生产情况基本稳定，经济指标完成情况明显不如 2017 年，利润有所下降，尤其是造纸业利润下降 15.05%。

三、商品纸浆和废纸进口及原生纸浆生产情况

1. 商品纸浆进口情况分析

2018 年国内进口各类商品纸浆 2479.04 万吨，比 2017 年同期增加 106.55 万吨，同比增长 4.49%。出口纸浆 9.99 万吨，同比增长 1.21%。

2018 年进口的商品木浆种类：漂白针叶木浆进口 794.60 吨，同比下降 2.24%；漂白阔叶木浆进口 1127.94 万吨，同比增长 7.73%；未漂白木浆进口 80.82 万吨，同比增长 23.96%；半化学浆、机械浆合计进口 154.12 万吨，同比下降 14.13%；溶解级木浆进口 283.79 万吨，同比增长 9.01%。

2. 废纸进口及废纸浆生产情况分析

2018 年累计进口各类废纸 1073.28 万吨，比 2017 年同期减少 868.49 万吨，同比下降 33.77%。

2018 年进口废纸的品种：进口废瓦楞纸板箱 1293.86 万吨，同比下降 14.14%；进口废报纸和废杂志纸为 337.93 万吨，同比下降 30.96%；进口混合废纸 1.45 万吨，同比下降 99.70%；进口办公废纸 70.04 万吨，同比下降 17.01%。

2018 年受废纸进口环保许可和进口检验标准约束，使得废纸进口量骤减，原料趋紧，进而促使国内回收废纸价格持续高位。

四、纸及纸板主要品种生产消费分析

1. 新闻纸

2018 年新闻纸生产量为 190 万吨，同比下降 19.15%；进口量 48 万吨；出口量 1 万吨；消费量为 237 万吨，同比下降 11.24%。

目前国内还在生产新闻纸的生产企业已不是很

多，年产超过 10 万吨的主要生产企业还有 4 家，产能近 200 万吨/年。受需求和废纸等原辅材料成本及进口等因素影响，2018 年国内新闻纸生产量和销售量仍然呈下降态势。

2. 印刷书写纸

2018 年未涂布印刷书写纸生产量为 1750 万吨，同比下降 2.23%；进口量 85 万吨；出口量 84 万吨；消费量 11751 万吨，同比增长 0.40%。

3. 铜版纸

2018 年铜版纸生产量与市场需求量整体情况要弱于 2017 年。

2018 年铜版纸国内生产量为 655 万吨，同比下降 2.96%；进口量 32 万吨；出口量 106 万吨；消费量为 581 万吨，同比下降 0.68%。

4. 生活用纸

由于近年来生活用纸产能增量较快，市场竞争激烈，加上 2018 年商品纸浆价格持续高位，而成本完全外延又难于实现，使得多数生活用纸生产企业盈利水平下降，困难增多。

2018 年国内生活用纸生产量为 970 万吨，同比增长 1.04%；进口量 5 万吨；出口量 74 万吨；消费量为 901 万吨，同比增长 1.24%。

5. 白纸板

由于前些年白纸板产能发展较快，但随着国内经济发展速度放缓，市场对总量需求也减弱，虽然在产业结构调整和高质量发展拉动下，白纸板细分品种中结构发生了一些变化，就是白卡纸生产量和消费量有所增长，灰底白纸板有减少，但整体看白纸板市场，表现一般，2018 年更是出现了市场竞争激烈的局面。

2018 年国内白纸板生产量 1335 万吨，同比下降 6.64%；进口量 54 万吨；出口量 170 万吨；消费量 1219 万吨，同比下降 6.16%。

6. 箱纸板和瓦楞原纸

由于废纸进口新政策的实施，尤其是对进口废纸质量标准检验的执行力度加大，使得废纸进口难度加大。为弥补原料不足，各企业只能加大国内回收废纸的采购量，但国内废纸原料有限，使得国内废纸采购价格持续高位，也形成了国内回收废纸与进口废纸的价格差，由此给生产企业带来了分化。

2018 年国内箱纸板生产量 2145 万吨，同比下降 10.06%；进口量 207 万吨；出口量 7 万吨；消费量 2345 万吨，同比下降 6.57%。瓦楞原纸生产量 2105 万吨，同比下降 9.85%；进口量 111 万吨；出口量 3 万吨；消费量 2213 万吨，同比下降 7.64%。

五、2018 年国内造纸行业生产和市场总体走势

2018 年国内经济整体形势基本面是平稳向好，但外部环境发生许多变化，诸如中美贸易问题，汇率变化问题及环保管理力度加大等，使得我国经济发展速度出现放缓，下行压力加大，而造纸工业既是原材料产业，又为众多产业配套，上述问题的发生势必影响到我们造纸产业。

根据这些变化并结合造纸业今年生产和市场走势分析，我们认为 2018 年国内造纸工业生产和市场有以下态势：

(1)造纸行业生产运行整体情况保持基本平稳态势，但随着经济发展放缓，需求下降，全年纸及纸板生产总量有所减少，产销基本保持平衡。

(2)造纸行业全年主营业务收入和利润等主要经济指标仍然会保持正数增长，但增长率会比 2017 年下降。受市场需求和原材料成本等因素影响，企业表现产生分化，困难企业将会增多。

(3)由于废纸进口执行严格的质量检验标准，而能够满足要求的供货量变少，加上废纸进口许可总量的减少，造成 2018 年的废纸进口量大幅减少。

(4)受国内原生纸浆生产和国内回收废纸总量的制约及废纸原料进口政策的影响，为满足市场对纸及纸板总量的需求，造纸生产企业对进口商品纸浆需求增加。

(5)由于生产成本和市场价格及商业利益等因素，国内市场多数纸及纸板产品会形成进口量增加，而出口量减少局面。

六、2019 年国内造纸工业生产和市场总体态势

(1)国家会继续坚持稳中求进的总基调，实施积极的财政政策和稳健的货币政策，使经济继续保持在合理区间运行，在此大的背景下，作为配套众多产业的造纸工业，生产量和消费量仍将会受到拉动，预计造纸行业整体运行会继续保持平稳，市场需求可能出现前低后高局面。

(2)受中美贸易战和废纸进口政策逐渐加严及汇率变化等影响，将给造纸产品的生产和消费平稳发展带来不确定因素。

(3)生态文明建设的需要和压力，使得环保管

理力度加大。目前多个省份正在制定产业转移"负面清单"，加大了产业结构的调整力度。这一变化，将对造纸产业现有的企业、产品、区域等结构及市场格局带来改变，同时对部分造纸企业生产运行造成影响。

(4)从目前情况看，废纸进口政策还会逐渐加严，数量还会逐步减少，由此带来对国内回收废纸需求的增加，但受国内可回收总量的制约，会使回收废纸量趋紧，同时也会增加对商品纸浆的需求。

(5)随着供给侧结构性改革和"一带一路"建设的推进，尤其是废纸原料进口政策的实施落实，会使部分造纸企业到境外投资设厂意愿增强，尤其对以废纸为原料的浆厂。这里需要提醒有投资意愿的厂家，要做好前期的调研工作，尤其要关注对方的政策变化。

(6)经国务院批准，造纸用商品漂白针叶木浆期货于2018年11月在上海期货交易所挂牌上市。这一举措即有利于企业发现价格，预测成本，又给企业增加了一个套期保值的融资渠道，但由于社会参与度的增加，也会给商品纸浆市场带来波动和变化而变相影响商品纸浆的现货市场。因此，这个期货产品，要引起大家特别关注。

七、结束语

纵观2018年造纸工业的生产及运行情况，在宏观经济"稳中有变""稳中有缓"的形势下，造纸行业也遭遇了市场需求减少，原材料成本上升，利润下降等困境，加上外部环境变化，如中美贸易问题、汇率变化、环保管理加严等叠加在一起，使得2018年造纸行业整体生产和运行问题增多，困难加大，尤其是经济效益大幅下滑。

展望2019年造纸工业形势，虽然外部环境还存在诸多不确定因素，但从近期中央发布的支持民营经济等提振经济发展的政策看，中国经济仍然会继续保持在合理区间运行。在这个大背景下，结合造纸产业定位和作用，仍将会给造纸产业带来发展空间。只要我们坚持"绿色纸业"的方向，通过供给侧结构性改革，增强创新能力，增加新动能，并有效控制新增产能，可以预见2019年会更好。

（赵　伟）

2018 年我国浆纸市场分析

Analysis of China's Pulp and Paper Market in 2018

一、2018 年影响我国浆纸市场重要事件

(1)山东太阳纸业股份有限公司老挝浆厂项目、山东晨鸣纸业集团股份有限公司寿光基地制浆项目顺利投产，打破了国内很长时间来没有较大型纸浆项目投产的局面。两个项目合计产能超过 100 万吨/年，尽管均为自用，但也在一定程度上缓解了国内木浆的紧缺局面。

(2)中美贸易摩擦持续升级，出口订单受到一定影响，包装用纸需求大幅减少；国内经济下行压力持续加大，内需不旺，国内纸张市场整体疲弱，纸张需求整体下滑。

(3)巴西漂白硫酸盐桉木浆生产商 Fibria 公司与 Suzano 公司合并，合并后的漂白硫酸盐桉木浆产能达到 1100 万吨/年，占全球商品阔叶木浆总量的近 1/3，形成了较强的寡头垄断地位，对纸浆价格控制能力增强。我国每年进口漂白阔叶木浆 1000 万吨以上，这样的背景下，未来国内进口阔叶木浆市场价格或受到一定的牵制。

(4)11 月 27 日，纸浆期货在上海期货交易所上市。推动纸浆期货上市的目的，是更多更好地服务实体经济，提高中国纸浆市场在世界市场的话语权。然而，纸浆期货上市之初，恰逢市场下行动能积累、下行压力剧增之时，进口木浆市场价格经长达一年多时间的上涨，已居多年来的高位，市场对浆价下跌的预期十分强烈。纸浆期货上市成为这一预期变为现实的导火索，带领进口针叶木浆现货市场价格一路狂跌，而且，仅用极短的时间就完成了未来 3 个月到半年的市场下跌历程，给纸浆生产、销售、贸易、使用环节上的每一个参与者带来巨大的震撼。

(5)销售旺季不旺，受整体经济形势影响，往年“金九银十”的纸张旺销场面没能再现。从 9 月、10 月开始大多数纸种市场价格一落千丈。

二、2018 年我国纸张市场分析

(一)造纸产业全年整体运行情况

据中国造纸协会调查资料，2018 年全国纸及纸板生产企业约 2700 家，全国纸及纸板生产量 10435 万吨，同比下降 6.24%。消费量 10439 万吨，同比下降 4.20%(见表 1)；人均年消费量为 75 千克(按全国 13.95 亿人口计)。2009—2018 年，纸及纸板生产量年均增长率为 2.12%，消费量年均增长率为 2.22%。按照国家统计局数据，2018 年规模以上造纸企业产成品存货 390 亿元，同比增长 14.31%；利润总额 466 亿元，同比下降 15.05%(见图 1)；亏损企业有 543 家，占 20.44%。由图 1 可以看出，2018 年全国规模以上造纸企业利润总额降至低于 2016 年的水平，企业盈利空间大幅收窄。

继经历了如火如荼的 2017 年后，2018 年上半年，仅能用勉强维持来形容造纸行业的市场供需状况；然而，更难过的事情还在后面，2018 年下半年，尤其是 9 月过后，纸张市场需求及价格双双掉头向下，直至年底的全年最低价。需求缩水、原料价格坚挺、环保趋严等诸多因素叠加后成为拖累全年纸及纸板生产量与需求量双双同比下降的主要原因。

2018 年史上最严环保措施出台，对于本就艰难的造纸行业来说无疑是雪上加霜，纸厂停机整改、产能出清、错峰生产、天价罚款等新闻屡见不鲜。2018 年造纸行业整体形势不容乐观，亏损面扩大，亏损总额增加，盈利能力下降。

从产业链的角度来看，造纸行业属于中游制造行业，其上游是纸浆、废纸等原料产业，下游是包装、印刷、纸制品及生活用纸加工等行业。造纸企业收益如何与原材料供给是否充足以及下游需求是否旺盛密切相关，上下游产业链都在紧密制约着造

纸行业的生产经营与盈利规模。一方面，我国造纸行业目前存在较大的原材料对外依赖性，2018 年以来，外废配额收紧、贸易摩擦影响纸浆进口等因素导致造纸原材料供应紧张，造纸成本大幅提高；另一方面，受国家整体经济形势影响，出口减少、国内需求增速放缓，这些都导致下游的包装等行业需求减少，供需双边压力最终导致造纸行业整体形式渐趋低迷。

表 1　2018 年我国纸及纸板生产和消费情况

品　种	生产量/万吨		同比/%	消费量/万吨		同比/%
	2017 年	2018 年		2017 年	2018 年	
总量	11130	10435	-6.24	10897	10439	-4.20
1. 新闻纸	235	190	-19.15	267	237	-11.24
2. 未涂布印刷书写纸	1790	1750	-2.23	1744	1751	0.40
3. 涂布印刷纸	765	705	-7.84	634	604	-4.73
其中：铜版纸	675	655	-2.96	585	581	-0.68
4. 生活用纸	960	970	1.04	890	901	1.24
5. 包装用纸	695	690	-0.72	707	701	-0.85
6. 白纸板	1430	1335	-6.64	1299	1219	-6.16
其中：涂布白纸板	1370	1275	-6.93	1238	1158	-6.46
7. 箱纸板	2385	2145	-10.06	2510	2345	-6.57
8. 瓦楞原纸	2335	2105	-9.85	2396	2213	-7.64
9. 特种纸及纸板	305	320	4.92	249	261	4.82
10. 其他纸及纸板	230	225	-2.17	201	207	2.99

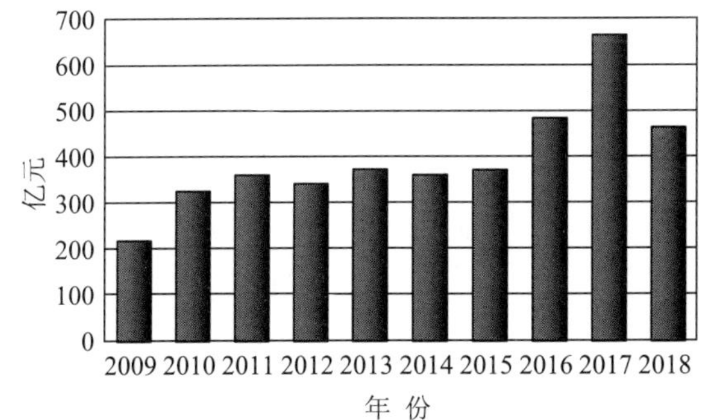

图1　2009—2018年全国造纸企业利润总额

注：数据来源于中国造纸协会。

(二)主要品种市场分析

1. 文化用纸

(1)双胶纸

2018 年，全国未涂布印刷纸生产量 1750 万吨，同比下降 2.23%；消费量 1751 万吨，同比增长 0.40%。在未涂布印刷纸的若干品种中，双胶纸所占比例最大，占比约 50% 以上，故下面以双胶纸为例说明未涂布印刷纸的市场变化。

受无纸化办公及电子媒体等的影响，2018 年商业印刷及办公用纸比往年有下降的趋势，其他的需求尚保持稳定。全年总体来看，双胶纸市场供略大于求。

经过多年发展，目前，以非木材浆及混合浆料为主要原料的中小型双胶纸生产厂已逐渐退出，全木浆大型双胶纸厂不断扩产，生产集中度继续提高。延续多年的双胶纸产能过剩问题在 2017 年之后已经逐步缓解，供需渐趋合理。然而，2018 年又有大量新产能投产：河南许昌晨鸣纸业有限公司 10 万吨/年双胶纸投产；山东太阳纸业股份有限公司 38 号纸机 20 万吨/年高定量双胶纸生产线投产；APP 部分铜版纸生产线转产双胶纸；山东晨鸣纸业集团股份有限公司 2 台共 100 万吨/年生产线投产，计划 35 万～45 万吨复印纸，其余为双胶纸。至少 100 万吨/年的双胶纸新增产能投放市场，总产能达 1000 万吨/年以上，使原本竞争激烈的市场更加雪上加霜。尽管双胶纸的生产集中度已经很高，但供大于求依然困扰着业内企业。

从 2017 年到 2018 年年底，双胶纸走出了一波过山车一样的行情。

双胶纸市场在连续低迷了 5 年后，终于在 2017 年迎来久违的春天，全年整体价格上涨了约 1500 元/吨。然而好景不长，进入 2018 年，尤其是 4 月之后，双胶纸市场掉头向下，年底时双胶纸售价比年初下降了超过1500元/吨，基本又跌回到2016年年底开始涨价之前的水平。

国内需求不足、产能过剩及不确定的国际环境等因素是2018年双胶纸市场持续低迷的主要原因。2018年市场整体非常平淡，全年呈现窄幅小涨再震荡下行的趋势(见图2)。监测数据显示，双胶纸全年均价为7011元/吨，同比上涨10.40%。

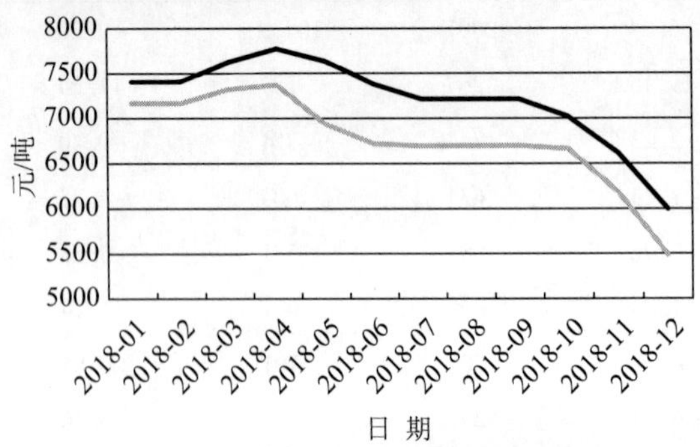

图2　2018年铜版纸及双胶纸市场价格

铜版纸（157克/米²）　双胶纸（70~100克/米²）

注：数据来源于RISI。

3—4月一般为秋季教材招标、出版社备货旺季，双胶纸需求增加，市场需求与价格均达到阶段性顶点，均价7550元/吨左右。4月过后市场又趋向谨慎。为规避风险，纸企纷纷让利出货，使市场成交价格逐渐下移。进入下半年后，木浆价格持续高位，双胶纸生产成本也随之高企，加之下一年度春季教材招标开始，旺季来临，纸厂开始准备提价。然而，随后的山东晨鸣纸业集团股份有限公司新闻纸转产双胶纸改造项目完成和51万吨/年双胶纸2条新生产线投产的消息对市场冲击较大，下游市场对双胶纸价格下跌抱有较大信心，因此，市场对纸厂的提价意愿不满，加之需求低迷，市场旺季不旺。10月开始，双胶纸价格持续大幅下行，直至年底出现全年最低价，均价为5900元/吨，下调空间高达1000元/吨以上，但需求依旧未见明显改观。

(2)铜版纸

最近几年，随着落后产能淘汰，铜版纸生产集中度逐渐提高。但是，随着电子媒体传播速度加快，偏重于画报类的纸质媒体数量大幅减少；另外，铜版纸很大一部分用户是广告业，经济下行压力增大造成广告业整体下滑，铜版纸需求量也随之大幅减少。虽然这几年铜版纸领域没有新增产能释放，但是铜版纸市场整体依然是供略大于求。2018年内需明显疲弱的环境下，铜版纸市场需求减少成为必然。

2018年铜版纸生产量655万吨，同比下降2.96%；消费量581万吨，同比下降0.68%。2018年铜版纸市场需求不及预期，价格高位震荡下行，尤其是9月过后，价格大幅下跌，至年底时跌至最低点，5600元/吨左右，与年初相比，跌幅超过20%，已降至2016年的水平。监测数据显示，2018年铜版纸月均价为6813元/吨，较2017年上涨1.77%，其中，高点出现在3—4月，均价为7275元/吨，低点出现在12月，均价为5650元/吨(见图2)。

2017年年底铜版纸市场需求已经出现疲软迹象，且延续至2018年1—2月。3月开始市场逐渐转好，主要是因为2018年秋季教材印刷招标陆续展开，印刷纸市场价格上扬，达到全年高点，7200元/吨左右。5月之后，市场需求归于平淡，价格下行；6—7月，规模纸厂为降低库存压力，纷纷停机保价，但实际效果并不明显，整体市场价格维持横盘。9月，“金九银十”的传统旺季及下一年度春季教材招标的到来，并未给市场带来太大起色，旺季不旺，社会需求尤为清淡，因此，10月之后市场价格大幅且持续下行，直至年底的全年价格低点，约5650元/吨。尽管价格已降至2016年的水平，但整体需求未见明显改善，这主要还是源于整体经济下行压力所致。

2. 包装纸板

(1)箱纸板及瓦楞原纸

①整体供求形势分析

2018年，箱纸板生产量2145万吨，同比下降10.06%；消费量2345万吨，同比下降6.67%。瓦楞原纸生产量2105万吨，同比下降9.85%；消费量2213万吨，同比下降7.64%。

从数据不难看出，2018年，箱纸板和瓦楞原纸的生产量和消费量结束了10多年来持续上涨的势头，双双大幅下跌，成为拉动全年纸及纸板总生产量及总消费量下跌的核心力量。这种局面的出现绝非偶然，而是多重压力叠加后的必然结果。

市场需求持续低迷。首先，终端零售业不振导致行业需求下降。2017年以来，社会消费品零售总额同比增速波动下滑，2018年10月同比增速8.6%，为近年来的低点。内需严重下滑使得箱纸板、瓦楞原纸等包装用纸的需求受到较大影响；其次，受中美贸易摩擦持续升级影响，2018年国内出口贸易出现萎缩，订单急剧下滑，纸包装行业开工率难以保证，包装用纸及纸板需求大幅减少。

废纸影响。受国家限废政策影响，2018 年废纸进口量为 1703 万吨，同比下降 33.79%，为历年之最。废纸进口数量大幅减少，以废纸为主要原料的包装纸板行业受到相当大的影响。缺失的那部分原料，很大一部分是由国产废纸填补。国产废纸质量不如进口废纸，且价格波动较大，加之进口商品木浆价格一直居高不下，这些导致箱纸板和瓦楞原纸企业的成本变化波动较大。很多企业多次面临被迫提价但实难成交的尴尬境地。

大量新增产能集中投放市场，阶段性产能过剩明显。2016 年下半年开始的将近 2 年时间的包装用纸市场持续火爆，引发了一轮包装用纸行业的如火如荼的投资热潮，有超过 1000 万吨/年的新增产能在 2018—2019 年集中入市，产能大幅增加但需求未能随之增加的后果就是原有的供需平衡关系被打破，形成实质性的阶段产能过剩，行业内竞争更加激烈，企业库存居高不下，开工不足，被迫限产减产。

进口影响。这两年国产箱纸板和瓦楞原纸因成本持续增长和 2016 年年底开始的市场供不应求等因素造成的市场价格较高，于是，物美价廉的进口箱纸板和瓦楞原纸大量涌入国内，2018 年，箱纸板进口量为 207 万吨，同比增长 51.09%，这对国内货源造成了一定冲击。另外，这一进口数量约占当年箱纸板总消费量的近 10%，虽然总量不是特别大，但是增幅巨大，这也从侧面说明，国内箱纸板产品成本高、价格贵。2018 年下半年起，进口量的增加对于库存高企的纸厂可谓雪上加霜。另外也使不少纸企为争取客户资源大打价格战，带动着瓦楞原纸价格也不断持续下行。

②市场价格走势

2018 年箱纸板及瓦楞原纸市场价格见图 3。由图 3 可以看出，箱纸板和瓦楞原纸价格走势基本一致，均在 5 月中下旬形成了全年最高点，箱纸板参考均价约 5700 元/吨，瓦楞原纸参考均价 4800 元/吨。主要原因如下：5 月初由于环保部门的严格管控，引发纸厂限产、停产。五一假期来临，很多纸厂做出停机检修的决定，因此节后箱纸板和瓦楞原纸库存呈现低位。再受废纸价格上调的联动性影响，箱纸板和瓦楞原纸价格不得不大幅上调，并达到全年最高点。

但随后，因纸厂库存高位和订单不足等因素，纸企大幅下调原纸价格，以加快出货速度。进入下半年后两种纸的价格逐渐走低，直至 11 月底，箱纸板和瓦楞原纸价格双双达到全年最低点。

综上所述，2018 年以来，受到贸易战影响以及环保持续趋严、原料供给不断受限、企业生产成本增长，同时下游需求不振等因素影响，箱纸板和瓦楞原纸市场供应压力日渐增大，多数纸企库存仍处于高位。加之部分企业尚存新增产能计划，对于供需矛盾的影响不断积聚，因此箱纸板和瓦楞原纸市场继续下滑的可能性越来越大。

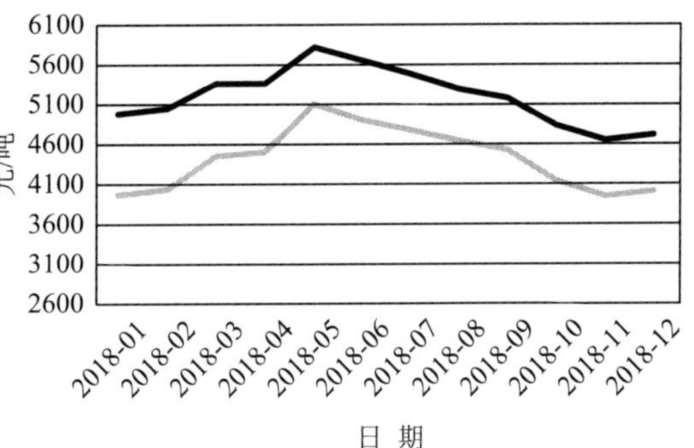

图3　2018年箱纸板及瓦楞原纸市场价格

瓦楞原纸　箱纸板

注：数据来源于RISI。

(2)白面牛卡纸、轻涂白面牛卡纸

2018 年，白面牛卡纸、轻涂白面牛卡纸市场价格走势与箱纸板和瓦楞原纸走势基本相同(见图 4)，各类包装需求不温不火，旺季不旺现象明显，市场交投持续稳中偏淡。

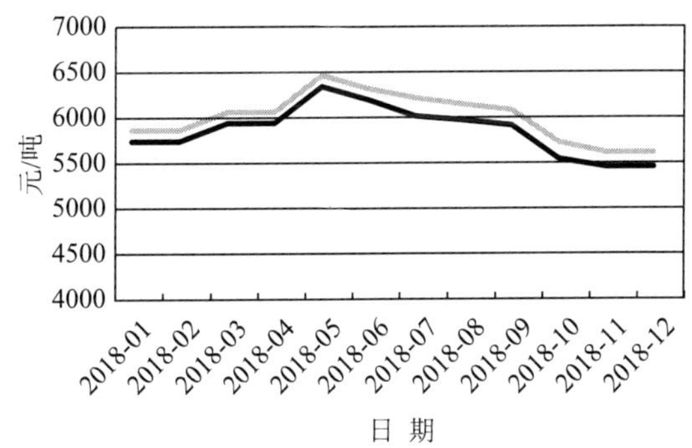

图4　2018年轻涂白面牛卡纸及白面牛卡纸价格

轻涂白面牛卡纸　白面牛卡纸

注：数据来源于RISI。

2018 年春节后白面牛卡纸、轻涂白面牛卡纸价格小幅上涨后持稳，直至 5 月受美废政策影响，价格上行，涨幅基本在 400～500 元/吨。随后价格持续下跌，接近 12 月时逐渐企稳。

(3)白纸板

2018 年，全国白纸板总生产量 1335 万吨，同比下降 6.64%；消费量为 1275 万吨，同比下降 6.61%。与箱纸板和瓦楞原纸的情况类似，受内需不振及出口订单减少等因素影响，作为包装用纸的第二大类产品的白纸板也未能幸免，生产量和销售量均大幅下降。白纸板主要包含白卡纸和灰底白纸板。

①灰底白纸板

修订后的《进口废物管理目录 2017》规定，我国将于 2018 年 1 月 1 日起全面禁止混合废纸进口。混合废纸是灰底白纸板的主要原料，这部分废纸被禁止进口后，意味着从 2018 年起，约 700 万吨/年产能的灰底白纸板产能可能会有较大幅度的萎缩，这部分需求将可能由白卡纸、箱纸板和进口灰底白纸板共同替代。与欧美、日本等地区相似，未来我国纸包装需求中灰底白纸板的容量将保持在一个稳定低量的水平。

此外，由于区域经济结构调整，富阳地区约 200 万吨/年白纸板（多数为灰底白）纸产能淘汰在即，但由于原料、产品结构等因素的影响，预计不会有新增产能补充。上述双重因素作用下，灰底白纸板的未来发展前景是不乐观的。

灰底白纸板受原料废纸价格以及其相近产品箱纸板和瓦楞原纸价格影响较大，其价格走势也类似于箱纸板和瓦楞原纸的走势（见图 5）。

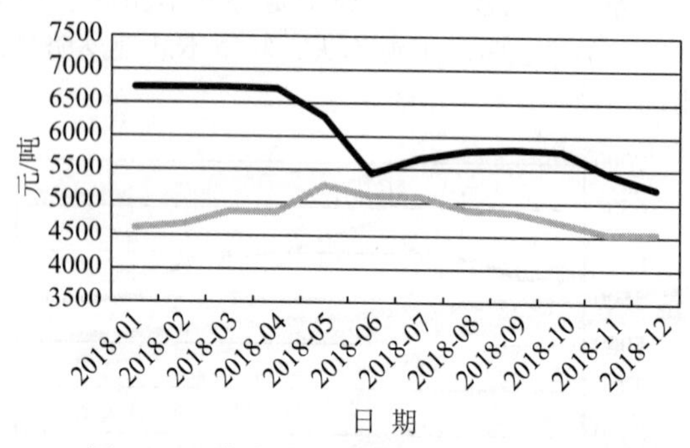

图5 2018年灰底白纸板与白卡纸价格走势

—灰底白纸板 —白卡纸

注：数据来源于RISI。

2018 年灰底白纸板价格先涨后跌。年初至 4 月价格稳中小幅上涨；5 月，由于政策变化带来废纸价格上涨，直接拉动了灰底白纸板价格上行。5 月 4 日，海关总署发布特急文件，对来自美国的废物原料实施 100% 开箱、100% 掏箱检验检疫。受此影响，废纸价格大幅上涨，每吨上调 500～800 元，灰底白纸板价格随之大幅上涨，平均每吨上涨 400 元左右。随后的 6—11 月，废纸价格回落，同时市场需求不佳，灰底白纸板价格持续下挫；12 月随着废纸价格回涨，部分灰底白纸板价格小幅试探性上涨，但由于白卡纸与灰底白纸板价差缩小，部分零散订单被白卡纸市场抢占，以及受中美贸易战影响出口贸易回涨乏力，因此，灰底白纸板市场价格继续持稳或微涨。

②白卡纸

由图 5 可知，2018 年白卡纸市场涨跌互现，跌势为主。1—4 月，市场延续 2017 年的火爆景象，价格一直高位，维持在 6600 元/吨左右；5—6 月，市场疲软造成价格大幅下行，跌幅最大的社会卡纸降幅达 1000 元/吨；7 月，由于停机限产等原因使价格触底反弹，7—9 月缓慢回升，共回涨约 500 元/吨；10 月起，持续低迷的需求以及消费旺季预期的落空，使市场弥漫了悲观情绪，白卡纸价格再次大幅下行，直至年底，四季度价格累计下跌 300～1000 元/吨。

白卡纸是一个颇为“任性”的纸种。说其“任性”，是由于近些年来白卡纸的几大市场特点决定的：目前白卡纸生产集中度非常高，但有时又经常会有售价低于成本的亏本销售出现；产能明显供大于求，但同时又不断有新增产能投放市场。这么多颇为尖锐的矛盾组合集中在同一个纸种上，但同时又能始终快速发展。因此，不得不说白卡纸的发展很“任性”（见图 6）。

图6 近几年国产白卡纸（250克/米²）平均价格走势

目前，行业内一般按照用途与标准的不同，将白卡纸再分为社会卡纸、铜版卡纸、食品卡纸类、液体包装卡纸、扑克牌纸等细分产品，其中，社会卡纸用量最大。

近年来，随着经济快速发展，人们的生活品质快速提高，白卡纸作为高端包装用纸，其市场需求越来越大，年均增速基本在 5%～7%，细分品类里部分品种如食品卡纸增速超过 10%。因此，又有很多新项目在酝酿或在建设或投产，导致白卡纸产能增速较快（见图 7）。

由于环保要求日益严格、供给侧结构性改革、淘汰落后产能等原因，2013 年以后，白卡纸产能逐步向环保设施齐备、生产量大、装备先进的大企业集中。目前，国内白卡纸总产能约 1140 万吨/年，其中，APP（中国）、山东晨鸣纸业集团股份有限公

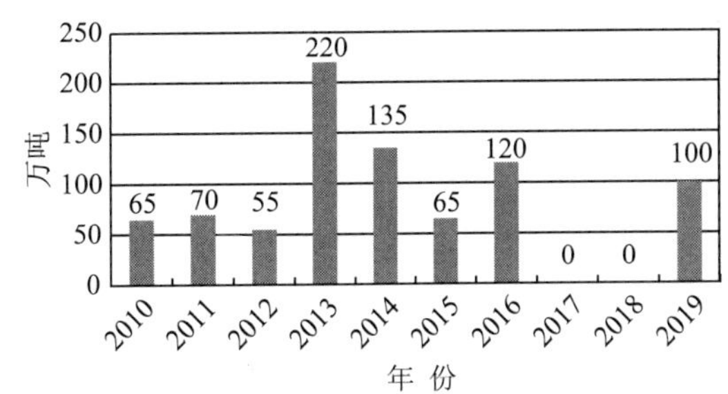

图7　近年来国内白卡纸新增产能

注：数据来源于中华纸业。

司、山东博汇纸业股份有限公司、山东太阳纸业股份有限公司这四大龙头企业合计产能约 875 万吨/年(见表 2)，占国内总产能的 77% 左右，成为国内生产集中度最高的纸种，寡头特征非常明显。

行业集中度提高使四大纸企具有较强的议价权，市场控盘能力较强，加上 2016 年年底开始的市场环境向好等综合因素的影响，使得 2017 年白卡纸市场价格基本恢复到合理水平，纸厂也具有了合理的利润空间。

然而好景不长，进入 2018 年后，尤其是下半年，通常的国内消费旺季的市场预期落空，加之中美贸易争端不断加剧使市场信心备受打击。白卡纸价格开始“跌跌不休”，再加上产能供大于求的行业现状更加剧了竞争的激烈程度，最后，导致白卡纸价格全年下跌了 28%。目前，白卡纸市场价格已低至近 5 年来的新低。部分纸厂亏损，停机限产数量增多。

尽管从 2011 年起，白卡纸市场就由于供给严重过剩而一直处在痛苦而又艰难的整合过程中，但是 2016 年、2017 年两年时间的市场爆发式增长，重又唤起了白卡纸领域投资扩张的热情。在 2017 年和 2018 年两年没有新增产能投放之后，又有一批白卡纸新增产能在规划或建设中。据了解，目前国内规划中的产能约 385 万吨/年(见表 3)，其中，江苏博汇纸业有限公司 PM4(120 万吨/年)纸机已安装完毕，但因多种原因目前尚未正式生产；而其他纸厂的项目大多处于规划中。这些新规划的产能多数属于大型企业或原有的白卡纸企业，执行力较强，一旦这些产能成功投产，原本就已产能过剩的白卡纸市场必将雪上加霜。

表 2　主要白卡纸生产企业概况

企业名称	产能/(万吨/年)	主要情况
山东晨鸣纸业集团股份有限公司	205	山东、山西、广东三大基地，产品种类多，辐射全国
APP(中国)	350	宁波、广西两大基地，产品种类多，辐射全国
山东博汇纸业股份有限公司	170	山东、江苏两大基地，辐射全国
山东太阳纸业股份有限公司	150	山东基地，产品种类多，高中低档搭配合理，辐射华东、华南、华北
珠海经济特区红塔仁恒纸业有限公司	57	烟卡纸为主，食品卡纸、液体包装用纸为辅，用户相对稳定
亚太森博(山东)浆纸有限公司	52	烟卡纸、液体包装用纸等高端产品为主
斯道拉恩索集团(Stora Enso)	45	食品卡纸、涂布牛卡纸
其他	113	
合计	1142	

注：数据来源为公开资料整理。

表 3　白卡纸主要生产企业的新增产能规划

企业名称	厂址	纸种	幅宽/毫米	产能/(万吨/年)	计划投产时间	备注
江苏博汇纸业有限公司	江苏大丰	白卡纸	9600	120	2019	设备安装完毕
APP(中国)	广西钦州	白卡纸		90	2022	项目已批
斯道拉恩索集团(Stora Enso)	广西北海	液体包装用纸	6600	45		规划中
新乡新亚纸业集团股份有限公司	河南新乡	白卡纸		40		在建
合计				385		

注：数据来源于中华纸业。

综合来看，白卡纸市场一直以来主要被产能、原料、个别时期的无序竞争等问题困扰，在一定程度上阻碍了行业的健康发展。

首先是产能问题。产能过剩、供大于求一直是困扰白卡纸企业的主要问题之一。最近10年，除2017年、2018年外，每年均有新增产能释放，累计新增产能约730万吨/年。近几年随着淘汰落产能步伐的加快而使这一矛盾有所缓解，但纸机开工率也仅能维持在80%～90%，即使在2017年市场价格快速上涨期间，国内多个机台仍未能满负荷生产。在这样的供求对比中，目前又有385万吨/年新产能正在规划或建设，假设这些产能全部建成投产，毫无疑问，必将由于更严重的供大于求而再度引发新一轮的价格大战，在需求持续低迷的环境下，市场压力将空前巨大。

其次，原料问题也是困扰白卡纸企业的另一重要问题。白卡纸生产的主要原料为木浆，其中的漂白化学浆约占总量的1/2左右，这一部分多数依赖进口。最近1年多进口木浆价格持续高企使白卡纸成本居高不下，原料的严重对外依赖导致白卡纸企业的盈利能力无法完全自己把控。

第三，在当前的行业形势与格局下，跨行业企业新进入白卡纸领域的可能性较小，但行业准入门槛对业内从业者而言较低，因此，行业内主流厂家依旧会为了巩固和扩大市场份额而新建项目、扩大产能。此外，四大巨头中，外企、民企、国企均有，市场操作理念、经营管理方法等均有差异，竞争中或许存在误判以及一定的非理性操作，如2018年的低成本恶意竞争，从而导致市场形势更加艰难。

尽管面对诸多困难，但也不难发现，未来几年白卡纸市场也存在很多利好因素，需业内人士充分加以利用。

第一，白卡纸终端产品需求持续增长，但增速放缓。白卡纸主要用途为中高端物品包装，其中，药品、化妆品、乳饮料、服装等终端需求最多。自2011年以来，上述主要终端用品需求持续增长，前几年的增速高达25%以上，近两年虽有所下降，但增速也可达到7%～9%，虽然未来预期仍将呈下跌趋势，但是相比于其他方面的需求依然较高。

由于上述物品的市场增长良好，从而推动其主要包装材料白卡纸的需求持续看好。预计未来高端包装需求年均增速可达到4%～5%，相对于文化用纸等纸种，需求增速依然看好。

第二，由于区域经济转型等原因，富阳地区约200万吨/年白纸板(多数为灰底白纸板)产能淘汰在即，但由于原料、产品结构等因素的影响，预计不会有新增产能补充。白卡纸的替代效应将显现。

第三，由于产能过剩，生产量巨大而又大众化的社会卡竞争激烈，但细分品类产品的市场机会更大，食品卡纸类、液体包装用纸、涂布牛卡纸等以纸代塑产品需求潜力较大，部分细分品种需求年均增速有望超过10%。

第四，行业集中度持续提高，随着环保政策日益严格等因素，白卡纸生产集中度将提升至80%以上，几乎是所有大众化纸种中最高的，加之近年新建的单机产能规模较大，主流厂家单机年产能基本在100万吨/年以上，规模优势明显。

3. 生活用纸

(1)2018年生活用纸整体情况

根据中国造纸协会公布的数据(见表1)，2018年，生活用纸总生产量970万吨，同比增长1.04%；消费量901万吨，同比增长1.24%；人均年消费量约6.4千克，超过RISI统计的2017年世界人均5.1千克的消费水平。2009—2018年生活用纸生产量年均增长率5.88%，消费量年均增长率6.10%。

从数据可以看出，生活用纸是2018年除特种纸之外，唯一的生产量与消费量均正增长的纸种之一。主要原因是随着经济发展人民生活水平不断提高，人们的卫生意识和消费水平也随之提高。

根据中国造纸协会生活用纸专业委员会公布的数据，2018年我国生活用纸总生产能力达到1310万吨，但实际生产量为970万吨，产能利用率仅为74%，产能过剩问题更加严重。年内小型纸企基本处于无力生产状态，低速纸机大面积淘汰。这也为大型生活用纸企业腾出了一部分市场空间，行业集中度进一步提升。

原纸生产企业由2013年的426家锐减到2018年的230家左右，其中，多数为年产5万吨以下的中小企业，年产5万吨以上的企业约为60家。

综合排名前17位的生产商，合计产能占总产能的60.8%，比2017年提高了2个百分点；销售额合计约占总销售额的57.8%，比2017年提高1.2个百分点(见图8)，行业集中度继续提高。

(2)原料供应情况

我国生活用纸特别是中高档生活用纸普遍以商品木浆为原料，对进口木浆的依存度非常高。2018年，生活用纸使用木浆原料的比例为82.3%，比2017年的81.7%提高0.6个百分点，木浆原料占比

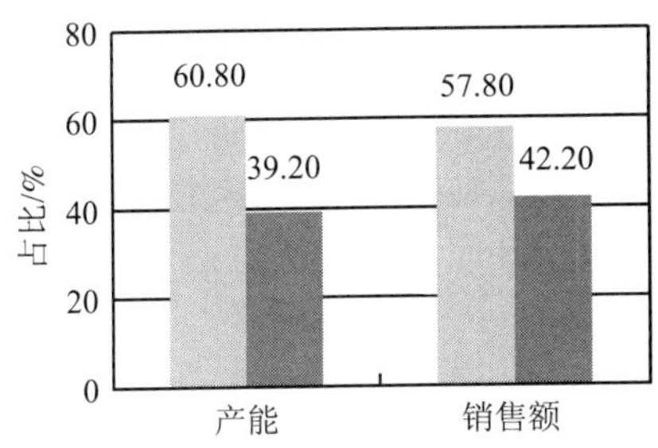

图8　2018年综合排名前17位的生活用纸生产商的产能与销售额比例

前17位生产商　其他生产商

注：数据来源于2018年生活用纸年报。

继续提高(见图9)，远高于造纸行业平均水平。竹浆纸以其本色纸等差异化的特性以及部分企业自制竹浆的优势，使竹浆原料占比有所提升，由2017年的9.8%提高到2018年的10.5%。稻麦草浆、蔗渣浆等其他非木材浆的落后产能已逐步被淘汰，现有产品在市场推广方面仍未有明显改善，市场份额进一步萎缩。

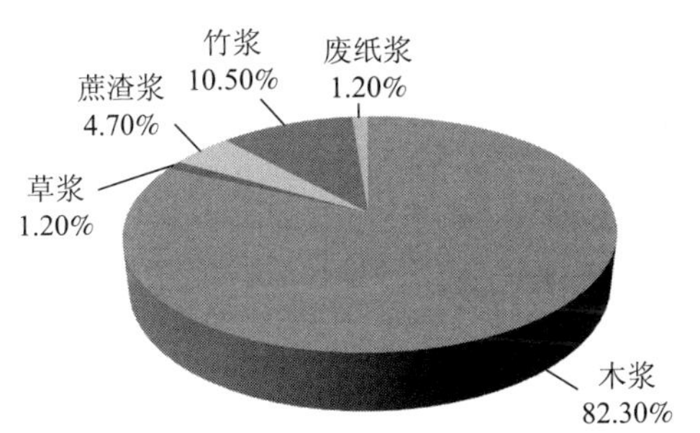

图9　2018年生活用纸的纤维原料结构

注：数据来源于2018年生活用纸年报。

(3)市场价格走势

生活用纸除投资成本外的生产总成本中，纸浆大约占75%左右，因此产品成本受国际纸浆市场价格波动的影响较大。据统计，2017年阔叶木浆最高涨幅近1400元/吨，针叶木浆最高涨幅近2500元/吨。2018年上半年，进口木浆价格持续上涨，无论涨幅与涨速均创历年之最；下半年，进口浆价虽有所回落，但从2018年全年来看中国市场进口木浆价格仍高于2017年。此外，2018年生产用燃料、动力、造纸用化学品、交通运输等价格均有较大涨幅上涨，企业成本明显提升，助推纸价上扬。

同时众多生产企业通过大力推动产品结构调整和创新产品，提高高附加值产品比例，精益化生产等措施，使整体出厂平均价格得到有效提升。据生活用纸委员会统计，2018年全年，行业总体的产品出厂平均价格同比上升了1.0%，延续了2016年以来的上行趋势。国内4个主要省份的生活用纸原纸出厂报价走势见图10。

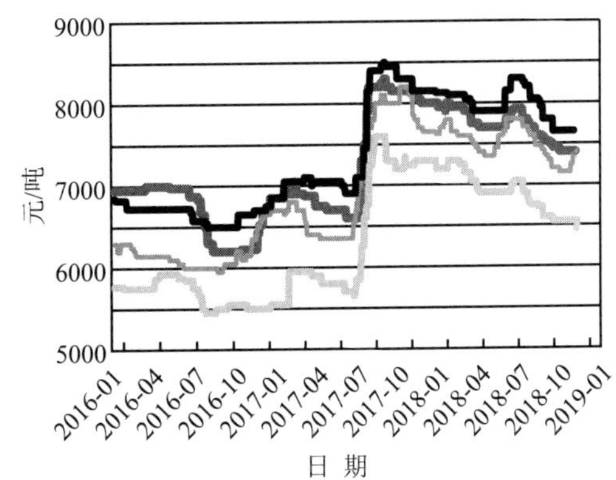

图10　2016—2018年国内生活用纸原纸出厂平均价格

山东木浆原纸　河北木浆原纸　四川竹浆原纸　广西蔗渣浆原纸

注：数据来源于2018年生活用纸年报。

(三)国内纸张市场价格上涨，导致进口量继续增加、出口量继续减少

根据海关总署数据，2018年，我国纸及纸板总进口量为622万吨，同比增长33.48%；总出口量为618万吨，同比减少11.59%。与2017年相比，进口量继续大幅增加，出口量继续大幅减少(见表4)。

表4　2018年我国纸浆、废纸、纸及纸板、纸制品进出口情况

品　种	进口量/万吨		同比/%	出口量/万吨		同比/%
	2017年	2018年		2017年	2018年	
一、纸浆	2372	2479	4.51	9.87	9.99	1.22
二、废纸	2572	1703	-33.79	0.15	0.06	-60.00
三、纸及纸板	466	622	33.48	699.00	618.00	-11.59
1. 新闻纸	33	48	45.45	1.00	1.00	0
2. 未涂布印刷书写纸	63	85	34.92	109.00	84.00	-22.94
3. 涂布印刷纸	45	49	8.89	176.00	150.00	-14.77

续表

品　种	进口量/万吨		同比/%	出口量/万吨		同比/%
	2017 年	2018 年		2017 年	2018 年	
其中：铜版纸	33	32	－3.03	123.00	106.00	－13.82
4. 包装用纸	23	21	－8.70	11.00	10.00	－9.09
5. 箱纸板	137	207	51.09	12.00	7.00	－41.67
6. 白纸板	62	54	－12.90	193.00	170.00	－11.92
其中：涂布白纸板	61	53	－13.11	193.00	170.00	－11.92
7. 生活用纸	4	5	25.00	74.00	74.00	0
8. 瓦楞原纸	65	111	70.77	4.00	3.00	－25.00
9. 特种纸及纸板	26	30	15.38	82.00	89.00	8.54
10. 其他纸及纸板	8	12	50.00	37.00	30.00	－18.92
四、纸制品	19	18	－5.26	307.00	323.00	5.21
总计	5429	4822	－11.18	1016.02	951.05	－6.39

注：数据来源于海关总署。

过去 10 多年里，国内产能快速增长，对进口纸形成挤出效应，纸及纸板进口量逐年大幅减少，从 2007 年起，我国就已经成为纸张净进口国(见图 11)。到 2016 年，纸及纸板总进口量不足 300 万吨，出口量为 733 万吨。但从 2017 年起这种情况出现明显变化，纸及纸板进口量 466 万吨，出口量 699 万吨，虽然仍为净出口国，但与 2016 年相比进出口数量差在减少；2018 年反差更为明显，纸及纸板总进口量为 622 万吨，出口量为 618 万吨，进口量与出口量已基本持平。

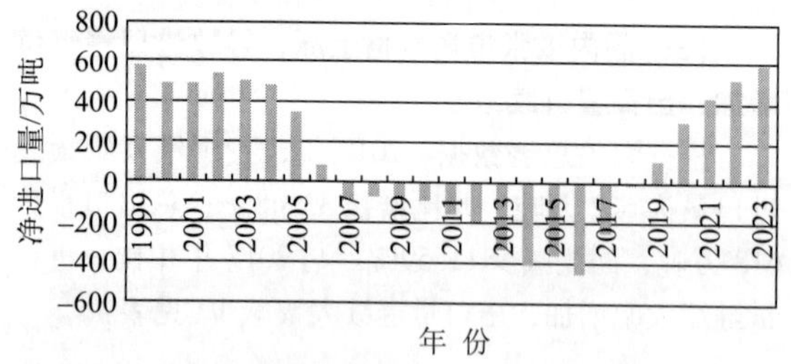

图11　近几年我国纸张进口量及未来几年预测

注：数据来源于RISI。

2017 年进出口量比 2016 年出现反转是由于当年我国造纸行业的市场行情所决定：市场一路上行，价格持续上涨，并一直高位徘徊，很多纸种供不应求，销售顺畅，出口减少是必然的；而与此同时，价格相对便宜的进口纸数量增加，这是比较合乎情理的。

但 2018 年的情况就很值得思考了，2018 年我国纸及纸板总生产量以及绝大多数纸种的生产量均有不同程度的下降。各种因素叠加后造成市场需求低迷、产能阶段性过剩等，导致纸厂停产、限产多有发生，在大量富裕产能无处消化的情况下，出口量却仍然继续大幅下滑，进口量继续大幅增加，这一点值得行业深思。

分析原因大致如下，尽管 2018 年下半年多数纸种价格一路下跌，但是仍然高于 2017 年年初的水平，纸张价格居高不下并非是纸厂追求高额利润，而是因为成本大幅升高、企业几乎没有降价空间了。我国造纸行业的主要原料木浆和废纸严重依赖进口，2017 年下半年起进口木浆价格持续上涨，涨幅达到了近 10 年来的高峰，且一直居高不下；同时，2017 年起执行的废纸进口政策导致进口废纸数量大幅减少，且为适应我国进口废纸含杂率小于 0.5% 的环控标准，国外废纸供应商提升分拣质量，将最高品质货源出口我国，价格自然随之上涨。两种主要原料成本高企，造成 2018 年主要纸种的价格水平始终较高，即使在市场需求低迷、企业库存严重的困境中，纸张降价空间也非常有限。

随着国内纸价高企，价格相对便宜的进口纸数量显著增长。据海关总署数据，2018 年箱纸板和瓦楞原纸进口量同比增长近 60%，延续了 2017 年进口量大增的趋势，而且这一趋势截至到 2019 年一季度仍未停歇。

据 Fastmarkets RISI 统计，以 2018 年四季度为例，我国箱纸板和瓦楞原纸平均生产现金成本高居全球第一，灰底白纸板平均生产现金成本居全球第二，白卡纸情况相对较好，但平均生产现金成本也高于欧洲、北美、拉美等地区。

包装用纸生产现金成本高企的主要压力来自于我国企业对废纸、纸浆等纤维的采购价格上涨。价格上涨既有市场因素，也部分受进口废纸政策调整影响。

据相关部门预测，鉴于目前我国造纸原料过高的对外依存度以及难获取程度，预计未来几年内，纸及纸板出口量会继续下滑，进口量则会维持持续增加的趋势，预计从 2019 年起，我国又将成为纸张净进口国(见图 11)。

三、2018 年我国纸浆市场分析

(一)2018 年纸浆生产与消耗概况

根据中国造纸协会数据，2018 年我国纸浆总生产量 7201 万吨，同比下降 9.41%。其中，木浆 1147 万吨，同比增长 9.24%；废纸浆 5444 万吨，同比下降 13.61%；非木材浆 610 万吨，同比增长 2.17%(见表 5)。

2018 年我国纸浆总消耗量 9387 万吨，同比下降 6.61%(见表 6)。其中，木浆消耗量 3303 万吨，占纸浆总消耗量的 35%，比 2017 年提高 4 个百分点，其中，进口木浆占23%，国产木浆占12%；废纸浆 5474 万吨，占纸浆总消耗量的 58%，其中，用进口废纸制浆占 16%，用国产废纸制浆占 42%；非木材浆 610 万吨，占纸浆总消耗量的 7%。

从数据不难看出，2018 年纸浆生产量和消耗量均有降低，这是由于需求减少、纸和纸板总生产量降低导致的。其中，废纸浆消耗量大幅减少，尤其是进口废纸制浆降幅达 29.37%，主要是废纸新政造成进口废纸大幅减少所致。原本业界普遍认为，进口废纸减少后，国产废纸制浆消耗量一定会大幅增加，以弥补外废数量的不足，然而，令人惊讶的是，2018 年国产废纸纸浆消耗量同比也降低了 5.94%。造成这一结果大致有以下几个原因：①日益严格的环保政策和淘汰落后产能政策，导致部分以低端废纸为原料的落后产能被关闭，这部分国产废纸用量减少；②部分未被关停的中小型纸厂产品升级，原料由废纸改为商品木浆，木浆及进口木浆数量增加也证明了这一点；③以国废为主要原料的纸种多数是包装纸板，由于前文已经提到的原因，2018 年箱纸板和瓦楞原纸生产量大幅减少，进口废纸与国废制浆的需求均下滑。

表 5　2010—2018 年我国纸浆生产情况

年份	2010	2011	2012	2013	2014	2015	2016	2017	2018	同比/%
纸浆合计	7318	7723	7867	7651	7906	7984	7925	7949	7201	-9.41
其中：1. 木浆	716	823	810	882	962	966	1005	1050	1147	9.24
2. 废纸浆	5305	5660	5983	5940	6189	6338	6329	6302	5444	-13.61
3. 非木材浆	1297	1240	1074	829	755	680	591	597	610	2.17

表 6　2018 年我国纸浆消耗情况

品　种	2017 年		2018 年		同比/%
	消耗量/万吨	占比/%	消耗量/万吨	占比/%	
总量	10051	100	9387	100	-6.61
木浆	3151	31	3303	35	4.82
1. 进口木浆	2111 [*1]	21	2166 [*2]	23	2.61
2. 国产木浆	1040	10	1137	12	9.33
废纸浆	6303	63	5474	58	-13.15
1. 进口废纸浆	1	-	30	-	2900.00
2. 国产废纸浆	6302	63	5444	58	-13.61
其中：进口废纸制浆	2063	21	1457	16	-29.37
国产废纸制浆	4239	42	3987	42	-5.94
非木材浆	597	6	610	7	2.18

注：2017 年进口纸浆 2372 万吨，扣除溶解浆 260 万吨，废纸浆 1 万吨，实际木浆消耗量 2111 万吨。2018 年进口纸浆 2479 万吨，扣除溶解浆 283 万吨，废纸浆 30 万吨，实际木浆消耗量 2166 万吨。数据来源：中国造纸协会。

(二)2018 年我国主要木浆生产情况

2018 年的大部分时间里，进口木浆市场价格一直高位运行，用浆纸厂苦不堪言，想尽一切办法增加自制浆生产量，或者采用林业废弃物、竹材、农业废弃物等资源生产化学机械浆等污染少、得率高的纸浆，从而降低原料成本。

1. 针叶木浆

我国可用于制浆造纸的针叶木资源严重匮乏，国产针叶木浆生产成本过高。以进口针叶木木片为原料生产针叶木浆也由于针叶木片货源少、运输距离远等原因，使制浆成本偏高。因此，国内针叶木浆生产企业非常少，仅有的几家历史沿袭下来的针叶木浆制浆厂多为自用，或是生产附加值更高的溶解浆。黄冈晨鸣纸业有限公司的 35 万吨/年(暂时公布的产能数量，预计后期还将调整)项目于 2018 年 11 月底投产。据介绍，该项目以针叶木为原料，主要产品为溶解浆。

目前仅云南云景林纸有限公司生产的针叶木浆除自用外，有部分余量作为商品浆出售，约 10 万吨/年。

2. 阔叶木浆

在连续几年国内没有新开工及竣工的纸浆项目后的 2018 年，我国有 2 个阔叶木浆项目竣工投产，一是山东太阳纸业股份有限公司位于老挝的阔叶木浆项目于 2018 年 5 月底正式投产，年产漂白硫酸盐阔叶木浆 35 万吨，另一个是寿光晨鸣纸业有限公司的漂白硫酸盐阔叶木浆项目投产，该项目最初公布的产能为 40 万吨/年，但到投产时调整为年产 100 万吨。尽管这 2 个项目的纸浆均为自用，但也使国内阔叶木浆的市场格局稍作改变。

2018 年以前，国内主要阔叶木浆生产企业为亚太森博(山东)浆纸有限公司、海南金海浆纸业有限公司、湛江晨鸣纸业有限公司及江苏王子制纸有限公司，这 4 家浆厂的总产能共计 440 万吨/年，山东太阳纸业股份有限公司老挝项目和寿光晨鸣纸业有限公司项目投产后，虽然使几家大厂的阔叶木浆年产能接近 600 万吨，但与 2018 年 3303 万吨的木浆总消耗量相比，还是相差甚远，远不能满足需求。其中作为商品浆的数量总计仅 200 万吨/年左右，仅占进口商品木浆的 10% 左右。

2018 年国内商品木浆价格一直维持高位，造纸企业生产成本高企，盈利能力严重受损。而那些有自制木浆的企业则充分体现出原料自给带来的巨大优势，凭借其相对较低且可控的原料成本，这些有自制浆的企业在 2018 年这个变化多端的年份里，依然保持了较大的盈利，取得了较好的经营业绩。

这一局面迫使更多的大纸企调整战略，将依靠自身解决原料问题列入发展方向，比如在森林资源发达国家建立浆厂，入股或并购国外浆厂等，目前，部分先行的大型纸企在这方面已经取得了一定进展。

(三)2018 年木浆进口情况分析

1. 木浆进口数量

2018 年，我国共进口木浆 2480 万吨(漂白针叶木浆、漂白阔叶木浆、本色浆、机械浆、溶解浆)，同比增长 4.5%。2009—2018 年我国进口木浆数量见图 12，木浆分品种进口量见表 7。

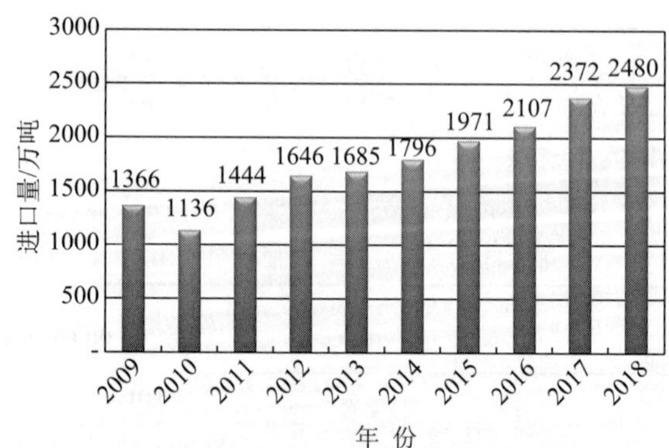

图12 2009—2018年我国进口木浆数量

注：数据来源于海关总署。

表 7 2018 年进口木浆分品种数量

木浆种类及税号	进口量/万吨		同比/%	2018 年进口量占全年进口量比例/%
	2017 年	2018 年		
漂白硫酸盐针叶木浆(BSKP)(47032100)	812.70	794.65	-2.22	32.04
漂白硫酸盐阔叶木浆 (BHKP)(47032900)	1046.93	1128.32	7.77	45.49
未漂硫酸盐针叶木浆(USKP)(47031100)	63.99	78.08	22.03	3.14
溶解浆(47020000)	260.34	283.79	9.01	11.44
合计	2372.49	2480.20	4.54	100.0

注：2018 年海关部分数据未公布，故分品种进口量中没有未漂硫酸盐阔叶木浆、亚硫酸盐针叶木浆、机械浆、亚硫酸盐阔叶木浆浆、半化学浆及其他浆(化学浆、机械浆、半化学浆)数据。数据来源于海关总署。

2. 进口木浆进口来源分布

(1)漂白针叶木浆

2018 年我国共进口漂白针叶木浆 795 万吨，与 2017 年(813 万吨)相比下降 2.2%。由图 13、图 14 可以看到，加拿大一直是我国漂白针叶木浆最大的进口来源国，2018 年进口量为 250.7 万吨，占漂白针叶木浆总进口量的 33%，紧随其后的是美国、智利、芬兰、俄罗斯。

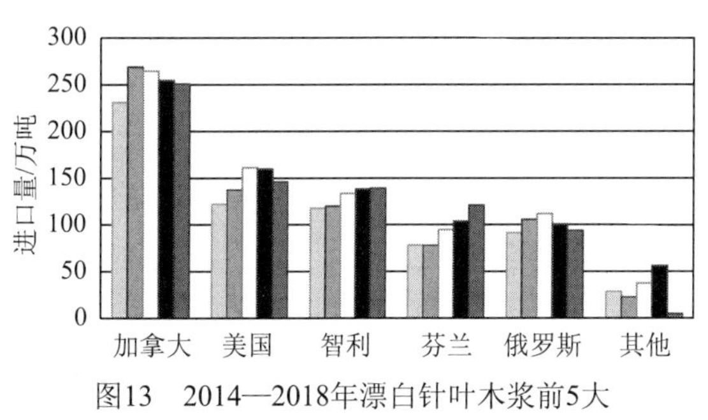

图13　2014—2018年漂白针叶木浆前5大进口来源国的进口数量

□2014　□2015　□2016　■2017　■2018

注：数据来源于海关总署。

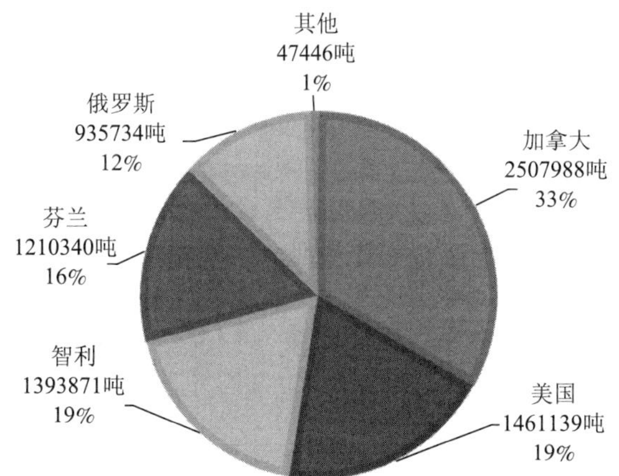

图14　2018年漂白针叶木浆前5大进口来源国的进口量及其占比

注：数据来源于海关总署。

(2)漂白阔叶木浆

2018 年我国漂白阔叶木浆进口量为 1128 万吨，同比增长 7.77%，进口量占全年纸浆总进口量的 45.49%，是进口木浆中绝对的主力军。前五大进口来源国为巴西、印度尼西亚、乌拉圭、智利、美国(见图 15、图 16)。

由表 7、表 8 可知，与 2017 年相比，2018 年漂白针叶木浆进口量下降 2.2%，但漂白阔叶木浆进口量增加，净增 81 万吨。

漂白阔叶木浆的进口增量主要来自于巴西，

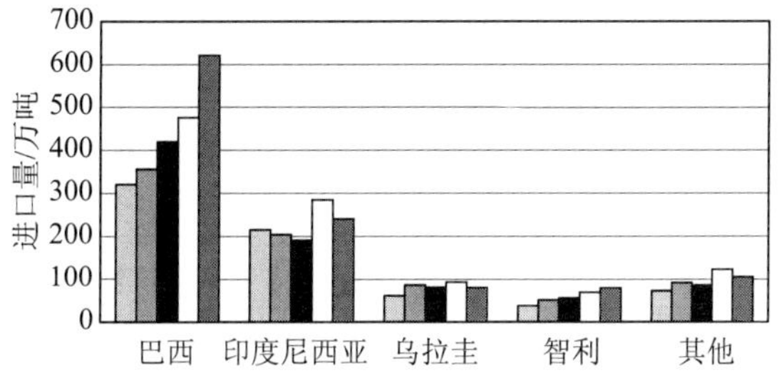

图15　2014—2018年漂白阔叶木浆前五大进口来源国的进口数量

□2014　□2015　■2016　□2017　■2018

注：数据来源于海关总署。

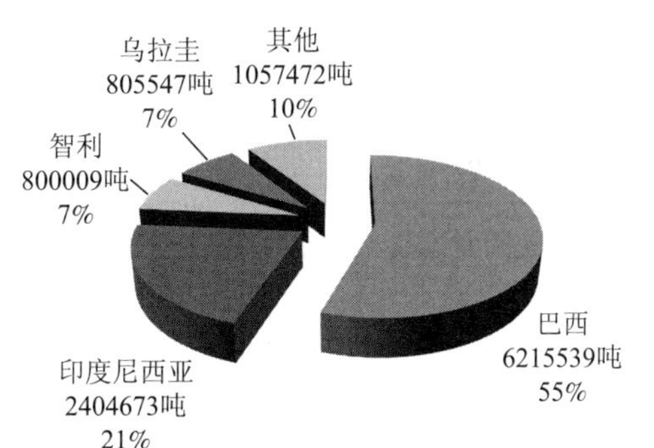

图16　2018年漂白阔叶木浆前五大进口来源国的进口量及其占比

注：数据来源于海关总署。

2017 年来自巴西的进口量为 476 万吨，2018 年快速增至 622 万吨，净增加 146 万吨；来自印度尼西亚的漂白阔叶木浆数量下降，2018 年为 240 万吨，减少了 45 万吨。

3. 2018 年我国木浆市场行情分析

(1)全年需求逐渐减少，库存持续增加

2018 年，全球木浆供需格局平稳，上半年国内浆价与全球浆价波动幅度一直保持基本平稳。四季度历来是我国消费旺季，商家通常有提前补库存需求，纸浆也是如此。但是 2018 年的情况有所不同，商家通常的“金九银十”的销售旺季并未如约而至。下游需求不旺，导致生产商及国内港口木浆库存高企。2018 年 11 月，常熟港木浆库存达 54 万吨，环比增长 15%，同比增长 38%；青岛港库存环比增长 22%，同比增长 109%(见图 17)；据介绍，保定地区纸浆库存量 1220 余车，同比增长 149%。

(2)2018 年木浆市场价格分析

①针叶木浆与阔叶木浆

2018 年，尤其是下半年，经济发展下行压力增大，中美贸易摩擦越演越烈，纸张市场价格几乎全面下跌，纸企开工率下降，其主要原料木浆需求减少，木浆库存逐渐推高。从四季度开始，木浆价格逐渐走低。加拿大进口的漂白针叶木浆我国市场报价从1—10月一直高居不下的900～920美元/吨，狂降至12月的700美元/吨；部分品牌的进口漂白阔叶木浆的价格也从10月之前的780美元/吨降到12月的630～600美元/吨(见图18)；巴西Fibria与Suzano两家公司合并在即，故靠近年底时报价未做调整，一直为780美元/吨，因此，据说2家公司在11及12月几乎没有成交(见图19)。

表8 2012—2018年主要进口浆品种同比变化情况 单位:%

	2012年	2013年	2014年	2015年	2016年	2017年	2018年
漂白针叶木浆	13.3	-1.4	2.9	9.5	9.8	1.2	-2.2
漂白阔叶木浆	15.6	7.8	8.2	11.6	5.3	25.7	7.7
本色木浆	12.8	-22.2	-3.7	10.7	15.9	-1.2	22.0
机械浆	1.1	-2.0	8.6	6.0	8.4	3.7	-14.3
合计	12.8	1.4	5.5	10.1	7.9	12.2	4.5

注：数据来源于海关总署。

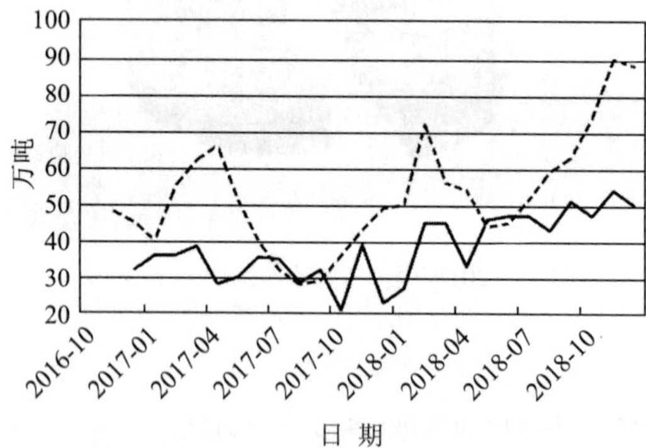

图17 青岛和常熟港口进口纸浆库存

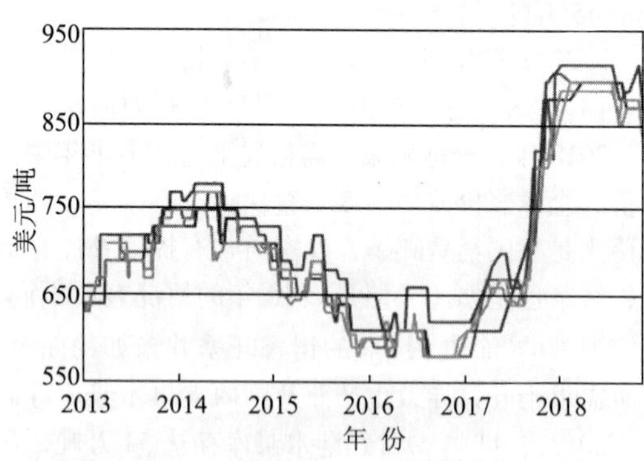

图18 近几年加拿大及智利漂白针叶木浆CFR中国主港价格

CFR现货价:漂白针叶木浆:凯利普(加拿大)
CFR现货价:漂白针叶木浆:马牌(加拿大)
CFR现货价:漂白针叶木浆:月亮(加拿大)
CFR现货价:漂白针叶木浆:北木(加拿大)
CFR现货价:漂白针叶木浆:银星(智利)

与外盘价格趋势相同，四季度进口浆现货价格也是一路狂跌。9月现货价格达到全年高点后开始快速下跌，年底时跌至全年最低(见图20、图21)。

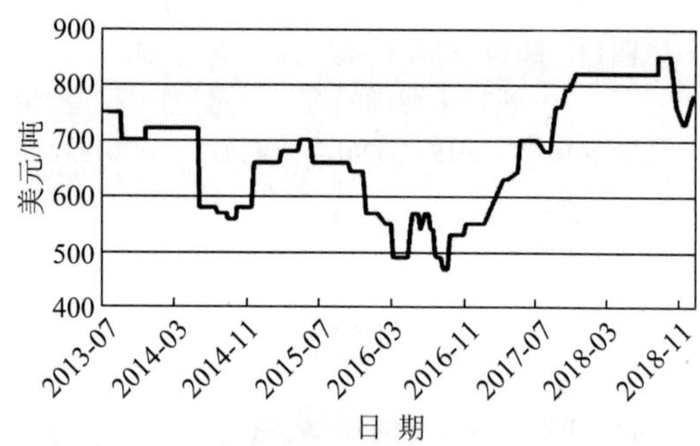

图19 近几年巴西漂白桉木浆CFR中国主港价格

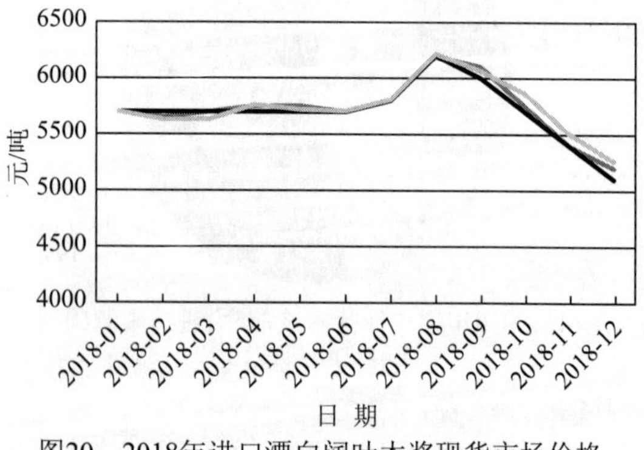

图20 2018年进口漂白阔叶木浆现货市场价格

东北 华北 华东

注：数据来源于RISI。

进口木浆价格经过2017年的大涨后，2018年虽然开始出现回落，但仍处于2012年以来的高位(见图22)。

此外，从2018年四季度开始，由于我国市场需求下滑，纸浆价格过高等原因，我国主要港口进口商品浆库存，以及全球浆厂库存持续升高。到2018年年底，全球漂白阔叶木浆库存超过60天，

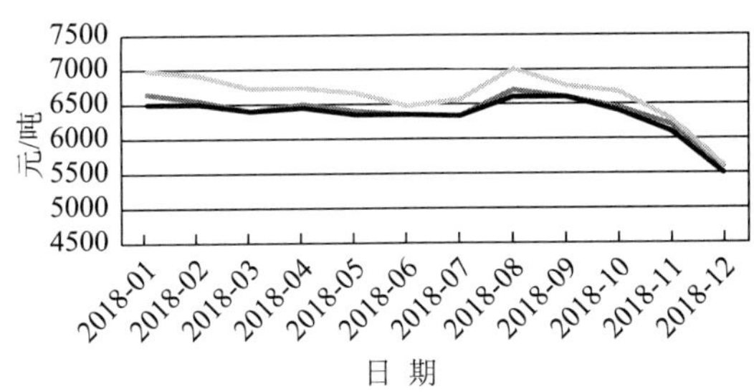

图21　2018年进口漂白针叶木浆现货市场价格

注：数据来源于RISI。

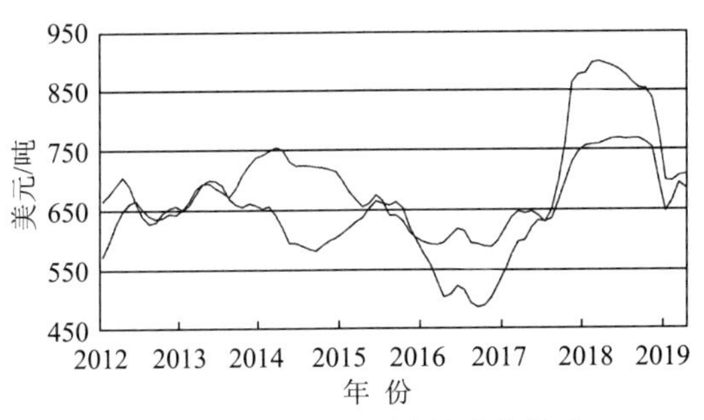

图22　近几年进口漂白针叶木浆及漂白阔叶木浆价格走势

注：数据来源于PPPC。

高于历史均值的50%以上。这对生产商和贸易商均造成了巨大的压力。

11月27日，纸浆期货在上海期货交易所挂牌上市，这是我国造纸行业的一件大事。作为服务实体经济、提高国内纸企在纸浆贸易中话语权的重要手段，纸浆期货被有关部门寄予厚望。

纸浆期货上市后，首日交易便以跌停收盘。而之后几天纸浆期货主力合约一度跌破5000关口，纸浆期货价格与现货价格的价差较大，这反映了市场对纸浆市场后市的悲观预期。

因此在库存高位以及纸浆期货作用下，2018年年底浆价松动现象明显，木浆价格开始下跌。随着纸厂纷纷发布停机函，短期内下游纸制品价格下行压力减弱，但会在一定程度减少木浆需求。

综上所述，2018年造纸行业在上半年尚处于相对景气高位，但后期纸价下跌，对木浆需求的影响起到了带动性作用。需求端下滑是导致木浆价格在年末跌至低位的原因。而随着纸浆期货上市后影响逐渐显现，市场定价机制也会不断加强完善。

②本色浆

2018年国内本色浆现货市场价格整体走软（见图23）。

1—2月市场“金星”牌本色浆现货价格上探，但下游采购不旺，高位成交有较大阻力；3—6月，浆价格下滑；7—8月，本色浆现货价格小幅回暖；9月起，本色浆现货行情持续下探直至年底的最低价。

全年影响本色浆价格的主要因素有：智利Arauco浆厂停机2个月；3月进口量大幅增加；5月加拿大月亮浆厂以及俄罗斯伊力姆公司的某生产线双双由漂白针叶木浆转产本色浆，此外，下半年还有国内外多家浆厂转产本色浆，供应大幅增加；国内进口美废自8月23日起加征25%的关税，业者认为美废进口成本的增加有利提升本色浆需求；日本兵库本色浆生产线意外故障。

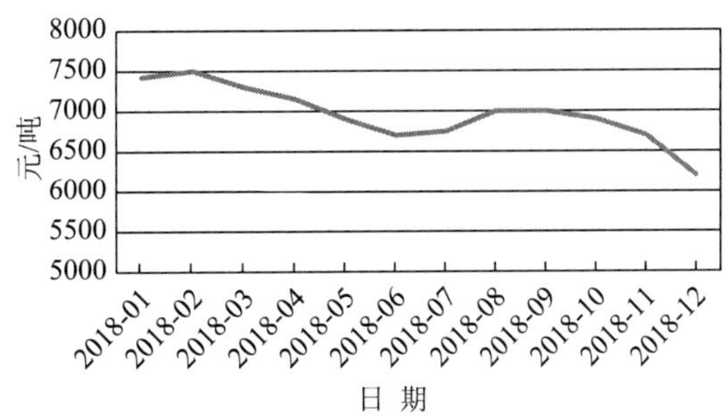

图23　2018年国内（华东地区）本色浆现货价格走势

注：数据来源于RISI。

③化学机械浆

2018年国内化学机械浆现货市场价格振荡走低（见图24）。

一季度，化学机械浆现货价格下跌；4—8月，止跌小幅反弹；9—12月，行情走软，但幅度十分有限。

全年影响化学机械浆价格的主要因素：年初之际多家大型白卡纸工厂有停机安排，需求减少；上半年期现货价格倒挂较多，影响贸易商成交意愿；下半年国内白卡纸价格大幅下跌，纸厂减产保价较为频繁，拖累化学机械浆市场需求。

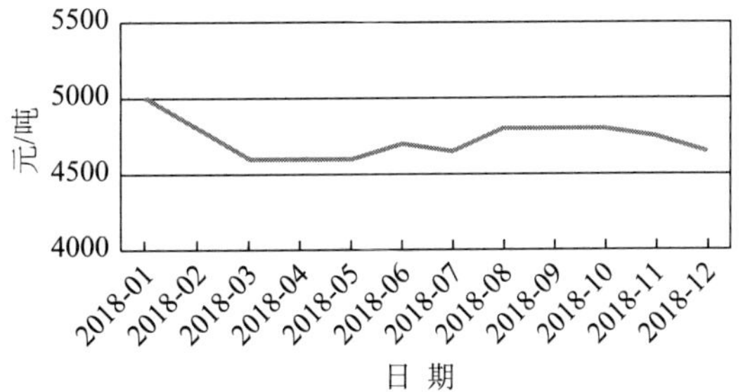

图24　2018年国内（华东地区）针叶木化学机械浆现货价格走势

注：数据来源于RISI。

四、2018 年小结

早在 2017 年年初，就曾有业内专家这样形容和预测近几年造纸行业的市场格局：“2016 年是大悲大喜，2017 年是一路高歌，2018 年是提心吊胆、战战兢兢。2018 年是风险较多的一年，行业将一直站在高位如履薄冰。”果然，2018 年开年，造纸行业就站在 2017 年年底的高位上，而且，实实在在地体会到了“高处不胜寒”。这个“寒”主要来自于 2 个方面，一是受困于物美但价不廉的原料，二是受困于多方夹击而造成的低迷的市场需求。

在持续低迷了五、六年之后，从 2016 年四季度起，到 2017 年全年，造纸行业迎来了久违的春天，纸张价格持续上涨，全行业整体经营形势良好，取得了近几年来最好的业绩。然而，好景不长，这一凯歌高奏、欣欣向荣的牛市格局，从 2018 年年中开始风光不再，并逐渐显现出下行的端倪：市场需求萎靡不振，主要纸种市场价格或横盘、或小幅下行；9 月开始，原本预期的“金九银十”的销售旺季并未如期而至，旺季不旺；10 月过后，几乎所有纸种市场价格义无反顾地一路向下，年底时达到全年低点。受需求不旺拖累，我国纸及纸板总生产量在连续多年增长之后，2018 年同比下降 6.24%，在统计的纸及纸板中，除生活用纸和特种纸外，其他所有纸种生产量均有不同程度的下滑（见表 1），其中包装纸板降幅尤甚，与经济景气程度密切相关的箱纸板的生产量更是达到了两位数的降幅。造成这种局面的原因主要是以下几点：

1. 需求问题

(1)2018 年我国整体经济形式表现不佳，国内需求不旺，增长疲软，整体环境无法给造纸市场提供足够动力。同时，外部环境面临挑战，受贸易战影响，长三角、珠三角等主要外贸出口地区部分下游纸箱厂订单缩减较为严重。

(2)受 2016 年开始的纸业市场牛市的刺激，大量资金进入造纸行业，新建、改建、扩建的造纸项目激增，且之前生存困难、开工不足的企业恢复生产，这直接导致短期内市场供应过剩。2017—2018 年国内新增项目纸及纸板产能约 1500 万吨/年，这一规模基本会形成 1000 万吨/年的产能投放，但由于原料问题而使有效产能无法得到完全释放。产能过剩必将形成相对紧张的市场竞争格局，企业开工率不足，生产量减少。

2. 原料问题

(1)自 2017 年废纸新政实施以来，进口废纸持续大幅减少，并引起国废价格波动，受此影响，以废纸为主要原料的包装用纸领域的纸企受制于原料来源和价格双重因素的困扰，生产成本提高，随之推高的纸价引起下游诸多不满，下游客户采用循环使用、塑料代替等方式减少纸质包装用量。

(2)2017—2018 年上半年，进口木浆价格持续上涨并一直居于高位，对原料严重依赖进口的纸企造成巨大影响，并使纸张价格居高不下，市场清淡，一直到 2018 年季度开始，受库存过高的压力影响，进口木浆市场价格才开始松动。

五、2019 年浆纸市场预测

2019 年年初，国内浆纸市场的关键词之一就是库存。受下游纸厂生产量减少对纸浆需求不旺和价格高位影响，国内几大主要港口进口木浆库存创多年新高，为缓解压力，短期价格下行的动能明显；同样原因，纸及纸板库存也是居于高位；降库存将是 2019 年的主要任务之一。

限产保价将是 2019 年国内浆纸市场的又一关键词。产能过剩、需求低迷、原料成本过高，种种不利因素都要求纸企，尤其是龙头企业联合起来进行限产保价，从而保住产品生产的合理利润。

此外，对于以废纸为原料的企业，如何多渠道、以多种方式综合解决再生纤维原料缺口问题，是这些企业的重中之重。提升国废回收数量、海外投资再生浆线、适量增加原生浆用量、通过规模效益将小型纸厂挤出市场等都是可以尝试的手段。

受整体经济形势制约以及种种不利因素影响，2019 年造纸行业将面临重重困难，将是调整和重新整合的一年，生产成本、产能生产量的变化或将对行业具有一定的“洗牌”作用。造纸龙头企业仍将继续受益；盈利能力不强、产品技术含量不高的中小型造纸企业，或在不变中淘汰出局，或在改革与创新中重生。

（王 岩 王 锐）

2018 年我国废纸利用及国内外废纸市场概况

Utilization of Waste Paper in China and Market Situation of the World in 2018

一、2018 年我国废纸回收和利用情况

1. 废纸回收率与废纸利用率

2018 年我国废纸回收量为 4964 万吨，较 2017 年的历史最高值 5285 万吨减少了 321 万吨，减少了 6.1%。2018 年我国废纸回收率为 47.6%，较 2017 年下降了 0.9 个百分点，与 2016 年持平。在废纸利用方面，2018 年我国废纸消耗量大幅减少，为 6667 万吨，较 2017 年的 7857 万吨下降了 15.2%，与我国 2010 年的废纸消耗量相当。2018 年我国废纸利用率为 63.9%，较 2017 年再次减少 6.7 个百分点。目前，我国的废纸利用率较高，已达到世界较高水平，但近几年呈下降趋势，而废纸回收率增长较慢(见表 1)。

近年来，随着《废纸分类等级规范》《资源综合利用产品和劳务增值税优惠目录》《关于推进再生资源回收行业转型升级的意见》《关于加快推进再生资源产业发展的指导意见》等废纸回收及资源化综合利用政策的出台，以及“十九大”报告指出的推进资源全面节约和循环利用，实现生产系统和生活系统循环链接的引导下，有力推动了我国废纸回收利用行业的规范与整合，推动行业技术装备水平的提升，使我国的废纸回收量、质量及回收率总体上不断提高。

表 1　近年来我国废纸回收与利用情况

年份	纸和纸板消费量/万吨	废纸回收量/万吨	废纸回收率/%	纸和纸板生产量/万吨	废纸消耗量/万吨	废纸利用率/%
2006	6600	2263	34.3	6500	4225	65.0
2007	7290	2765	37.9	7350	5021	68.3
2008	7935	3128	39.4	7980	5549	69.5
2009	8569	3676	42.9	8640	6426	74.4
2010	9173	4017	43.8	9270	6452	69.6
2011	9752	4347	44.6	9930	7075	71.2
2012	10048	4473	44.5	10250	7479	73.0
2013	9782	4377	44.7	10110	7301	72.2
2014	10071	4841	48.1	10470	7593	72.5
2015	10352	4832	46.7	10710	7760	72.5
2016	10419	4963	47.6	10855	7813	72.0
2017	10897	5285	48.5	11130	7857	70.6
2018	10439	4964	47.6	10435	6667	63.9

注：废纸回收率 = 废纸回收量/国内纸和纸板消费总量；废纸利用率 = 废纸消耗量/国内纸和纸板生产总量。其中，根据中国造纸协会最新数据，2009—2017 年的废纸回收与利用数据略有调整。

但2016年以来我国关于废纸进口的政策不断出台，从加强海关检测、提高进口废纸标准，减少废纸进口配额到全面禁止其他混杂废纸的进口等，使我国进口废纸受限，不仅导致废纸原料供应缺口巨大，也加快国内废纸回收利用的循环速度，使国内回收废纸质量变差等。2018年我国以废纸为主要原料的箱纸板和瓦楞原纸等包装用纸和纸板的生产量和消费量近年首次出现负增长，进口量大幅提高。在以上多重因素以及宏观经济、中美贸易问题等的协同作用下，2018年我国废纸回收量、回收率以及利用量、利用率都出现下降。

2. 废纸浆使用率

近年来，废纸一直是支撑我国造纸工业发展的重要纤维原料，随着我国造纸原料结构的不断调整，虽然废纸浆使用率在2014年以后逐年下降，与2017年相比2018年再次下降了4.4个百分点，但仍高达58.3%，见表2。

表2 近年来我国废纸浆使用率变化情况

年份	纸浆总消耗量/万吨	废纸浆消耗量/万吨	废纸浆使用率/%
2006	5992	3380	56.4
2007	6769	4017	59.3
2008	7360	4439	60.3
2009	7980	4997	62.6
2010	8461	5305	62.7
2011	9044	5660	62.6
2012	9348	5983	64.0
2013	9147	5940	64.9
2014	9484	6189	65.3
2015	9731	6338	65.1
2016	9797	6329	64.6
2017	10051	6302	62.7
2018	9387	5474	58.3

注：废纸浆使用率＝废纸浆消耗量/国内纸浆总消耗量。

3. 以废纸为主要原料纸种的生产量与消费量

2018年全国纸及纸板生产量10435万吨，较2017年下降6.24%；消费量10439万吨，较2017年下降4.20%。其中，我国以废纸为主要原料的纸及纸板产品主要有箱纸板、瓦楞原纸、包装用纸、新闻纸及部分的白纸板(主要是灰底白纸板)、未涂布印刷书写纸、厕用卫生纸。近两年由于废纸进口受限，废纸原料供应趋紧且价格大幅上涨，部分产品原料结构中的废纸比例在不断减少或被其他产品所代替。以白纸板中的灰底白纸板为例，其主要原料是混合废纸，通常我国每年的混合废纸进口量在500万吨左右。但是一方面，自2018年1月起全面禁止混合废纸进口后，面临高成本原料替代及转产困境；另一方面，大量位于富阳及东莞地区的中小型灰底白纸板等涂布白纸板生产企业关停。这两方面原因使2018年灰底白纸板生产量大幅下滑，部分被白卡纸产品所替代。

由于近两年白纸板原料结构变化较大，废纸原料占比不断减小，在表3中仅对以废纸为主要原料的新闻纸、包装用纸、箱纸板和瓦楞原纸4个品种生产量及消费量进行统计。2018年这4种产品的生产量合计为5130万吨，较2017年下降9.20%，占2018年纸和纸板总生产量的49.16%；2018年这4种产品的消费量合计为5496万吨，较2017年下降6.53%，占2018年纸和纸板总消费量的52.65%。

表3 近年来我国以废纸为主要原料纸种生产量与消费量

纸种	生产量/万吨					消费量/万吨				
	2015年	2016年	2017年	2018年	同比/%	2015年	2016年	2017年	2018年	同比/%
新闻纸	295	260	235	190	-19.15	299	265	267	237	-11.24
包装用纸	665	675	695	690	-0.72	681	689	707	701	-0.85
箱纸板	2245	2305	2385	2145	-10.06	2297	2364	2510	2345	-6.57
瓦楞原纸	2225	2270	2335	2105	-9.85	2228	2271	2396	2213	-7.64
合计	5430	5510	5650	5130	-9.20	5505	5589	5880	5496	-6.53
当年总量	10710	10855	11130	10435	-6.24	10352	10 419	10897	10439	-4.20
占比/%	50.70	50.76	50.76	49.16		53.18	53.64	53.96	52.65	

从表 3 可以看出，2018 年我国以废纸为主要原料的 4 个品种的合计生产量和消费量同比都有所下降，占纸和纸板总生产量及总消费量的比例与 2017 年相比都处于下降态势。

4. 近年废纸相关项目建设情况

近年来，以废纸为主要原料的新建项目和计划新建项目较多，规模也较大。其中，包装用纸、瓦楞原纸、箱纸板等成为了这几年我国产能增量较大的产品。近两年由于我国限制废纸进口政策、国际及国内经济形势的不断变化，进口废纸和国内废纸价格倒挂等情况，一些计划新建项目出现延期或更改等情况，也有很多大型造纸企业投资海外。如：以玖龙纸业（控股）有限公司、金光纸业（中国）投资有限公司、山东太阳纸业股份有限公司、安徽山鹰纸业股份有限公司、理文纸业有限公司等大型造纸企业为代表的一些我国造纸企业正在国外投建废纸浆生产线及包装用纸及纸板生产线，充分利用国际废纸资源，其中一部分废纸浆产品已经以浆板形式出口至我国；另一部分将直接加工成包装类纸及纸板，投放国内或国际市场。由此可见，以往以进口废纸形式存在的废纸原料将改变供货模式，以进口废纸浆板或者成品纸及纸板的形式进口至国内。

据不完全统计，2018 年国内市场实际投放的以废纸为原料的新产能超过 300 万吨/年。表 4 列出了近年废纸相关新建项目的跟踪情况。

表 4　近年我国部分废纸相关新建扩建项目

企业名称	项目内容	生产能力/（万吨/年）	建设地点	备注
浙江景兴纸业股份有限公司	高强瓦楞原纸	30	浙江	2016 年上半年投产
	牛皮箱纸板	35	辽宁沈阳	2016 年投产
	箱纸板	60		2019 年 7 月底试车
玖龙纸业（控股）有限公司	高档牛卡纸	200	福建泉州	一期 65 万吨 2014 年投产，二期 65 万吨 2016 年 10 月开工建设（其中，35 万吨计划于 2019 年投产），三期 50 万吨已经进入前期工作程序
	箱纸板	50	河北滦南	2019 年 7 月底调试
	箱纸板	35	重庆江津	2018 年四季度投产
理文造纸有限公司	高档包装纸板	45	江西九江	2016 年年底投产
	高档箱纸板	45	福建漳州	2017 年 12 月投产
福建联盛纸业有限责任公司	高档再生白纸板	60	福建漳州	2019 年年中正加紧推进重新环评
广丰县芦林纸业有限公司	高强低定量瓦楞原纸	30	江西广丰	预计 2019 年下半年投产
	牛皮箱纸板	40		
四川迅源纸业有限公司	高强瓦楞原纸	30	四川大邑	建设中（一期 15 万吨已于 2014 年投产）
云南东晟纸业有限公司	高档包装用纸	30	云南宜良	首期已于 2016 年投产
湖北荣成纸业有限公司	瓦楞原纸、箱纸板	85	湖北松滋	2017 年投产
	高档箱纸板	65	湖北松滋	2019 年投产
湖北鑫物再生纸业有限公司	高强瓦楞原纸	20	湖北枝江	项目暂缓
浙江荣成纸业有限公司	高强瓦楞原纸	18	浙江嘉兴	2016 年投产
山东太阳宏河纸业有限公司	高档牛皮箱纸板	50	山东邹城	2016 年投产
	高档纸板	80	山东邹城	2018 年投产
浙江荣晟环保纸业股份有限公司	高强瓦楞原纸	20	浙江嘉兴	2016 年 8 月投产

续表

企业名称	项目内容	生产能力/(万吨/年)	建设地点	备注
四川金田纸业有限公司	高强瓦楞原纸	30	四川泸州	2016年投产
	箱纸板	30	四川合江	2016年2月投产
	高强瓦楞原纸	30	四川合江	2017年投产
浙江台州森林纸业有限公司	高强包装纸	10	浙江温岭	2016年投产
江西柯美纸业有限公司	高强瓦楞原纸	30	江西萍乡	2017年投产
秦楚纸业有限公司	瓦楞原纸	10	湖北荆州	2017年投产
河南省龙源纸业股份有限公司	瓦楞原纸	20	河南周口	2016年投产
	高强瓦楞原纸	20	河南周口	2019年试车投产
运城闻喜县东方新闻纸业有限公司	再生纸	10	山西运城	2016年投产
湖北金赞阳循环经济股份有限公司	再生纸	50	湖北老河口	在建，计划2019年年底试车
金凤凰纸业(孝感)有限公司	高强瓦楞原纸	40	湖北孝感	2016年7月投产
		60	湖北孝感	2017年12月投产
	纸管原纸	10	湖北孝感	已进入设备调试阶段，预计2019年投产
湖北荣成再生科技有限公司	高档箱纸板	150	湖北松滋	至2019年全部投产
湖北盛大纸业有限公司	高强瓦楞原纸	20	湖北仙桃	计划2019年8月底竣工投产
江苏上善纸业有限公司	高强瓦楞原纸	20	江苏宿迁	2017年1月投产
杭州丰收纸业有限公司	高强瓦楞原纸	20	浙江杭州	2017年1月投产
元氏县金鹏纸业有限责任公司	高强瓦楞原纸	15	河北石家庄	2017年6月投产
河南顺捷科技环保有限公司	瓦楞原纸	15	河南济源	2017年投产(改造原河南腾盛纸业有限公司生产线)
吉林白山琦祥纸业股份有限公司	包装用纸	20	吉林白山	2017年投产
	瓦楞原纸	50		2018年投产
郑州浦发纸业有限公司	箱纸板	30	河南新密	在建
东华(河南)环保纸业有限公司	瓦楞原纸	30	河南周口	在建
河南银鸽集团箱纸板项目	箱纸板	80	河南漯河	在建
河南中峰集团纸业有限公司	箱纸板	15	河南平顶山	在建
禄丰县永兴纸业有限公司	高强瓦楞原纸	10	云南禄丰	2017年投产
湖北祥兴纸业科技有限公司	高档包装用纸	100	湖北荆州	分3期建设，一期项目30万吨于2017年7月投产
德州泰鼎新材料科技有限公司	高强瓦楞原纸	15	山东德州	2017年10月投产
保山鑫盛泰纸业有限公司	箱纸板、T纸和高强瓦楞原纸	20	云南保山	2017年试生产(在原12万吨高强瓦楞原纸生产线基础上改造)
江苏丰凯纸业有限公司	瓦楞原纸	10	江苏淮安	2018年6月投产
黑龙江龙兴纸业有限公司	高档箱纸板	50	黑龙江佳木斯	前期准备

续表

企业名称	项目内容	生产能力/(万吨/年)	建设地点	备注
山东美洁纸业有限公司	包装材料	120	山东兰陵	2017 年 6 月开工建设，一期的 15 万吨已经投产，25 万吨预计 2019 年 9 月底投产，二期、三期各 40 万吨在建
湖北秦楚纸业有限公司	瓦楞原纸	10.5	湖北荆州	2018 年投产
云南云泓纸业有限公司	包装用纸	20	云南武定	2018 年 10 月底试生产
浙江和泓环保纸业有限公司	高强瓦楞原纸	20	浙江舟山	2019 年投产
辽宁兴东纸业有限公司	箱纸板	30	辽宁铁岭	2018 年投产
湖北鑫物再生纸业有限公司	瓦楞原纸	20	湖北枝江	2018 年投产
湖北金庄科技再生资源有限公司	高强瓦楞原纸	20	湖北当阳	2018 年投产
山东世纪阳光纸业集团有限公司	高强瓦楞原纸	80	山东昌乐	2018 年底投产
昆明红星荣和纸业有限公司	再生纸	50	云南宜良	分 2 期建设。一期 30 万吨仿牛卡纸和 T 纸，处于前期准备阶段。二期将建 20 万吨高强瓦楞原纸
山东博汇集团有限公司	高档包装纸板	150	山东淄博	分 2 期建设。一期项目 50 万吨高档牛皮箱纸板及 50 万吨高强瓦楞原纸，2019 年投产
	高档包装纸板	75	江苏盐城	2017 年 5 月开工建设，2018 年 12 月投产
山鹰华中纸业有限公司	高档包装用纸	220	湖北荆州	2017 年 7 月开始奠基，分二期建设
福建利树股份有限公司	箱纸板	15	福建建瓯	计划 2019 年投产

二、2018 年我国废纸进出口情况

1. 废纸进出口量与金额

据海关总署统计，2018 年，我国进口废纸总量 1703 万吨，同比下降 33.79%；用汇金额 42.9 亿美元，同比下降 26.92%；进口废纸的平均价格为 253.0 美元/吨，同比增长 10.74%。我国出口废纸总量 590 吨，同比下降 61.11%；创汇金额 22.3 万美元，同比下降 46.78%；出口废纸的平均价格为 378.6 美元/吨，同比增长 37.02%。

由表 5 可见，2018 年我国废纸进口量及出口量继续大幅下降。我国废纸进出口量的上述变化与 2017 年以来我国对进口废纸管理相关政策的发布及管控力度加大密切相关。如 2017 年 4 月，审议通过的《关于禁止洋垃圾入境推进固体废物进口管理制度改革实施方案》公布了全面禁止固体废物的时间表，提出力争 2020 年年底前基本实现固体废物零进口；2017 年 7 月 1 日起，环保部组织开展的为期 1 个月的打击进口废物加工利用企业环境违法行为专项行动，环保部对部分出现严重违规的利用进口废纸造纸的企业给予相应处罚，对问题企业停批进口批文；2018 年 1 月起，全面禁止混合废纸进口；2018 年 3 月 1 日起调整进口废纸含杂量上限至 0.5%；2018 年 5 月 4 日起对来自美国的废物原料实施 100% 开箱、100% 掏箱检验检疫；2018 年 6 月 1 日起，中国检验认证公司(CCIC)运前检查人工检验、监装；2018 年 8 月 23 日起对从美国进口的废纸等产品征收 25% 的关税。且近几年，进口废纸批复额度逐年下降(见图 1)。因此，2019 年我国废纸进口量仍将大幅减少。

2. 进口废纸浆占原料比例变化

2018 年我国废纸浆消耗量为 5474 万吨，其中，外废废纸浆消耗量 1487 万吨，占废纸浆总消耗量的 27.2%，占纸浆总消耗量的 15.8%。由表 6 可以看出，我国国废废纸浆消耗量在废纸浆消耗总量中占主要地位，且比例逐年上升，2018 年达到 72.8%，较 2017 年增加了 5.5 个百分点。

表5 近年来我国废纸进出口情况

年份	进口			出口		
	进口量/万吨	金额/亿美元	均价/(美元/吨)	出口量/吨	金额/万美元	均价/(美元/吨)
2006	1962	27.5	140.1	100	2.0	203.5
2007	2256	40.4	179.2	500	8.4	168.3
2008	2421	55.6	229.6	20	0.4	203.0
2009	2750	38.0	138.0	270	5.9	218.8
2010	2435	53.5	219.8	796	15.3	191.8
2011	2728	69.7	255.4	3600	77.7	215.8
2012	3007	62.6	208.6	2432	81.2	334.2
2013	2924	59.3	202.8	1049	47.5	452.8
2014	2752	53.5	194.4	742	29.8	401.6
2015	2928	52.8	180.3	701	31.1	443.7
2016	2850	49.8	175.1	2328	53.8	230.9
2017	2572	58.7	228.4	1515	41.9	276.3
2018	1703	42.9	253.0	590	22.3	378.6

表6 近年来我国进口废纸浆消耗量占原料比例变化情况

	2007年	2008年	2009年	2010年	2011年	2012年	2013年	2014年	2015年	2016年	2017年	2018年
纸浆总消耗量/万吨	6769	7360	7980	8461	9044	9348	9147	9484	9731	9797	10051	9387
废纸浆消耗量/万吨	4017	4439	4997	5305	5660	5983	5940	6189	6338	6329	6303	5474
外废废纸浆[1] 消耗量/万吨	1805	1936	2056	2092	2182	2405	2379	2243	2392	2308	2064	1487
占废纸浆比例/%	44.9	43.6	41.1	39.4	38.6	40.2	40.1	36.2	37.7	36.5	32.7	27.2
占总浆量比例/%	26.7	26.3	25.8	24.7	24.1	25.7	26.0	23.7	24.6	23.6	20.5	15.8
其中：进口	0	0	0	0	0	0	0	0	0	0	1	30
国废废纸浆[2] 消耗量/万吨	2212	2503	2941	3213	3478	3578	3561	3946	3946	4021	4239	3987
占废纸浆比例/%	55.1	56.4	58.9	60.6	61.4	59.8	59.9	63.8	62.3	63.5	67.3	72.8
占总浆量比例/%	32.7	34.0	36.9	38.0	38.5	38.3	38.9	41.6	40.6	41.0	42.2	42.5

注：1. 外废废纸浆包括进口废纸制得的纸浆及直接进口废纸浆；
2. 国废废纸浆为国产废纸制得的纸浆。

3. 进出口废纸种类、数量、金额及单价

2018 年，我国进口废纸总量 1702.5 万吨，同比下降 33.79%；进口用汇总额 42.9 亿美元，同比下降 26.92；进口单价 252.95 美元/吨，在与 2017 年同比大幅增长 30.48% 的基础上，再次同比增长 10.74%。其中，废箱纸板类进口量 1293.1 万吨，同比下降 14.19%，占废纸总进口量的 75.95%；进口用汇金额 32.5 亿美元，同比下降 11.92%；进口单价 251.45 美元/吨，同比增长 2.6%。办公室废杂纸类合计进口量 70.0 万吨，同比下降 17.06%，占废纸总进口量的 4.11%；进口用汇金额 2.1 亿美元，同比下降 8.70%；进口单价 302.34 美元/吨，同比增长 10.17%。废报纸类进口总量 388.0 万吨，同比下降 30.96%，占废纸总进口量的 19.85%；进口用汇金额 8.3 亿美元，同比下降 16.16%；进口单价 245.15 美元/吨，同比增长 21.73%。历年约占废纸进口总量 20% 的混合类废纸(即其他混杂废纸)，根据国家规定在 2018 年全面禁止进口，仅在 2018 年 1 月因 2017 年度批复额度有少量进口，仅为 1.4 万吨。

2018 年进口废纸具体种类、数量及单价情况见表 7。主要废纸品种月度进口情况及进口单价变化情况如图 2 ~ 图 3 所示。由图 2 所示的 2018 年我国废纸月度进口情况可知，月度进口量最低值出现在 5 月，仅为 85.9 万吨；最高值出现在 12 月，达 236.7 万吨。在废纸进口单价方面，由图 3 可见，废报纸、办公室废杂纸类虽然年度平均进口单价增幅较大，分别为 21.73%、10.17%，但整体价格走势比较平稳。废箱纸板类虽然年度平均进口价格增幅较小，仅为 2.6%，但整体价格波动较大，最低价格出现在 5 月，为 209.45 美元/吨；最高价格出现在 12 月，达到 284.92 美元/吨。

表 7　2018 年我国废纸进口主要品种、数量

废纸类别	海关商品税号	进口量			进口用汇金额		进口单价	
		数量/万吨	占比/%	同比/%	金额/亿美元	同比/%	单价/(美元/吨)	同比/%
进口总量		1702.5	100	-33.79	42.9	-26.92	252.95	10.74
废箱纸板类	47071000	1293.1	75.95	-14.19	32.5	-11.92	251.45	2.60
办公室废杂纸类	47072000	70.0	4.11	-17.06	2.1	-8.70	302.34	10.17
废报纸类	47073000	338.0	19.85	-30.96	8.3	-16.16	245.15	21.73
其他混杂废纸	47079000	1.4	0.001		0.03		208.76	6.23

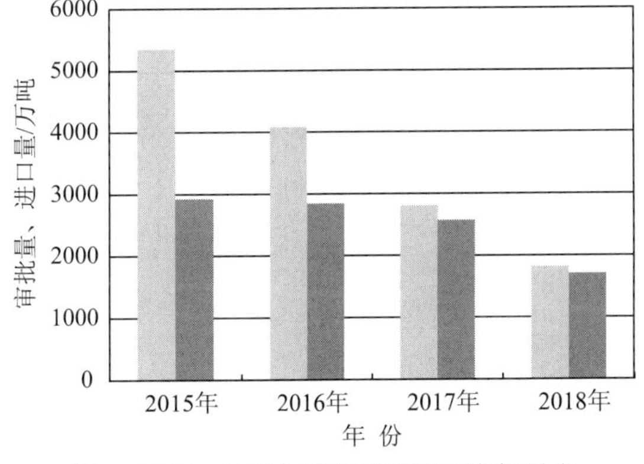

图1　2015—2018年我国废纸进口审批量和进口量变化情况

■ 审批量　■ 进口量

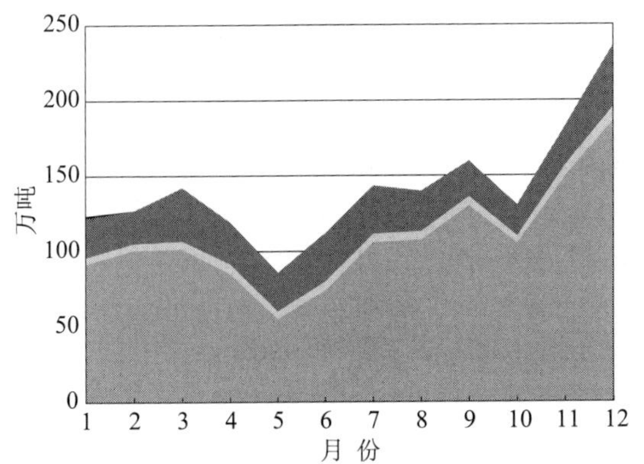

图2　2018年我国废纸月度进口情况

■ 其他混杂废纸　■ 废报纸类
■ 办公室废杂纸类　■ 废箱纸板类

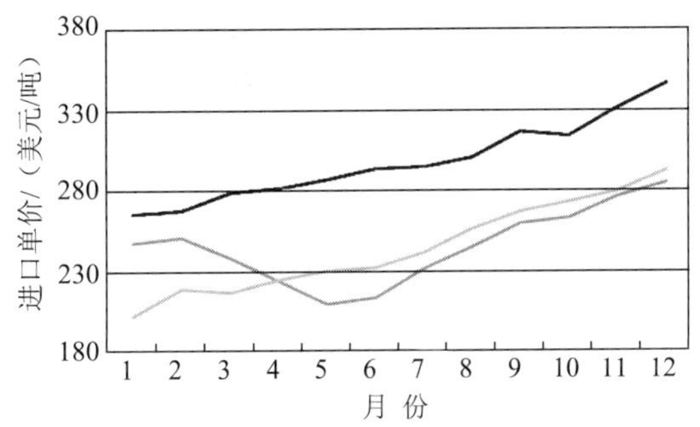

图3　2018年我国主要进口废纸品种进口单价月度变化情况

— 废箱纸板类　— 办公室废杂类　— 废报纸类

4. 进口废纸来源情况

我国废纸进口一直主要来自美国、欧洲和日本 3 个地区，其中，美国、日本、英国一直是我国最大的进口废纸来源国。由于我国废纸进口相关政策、中美贸易关系及国内外经济形势的不断变化，自美国进口废纸比例不断下降，已由 2016 年、2017 年的 45% 下降至 2018 年的 37%，而 2018 年我国自日本、英国进口废纸的比例均有所上升，分别占我国总废纸进口量的 16.21% 和 12.29%（见图 4）。

三、2018 年废纸市场价格变化情况

1. 国际废纸价格走势

首先，我国作为全球最大的废纸进口国，其进口政策的一系列变化对国际废纸市场及贸易格局产

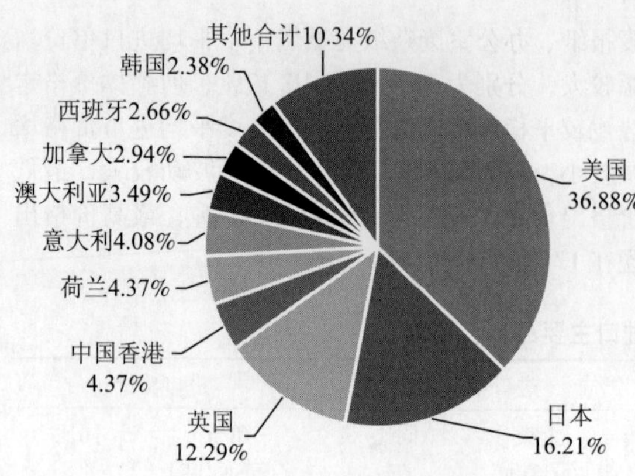

图4　2018年我国进口废纸主要来源国进口量占比情况

生了重大影响，受益于其进口量的显著下降，国际市场废纸供应量明显增加。其次，废纸作为一种再生资源，不仅仅是在我国，其回收利用也越来越受到全球各国的重视，印度、泰国、印度尼西亚、越南等亚洲发展中国家和地区及全球近年基于废纸为原料的造纸产能增长迅速，废纸需求有所增加。再次，纸张消费量决定回收量，随着电子媒体等的发展，新闻纸、印刷书写纸等文化用纸消费量有所下降，由此导致了可供回收的资源量减少，可供回收的废纸量增长有限，2018 年大部分废纸出口地区的废纸出口量已有减少。上述多重因素的共同作用下，国际市场废纸价格与国内呈现出相反的变化趋势。以我国最大的废纸进口品种废箱纸板类废纸为例，2018 年全球废箱纸板类废纸市场整体需求不振，价格较 2017 年大幅下滑，而同期我国市场本土废箱纸板类废纸供需关系收紧，价格显著上涨(见图 5)。

2. 国内废纸市场价格水平

一方面，随着 2018 年 1 月 1 日起全面禁止混杂废纸的进口，3 月 1 日起进口废纸含杂量上限调至 0.5%，5 月 4 日起对来自美国的废物原料实施 100% 开箱、100% 掏箱检验检疫，6 月 1 日起中国检验认证公司(CCIC)运前检查人工检验、监装；8 月 23 日起对从美国进口的废纸等产品征收 25% 的关税等系列限制废纸进口政策措施的实施，使我国国内造纸企业原料竞争更加激烈，国废市场的采购需求进一步增强。另一方面，近年来我国虽不断加强国内废纸回收流程管理，努力提高废纸回收率和质量，但由于生活用纸、卷烟纸、特种纸及纸板、工农业配套用纸、出口商品的包装和说明书及标牌等夹带出口而无法回收，我国的废纸回收已接近可回收量的极限，回收量在 2018 年不增反降。

国内废纸原料不足，进口废纸受限，进一步加剧了国产废纸供应紧张的局面，国产废纸的价格一路上涨，最高达 3700 元/吨，下半年由于下游需求不足，造纸企业库存较大，不少企业停工检修和减产，箱纸板、瓦楞原纸及新闻纸等以废纸为主要原料的纸及纸板产品生产量回落、进口量增加，降低了废纸需求量，价格小幅下降(见图 6)。

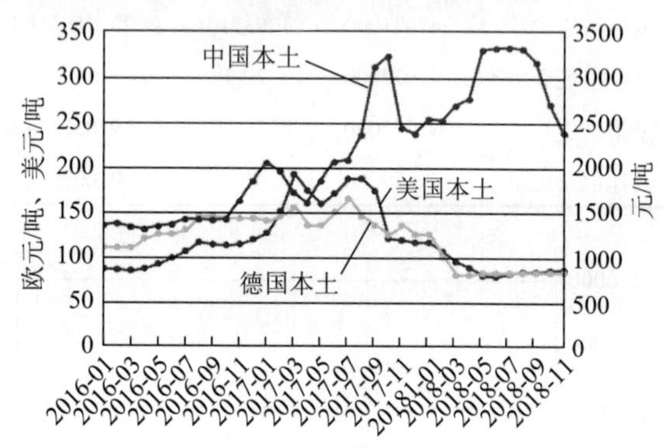

图5　2016—2018年国际市场部分地区混合废纸本土价格走势

注：数据来源RISI。

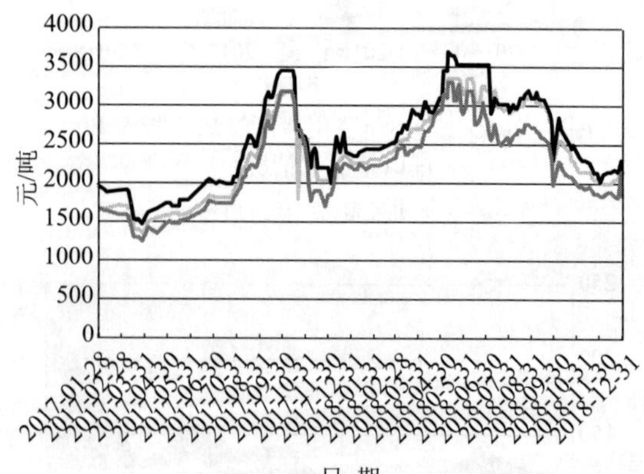

图6　2017—2018年国产废纸价格走势

—玖龙A级　—鸿业纸边　—中山永发特级

注：数据来源广东省造纸行业协会。

（郭彩云）

2017 年我国出版印刷用纸市场综述

Market Review of Publication Paper in China in 2017

一、行业概况

我国印刷业在国民经济分类上称为“印刷复制”，根据国家统计局发布的《文化及相关产业分类(2018)》，“印刷复制服务”类归属于“文化辅助生产和中介服务”大类，包括“书、报刊印刷”“本册印制”“包装装潢及其他印刷”“装订及印刷相关服务”“记录媒介复制”“摄影扩印服务”6 项小类。印刷复制业包括了出版物印刷、包装装潢印刷、其他印刷品印刷、专项印刷、打字复印、复制和印刷物资供销等。

2017 年，印刷复制业(包括出版物印刷、包装装潢印刷、其他印刷品印刷、专项印刷、印刷物资供销和复制)实现营业收入 13156.49 亿元，比 2016 年同口径(未包括打字复印)增长 4.68%；利润总额 850.03 亿元，增长 1.26%。其中，出版物印刷(含专项印刷)营业收入 1670.39 亿元，增长 4.04%；利润总额 117.59 亿元，增长 1.41%。包装装潢印刷营业收入 10172.79 亿元，增长 4.74%；利润总额 638.14 亿元，增长 1.40%。其他印刷品营业收入 1095.67 亿元，增长 1.03%；利润总额 93.20 亿元，下降 0.71%。

出版物印刷仅是印刷复制业的一个分支，它包含了书报刊印刷和专项印刷。

2017 年，全国出版物印刷企业(含专项印刷)共有 8753 家，同比下降 2.05%；职工年末平均人数 45.17 万人，同比下降 5.56%。

2017 年出版物印刷企业生产量(含专项印刷)为：图书、报纸、其他出版物黑白印刷生产量 30375.05 万令，同比下降 3.63%；彩色印刷生产量 140600.54 万对开色令，同比下降 6.69%；装订生产量 33425.47 万令，同比下降 0.72%。印刷用纸量 62255.52 万令(包含平纸板和卷筒纸)，同比下降 3.18%。

2017 年全国共出版图书、期刊、报纸、音像制品和电子出版物 485.2 亿册(份、盒、张)，比 2016 年下降 5.4%。其中，出版图书 92.4 亿册(张)，增长 2.3%，占全部数量的 19.1%；期刊 24.9 亿册，降低 7.6%，占全部数量的 5.1%；报纸 362.5 亿份，降低 7.1%，占全部数量的 74.7%；音像制品 2.6 亿盒(张)，降低 7.2%，占全部数量的 0.5%；电子出版物 2.8 亿张，降低 3.2%，占全部数量的 0.6%。

全国出版图书、期刊、报纸总印张为 2020.94 亿印张，与 2016 年相比，下降 7.99%。

2017 年出版物印刷基本数据见表 1。

表 1　2017 年出版物印刷基本数据

	种类		总印数		总印张	
	新版	重版	亿册/张、份	同比/%	亿印张	同比/%
图书	255106	257381	92.44	2.29	808.04	3.97
期刊	10130		24.92	-7.59	136.66	-10.06
报纸	1884		362.50	-7.07	1076.24	-15.07
合计					2020.94	

二、书报刊印刷行业基本概况

1. 图书出版总量

2017 年全国共出版图书 512487 种，总印数 92.44 亿册(张)，总印张 808.04 亿印张，定价总金额 1608.94 亿元。与 2016 年相比，总印数增长 2.29%，总印张增长 3.97%。其中，全国出版新版图书 255106 种，总印数 22.74 亿册(张)，总印张 230.05 亿印张，定价总金额 690.39 亿元；与 2016 年相比，品种减少 2.79%，总印数下降 5.58%，总印张下降 4.79%，定价总金额增长 1.32%。重印图书 257381 种，总印数 53.87 亿册(张)，总印张 464.26 亿印张，定价总金额 918.55 亿元；与 2016 年相比，品种增长 8.39%，总印数增长 5.25%，总印张增长 9.26%，定价总金额增长 17.31%。租型图书总印数 15.83 亿册(张)，总印张 113.73 亿印张，定价总金额 122.31 亿元；与 2016 年相比，总印数增长 4.81%，总印张增长 2.78%，定价总金额增长 4.98%。

图书主要包括书籍、课本和图片 3 类。

(1) 全国出版书籍 59.7 亿册(张)，增长 4.0%，占图书总印数的 64.7%；新版书籍 23.1 万种，下降 1.6%，占新版图书品种的 90.6%，提高 1.1 个百分点；重印书籍 19.4 万种，增长 10.8%，占重印图书品种的 75.5%，提高 1.6 个百分点。

(2) 全国出版课本 32.6 亿册(张)，下降 0.6%，占图书总印数的 35.3%；新版课本 2.4 万种，下降 13.0%；重印课本 6.3 万种，增长 1.9%。

(3)图片 251 万册(张)，下降 39.2%。新版图片 157 种，降低 23.4%。重印图片 123 种，降低 48.8%。

2. 期刊

2017 年，全国共出版期刊 10130 种，平均期印数 13085 万册，每种平均期印数 1.34 万册，总印数 24.92 亿册，总印张 136.66 亿印张，定价总金额 223.89 亿元。与 2016 年相比，品种增长 0.46%，平均期印数下降 5.90%，每种平均期印数下降 6.77%，总印数下降 7.59%，总印张下降 10.06%，定价总金额下降 3.67%。

期刊按照内容划分为哲学社会科学、文化教育、文学艺术、自然科学技术和综合 5 类。

各类期刊的出版数量、所占比例及与 2016 年相比增减百分比如下：

(1)哲学、社会科学类期刊 2676 种，平均期印数 6651 万册，总印数 119654 万册，总印张 6062602 千印张；占期刊品种的 26.42%，总印数的 48.01%，总印张的 44.36%。与 2016 年相比，品种增长 0.45%，平均期印数下降 3.06%，总印数下降 5.76%，总印张下降 6.60%。

(2)文化、教育类期刊 1397 种，平均期印数 2505 万册，总印数 58717 万册，总印张 2930625 千印张；占期刊品种的 13.79%，总印数的 23.56%，总印张的 21.44%。与 2016 年相比，品种增长 1.01%，平均期印数下降 6.50%，总印数下降 4.90%，总印张下降 8.36%。

(3)文学、艺术类期刊 665 种，平均期印数 839 万册，总印数 20814 万册，总印张 1160351 千印张；占期刊品种的 6.56%，总印数的 8.35%，总印张的 8.49%。与 2016 年相比，品种增长 1.06%，平均期印数下降 17.58%，总印数下降 19.35%，总印张下降 22.52%。

(4)自然科学、技术类期刊 5027 种，平均期印数 2298 万册，总印数 33349 万册，总印张 2620875 千印张；占期刊品种的 49.62%，总印数的 13.38%，总印张的 19.18%。与 2016 年相比，品种增长 0.26%，平均期印数下降 7.92%，总印数下降 9.67%，总印张下降 13.80%。

(5)综合类期刊 365 种，平均期印数 792 万册，总印数 16679 万册，总印张 891638 千印张；占期刊品种的 3.60%，总印数的 6.69%，总印张的 6.52%。与 2016 年相比，品种持平，平均期印数下降 6.98%，总印数下降 8.51%，总印张下降 7.92%。

3. 报纸

2017 年，全国共出版报纸 1884 种，平均期印数 18669.49 万份，每种平均期印数 9.91 万份，总印数 362.50 亿份，总印张 1076.24 亿印张，定价总金额 398.85 亿元。与 2016 年相比，品种减少 0.53%，平均期印数下降 4.23%，每种平均期印数下降 3.73%，总印数下降 7.07%，总印张下降 15.07%，定价总金额下降 2.29%。

(1)以各级报纸分类来分析

报纸根据地域层级划分为全国性报纸、省级报纸、地市级报纸和县级报纸 4 类。

2017 年，共出版全国性报纸 78.1 亿份，比 2016 年下降 0.8%，占报纸总印数的 21.6%，提高 1.4 个百分点；省级报纸 166.7 亿份，下降 10.2%，占 46.0%，减少 1.6 个百分点；地市级报纸 116.9 亿份，下降 6.5%，占 32.2%；县级报纸 0.8 亿份，下降 1.0%，占 0.2%。各级报纸下滑幅度均较 2016 年收窄；全国性报纸所占比例有所提高；省级报纸和地市级报纸降幅较大，省级报纸所占比例继续下降。全国性、省级报纸品种减少，地、市级报纸品种增长。

全国性和省级报纸 981 种，平均期印数 14130.09 万份，总印数 244.83 亿份，总印张 707.11 亿印张；占报纸品种的 52.07%，总印数的 67.54%，总印张的 65.70%。与 2016 年相比，品种减少 1.60%，平均期印数下降 3.78%，总印数下降 7.38%，总印张下降 15.75%。其中：

全国性报纸 215 种，平均期印数 2992.68 万份，总印数 78.14 亿份，总印张 224.59 亿印张；占报纸品种的 11.41%，总印数的 21.56%，总印张的 20.87%。与 2016 年相比，品种减少 0.92%，平均期印数下降 1.22%，总印数下降 0.79%，总印张下降 0.35%。

省级报纸 766 种，平均期印数 11137.41 万份，总印数 166.69 亿份，总印张 482.51 亿印张；占报纸品种的 40.66%，总印数的 45.98%，总印张的 44.83%。与 2016 年相比，品种减少 1.79%，平均期印数下降 4.45%，总印数下降 10.17%，总印张下降 21.40%。

地、市级报纸 884 种，平均期印数 4510.55 万份，总印数 116.87 亿份，总印张 367.86 亿印张；占报纸品种的 46.92%，总印数的 32.24%，总印张的 34.18%。与 2016 年相比，品种增长 0.68%，平均期印数降低 5.65%，总印数下降 6.45%，总印张下降 13.71%。

县级报纸 19 种，平均期印数 28.85 万份，总印数 0.80 亿份，总印张 1.28 亿印张；占报纸品种的 1.01%，总印数的 0.22%，总印张的 0.12%。与 2016 年相比，品种持平，平均期印数下降 1.35%，总印数下降 0.98%，总印张下降 23.18%。

(2) 以报纸类别来分析

报纸根据内容划分为综合、专业、生活服务、读者对象和文摘五大类。

2017 年，全国出版教学辅导类报纸较为集中的专业类报纸降幅较小，所占比例继续提高；综合类、生活服务类、读者对象类和文摘类报纸降幅较大，读者对象类和文摘类报纸降幅超过 2016 年，综合类和生活服务类报纸所占比例继续下降。

综合报纸 852 种，平均期印数 6945.37 万份，总印数 229.05 亿份，总印张 828.92 亿印张；占报纸品种的 45.22%，总印数的 63.19%，总印张的 77.02%。与 2016 年相比，品种增长 0.24%，平均期印数下降 8.23%，总印数下降 8.61%，总印张下降 17.26%。

专业报纸 693 种，平均期印数 9057.97 万份，总印数 103.38 亿份，总印张 187.21 亿印张；占报纸品种的 36.78%，总印数的 28.52%，总印张的 17.40%。与 2016 年相比，品种减少 1.00%，平均期印数增长 0.21%，总印数下降 3.31%，总印张下降 5.20%。

生活服务报纸 214 种，平均期印数 1091.41 万份，总印数 9.70 亿份，总印张 30.76 亿印张；占报纸品种的 11.36%，总印数的 2.68%，总印张的 2.86%。与 2016 年相比，品种降低持平，平均期印数下降 11.92%，总印数下降 8.68%，总印张下降 12.63%。

读者对象报纸 103 种，平均期印数 1243.09 万份，总印数 16.00 亿份，总印张 23.23 亿印张；占报纸品种的 5.47%，总印数的 4.41%，总印张的 2.16%。与 2016 年相比，品种下降 3.74%，平均期印数下降 3.57%，总印数下降 6.92%，总印张下降 11.35%。

文摘报纸 22 种，平均期印数 331.65 万份，总印数 4.36 亿份，总印张 6.11 亿印张；占报纸品种的 1.17%，总印数的 1.20%，总印张的 0.57%。与 2016 年相比，品种下降 4.35%，平均期印数下降 7.87%，总印数下降 7.43%，总印张下降 6.66%。

上述是 2017 年印刷复制业的基本情况，就印刷行业而言，纸及纸板的消费大户是“包装装潢印刷”，出版物印刷仅占可用于书报刊印刷用纸（含新闻纸）消费量的 20% 左右。

随着数字化时代的到来，信息传播的方式、载体都发生了巨大变化，使人们的阅读习惯逐步发生了改变，以纸为媒体的传播模式正在逐步衰退，就目前情况看，报纸近几年一直是以超过 10% 的跌幅持续下滑，期刊次之，图书基本维持现状。

（高英凯）

2018年我国生活用纸行业概况和展望

Overview and Outlook of Tissue Paper in China in 2018

2018年，我国经济运行总体平稳、稳中有进，GDP总量达到90.0万亿元，比2017年增长6.6%。内需持续扩大，社会消费品零售总额380987亿元，比2017年增长9.0%。

我国生活用纸市场在此大背景下继续保持增长，总规模比2017年增长5.6%，达到1168.0亿元；其他指标包括产能、生产量、销售量、消费量、人均消费量、产品平均价格等均比2017年增长；在国家加大环保要求和市场竞争的推动下，行业落后产能的淘汰步伐加快，进一步推动了行业的优化升级。表现在2018年已投产的项目和新宣布投资项目中，中小型企业的纸机更新换代项目数量持续大幅增加。

整个行业产能充足，市场竞争异常激烈，且2018年的新增产能中很多是于下半年或年底投产的，加之政府环保督查力度持续增强，对四川、河北等区域的阶段性限产、停产等因素影响，使全行业的平均设备利用率延续下降趋势。2018年纸浆价格仍处于高位，助推纸价继续上扬，以及生产企业通过积极调整产品结构和创新产品，提升高附加值产品比例等因素共同作用，使行业产品平均出厂价格继续上升，但企业毛利率被进一步压缩。虽然2018年新增现代化产能达到约167万吨，但这些新增产能主要集中在已有的企业，且以中小型企业的纸机更新换代项目为主，新进入行业的企业很少；另外仍有不少已宣布的投资项目延期。

一、市场规模

根据中国造纸协会生活用纸专业委员会(以下简称“生活用纸委员会”)的统计，2018年生活用纸总生产量约956.3万吨(按设备利用率73%计)，销售量约958.4万吨，人均年消费量约6.4千克，已明显超过RISI统计的2017年世界人均5.1千克的消费量水平。国内市场规模约1168.0亿元，比2017年增长5.6%(见表1)。

表1 2018年我国生活用纸行业的总规模

	2018年	2017年	同比/%
产能/万吨	1310.0	1215.0	7.8
生产量/万吨	956.3	923.4	3.6
出口量/万吨	73.8	74.0	-0.2
消费量/万吨	889.6	851.1	4.5
人均消费量/千克	6.4	6.1	4.9
国内市场规模/亿元	1168.0	1106.4	5.6

注：根据国家统计局资料，2018年年底总人口13.95亿人，2017年年底总人口13.90亿人；2018年、2017年市场零售均价按出厂均价加价率30%计。

二、行业优化升级加速

近几年来，随着国家实施节能减排和强制淘汰落后产能政策，以及市场的竞争和调整，行业落后产能的淘汰步伐加快，促使我国生活用纸行业现代化产能的比例持续提高(见表2)。2018年，现代化产能总计为1222.15万吨，开机中的现代化产能约为1187.15万吨，占生活用纸总产能的90.6%。2018年，环保要求和市场竞争加速了河北省保定市、四川省等地区的中小型生活用纸生产企业对高能耗小纸机的淘汰进程。以河北省地区为代表的行业升级持续进行，截至2018年年底，当地企业淘汰落后产能工作基本结束，同时，新增现代化产能继续集中投产，开启了在全国新建生产基地的战略布局。河北省保定市地区2018年投产产能52.7万吨，2019年计划新增产能56.1万吨。据生活用纸委员会统计和估计，2018年全国淘汰和停产的产能约54万吨。2018年新增的167万吨现代化产能中，中小型企业纸机更新换代项目数量继续大幅增加，也进一步推动了行业的优化升级。

引进先进卫生纸生产线提高了生活用纸行业现代化产能比例，据生活用纸委员会统计，截至2018年年底，我国已投产的进口新月型成形器卫生纸机累计达167台，产能合计676.2万吨/年；真空圆网型卫生纸机累计达101台，产能合计143万吨/年；斜网卫生纸机1台，产能1万吨/年。以上进口卫生纸机产能总计为820.2万吨/年，约占2018年生活用纸总产能的62.6%。

装备现代化的趋势还表现在新月型纸机逐步成为引进纸机的主导机型，而且单台纸机能力达6万吨/年及以上的项目不断增加（见表3）。

表2　2009—2020年新增现代化产能情况

	2009年	2010年	2011年	2012年	2013年	2014年	2015年	2016年	2017年	2018年	2019年计划	2020年及之后计划
新增产能/万吨	33.3	40.35	57.4	110.5	83.15	121.8	106.0	130.55	219.8	166.9	208.4	119.4

表3　2009—2020年新增单机产能为6万吨/年及以上的卫生纸机数量

	2009年	2010年	2011年	2012年	2013年	2014年	2015年	2016年	2017年	2018年	2019年计划	2020年及之后计划
数量/台	2	3	4	12	3	9	7	7	8	10	2	7

三、进出口情况

2018年生活用纸出口量为73.78万吨，比2017年减少了0.24%（只减少了1800吨，其中出口到美国减少了6260吨），出口量约占总生产量的7.7%；出口金额为206358万美元（按1:6.6174汇率，约合136.56亿元），比2017年上升18.9%，出口额占工厂销售总额的14.1%。

我国生活用纸是出口型行业，从2011年开始，进口量基本是持续降低的趋势，2017年起进口量和进口额出现明显回升。2018年，进口量大幅增长，比2017年增加1.5万吨，呈现量升价跌的趋势，进口量和进口额分别比2017年增长42.4%和下降10.9%。但2018年进口总量仍较低，只有5.0万吨，仅占总生产量的0.5%，说明国产生活用纸已能充分满足消费者的需求。

进口生活用纸中，仍然主要是原纸，占进口总量的78.7%。出口生活用纸中，仍然是以生活用纸成品为主，原纸只占26.9%，其中卫生纸份额最大，占总出口量的34.8%。

数据显示，出口产品平均价格比2017年上升，而且出口产品平均价格高于进口产品平均价格，同时也高于国内的平均出厂价。

根据海关总署的统计数据，2018年按出口量排序，出口目的地国家和地区的总计前10位分别为美国、澳大利亚、中国香港、日本、马来西亚、英国、中国澳门、新西兰、智利、新加坡。出口到这前10位国家和地区的总量合计58.28万吨，约占出口总量的79.0%。

出口产品的省市相对集中，排名前5位的为广东省、福建省、江苏省、山东省、江西省，出口量合计65.53万吨，约占出口总量的88.8%。

四、过度投资，导致现阶段产能过剩

虽然2018年新增的产能主要集中在已有的企业，但中小企业的设备升级大部分是在原产能基础上扩大产能，另外新进入者的投资大、产能多，所以整个行业目前产能明显过剩，因此，部分投资项目在原计划基础上延期，整个行业市场竞争激烈。

新进入者：2015—2016年新进入生活用纸领域的制浆造纸企业只有上海泰盛制浆（集团）有限公司，旗下贵州赤天化纸业股份有限公司项目于2015年7月正式开工建设，规划30万吨/年生活用纸产能，一期2台新月型卫生纸机，合计产能12万吨/年，分别于2017年8月、10月投产；旗下江西泰盛纸业有限公司项目分2期建设，规划年产48万吨生活用纸原纸，于2016年四季度签约引进一期的4台新月型卫生纸机，合计产能24万吨/年，于2018年8—11月投产，二期将再引进4台卫生纸机；旗下安徽省宿州市生产基地计划投资30亿元，占地面积57.33公顷，项目规划年产36万吨生活用纸原纸和10万吨生活用纸成品，于2018年签约引进一期的2台新月型卫生纸机，合计产能12万吨/年，计划于2019年投产；上海泰盛制浆（集团）有限公司年产 45 万吨生活用纸及加工产业园项目于 2019 年 1 月落户湖北省荆州市。该项目总投资约 35 亿元，用地面积约 53.33 公顷，首期用地面积 33.33 公顷，另外将配套建设 20 公顷的生活用纸加工产业园，充分发挥“林浆纸”一体化产业链垂直整合的优势，提升产业集聚效益。至 2020 年，上海泰盛制浆(集团)有限公司生活用纸总产能计划达到近 100 万吨/年。

2017 年新宣布进入生活用纸行业的大企业只有宜宾纸业股份有限公司，项目位于四川省宜宾市南溪区裴石轻工业园区。项目签订的 5 台意大利亚赛利公司的新月型卫生纸机，合计产能 12.5 万吨/年，2018 年 9 月—12 月投产了 3 台。

2018 年，生活用纸行业没有新进入的国内大型企业。但是，由于日本纸企为应对本国生活用纸市场需求长期低迷及行业产能过剩，开始加速对我国等海外市场的开发力度。位于南通市经济技术开发区的江苏王子制纸有限公司年产 36 万吨生活用纸原纸扩建项目已经启动。据该项目环评公示显示，项目总投资 24 亿元，分 3 期建设，建设周期 60 个月。其中，一期建设 2 条 6 万吨/年生活用纸原纸生产线及将现有 47 万吨/年制浆生产线配套扩容至 70 万吨/年，建设期为 24 个月；二期建设 2 条 6 万吨/年生活用纸原纸生产线，建设期为 18 个月；三期建设 2 条 6 万吨/年生活用纸原纸生产线，建设期为 18 个月。目前该项目一期工程已签订 2 台安德里茨公司的 6 万吨/年新月型卫生纸机，计划于 2020 年投产。

日本大王制纸株式会社也于 2018 年 1 月开始在我国市场试销在日本卫生卷纸销量第一的生活用纸品牌“爱璐儿(elleair)”，定位高端市场。目前该公司只出口成品，并计划正式销售时将在日本生产原纸，在我国工厂加工成品。

项目延期：从统计的 2019 年计划投产的项目中可以看出，有一些是本应在 2018 年及之前投产而由于各种原因推迟下来的。2019 年即使按照销售量同比增长 10% 左右，预计新增的市场容量(国内外市场)约为 100 万吨，假设淘汰落后产能 50 万吨，则可消化约 150 万吨的新增产能，所以吸纳 2019 年计划新增的 200 多万吨产能还是太多。估计有些项目还会后延，或不能达产。

五、主要竞争者

恒安国际集团有限公司(以下简称“恒安集团”)是居我国第 1 位的生活用纸生产商，也是目前我国生活用纸行业生产量最大的生产商。根据恒安集团年报，2018 年，恒安集团生活用纸业务销售额为 102.3 亿元，比 2017 年上升约 18.8%，生活用纸业务占恒安集团总销售额的约 49.9%(2017 年为 47.6%)。由于年内主要原材料木浆价格高于 2017 年，再加上人民币于下半年大幅贬值，而公司的木浆主要是进口并以美元定价，故整体成本仍然较上年同期高，生活用纸业务的毛利率下降至约 22.5%(2017 年为 26.8%)。

2018 年 4 月 23 日，恒安集团正式以 1166 万欧元认购芬浆公司发行股本约 36.46% 的股份，标志着恒安集团的业务扩展至上游纸浆制造行业，以此确保未来能够长期获得稳定的木浆供应及采购价格，有利于生活用纸业务长远的发展。芬浆公司目前正规划在芬兰库奥皮奥(Kuopio)建造大型生物纸浆厂，预计工程建设将于 2020 年展开，2021 年建成，目标每年向全球市场生产供应约 120 万吨“北方漂白针叶木硫酸盐浆”(NBSKP)及其他生物制品。

金红叶纸业集团有限公司是 APP 在我国的生活用纸集团，是位居我国第 2 位的生活用纸生产商。2018 年产能 166 万吨/年，目前为我国生活用纸行业产能最大的生产商。

维达纸业(中国)有限公司是我国最早的生活用纸专业生产商之一，多年来保持平稳发展的领先地位，目前是居第 3 位的生活用纸生产商。根据维达国际控股有限公司年报，2018 年公司生活用纸业务实现营业收入 121.11 亿港元，同比增长 11.0%，占集团总销售额的 81.0%(2017 年同为 81%)；其中，毛利较高的软抽纸、厨房纸巾及湿巾的收益分别取得双位数增长。生活用纸业务的毛利率及业绩溢利率分别为 27.6% 及 8.1%(2017 年分别为 29.6% 和 8.5%)。

中顺洁柔纸业股份有限公司目前是居第 4 位的生活用纸生产商，根据中顺洁柔纸业股份有限公司业绩快报，2018 年，公司营业总收入(主要为生活用纸业务销售额)达 56.79 亿元，同比增长 22.43%；净利润为 4.04 亿元，同比增长 15.87%。2018 年公司的主营收入增长主要是唐山分公司扩建项目、云浮中顺二期项目建设完成，产能进一步提升；销售团队加强 KA、GT、AFH、EC 四大渠道的建设、加快网络平台布局；优化产品结构，提升高端、高毛利产品占比，开发高端新品投入市场所致。

位居第 5 位的是东顺集团股份有限公司，2018

年产能 40.8 万吨。2018 年 10 月 22 日，由东顺集团股份有限公司董事长陈树明先生全资拥有的冠均国际有限公司完成收购香港上市公司盟科控股 75%股权，标志着东顺集团股份有限公司成功赴港借壳上市。目前，公司有 2 个原纸生产基地（分别位于山东省东平县和黑龙江省肇东市），山东省东平县基地计划于 2019 年年底投产 2 台日本川之江造纸株式会社与维美德公司合作制造的 DCT60 新月型卫生纸机，合计新增产能 6 万吨/年；位于湖南省湘西土家族苗族自治州的第 3 个原纸生产基地计划于 2019 年投产首台纸机，新增产能 1.6 万吨/年；位于浙江省的第 4 个原纸基地正在建设中（规划 10 万吨）。

永丰余家品（昆山）有限公司是永丰余投资控股股份有限公司在中国大陆的生活用纸企业，目前总产能为 20 万吨/年。在大陆有 4 个原纸生产基地，分别在江苏省昆山市、江苏省扬州市、北京市、广东省肇庆市。

理文造纸有限公司是 2014 年投产进入到生活用纸领域的大型企业，以自身原料（自制竹浆）、能源等成本优势，生产竹浆原纸（包括本色纸），以“产业链条集群发展”的思路，创造新的运营模式，即在重庆理文工业园区，理文造纸有限公司负责配套厂房、水电气及原纸供应，面向全国生活用纸加工企业招商。2016—2017 年，第一、二期合计 14 家生活用纸加工企业签约入驻并投产，第三期共有 4 家生活用纸加工企业和 2 家包材企业于 2017 年年底签约入驻。这种运营模式使得理文迅速成长并取得良好业绩，2014 年投产 2.5 万吨，2015 年增加产能 12 万吨，2016 年投产 24 万吨，2017 年投产 24 万吨，在江西省、广东省东莞市 2 个生产基地各 12 万吨。2018 年又在重庆市投产 4 台维美德公司 6 万吨/年卫生纸机，使总产能达到 86.5 万吨/年。2019 年计划在江西省投产 6 台佛山市南海区宝拓造纸设备有限公司卫生纸机，合计产能 10 万吨/年，总产能将达到 96.5 万吨/年。

保定港兴纸业有限公司（隶属于丽邦集团有限公司）是河北省保定市满城地区代表性企业，2018 年产能 13.6 万吨，包括 6 台日本川之江造机株式会社 BF 纸机和 1 台川之江造机株式会社与维美德公司合作制造的新月型卫生纸机（其中 1 台川之江造机株式会社 BF-1000S 型卫生纸机，产能 1.6 万吨/年，于 2018 年初投产）。保定港兴纸业有限公司是河北省保定市地区最早淘汰落后产能、更新换代设备的企业。2019 年，公司将继续扩大产能，并采取两条腿走路的发展模式，建设“华北纸都”以外的第 2 个生产基地。2018 年 8 月，丽邦集团有限公司湖北丽邦纸业有限公司项目开工建设。项目位于“中国生活用纸生产基地”——湖北省孝感市孝南区，总投资 17 亿元，占地面积 50.67 公顷，规划生活用纸年产能 30 万吨。项目一期计划引进 2 台进口新月型卫生纸机，计划 2019 年年底前建成投产，将为集团开启新的发展引擎。

六、产品结构

根据生活用纸委员会对 2018 年企业样本调查推算，国内消费的生活用纸产品结构见表 4。总体趋势是产品结构不断向发达国家和地区水平接近，厕用卫生纸占比继续下降。

表 4　2018 年生活用纸的产品结构及与 2017 年对比

产品	2018 年		2017 年	
	消费量/万吨	市场份额/%	消费量/万吨	市场份额/%
卫生纸	482.8	54.3	469.9	55.2
面巾纸	251.0	28.2	233.1	27.4
手帕纸	57.7	6.5	57.7	6.8
餐巾纸	39.2	4.4	33.0	3.9
厨房纸巾	8.0	0.9	8.0	0.9
擦手纸	42.2	4.7	37.5	4.4
卫生用品用吸水衬纸	8.6	1.0	11.8	1.4
生活用纸合计	889.6	100.0	851.1	100.0

在西欧、北美和日本等发达国家和地区，卫生纸在生活用纸产品中的份额（销售量）大约在 55%左右，2018 年我国卫生纸所占份额比 2017 年下降 0.9 个百分点，已达到发达国家水平，但是擦拭纸类产品（厨房纸巾和擦手纸）的消费量，特别是厨房纸巾的消费量仍然远低于发达国家水平（发达国家擦拭纸份额约 30%）。从各生产商的产品结构来看，一般大企业的产品结构中，卫生纸的份额低于平均水平；此外，由于竹浆纸生产企业多年来对竹浆产品特别是本色竹浆纸的有效宣传，促进了四川省竹浆纸产品不断发展，产品结构进一步优化，目前竹浆纸生产量中，软抽纸、手帕纸等高附加值产品比例约占 50%。而多数中小企业，或使用其他非木材浆、废纸原料的企业，卫生纸的份额则高于平均水

平，有些甚至达90%以上。

2018年面巾纸在生活用纸中的份额继续提高，这是由于面巾纸产品进一步向三、四线城市和农村市场普及，销售量有较大的提高；由软抽纸主导的面巾纸类产品逐步代替从前承载了过多使用功能的厕用卫生纸，另外，软抽纸也被消费者更多地用于居家擦拭，替代了部分擦拭纸，所以占比逐年提升；“随身包”型小规格尺寸包装面巾纸的出现，及公共场所卫生纸和擦手纸的配给量增加，使手帕纸的消费量增长乏力，从2016年起占比逐年下降，2018年与2017年相比，减少0.3个百分点。此外，2018年公共场所卫生间配备擦手纸的情况进一步普及，擦手纸占比提高；厨房纸巾只有为数不多的大企业在生产，市场推广仍困难重重，消费量及占比未有明显变化，是需要重点进行消费引导的品类。

但是我们也应清楚地看到，由于中西方的文化和消费习惯有很大不同，我国市场不会完全复制北美、欧洲等发达市场的发展轨迹。由于我国烹饪方式和节俭的消费观念，让消费者完全放弃使用布质抹布，替换为擦拭纸，达到或接近北美、欧洲的擦拭纸消费水平，短期内很难实现。与此同时，随着消费升级，兼具多种使用功能的软抽面巾纸的消费量比例仍有继续提升的空间。

七、原料结构

2018年，生活用纸委员会对约200家卫生纸原纸生产企业所使用的纤维原料种类进行了调查，生产量覆盖率进一步提升至95%以上，由调查结果推算出生活用纸行业使用纤维原料的结构：木浆占82.3%，草浆占1.2%，蔗渣浆占4.7%，竹浆占10.5%，废纸浆占1.2%。

生活用纸使用木浆原料的比例远高于造纸行业平均水平(31%)。2018年与2017年相比，生活用纸使用木浆原料的比例继续提高(2017年为81.7%)；竹浆纸以其本色纸等差异化的特性、部分企业自制浆的优势，使竹浆占比有所提升；稻麦草浆、蔗渣浆等其他非木材浆的落后产能已逐步被淘汰，现有产品在市场推广方面仍未有明显改善，市场份额进一步萎缩。

基于成本与环保的压力，以及在《一次性生活用纸生产加工企业监督整治规定》中明确规定，纸巾纸(包括面巾纸、餐巾纸、手帕纸等)不得使用回收纤维作为原料，所以废纸浆在生活用纸生产中的使用量继续下降。目前，国内有包括东莞市达林纸业有限公司在内的为数不多的生活用纸企业，以废纸为原料。但在美国、欧洲、日本等发达国家，则有着成熟的废纸分类回收和利用技术，能够利用回收纤维原料生产高品质的各种生活用纸产品，废纸浆已成为经济、环保的生活用纸主要纤维原料之一。从长期发展的角度来看，我国生活用纸行业有待进一步优化原料结构，特别是在厕用卫生纸、擦手纸生产中，应加大回收纤维的使用比例，这有利于资源的循环利用和行业的可持续发展。因此需要国内有条件的大型生活用纸企业引起重视，引领行业提高废纸浆在卫生纸、擦手纸原料中的使用比例。

八、技术进展

(一)继续引进先进卫生纸机

随着生活用纸新项目的设备引进和投产，我国生活用纸行业的技术装备水平大大提高。新建大项目和部分企业新增产能引进高速宽幅卫生纸机，技术起点与世界先进水平同步，生产出高质量的产品。卫生纸机单机最大年产能达到7万吨，最大车速达到2400米/分。采用的最新技术包括双层流浆箱、靴式压榨、钢制烘缸、热能回收系统、短程流送供浆系统、流浆箱喷射能量回收系统、新型陶瓷起皱刮刀、高效托辊双刮刀系统、自动化和智能化控制系统等，2018年钢制烘缸的应用进一步得到普及。

(二)引进设备的国产化

1. 国产纸机技术进步明显

2018年，佛山市南海区宝拓造纸设备有限公司、山东信和造纸工程股份有限公司、上海轻良实业有限公司、潍坊凯信机械有限公司、山东华林机械有限公司、金顺重机(江苏)有限公司、陕西炳智机械有限公司、贵州恒瑞辰科技股份有限公司、西安维亚造纸机械有限公司、天津天轻造纸机械有限公司、绵阳同成智能装备股份有限公司、杭州大路实业有限公司、诸城市大正机械有限公司、江西欧克科技有限公司、东莞美捷造纸技术有限公司、保定市维拓造纸机械有限公司、保定市昌达造纸机械有限公司等国内有关设备研究制造企业继续加紧新月型、真空圆网型现代化中高速卫生纸机的研发制造工作，提高设备制造水平，国产纸机在新项目中的占比持续高于进口纸机。高速卫生纸机的流浆箱、钢制扬克烘缸、托辊等核心部件已实现国产化。

2018 年，国产卫生纸机同时在大幅宽、高车速 2 个方面加速发展，不断提升单机产能。国产(含中外合作)卫生纸机生产商合计在我国大陆投产中高速卫生纸机 52 台(套)，合计产能 84.6 万吨/年，占大陆全年投产现代化总产能的 5 成以上，最大幅宽达 4200 毫米，最高设计车速达 1500 米/分。包括：

(1)2018 年，佛山市南海区宝拓造纸设备有限公司的 21 台卫生纸机投产，包括 12 台真空圆网型卫生纸机和 9 台新月型卫生纸机分别在保定市满城县永兴纸业有限公司(2 台)、满城县天天纸业有限公司(2 台)、保定市恒信纸业有限公司、保定满城金光纸业有限公司、河北聚润卫生用品有限公司、南宁市上峰纸业有限公司(2 台)、保定明月北厂纸业有限公司、保定市满城永利造纸厂、保定华邦日用品有限公司、湖北真诚纸业有限公司、肇庆广宁县南宝纸业有限公司、肇庆万隆纸业有限公司、四川环龙新材料有限公司(3 台)、云南泓源纸业有限公司(2 台)、新疆芳菲达卫生用品有限公司投产。纸机幅宽 2850 ~ 3600 毫米，车速 800 ~ 1300 米/分，产能为 1.20 万 ~ 2.25 万吨/年。

(2)山东信和造纸工程股份有限公司的 7 台新月型卫生纸机分别在保定市诚信纸业有限公司、保定达亿纸业有限公司、保定金能卫生用品有限公司(3 台)、河北金博士集团有限公司、保定市飞跃造纸有限公司投产。纸机幅宽 2850 ~ 3600 毫米，车速 900 ~ 1500 米/分，产能 1.5 万 ~ 2.5 万吨/年。

(3)金顺重机(江苏)有限公司的 2 台新月型卫生纸机在金红叶纸业集团有限公司投产。纸机均为幅宽 2860 毫米，车速 1200 米/分，产能 1.5 万吨/年。

(4)陕西炳智机械有限公司的 2 台新月型卫生纸机分别在保定市晨松纸业有限公司、保定白云山纸业有限公司投产。纸机均为幅宽 3500 毫米，车速 800 米/分，产能 1.5 万吨/年。

(5)贵州恒瑞辰机械制造有限公司的 3 台真空圆网型卫生纸机分别在武平顺发纸业有限公司、成都居家生活用纸有限公司、贵州汇景纸业有限公司投产。纸机幅宽 3900 ~ 4200 毫米，车速 700 米/分，产能 1.5 万 ~ 1.8 万吨/年。

(6)西安维亚造纸机械有限公司的 6 台新月型卫生纸机分别在保定市印象卫生用品制造有限公司、保定宏大纸业有限公司、保定市鹏飞造纸厂、浙江金通纸业有限公司、佳亿(漳州)纸业有限公司、常德德馨纸业有限公司投产。纸机幅宽 2850 ~ 3900 毫米，车速 700 ~ 1000 米/分，产能 1 万 ~ 2 万吨/年。

(7)上海轻良实业有限公司的 1 台新月型卫生纸机在河北腾盛纸业有限公司投产。纸机幅宽 2850 毫米，车速 1300 米/分，产能 1.7 万吨/年。

(8)潍坊凯信机械有限公司的 1 台新月型和 2 台真空圆网型卫生纸机分别在保定泽裕纸业有限公司、保定市中信纸业有限公司、中顺洁柔纸业股份有限公司投产。纸机幅宽 2850 ~ 3550 毫米，车速 900 ~ 1300 米/分，产能 1.0 万 ~ 2.5 万吨/年。

(9)绵阳同成智能装备股份有限公司的 2 台真空圆网型卫生纸机分别在成都志豪纸业有限责任公司、云南汉光纸业有限公司投产。纸机幅宽 2850 ~ 4060 毫米，车速 800 ~ 900 米/分，产能 1.0 万 ~ 1.5 万吨/年。

(10)山东华林机械有限公司的 1 台新月型卫生纸机在保定市东升卫生用品有限公司投产。纸机幅宽 2850 毫米，车速 1200 米/分，产能 1.6 万吨/年。

(11)天津天轻造纸机械有限公司的 1 台真空圆网型卫生纸机在贵州汇景纸业有限公司投产。纸机幅宽 2880 毫米，车速 650 米/分，产能 1 万吨/年。

(12)诸城大正机械有限公司的 1 台新月型卫生纸机在南宁市圣大纸业有限公司投产。纸机幅宽 2850 毫米，车速 1200 米/分，产能 1.5 万吨/年。

(13)保定市维拓造纸机械有限公司的 1 台新月型卫生纸机在保定正浩造纸有限公司投产。纸机幅宽 3500 毫米，车速 1300 米/分，产能 2.2 万吨/年。

(14)保定市昌达造纸机械有限公司的 1 台新月型卫生纸机在保定市满城红升纸业有限责任公司投产。纸机幅宽 3550 毫米，车速 1300 米/分，产能 2 万吨/年。

2018 年，中高速卫生纸机的钢制烘缸制造及烘缸喷涂国产化进程加速，并取得丰硕成果：

(1)溧阳市江南烘缸制造有限公司钢制扬克缸业绩显著。溧阳市江南烘缸制造有限公司(以下简称“江南烘缸”)专业设计研发、制造用于生活用纸、特种纸、纸板行业的钢制扬克烘缸、MG 钢制扬克烘缸、钢制烘缸。截至 2018 年年底，公司已与意大利亚赛利公司、川之江造纸机械(嘉兴)有限公司、PMP 集团、佛山市南海区宝拓造纸设备有限公司、上海轻良实业有限公司、贵州恒瑞辰机械制造有限公司、绵阳同成智能装备股份有限公司、四川振邦机械制造有限公司、诸城市大正机械有限公司、西安维亚造纸机械有限公司、江苏信诺轨道科技有限公司、保定市昌达造纸机械有限公司、保定市维拓造纸机械有限公司、APP公司、维达国际控股有限公司、中顺洁柔纸业股份有限公司、山东太阳纸业股份有限公司、玖龙纸业(控股)有限公司、理文造纸有限公司等多家知名卫生纸机制造商及生活用纸、特种纸生产企业达成长期合作协议，已完成或签约配套钢制扬克缸260台/套。

2018年至2019年年初，江南烘缸成功向欧洲知名企业提供多台大尺寸钢制扬克缸，包括首台国产18英尺钢制扬克缸已投入使用；首台22英尺(直径6706毫米，幅宽5800毫米，质量达180吨，可承受靴压150千牛顿/米，属亚洲首创)的钢制扬克缸也即将交付投产；并签约直接出口欧洲的大直径钢制扬克缸订单等。截至2019年3月，公司钢制扬克缸的国内外销售数量达320台/套。

此外，江南烘缸制造的MG钢制扬克缸(12英尺，幅宽3450毫米)，已于2018年在山东太阳纸业股份有限公司投入使用，成功填补国内特种纸机MG钢制扬克烘缸空白。

江南烘缸致力于高质量发展路线，坚持创新升级，正在全力打造全球一流的“钢制扬克缸、钢制烘缸生产基地”。

(2)山东信和造纸工程股份有限公司钢制扬克缸业务取得新进展。山东信和造纸工程股份有限公司自2010年与欧盟的先进造纸机械制造商进行技术引进与合作以来，已经研发制造出直径3000~5000毫米的钢制扬克缸，2017年公司又研发制造出幅宽6000毫米，直径4877毫米，设计车速2000米/分的高速钢制扬克缸。2018年，信和制造的钢制扬克缸的工作车速已达1700米/分。

(3)东莞神点纳米喷涂科技有限公司已与多家纸机制造企业建立合作。东莞神点纳米喷涂科技有限公司已经与国内多家纸机制造企业建立了合作关系，包括佛山市南海区宝拓造纸设备有限公司、山东华林机械有限公司、山东信和造纸工程股份有限公司、杭州大路实业有限公司、东莞美捷造纸技术有限公司、西安维亚造纸机械有限公司、绵阳同成智能装备股份有限公司、保定市维拓造纸机械有限公司等，并先后为广东信达纸业有限公司、维达国际控股有限公司、中顺洁柔纸业股份有限公司、马来西亚启顺纸业公司、宜宾纸业股份有限公司、柳州两面针纸业有限公司、四川省犍为凤生纸业有限责任公司、沐川禾丰纸业有限责任公司等企业的扬克烘缸进行表面喷涂、表面修复、表面研磨服务。迄今为止，已经为国内外客户的100多台套高速卫生纸机的扬克烘缸提供缸面喷涂服务。

2. 国产现代化卫生纸机出口增长

近年来，国产纸机的技术进步和优良的性价比推动现代化纸机出口业务的发展，据生活用纸委员会统计，截至2018年年底，以佛山市南海区宝拓造纸设备有限公司、山东信和造纸工程股份有限公司、潍坊凯信机械有限公司、上海轻良实业有限公司、山东华林机械有限公司、金顺重机(江苏)有限公司、陕西炳智机械有限公司、诸城市大正机械有限公司等为代表的国内知名纸机制造商出口海外的新月型及真空圆网型卫生纸机共29台，产能合计约54万吨/年，出口地区为亚洲、非洲、欧洲。项目签约时间主要为2013—2018年，特别是2017—2018年签约的项目占到半数以上，达17台，产能合计约32万吨/年。

3. 进口纸机供应商积极推动本土化进程并推广最新技术

为降低成本和应对国家2008年1月1日起对幅宽小于300毫米的造纸机取消进口免税的政策，国外纸机生产商陆续在国内建厂，不断加大在我国本土的业务内容，并积极在我国市场推广其在全球范围内的最新技术。

(1)2018年，维美德公司推出QRT和eTAD卫生纸机新机型，是在生产能耗、产品的吸水性、松厚度、柔软性方面介于维美德公司NTT和TAD之间的机型，综合了DCT、NTT和TAD纸机的部分结构特点。生产的纸产品主要用于吸水性要求高的厨房纸巾、擦手纸以及柔软度更好的卫生纸。此外，维美德公司还推出了最新的VR(Virtual Reality虚拟现实)技术，通过利用增强或虚拟现实的方式解决问题，可以简化工作，提高用户体验。目前，维美德公司适用于全息图和虚拟现实的第一代眼镜设备已经可供使用，并正在推广第一批商业应用设备。此外，维美德公司瑞典生活用纸技术中心已开展了超过1000宗外部客户试验，并可提供DCT、NTT、TAD以及最新开发的QRT技术纸机的相关试验。

(2)2018年3月，安德里茨公司在奥地利格拉茨正式启动了其全球最现代化的卫生纸研究中心。该中心拥有全套备浆流送系统及试验卫生纸机，可针对客户特定产品进行优化纤维处理，提高产品质量，提高干燥效率和降低能耗。该试验卫生纸机具有各种不同配置，可以使用真空压榨或靴压，常规新月型成形器或立式新月型成形器，以及1个16英尺钢制扬克缸或2个14英尺TAD烘缸，可生产普通干法起皱型、塑纹型、TAD型等多种卫生纸原纸。纸机设计车速为2500米/分，幅宽为600毫米。

(3)PMP 集团在江苏省常州市的工厂，为集团配套制造新月型卫生纸机(关键部件从 PMP 集团进口)。2018 年，PMP 推出回收蒸汽发生器系统，利用卫生纸机气罩湿端排出的热气零成本加热并产生蒸汽。该系统包括一个回收蒸汽发生器，以来自气罩湿端排出的 320 ~ 330℃的热气为热源，以 1.2 蒸吨的速率产生 1600 千帕的蒸汽，然后被送入主收集器与来自外部锅炉的蒸汽(1500 ~ 1600 千帕)汇合进入扬克烘缸。回收蒸汽发生器产生的蒸汽占扬克缸总蒸汽消耗的 25% ~30%。

(4)意大利亚赛利公司(以下简称“亚赛利”)在上海市的工厂，已实现卫生纸机非关键部件的本土化生产。此外，亚赛利高速复卷机处于国际领先水平。2018 年 8 月，亚赛利纸业设备公司提供给上海泰盛(集团)浆纸有限公司九江工厂的 2 台 AC882 卫生纸分切复卷机成功开机，设计车速 1000 米/分，幅宽 5600 毫米；2018 年 9 月—2019 年 3 月，亚赛利在宜宾纸业股份有限公司共投产 5 台新月型卫生纸机，设计车速 1600 米/分，幅宽 2850 毫米，采用 100% 湿竹浆原料。

2018 年，亚赛利的 X-ROLL 纸机压榨技术，可以提高压榨后的纸幅干度，使得烘缸与气罩的能耗降低，并提高成纸品质；Steamless 新型扬克缸不使用锅炉和蒸汽装置，充分利用气罩湿端排出的热气，回用后干燥纸幅，操作简单安全，能源利用效率高。这两项创新技术在节能降耗、提高纸机运行效率和成纸品质方面都将发挥出色的作用。

(5)日本川之江造机株式会社在浙江省嘉兴市的工厂，从事 BF 纸机和相关设备的制造、组装等业务。通过采用大直径托辊和多功能智能化控制系统，进一步提高了产品质量和纸机的自动化程度。在提高产能的同时，实现了更低的耗能。

2013 年，维美德公司与日本川之江造机株式会社展开在我国市场新月型卫生纸机技术方面的合作，日本川之江造机株式会社的浙江嘉兴厂开始对 Advantage DCT 40 和 60 型卫生纸机实施制造、销售及安装。作为川之江供货的一部分，维美德公司将提供包括 OptiFlo II TIS 流浆箱、扬克缸以及真空压辊在内的关键部件。首批 2 台 DCT60 新月型卫生纸机于 2015 年 10 月在山东东顺集团正式投产。2019 年年底，东顺集团还计划投产另 2 台同型纸机。

(6)2018 年，拓斯克公司在全球累计销售了超过 200 台钢制扬克缸，其中，在亚洲市场销售的钢制扬克缸超过 100 台。特别是 2018 年，拓斯克在 APP 印尼工厂共投产 8 台新月型卫生纸机，纸机设计车速 2100 米/分，运行车速 2000 米/分，都配备了直径 22 英尺的第二代拓斯克钢制扬克缸，这是全球生活用纸领域应用的最大直径扬克缸。纸机干燥部的节能设计完全依赖于蒸汽作为能源，包括蒸汽加热的拓斯克 Milltech 双系统气罩。

2018 年，拓斯克公司推出 S-crescent S 新月型技术，在纸机的成形部安装 2 个脱水辊，形成 S 形的脱水区域，增强成形部脱水力度，降低到达压榨部的纸幅水分含量，减少纸机压榨部及干燥部的负荷，以降低纸机能耗。同时可降低压榨辊与烘缸之间的压力，减少压榨对成纸松厚度的影响。

(三)国产加工和包装设备升级，大规模替代进口

根据国家统计局数据，2018 年大陆地区 16 岁 ~59 岁劳动年龄人口为 89729 万人，相比 2017 年的 90199 万人减少了 470 万人，延续了 2017 年的下降趋势，意味着劳动力成本将继续上升。因此企业对全自动化加工设备和包装设备的需求增加，及加强加工生产线智能化、远程操控等方面的研发创新，已成为国内企业发展的大势所趋。

2018 年，国内后加工设备企业加大研发力度，设备不断升级，车速和效率以及设备运行稳定性等大幅提高，普遍满足国内市场需求并大规模替代进口。

(1)佛山市宝索机械制造有限公司研发推出的 YH-PL(新款)全自动抽取式面巾纸加工生产线及配套设备采用全新的智能控制系统，让整套面巾纸生产线 + 配套包装机 + 配套输送线运转顺畅高效、自动化程度更高；可实时多角度智能监控，操作控制可集成提示，操作说明、常见故障排除等信息可自动转换显示；可选配各种高精度立体压花、压边纹、上胶复合、无胶复合等功能；成品包装可以同时实现软装、盒装、大袋装、微商用、电商用等不同包装形式与集成装箱等多种整体解决方案，日产能达 30 吨以上；设备核心技术已取得多项国家专利，数项专利正在世界范围内申请中。

2018 年 3 月，由佛山市宝索机械制造有限公司率先提出的生活用纸智能装备研发孵化基地项目开工建设，该项目选址在佛山市南海区三山新城，占地面积近 2 公顷，以“科技研发 + 项目孵化 + 总部经济”为定位，重点布局“总部办公、研发孵化、展示贸易、综合配套”四大功能。宝索公司计划用 10 年的时间，将研发孵化基地建设成为全国首屈一指的生活用纸智能装备企业总部集聚区，带动生活用纸智能装备及相关产业发展。

(2)佛山市南海区德昌誉机械制造有限公司推出3700型全自动V折面巾纸加工生产线，设备原纸最大幅宽3700毫米，设计加工速度170米/分；配备切边装置、压边纹装置、横切断纸折叠装置(专利技术)、自动分叠装置、反吹除尘装置及在线监控功能；在线监控功能可查看一定时间内的设备运行情况，便于找出故障原因、排除故障；设备自动化程度高，拥有人性化的自动化辊体保养系统；设备无需人工过多的操作，提高了卫生水平；采用拥有专利的螺旋式切刀设计，大大提高了切刀的使用周期，有效提高产能。

(3)江西欧克科技有限公司推出高速软抽纸自动折叠生产线，设备幅宽有2900毫米、3600毫米两种选择；采用全伺服控制，首抽半折采用真空吸附方式，配套多通道大回旋切纸机，主机生产速度为200米/分或15条/分；整线采用条纸储料架及单包储料架进行缓冲、分配；整线配置全伺服小包机、多功能中包机及自动装箱机，可兼容常规产品、电商产品，日产能30～50吨；可选配高精度自动压光、压花、上胶复合单元组合生产各种压花产品、厨房纸巾。截至2018年年底，该生产线已在恒安国际集团有限公司、中顺洁柔纸业股份有限公司、金红叶纸业集团有限公司、理文造纸有限公司、上海泰盛制浆(集团)有限公司、山东泉林纸业有限责任公司等公司全面投产近100条；公司占地面积40多公顷的江西工厂三期建设项目动工在即。

(四)进口加工设备推动智能化发展

国外后加工设备供应商加大向我国市场推广力度，在提升生产速度的同时，积极推动加工生产线的智能化发展，其推出的智能化等最新技术包括：

(1)Pulsar公司推出Quatis系列质量检测器、Reds System协调器、PLS动态三维生产线模拟软件等。这些智能化的设备及软件系统可以通过对生产数据的收集和分析，评估和控制整条生产线运行情况，优化生产过程，提高生产效率，降低成本和风险。

(2)百利怡公司推出了Digital Tissue数字纸业的解决方案，旨在实现纸业工厂的智能化生产和管理，主要包括All in One复卷及包装整线运营管理软件、Tissue Data纸业数据集成分析软件，以及Condition Monitoring生产线运行监测软件。这3类智能应用可实时监测工厂的生产，控制每1条生产线的运行过程，提高生产线的运行效率，并收集和分析相关生产数据，提供KPI分析报告。目前这套解决方案已经在欧洲一些生活用纸生产商的工厂中得到了实际应用。

(3)Gambini公司推出AirMill预压设备，是1台安装在退纸架和压花机之间的独立预压设备，可使普通的双层平纹原纸经AirMill的钢辊与胶辊组合预压复合后，呈现与TAD型纸机生产的结构化产品类似的立体结构和性能。

(4)TMC公司推出DNA-MAP数据收集和处理平台，实现了通过电脑、平板或者智能手机实时监控公司生产网络下任何1台设备的运行状态和生产数据，为生产管理人员日常统计提供便利，并通过后台的数据分析处理，向企业提供有效的改善方案和措施。

(5)意大利亚赛利公司的原纸自动打包输送和自动仓储系统均已达到高智能化水平。R-WAY®原纸自动打包输送系统采用模块化灵活设计，与上游生产线和工厂ERP管理系统整合，自动高效处理纸机生产下来的原纸纸卷；自动仓储系统采用iREEL®数据传输分析，将自动打包好的原纸分配到立体仓库的合适位置，并使用安装电子标签识别器的AGVS自动导向搬运车，将选定纸卷运送到指定位置，达到高效、准确的要求，大大提高了生产效率和安全性。

(五)绿色发展

2016年7月18日，工业和信息化部正式公布《工业绿色发展规划(2016—2020年)》(简称“规划”)。规划提出，到2020年，造纸等行业清洁生产水平显著提高，工业二氧化硫、氮氧化物、化学需氧量和氨氮排放量明显下降，高风险污染物排放大幅削减；能源利用效率显著提升，绿色低碳能源占工业能源消费量的比例明显提高；资源利用水平明显提高，单位工业增加值用水量进一步下降，主要再生资源回收利用率稳步上升。

2015年，河北省满城县投资50亿元建设占地面积100公顷的生活用纸深加工及热电联产循环经济产业园项目，全面推进集中供热、绿色发展，加快转型升级。2017年12月，长青集团集中供应热蒸汽项目已经投产运营；截至2017年年底，满城已全部淘汰35蒸吨以下的燃煤锅炉；2017年，河北省满城县的生活用纸生产企业积极淘汰高能耗、幅宽1575毫米以下的卫生纸机，加速替换成中高速纸机。

广东省制定了《广东省珠三角地区排放物限值标准》《广东省大气污染物排放指标》《广东省生活用产品能耗限额标准》等，以推动行业优化升级和可持续发展。

东顺集团股份有限公司与中国煤炭科工集团有限公司、浙江富春江集团股份有限公司合作，3方将以新合作的清洁能源公司为平台，面向山东省各地区辐射，发展低碳产业、促进低碳消费、提高资源利用效率。2017年1月，东顺集团股份有限公司与中国煤炭科工集团有限公司清洁能源项目启动，双方正式签署了合作开发协议。该项目主要推广清洁高效煤粉型工业锅炉系统。该项目应用煤炭科学研究总院的高效煤粉工业锅炉技术，运用“煤粉燃烧技术”为核心的先进工业锅炉换代体系，可有效提高燃煤工业锅炉燃烧效率，降低运行成本，取得显著的节能减排效果。此次合作开发清洁能源的目的是建设山东省东平经济开发区热电联产项目，工业蒸汽和发电自用加外售。该项目总投资10亿元，占地面积10.67公顷，新建3台(套)130蒸吨高效粉煤锅炉，一期工程已于2017年12月投产，淘汰开发区原有传统小型燃煤锅炉近百台。二期工程总投资3亿元，新建1台130蒸吨高效煤粉锅炉及背压发电机组设施，同步建设国际先进的环保处理和节能系统。二期工程达产后，可实现供热量198万吉焦的供热能力，供暖季新增供暖面积500万米^2，实现销售收入4.5亿元，满足园区企业和城区民生供热需求。

2018年7月，维达纸业(中国)有限公司在广东省阳江市新建的生活用纸工厂投产。该厂造纸车间对2台卫生纸机加装了玻璃隔音罩，防尘防雾，并改善操作员工工作环境，属于本行业全球首创。

(六)产品创新

生活用纸企业产品创新和开发差异化产品，更加聚焦产品的功能性，关注消费者需求。主要表现在两个方面。

一是通过纸机、加工设备的特殊设计，及添加香精和乳霜等表面处理剂，使产品气味清香或具有更好的护肤性等功能性及特色包装的产品。

特别是2018年，乳霜纸类产品表现抢眼，进入市场爆发期。此外，棉柔巾、易冲散型卫生纸等突出使用功能性的产品也迎来市场增长，主要包括：

(1)乳霜纸　①浙江弘安纸业有限公司是国内首家自主研发乳霜保湿纸的生活用纸企业，旗下拥有“可心柔”母婴、经典、校园三大系列保湿纸产品。特别是公司于2018年最新发布的“傻咖”校园系列，由6个呆萌可爱的卡通形象组成，受到众多大学生的喜爱；②中顺洁柔纸业股份有限公司推出新一代洁柔Lotion柔滑面巾纸，增加乳霜含量，使其柔软度达到普通纸巾的3倍以上，更契合敏感人群的消费需求和使用习惯。此外，东顺集团股份有限公司、理文造纸有限公司、保定港兴纸业有限公司、漯河银鸽实业集团有限公司、山东太阳纸业股份有限公司、浙江景兴纸业股份有限公司、河北金博士集团有限公司、保定市新宇纸业有限公司、保定市满城成功纸业有限公司、四川石化雅诗纸业有限公司、东莞艾丽乐有限公司等多家企业也推出乳霜面巾纸、手帕纸新产品，均添加保湿成分，触感湿润、柔软，适合婴儿等敏感肌肤人群使用，主要面向母婴、化妆品店等渠道销售。

(2)棉柔巾　恒安国际集团有限公司推出新款木浆纸棉柔巾，维达纸业(中国)有限公司推出全新产品4D立体美亲肤压花婴儿面巾纸，中顺洁柔纸业股份有限公司、维达纸业(中国)有限公司、保定港兴纸业有限公司等企业也推出纯棉非织造布棉柔巾。这些纸类棉柔巾及非织造布棉柔巾产品均可干湿两用，柔厚亲肤，用作化妆棉、擦拭巾等个人清洁护理产品，特别适合新生儿与女性消费人群。

(3)易冲散型卫生纸　厕用卫生纸也在向差异化方向发展，河南护理佳纸业有限公司推出“溶品”可分散卫生纸新品，上海东冠纸业有限公司推出洁云4D溶+可厕冲卫生纸等。这类产品可冲水迅速分散，不堵下水道，有助于改善卫生间环境，引导消费者的使用习惯。

(4)祛菌纸巾　上海东冠纸业有限公司使用日本ELETEN®安全祛菌技术及其纳米微胶囊产品，在原生植物纤维中加入纳米胶囊，开发推出“洁云健康”系列祛菌纸巾。该产品在使用过程中，纳米胶囊中的祛菌物质(含量0.05‰的壳聚糖氯化铵)，通过日本ELETEN公司研制的独特“临界面祛菌”技术，以瞬间爆发方式对附着在人体或物体表面的阴电荷细菌定点释放祛菌成分，从而产生祛菌效果。该系列产品已有便携式枕式包、软抽面巾纸、手帕纸、厨房纸巾等陆续上市。

二是以健康环保和可持续发展的理念，开发差异化的本色生活用纸产品的企业也继续不断涌现，成为更多企业的“标配”产品，包括金红叶纸业集团有限公司、中顺洁柔纸业股份有限公司、东顺集团股份有限公司、山东晨鸣纸业集团股份有限公司等的木浆本色纸，恒安国际集团有限公司、理文造纸有限公司、永丰余造纸股份有限公司、上海东冠纸业有限公司、漯河银鸽实业集团有限公司、上海泰盛制浆(集团)有限公司、保定市港兴纸业有限公司、绍兴唯尔福妇幼用品有限公司、四川环龙新材料有限公司、四川省犍为凤生纸业有限责任公司、韶能集团韶关南雄珠玑纸业有限公司等的竹浆本色纸，永丰余造纸股份有限公司、山东泉林纸业有限责任公司、宁夏紫荆花纸业有限公司、江苏双灯纸业有限公司等的草浆（苇浆）本色纸系列产品都在继续推广，市场表现良好。但由于受到上游本色浆（主要为竹浆）的生产量限制，本色纸生产量增长依然有限，仍属于小众产品，据生活用纸委员会统计，2018 年本色纸生产量仍不到行业总生产量的 1/10。

（七）营销创新

根据国家统计局数据，2018 年，全国实物商品网上零售额 70198 亿元，比 2017 年增长 25.4%，占社会消费品零售总额的 18.4%，比 2017 年提高 3.4 个百分点。快递业务量 507.1 亿件，快递业务收入 6038 亿元，同比增长 21.8%。

由于生活用纸产品的特点，现代渠道、传统渠道依然是目前行业主流的营销模式，但随着互联网的发展，2018 年企业针对网络渠道的营销创新加速，网络渠道销售份额稳步增加。

2018 年，维达纸业（中国）有限公司电商渠道的销售收入占总收入的 25%，比 2017 年增加 4 个百分点。

恒安国际集团有限公司通过网上商店和微商销售，进一步拓展集团在国内的销售网络。集团通过与国内知名大型电商平台的战略合作，利用大数据更精准地了解消费者的网购习惯及喜好，有助灵活调配生产、供货及销售资源，提高销售效益。集团通过零售通平台拓展 B2B 业务的客源，完善商品物流系统，以及增加线下销售网络的覆盖率。2018 年，恒安国际集团有限公司电商渠道营业额（包括零售通及微商销售）超过 29 亿元，比 2017 年同期上升 50% 以上，电商对整体销售额贡献上升至 14.4%（2017 年为 10.6%）。集团的业务，尤其是生活用纸的销售继续得益于电子销售渠道的快速增长。另外，集团于年内通过针对性投入电商费用及持续优化电商的产品组合，持续提升电商销售的利润水平。2019 年，集团将继续扩大电商渠道的覆盖率，推出电商专项商品，如电商配搭组合及配合电商的促销活动。

（八）理文创新运营模式

2014 年投产的重庆理文卫生用纸制造有限公司，具有林浆纸一体化的生产优势，2018 年生活用纸产能达到 86.5 万吨。公司逐步增强自身品牌的建设，同时，利用重庆理文的 20 多公顷富余用地，投资 4.5 亿元，分期实施重庆理文卫生用纸制造有限公司后加工工业城项目及配套设施建设。该项目面向全国生活用纸加工企业招商，理文负责配套厂房、水电气及原纸供应。目前已成功吸引了重庆维邦纸业有限公司、重庆彼特福纸业有限公司、重庆峰城纸业有限公司、四川佳益卫生用品有限公司、重庆渝成纸业有限公司、重庆东实纸业有限责任公司等 20 多家生活用纸加工及配套包材企业入驻，并于 2016 年起陆续投产，实现产业链上下游抱团发展。未来，理文将借鉴重庆基地的成功经验，继续复制此模式到其江西、广东等基地，实现快速扩张。

2018 年 9 月 9 日，理文集团康倍宝纸业有限公司华中生产基地落户河南，河南康倍宝纸业有限公司竹浆生活用纸投产。该生产基地项目总投资 10 亿元，生产线共 50 条，年产能达 20 万吨。河南康倍宝纸业有限公司作为亚媒公益纸巾独家供货商，共同打造新型合作模式，构建新型产业体系，开启经济增长新动力。当天一并投产的亚媒智媒一体机是由河南康倍宝纸业有限公司与河南亚媒智能科技有限公司合作，共同打造的一款智能共享纸巾机，借助互联网和物联网技术，消费者通过智能共享纸巾机扫码便可免费领取河南康倍宝纸业有限公司竹浆纸巾，快速提升粉丝流量，嫁接 APP 精品商城，拉升线上线下消费互动。

九、产品标准

2018 年以来，生活用纸产品相关标准的修订和新制定、新实施的标准，进一步推动行业良性发展。

（一）修订标准

《GB/T 20810—2018 卫生纸（含卫生纸原纸）》代替 GB/T 20810—2006，从 2019 年 7 月 1 日起实施。

（二）新制定、新实施标准

《GB/T 36420—2018 生活用纸和纸制品 化学品及原料安全评价管理体系》，从 2019 年 1 月 1 日起实施。《GB/T 35613—2017 绿色产品评价 纸和纸制品》，从 2018 年 7 月 1 日起实施。《GB/T 34448—2017 生活用纸及纸制品甲醛含量的测定》，从 2018 年 5 月 1 日起实施。《GB/T 34845—2017 生活用纸可吸附有机卤素（AOX）的测定》，从 2018 年 5 月 1 日起实施。

（三）正在修订标准

《GB/T 20808—2011 纸巾纸》

（四）正在制定标准

《儿童用纸品基本安全技术规范》

十、市场展望

1. 行业继续增长，增速放缓

我国生活用纸人均消费量与美国（25 千克以上）、西欧和日本（15 千克以上）等发达国家和地区的人均消费量相比，仍然较低。生活用纸具有刚性和持续需求特征、经济增长和城市化进程加快、人口增长、产品品类结构继续优化、落后产能加速淘汰等因素，都将推动行业继续增长。

经济下行压力影响、近几年的快速增长形成的过剩产能以及整个行业产能基数加大，使得行业增速放缓；生活用纸行业已走过了高增长时代，进入中高速增长，但增长速度仍会高于全球平均水平。我国仍将是全球生活用纸市场增长的最大驱动力，是全球增长量最高的地区。

2. 竞争更加激烈，加速整合，向高质量发展转型

从宣布的 2019 年及以后计划投产的项目总产能看，新增产能依然大于新增市场容量，所以预测未来市场竞争会更加激烈，估计有些项目还会后延，或者不能达产；整个行业的平均开工率依然会较低；企业为争取市场份额，会选择低价促销，从而有可能引发价格战。

从宣布的 2019 年及以后计划投产的项目企业看，中小企业的纸机更新换代数量继续增加，所以未来落后产能及不具备规模优势的中小型原纸生产企业的淘汰会加速，落后产能将会在近几年内淘汰完毕，行业结构将继续优化，行业从高速增长向高质量发展转型。

随着行业增速放缓，生活用纸生产商竞争加剧，价格战压力已波及到上游的设备供应商，尤其是资金实力相对较弱的部分国产设备供应商面临被淘汰出局的风险。设备行业将重新洗牌和整合，企业间兼并重组、优势互补、合作共赢的发展趋势明显增强。

区域性抱团发展趋势逐渐明显，如河北、川渝、广西等区域内生产企业通过龙头带动、兼并重组、资源共享等有效措施，实现集中化、规模化发展。

我国生活用纸行业主要原材料纸浆依靠进口程度高，企业仍面临着浆价波动及汇率波动的成本压力风险。

本色纸市场增长趋于平稳，目前仍属于差异化型高附加值产品，但未来仍将有新增产能释放，本色纸竞争将日趋激烈，行业企业应注重规避同白色纸产品一样面临的价格战风险。

3. 发展主题

随着生产技术、设备的不断成熟，行业面临着同质化问题，企业应提升市场营销能力特别是销售渠道建设，注重新产品开发特别是功能性设计；加强内部管理，实施精细化的生产、运营管理；另外通过能量回收、自动化、智能化等新技术、新设备的应用，达到设备的高效利用，降低单位产品能源和物料的消耗，以此来降低生产成本，推动企业的高质量发展，提升产品的市场竞争力，这是企业发展的核心和行业发展的主题。

（周　杨　张玉兰　郭凯原）

2018 年一次性卫生用品行业概况和展望

Overview and Outlook of Disposable Hygienic Products in China in 2018

2018 年，虽然我国发展面临多年少有的国内外复杂严峻形势，经济出现新的下行压力，但是经济运行仍保持在合理区间，国内生产总值增长 6.6%，总量突破 90 万亿元。全年社会消费品零售总额 380987 亿元，比 2017 年增长 9.0%。全年全国居民人均可支配收入 28228 元，比 2017 年增长 8.7%，扣除价格因素，实际增长 6.5%。

国内一次性卫生用品（包括吸收性卫生用品和擦拭巾）市场继续增长。卫生巾和成人纸尿裤的消费量都比 2017 年增长，但婴儿纸尿裤基本与 2017 年持平。卫生护垫和婴儿纸尿片消费量继续下降，成人纸尿片和护理垫消费量也出现大幅下降。2018 年吸收性卫生用品的市场规模（市场总销售额）达到约 1188.7 亿元，比 2017 年增长 4.4%。

在吸收性卫生用品（包括女性卫生用品、婴儿纸尿裤/片和成人失禁用品）市场总规模中，女性卫生用品占 47.4%，婴儿纸尿裤/片占 46.7%，成人失禁用品占 5.9%。相比 2017 年，女性卫生用品占比提高，婴儿纸尿裤/片占比稍有下降，成人失禁用品占比继续提升（见表 1 和图 1）。

2013—2018 年，吸收性卫生用品的市场规模和消费量复合年均增长率见表 2 和图 2。

表 1　2013—2018 年吸收性卫生用品市场规模中各类产品占比　单位：%

产品	2018 年	2017 年	2016 年	2015 年	2014 年	2013 年
女性卫生用品	47.4	46.3	48.9	49.7	52.0	56.8
婴儿纸尿裤/片	46.7	48.2	46.4	44.0	41.2	38.1
成人失禁用品	5.9	5.5	4.7	6.3	6.8	5.1

表 2　2013—2018 年吸收性卫生用品的市场规模和消费量及复合年均增长率

项目	年份	女性卫生用品	婴儿纸尿裤/片	成人失禁用品	总计
市场规模/亿元	2018	563.0	555.4	70.3	1188.7
	2017	527.4	548.6	62.9	1138.9
	2016	507.7	480.9	48.8	1037.4
	2015	397.7	352.4	50.7	800.8
	2014	348.5	276.6	45.6	670.7
	2013	354.8	238.3	31.7	624.8
复合年均增长率/%		9.7	18.4	17.3	13.7
消费量/亿片	2018	1193.4	378.7	44.1	
	2017	1200.1	381.8	44.9	
	2016	1186.1	349.1	33.1	
	2015	1147.4	314.6	29.2	
	2014	1028.2	258.0	26.0	
	2013	1052.0	226.2	17.9	
复合年均增长率/%		2.6	10.9	19.8	

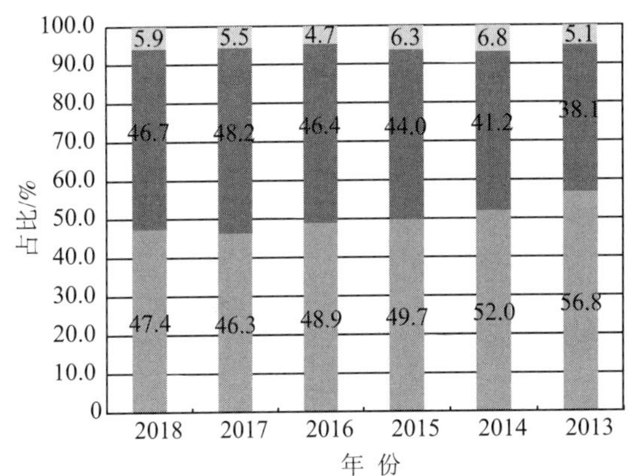

图1　2013—2018年吸收性卫生用品市场规模中各类产品占比

■成人失禁用品　■婴儿纸尿裤/片　■女性卫生用品

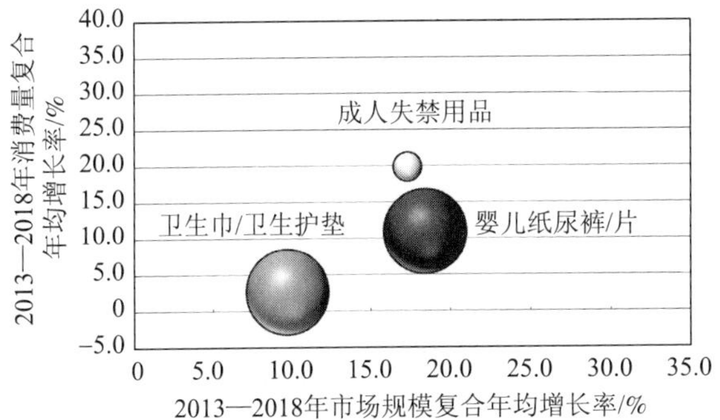

图2　2013—2018年吸收性卫生用品的市场规模和消费量的增长情况（CAGR）

注：2017年和2018年擦拭巾以非织造布用量为依据进行统计，与前几年的数据无可比性，因此本图未包括擦拭巾产品。

一、市场规模

1. 女性卫生用品

2018 年，女性卫生用品市场保持平稳增长。根据中国造纸协会生活用纸专业委员会(以下简称“生活用纸委员会”)统计，卫生巾的生产量约 920.1 亿片，比 2017 年减少 1.5%，工厂销售量约 911.8 亿片，工厂销售额约 292.1 亿元(按平均出厂价 0.32 元/片计算)，消费量约 868.1 亿片，市场规模约 500.6 亿元(按零售加价率 80% 计)，比 2017 年增长 8.9%。卫生护垫生产量约 403.4 亿片，工厂销售量约 380.5 亿片，工厂销售额约 40.6 亿元(按平均出厂价 0.104 元/片计算)，消费量约 325.3 亿片，市场规模约 62.4 亿元(按零售加价率 80% 计)，比 2017 年下降 7.8%。卫生巾和卫生护垫合计市场规模 563.0 亿元，比 2017 年增长 6.8%。

2018 年仍延续 2017 年的趋势，适龄女性人口继续减少，卫生棉条抢占了部分卫生巾的市场，另一方面，卫生意识的提高，女性对个人健康状况更加关注，卫生巾高端化趋势仍在继续，进口卫生巾的数量、金额和平均价格都以两位数的速度增长。这些因素的综合作用，使卫生巾的消费量和市场规模获得增长。2018 年，虽然卫生巾的工厂销售量仅有轻微增长，但平均出厂价较 2017 年提高，使工厂销售额增长了 4.3%。

卫生护垫也延续了 2017 年的趋势，生产量、工厂销售量、消费量、市场规模都出现不同程度的下降，仅工厂销售额因平均出厂价的提高而出现 2.5% 的增长。

2. 婴儿纸尿裤、片

2018 年，婴儿纸尿裤、片整体市场继续保持增长，但增速明显下降。根据生活用纸委员会统计，婴儿纸尿裤、片总生产量约 371.3 亿片，工厂总销售量约 357.6 亿片，总消费量约 378.7 亿片，出现 0.8% 的轻微下降。婴儿纸尿裤、片的工厂销售额合计约 292.7 亿元(婴儿纸尿裤按平均出厂价 0.86 元/片计，婴儿纸尿片按平均出厂价 0.55 元/片计)；市场规模达到 555.4 亿元(按零售加价率 80% 计)，比 2017 年增长 1.2%。市场渗透率由 2017 年的 59.6% 上升到 63.9%，提高了 4.3 个百分点。

消费者对健康高品质生活的不懈追求，促使生产企业加强研发，不断创新升级产品，2018 年，高端产品和拉拉裤产品占比继续提高，平均出厂价格有所提升，使销售额增长高于销售量的增长。

3. 成人失禁用品

成人失禁用品主要包括成人纸尿裤、片和护理垫。2018 年成人失禁用品市场规模继续保持两位数的高速增长，其中成人纸尿裤的消费量和市场规模都有显著增长，而纸尿片和护理垫的消费量和市场规模大幅下降，大部分产品出口海外市场。成人失禁用品购买者以价格为导向的消费理念有所转变，2018 年成人纸尿裤平均出厂价格提高，使工厂销售额增长高于销售量的增长，市场规模增长高于消费量增长。

根据生活用纸委员会统计，2018 年，成人纸尿裤生产量约 44.6 亿片，工厂销售量约 43.3 亿片，工厂销售额约 58.0 亿元(按平均出厂价 1.34 元/片)。成人纸尿片生产量约 9.6 亿片，工厂销售量约 9.4 亿片，工厂销售额约 4.7 亿元(按平均出厂价 0.5 元/片计)。护理垫的生产量约 18.1 亿片，工厂销售量约 16.6 亿片，工厂销售额约 14.3 亿元

（按平均出厂价 0.86 元/片计）。成人失禁用品合计的工厂销售额约 77.0 亿元，市场规模约 70.3 亿元（按零售加价率 40% 计），比 2017 年增长 11.8%。

2018 年，成人失禁用品在按片计的总消费量中，纸尿裤占 66.9%，比 2017 年增加 13.2 个百分点，纸尿片占 11.6%，比 2017 年减少 1.5 个百分点，护理垫占 21.5%，比 2017 年减少 11.7 个百分点。

4. 擦拭巾

从 2017 年度开始，生活用纸委员会以非织造布用量为依据对擦拭巾的生产情况进行统计。擦拭巾包括干巾和湿巾，根据企业填报数据估算，2018 年擦拭巾行业总计消耗非织造布约 29.3 万吨，擦拭巾工厂销售额总计约 84.7 亿元，市场规模约为 90.8 亿元（按零售加价率 40% 计）。

二、主要生产商和品牌

1. 女性卫生用品

经过多年的发展，女性卫生用品市场已基本饱和，没有大型企业进入。2018 年，生活用纸委员会统计在册的卫生巾、卫生护垫生产企业约 650 家，总体集中度仍然较低，市场竞争者仍由多个生产商组成。领先生产商分布在北京、天津、上海、江苏、浙江、福建、河南、湖北、广东、广西、重庆、云南等地，本土生产商主要有：恒安国际集团有限公司、浙江景兴纸业股份有限公司、佛山市啟盛卫生用品有限公司、重庆百亚卫生用品股份有限公司、香港丝宝集团公司、中山佳健生活用品有限公司。本土品牌主要有：倍舒特、美洁、洁伶、清逸堂、可悦、护理佳、舒莱、恒利、小护士等。国际生产商主要有：宝洁公司、尤妮佳公司、金佰利公司、花王公司。高端市场的品牌集中度很高，国际性品牌有：苏菲、护舒宝、高洁丝、乐而雅等；本土企业全国性品牌有七度空间、ABC、安尔乐等；区域性品牌有洁婷、U 适、小妮、自由点、佳期、倍舒特、美洁、洁伶、日子、护理佳、舒莱、好舒爽、小护士等。

2018 年，适龄女性（15～49 岁）人口继续减少，女性卫生用品的消费人群基数继续缩小。同时，进口卫生巾（海关商品编号 96190020 下的进口商品）数量继续保持两位数增长，卫生棉条抢占了部分市场，再加上电商、微商等互联网品牌卫生巾的发展，使卫生巾市场出现新一轮的竞争，主要集中在高端市场。国内领先品牌和国际品牌在竞争中占有优势，获得增长。而一些区域性品牌通过差异化产品和渠道的深耕细作，找到适合自己的发展之路。

恒安国际集团有限公司卫生巾业务销售增长约 6.1% 至 65.94 亿元，占集团收入的 32.1%（2017 年为 34.4%），卫生巾业务的毛利率增长至 69.4%（2017 年为 68.8%）。

维达国际控股有限公司个人护理业务（含女性护理和成人失禁护理）收益增长 7.3% 至 27.67 亿港元，占集团总收益的 19.0%（2017 年为 19.0%），毛利率为 30.4%，业绩溢利率为 8.0%。女性护理方面，“轻曲线”品牌在马来西亚巩固了其龙头地位，并扩大了市场份额。我国市场方面，集团专注于筹备 2019 年开始实施的产品本地化计划。

宝洁公司在发达地区和发展中地区（编者注：包括我国市场）的女性卫生用品有机销售量都获得了 1 位数的增长，主要得益于其产品创新。

金佰利公司在发展中地区和新兴市场的个人护理用品销售额下降了 3%，其中汇率变化使销售额下降 6%，产品组合的改进和净销售价格的提高使销售额分别增长 2% 和 1%。产品组合的改进主要是在我国市场，净销售价格的提高是在拉丁美洲市场，而我国市场的净销售价格出现下降。

花王公司乐而雅高附加值卫生巾产品在日本、我国和其他市场都有强劲表现。

在我国市场，尤妮佳公司独特设计的高档女性卫生用品仍然受到年轻一代的欢迎。

女性卫生用品销售额增长显著的其他企业主要有：佩安婷生用品实业有限公司增长 4 倍多，珠海健朗生活用品有限公司增长 1 倍多，河南舒莱卫生用品有限公司增长 86%，杭州小姐妹卫生用品有限公司增长 81%，上海月月舒妇女用品有限公司增长 28%，深圳全棉时代科技有限公司增长 27%，桂林洁伶工业有限公司增长 24%，杭州豪悦实业有限公司增长 21%，重庆百亚卫生用品股份有限公司增长 19%，杭州可靠护理用品股份有限公司增长 19%，广东川田卫生用品有限公司增长 17%，上海东冠纸业有限公司增长 15%，湖南千金卫生用品股份有限公司增长 13%，杭州川田卫生用品有限公司增长 12%，杭州珍琦卫生用品有限公司增长 11%。另一方面，在行业竞争的压力下，有些区域性品牌没有及时调整经营策略、找到应对措施，业绩出现明显下滑，经营压力加大。

2. 婴儿纸尿裤、片

婴儿纸尿裤、片行业仍处于调整期，市场竞争激烈。2018 年，生活用纸委员会统计在册的婴儿纸尿裤、片生产企业701家，市场竞争者仍由多个生产商组成。领先生产商主要集中在天津、上海、江苏、浙江、安徽、福建、湖南、广东、贵州等地，本土生产商主要有：恒安国际集团有限公司、广东昱升卫生用品实业有限公司、杭州千芝雅卫生用品有限公司、爹地宝贝股份有限公司、杭州豪悦实业有限公司、广东茵茵股份有限公司、凯儿得乐(深圳)科技发展有限公司、湖南康程护理用品有限公司、杭州可靠护理用品股份有限公司、婴舒宝(中国)有限公司、福建利澳纸业有限公司、湖南舒比奇生活用品有限公司、东莞市常兴纸业有限公司、雀氏(福建)实业发展有限公司、贵州卡布国际卫生用品有限公司等。国际生产商：宝洁公司、尤妮佳公司、金佰利公司、花王公司、大王公司等。高端市场的品牌集中度很高，国际性品牌有：帮宝适、妈咪宝贝、Moony、好奇、妙而舒、GOO. N等，全国性品牌有：安儿乐，区域性品牌有：吉氏、名人宝宝、爹地宝贝、希望宝宝、茵茵、凯儿得乐、倍康、酷特适、婴舒宝、乐贝、舒比奇、一片爽、雀氏、卡比布等。

2018年，阶段性的产能过剩、进口产品的冲击以及渠道碎片化带来的挑战，是婴儿纸尿裤、片行业最突出的问题。不少区域性品牌甚至是国内、国际领先品牌的业绩都出现了不同程度的下滑，但是也有很多品牌通过产品和设备的升级、管理的优化、效率的提升获得了显著的增长。

恒安国际集团有限公司纸尿裤业务收入下降约14.4%至约15.36亿元，约占集团整体收入的7.5%(2017年为9.9%)，毛利率下降至39.2%(2017年为40.8%)。年内，集团积极加快布局纸尿裤电商销售的步伐，电商纸尿裤销售约占纸尿裤整体销售的35%以上，同比增长约10%，缓和了集团纸尿裤整体销售额的跌幅。同时，集团不遗余力发展高质、高档、高毛利产品，“Q·MO”的销售额同比增长超过3倍，占纸尿裤销售收入的5%以上。“安儿乐”升级版产品“小轻芯”销售增长显著，增长率超过15%。

宝洁公司婴儿护理用品业务在发展中地区市场(编者注：包括我国市场)出现高1位数的下降，主要是由于竞争、市场萎缩和贸易库存减少等因素造成的。

由于2019年1月我国开始实施新的电商法规等因素，导致从日本购买纸尿裤到我国再销售的需求大大减少，花王公司妙而舒 Merries 婴儿纸尿裤在日本的销售出现下降。同时，由于激烈的价格竞争，以及我国本土生产商的积极开拓，花王纸尿裤在我国市场的销售也出现了下降。

尤妮佳公司继续加强电商渠道的销售，并致力于提高 Moony 系列婴儿纸尿裤和拉拉裤在我国市场的知名度，满足我国市场对日本进口高档纸尿裤的需求，同时大力推广拉拉裤。

婴儿纸尿裤、片销售额有明显增长的企业有：杭州淑洁卫生用品有限公司增长1倍多，鹤山市嘉美诗保健用品有限公司增长95%，杭州豪悦实业有限公司增长93%，贵州卡布国际卫生用品有限公司增长61%，湖南千金卫生用品股份有限公司增长55%，杭州珍琦卫生用品有限公司增长42%，湖南爽洁卫生用品有限公司增长38%，广东康怡卫生用品有限公司增长30%，爹地宝贝股份有限公司增长26%，杭州川田卫生用品有限公司增长24%，重庆百亚卫生用品股份有限公司增长23%，湖南舒比奇生活用品有限公司增长23%，盐城市恒利卫生用品有限公司增长22%，广东昱升卫生用品实业有限公司增长19%，怡佳(福建)卫生用品有限公司增长18%。

3. 成人失禁用品

2018年，生活用纸委员会统计在册的成人失禁用品生产商448家，领先企业主要分布在北京、天津、河北、上海、江苏、浙江、安徽、福建、广东等地。本土生产商主要有：杭州可靠护理用品股份有限公司、杭州千芝雅卫生用品有限公司、杭州珍琦卫生用品有限公司、恒安国际集团有限公司、杭州豪悦实业有限公司、杭州淑洁卫生用品有限公司、苏宁控股集团有限公司、上海亿维实业有限公司、北京倍舒特妇幼用品有限公司、天津小护士卫生用品股份有限公司、江苏永福康卫生用品科技有限公司、宁波金洁日用品厂、芜湖悠派护理用品科技股份有限公司、上海唯尔福集团股份有限公司、广东昱升卫生用品实业有限公司等，国际生产商有：Essity公司、金佰利公司、尤妮佳公司等。国际性品牌有：得伴、添宁、乐互宜等，全国性品牌有：安而康，区域性品牌有：可靠、千芝雅、自由生活、汇泉、益年康、安帕、宝莱、倍舒特、小护士、永福康、一把手、悠派、唯尔福、肯得康等。

成人失禁用品市场面临的主要挑战是消费习惯和生活方式的转变、消费者教育和产品宣传，不仅仅是老年人群，还包括轻度失禁的年轻人群。2018年，国际和国内领先品牌积极开拓市场、加大推广宣传力度，促进了成人纸尿裤市场的增长，自身业绩也获得提升。同时，很多企业继续开展外贸业务，向海外市场寻求发展。

2018 年，恒安国际集团有限公司的成人纸尿裤业务收入约 1.75 亿元(2017 年为 1.5 亿元)，同比增长约 15.1%，占纸尿裤销售收入的 11.4%(2017 年为 8.5%)。成人纸尿裤产品于 2018 年进入马来西亚市场，为未来在马来西亚及东南亚市场发展奠定良好的基础。

2018 年，维达国际控股有限公司个人护理用品业务中的失禁护理用品获得令人满意的增长，主要得益于电商及专销渠道的进一步拓展。裤型产品于我国境外各地区的市场渗透也取得良好的发展势头。

2018 年，成人失禁用品销售额增长较多的企业有：爹地宝贝股份有限公司增长 95%，鹤山市嘉美诗保健用品有限公司增长 77%，北京倍舒特妇幼用品有限公司增长 68%，河北义厚成日用品有限公司增长 62%，杭州淑洁卫生用品有限公司增长 50%，东莞市宝适卫生用品有限公司增长 46%，东莞市常兴纸业有限公司增长 40%，上海亿维实业有限公司增长 34%，福建莆田佳通纸制品有限公司增长 33%，杭州可靠护理用品股份有限公司增长 31%，浙江英凯莫卫生用品有限公司增长 28%，杭州千芝雅卫生用品有限公司增长 24%，广东昱升卫生用品实业有限公司增长 20%，佛山市南海区必得福无纺布有限公司增长 11%。

4. 宠物卫生用品

2018 年，生活用纸委员会统计在册的宠物卫生用品生产企业共 64 家，主要分布在北京、天津、河北、辽宁、上海、江苏、浙江、安徽、福建、山东等省市。

5. 擦拭巾

2018 年，生活用纸委员会统计在册的擦拭巾(包括干巾、湿巾)生产企业 771 家，主要分布在河北、辽宁、上海、江苏、浙江、安徽、福建、山东、湖北、广东、重庆等地，但全国性品牌不多。有很多企业给其他国内企业或零售商做贴牌或给国外企业生产 OEM 产品。

据生活用纸委员会统计，2018 年，婴儿专用湿巾和通用型湿巾仍是占比最大的类别，其他类别的湿巾占比较小。厨房清洁湿巾和厕用湿巾(湿厕纸)占比基本与 2017 年持平，并未出现明显增长。干巾作为面巾纸和湿巾的跨界产品，干湿两用、携带方便，且满足了消费者尽量少接触化学品的需求，成为湿巾的有益补充。各品类擦拭巾的生产量的比例见图 3。

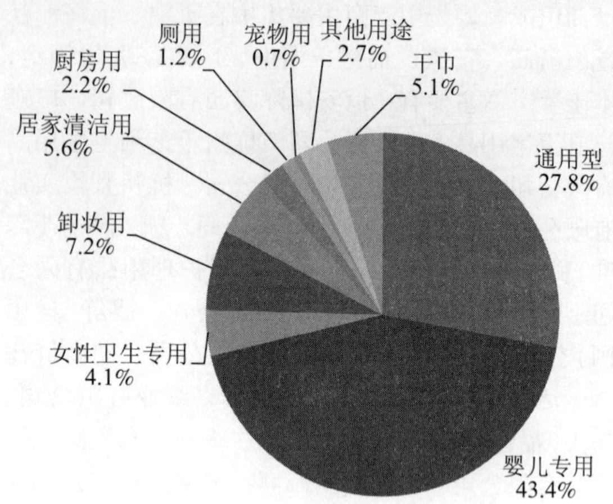

图3 2018年各品类擦拭巾生产量的比例
(以非织造布用量计)

三、进出口情况

1. 出口显著增长

一次性卫生用品行业出口贸易继续保持活跃，且增幅明显加大。出口的吸收性卫生用品占行业总规模的 12.24%(2017 年为 11.00%)，湿巾占行业总规模的 23.17%(2017 年为 23.60%)。据海关总署统计数据，2018 年吸收性卫生用品的出口量比 2017 年增长 14.62%(2017 年比 2016 年增长 12.79%)，出口额增长 13.79%(2017 年比 2016 年增长 5.88%)，出口产品中成人失禁用品占比最大。一次性卫生用品出口平均价格普遍下降，下降幅度最大的是湿巾产品。

婴儿纸尿裤、片出口量增长较多的企业有：北京爸爸的选择科技有限公司增长 3 倍多，江苏德邦卫生用品有限公司增长 1 倍多，湖南康程护理用品有限公司增长 34%，杭州珍琦卫生用品有限公司增长 30%，盈家(集团)卫生用品有限公司增长 19%，杭州豪悦实业有限公司增长 15%。

成人失禁用品出口量增长较多的企业有：北京倍舒特妇幼用品有限公司增长 98%，杭州豪悦实业有限公司增长 37%，上海亿维实业有限公司增长 35%，杭州珍琦卫生用品有限公司增长 23%。另外，天津依依卫生用品有限公司的宠物卫生用品出口量较大，且有 24% 的增长。

海关总署数据显示，2018 年我国吸收性卫生用品出口量排名前 10 位的出口目的国家和地区依次为：美国、菲律宾、日本、韩国、加纳、印度、俄罗斯、肯尼亚、中国香港、英国。出口量排名前 5

位的省市分别为福建、广东、浙江、江苏、天津。

2018 年，湿巾出口贸易保持高速增长，且增速高于 2017 年。“商品编号 34011990(湿巾)”1 项，出口量比 2017 年增长 25.15%(2017 年比 2016 年增长 18.60%)，出口金额增长 20.50%(2017 年比 2016 年增长 14.24%)。湿巾出口量排名前 10 位的出口目的国家和地区是：美国、日本、澳大利亚、英国、智利、丹麦、菲律宾、秘鲁、中国香港、哥伦比亚。湿巾出口量排名前 5 位的省市分别为浙江、江苏、广东、安徽、上海。

2. 进口明显减少

2018 年，吸收性卫生用品进口明显减少，占行业总规模的 7.1%(2017 年为 8.2%)，进口量和进口额分别下降 16.71% 和 12.33%。其中婴儿纸尿裤进口量和进口额也出现两位数下降，但仍是进口量最大的产品，其进口量和进口额分别占吸收性卫生用品进口总量的 91.4% 和 86.3%。进口婴儿纸尿裤主要来自日本，进口量和进口额分别占 96.7% 和 96.5%，如花王、大王、尤妮佳等公司的产品，宝洁也从日本进口超高端特级棉柔敏感肌系列纸尿裤。

卫生巾类(含卫生棉条)产品进口增速仍保持在两位数，其在进口吸收性卫生用品中占比仍较小，进口量和进口额分别占 4.8% 和 11.7%。进口的卫生巾类(含卫生棉条)产品主要来自日本、加拿大、匈牙利、韩国等国家，其中日本进口量占比最大，为 42%。

2018 年进口的湿巾占行业总规模的 1.33%(2017 年为 1.70%)。

3. 对外贸易政策变化惠及卫生用品行业

2018 年 11 月 26 日，纸浆期货在上海期货交易所上市，交易品种为漂白硫酸盐针叶木浆，对于严重依赖进口绒毛浆的卫生用品行业来说，有利于形成纸浆市场公开透明的定价机制，并为产业链上下游企业提供有效的风险管理工具。

四、市场变化和发展特征

2018 年，我国卫生用品行业承受着来自国际国内各方的重重压力，人民币贬值、中美贸易战、原材料价格上涨、环保政策趋严、行业内还存在价格战等无序竞争现象。面对如此压力，卫生用品行业仍然艰难前行，领军企业和中坚力量苦练内功，提升技术装备水平和企业管理水平，加强自主研发，坚守国产品牌的阵地。

1. 投资继续，但主要是国内企业的升级扩产，跨国公司没有新增投资

领军企业布局“一带一路”国家和发达国家市场，如：恒安国际集团有限公司成功收购马来西亚皇城集团公司后，继续拓展海外市场，2018 年 2 月，在俄罗斯伏尔加格勒州注册成立“恒安(东方)卫生用品有限责任公司”；爹地宝贝股份有限公司继续开拓韩国市场，已经获得韩国人体测试无过敏的标准认证及 KC 认证，并蝉联两届韩国 CBPI 最受顾客喜好品牌称号；湖南康程护理用品有限公司继德国之后，继续进军发达国家市场，其“零敏特护”系列婴儿纸尿裤在澳大利亚、新西兰两地同步上市。

国内现有卫生用品企业投资扩产，提升技术装备的自动化水平，打造数字化、智能化、花园式工厂，如：杭州千芝雅卫生用品有限公司、杭州豪悦实业有限公司、湖南爽洁卫生用品有限公司、杭州可悦卫生用品有限公司等引进国际先进水平的设备，扩大高端产品产能；爹地宝贝股份有限公司率先完成工业 4.0 智能制造转型，先进智能化的原材料立体仓库和成品立体仓库投入使用，打造全国首家纸尿裤全自动化智能工厂，实现花园式工厂的设想；深圳全棉时代科技有限公司黄冈物流中心自动化立体仓库正式上线，大幅提高物流服务水平，缩短用户下单到收货的时间。

知名电商、微商品牌投资建厂或通过并购方式延伸到生产领域，如：凯儿得乐(深圳)科技发展有限公司与香港苏氏国际有限公司以合并的形式实现资源全面整合，后续苏氏工厂将作为凯儿得乐(深圳)科技发展有限公司子公司进行独立运营；母婴品牌 mikibobo 在江苏省扬州市宝应县建设隅田川—米奇母婴产业园，主要生产婴儿纸尿裤、拉拉裤、棉柔巾及女性高端卫生巾等产品，将满足 mikibobo 在亚洲等新兴市场的出货需求。

仍有外行业的企业进入卫生用品行业寻求发展，如：湖北马应龙护理品有限公司与其他 2 家企业共同发起成立了武汉马应龙大健康有限公司，主营卫生用品、消毒用品、非织造布制品、纸制品等；依托华夏幸福产业与潘德妈妈母婴电商平台成立的安徽亚龙母婴用品科技有限公司年产 22 亿片纸尿裤项目奠基；福建省金鹿日化股份有限公司推出“金鹿宝贝”品牌纸尿裤，并依托微商渠道进军婴儿纸尿裤市场。

2. 卫生用品行业重视上下游产业链合作研发，多家企业投资成立研发中心或企业研究院

中轻(晋江)卫生用品研究有限公司 2018 年 10 月正式成立，该公司由中国制浆造纸研究院有限公司联合恒安国际集团有限公司、维达国际控股有限公司、爹地宝贝股份有限公司、雀氏(福建)实业发展有限公司、美佳爽(中国)有限公司、厦门延江新材料股份有限公司、福建琦峰科技有限公司 7 家卫生用品原材料和终端产品制造企业共同出资建立的独立法人机构，旨在依托中国制浆造纸研究院有限公司在造纸行业中的品牌影响力和优质行业科技资源，结合晋江周边的卫生用品产业聚集优势，打造集检测、标准、认证、培训、研发多功能于一体的卫生用品产业公共服务平台。平台将以福建省晋江市为中心，辐射泉州、福建、广东以及珠江三角洲、长江三角洲。

恒安国际集团有限公司投资建设的研发大楼已竣工，未来，整个集团的研发都将集中于此，设立原材料测试中心、产品检测中心、产品体验中心，在集团内部实现抽、检、判分离的管理模式。

杭州可靠护理用品股份有限公司成立了护理产品创新研究院；芜湖悠派护理用品科技股份有限公司成立了悠派护理产业研究院；杭州豪悦实业有限公司成立了豪悦护理用品和高分子新型复合材料研究中心；湖南舒比奇生活用纸有限公司联合美国惠好公司、德国科凯公司、日本瑞光公司、美国 3M 公司等国际上下游企业成立了全球联合研发中心；山东荣泰新材料科技有限公司设立了“中国弹性非织造布研发基地(山东)”；北京京兰非织造布有限公司联合光山白鲨针布公司和天津工业大学成立非织造布梳理技术研究站；黄山富田精工制造有限公司成立了“中国一次性卫生制品装备产业链协同创新中心”；杭州新余宏智能装备有限公司并入科大智能科技股份有限公司后，与中国科学技术大学、合肥工业大学、浙江大学、浙江工业大学等技术院校联手进行关键技术的研究开发。

3. 卫生用品继续向高端方向发展，满足消费者个性化、高品质、健康生活需求的创新产品不断涌现

经期护理用品品类更丰富，卫生巾注重透气及护肤功能，经期裤更加普及，已成为夜用卫生巾的有效替代品。卫生棉条在电商渠道受到追捧，国际知名品牌都加入了竞争行列，国产品牌仍然只有江苏有爱科技有限责任公司的非秘和青岛优佳卫生科技有限公司的 BiuBiu。

婴儿纸尿裤的消费保持高端化趋势，国产品牌精益求精，从细节入手，不断升级产品，更加关注透气性、舒适性和安全性。跨国品牌顺应我国高端消费需求，继续引进最新款婴儿纸尿裤产品。

成人失禁用品的价格导向型消费有所改变，领先企业摒弃价格手段，潜心提升产品性能，培育高端市场，在满足基本吸液功能的基础上，针对亲肤、除臭、透气等升级需求进行研发。国际品牌对轻度失禁人群给予更多关注，如：金佰利公司旗下的得伴品牌在我国推出了专为轻度失禁人士设计的安心巾及为中重度尿失禁患者研发的出门裤 2 款新品；花王公司引进了日本原装的乐而雅“舒乐悠吸水呵护巾”，为消费者提供更加舒适专业的产品来解决因轻度失禁造成的漏尿尴尬。

湿巾产品更倾向于使用天然原材料，如棉、麻、可降解的粘胶纤维等，且更注重产品的功能性和可降解性。干巾受到消费者青睐，其干湿两用的便利性及不添加防腐剂的特性成为独特卖点。

4. 婴儿拉拉裤(内裤式纸尿裤)市场高速增长

2018 年，婴儿拉拉裤市场份额继续扩大，在统计涵盖的企业中，婴儿纸尿裤的销售量中拉拉裤占比达到 27.2%，比 2017 年增长 2.3 个百分点，且增长率远高于纸尿裤行业平均水平。婴儿拉拉裤的主要生产企业集中在广东、福建、浙江和湖南等地区。

5. 销售渠道多元化、碎片化，新零售发展如火如荼

卫生用品零售业的主要渠道及消费人群都发生了巨大的变化，销售渠道更加多元化、碎片化，80 后、90 后已成为主要的消费人群，他们追求高品质、个性化，拥有一定的消费能力，更注重产品体验。

根据尼尔森的调查数据，与 10 几年前相比，2018 年，零售渠道的组成和占比发生了巨大的变化(见表 3)。2006 年，传统渠道和现代渠道占比分别为 58% 和 42%，到了 2018 年，传统渠道和大型现

表 3 2018 年不同渠道的消费者比例

渠道	消费者比例/%
现代 + 电商	84
现代 + 传统	65
电商 + 传统	60
现代 + 传统 + 电商	60
仅现代	8
仅电商	1
仅传统	1

注：资料来源于尼尔森。

代渠道已经萎缩，分别占21%和27%，总计占比不到50%。而其余1/2以上的市场份额被新兴渠道取代，电商占24%，小型现代渠道占15%，母婴店占7%，其他新兴渠道占6%。面对渠道的变化，消费者有了更多的选择，2018年，选择单一渠道消费的人群仅占10%，大多数消费者选择跨渠道消费。线下渠道中，母婴店、便利店、化妆品店、小型超市等因其便利性和专业性而获得消费者青睐，不论是开店数量还是销售额都取得较大增长。线上渠道中，社交电商发展迅速。2018年我国社交电商发展模式主要有3种：基于微信生态模式的拼团模式、以S2B2C为代表的分销模式、以UGC内容为依托的社区导购模式。

卫生用品企业积极拥抱新零售，全面布局线上和线下，尝试各种新兴渠道和手段，树立品牌形象、提升市场份额。

恒安国际集团有限公司与京东新通路签署战略合作协议，双方不仅在打通B2B2C营销环节加大力度，加强与消费者的互动、优化选品、增加区域性产品，同时还联手打造数千家品类旗舰店；七度空间Space7与天猫女王节联手打造的智慧快闪店在深圳KKONE中心开业，主打消费者升级；恒安国际集团有限公司与万达传媒有限公司深度合作，探索高效高质的融合营销模式，并通过万达传媒有限公司进一步对接万达集团股份有限公司更广阔的平台资源、影视资源与独家IP，实现线上与线下、媒介与渠道、内容与情感、品牌与记忆的融合。

维达国际控股有限公司积极寻找营销的“价值洼地”，设计了一系列合理、有趣、高养分的社交创意，并一直积极进行粉丝运营。与此同时，维达品牌持续关注并致力提高消费者体验，打通生产、销售、供应链、服务等各部门链路。稳固的线下渠道发展，与电商实现了线上线下的消费交互，既沉淀了品牌资产，又能为营销带来全新的视觉。

金佰利公司与京东商城新通路达成战略合作，双方在产品升级、平台塑造以及互惠模式3个方面进一步深化合作。至此，好奇、高洁丝、舒洁均已入驻新通路，双方携手打造母婴模范品类活动，共同推动母婴品类覆盖门店数与销量的全面提升。

帮宝适正式入驻众包分销平台爱库存，布局社交电商领域。

爹地宝贝股份有限公司携手贝贝生活日记发布PEN-ELOPE贝贝生活日记纸尿裤，是爹地宝贝股份有限公司迎接消费升级，发力新零售的战略性布局，其在品牌营销策略上采取了以社交电商为核心的新零售模式。

雀氏(福建)实业发展有限公司与阿里巴巴集团控股有限公司零售通合作，提升雀氏品牌下沉效率，进一步扩大雀氏母婴产品在线下零售小店的市场份额，终端营销和消费触达更加精准。

湖南一朵生活用品有限公司与社交电商平台贝店正式达成战略合作，另外还与蜜芽达成新零售战略合作，携手打造以“场景化、体验感”等为特点的“蜜芽一朵”门店模式，提升竞争力和盈利能力。

广东茵茵股份有限公司将蜜哦作为社交新零售渠道唯一合作平台，建立了长期战略合作伙伴关系，正式推出两款社交新零售产品——柔软时光婴儿训练裤和纸尿裤。

五、绒毛浆和高吸收性树脂的供应情况

1. 绒毛浆

2018年我国吸收性卫生用品行业使用的绒毛浆仍然以进口浆为主，国产绒毛浆的数量仍然很少，主要生产商福建腾荣达纸业有限公司BCTMP杉木绒毛浆生产能力4万吨/年。

2018年，中美贸易摩擦导致原产于美国的绒毛浆关税由0增长到5%，使我国卫生用品行业大部分从美国进口的绒毛浆价格大幅上涨，加上其他各类原材料价格也不断上涨，生产企业承受巨大经营压力，市场竞争更加激烈。

2. 高吸收性树脂

2018年，生活用纸委员会统计到的我国大陆包括外商独资企业在内的高吸收性树脂生产商的生产能力约为121.5万吨/年。整个行业的产能利用率不高，存在产能过剩问题，行业内出现了价格竞争，有些产品售价已在成本以下，全年平均价格在1.1万元/吨左右。同时，企业也在积极寻求出口市场和工业、农业等其他用途市场，宜兴丹森科技有限公司有约70%产品出口，浙江卫星新材料有限公司有约40%出口，三大雅精细化学品(南通)有限公司、山东省博兴县博亚新材料有限公司、珠海得米新材料有限公司有约30%出口，诺尔生物科技有限公司、湖北乾峰新材料科技有限公司有约15%出口。

各企业的扩产计划如下：

浙江卫星新材料有限公司原计划2018年新增的2条SAP生产线，于2019年年初投产，新增产能6万吨/年；

上海华谊丙烯酸有限公司的原有SAP工厂已拆

除，新厂正在建设中，产能 3 万吨/年，预计 2019 年 11 月建成投产；

珠海得米新材料有限公司计划 2020 年 SAP 产能达到 6 万吨/年。

六、国家标准的修订和相关新标准的制定，进一步规范产品生产和推动行业发展

《GB/T 8939—2018 卫生巾(护垫)》是对《GB/T 8939—2008 卫生巾(含卫生护垫)》的修订，新标准与原标准相比，主要增加了甲醛含量、可迁移性荧光物质两项安全指标，采用吸收速度代替渗入量指标，增加了吸收速度测定方法，调整了背胶剥离强度测定方法。

《GB/T 22875—2018 纸尿裤和卫生巾用高吸收性树脂》是对《GB/T 22875—2008 卫生巾高吸收性树脂》和《GB/T 22905—2008 纸尿裤高吸收性树脂》的整合修订，主要提高了残留单体(丙烯酸)安全指标要求，调整了吸收速度指标要求和挥发物含量的测定方法，增加了返黄值、可萃取物含量指标及相应测定方法。表 4 为国家标准的制、修订及实施日期。

表 4　国家标准的制、修订及实施日期

标准名称	实施日期	备注
《WS 575—2017 卫生湿巾卫生要求》	2018-03-01	制定
《GB/T 34448—2017 生活用纸及纸制品甲醛含量的测定》	2018-05-01	制定
《GB/T 35613—2017 绿色产品评价　纸和纸制品》	2018-07-01	制定
《GB/T 22875—2018 纸尿裤和卫生巾用高吸收性树脂》	2019-01-01	修订
《GB/T 36420—2018 生活用纸和纸制品化学品及原料安全评价管理体系》	2019-01-01	制定
《GB/T 8939—2018 卫生巾(护垫)》	2019-07-01	修订

七、国产设备在自动化水平、运行稳定性和生产效率等方面获得显著提升

卫生用品设备制造商聚焦于设备稳定性、智能化和定制化，在提高生产速度的同时进一步提升生产效率，不但满足国内卫生用品企业需求，还向更广阔的国际市场迈进。

卫生巾设备生产速度达到 2000 片/分，无废料弹性大耳贴婴儿纸尿裤、环抱式弹力腰围婴儿纸尿裤及婴儿拉拉裤设备生产速度达到 1000 片/分，成人纸尿裤及成人失禁裤设备生产速度达到 400 片/分。

设备制造商致力于开发智能化、模块化设备，在追求高速、高效的同时降低消耗。超声波粘合技术应用日趋成熟，除了在拉拉裤腰围两侧的应用，还不断研发将超声波技术应用于卫生用品的各个部位，致力于产品的少胶或无胶化设计，不断减少原材料用量。

领先企业的设备除了满足国内市场的需求外，还大力开拓海外市场，涉足欧洲、美洲、东南亚、中东、西亚、非洲等国际市场。

随着人工成本的不断上涨以及对包装质量和效率的要求不断提高，包装设备的自动化、智能化程度不断提升，减少了包装工段的用工人数、降低了劳动强度，同时提升了包装质量和美观性。

八、市场展望

1. 女性卫生用品

目前，卫生巾市场已经基本饱和，且适龄女性(15 ~ 49 岁)人口连年下降，未来市场的主要驱动力仍然是产品的高端化、差异化、个性化以及使用频次的提高。

现阶段，适龄女性中包含 70 后、80 后、90 后、00 后 4 个年代的人，她们的生活理念、行为习惯、兴趣爱好以及消费方式都有较大差异，做好消费者研究是品牌定位和产品研发的重要基础。

经期裤仍以夜用为主，虽然可以取代部分加长型夜用卫生巾，但是市场容量毕竟有限，适合白天穿着、又方便更换的经期裤产品是潜在的市场需求。

卫生棉条的市场将继续增长，但还要依赖各大品牌的推广、宣传和消费者教育。

2. 婴儿纸尿裤、片

根据国家统计局发布数据，2018 年全年出生人口 1523 万人，比 2017 年减少 200 万人。“全面两孩”政策效应在 2016 年、2017 年集中释放(2017 年为 1723 万人，2016 年为 1786 万人)，2018 年政策效应有所弱化，二孩生育率下降。2018 年，0 ~ 2 岁婴儿人数比 2017 年减少 263 万人。预计未来几年，育龄女性人口的下降趋势不减、出生人口不会出现大幅增长或有可能减少，市场增长的驱动力主要是产品创新、消费升级、人均使用量的增加以及下线城市及农村市场渗透率的提升。

由于整个行业产能过剩，婴儿纸尿裤、片市场仍将处于竞争激烈的调整期，进口产品的冲击仍将存在，低端产品及价格竞争不可避免，但是正规做品牌、做产品的企业会不断从内部挖潜、改进管理水平、降本增效，提升自身的竞争力，强者愈强。

3. 成人失禁用品

统计公报显示，2018 年年末，我国 60 周岁及以上人口 24949 万人，占总人口的 17.9%，比 2017 年年末增长了 0.6 个百分点。其中，65 周岁及以上人口 16658 万人，占总人口的 11.9%，比 2017 年年末增长了 0.5 个百分点。

我国人口老龄化程度日益加剧，老龄化的同时带来了更多的老年疾病，如中风、痴呆、糖尿病、前列腺疾病、膀胱疾病等，这些疾病都容易造成短期和长期尿失禁或者行动不便，成人失禁用品市场需求巨大。

2018 年，我国人均 GDP 达到 64520 元(约合 9630 美元)，完全满足形成相当规模的失禁用品消费群体的必要条件，即人均 GDP 达到 8000 ~ 10000 美元。目前，制约成人失禁用品市场发展的因素仍然是消费观念和对失禁用品的认知等心理因素，需要全行业共同努力进行宣传和引导。

随着老龄化的来临，养老产业受到社会各界的关注。对养老产业的发展，国家更多的是通过放宽行业准入，加强质量、安全、价格等方面的行业监管和制度建设，以规范引导各种社会力量介入养老产业，推动我国养老服务业的快速发展。在这样的大趋势下，未来成人失禁用品行业必将迎来快速发展期。

另外，生产企业的产品类别、规格更细分，能够满足轻度、中度、重度失禁人群的需求，也是推动行业发展的一个重要因素。

4. 擦拭巾

目前，国内擦拭巾市场仍以婴儿用湿巾、干巾、通用型湿巾为主，这可能与消费者的使用习惯有关，有些消费者并未细分用途而是将婴儿湿巾和通用湿巾用于多种用途。随着生活水平的提高和人们对精致生活的追求，未来擦拭巾的品类将会更加细分。厕用湿巾、厨房湿巾、清洁/消毒湿巾等功能性专用湿巾具有很大的增长潜力。

另外，根据发达国家的经验，除了居家用擦拭巾外，餐饮服务业和工业用擦拭巾也是市场增长的重要驱动力。

(孙　静　邢婉娜　曹宝萍　张玉兰)

2018 年我国包装纸板发展概况

Development of Packaging Paperboard Industry in China in 2018

2018 年我国包装纸板三大纸种，白纸板、箱纸板和瓦楞原纸的生产量和消费量近 10 年首次出现负增长。2018 年包装纸板行业受到环保持续趋严、原料供给受限等因素影响，产销总量基本平稳，但行业利润下降，库存增加。2018 年我国包装纸板主要生产企业的产能已超过了全国包装纸板的总生产量。如何在新的外部环境下持续健康发展对包装纸板行业提出了更高的要求。

一、包装纸板市场现状

1. 包装纸板的生产量、消费量及进出口量概况

据中国造纸协会《中国造纸工业 2018 年度报告》资料，近 10 年我国包装纸板（白纸板、箱纸板和瓦楞原纸）的生产量、消费量及进出口量见表 1。生产量和消费量近 10 年来首次出现负增长。

表 1　2009—2018 年包装纸板的生产量、消费量及进出口量　单位：万吨

产品名称		2009 年	2010 年	2011 年	2012 年	2013 年	2014 年	2015 年	2016 年	2017 年	2018 年
生产量	箱纸板	1730	1880	1990	2080	2040	2180	2245	2305	2385	2145
	瓦楞原纸	1715	1870	1980	2020	2015	2155	2225	2270	2335	2105
	白纸板	1150	1250	1340	1390	1360	1395	1400	1405	1430	1335
消费量	箱纸板	1809	1946	2073	2157	2106	2240	2297	2364	2510	2345
	瓦楞原纸	1758	1889	1991	2027	2013	2152	2228	2271	2396	2213
	白纸板	1160	1254	1322	1379	1310	1301	1299	1265	1299	1219
进口量	箱纸板	85.76	80	93	84	83	86	84	94	137	207
	瓦楞原纸	45.46	24	17	14	7	5	9	8	65	111
	白纸板	71.32	77	79	72	66	64	61	58	62	54
出口量	箱纸板	7.13	14	10	7	17	26	32	35	12	7
	瓦楞原纸	3.18	5	6	7	9	8	6	7	4	3
	白纸板	61.02	73	97	83	116	158	162	198	193	170

（1）白纸板

2018 年白纸板生产量 1335 万吨，比 2017 年下降 6.64%；消费量 1219 万吨，比 2017 年下降 6.16%。2009—2018 年白纸板生产量年均增长率 1.67%，消费量年均增长率 0.55%。2009—2018 年我国白纸板的生产量和消费量如图 1 所示。

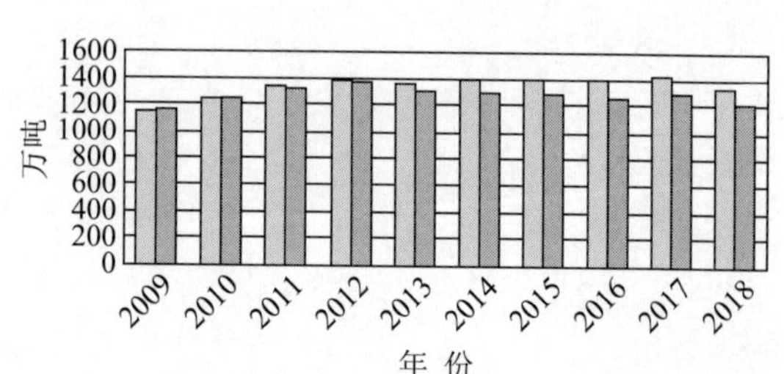

图1　2009—2018年我国白纸板的生产量和消费量

▫生产量 ▪ 消费量

（2）箱纸板

2018 年箱纸板生产量 2145 万吨，比 2017 年下降 10.06%；消费量 2345 万吨，比 2017 年下降

6.57%。2009—2018 年箱纸板生产量年均增长率 2.42%，消费量年均增长率 2.93%。2009—2018 年我国箱纸板的生产量和消费量如图 2 所示。

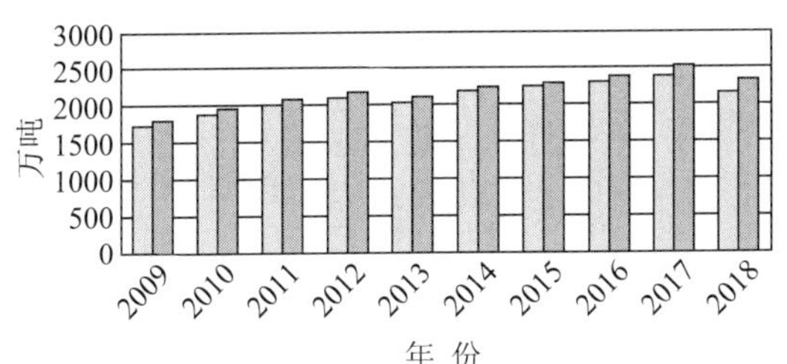

图2　2009—2018年我国箱纸板的生产量和消费量

□生产量　■消费量

（3）瓦楞原纸

2018 年瓦楞原纸生产量 2105 万吨，比 2017 年下降 9.85%；消费量 2213 万吨，比 2017 年下降 7.64%。2009—2018 年瓦楞原纸生产量年均增长率 2.30%，消费量年均增长率 2.59%。2009—2018 年我国瓦楞原纸的生产量和消费量如图 3 所示。

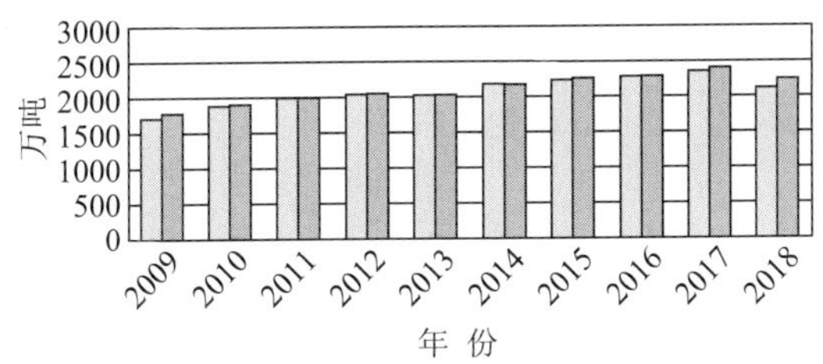

图3　2009—2018年我国瓦楞原纸的生产量和消费量

□生产量　■消费量

2. 包装纸板进出口量

2018 年包装纸板三大纸种中，箱纸板和瓦楞原纸的进口量大幅提高，分别达到 207 万吨和 111 万吨，同比增长 51% 和 71%。

（1）白纸板

2018 年白纸板出口量 170 万吨，大于进口量 54 万吨，净出口量 116 万吨。2009—2018 年我国白纸板的进出口量如图 4 所示。

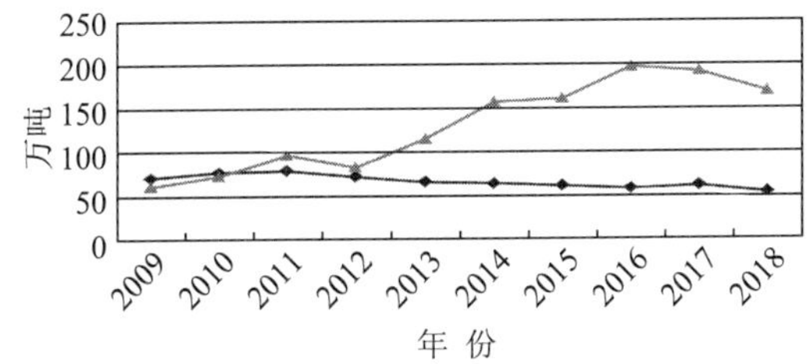

图4　2009—2018年我国白纸板的进口量及出口量

—◆—进口量　—▲—出口量

（2）箱纸板

2018 年箱纸板进口量 207 万吨，大于出口量 7 万吨，净进口量 200 万吨。2009—2018 年我国箱纸板的进出口量如图 5 所示。

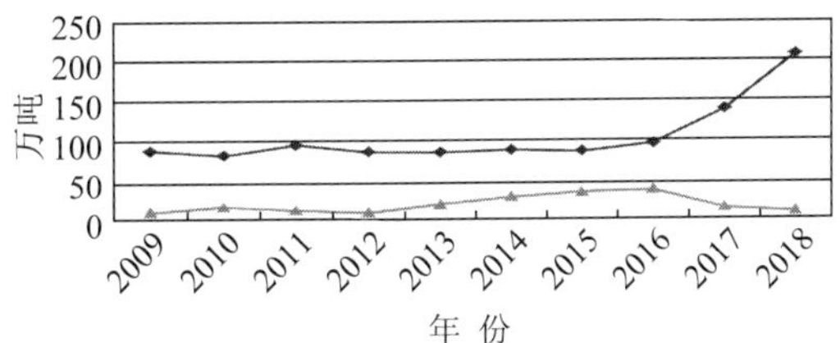

图5　2009—2018年我国箱纸板的进口量及出口量

—◆—进口量　—▲—出口量

（3）瓦楞原纸

2018 年我国瓦楞原纸的进口量为 111 万吨，大于出口量 3 万吨，净进口量 108 万吨。2009—2018 年我国瓦楞原纸的进出口量如图 6 所示。

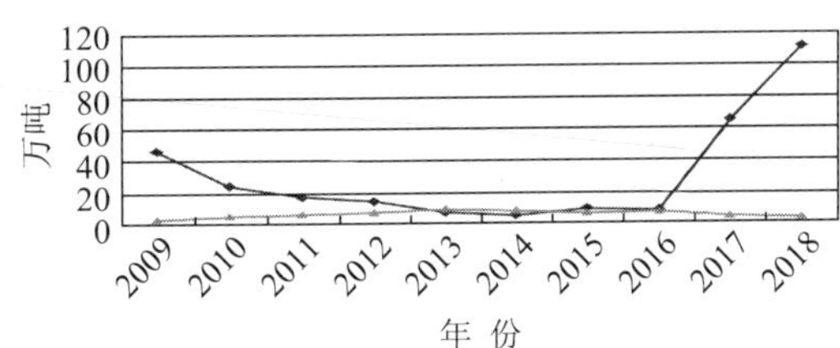

图6　2009—2018年我国瓦楞原纸的进口量及出口量

—◆—进口量　—▲—出口量

3. 包装纸板的比例

包装纸板的生产量和消费量占纸及纸板总生产量及总消费量的比例见表 2。2018 年包装纸板的生产量和消费量占纸及纸板总生产量及总消费量的比例为 54% 和 55%，如果加上包装用纸则占比为 60% 和 62%。包装纸板的生产量和消费量占纸及纸板总生产量及总消费量的比例比 2017 年分别下降了 1.74 个百分点和 1.6 个百分点。

表 2　包装纸板的生产量和消费量占纸及纸板总生产量及总消费量的比例

单位：万吨

年份	生产量		占比/%	消费量		占比/%
	纸及纸板总量	包装纸板		纸及纸板总量	包装纸板	
2009	8640	4595	53.18	8569	4727	55.16
2010	9270	5000	53.94	9173	5089	55.48
2011	9930	5310	53.47	9752	5386	55.23
2012	10250	5490	53.56	10048	5563	55.36
2013	10110	5415	53.56	9782	5429	55.50
2014	10470	5730	54.73	10071	5693	56.53
2015	10710	5870	54.80	10352	5824	56.26
2016	10855	5980	55.09	10419	5900	56.63
2017	11130	6150	55.26	10897	6205	56.94
2018	10435	5585	53.52	10439	5777	55.34

二、包装纸板主要生产企业产能和集中度

据国家统计局统计，2018 年全国规模以上纸及纸板生产企业约 2657 家，比 2017 年 2754 家减少了 97 家。2018 年重点造纸企业前 30 名企业的生产量约 6779.52 万吨，占全国总生产量 10435 万吨的 65%，比 2017 年的 59% 提高了 6 个百分点。从表 3 和表 4 主要生产企业的产能可以看出包装纸板排名前 3 位的生产企业〔玖龙纸业(控股)有限公司、理文造纸有限公司、安徽山鹰纸业股份有限公司〕生产量约 2402 万吨，占全国包装纸板生产量 5585 万吨的 43%，比 2017 年的 39% 提高了 4 个百分点。可见经过环保去产能和淘汰部分中小落后产能后，包装纸板企业产能的集中度在不断提高，而随着包装纸板行业主要生产企业产能的扩大，集中度有望进一步提升。

1. 白纸板(主要为涂布白纸板、白卡纸)

涂布白纸板、白卡纸主要生产企业的产能和项目建设情况见表 3。

表 3 中年产 20 万吨以上的涂布白纸板和白卡纸的主要生产企业拥有约 1626 万吨产能，超过了全国白纸板 1335 万吨的总生产量。加上 2019—2020 年增加设计产能 170 万吨，年产 20 万吨以上涂布白纸板和白卡纸的企业将拥有 1796 万吨的产能。

2. 箱纸板和瓦楞原纸

箱纸板和瓦楞原纸主要生产企业的产能和项目建设情况见表 4。

表 3 涂布白纸板、白卡纸主要生产企业的产能和项目建设情况 单位：万吨/年

序号	生产企业	实际产能	2019—2020 年增加设计产能
1	东莞玖龙纸业有限公司	260	–
2	宁波中华纸业有限公司	233	–
3	山东晨鸣纸业集团股份有限公司	205	–
4	博汇纸业股份有限公司	150	100
5	山东太阳纸业有限公司	140	–
6	广西金桂浆纸业有限公司	100	
7	东莞建晖纸业有限公司	66	–
8	广东理文造纸有限公司(洪梅)	65	–
9	珠海经济特区红塔仁恒纸业有限公司	60	–
10	联盛纸业(龙海)有限公司	60	–
11	亚太森博(山东)浆纸有限公司	52	–
12	斯道拉恩索(广西)浆纸有限公司	45	–
13	佛山华丰纸业有限公司	30	–
14	新乡新亚纸业集团股份有限公司	20	40
15	四川宜宾纸业股份有限公司	30	–
16	江门星辉造纸有限公司	30	–
17	山东远通纸业有限公司	20	–
18	新浩纸业有限公司	35	–
19	汕头市曜德纸业有限公司	25	–
20	安徽正华再生纸业有限公司	–	30
	合计	1626	170

表4　主要生产箱纸板和瓦楞原纸的企业和项目建设情况　　单位：万吨/年

序号	生产企业	实际产能	2019—2020 年增加设计产能
1	玖龙纸业（控股）有限公司	1100	260
2	理文造纸有限公司	535	-
3	安徽山鹰纸业股份有限公司	442	120
4	荣成纸业股份有限公司	260	90
5	浙江景兴纸业股份有限公司	160	30
6	金凤凰纸业（孝感）有限公司	130	-
7	山东昌乐世纪阳光纸业有限公司	135	80
8	联盛纸业（龙海）有限公司	100	100
9	广州万利达纸业有限公司	100	-
10	永丰余造纸有限公司	95	-
11	山东太阳宏河纸业有限公司	160	-
12	山东邹平天地缘纸业有限公司	75	-
13	东莞市金田纸业有限公司	70	-
14	东莞金洲纸业有限公司	120	-
15	东莞建晖纸业有限公司	40	-
16	白山市琦祥纸业有限公司	60	50
17	河北冀腾纸业公司	50	-
18	广东华泰纸业有限公司	40	35
19	江苏长丰造纸有限公司	30	-
20	福建省青山纸业股份有限公司	30	-
21	山东晨鸣纸业集团股份有限公司	35	-
22	四川金田纸业有限公司（泸州）	25	-
23	山东晨鸣纸业集团齐河板纸有限责任公司	30	-
24	河南省龙源纸业股份有限公司	35	20
25	博汇纸业股份有限公司	15	100
26	中山联合鸿兴造纸有限公司	20	-
27	山东德州泰鼎新材料科技有限公司	38	-
28	湖北盛大纸业有限公司	10	20
29	浙江杭州富亨纸业有限公司	20	-
30	黑龙江龙兴纸业有限公司	-	50
31	新疆富力包装有限公司	-	20
32	云南东晟纸业有限责任公司	20	-
33	上饶市芦林纸业有限公司	-	70
34	江苏上善纸业有限公司	20	-
35	新疆东盛祥纸业有限责任公司	20	-
36	江苏誉凯实业有限公司	30	-
37	湖北祥兴纸业科技有限公司	30	-
38	浙江和泓环保纸业有限公司	20	-

续表

序号	生产企业	实际产能	2019—2020 年增加设计产能
39	浙江杭州丰收纸业有限公司	20	–
40	甘肃鸿安纸业有限公司	30	–
41	内蒙古天浩纸业有限公司	35	–
42	山东永泰纸业有限公司	–	20
43	安徽泽生包装材料有限公司	–	50
44	河北唐山玉田顺发纸业有限公司	–	20
45	湖北金庄科技再生资源有限公司	30	–
46	黑龙江龙德纸业有限公司	–	45
47	湖北鑫物再生纸业有限公司	–	20
48	山东仁丰特种材料股份有限公司	–	30
49	贵州鹏昇(集团)纸业有限责任公司	–	60
50	辽宁兴东纸业有限公司	40	–
51	福建德兴纸业有限公司	–	20
52	山东丰源集团股份有限公司	25	–
53	远通纸业(山东)有限公司	–	30
54	兰州红安纸业有限公司	15	20
55	东莞骏业纸业有限公司	50	–
56	辽宁荣耀纸业科技有限公司	–	50
57	河北永新纸业有限公司	50	–
58	安徽萧县林平纸业有限公司	45	55
	合计	4440	1465

表 4 中年产 20 万吨以上的箱纸板和瓦楞原纸主要生产企业拥有 4440 万吨产能，超过了全国箱纸板和瓦楞原纸 4250 万吨的总生产量。加上 2019—2020 年增加设计产能的 1465 万吨，年产 20 万吨以上箱纸板和瓦楞原纸的主要生产企业将拥有 5905 万吨的产能。

2018 年我国包装纸板主要生产企业的产能已全面超过了全国包装纸板总生产量，市场呈现供过于求的状态，同时新增产能量大，市场需要时间来释放。包装纸板的龙头企业产能不断集中，新建工程规模较大，使包装纸板行业在环保、技术、产品质量方面更具优势。

三、包装纸板的市场行情

1. 包装纸板的价格趋势

2018 年包装纸板的均价走势见图 7 ~ 图 10。由于禁止进口混合废纸原料，影响最大的是涂布白纸

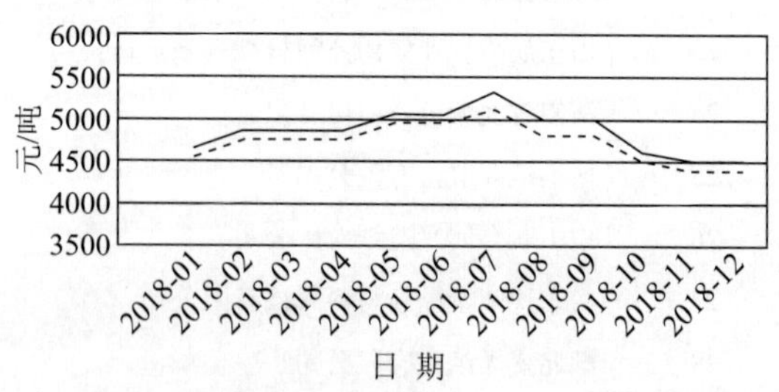

图7 2018年涂布白纸板主要生产商的产品销售价格走势

— 玖龙海龙250克/米^{2}卷筒 --- 玖龙地龙250克/米^{2}卷筒

板市场，原材料成本价格大幅上涨，从产品价格趋势可以看出涂布白纸板与白卡纸价差在进一步缩小。

2018 年 5 月 2 日，国家海关总署发布《海关总署关于对进口美国废物原料实施风险预警监管措施的通知》，对来自美国的废物原料实施 100% 开箱、100% 掏箱检验检疫，并对中国检验认证集团北美有限公司实施 A 类风险预警措施。受此政策影响，

2018年年中使箱纸板和瓦楞原纸价格大幅上涨。

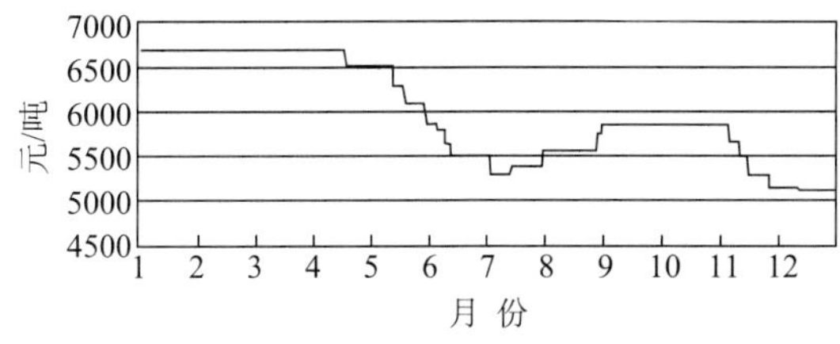

图8　2018年涂布白卡纸均价走势

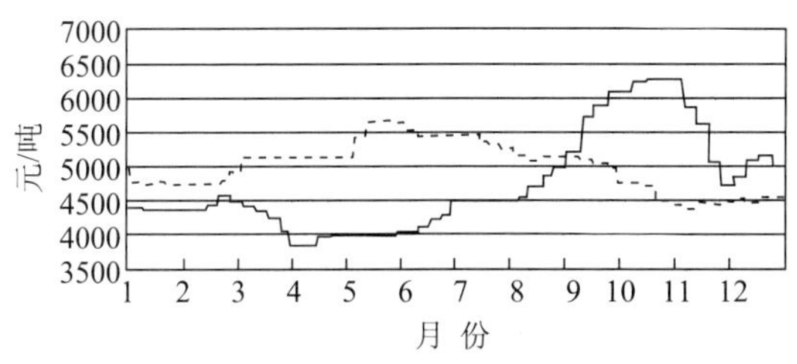

图9　2017—2018年箱纸板均价走势

—2017年　- - - 2018年

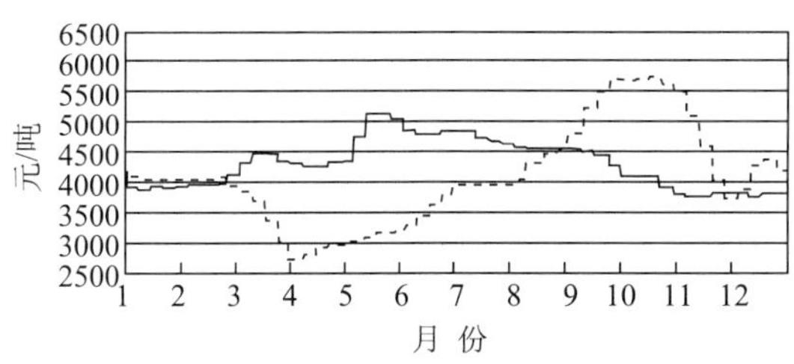

图10　2017—2018年瓦楞原纸均价走势

—2017年　- - - 2018年

2. 包装纸板的市场行情

据国家统计局数据显示，2018年年末造纸行业利润同比下降32.62%，库存同比增长8.65%。2018年年末，纸制品加工行业利润同比下降18.07%；2018年我国白纸板（主要为涂布白纸板和白卡纸）生产量1335万吨，同比下降7%；箱纸板和瓦楞原纸总生产量约4250万吨，同比下降10%；包装纸板行业近10年来首次出现负增长。

（1）涂布白纸板、白卡纸

涂布白纸板生产基地富阳地区自2017年11月启动调整方案以来，累计关停造纸企业66家，淘汰产能490万吨，削减造纸总产能的62.8%。到2020年年底，可累计腾退造纸企业113家，削减造纸产能780万吨。由于富阳及东莞地区关停大量中小涂布白纸板企业，使2018年涂布白纸板生产量大幅下滑，同时废纸原料进口受限，原材料成本价格大幅上涨，涂布白纸板与白卡纸价差缩小。白卡纸替代了部分涂布灰底白纸板和涂布白底白纸板市场。

白卡纸近年由于新增产能释放，竞争激烈，但细分品类中食品卡纸、液体包装用纸、涂布牛卡纸等以纸代塑产品需求市场潜力较大。

（2）箱纸板和瓦楞原纸

从2017年开始箱纸板和瓦楞原纸进口量大幅增长，2018年进口量分别达到207万吨和111万吨，同比增长51%和71%。近10年我国箱纸板和瓦楞原纸进口量见图11。由于受到环保持续趋严、原料供给受限等因素影响，箱纸板和瓦楞原纸进口量大幅增长，使国内箱纸板和瓦楞原纸市场竞争更加激烈。同时，随着我国包装纸板企业海外项目建成投产，进口包装纸板的总量将继续增长。

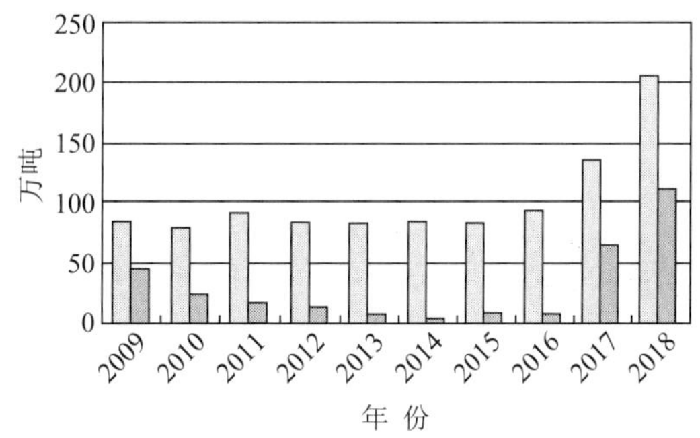

图11　近10年我国箱纸板和瓦楞原纸进口量

▫箱纸板　▪瓦楞原纸

四、包装纸板行业发展趋势及对策

1. 积极解决原料问题，企业加快海外布局

随着国家禁废令的严格实施，废纸进口审批额度自2017年以来大幅缩减，其中2017年废纸配额发放3117万吨，2018年骤降至1828万吨，同比下滑41.35%。预计2019年废纸进口审批额度进一步缩减，从2019年前7批次来看，2019年前7批次合计823.303万吨，预计后续外废进口量仍难以改观。废纸价格上涨，将加大包装纸板生产企业的成本压力。同时我国将在2020年年底前基本实现固体废物零进口，原料成为制约包装纸板行业发展的首要问题。

随着我国废纸进口的减少，我国包装纸板企业加大了再生浆进口量。海关统计数据显示，2018年我国再生浆进口量同比激增24倍，达到30.3万吨。2018年再生浆进口情况见图12。随着我国包装纸板企业海外项目建成投产，进口再生浆的总量将继续加大。

我国包装纸板企业为了从源头解决原料问题，控制原材料成本，加快了海外布局的步伐，积极投资建设再生浆以及包装纸板工程。根据公开报道显

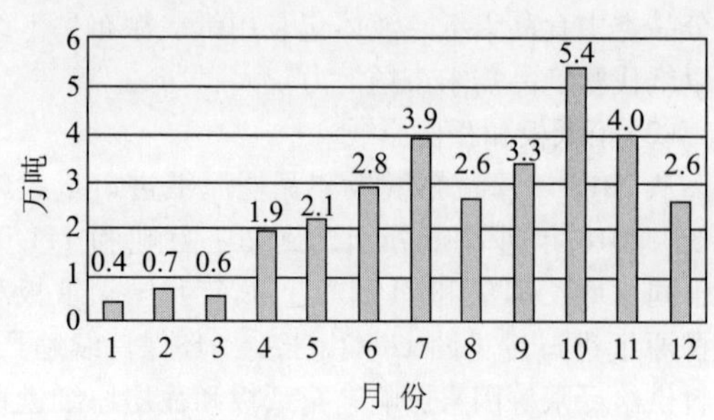

图12 2018年再生浆进口情况

示，以玖龙纸业(控股)有限公司、理文造纸有限公司、山东太阳纸业股份有限公司、安徽山鹰纸业股份有限公司、浙江景兴纸业股份有限公司、浙江新胜大控股集团有限公司、浙江春胜控股集团有限公司、东莞建晖纸业有限公司等为主的包装纸板企业先后宣布在马来西亚、越南、美国、老挝、印尼、缅甸、印度、柬埔寨等地建设再生浆和包装纸板生产基地。已建成投产和在建工程将形成产能约再生浆336万吨、白纸板270万吨、箱纸板和瓦楞原纸380万吨。随着海外新产能布局的逐步实现，将会使得行业资源的分配达到再平衡，最终促进包装纸板行业的平稳发展。

我国包装纸板企业在国内废纸资源方面，通过向上下游的延伸，向产业链一体化方向发展，把废纸回收过程当作自身的原料车间进行运作、管理和经营。玖龙纸业(控股)有限公司在天津建设废纸交易中心，安徽山鹰纸业股份有限公司和华润雪花啤酒(中国)有限公司合作定点回收啤酒箱等。造纸企业转向废纸原料收购基地的建设和发展，将促进国内废纸回收行业集中度的提升，促进废纸回收利用率的提高，最终达到解决包装纸板行业原料问题的目的。

2. 环保政策进一步趋严，环保措施到位

随着环保政策进一步趋严，我国《环境保护税法》已于2018年1月1日开始实施。环境保护税的征税对象是大气污染物、水污染物、固体废物和噪声等4类应税污染物。

生态环境部正式发布《排污许可管理办法(试行)》《排污许可管理办法(试行)》明确了排污者责任，强调守法激励、违法惩戒，并规定了企业承诺、自行监测、台帐记录、执行报告、信息公开等五项制度。

生态环境部发布了国家环境保护标准《(HJ2302—2018)制浆造纸工业污染防治可行技术指南》。《指南》规定了制浆造纸工业废气、废水、固体废物和噪声污染防治可行技术，包括污染预防技术、污染治理技术和污染防治可行技术，已于2018年3月1日开始实施。

生态环境部向国家发展和改革委、财政部、商务部、人民银行等14个部门印送了《环境保护综合名录(2017年版)》，从消费链末减少“双高”产品的流通，从而倒逼企业绿色转型。

我国包装纸板企业注重对现有产能升级改造，节能减排，同时在新建工程中新设备、新技术的采用，使水的循环利用更完善，分级使用更科学，排水处理更先进，达到单位产品耗水量的世界先进水平，满足国家对包装纸板行业的环保要求。

3. 新增产能集中，市场竞争更加激烈

在白纸板方面，现有主要生产企业的产能已超过了全国白纸板的总生产量，2019年计划投产的产能约100万吨(山东博汇纸业股份有限公司)，在建工程还有约70万吨/年的产能，白纸板行业供给增速大于需求增速。2018年由于废纸进口受限，原料成本提高，对涂布白纸板影响最大，使涂布白纸板与白卡纸的价差缩小。作为涂布白纸板基地的富阳和东莞地区的退出，白卡纸进一步挤占涂布白纸板的市场空间，同时白卡纸产品的高集中度，中小白卡纸生产企业在激烈的市场竞争中难于保持优势。

在箱纸板和瓦楞原纸方面，现有主要生产企业的产能已超过了全国箱纸板和瓦楞原纸的总生产量，2019年计划投产的产能约500万吨〔主要是玖龙纸业(控股)有限公司、安徽山鹰纸业股份有限公司、山东博汇纸业股份有限公司、荣成纸业等股份有限公司〕，在建工程还有约1000万吨/年的产能，新增产能陆续释放增加了供给压力。箱纸板和瓦楞原纸产品的集中度不断提高，已经形成了明显的三足鼎立格局〔玖龙纸业(控股)有限公司、理文造纸有限公司、安徽山鹰纸业股份有限公司〕，规模效应逐步显现。

可见，包装纸板行业产能过剩将成为常态，行业集中度不断提高，中小生产线的淘汰，给主要生产企业带来新的发展机遇。同时，新建工程规模较大，使包装纸板行业在环保、技术、产品质量方面更具优势。

4. 差异化市场需求，企业产品创新占优

根据中国包装联合会的统计，2018年我国包装行业销售收入15957.96亿元，其中，纸品包装约占45%，约为7000亿元。2019—2023年包装行业销售收入预测值见图13。

造纸行业属于资金密集型、资源密集型行业，因此宏观经济对造纸行业影响较大。近年来宏观经

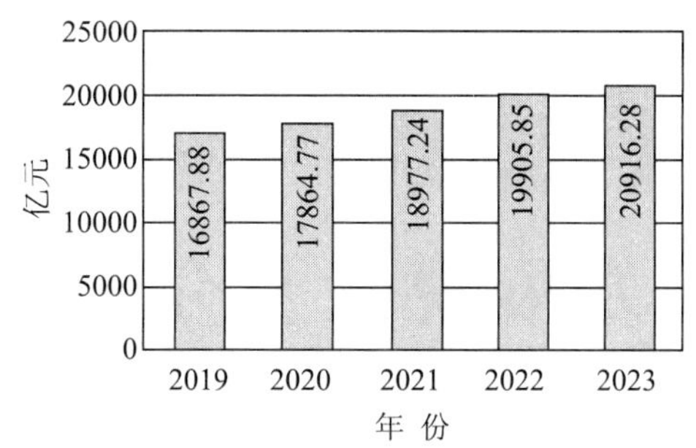

图13　2019—2023年包装行业销售收入预测值

济主要指标虽然持续增长，但增速放缓，预计伴随供给侧改革、经济结构调整、环保高压等政策下，经济运行质量将更高，但增速将放缓。随着包装行业的逐年递增，国内消费及行业需求都将使包装纸板行业保持基本稳定。

在差异化市场需求下，对产品创新提出了更高的要求，终端用户更重视白纸板包装轻量化改善，纸质包装箱的小盒包装、重物包装等。白卡纸细分品类中食品卡纸、液体包装用纸、涂布牛卡纸等以纸代塑产品需求有一定的市场潜力。

5. 中美贸易战的不确定性，使包装纸板行业总体需求将受到一定影响

2019 年 6 月，我国将对美国进口的木浆、废纸浆、成品纸加征关税，与包装纸板相关的部分为美国进口废纸加征关税 25%、废纸浆加征关税 20%、箱纸板和瓦楞原纸加征关税 25%。

2018 年我国再生浆进口量同比激增 24 倍，达到 30.3 万吨；箱纸板和瓦楞原纸进口量分别达到 207 万吨和 111 万吨，同比增长 51% 和 71%。随着我国包装纸板生产企业海外布局工程的建成投产，再生浆、箱纸板和瓦楞原纸进口量将进一步加大。随着对美国废纸浆、箱纸板和瓦楞原纸加税，其他国家海外基地生产的废纸浆、箱纸板和瓦楞原纸更具价格优势。

在出口贸易中，间接出口在我国箱纸板和瓦楞原纸需求结构中占比达到 20% 左右，如果贸易战致出口贸易减少，箱纸板和瓦楞原纸的总体需求将受到一定的影响。

包装纸板早已成为造纸行业中最重要的纸种之一，其需求占据着造纸行业总体需求的近 60%。随着包装行业的多元发展，包装纸板产品在人民生活中的作用越来越明显，对包装纸板的依赖性也越来越强。同时，包装纸板行业的发展又面临着必须不断适应更高的环保标准、解决原料短缺及中美贸易战的不确定性等多项挑战。

（樊　燕）

2018 年我国特种纸产业发展现状及分析

Development Status and Analysis of Specialty Paper in China in 2018

2018 年我国全年国内生产总值 900309 亿元，同比增长 6.6%，第二产业增加值 366001 亿元，同比增长 5.8%。2018 年全国纸及纸板生产量 10435 万吨，同比下降 6.24%；消费量 10439 万吨，同比下降 4.20%；人均年消费量为 75 千克(13.95 亿人)。

一、我国特种纸产业发展概况

(一)特种纸产业产销形势

2018 年我国特种纸及纸板总生产量为 695 万吨，同比增长 3.73%，增长放缓。特种纸及纸板生产量占全国纸及纸板总生产量的比例为 6.67%。2007—2018 年我国特种纸及纸板生产量占全国纸及纸板总生产量的比例见图 1。

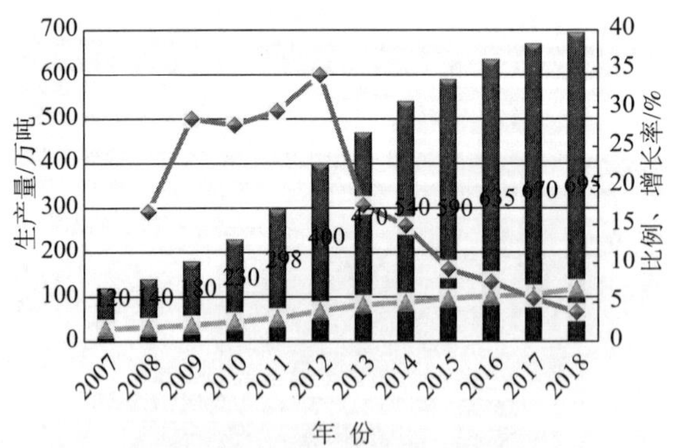

图1 2007—2018年我国特种纸及纸板生产量占全国纸及纸板总生产量的比例

全国特种纸和纸板的生产量
特种纸和纸板占纸及纸板总生产量的比例
特种纸及纸板年均增长率

2018 年我国特种纸企业的总体开工率为 84.90%，产销率为 95.68%。开工率和产销率均有所下降。2013—2018 年我国部分特种纸企业的开工率和产销率见图 2。

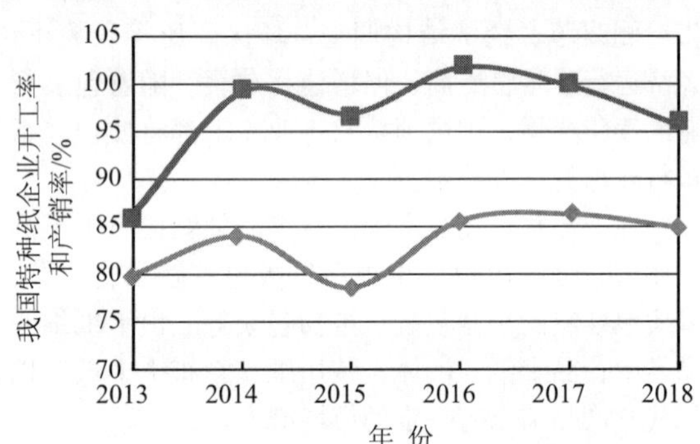

图2 2013—2018年我国部分特种纸企业的开工率和产销率

开工率 产销率

(二)特种纸产业进出口情况

1. 我国特种纸进出口情况

2018 年我国特种纸进口量 35.45 万吨，同比增长 28.49%。进口量在经历连续 4 年下降后，迎来了大幅度的反弹。进口量增长较多的纸种有：防油纸(48062000)0.6 万吨，卷烟纸(4813)0.37 万吨，半透明玻璃纸及其他高光泽透明或半透明纸(48064000)0.28 万吨，祭祀用纸(48239020)0.26 万吨。

2018 年我国特种纸出口量 105.46 万吨，同比增长 2.60%，占我国特种纸总生产量的 15.17%。近 10 年来，我国特种纸出口量逐年递增，近 2 年增幅下降，增长缓慢。2009—2018 年我国特种纸进出口量见图 3。

2018 年我国特种纸进口总额 8.09 亿美元，同比增长 6.31%；进口单价 2281 美元/吨，同比下降 17.33%；进口单价达到近 10 年的最低点。2018 年我国特种纸出口总额 25.77 亿美元，同比增长 3.79%；出口单价 2443 美元/吨，同比上涨 1.16%；出口单价首次高于进口单价。2009—2018 年我国特种纸进出口总额见图 4，2009—2018 年我国特种纸进出口价格见图 5。

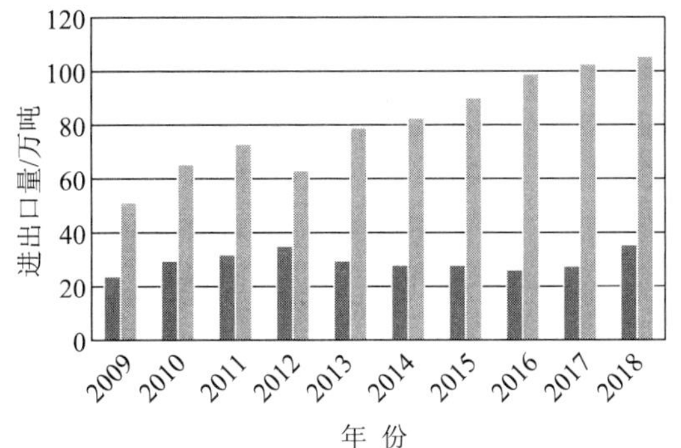

图3　2009—2018年我国特种纸进出口量

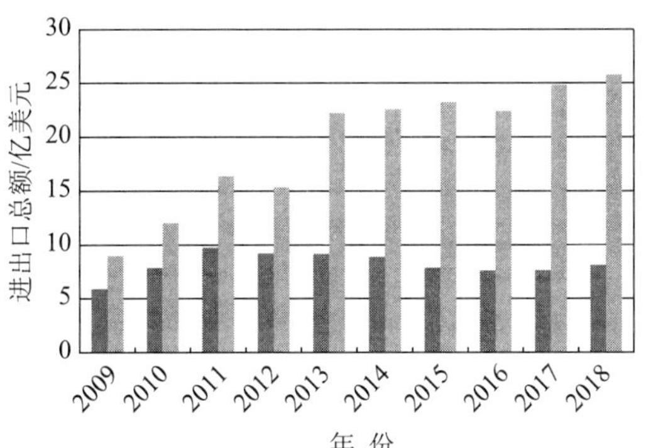

图4　2009—2018年我国特种纸进出口总额

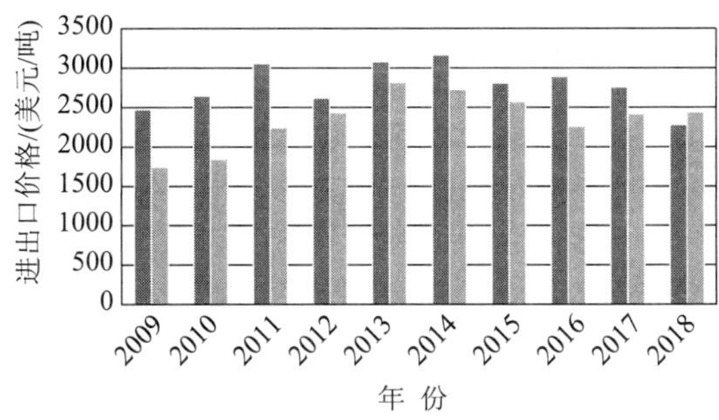

图5　2009—2018年我国特种纸进出口价格

2. 主要纸种近几年进出口情况

2018 年，植物羊皮纸的进出口量略有上涨，价格保持平稳；壁纸原纸进口量持续下降，出口量持续上升，进出口价格相差不大；海关总署数据显示 2018 年我国从美国和韩国进口了 340 吨价格为 2000 美元/吨的防油纸，造成防油纸进口量出现大幅上涨，进口价格出现大幅下跌，防油纸的出口量和出口价格相对平稳；滤纸及纸板进口量和进口价格与 2017 年持平，出口量增长幅度较大；电解电容器纸进口量仍远高于出口量，进口价格平稳，出口价格下降，进口价格远高于出口价格；卷烟纸进出口量都略有上涨，进出口价格保持平稳。2010—2018 年我国主要特种纸进出口量、进出口价格见图 6 和图 7。

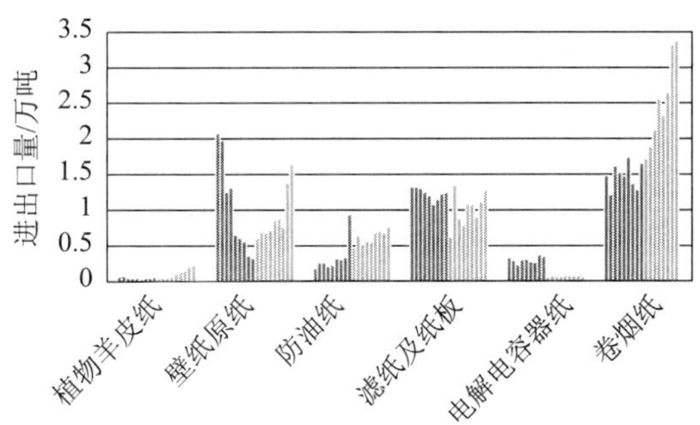

图6　2010—2018年我国主要特种纸进出口量

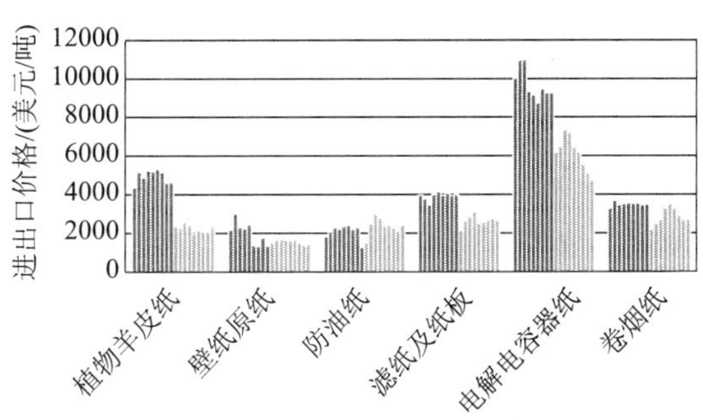

图7　2010—2018年我国主要特种纸进出口价格

进口价格　　出口价格

3. 主要进出口国家

随着近几年我国特种纸产业的飞速发展，我国特种纸产业在全球具有举足轻重的地位，成为特种纸产品的主要输出国，在全球各个国家都有销售。美国、印度、韩国、日本一直是我国特种纸的主要输出国家，2018 年的输出量略有上涨。前几年我国特种纸产品出口的增长点是东南亚国家，2018 年只有菲律宾和印度尼西亚有小幅增长，其他几个国家均有不同程度的下降。2017 年和 2018 年我国特种纸主要出口国家出口量见图 8，2013—2018 年我国特种纸主要出口东南亚国家总量变化见图 9。

与出口相比，我国特种纸进口的集中度更高，日本和美国两国进口量占据总进口量的 57%，进口国家也主要集中在特种纸产业较发达的国家。2018 年我国特种纸主要进口国家进口量见图 10。

（三）特种纸企业上市公司概况

截至目前，我国共有特种纸上市公司 22 家，其中，2018 年浙江大盛新材料股份有限公司更名为

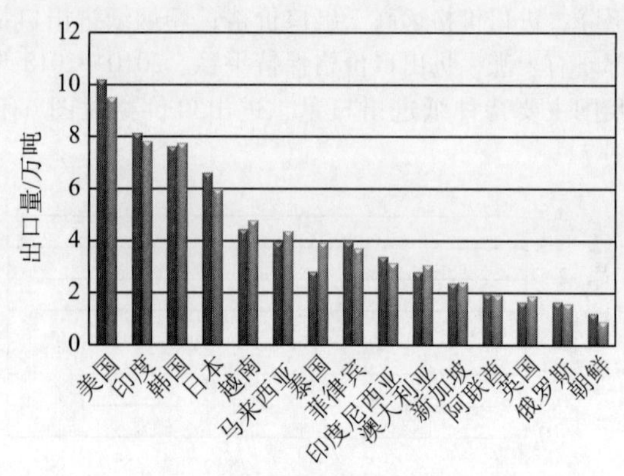

图8 2017年和2018年我国特种纸主要出口国家出口量

■2018年 ■2017年

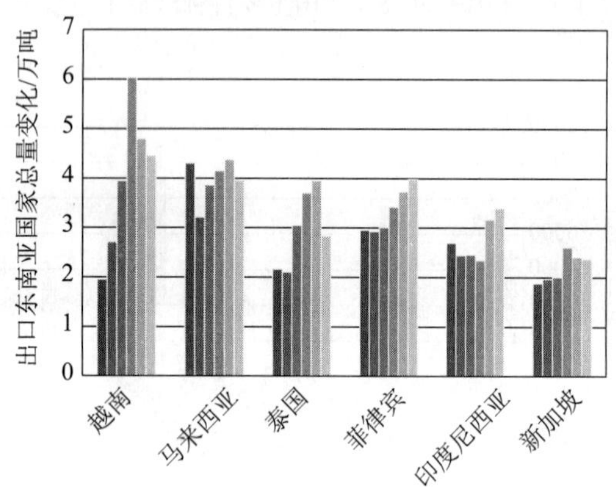

图9 2013—2018年我国特种纸主要出口东南亚国家总量变化

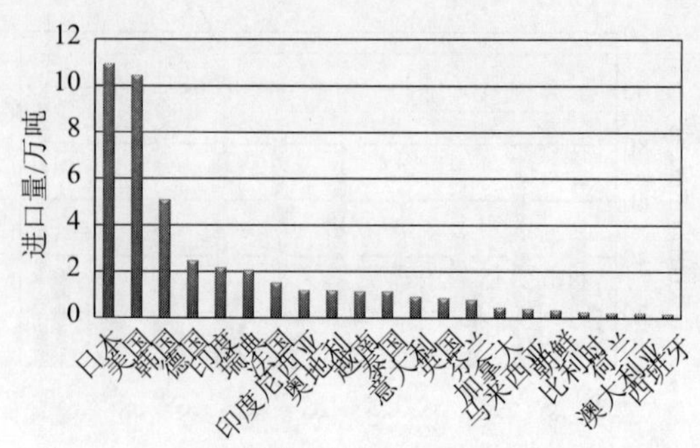

图10 2018年我国特种纸主要进口国家进口量

华邦特西诺采新材料股份有限公司，如表 1 所示。2018 年这 22 家企业的资产总额为 271.20 亿元，比 2017 年增加 16.78 亿元，同比上涨 6.60%；净资产达 176.76 亿元，比 2017 年增加 15.44 亿元，同比增长 9.57%；主营业务收入 185.72 亿元，比 2017 年增加 28.07 亿元，同比增长 17.81%；实现净利润 9.05 亿元，比 2017 年减少 1.13 亿元，同比下降 11.10%。

2018 年，齐峰新材料股份有限公司、民丰特种纸股份有限公司、浙江凯恩特种材料股份有限公司、广东冠豪高新技术股份有限公司和牡丹江恒丰纸业股份有限公司这 5 家主板上市的特种纸企业，资产总额为 151.06 亿元，比 2017 年增加 0.86 亿元，同比增长 0.57%；净资产达 106.36 亿元，比 2017 年增加 1.22 亿元，同比增长 1.16%；主营业务收入 104.86 亿元，比 2017 年增加 7.71 亿元，同

表 1 2018 年我国特种纸产业上市公司

企业名称	主营业务	2017 年净利润/元	2018 年净利润/元
主板			
齐峰新材料股份有限公司	装饰原纸	160511437.64	58353535.53
民丰特种纸股份有限公司	烟草系列用纸、格拉辛系列用纸、涂布类用纸、热升华数码转印纸以及透明纸等	19207701.64	10024021.02
浙江凯恩特种材料股份有限公司	工业配套用纸、特种食品包装用纸、过滤纸等	30614646.48	24807907.93
广东冠豪高新技术股份有限公司	无碳纸、热敏纸、不干胶标签材料	52790214.49	109215647.43
牡丹江恒丰纸业股份有限公司	卷烟配套用纸、铝箔衬纸、薄型印刷纸	97730625.05	66794562.41
2015 年新增			
重庆再升科技股份有限公司	玻璃纤维棉、玻璃纤维滤纸、PTFE 滤材、熔喷有机纤维滤材、无机真空绝热板芯材、新能源电池隔膜	113575361.25	158956535.10
2018 年新增			
仙鹤股份有限公司	烟草行业用纸、家居装饰用纸、商务交流及防伪用纸、食品与医疗包装用纸、标签离型纸、电气及工业用纸、热转印纸、低定量出版印刷纸、特种浆	398824622.65	292406837.49

续表

企业名称	主营业务	2017 年净利润/元	2018 年净利润/元
新三板			
2015 年新增			
万邦特种材料股份有限公司	卷烟用纸、电池用纸、食品包装用纸三大系列	5919097.28	3847449.06
华邦特西诺采新材料股份有限公司	装饰原纸	-58561253.64	-31327564.27
浙江恒达新材料股份有限公司	医疗包装原纸系列、食品包装原纸系列、卷烟配套原纸系列、工业特种纸原纸系列	42711611.11	27846905.85
浙江凯丰新材料股份有限公司	烟用接装原纸、不锈钢垫纸、离型原纸、医用包装纸、热敏原纸、美纹原纸	25351972.33	31956113.94
浙江金昌特种纸股份有限公司	转移印花系列、装饰材料系列、绿色包装系列	-5967534.01	2702390.70
浙江特美新材料股份有限公司	水松纸及其他纸制品	10935847.94	12349714.56
浙江爱丽莎环保科技股份有限公司	PVC 墙纸系列、纯纸墙纸系列、无纺纸墙纸系列	4075889.46	停牌
烟台民士达特种纸业股份有限公司	芳纶纸及其衍生产品	11562033.93	16357060.69
2016 年新增			
江苏福泰涂布科技股份有限公司	离型纸	4933947.43	4367445.59
杭州富士达特种材料股份有限公司	低温绝热纸	2208449.09	3368746.98
福建东南艺术纸品股份有限公司	彩色餐巾纸、彩色食品纸容器、薄页纸、其他纸制品	6382286.27	3270899.18
丽水兴昌新材料科技股份有限公司	热封型茶叶滤纸、非热封型茶叶滤纸、热封型咖啡滤纸、蓄电池涂板纸、干燥剂包装纸、口罩纸、灯笼纸、双面胶带原纸、工艺礼品纸	775986.56	-4993398.55
东莞金太阳研磨股份有限公司	纱纸	55830500.00	53603510.34
广东通力定造股份有限公司	特种彩色包装用纸	31558262.49	48119179.17
2017 年新增			
深圳市万极科技股份有限公司	水转印纸、皮革离型纸	7097966.69	9111204.05
2018 年新增			
天津广大纸业股份有限公司	医用记录纸(心电图纸、脑电图纸、胎儿监护仪纸及其他医用记录纸)、商业票据记录纸、仪表记录纸、特种记录纸、不干胶标签	4412439.20	3858396.88

比增长 7.94%；实现净利润 2.69 亿元，比 2017 年减少 0.92 亿元，同比下降 25.48%。5 家主板上市公司近 10 年利润变化情况见图 11。

这 5 家企业在 2018 年都实现了盈利，但整体的盈利水平处于近 10 年的较低位，各企业的净利润也处于近 10 年来的较低水平。在主营业务近几年大幅上涨的背景下，利润的下降主要原因是原材料成本上涨导致。这 5 家企业利润总额的变化也从侧面反映出了特种纸企业利润率正在不断被压缩。5 家主板上市公司近几年利润、主营业务收入和总资产变化情况见图 12。

2018 年年底在深沪两市正常运作的含有制浆造纸和纸制品业务的上市公司为 27 家，实现净利润 103.54 亿元，比 2017 年减少 19.65 亿元，同比下降 15.95%，其中，特种纸企业利润仅占 2.6%，为近 10 年来最低。5 家主板上市公司的利润与沪深两市所有造纸上市公司的利润对比见图 13。

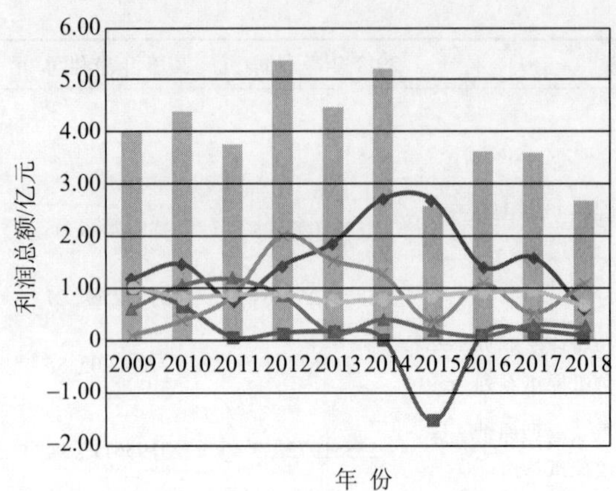

图11 5家主板上市公司近10年利润变化情况

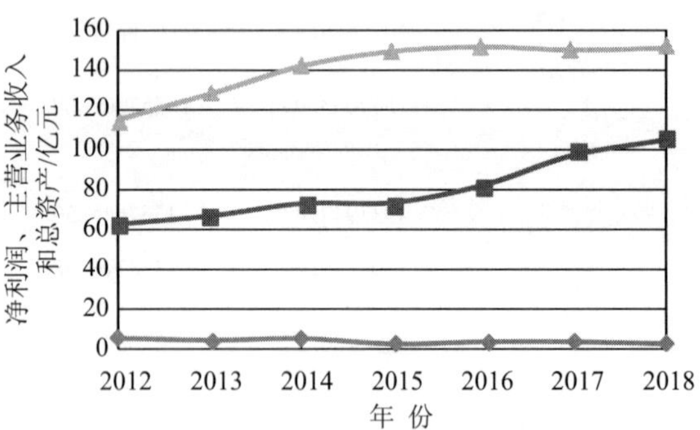

图12 5家上市公司近几年利润、主营业务收入和总资产变化情况

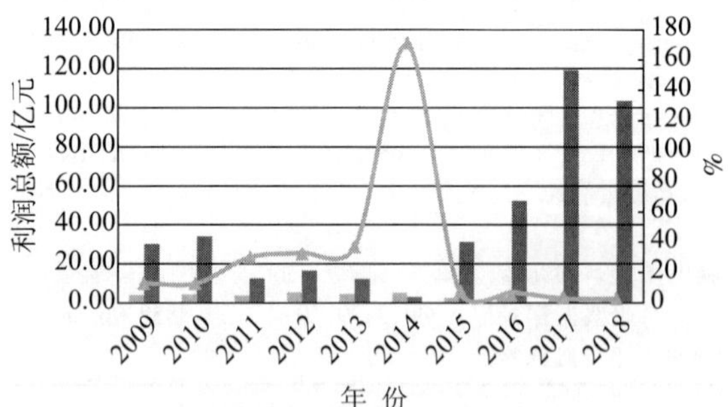

图13 特种纸上市公司的利润与沪深两市所有造纸上市公司的利润对比

(四)特种纸产业投资情况

2018 年我国特种纸投资热度比 2017 年有所降温，但仍保持了一定的活跃度。2018 年我国特种纸产业先后释放了超过 40 万吨/年的产能，涉及羊皮纸、薄页纸、人造革离型纸、壁纸原纸、印花纸、云彩纸、游龙纸、玻璃间隔纸、滤纸、离型纸、装饰原纸等多个纸种，其中仅装饰原纸就新增产能 18.5 万吨/年。2018 年新建未投产的项目产能超过 40 万吨/年，新增投资金额超过 25 亿元，投资纸种有滤纸、引线纸、烘焙原纸、热转印纸、格拉辛纸、艺术纸等，这些产能预计在 2 年内投入市场。2018 年收购并购项目比 2017 年、2016 年有所减少，但特种纸企业集中度不断提高这一趋势将持续。

2018 年我国特种纸产业的部分投资情况如下。

1. 投产项目

(1)艾利丹尼森(中国)有限公司全新高速涂布线在昆山投产 2018 年 5 月 2 日，艾利丹尼森(中国)有限公司为其全新水胶和热熔胶高速涂布线举行了盛大启动庆典。该生产线位于江苏省昆山市，投资总额数百万美元，历经 18 个月的建造和装配，于 2017 年 11 月开始运营。C11 高速涂布线是目前全球范围内自动化程度和效率最高的不干胶生产线之一。

(2)山东润诚特种纸有限公司项目建设加速推进 该项目由济南润易集团有限公司和山东冠军纸业有限公司合作建设，总投资 15 亿元，其中，一期工程投资 5.2 亿元，占地面积 10.33 公顷，建设羊皮纸、薄页纸等生产线 6 条，年生产量 5.5 万吨。

(3)浙江金昌特种纸股份有限公司 7 号特种纸生产线项目通过环保设施阶段性验收 2018 年 4 月 16 日，浙江金昌特种纸股份有限公司年产 1.5 万吨印花纸、云彩纸等生产线，年产 1.5 万吨人造革离型纸、壁纸原纸等特种纸生产线，年产 1.5 万吨磁卡记录原纸、游龙纸等特种纸生产线项目环境保护设施阶段性竣工验收会召开，与会专家一致同意通过环保三同时阶段性验收。

(4)阳光王子(寿光)特种纸有限公司 6.5 万吨/年装饰原纸生产线投产 2018 年 8 月，阳光王子(寿光)特种纸有限公司二期项目开机试生产。该项目建设 2 条装饰原纸生产线，纸机卷纸幅宽 1430 毫米，设计车速 700 米/分，工作车速 600 米/分，产品为高档装饰原纸，总产能 6.5 万吨/年。已经投产的 1 号机年产能 3.5 万吨，产品也是高档装饰原纸。二期项目全面投产后公司年产装饰原纸将达到 11.5 万吨。

(5)漯河银鸽实业集团有限公司 1.5 万吨/年玻璃间隔纸投产 公司研发的玻璃间隔纸在特种纸基地正式投产，现阶段产能 1.5 万吨/年，产值 1.85 亿。此次投产后，特种纸基地预计年产能达到 6 万 ~ 8 万吨。该项目全部达产后，年产值将达到 5.6 亿元。

(6)牡丹江恒丰纸业股份有限公司年产 4 万吨高档特种纸项目投产　2018 年 6 月 11 日，年产 4 万吨高档特种纸项目(18 号机)正式投产，10 月 15 日，搬迁改造后的 T4 纸机投料试车成功。2 台纸机投产后，公司拥有机制纸生产线达 20 条，年可生产机制纸扩增到 18 万吨。

(7)河北名联新材料科技有限公司一期项目投产运行　河北名联新材料科技有限公司一期项目于 9 月初安装完毕，经过一段时间的调试、试生产和设备整改，已正式投产运行。据了解，机台净纸幅宽 2640 毫米，设计车速 700 米/分，全部采用商品木浆生产高档装饰原纸，设计年产能 5 万吨。公司总投资 10.5 亿元，占地面积 20 公顷，规划年产 15 万吨装饰材料。是河北省邢台市首家生产高档装饰原纸的特种纸企业。

(8)浙江民兴新材料有限公司高档薄型特种纸生产线已投产　浙江民兴新材料有限公司年产 5 万吨高档薄型特种纸生产线及纸深加工项目已投产，主要产品为环保无纺壁纸、特种涂布离型纸、特种滤纸、艺术纸等。

(9)浙江夏王纸业有限公司安装的 KDPM4 已投产，新增年产能 7 万吨。

2. 新建在建项目

(1)浙江弘伦纸业有限公司年产 2 万吨高档特种纸生产线项目　浙江弘伦纸业有限公司成立于 2018 年 2 月 11 日，计划投资 12000 万元，采用腾笼换鸟方式整体受让位于浙江龙游经济开发区北斗大道 25 号的原浙江新风光电子有限公司的厂房及土地，用于特种纸的生产、销售。公司购置 1092 型圆网纸机、1880 型圆网纸机、1880 斜网多缸生产线等设备，形成年产 2 万吨高档特种纸(汽车三滤纸、吸尘袋外纸、引线纱纸、茶叶滤纸、双面胶带纸、口罩纸)的生产能力。该项目于 2018 年 6 月开始施工。计划 2019 年新建 12 条生产线。

(2)华邦古楼新材料有限公司年产 12.5 万吨高档环保型特种纸项目　华邦古楼新材料有限公司拟投资 8 亿元，建设年产 12.5 万吨高档环保型特种纸项目。该项目于 2018 年 4 月开工。新建项目主要包括生产车间，辅助生产车间及公用工程。项目计划建设 2 条生产线，产能分别为 5.5 万吨/年和 7 万吨/年，预计 2019 年下半年投产。

(3)浙江龙游太平纸业有限公司年产 5 万吨特种纸和 1 万吨纸制品生产线项目　浙江龙游太平纸业有限公司位于浙江龙游经济开发区，计划投资 15000 万元，实施年产 5 万吨特种纸和 1 万吨纸制品生产线项目，主要建设 2 条造纸生产线和 1 条涂布深加工生产线及其他配套设备，项目于 2018 年 12 月动工。

(4)福建省青山纸业股份有限公司联手福建铙山纸业集团有限公司，进军特种纸市场　福建省青山纸业股份有限公司于 2018 年 1 月 31 日与福建铙山纸业集团有限公司及建宁县国有资产投资经营有限公司签署了《股东合作协议书》。3 方共同出资在福建省三明市建宁县设立福建青铙山新材料有限公司，并以新公司为主体，投资建设“年产 4000 吨高档引线纸”项目。该项目纸机采用 2 组 1092 双圆网单大缸纸机，每组 4 台。项目建设期为 12 个月。

(5)浙江哲丰新材料有限公司年产 19 万吨高档纸基新材料项目　浙江哲丰新材料有限公司拟投资 9.79 亿元建设年产 19 万吨高档纸基新材料。该项目涉及的高档纸基新材料以热升华转印原纸、格拉辛纸和烘焙原纸为主，项目占地面积 7.13 公顷，建设期 2 年，为 2018 年 5 月至 2020 年 4 月。

(6)悦声纸业有限公司年产 3 万吨高端艺术纸项目　2018 年 5 月，悦声纸业有限公司年产 3 万吨的高端艺术纸项目开工仪式在嘉兴科技城凤桥产业园举行。整个项目计划总投资 5000 万美元，一期 2018 年年底建成，二期 2019 年开工建设。

3. 技改搬迁项目

龙口玉龙纸业有限公司 1880 纸机升级改造完成　2018 年 5 月 29 日，龙口玉龙纸业有限公司抄纸一车间停机，正式开始了大范围的升级改造工作。这次改造历时 45 天。改造任务主要有：原纸机烘缸齿轮传动改为变频传动，以提高施胶前纸幅干燥能力，降低纸机动力消耗，同时设备故障率大幅度减少；安装膜转移施胶机，使纸幅两面施胶均匀；白水桶尺寸加大；安装带稀释水的节能除砂器；改造烘缸三段通汽，为提高纸机车速打下良好基础；维修流浆箱，更换流浆箱上料管。

4. 收购并购项目

浙江大盛新材料股份有限公司被华邦古楼新材料有限公司收购并更名　2018 年 6 月 4 日，华邦古楼新材料有限公司与浙江大盛新材料股份有限公司签订了股份转让协议书；11 月 13 日，公司完成收购，华邦古楼新材料有限公司持有浙江大盛新材料股份有限公司 54.76% 股份，成为其控股股东。12 月 14 日，浙江大盛新材料股份有限公司通过了更名为华邦特西诺采新材料股份有限公司的决议，公司进行更名。收购期间，2018 年，华邦特西诺采新材料股份有限公司对 1 号线进行升级改造，逐渐恢复了生产，预计 2 号线于 2019 年重新生产。

（五）特种纸细分品种概况

1. 装饰原纸

据中国林产工业协会装饰纸专业委员会统计报告，2018 年我国具有一定规模的人造板饰面专用原纸企业总销售量 112.2 万吨，同比增长 7.37%。其中，装饰原纸销售量 105.5 万吨，同比增长 8.54%；含素色纸 34.6 万吨，同比增长 0.58%；印刷用原纸 70.8 万吨，同比增长 12.74%；平衡纸 5.0 万吨，同比下降 5.66%；表层纸 1.7 万吨，同比下降 15.00%。2012—2018 年我国装饰原纸的销售量见图 14。

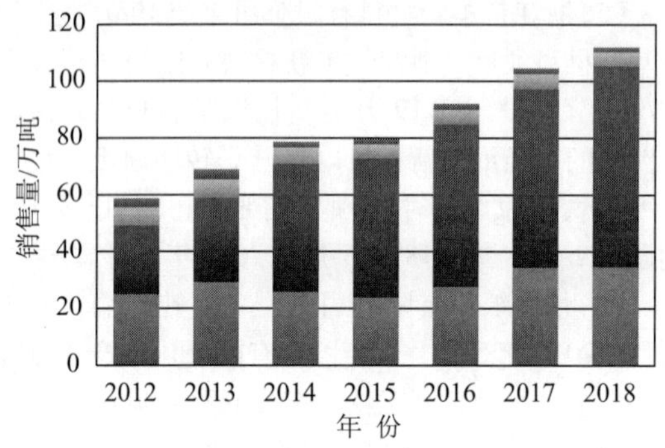

图14　2012—2018年我国装饰原纸的销售量

■表层纸 ■平衡纸 ■印刷装饰原纸 ■素色装饰原纸

注：数据来源于中国林产工业协会装饰纸专业委员会。

2. 壁纸原纸

2018 年我国壁纸市场供应总量为 2.613 亿卷，行业产能约为 15 亿卷，年销售量为 1.76 亿卷，同比下降 5%，比 2016 年下降 10%。全国壁纸原纸供应总量约为 15.04 万吨，同比下降 18%，比 2016 年下降 26%。其中，国产木浆壁纸原纸 5.27 万吨，同比减少 0.18 万吨，比 2016 年增加 2.07 万吨，主要用于出口。国产无纺壁纸原纸 8.95 万吨，同比下降 27%，比 2016 年下降 45.7%，连续 3 年下降。2018 年我国成品壁纸出口量约 8.5 万吨，2017 年约 9.02 万吨，2016 年为 6.95 万吨，出口量比 2017 年下降 5.8%。2018 年出口量主要受到中美贸易战的影响，印度成为较大出口国。2011—2018 年我国壁纸市场供应量、壁纸原纸供应量见图 15 和图 16。

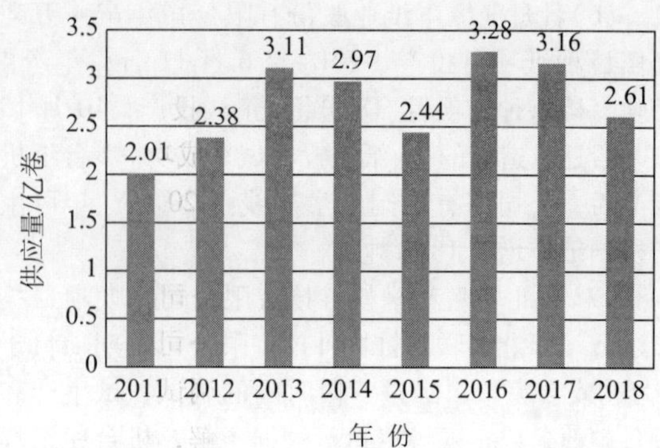

图15　2011—2018年我国壁纸市场供应量

注：数据来源于中国建筑装饰装材料协会墙纸墙布分会。

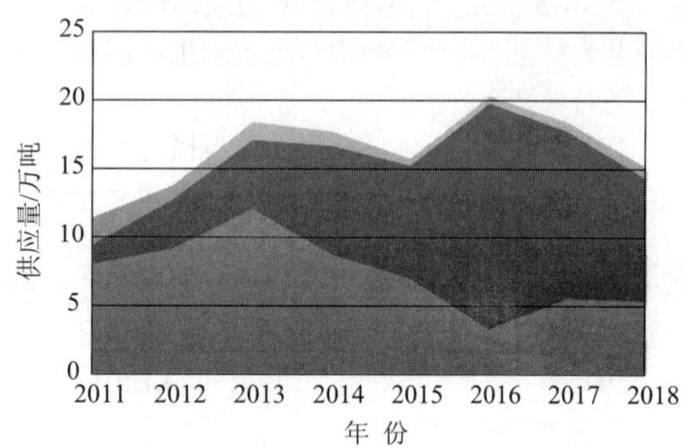

图16　2011—2018年我国壁纸原纸供应量

■其他 ■国产无纺纸基 ■国产木浆纸

注：数据来源于中国建筑装饰装材料协会墙纸墙布分会。

二、我国特种纸产业发展趋势分析

从上世纪 90 年代初期开始，我国特种纸产业开始进入快速发展时期，到 2012 年，特种纸生产量的年增长率达到最高峰的 35%。此后，增长率逐年下降，特别是 2013 年、2014 年、2015 年下降的比较快，到 2015 年增长率已经下降到 2 位数以下，预计今后特种纸生产量将主要进入结构性增长阶段，增长率逐步趋于平稳。

从特种纸产业发展态势来看，针对需求量相对较大的特种纸品种，其生产的集中度进一步提高。主要特种纸企业不断更新和扩充装备，一些大型造纸企业参与特种纸生产并已形成一定的影响力，小型特种纸企业将会面临更大的竞争压力，小型特种纸企业要从产品个性化、差异化方面提升自身的竞争力。

与此同时，科技进步和经济结构调整也为特种纸产业提供了诸多发展机遇。“一带一路”战略的实施推动了沿线国家的经济发展，为特种纸企业拓展海外市场创造了良好的条件；限塑令的深入人心为特种纸提供了新的用武之地，如吸管纸已在全球多个国家得到了推广；智能包装的发展推动了电池纸的开发。

（刘　文　曾慧均　李　政　贾程瑛）

2018 年溶解浆市场回顾与展望

Review and Outlook of Dissolving Pulp Market in 2018

一、全球溶解浆产能、生产量状况

2018 年全球溶解浆产能约 1010 万吨：我国溶解浆产能 260 万吨，国外溶解浆产能 750 万吨；其主要生产地区为美洲、亚洲、欧洲、非洲。其中：美洲占比 36%，亚洲占比 39%，欧洲占比 15%，非洲占比 10%。全球溶解浆主要场地集中在美洲与亚洲，两地合计占全球溶解浆产能的 75%。将四大主产地细化后，其分布比例为：美洲地区，美国占比 19%；加拿大占比 9%；巴西占比 8%。非洲地区主要是南非，占比 10%。欧洲地区以挪威、瑞典、捷克、芬兰、法国、奥地利等国家为主，占比 15%。亚洲地区主要以印度尼西亚、印度占比 7%；日本、泰国占比 7%；我国占比 25%。美国、我国、欧洲为主要溶解浆生产基地，仅从设备产能看，不看达产的情况下，我国的溶解浆产能已经取代美国成为全球第 1 位。全球溶解浆具体产能分布详见图 1。

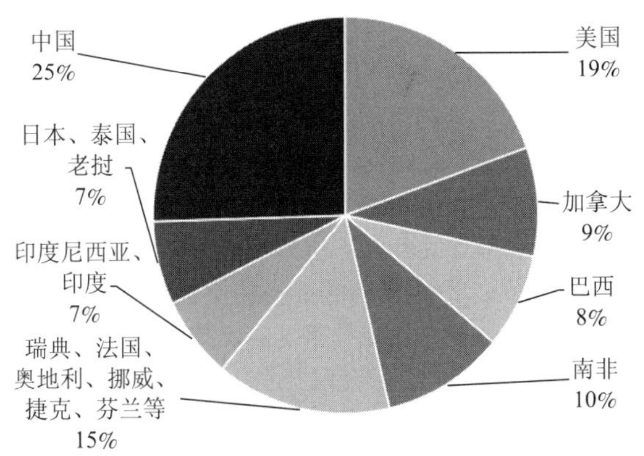

图1　全球溶解浆主要产地所占比例

2018 年全球溶解浆生产量约 707 万吨，其中：我国溶解浆生产量约 107 万吨，国外溶解浆生产量约 600 万吨。与 2017 年 620 万吨生产量相比，2018 年溶解浆生产量同比增长 14.03%。

(一) 国外溶解浆生产状况

2018 年全球溶解浆产能增量主要集中在亚洲地区，涉及国家为老挝与我国。其中，老挝新增的溶解浆产能主要来源于山东太阳纸业股份有限公司在老挝的 30 万吨溶解浆项目，其装置于 2018 年 5 月开始投产。由于该项目设备是溶解浆与纸浆两种产品均可生产，且因为 2018 年纸浆利润较高，因此多数时间以生产纸浆为主。至 2018 年 10 月 29 日，开始转产溶解浆，到 11 月底设备基本运行正常，且产品质量趋于稳定；至 2018 年 12 月底，我国已有部分黏胶短纤工厂开始使用该溶解浆。

2018 年 5—6 月，巴西出现长达 30 天之久的一次工人罢工。受本次罢工影响、巴西的海关、物流、工厂生产均出现了不同程度的停滞。同时，巴西境内的 2 家溶解浆生产企业也出现一定程度的减产。据不完全数据统计，巴西溶解浆生产量损失约 3.5 万～5.0 万吨。

(二) 我国溶解浆生产状况

2018 年我国溶解浆表观产能为 260 万吨，实际产能仍与 2017 年保持一致，为 110 万吨。生产量与 2017 年相比增加 2 万吨，为 107 万吨。多数溶解浆生产企业在 2018 年保持稳定生产，检修或转产纸浆时间基本有限。

2018 年我国溶解浆产能增加，主要来源于黄冈晨鸣浆纸有限公司新线投产与亚太森博(山东)浆纸有限公司浆生产线进行生产改造。其中：黄冈晨鸣浆纸有限公司产能为 30 万吨，亚太森博(山东)浆纸有限公司 120 万吨。虽然这 150 万吨属于设备已经达到生产溶解浆要求，但由于 2018 年纸浆行情景气度较高，其近乎全年度生产纸浆。2018 年我国溶解浆产能分布情况详见表 1。

山东太阳纸业股份有限公司的溶解浆生产装置，在 2018 年 6 月与 2018 年 8 月进行过 2 次调整。

其中：太阳纸业兖州生产线于6月对其20万吨溶解浆产能线改产30天左右的纸浆，太阳纸业邹城生产线于8月进行过为期15天的轮检。

表1 2018年我国溶解浆产能分布情况

企业	地区	产能/(万吨/年)
吉林延边石砚白麓纸业股份有限公司	吉林省延边市	10
福建省青山纸业股份有限公司	福建省青州市	10
安徽华泰林浆纸有限公司	安徽省安庆市	10
湖南骏泰浆纸有限责任公司	湖南省怀化市	30
黄冈晨鸣浆纸有限公司	湖北省黄冈市	30
山东太阳纸业股份有限公司	山东省	50
亚太森博（山东）浆纸有限公司	山东省日照市	120
合计		260

注：2018年黄冈晨鸣浆纸有限公司与亚太森博（山东）浆纸有限公司虽然拥有150万吨溶解浆生产能力，但其没有实际投产溶解浆，而是生产纸浆。故减去这150万吨溶解浆产能，2018年溶解浆产能为110万吨，与2017年保持一致。

安徽华泰林浆纸有限公司在2018年8月，对其溶解浆生产线进行过一次为期18天左右的超低排放改造；湖南骏泰浆纸有限责任公司则也在同月安排过一次为期10天左右的检修。

2016年下半年开始，溶解浆的下游黏胶短纤维市场价格出现了一轮周期性上涨行情，这轮上涨行情一直持续至2018年6月才趋于结束。从2016年四季度开始，部分造纸企业开始将纸浆生产线改造成纸浆与溶解浆均可以生产的制浆线。这主要是因为当时在溶解浆与黏胶短纤维行业内都传出2017—2018年是黏胶短纤维的扩张大年，有70万吨的黏胶短纤维新产能投放市场。而这70万吨黏胶短纤维新产能将消耗溶解浆75万吨左右。故在2017—2018年属于溶解浆生产线大扩张之年。

2017年4月左右，纸浆行情进入周期性上涨阶段，而且其利润逐步变得比溶解浆要高。在这个过程中，一些新的制浆生产线或者已经改成溶解浆的制浆生产线均选择了生产纸浆，期望获得高额的利润。但是通过观察，一些原先生产溶解浆的生产线并没有为了追逐高额利润，而改产纸浆。这种现象尤其表现在2018年更为明显，因为2017年还出现过一些溶解浆生产线改产纸浆的现象，但是2018年溶解浆企业除了正常的检修，改产纸浆的现象较少。

通过与一些溶解浆工厂的销售经理探寻其原因时，归纳了以下3点：①从长久的利润回报率看，溶解浆的利润要比纸浆多。②溶解浆的客户比较少，纸浆的客户比较多。如果为了在某个阶段获得利润，而让下游客户使用了其他工厂生产的溶解浆，那么想让客户再回来，就比较困难。③国外的一些纸浆生产线很容易改造成溶解浆生产线，而且在木片到制浆过程中物流较为方便，成本较国产溶解浆要低，生产量较国产溶解浆要高；如果主动放弃客户，意味着将来在纸浆行情不好时，国产溶解浆在市场上更无话语权。

事实上，在下游采购溶解浆的时候，的确存在上述3点现象。但是，从2018年下游采购角度看溶解浆市场，除了上述3点情况外，其主要担心的是如果国产溶解浆都转为纸浆，那么如何在时间上保证工厂不缺溶解浆而正常生产。因为国产溶解浆与进口溶解浆，最根本的优势不在于价格，而在于运输过程较为便利产生的送货时间优势。故下游对于国产溶解浆的接盘价格在2018年上半年要比进口溶解浆价格稍高一点。

通过复盘，我们不难看出，在2018年这种纸浆利润客观的特殊年份中，大致可以得出新产能可以扩张，但未必释放，仍以生产高利润的纸浆为主；但是原先的产能，为了维护与客户之间的关系，则基本保持稳定生产。

二、全球溶解浆市场状况

（一）溶解浆下游市场分布

溶解浆的应用市场领域，根据不同的生产工艺处理后，大致可以分为如下几类：①纤维素醚。其主要是螯合剂、洗涤剂、墙体腻子粉、食品添加剂等原料；②军工用产品。比如硝酸纤维是炸药的主要原料之一；③纤维素纤维。主要包括黏胶纤维、醋酸纤维、铜氨纤维以及莱赛尔纤维等。

2018年由于世界与我国的宏观经济均不景气，房地产市场走势低迷；用于建筑材料中的墙体腻子粉、螯合剂等市场形势较为不乐观。纤维素醚市场受此影响，表现较为低迷。与2016—2017年房地产市场景气度较高时期相比，2018年纤维素醚行业开工率有所下降，但因为2018年该产业内有产能释放，故生产量与2017年相比，下降2%左右。故用于生产纤维素醚的溶解浆生产量与消耗量同比也下降将近2%～3%。

2018年西欧、北美等地区恐怖袭击发案率较高，加上伊朗、叙利亚等国家有局部战争发生。拉动了这些地区的炸药需求，也带动了硝酸纤维的增长。从而带动了一些国外溶解浆生产企业生产用于制作硝酸纤维的溶解浆的积极性。这也是2018年在纤维素醚市场不景气的情况下，溶解浆仍然能够保持生产量增速的原因之一。

虽然全球各政府或地方组织对于香烟的管控越发严格，但从世界卫生组织或者相关政府报告中，不难看出虽然烟民数量可能呈现一定的缓慢增长，但是香烟的消耗量却每年都在增长。2019年1月17日，我国国家烟草专卖局新闻发言人张修连曾介绍：2018年，烟草行业实现工商税利总额11556亿元，同比增长3.69%；上缴国家财政总额10000.8亿元，同比增长3.37%；实现工业增加值7877亿元，同比增长4.88%。烟草税利增加，某种意义上意味着香烟的消耗量增加。醋酸纤维是香烟过滤嘴的主要原材料，溶解浆是醋酸纤维的主要原材料，故2018年在香烟消耗量增加的情况下，该领域使用的溶解浆也有所增加。

上述所提及的3个领域，所用溶解浆数量大约在140万～160万吨，占全年全球生产量的19.8%～22.6%。从消耗溶解浆的数量角度看，黏胶纤维消耗量在总量中占比约为80%；而我国的黏胶短纤维生产量在全球黏胶短纤维生产量占比为70%左右，故下文主要以我国的黏胶短纤维作为溶解浆下游市场进行探讨。

（二）我国溶解浆供应量情况

2018年我国溶解浆总表观消费量在438万吨附近，用于黏胶短纤维生产的溶解浆量在387万吨，与2017年相比增长7.2%。其中，2018年棉浆生产量与2017年相比减少3万吨；竹浆和改性浆生产量减少3万吨；国产溶解浆增加2万吨；溶解浆进口量增加20万吨。2014—2018年我国浆粕供应情况见表2。

纵观2014—2018年我国棉浆生产量情况，呈逐年递减的现象。这主要是因为以下几点：①我国的棉花数量每年呈现一定程度的递减；同时，由于棉籽被开发成反刍动物的饲料，使得棉短绒的生产量出现逐年递减现象。另外由于棉短绒在精制棉等领域应用越发广泛，故用于棉浆生产的棉短绒量比较有限。②由于环保政策在2015年以后越发从严，而棉浆生产过程中产生大量的废水、污泥，其处理成本较高，且不能够有效地得到处理，故棉浆设备负荷在2018年下半年生态环保部进行“环保回头看”监督后，关停较多。③从黏胶短纤维生产环节看，目前多数黏胶短纤维生产工厂已经使用全木溶解浆作为主要生产原料，棉浆在黏胶短纤维生产上的应用越来越狭隘。预计到2020年，棉浆将可能在我国消亡。

表2　2014—2018年我国浆粕供应情况

单位：万吨

	2014年	2015年	2016年	2017年	2018年
棉浆生产量	67	58	46	35	32
国内溶解浆生产量	60	55	98	105	107
竹浆和改性浆生产量	8	9	55	20	17
溶解浆进口量	209	225	225	262	282
黏胶领域用量（进口）	192	208	174	201	231
黏胶短纤维用浆	327	330	373	361	387

与2017年相比，2018年竹浆和改性浆生产量减少3万吨。这主要是因为2018年纸浆行情较好，利润丰厚且价格高。在2018年5—9月这5个月间，可以用作黏胶短纤维生产原料的漂白针叶木浆与溶解浆的价差基本在500元/吨之内，用漂白针叶木浆提纯为改性浆，已经不具备成本优势，故2018年改性浆的生产量有所减少。

2018年吉林化纤股份有限公司新的12万吨黏胶短纤维生产线在下半年基本实现达产，其老线以及河北省藁城市的吉藁化纤有限责任公司主要以生产竹纤维为主，客观上增加了竹浆的使用量。但竹浆用途本身有限，故总体来看，2018年竹浆与改性浆生产量与消耗量均有所降低。

（三）2018年国产溶解浆市场价格走势回顾

溶解浆作为黏胶短纤维生产的主要原料，其使用量与价格均与黏胶短纤维有着直接的相关性。2018年，我国黏胶短纤维市场价格走势呈现“13600～15200元/吨”箱体震荡运行走势。市场走势呈现出2次上涨3次下跌的格局。一般情况下，如果黏胶短纤维市场价格呈现这种走势，那么溶解浆市场价格基本会跟随黏胶短纤维市场价格的走势。

2018年漂白针叶木浆市场价格走强，溶解浆生产企业制定价格策略时，降低了黏胶短纤维市场价格在产品定价中的权重；相应加大纸浆在企业产品定价策略中的权重。具体表现为：如果黏胶短纤维生产工厂在当月不接受溶解浆工厂报价时，那么溶解浆工厂随时减少溶解浆的生产，而相应将纸浆的生产量提高。最终使得制浆企业能够保证充分的盈利。

而黏胶短纤维工厂在采购溶解浆的时候，也发现了制浆工厂的定价策略改变。从而在黏胶短纤维工厂自身亏损不是太严重的情况下，会接受制浆工厂的定价，以保证原料供应的安全。

由于整个 2018 年制浆工厂与黏胶短纤维工厂存在这种博弈关系，故 2018 年的溶解浆市场价格走势与黏胶短纤维市场价格走势存在着一定的滞后，且趋势上还存在一定的不同步。两者具体价格走势情况参见图 2。

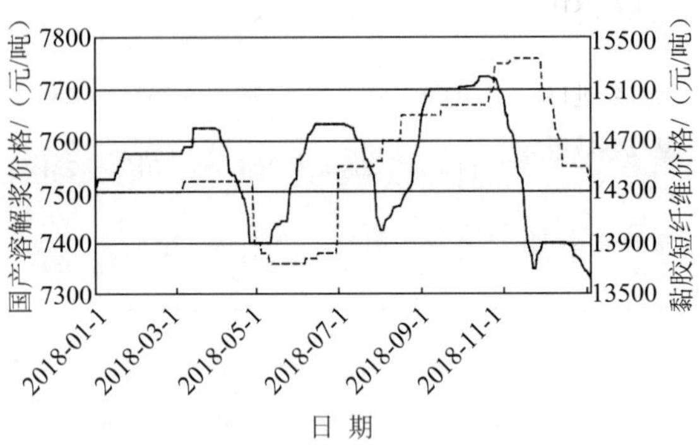

图2 2018年国产溶解浆与黏胶短纤维市场价格走势对比

--- 国产溶解浆价格 — 黏胶短纤维价格

2018 年溶解浆价格详细走势如下：2018 年 1—4 月，黏胶短纤维市场价格呈现“先涨后跌”的格局，黏胶短纤维市场开门红行情也比往来的时间短且价格提升幅度有限，故正月未过，市场价格就出现了下跌走势。溶解浆企业在此阶段，基本是呈现顺势而为的定价策略。溶解浆市场价格在 1—4 月，基本以 7500 元/吨进行交割，价格保持稳定。5—6 月，黏胶短纤维经历了一次由谷底拉升至高位的走势。此次黏胶短纤维市场价格主要是因为其行业开工率有所降低造成的。由于黏胶短纤维行业开工率降低，其使用溶解浆的量有所减少。故在此情况下，溶解浆市场价格出现了一波 150 元/吨的跌幅，市场价格由 7500 元/吨跌至 7350 元/吨。但这种跌幅与黏胶短纤维相比，本身是不同步的，仅仅是趋势上的同步，实际上黏胶短纤维的跌幅在 6%；而溶解浆的跌幅在 2%。7—11 月，受纸浆行情景气度高的影响，溶解浆工厂不再顾及黏胶短纤维价格的涨跌，而走出一波义无反顾的“任性”上涨行情。在这 5 个月中，溶解浆市场价格由 7350 元/吨一路上涨至 7750 元/吨，上涨 5.4%。虽然中间黏胶短纤维市场价格有起有落，但溶解浆市场价格却表现的相当强势。11 月下旬开始，纸浆行情开始走软，且由于 2018 年 11 月 27 日，纸浆期货上市当天，遭遇开门黑行情，给溶解浆工厂带来了一定程度的心理压力；而此时黏胶短纤维市场正处于快速下跌期。考虑到纸浆行情周期性上涨已经接近尾声或者结束，溶解浆工厂在制定溶解浆市场价格的时候，回归到与黏胶短纤维市场价格同步涨跌的范围。整个 12 月，溶解浆市场价格下跌 250 元/吨，由高点 7750 元/吨下跌至 7500 元/吨。

（四）2018 年我国溶解浆进口状况

2018 年 4 月起，由于技术原因，海关统计数据不再进行更新。这给市场上从事溶解浆进出口业务的人员带来了一定的困难。笔者根据 15 年的从业经验，以 2018 年黏胶短纤维生产量实际数据为基础，同时结合国产溶解浆、竹浆与改性浆、棉浆生产量数据以及纤维素醚、醋酸纤维等行业的生产量实际数据，采用倒推的方法，对我国进口溶解浆的生产量进行了计算。2018 年我国黏胶短纤维生产量为 370 万吨，折算成浆粕消耗量为 387 万吨左右；而后减去国内所有溶解浆生产量，得出用在黏胶短纤维的进口溶解浆为 231 万吨；同时根据 2014—2017 年其他行业与黏胶短纤维行业使用量数据，最后计算得出 2018 年我国进口溶解浆总量大致为 282 万吨。

这一数据可能与实际生产量存在一定的偏差，但是因为模型上无太大偏差，且可以用回溯法计算 2016 年与 2017 年的溶解浆进口量，误差值在 1% 以内，故相对来说较为准确。具体的 2018 年我国进口溶解浆总量可以等到海关数据统计网站技术修复后，查阅对比即可。

因为计算出全年总量已经属于不易，而各个国家的进口量因为随机性太大，以模型计算，容易引发较大的误差，造成分析结论的不准确，从而误导读者。故本文不对各个溶解浆产地国数量进行分析。

海关数据停更，影响较大的是溶解浆进口量数据。而溶解浆进口单价，相对来说影响不是太大。这主要是因为，整个从事进出口业务的群体中，进口量一般不会交流；但是进口商品时，除了量能，价格在业内基本都会交流。2018 年进口阔叶木溶解浆价格走势基本呈现箱体震荡的走势。且震荡区间较小，峰值与谷值仅有 20 美元/吨的差距；全年度进口阔叶木溶解浆价格在 920～940 美元/吨区间小幅震荡。

2018 年进口针叶木溶解浆价格走势呈现"先强势，后弱势"的走势。其主要原因仍是因为纸浆行业景气度高，造成一些国外溶解浆工厂在阶段时间内生产漂白针叶木浆，客观上制造了针叶木溶解浆生产量低，从而价格较高的行情。但随着后期纸浆景气度周期结束，针叶木溶解浆价格也开始逐步回落，并且最终与阔叶木溶解浆的价格之差由高峰时 80 美元/吨缩减至 20 美元/吨。2018 年进口阔叶木溶解浆与针叶木溶解浆价格走势见图 3。

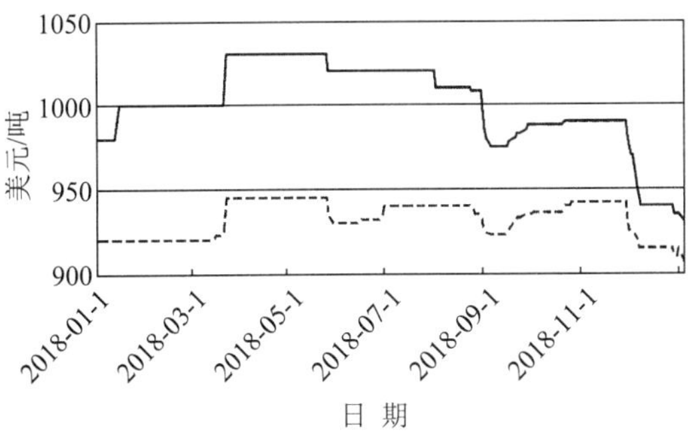

图3　2018年进口阔叶木溶解浆与针叶木溶解浆价格走势

--- 进口阔叶木溶解浆浆价格　— 进口针叶木溶解浆价格

多数人认为进口溶解浆与国产阔叶木溶解浆走势不同步，产生较大疑惑。其实产生这种趋势不同步主要是因为 2018 年人民币汇率波动较大所造成的结果。即美元盘表面报价不变，但是汇率变化后，进口溶解浆价格折算成人民币价格之后，也就出现了随着人民币汇率波动而波动的格局。

三、2019 年溶解浆市场运行状况展望

（一）2019—2020 年国内外溶解浆新增产能

根据国内外公开资料显示，2019—2020 年全球将新增 309 万吨溶解浆产能，其中，我国的 150 万吨溶解浆生产线已经在 2018 年改造完毕，随着我国新增的 70 万吨黏胶短纤维产能在 2019 年上半年陆续达产后，预计这 150 万吨溶解浆产能也会陆续被释放。而从国外的溶解浆新增产能来看，2019 年新增溶解浆产能主要集中在芬兰、加拿大及瑞典，合计产能为 81 万吨。另有 78 万吨溶解浆，属于需要看市场容量是否允许。2019—2020 年国内外新增溶解浆情况见表 3。

（二）2019—2020 年黏胶短纤维市场产能

作为溶解浆市场下游最为重要的黏胶短纤维板块，在 2019—2020 年其产能仍会继续扩张。产能扩张的来源国主要有我国、泰国、印度、印度尼西亚等国家，2 年时间内预期扩张产能在 90 万～120 万吨之间。

表 3　2019—2020 年国内外新增溶解浆情况

企业	所在地	产能/（万吨/年）	预计投产时间
黄冈晨鸣浆纸有限公司	湖北省黄冈市	30	2019
亚太森博（山东）浆纸有限公司	山东省日照市	120	2019
Enso	芬兰	25	2019
Av Terrace Bay	加拿大	28	2019
Sodra	瑞典	28	2019
Arauco	智利	55	2019—2020
SAPPI	南非	14	2019—2020
Svetlogorsk	俄罗斯	9	未知
合计		309	

注：黄冈晨鸣浆纸有限公司、亚太森博（山东）浆纸有限公司 2 家公司在 2018 年基本具备溶解浆生产能力；2019 年随着黏胶短纤维产能陆续达产，预计这 2 家产能会陆续达产。

2018 年，中国纺织科学研究院将其在河南省新乡市的 1.5 万吨生产线直接扩展至 3 万吨生产线，标志着中国纺织科学研究院已经完全掌握了莱赛尔纤维生产线的核心技术。同时，这一动作，也刺激了国内其他纤维素纤维生产企业对于生产莱赛尔纤维的预期。根据相关资料显示，预计在 2022—2025 年，我国莱赛尔纤维产业将有望达到 100 万吨/年左右；但 2018 年我国莱赛尔纤维的生产量仅仅是 5.5 万吨。

黏胶短纤维与莱赛尔纤维在 2019—2025 年拥有 210 万～260 万吨的扩张预期，某种意义上能够激发制浆工厂生产溶解浆的热情，预计未来有制浆企业会陆续对差别化溶解浆进行研发，做出更为优质的溶解浆，为下游黏胶短纤维以及莱赛尔纤维行业提供优质原料。

结合溶解浆自身产能释放与下游纤维素纤维产能释放情况，可以认为：2019—2020 年溶解浆市场的供应与需求，基本保持平稳状态，产能会稳步继续提高。

（三）2019 年溶解浆市场价格展望

2014 年 4 月 6 日，我国对原产于美国、加拿大、巴西的溶解浆进行反倾销，有效期为 5 年。2017 年年初，加拿大政府向 WTO 投诉，但 2018 年 4 月 20 日调查机关裁定，继续按照商务部 2014 年

第18号公告内容实施反倾销措施。2019年4月6日是上述反倾销案5年到期，鉴于2018年裁定结果，市场普遍预期继续反倾销概率较大，即该事件对于市场的冲击比较小。

关于2019年溶解浆市场价格走势，因为黏胶短纤维行业对于2019年上半年的行情不是太乐观。故2019年上半年，溶解浆市场价格可能会继续出现回落。国产溶解浆方面根据黏胶短纤维生产单位的反馈，其价格可能会跌破7000元/吨，这也就意味着，进口阔叶木溶解浆价格可能在850～880美元/吨之间运行；而进口针叶木溶解浆，在2018年12月与进口阔叶木溶解浆的价格仅仅差距在20美元/吨，即进口针叶溶解浆价格可能在860～900美元/吨之间运行。这也是近来年笔者第一次将溶解浆未来一年的行情走势给出较为悲观的预期。

但市场价格下跌不代表企业的盈利会减少，如果整个宏观经济周期如国际货币基金组织(IMF)所预测的较为悲观，那么木片、硫酸、烧碱等溶解浆的主要物资价格也会出现回调。届时，虽然溶解浆市场价格表现出下跌，但是不代表溶解浆生产企业不能盈利或者盈利降低。纵观整个2019年，对于溶解浆生产工厂经营管理层会面临巨大的挑战，这种挑战即如何在溶解浆下跌预期中，降低其生产成本，同时能够有效的维护好工厂的正常生产。而对于整个溶解浆行业，则面临在宏观经济预期悲观的情况下，能够让整个溶解浆行业健康运行，且实现设备、技术、产品质量的提升。

往年笔者均会说“危机”之中要抓住危险中的发展机遇；而对于2019年，笔者认为需要做好防控经营风险工作，以抵抗市场之中存在的不可控危险，同时在力所能及的情况下寻找发展机遇。

（季柳炎）

纤维原料

FIBROUS MATERIALS

2006—2017 年世界主要地区和国家废纸回收利用概况
新形势下造纸行业纤维原料供应对策分析

4

2006—2017 年世界主要地区和国家废纸回收利用概况

Recovery and Application of Waste Paper in Main Regions and Countries of the World in 2006 - 2017

表 1　2006—2017 年世界主要地区废纸回收总量　单位：千吨

地区	2006 年	2007 年	2008 年	2009 年	2010 年	2011 年	2012 年	2013 年	2014 年	2015 年	2016 年	2017 年
亚洲	72127	73382	76724	79213	87883	91447	93878	96042	99109	99519	99728	105729
欧洲	59946	63183	65389	62788	63382	64070	64410	64632	64660	66257	66647	67032
北美洲	50874	53475	51715	49857	51123	52384	50641	49973	50715	51587	51969	50549
拉丁美洲	9304	9807	10384	10034	10925	11464	12208	12528	12466	13053	13200	13491
大洋洲	2419	3380	3482	3548	3650	3610	3508	3497	3450	3472	3453	3527
非洲	1795	2110	2253	2142	2447	2451	2745	2971	3061	3162	3392	3422
合计	196466	209115	211968	209659	221825	228176	230394	232858	236513	240692	242189	247797

注：2007 年合计中包括中东地区回收量 3778 千吨；2008 年合计中包括中东地区回收量 2021 千吨；2009 年合计中包括中东地区回收量 2075 千吨；2010 年合计中包括中东地区回收量 2416 千吨；2011 年合计中包括中东地区回收量 2751 千吨；2012 年合计中包括中东地区回收量 3004 千吨；2013 年合计中包括中东地区回收量 3215 千吨；2014 年合计中包括中东地区回收量 3052 千吨；2015 年合计中包括中东地区回收量 3642 千吨；2016 年合计中包括中东地区回收量 3801 千吨；2017 年合计中包括中东地区回收量 4048 千吨。

表 2　2006—2017 年世界主要地区废纸消费总量　单位：千吨

地区	2006 年	2007 年	2008 年	2009 年	2010 年	2011 年	2012 年	2013 年	2014 年	2015 年	2016 年	2017 年
亚洲	94237	98208	103361	107684	115229	120894	125354	126792	129161	130845	131342	136697
欧洲	52402	54672	55298	51159	55356	55016	54756	56236	56346	57103	57745	58945
北美洲	34137	36847	34730	30728	31447	30379	28937	29285	30509	30686	30754	30997
拉丁美洲	10896	11374	11748	11604	12369	12672	13109	13327	13510	13994	14269	14374
大洋洲	1265	1950	1985	2070	2019	2035	1865	1824	1752	1743	1791	1816
非洲	1955	2141	2287	2175	2376	2338	2587	2757	2898	3038	3226	3173
合计	194892	208697	211200	207211	220997	225606	229308	233068	236853	240082	241889	248757

注：2007 年合计中包括中东地区消费量 3505 千吨；2008 年合计中包括中东地区消费量 1791 千吨；2009 年合计中包括中东地区消费量 1791 千吨；2010 年合计中包括中东地区消费量 2202 千吨；2011 年合计中包括中东地区消费量 2272 千吨；2012 年合计中包括中东地区消费量 2699 千吨；2013 年合计中包括中东地区消费量 2847 千吨；2014 年合计中包括中东地区消费量 2677 千吨；2015 年合计中包括中东地区消费量 2673 千吨；2016 年合计中包括中东地区消费量 2761 千吨；2017 年合计中包括中东地区消费量 2754 千吨。

表 3　　2006—2017 年世界主要产纸国家废纸回收情况

国家	2006 年		2007 年		2008 年		2009 年		2010 年		2011 年	
	回收量/千吨	回收率/%	回收量/千吨	回收率/%	回收量/千吨	回收率/%	回收量/千吨	回收率/%	回收量/千吨	回收率/%	回收量/千吨	回收率/%
美国	46997	51.9	47594	54.4	47589	58.3	50036	63.4	46861	63.0	47803	66.1
中国	22655	34.3	27650	37.9	31280	39.4	36755	42.9	40165	43.8	43473	44.6
日本	22873	72.4	23040	73.7	22746	75.1	21760	79.7	21623	77.5	21368	76.2
德国	15550	74.5	15360	72.9	15617	76.7	15399	84.8	15388	77.7	15269	77.2
加拿大	4820	67.7	4810	70.3	4126	57.8	4244	66.2	4262	67.6	4581	74.6
芬兰	825	48.0	845	43.7	829	46.5	726	48.9	710	57.2	705	68.4
瑞典	1529	63.6	1598	69.1	1521	68.1	1416	74.4	1236	60.7	1239	63.9
韩国	7460	86.3	8000	89.1	7530	85.0	7716	91.6	8090	86.0	8390	87.8
法国	6950	63.7	7070	63.5	6885	64.1	6907	72.5	7072	71.3	7149	74.0
意大利	6000	51.3	6170	51.9	6316	60.0	6199	62.8	6326	58.4	6288	59.3

国家	2012 年		2013 年		2014 年		2015 年		2016 年		2017 年	
	回收量/千吨	回收率/%	回收量/千吨	回收率/%	回收量/千吨	回收率/%	回收量/千吨	回收率/%	回收量/千吨	回收率/%	回收量/千吨	回收率/%
美国	46261	64.4	45795	63.8	46423	65.0	47313	66.7	47373	66.9	46100	65.5
中国	44726	44.5	43773	44.7	48412	48.1	48318	46.7	49635	47.6	52852	48.5
日本	21671	78.0	21795	79.8	21678	79.3	21204	79.2	21128	79.9	20802	78.8
德国	15293	77.6	15359	78.7	15093	75.7	15309	74.4	15365	76.0	15457	75.9
加拿大	4380	73.2	4178	71.4	4292	75.0	4274	74.8	4596	81.7	4449	80.0
芬兰	678	62.2	691	61.7	642	51.8	614	52.4	541	48.5	618	56.1
瑞典	1159	61.0	1220	67.7	1001	55.4	1084	69.0	1027	58.4	1041	66.5
韩国	8659	94.6	9165	96.0	8412	88.0	8350	86.2	8340	84.5	8389	84.1
法国	7328	78.7	7243	81.0	7316	81.7	7151	82.4	7236	82.4	7292	82.2
意大利	6231	62.8	6062	62.7	6069	61.3	6349	62.9	6479	63.7	6498	63.0

注：回收率 = 废纸回收量/纸和纸板消费量。根据中国造纸协会最新数据，2009—2017 年的废纸回收数据略有调整。

表 4　　2006—2017 年世界主要产纸国家废纸消费情况

国家	2006 年		2007 年		2008 年		2009 年		2010 年		2011 年	
	消费量/千吨	利用率/%	消费量/千吨	利用率/%	消费量/千吨	利用率/%	消费量/千吨	利用率/%	消费量/千吨	利用率/%	消费量/千吨	利用率/%
美国	31503	37.5	30158	36.1	28899	36.2	29250	40.8	28002	36.9	27098	36.1
中国	42250	65.0	50210	68.3	55488	69.5	64256	74.4	64517	69.6	70749	71.2
日本	18790	60.0	19315	61.4	19012	61.8	16788	63.1	17292	63.2	16977	63.8
德国	15244	73.1	15822	67.9	15489	67.8	14790	70.8	16273	70.5	16074	70.8
加拿大	5763	31.7	5454	31.4	4553	28.6	3748	29.2	3445	26.9	3281	27.1
芬兰	595	4.2	766	5.3	724	5.5	544	5.1	579	4.9	583	5.1
瑞典	2030	16.8	2022	17.0	2022	17.3	1824	16.7	1836	16.1	1712	15.2
韩国	9433	88.1	8717	79.7	8544	80.5	8514	81.2	9174	82.6	9597	83.5
法国	6002	60.0	5947	60.3	5677	60.9	4988	60.0	5276	59.7	5104	59.9
意大利	5578	55.7	5581	55.2	5329	56.2	4764	56.4	5193	56.8	5042	55.2

续表

国家	2012年		2013年		2014年		2015年		2016年		2017年	
	消费量/千吨	利用率/%	消费量/千吨	利用率/%	消费量/千吨	利用率/%	消费量/千吨	利用率/%	消费量/千吨	利用率/%	消费量/千吨	利用率/%
美国	26303	35.4	26605	36.1	27668	37.8	28000	38.5	27974	38.8	28271	39.1
中国	74790	73.0	73008	72.2	75930	72.5	77602	72.5	78132	72.0	78570	70.6
日本	16770	64.3	16935	64.5	17093	64.6	16984	64.8	17033	64.8	17114	64.5
德国	16203	71.6	16489	73.6	16622	73.7	16754	74.1	16897	74.7	17137	74.7
加拿大	2634	24.5	2680	24.1	2841	25.7	2686	26.0	2780	27.5	2726	27.2
芬兰	567	5.3	609	5.7	594	5.7	569	5.5	532	5.2	618	6.0
瑞典	1624	14.2	1378	12.8	1248	12.0	1211	11.9	1160	11.5	1155	11.3
韩国	9579	84.5	10326	87.5	9477	81.0	9337	80.5	9267	79.5	9276	80.0
法国	5037	62.2	5150	64.0	5400	65.9	5293	66.3	5355	67.1	5383	67.1
意大利	4649	53.7	4715	54.5	4700	53.3	4852	53.8	4887	54.3	4994	54.7

注：利用率 = 废纸消费量/纸和纸板生产量。根据中国造纸协会最新数据，2009—2017年的废纸利用数据略有调整。

（郭彩云）

新形势下造纸行业纤维原料供应对策分析

Analysis on the Countermeasures of Fiberous Raw Materials Supply in Paper Industry under New Circumstances

2017 年 7 月起，环保部颁布了史上最严的废纸限禁令，规定未经分拣的混合废纸禁止进口，同时，进口废纸含杂率降至 0.5%。这一制度正式实施后，导致近千万吨的原料供应缺口，纸浆和废纸价格持续走高。同时，用于替代进口的国废的质量较差，且短期内无法有所改观。

近些年来，全球范围内废纸可供应量减少。10 年前全球纸及纸板生产量增长逐渐变缓，由快速增长向缓慢增长换挡。1981 年全球纸及纸板总生产量 1.68 亿吨，到 2008 年为 3.94 亿吨，综合平均增长率(CAGR)为 3.2%。2008 年以后，生产量增长停滞，徘徊在 3.90 亿 ~4.1 亿吨之间(见图 1)，综合平均增长率不足 0.1%。伴随总生产量增长乏力，全球范围内废纸供应量大幅减少，西方国家废纸出口萎缩或禁止出口，更是加剧了这一趋势。

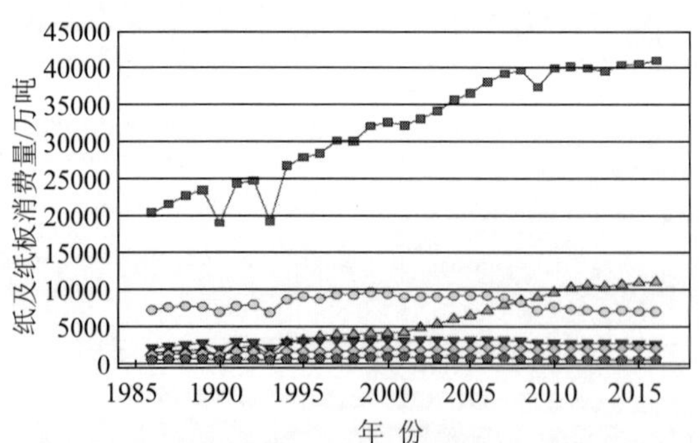

图1 1985—2015年全球主要5国纸及纸板消费量

—■—全球 —▲—中国 —○—美国 —▼—日本 —◇—德国 —●—加拿大

我国是全球最大的纸及纸板生产国和消费国，约 65% 的纸及纸板的生产原料来自废纸，其中 1/2 以上依靠进口。在进口废纸原料供应减少、废纸供应质降价升已成定局的新形势下，造纸企业将如何面对这样的原料供应压力？哪些企业受到的影响最大？如何化解长期存在的原料结构风险？这是当下摆在造纸行业面前亟待解决的问题。

一、世界各国的废纸回收利用和进出口情况

2008 年以后，全球废纸可供应量增长缓慢，废纸已成为各国争夺的优质廉价资源，俄罗斯等多个国家已明文禁止出口；西方国家出口到我国的废纸很多是未经分拣的，夹带大量垃圾及有害物。近 10 年来全球范围内的废纸交易量已基本停止增长(见图 2)。即使我国未对废纸进口实施严格限制，也同样会面临进口废纸纤维原料减少的局面。我国造纸工业废纸纤维原料供应已无其他选择，依赖进口的局面必须要改变。

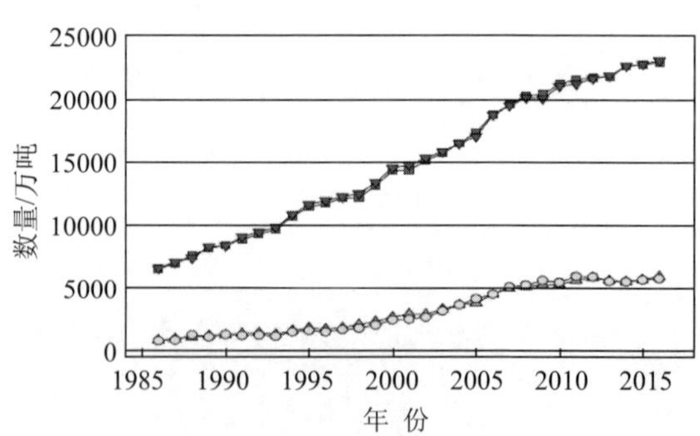

图2 1985—2015年全球废纸回收利用和进出口情况

—■—回收 —▼—消耗 —▲—进口 —○—出口

图 3 ~ 图 8 分别是美国、加拿大、德国、日本等发达国家及印度和印度尼西亚等发展中国家废纸的回收利用和进出口情况。美国和加拿大森林资源丰富，属于木浆生产大国，原生木浆足够本国使用并有大量出口，其废纸回收量多于消耗量，多余废纸供出口；但近 5 年来，美国、加拿大由于其纸及纸板总回收量增加有限，甚至略有下降，

故其废纸出口量也已停止增长。德国和日本虽然不是木浆生产大国，但废纸回收率一直居世界前列，废纸回收量基本能够满足本国需要，近10年的废纸出口量一直呈下降趋势。印度和印度尼西亚属于发展中国家，本国自产浆不能满足需要，废纸回收量和消耗量之间存在较大差额，需要大量进口废纸生产纸及纸板产品，但进口废纸量也存在增长停滞甚至下降趋势。因此，从全球范围来看，废纸供应缺口存在扩大趋势，寻找废纸替代纤维任务紧迫。

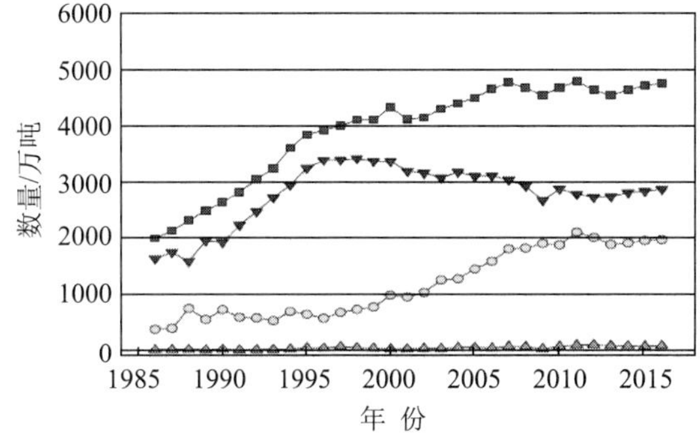

图3　1985—2015年美国废纸回收利用和进出口情况

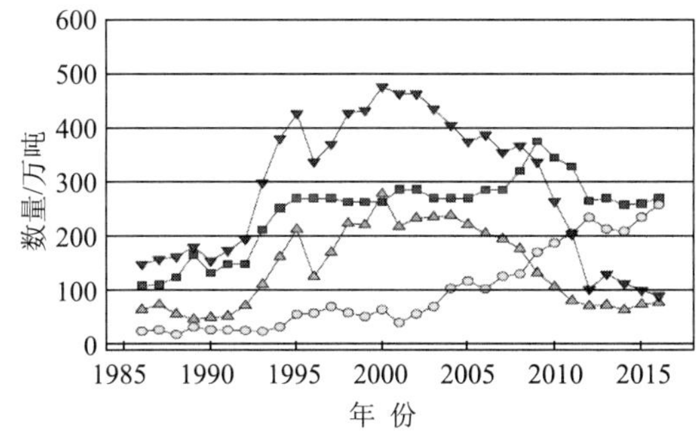

图4　1985—2015年加拿大废纸回收利用和进出口情况

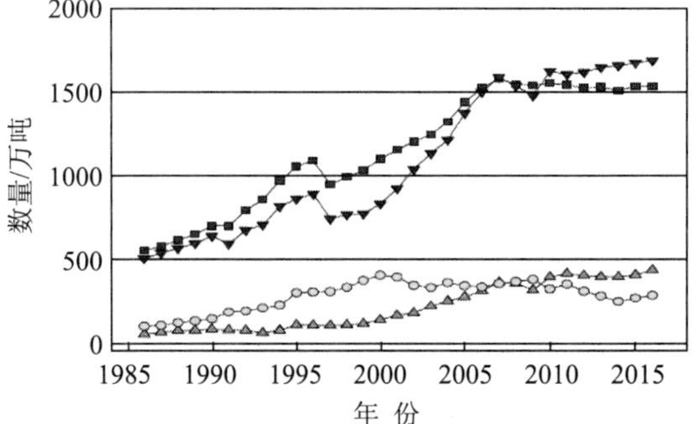

图5　1985—2015年德国废纸回收利用和进出口情况

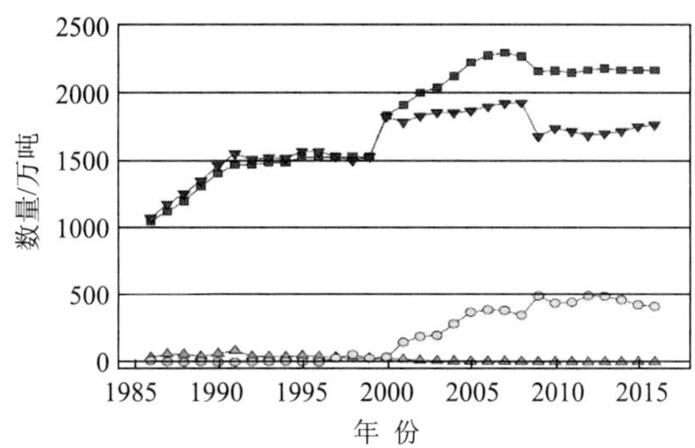

图6　1985—2015年日本废纸回收利用和进出口情况

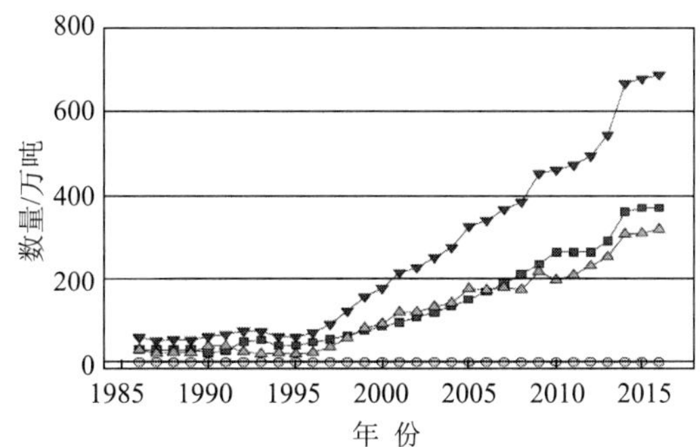

图7　1985—2015年印度废纸回收利用和进出口情况

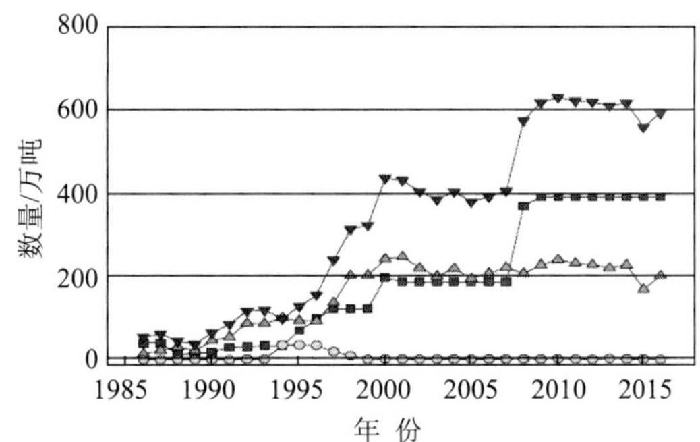

图8　1985—2015年印度尼西亚废纸回收利用和进出口情况

二、我国废纸利用情况

我国属于森林资源匮乏的国家，木浆生产主要来源于热带和亚热带速生人工林，即使这样仍难以满足国内生产需要，需要大量进口木浆和废纸。长期以来，我国废纸的回收量与消耗量之间存在非常大的缺口（见图9），属于进口废纸大国，仅2017年废纸进口量就为2572万吨，约占废纸总用量的35%。2008年以来的10年间，废纸进口量增长停

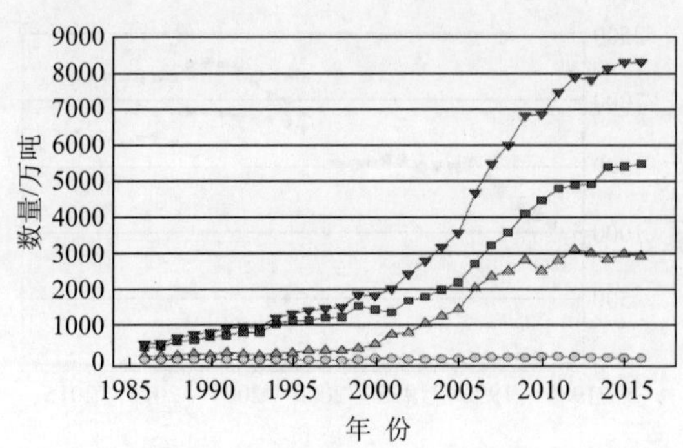

图9 1985—2015年我国废纸回收利用和进出口情况

—■—回收 —▼— 消耗 —△— 进口 —○— 出口

滞(一直徘徊在 2800 万 ~ 3100 万吨之间)。随着我国对进口废纸质量的要求日益严格，进口废纸量减价升已成必然。造纸纤维原料缺口如何弥补已成为企业发展急需解决的当务之急。我国纸浆总消耗量中，废纸浆占比逐年增加，由 2002 年的 46.7% 提高到 2015 年的 65.1%(见表 1)。2016 年废纸浆占比同比下降了 0.5 个百分点，2017 年比 2016 年下降了 1.6 个百分点，2018 年比 2017 年下降了 5 个百分点。原因可能是，由于国家出台了严厉的环保措施，沿海发达省份关停了大批以废纸为原料的环保不达标企业，另外，废纸限禁令出台后，部分大型企业已开始着手进行废纸原料的替代工作，如增加进口纸浆数量。

表 1 2002—2018 年我国废纸浆利用率情况

年份	纸浆总消耗量 /万吨	废纸浆消耗量 /万吨	占比 /%
2002	3470	1622	46.7
2003	3910	1923	49.2
2004	4455	2313	51.9
2005	5200	2813	54.1
2006	5992	3381	56.4
2007	6769	4022	59.4
2008	7360	4441	60.3
2009	7980	4999	62.6
2010	8461	5307	62.7
2011	9044	5661	62.6
2012	9348	5985	64.0
2013	9147	5941	65.0
2014	9484	6190	65.3
2015	9730	6338	65.1
2016	9797	6330	64.6
2017	10051	6302	63.0
2018	9387	5474	58.0

表 2 2008—2018 年我国纸浆生产情况 单位：万吨

品种	2008 年	2009 年	2010 年	2011 年	2012 年	2013 年	2014 年	2015 年	2016 年	2017 年	2018 年
纸浆合计	6415	6733	7318	7723	7867	7651	7906	7984	7925	7949	7201
木浆	679	560	716	823	810	882	962	966	1005	1050	1147
废纸浆	4439	4997	5305	5660	5983	5940	6189	6338	6329	6302	5444
非木材浆	1297	1176	1297	1240	1074	829	755	680	591	597	610

三、造纸企业纤维原料应对策略

从表 2 可以看出，自 2013 年以后，我国造纸工业纤维原料来源从高到低的顺序为：废纸浆 > 进口木浆 > 自制木浆 > 非木材浆。无论从世界范围内废纸的供应还是从国内对造纸企业愈加严格的废水排放限制，多年来依赖废纸发展起来的我国造纸工业必须要转变原料战略，才能实现可持续健康发展。开拓造纸企业原料供应渠道，无非在以下几个方面：①有条件的企业，继续扩大林浆纸一体化优势，增加自制木浆供应；在东南亚、南美和北美等森林资源丰富的地区投资建厂，增加木浆供应。②发展竹浆、蔗渣浆生产，提高产能，四川省在竹浆生产方面已走出自己的特色。③增加国产废纸供应。全球范围看，我国废纸回收率仍处于较低水平，尚有较大的提升空间。④积极发展高得率制浆技术，提高纤维原料利用率。

1. 如何化解原料风险

我国高得率制浆技术领域经过多年发展，已积累了大量经验：①拥有世界最先进的 BCTMP 和 P-RC APMP 生产线，无论是装备水平、生产消耗指标还是产能均居于世界前列，完全可以为造纸工业提供优质的木浆纤维。②已有多条全国产装备高得率浆生产线投产并取得成功，为木材加工剩余物的利用提供了技术支撑。③全国产装备非木材高得率浆技术已形成技术储备，所生产本色纸浆强度高、松厚度好，完全可以满足替代进口废纸生产高强瓦楞原纸和箱纸板的需要。另外，根据新的形势，造纸产业政策中，关于林木剩余物和禾草类原料化学机械浆生产规模的规定指标应该适当下调。因为化学机械浆规模效益问题并不明显。目前的废水处理工艺和装备完全可以实现生产废水高效低成本处理并达标排放。生产规模指标调整后，会非常有利于化学机械浆的发展。

2. 哪些企业受影响最大

有自制浆的纸厂可以通过增加纸浆生产量来化解风险。那些完全依赖废纸纤维的造纸企业，在废纸供应质降价升的形势下，将经受最大的考验。可能的解决方案有：①通过利用拥有充足供应量的农业秸秆，例如麦稻草、棉秆等农业剩余物，新建高得率制浆生产线，提供生产包装用纸和纸板的纸浆。②以国废替代进口废纸，通过链条建立、分类收购等措施，提高废纸回收率，提高国废质量，增加国废供应。③提高竹浆、蔗渣浆等非木材浆生产，拓展纤维原料来源。

新形势下，废纸收购企业将获得新的发展机遇。小型废纸收购企业将退出，或向中大型企业转型；出于提升国废质量和保障稳定供应的需求，纸企将愈加重视自有废纸回收渠道的建设。互联网 + 回收资源模式将获得快速发展。

四、结　语

新形势下，废纸回收利用将更具意义。随着全球纸和纸板总生产量的停滞增长以及世界各国对废纸资源的重视与抢夺，全球范围内可供应废纸量将持续下降，并将出现价格上涨趋势。与世界先进水平相比，我国废纸回收利用率低，有很大提升空间。建立完善的废纸供应链条，提升废纸质量和供应数量，将获得大型纸企的格外重视，并将催生现代化的新型大型废纸回收企业。竹浆和其他非木材浆生产获得新的发展机遇。向海外拓展建立木浆生产基地以及建立非木高得率浆生产线，或将成为造纸企业解决原料出路的长期战略。

（房桂干　沈葵忠　李晓亮）

节能减排
环境保护

ENERGY SAVING, EMISSION REDUCING AND ENVIRONMENTAL PROTECTION

5

制浆造纸工业污染防治可行技术指南

Guideline for Available Techniques of Pollution Prevention and Control for Pulp and Paper Industry

环 境 保 护 部

（2018 年 1 月 4 日）

一、适用范围

本标准规定了制浆造纸工业废水、废气、固体废物和噪声污染防治可行技术。

本标准适用于制浆造纸工业污染物排放许可管理，可作为建设项目环境影响评价、国家污染物排放标准的制定与实施、制浆造纸工业企业污染防治技术选择的依据。

本标准不适用于制浆造纸工业企业的自备热电站和工业锅炉。

二、规范性引用文件

本标准引用下列文件或其中的条款。凡是不注日期的引用文件，其最新版本适用于本标准。

GB 18484 危险废物焚烧污染控制标准

GB 18485 生活垃圾焚烧污染控制标准

GB 18597 危险废物贮存污染控制标准

GB 18599 一般工业固体废物贮存、处置场污染控制标准

《国家危险废物名录》（环境保护部、国家发展和改革委员会、公安部令第 39 号）

三、术语和定义

下列术语和定义适用于本标准。

1. 制浆造纸工业 pulp and paper industry

以植物（木材、其他植物）或废纸等为原料生产纸浆，及（或）以纸浆为原料生产纸张、纸板的工业。

2. 可行技术 available techniques

一定时期内在我国制浆造纸工业污染防治过程中，采用污染预防技术、污染治理技术及环境管理措施，使污染物排放稳定达到或优于国家污染物排放标准，且具一定规模应用的技术。

3. 化学法制浆

在特定的条件下利用含有化学药品的溶液处理植物原料，溶出绝大部分非纤维素成分而制得纸浆的生产过程，主要包括硫酸盐法制浆、烧碱法制浆及亚硫酸盐法制浆。

4. 化学机械法制浆

以化学预处理与机械磨解作用相结合的方式，使植物原料解离而制得纸浆的生产过程。

5. 废纸制浆

以废纸为原料，经过碎浆、净化等处理，必要时进行脱墨、漂白制得纸浆的生产过程。

6. 机制纸及纸板制造

按使用要求，纤维经处理后悬浮于流体介质中，并在网上互相交织，通过机器抄造脱去流体介质而形成片状产品的生产过程。

7. 一级处理

废水处理工程中以过滤、沉淀、气浮等固液分离措施为主体的污染物处理过程。

8. 二级处理

废水处理工程中经一级处理后以生化处理为主体的污染物处理过程。

9. 三级处理

废水处理工程中经一级和二级处理后，采用物理和化学方法进一步处理污染物的过程。

四、生产工艺及产污环节

(一)化学法制浆

1. 化学法制浆生产工艺过程：植物原料经备料工段处理后进入蒸煮工段，在化学药液作用下蒸煮得到的粗浆经过洗涤、筛选工段净化，再根据需要通过氧脱木素及漂白工段生产纸浆。通常木(竹)采用硫酸盐法制浆，非木(竹)采用烧碱法或亚硫酸盐法制浆。硫酸盐法或烧碱法制浆洗涤工段产生的黑液经蒸发后进入碱回收炉燃烧，燃烧后的熔融物经苛化工段产生白液和白泥，白液回到蒸煮工段作为蒸煮药液。木浆生产产生的白泥通过石灰窑煅烧生产氧化钙回用到苛化工段；非木浆生产产生的白泥作为制备碳酸钙的原料或其他用途，一般不配套石灰窑。亚硫酸盐法制浆洗涤工段产生的废液经蒸发后综合利用。

2. 化学法制浆生产工艺各工段采用的技术：备料工段主要包括原木的干法剥皮，竹材的干法备料，麦草及芦苇的干法、干湿法备料，蔗渣的湿法堆存；蒸煮工段主要包括连续蒸煮、间歇蒸煮；洗涤工段主要包括压榨洗浆、置换洗浆、压力洗浆、真空洗浆等；筛选工段主要包括压力筛选和全封闭压力筛选；氧脱木素为可选工艺，常见为一段或两段氧脱木素；漂白工段主要是无元素氯漂白工艺；碱回收工段由蒸发、燃烧、苛化及石灰回收组成。

3. 废水主要由备料、蒸煮、漂白、蒸发等工段产生，污染物主要为化学需氧量(COD_{Cr})、五日生化需氧量(BOD_5)、悬浮物(SS)及氨氮。各污染物产生浓度：COD_{Cr}1200～2500毫克/升，$BOD_5$350～800毫克/升，SS 250～1500毫克/升，氨氮2～5毫克/升。

4. 废气污染物主要为备料产生的粉尘，蒸煮、洗涤、筛选、黑液(废液)蒸发、废水处理厂等工段产生的臭气，碱回收炉、石灰窑产生的烟尘、二氧化硫及氮氧化物等。硫酸盐法制浆臭气主要为硫化氢、甲硫醇、甲硫醚及二甲二硫醚等，烧碱法制浆臭气主要为甲醇等挥发性有机物，亚硫酸盐法制浆臭气主要为氨等，废水处理厂臭气主要为氨、硫化氢。

5. 固体废物主要为备料工段产生的树皮和木(竹)屑、麦糠、苇叶、蔗髓及砂尘等废渣，筛选工段产生的节子和浆渣，碱回收工段产生的绿泥、白泥、石灰渣，废水处理厂产生的污泥等。

6. 噪声主要来自剥皮机、削片机、传动装置、泵、风机和压缩机等设备运转，以及间歇喷放或放空，压力、真空清洗或吹扫等过程。噪声水平一般为78～110分贝(A)。

(二)化学机械法制浆

1. 化学机械法制浆生产工艺过程：植物原料经备料工段处理后，在化学药液作用下预浸渍，而后送磨浆工序对原料进行磨解，再经漂白处理后进行洗涤、筛选生产纸浆。

2. 化学机械法制浆生产工艺各工段采用的技术：备料工段主要为原木的干法剥皮；磨浆工段主要包括一段磨浆、二段低浓磨浆；洗涤工段主要包括螺旋压榨洗浆、真空洗浆等；筛选工段主要包括压力筛选和全封闭压力筛选。

3. 废水主要由备料、木片洗涤、洗涤、筛选等工段产生，污染物主要为COD_{Cr}、BOD_5、SS及氨氮。各污染物产生浓度：COD_{Cr}6000～16000毫克/升、$BOD_5$1800～4000毫克/升、SS 1800～3800毫克/升、氨氮3～5毫克/升。废气污染物主要为备料产生的粉尘；废水处理厂产生的臭气，主要为氨、硫化氢；废液采用碱回收系统处理时，碱回收炉产生的烟尘、二氧化硫及氮氧化物等。

4. 固体废物主要为备料工段产生的树皮和木屑等废渣；筛选工段产生的浆渣；废水处理厂产生的污泥等。噪声主要来自剥皮机、削片机、磨浆机、传动装置、泵、风机和压缩机等设备运转，以及压力、真空清洗或吹扫等过程，噪声水平一般为78～110分贝(A)

(三)废纸制浆

1. 废纸制浆生产工艺过程：废纸经分选后进入碎浆工段碎解，解离成纤维后，通过除渣、筛选工段净化，再根据需要进行脱墨和漂白生产纸浆。

2. 纸制浆生产工艺各工段采用的技术：备料工段主要为废纸原料分选，脱墨工段主要包括浮选脱墨，洗涤脱墨，漂白工段主要采用过氧化氢漂白。根据纸浆质量的要求，还可配套热分散或纤维分级技术。

3. 废水主要由洗涤、筛选、脱墨及漂白等工段产生，主要污染物为COD_{Cr}、BOD_5、SS及氨氮。

各污染物产生浓度：COD_{Cr}1200～6500毫克/升、$BOD_5$350～2000毫克/升、SS 450～3000毫克/升、氨氮2～15毫克/升。废气为废水处理厂产生的臭气，主要为氨、硫化氢。

4. 固体废物主要为碎浆工段产生的砂石、金属及塑料等废渣，筛选工段产生的油墨微粒、胶黏剂、塑料碎片及填料等，浮选产生的脱墨渣，废水处理厂产生的污泥等。噪声主要来自碎浆机、磨浆机、热分散系统、泵、风机和压缩机等设备运转，以及压力、真空清洗或吹扫等过程。噪声水平为85～110分贝(A)。

(四)机制纸及纸板

1. 机制纸及纸板制造生产工艺过程：外购商品浆或自产浆经打浆工段进行碎浆或磨浆，由流送工段配浆并去除杂质后，上网成形，经压榨部脱水，干燥部烘干，并根据产品要求选择施胶或涂布，再经压光、卷纸生产纸或纸板。

2. 机制纸及纸板制造生产工艺各工段采用的技术：压榨部主要技术包括宽压区压榨及常规压榨；干燥部采用烘缸干燥的配套技术主要包括烘缸封闭气罩、袋式通风及废气热回收；成形、压榨部可进行纸机白水回收及纤维利用，施胶或涂布工段可采用涂料回收利用技术。

3. 废水主要由打浆、流送、成形、压榨、施胶或涂布等工段产生，主要污染物为COD_{Cr}、BOD_5、SS及氨氮。各污染物产生浓度：COD_{Cr}500～1800毫克/升、$BOD_5$180～800毫克/升、SS 250～1300毫克/升、氨氮1～3毫克/升。废气为废水处理厂产生的臭气，主要为氨、硫化氢。

4. 固体废物主要为打浆、流送工段产生的浆渣，成形工段产生的废聚酯网，废水处理厂产生的污泥等。噪声主要来自磨浆机、泵、传动装置、风机和压缩机等设备运转，以及压力、真空清洗或吹扫等过程，噪声水平一般为78～110分贝(A)。

五、污染预防技术

(一)化学法制浆

1. 干法剥皮技术

原木在连续式剥皮机中做不规则运动，通过摩擦、碰撞，使树皮剥离，剥皮过程不用水。主要设备包括圆筒剥皮机、辊式剥皮机。该技术适用于以原木为原料的制浆企业。与湿法剥皮相比，该技术吨浆用水量明显降低，吨浆节水3～10吨。

2. 干湿法备料技术

将麦草、芦苇等原料经切草机切断，再经碎解、洗涤处理。合格草片经脱水后，通过螺旋喂料器送去蒸煮，通常与连续蒸煮配套使用。经干湿法备料后的原料干度在40%左右，尺寸20～40毫米。该技术具有除杂率高，净化效果好等优点，可减少蒸煮用碱量和漂白化学品用量。

3. 新型立式连续蒸煮技术

包括低固形物蒸煮技术和紧凑蒸煮技术等。低固形物蒸煮技术是将木(竹)片浸渍液及大量脱木素阶段和最终脱木素阶段的蒸煮液抽出，大幅降低蒸煮液中固形物浓度的蒸煮技术，该技术可最大限度地降低大量脱木素阶段蒸煮液中的有机物。紧凑蒸煮技术是在大量脱木素阶段，通过增加氢氧根离子和硫氢根离子浓度，提高硫酸盐蒸煮的选择性，并提高该阶段的木素脱除率，从而减少慢速反应阶段的残余木素量。主要设备为立式连续燕煮器(蒸煮塔)，与传统立式连续蒸煮相比，该技术具有蒸煮温度低、电耗低、纸浆得率高、卡伯值低及可漂性好等特点。该技术与后续氧脱木素技术结合，可使送漂白工段的针叶木浆卡伯值降低10～14，阔叶木浆或竹浆卡伯值降低6～10。该技术主要适用于化学木(竹)浆生产企业。

4. 改良型间歇蒸煮技术

通过置换和黑液再循环的方式深度脱木素，主要设备为立式蒸煮锅及不同温度的白液槽和黑液槽。该技术可降低纸浆卡伯值而不影响纸浆性能，与传统间歇蒸煮相比，该技术可有效降低蒸煮能耗，降低蒸汽消耗峰值。

5. 横管式连续蒸煮技术

主要设备为横管式连续蒸煮器，采用该技术较传统的间歇蒸煮技术粗浆得率提高4%左右，还具有工艺稳定、自动化程度高及运行费用低等优点。该技术主要适用于化学非木(竹)浆生产企业。

6. 纸浆高效洗涤技术

通过挤压、扩散及置换等作用，以最少量的水最大限度地去除粗浆中溶解性有机物和可溶性无机物。传统真空洗浆机洗涤损失约为5～10千克COD_{Cr}/吨风干浆，出浆浓度10%～15%，吨浆带走的液体量5.7～9.0吨，而由压榨洗浆机组成的洗浆系统，洗涤损失约为5千克COD_{Cr}/吨风干浆，出浆浓度25%～35%，吨浆带走的液体量为1.9～3.0吨。在相同的稀释因子条件下，采用压榨洗浆机较采用真空洗浆机耗水量可减少3～5吨/吨风干浆。另外也可通过在传统的真空洗浆机等洗浆设备前增加挤浆工序，通过机械挤压的作用，以很小的稀释因子，实现废液中固形物和纤维的分离。

7. 封闭筛选技术

用水完全封闭的粗浆筛选系统，主要设备为压力筛。通常是组合在粗浆洗涤系统中，使用洗浆机滤液作为系统稀释用水，多级多段对纸浆进行筛选，筛选后的滤液最终进入碱回收系统。筛选系统一般采用两级多段模式，通常一级除节采用孔筛，二级筛选采用缝筛。筛选长纤维时通常采用0.25～0.30毫米缝筛，短纤维时通常采用0.15～0.25毫米缝筛。封闭筛选可以实现洗涤水完全封闭，筛选系统无清水加入，除浆渣等带走水分外，无废水排放。

8. 氧脱木素技术

在蒸煮后，为保持纸浆强度而选择性脱除木素的一种工艺，该技术通常采用一段或两段氧脱木素，在氧脱木素过程中，氧气、烧碱（或氧化白液）和硫酸镁与纸浆在反应器中混合，一般采用中浓氧脱木素，残余木素脱除率可达40%～60%。氧脱木素产生的废液可逆流到粗浆洗涤段，然后进入碱回收工段，该过程可减少漂白工段化学品用量，漂白工段COD_{Cr}产生负荷可减少约50%。

9. 无元素氯（ECF）漂白技术

以二氧化氯（ClO_2）替代元素氯（氯气和次氯酸盐）作为漂白剂的技术。采用该技术，可有效降低漂白工段废水中二噁英及可吸附有机卤素（AOX）的产生。

10. 黑液碱回收技术

制浆洗涤工段送来的黑液经多效蒸发浓缩后，送碱回收炉燃烧，回收热能，而后进行苛化分离，最终回收碱送蒸煮工段循环使用的技术。

化学法木（竹）制浆黑液固形物初始浓度通常为14%～18%，多效蒸发后黑液固形物浓度可达50%～65%，通过安装超级浓缩器或结晶蒸发器，黑液固形物浓度可达65%～80%，蒸汽产量增加7%～9%，碱回收炉烟气中硫排放可降至0.1～0.3千克/吨风干浆。对于化学法非木（竹）制浆黑液固形物初始浓度通常为9%～11%，多效蒸发后可达42%～45%，采用圆盘蒸发器蒸发后可达48%～50%。

11. 废液综合利用技术

铵盐基亚硫酸盐法非木材制浆废液经提取（固形物浓度约10%～15%）和蒸发后（固形物浓度约40%～48%），通过热风炉喷浆造粒制造复合肥的技术。化学法制浆污染预防技术参数见表1。

表1 化学法制浆污染预防技术参数

序号	工序	技术名称	技术参数
1	备料	干法剥皮	剥净度：95%～98%；损失率：<5%
2		干湿法备料	除杂率：15%左右
3	蒸煮	新型立式连续蒸煮	蒸煮温度：140～160℃；蒸汽消耗：0.5～1.0吨/吨风干浆；粗浆得率：50%～54%；卡伯值：针叶木20～28，阔叶木14～18
4		改良型间歇蒸煮	蒸煮温度：150～170℃；蒸汽消耗：0.5～0.8吨/吨风干浆；粗浆得率：50%～54%；卡伯值：针叶木20～25，阔叶木14～16
5		横管式连续蒸煮	蒸煮温度：165～175℃；蒸汽消耗：2.0～2.5吨/吨风干浆；粗浆得率：45%～52%
6	洗涤	纸浆高效洗涤	进浆浓度：低浓3%～5%，中浓：6%～10%；出浆浓度：25%～35%； 洗涤效率：木浆95%～98%、竹浆89%～92%、非木（竹）浆83%～88%
7	筛选	全封闭压力筛选	压力差50千帕； 进浆浓度：木浆3.5%左右、竹浆2.5%左右、非木（竹）浆0.6%～2%
8	氧脱木素	氧脱木素	浆浓：10%～15%；用碱量：18～28千克/吨风干浆；用氧量：14～28千克/吨风干浆；残余木素脱除率：40%～60%
9	漂白	ECF漂白	二氧化氯消耗量：15～30千克/吨风干浆；厂内配套二氧化氯制备车间
10	碱回收	黑液碱回收	碱回收工段需配套蒸发、燃烧、苛化工序
11		高浓黑液蒸发及燃烧	蒸发后黑液固形物浓度50%～65%；超级浓缩器或结晶蒸发器后黑液固形物浓度：65%～80%
12	废液处置	废液综合利用	厂内配套热风炉，用于喷浆造粒制造复合肥

（二）化学机械法制浆

1. 两段磨浆技术

在化学机械法制浆过程中，通常在第一段采用30%～40%的磨浆浓度，在第二段采用5%或更低的磨浆浓度，使更多的纤维束充分磨解。在化学预处理碱性过氧化氢机械浆（P-RC APMP）工艺的二段采用低浓磨浆，可使磨浆能耗降低120～200千瓦时/吨风干浆。

2. 高效洗涤和流程控制技术

采用螺旋压榨机等高效洗涤设备，通过置换压榨等作用分离浆中的溶解性有机物，优化用水回路，提高纸浆的洁净度，降低后续漂白化学品消耗量；同时，通过改进洗涤工艺，可减少洗涤损失，降低洗涤用水量。采用该技术，废液提取率可达75%～80%，较传统的洗涤设备提高10%左右。

3. 化学机械法制浆废液蒸发碱回收技术

化学机械法制浆废液除去悬浮物后，先经多效蒸发或机械式蒸汽再压缩技术（MVR）预蒸发，使其浓度达到15%左右，再经多效蒸发浓缩至65%以上送入碱回收炉燃烧的技术。为避免含硅废液导致蒸发器结垢，须使用不含硅的稳定剂代替硅酸钠。该技术尤其适用于同时生产化学浆和化学机械浆的企业，可减少新鲜水使用量5吨/吨风干浆左右，但蒸发工段将增加蒸汽和电能消耗。另外，运行过程中可能产生蒸发工段易堵塞的问题。

化学机械法制浆各预防技术的技术参数见表2。

表2　化学机械法制浆污染预防技术参数

序号	工序	技术名称	技术参数
1	磨浆	两段磨浆	一段磨浆浓度：30%～40%；二段磨浆浓度：3%～4.5%；磨浆电耗：800～1200千瓦时/吨风干浆
2	洗涤	螺旋压榨机组成的洗浆系统	进浆浓度：3%～5%；出浆浓度：20%～25%
3	碱回收	废液碱回收	废液初始浓度：1.5%～2.0%；预蒸发后浓度：15%；多效蒸发后浓度：65%

（三）废纸制浆

1. 废纸原料分选技术

将回收的废纸分类，根据生产产品要求选用质量过关、杂质较少的废纸原材料的过程。该技术可提高成品纸的质量，减少废纸加工过程污染物的产生量。

2. 浮选脱墨技术

根据废纸和油墨等的特性，在高浓碎浆机中通过化学、机械摩擦等作用，降低油墨粒子对纤维的黏附力，再利用浮选原理将油墨粒子与纤维分离的过程。该技术可减少纤维流失，降低废水的污染负荷。

（四）机制纸及纸板制造

1. 宽压区压榨技术

由压脚顶着压辊形成压区（压区宽度达到100～300毫米），延长湿纸幅在压区内的受压时间，提高压榨线压至500～2500千牛/米。该技术的典型代表是靴型压榨和大辊径压榨。相比常规压榨，采用宽压区压榨技术后，干燥部可节约能耗20%～30%，同时，脱水效率、车速显著提高。适用于生产包装用纸、文化用纸、纸板等的中高速纸机。

2. 烘缸封闭气罩技术

用封闭式烘缸气罩代替敞开式烘缸气罩。通过回收干燥纸页蒸发水蒸汽中的热量和水分，提高送风温度，减少进、排风量，有效调节罩内气流，改善操作条件。该技术可降低干燥能耗及车间噪声，适用于中高速纸机。

3. 袋式通风技术

在干燥部袋区安装袋式通风装置，将经回收热量、蒸汽加热的干燥热风均匀地送到纸幅周围，抵消蒸发阻力，使整个纸幅横向比较均匀，提高车速及蒸发能力。该技术可使纸机车速提高约10%，干燥能力提高10%～20%。适用于中高速纸机，一般与烘缸封闭气罩技术配套使用。

4. 废气热回收技术

回收干燥部的热能，用于加热干燥部空气、循环水或喷淋用水，以及建筑通风采暖等。热回收系统通常分为干燥部排气-空气换热器、干燥部排气-水换热器。气-气换热器主要用于加热风罩供风和机房通风空气；气-水换热器主要用于加热循环水和工艺用水。为避免堵塞，热交换器通常配套清洗装置。该技术一般与烘缸封闭气罩技术配套使用。

5. 纸机白水回收及纤维利用技术

对成形、压榨部白水，直接或通过处理后回收利用。其中，浓白水可用于上浆系统浆的稀释，或用于打浆工段；稀白水可通过多圆盘回收机、圆网浓缩机、沉淀塔或气浮装置等处理后作为纸机网部、压榨部清洗水或生产工艺补充水等；其余可回用于制浆车间或其他造纸车间、密封水补水等。回收的纤维直接进配浆系统。该技术可减少清水用量，降低废水产生量，提高原料利用率。

6. 涂料回收利用技术

采用超滤等技术截留涂布废水中的涂料、黏合剂等大分子物质，将其回收利用。该技术可减少清水用量，降低废水的污染负荷，避免黏合剂、防腐剂等物质对废水处理厂运行造成影响。

六、污染治理技术

(一)废水污染治理技术

1. 一级处理

(1)过滤。废水经过格栅和滤筛，去除其中悬浮物的过程。应设置粗格栅，当不设置纤维回收间时，应设置细格栅；设置纤维回收间时，应安装滤筛，截留的纤维可回用于生产。

(2)沉淀。由于重力作用，密度比废水大的悬浮物通过自然沉降，从废水中分离的过程。常见构筑物为沉淀池。污泥脱水处理后，通常可焚烧或填埋处置。

(3)混凝。通过投加混凝剂、助凝剂，废水中的悬浮物、胶体生成絮状体，从废水中分离的过程。主要包括混凝沉淀、混凝气浮技术。

一级处理技术主要工艺参数见表3。

2. 二级处理

(1)厌氧技术。指在无氧条件下通过厌氧微生物的作用，将废水中有机物分解为甲烷和二氧化碳的过程。主要技术包括水解酸化、升流式厌氧污泥床(UASB)、厌氧膨胀颗粒污泥床(EGSB)及内循环升流式厌氧反应器，其中水解酸化技术是将厌氧生物反应控制在水解和酸化阶段，一般要求进水 COD_{Cr}浓度＜1500毫克/升，其余厌氧处理技术一般要求进水 COD_{Cr} 浓度＞1500 毫克/升。厌氧进水COD∶N∶P 宜为 100～500∶5∶1，出水需进一步采用好氧生化处理。厌氧技术主要工艺参数见表4。

(2)好氧技术。指在有氧条件下，活性污泥吸

表3　一级处理技术主要工艺参数

序号	名称	技术参数	污染物去除效率
1	过滤	粗格栅栅缝：10～20毫米。无纤维回收，采用细格栅，栅缝：2～5毫米。有纤维回收，采用细格栅，栅缝：0.2～0.25毫米；采用筛网：60～100目，过水能力10～15米^3/(米^2·时)	COD_{Cr}：15%～30% BOD_5：5%～10% SS：40%～60%
2	沉淀	初沉池表面负荷：0.8～1.2米^3/(米^2·时)；水力停留时间2.5～4.0小时	COD_{Cr}：15%～30% BOD_5：5%～20% SS：40%～55%
3	混凝	采用混凝沉淀池，混合区速度梯度(G)值300～600秒$^{-1}$；混合时间30～120秒；反应区G值30～60秒$^{-1}$，反应时间5～20分钟；分离区表面负荷：1.0～1.5米^3/(米^2·时)，水力停留时间：2.0～3.5小时	COD_{Cr}：55%～75% BOD_5：25%～40% SS：80%～90%
		采用混凝气浮池，汽水接触时间：30～100秒；表面符合：5～8米^3/(米^2·时)；水力停留时间：20～35分钟	COD_{Cr}：30%～50% BOD_5：25%～40% SS：70%～85%

表4　厌氧技术主要工艺参数

序号	名称	技术参数	污染物去除效率
1	水解酸化	pH：5.0～9.0； 容积负荷：4～8千克COD_{Cr}/(米^3·日)； 水力停留时间：3～8小时	COD_{Cr}：10%～30% BOD_5：10%～20% SS：30%～40%
2	UASB	污泥浓度：10～20克/升； 容积负荷：5～8千克COD_{Cr}/(米^3·日)； 水力停留时间：12～20小时	COD_{Cr}：50%～60% BOD_5：60%～80% SS：50%～70%
3	EGSB(或内循环升流式厌氧反应器)	污泥浓度：20～40克/升； 容积负荷：10～25千克COD_{Cr}/(米^3·日)； 水力停留时间：6～12小时	COD_{Cr}：50%～60% BOD_5：60%～80% SS：50%～70%

附、吸收、氧化、降解废水中的有机污染物，一部分转化为无机物并提供微生物生长所需能源，另一部分转化为污泥，污泥通过沉降分离，使废水得到净化。好氧技术主要可分为活性污泥法及生物膜法，制浆造纸废水处理主要采用活性污泥法，其中包括完全混合活性污泥法、氧化沟、厌氧/好氧(A/O)工艺、序批式活性污泥(SBR)法等。好氧技术主要工艺参数见表5。

3. 三级处理

三级处理主要包括混凝沉淀或气浮、高级氧化技术。高级氧化技术是通过加入氧化剂，对废水中的有机物进行氧化处理的方法，一般包括 pH 调节、氧化、中和、分离等过程，目前多采用硫酸亚铁-双氧水催化氧化(Fenton 氧化)，氧化剂的投加比例需根据废水水质适当调整，反应 pH 一般为 3 - 4，氧化反应时间一般为 30 ~ 40 分钟，COD_{Cr}去除效率为 70% ~90%。

(二)废气污染治理技术

1. 工艺过程臭气治理技术

硫酸盐法化学浆生产过程中，蒸煮、碱回收蒸发工段及污冷凝水汽提等排出的高浓臭气，洗浆机、塔、槽、反应器及容器等排出的低浓臭气，可通过管道收集后进入碱回收炉、石灰窑、专用火炬或专用焚烧炉焚烧处置。各技术特点见表6。

表5　好氧技术主要工艺参数

序号	名称	技术参数	污染物去除效率
1	完全混合活性污泥法	污泥浓度：2.5 ~6.0 克/升； 污泥负荷：0.15 ~0.4 千克 COD_{Cr}/(千克干污泥·日)； 水力停留时间：15 ~30 小时	COD_{Cr}：60% ~80% BOD_5：80% ~90% SS：70% ~85%
2	氧化沟	污泥浓度：3.0 ~6.0 克/升； 污泥负荷：0.1 ~0.3 千克 COD_{Cr}/(千克干污泥·日)； 水力停留时间：18 ~32 小时	COD_{Cr}：70% ~90% BOD_5：70% ~90% SS：70% ~80%
3	A/O	污泥浓度：2.5 ~6.0 克/升； 污泥负荷：0.15 ~0.3 千克 COD_{Cr}/(千克干污泥·日)； 水力停留时间：15 ~32 小时	COD_{Cr}：75% ~85% BOD_5：70% ~90% SS：40% ~80%
4	SBR	污泥浓度：3.0 ~5.0 克/升； 污泥负荷：0.15 ~0.4 千克 COD_{Cr}/(千克干污泥·日)； 水力停留时间：8 ~20 小时	COD_{Cr}：75% ~85% BOD_5：70% ~90% SS：70% ~80%

表6　工艺过程臭气治理技术特点

序号	治理技术	技术原理及特点
1	在碱回收炉中焚烧	高浓臭气通常通过碱回收炉中的燃烧系统直接焚烧，低浓臭气通过引风机输送到碱回收炉中作为二次风或三次风焚烧
2	在石灰窑中焚烧	工艺过程臭气可引入石灰窑焚烧处置
3	火炬燃烧	在臭气放空管道头部安装火炬燃烧器，具有结构及操作简单，臭气去除效率高等特点，但会消耗液化气或柴油燃料，一般可用于事故状态下的臭气应急处置
4	在臭气专用焚烧炉焚烧	高浓臭气经收集后采用专用焚烧炉焚烧，高温烟气可经余热锅炉回收热量，最终洗涤后排空

2. 碱回收炉烟尘治理

通常采用电除尘，除尘效率可达 99% 以上，具有除尘效率高、处理烟气量大、使用寿命长及维修费用低等优点。

3. 石灰窑废气治理

(1)烟尘治理。通常采用电除尘，除尘效率可达 99% 以上。

(2)总还原性硫化物(TRS)控制。使用压力过滤机对白泥进行洗涤和过滤后，能够有效降低白泥中硫化钠的含量，减少白泥煅烧过程中石灰窑 TRS 排放，也可使石灰窑运行更加稳定。

4. 焚烧炉废气治理

焚烧炉废气污染物主要包括烟尘、二氧化硫、氮氧化物及二噁英。烟尘治理技术主要为袋式除尘，二氧化硫治理主要包括石灰石/石灰—石膏湿法脱硫及喷雾干燥法，氮氧化物治理主要为选择性非催化还原法（SNCR），二噁英采取过程控制及末端活性炭吸附的措施，主要技术参数见表7。

表7 焚烧炉烟气治理技术参数

序号	名称	技术原理	污染物去除效率	技术特点
1	袋式除尘	利用纤维织物的拦截、惯性、扩散、重力、静电等协同作用对含尘气体进行过滤	除尘效率：99.50%～99.99%	适用范围广、占地面积小、控制系统简单、达标稳定性高
2	石灰石/石灰—石膏湿法脱硫	以含石灰石粉、生石灰或消石灰的浆液为吸收剂，吸收烟气中的二氧化硫	脱硫效率：95%以上	对负荷变化具有较强适应性
3	喷雾干燥法脱硫	吸收剂喷入吸收塔后将二氧化硫吸收，同时吸收剂雾滴中的水分被烟气热量蒸发	脱硫效率：90%以上	投资费用低、低水耗、低电耗、净化后的烟气不会对尾部烟道及烟囱产生腐蚀
4	SNCR脱硝	在不使用催化剂的情况下，在炉膛烟气温度适宜处喷入含氨基的还原剂，与炉内NO_x反应	脱硝效率：30%～40%	不需要催化剂和催化反应器，占地面积小，建设周期短
5	二噁英综合治理技术	在布袋除尘器前喷入粉状活性炭，通过活性炭吸附作用去除二噁英，焚烧炉炉膛内焚烧温度等参数需满足GB 18484或GB 18485要求	—	污染物排放满足GB 18484或GB 18485要求

5. 厌氧沼气治理

沼气是废水厌氧处理过程中的副产物，通过厌氧反应器上部的气液分离器及管道将沼气送往脱硫装置脱硫后作为锅炉燃料或用于发电；沼气产生量较少时可采用火炬直接燃烧处理。

（三）固体废物污染治理技术

1. 资源化利用技术

（1）制浆造纸生产过程中产生的热值较高的废渣，如备料废渣、浆渣及废水处理厂污泥等，可直接或通过干化处理后送入锅炉或焚烧炉燃烧。

（2）非木浆尤其是草浆生产过程中产生的备料废渣可还田。

（3）筛选净化分离出的可利用浆渣及废水处理厂细格栅截留的细小纤维经处理后，可厂内回用或用于配抄低价值纸板、纸浆模塑产品。

（4）化学木浆生产过程产生的白泥经过石灰窑煅烧生产石灰，回用于碱回收苛化工段。化学非木浆或化学机械浆生产过程产生白泥可作为生产轻质碳酸钙的原料或作为脱硫剂。

（5）废纸浆生产过程中，原材料中的塑料、金属等固体废物，机制纸及纸板生产过程中产生的废聚酯网，均可回收实现资源化利用。

2. 填埋技术

制浆造纸企业碱回收工段产生的绿泥、白泥，废水处理厂污泥等经过脱水处理后，可进行填埋处置，在厂内暂存及填埋处置应符合GB 18599的要求。

3. 危险废物安全处置技术

脱墨渣属于《国家危险废物名录》所列危险废物，危险废物的贮存应符合GB 18597的要求，焚烧处置时应符合GB 18484的要求。

（四）噪声污染治理技术

制浆造纸企业主要的降噪措施包括：由振动、摩擦和撞击等引起的机械噪声，通常采取减振、隔声措施，如对设备加装减振垫、隔声罩等，也可将某些设备传动的硬件连接改为软件连接；车间内可采取吸声和隔声等降噪措施；对于空气动力性噪声，通常采取安装消声器的措施。

七、污染防治可行技术

（一）废水污染防治可行技术

1. 化学法制浆

化学木（竹）浆生产企业废水一级处理一般采用混凝沉淀，二级处理采用活性污泥法，通常可选择完全混合活性污泥法、氧化沟或A/O处理工艺，三级处理采用Fenton氧化、混凝沉淀或气浮。化学木浆生产企业废水污染防治可行技术见表8。化学竹浆生产企业废水污染防治可行技术见表9。

化学蔗渣浆生产企业备料工段废水经过预处理后进入厌氧处理单元；制浆废水经一级混凝沉淀处理后，与处理后的备料工段废水混合进入二级活性污泥法处理单元，通常可选择氧化沟处理工艺，三级处理一般采用 Fenton 氧化。化学蔗渣浆生产企业废水污染防治可行技术见表 10。

表 8　化学木浆生产企业废水污染防治可行技术

<table>
<tr><th rowspan="2">可行技术</th><th rowspan="2">预防技术</th><th rowspan="2">治理技术</th><th colspan="4">污染物排放水平/(毫克/升)</th></tr>
<tr><th>COD_{Cr}</th><th>BOD_5</th><th>SS</th><th>氨氮</th></tr>
<tr><td>可行技术 1</td><td rowspan="2">①干法剥皮 + ②新型立式连续蒸煮(或改良型间歇蒸煮) + ③纸浆高校洗涤 + ④全封闭压力筛选 + ⑤氧脱木素 + ⑥ECF 漂白 + ⑦碱回收(配套超级浓缩或结晶蒸发器)</td><td>①一级(混凝沉淀) + ②二级(活性污泥法) + ③三级(Fenton 氧化)</td><td>≤60</td><td>≤20</td><td>≤30</td><td>≤5</td></tr>
<tr><td>可行技术 2</td><td>①一级(混凝沉淀) + ②二级(活性污泥法) + ③三级(混凝沉淀)</td><td>≤90</td><td>≤20</td><td>≤30</td><td>≤8</td></tr>
<tr><td>可行技术 3</td><td>①干法剥皮 + ②连续蒸煮(或间歇蒸煮) + ③压力洗浆机(或真空洗浆机) + ④全封闭压力筛选(或压力筛选) + ⑤氧脱木素 + ⑥ECF 漂白 + ⑦碱回收</td><td>①一级(混凝沉淀) + ②二级(活性污泥法) + ③三级(混凝沉淀或气浮)</td><td>≤90</td><td>≤20</td><td>≤30</td><td>≤8</td></tr>
</table>

注：1. 干法剥皮仅限于厂内有原木剥皮操作的企业。
　　2. 表中" + "代表废水处理技术的组合。

表 9　化学竹浆生产企业废水污染防治可行技术

<table>
<tr><th rowspan="2">可行技术</th><th rowspan="2">预防技术</th><th rowspan="2">治理技术</th><th colspan="4">污染物排放水平/(毫克/升)</th></tr>
<tr><th>COD_{Cr}</th><th>BOD_5</th><th>SS</th><th>氨氮</th></tr>
<tr><td>可行技术 1</td><td>①干法剥皮 + ②新型立式连续蒸煮(或改良型间歇蒸煮) + ③纸浆高校洗涤(或真空洗浆机) + ④全封闭压力筛选 + ⑤氧脱木素 + ⑥ECF 漂白 + ⑦碱回收</td><td>①一级(混凝沉淀) + ②二级(活性污泥法) + ③三级(混凝沉淀)</td><td>≤90</td><td>≤20</td><td>≤30</td><td>≤8</td></tr>
<tr><td>可行技术 2</td><td rowspan="2">①干法剥皮 + ②间歇蒸煮 + ③压力洗浆机(或真空洗浆机) + ④全封闭压力筛选(或压力筛选) + ⑤氧脱木素 + ⑥ECF 漂白 + ⑦碱回收</td><td>①一级(混凝沉淀) + ②二级(活性污泥法) + ③三级(Fenton 氧化)</td><td>≤90</td><td>≤20</td><td>≤30</td><td>≤8</td></tr>
<tr><td>可行技术 3</td><td>①一级(混凝沉淀) + ②二级(活性污泥法) + ③三级(混凝沉淀或气浮)</td><td>≤90</td><td>≤20</td><td>≤30</td><td>≤8</td></tr>
</table>

注：表中" + "代表废水处理技术的组合。

表 10　化学蔗渣浆生产企业废水污染防治可行技术

<table>
<tr><th rowspan="2">可行技术</th><th rowspan="2">预防技术</th><th rowspan="2">治理技术</th><th colspan="4">污染物排放水平/(毫克/升)</th></tr>
<tr><th>COD_{Cr}</th><th>BOD_5</th><th>SS</th><th>氨氮</th></tr>
<tr><td>可行技术 1</td><td>①湿法堆存 + ②横管式连续蒸煮 + ③纸浆高校洗涤(或真空洗浆机) + ④全封闭压力筛选 + ⑤氧脱木素 + ⑥ECF 漂白 + ⑦碱回收</td><td rowspan="2">①一级(混凝沉淀) + ②二级(厌氧 + 活性污泥法) + ③三级(Fenton 氧化)</td><td>≤90</td><td>≤20</td><td>≤30</td><td>≤8</td></tr>
<tr><td>可行技术 2</td><td>①湿法堆存 + ②横管式连续蒸煮 + ③真空洗浆机 + ④全封闭压力筛选 + ⑤ECF 漂白 + ⑥碱回收</td><td>≤90</td><td>≤20</td><td>≤30</td><td>≤8</td></tr>
</table>

注：表中" + "代表废水处理技术的组合。

化学麦草、芦苇浆生产企业废水一级处理一般采用混凝沉淀，二级处理采用厌氧处理后，进入活性污泥法处理单元，对铵盐基亚硫酸盐法制浆而言，宜选择 A/O 处理工艺，对于碱法制浆而言，通常可选择完全混合活性污泥法或氧化沟处理工艺，三级处理一般采用混凝沉淀或 Fenton 氧化。化学麦草及芦苇浆生产企业废水污染防治可行技术见表 11。

2. 化学机械法制浆

化学机械法制浆生产企业废水一级处理一般采用混凝沉淀，制浆废液采用碱回收处置的企业，废水二级处理可采用单独的好氧处理单元；制浆废液进入污水处理系统处理，二级处理采用厌氧与好氧处理相结合的方式，好氧处理单元通常可选择完全混合活性污泥法、氧化沟或 SBR 处理工艺，三级处理采用 Fenton 氧化、混凝沉淀或气浮。化学机械法制浆生产企业废水污染防治可行技术见表 12。

3. 废纸制浆

废纸制浆生产企业废水回收纤维后，一级处理一般采用混凝沉淀或气浮，二级处理采用厌氧与好氧处理相结合的方式，好氧处理单元通常可选择完全混合活性污泥法或 A/O 处理工艺，三级处理采用 Fenton 氧化、混凝沉淀或气浮。废纸制浆生产企业废水污染防治可行技术见表 13。

表 11 化学麦草及芦苇浆生产企业废水污染防治可行技术

可行技术	预防技术	治理技术	污染物排放水平/(毫克/升)			
			COD_{Cr}	BOD_5	SS	氨氮
可行技术 1	①干湿法备料 + ②连续蒸煮 + ③纸浆高校洗涤 + ④全封闭压力筛选 + ⑤氧脱木素 + ⑥废液综合利用	①一级(混凝沉淀) + ②二级(厌氧 + 活性污泥法) + ③三级(Fenton 氧化)	≤90	≤20	≤30	≤8
可行技术 2	①干湿法备料 + ②横管式连续蒸煮 + ③纸浆高校洗涤(或真空洗浆机) + ④全封闭压力筛选 + ⑤氧脱木素 + ⑥ECF 漂白 + ⑦碱回收	①一级(混凝沉淀) + ②二级(厌氧 + 活性污泥法) + ③三级(混凝沉淀)	≤90	≤20	≤30	≤8
可行技术 3	①干湿法备料 + ②间歇蒸煮 + ③真空洗浆机 + ④全封闭压力筛选(或压力筛选) + ⑤ECF 漂白 + ⑥碱回收	①一级(混凝沉淀) + ②二级(厌氧 + 活性污泥法) + ③三级(Fenton 氧化)	≤90	≤20	≤30	≤8

注：1. 可行技术 1 为铵盐基亚硫酸盐法制浆废水污染防治可行技术。
2. 可行技术 2、可行技术 3 为碱法制浆废水污染防治可行技术。
3. 表中“ + ”代表废水处理技术的组合。

表 12 化学机械法制浆生产企业废水污染防治可行技术

可行技术	预防技术	治理技术	污染物排放水平/(毫克/升)			
			COD_{Cr}	BOD_5	SS	氨氮
可行技术 1	①干法剥皮 + ②两段磨浆 + ③过氧化氢漂白 + ④螺旋挤浆机 + ⑤全封闭压力筛选(或压力筛选) + ⑥碱回收	①一级(混凝沉淀) + ②二级(活性污泥法) + ③三级(Fenton 氧化)	≤60	≤20	≤30	≤5
可行技术 2		①一级(混凝沉淀) + ②二级(活性污泥法) + ③三级(混凝沉淀或气浮)	≤90	≤20	≤30	≤8
可行技术 3	①干法剥皮 + ②一段(或两段)磨浆 + ③过氧化氢漂白 + ④螺旋挤浆机(或真空洗浆机、带式洗浆机) + ⑤全封闭压力筛选(或压力筛选)	①一级(混凝沉淀) + ②二级(厌氧 + 活性污泥法) + ③三级(Fenton 氧化)	≤90	≤20	≤30	≤8
可行技术 4		①一级(混凝沉淀) + ②二级(厌氧 + 活性污泥法) + ③三级(混凝沉淀或气浮)	≤90	≤20	≤30	≤8

注：表中“ + ”代表废水处理技术的组合。

4. 机制纸及纸板

机制纸及纸板生产废水回收纤维后，一级处理一般采用混凝沉淀或气浮，二级处理采用单独的活性污泥法好氧处理单元，通常可选择完全混合活性污泥法或 A/O 处理工艺，企业根据需要选择三级处理工序，一般采用混凝沉淀或气浮。机制纸及纸板生产企业废水污染防治可行技术见表 14。

(二)废气污染防治可行技术

废气污染防治可行技术见表 15。

(三)固体废物污染防治可行技术

固体废物污染防治可行技术见表 16。

(四)噪声污染防治可行技术

噪声污染防治可行技术见表 17。

表 13　废纸制浆生产企业废水污染防治可行技术

可行技术	预防技术	治理技术	污染物排放水平/(毫克/升)			
			COD_{Cr}	BOD_5	SS	氨氮
可行技术 1	①原料分选 + ②浮选脱墨	①一级(混凝沉淀或气浮) + ②二级(厌氧 + 活性污泥法) + ③三级(Fenton 氧化)	≤60	≤10	≤10	≤5
可行技术 2		①一级(混凝沉淀或气浮) + ②二级(厌氧 + 活性污泥法) + ③三级(混凝沉淀或气浮)	≤90	≤20	≤30	≤8
可行技术 3	①原料分选	①一级(混凝沉淀或气浮) + ②二级(厌氧 + 活性污泥法) + ③三级(Fenton 氧化)	≤60	≤10	≤10	≤5
可行技术 4		①一级(混凝沉淀或气浮) + ②二级(厌氧 + 活性污泥法) + ③三级(混凝沉淀或气浮)	≤90	≤20	≤30	≤8

注：表中“ + ”代表废水处理技术的组合。

表 14　机制纸及纸板生产企业废水污染防治可行技术

可行技术	预防技术	治理技术	污染物排放水平/(毫克/升)			
			COD_{Cr}	BOD_5	SS	氨氮
可行技术 1	①宽压区压榨 + ②烘缸封闭气罩 + ③袋式通风 + ④废气热回收 + ⑤纸机白水回收及纤维利用 + ⑥涂料回收利用	①一级(混凝沉淀或气浮) + ②二级(活性污泥法) + ③三级(混凝沉淀或气浮)	≤80	≤20	≤30	≤8
可行技术 2		①一级(混凝沉淀或气浮) + ②二级(活性污泥法)	≤80	≤20	≤30	≤8
可行技术 3	①宽压区压榨 + ②烘缸封闭气罩 + ③袋式通风 + ④废气热回收 + ⑤纸机白水回收及纤维利用	①一级(混凝沉淀或气浮) + ②二级(活性污泥法) + ③三级(混凝沉淀或气浮)	≤50	≤10	≤10	≤5
可行技术 4		①一级(混凝沉淀或气浮) + ②二级(活性污泥法)	≤80	≤20	≤30	≤8
可行技术 5	①纸机白水回收及纤维利用	①一级(混凝沉淀或气浮) + ②二级(活性污泥法) + ③三级(混凝沉淀或气浮)	≤50	≤10	≤10	≤5
可行技术 6		①一级(混凝沉淀或气浮) + ②二级(活性污泥法)	≤80	≤20	≤30	≤8

注：表中“ + ”代表废水处理技术的组合。

表 15 废气污染防治可行技术

序号	废气污染源		可行技术	技术适用性
1	工艺过程臭气		在碱回收炉中焚烧	适用于硫酸盐法化学制浆企业
			在石灰窑中焚烧	适用于硫酸盐法化学木浆企业
			火炬燃烧	适用于硫酸盐法化学制浆企业
			臭气专用焚烧炉	适用于硫酸盐法化学制浆企业
2	碱回收炉废气	烟尘	电除尘	适用于制浆企业
3	石灰窑废气	烟尘	电除尘	适用于硫酸盐法化学木浆企业
		TRS	白泥洗涤及过滤	
4	焚烧炉废气	烟尘	袋式除尘	适用于制浆造纸企业
		二氧化硫	石灰石/石灰—石膏湿法脱硫	
			喷雾干燥法脱硫	
		氮氧化物	SNCR 脱硝	
		二噁英	过程控制、活性炭吸附	
5	厌氧沼气		锅炉燃烧或用于发电	适用于废水采用厌氧处理的制浆造纸企业
			火炬燃烧	

表 16 固体废物污染防治可行技术

序号	固体废物		可行技术	技术适用性
1	备料废渣（树皮、木屑、草屑等）		焚烧	适用于木材及非木材制浆企业
			堆肥	
2	废纸浆原料中的废渣		回收利用	适用于废纸制浆企业
3	浆渣		造纸原料	适用于制浆造纸企业
			焚烧	
4	碱回收工段废渣	白泥	煅烧石灰回用	适用于硫酸盐法化学木浆企业
			生产碳酸钙	适用于碱法非木材制浆及化学机械法制浆企业
			作为脱硫剂	
			填埋	
		绿泥	填埋	适用于制浆企业
			焚烧	适用于硫酸盐法化学木浆及化学机械法制浆企业
		石灰渣	填埋	适用于制浆企业
			焚烧	适用于硫酸盐法化学木浆及化学机械法制浆企业
5	脱墨渣		焚烧	适用于废纸制浆企业
			安全处置	
6	废水处理厂污泥		焚烧	适用于制浆造纸企业
			填埋	适用于制浆造纸企业
7	废聚酯网		回收利用	适用于机制纸及纸板生产企业

表 17　噪声污染防治可行技术

序号	噪声源	可行技术	降噪水平
1	设备噪声	厂房隔声	降噪量 20 分贝(A)左右
		隔声罩	降噪量 20 分贝(A)左右
		减振	降噪量 10 分贝(A)左右
2	高压排汽噪声	消声器	降噪量 30 分贝(A)左右
3	风机噪声	消声器	降噪量 25 分贝(A)左右
4	泵类噪声	隔声罩	降噪量 20 分贝(A)左右

从真空、刮刀与接水盘及在线脱水测量协同角度探讨纸机节能与系统优化

Discusses on the Paper Machine Energy Saving and System Optimization from Comprehensive Consideration of Vacuum, Blade & Drainage Plate and Online Dewatering Testing

在竞争日益激烈的造纸行业，最大化节能和提高纸机运行性，从而降低单位成本，是越来越多的纸企都在追求的目标。而过去乃至现在还有很多的纸企，仅从设备改造、升级的角度出发，可能从单方面的角度看，降低了部分能耗或成本。但有些时候，由于引进新设备，改造成本较高，而且可能给纸机系统稳定性或运行性造成不利的影响，反而导致了纸机系统运行性和稳定性的降低，导致单位成本没有下降甚至反而增加的情况发生。所以，不管是新纸机还是改造项目，都有必要从系统角度出发进行分析。

近几年来，越来越多的纸机真空系统从传统的水环泵技术改用透平机技术。此文从真空、刮刀与接水盘及脱水的角度，来探讨纸机节能和系统优化。

一、真空及脱水问题分析及应对策略

目前造纸行业中真空系统能耗高及脱水效果差，是困扰纸机运行稳定性及电耗高的重要因素之一。就真空系统而言，大多数造纸从业者认为高真空有利于纸幅网压部脱水，而忽略了过高真空带来的负面影响，如成形网和毛毯磨损过快、压榨部纸幅回湿、传动负载高等。Juha K 等人通过实际纸机测试，证明了高真空度并不等同于更好的脱水或更高的产能。

在真空系统配置方面，目前仍有很多纸机真空系统的配置是传统的水环真空泵或定速透平机，传统的水环泵和定速透平机在真空和抽气量调节方面受到限制，无法灵活地根据纸机不同生产状况下的真空需求而变化，造成真空浪费，如图 1 所示。同时，传统真空配置运行效率低，增加了纸机真空系统运行成本。

采用变频透平真空系统时，根据纸机不同运行条件设定透平机的转速，来满足纸机不同工况下动态的抽气量和真空度需求。相比传统水环泵和定速透平机，如采用变频透平机真空系统，可为纸机真空系统节能 30% ~70%。

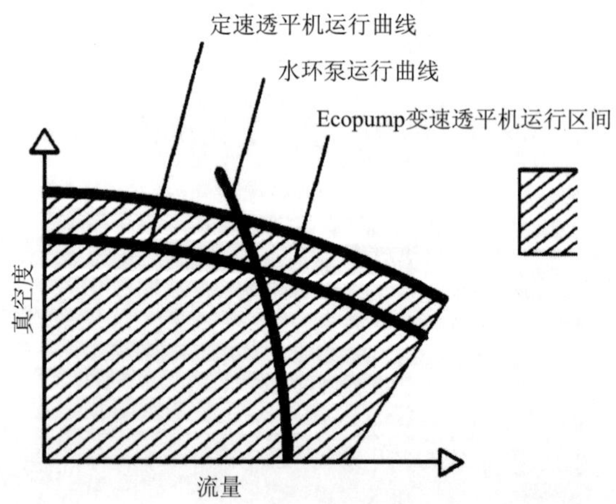

图1 水环泵、定速透平机、变速透平机运行曲线

目前，绝大多数纸机都没有配备准确、可靠的网压部脱水计量系统，少数纸机配备的是传统的电磁式流量计，而电磁式流量计往往由于受到测量条件的限制，无法准确反映实际脱水量，也就无法为真空调节提供真实有效的依据。

据了解，国际市场上现在已有对纸机脱水进行在线实时测量的系统，比如芬兰兰泰克系统有限公司的 Ecoflow 脱水在线测量系统（见图 2）。其采用重力原理测量纸机各关键脱水点的脱水量，相比传统的电磁式流量计，Ecoflow 能最大限度地避免水中

气泡、纤维及其他因素对测量结果准确性的影响，从而显著提高脱水测量准确性。通过对关键脱水点的精确测量，使用 Ecoflow 作为辅助工具来调节纸机关键脱水点的真空度，可达到最佳真空控制的效果。目前为止，对 Ecoflow 这一确立纸机在线脱水测量新的全球行业标准的技术，全球不同纸企已成功应用上万套。

刮刀与接水盘的主要作用是最大限度地刮除和接收压区脱除的水，减少毛毯和纸幅的回湿。所以，高效、可靠的刮刀和接水盘对纸机脱水的重要性是不言而喻的。传统刮刀在应用于沟纹盲孔或真空辊时，都无法有效去除沟纹或孔内的水及脏物，而芬兰兰泰克 AirBlade 空气刮刀技术（如图 3），借助压缩空气的原理，从根本上解决沟纹盲孔辊或真空辊脱水效率低以及回湿等问题，极大提高了压榨部压区脱水效率。

图2　Ecoflow脱水在线测量系统

（a）安装于汽水分离器下 Ecoflow　　（b）安装于接水盘下 Ecoflow

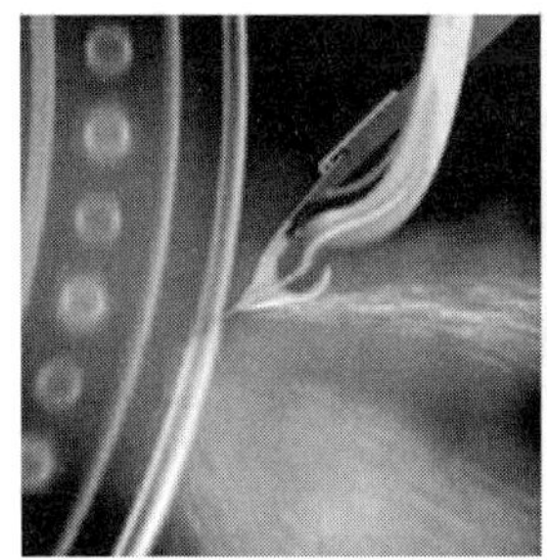
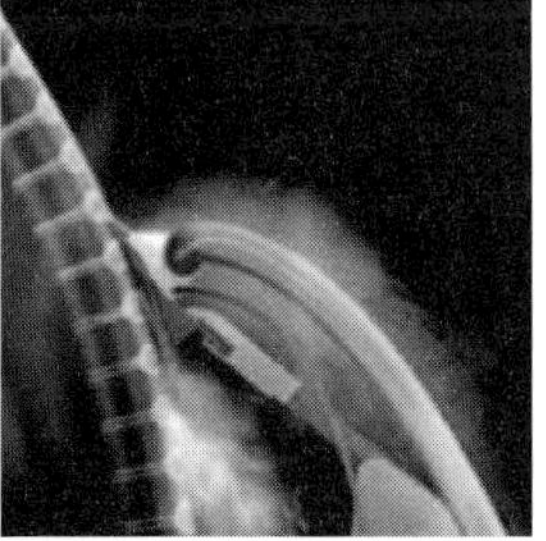

图3　AirBlade空气刮刀技术

（a）用于沟纹盲孔辊的 RSP空气刮　　（b）用于真空辊的 RSE空气刮刀

我们知道，干燥部蒸汽消耗过高和纸机运行效率低的问题困扰着很多的造纸企业，最主要的原因为：纸幅出压榨部干度低，容易造成断纸和干燥部蒸汽消耗过高。当刮刀和接水盘效果不佳时，则进一步加剧了这一现象。刮刀性能差，使得压榨部脱除的水无法全部刮除，最终回到毛毯和纸幅上造成回湿；接水盘效果差，使得压区脱除的水无法被全部收集，最终回到毛毯和纸幅上，还会造成脏物在接水盘下表面积聚，并最终掉落到毛毯上造成断纸。所以，压榨部压区脱水优化是提高出压区干度和提升纸机运行性的前提。

不少研究表明，提高出压区干度有助于提高产能（见图 4）。良好的刮刀和接水盘系统，可改善压区脱水，减少回湿，有效提高出压区干度，从而实现能耗节约和产能提高。

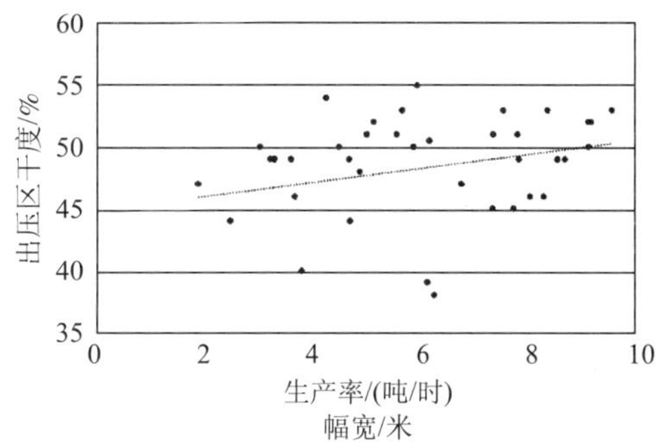

图4　纸幅出压区干度和产能关系

再者，节能减排一直是造纸行业重要议题，随着国家一系列政策的出台，造纸行业节能减排势在必行。在纸机真空系统方面，目前国内大多数包装用纸吨纸能耗在 80 千瓦左右，卫生纸吨纸能耗在 150 千瓦左右，当然，能耗随纸机产能和纸张定量等变化而变化。采用兰泰克系统优化后，最佳应用案例为：纸板真空系统吨纸能耗为 30～40 千瓦，卫生纸吨纸能耗约为 65 千瓦。图 5 所示为卫生纸和纸板吨纸能耗行业对标。

二、纸机真空系统及脱水优化

以芬兰兰泰克系统有限公司优化为例，真空系统采用变频控制，可根据纸机不同运行条件，设定透平机的转速，来满足纸机不同工况下动态的抽气量和真空度需求，刮刀与接水盘可最大限度接收和脱除压区脱除的水，降低毛毯和纸幅回湿。在线脱水测量系统，提供实时及准确的脱水数据，作为辅助工具用来调节纸机关键脱水点的真空度。变频透平机、刮刀与接水盘及在线脱水测量协同作用，达到在最大化纸机运行性的同时，最小化真空系统能耗的效果。三者的结合对纸机进行系统优化的关联关系如图 6 所示。

图 7 为利用 Ecoflow 在线脱水测量如何优化毛毯吸水箱真空度。纸机压榨部的脱水量是毛毯吸水箱脱水和压区脱水的总和，它们的脱水量可通过测

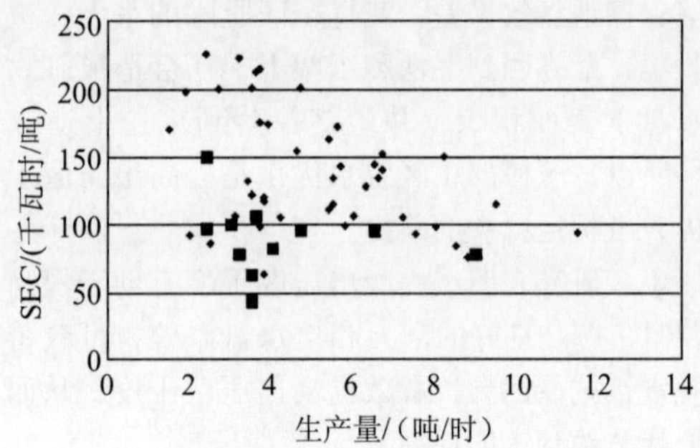

(a) 卫生纸机真空系统吨纸能耗行业对标

· 参照数据 ▪ Runtech优化后数据

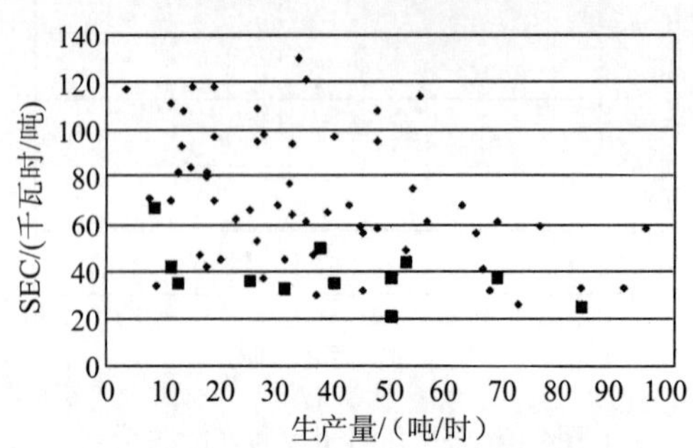

(b) 纸板机真空系统吨纸能耗行业对标

图5 卫生纸及纸板吨纸能耗行业对标

· 参照数据 ▪ Runtech优化后数据

注：1. ◆表示为使用传统技术时真空系统吨纸能耗；

2. ■表示经芬兰兰泰克系统有限公司进行真空及脱水优化后，达到的最佳应用案例。

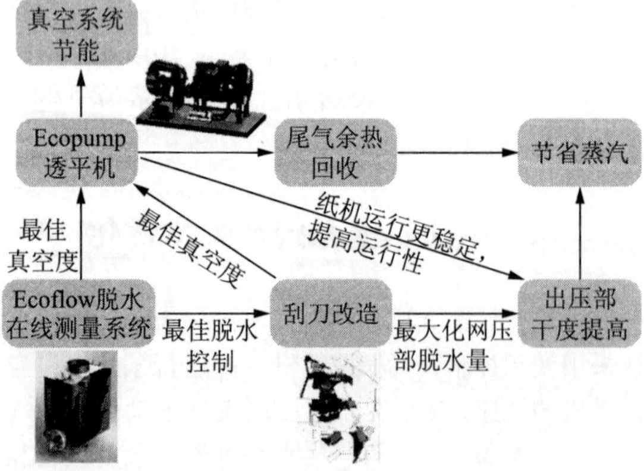

图6 真空、刮刀及在线脱水测量对降低纸机能耗的协同作用关系

量毛毯吸水箱汽水分离器水腿及压区接水盘脱水量获得。从图7中可以看出，随着真空度的降低，毛毯吸水箱的脱水量呈现下降趋势，而接水盘的脱水量却逐渐升高，总脱水量也呈现出逐渐上升的趋势。当毛毯吸水箱真空度为－30千帕时，总脱水量达到最大为1625升/分，实现最佳的脱水效果。此真空度即为该纸机该抽吸点在这一运行条件下的最佳真空度。由此可见，压区脱水对压榨部总脱水量起到主导性的作用，在某些情况下甚至可以关闭部分毛布吸水箱，以实现最佳的压区脱水并提高出压区干度。芬兰兰泰克系统有限公司变频控制的透平机，根据脱水量的大小来相应调节抽吸点真空，使脱水达到最佳优化状态。良好的刮刀和接水盘效果，则保证了最佳压区脱水并将脱除的水全部收集。图7非常清晰地展示了真空度、刮刀与接水盘及在线脱水测量协同作用可达到系统优化的效果。

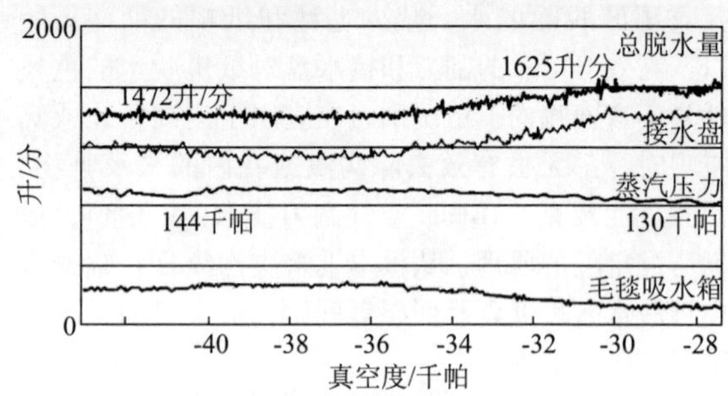

图7 毛毯吸水箱真空度对压榨部脱水量的影响

三、系统优化国内外应用案例及成果

案例1：芬兰 Savon Sellu 公司 PMx 纸机，车速800米/分，生产牛皮挂面纸板，产能42吨/时。利用3台变频透平机加1台原有水环泵替代原有8台水环泵，同时配置 Ecoflow 在线脱水计量系统，并对压榨部接水盘及复合压榨和三压上下辊的刮刀进行优化。改造后，真空系统能耗由原来的62.8千瓦时/吨降低到37.6千瓦时/吨。纸幅出压榨部干度提高1.5%，产能增加8%，干燥部蒸汽消耗降低7%，同时，水环泵密封水消耗量大大降低。

案例2：西班牙 Papeleria de la Alqueria 公司 PMx 纸机，车速370～650米/分，生产瓦楞原纸，产能11吨/时。利用1台变频透平机替代原有6台水环泵，在保证纸幅干度和蒸汽消耗的条件下对真空伏辊进行优化，直至真空度降低为0，同时为三压靴辊配置新的空气刮刀。改造后，真空系统能耗降低663千瓦，产能增加11%，干燥部蒸汽消耗降低7%，同时，水环泵密封水每年节约90000米^3。

案例3：美国 Confidential 公司 PMx 纸机，车速960米/分，生产手袋纸和挂面纸板，产能22吨/时。使用3台变频透平机替代原有全部水环泵，为压榨部各脱水点配置 Ecoflow 在线脱水计量系统，对一压、二压及三压刮刀进行改造，其中，一压和二压刮刀为RSP空气刮刀，并为二压压辊配置新的接水盘。改造后，真空系统能耗降低560千瓦，产能增加7%，干燥部蒸汽消耗降低4%，同时，节约大量水环泵密封水。

案例 4：国内某生产挂面箱纸板大型纸厂，车速 700 ~ 820 米/分，对网压部进行真空系统改造，利用 3 台透平机替代原有 5 台水环泵，运行能耗从 3150 千瓦降低到 1500 千瓦，节能 52%。

案例 5：国内某生产牛卡纸大型纸厂，车速 420 ~ 650 米/分，对网压部进行真空系统改造，利用 1 台变速透平机替代原有 4 台水环泵，运行能耗从 650 千瓦降低到 370 千瓦，节能 43%。

案例 6：国内某生产牛卡纸大型纸厂，车速 800 ~ 900 米/分，生产箱纸板，产能 37 吨/时。使用 5 台变频透平机替代原有全部水环泵，替换原某供应商提供的一压、二压刮刀接水盘。改造后，运行能耗从 3200 千瓦降低到 1800 千瓦，节能 44%。其内部 6 条生产线改造后节能率全部超过 40%。

四、结　论

传统的乃至现在很多的真空系统改造，只是从真空设备升级入手，不管是配备变频器的水环泵还是定速透平机，虽然有一定的节能效果，但是要做到真正纸机最大化节能和降低单位消耗来说，还远远不够。相比于真空系统节能，单位能耗下产能的提高更受到纸企的青睐，而提升纸机运行稳定性和出压榨部干度是提高纸机产能的关键。变速透平机、在线脱水测量和刮刀与接水盘等技术相互协调作用，在满足纸机真空系统节能的同时，最大限度提升纸机运行稳定性和提高纸幅出压榨部干度，契合纸机节能最大化的同时，单位成本最小化的战略目标。

（杨凤辉）

装备与器材

EQUIPMENT AND ACCESSORIES

6

2018 年我国制浆造纸设备及新产品情况

Introduction to New Products of Domestic Pulping and Papermaking Equipment in 2018

2018 年是实施“十三五”规划的中期阶段，是持续深化供给侧结构性改革，进一步激发各类市场主体活力的重要一年。国内经济整体形势基本面是平稳向好，制浆造纸及纸制品行业生产经营总体保持平稳，产销基本保持平衡。但在复杂多变的国内外经济形势下，经济下行、市场需求减少、原材料供给收紧等多因素仍继续影响制浆造纸行业。作为配套产业的制浆造纸机械行业也受到了难以避免的影响，但也为一些企业研发绿色纸业新设备、推广环境友好新产品及拓展国际市场提供了契机，节能降耗、农作物的综合利用处理等方面成为持续热点。

一、制浆设备

1. 原生浆制浆设备

(1)山东晨钟机械股份有限公司供货湖北雅都恒兴纸业有限公司的 74 米^3 D 型水力碎浆系统于 2019 年 1 月一次试车成功，运行状况优良。该系统包括链板输送机、74 米^3 D 型水力碎浆机、5 米^3 水力清洗机、圆筒筛、气动绞绳机、液压剪绳机、液压抓斗等。

(2)轻工业杭州机电设计研究院有限公司总承包的宁夏紫荆花纸业有限公司秸秆造纸循环经济示范项目 180 吨/日制浆系统一期工程于 2018 年 11 月 21 日带料试车成功。该生产线以秸秆为原料，采用生物质降解技术，提取纤维素和有机质，实现了秸秆代替木纤维原料，清洁制浆。

(3)山东晨钟机械股份有限公司开发了大型高浓磨浆机，目前其最大已用的规格型号为：ZDG1470，主要参数如下：磨盘直径 Φ1470 毫米，转速 1500 转/分，进浆浓度 25% ~30%，生产能力 300 吨/日，配套功率 4000 千瓦。该设备已于 2018 年 11 月用于山东太阳纸业股份有限公司的 300 吨/日化学机械浆磨浆系统。

(4)轻工业杭州机电设计研究院有限公司开发了专用于农业秸秆延伸预处理设备，如水抽提、酸处理、碱处理等不同生产工艺过程的蒸煮装置，将传统置换蒸锅与塔式刮料和泵送相结合，可完成各阶段秸秆原料的预处理，此次设计的处理锅体最大容积 110 米^3，生产能力 70 吨/日绝干玉米秸秆，底部卸料器规格 Φ3300 毫米，配置动力 45 千瓦，刮料转速 0 ~7.4 转/分。该系统将用于山东金正集团有限公司玉米秸秆的综合处理中试生产工程，这将对我国数以亿吨计的农业秸秆的处理带来极大的信心。

(5)山东晨钟机械股份有限公司开发了废纸生产系统中应用的盘式热分散设备，目前最大规格为 DHD900，其磨盘直径 Φ900 毫米，进浆浓度为 30% ~35%，最大单机生产能力 250 吨/日，配套功率为 900 千瓦。该设备已用于杭州东大纸业有限公司 15 万/年吨高档涂布白纸板芯层浆生产线上。

(6)山东晨钟机械股份有限公司供货鞍山永安包装工业有限公司日产 500 吨 T 纸制浆生产线于 2018 年 7 月 8 日投料试车，顺利出纸。该制浆生产线主要包括 D 型连续式碎浆排渣系统、粗筛系统、分级筛系统、精筛系统、盘式浓缩系统及网前流送系统等设备。纸机是叠网纸机，制浆系统兼顾瓦楞原纸的生产。

2. 洗、选、筛设备

汶瑞机械(山东)有限公司与上海泰盛制浆(集团)贵州赤天化纸业股份有限公司签订了“本色浆双辊挤浆机”采购合同，汶瑞机械(山东)有限公司将为其提供“日产 500 吨本色浆生产线制浆工段成套装备”。此制浆线采用 6 台置换洗涤双辊压榨挤浆机(包括螺旋卸料器、稀释螺旋、辅助系统等)，氧脱木素工段前后各 3 台。项目 2019 年 2 月投入运行。

3. 漂白设备

(1)轻工业杭州机电设计研究院有限公司供货新疆弘瑞达生物科技有限公司的中浓泵、氧脱木素塔等于2018 年12 月投入运行，年生产能力7 万吨。

(2)汶瑞机械(山东)有限公司与新乡新亚纸业集团股份有限公司签订的无元素氯漂白技改工程真空洗浆机，于2018 年10 月完成，投入运行。此次技改工程是在年产 10 万吨传统 CEH 漂白麦草浆生产线的基础上，改造为无元素氯漂白杨木化学浆生产线。该工程新增汶瑞机械(山东)有限公司制造的双相钢真空洗浆机及配套辅机设备，改造后杨木化学浆年产能可达 15 万吨。

4. 碱回收设备

(1)汶瑞机械(山东)有限公司与山东太阳纸业股份有限公司于 2018 年 7 月 11 日签订了 3500 米^3/日的白液苛化工段成套设备合同，预计2019 年9 月投产。该项目采用了新开发的高效澄清器、CD 过滤机等先进设备，连续苛化工艺，自动化程度高，生产运行和产品质量稳定。

(2)汶瑞机械(山东)有限公司中标上海泰盛制浆(集团)贵州赤天化纸业股份有限公司苛化改造项目合同，该项目工期5 个月，2019 年2 月投产。汶瑞机械(山东)有限公司为该项目提供苛化设备 11 台(套)，绿液系统采用高效澄清器，占地面积小，生产能力大，澄清度大幅提高；白液系统采用白液精细过滤机，改造后白液澄清度≤40 毫克/升，大大减轻了后续工段设备的结垢现象。

(3)汶瑞机械(山东)有限公司供货泸州永丰浆纸有限责任公司的 YG118 预挂过滤机于 2018 年 12 月 30 日成功开机。YG118 白泥预挂过滤机规格为 $\Phi4110\times9206$ 毫米，设计参数要求：下料干度≥58%，白泥生产量≥500 吨/日，残碱含量≤0.5%，通过运行现已完全达到并超过设计产能。

(4)天津恒脉机电科技股份有限公司与四川省犍为凤生纸业有限公司于2018 年4 月9 日签订竹浆黑液蒸发站与低能耗置换蒸煮锅设备合同，2018 年9 月交货，2018 年 12 月投入运行。该项目为 12 万吨/年生活用纸技改项目硫酸盐竹浆生产线，配套新建 175 吨/时黑液浓缩蒸发站。该方案采用六效十一体管式降膜蒸发器，蒸煮提取的稀黑液进行蒸发后入炉黑液固形物含量达到 70%，温度 120 ± 10℃以上的浓黑液在碱炉中燃烧，达到碱和热能回收并减少污染的目的。

(5)汶瑞机械(山东)有限公司与新乡新亚纸业集团股份有限公司签订2200 米^3/日苛化工段工程总包合同，该工段于 2018 年 10 月投入运行。该苛化工段采用目前最先进的改进型封闭苛化工艺，配套绿液高效澄清器、新式预挂过滤机和白液精细过滤器等新技术。白液澄清器澄清后的白液，经白液精细过滤器进一步提高白液质量，全密封正压状态工作，防止白液被空气氧化，避免降低活性碱浓度及硫化度；有效防止白液热量散失，无臭气外溢环境更加清洁。该苛化工艺保证过滤后的白液澄清度 < 30 毫克/升；白泥干度达到 70% 以上，白泥残碱含量 < 0.5%；绿泥干度 > 45%，绿泥残碱含量 <4%。

5. 废纸处理设备

福建轻工机械设备有限公司于2017 年9 月与印度的一家公司签订合同，为其改造脱墨线，2018 年上半年交付使用。改造后，白度提升 18 个点，整条线生产量能达到 175 吨/日，从碎浆机后卸料池到成浆池的得率为88%。供货设备包括盘式热分散链板机、链板输送机称重系统、鼓式碎浆机、压力粗筛、浮选槽、二段浮选槽、消泡器含电机、低浓除渣器、压力精筛、ECO 后段浮选槽、消泡槽、消泡器含电机和多盘过滤机。

6. 环保设备

(1)汶瑞机械(山东)有限公司供货广西某厂的再沸器设备于2019 年3 月开机成功，再沸器设备用于回收高浓磨浆机产生的蒸汽余热。

(2)山东晨钟机械股份有限公司供货新乡新亚纸业集团股份有限公司的 2 套 CZ-1100 污泥挤压脱水系统于2018 年5 月投入运行。采用的污泥螺旋挤压脱水工艺，出泥干度达到了45% 以上，生产量达到了 40 吨/日。这套设备不仅降低了运行成本，而且产生了一定的经济效益。

(3)山东晨钟机械股份有限公司供货河南天邦纸业有限公司的一套处理能力 40 绝干吨污泥/日的 CZ-1100 污泥挤压脱水系统于 2018 年 5 月投入运行。该套系统建设目的为提高公司现有初沉及生化污泥出料干度，同时预留了即将新建项目的污泥脱水产能。

二、造纸设备

1. 包装用纸、箱纸板机

(1)江苏华东造纸机械有限公司供货浙江和泓环保纸业有限公司的年产 20 万吨高强瓦楞原纸生

产线于2019年2月26日试机成功。

(2)山东信和造纸工程股份有限公司与浙江荣晟环保纸业股份有限公司于2019年2月18日签订了幅宽4600毫米、车速750米/分长网多缸高强瓦楞原纸机升级改造项目，计划于2019年7月底升级改造完成。改造后，纸机车速由500米/分提速到750米/分，压榨为四辊三压，干燥部为无绳引纸，机型将达到国内先进水平。

(3)上海轻良实业有限公司供货辽宁兴东纸业有限公司的二期高强瓦楞原纸机项目于2018年四季度投产。纸机幅宽5200毫米，车速700米/分，暂时生产高强瓦楞原纸和T纸。

(4)绵阳同成智能装备股份有限公司出口越南的幅宽6400毫米、车速700米/分箱纸板整机生产线于2018年9月26日正式开工。这是国产的首台幅宽超过6000毫米的箱纸板生产线，此项目合同是交钥匙总包工程，包括制浆设备、造纸设备、真空系统、流送系统、施胶制备、化学品制备、复卷机、传动控制、自动化控制、产品调试等全套生产线设备和技术服务。

(5)协扬机械(江苏)有限公司供货江苏捷飞机电有限公司的瓦楞原纸生产线于2018年7月22日试机成功。该机最大幅宽2500毫米，最高车速300米/分。

(6)绵阳同成智能装备股份有限公司供货衡山新金龙纸业有限公司的4800毫米单长网纱管纸机改造项目于2018年5月24号投料出纸，实际检测横幅定量差≤±1%，各项指标达到技术要求。同成智能首创的单长网抄造纱管纸技术，可提供的供货范围包括工艺设计、工艺配方、产品调试、全套纱管纸机设备、全套纸机自动化控制。其提供的核心装备是专用的稀释水流浆箱，适应高浓，高定量，解决定量范围大的需求，突破了常规流浆箱的成形概念，从而可以利用渣浆、污泥、OCC，生产F300以上的纸。

2. 生活用纸机

(1)轻工业杭州机电设计研究院有限公司供货唐山市美特好卫生用品有限公司的幅宽3550毫米、车速1300米/分新月型高档卫生纸机及配套系统于2019年4月发货，目前设备在现场安装阶段。

(2)山东信和造纸工程股份有限公司供货河南宏都纸业有限公司的新月型卫生纸机于2019年4月30日开机一次性投料成功，幅宽4000毫米，车速1200米/分。

(3)山东信和造纸工程股份有限公司供货河北保定兴荣纸业有限公司和保定诚信纸业有限公司的2台幅宽3600毫米、车速1300米/分新月型卫生纸机分别于2019年4月21日和2019年2月13日开机成功。

(4)保定市维拓机造纸械有限公司供货保定益康纸业有限公司的高档卫生纸机于2019年1月13日顺利开机出纸。该纸机幅宽2850毫米，车速1300米/分，年生产量约1.8万吨。纸机采用其自行研制的国际先进型节能呼吸式气罩、性能优越的多级湍流式流浆箱及高性能变频器(1.5～500千瓦)。

(5)绵阳同成智能装备股份有限公司供货广西横县江南纸业有限公司的CF-2850毫米、1300米/分新月型纸机及全套控制系统的设备于2018年8月已分批入场，2018年12月完成调试投入使用。

(6)山东信和造纸工程股份有限公司供货保定飞跃纸业有限公司的新月型卫生纸机于2018年12月10日顺利开机。该纸机幅宽3600毫米，车速1200米/分。

(7)山东方源众和机械有限公司供货广东比伦生活用纸有限公司的年产20万吨新月型卫生纸机于2018年10月27日顺利开机投产。该纸机净纸幅宽2850毫米，设计车速550米/分。

(8)山东信和造纸工程股份有限公司供货河北金博士集团有限公司的生活用纸机于2018年9月17日一次性开机成功。该纸机幅宽3600毫米，车速1200米/分，年产能约2万吨。

(9)佛山市南海区宝拓造纸设备有限公司供货河北省保定市满城永兴纸业有限公司的1台高速卫生纸机于2018年9月6日成功出纸。该纸机净纸宽3550毫米，设计车速1100米/分，年设计产能达2.5万吨，主要用商品浆生产卫生纸和面巾纸。

(10)江阴市鼎昌造纸机械有限公司供货四川省彭州市阿尔纸业有限公司的2台卫生纸机改造项目于2018年9月2日一次性开机成功，并在开机10分钟生产出定量13.5克/米^{2}的本色全竹浆卫生纸合格产品，横幅定量偏差控制在±0.5克/米^{2}以内。该改造项目通过配备特制新月型纸机流浆箱，将幅宽2850毫米、车速180米/分的普通圆网卫生纸机改造成新月型卫生纸机。

(11)佛山市南海区宝拓造纸设备有限公司供货广东肇庆万隆纸业有限公司的生活用纸机于2018年8月8日成功出纸。该纸机为真空网笼纸机，幅宽2860毫米，设计车速900米/分，主要生产高档生活用纸和擦手纸，年产能1.25万吨。

(12)佛山市南海区宝拓造纸设备有限公司分别供货保定恒信纸业有限公司的净纸宽 3550 毫米，设计车速 1200 米/分，单机产能 1.8 万吨/年；南京香兰纸业有限责任公司的 2 台 BC1300-2850 新月型纸机，单机产能 1.65 万吨/年；广宁南宝纸业有限公司的 SF900-2860 真空圆网纸机，幅宽 2860 毫米，设计车速 900 米/分，年产能 1.2 万吨。4 台卫生纸机于 2018 年 6 月下旬，相继完成了调试工作，成功开机投产。

3. 特种纸机及装备

(1)轻工业杭州机电设计研究院有限公司供货浙江洁美电子科技股份有限公司的二期幅宽 2640 毫米、车速 80 米/分多圆网特种纸机生产线项目预计于 2019 年下半年顺利投产。该生产线的核心装备主要是圆网成形部采用了轻工业杭州机电设计研究院有限公司自行研制的浮动式圆网压力成型器。

(2)轻工业杭州机电设计研究院有限公司供货浙江弘伦纸业有限公司的幅宽 1300 毫米、车速 100 米/分斜网特种纸机于 2019 年 5 月顺利开机出纸。

(3)山东信和造纸工程股份有限公司供货恒安(中国)纸业有限公司的年产 2 万吨擦手纸机于 2019 年 1 月 5 日顺利开机出纸。

(4)河南大指造纸装备集成工程有限公司供货衡山新金龙纸业有限公司的特种纸板机升级改造服务项目于 2018 年 6 月 6 日顺利完工投产。衡山新金龙纸业有限公司 PM2 原为多圆网纱管纸机，能耗高、生产效率低、成本高，改造后将原来的多圆网纱管纸机改造成更节能高效的单长网特种纸板机，可适应抄造 200 ~ 600 克/米^2 高档纱管纸、特种工业纸板等，幅宽 4950 毫米，是目前市场幅宽最宽、自动化程度最完善的单长网抄造同类特种纸纸板机。

4. 浆板机

(1)轻工业杭州机电设计研究院有限公司开发了废纸浆及竹浆、木浆等生产湿浆板成套设备，由双网成形、多道重力压榨、分切打包、湿损回用处理等多台设备组成。幅宽 2000 毫米，生产能力 100 ~120 吨/日，出浆干度最大可达 52%，无蒸汽消耗，电耗极少，该系统已交付给越南理文造纸有限公司，于 2018 年 11 月投产，各项指标均达到用户要求。

(2)福建轻工机械设备有限公司供货巴西 BO PAPER 纸厂的 200TPD 湿浆处理线设备及相关技术服务于 2018 年 7 月顺利开机，完成浆板制造测试，该套设备运行良好。服务范围包括成套设备工程项目工艺设计、设备制造、辅助设备供货、安装、试车、培训等交钥匙工程服务。

5. 部分关键部件产品

(1)河南大指造纸装备集成工程有限公司供货德州华北纸业有限公司的 Integra-Sizer 膜转移施胶机于 2019 年 4 月 20 日成功投产。设备主要用于生产轻型纸、文化用纸，净纸宽 2880 毫米，工作车速 350 米/分。

(2)沙市轻工机械有限公司供货山东单县天元纸业有限公司的 3 台膜转移施胶机于 2019 年 4 月交付使用。此次供货的 1 台幅宽 3150 毫米、车速 350 米/分膜转移施胶机和 2 台幅宽 2400 毫米、车速 400 米/分膜转移施胶机主要用于二期南厂配套纸机改造，主要用于生产文化用纸、轻型纸。

(3)河南大指造纸装备集成工程有限公司供货河南省龙源纸业股份有限公司的 Integra-Jet 水力式流浆箱于 2019 年 3 月 12 日成功投产。设备主要用于生产箱纸板，幅宽 5600 毫米，运行车速 850 米/分。

(4)沙市轻工机械有限公司供货山东太阳纸业股份有限公司的 1 台幅宽 3520 毫米、车速 1000 米/分膜转移涂布机于 2018 年 12 月交付使用。该膜转移涂布机主要用于生产淋膜原纸或双胶纸。膜转移涂布机是目前纸、纸板施胶和轻量涂布的关键设备，系沙市轻工机械有限公司在国内最早采用引进预计量技术对各类纸及纸板进行表面施胶或预涂布而研制开发的机电一体化高新技术产品。

(5)河南大指造纸装备集成工程有限公司供货山东金蔡伦纸业有限公司的 Integra-Sizer 膜转移施胶段设备及打配浆 DCS 控制系统于 2018 年 12 月 17 日成功投入运行。设备主要用于其生产轻型纸、纯质纸，投产后各方面的数据均满足客户的要求。

(6)河南大指造纸装备集成工程有限公司供货日照华泰纸业有限公司 Integra-Sizer Combi 组合式膜转移施胶机于 2018 年 11 月 2 日顺利装车发货，设备主要用于生产精制牛皮纸、复合原纸。

(7)轻工业杭州机电设计研究院有限公司供货玖龙浆纸(乐山)有限公司的幅宽 1800 毫米、车速 250 米/分伸性装置改造项目于 2018 年 10 月完成质保验收。伸性装置是该院自行研制的设备，通常用于水泥袋纸的生产，能赋予纸张更高的伸长率。玖龙浆纸(乐山)有限公司利用伸性装置生产电力电缆纸等新产品。

(8)河南大指造纸装备集成工程有限公司供货岳阳林纸股份有限公司的 PM6(幅宽 3300 毫米，车速 600 米/分)生产线的膜转移施胶机及制造服务项目于 2018 年 5 月 14 日顺利投产。该生产线主要生产 40～120 克/米^2 精制牛皮纸。

三、涂布机及完成设备

1. 白纸板涂布机

沙市轻工机械有限公司供货印度 Sripathi 纸业有限公司的白纸板涂布生产线于 2018 年 6 月 5 日一次性试车成功，设备运行平稳，涂布质量好，深受用户好评。

2. 牛卡纸涂布机

沙市轻工机械有限公司供货伊朗 RASHA CASPIAN 公司的 1 台幅宽 2640 毫米、车速 550 米/分涂布牛卡纸涂布机于 2019 年 5 月交付使用。

3. 热敏纸涂布机

(1)轻工业杭州机电设计研究院有限公司供货广东冠豪高新技术股份有限公司的幅宽 1760 毫米、车速 1000 米/分三防热敏纸涂布机升级改造项目于 2019 年 5 月完成质保验收。该生产线的核心装备主要是该院自行研制的帘式涂布头，涂布量 1～4 克/米^2，涂层均匀平整，达到产品的质量要求；试车车速已达到改造要求，设备总体运行情况良好，生产效率大幅提升。

(2)沙市轻工机械有限公司与湖南天琪智慧印刷有限公司于 2019 年 2 月成功签约 1 台幅宽 1760 毫米、车速 400 米/分机外三防热敏纸涂布机。该涂布机采用 3+1 式涂布，由组合刮刀涂布器、LAS 辊式涂布器、固定中高软压光机和可控中高软压光机、自动收放卷装置、干燥箱及热风干燥系统组成。

(3)轻工业杭州机电设计研究院有限公司与广东松炀再生资源股份有限公司于 2019 年 1 月签订幅宽 1760 毫米、车速 600 米/分热敏纸涂布机合同。广东松炀再生资源股份有限公司是一家集环保再生纸张的研发、生产及销售于一体的高新技术企业，热敏纸涂布机给其带来了新的市场契机。

4. 特种纸涂布机

(1)沙市轻工机械有限公司供货杭州某纸制品有限公司的 1 台特种(石蜡)纸涂布机于 2019 年 1 月交付使用。沙市轻工机械有限公司确立了优先发展特种纸涂布机的市场战略，相继开发了组合刮刀、短驻留、帘式、气刀、辊式、逗号刮刀等特种涂布技术，最大幅宽 3600 毫米，最高车速 1200 米/分，涂布量 0.5～15 克/米^2。目前已生产出无碳纸、热敏纸、转印纸、美纹纸、墙(壁)纸、橡胶、钢板(石墨)密封垫纸、印刷硅油纸、烟卡纸、石蜡纸等 20 多个纸种。

(2)沙市轻工机械有限公司供货淄博语嫣丹青纸业有限公司、东莞悦声纸业有限公司的特种纸涂布机于 2018 年 12 月交付使用。淄博语嫣丹青纸业有限公司此次订购的涂布机涂布量 12 克/米^2、固含量 35%，东莞悦声纸业有限公司此次订购的涂布机涂布量 15 克/米^2、固含量 45%。2 台涂布机均包含接、放纸系统，涂布系统，热风干燥系统，压光系统，传动系统和机架走台等。

(3)沙市轻工机械有限公司供货河北辛集华瑞滤纸有限公司的 1 台滤纸涂布机于 2018 年 7 月正式交付。该涂布机主要用于生产滤纸。

(4)沙市轻工机械有限公司供货鹤山荣达新材料科技有限公司的 1 台美纹纸涂布机于 2018 年 5 月 8 日成功开车。这也是沙市轻工机械有限公司为其改造的第 2 条涂布生产线。

5. 压光机

(1)沙市轻工机械有限公司供货伊朗 RASHA CASPIAN 公司的 1 台幅宽 2640 毫米、车速 550 米/分可控中高软压光机于 2019 年 5 月交付使用。

(2)河南大指造纸装备集成工程有限公司供货潮州合丰特造纸有限公司的 Integra-Calender 可控中高硬压光机于 2018 年 11 月 5 日正式签订合约。新生产线主要生产 B 级箱纸板，幅宽 5400 毫米，设计车速 750 米/分。

6. 分切机

河南大指造纸装备集成工程有限公司供货清远锲凌新材料科技有限公司的 Integra-Slitter 全自动节能型表面中心卷取分切机于 2018 年 11 月 15 日成功投运。该设备主要用于分切双面硅油纸等高平滑度特种食品包装用纸，运行车速 500 米/分。

(冯阿团　徐国华　沈　栋　何小星　杨　旭)

2018年我国造纸脱水器材行业概述

Review of the Dewater Devices in Paper Industry in 2018

2018年，在波动起伏的经济形势下，造纸网毯行业上下齐心、努力奋斗，依然取得了较好的业绩，行业的整体实力有了一定的提升。

一、造纸网毯行业基本情况

1. 造纸网

据中国造纸学会造纸器材专业委员会（以下简称“造纸器材专业委员会”）统计，2018年，国内主要规模以上的造纸网厂20家（不包括外商在华独资网毯生产企业），共生产成形网179.6万米^2，其中，干网151.4万米^2，螺旋干网6.1万米^2，铜网7.0万米^2，不锈钢网2.3万米^2，环保过滤网4.4万米^2。与2017年相比，成形网生产量减少6.2%，干网增长14.6%，螺旋干网减少3.2%，铜网增长66.7%，不锈钢网增长4.5%，环保过滤网增长44.0%。

2018年，高端成形网三层网的生产量为109.7万米^2，同比增长12.7%；异形丝干网生产量为93.4万米^2，同比增长29.9%；其他干网生产量同比下降10.7%，这部分生产量的下降，与纸和纸板生产量下降的趋势一致。此外，部分年产20万吨以下纸厂关闭以及富阳地区造纸产业大幅度结构调整等导致需求量降低。

我国造纸成形网发展迅速，其中，高端三层网、异形丝干网等生产量增长较快。2018年，造纸网厂积极引进具有国际先进水平的成形网高端织网机、干网织机等，一些企业已具有制造高速纸机专用成形网与干网的能力，已有多家造纸厂的高速纸机使用国产成形网、干网。但是目前国产造纸网还不能完全满足我国造纸行业的需求，造纸网厂尚有许多工作要做，使造纸厂普遍地接受国内造纸网并大量使用，同时，需要供需双方共同努力，实现产销两旺、供需双赢。

2. 造纸毛毯

2018年，造纸器材专业委员会统计全国规模以上20家造纸毛毯企业生产量（不包括外商在华独资网毯生产企业的生产量）合计为6310.0吨（以历年同口径推算），同比下降6.8%。

近年来，国内造纸毛毯企业的生产装备有了大幅提升，原先的织机、针刺机、定型机基本被新的机型所取代，幅宽6000毫米以上、纸机车速500～700米/分的造纸毛毯已成常规产品。继四川环龙技术织物有限公司宣布成功研发多轴向高线压造纸毛毯之后，另有数家造纸毛毯企业也具备了生产多轴向造纸毛毯的能力。2018年，国内造纸毛毯生产量呈现下降的趋势，造纸毛毯企业必须加强科研与技改，提升造纸毛毯质量。

3. 造纸网毯进出口概况

2003—2018年我国造纸网毯产品的进出口情况见表1～表2、图1～图2。整体来看，进口方面，2018年造纸毛毯进口量同比下降约4%，造纸网进口量同比增长40%，国内造纸工业的需求，是造纸网毯进口增减的主因。出口方面，国内造纸网毯自2009年以来，出口量一直处于持续增长的态势，2018年造纸网出口量同比增长35%，造纸毛毯出口量增长22%，与2009年相比，都翻了一番。

分类来看，与2017年相比，2018年滤网、滤布进出口量均呈现两位数的增长，出口单价基本持平，进口单价下降10.2%。国内滤网、滤布的需求逐步提升，特别是功能性过滤材料的需求日益增长，国内部分造纸网产能向环保滤网及滤布转型。

2018年，<650克/米^{2}网毯成品的进口量同比增长44.6%，进口单价降低24.01%；出口量同比增长35.4%，出口单价下降20.6%；进出口均出现价跌量升的局面。国内造纸网水平的提高，直接迫使进口产品价格下降，有利于造纸厂成本的降低。

表 1　　2003—2018 年我国造纸网毯产品的进出口情况

	年份	滤网、滤布		<650 克/米^2 网毯成品		≥650 克/米^2 网毯成品		合计	
		数量/千克	金额/美元	数量/千克	金额/美元	数量/千克	金额/美元	数量/千克	金额/美元
进口	2003	321789	13179434	83823	9716679	733393	34916174	1139005	57812287
	2004	467009	18160299	66449	11532430	928589	45849485	1462047	75542214
	2005	453136	24320356	122208	18246875	922277	52269799	1497621	94837030
	2006	515427	38570045	103272	19820917	1147141	66040034	1765840	124430996
	2007	554959	41072549	164659	28287534	1320591	73807104	2040209	143167187
	2008	606367	46872567	205248	32106550	1398726	81335714	2210341	160314831
	2009	390331	39433965	282476	27209593	1069939	63213073	1742746	129856631
	2010	674593	54817406	152683	26341596	1257074	79184329	2084350	160343331
	2011	676222	65364193	195048	36256563	1429448	93074967	2300718	194695723
	2012	5770638	127623854	199017	35487497	1490570	92340290	7460225	255451641
	2013	732491	65628557	198872	39304782	1627047	97683472	2558410	202616811
	2014	766924	73505067	203188	39711480	1743000	97563569	2713112	210780116
	2015	734838	59134296	165952	32030296	1445143	83667743	2345933	174832335
	2016	759584	56420052	147943	29761428	1426824	78753576	2334351	164935056
	2017	1132788	75735914	181163	29787822	1508668	84123417	2822619	189647153
	2018	1302567	78198275	261938	32728698	1469626	80893766	3034131	191820739
出口	2003	166319	2691934	39871	1702536	113572	2643469	319762	7037939
	2004	397701	3635438	86507	2015043	132979	3073069	617187	8723550
	2005	691723	6670480	96740	1814304	233327	5819276	1021790	14304060
	2006	1150572	7735693	105995	2413436	403741	11250884	1660308	21400013
	2007	347923	4749570	83953	3357880	494649	14671403	926525	22778853
	2008	314175	5957362	156664	5046002	654007	19577994	1124846	30581358
	2009	573145	8689102	151286	6749313	1165831	39476960	1890262	54915375
	2010	767435	14156715	217889	12617780	1606415	54910625	2591739	81685120
	2011	1224731	19875393	221262	15067260	1879750	59108654	3325743	94051307
	2012	1457557	24341877	270128	15958286	1825804	55543516	3553489	95843679
	2013	1417962	24751543	349271	13922038	2087560	64925996	3854793	103599577
	2014	1521356	28815705	356718	16888059	2132604	64032585	4010678	109736349
	2015	1561090	27321954	302251	16701516	2345550	62032012	4208891	106055482
	2016	1739765	28678311	246651	17073861	2478266	68236070	4464682	113988242
	2017	2080716	32587297	295118	18166621	2817730	76869704	5193564	127623622
	2018	2367574	37754228	399548	19532325	3429969	94573447	6197091	151860000

注：数据来源于海关总署。

表 2 2018 年我国造纸网毯产品进出口量与 2017 年对比

	年份	滤网、滤布			<650 克/米^2 网毯成品			≥650 克/米^2 网毯成品		
		数量/千克	金额/美元	单价/(美元/千克)	数量/千克	金额/美元	单价/(美元/千克)	数量/千克	金额/美元	单价/(美元/千克)
进口量	2017	1132788	75735914	66.9	181163	29787822	164.4	1508668	84123417	55.8
	2018	1302567	78198275	60.0	261938	32728698	125.0	1469626	80893766	55.0
	同比/%	15.0	3.2	-10.2	44.6	9.9	-24.0	-2.6	-3.8	-1.0
出口量	2017	2080716	32587297	15.7	295118	18166621	61.56	2817730	76869704	27.3
	2018	2367574	37754228	16.0	399548	19532325	48.89	3429969	94573447	27.6
	同比/%	13.8	15.9	1.8	35.4	7.5	-20.6	21.7	23.0	1.1

注：数据来源于海关总署。

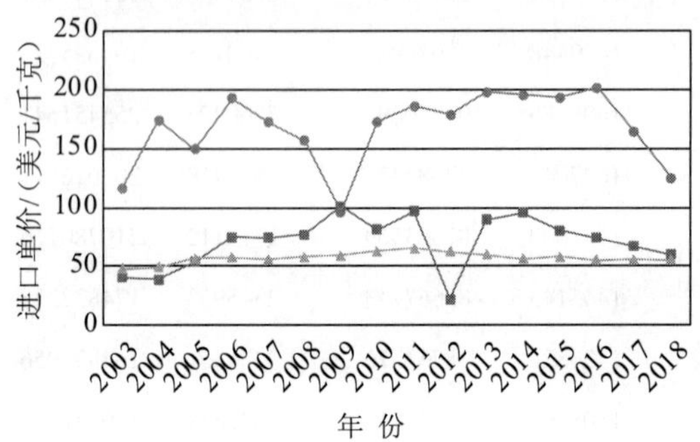

图1 2003—2018年我国造纸脱水器材产品进口单价

—■— 滤网、滤布 —●— <650克/米^{2}网毯成品
—▲— ≥650克/米^{2}网毯成品

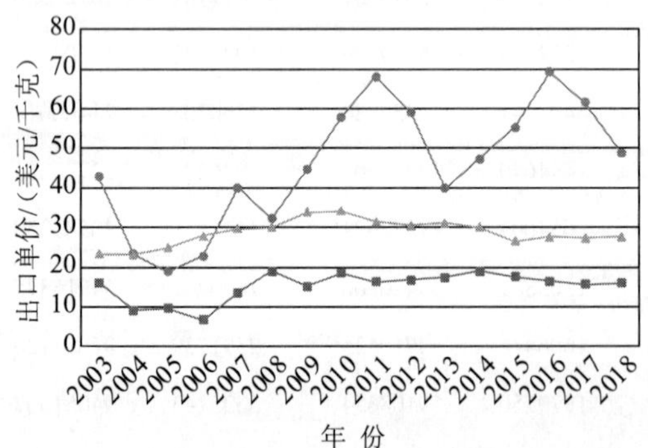

图2 2003—2018年我国造纸脱水器材产品出口单价

—■— 滤网、滤布 —●— <650克/米^{2}网毯成品
—▲— ≥650克/米^{2}网毯成品

2018 年，≥650 克/米^2 网毯成品的进口量、进口单价、出口单价均与 2017 年持平，但是出口数量同比增长 21.7%，显示出近年造纸毛毯企业不断加强产品出口的努力。

近年来，国内造纸网产品一直致力于走出去，随着“一带一路”政策的实施，我国出口的与造纸机械配套的国产造纸网毯也得到了市场认可。造纸网毯企业通过境外展览会、贸易公司、对外交流等多种途径，卓有成效地为境外客户提供技术服务，拥有了稳定的供应体系。与 2017 年比，2018 年滤网、滤布、<650 克/米^2 网毯成品及≥650 克/米^2 网毯成品出口成绩提升显著，均保持两位数的增长，表明了国内造纸网企业在产品出口方面不断努力，多家造纸网企业的产品在东南亚、印度、新加坡、俄罗斯、欧美等市场打开了局面。但是统计数据显示，同类产品进口单价是出口单价的 2 倍甚至 3 倍，进口产品基本为高端产品，国内高速纸机所需的高端造纸网产品仍大量依靠进口。出口产品的品质低于进口产品，说明国内产品的质量有待提升，国内企业还需要不断努力。2018 年，<650 克/米^2 网毯成品出口单价同比下降 20.6%，滤网、滤布与≥650 克/米^2 网毯成品的出口单价基本持平，这反映出国内造纸网的同质化比较严重，竞争激烈。

二、造纸网毯行业的新努力、新进展

1. 重视产品研发、产品服务和技术改造

(1)在产品研发及知识产权方面不断取得进步

2018 年，安徽华辰造纸网股份有限公司获得 4 项高新技术产品认定产品，包括具有不对称的底部横向浮纬的三层造纸网、具有运行低负荷特性的三层成形网、具有侧面节点的纵向交织的造纸网、新月型纸机用脱水网；获得专利证书 3 项，新申报发明专利 2 项、实用新型专利 4 项。

江苏金呢工程织物股份有限公司，高速宽幅造纸网新性能成形网等产品获得 2018 年科技发展贡献奖、科技进步奖优秀奖、产品开发贡献奖等，获得专利证书 7 项，新申报发明专利 5 项、实用新型专利 1 项。

四川环龙技术织物有限公司上海金熊造纸网毯有限公司，2018 年获得上海市科技小巨人(含培育）企业、金山区科技小巨人企业，2018 年申报发明专利 2 项、实用新型专利 10 项。

（2）产品质量和服务水平持续提升　优秀的造纸网毯厂不仅是出售产品，更是在出售服务，国内优秀的造纸网毯厂在这方面做的越来越好，形成了以核心技术人员为支撑的售后服务体系：新用户接触—纸机工艺调研—造纸网毯产品设计定型并得到客户确认—造纸网毯生产定制—协助客户造纸网毯上机—使用过程监控（在线监测）—下机造纸网毯样品检测分析等多环节全方位的技术服务。

（3）造纸网毯企业的设备改造、设备投资力度增加　安徽太平洋特种网业有限公司近年来发展迅速，2017 年已成为国内三大造纸网生产企业之一。2018 年继续发展，新厂房引进国际知名的造纸网织机制造公司最新型的织网机。2018 年，公司成形网的生产量同比增长 56%，其中，三层网增长更是达到 83%，干网增长 39%，造纸干网的总生产量已居国内第 1 位。

四川环龙技术织物有限公司与国内知名非织造机械制造单位合作，成功研制具有国际先进水平的造纸毛毯专用针刺机。该机采用先进的针刺控制运行系统，运行高速且平稳，自动装卸毛毯，能胜任高定量的毛毯针刺需要，幅宽达到 9000 毫米，是宽幅高速造纸毛毯理想的针刺加工设备。

造纸网毯厂的设备改造通常需要进行全面的改进，投资大、引进多，大部分造纸网厂会采用进口的织网机，国产设备如石家庄纺织机械有限公司制造的重型织网机也被厂家普遍使用，优良的设备基础成为造纸网质量得以较快提升的保障。目前，成形网（包括三层成形网）已成为各厂都能生产的产品，其中，江苏金呢工程织物股份有限公司生产的三层网质量达到国际先进水平；安徽华辰造纸网股份有限公司、安徽太平洋特种网业有限公司生产的三层网产能大、质量高，成为造纸网行业内的第一梯队。

目前，造纸毛毯企业已经淘汰了原先的落后设备，织布机普遍更换为重磅宽幅，可以制造大定量、宽幅的底网毛毯，还有一些企业使用剑杆织机，用于多轴向造纸毛毯。除了生产能力较大的企业外，河南临颍双龙工业用呢有限公司、广东东莞友邦网毯有限公司、河南新密菲尔特工业用呢有限公司、山东聊城华裕工业用呢有限公司等公司一直保持年生产量 500 吨以上，不仅生产规模、市场覆盖面大，而且在激烈的市场竞争中，多年保持生产规模不变。另外，广东东莞业兴网毯有限公司、新疆阿勒泰工业用呢厂、江苏太仓嫦娥造纸网毯有限公司等是多年生产造纸毛毯的企业，产品有特色、有品位，受到市场欢迎。正是这一批在造纸毛毯领域耕耘多年的企业，形成了我国造纸毛毯不断提高、不断前进的局面。

2. 注重造纸网毯机理研究

在长期的制造与销售过程中，业内人员日益重视研究造纸网毯的运行机理。2018 年这方面的活动内容丰富，涉及从原料、设备到应用制作，取得了一定的成果。新疆阿勒泰工业用呢有限公司发表了《高速调幅造纸毛毯的功能及原料选择的关键》的文章，首次从理论上把造纸毛毯的质量与原料的内在性能联系在一起，给予同行及原料制造商深层的思考。2018 年，有多家专门为造纸网毯提供原料的化纤厂进行了有针对性的设备改造与新品研发，有的化纤厂与高等院校建立了产学研合作协议，这一系列的活动对提高造纸网毯原料的质量有直接的帮助。类似的工作也在造纸网毯专用机械、配件等领域开展。

以上情况，使得造纸网毯行业的科研人员认识到：造纸网毯质量的提升已经进入新的阶段，从造纸脱水器材的运行机理来研究、分析，找出原料、网毯与造纸三者之间的内在联系，完成造纸网毯的设计与制作。

2018 年，造纸器材专业委员会多次组织造纸网毯企业开展专题学术活动，先后到青岛大学纺织学院、东华大学材料学院交流，为企业与高等院校牵线搭桥，增强企业研发的实力。

三、造纸网毯行业的新亮点、新契机

2014 年江门中奥网业有限公司进行股权转让，江门鸿荣新材料科技有限公司（以下简称“鸿荣公司”）成为控股股东。鸿荣公司控股江门中奥网业有限公司以后，拥有了新型的全自动插接机、热定型机以及众多的高档织网机。鸿荣公司接手后，迅速稳定员工队伍，恢复生产秩序，销售也超出了原有水平。鸿荣公司很快熟悉了造纸网的产品特点与市场需求，依据珠江三角洲的地域优势与造纸工业特点，积极谋划扩展与开拓。2018 年，鸿荣公司主导了与新会中新网业有限公司的联手合作，成立了远东造纸网业有限公司，2 家网业公司的合并，使其成形网与干网的生产能力稳居造纸网行业的第一梯队，同时公司还拥有造纸网用单丝。这样的资本运作，在国内造纸网行业内是首次，会对造纸网毯行业的整合、发展带来积极的影响。鸿荣公司主动与行业分会、高等院校联手开展行业状况与网毯产品的研发，成立了鸿荣造纸网研究院（独立法人单位），研制新型造纸网及相关产品，这也是造纸网行业内首次。

目前，我国造纸网毯行业内，已有2家企业登陆新三板，1家企业在上海股权交易中心挂牌，还有几家企业正在为上市而冲刺。在此之前，行业内也有过一些并购行为。这些活动有助于造纸网毯企业的扩展，更有助于行业在更广阔的视野观察、思考造纸网毯的发展。

与造纸行业联接成更加紧密的共同体，是造纸网毯行业一直在努力做的工作。在中国造纸学会、中国产业用纺织品行业协会共同推动下，中国造纸学会造纸器材专业委员会、中国产业用纺织品行业协会造纸用纺织品行业分会联络各相关企业，包括造纸企业、造纸网毯企业、原料制造企业、设备制造企业、高等院校、科研院所等，成立了“中国造纸网毯（原料到应用）应用技术创新联盟”，联盟促进了企业间、上下游产业链间的技术交流、科研合作等深层次的活动。

2018年4月26日，由中国造纸学会造纸器材专业委员会组织的“中国造纸网毯应用规范”团体标准立项启动会在北京市召开。团体应用标准的制订，将加深造纸网毯业与造纸业的技术紧密度，有利于更快地提升我国造纸网毯行业的科研水平，为造纸行业提供更加优质的造纸网毯。

造纸网毯是造纸工业的重要配套器材，与造纸工业的存在、发展相关。我们应深刻领会以习近平为核心的党中央对当前经济形势的分析与判断，加大科研创新的力度，提高核心竞争力，以品牌、科技与持久的战斗力参加国际竞争，把造纸网毯打造成响亮的中国制造。

（杨金魁　韩静芬）

2018年部分企业投产的卫生纸机设备

Started-up Tissue Paper Machines in 2018

省、区、市	公司名称	项目地点	阶段	规模/（万吨/年）	纸机					投产时间	供应商	备注
					形式	型号	数量/台	幅宽/毫米	车速/（米/分）			
河北	保定市港兴纸业有限公司	河北保定	新增	1.6	真空圆网型	BF-1000S	1	2760	1100	2018-01	日本川之江造机株式会社	进口
	保定明月北厂纸业有限公司	河北保定	新增	1.2	真空圆网型	SF10-900	1	2860	900	2018-04	佛山市南海区宝拓造纸设备有限公司	中外合作
	保定市满城永利造纸厂	河北保定	新增	1.2	真空圆网型	SF10-900	1	2860	900	2018	佛山市南海区宝拓造纸设备有限公司	中外合作
	保定市永兴纸业有限公司	河北保定	新增	4.0	新月型	MC1100-3550	2	3550	1100	2018	佛山市南海区宝拓造纸设备有限公司	国产
	保定华邦日用品有限公司	河北保定	新增	1.2	真空圆网型	SF900-2860	1	2860	800	2018-01	佛山市南海区宝拓造纸设备有限公司	中外合作
	满城县天天纸业有限公司	河北保定	新增	4.5	新月型	AL-FORM C1200-3550	2	3550	1200	2018-01	宝拓（辽阳慧丰造纸技术研究所）	国产
	保定市恒信纸业有限公司	河北保定	新增	1.8	新月型	C1300-3550	1	3550	1200	2018-06	宝拓（辽阳慧盛造纸机械有限公司）	国产
	保定满城金光纸业有限公司	河北保定	新增	2.0	新月型	BC1300-3550	1	3550	1300	2018	宝拓（辽阳慧盛造纸机械有限公司）	国产
	河北聚润卫生用品有限公司	河北保定	新增	1.8	新月型	AL-FORM C1100-3550	1	3600	1100	2018-12	宝拓（辽阳慧丰造纸技术研究所）	国产

续表

省、区、市	公司名称	项目地点	阶段	规模/（万吨/年）	纸机					投产时间	供应商	备注
					形式	型号	数量/台	幅宽/毫米	车速/（米/分）			
河北	保定金能卫生用品有限公司	河北保定	新增	1.5	新月型		1	2850	900	2018-01	山东信和造纸工程股份有限公司	国产
		河北保定	新增	1.8	新月型		1	3500	900	2018-01	山东信和造纸工程股份有限公司	国产
		河北保定	新增	1.5	新月型		1	2850	900	2018-10	山东信和造纸工程股份有限公司	国产
	河北金博士集团有限公司	河北保定	新增	2.0	新月型	3600/1000	1	3600	1000	2018-10	山东信和造纸工程股份有限公司	国产
	保定市飞跃造纸有限公司	河北保定	新增	2.5	新月型	3550/1200	1	3550	1200	2018-12	山东信和造纸工程股份有限公司	国产
	保定市诚信纸业有限公司	河北保定	新增	2.5	新月型	3600/1250	1	3600	1200	2018-12	山东信和造纸工程股份有限公司	国产
	保定达亿纸业有限公司	河北保定	新增	2.5	新月型	2850/1500	1	2850	1500	2018-08	山东信和造纸工程股份有限公司	国产
	保定泽裕纸业有限公司	河北保定	新增	2.5	新月型	HC-1300/3550	1	3550	1300	2018-08	潍坊凯信机械有限公司	国产
	保定市中信纸业有限公司	河北保定	新增	1.5	真空圆网型	HC-900/3500	1	3500	900	2018-08	潍坊凯信机械有限公司	国产
	保定市东升卫生用品有限公司	河北保定	新增	1.6	新月型		1	2850	1200	2018-10（原计划 2014-12 投产）	山东华林机械有限公司	国产
	保定市晨松纸业有限公司	河北保定	新增	1.5	新月型	BZ3500-I	1	3500	800	2018-03	陕西炳智机械有限公司	国产
	保定白云山纸业有限公司	河北保定	新增	1.5	新月型		1	3500	800	2018-10	陕西炳智机械有限公司	国产
	保定宏大纸业有限公司	河北保定	新增	1.8	新月型		1	3500	1000	2018-03	西安维亚造纸机械有限公司	国产
	保定市鹏飞造纸厂	河北保定	新增	1.8	新月型		1	3500	1000	2018-01	西安维亚造纸机械有限公司	国产

续表

省、区、市	公司名称	项目地点	阶段	规模/（万吨/年）	纸机					投产时间	供应商	备注
					形式	型号	数量/台	幅宽/毫米	车速/（米/分）			
河北	保定市印象卫生用品制造有限公司	河北保定	新增	1.0	新月型		1	2850	700	2018-06	西安维亚造纸机械有限公司	国产
	河北腾盛纸业有限公司	河北保定	新增	1.7	新月型		1	2850	1300	2018-12	上海轻良实业有限公司	国产
	保定正浩造纸有限公司	河北保定	新增	2.2	新月型		1	3500	1300	2018-12	保定市维拓造纸机械有限公司	国产
	保定市满城红升纸业有限责任公司	河北保定	新增	2.0	新月型		1	3550	1300	2018-12	保定市昌达造纸机械有限公司	国产
上海	江西泰盛纸业有限公司（泰盛集团）	江西九江	新建	24.0	新月型	XcelLine	4	5600	2200	2018-08、09、10、11	福伊特公司	进口
江苏	金红叶纸业集团有限公司	四川雅安	新建	3.0	新月型		2	2860	1200	2018-01	金顺重机（江苏）有限公司	国产
浙江	绍兴唯尔福妇幼用品有限公司	浙江绍兴	新增	1.2	真空圆网型	BF-W10S	1	2760	850	2018-03	日本川之江造机株式会社	进口
	浙江金通纸业有限公司	浙江金华	新增	2.0	新月型		1	3900	1000	2018-02	西安维亚造纸机械有限公司	国产
福建	福建恒安集团有限公司	山东潍坊	新增	12.0	新月型	DCT200，SPR	2	5600	2000	分别于2018-01、06	维美德公司	进口
	武平顺发纸业有限公司	福建武平	新建	1.5	真空圆网型		1	3900	700	2018-11	贵州恒瑞辰机械制造有限公司	国产
	佳亿（漳州）纸业有限公司	福建漳州	新增	1.0	新月型		1	2850	700	2018-01	西安维亚造纸机械有限公司	国产
湖北	湖北真诚纸业有限公司	湖北荆州	新增	1.5	真空圆网型	SF-10-1000	1	2860	1000	2018-01	佛山市南海区宝拓造纸设备有限公司	中外合作
湖南	常德德馨纸业有限公司	湖南常德	新增	1.8	新月型		1	3600	1000	2018-09	西安维亚造纸机械有限公司	国产
广东	香港理文集团有限公司	重庆	新增	24.0	新月型	DCT200HS，软靴压	4	5600	2000	分别于2018-01、03、05、06	维美德公司	进口

续表

省、区、市	公司名称	项目地点	阶段	规模/（万吨/年）	纸机 形式	型号	数量/台	幅宽/毫米	车速/(米/分)	投产时间	供应商	备注
广东	维达纸业（中国）有限公司	广东阳江	新增	6.0	新月型	领先型 2.0M	2	保密	保密	2018-07	意大利拓斯克公司	进口
		湖北孝感	新增	6.0	新月型	领先型 2.0M	2	保密	保密	2018-11	意大利拓斯克公司	
	肇庆广宁县南宝纸业有限公司	广东肇庆	新增	1.2	真空圆网型	SF900-2860	1	2860	900	2018-06	佛山市南海区宝拓造纸设备有限公司	中外合作
	肇庆万隆纸业有限公司	广东肇庆	新增	1.2	真空圆网型	SF900-2860	1	2860	900	2018-08	佛山市南海区宝拓造纸设备有限公司	中外合作
	中顺洁柔纸业股份有限公司	浙江嘉兴	新增	1.0	真空圆网型	HC-900/2850	1	2850	900	2018-06	潍坊凯信机械有限公司	国产
广西	南宁市上峰纸业有限公司	广西南宁	新增	3.0	新月型	C1300-2850	2	2850	1300	2018-06	佛山市南海区宝拓造纸设备有限公司	国产
	南宁市圣大纸业有限公司	广西南宁	新增	1.5	新月型		1	2850	1200	2018-11	诸城大正机械有限公司	国产
四川	宜宾纸业股份有限公司	四川宜宾	新增	7.5	新月型	iDEAL®	3	2850	1600	2018-09、10、11、12	意大利亚赛利公司	进口
	四川环龙新材料有限公司	四川绵阳（安州基地）	新增	4.5	真空圆网型	SF-12-1000B	3	2850	1000	2018-08、09、10、11、12	佛山市南海区宝拓造纸设备有限公司	中外合作
	成都志豪纸业有限责任公司	四川成都	新增	1.5	真空圆网型		1	4060	800	2018	绵阳同成智能装备股份有限公司	国产
	成都居家生活用纸有限公司	四川成都	新增	1.5	真空圆网型		1	3950	700	2018-07	贵州恒瑞辰机械制造有限公司	国产
贵州	贵州汇景纸业有限公司	贵州安顺	新增	1.8	真空圆网型		1	4200	700	2018-03	贵州恒瑞辰	国产
		贵州安顺	新增	0.8	真空圆网型		1	2880	650	2018	天津天轻造纸机械有限公司	国产
云南	云南泓源纸业有限公司	云南昆明	新增	2.5	真空圆网型	SF900-2860	2	2860	900	分别于 2018-02、03	佛山市南海区宝拓造纸设备有限公司	中外合作
	云南汉光纸业有限公司	云南玉溪	新增	1.0	真空圆网型		1	2850	900	2018-11	绵阳同成智能装备股份有限公司	国产

续表

省、区、市	公司名称	项目地点	阶段	规模/（万吨/年）	纸机					投产时间	供应商	备注
					形式	型号	数量/台	幅宽/毫米	车速/（米/分）			
新疆	新疆芳菲达卫生用品有限公司	新疆阜康	新增	1.2	真空圆网型	SF900-2860	1	2860	800	2018-12	佛山市南海区宝拓造纸设备有限公司	中外合作
总计				166.9			71					

（中国造纸协会生活用纸专业委员会）

科技 教育 出版

SCIENCE AND TECHNOLOGY, EDUCATION AND PUBLICATION

7

2018 年度造纸工业获奖情况

Winners of Science and Technology Awards in Paper Industry in 2018

1. 2018 年度中国轻工业联合会科学技术奖(造纸)获奖项目

2018 年度中国轻工业联合会科学技术奖(造纸)获奖项目

项目名称	完成单位	完成人
技术发明奖一等奖		
大型二氧化氯制备系统关键技术研发及其在纸浆清洁漂白中的应用	广西大学 广西博世科环保科技股份有限公司 北京林业大学 广西博冠环保制品有限公司	王双飞　孙润仓　詹　磊 刘新亮　王志伟　黄丙贵
技术发明奖二等奖		
高性能淀粉基系列功能产品绿色制备技术开发与应用	杭州市化工研究院有限公司 山东华泰纸业股份有限公司 杭州纸友科技有限公司 华南理工大学	姚献平　张凤山　郑丽萍 杨仁党　姚　臻
技术发明奖三等奖		
一种斜网成形器结构	轻工业杭州机电设计研究院有限公司	杨　旭　胡　健　程洪玉 沈　栋
科学技术进步奖一等奖		
粉煤灰提取氧化硅生产高填料文化用纸技术	陕西科技大学 河南江河纸业股份有限公司 大唐国际发电股份有限公司高铝煤炭资源开发利用研发中心 中国制浆造纸研究院有限公司	孙俊民　张美云　姜丰伟 宋宝祥　魏晓芬　宋顺喜 彭建军　王成海　屈军利 吴养育
4575/1000 超级压光机	淄博泰鼎机械科技有限公司 仙鹤股份有限公司	诸葛宝钧 王敏良　宋懿贞 王　坤　张　诚　任　山 史君齐　吴保海　马东浩 杨　光
科学技术进步奖二等奖		
30 万吨/年废纸中浓制浆关键设备研制及系统成套集成	郑州运达造纸设备有限公司	许要锋　许银川　刘振中 周广超　张高伟　李国甫 彭贯民　郭鹏涛
科学技术进步奖三等奖		
人造革离型原纸耐高温技术的开发及其产业化	浙江金昌特种纸股份有限公司 中国制浆造纸研究院衢州分院	童树华　刘　文　华飞果 李鸿凯　孟　育　史　贺

续表

项目名称	完成单位	完成人
国产废纸资源化综合利用技术的开发与应用	泉州华祥纸业有限公司 福建省晋江优兰发纸业有限公司 福建希源纸业有限公司 福建省益源废物利用有限公司	柯吉熊 曹 旭 何县香 甘木林 余仕发 陈梅兰
高值再生纸绿色制造技术的研发与应用	玖龙纸业(东莞)有限公司	林新阳 张益安 宋林林 邵珠明 刘 永 颜利兵
液压止推式电液伺控高浓磨浆机	山东晨钟机械股份有限公司	汪会秋 崔利胜 荆 静 李克雷 王泽刚 刘卫平

2. 2018年度主要省市科学技术奖(造纸)获奖项目

2018年各省市科学技术奖(造纸)获奖项目

省市	项目名称	完成单位	完成人	获奖类别
广西壮族自治区		广西大学	王双飞	广西壮族自治区科学技术特别贡献类特等奖

注：表中奖项均由各省市区人民政府发布公告整理所得，部分省市未在网站公告或截稿之前未公告的没有收录。

（王 斌）

2018 年度造纸行业全国五一劳动奖获奖情况

National May 1st Labor Awards of Paper Industry in 2018

2018 年各省市全国五一劳动奖章获奖情况

省市	获奖者姓名	工作单位及职务
黑龙江省	何兆秋(女)	牡丹江恒丰纸业股份有限公司技术中心主任工程师
安徽省	毛胜利	中国宣纸股份有限公司晒纸工

2018 年各省市全国工人先锋号获奖情况

省市	获奖单位
天津市	玖龙纸业(天津)有限公司热电分厂运行乙值
黑龙江省	牡丹江恒丰纸业集团有限责任公司抄纸三分厂 16 号机大甲班
云南省	临沧南华纸业有限公司机修车间

注：表中奖项由中华全国总工会发布公告整理所得。

（王　斌）

中国造纸蔡伦奖获奖情况

Cailun Awards of China's Paper Industry

"中国造纸蔡伦奖"旨在表彰在造纸行业科技创新和技术进步中做出突出贡献的科技工作者。根据《中国造纸蔡伦奖评选表彰办法》规定，中国造纸学会于2019年开展了第二届中国造纸蔡伦终身成就奖的评选工作。经提名推荐，中国造纸蔡伦奖评审委员会专家函审初评、集中评议、无记名投票等程序，评选出第二届中国造纸蔡伦终身成就奖获奖人3名，经中国造纸学会常务理事会议审议通过，并在学会官网上进行了公示。

2019年5月30日，在中国造纸学会第八次全国会员代表大会暨学会成立55周年庆祝会议期间，中国造纸学会公布了第二届中国造纸蔡伦终身成就奖获奖人名单并进行了颁奖。授予南京林业大学李忠正、中国中轻国际工程有限公司黄运基、中国制浆造纸研究院有限公司朱圣光3位同志第二届中国造纸蔡伦终身成就奖。

第二届中国造纸蔡伦终身成就奖获奖名单

李忠正　南京林业大学
黄运基　中国中轻国际工程有限公司
朱圣光　中国制浆造纸研究院有限公司

（王　斌）

2018 年我国造纸工业授权专利

Granted Patents of China's Paper Industry in 2018

2018 年我国造纸工业授权专利共 1707 项，其中制浆造纸工艺授权专利 133 项，占比 7.79%；制浆造纸装备授权专利 1104 项，占比 64.67%；造纸化学品授权专利 150 项，占比 8.79%；环境保护相关技术授权专利 320 项，占比 18.75%。

2018 年我国造纸工业授权专利

序号	分类号	发明名称	发明人	申请号	公开(公告)号
		制浆造纸工艺			
1	D21B	一种造纸制浆方法	柯雄彬	CN201610457724	CN107541976A
2	D21H	一种造纸废料回收用于造纸的工艺方法	于伟杰	CN201610502715	CN107541984A
3	D21H	一种彩激纸造纸方法及纸	柯雄彬	CN201610458207	CN107541982A
4	D21F	一种高效节能的造纸生产方法	傅　恺	CN201710836906	CN107558286A
5	B01F	一种稳定性的制浆搅拌方法	吴莉锋	CN201710836897	CN107570036A
6	D21F	一种造纸回收浆料处理工艺	洪增源 等	CN201510086466	CN105986502B
7	D21H	一种清洁造纸法	徐志仁	CN201710856208	CN107574703A
8	D21F	一种分级提取造纸黑液中木质素和木寡糖的方法	闵斗勇 等	CN201711058299	CN107587373A
9	D21B	回收造纸污泥生产牛皮纸的方法	杜汉民 等	CN201711056015	CN107604724A
10	C02F	使用造纸污泥及废纸浆料制成混合造纸浆料的方法	杜汉民 等	CN201711057443	CN107601813A
11	D21C	一种利用复合酶液处理造纸纸浆的方法	徐志仁	CN201710859395	CN107604726A
12	D21B	回收造纸污泥生产高强度牛皮纸的方法	杜汉民 等	CN201711054999	CN107630380A
13	D21B	一种制浆方法	杨建银	CN201610885666	CN106351046B
14	D21H	一种利用聚酯纤维高效造纸的方法	陈　庆 等	CN201710858253	CN107653734A
15	D21C	一种由造纸黑液提取分离木质素的装置及方法	贺黎明 等	CN201510561740	CN105088847B
16	D21F	一种机内涂布水转印纸底纸原纸的造纸方法	梁昌良 等	CN201610624412	CN106087523B
17	D21H	超声波高强度化机浆制浆方法	刘　洁 等	CN201610583000	CN106120417B
18	D21C	一种废纸回收再利用进行造纸的工艺	凌幼祥	CN201710849297	CN107724150A
19	D21F	造纸工业中木糖粉及木质素磺酸盐的提取系统	马　冠	CN201720983803	CN207062642U
20	D21H	一种采用硅酸钙与细小纤维复合填料的造纸方法	宋顺喜 等	CN201610228197	CN105839453B
21	D21B	一种环保制浆工艺	鲁洪飞 等	CN201611011703	CN106758446B
22	D21C	利用中性纤维素酶和中性木聚糖酶处理废纸浆的制浆方法	慈元钊 等	CN201711135552	CN107780277A
23	D21H	制造纸和纸板的方法	G·福彻 等	CN201780001938	CN107849815A

续表

序号	分类号	专利名称	发明人	申请号	公开(公告)号
24	D21H	制造纸产品的组合物和方法	斯科特·罗森可瑞斯 等	CN201280063451	CN104169495B
25	D21C	一种办公废纸分级制浆生产系统	杨文恒 等	CN201721207802	CN207159679U
26	D21C	一种油棕榈 EFB 作为造纸原料的湿法堆存方法	边 静	CN201610423698	CN106087502B
27	D21D	一种提高纸张强度的方法、造纸浆料	王正平	CN201510452858	CN105088849B
28	D21C	禾本科类冷渍制浆与漂白工艺	刘长如	CN201610359200	CN106049148B
29	G01N	一种造纸系统离子积累指数的测定方法	朱勇强	CN201210562257	CN103884745B
30	D21H	一种用甘蔗渣为原料的造纸方法	霍振中	CN201711195163	CN107881836A
31	D21C	造纸级木浆改性制备黏胶纤维用溶解木浆的方法	陈忠国 等	CN201611093675	CN106702799B
32	C08H	一种磁性乳状液膜分离提取造纸黑液中木质素的方法	林兆云 等	CN201711331428	CN107903403A
33	D21C	一种造纸制浆药液及使用该药液的制浆工艺	孔凡宾	CN201610100569	CN105735022B
34	D21C	木质素脱除制浆剂和植物纤维木质素脱除制浆方法	刘 洁	CN201711054381	CN107938411A
35	D21C	混合制浆造纸工艺	牛铭龙 等	CN201610609642	CN106223094B
36	D21F	盐碱地栽植的白柳造纸的方法	王 胜	CN201711119752	CN107964822A
37	D21H	一种纤维增韧造纸纸浆及其制备方法	刘汉章	CN201711203932	CN108004833A
38	D21F	一种造纸中的浆水循环利用工艺	柳秋吉	CN201610540097	CN106192531B
39	D21D	一种造纸原浆打浆的方法	许亦南	CN201711216199	CN108035180A
40	D21B	一种环保清洁制浆工艺	孔凡功 等	CN201711290350	CN108049229A
41	D21C	一种减少制浆过程中胶黏物含量的控制方法及制浆系统	张成飞 等	CN201711396728	CN108060599A
42	D21F	酒曲发酵竹子的造纸工艺	袁建波 等	CN201711481460	CN108060603A
43	G05D	一种绿色造纸用胶水黏度控制系统	许勇毅 等	CN201610978813	CN108062130A
44	D21J	一种造纸工艺	韩增明	CN201611023965	CN108071051A
45	D21C	阔叶类清洁制浆工艺	刘长如	CN201610359199	CN106012633B
46	D21F	一种造纸制浆工艺	周 燕	CN201710247268	CN107044065B
47	D21H	一种用甘蔗渣造纸的方法及其制成的餐盒	黄海峰	CN201711113056	CN108118554A
48	D21D	一种可赋予涂布白纸板高耐折度的综合制浆技术	李金华	CN201711278621	CN108130783A
49	D21C	一种常压低温清洁制浆工艺	王守娟 等	CN201711398810	CN108130777A
50	D21C	一种提高废纸浆料强度的制浆工艺	李文俊	CN201711489751	CN108130778A
51	D21H	应用造纸助剂制备防油食品包装纸的方法	上官金辉	CN201611110410	CN108149510A
52	D21H	一种用于验证造纸表面施胶剂施胶效果的方法	田芝霞 等	CN201710345759	CN107012730B
53	D21C	玉米秸秆和麦草混合原料的半化学浆清洁制浆工艺	孔凡功 等	CN201711398841	CN108149504A
54	D21H	一种造纸废水二沉污泥回收药剂及瓦楞原纸制备方法	汤洪斌 等	CN201810120914	CN108166309A
55	D21C	一种造纸涂布过滤器冲洗水回收利用系统及其方法	刘名中 等	CN201711313533	CN108166299A
56	D21B	一种生物超声波高强度机械浆的制浆方法	刘 洁 等	CN201611080241	CN106400562B
57	D21C	一种提高 P-RC APMP 法制浆漂白滤液利用率的方法	曹衍军 等	CN201610563691	CN106192502B

续表

序号	分类号	专利名称	发明人	申请号	公开(公告)号
58	G01N	一种碱法制浆黑液中α-蒎烯含量的检测方法	罗小林 等	CN201810111756	CN108195970A
59	D21H	一种抑菌抗黄变造纸纸浆	朱子涵	CN201810106063	CN108193548A
60	C01B	一种使用造纸黑液木质素制备活性炭的方法	向中华 等	CN201610697874	CN106167263B
61	D21C	一种降低造纸黑液酸沉木素的酸用量的方法	闵斗勇 等	CN201810009669	CN108221441A
62	D21C	一种竹材制浆置换蒸煮方法	杨朝林 等	CN201710262775	CN106996050B
63	D21F	一种造纸工业中利用重力回收浆料的处理工艺	李银干 等	CN201611129968	CN108221447A
64	D21C	一种环保食品级本色竹浆的制浆系统	杨朝林 等	CN201710347789	CN106939526B
65	D21H	再生造纸涂布涂层数码热转印纸及制备方法	陈裕逢	CN201810017075	CN108252156A
66	D21C	植物秸秆微生物降解制浆的方法	张忠红 等	CN201810088460	CN108277673A
67	D21B	一种磨浆机及利用该磨浆机生产拷贝纸的造纸工艺	林家发 等	CN201810032523	CN108277669A
68	C02F	一种采用包裹技术回用造纸污泥生产箱板纸的生产工艺	舒君明 等	CN201810022882	CN108275857A
69	D21B	在使用废纸造纸的磨浆过程中降低长纤维折断率的方法	杜汉民 等	CN201711497454	CN108301246A
70	G01N	一种碱法制浆过程小放气冷凝液中α-蒎烯含量的检测方法	罗小林 等	CN201810114064	CN108318598A
71	D21H	一种单面蓝色工程纸的造纸工艺	汤志久 等	CN201611098121	CN106676942B
72	C02F	用于优化化学制浆工艺中的材料回收的方法	J·阿尔格伦 等	CN201680063835	CN108349761A
73	D21H	造纸方法及改性纸浆的方法	刘洁一	CN201810378132	CN108342924A
74	C12N	竹子微生物制浆生成有机益生菌液的方法及应用	张忠红 等	CN201810088459	CN108359618A
75	D21H	一种纯草型宣纸、纯草型宣纸浆料及其制浆工艺	胡翠霞	CN201810314714	CN108360295A
76	D21B	一种酶解法制造纸浆的工艺	陈淑华 等	CN201610738887	CN106400560B
77	D21C	一种速生柳制浆工艺	程　谦 等	CN201510649598	CN105386351B
78	D21H	利用玉米苞皮一锅法制造纸浆的方法	刘延湘 等	CN201610495117	CN106120432B
79	D21B	一种废纸再利用低油墨制浆方法	曹堪洲 等	CN201710454869	CN107119480B
80	D21C	农作物秸秆生物制浆方法及造纸浆料	陈丽春	CN201810338110	CN108442162A
81	D21C	一种思茅松二乙醇胺蒸煮制浆方法	何　洁 等	CN201610830433	CN106400565B
82	C08J	用于制造纸或纸板、纸板托盘的方法以及用于其中的用可发泡聚合物涂覆的纸浆颗粒	J. 拉萨宁 等	CN201780007148	CN108473712A
83	B02C	玉米秆预处理设备和从玉米秆制造纸浆的方法	朴玄洙 等	CN201680067809	CN108472660A
84	D21F	一种新型造纸方法	艾恩贵	CN201710298548	CN107034712B
85	D21H	一种造纸用微纳米纤维色浆及其制备方法与应用	徐　峻 等	CN201810198654	CN108517712A
86	D21C	一种构树皮传统制浆方法利用特效复合生物酶制剂生产的新工艺方法	杨民玉	CN201810297324	CN108532342A
87	D21B	一种用酒糟纤维纸浆造纸的方法	高　云	CN201710116815	CN108532337A
88	B02C	造纸制浆尾渣纤维回收方法	李文斌	CN201610763385	CN106269192B
89	C25B	基于木材陶瓷电极的造纸黑液粗木质素的提取方法及装置	孙德林 等	CN201710003728	CN106676572B
90	D21B	一种甘蔗渣造纸的方法	曾凡荣	CN201611133722	CN108611893A

续表

序号	分类号	专利名称	发明人	申请号	公开(公告)号
91	D21C	采用木、竹原料制成的造纸用浆料	不公告发明人	CN201810453528	CN108611896A
92	B01F	一种自动制浆工艺	卢　懿	CN201810428134	CN108607461A
93	D21H	一种用秸秆造纸的方法及其制成的可全降解产品	黄海峰	CN201810299428	CN108642954A
94	D21H	一种兼具强度和柔软度的生活用纸制浆工艺	李文俊	CN201810389570	CN108677592A
95	C01B	一种造纸黑液粗提取物——木质素磺酸盐制备活性炭的方法	夏洪应 等	CN201610700903	CN106241805B
96	D21H	一种纸尿裤边角料吸收层纤维回用造纸的方法	孟卿君 等	CN201610556118	CN106192544B
97	D21B	一种沙柳物理制浆方法	相小明 等	CN201810694520	CN108755211A
98	D21H	一种造纸用的防潮涂料、防潮纸板及其制备方法	叶春洁 等	CN201810534146	CN108755268A
99	D21D	一种由植物残渣制备造纸原浆或名片原纸的方法	司传领 等	CN201810586148	CN108797180A
100	D21H	一种提高纸张耐久防水性能的造纸工艺	袁春明	CN201810691463	CN108797195A
101	B09B	一种有机废弃物制浆再利用的工艺	游成海 等	CN201810653931	CN108787710A
102	D21C	一种机器制造纸张的方法	袁　东	CN201810691471	CN108797178A
103	D21H	一种造纸低碱耗制浆方法	刘文强	CN201810759751	CN108824066A
104	C12P	一种制浆预水解液酶法制备低聚木糖溶液的方法	孙润仓 等	CN201810758564	CN108823263A
105	D21B	一种新鲜棕榈空果串制浆备料的方法及所用设备	邓拥军 等	CN201810723954	CN108824048A
106	C13K	一种制浆预水解液水热酸解制备低聚木糖溶液的方法	孙润仓 等	CN201810757853	CN108842008A
107	G01N	造纸黑液木质素含量的检测方法	施晓旦 等	CN201710954375	CN108872119A
108	G01N	一种造纸预蒸煮液木质素含量的检测方法	施晓旦 等	CN201710952787	CN108872118A
109	C08H	一种从碱法制浆黑液中提取木素的方法	施晓旦 等	CN201710952654	CN108864440A
110	B01F	一种超轻细料连续制浆设备及制浆方法	王争刚 等	CN201810705422	CN108854641A
111	D21C	高得率针叶木溶解浆的制浆方法及其制备的溶解浆	刘秋娟 等	CN201810388227	CN108867130A
112	D21C	用于制浆造纸的木、竹原料节能环保置换蒸煮工艺	不公告发明人	CN201810781318	CN108867131A
113	D21H	一种造纸纳米微涂工艺及纳米涂层胶版印刷纸	刘春景 等	CN201810897825	CN108914687A
114	D21C	一种针对以非木材原料的化学生物制浆方法	王　蕾 等	CN201610637103	CN106283788B
115	D21B	一种保质保产量降低造纸业三聚氰胺浸渍液醛含量的方法	刘维民	CN201810752842	CN108914663A
116	D21B	一种造纸方法	吴江玲	CN201810904204	CN108930181A
117	D21C	一种从硫酸盐法制浆碱蒸煮液中提取、分离木质素的方法	施晓旦 等	CN201710353084	CN108951250A
118	D21C	一种从烧碱法制浆蒸煮液中提取分离木质素的方法	施晓旦 等	CN201710358549	CN108951252A
119	D21B	一种高效的造纸方法	吴江玲	CN201810904879	CN108978295A
120	D21B	一种采用三聚氰胺改性低醛脲醛树脂连续稳定造纸的方法	刘维民	CN201810752857	CN108978297A
121	D21H	一种废纸制浆优化制造纱管纸	卢福全 等	CN201820737160	CN208219294U
122	D21F	一种新型拷贝纸制浆方法	杨建辉 等	CN201810761583	CN108978319A
123	D21D	造纸方法	陈旭东	CN201810937087	CN108978312A
124	C07H	一种蒸汽爆破麦草提取木糖、木质素及制造纸浆的方法	雷　林 等	CN201810809974	CN108997445A

续表

序号	分类号	专利名称	发明人	申请号	公开(公告)号
125	D21H	秸秆造纸工艺	王　斌 等	CN201710450099	CN108999014A
126	D21C	一种协同处理提高氧碱制浆效果的方法	孙　兵 等	CN201810735609	CN109024032A
127	D21C	一种以高浓盐水作为蒸煮介质的制浆方法	陈夫山 等	CN201810872785	CN109024033A
128	D21C	一种用甘蔗渣造纸的方法及废液碱回收处理	韩佳琪 等	CN201810684071	CN109024042A
129	B27J	一种制浆造纸用竹子的切削方法	刘一山 等	CN201811168358	CN109015976A
130	D21C	废纸浆的改性制浆方法与改性浆料及造纸方法	慈元钊 等	CN201810888531	CN109024038A
131	D21H	用于制造纸、纸板或类似物的系统和方法	马蒂·希耶塔涅米 等	CN201780019204	CN109072557A
132	D21H	一种适用于碱性造纸工艺的抗菌剂的制备方法	陈自力 等	CN201810799539	CN109056412A
133	D21H	一种利用桉树皮生产造纸纸浆的方法以及纸浆	梁理鼎	CN201811036112	CN109082929A
		制浆造纸装备			
1	C02F	一种用于处理造纸废水的紫外线设备	邓颖忠 等	CN201720425863	CN206828140U
2	C02F	用于造纸废水处理的陶瓷膜系统	高明河 等	CN201720584459	CN206828295U
3	C02F	一种用于造纸中段废水的组合反应器	邓颖忠 等	CN201720426969	CN206828252U
4	D21F	一种用于造纸的防黏纸脱水装置	卢文斌	CN201720772199	CN206828875U
5	D21C	用于提高原材料中的固体含量的方法和设备、控制装置、用于加工原材料的设施和造纸厂	于尔根·米尔克 等	CN201680024697	CN107532380A
6	C02F	一种造纸污泥减量化与资源化处理装置	相玉琳 等	CN201720601903	CN206828338U
7	B01D	一种用于处理造纸中段废气的生化组合反应器	邓颖忠 等	CN201720426971	CN206823533U
8	D21D	造纸机的筛鼓	金文平 等	CN201720618331	CN206828873U
9	C02F	一种造纸厂废水处理的过滤装置	陈文友	CN201610498275	CN107540121A
10	C02F	一种用于造纸废水处理的过滤器	陈文友	CN201610495379	CN107540120A
11	D21F	一种造纸网部接水盘回水扰流消泡装置	杜国良 等	CN201720550017	CN206843851U
12	C02F	一种环保造纸废水回收处理装置	杨朝林	CN201720447939	CN206843230U
13	B01D	一种造纸机用除尘装置	刘亚莉 等	CN201710640718	CN107537231A
14	D21F	一种造纸机械设备用弹性压榨管辊	朱雪梅 等	CN201720602120	CN206843852U
15	D21F	一种滑动检测造纸机干网跑偏校正器	郑均平 等	CN201720674320	CN206858940U
16	D21F	一种造纸机的引纸机构	陈松文	CN201720749416	CN206858942U
17	D21F	一种造纸机干燥部烘缸柔性联接系统	张春华 等	CN201720675119	CN206858937U
18	D21F	在输送过程中控制造纸机网部上浆浓度均匀性的装置	张春华 等	CN201720668545	CN206858933U
19	D21F	一种造纸机网部毛毯清洗系统	张春华 等	CN201720667804	CN206858934U
20	C02F	一种造纸污泥干燥装置	熊国平	CN201720749778	CN206858406U
21	B01D	一种治理造纸涂布废气的装置	雷乐成 等	CN201720647491	CN206853391U
22	D21B	一种螺纹旋转磨料造纸快速碎浆机	王　琪	CN201710966332	CN107558280A
23	D21G	一种造纸机供水泵送系统	张春华 等	CN201720667802	CN206858945U
24	C02F	一种造纸污泥脱水装置	熊国平	CN201720750202	CN206858407U
25	B01D	带有金属纤维的造纸白水回收滤盘	武钟淇	CN201720520530	CN206853277U
26	D21F	一种新型造纸机	刘俊培	CN201610366462	CN106012641B

续表

序号	分类号	专利名称	发明人	申请号	公开(公告)号
27	C02F	一种新型处理造纸废水的光催化氧化设备	刘嘉骥 等	CN201720524025	CN206858208U
28	D03D	一种造纸干网用张力可调弹簧箱	刘林 等	CN201720769534	CN206858740U
29	D21F	一种滚动检测造纸机干网跑偏校正器	徐浩 等	CN201720674384	CN206858941U
30	D21F	一种使造纸机成形部流浆箱内浆水均匀分布的装置	张春华 等	CN201720667935	CN206858932U
31	D21F	一种造纸机热能及水循环利用系统	张春华 等	CN201720667971	CN206858939U
32	D21F	一种造纸烘缸节能降耗系统	水玉峰	CN201621467688	CN206873199U
33	C02F	一种用于造纸废水物化处理的装置	张培 等	CN201720617126	CN206872567U
34	D21F	一种造纸机的供浆机构	何时荣	CN201710992701	CN107574702A
35	B02C	具有除尘功能的造纸用废纸粉碎机	李泽世 等	CN201710868617	CN107570294A
36	D21C	一种造纸用立式连续蒸煮器	黄智海 等	CN201720199887	CN206873191U
37	D21B	一种造纸生产中废纸与纸筒的分离装置	黄志敏 等	CN201720184755	CN206873185U
38	D21B	造纸用碎浆机	卢文斌	CN201720829498	CN206873187U
39	D21F	一种无纤维性黑斑缺陷的造纸装置	李文斌	CN201720587049	CN206873200U
40	C02F	一种造纸厂污泥热解炭化装置	何秀琼	CN201710987854	CN107572744A
41	D21F	一种造纸机的压榨装置	徐锦荣	CN201720760685	CN206873194U
42	C02F	造纸用废水处理装置	卢文斌	CN201720794358	CN206872554U
43	D21G	一种造纸用的引绳装置	冯红卫	CN201720729928	CN206873203U
44	D21F	一种防起折缺陷的真空造纸装置	李文斌	CN201720587034	CN206873196U
45	C02F	一种用于造纸废水深度厌氧处理塔的进水止回装置	王涛 等	CN201720617128	CN206872630U
46	D21F	造纸设备调节阀结构装置	李　颂	CN201710745752	CN107587374A
47	D21B	废纸造纸用碎纸装置	何虹颖	CN201710879924	CN107587367A
48	D21B	一种生物制浆设备	府　健	CN201710895956	CN107587368A
49	D21F	一种造纸机的定量控制供浆系统	何时荣	CN201710994781	CN107587372A
50	G01N	一种基于双电化学传感器的硫酸盐法制浆过程纸浆卡伯值的在线检测方法与装置	胡会超 等	CN201710672423	CN107589158A
51	B30B	一种高效的造纸污泥压榨机	何秀琼	CN201710987848	CN107584795A
52	D21F	一种高效节能的造纸生产智能机器人	傅　恺	CN201710836908	CN107587375A
53	D21C	一种办公废纸分级制浆生产方法及生产系统	杨文恒 等	CN201710849303	CN107587369A
54	D21F	造纸机烘干部用潜热回收装置	李建林 等	CN201720830594	CN206887617U
55	D21F	基于切割的造纸机引纸装置	李建林 等	CN201720829366	CN206887615U
56	B01D	一种制浆排放装置	刘玉新	CN201720779150	CN206881493U
57	B27G	造纸用木材切割装置	何虹颖	CN201710884055	CN107584592A
58	D21F	一种造纸湿部压榨装置	姜兆宏	CN201720440288	CN206902470U
59	D21F	一种方便使用的造纸用脱水装置	何秀琼	CN201710971997	CN107604734A
60	G01N	一种基于流动分析的硫酸盐法制浆过程纸浆卡伯值的在线检测方法与装置	胡会超 等	CN201710672761	CN107607596A
61	C02F	一种防堵塞造纸废水用初级处理装置	何秀琼	CN201710987850	CN107601597A
62	D21F	一种造纸系统	胡齐放	CN201710877520	CN107604738A

续表

序号	分类号	专利名称	发明人	申请号	公开(公告)号
63	B02C	一种造纸用木材破碎装置	何秀琼	CN201710972581	CN107597295A
64	D21D	一种造纸用打浆机	何秀琼	CN201710972820	CN107604732A
65	D21F	一种吸湿透气造纸毛毯及其制备方法	王成虎 等	CN201711044792	CN107604737A
66	B01D	一种造纸喷淋用水过滤系统	李文斌	CN201720586306	CN206896972U
67	B02C	一种高效造纸粉碎机	何秀琼	CN201710973299	CN107597353A
68	D21H	造纸用施胶剂的制作装置	朱红兵	CN201720160006	CN206902475U
69	D21F	一种用于造纸工艺中烘干湿纸的靠缸式干网设备	李文斌	CN201720585755	CN206902472U
70	D21B	一种废纸造纸脱墨装置	李文斌	CN201720591916	CN206902465U
71	D21F	一种用于造纸工艺中的白水处理回用机构	何时荣	CN201710994795	CN107604735A
72	C02F	造纸废水处理用厌氧反应器	李建林 等	CN201720849436	CN206915846U
73	B08B	一种造纸用水过滤斜网清洗装置	李建林 等	CN201720857201	CN206911861U
74	C02F	造纸废水中细小组分回收利用设备	李建林 等	CN201720836388	CN206915791U
75	C02F	一种环保型造纸废水处理装置	胡 钰	CN201720687765	CN206915905U
76	B01F	一种快速混合的造纸用纸浆混合设备	何秀琼	CN201710972877	CN107617376A
77	C02F	一种造纸白水处理回收装置	李建林 等	CN201720828816	CN206915826U
78	D21H	鞭炮纸造纸机	邝井卫	CN201610413322	CN105970736B
79	D21F	一种可快速脱水的造纸用脱水装置	何秀琼	CN201710972847	CN107630383A
80	F16C	造纸机烘缸轴承座端盖	赵修欣 等	CN201720499666	CN206929225U
81	D21B	一种造纸用磨木机	何秀琼	CN201710972839	CN107630377A
82	D21F	一种造纸用的摇震装置	徐锦荣	CN201720752988	CN206928136U
83	D21D	造纸机筛鼓的法兰盘与导流筛棒的连接结构	金文平 等	CN201720621891	CN206928132U
84	D21B	一种具有清洗功能的造纸用碎浆机	何秀琼	CN201710972880	CN107630381A
85	D21B	一种制浆造纸机械设备	马安岭	CN201720301716	CN206928125U
86	D21F	一种环保造纸设备	马安岭	CN201720301711	CN206928139U
87	D21F	一种用于造纸的多功能新型构件	张联银 等	CN201720850417	CN206941303U
88	D21D	一种造纸机械制浆过滤装置	官益斌	CN201711103411	CN107641997A
89	D21B	一种化机浆预浸促进剂制浆系统	乔 艳 等	CN201720832503	CN206941294U
90	D21D	一种清洁造纸用打浆机	傅浚铖	CN201710980249	CN107641995A
91	G01N	一种造纸厂专用的微波纸张水分传感器	阳安源	CN201720588096	CN206945572U
92	D21B	一种制浆机	杨建银	CN201610885656	CN106498794B
93	B66F	一种用于造纸机的铜版纸升降运输装置	倪沈华	CN201711116656	CN107651608A
94	B01D	一种造纸废水过滤器	王 超	CN201711135091	CN107648907A
95	B01D	一种造纸厂废气脱硫装置	和晓刚	CN201510995011	CN105381701B
96	D21F	一种用于高分子环保型固定式造纸机	何 欣	CN201710979834	CN107653729A
97	F26B	一种用于造纸的快速烘干装置	何秀琼	CN201710972846	CN107655279A
98	B65D	一种造纸用浆料筒密封机构	杨朝林	CN201711035109	CN107651301A
99	D21G	一种造纸机在线脱水测量系统	陈 满 等	CN201710803874	CN107653732A
100	B02C	球磨机及制浆设备	刘智敏 等	CN201720802298	CN206951329U

续表

序号	分类号	专利名称	发明人	申请号	公开(公告)号
101	D21H	一种重质碳酸钙基造纸涂料及其制备方法	袁 超 等	CN201710916348	CN107653738A
102	D21D	一种纸塑铝复合包装制浆用离心式制浆机	董晨威	CN201711112693	CN107653728A
103	B08B	一种造纸用木材清洗装置	何秀琼	CN201710972840	CN107649424A
104	D21B	一种绿色环保型用于造纸碎浆机的投料装置	傅浚铖	CN201710979927	CN107653725A
105	B01F	一种造纸用纸浆搅拌装置	何秀琼	CN201710973455	CN107649018A
106	F23G	造纸厂垃圾焚烧装置	顾光成 等	CN201720812006	CN206973564U
107	D21F	一种造纸工艺中无缺浆造纸的设备	李文斌	CN201720591411	CN206970996U
108	D21F	一种造纸机烘干部用烘干罩	李建林 等	CN201720828085	CN206970992U
109	B01D	造纸废水过滤装置	杨 华 等	CN201720811649	CN206965317U
110	D21F	处理造纸机中白水的装置和方法	E · 恩奎斯特 等	CN201680030818	CN107667197A
111	B01D	一种用于造纸业的浆料除砂装置	简 伟	CN201720934161	CN206965323U
112	B01D	一种造纸厂用布袋除尘机的布袋	李文斌	CN201610769558	CN106139761B
113	D21F	一种造纸用自清理式斜筛	李建林 等	CN201720828086	CN206970989U
114	D21C	一种用于造纸的烘干系统	王雨田	CN201720729051	CN206986596U
115	B09B	造纸制浆的废渣的环保分类设备	舒永山	CN201720509829	CN206981399U
116	D21D	造纸纸浆除砂机	卢文斌	CN201720828980	CN206986599U
117	B01D	一种用于造纸设备的污水处理机	方泽波 等	CN201710975558	CN107670395A
118	D21F	一种造纸毛毯	孙成喜 等	CN201720250509	CN206986610U
119	F24F	一种造纸车间的通风系统	王雨田	CN201720728949	CN206989399U
120	D21B	造纸碎浆装置	吕培友	CN201720476452	CN206986594U
121	G05D	一种造纸车间的控温系统	王雨田	CN201720728956	CN206991138U
122	D21H	喷涂装置及造纸设备	黄锦华 等	CN201310584202	CN104652169B
123	D21F	一种用于造纸的过滤系统	王雨田	CN201720729053	CN206986606U
124	D21B	一种减少排渣量的造纸用破碎搅拌机	周 杰	CN201711020036	CN107675540A
125	B65H	一种造纸复卷机顶针装置	孙 武	CN201720827472	CN206985253U
126	D21F	一种模拟人工抄纸方法的造纸用抄纸设备	张必良	CN201611056077	CN106436433B
127	B01F	一种基于伯努利原理的造纸用成浆设备	陈永平	CN201720479758	CN206996461U
128	F04D	一种造纸用的风机	冯红卫	CN201720729929	CN207004862U
129	D21G	造纸用烘缸剥离剂喷药设备	黎桂华	CN201720479421	CN207003143U
130	D21F	具有自动排油增压阀的造纸机干网清洗装置	黎桂华	CN201720479410	CN207003141U
131	C02F	一种造纸废水处理循环再利用装置	苏耀军 等	CN201720909609	CN207002532U
132	D21D	一种造纸用的高效打浆机	章 明 等	CN201720800976	CN207003135U
133	D21B	一种提高纸浆质量的制浆机	鲍 涛 等	CN201720962923	CN207003129U
134	D01B	一种新型造纸用热磨机	张春福	CN201720652519	CN207016897U
135	B65H	一种造纸用设备	何华勇	CN201710530557	CN107697692A
136	D21F	一种造纸设备的浆料浓度调节装置	徐 强	CN201711024357	CN107700269A
137	B65H	一种应用于绿色造纸的复卷机展纸机构	朱子涵	CN201711016173	CN107697714A

续表

序号	分类号	专利名称	发明人	申请号	公开(公告)号
138	D21F	造纸设备及其织物嵌入机构	高长启 等	CN201720751793	CN207017073U
139	D21F	一种造纸机网用布基底织物连接接缝区域制备工艺	谢宗国 等	CN201610713820	CN106245404B
140	D21F	一种复合纤维聚酯多层造纸网结构	谢宗国 等	CN201610714115	CN106245403B
141	D21G	一种新型造纸设备	何华勇	CN201710509491	CN107700274A
142	B23D	用于造纸机的平衡双气囊刮刀机构	陈　伟 等	CN201720894615	CN207026643U
143	D21F	一种造纸机布浆器	周良范 等	CN201720870883	CN207031910U
144	D21F	造纸干燥装置及控制方法	刘红涛 等	CN201710807858	CN107724155A
145	D21F	一种快速造纸用烘缸	秦焕秋	CN201711101067	CN107724156A
146	D21B	一种造纸碎浆系统	周华祥	CN201711137123	CN107724148A
147	D21G	一种自主供量的造纸机械润滑装置	官益斌	CN201711104316	CN107724162A
148	H02K	一种造纸机内部的电机轴承	陈　沛	CN201610656762	CN107733149A
149	D21B	一种基于曲运导向的曲扰式碎浆的制浆设备	安延涛 等	CN201710936830	CN107724142A
150	B23D	一种造纸机匀浆辊开孔装置	李晓宁 等	CN201720698811	CN207026629U
151	D21B	造纸机滤布压干风干装置	秦焕秋	CN201711074522	CN107724141A
152	D21G	大型造纸机刮刀替换安放架	秦焕秋	CN201711063575	CN107724161A
153	D21D	一种造纸用自动化磨浆机	杨朝林	CN201711035106	CN107724152A
154	B22D	一种全自动封闭式半固态制浆机	陈永木 等	CN201720546069	CN207026448U
155	D21B	一种造纸用高效除杂型碎浆设备	曲汉国	CN201720881400	CN207047597U
156	B09B	一种造纸废渣回收装置	田战红	CN201610437060	CN106077028B
157	D21D	一种秸秆制浆设备	王焕海	CN201720938580	CN207047599U
158	D21F	一种造纸机的真空吸移辊冲洗系统	周华祥	CN201711138174	CN107740301A
159	D21B	一种造纸印刷的碎浆设备	博艳萍	CN201711264535	CN107740299A
160	B08B	一种造纸用的除尘装置	冯红卫	CN201720752945	CN207057243U
161	D21B	一种基于往复剪切扰流式碎浆的制浆设备	安延涛 等	CN201710928099	CN107747247A
162	F04D	一种造纸冲浆泵机	王贵敏 等	CN201721042476	CN207064260U
163	D21F	一种造纸机的网部系统	周华祥	CN201711137125	CN107747250A
164	D21F	用于涂覆造纸厂滚筒的方法及由此获得的滚筒	S·索伦蒂诺 等	CN201680034685	CN107750291A
165	D21B	一种再生造纸尾渣再生处理过程中的漂洗槽	冯愚斌	CN201610459797	CN106049144B
166	D21F	一种造纸烘干机冷凝水排放装置	王海军	CN201610700727	CN107761435A
167	D21F	一种节能造纸用烘缸设备	黄南生	CN201710997672	CN107761433A
168	D21F	造纸机的毛毯处理系统及造纸机	魏代龙 等	CN201610676752	CN107761429A
169	B65D	一种造纸用液体添加剂的存储装置	王正明	CN201711147908	CN107758066A
170	D21F	一种节能造纸烘缸	顾亚萍	CN201610809131	CN107780284A
171	B01F	一种洗涤制浆一体化槽	李迎堂 等	CN201720635778	CN207076390U
172	B65D	一种具有存储造纸用磷酸硅的存储设备	王正明	CN201711146980	CN107777095A
173	B27L	一种制浆造纸用自动卸料原木剥皮机	顾亚萍	CN201610809167	CN107775762A
174	D21D	一种造纸磨浆机磨盘	顾亚萍	CN201610809094	CN107780280A

续表

序号	分类号	专利名称	发明人	申请号	公开(公告)号
175	D21G	一种造纸设备用的刮刀装置	顾亚萍	CN201610809056	CN107780287A
176	D21D	一种造纸除渣系统	林启群	CN201720721428	CN207079417U
177	D21D	一种造纸用制浆系统	林启群	CN201720722208	CN207079419U
178	D21F	一种造纸机真空压榨辊	顾亚萍	CN201610809169	CN107780281A
179	D21B	一种基于翻转搅拌且往复扰流式碎浆的制浆装置	安延涛 等	CN201710968467	CN107780276A
180	D21F	一种造纸机高效导热烘缸	顾亚萍	CN201610809012	CN107780282A
181	D21F	一种新型造纸烘缸	顾亚萍	CN201610809095	CN107780283A
182	B65H	一种具有除尘功能的造纸机械复卷机	孔祥昌	CN201720624828	CN207078779U
183	D21B	一种造纸原料清洗装置	顾亚萍	CN201610809058	CN107780272A
184	F15B	一种高速造纸施胶机计量杆液压控制系统	张桂春	CN201610714400	CN107781240A
185	C02F	一种用于造纸加工的水循环利用装置	李汝和	CN201720743688	CN207091198U
186	D21D	一种易维护的造纸用纸浆筛网	朱立立	CN201720530233	CN207091818U
187	D21D	一种造纸过滤网	不公告发明人	CN201720715067	CN207091820U
188	B27L	一种改进的制浆造纸用自动卸料原木剥皮机	顾亚萍	CN201610809135	CN107791352A
189	D21B	一种造纸制浆用纸浆快速磨碎装置	不公告发明人	CN201611101523	CN106436409B
190	D21F	一种造纸白水回收的节能输送装置	邓发枝	CN201720881379	CN207091823U
191	D21F	一种应用于造纸的过滤网更换结构	朱立立	CN201720530220	CN207091824U
192	D21B	一种用于造纸厂的纸浆分散设备	刘奇美	CN201721014722	CN207109434U
193	D21F	一种造纸机真空接纸装置	李文斌	CN201720587043	CN207109443U
194	B01D	一种改进型造纸废水中纸浆纤维过滤回收装置	余明兴	CN201721102626	CN207102015U
195	D21F	一种造纸机用网笼	张银河	CN201720775350	CN207109440U
196	D21D	一种能够均匀打浆的造纸用打浆装置	何秀琼	CN201710972623	CN107805966A
197	D21F	一种造纸机	秦启文 等	CN201721047547	CN207109449U
198	D21F	一种用于造纸加工的快速成型装置	郭敏强	CN201720742610	CN207109451U
199	D21F	一种造纸设备	秦启文 等	CN201721046512	CN207109445U
200	D21F	一种造纸用烘干扁丝干网	缪东海 等	CN201721051674	CN207109438U
201	C02F	一种用于造纸加工的废水处理装置	成洪康	CN201720742621	CN207108720U
202	D21D	一种打浆均匀的造纸打浆机	蔺云宽	CN201720987380	CN207121749U
203	B25J	一种造纸用抄纸槽安全型夹取装置	秦　甲	CN201720980396	CN207120226U
204	D21F	一种易于清洗的造纸网	袁先进	CN201720987323	CN207121753U
205	D21F	一种造纸机用干燥部尾气回收系统	胡韩忠 等	CN201711287346	CN107815914A
206	D21C	一种连续式制浆装置	霍振中	CN201711152580	CN107815912A
207	B65H	一种换卷方便的造纸机用卷纸装置	胡韩忠 等	CN201711287330	CN107826823A
208	B01F	一种扬声器鼓纸制浆搅拌装置	刘升兰	CN201711305982	CN107824095A
209	B26F	造纸胶辊真空盲孔打孔机	娄建明	CN201711318725	CN107825515A
210	G05B	使用用于造纸机或其它系统的模型参数数据群集的模型工厂失配检测	卢秋岗 等	CN201710832698	CN107831736A
211	D21F	一种造纸机网毯及用于生产该造纸机网毯的工艺	谢宗国 等	CN201610713835	CN106283818B

续表

序号	分类号	专利名称	发明人	申请号	公开(公告)号
212	D21B	造纸机损纸处理池	诸建华 等	CN201410769837	CN105755882B
213	D21F	具有管式夹套结构的造纸机烘缸	张卫民	CN201610726267	CN106223100B
214	D21D	一种打浆充分的造纸用打浆机	胡韩忠 等	CN201711286373	CN107858850A
215	B01D	一种用于造纸浆液的过滤装置	何　斌	CN201721057330	CN207153269U
216	H02K	一种造纸烘干电机的水冷装置	张　健 等	CN201721741897	CN207166311U
217	D21F	一种机械制浆的综合余热利用系统	李延平 等	CN201721242195	CN207159699U
218	F26B	一种用于生活卫生用纸原纸制造的造纸机烘干装置	刘枝强 等	CN201721133351	CN207163163U
219	D21F	一种高速生活用纸专用成形网及造纸设备	陆　平 等	CN201720599572	CN207159689U
220	D21F	一种吸水造纸毛毯及其制备方法	王成虎 等	CN201711044822	CN107858853A
221	B65H	一种用于生活卫生用纸原纸制造的高效造纸机	刘枝强 等	CN201721133331	CN207158444U
222	D21F	一种造纸设备的烘干装置	何　斌	CN201721057295	CN207159696U
223	D21H	一种造纸用凝固剂支撑设备	王正明	CN201711146954	CN107858859A
224	D21B	一种造纸用纸浆原料粉碎装置	秦　甲	CN201720980048	CN207159674U
225	B01F	一种造纸用浆池搅拌器	何　斌	CN201721057316	CN207153504U
226	D21H	小型牛皮箱纸板造纸机	李文斌	CN201721037177	CN207176397U
227	B65H	一种造纸机卷纸部卷纸冷缸自动引纸系统	张春华 等	CN201711308380	CN107867583A
228	D21F	一种斜网造纸设备	葛曹杰 等	CN201721182778	CN207176382U
229	D21F	一种烘干效率高的造纸烘干设备	李世豪	CN201720762871	CN207176391U
230	D21B	一种环保的秸秆造纸设备	张　帆	CN201710787604	CN107869085A
231	D21G	一种造纸白水槽浮絮清除装置	邓长保	CN201721071285	CN207176394U
232	A01F	一种新型秸秆造纸设备	张　帆	CN201710787603	CN107864756A
233	D21F	一种造纸真空压榨装置	过建文	CN201721071141	CN207176387U
234	D21B	一种秸秆回收造纸再利用设备	韦健敏	CN201710786731	CN107869082A
235	D21D	一种造纸业用复合式压力筛	田海滨	CN201510137364	CN105696400B
236	D21H	一种造纸上色机	黄天荣	CN201721126800	CN207193677U
237	D21F	一种不易粘浆的造纸机压榨部毛毡安装棍	胡韩忠 等	CN201711286374	CN107881833A
238	H04R	一种扬声器鼓纸制浆装置	刘长青	CN201720857645	CN207200983U
239	D21F	一种用于造纸的压榨装置	李泽世 等	CN201711073019	CN107881832A
240	B01D	一种可连续作业造纸用压滤机	缪东海 等	CN201721051555	CN207187222U
241	B01F	一种用于秸秆造纸的调浓罐	施建清	CN201610874866	CN107875875A
242	B65D	一种造纸原料添加剂的存放装置	龙波涛 等	CN201721082634	CN207191773U
243	B01F	一种用于秸秆造纸的调浓装置	施建清	CN201610874816	CN107875947A
244	B01F	一种秸秆造纸浆料的稀释装置	周永君	CN201610878103	CN107875884A
245	D21B	一种滚动式造纸打浆机	张一帆	CN201711308791	CN107881826A
246	D21F	一种造纸用烘干装置	毛俊军 等	CN201721068663	CN207193671U
247	B01F	一种秸秆造纸用的调浓罐	周永君	CN201610878104	CN107875919A
248	D21F	造纸烘干用干网圈路	毛俊军 等	CN201721068472	CN207193670U
249	B65G	一种用于秸秆造纸的稀释装置	周永君	CN201610878101	CN107879034A

续表

序号	分类号	专利名称	发明人	申请号	公开(公告)号
250	D21F	一种造纸成形网	黄天荣	CN201721118561	CN207193661U
251	C02F	一种造纸用挤压过滤的压滤机	缪东海 等	CN201721051615	CN207192950U
252	D21F	一种用于造纸的加压热辊	施建清	CN201610874735	CN107881834A
253	B65G	一种秸秆造纸中可稀释浆料的输送装置	施建清	CN201610874088	CN107879032A
254	B62B	一种造纸用环保手推车	余学润	CN201720771471	CN207191128U
255	B01F	一种秸秆造纸用的搅拌装置	施建清	CN201610874818	CN107875918A
256	D21G	一种造纸设备用的加压热辊	周永君	CN201610878168	CN107881835A
257	D04H	一种生产针刺造纸毛毯用毛网自动平衡装置	谢宗国 等	CN201711108646	CN107893286A
258	B65H	一种造纸机械的复卷机除尘装置	刘阿宝 等	CN201721263387	CN207209503U
259	D21G	一种造纸压光机	王永富	CN201721178353	CN207210840U
260	D21F	一种易清洗的造纸机网部	王永富	CN201721166359	CN207210838U
261	D21F	一种造纸机压榨部换辊机构	王永富	CN201721166244	CN207210833U
262	B65H	一种效率高的造纸机卷取装置	王永富	CN201721163957	CN207209524U
263	B21D	一种造纸用原料打浆机	王　君	CN201720723853	CN207204902U
264	D21F	一种造纸机的真空托辊	宋树省 等	CN201721263441	CN207210834U
265	D21H	一种均匀施胶的造纸机施胶装置	王永富	CN201721215194	CN207210845U
266	D21F	一种脱水效果好的造纸机干燥部用烘缸	王永富	CN201721169851	CN207210835U
267	B65H	一种不会损害纸的造纸机卷取装置	王永富	CN201721164827	CN207209502U
268	D21H	一种造纸用复合填料的制备方法	黄天荣	CN201610850871	CN106400582B
269	B65H	造纸机传动控制系统	黎桂华	CN201720901892	CN207209526U
270	D21D	一种造纸机械浆的处理装置	刘阿宝 等	CN201721273679	CN207210825U
271	D21F	一种长网造纸机的新型摇振装置	赵建华 等	CN201721012909	CN207210830U
272	D21F	一种造纸机械网部自动张紧装置	宋树省 等	CN201721273678	CN207210837U
273	B26D	一种造纸分切机的废纸收集装置	张　健 等	CN201721742321	CN207206568U
274	D21F	具有喷淋功能的造纸机喷浆上网成型装置	黎桂华	CN201720901936	CN207210828U
275	D21F	一种圆网造纸机的柔性饰面装置及圆网造纸机	韩　勇 等	CN201721248899	CN207210839U
276	D21D	一种造纸用新型分级筛	刘开营 等	CN201721273588	CN207210826U
277	D21F	一种纸料分布均匀的造纸机流浆箱	王永富	CN201721167550	CN207210827U
278	D21H	一种纸塑制品的中央制浆生产线	关泽股	CN201720536759	CN207210844U
279	D21G	一种造纸压光机的热辊	王永富	CN201721178106	CN207210841U
280	D21F	一种节能的造纸机干燥部	王永富	CN201721170764	CN207210836U
281	D21D	一种造纸用磨浆机	邹　勇 等	CN201721273648	CN207210824U
282	D21H	造纸用湿部施胶装置	毛俊军 等	CN201721077665	CN207227860U
283	C02F	一种具有空气辅助搅拌的造纸用污水絮凝搅拌设备	梁志雄	CN201720971611	CN207227090U
284	D21F	一种高压造纸针形喷嘴	罗继川 等	CN201720659574	CN207227854U
285	B01F	一种造纸用的纸浆混合装置	梁明长	CN201711184514	CN107899465A
286	D21B	一种造纸碎浆机	何　斌	CN201721058594	CN207227851U
287	D21F	一种造纸用纸张烘干装置	何　斌	CN201721058050	CN207227857U

续表

序号	分类号	专利名称	发明人	申请号	公开(公告)号
288	F02B	一种造纸废渣连续进料装置	潘丽娥	CN201610187663	CN105804867B
289	D21B	一种新型造纸用磨木机	何　斌	CN201721058156	CN207227849U
290	D21G	一种具有支撑造纸用辅助剂放置的悬挂型件	王正明	CN201711147018	CN107905022A
291	D21F	造纸用靴压辊	李文斌	CN201720591054	CN207227856U
292	D21F	一种造纸自清洁脱水装置	吕本升	CN201721140785	CN207244335U
293	D21F	造纸机用的自动断纸系统	杨　杰	CN201720548925	CN207244340U
294	C02F	造纸污泥回用酶的辅助搅拌设备	庄　冉 等	CN201711214046	CN107915385A
295	D21F	一种造纸机压榨辊卸辊装置	朱和峰	CN201720971970	CN207244336U
296	D21D	一种具有纸浆混匀功能的造纸用抄纸设备	童险峰	CN201720900300	CN207244331U
297	D21F	造纸机器	M·S·亨特 等	CN201711289551	CN107916593A
298	D21F	一种造纸成形网张紧装置	唐奇中	CN201720971977	CN207244333U
299	D21F	一种双层造纸网	王新勇	CN201720971979	CN207244334U
300	D21D	一种基于磨浆与漂白于一体化的造纸厂用造纸设备	童险峰	CN201720830135	CN207244330U
301	D21H	造纸用网部涂喷施胶装置	毛俊军 等	CN201721077713	CN207259865U
302	D21F	一种高速夹网纸机用造纸成形网和造纸设备	陆　平 等	CN201720518577	CN207259861U
303	D21F	一种造纸生产设备	何　斌	CN201721057343	CN207259862U
304	D21D	一种磨浆机的造纸组合磨片	彭志成 等	CN201721175844	CN207259857U
305	C02F	一种造纸污泥烘干设备	何　斌	CN201721071447	CN207259361U
306	D21D	一种多涡流差速旋转打浆式造纸打浆装置	姚惠琴	CN201710315482	CN107012710B
307	D21D	一种用于造纸设备的水循环利用装置	博艳萍	CN201711264744	CN107938415A
308	D21D	一种便于使用的造纸印刷打浆机	张斐斐	CN201711276862	CN107938416A
309	B01F	一种用于造纸可除渣的碎浆搅拌设备	博艳萍	CN201711264532	CN107952378A
310	D21F	干燥网、装配有干燥网的造纸机的干燥部分及干燥网在该干燥部分中的应用	弗朗西斯科·卡斯孔	CN201610570693	CN106368044B
311	D21F	一种造纸机械湿纸输送的毛毯自动清洗装置	蔡旭敏	CN201711136536	CN107964820A
312	B01F	一种磁片生产用制浆混料装置	徐　雷 等	CN201721067152	CN207271188U
313	D21F	一种单缸双网造纸机的脱水装置	叶欣东	CN201721346036	CN207277080U
314	F26B	一种单缸双网造纸机的烘干装置	叶欣东	CN201721352417	CN207280131U
315	D21F	一种高效节能单缸双网造纸机	叶欣东	CN201721344421	CN207277083U
316	D21F	一种单缸双网造纸机的引纸辊	叶欣东	CN201721344390	CN207277082U
317	C02F	一种造纸废水处理装置	刘阿宝 等	CN201721263389	CN207276387U
318	B01F	一种造纸打浆机	宋夫建 等	CN201721263333	CN207271156U
319	D21H	一种造纸用施胶机的上料槽结构	郭剑斌 等	CN201720980367	CN207277087U
320	B26D	一种造纸用齐边设备	曹鹏飞 等	CN201711166103	CN107962602A
321	D21F	一种环保节能单缸双网造纸机	叶欣东	CN201721344493	CN207277084U
322	E03F	一种造纸废水回收槽	梁浩华	CN201720999017	CN207295959U
323	D21F	一种造纸机用脱水刮板	李文斌	CN201721242316	CN207295334U
324	B26D	一种造纸机用切纸刀片	张银河	CN201720774737	CN207290266U

续表

序号	分类号	专利名称	发明人	申请号	公开(公告)号
325	D21F	一种造纸设备余热回收装置	谭拥军	CN201721407601	CN207295337U
326	B08B	用于造纸废弃物中小薄膜清洗的拨轮装置	周 健	CN201720109306	CN207288201U
327	B28C	一种新型环保节能干混砂浆储料罐搅拌制浆装置	李国清 等	CN201721117223	CN207290539U
328	C02F	一种制浆脱墨污泥絮凝过滤装置	李文斌	CN201721146418	CN207294564U
329	B01D	一种应用于造纸废水处理的过滤装置	杨志益	CN201720737264	CN207286828U
330	D21F	一种低碳环保清洁造纸机	杨 杰	CN201721120798	CN207295338U
331	D21F	一种用于造纸机的压榨装置	郭文英	CN201711480078	CN107974858A
332	B26D	一种用于造纸的负压式切纸机	张斐斐	CN201711276052	CN107972082A
333	F16F	一种具有减震功能的造纸用烘干设备	梁明长	CN201711184512	CN107975559A
334	D21B	一种造纸原料粉碎制浆机	林惠添	CN201720398963	CN207295327U
335	D21C	一种造纸用均匀蒸煮设备	吕 刚	CN201611086461	CN106436418B
336	D21F	纸板生产工艺中的造纸毛布喷淋装置	王 冬 等	CN201720792740	CN207295333U
337	F26B	一种造纸用纸浆干燥滚筒	卢伟民	CN201721260184	CN207317418U
338	D21F	一种造纸机干网防抖动机构	杨朝林	CN201721411035	CN207314025U
339	D21B	一种造纸用碎浆机减震机构	杨朝林	CN201721430817	CN207314021U
340	D21F	一种手工造纸装置	成 功 等	CN201721030540	CN207314030U
341	D21F	一种清洗造纸毛毯胶黏物的方法	莫建新 等	CN201510992757	CN106917312B
342	D21C	一种造纸用纸浆蒸煮装置	卢伟民	CN201721259329	CN207314022U
343	D21G	一种造纸机的冷却水循环装置	卢伟民	CN201721234981	CN207314032U
344	D21F	造纸用真空箱弧形脱水元件	孙天玉	CN201721208307	CN207331351U
345	D21F	一种造纸生产线的烘干装置	高 佳	CN201710128160	CN106894276B
346	D21H	一种造纸水分和横向环压指数控制方法	徐琨霞 等	CN201710076459	CN106702817B
347	D21C	一种废纸造纸工艺	庄 冉 等	CN201711218427	CN108004821A
348	F25B	一种造纸机废热回收利用装置	杨 杰	CN201721120797	CN207335234U
349	B01D	一种造纸废水初沉池漂浮油墨的自动收集装置	王 虎	CN201721300691	CN207324182U
350	D21F	一种造纸设备的纸张烘干装置	蔡旭敏	CN201711135825	CN108004824A
351	C02F	造纸烘缸与锅炉水循环处理系统及处理方法	吴东翰 等	CN201810103198	CN108002603A
352	D21F	一种节能造纸烘干装置	周 杰	CN201610960679	CN108018733A
353	D21F	一种用于松厚型高清壁纸原纸的长网大缸造纸机	张肖飞	CN201721042432	CN207347827U
354	D21F	一种高效造纸除水压榨装置	周 杰	CN201610960665	CN108018732A
355	B26D	一种可调节切割宽度的造纸切割装置	周 杰	CN201610960677	CN108015832A
356	D21F	一种造纸密闭气罩保温板	王建平 等	CN201721419874	CN207347825U
357	D21B	一种造纸厂用水力碎浆机	叶欣东	CN201721345235	CN207347821U
358	D21F	一种用于生活卫生用纸原纸制造的造纸机传动系统	刘枝强 等	CN201721138814	CN207347826U
359	B01F	一种造纸用的污泥搅拌装置	何 斌	CN201721057386	CN207342626U
360	D21F	一种用于造纸的快速脱水装置	王书林 等	CN201610926915	CN108018731A
361	D21G	一种可调节造纸卷纸机	周 杰	CN201610960676	CN108018735A
362	D21F	一种用于纸张去水的造纸装置	贾 伟	CN201710159299	CN106868920B

续表

序号	分类号	专利名称	发明人	申请号	公开(公告)号
363	D21F	一种用于造纸的节能烘干装置	王书林 等	CN201610926978	CN108018734A
364	D21D	一种高效造纸纸浆过滤装置	周　杰	CN201610966215	CN108018730A
365	D21D	一种双层式造纸打浆机	沈伟军 等	CN201721144274	CN207362595U
366	G05D	具有多路定时排水器的造纸用冷干机	黎桂华	CN201720899351	CN207367067U
367	D21B	一种造纸连续碎浆机	吴云锋 等	CN201721141755	CN207362589U
368	D04H	一种造纸毛毯针刺机传动主轴连接方法	谢宗国 等	CN201711087444	CN108035078A
369	D21F	一种造纸机辊组间水汽消除装置	杨朝林	CN201721419463	CN207362598U
370	D21B	一种废纸再生造纸碎浆装置及方法	周玉平	CN201610373599	CN105926336B
371	D21F	一种造纸用脱水烘干一体设备	黄志谦	CN201720628587	CN207362600U
372	D03D	一种造纸毛毯针刺机用张力恒定控制方法	谢宗国 等	CN201711087206	CN108035054A
373	B07B	一种造纸设备用振动装置	赵国奎 等	CN201720804425	CN207357581U
374	D21F	一种造纸机的压榨辊	吴云锋 等	CN201721141752	CN207362597U
375	D21B	一种秸秆机械制浆机	贾楠楠 等	CN201720936029	CN207362588U
376	D21F	一种带冷却功能的造纸用烘干装置	陈建明 等	CN201721144301	CN207362599U
377	B01D	一种造纸厂用出风口除尘布袋	李有才	CN201721292207	CN207356761U
378	B08B	一种便于清洗的造纸用分级碎浆设备	不公告发明人	CN201711350248	CN108043796A
379	D21F	一种用于造纸设备的烘干设备	张斐斐	CN201810019529	CN108049232A
380	B07B	一种造纸生产用浆料回收振动筛	何佳俊	CN201710980256	CN108043702A
381	B01D	全自动清洗过滤网的造纸废水过滤器	顾光成	CN201710574841	CN107158778B
382	E02F	干式尾矿回采制浆站	包士雷 等	CN201810110302	CN108049440A
383	B21D	造纸网笼校正机	何崇安 等	CN201711172139	CN108043911A
384	B26D	一种造纸用自动切纸机	何佳俊	CN201710980693	CN108044690A
385	B03B	造纸废渣、废纸浆及废塑料分离系统	朱清淅	CN201721333904	CN207371707U
386	D21C	一种用于酶解法制造纸浆的制浆机	陈淑华 等	CN201610738531	CN106436413B
387	D21B	一种回收废纸的破碎制浆装置	李庭庄	CN201721141272	CN207376364U
388	C02F	沉降分离制浆设备及沉降分离制浆系统	柴建中 等	CN201810039042	CN108046398A
389	B66C	一种造纸废渣的抓取装置	周华祥	CN201721390003	CN207390827U
390	G01B	一种造纸盘磨机磨盘磨损检测装置及方法	刘庆立 等	CN201610317787	CN105841597B
391	D21F	一种可切除毛边的造纸设备	杨怡钰	CN201711341830	CN108060602A
392	F16N	一种造纸机械专用油初步加热装置	王志勇 等	CN201810097615	CN108061236A
393	D21F	造纸挤压辊及应用于该挤压辊上的硅胶毛毡缠带	周　明 等	CN201720748419	CN207391921U
394	B65H	一种甘蔗渣造纸用纸板卷收装置	黄海峰	CN201721467714	CN207390593U
395	D21H	一种造纸机的施胶装置	周华祥	CN201721395447	CN207391928U
396	B31B	一种甘蔗渣造纸用纸板占压装置	黄海峰	CN201721467694	CN207388396U
397	B65H	一种高效的造纸机分切装置	叶韶州	CN201721163835	CN207390629U
398	D21F	造纸机的供浆机构	何时荣	CN201721367716	CN207391918U
399	B65H	一种效率高的造纸机复卷装置	林惠添	CN201721169663	CN207390602U
400	D21G	一种改善纸性质的造纸机压光装置	叶韶州	CN201721167485	CN207391923U

续表

序号	分类号	专利名称	发明人	申请号	公开(公告)号
401	D21B	制浆装置、制浆系统、由其构成的纸浆生产设备及应用	谢 彪	CN201810060358	CN108060596A
402	B26D	一种造纸工厂用成品卷纸定长切割装置	张 佳	CN201721480369	CN207387764U
403	D21H	造纸中改进脱水效率、提高纸片湿纸幅强度、提高纸片湿强度和增强填料保持力的方法	赵玉林 等	CN201480031469	CN105378179B
404	B32B	一种任意无交织基网造纸毛毯热压成型方法	谢宗国 等	CN201711108635	CN108068431A
405	B07B	一种高效的造纸原料筛分压缩装置	孙建中 等	CN201610988006	CN108067418A
406	B01F	一种用于金属半固态制浆的永磁搅拌装置	曹海平 等	CN201610994969	CN108067148A
407	D21B	一种往复运动的多腔气流冲击且剪切碎浆的制浆设备	安延涛 等	CN201721364639	CN207405406U
408	B01F	一种用于涂料行业的连续混合制浆系统	吴隆文 等	CN201721447420	CN207401413U
409	D21F	一种适用于各种纸机的多层无交织造纸毛毯	谢宗国 等	CN201711087191	CN108086033A
410	D21F	一种高品质纸幅造纸系统	丁俞岚	CN201721168096	CN207419140U
411	D21F	一种多轴向经编任意无交织基网造纸毛毯制造方法	谢宗国 等	CN201711087209	CN108086038A
412	B01F	一种混料均匀的软磁铁氧体磁芯制浆装置	施家宏 等	CN201721415299	CN207413316U
413	D21D	一种用于造纸行业的除渣设备	梁明长	CN201611061288	CN108086032A
414	D21F	一种联机复合造纸系统	黄招凤	CN201721168121	CN207419141U
415	D21F	一种造纸机用高速辊	林双平	CN201721512965	CN207419142U
416	D21F	一种新型造纸装置	梁明长	CN201611061458	CN108086039A
417	D21F	一种造纸机架	殷 群	CN201721503998	CN207419146U
418	B08B	一种造纸设备用节能型除尘装置	梁明长	CN201611063524	CN108080386A
419	G05B	一种造纸机变频调速传动系统	李秀香 等	CN201721181421	CN207424634U
420	D21F	一种任意无交织基网造纸湿毯	谢宗国 等	CN201711087207	CN108086034A
421	D21F	一种分切准确的造纸机分切装置	周正东	CN201721164351	CN207419147U
422	D21G	一种具有纸帘上下摆动功能的造纸用抄纸设备	毛 渊	CN201810127021	CN108086040A
423	D21D	一种新型造纸用粗筛设备	任赞颂	CN201610366457	CN106012639B
424	B01F	一种造纸用纸浆搅拌分离设备	梁明长	CN201611063621	CN108079845A
425	A47L	一种造纸用多功能除尘装置	梁明长	CN201611063525	CN108078486A
426	D21F	一种经纬纱无交织造纸毛毯	谢宗国 等	CN201711087208	CN108086037A
427	B08B	一种造纸用复卷机的除尘装置	卢伟民	CN201721233615	CN207430865U
428	C02F	一种造纸废水絮凝物搅拌混合处理装置	陈夫山 等	CN201721084449	CN207435193U
429	F16H	一种造纸毛毯针刺机用高效张力行车传动装置	谢宗国 等	CN201711087443	CN108105357A
430	B03D	一种造纸废渣浮选机构	卢伟民	CN201721234384	CN207430532U
431	D21F	一种造纸用可保证均匀加热的烘缸	张 飞 等	CN201810154558	CN108103825A
432	D21B	一种具备废纸屑回收功能的制浆造纸机械设备	郭文英	CN201711440732	CN108103819A
433	D21F	造纸工艺的蒸汽烘干系统	金一澄	CN201721263141	CN207452567U
434	D21H	一种用于造纸机的二次施胶系统及其施胶工艺	秦 鸿 等	CN201711326543	CN108118559A
435	G01L	造纸机绳轮引纸压力检测及故障处理系统及方法	苏立波	CN201711114355	CN108120539A
436	D21C	一种便捷智能自动化的环保造纸机械	刘文元	CN201611077985	CN108118549A

续表

序号	分类号	专利名称	发明人	申请号	公开(公告)号
437	D21F	造纸机压榨部无线提升系统及方法	崔宝刚 等	CN201711100218	CN108118551A
438	D21F	一种基于双向辊压装置的造纸设备	成瑞奇 等	CN201720769981	CN207452569U
439	D21G	造纸机压辊防护装置	赵　鹏	CN201711089934	CN108118553A
440	G05D	一种环保型用于造纸清水池的液位报警系统	张景争 等	CN201611062389	CN108121371A
441	D21B	高效造纸滤水酶的浆料搅拌装置	庄　冉 等	CN201721615470	CN207452560U
442	D21F	一种造纸机械用易拆卸清洁的压辊	朱雪梅 等	CN201720601456	CN207452566U
443	D21F	造纸成形板	张　雍 等	CN201721262818	CN207452565U
444	D21F	蔗渣造纸生产线	牛铭龙 等	CN201711171871	CN108118552A
445	B02C	造纸厂绞绳预处理系统	朱清浙	CN201721333156	CN207446448U
446	D21B	一种新型耐磨造纸筛板结构	刘琼云	CN201721606284	CN207468965U
447	D21G	一种造纸机械专用油回收装置	王志勇 等	CN201810096780	CN108130790A
448	D21F	用于运行造纸机的方法以及造纸机	V. 达诺夫 等	CN201680057701	CN108138443A
449	D21C	一种造纸渣浆回收装置	刘琼云	CN201721606282	CN207468968U
450	G01N	一种电子纸带造纸质量在线检测系统	姜兆宏 等	CN201510709483	CN105203557B
451	D21F	一种造纸干网以及带 PPS 边的造纸干网	刘琼云	CN201721609819	CN207468976U
452	D21F	一种带过滤体的复合式造纸网	刘琼云	CN201721606281	CN207468975U
453	D21C	一种造纸制浆过程中防堵塞斜筛	冉启长	CN201721622648	CN207468969U
454	D21F	一种低能耗造纸设备	冉启长	CN201721622827	CN207468981U
455	D21C	一种棉短绒制浆装置	朱燕峰	CN201721362246	CN207468967U
456	B65G	具有筛选功能的造纸厂燃料输送装置	韦智生	CN201510779283	CN105292986B
457	D21F	一种双层耐磨造纸网	刘琼云	CN201721606270	CN207468974U
458	B26D	一种用于清洁造纸的卫生纸分切机	白红敏 等	CN201721526445	CN207465331U
459	D21G	一种新型造纸用压光机	刘爱珍	CN201721185388	CN207468982U
460	B65B	一种用于清洁造纸的翻转式二工位包装机	白红敏 等	CN201721526444	CN207467090U
461	D21D	一种用于清洁造纸的自清洗圆筒筛	白红敏 等	CN201721522256	CN207468971U
462	D21F	一种低能耗造纸机	冉启长	CN201721622828	CN207468980U
463	B01F	一种锂长石造纸涂料搅拌捣浆设备	周巧颖	CN201810109302	CN108126621A
464	D21B	一种造纸机械用原材料粉碎过滤装置	陈　江	CN201721164240	CN207468963U
465	B01F	一种改良的造纸分散机	史静荣 等	CN201721177823	CN207478388U
466	D21F	一种造纸用烘缸剥离剂的生产装置	黄房生 等	CN201721533167	CN207484173U
467	B01J	一种造纸用黏合剂的加热装置	帅亮明 等	CN201721241197	CN207478547U
468	B01J	一种造纸用黏合剂的生产装置	甘木林 等	CN201721166491	CN207478560U
469	B01F	一种造纸用黏合剂搅拌罐	甘木林 等	CN201721241142	CN207478377U
470	D21F	一种造纸原料泡化腐化废水循环利用装置	杨建贵	CN201721094335	CN207484169U
471	D21F	一种增强纸强度的造纸机干燥部	黄　平	CN201721215113	CN207484174U
472	D21D	一种用于造纸业的沉淀排沙装置	简　伟	CN201721146228	CN207484166U
473	D21H	一种适用于废纸造纸的高耐折度施胶技术	李金华	CN201711278615	CN108149515A
474	B02C	一种湿强废纸回收再利用化学机械制浆系统	甘木林 等	CN201721159803	CN207478717U

续表

序号	分类号	专利名称	发明人	申请号	公开(公告)号
475	D21D	一种造纸用打浆设备	曹　旭 等	CN201721164084	CN207484164U
476	B01D	一种防堵塞的造纸用过滤装置	陈炳祥	CN201810100004	CN108144348A
477	B31C	一种用于制造纸管的机械设备	吕贺仑	CN201721619112	CN207481326U
478	D21F	造纸设备的纸张烘干装置	蔡旭敏	CN201721530577	CN207484172U
479	D21D	一种连续造纸打浆机	张一帆	CN201711311384	CN108166300A
480	D21B	一种造纸原料固体废弃物综合治理装置	胡永明 等	CN201721248001	CN207498721U
481	D21F	一种新型造纸机胸辊摇振装置	钟伟琴	CN201721591927	CN207498727U
482	B01D	一种用于造纸印刷的空气净化装置	张斐斐	CN201810019106	CN108159821A
483	D21F	一种造纸滤网清洗装置	佟红霞 等	CN201721455932	CN207498728U
484	B31F	一种组合式造纸生产线使用的镀铬辊	夏春静	CN201721363583	CN207509869U
485	D21H	一种造纸冷冻水回收循环利用的自控系统	黎桂华	CN201720901894	CN207512503U
486	D21F	用于造纸设备的连接装置	尹丙生	CN201721012575	CN207512502U
487	G05B	一种造纸系统现场操作柜监控系统	王海军	CN201721651372	CN207516816U
488	B26D	一种具有纸屑收集功能的造纸用切纸机	于　浩	CN201710140468	CN106671180B
489	B31F	用于将化学涂料喷涂到造纸机的移动表面上的装置	K · 亚当松	CN201711181242	CN108177394A
490	D21F	造纸干燥装置的控制方法	刘红涛 等	CN201710807858	CN107724155B
491	D21B	一种印刷设备用造纸碎浆装置	陈雪峰	CN201721407323	CN207525554U
492	B01D	一种新型防堵塞的造纸用过滤装置	陈炳祥	CN201810101081	CN108187392A
493	D21B	一种曲柄滑块控制高效率造纸用碎浆装置	郑贝贝	CN201810222478	CN108193537A
494	B65G	具有筛选功能的造纸原料输送装置	韦智生	CN201510780803	CN105253522B
495	D21F	一种造纸机械用空套绳轮装置	夏新河	CN201810158036	CN108193544A
496	B01F	一种用于造纸的可调整型造纸助剂稀释装置	刘　丹 等	CN201810007964	CN108187515A
497	D21B	一种造纸机纸渣分级装置	陈章兴 等	CN201721694752	CN207537810U
498	D21F	具有吹气装置的造纸机压榨部	黎桂华	CN201720901895	CN207537811U
499	B23P	一种造纸烘缸的加工方法、造纸烘缸及造纸设备	张培栋 等	CN201810088461	CN108202212A
500	D21D	一种造纸用的除渣结构	谭逢林	CN201810038845	CN108203889A
501	D21G	一种绿色造纸用引纸水针装置	翟荣甫 等	CN201611187246	CN108203892A
502	D21B	一种生物酶制浆预处理装置	肖尚冬	CN201721650129	CN207537806U
503	C02F	一种脱水污泥制浆机	李美艳 等	CN201510809202	CN105384319B
504	D21F	一种用于造纸机的纸张质量检测装置	梁初营 等	CN201721612656	CN207552801U
505	B02C	一种造纸用木板粉碎设备	曹鹏飞 等	CN201711407562	CN108212364A
506	D21F	一种可作为过人站台面的造纸机挡纸板	康伟昌 等	CN201721612490	CN207552799U
507	D21B	一种造纸用快速碎浆机	赵克勇	CN201611194712	CN108221426A
508	B29C	一种造纸干网修边器	周长仔 等	CN201721678097	CN207549258U
509	B01D	一种造纸车间的除尘设备	王　超 等	CN201721466945	CN207546105U
510	D21F	一种造纸用晾干设备	刘琼云	CN201721608076	CN207552796U
511	D21D	一种造纸用高效打浆设备	李淑容	CN201721717047	CN207552789U
512	B01F	一种造纸车间用纸浆混合装置	王　超 等	CN201721466883	CN207546408U

续表

序号	分类号	专利名称	发明人	申请号	公开(公告)号
513	D21F	抄纸装置、小型造纸机和抄纸方法	太田竜一 等	CN201410208402	CN104179060B
514	D21B	一种造纸用高效打浆装置	赵克勇	CN201611194714	CN108221427A
515	D21H	一种新型造纸施胶剂的制备方法	王　晴	CN201810026162	CN108221474A
516	B01D	一种造纸分切除尘系统及造纸复卷分切除尘系统	王巨波 等	CN201721013388	CN207546038U
517	B01D	一种造纸车间的排气净化结构	王超 等	CN201721466943	CN207546193U
518	B01F	一种造纸用搅拌设备	刘琼云	CN201721608081	CN207546387U
519	D21F	一种造纸机的成品纸张检测装置	刘琼云	CN201721607379	CN207552798U
520	D21F	手工造纸装置	成功 等	CN201611132266	CN108221457A
521	D21F	一种用于造纸机的可调式烘干设备	王志闯 等	CN201721612556	CN207552797U
522	D21F	一种可提高造纸压部纸幅干度的接水盘	刘名中 等	CN201721729643	CN207552794U
523	D21H	一种聚合物改性造纸纸浆	王家浩	CN201810057330	CN108221471A
524	D21G	一种用于造纸机的气囊调节式刮刀夹	康伟昌 等	CN201721612576	CN207552803U
525	F26B	一种带蒸汽回收功能的可调式造纸烘干机	康伟昌 等	CN201721612557	CN207556184U
526	D21D	一种造纸用过滤设备	刘琼云	CN201721607378	CN207552792U
527	B27L	一种造纸用树皮去皮设备	曹鹏飞 等	CN201711375924	CN108214784A
528	D21C	一种造纸加工用快速脱水装置	赵克勇	CN201611194727	CN108221439A
529	D21F	一种用于造纸机的抽拉式气囊刮水夹	康伟昌 等	CN201721612577	CN207552800U
530	F26B	一种用于制造纸箱的烘干设备	张斐斐	CN201810018746	CN108224928A
531	B01F	一种具有往复分散功能的造纸成浆用分散设备	陈　鹏	CN201810034011	CN108211835A
532	D21D	一种造纸用过滤装置	陈炳祥	CN201810101082	CN108221446A
533	D21G	造纸机耐磨部件	张金钊 等	CN201721636699	CN207552804U
534	G01N	一种造纸用纸张质量智能检测装置	任赞颂 等	CN201721612649	CN207557132U
535	D21B	一种用于搅拌的造纸浆料处理装置	张斐斐	CN201810019526	CN108221429A
536	B08B	一种造纸用卷纸滚筒清理设备	曹鹏飞 等	CN201711374650	CN108212840A
537	B01F	造纸用固体助留剂分散溶解装置	刘志刚	CN201721387374	CN207546246U
538	D21C	一种造纸用高效蒸煮机	王　超 等	CN201721466882	CN207552787U
539	C02F	一种造纸废水处理反冲洗疏通曝气装置	李飞明 等	CN201610584900	CN106045014B
540	D21H	一种制浆造纸用助留剂稳压装置	段超南 等	CN201721574542	CN207567567U
541	D21F	一种造纸烘干装置	胡和萍	CN201710140616	CN106906687B
542	B01D	一种制浆造纸用清水在线过滤装置	杨根元 等	CN201721574543	CN207562443U
543	D21D	一种小型造纸制浆的打浆设备	刘立峰 等	CN201721564189	CN207567554U
544	D21H	一种造纸湿部助留助滤系统	李文斌	CN201711424721	CN108252157A
545	D21F	一种造纸湿部水效提升方法	李文斌	CN201711423162	CN108252149A
546	D21F	一种用于造纸的造纸助剂均匀添加型溶解装置	刘　丹 等	CN201810038255	CN108252148A
547	D21F	一种双网造纸系统的注料设备	徐　婷	CN201721168136	CN207582184U
548	D21F	一种造纸导热油缸	吴匡蓝	CN201721396277	CN207582185U
549	B65H	一种造纸机卷纸部二次臂自动调节系统	翟荣甫 等	CN201611249559	CN108249188A
550	D21B	一种造纸用打纸浆装置	叶财明 等	CN201810241047	CN108252140A

续表

序号	分类号	专利名称	发明人	申请号	公开(公告)号
551	D21D	一种用于造纸生产的打浆机	马艳超	CN201810246536	CN108252146A
552	F26B	一种造纸用干燥筒	卢伟民	CN201721259200	CN207585254U
553	E03F	一种造纸厂用废水管道疏通单元	向 伟 等	CN201810057764	CN108252398A
554	D21F	一种新型造纸用冷却装置	李小云	CN201611262037	CN108265553A
555	B26D	一种新型造纸切割机	黄娟平	CN201611270055	CN108262782A
556	B01F	一种新型造纸用制浆结构	李小云	CN201611269731	CN108261942A
557	F26B	一种造纸用烘干系统	李小云	CN201611262128	CN108266991A
558	D21F	一种造纸用新型脱水装置	李小云	CN201611260243	CN108265550A
559	C02F	一种新型造纸用气浮机	黄世强	CN201611262255	CN108264119A
560	D21B	一种造纸用采浆装置	李小云	CN201611262116	CN108265543A
561	B22C	铸造纸管用配套浇口杯	左从军 等	CN201721711105	CN207592726U
562	15-99(11)	手工造纸设备(体验式)	袁建波 等	CN201830010593	CN304723478S
563	D21D	一种新型造纸磨浆机	黄世强	CN201611270303	CN108265546A
564	D21F	一种新型造纸用压榨机	黄娟平	CN201611261088	CN108265549A
565	D21F	一种新型造纸毯	黄世强	CN201611260447	CN108265554A
566	D21F	一种新型造纸用烘缸	黄世强	CN201611269963	CN108265552A
567	B02C	一种新型造纸粉碎机	黄世强	CN201611260422	CN108262113A
568	D21F	一种新型一体化造纸机	李小云	CN201611260297	CN108265555A
569	D21F	一种造纸用新型烘缸	李小云	CN201611262067	CN108265551A
570	B65H	一种新型造纸用复卷机	黄世强	CN201611257985	CN108263889A
571	B31F	一种造纸用新型刮刀装置	李小云	CN201611257448	CN108263044A
572	B02C	一种新型造纸用碎浆机	黄世强	CN201611258072	CN108262115A
573	D21G	一种带检测功能的造纸机	李小云	CN201611257810	CN108265557A
574	G01K	一种用于造纸机的新型温度传感器	黄娟平	CN201611261049	CN108267238A
575	D21C	造纸废浆过滤一体机及其使用方法	吴君国	CN201810074665	CN108277676A
576	D21G	一种无尘造纸压光机	周华祥	CN201721442559	CN207608767U
577	D21F	一种造纸干毯烘干装置	林谦夫	CN201721715188	CN207608766U
578	B28C	制浆设备系统	樊启祥 等	CN201721637055	CN207606986U
579	B01F	造纸用的黏合胶生产设备	陈启明	CN201810103619	CN108273438A
580	C02F	一种造纸业废水处理装置的浮渣处理机构	周华祥	CN201721443674	CN207619233U
581	D21D	一种造纸用双向碎料刀组	陈启宏	CN201721804629	CN207619717U
582	D21F	造纸机用真空分离器	周 双 等	CN201721776957	CN207619720U
583	C02F	一种用于造纸回用水净化的曝气池	周华祥	CN201721442651	CN207619094U
584	D21C	一种制浆废水循环利用系统	周华祥	CN201721396518	CN207619715U
585	D21F	一种造纸机专用加热板	陈启宏	CN201721804588	CN207619730U
586	C02F	一种造纸业废水处理装置	周华祥	CN201721444768	CN207619106U
587	B01F	一种造纸生产线的填料系统	周华祥	CN201721389060	CN207614778U
588	D21B	新型制浆装置	丁新泉 等	CN201721724588	CN207619713U

续表

序号	分类号	专利名称	发明人	申请号	公开(公告)号
589	D21F	一种造纸机的网部循环清洗装置	周华祥	CN201721442944	CN207619721U
590	D21F	一种造纸用烘干机可拆卸支架	陈启宏	CN201721804597	CN207619728U
591	C02F	制浆脱墨污泥絮凝搅拌机	李文斌	CN201721146423	CN207619254U
592	F26B	一种造纸用干燥装置	李雪峰 等	CN201721570153	CN207622445U
593	B01D	一种造纸燃煤锅炉节能装置	王壮鹏 等	CN201721473969	CN207614643U
594	D21G	一种造纸厂纸浆贮存装置	陈章兴 等	CN201721695599	CN207619735U
595	A23C	一种三联制浆机	林　杰 等	CN201721230438	CN207626474U
596	D21D	一种高效的造纸用纸浆生产装置	陈启宏	CN201721803438	CN207633115U
597	D21F	应用于造纸机网部上的吸水箱	孙友根	CN201721830831	CN207633121U
598	C02F	一种造纸废水过滤装置	张　健 等	CN201721573561	CN207632527U
599	D21F	应用于造纸机网部上的水雾收集箱	孙友根	CN201721831658	CN207633120U
600	B65H	一种绿色造纸用复卷机展纸机构	洪增源 等	CN201710022570	CN108298359A
601	B22C	用于铸造造纸机烘缸的模具	孙友根	CN201721873428	CN207629152U
602	D21F	应用于造纸机上的真空辊结构	孙友根	CN201721810016	CN207633125U
603	D21H	一种制浆造纸胶液加入用控制装置	邹志勇 等	CN201721562378	CN207633132U
604	D21D	一种造纸用双向碎料机	陈启宏	CN201721803456	CN207633116U
605	B08B	一种制浆造纸用毛布边自动冲洗装置	段超南 等	CN201721574524	CN207628807U
606	B22C	造纸机烘缸模具	孙友根	CN201721872356	CN207629134U
607	D21G	一种新型的造纸专用化学品设备	唐星宁	CN201810190469	CN108316049A
608	D21B	一种基于往复对流冲击扰流式碎浆的制浆设备	安延涛 等	CN201810249598	CN108316035A
609	D21F	一种使用于造纸生产线的双真空干网清洗装置	余行宝 等	CN201721518345	CN207646534U
610	B01F	一种造纸多盘回浆自动分配系统	卢建国 等	CN201721777562	CN207641377U
611	D21G	一种环保型造纸设备	林谦夫	CN201721715746	CN207646541U
612	D21H	一种用于造纸机的施胶设备	秦　鸿 等	CN201721730264	CN207646543U
613	D21F	一种造纸机匀整吸水箱	杨　兵 等	CN201721525341	CN207646532U
614	D21G	一种用于造纸机的主水盘结构	胡祖藩 等	CN201721664184	CN207646540U
615	D21G	一种造纸机分切装置	冉启长	CN201721622164	CN207646539U
616	D21B	一种用于高湿强废旧箱纸板的制浆系统	王夫亮 等	CN201810243019	CN108316033A
617	D21F	一种造纸机印引纸鼓风装置	周小明	CN201810237247	CN108316043A
618	C02F	一种废纸制浆用水循环系统	邓姗姗	CN201810160986	CN108314102A
619	D21B	一种造纸厂用废纸快速回收设备	黎志强	CN201721521373	CN207646517U
620	D21F	造纸网部	郭兰香 等	CN201721752908	CN207646531U
621	D21F	一种改进的造纸网部抄造装置	刘　凯	CN201721071220	CN207646527U
622	D21H	一种用于造纸机的二次施胶系统	秦　鸿 等	CN201721730598	CN207646545U
623	D21B	使用废纸造纸的浆料筛选装置	余行宝 等	CN201721512874	CN207646516U
624	D21F	一种造纸机上浆系统	胡祖藩 等	CN201721662175	CN207646526U
625	B01F	一种高效节能的造纸用浆液搅拌釜体	陈启宏	CN201721804607	CN207655042U

续表

序号	分类号	专利名称	发明人	申请号	公开(公告)号
626	B65H	一种用于造纸以及印刷包装设备上的收、放卷系统的机械气压轴涨轴	乔印保 等	CN201810383056	CN108328427A
627	D21F	一种新型抄造低克重薄页纸的造纸网	许长云	CN201721892416	CN207659785U
628	B01F	一种造纸用高效节能的纸浆搅拌机构	陈启宏	CN201721805796	CN207654974U
629	D21G	一种用于造纸机的真空控制系统及造纸机	高步林 等	CN201810054753	CN108330727A
630	D21D	一种造纸系统中的白浆除渣器	韩雪光	CN201721889814	CN207659784U
631	D21F	造纸机摇振装置	尤启林 等	CN201721277080	CN207659786U
632	D21F	一种多功能造纸机真空吸水箱	葛胜玲 等	CN201810423807	CN108342920A
633	D21G	用于造纸机的压光辊的聚氨酯辊包覆物	J. 徐 等	CN201680048973	CN108350658A
634	D21F	用在造纸机中的抽吸装置以及使用抽吸装置的造纸机	M·比耶克 等	CN201580084159	CN108350657A
635	B01D	一种具有全自动清洗过滤网功能的造纸废水过滤装置	不公告发明人	CN201810370756	CN108339314A
636	B26D	一种高可靠型造纸裁切设备	孙品山	CN201610977539	CN106541424B
637	D21B	一种造纸机械用碎浆机	张燕玲	CN201721464118	CN207685585U
638	D21F	烟用接装纸原纸抄造设备及造纸方法	张　诚 等	CN201711458144	CN108360281A
639	D21B	一种造纸业用竹子粉碎设备	林金印	CN201810105128	CN108360278A
640	D21F	用于在造纸机内部转移幅材的设备和方法	弗兰克-约亨·奥特 等	CN201680070954	CN108368678A
641	D21D	一种方便清洗的造纸用纸浆池	侯如升	CN201710115892	CN106868911B
642	B01F	一种防止硅溶胶浆料硬化的制浆池	陈占英 等	CN201721260365	CN207680453U
643	D21B	一种造纸用废纸回收装置	孙品山	CN201610931538	CN106638077B
644	D21B	一种用于清洁造纸的同轴反转碎浆机	白红敏 等	CN201721526556	CN207699938U
645	D21F	一种节能环保的造纸印刷用干燥设备	赵咪咪	CN201710159473	CN106978749B
646	B23Q	一种制浆机筛板数控加工机床	孟　鹤 等	CN201820052485	CN207696198U
647	D21D	一种方便移动的造纸用过滤装置	陈炳祥	CN201810104049	CN108385423A
648	D21D	一种降低废纸造纸流送浆料气泡的装置	张成飞 等	CN201721622481	CN207714030U
649	D21D	一种方便移动的防堵塞的造纸用过滤装置	陈炳祥	CN201810104050	CN108385424A
650	D21G	一种改进型的造纸专用化学品设备	唐星宁	CN201810190467	CN108385428A
651	B65H	一种应用于卷纸造纸机的拔轴器	张　建 等	CN201820019983	CN207713090U
652	B01F	一种制浆搅拌设备	王国庆	CN201810390598	CN108380089A
653	D21B	一种造纸打浆机中的磨料机构	孙　艳	CN201810336367	CN108385420A
654	D21G	一种造纸专用化学品设备	唐星宁	CN201810190521	CN108385429A
655	D06H	造纸毛毯平网接头机	杨玉龙	CN201721913304	CN207727321U
656	D06C	造纸毛毯定型机	杨玉龙	CN201721929979	CN207727295U
657	D21F	一种凹版辊筒造纸方法	沈维益	CN201810216184	CN108396583A
658	D21F	一种造纸用真空缸	胡和萍	CN201710111267	CN106758478B
659	D21F	一种用于造纸机胸辊的辅助提升装置	钟伟琴	CN201721598934	CN207727352U
660	D04H	无端点造纸毛毯针刺机的成型毛毯收取装置	杨玉龙	CN201721929978	CN207727256U

续表

序号	分类号	专利名称	发明人	申请号	公开(公告)号
661	D04H	针床无张力的造纸毛毯针刺机	杨玉龙	CN201721913326	CN207727255U
662	D21F	一种造纸机干燥装置	钟伟琴	CN201721590902	CN207727350U
663	D21F	一种用于不同宽度造纸毛毯的热定型装置	杨玉龙	CN201721912191	CN207727355U
664	D21C	一种甘蔗渣生物酶连续制浆设备	李树泉 等	CN201810399570	CN108396579A
665	B01F	搅拌机构及制浆装置	不公告发明人	CN201810382634	CN108393008A
666	C08H	一种从造纸废水中提取木质素的装置	郑建团	CN201610485193	CN106008997B
667	A23C	一种二次制浆装置	石淞文 等	CN201721081691	CN207733564U
668	F27B	一种半固态制浆用坩埚的自动冷却装置	袁茂凯	CN201610781152	CN106322992B
669	D21B	造纸设备用吸油墨系统	梁志雄 等	CN201721913733	CN207739064U
670	D21F	新型造纸设备网笼	梁志雄 等	CN201721913732	CN207739066U
671	A23C	一种简易制浆装置	石淞文 等	CN201721079970	CN207733566U
672	B01F	液体加料机构及制浆装置	不公告发明人	CN201810383521	CN108404749A
673	B01F	一种用于造纸浆料的搅拌装置	张斐斐	CN201810106975	CN108404765A
674	D21F	一种造纸效率高的造纸机	卢福全 等	CN201810367651	CN108411681A
675	B65H	一种用于造纸和印刷包装设备上的收、放卷系统的平轨滑差轴	乔印保 等	CN201810382891	CN108408497A
676	B01D	一种用于造纸机的封闭式除尘除雾装置	张　健 等	CN201721637613	CN207734773U
677	D21B	一种环保制浆备料碎草设备	梁　季	CN201810341346	CN108411664A
678	D21B	一种基于三管通道下料式的环保造纸原料加工制浆设备	闫　光	CN201810456824	CN108411670A
679	B65D	一种造纸机存纸架用防尘罩	张　建 等	CN201820020043	CN207737728U
680	B65H	一种用于造纸机卷纸轴的二次限位臂	张　建 等	CN201820019975	CN207738144U
681	D21F	一种高效率造纸设备用的刮刀装置	陈志金	CN201810339833	CN108411683A
682	F28D	一种造纸设备换热设备	乾　宽 等	CN201721873238	CN207751367U
683	B01J	一种生产新型造纸助滤剂的防堵塞反应釜	孙道贤 等	CN201721773620	CN207745873U
684	B01J	一种造纸助剂用便于搅拌的反应釜	高镇金 等	CN201721773597	CN207745872U
685	D21H	一种用于造纸的喷涂装置	陈志金	CN201810375466	CN108425277A
686	D21B	蒸汽爆破制浆设备	梁志鹏 等	CN201710081715	CN108425261A
687	C02F	一种造纸设备水处理填料装置	乾　宽 等	CN201721873258	CN207748868U
688	B01J	一种用于造纸助剂的全自动式反应罐	孙道贤 等	CN201721773709	CN207745875U
689	D21F	一种造纸浆料回收设备	乾　宽 等	CN201721873073	CN207749359U
690	B65H	一种造纸用复卷机的筒卷纸卸纸装置	吕本升	CN201721140655	CN207748598U
691	D21F	造纸机械湿纸输送的毛毯自动清洗装置	蔡旭敏	CN201721530900	CN207749357U
692	D21F	一种造纸白水处理罐及造纸白水回用装置	董有明 等	CN201820001198	CN207749360U
693	B01J	一种用于造纸助剂的反应罐	孙道贤 等	CN201721773645	CN207745874U
694	B65H	一种造纸用收卷机	乾　宽 等	CN201721874527	CN207748591U
695	D21D	一种造纸用精细打浆机	陈启宏	CN201721804600	CN207749353U
696	D21F	造纸机的定量控制供浆系统	何时荣	CN201721366900	CN207749358U

续表

序号	分类号	专利名称	发明人	申请号	公开(公告)号
697	D21C	一种棉短绒碱-压缩空气制浆方法及装置	薛润林 等	CN201810458520	CN108425263A
698	D21F	一种造纸用高速积压脱水装置	乾　宽 等	CN201721873074	CN207749361U
699	B01J	一种造纸废水处理剂生产设备	吴云行	CN201810453032	CN108421500A
700	D21F	一种用于造纸机的气罩结构	胡祖藩 等	CN201721662280	CN207749362U
701	D21B	一种造纸打浆机中的剪切机构	孙　艳	CN201810336568	CN108425260A
702	D21G	一种智能的多功能造纸机损纸加工处理分类系统	张金豹	CN201810439926	CN108425266A
703	B01D	一种造纸废水动态纤维分离器	卢福全 等	CN201810368170	CN108421305A
704	B01D	一种造纸用废气过滤装置	雷万帅 等	CN201721778657	CN207745664U
705	B01J	一种用于造纸助剂的自动出料式反应罐	高镇金 等	CN201721773756	CN207745876U
706	D21F	一种特种纸用造纸成形网及造纸设备	陆剑峰 等	CN201810388141	CN108425265A
707	C08F	一种乙醛化的两性树脂的制备方法及其在造纸中的应用	张新东 等	CN201810008415	CN108424494A
708	D21C	一种制浆洗浆机的拨浆风内循环系统	李玉敏 等	CN201820001216	CN207749351U
709	C02F	一种造纸加工用废水处理设备	廖　峰	CN201721845089	CN207748961U
710	D21D	一种造纸用磨片	陈彪 等	CN201721411162	CN207749354U
711	D21B	一种用于造纸苇子浆板破碎机构	梁启平 等	CN201721816617	CN207760653U
712	D21F	一种多层造纸机械用的陶瓷板	谢　萍 等	CN201810200242	CN108442163A
713	B01D	一种脱硫制浆脱水楼联合布置结构	张　乐 等	CN201810250151	CN108434951A
714	D21D	一种造纸用纸浆过滤收集装置	梁启平 等	CN201721816709	CN207760654U
715	D21F	一种造纸用真空压榨辊	朱洪根	CN201810498904	CN108442164A
716	C02F	一种新型的造纸废水中的浆料回收装置	陈肖欢	CN201810303817	CN108439501A
717	D21B	一种不完全齿轮控制高效率造纸用碎浆装置	郑贝贝	CN201810222479	CN108442160A
718	D21D	一种用于造纸纸浆的筛选过滤装置	梁启平 等	CN201721815198	CN207760655U
719	B27L	造纸用木材剥皮机	陈鑫峰	CN201820019838	CN207757789U
720	B65B	一种用于造纸业的捆绑装置	郭汝利	CN201721856272	CN207759107U
721	D21F	一种工业造纸用的纸张晾干设备	何煜旭 等	CN201810472501	CN108442167A
722	D21F	造纸用成形网结构	王　波 等	CN201721690077	CN207775604U
723	B23Q	造纸压榨辊用钻孔装置	汤润湛 等	CN201721689191	CN207771358U
724	D21F	超薄型原纸造纸设备	赵建华 等	CN201721904864	CN207775613U
725	D21H	强化纸造纸设备	王巨波 等	CN201721891377	CN207775615U
726	D21F	造纸毛毯整平装置	刘伟安 等	CN201721689164	CN207775612U
727	D21B	一种瓦楞原纸废料专用挤压破碎制浆一体化设备	徐连进	CN201721812946	CN207775595U
728	D21H	造纸加工用刮粉结构	李华彬 等	CN201721690017	CN207775616U
729	D21B	造纸加工用卷筒浆板切割装置	李长胜 等	CN201721689214	CN207775593U
730	B05C	新型造纸用施胶结构	屈健明 等	CN201721689211	CN207770223U
731	A24B	一种造纸法再造烟叶涂布液供给装置	武超伟 等	CN201820063955	CN207767533U
732	D21B	一种造纸使用的纸浆搅拌装置	郑　南 等	CN201721663502	CN207775597U
733	B01F	使用废纸造纸的浆料输送管道的混合流送装置	余行宝 等	CN201721512861	CN207769708U

续表

序号	分类号	专利名称	发明人	申请号	公开(公告)号
734	F24F	一种造纸后加工车间的自动加湿装置	张　建 等	CN201820019977	CN207778724U
735	B07B	具有防堵塞结构的造纸用斜筛	廖　畅 等	CN201721690892	CN207770244U
736	B01F	一种造纸搅拌反应釜	郑　南 等	CN201721669242	CN207769628U
737	C22B	一种用于稀土矿的均匀加料型制浆装置	刘兰真 等	CN201810198352	CN108456793A
738	D21B	一种造纸用精细打浆设备	陈启宏	CN201721804609	CN207775594U
739	D21F	造纸用干燥结构	钟炎棠 等	CN201721690845	CN207775609U
740	F26B	造纸废渣干燥装置	何学武 等	CN201721690870	CN207778993U
741	B26D	造纸用抵压切边装置	李源新 等	CN201721690079	CN207771932U
742	B65H	造纸机用导纸辊	屈健明 等	CN201721689216	CN207774425U
743	B01D	造纸用粉尘清除装置	谭振雄 等	CN201721690887	CN207769459U
744	D21F	造纸机压榨装置	张　诚 等	CN201721886358	CN207775606U
745	B01F	一种超声波强化脉冲悬浮式电石渣制浆一体化装置	李军民 等	CN201721776523	CN207769720U
746	D21B	用于造纸的除渣结构	谭忠民 等	CN201721689151	CN207775598U
747	B01F	造纸用打浆装置	王　波 等	CN201721690851	CN207769660U
748	D21F	造纸加工用纸张烘干结构	温健新 等	CN201721689155	CN207775611U
749	D21F	一种造纸网半自动插接机	董华伟 等	CN201820143377	CN207793745U
750	D21F	造纸机织物	S·泰帕莱 等	CN201680078120	CN108474179A
751	D21F	造纸机的监控系统、造纸机的控制系统及监控造纸机的方法	艾德温·麦可·盖德·希文 等	CN201780004299	CN108474180A
752	F16B	一种造纸专用高速旋转接头装置	叶怀远 等	CN201820164865	CN207795755U
753	D21G	一种制浆造纸用助留剂加入回流装置	何　强 等	CN201721574526	CN207793748U
754	B01D	一种用于造纸过程中的废液回收装置	梁启平 等	CN201721815066	CN207786125U
755	D21C	一种造纸用竹浆甩干设备	蒋　河 等	CN201820135948	CN207793737U
756	C08B	一种用于造纸表面施胶的工业淀粉转化机构	黄崇君	CN201820019909	CN207793125U
757	B01F	一种搅拌均匀的造纸用搅拌罐	梁启平 等	CN201721816690	CN207786435U
758	D21C	一种造纸用搅拌脱水装置	郑南郑学亮吴绘敏	CN201721669692	CN207793736U
759	D03D	一种造纸网经线送线装置	董华伟 等	CN201820143378	CN207793535U
760	D21H	一种喷淋装置及造纸机	魏　立 等	CN201721508110	CN207793751U
761	D21D	一种造纸用离心纤维筛选装置	梁启平 等	CN201721816744	CN207793740U
762	C02F	一种造纸过程中废水回收利用装置	梁启平 等	CN201721817453	CN207792946U
763	D21C	一种造纸厂用的漂白装置	李银丽	CN201820166997	CN207793735U
764	F24H	一种造纸机的热回收系统	康伟昌 等	CN201610437041	CN106091449B
765	D21F	一种造纸生产线中的毛毯托辊自动纠偏装置	张春华 等	CN201721711743	CN207793746U
766	B01F	一种造纸用纸浆混合装置	梁启平 等	CN201721816743	CN207786499U
767	D21B	一种新型的秸秆造纸设备	陈志金	CN201810353415	CN108468241A
768	D21B	一种造纸用纸纤维回收装置	陈章兴 等	CN201721694134	CN207793732U
769	G01H	一种造纸机在线轴承振动监测系统	李文斌	CN201721819576	CN207816455U

续表

序号	分类号	专利名称	发明人	申请号	公开(公告)号
770	D21B	一种基于往复变压扰流碎、剪且滤浆的制浆设备	安延涛 等	CN201810274984	CN108486941A
771	B01F	一种用于造纸的搅拌装置	张斐斐	CN201810297775	CN108479473A
772	D21H	一种造纸用酸液定量加注设备	梁海英 等	CN201611086386	CN106381762B
773	D21B	一种基于往复自旋转式搅拌碎浆的制浆设备	安延涛 等	CN201810178036	CN108486940A
774	B07B	造纸胶料循环利用系统	黎桂华	CN201721535657	CN207805983U
775	B01F	一种无机灭火剂连续制浆装置	陈 沛	CN201810472881	CN108479447A
776	G09B	一种造纸术体验教具	石国兰 等	CN201721354781	CN207818049U
777	B01F	一种用于造纸工艺螺旋桨池搅拌器	张炳辉	CN201810359486	CN108479476A
778	D21B	一种箱纸板制浆系统	韩 冲 等	CN201810352413	CN108486937A
779	D21F	一种造纸脱水装置	何敬亮 等	CN201810362946	CN108486947A
780	D21D	一种造纸用的分散设备	甘木林 等	CN201820006913	CN207828679U
781	D21F	一种新型造纸机压榨部毛毯基网	梅兴波	CN201810612794	CN108505385A
782	D21D	用于造纸机流送系统中的除砂器	张 俊 等	CN201820006898	CN207828683U
783	D21B	一种造纸用构树皮的处理方法	艾恩贵	CN201710298550	CN106988139B
784	B01D	一种造纸脱硝反应装置	郑明耀 等	CN201721844123	CN207822798U
785	C02F	一种造纸涂布废水零排放装置	张成飞 等	CN201721623773	CN207827988U
786	B67D	一种造纸车间小流量吨桶化工辅料自动转移装置	张成飞 等	CN201721623718	CN207827850U
787	D21D	造纸中浓压力筛旋筒式转子	陈守镇 等	CN201820006911	CN207828685U
788	D21F	一种用于低克重拷贝纸生产的造纸机胸辊摇震装置	陈长兴 等	CN201721843853	CN207828687U
789	D21F	一种造纸网部的脱水装置	刘名中 等	CN201721738408	CN207828690U
790	D21F	一种造纸车间冷凝水回收利用系统	姜兆宏 等	CN201721678174	CN207828689U
791	C02F	一种造纸废水初步净化装置	卢福全 等	CN201810366898	CN108503105A
792	B01F	一种造纸用浆料搅拌装置	佘 峰	CN201810324785	CN108499452A
793	B01D	用于造纸机真空系统的汽水分离器	柯吉熊 等	CN201820007007	CN207822724U
794	B01D	一种造纸用脱硝塔	郑明耀 等	CN201820006914	CN207822770U
795	B65H	一种造纸设备制动校正器	金文平 等	CN201820158662	CN207844625U
796	D21C	一种造纸原料生物酶预处理装置及造纸制浆系统	谢海兵 等	CN201810491018	CN108517708A
797	C01F	一种造纸专用抗菌碳酸钙的表面处理方法	唐 文 等	CN201810509724	CN108516572A
798	B01F	一种造纸用浆料金属清理装置	张斐斐	CN201810106131	CN108514828A
799	C02F	一种造纸废水处理装置	卢世军	CN201810620259	CN108516625A
800	B01F	一种用于造纸变性淀粉生产的混料机	王 新 等	CN201820019910	CN207838760U
801	B26D	一种方便更换刀片的造纸用切纸机	肖 叶	CN201710251561	CN106891366B
802	D21F	一种水循环应用型造纸设备	林谦夫	CN201721714934	CN207862698U
803	D21H	一种新型的造纸用的施胶机	欧阳克军 等	CN201810340700	CN108532369A
804	E02D	湿式造纸车间基础螺栓安装方法	昌克毅 等	CN201610929159	CN106498975B
805	B41F	一种用于造纸印刷的烘干装置	张斐斐	CN201810181899	CN108528024A
806	D21D	一种造纸打浆机中的破碎机构	孙 艳	CN201810336379	CN108532345A
807	D21F	一种可调节造纸机导辊	谢 萍 等	CN201810201304	CN108532349A

续表

序号	分类号	专利名称	发明人	申请号	公开(公告)号
808	B41F	一种用于造纸印刷的干燥设备	胡和萍	CN201810120088	CN108528023A
809	D21B	一种利用废纸制浆的装置	张　阳 等	CN201810278003	CN108532338A
810	D21C	一种改进型造纸专用化学品设备	覃日雄	CN201810306876	CN108532344A
811	D21F	一种太阳能环保造纸机	林谦夫	CN201721710408	CN207862697U
812	B27L	一种造纸用木材原木削皮装置	叶财明	CN201810587780	CN108527580A
813	D21F	一种单经扁丝干燥网以及造纸机	陆剑峰 等	CN201810386255	CN108532350A
814	B02C	一种造纸用木材粉碎装置	苏加强	CN201810181521	CN108525752A
815	D21B	一种造纸用树皮碾碎装置	张德涛	CN201721284847	CN207862680U
816	D21F	造纸装置	东本佳久 等	CN201721749632	CN207878186U
817	D21F	一种用于造纸机的干网保洁装置	徐良君	CN201820111541	CN207878182U
818	D21F	一种造纸白水槽浮渣清除装置	徐良君	CN201820110899	CN207878184U
819	D21C	一种造纸制浆黑液废碱回收处理装置	徐良君	CN201820110430	CN207878176U
820	D21C	一种造纸尾渣纤维回收装置	徐良君	CN201820110441	CN207878175U
821	D21F	一种回收造纸白水中纤维的装置	徐良君	CN201820111545	CN207878183U
822	B01F	电厂脱硫制浆系统给料器	吴荣俊	CN201721684355	CN207872082U
823	C02F	一种新型造纸专用化学品设备	覃日雄	CN201810308017	CN108545790A
824	D21B	一种新型造纸用切草机	谢　萍 等	CN201810200230	CN108547167A
825	B26D	一种造纸专用分纸机	潘光练	CN201810412934	CN108544541A
826	D21G	一种具有纸帘摇晃功能的造纸用抄纸设备	毛　渊	CN201810126914	CN108560306A
827	D21B	一种造纸用芦苇切割设备	林金印	CN201810207910	CN108560298A
828	D21B	一种多功能的造纸碎浆系统	张金豹	CN201810409358	CN108570869A
829	D21F	一种对纸浆实时监测及控制系统的造纸设备	许洪彦	CN201820099065	CN207904644U
830	D21F	一种造纸机械用智能烘干装置	张燕玲	CN201721464119	CN207904647U
831	D21B	一种新型的造纸碎浆装置	王逸民 等	CN201810419730	CN108570870A
832	D21F	一种超薄型原纸造纸设备	王敏岚 等	CN201711488676	CN108570874A
833	D21F	流浆箱、纸机及造纸方法	陈海霞	CN201310737191	CN104746377B
834	D06C	一种造纸用定型机加热装置	董华伟 等	CN201820136213	CN207919151U
835	D21F	一种造纸机械上的备用辊	谢　萍 等	CN201810201287	CN108589389A
836	D21F	造纸机用毛毯生产系统及造纸系统	邢海军 等	CN201810692715	CN108589386A
837	D21F	一种新型用于纸张去水的造纸装置	欧阳克军 等	CN201810340756	CN108589391A
838	B22D	一种半固态合金制浆装置及其使用方法	黄末华 等	CN201810487017	CN108580831A
839	B27L	一种造纸用原木切碎装置	叶财明 等	CN201810364848	CN108582375A
840	D21F	一种高强度造纸网	谢　萍 等	CN201810201303	CN108589385A
841	D21F	一种用于造纸网插接机的机架	卢露露 等	CN201820136190	CN207919235U
842	D21C	一种造纸快速脱水装置	窦常平 等	CN201810362935	CN108589377A
843	D21H	一种新型造纸分散剂供给装置	武红亮	CN201810473252	CN108589406A
844	C02F	一种造纸废水的防堵型多重处理装置	张　祥	CN201810446610	CN108585274A
845	D21B	一种专用于芦苇造纸切割设备	林金印	CN201810159031	CN108589357A

续表

序号	分类号	专利名称	发明人	申请号	公开(公告)号
846	D21F	一种用于长纤维造纸的新型低速水力式流浆箱	胡 健 等	CN201810309006	CN108589384A
847	B08B	一种造纸废水排放阀门清洗消毒装置	刘伟锋 等	CN201810371847	CN108580409A
848	D21D	一种具有摩擦功能的造纸成浆用分散设备	陈 鹏	CN201810033994	CN108589379A
849	D21D	一种立体交错式造纸专用亚麻纤维粉研设备	李合孝	CN201810714596	CN108589380A
850	B30B	一种用于造纸行业的垃圾挤压机	李文斌	CN201820218898	CN207916139U
851	D21D	一种新型集成式造纸构件	李树金	CN201820085576	CN207919234U
852	C02F	一种造纸设备气浮装置	乾 宽 等	CN201721874619	CN207933090U
853	D21F	一种新型造纸机网部脱水面板	谭军刚	CN201820179680	CN207933813U
854	D01F	一种造纸网用高抗性复合工业单丝的制备方法	谢宗国 等	CN201610713834	CN106222796B
855	D21D	一种新型的造纸打浆机	欧阳克军 等	CN201810340699	CN108625215A
856	B26D	一种造纸用卷纸裁切机	李泽培	CN201820094075	CN207942445U
857	B27L	一种造纸厂专用木材切片机	王志荣	CN201810793547	CN108621274A
858	B01F	一种造纸用具有除渣功能的原浆搅拌设备	陈 赟	CN201820004963	CN207941423U
859	B01F	制浆设备	雷内・波尔森 等	CN201580011987	CN106061596B
860	B65H	干法造纸纸幅转网装置及其转网方法	罗晓东 等	CN201810316426	CN108639805A
861	D21F	一种造纸烘干尾气的回收利用系统	黄玉华	CN201820286631	CN207958855U
862	D21F	一种造纸机真空吸水箱	管庆芬	CN201810473048	CN108642950A
863	D21D	一种造纸渣浆的回收装置	林谦夫	CN201721710256	CN207958850U
864	D21B	一种制浆效率高的废纸回收设备	王海滨	CN201810653682	CN108642941A
865	D21B	一种清洁造纸生产设备	杨 杰	CN201721930701	CN207958844U
866	B01F	一种矿用多功能连续制浆装置及方法	任万兴 等	CN201810348179	CN108636268A
867	D21C	一种造纸用真空洗浆机	崔雪柯 等	CN201810491111	CN108642946A
868	D21B	一种自升降旋转搅拌且气流冲击式碎浆的制浆设备	安延涛 等	CN201820298789	CN207958848U
869	B01F	一种随着水深可调节搅拌叶板的可调节造纸污水搅拌器	李国珍	CN201810607297	CN108636222A
870	D21B	一种造纸用木材切割装置	高文根 等	CN201810469572	CN108642938A
871	D21H	一种回收型造纸表面施胶装置	李文俊	CN201721921380	CN207973944U
872	B27C	一种自动化造纸用木材切割装置	高文根 等	CN201810465927	CN108656239A
873	G01K	一种造纸机烘干部机电设备在线温度检测系统及方法	占正奉 等	CN201710216621	CN108663132A
874	D21C	一种提高废纸浆料强度的制浆系统	李文俊	CN201721921254	CN207973927U
875	H02J	一种制浆造纸生产线电力系统的谐波矫正装置	刘文明 等	CN201710216622	CN108667022A
876	H02P	一种造纸厂大功率电机变频控制装置	刘文明 等	CN201710216609	CN108667386A
877	B01D	一种生产新型造纸助滤剂的喷雾干燥机	高镇金 等	CN201721773723	CN207970469U
878	D21B	一种造纸制浆用磨浆机	彭 灿 等	CN201810534155	CN108660835A
879	F04B	一种造纸厂空压机组变频控制装置	刘文明 等	CN201710218981	CN108661895A
880	D21F	一种提高压力稳定性的造纸压榨部	李文俊	CN201721920367	CN207973938U
881	D21F	皱纹纸造纸机及造纸方法	戴贤中 等	CN201810464098	CN108660847A

续表

序号	分类号	专利名称	发明人	申请号	公开(公告)号
882	D21B	一种造纸生产线制浆系统	李聪定 等	CN201710214023	CN108660832A
883	B08B	一种造纸用辊筒清洁装置	叶财明 等	CN201810364849	CN108655041A
884	B01F	一种造纸减排装置	汪　婧	CN201810500848	CN108654421A
885	D21C	一种环保节能秸秆制浆机械	徐　佩	CN201810544029	CN108660840A
886	D21D	一种造纸用粗筛净化系统	李聪定 等	CN201710213753	CN108660841A
887	C02F	一种造纸废水环保处理设备	周佩龙	CN201810454178	CN108658290A
888	D21B	一种造纸生产线损纸回收制浆系统	陈学萍 等	CN201710214493	CN108660830A
889	B08B	一种施胶辊的清洁装置及一种造纸机	魏　琦 等	CN201810215247	CN108655040A
890	D21C	一种造纸漂白除氯装置	彭志光	CN201820330096	CN207973929U
891	15-99(11)	一体式可翻折卧式制浆系统	李乔斌 等	CN201830239527	CN304853461S
892	D21F	一种造纸烘干工艺段断纸检知装置	占正奉 等	CN201710216610	CN108660845A
893	D21F	造纸车间防凝露装置	陈启明	CN201820177943	CN207973940U
894	D21C	一种造纸碱回收装置	彭志光	CN201820330031	CN207973930U
895	G06Q	一种造纸设备智能点巡检管理系统及使用方法	占正奉 等	CN201710216623	CN108665132A
896	F16N	一种造纸厂双线式集中供脂装置	占正奉 等	CN201710216608	CN108662418A
897	D21F	一种均匀度好的造纸网部成形结构	李文俊	CN201721919382	CN207973935U
898	D21F	制浆白水回收系统	李文俊	CN201721919206	CN207973936U
899	D21H	一种造纸化学品在线注入器及其使用方法	姜丰伟 等	CN201810550279	CN108660857A
900	B08B	一种带自清洁功能的造纸机排尘装置	张　建 等	CN201820019874	CN207981822U
901	D21F	一种高克重特种摩擦材料长网造纸机	刘有德 等	CN201721849398	CN207987614U
902	D21G	造纸时用于清理烘缸的刮刀装置	高　顺	CN201810525391	CN108677591A
903	D21B	一种节能环保的造纸印刷用碎浆设备	朱德金	CN201710255551	CN107012707B
904	C02F	一种用于造纸黑液浓缩的纳滤装置	邱全国 等	CN201721904285	CN207986761U
905	D21F	用于控制在造纸机中循环的至少一个带的状况的设备和方法，以及包括所述设备的造纸机	卢卡・卡纳利 等	CN201480071356	CN106103844B
906	D21F	一种造纸过程中水雾抽湿系统	李文斌	CN201820218897	CN207987612U
907	D21B	一种用于沙柳制浆的汽爆制浆系统	安健飞 等	CN201820333969	CN207987605U
908	D21F	数码喷绘热转印原纸造纸机及造纸方法	张　诚 等	CN201810464100	CN108677588A
909	D21B	一种便携型双转子的制浆机	韩　祥	CN201810628737	CN108677579A
910	D21D	一种用于造纸浆料的筛选装置	蔡敬东	CN201810431167	CN108677584A
911	A24B	一种改善造纸法再造烟叶外观色泽的方法	臧福坤 等	CN201710305622	CN106942783B
912	D21D	一种自动化造纸清渣装置	陶　洋 等	CN201810483758	CN108691232A
913	D21D	一种自动供浆型造纸设备	豆群儒 等	CN201810507775	CN108691231A
914	B01D	一种造纸厂用废液回收设备	崔雪柯	CN201810568515	CN108704342A
915	B27N	一种造纸生产工艺	崔雪柯 等	CN201810491102	CN108714953A
916	D21F	一种造纸施胶机部位弧形辊引纸装置	杜海峰 等	CN201820522587	CN208023316U
917	D21H	用于造纸工艺的在线生产方法	O. 伊姆波拉 等	CN201380069843	CN104903514B
918	B02C	一种造纸用竹片粉碎机	蒋大春 等	CN201820135373	CN208018741U

续表

序号	分类号	专利名称	发明人	申请号	公开(公告)号
919	D21D	一种小型造纸生产用纸料筛选装置	邹怡婷 等	CN201710674335	CN107245897B
920	D21B	一种造纸用高效碎浆设备	马 冠 等	CN201820544397	CN208038914U
921	D21B	一种废纸回收利用制浆系统	谢响玲 等	CN201810533091	CN108729277A
922	B22D	组合造纸烘缸离心冷型模具	贾先义 等	CN201810908808	CN108723323A
923	D21D	一种用于造纸的除渣系统	黄玉华	CN201820286614	CN208038915U
924	B28C	自动配比制浆系统	朱 科 等	CN201820253161	CN208035013U
925	D21B	一种多功能造纸减排装置	汪 婧	CN201810501198	CN108729282A
926	D21B	一种造纸用木材原料热磨处理设备	彭 灿 等	CN201810535160	CN108729278A
927	D21F	一种环保造纸机用干燥设备	马 冠 等	CN201820544411	CN208038920U
928	D21F	一种造纸过程中的施胶系统	苏明伟	CN201820202173	CN208038917U
929	C10G	一种造纸废料炼油方法及装置	肖芳辉	CN201810585698	CN108753336A
930	B22D	一种半固态合金制浆过程中的温度控制方法	任怀德 等	CN201810538181	CN108746538A
931	D21F	造纸脱水网案延长结构	王建平 等	CN201820445826	CN208055755U
932	F16B	一种造纸机操作平台的连接装置	沈 磊	CN201820484606	CN208057604U
933	B02C	一种高效率的造纸废渣回收装置	庄燕婷	CN201810368819	CN108745540A
934	D21F	一种废纸造纸过程中提高网部抄造效率的方法	杜汉民 等	CN201810407025	CN108755233A
935	D21F	一种工业互联网的造纸机	廖瑶丽	CN201810764290	CN108755231A
936	D21F	一种造纸烘缸上的端盖连接结构	徐亚维	CN201810626170	CN108755230A
937	D21F	一种造纸厂的烘缸轴头在线更换方法	过建文 等	CN201810374552	CN108755229A
938	D21F	一种制浆造纸机通风装置	张 余	CN201820326495	CN208055757U
939	F26B	一种造纸用烘干设备	马 冠 等	CN201820546192	CN208059455U
940	D21C	一种新型造纸用洗浆机	吕浩然	CN201810869288	CN108755221A
941	D21B	一种使用废纸进行造纸的纸浆处理方法	杜汉民 等	CN201810407042	CN108755213A
942	D21D	一种减少纤维损失的制浆粗筛系统	李文斌	CN201721819633	CN208055753U
943	D21F	一种智能伺服驱动的造纸机	廖瑶丽	CN201810765247	CN108755232A
944	B01F	一种结构改进的造纸分散机	徐良君	CN201820110455	CN208049832U
945	B30B	一种造纸废渣进料分离装置	林水清	CN201721672283	CN208068959U
946	B01F	一种工业造纸染色用涂料搅拌装置	潘素云	CN201810809270	CN108772013A
947	D21C	一种绿色制浆清洁生产装置以及工艺	杜俊琪 等	CN201510822301	CN105507052B
948	D21D	纸管原纸制浆精筛装置	王月东	CN201820443748	CN208072078U
949	C02F	一种自动化造纸厂生产废水的处理方法	程佩芳	CN201810635793	CN108773931A
950	D21F	中高速造纸机用造纸毛毯生产工艺	邢海军 等	CN201810692714	CN108797185A
951	D21D	一种新型造纸用打浆机	黄志锋	CN201820392986	CN208088004U
952	D21D	一种造纸用单效纤维分离机	黄志锋	CN201820392224	CN208088005U
953	D21D	一种造纸水处理用的清渣装置	陶 洋 等	CN201810484089	CN108797183A
954	D21J	一种利用造纸厂废液生产箱纸板的方法	崔雪柯	CN201810569018	CN108797225A
955	B26D	一种造纸机用的裁剪和纸屑处理装置	付维贤	CN201810694373	CN108789531A
956	B01D	一种造纸化工污水处理装置	孙巧玲	CN201810656954	CN108786245A

续表

序号	分类号	专利名称	发明人	申请号	公开(公告)号
957	B27C	一种木材造纸用木料截断设备	余明强	CN201810615656	CN108789667A
958	F22D	造纸烘缸与锅炉水循环处理系统	吴东翰 等	CN201820179677	CN208090658U
959	E02F	一种造纸厂用装载机夹叉结构	刘志鹏	CN201721619324	CN208088374U
960	D21F	一种便于造纸车间施工的引网处理方法	周树东	CN201810662226	CN108797184A
961	D21F	造纸机舒展辊小车的止动装置	陆海娟	CN201820465320	CN208088011U
962	C13K	一种造纸废水中分离提取木糖的装置	蔡贤斌 等	CN201820321354	CN208087641U
963	B65H	一种造纸机上用的导辊	谢　萍 等	CN201810200777	CN108792736A
964	D21B	一种粉碎更加彻底的造纸用混合机构改造	于　浩	CN201710140433	CN106835789B
965	D21F	一种用于造纸机的真空系统	杜　林 等	CN201820165250	CN208104884U
966	D21D	一种造纸用渣浆分离机	黄志锋	CN201820392980	CN208104876U
967	D21B	一种造纸方法及系统	张成飞 等	CN201810673220	CN108824051A
968	D21C	一种化工制浆设备	叶　青	CN201810623340	CN108824056A
969	B65H	一种便于维修的造纸用复卷机	黄志锋	CN201820394396	CN208103474U
970	B01D	一种造纸用带式压滤机	黄志锋	CN201820392569	CN208097547U
971	D21D	一种造纸工厂用纸浆过滤装置	王　玮	CN201710299495	CN107012711B
972	D21F	纸材料输送装置及造纸机	东本佳久 等	CN201820507705	CN208104890U
973	D21B	一种造纸工厂用制浆装置	罗志军	CN201710299502	CN107012706B
974	D21F	一种抄造低克重薄页纸的造纸网	陈化柱	CN201810400413	CN108824058A
975	D21F	一种造纸烘缸上的辊壳结构	徐亚维	CN201810626169	CN108824059A
976	D21G	具有纸帘摇晃功能的造纸用抄纸设备	毛　渊	CN201820221410	CN208104893U
977	D06B	一种新型造纸机用成形织物装置	余　坚	CN201810898600	CN108823861A
978	D21B	一种造纸用环保制浆设备	马　冠 等	CN201820546191	CN208104871U
979	D21F	一种生活用纸造纸机水针系统	洪增源 等	CN201820184842	CN208104882U
980	D21F	一种造纸机的烘干装置	王　琳	CN201710120168	CN106638103B
981	B02C	一种造纸浆料的中纤分级筛装置	王建勤	CN201810654667	CN108816323A
982	D21F	利用造纸蒸煮蒸汽的系统	张亚男	CN201820134073	CN208104887U
983	D21B	一种移动装置的造纸方法	吴江玲	CN201810904880	CN108824049A
984	D21F	一种造纸过程中的纸毛回收处理系统	黄文彬	CN201820203374	CN208104888U
985	D21G	具有纸帘上下摆动功能的造纸用抄纸设备	毛　渊	CN201820221648	CN208121471U
986	B24B	一种造纸机刮刀加工、打磨一体机	戴元德	CN201810635226	CN108838754A
987	D21F	一种造纸机用限位结构	袁　帅	CN201820467344	CN208121469U
988	D21F	一种新型电控造纸烘缸	傅业伟 等	CN201810918835	CN108842500A
989	F17D	一种造纸用高玻璃化温度丁苯胶乳的输送装置	彭　海 等	CN201820358437	CN208123901U
990	D21F	一种造纸机的脱水装置	陈　洁	CN201710140480	CN106988145B
991	D21F	一种造纸机用的自动断纸系统	付维贤	CN201810699837	CN108867145A
992	D21F	一种造纸压榨辊辊面包聚氨酯胶	李发行 等	CN201820492824	CN208136607U
993	B01F	一种造纸配浆池上结构优化的间歇机构	徐亚维	CN201810626189	CN108854833A
994	D21B	一种造纸碎浆装置	张平安 等	CN201820429563	CN208136588U

续表

序号	分类号	专利名称	发明人	申请号	公开(公告)号
995	D21F	一种利用圆网造纸机复合加工吸水纸的制备方法	卢秀霞	CN201810806875	CN108867149A
996	D21H	一种节能高效造纸方法	高 云	CN201810689999	CN108867176A
997	D21F	造纸机网毯和用于制造造纸机网毯的方法	R. 埃伯哈特等	CN201780022606	CN108884637A
998	D21F	一种造纸过程中的热量回收装置	梁启平 等	CN201721842433	CN208136613U
999	D06B	一种自动化造纸机用成型织物装置	余 坚	CN201810898599	CN108866893A
1000	B24B	造纸设备及其刮刀装置	黄锦华 等	CN201310509976	CN104551875B
1001	A24B	一种改善造纸法再造烟叶涂布量两面差的装置及方法	李鹏飞 等	CN201810825670	CN108851180A
1002	D21B	一种造纸用碎浆装置	童春红	CN201810791782	CN108867129A
1003	D21F	用于更换造纸机的绷网的设备和方法	弗兰克・施密特 等	CN201780020437	CN108884636A
1004	D21F	一种安全快速高效的造纸装置	卢俊超	CN201810755184	CN108867138A
1005	D21B	一种打浆均匀的造纸用打浆设备	张平安 等	CN201820428781	CN208136587U
1006	F26B	一种烘干效果好的造纸用烘干器	朱大竹 等	CN201820428761	CN208139770U
1007	D21F	造纸机的转移或靴型压带、在造纸机中的用途及制造方法	迪尔克・普拉沙克 等	CN201810461127	CN108867139A
1008	D21F	一种造纸机自动引纸器	占正奉 等	CN201810909421	CN108867144A
1009	D21F	一种造纸生产线的供能系统	陈 巍	CN201810827158	CN108867142A
1010	D21F	一种高速纸机用特种纸成形网及造纸设备	叶 平 等	CN201811062705	CN108894045A
1011	C02F	一种用于造纸挤压过滤的压滤机	沈家洛	CN201810789825	CN108892258A
1012	D21F	一种造纸机的流浆箱	侯清中 等	CN201820626507	CN208151758U
1013	B31F	一种造纸废渣和污泥生产瓦楞原纸的冲压装置	吴 刚	CN201820137943	CN208148651U
1014	F26B	一种造纸用快速烘干器	张连侠	CN201820567003	CN208155009U
1015	D21F	一种适用于各种性能造纸毛毯的清洗清理装置	马忠民 等	CN201820624926	CN208151759U
1016	D21H	一种造纸用荧光增白剂添加装置	不公告发明人	CN201820238661	CN208151762U
1017	C02F	造纸废水处理的厌氧池	张建康	CN201820248066	CN208151056U
1018	D21F	一种造纸机用成形织物	陈丹华	CN201810925091	CN108914674A
1019	D21F	瓦楞原纸造纸机烘缸剥离装置	诸建华	CN201820634266	CN208167409U
1020	B65H	造纸复卷机引纸装置	诸建华	CN201820634261	CN208166165U
1021	D21H	一种造纸用间歇式滚动烘干机	黄齐仪	CN201721593183	CN208167412U
1022	D21F	一种造纸机网部水雾收集系统	彭富贵 等	CN201810902256	CN108914673A
1023	D21H	原浆纸造纸生产设备系统	祝 叶 等	CN201810848143	CN108914699A
1024	D21F	一种仿人工式造纸用抄纸设备	夏运喜 等	CN201810869065	CN108914677A
1025	G01N	一种造纸在线检测除尘、除静电、防蚊虫机构	李 灵 等	CN201820332825	CN208171869U
1026	C02F	一种造纸企业废水回收用滤清装置的滤清方法	马 强	CN201810875388	CN108911258A
1027	D21F	瓦楞原纸造纸机抄前浆自动调浓装置	诸建华	CN201820634245	CN208167406U
1028	D21F	造纸烘缸除胶设备	张桂芳	CN201810651133	CN108930188A
1029	D21F	一种造纸机多稳流成形网槽	郭兰亮	CN201710390226	CN108930186A

续表

序号	分类号	专利名称	发明人	申请号	公开(公告)号
1030	D21F	一种用于造纸机远程监测与控制的高频摇振器系统	孟彦京 等	CN201820526434	CN208183435U
1031	D21F	造纸机的蒸汽烘干系统	向　华	CN201710391878	CN108930187A
1032	D21C	一种芦苇造纸工艺用高效纸浆加工装置	刘　豪	CN201721755611	CN208183430U
1033	D21F	新型造纸烘干装置	郭兰亮	CN201710391601	CN108930189A
1034	G05B	一种用于造纸机远程监测与控制的压光机系统	孟彦京 等	CN201820527260	CN208188656U
1035	D21C	一种制浆汽蒸横管	王东兴 等	CN201811157405	CN108951256A
1036	D21H	一种造纸施胶筒防震安装结构	张桂芳	CN201810650540	CN108951288A
1037	D21G	一种造纸软压光机	张桂芳	CN201810764695	CN108951264A
1038	B01D	一种造纸用除尘设备	马　冠 等	CN201820546193	CN208193940U
1039	D21D	一种造纸纸浆用高效除砂装置	郑惠芳 等	CN201820801134	CN208201469U
1040	D21F	一种用于造纸设备的节能烘干装置	王根琴	CN201810828037	CN108951262A
1041	D21F	一种高平整性的造纸网结构	郑惠芳 等	CN201820801131	CN208201474U
1042	D21F	一种造纸烘干用加热辊	郑惠芳 等	CN201820801917	CN208201478U
1043	D21D	一种分层粉碎的造纸用打浆机	李中利 等	CN201810814935	CN108951258A
1044	B01F	一种清洁造纸用纸浆混合装置	马　冠 等	CN201820544399	CN208194252U
1045	D21F	一种造纸机的真空吸水装置	郑惠芳 等	CN201820802657	CN208201476U
1046	D21D	一种造纸用纤维分离机	郑惠芳 等	CN201820801919	CN208201470U
1047	D21F	一种造纸机用成型织物装置	余　坚	CN201810898601	CN108951260A
1048	D21F	一种干法造纸装置	黄炳煌 等	CN201820717456	CN208201481U
1049	D21B	一种便于清洁的造纸用磨浆机	黄志锋	CN201820393176	CN208201463U
1050	B02C	一种造纸用碎纸装置	韩贺龙	CN201820236883	CN208194561U
1051	D21F	造纸白水超声波双级智控差压过滤机	马新功 等	CN201820656862	CN208201475U
1052	B65H	用于造纸厂复卷机退纸辊制动的刹车装置	罗鼎文 等	CN201810900988	CN108975011A
1053	D21F	造纸机蒸汽扬克罩中喷嘴及检测门装置	李山海	CN201820473652	CN208219283U
1054	D21F	造纸机干网保洁装置	郭兰亮	CN201710396693	CN108978314A
1055	B09B	一种用于造纸生产能够废物处理回收的清洗装置	佟文凤	CN201810686482	CN108971192A
1056	F16C	一种造纸用耐磨胶辊	陈向龙	CN201820514594	CN208221353U
1057	D21F	一种造纸用密闭气罩通风系统	黄玉华	CN201820286625	CN208219281U
1058	F04D	一种制浆流程泵	钱通云 等	CN201810547714	CN108980050A
1059	B01D	一种造纸过程中的水渣分离提取系统	黄文彬	CN201820202174	CN208212708U
1060	B65H	新型造纸机收卷装置	郭兰亮	CN201710396077	CN108975032A
1061	D21C	旋风分离器及制浆干燥系统	何　平	CN201810679640	CN108978308A
1062	B65H	一种用于涂布和造纸中收放卷的支撑端安全卡盘	乔印保 等	CN201820604840	CN208217962U
1063	D21F	一种用于造纸机烘缸的压辊装置	侯清中 等	CN201820626131	CN208219282U
1064	B65H	一种用于涂布和造纸中收放卷的主动端安全卡盘	乔印保 等	CN201820605015	CN208218088U
1065	D21D	一种具有对向磨浆功能的造纸厂用造纸设备	王延辉	CN201810915865	CN108978311A
1066	D21F	一种离心式造纸用纸浆压榨出料装置	谢文方	CN201810910400	CN108978315A
1067	D21F	制浆冲浆系统	蒋国华 等	CN201721887680	CN208219279U

续表

序号	分类号	专利名称	发明人	申请号	公开(公告)号
1068	D21F	用于造纸机的烘干设备	郭兰亮	CN201710396076	CN108978316A
1069	G06T	一种造纸设备的实时故障诊断方法	王亦红 等	CN201610546706	CN106157314B
1070	B28C	一种制浆罐废料清理装置	闵　勇 等	CN201820131894	CN208232065U
1071	B01F	一种造纸用自动化造纸助剂添加装置	张连侠	CN201820567002	CN208229769U
1072	F16K	一种造纸排渣用止回阀	曲汉国 等	CN201820683994	CN208252838U
1073	B07B	一种造纸用浆料筛高效清堵装置	孙品山	CN201610940975	CN106563638B
1074	D21F	一种太阳能造纸机	王　改	CN201820135514	CN208250825U
1075	D21D	一种用于造纸生产的打浆磨浆装置	严传玉	CN201810867110	CN109024043A
1076	A24B	一种造纸法再造烟叶生产过程喷淋拨料散料装置	闫　瑛 等	CN201820799853	CN208242819U
1077	B01D	一种造纸真空系统的汽水分离器	苏　伟	CN201820592814	CN208244272U
1078	D21D	一种打浆均匀的造纸打浆装置	徐莉莉	CN201810932506	CN109024045A
1079	D21B	纸料高效碎解制浆装置	张吉祥 等	CN201820827781	CN208250810U
1080	D21B	一种基于对冲涡旋且波扰剪切碎浆的制浆设备	安延涛 等	CN201811089247	CN109024030A
1081	D21F	一种环保节能型的造纸机干燥部	秦启文 等	CN201810943796	CN109024051A
1082	B01D	造纸浆液的过滤装置	张桂芳	CN201810651132	CN109011758A
1083	D21F	一种造纸用盲孔沟纹辊刮刀接水装置	曲汉国 等	CN201820684080	CN208250824U
1084	D05B	一种高效率造纸机用成型织物	陈丹华	CN201810925089	CN109023742A
1085	D21F	一种组合式造纸烘干用支撑网	缪东伟	CN201610954437	CN106381747B
1086	D05B	一种自动化造纸机用成型织物	陈丹华	CN201810925090	CN109056202A
1087	B01F	一种造纸用纸浆搅拌设备	孙品山	CN201610992330	CN106474956B
1088	D21G	一种便于清洗的手工造纸装置	朱明德 等	CN201710745729	CN107287971B
1089	B65D	一种秸秆类制浆原料输送机	许银川 等	CN201811154012	CN109051382A
1090	B26D	造纸成型自动化分切装置	郑木阳 等	CN201810828380	CN109049075A
1091	D21F	造纸毛毯用封边机	乔月振 等	CN201820875928	CN208266578U
1092	D21F	一种造纸用成形网网边挡浆装置	翟光中	CN201820873101	CN208266577U
1093	D21F	用于制造造纸机网毯的方法和造纸机网毯	R. 埃伯哈特 等	CN201780022583	CN109072549A
1094	B28C	高速制浆搅拌机	林亚聪 等	CN201820738700	CN208263165U
1095	D21F	一种宽幅聚酯纤维造纸成形网的输送装置	缪东伟	CN201611133347	CN106436429B
1096	C02F	一种用于造纸终端的废水除盐装置	李文斌	CN201820464865	CN208265800U
1097	B01F	一种造纸用浆液混搅装置	张连侠	CN201820565381	CN208275311U
1098	D21F	一种带气罩的造纸干燥装置	曾　嘉	CN201811143469	CN109082925A
1099	D21B	一种用于造纸的多层次纸浆粉碎机	黄　海	CN201810901914	CN109082918A
1100	D21F	一种造纸毛毯的制备方法及造纸毛毯	叶　平 等	CN201811064379	CN109082926A
1101	F16K	一种造纸设备用三通换向阀	刘宇金 等	CN201811133625	CN109084045A
1102	D21D	一种具有除杂质的造纸加工用打浆机	雷道东 等	CN201820430721	CN208293300U
1103	D21B	一种造纸用原料粉碎机	薛　超 等	CN201820429583	CN208293298U
1104	B04B	一种造纸表面施胶用淀粉胶料的净化设备	齐云洹 等	CN201810929534	CN109092574A

续表

序号	分类号	专利名称	发明人	申请号	公开(公告)号
		造纸化学品			
1	C09K	制浆造纸废液制备防风固沙保水剂方法	柯雄彬	CN201610458222	CN107541216A
2	D21H	一种造纸用水性润滑剂及其制备方法	施晓旦 等	CN201610747586	CN106245430B
3	A01N	造纸用杀菌剂	柯雄彬	CN201610457427	CN107535499A
4	D21C	一种造纸用蒸煮剂	柯雄彬	CN201610457378	CN107541978A
5	D21H	造纸用助留剂	柯雄彬	CN201610457721	CN107541991A
6	D21H	造纸杀菌防腐剂	柯雄彬	CN201610457411	CN107541994A
7	C08F	一种添加分子量调节剂制备造纸用阳离子助留助滤剂的方法	沈　勇 等	CN201710940017	CN107556432A
8	D21H	一种改性硫酸钙晶须造纸原料及应用	桂明生 等	CN201610935886	CN106368050B
9	C12N	一种处理造纸白水用包埋颗粒固定化混合酶及其制备方法	王松林 等	CN201710800443	CN107557351A
10	D21H	一种造纸污水处理过程中的铁氧晶体二次利用工艺	张凤山 等	CN201710580445	CN107558293A
11	C08F	一种造纸用苯丙乳液及其制备方法	邵军尧 等	CN201710665270	CN107556418A
12	D21H	一种用于造纸加工的防水耐污改性胶黏剂及其制备方法	许戈文 等	CN201710631552	CN107558292A
13	D21H	一种造纸再生纤维增强剂及其使用方法	肖智基	CN201610577436	CN106560548B
14	C08F	在造纸中作为添加剂的包含乙烯胺的共聚物微粒	S・伯卡尔	CN201280055151	CN103946252B
15	D21H	一种造纸专用重质碳酸钙的制备方法	林　龙	CN201710852848	CN107574707A
16	C12N	一种处理造纸白水阳离子的固化酶材料及其制备方法	王松林 等	CN201710800188	CN107586771A
17	D21H	滑石粉和钛白粉组合物在造纸填料上的应用	徐英豪	CN201610686666	CN106436451B
18	A01N	一种造纸杀菌剂及其制备方法	许桂红	CN201710798270	CN107593746A
19	C09C	一种造纸用改性碳酸钙及其加工工艺	唐　文 等	CN201710776035	CN107603278A
20	D21H	硅溶胶、制备其的设备和方法和其在造纸中的应用	白　雯 等	CN201410748835	CN104947499B
21	D21H	硅微粉和钛白粉组合物在造纸上的应用	徐英豪	CN201610684807	CN106480776B
22	D21H	用于造纸工业的高强度施胶剂的制备方法	余晓飞	CN201710902530	CN107604751A
23	D21H	一种造纸复合助留剂	孙纯锐 等	CN201711011393	CN107630389A
24	D21H	一种造纸干网喷淋剂及其制备方法	邓　强 等	CN201710820177	CN107653741A
25	D21H	一种造纸填料的现场包覆预絮聚改性方法	王立军 等	CN201710845580	CN107675556A
26	D21H	向造纸过程递送颜料分散体和助留剂的方法	威廉・A・格兰杰 等	CN201380056444	CN104769183B
27	D21H	一种造纸助剂液体荧光消除剂及其合成方法	黎瑰丽 等	CN201610682237	CN106320063B
28	D21H	一种造纸专用纳米碳酸钙制备方法	李文康 等	CN201710916453	CN107724171A
29	D21H	一种造纸专用的碳酸钙	唐洪杨 等	CN201610336260	CN105839452B
30	D21H	用于造纸的表面施胶剂和改善纸张强度、抗水性的造纸方法	王祥槐 等	CN201410805086	CN104611990B
31	D21H	一种有机硼复合交联剂和阳离子聚合物的分散共聚物及其制备方法和应用、造纸方法	赵新民 等	CN201610696347	CN106351063B

续表

序号	分类号	专利名称	发明人	申请号	公开(公告)号
32	D21H	一种用作造纸填料的粉煤灰表面沉淀结晶式包覆改性的方法	樊慧明 等	CN201610611872	CN106283854B
33	D21H	一种造纸用水溶性润滑剂及其制备方法	施晓旦 等	CN201610747555	CN106245428B
34	D21H	一种造纸施胶剂的制备方法	王君平	CN201610886659	CN106320076B
35	D21H	一种造纸专用环保秸秆制浆助剂的制备方法	王君平	CN201610886668	CN106498801B
36	D21H	一种用于造纸行业中的淀粉组合物	佟 毅 等	CN201711029406	CN107815917A
37	D21H	一种多功能造纸化学助剂及其制备方法和应用	吕文志 等	CN201711070441	CN107815918A
38	D21H	造纸用表面施胶液的生产工艺	杜汉民 等	CN201711057441	CN107841905A
39	C08G	一种造纸涂布用新型降粘流变剂的制备方法和应用	郑保键	CN201711180878	CN107840964A
40	D21H	一种双组份造纸填料及其制备方法	张 帆 等	CN201711041931	CN107869090A
41	C09D	一种造纸用自洁抗污涂料及其制备方法	杨建军 等	CN201711307366	CN107880701A
42	C09C	一种硫酸钙晶须造纸原料的改性方法	桂明生 等	CN201610935887	CN106497142B
43	D21H	一种造纸用消泡剂组合物及其制备方法	王 婷	CN201711127498	CN107893344A
44	D21H	一种造纸用改性聚醚消泡剂组合物及其制备方法	王 婷	CN201711127474	CN107893343A
45	D21C	一种造纸用漂白复合酶及其制备方法	邵素英	CN201410713795	CN104499336B
46	D21H	一种造纸用助留剂及其制备方法	范有为	CN201510235992	CN106283861B
47	D21H	一种抑菌抗凝造纸湿强剂的制备方法	龙年生 等	CN201711068871	CN107905029A
48	B01D	用于造纸工业的基于水包油乳液的消泡剂	H·克恩 等	CN201480062753	CN105722574B
49	C23C	一种用于造纸烘缸的铁基涂层材料及其涂层制备方法	贺定勇 等	CN201711277485	CN108004496A
50	C12N	一种用于废纸造纸工艺的复合酶制剂及制备方法	庄 冉 等	CN201711216515	CN108004223A
51	D21H	聚丙烯酰胺系造纸用添加剂和其制造方法以及纸制造方法	虾名雄贵 等	CN201680049404	CN108026699A
52	D21H	一种造纸施胶剂及其制备方法	邓 强 等	CN201711102102	CN108018740A
53	D21H	一种环保型造纸湿强剂及其制备方法	邓 强 等	CN201711088238	CN108035187A
54	C02F	一种用于造纸化机浆废液的蒸发阻垢分散剂及其制备方法	田民格 等	CN201711245251	CN108033577A
55	C12N	用于改变和改善纤维性质的纤维氧化酶组合物及造纸方法和应用	王祥槐 等	CN201410368089	CN104178474B
56	D21H	一种复合型造纸湿强剂及其制备方法	邓 强 等	CN201711102105	CN108049240A
57	C02F	一种造纸污水处理剂	位玉莹	CN201610986084	CN108059222A
58	D21C	一种生活用纸加工中使用的制浆助剂	许亦南	CN201711309903	CN108060598A
59	D21H	一种造纸用消泡剂	李 东	CN201610990496	CN108071045A
60	C02F	一种造纸厂废水处理剂及其制备方法和应用	胡培培	CN201711402844	CN108083408A
61	D21H	一种低黏度高分散型造纸滑石粉的制备方法	王艳芹 等	CN201611211666	CN106835828B
62	D21H	一种造纸用复合填料的制备方法	不公告发明人	CN201711221483	CN108103833A
63	D21H	一种改性硫酸钙晶须造纸填料的制备方法	庞春霞 等	CN201711291743	CN108103839A
64	C01F	一种利用造纸白泥制备高品质碳酸钙白石粉的方法	潘胜勇 等	CN201711415968	CN108101089A
65	D21H	阳离子纳米微晶纤维素增强的造纸表面施胶剂的制备方法	唐艳军 等	CN201610069085	CN105780589B

续表

序号	分类号	专利名称	发明人	申请号	公开(公告)号
66	D21C	一种造纸半化学浆促进浸渍软化剂及其制备方法	刘建华 等	CN201711448927	CN108103820A
67	D21H	用于在造纸中处理填料的组合物和方法	饶庆隆	CN201680056977	CN108138448A
68	D21C	用于抑制有机污染物沉积在纸浆和造纸系统中的方法	T-F·林 等	CN201680045715	CN108138440A
69	D21H	耐强碱清洁制浆助剂及其应用工艺	孔凡功 等	CN201711290437	CN108130806A
70	D21H	生产用于造纸的活化胶态二氧化硅的方法	白　雯 等	CN201711414284	CN108130801A
71	D21B	清洁制浆催化剂及其应用工艺	王守娟 等	CN201711290358	CN108130771A
72	D21H	一种造纸干强剂的制备方法	杨立军 等	CN201711278097	CN108130810A
73	C09J	一种造纸用纳米级氧化淀粉施胶剂及其制备方法与应用	王　溦 等	CN201510962075	CN105505255B
74	C01F	一种用于造纸的改性复合重质碳酸钙的制备工艺	桑杰儒 等	CN201711389595	CN108147445A
75	D21H	一种造纸用抗菌材料的制备方法	王大可 等	CN201711118308	CN108149517A
76	B01J	一种造纸用双氧水稳定剂生产过程用加料装置	黄房生 等	CN201721532542	CN207478531U
77	D21H	一种基于半纤维素的造纸增强剂及其制备方法与应用	任俊莉 等	CN201610939162	CN106480780B
78	C08F	一种造纸纤维分散剂及其制备方法	张敏盛 等	CN201510864020	CN105367694B
79	C09J	一种造纸涂布用颗粒状超细淀粉胶黏剂及其制备方法	黄崇君	CN201810111089	CN108219682A
80	D21H	一种新型造纸助剂直链 AKD 表面施胶剂的制备方法	朱年德 等	CN201710090730	CN106758518B
81	D21H	造纸用添加剂和使用该添加剂得到的纸	大野健一 等	CN201510632882	CN105463935B
82	D21H	一种用缩水甘油醚改性胶原蛋白制备的造纸施胶剂及其制备方法	王学川 等	CN201810310430	CN108330739A
83	D21H	一种功能型造纸涂料	谷　文 等	CN201711351371	CN108342930A
84	D21H	一种耐盐雾造纸涂料	谷　文 等	CN201711353488	CN108360291A
85	D21H	用于造纸过程的含有硼酸的聚合物	张志毅 等	CN201680060777	CN108391440A
86	D21H	一种阻燃造纸涂料	谷　文 等	CN201711353510	CN108385437A
87	D21H	一种造纸涂料	谷　文 等	CN201711354808	CN108385436A
88	D21H	一种造纸制浆专用树脂控制剂	张　剑 等	CN201810361051	CN108385439A
89	C08F	一种造纸涂料的流变剂合成方法	黎桂华	CN201610131601	CN105754028B
90	D21C	一种生物酶制浆特种软化剂及其制备方法	李树泉 等	CN201810381889	CN108411674A
91	D21C	一种生物酶制浆快速渗透剂及其制备方法	李树泉 等	CN201810377118	CN108411673A
92	D21H	一种涂布淀粉及其制备方法、造纸涂料	壮　欢 等	CN201810196347	CN108411696A
93	D21H	一种高韧性胶原基造纸施胶剂的制备方法	裴文韬 等	CN201810287559	CN108411692A
94	D21H	一种抗菌造纸涂料	谷　文 等	CN201711353513	CN108442174A
95	D21H	一种新型造纸填料的制造设备及造纸填料的制备方法	袁　毅 等	CN201710177790	CN106835820B
96	D21H	一种改性壳聚糖造纸施胶剂的制备方法	戴　琪 等	CN201810137728	CN108442173A
97	D21H	一种新型造纸涂料	谷　文 等	CN201711354809	CN108457121A

续表

序号	分类号	专利名称	发明人	申请号	公开(公告)号
98	D21H	一种纤维材料表面改良剂、其制备方法及其在造纸中的应用	张　丹 等	CN201810272378	CN108468250A
99	D21H	一种特种造纸复配型防霉剂	王　鑫	CN201810670589	CN108486956A
100	D21H	一种造纸涂料的制备方法	刘从荡	CN201710101622	CN108505395A
101	D21H	造纸专用纳米滑石粉的制备方法	梁杰锋 等	CN201810278482	CN108517713A
102	C08F	一种处理造纸白水用阳离子微球及其制备方法与应用	李军荣 等	CN201510077542	CN104672389B
103	C09C	一种碳酸钙-淀粉基造纸填料及其半干法制备工艺	樊慧明 等	CN201611085015	CN106590058B
104	D21H	一种改性硅酸钙造纸填料及其制备方法	不公告发明人	CN201610451261	CN106120441B
105	D21H	一种造纸用低溶解度硫酸钙、其生产方法及其应用	刘亚青 等	CN201810354504	CN108547172A
106	D21H	用于制造纸管原纸的淀粉添加装置及添加方法	王大伟 等	CN201810666815	CN108547174A
107	D21C	一种固体缓释型生物酶制浆补充漂白剂及其制备方法	李树泉 等	CN201810364559	CN108560301A
108	D21B	一种高留着性造纸填料的制备方法	雷春生 等	CN201810363640	CN108560299A
109	D21H	造纸用填料的制作方法	李文斌	CN201610768042	CN106320064B
110	D21H	一种造纸涂布用抗水剂及其制备方法	桑杰儒 等	CN201810472751	CN108589404A
111	C09C	一种造纸用钛白水浆制备方法	张修臻 等	CN201810563222	CN108587245A
112	D21C	造纸制浆用蒸煮助剂	谢　萍 等	CN201810201302	CN108589369A
113	D21C	造纸制浆用蒸煮助剂的制备方法	谢　萍 等	CN201810201305	CN108589370A
114	D21H	一种制浆造纸用无机纤维用增强剂的制备方法	杜良芹 等	CN201810546184	CN108611920A
115	D21C	一种利用废纸制备造纸增强剂的方法	李玉萍 等	CN201810273544	CN108611900A
116	C12N	一种生物酶制浆过程中生物酶菌种配方和配制方法	李　鑫 等	CN201810369415	CN108611293A
117	D21H	用于造纸表面施胶的工业淀粉及其制备工艺	李毅伦	CN201710254693	CN106906695B
118	D21B	一种废纸制浆助剂及废纸造纸工艺	黄晓平 等	CN201810318904	CN108642940A
119	D21H	一种环保型交联改性 PAE 造纸高增湿强剂的制备方法	赵新民 等	CN201710250573	CN107012731B
120	D21H	一种用缩水甘油酯改性胶原蛋白制备造纸施胶剂的方法	王学川 等	CN201810493636	CN108691243A
121	C08F	一种造纸用乳液型阳离子干强剂的制备方法及其应用	谢　鹏；白永亮；	CN201810584362	CN108690165A
122	C08F	乙二醛化的聚丙烯酰胺三元共聚物、其基础共聚物、包含其的组合物、其在造纸和产品中的用途	S. 特科博 等	CN201780013347	CN108699194A
123	C08F	一种造纸用阳离子表面施胶剂的制备方法及应用	谢　鹏 等	CN201810584349	CN108690159A
124	D21H	一种淀粉基造纸表面施胶剂的制备方法	李玉萍 等	CN201810273541	CN108708215A
125	D21H	一种造纸用黏缸剂的制备方法	黄房生 等	CN201610814690	CN106368054B
126	A01N	一种造纸白水用杀菌剂及其制备方法	陈琪峰 等	CN201810568389	CN108739855A
127	D21H	低品位凹土制备造纸助留剂的方法	陈　静 等	CN201810593940	CN108755246A
128	D21H	一种新型的造纸填料及其制备方法	蒲俊文 等	CN201710116750	CN106917320B
129	D21H	一种表面活化聚合的填料及其制备工艺以及在制造纸张上的应用	王　欢	CN201810918775	CN108824074A

续表

序号	分类号	专利名称	发明人	申请号	公开(公告)号
130	D21H	一种造纸施胶剂	朱文杰 等	CN201810727138	CN108867173A
131	D21H	一种适于造纸的微粉碳酸钙的制备方法	覃正文	CN201810444321	CN108867161A
132	D21H	一种造纸用表面施胶剂及其制备方法	林悦敏	CN201810810458	CN108867174A
133	C08H	电容去离子法纯化制浆黑液制备木质素基分散剂的方法	刘明华 等	CN201610817176	CN106432750B
134	D21H	一种高平滑度造纸涂布施胶用改性淀粉	汤智龙	CN201610622448	CN106245426B
135	C08B	一种高强度造纸涂布施胶用改性淀粉	汤智龙	CN201610622449	CN106243231B
136	D21C	一种制浆造纸助剂	王　鑫	CN201810777301	CN108914666A
137	C08F	一种造纸用乳液型阴离子干强剂的制备方法及其应用	谢　鹏 等	CN201810584477	CN108912266A
138	C09C	一种造纸专用高档钛白粉的制备方法	孟令军	CN201811047022	CN108929574A
139	D21H	一种中性造纸用聚合材料的制备方法	王大可 等	CN201810866223	CN108951285A
140	D21H	一种造纸柔软剂的制备方法	翟　琳 等	CN201810759889	CN108951279A
141	D21H	一种造纸用柔软剂及其制备方法	卢伟民	CN201810897383	CN108978336A
142	D21H	一种造纸用表面施胶剂原料复合乳化剂	李　巍 等	CN201810959619	CN108978339A
143	D21C	一种造纸制浆用蒸煮剂	不公告发明人	CN201811016275	CN109024034A
144	C08F	含淀粉的细碎聚合物分散体、其制备方法以及在造纸中作为胶料的用途	T·D·勒曼 等	CN201580036382	CN106471014B
145	D21H	用于在造纸工艺中增强施胶的方法和组合物	威廉·C·约翰逊 等	CN201780025681	CN109072564A
146	D21H	一种造纸用助留助滤增强剂	蔡群波	CN201810883634	CN109082931A
147	D21H	新型造纸用消泡剂	储　军	CN201811042789	CN109082933A
148	D21H	加强型造纸湿强剂	蔡群波	CN201810922136	CN109082938A
149	C08F	一种造纸助留助滤用聚丙烯酰胺的制备方法	刘彭城 等	CN201710332407	CN106905479B
150	D21H	一种造纸用珠光染料及其制备方法	王　君 等	CN201810888653	CN109098035A
		环境保护			
1	C08F	一种造纸污泥基两性高分子絮凝剂的制备方法	高宝玉 等	CN201510413881	CN105001381B
2	C02F	一种处理造纸废水用复合高分子废水处理絮凝剂及其制备方法	凌　静 等	CN201510529749	CN105016448B
3	C02F	造纸工业废水的净化处理方法	齐永怡	CN201710577455	CN107585949A
4	C02F	一种大型造纸厂废水循环处理系统	张　蛟	CN201720046700	CN206901970U
5	C02F	造纸废水中酸性污染物净化剂	王婧宁	CN201710975860	CN107619096A
6	C02F	一种造纸污泥的固化干燥处理方法	杜汉民 等	CN201711056002	CN107619170A
7	C04B	一种利用造纸污泥制备烧结保温砖、砌块造孔材料的方法	杨　良 等	CN201710717150	CN107619294A
8	C02F	一种造纸厂废水处理方法	唐德养	CN201711058775	CN107619158A
9	C02F	一种制浆脱墨污泥回收再利用的方法	陈　满 等	CN201710785735	CN107619169A
10	C02F	造纸废水资源化回收处理工艺方法及处理系统设备	马新功	CN201711052798	CN107619124A
11	C08H	一种造纸废水生产木质素磺酸钠的设备及生产工艺	李银干 等	CN201510532157	CN105111460B

续表

序号	分类号	专利名称	发明人	申请号	公开(公告)号
12	C02F	一种将造纸废水处理成清水排放的方法	潘立华	CN201711121099	CN107628734A
13	D21C	造纸黑液的处理方法及其处理设备	郭其昌	CN201310635289	CN104674590B
14	C02F	造纸废水处理设备	宋德全	CN201720881276	CN206940463U
15	G01N	一种用 ICP 测定造纸黑液中微量铝离子含量的方法	徐永建 等	CN201510316702	CN104931464B
16	B09B	一种造纸厂垃圾焚烧与一体化工艺	肖贤声	CN201710855808	CN107649486A
17	D21C	从具有高碳酸盐含量的溶解的灰分回收制浆化学物质的方法	M. 贝利 等	CN201680031822	CN107660245A
18	G01N	一种测定造纸废水中颗粒污泥钙化的方法	王志伟 等	CN201710823663	CN107655784A
19	C08L	利用造纸污泥制造栈道板的方法	郁永清	CN201610606833	CN107663346A
20	C02F	造纸污废水净化处理系统	李文斌	CN201720586398	CN206970360U
21	D21H	制浆造纸生产中降低和去除有机污染物沉积及油墨的方法	王祥槐 等	CN201410449235	CN105386364B
22	C02F	采用造纸污泥制造树穴盖板的方法	郁永清	CN201610606834	CN107663003A
23	C02F	一种高效造纸废水净化装置	陈国娇 等	CN201720384149	CN206985950U
24	C04B	一种使用改性造纸污泥颗粒的保温砂浆	陈明旭 等	CN201711018754	CN107673707A
25	C04B	一种使用造纸污泥型光催化涂层的保温材料及其制备方法	陈明旭 等	CN201711025047	CN107673709A
26	B01D	造纸废气排放系统	刘育权	CN201720487965	CN206980380U
27	B01J	一种造纸污泥纤维微孔吸油复合物及其制备方法和应用	张 弛 等	CN201711116383	CN107670653A
28	C02F	一种用于造纸的废水回用系统	王雨田	CN201720729050	CN206985872U
29	C02F	一种造纸废水处理剂	王 立	CN201611137915	CN107673416A
30	C02F	一种利用造纸废水制备絮凝剂的方法	刘蓉凤 等	CN201710928639	CN107686153A
31	C02F	造纸污泥基生物炭在去除水体中抗生素或重金属与抗生素的应用	林云琴 等	CN201710740568	CN107686142A
32	C02F	一种造纸黑液处理再利用装置	孙书培 等	CN201720885102	CN207016646U
33	C02F	一种造纸厂利用微生物处理废水的方法	冯小义 等	CN201710779993	CN107698093A
34	C02F	一种造纸废水深度处理装置	庄 茅 等	CN201510801015	CN105461160B
35	C02F	一种造纸废水处理系统	郑振山 等	CN201720498176	CN207031122U
36	C02F	制浆造纸工业综合废水处理系统	马 冠 等	CN201720983766	CN207031207U
37	B09B	一种造纸厂废渣的处理系统及其处理工艺	朱清淅	CN201710966822	CN107716510A
38	B01D	一种造纸废水处理的沉淀池	石晓斌 等	CN201721000681	CN207024711U
39	C02F	一种造纸废水处理系统的絮凝通道	石晓斌 等	CN201721000684	CN207046927U
40	C02F	一种造纸废水环保排放装置	李仲元	CN201720881381	CN207047003U
41	C02F	一种造纸废水前端除钙系统	丁明其 等	CN201720727925	CN207046995U
42	C04B	一种造纸白泥基人造石及其制备方法	邵明洋	CN201711187086	CN107746245A
43	C02F	一种造纸废水处理剂及其处理造纸废水的方法	许桂红 等	CN201711264149	CN107746085A
44	C02F	一种造纸废水处理方法	吴龙世 等	CN201711188647	CN107758928A
45	C02F	一种用于造纸设备的废水处理器	张斐斐	CN201711278017	CN107758935A

续表

序号	分类号	专利名称	发明人	申请号	公开(公告)号
46	D21F	一种制浆造纸白水的封闭循环系统及处理方法	李　飞	CN201710169291	CN106758476B
47	C02F	一种造纸废水用处理剂及其制备方法	程功弼 等	CN201510940699	CN105399194B
48	B09B	一种再生浆造纸固体废料处理方法	谭拥军	CN201711024342	CN107812784A
49	C02F	一种用于造纸废水的高级氧化深度处理装置	张　培 等	CN201720617130	CN207130037U
50	C12P	一种利用造纸废液生物合成丁二酸的方法	李志敏 等	CN201711142577	CN107841515A
51	C10B	一种生物质掺混高灰造纸污泥热解制备合成气的方法	郭飞强 等	CN201710865120	CN107841325A
52	C02F	一种处理造纸废水的系统	潘立华	CN201711119630	CN107840538A
53	C02F	一种造纸黑液的处理方法	杨智钧 等	CN201711072670	CN107840483A
54	D21B	一种造纸机纸渣分级装置	陈章兴 等	CN201711284674	CN107841898A
55	D21F	一种造纸浓白水回收装置	张　健 等	CN201721742000	CN207159694U
56	C02F	一种造纸用工业用水处理装置	张　健 等	CN201721572011	CN207158992U
57	C02F	一种造纸废液处理系统	刘贤淼 等	CN201711331196	CN107857443A
58	C02F	造纸业废水深度处理系统	马　冠 等	CN201720984636	CN207159030U
59	C02F	一种将粉煤灰应用在造纸黑水净化处理的方法	许亦南	CN201711216200	CN107857332A
60	C02F	一种造纸厂废水处理装置	何　斌	CN201721057325	CN207159039U
61	C02F	一种造纸废水处理系统	周良范 等	CN201720888262	CN207159024U
62	C02F	一种造纸废水、污泥生态资源化方法	沈晓笑	CN201510976554	CN105399284B
63	C02F	一种用于厌氧处理造纸废水的分离器	李文斌	CN201720881284	CN207175699U
64	C07G	一种从造纸黑液中高效提取黄腐酸类物质的方法	杨越超 等	CN201610847821	CN106432368B
65	C02F	一种造纸废水厌氧处理系统	李文斌	CN201721036245	CN207175576U
66	B01D	一种造纸废气净化装置	刘　凯	CN201721071236	CN207169403U
67	C02F	一种造纸制浆废水处理装置	李文斌	CN201721036241	CN207175716U
68	C02F	一种处理造纸废水的净化器	李文斌	CN201721036243	CN207175623U
69	C02F	一种造纸废水曝气装置	李文斌	CN201721036246	CN207175563U
70	C02F	一种造纸污泥处理装置	熊国平	CN201720749852	CN207175740U
71	B01D	一种造纸废气净化处理设备	刘　凯	CN201721071179	CN207169390U
72	F23G	一种造纸制浆高浓臭气回收装置	康仙陵 等	CN201720886337	CN207179680U
73	C02F	一种造纸废水回用系统	李文斌	CN201721036247	CN207175717U
74	D21H	利用造纸污泥制作纸板的制作工艺	严本雄	CN201710972105	CN107881843A
75	B01D	一种新型造纸废气净化排除装置及净化方法	余凤莲	CN201711106320	CN107875770A
76	C02F	APMP 制浆废水集成处理工艺	王　根 等	CN201711172545	CN107879555A
77	D21F	一种造纸用白水的过滤回收系统	王秀香	CN201720873496	CN207210831U
78	C02F	一种用于造纸厂的造纸废水处理装置	梁志雄	CN201720636627	CN207227205U
79	C02F	一种废纸造纸污泥的回用系统	周华祥	CN201711139050	CN107915345A
80	C02F	一种低排放的造纸废水处理及综合利用装置	赵会芳 等	CN201720533358	CN207243668U
81	D21F	利用制浆废液制备有机肥料的方法	李世杰 等	CN201711227161	CN107938417A
82	D21F	一种由造纸黑液制备生物质炭的方法及系统	杨永毅 等	CN201711398656	CN107938418A

续表

序号	分类号	专利名称	发明人	申请号	公开(公告)号
83	C02F	一种造纸厂塑料洗渣废水处理池曝气装置	黄开森 等	CN201610597856	CN106006943B
84	C02F	一种造纸废水处理工艺	占正奉 等	CN201711224797	CN107963784A
85	B01D	一种造纸废水站废气处理工艺	陈步东 等	CN201711491287	CN107970760A
86	C10L	秸秆、造纸浆渣、羊粪混合成型燃料及制备工艺	王　斌 等	CN201510843097	CN105368523B
87	C02F	一种造纸业废水检测处理设备	谢玉茹	CN201720983189	CN207294374U
88	C02F	生物质热电联产的造纸污泥处理系统	向　华	CN201720609771	CN207294547U
89	C02F	造纸废水处理装置及造纸废水处理组件	刘　洁	CN201721374704	CN207313342U
90	C02F	一种去除制浆造纸废液中草酸根的方法	李海龙 等	CN201810010715	CN107986378A
91	C02F	一种造纸废水处理用海泡石/淀粉接枝聚丙烯酰胺复合絮凝剂的制备方法	徐道际 等	CN201711460698	CN107986417A
92	D21H	一种回收利用造纸污泥制作瓦楞原纸的方法	冉启长	CN201711224115	CN108004830A
93	C02F	造纸废水处理系统	刘育权	CN201720433922	CN207330627U
94	B01D	一种造纸用废气净化设备	何　斌	CN201721057246	CN207342453U
95	C02F	一种造纸废水净化处理装置	杨川北 等	CN201721036894	CN207347316U
96	D21C	回收制浆黄液固体碱联产有机铵速效肥和缓释肥的方法	曾宪海 等	CN201611190506	CN106592312B
97	C02F	造纸浓白水的回收利用装置及处理方法	王建玲	CN201710644983	CN107200445B
98	C02F	一种造纸废水处理装置	张　秀 等	CN201720910406	CN207375785U
99	C02F	一种造纸废水净化方法	杨慧侠 等	CN201711410528	CN108046533A
100	C04B	一种水泥旋窑处理造纸固废白泥的方法	孙　林 等	CN201810028044	CN108046625A
101	B01D	一种造纸废气净化装置及操作方法	仲维功	CN201711233326	CN108057320A
102	C02F	一种造纸废水气浮处理系统和混凝剂	张远堂 等	CN201711431455	CN108059278A
103	D21F	用于造纸工艺中的白水处理回用机构	何时荣	CN201721367720	CN207391919U
104	C02F	造纸废水资源化回收处理系统设备	马新功	CN201721433374	CN207404969U
105	C04B	直接利用湿污泥和造纸白泥掺配制砖的方法	蔡成刚	CN201711404118	CN108083770A
106	C02F	制浆造纸行业废水处理基础工艺	毛　旭	CN201510702767	CN105293660B
107	C02F	一种造纸或印染废水的脱色处理方法	易文其 等	CN201611019505	CN108083483A
108	C04B	一种造纸污泥制备阻燃八孔砖的方法	余明友 等	CN201711461598	CN108083751A
109	C02F	一种清洁造纸用废水预处理装置	张其盛 等	CN201721255263	CN207418515U
110	C02F	一种造纸废水絮凝沉淀处理系统和絮凝剂	张远堂 等	CN201711431394	CN108083500A
111	C02F	一种新型造纸污染减排装置	叶丛杰	CN201810154328	CN108101250A
112	C02F	一种工业造纸废水处理装置	韩　丹 等	CN201711384621	CN108101169A
113	C02F	一种造纸废水的处理工艺	杨慧侠 等	CN201711410523	CN108117194A
114	C10L	造纸污泥环保型煤及其生产方法	张　炜	CN201611086460	CN108117906A
115	C02F	一种可回收浆料的造纸废水处理设备	不公告发明人	CN201810105590	CN108147586A
116	C04B	一种造纸污泥制备八孔砖的方法	余明友 等	CN201711466415	CN108147766A
117	C04B	一种造纸污泥灰基高流态采空区充填材料及其制备方法	卢前明 等	CN201810168031	CN108164233A
118	C04B	一种矿用造纸污泥灰快速密闭材料及其制备方法	卢前明 等	CN201810168014	CN108164232A

续表

序号	分类号	专利名称	发明人	申请号	公开(公告)号
119	D21F	一种利用制浆黑液生产黄腐酸肥料的非木纤维生物化机浆生产工艺	白　博	CN201711268009	CN108179650A
120	C02F	一种具有沼气发电装置的造纸白水处理系统	黎任强	CN201721558582	CN207512048U
121	C02F	造纸废渣处理系统中的回用水系统	朱清淅	CN201721333185	CN207511949U
122	C02F	一种降低造纸废水中污染负荷的絮凝沉降方法及复合絮凝剂	吴　芹 等	CN201810096585	CN108191024A
123	C09J	一种造纸黑液综合利用的方法	朱燕超 等	CN201810105820	CN108192543A
124	F23G	造纸废渣燃烧发电气力输送系统	董晨庚	CN201721500916	CN207527605U
125	C02F	一种造纸污泥处理系统	钟贤炬 等	CN201721421216	CN207525115U
126	C10L	造纸浆渣、糠醛渣、羊粪混合成型燃料及制备工艺	王　斌 等	CN201510811913	CN105441159B
127	C02F	电子束辐照造纸废水后处理凝絮剂及其应用	王景泉	CN201711496754	CN108217891A
128	C02F	一种聚合氯化铝铁—造纸污泥基聚合物复合絮凝剂及其制备方法	高宝玉 等	CN201510971055	CN105384231B
129	C02F	一种造纸废水处理剂	梁荣强 等	CN201611157443	CN108217758A
130	C02F	一种造纸用废水净化装置	赵克勇	CN201611190791	CN108217848A
131	C02F	一种造纸废水处理池曝气系统	李飞明 等	CN201610581708	CN106045013B
132	B01D	造纸废浆液回收过滤装置	吕培友	CN201720476453	CN207575922U
133	C02F	一种造纸污泥调理、脱水、干化、焚烧处理工艺	占正奉 等	CN201810145369	CN108249732A
134	C02F	一种造纸白水处理系统	黎任强	CN201721558638	CN207581600U
135	C02F	一种造纸废水臭气的处理系统及方法	谭拥军 等	CN201810300934	CN108264203A
136	B01D	一种造纸厂生物除臭装置	潘兴良	CN201721604334	CN207591557U
137	C08F	用于处理造纸污泥的助剂及其制备方法	曾祥庚 等	CN201810101557	CN108276520A
138	C04B	一种造纸黑液改性氨基磺酸盐高效减水剂及其制备方法	董翠平 等	CN201610136906	CN105819728B
139	C02F	一种用于造纸废水的处理方法	王　丽 等	CN201810188041	CN108298772A
140	B01D	一种造纸废水预处理设备	王　翔 等	CN201721713524	CN207628016U
141	C02F	一种造纸工业废水处理工艺	崔敏娟	CN201810311163	CN108298774A
142	C02F	造纸行业纸机白水回收处理系统	马　冠 等	CN201720983485	CN207645943U
143	C08H	一种利用造纸黑液制备磺化木质素的方法	谢　勤	CN201710973043	CN108314789A
144	C02F	一种改进造纸废水处理装置	余行宝 等	CN201721512872	CN207645875U
145	C02F	一种造纸废水循环使用系统	余行宝 等	CN201721514229	CN207645967U
146	B01D	一种造纸厂废水排放过滤装置	王　笛	CN201810444406	CN108355381A
147	C02F	一种造纸黑液的处理方法及处理系统	黄再桂	CN201810108805	CN108358367A
148	C02F	一种造纸污泥处理药剂及其制备方法和应用	陈　鹏	CN201810281259	CN108358412A
149	C02F	一种治理生活污水和造纸厂废水的工艺方法及专用装置	刘天博	CN201810244020	CN108358393A
150	C02F	一种可以实现造纸废水降解的高效处理系统	邵志勇	CN201810238075	CN108358360A
151	B01D	一种造纸厂烘干部废气脱白除臭循环一体化设备	邵振华 等	CN201721500404	CN207680350U
152	B01D	一种造纸废水处理装置	王　翔 等	CN201721713992	CN207694354U

续表

序号	分类号	专利名称	发明人	申请号	公开(公告)号
153	B01D	一种造纸车间臭气处理装置	刘名中 等	CN201721550959	CN207694594U
154	C02F	一种处理造纸厂废水的蒸馏及热回收系统	顾光成 等	CN201721610065	CN207699234U
155	C02F	一种造纸废水循环再用的节能装置	张成飞 等	CN201721144578	CN207699312U
156	B01J	一种用于造纸废水处理的钙沸石负载铁离子掺杂的二氧化钛及其制备方法	陈 华 等	CN201610214466	CN105854926B
157	D21C	一种造纸黑液中木质素的降解方法	喻宁亚 等	CN201810443814	CN108385422A
158	C02F	一种用于造纸废水的废水处理装置	鞠佃强	CN201721503616	CN207713446U
159	C02F	一种治理生活污水和造纸厂废水的工艺方法及装置	刘天博	CN201810223417	CN108383301A
160	C02F	一种造纸污泥回填设备	高 峰	CN201810320596	CN108395066A
161	C02F	一种造纸厂用纸浆废水处理方法	王欢涛 等	CN201810284384	CN108409043A
162	C02F	一种造纸废水的多级沉降处理设备	卢福全 等	CN201810367696	CN108409051A
163	D21F	一种造纸浆水平衡和白水资源利用下的水零排放系统	马新功 等	CN201810418373	CN108411680A
164	C02F	一种造纸污泥资源化处理设备	林剑武	CN201810452457	CN108423966A
165	C02F	一种造纸废水的回收利用方法	蒲存明 等	CN201810144073	CN108423923A
166	C02F	一种制浆造纸废水处理工艺	黄德喜 等	CN201810467398	CN108423947A
167	C02F	造纸工业废水处理方法	陆 纯 等	CN201510629560	CN105502800B
168	C02F	一种造纸厂废水处理系统	盛建中	CN201810378379	CN108439717A
169	C10G	一种造纸厂废物综合资源化处理方法	杨西建	CN201810263594	CN108441246A
170	C02F	一种一体化造纸厂废水处理设备	梁胜锋	CN201810498630	CN108439565A
171	B01D	一种造纸厂用纸浆废水处理系统	王欢涛 等	CN201810284383	CN108434823A
172	D21C	一种造纸涂料废水的固含物回收方法	刘晓龙 等	CN201611122917	CN106758464B
173	D21H	一种造纸污泥的环保利用方法	李廷盛 等	CN201810144093	CN108457119A
174	C02F	造纸废水处理装置	林仲仙 等	CN201721690886	CN207774922U
175	D21C	一种从碱法制浆黑液中提取、分离木素的方法	施晓旦 等	CN201810439618	CN108457115A
176	C02F	一种造纸用废设备	梁启平 等	CN201721817458	CN207792788U
177	C02F	一种高硬度高盐度的再生纸造纸废水的循环使用方法	杜汉民 等	CN201810407041	CN108483761A
178	C12P	一种农业废弃物和造纸废渣联合资源化利用方法	王玉婷	CN201810344151	CN108486207A
179	C02F	一种造纸废水中纤维素的回收装置与回收方法	李 华	CN201810366159	CN108483528A
180	E02B	造纸废水灌溉修复盐碱湿地系统	王作林	CN201710109831	CN108505488A
181	C08H	一种酸析造纸废水制取木质素的验证机构	罗鸿斌	CN201810682425	CN108503854A
182	C02F	以造纸废水为主的工业园区废水的处理系统	袁 浩 等	CN201721901567	CN207828068U
183	C04B	一种大掺量造纸污泥加气混凝土砌块及其制备方法	龚 健 等	CN201810296720	CN108503334A
184	C02F	一种造纸废水气浮处理系统	张远堂 等	CN201721849035	CN207845342U
185	B01D	一种造纸行业废水站的组合除臭系统	陈步东 等	CN201721907358	CN207838678U
186	D21C	一种制浆造纸的废水热能回流装置	廖景斌	CN201820099510	CN207862685U
187	F23G	一种造纸浆渣及污泥的焚烧供能装置	廖景斌	CN201820107594	CN207865408U
188	C02F	一种造纸处理水专用净化剂	杨刚坤	CN201810523538	CN108529730A

续表

序号	分类号	专利名称	发明人	申请号	公开(公告)号
189	B01J	一种造纸厂的废水处理装置	董丙伟	CN201820023423	CN207872161U
190	D21F	一种由造纸黑液制备生物质炭的系统	杨永毅 等	CN201721812271	CN207891640U
191	C02F	一种用于造纸废水深度处理的复合絮凝剂	王　俊 等	CN201810374152	CN108557969A
192	C02F	一种用于造纸废水处理的装置	邹　一 等	CN201721770469	CN207891099U
193	C08F	一种利用造纸黑液主要成分改性高吸水树脂的方法及其材料	朱丽珺 等	CN201810393975	CN108559035A
194	H01M	一种利用造纸污泥及废浆渣的发电设备	吴　刚	CN201820084420	CN207896213U
195	C02F	一种改进型造纸污染减排装置	钟镇龄	CN201810195371	CN108557912A
196	C02F	一种造纸废水处理装置的工作方法	寇雪静 等	CN201810716537	CN108558096A
197	D21H	一种利用造纸污泥再造重型包装牛卡纸的方法	杜汉民 等	CN201810280903	CN108570884A
198	B01D	一种造纸废水低温除味运输装置	刘伟锋 等	CN201810371753	CN108568198A
199	C02F	一种用于造纸废水的污水处理剂及其制备方法	张　通 等	CN201610224645	CN105753078B
200	C02F	一种造纸废水处理设备	杨彦鹏	CN201721303398	CN207904051U
201	C02F	一种造纸用造纸废水沉淀回收装置	刘　豪	CN201721367680	CN207918566U
202	B02C	一种造纸污染减排装置	钟镇龄	CN201810194809	CN108579982A
203	C02F	一种造纸废水的零排放处理装置	吴正雷 等	CN201721872523	CN207933208U
204	C04B	一种利用造纸厂废液制作减水剂的方法	李　勇	CN201810522410	CN108609892A
205	C08F	一种造纸废水再利用制备环保塑化剂的工艺	李银干 等	CN201611131155	CN108610458A
206	B01D	废纸造纸废气的处理方法	杜汉民 等	CN201810370650	CN108619890A
207	C02F	一种制浆工业废水零排放处理方法及装置	邢卫红 等	CN201810788161	CN108623105A
208	C02F	一种多膜集成的制浆造纸废水零排放处理方法及装置	邢卫红 等	CN201810777373	CN108623054A
209	C02F	一种使用废纸制浆过程产生的造纸废水的循环使用方法	杜汉民 等	CN201810281029	CN108623073A
210	C02F	一种造纸废水净化处理组件	杨刚坤	CN201810522530	CN108623044A
211	C02F	一种高效造纸废水净化剂及其制备方法	刘慧玲	CN201810549731	CN108640204A
212	B02C	一种造纸固体废弃物处理装置	帕提古丽・奥布力 等	CN201810501711	CN108636549A
213	D21C	一种造纸废水处理工艺及处理装置	罗　军	CN201810577421	CN108642948A
214	C02F	一种造纸废水的零排放处理方法及装置	吴正雷 等	CN201711455923	CN108658346A
215	C04B	一种制浆造纸白泥回收活性石灰的方法	王桂林	CN201610775876	CN106396432B
216	C02F	一种造纸厂生产废水的处理系统	李程伟	CN201510467005	CN104986924B
217	C04B	一种利用造纸厂废液制作聚羧酸减水剂的方法	司传华	CN201810570045	CN108675669A
218	C02F	造纸废水处理系统	陈少斌	CN201820267381	CN207986950U
219	C02F	造纸废水自动处理系统	王　龙	CN201820115234	CN207986893U
220	C04B	一种利用造纸污泥及微波加热方式的硅酸钙板及其制备方法	芦令超 等	CN201710223299	CN108689655A
221	C02F	一种利用黄孢原毛平革菌生物强化处理制浆废水的方法	乔维川 等	CN201610320726	CN105858913B

续表

序号	分类号	专利名称	发明人	申请号	公开(公告)号
222	C02F	一种造纸废水的预处理装置	吴志明	CN201820146662	CN208008489U
223	C04B	一种用树脂和造纸黑泥生产步道砖的方法	张丰庆 等	CN201810400783	CN108706911A
224	B29B	一种造纸厂废塑料回收利用的方法	汪 婧	CN201810670284	CN108705703A
225	B01D	一种用于造纸厂粉尘处理的清除装置	秦启文 等	CN201810943783	CN108704434A
226	C02F	一种造纸废水处理回收池	吴志明	CN201820139081	CN208008488U
227	B01F	一种造纸废水的搅拌装置	郑 南 等	CN201721663463	CN208003808U
228	C02F	一种造纸废水回收除臭净化再利用处理装置	黄玉华	CN201820286619	CN208038265U
229	C02F	一种用于厌氧塔的造纸废水控钙工艺	谭拥军	CN201810603895	CN108726803A
230	D21B	一种利用造纸污泥裂解再生瓦楞原纸的方法	杜汉民	CN201810385157	CN108729281A
231	C10B	一种利用造纸黑液制备木炭同时回收碱的方法	葛培锦	CN201710255185	CN108728141A
232	C02F	一种造纸厂生产废水的处理方法	程佩芳	CN201810635794	CN108726730A
233	C02F	造纸废水初级处理剂的配方及其制备方法	不公告发明人	CN201810741316	CN108726600A
234	B29B	一种基于雾计算的造纸厂废塑料回收利用的方法	汪 婧	CN201810668055	CN108724542A
235	C02F	一种造纸废水的处理方法	马艳敏	CN201810526536	CN108751322A
236	C08L	一种用树脂和造纸白泥生产步道砖的方法	张丰庆	CN201810402431	CN108752686A
237	C04B	一种用造纸白泥生产菱镁板的方法	张丰庆	CN201810400793	CN108751920A
238	B01D	一种制浆造纸生产用废水回收装置	吴 刚	CN201820228881	CN208065877U
239	C02F	一种造纸污染用减排装置	许 瑶	CN201810739092	CN108773937A
240	D21D	一种造纸废渣的循环处理装置	盘 鹏	CN201721356505	CN208072077U
241	B01D	一种制浆造纸生产用废水过滤装置	吴 刚	CN201820229704	CN208065915U
242	D21F	造纸烘干部废气除臭脱白及余热利用系统	邵振华 等	CN201820228433	CN208088010U
243	C02F	一种造纸废水制备木糖水解液的预处理装置	蔡贤斌 等	CN201820321788	CN208087378U
244	C01F	一种利用制浆造纸白泥生产精制碳酸钙的生产工艺	李生钉 等	CN201810535232	CN108793215A
245	C02F	造纸厂污泥废水净化处理装置	杨华康	CN201810786803	CN108793620A
246	C02F	一种聚合氯化铁—造纸污泥基胺化聚合物复合絮凝剂及其制备方法	高宝玉 等	CN201510971135	CN105565459B
247	B01D	一种造纸厂废水过滤装置	罗小东	CN201721663735	CN208097502U
248	B01D	造纸厂废气净化装置	李文斌	CN201610763387	CN106178898B
249	C02F	一种造纸废水处理用絮凝剂及其制备方法	不公告发明人	CN201810577844	CN108862502A
250	B09B	一种造纸厂垃圾预处理工艺	张日龙	CN201610930772	CN106493149B
251	C02F	一种造纸废水处理剂及其制备方法	不公告发明人	CN201810577734	CN108862525A
252	C02F	造纸废水智能处理系统	李小平	CN201820126446	CN208151106U
253	C02F	造纸废水专用的处理剂	不公告发明人	CN201810741323	CN108911164A
254	C02F	一种造纸企业废水回收用滤清装置	马 强	CN201810869358	CN108911251A
255	C02F	造纸废水专用的处理剂及其制备方法	不公告发明人	CN201810741322	CN108911163A
256	C02F	一种造纸废水的处理方法	张 彬	CN201810675232	CN108911232A
257	C02F	造纸企业废水回收用滤清装置	马 强	CN201810875387	CN108911257A
258	C02F	一种造纸厂废水净化过滤设备	陈景芳	CN201810814350	CN108911244A

续表

序号	分类号	专利名称	发明人	申请号	公开(公告)号
259	C02F	一种用于造纸厂的废水处理装置	不公告发明人	CN201820254074	CN208166791U
260	C05G	一种利用甘蔗渣造纸制浆黑液制备液态有机肥的方法	韩佳琪 等	CN201810690723	CN108929149A
261	C02F	一种去除造纸废水中固体杂质的方法	张国基 等	CN201810795931	CN108928896A
262	D21F	一种利用角质酶处理造纸白水的方法	吴　敬 等	CN201611203776	CN106480771B
263	C02F	热电联供的造纸废水处理系统	向　华	CN201710392047	CN108947096A
264	C02F	造纸废水初级处理剂的配方	不公告发明人	CN201810741317	CN108946834A
265	C02F	一种造纸废水絮凝沉淀处理系统	张远堂 等	CN201721847675	CN208200477U
266	D21C	一种由制浆黑液制备高附加值酚类产品的方法	吕高金 等	CN201710112838	CN106906685B
267	C02F	造纸废水处理装置	游爱华	CN201820117048	CN208200563U
268	D21C	一种造纸过程中白泥高回收率的处理方法及其用途	杨朝林	CN201810970897	CN108978310A
269	B02C	造纸废渣除铁破碎一体化装置	陈国宁 等	CN201820278563	CN208213281U
270	C02F	一种造纸废水高效处理剂及其制备方法	不公告发明人	CN201810963669	CN108975477A
271	C02F	一种造纸废水有机处理剂及其制备方法	不公告发明人	CN201810793871	CN108975426A
272	C02F	一种造纸用废水过滤设备	马　冠 等	CN201820544398	CN208218565U
273	C09K	一种利用造纸黑液制备软膜型耐水抑尘剂的方法	封金财 等	CN201710337156	CN106967387B
274	B01F	一种造纸污泥回收处理用环保设备	谭从喜	CN201810966479	CN108970509A
275	C02F	高效去除制浆废水化学需氧量的方法	王在梅 等	CN201810890932	CN108975554A
276	B01J	一种基于铝基量子点的造纸废水处理催化剂及其制备方法	不公告发明人	CN201810963689	CN108970641A
277	C04B	一种造纸过程中低杂质白泥回收方法及其用途	杨朝林	CN201810970896	CN108975734A
278	C02F	一种制浆重污冷凝水综合处理装置与方法	秦昀昌 等	CN201810904837	CN108975619A
279	B29B	一种新颖的造纸厂废塑料回收利用的方法	潘荣静	CN201810908863	CN108995087A
280	C10L	一种利用生物质、废塑料及造纸厂废渣制备成型燃料的方法	雷廷宙 等	CN201810863096	CN108998143A
281	C02F	造纸业废水专用的高效处理方法	不公告发明人	CN201810741321	CN108996738A
282	C02F	一种造纸用废水处理剂及其制备方法	不公告发明人	CN201810741328	CN108996563A
283	D21F	基于疏水材料高表面粗糙度的造纸白水微细胶黏物高效黏附净化方法	李　擘 等	CN201811013901	CN109024050A
284	C30B	一种造纸黑液制备高质量单晶石墨烯的方法	王西鸾 等	CN201810776568	CN109023520A
285	C02F	一种用于造纸的高效黑液提取设备	彭志光	CN201820330069	CN208250077U
286	B01D	一种造纸业废水处理用过滤回收装置	张荷友	CN201810906054	CN109011823A
287	C09D	一种用造纸白泥生产涂料的方法	张丰庆 等	CN201810400784	CN109021790A
288	F04D	一种用于造纸厂废水处理的潜水排污泵	时飞龙	CN201811092427	CN109026730A
289	B01D	一种用于造纸的锅炉尾气净化装置	彭志光	CN201820330100	CN208244398U
290	C02F	一种基于有机铁的造纸废水处理用絮凝剂及其制备方法	不公告发明人	CN201810963551	CN109019811A
291	C02F	一种实验室用酸析处理造纸污水的效果验证机	罗鸿斌	CN201810682452	CN109019948A
292	B01F	一种用于回收造纸污泥的自动搅拌机	谭从喜	CN201810966480	CN109012417A

续表

序号	分类号	专利名称	发明人	申请号	公开(公告)号
293	C02F	一种造纸污冷凝水除硫回收装置	彭志光	CN201820330020	CN208249935U
294	C02F	一种用于造纸废水的生物促生剂及其制备方法	胡次兵 等	CN201811046797	CN109019874A
295	C02F	一种造纸制浆中段废水处理装置	彭志光	CN201820330070	CN208250027U
296	C02F	一种高效造纸废水处理剂及其制备方法和应用	高燕燕	CN201811171754	CN109019825A
297	D06M	一种利用造纸黑液制备阻燃剂的方法	吴 迪 等	CN201610646445	CN106283642B
298	C02F	一种造纸废水处理剂及其制备方法	高燕燕	CN201811172046	CN109019878A
299	G01N	一种快速检测造纸白水中低分子氯代有机物的方法与应用	武书彬	CN201810939356	CN109030654A
300	C02F	一种造纸用废水处理剂	不公告发明人	CN201810741319	CN109052499A
301	C02F	一种造纸废渣纤维回收装置	张明均	CN201820064449	CN208265809U
302	D21C	一种造纸黑液消泡剂及其制备方法和应用	宋其利 等	CN201710356086	CN107130459B
303	C05G	一种造纸污泥堆肥	董 阁	CN201710441660	CN109053272A
304	C08L	一种造纸废水处理用环保材料及其制备方法	不公告发明人	CN201810905772	CN109054361A
305	C02F	一种制浆造纸废水的深度处理方法	李满香 等	CN201810998964	CN109052717A
306	B01J	一种造纸废水处理用光催化剂及其制备方法	不公告发明人	CN201810905859	CN109046472A
307	C02F	一种造纸废水处理用高效絮凝剂及其制备方法	不公告发明人	CN201810905703	CN109052601A
308	C02F	一种回收再利用造纸废水处理设备	卢福全 等	CN201820582194	CN208279472U
309	C02F	一种造纸厂废水净化处理装置	刘 莹 等	CN201820119419	CN208279390U
310	C05F	一种含氨基酸的造纸污泥堆肥	董 阁	CN201710445224	CN109081713A
311	C05G	一种含氨基酸螯合物的造纸污泥堆肥	董 阁	CN201710445897	CN109081727A
312	C05G	一种含双酸螯合物的造纸污泥堆肥	董 阁	CN201710445889	CN109081753A
313	B01D	一种造纸厂循环式废气处理塔	许启超	CN201820542772	CN208275213U
314	C05F	一种含双酸的造纸污泥堆肥	董 阁	CN201710445206	CN109081714A
315	C05G	一种含腐植酸的造纸污泥堆肥	董 阁	CN201710445223	CN109081726A
316	C05G	一种含腐植酸螯合物的造纸污泥堆肥	董 阁	CN201710445896	CN109081754A
317	C02F	一种造纸污泥处理设备	薛 超 等	CN201820428787	CN208292827U
318	B01D	一种造纸加工用废水处理设备	雷道东 等	CN201820428723	CN208287586U
319	C02F	一种造纸废液处理装置	冯永忠 等	CN201820430727	CN208292747U
320	D21H	一种使用高填料造纸污泥生产鞋用半托底纸板的方法	胡德鸿 等	CN201610639587	CN106192545B

（王　斌）

2018 年我国造纸工业标准目录

Standards of China’s Paper Industry in 2018

截止到 2018 年年底，我国造纸工业标准共有 476 项，其中，国家标准 361 项，行业标准 115 项。2018 年新批准发布造纸标准 24 项，其中，国家标准 20 项，行业标准 4 项。

以下列出最新造纸工业标准目录，表 1 为 2018 年新批准发布造纸标准目录，表 2 为现有造纸产品标准目录(共 246 项)，表 3 为现有造纸基础和测试方法标准目录(共 230 项)。

表 1　　2018 年新批准发布造纸标准目录

序号	标准编号	标准名称	发布日期	实施日期	代替标准号
1	GB/T 8939—2018	卫生巾(护垫)	2018-06-07	2019-07-01	GB/T 8939—2008
2	GB/T 20810—2018	卫生纸(含卫生纸原纸)	2018-06-07	2019-07-01	GB/T 20810—2006
3	GB/T 22875—2018	纸尿裤和卫生巾用高吸收性树脂	2018-06-07	2019-01-01	GB/T 22875—2008、GB/T 22905—2008
4	GB/T 36392—2018	食品包装用淋膜纸和纸板	2018-06-07	2019-01-01	-
5	GB/T 36420—2018	生活用纸和纸制品 化学品及原料安全评价管理体系	2018-06-07	2019-01-01	-
6	GB/T 36787—2018	纸浆模塑餐具	2018-09-17	2019-04-01	-
7	GB/T 742—2018	造纸原料、纸浆、纸和纸板 灼烧残余物(灰分)的测定(575℃和 900℃)	2018-11-28	2019-07-01	GB/T 742—2008
8	GB/T 1546—2018	纸浆 卡伯值的测定	2018-11-28	2019-07-01	GB/T 1546—2004
9	GB/T 1912—2018	字典纸	2018-11-28	2019-07-01	GB/T 1912—2007
10	GB/T 5401—2018	纸浆 碱溶解度的测定	2018-11-28	2019-07-01	GB/T 5401—2004
11	GB/T 10335. 2—2018	涂布纸和纸板 轻量涂布纸	2018-11-28	2019-07-01	GB/T 10335. 2—2005
12	GB/T 10335. 3—2018	涂布纸和纸板 涂布白卡纸	2018-11-28	2019-07-01	GB/T 10335. 3—2004
13	GB/T 10339—2018	纸、纸板和纸浆 光散射和光吸收系数的测定(Kubelka-Munk 法)	2018-11-28	2019-07-01	GB/T 10339—2007
14	GB/T 12654—2018	书写用纸	2018-11-28	2019-07-01	GB/T 12654—2008
15	GB/T 12914—2018	纸和纸板 抗张强度的测定 恒速拉伸法(20 mm/min)	2018-11-28	2019-07-01	GB/T 12914—2008
16	GB/T 20811—2018	废纸分类技术要求	2018-11-28	2019-07-01	GB/T 20811—2006
17	GB/T 22364—2018	纸和纸板 弯曲挺度的测定	2018-11-28	2019-07-01	GB/T 22364—2008
18	GB/T 24999—2018	纸和纸板 D65 亮度最高限量	2018-11-28	2019-07-01	GB/T 24999—2010
19	GB/T 27741—2018	纸和纸板 可迁移性荧光增白剂的测定	2018-11-28	2019-07-01	GB/T 27741—2011
20	GB/T 36985—2018	纸、纸板和纸制品 挥发性有机化合物的测定	2018-11-28	2019-07-01	-

续表

序号	标准编号	标准名称	发布日期	实施日期	代替标准号
21	QB/T 1020—2018	纸和纸板印刷适性试验用标准油墨	2018-11-08	2019-04-01	QB/T 1020—2010
22	QB/T 1312—2018	砂纸原纸	2018-11-08	2019-04-01	QB/T 1312—2010
23	QB/T 5296—2018	擦拭纸巾	2018-11-08	2019-04-01	–
24	QB/T 5297—2018	干燥剂包装袋用纸	2018-11-08	2019-04-01	–

表 2 造纸产品标准目录

序号	标准号	标准名称	发布日期	实施日期
1	GB/T 1468—2011	描图纸	2011-12-30	2012-09-01
2	GB/T 1525—2006	制图纸	2006-03-10	2006-10-01
3	GB/T 1910—2015	新闻纸	2015-12-31	2016-07-01
4	GB/T 1911—2011	拷贝纸	2011-12-30	2012-07-01
5	**GB/T 1912—2018**	**字典纸**	**2018-11-28**	**2019-07-01**
6	GB/T 1913. 1—2005	未漂浸渍绝缘纸	2005-03-23	2005-09-01
7	GB/T 1914—2017	化学分析滤纸	2017-12-29	2018-07-01
8	GB/T 2675—2017	地图纸	2017-09-29	2018-04-01
9	GB/T 2676—2006	海图纸	2006-03-10	2006-10-01
10	GB/T 3147—2006	信息处理未穿孔纸带	2006-03-10	2006-10-01
11	GB/T 3148—2008	漂白苇浆	2008-08-19	2009-05-01
12	GB/T 6544—2008	瓦楞纸板	2008-01-04	2008-09-01
13	GB/T 7968—2015	纸袋纸	2015-12-31	2016-07-01
14	GB/T 7969—2003	电力电缆纸	2003-10—20	2004-06-01
15	GB/T 7970—1999	通讯电缆纸	1999-08-12	2000-02-01
16	GB/T 7971—2007	半导电电缆纸	2007-12-05	2008-09-01
17	GB/T 8938—2008	打字纸	2008-08-19	2009-05-01
18	**GB/T 8939—2018**	**卫生巾(护垫)**	**2018-06-07**	**2019-07-01**
19	GB/T 10335. 1—2017	涂布纸和纸板 涂布美术印刷纸(铜版纸)	2017-12-29	2018-07-01
20	**GB/T 10335. 2—2018**	**涂布纸和纸板 轻量涂布纸**	**2018-11-28**	**2018-07-01**
21	**GB/T 10335. 3—2018**	**涂布纸和纸板 涂布白卡纸**	**2018-11-28**	**2018-7-01**
22	GB/T 10335. 4—2017	涂布纸和纸板 涂布白纸板	2017-11-01	2018-05-01
23	GB/T 10335. 5—2008	涂布纸和纸板 涂布箱纸板	2008-08-19	2009-05-01
24	GB/T 11541—2008	照相原纸	2008-08-19	2009-05-01
25	**GB/T 12654—2018**	**书写用纸**	**2018-11-28**	**2019-07-01**
26	GB/T 12913—2008	电容器纸	2008-08-19	2009-05-01
27	GB/T 13023—2008	瓦楞芯(原)纸	2008-01-04	2008-09-01
28	GB/T 13024—2016	箱纸板	2016-12-13	2017-07-01
29	GB/T 13505—2007	高纯度绝缘木浆	2007-12-05	2008-09-01
30	GB/T 13506—2008	漂白亚硫酸盐木浆	2008-08-19	2009-05-01
31	GB/T 13507—1992	本色亚硫酸盐木浆	1992-06-12	1993-03-01

续表

序号	标准号	标准名称	发布日期	实施日期
32	GB/T 16797—2017	无碳复写纸	2017-11-01	2018-05-01
33	GB 18585—2001	室内装饰装修材料　壁纸中有害物质限量	2001-12-10	2002-01-01
34	GB/T 19341—2015	育果袋纸	2015-12-31	2016-07-01
35	GB/T 20808—2011	纸巾纸	2011-12-30	2012-07-01
36	**GB/T 20810—2018**	**卫生纸(含卫生纸原纸)**	**2018-06-07**	**2019-07-01**
37	**GB/T 20811—2018**	**废纸分类技术要求**	**2018-11-28**	**2019-07-01**
38	GB/T 21244—2007	纸芯	2007-12-05	2008-09-01
39	GB/T 21301—2007	喷墨打印纸	2007-12-05	2008-09-01
40	GB/T 21331—2008	绒毛浆	2008-01-04	2008-09-01
41	GB/T 22803—2016	鞋用纸板	2016-12-13	2017-07-01
42	GB/T 22806—2008	白卡纸	2008-12-30	2009-09-01
43	GB/T 22812—2008	半透明纸	2008-12-30	2009-09-01
44	GB/T 22813—2008	薄页包装纸	2008-12-30	2009-09-01
45	GB/T 22814—2008	防锈原纸	2008-12-30	2009-09-01
46	GB/T 22815—2008	封套纸板	2008-12-30	2009-09-01
47	GB/T 22816—2008	复写原纸	2008-12-30	2009-09-01
48	GB/T 22817—2008	钢纸管	2008-12-30	2009-09-01
49	GB/T 22818—2008	钢纸原纸	2008-12-30	2009-09-01
50	GB/T 22820—2017	编织原纸	2017-12-29	2018-07-01
51	GB/T 22821—2008	光学字符阅读纸	2008-12-30	2009-09-01
52	GB/T 22822—2008	厚纸板	2008-12-30	2009-09-01
53	GB/T 22823—2008	胶带原纸	2008-12-30	2009-09-01
54	GB/T 22824—2008	蜡光原纸	2008-12-30	2009-09-01
55	GB/T 22825—2008	蜡光纸	2008-12-30	2009-09-01
56	GB/T 22826—2008	盲文印刷纸	2008-12-30	2009-09-01
57	GB/T 22827—2008	手风琴风箱纸板	2008-12-30	2009-09-01
58	GB/T 22828—2008	书画纸	2008-12-30	2009-09-01
59	GB/T 22829—2008	书皮纸	2008-12-30	2009-09-01
60	GB/T 22830—2008	水彩画纸	2008-12-30	2009-09-01
61	GB/T 22831—2008	提花纸板	2008-12-30	2009-09-01
62	GB/T 22832—2008	涂布美术印刷纸原纸(铜版原纸)	2008-12-30	2009-09-01
63	GB/T 22833—2008	图画纸	2008-12-30	2009-09-01
64	GB/T 22834—2008	信封用纸	2008-12-30	2009-09-01
65	GB/T 22835—2008	信息处理用连续格式纸	2008-12-30	2009-09-01
66	GB/T 22865—2008	牛皮纸	2008-12-30	2009-09-01
67	GB/T 22869—2008	金属板带衬纸	2008-12-30	2009-09-01
68	GB/T 22870—2008	漂白浆挂面箱纸板	2008-12-30	2009-09-01
69	GB/T 22871—2008	普通玻璃纸	2008-12-30	2009-09-01

续表

序号	标准号	标准名称	发布日期	实施日期
70	**GB/T 22875—2018**	**纸尿裤和卫生巾高吸收性树脂**	**2018-06-07**	**2019-01-01**
71	GB/T 22920—2008	电解电容器纸	2008-12-30	2009-09-01
72	GB/T 22927—2008	口罩纸	2008-12-30	2009-09-01
73	GB/T 22928—2008	烟花爆竹用纸	2008-12-30	2009-09-01
74	GB/T 23758—2009	工业羊皮纸	2009-05-04	2009-11-1
75	GB/T 23759—2009	特细羊皮纸	2009-05-04	2009-11-1
76	GB/T 23760—2009	农业羊皮纸	2009-05-04	2009-11-01
77	GB/T 24285—2009	晒图原纸	2009-07-31	2010-03-01
78	GB/T 24286—2009	黑色不透光包装纸	2009-07-31	2010-03-01
79	GB/T 24287—2009	伸性纸袋纸	2009-07-31	2010-03-01
80	GB/T 24292—2009	卫生用品用无尘纸	2009-07-31	2010-03-01
81	GB/T 24320—2009	回用纤维浆	2009-09-30	2010-02-01
82	GB/T 24321—2009	未漂白硫酸盐针叶木浆	2009-09-30	2010-02-01
83	GB/T 24322—2009	漂白硫酸盐竹浆	2009-09-30	2010-02-01
84	GB/T 24393—2009	非正常成品纸和纸板规范	2009-09-30	2010-02-01
85	GB/T 24446—2009	铁木贴花衬纸	2009-10-15	2010-03-01
86	GB/T 24455—2009	擦手纸	2009-10-15	2010-03-01
87	GB/T 24695—2009	食品包装用玻璃纸	2009-11-30	2010-05-01
88	GB/T 24696—2009	食品包装用羊皮纸	2009-11-30	2010-05-01
89	GB/T 24988—2010	复印纸	2010-08-09	2010-12-01
90	GB/T 24989—2010	装饰原纸	2010-08-09	2010-12-01
91	GB/T 24995—2010	铸涂原纸	2010-08-09	2010-12-01
92	**GB/T 24999—2018**	**纸和纸板　D65 亮度最高限量**	**2018-11-28**	**2019-07-01**
93	GB/T 25435—2010	精细过滤纸板	2010-11-10	2011-05-01
94	GB/T 25436—2010	热封型茶叶滤纸	2010-11-10	2011-05-01
95	GB/T 25437—2010	支撑过滤纸板	2010-11-10	2011-05-01
96	GB/T 26173—2010	超级压光纸	2011-01-14	2011-06-15
97	GB/T 26174—2010	厨房纸巾	2011-01-14	2011-06-01
98	GB/T 26187—2010	美纹纸	2011-01-14	2011-06-15
99	GB/T 26188—2010	漂白碱法麦草浆	2011-01-14	2011-06-15
100	GB/T 26199—2010	医用包装原纸	2011-01-14	2011-06-15
101	GB/T 26201—2010	育苗纸	2011-01-14	2011-06-15
102	GB/T 26202—2010	纸管纸板	2011-01-14	2011-06-15
103	GB/T 26204—2010	纸面石膏板护面纸板	2011-01-14	2011-06-15
104	GB/T 26390—2011	浸渍纸层压木质地板用表层耐磨纸	2011-05-12	2011-09-15
105	GB/T 26391—2011	马桶垫纸	2011-05-12	2011-09-15
106	GB/T 26454—2011	造纸用单层成形网	2011-05-12	2011-09-15
107	GB/T 26455—2011	造纸用多层成形网	2011-05-12	2011-09-15

续表

序号	标准号	标准名称	发布日期	实施日期
108	GB/T 26456—2011	造纸用异形丝干燥网	2011-05-12	2011-09-15
109	GB/T 26457—2011	造纸用圆丝干燥网	2011-05-12	2011-09-15
110	GB/T 26462—2011	种子发芽纸	2011-05-12	2011-09-15
111	GB/T 26705—2011	轻型印刷纸	2011-06-16	2011-12-01
112	GB/T 27589—2011	纸餐盒	2011-12-05	2012-06-01
113	GB/T 27590—2011	纸杯 《纸杯》第 1 号修改单 2014-03-31	2011-12-05	2012-06-01
114	GB/T 27591—2011	纸碗	2011-12-05	2012-06-01
115	GB/T 27728—2011	湿巾	2011-12-30	2012-07-01
116	GB/T 27731—2011	卫生用品用离型纸	2011-12-30	2012-07-01
117	GB/T 27733—2011	心电图纸	2011-12-30	2012-07-01
118	GB/T 28004—2011	纸尿裤(片、垫)	2011-09-29	2012-02-01
119	GB/T 28005—2011	纸内裤	2011-09-29	2012-02-01
120	GB/T 28119—2011	食品包装用纸、纸板及纸制品 术语	2011-12-30	2012-08-01
121	GB/T 28120—2011	面粉纸袋	2011-12-30	2012-08-01
122	GB/T 28121—2011	非热封型茶叶滤纸	2011-12-30	2012-08-01
123	GB/T 28207—2011	离型原纸	2011-12-30	2012-09-01
124	GB/T 28210—2011	热敏纸	2011-12-30	2012-09-01
125	GB/T 29282—2012	格拉辛纸	2012-12-31	2013-09-01
126	GB/T 29283—2012	水转移印花底纸	2012-12-31	2013-09-01
127	GB/T 30129—2013	壁纸原纸	2013-12-17	2014-12-01
128	GB/T 30130—2013	胶版印刷纸	2013-12-17	2014-12-01
129	GB/T 30132—2013	胶印书刊纸	2013-12-17	2014-12-01
130	GB/T 30133—2013	卫生巾用面层通用技术规范	2013-12-17	2014-12-01
131	GB/T 31122—2014	液体食品包装用纸板	2014-09-03	2015-02-01
132	GB/T 31123—2014	固体食品包装用纸板	2014-09-03	2015-02-01
133	GB/T 33280—2016	纸尿裤规格与尺寸	2016-12-13	2017-07-01
134	GB/T 34844—2017	壁纸	2017-11-01	2018-05-01
135	GB/T 35594—2017	医用包装纸	2017-12-29	2018-07-01
136	GB/T 35613—2017	绿色产品评价 纸和纸制品	2017-12-08	2017-07-01
137	**GB/T 36392—2018**	**食品包装用淋膜纸和纸板**	**2018-06-07**	**2019-01-01**
138	**GB/T 36420—2018**	**生活用纸和纸制品 化学品及原料安全评价管理体系**	**2018-06-07**	**2019-01-01**
139	**GB/T 36787—2018**	**纸浆模塑餐具**	**2018-09-17**	**2019-04-01**
140	QB/T 1014—2010	食品包装纸	2010-04-22	2010-10-01
141	QB/T 1016—2006	鸡皮纸	2006-09-14	2007-05-01
142	QB/T 1017—2006	仿羊皮纸	2006-09-14	2007-05-01
143	QB/T 1018—1991(2009)	仪表记录原纸	1991-03-30	1991-12-01
144	QB/T 1019—2010	水松原纸	2010-10-29	2011-04-01

续表

序号	标准号	标准名称	发布日期	实施日期
145	**QB/T 1020—2018**	**纸和纸板印刷适性用标准油墨**	**2018-11-08**	**2019-04-01**
146	QB/T 1212—1991	信息处理未穿孔卡纸	1991-09-10	1992-04-01
147	**QB/T 1312—2018**	**砂纸原纸**	**2018-11-08**	**2019-04-01**
148	QB/T 1313—2010	中性包装纸	2010-04-22	2010-10-01
149	QB/T 1314—1991(2009)	标准纸板	1991-11-25	1992-08-01
150	QB/T 1319—2010	气相防锈纸	2010-04-22	2010-10-01
151	QB/T 1320—1991	玻璃纤维高效空气滤纸	1991-11-25	1992-08-01
152	QB/T 1455—2012	涂布邮票纸(含涂布邮票原纸)	2012-05-24	2012-11-01
153	QB/T 1456—1992	薄凸版纸	1992-04-14	1992-12-01
154	QB/T 1459—1992	感光纸原纸	1992-04-14	1992-12-01
155	QB/T 1597—1992(2009)	单页电传打字原纸	1992-11-10	1993-07-01
156	QB/T 1633—2010	贴花面纸	2010-04-22	2010-10-01
157	QB/T 1678—2017	漂白硫酸盐木浆	2017-01-09	2017-07-01
158	QB/T 1704—2010	铝箔衬纸	2010-12-29	2011-04-01
159	QB/T 1706—2006	条纹牛皮纸	2006-09-14	2007-05-01
160	QB/T 1712—1993	滤芯纸板	1993-04-15	1993-12-01
161	QB/T 1937—1994(2009)	照相原纸木浆	1994-04-23	1994-12-01
162	QB/T 2090—1995(2009)	沥青防潮纸	1995-05-08	1996-01-01
163	QB/T 2091—1995(2009)	沥青防潮原纸	1995-05-08	1996-01-01
164	QB/T 2103—2010	蚕种纸	2010-04-22	2010-10-01
165	QB/T 2104—1995(2009)	造纸铜网　单织网	1995-05-08	1996-01-01
166	QB/T 2105—1995(2009)	造纸铜网　三织网	1995-05-08	1996-01-01
167	QB/T 2192—2011	卷缠绝缘纸	2011-12-30	2012-07-01
168	QB/T 2195—1996(2009)	火柴纸	1996-01-31	1996-09-01
169	QB/T 2199—1996(2009)	硬钢纸板	1996-03-22	1996-12-01
170	QB/T 2200—1996(2009)	软钢纸板	1996-03-22	1996-12-01
171	QB/T 2205—2012	重氮盐晒图纸	2012-05-24	2012-11-01
172	QB/T 2235—1996(2009)	中性石蜡原纸	1996-10-11	1997-07-01
173	QB/T 2236—1996(2009)	中性石蜡纸	1996-10-11	1997-07-01
174	QB/T 2237—1996(2009)	条纹柏油原纸	1996-10-11	1997-07-01
175	QB/T 2249—1996	凹版印刷纸	1996-10-11	1997-07-01
176	QB/T 2250—2005	单面白纸板	2005-03-19	2005-09-01
177	QB/T 2352—1997(2009)	单面书写纸	1998-01-16	1998-09-01
178	QB/T 2430—1999	铁笔蜡纸原纸	1999-05-06	1999-12-01
179	QB/T 2431—1999	打字蜡纸原纸	1999-05-06	1999-12-01
180	QB/T 2432—2013	打字蜡纸衬纸	2013-10-17	2014-03-01
181	QB/T 2433—1999(2009)	条纹柏油纸	1999-05-06	1999-12-01
182	QB/T 2688—2005	绝缘纸板	2005-03-19	2005-09-01

续表

序号	标准号	标准名称	发布日期	实施日期
183	QB/T 2689—2005	滤嘴棒纸	2005-03-19	2005-09-01
184	QB/T 2692—2005	110 kV ~ 330 kV 高压电缆纸	2005-03-19	2005-09-01
185	QB/T 2693—2005	彩色胶版印刷纸	2005-03-19	2005-09-01
186	QB/T 2694—2005	热敏彩票纸	2005-03-19	2005-09-01
187	QB/T 2807—2006	扑克牌纸板	2006-09-14	2007-05-01
188	QB/T 2810—2006	吸尘器集尘袋外层纸	2006-09-14	2007-05-01
189	QB/T 2811—2006	造纸研磨碳酸钙	2006-09-14	2007-05-01
190	QB/T 2898—2007	餐用纸制品	2007-12-03	2008-06-01
191	QB/T 3502—1999(2009)	棉条筒钢纸板	1999-04-21	1999-04-21
192	QB/T 3504—1999(2009)	铸涂白纸板	1999-04-21	1999-04-21
193	QB/T 3505—1999(2009)	字型纸板	1999-04-21	1999-04-21
194	QB/T 3507—1999	电子计算机连续记录格式原纸	1999-04-21	1999-04-21
195	QB/T 3509—1999(2009)	工业自动化仪表用记录纸	1999-04-21	1999-04-21
196	QB/T 3517—1999	单面胶版印刷纸	1999-04-21	1999-04-21
197	QB/T 3518—1999(2009)	铸涂纸	1999-04-21	1999-04-21
198	QB/T 3520—1999(2009)	500kV 油纸套管绝缘纸	1999-04-21	1999-04-21
199	QB/T 3524—1999(2009)	凸版印刷纸	1999-04-21	1999-04-21
200	QB/T 3525—1999(2009)	雪茄烟纸	1999-04-21	1999-04-21
201	QB/T 3528—1999(2009)	导火索纸(导火线纸)	1999-04-21	1999-04-21
202	QB/T 3531—1999	液体食品包装用复合材料	1999-04-21	1999-04-21
203	QB/T 3701—1999	造纸用原料　蔗渣	1999-04-21	1999-04-21
204	QB/T 4030—2010	电话纸	2010-04-22	2010-10-01
205	QB/T 4031—2010	阻燃性汽车空气滤纸	2010-04-22	2010-10-01
206	QB/T 4032—2010	纸杯原纸	2010-04-22	2010-10-01
207	QB/T 4033—2010	餐盒原纸	2010-04-22	2010-10-01
208	QB/T 4039—2010	造纸用原料 芦苇	2010-04-22	2010-10-01
209	QB/T 4124—2010	造纸毯通用规范	2010-10-29	2011-04-01
210	QB/T 4125—2010	纸浆　亮度(白度)最高限量	2010-12-29	2011-04-01
211	QB/T 4250—2011	500 kV 变压器匝间绝缘纸	2011-12-30	2012-07-01
212	QB/T 4320—2012	鲜花包装纸	2012-05-24	2012-11-01
213	QB/T 4378—2012	蜂窝纸板	2012-12-28	2013-06-01
214	QB/T 4379—2012	手提纸袋	2012-12-28	2013-06-01
215	QB/T 4380—2012	无碳复写纸原纸	2012-12-28	2013-06-01
216	QB/T 4381—2012	吸尘器集尘袋内层纸	2012-12-28	2013-06-01
217	QB/T 4508—2013	卫生用品用吸水衬纸	2013-07-22	2013-12-01
218	QB/T 4509—2013	本色生活用纸	2013-07-22	2013-12-01
219	QB/T 4758—2014	强化木地板底层用平衡原纸	2014-07-09	2014-11-01
220	QB/T 4759—2014	灰纸板	2014-07-09	2014-11-01

续表

序号	标准号	标准名称	发布日期	实施日期
221	QB/T 4760—2014	阔叶木碱性过氧化氢机械浆	2014-07-09	2014-11-01
222	QB/T 4761—2014	工业擦拭纸	2014-07-09	2014-11-01
223	QB/T 4762—2014	铅酸蓄电池护板用纸	2014-07-09	2014-11-01
224	QBT 4818—2015	无纺壁纸原纸	2015-04-30	2015-10-01
225	QBT 4819—2015	食品包装用淋膜纸和纸板	2015-04-30	2015-10-01
226	QBT 4820—2015	pH 试纸原纸	2015-04-30	2015-10-01
227	QB/T 4895—2015	载带封装用纸板	2015-10-10	2016-03-01
228	QB/T 4897—2015	镜头擦拭纸	2015-10-10	2016-03-01
229	QB/T 4898—2015	溶解浆	2015-10-10	2016-03-01
230	QB/T 4899—2015	标牌用仿皮纸	2015-10-10	2016-03-01
231	QB/T 4900—2015	双电层电容器纸	2015-10-10	2016-03-01
232	QB/T 4993—2016	宣纸邮票纸	2016-07-11	2017-01-01
233	QB/T 4994—2016	古法技艺宣纸	2016-07-11	2017-01-01
234	QB/T 4995—2016	宣纸用燎草	2016-07-11	2017-01-01
235	QB/T 5043—2017	新闻纸单位产品能耗消耗限额	2017-04-12	2017-10-01
236	QB/T 5044—2017	涂布美术印刷纸(铜版纸)单位产品能源消耗限额	2017-04-12	2017-10-01
237	QB/T 5049—2017	乳垫	2017-01-09	2017-07-01
238	QB/T 5050—2017	咖啡袋滤纸	2017-01-09	2017-07-01
239	QB/T 5051—2017	模塑纸餐具专用纸浆	2017-01-09	2017-07-01
240	QB/T 5052—2017	热升华转印纸	2017-01-09	2017-07-01
241	QB/T 5053—2017	热升华转印原纸	2017-01-09	2017-07-01
242	QB/T 5054—2017	人造皮革用离型原纸	2017-01-09	2017-07-01
243	QB/T 5055—2017	真空镀铝原纸	2017-01-09	2017-07-01
244	QB/T 5056—2017	水转印商标用纸	2017-01-09	2017-07-01
245	**QB/T 5296—2018**	**擦拭纸巾**	**2018-11-08**	**2019-04-01**
246	**QB/T 5297—2018**	**干燥剂包装袋用纸**	**2018-11-08**	**2019-04-01**

注：黑体字为 2018 年新批准发布标准。

表 3　　造纸方法标准目录

序号	标准号	标准名称	发布日期	实施日期
1	GB/T 147—1997	印刷、书写和绘图用原纸尺寸	1997-06-26	1997-12-01
2	GB/T 148—1997	印刷、书写和绘图纸幅面尺寸	1997-06-26	1997-12-01
3	GB/T 450—2008	纸和纸板　试样的采取及试样纵横向、正反面的测定	2008-08-19	2009-05-01
4	GB/T 451. 1—2002	纸和纸板尺寸及偏斜度的测定	2002-06-13	2002-12-01
5	GB/T 451. 2—2002	纸和纸板定量的测定	2002-06-13	2002-12-01
6	GB/T 451. 3—2002	纸和纸板厚度的测定	2002-06-13	2002-12-01
7	GB/T 454—2002	纸耐破度的测定	2002-07-22	2003-02-01

续表

序号	标准号	标准名称	发布日期	实施日期
8	GB/T 455—2002	纸和纸板撕裂度的测定	2002-07-22	2003-02-01
9	GB/T 456—2002	纸和纸板平滑度的测定(别克法)	2002-07-22	2003-02-01
10	GB/T 457—2008	纸和纸板　耐折度的测定	2008-08-19	2009-05-01
11	GB/T 458—2008	纸和纸板　透气度的测定	2008-08-19	2009-05-01
12	GB/T 459—2002	纸和纸板伸缩性的测定	2002-09-05	2003-01-01
13	GB/T 460—2008	纸　施胶度的测定	2008-08-19	2009-05-01
14	GB/T 461. 1—2002	纸和纸板毛细吸液高度的测定(克列姆法)	2002-09-06	2003-01-01
15	GB/T 461. 3—2005	纸和纸板　吸水性的测定(浸水法)	2005-09-26	2006-04-01
16	GB/T 462—2008	纸、纸板和纸浆　分析试样水分的测定	2008-08-19	2009-05-01
17	GB/T 464—2008	纸和纸板的干热加速老化	2008-03-24	2008-10-01
18	GB/T 465. 1—2008	纸和纸板　浸水后耐破度的测定	2008-08-19	2009-05-01
19	GB/T 465. 2—2008	纸和纸板　浸水后抗张强度的测定	2008-08-19	2009-05-01
20	GB/T 740—2003	纸浆　试样的采取	2003-10-20	2004-06-01
21	**GB/T 742—2018**	**造纸原料、纸浆、纸和纸板　灰分的测定**	**2018-11-28**	**2019-07-01**
22	GB/T 743—2003	纸浆　乙醚抽出物的测定	2003-08-25	2003-12-01
23	GB/T 744—2004	纸浆　抗碱性的测定	2004-03-15	2004-10-01
24	GB/T 745—2003	纸浆　多戊糖的测定	2003-08-25	2003-12-01
25	GB/T 747—2003	纸浆　酸不溶木素的测定	2003-08-25	2003-12-01
26	GB/T 1539—2007	纸板　耐破度的测定	2007-12-05	2008-09-01
27	GB/T 1540—2002	纸和纸板吸水性的测定　可勃法	2002-10-15	2003-04-01
28	GB/T 1541—2013	纸和纸板　尘埃度的测定	2013-10-10	2014-05-01
29	GB/T 1543—2005	纸和纸板　不透明度(纸背衬)的测定(漫反射法)	2005-09-26	2006-04-01
30	GB/T 1545—2008	纸、纸板和纸浆　水抽提液酸度或碱度的测定	2008-08-19	2009-05-01
31	**GB/T 1546—2018**	**纸浆　卡伯值的测定**	**2018-11-28**	**2019-07-01**
32	GB/T 1547—2004	纸浆　高锰酸钾值的测定	2004-03-15	2004-10-01
33	GB/T 1548—2016	纸浆 铜乙二胺(CED)溶液中特性粘度值的测定	2016-12-13	2017-07-01
34	GB/T 2677. 1—1993	造纸原料分析用试样的采取	1993-03-01	1993-10-01
35	GB/T 2677. 2—2011	造纸原料水分的测定	2011-12-30	2012-09-01
36	GB/T 2677. 4—1993	造纸原料水抽出物含量的测定	1993-03-01	1993-10-01
37	GB/T 2677. 5—1993	造纸原料 1% 氢氧化钠抽出物含量的测定	1993-03-01	1993-10-01
38	GB/T 2677. 6—1994	造纸原料有机溶剂抽出物含量的测定	1994-09-24	1995-03-01
39	GB/T 2677. 8—1994	造纸原料酸不溶木素含量的测定	1994-09-24	1995-03-01
40	GB/T 2677. 9—1994	造纸原料多戊糖含量的测定	1994-09-24	1995-03-01
41	GB/T 2677. 10—1995	造纸原料综纤维素含量的测定	1995-07-06	1996-04-01
42	GB/T 2678. 1—1993	纸浆筛分测定方法	1993-08-07	1994-03-01
43	GB/T 2678. 2—2008	纸、纸板和纸浆　水溶性氯化物的测定	2008-03-24	2008-10-01
44	GB/T 2678. 3—1995	纸浆氯耗量(脱木素程度)的测定	1995-07-06	1996-04-01
45	GB/T 2678. 4—1994	纸浆和纸零距抗张强度测定法	1994-09-24	1995-03-01

续表

序号	标准号	标准名称	发布日期	实施日期
46	GB/T 2678. 6—1996	纸、纸板和纸浆水溶性硫酸盐的测定(电导滴定法)	1996-06-25	1997-01-01
47	GB/T 2679. 1—2013	纸 透明度的测定 漫反射法	2013-12-17	2014-12-01
48	GB/T 2679. 2—2015	薄页材料 透湿度的测定 重量(透湿杯)法	2015-09-11	2016-04-01
49	GB/T 2679. 6—1996	瓦楞原纸平压强度的测定	1996-05-21	1996-012-01
50	GB/T 2679. 7—2005	纸板　戳穿强度的测定	2005-09-26	2006-04-01
51	GB/T 2679. 8—2016	纸和纸板　环压强度的测定	2016-12-13	2017-07-01
52	GB/T 2679. 10—1993	纸和纸板短距压缩强度的测定法	1993-08-07	1994-03-01
53	GB/T 2679. 11—2008	纸和纸板　无机填料和无机涂料的定性分析　电子显微镜/X 射线能谱法	2008-08-19	2009-05-01
54	GB/T 2679. 12—2013	纸和纸板　无机填料和无机涂料的定性分析　化学法	2013-12-17	2014-12-01
55	GB/T 2679. 14—1996	过滤纸和纸板最大孔径的测定	1996-06-25	1997-01-01
56	GB/T 2679. 17—1997	瓦楞纸板边压强度的测定(边缘补强法)	1997-06-26	1997-12-01
57	GB/T 3332—2004	浆料　打浆度的测定(肖伯尔-瑞格勒法)	2004-03-15	2004-10-1
58	GB/T 3333—1999	电缆纸工频击穿电压试验方法	1999-08-12	2000-2-01
59	GB/T 3334—1999	电缆纸介质损耗角正切(tgδ)试验方法(电桥法)	1999-08-12	2000-2-01
60	GB/T 4687—2007	纸、纸板、纸浆及相关术语	2007-12-05	2008-09-01
61	GB/T 4688—2002	纸、纸板和纸浆纤维组成的分析	2002-10-15	2003-04-01
62	GB/T 5032—2002	纸、纸板和纸浆表示性能的单位	2002-10-15	2003-04-01
63	GB/T 5399—2004	纸浆　浆料浓度的测定	2004-03-15	2004-10-01
64	GB/T 5400—1998	纸浆铜价的测定	1998-05-19	1999-02-01
65	**GB/T 5401—2018**	**纸浆　碱溶解度的测定**	**2018-11-28**	**2019-07-01**
66	GB/T 5406—2002	纸透油度的测定	2002-09-06	2003-01-01
67	GB/T 6545—1998	瓦楞纸板耐破强度的测定法	1998-05-19	1999-02-01
68	GB/T 6546—1998	瓦楞纸板边压强度的测定法	1998-05-19	1999-02-01
69	GB/T 6547—1998	瓦楞纸板厚度的测定法	1998-05-19	1999-02-01
70	GB/T 6548—2011	瓦楞纸板粘合强度的测定法	2011-05-12	2011-09-15
71	GB/T 7973—2003	纸、纸板和纸浆　漫反射因数的测定(漫射/垂直法)	2003-10-20	2004-06-01
72	GB/T 7974—2013	纸、纸板和纸浆 蓝光漫反射因数 D65 亮度的测定(漫射/垂直法，室外日光条件)	2013-10-10	2014-05-01
73	GB/T 7975—2005	纸和纸板　颜色的测定(漫反射法)	2005-09-26	2006-04-01
74	GB/T 7977—2007	纸、纸板和纸浆　水抽提液电导率的测定	2007-12-05	2008-09-01
75	GB/T 7978—2005	纸浆　酸不溶灰分的测定	2005-09-26	2006-04-01
76	GB/T 7979—2005	纸浆　二氯甲烷抽出物的测定	2005-09-26	2006-04-01
77	GB/T 8940. 2—2002	纸浆亮度(白度)试样的制备	2002-10-15	2003-04-01
78	GB/T 8941—2013	纸和纸板　镜面光泽度的测定	2013-12-17	2014-12-01
79	GB/T 8942—2016	纸　柔软度的测定	2016-12-13	2017-07-01

续表

序号	标准号	标准名称	发布日期	实施日期
80	GB/T 8943.1—2008	纸、纸板和纸浆　铜含量的测定	2008-01-04	2008-09-01
81	GB/T 8943.2—2008	纸、纸板和纸浆　铁含量的测定	2008-01-04	2008-09-01
82	GB/T 8943.3—2008	纸、纸板和纸浆　锰含量的测定	2008-01-04	2008-09-01
83	GB/T 8943.4—2008	纸、纸板和纸浆　钙、镁含量的测定	2008-01-04	2008-09-01
84	GB/T 8944.1—2008	纸浆　成批销售质量的测定　第1部分：浆板浆包及浆块(急骤干燥浆)浆包	2008-08-19	2009-05-01
85	GB/T 8944.2—2008	纸浆　成批销售质量的测定　第2部分：组合浆包	2008-12-30	2009-09-01
86	GB/T 10336—2002	造纸纤维长度的测定　偏振光法	2002-10-15	2003-04-01
87	GB/T 10337—2008	造纸原料和纸浆　酸溶木素的测定	2008-08-19	2009-05-01
88	GB/T 10338—2008	纸浆　羧基含量的测定	2008-08-19	2009-05-01
89	**GB/T 10339—2018**	**纸、纸板和纸浆的光散射和光吸收系数的测定**	**2018-11-28**	**2019-07-01**
90	GB/T 10340—2008	纸和纸板　过滤速度的测定	2008-08-19	2009-05-01
91	GB/T 10342—2002	纸张的包装和标志	2002-10-15	2003-04-01
92	GB/T 10739—2002	纸、纸板和纸浆试样处理和试验的标准大气条件	2002-09-06	2003-01-01
93	GB/T 10740—2002	纸浆尘埃和纤维束的测定	2002-10-15	2003-04-01
94	GB/T 10741—2008	纸浆　苯醇抽出物的测定	2008-08-19	2009-05-01
95	GB/T 10742—2008	造纸原料　果胶含量的测定	2008-08-19	2009-05-01
96	GB/T 12032—2005	纸和纸板　印刷光泽度印样的制备	2005-09-26	2006-04-01
97	GB/T 12033—2008	造纸原料和纸浆中糖类组分的气相色谱的测定	2008-08-19	2009-05-01
98	GB/T 12658—2008	纸、纸板和纸浆　钠含量的测定	2008-08-19	2009-05-01
99	GB/T 12659—2008	纸浆　实验室打浆　约克罗(Jokro)磨法	2008-08-19	2009-05-01
100	GB/T 12660—2008	纸浆　滤水性能的测定　“加拿大标准”游离度法	2008-08-19	2009-05-01
101	GB/T 12661—2008	纸和纸板　菌落总数的测定	2008-08-19	2009-05-01
102	GB/T 12910—1991	纸和纸板二氧化钛含量的测定法	1991-05-18	1992-03-01
103	GB/T 12911—1991	纸和纸板油墨吸收性的测定法	1991-05-18	1992-03-01
104	**GB/T 12914—2018**	**纸和纸板　抗张强度的测定**	**2018-11-28**	**2019-07-01**
105	GB/T 13528—2015	纸和纸板 表面 pH 的测定	2015-09-11	2016-04-01
106	GB/T 18402—2001	纸浆滤水性能的测定(滤水时间法)	2001-08-06	2002-2-01
107	GB/T 18829.6—2002	纤维粗度的测定	2002-09-05	2003-01-01
108	GB/T 20216—2016	纸浆和纸 有效残余油墨浓度(ERIC 值)的测定 红外线反射率测量法	2016-12-13	2017-07-01
109	GB/T 21245—2007	纸和纸板　颜色的测定(C/2°漫反射法)	2008-08-19	2009-05-01
110	GB/T 21557—2008	废纸中胶粘物的测定	2008-03-24	2008-10-01
111	GB/T 22363—2008	纸和纸板　粗糙度的测定(空气泄漏法)　本特生法和印刷表面法	2008-08-19	2009-05-01
112	**GB/T 22364—2018**	**纸和纸板　弯曲挺度的测定**	**2018-11-28**	**2019-07-01**
113	GB/T 22365—2008	纸和纸板　印刷表面强度的测定	2008-08-19	2009-05-01

续表

序号	标准号	标准名称	发布日期	实施日期
114	GB/T 22804—2008	纸浆、纸和纸板　汞含量的测定	2008-12-30	2009-09-01
115	GB/T 22805. 1—2008	纸和纸板　耐脂度的测定　第1部分：渗透法	2008-12-30	2009-09-01
116	GB/T 22805. 2—2008	纸和纸板　耐脂度的测定　第2部分：表面排斥法	2008-12-30	2009-09-01
117	GB/T 22811—2008	瓦楞纸板　分离后组成原纸定量的测定	2008-12-30	2009-09-01
118	GB/T 22819—2008	高透气纸张透气性的测定	2008-12-30	2009-09-01
119	GB/T 22836—2008	纸浆　纤维帚化率的测定	2008-12-30	2009-09-01
120	GB/T 22837—2008	纸和纸板　表面强度的测定(蜡棒法)	2008-12-30	2009-09-01
121	GB/T 22872—2008	强韧纸板　分层定量的测定	2008-12-30	2009-09-01
122	GB/T 22873—2008	瓦楞纸板　胶粘抗水性的测定(浸水法)	2008-12-30	2009-09-01
123	GB/T 22874—2008	单面和单瓦楞纸板　平压强度的测定	2008-12-30	2009-09-01
124	GB/T 22876—2008	纸、纸板和瓦楞纸板　压缩试验仪的描述和校准	2008-12-30	2009-09-01
125	GB/T 22877—2008	纸、纸板和纸浆　灼烧残余物(灰分)的测定(525℃)	2008-12-30	2009-09-01
126	GB/T 22878—2008	纸和纸板　杂质的估算	2008-12-30	2009-09-01
127	GB/T 22879—2008	纸和纸板　CIE白度的测定，C/2°(室内照明条件)	2008-12-30	2009-09-01
128	GB/T 22880—2008	纸和纸板　CIE白度的测定，D65/10°(室外日光)	2008-12-30	2009-09-01
129	GB/T 22881—2008	纸和纸板　粗糙度(平滑度)的测定(空气泄漏法)通用方法	2008-12-30	2009-09-01
130	GB/T 22893—2008	纸和纸板　基本尺寸办公用纸　成包纸页卷曲的测定	2008-12-30	2009-09-01
131	GB/T 22894—2008	纸和纸板　加速老化　在80℃和65%相对湿度条件下的湿热处理	2008-12-30	2009-09-01
132	GB/T 22895—2008	纸和纸板　静态和动态摩擦系数的测定　平面法	2008-12-30	2009-09-01
133	GB/T 22896—2008	纸和纸板　卷曲的测定　单个垂直悬挂试样法	2008-12-30	2009-09-01
134	GB/T 22897—2008	纸和纸板　抗透水性的测定	2008-12-30	2009-09-01
135	GB/T 22898—2008	纸和纸板　抗张强度的测定　恒速拉伸法(100 mm/min)	2008-12-30	2009-09-01
136	GB/T 22899. 1—2008	纸和纸板　湿膨胀率的测定　第1部分：最大相对湿度增加到68%过程的湿膨胀率	2008-12-30	2009-09-01
137	GB/T 22899. 2—2008	纸和纸板　湿膨胀率的测定　第2部分：最大相对湿度增加到86%过程的湿膨胀率	2008-12-30	2009-09-01
138	GB/T 22901—2008	纸和纸板　透气度的测定(中等范围)　通用方法	2008-12-30	2009-09-01
139	GB/T 22902—2008	纸浆　丙酮可溶物的测定	2008-12-30	2009-09-01
140	GB/T 22903—2008	纸浆　物理试验用标准水	2008-12-30	2009-09-01
141	GB/T 22904—2008	纸浆、纸和纸板　总氯和有机氯的测定	2008-12-30	2009-09-01
142	GB/T 22906. 1—2008	纸芯的测定　第1部分：试样的采取	2008-12-30	2009-09-01
143	GB/T 22906. 2—2008	纸芯的测定　第2部分：试样的温湿处理	2008-12-30	2009-09-01

续表

序号	标准号	标准名称	发布日期	实施日期
144	GB/T 22906. 3—2008	纸芯的测定　第 3 部分：水分含量的测定(烘箱干燥法)	2008-12-30	2009-09-01
145	GB/T 22906. 4—2008	纸芯的测定　第 4 部分：尺寸的测定	2008-12-30	2009-09-01
146	GB/T 22906. 5—2008	纸芯的测定　第 5 部分：同轴旋转特性的测定	2008-12-30	2009-09-01
147	GB/T 22906. 6—2008	纸芯的测定　第 6 部分：弯曲强度的测定(三点法)	2008-12-30	2009-09-01
148	GB/T 22906. 7—2008	纸芯的测定　第 7 部分：弹性模量的测定(三点法)	2008-12-30	2009-09-01
149	GB/T 22906. 8—2008	纸芯的测定　第 8 部分：固有频率和弹性模量的测定(试验模型分析法)	2008-12-30	2009-09-01
150	GB/T 22906. 9—2008	纸芯的测定　第 9 部分：平压强度的测定	2008-12-30	2009-09-01
151	GB/T 22921—2008	纸和纸板　薄页材料水蒸气透过率的测定　动态气流法和静态气体法	2008-12-30	2009-09-01
152	GB/T 23144—2008	纸和纸板　静态弯曲挺度的测定　通用原理	2008-12-30	2009-09-01
153	GB/T 23175—2008	纸浆　纤维长度的测定(光栅法)	2008-12-30	2009-09-01
154	GB/T 24288—2009	纸和纸板　主波长和兴奋纯度的测定　D65/10°漫反射法	2009-07-31	2010-03-01
155	GB/T 24289—2009	纸和纸板　镜面光泽度的测定　平行光束 75°，DIN 法	2009-07-31	2010-03-01
156	GB/T 24290—2009	造纸用成形网、干燥网测量方法	2009-07-31	2010-03-01
157	GB/T 24291—2009	纸和纸板　卷筒纸芯内径的规定	2009-07-31	2010-03-01
158	GB/T 24323—2009	纸浆　实验室纸页　物理性能的测定	2009-09-30	2010-02-01
159	GB/T 24324—2009	纸浆　物理试验用实验室纸页的制备　常规纸页成型器法	2009-09-30	2010-02-01
160	GB/T 24325—2009	纸浆　实验室打浆　瓦利(Valley)打浆机法	2009-09-30	2010-02-01
161	GB/T 24326—2009	纸浆　物理试验用实验室纸页的制备　快速凯塞法	2009-09-30	2010-02-01
162	GB/T 24327—2009	纸浆　实验室湿解离　化学浆解离	2009-09-30	2010-02-01
163	GB/T 24328. 1—2009	卫生纸及其制品　第 1 部分：总则及术语	2009-09-30	2010-02-01
164	GB/T 24328. 2—2009	卫生纸及其制品　第 2 部分：厚度、层积厚度和表观密度的测定	2009-09-30	2010-02-01
165	GB/T 24328. 3—2009	卫生纸及其制品　第 3 部分：抗张强度、断裂时伸长率和抗张能量吸收的测定	2009-09-30	2010-02-01
166	GB/T 24328. 4—2009	卫生纸及其制品　第 4 部分：湿抗张强度的测定	2009-09-30	2010-02-01
167	GB/T 24328. 5—2009	卫生纸及其制品　第 5 部分：定量的测定	2009-09-30	2010-02-01
168	GB/T 24328. 6—2009	卫生纸及其制品　第 6 部分：吸水时间和吸水能力(篮筐浸没法)	2009-09-30	2010-02-01
169	GB/T 24328. 7—2009	卫生纸及其制品　第 7 部分：球形耐破度的测定	2009-09-30	2010-02-01
170	GB/T 24394—2009	非正常成品纸和纸板的检验	2009-09-30	2010-02-01
171	GB/T 24447—2009	纸浆　纤维粗度的测定　偏振光法	2009-10-15	2010-03-01
172	GB/Z 24987—2010	纸、纸板和纸浆 测试方法不确定度的评定	2010-08-09	2010-12-01

续表

序号	标准号	标准名称	发布日期	实施日期
173	GB/T 24990—2010	纸、纸板和纸浆 铬含量的测定	2010-08-09	2010-12-01
174	GB/T 24991—2010	纸、纸板和纸浆 铅含量的测定 石墨炉原子吸收法	2010-08-09	2010-12-01
175	GB/T 24992—2010	纸、纸板和纸浆 砷含量的测定	2010-08-09	2010-12-01
176	GB/T 24993—2010	造纸湿部 Zeta 电位的测定	2010-08-09	2010-12-01
177	GB/T 24994—2010	造纸湿部溶解电荷量的测定	2010-08-09	2010-12-01
178	GB/T 24996—2010	纸张中脱墨回用纤维的判定	2010-08-09	2010-12-01
179	GB/T 24997—2010	纸、纸板和纸浆 镉含量的测定 原子吸收光谱法	2010-08-09	2010-12-01
180	GB/T 24998—2010	纸和纸板 碱储量的测定	2010-08-09	2010-12-01
181	GB/T 25001—2010	纸、纸板和纸浆 7 种多氯联苯(PCBs)含量的测定	2010-08-09	2010-12-01
182	GB/T 25002—2010	纸、纸板和纸浆 水抽提液中五氯苯酚的测定	2010-08-09	2010-12-01
183	GB/T 26203—2010	纸和纸板 内结合强度的测定(Scott 型)	2011-01-14	2011-06-01
184	GB/T 26459—2011	纸、纸板和纸浆 返黄值的测定	2011-05-12	2011-09-15
185	GB/T 26460—2011	纸浆 零距抗张强度的测定(干法或湿法)	2011-05-12	2011-09-15
186	GB/T 26464—2011	造纸无机颜料亮度(白度)的测定	2011-05-12	2011-09-15
187	GB/T 27705—2011	BCTMP 系统能量平衡及能量效率计算方法	2011-12-30	2012-07-01
188	GB/T 27706—2011	PRC-APMP 系统能量平衡及能量效率计算方法	2011-12-30	2012-07-01
189	GB/T 27707—2011	草浆备料系统能量平衡及能量效率计算方法	2011-12-30	2012-07-01
190	GB/T 27709—2011	带二氧化氯的四段漂白系统能量平衡及能量效率计算方法	2011-12-30	2012-07-01
191	GB/T 27711—2011	叠网造纸机系统能量平衡及能量效率计算方法	2011-12-30	2012-07-01
192	GB/T 27712—2011	非木浆多效蒸发系统能量平衡及能量效率计算方法	2011-12-30	2012-07-01
193	GB/T 27713—2011	非木浆碱回收燃烧系统能量平衡及能量效率计算方法	2011-12-30	2012-07-01
194	GB/T 27714—2011	废纸脱墨浆系统能量平衡及能量效率计算方法	2011-12-30	2012-07-01
195	GB/T 27716—2011	横管式连续蒸煮系统能量平衡及能量效率计算方法	2011-12-30	2012-07-01
196	GB/T 27718—2011	间歇蒸煮(立锅)系统能量平衡及能量效率计算方法	2011-12-30	2012-07-01
197	GB/T 27720—2011	卡米尔连续蒸煮系统能量平衡及能量效率计算方法	2011-12-30	2012-07-01
198	GB/T 27721—2011	磨石磨木浆系统能量平衡及能量效率计算方法	2011-12-30	2012-07-01
199	GB/T 27722—2011	木浆备料系统能量平衡及能量效率计算方法	2011-12-30	2012-07-01
200	GB/T 27724—2011	普通长网造纸机系统能量平衡及能量效率计算方法	2011-12-30	2012-07-01
201	GB/T 27727—2011	筛选、CEHP 四段漂白系统能量平衡及能量效率计算方法	2011-12-30	2012-07-01
202	GB/T 27732—2011	洗涤筛选、氧脱系统能量平衡及能量效率计算方法	2011-12-30	2012-07-01

续表

序号	标准号	标准名称	发布日期	实施日期
203	GB/T 27736—2011	制浆造纸企业生产过程的系统能量平衡计算方法通则	2011-12-30	2012-07-01
204	GB/T 27737—2011	制氧站系统能量平衡及能量效率计算方法	2011-12-30	2012-07-01
205	**GB/T 27741—2018**	**纸和纸板　可迁移性荧光增白剂的测定**	**2018-11-28**	**2019-07-01**
206	GB/T 28218—2011	纸浆 纤维长度的测定　图像分析法	2011-12-30	2012-09-01
207	GB/T 29285—2012	纸浆 实验室湿解离 机械浆解离	2012-12-31	2013-09-01
208	GB/T 29286—2012	纸浆 保水值的测定	2012-12-31	2013-09-01
209	GB/T 29287—2012	纸浆 实验室打浆 PFI 磨法	2012-12-31	2013-09-01
210	GB/T 29775—2013	纸浆 纤维粗度的测定 图像分析法	2013-10-10	2014-05-01
211	GB/T 29779—2013	纸浆 纤维长度的测定 非偏振光法	2013-10-10	2014-05-01
212	GB/T 31110—2014	纸和纸板 Z 向抗张强度的测定	2014-09-03	2015-08-01
213	GB/T 31479—2015	与食品接触染色纸和纸板色牢度的测定	2015-05-15	2015-12-01
214	GB 31825—2015	制浆造纸单位产品能源消耗限额	2015-06-30	2016-07-01
215	GB/T 31905—2015	纸和纸板　边渗透的测定	2015-09-11	2016-04-01
216	GB/T 33277—2016	生活用纸 可迁移性铅、砷含量的测定	2016-12-13	2017-07-01
217	GB/T 34442—2017	纸浆　纤维粗度的测定 非偏振光法	2017-10-14	2018-05-01
218	GB/T 34444—2017	纸和纸板　层间剥离强度的测定	2017-09-29	2018-04-01
219	GB/T 34448—2017	生活用纸及纸制品　甲醛含量的测定	2017-10-14	2018-05-01
220	GB/T 34455—2017	纸、纸板和纸浆 2，2-二(4-羟基苯基)丙烷(双酚 A)的测定 液相色谱法	2017-09-29	2018-04-01
221	GB/T 34845—2017	生活用纸　可吸附有机卤素(AOX)的测定	2017-11-01	2018-05-01
222	**GB/T 36985—2018**	**纸、纸板和纸制品 挥发性有机化合物的测定**	**2018-11-28**	**2019-07-01**
223	QB/T 1938—2010	松软纸厚度的测定	2010-04-22	2010-10-01
224	QB/T 2804—2006	纸和纸板白度测定法　45/0 定向反射法	2006-07-27	2006-10-11
225	QB/T 2805—2006	纸和纸板表面吸收速度的测定	2006-07-27	2006-10-11
226	QB/T 2812—2006	纸张定量、水分的在线测定(近红外法)	2006-09-14	2007-05-01
227	QB/T 2896—2007	纸和纸板　湿拉毛和湿排斥的测定	2007-12-03	2008-06-01
228	QB/T 2897—2007	纸和纸板　表面疏松物的测定	2007-12-03	2008-06-01
229	QB/T 4319—2012	硫酸盐全无氯漂白纸浆的判定	2012-05-24	2012-11-01
230	QB/T 4896—2015	废纸浆脱墨效率的测定	2015-10-10	2016-03-01

注：黑体字为 2018 年新批准发布标准。

（全国造纸工业标准化技术委员会）

国内制浆造纸科研设计单位简介

Introduction to the Domestic Organizations of R&D, Engineering Consultant of Paper Industry

中国制浆造纸研究院有限公司

中国制浆造纸研究院有限公司(以下简称“中国纸院”)始建于 1956 年，前身为轻工业部造纸工业科学研究所，1999 年转制为科技型企业，现为中国保利集团公司所属中国轻工集团有限公司的全资子公司，是致力于造纸科技传承和创新的国家级专业科研机构。

历经 60 多年的发展，造纸院科技资源丰富、行业服务功能全面，形成了以技术和产品研发为基础，集技术服务、成果转化、标准制定、委托检验、展会会议、出版发行、咨询服务、教育培训、浆纸贸易等多功能于一体的行业服务资源和能力，是制浆造纸国家工程实验室、全国造纸工业标准化技术委员会、国家纸张质量监督检验中心、中国造纸杂志社、全国造纸工业信息中心、中国造纸学会特种纸专业委员会、中国造纸协会生活用纸专业委员会等权威行业机构的依托建设、运行单位，科技部认定的国家国际科技合作基地，成为推动中国造纸产业发展的重要力量。

立足新时期发展战略，中国纸院将依托以北京市本部为研发和行业服务总部，以位于河北省廊坊市的中轻特种纤维材料有限公司为工程试验和产业化平台，以位于浙江省的衢州分院为特种纸产业公共服务平台、以位于福建省晋江市的中轻(晋江)卫生用品研究有限公司为卫生用品产业公共服务平台，倾力打造集研究开发、行业服务、工程与产业化三位一体的综合服务能力，为造纸产业的可持续发展提供更加立体、高效的科技服务。

董事长：曹春昱

地址：北京市朝阳区望京启阳路 4 号中轻大厦

邮编：100102

电话：010 - 64778000

传真：010 - 64778001

邮箱：bgs@ cnppri. com

网址：www. cnppri. com

中国中轻国际工程有限公司

中国中轻国际工程有限公司(以下简称“中轻国际”)即原中国轻工业北京设计院，成立于 1953 年 1 月。2000 年 10 月成为交中央管理的大型科技型设计企业，2001 年 3 月更名为中国轻工国际工程设计院，2003 年 1 月 23 日经国家经贸委、财政部等有关部委批准，改制更名为中国轻鑫工程有限责任公司，2004 年 4 月更名为中国中轻国际工程有限公司。现为中国保利集团公司所属中国轻工集团有限公司的下属企业。

中轻国际是以咨询、设计、监理、项目管理、工程总承包为主体业务的大型工程公司，拥有的资质包括：进出口企业资格证书；轻纺全行业、化工石化医药行业(化工工程)、市政行业(排水工程、环境卫生工程)、农林行业(林产化学工程)、建筑行业(建筑工程)和环境工程(水污染防治工程、大气污染防治工程)专项设计甲级资质；城市规划、招标代理、化工石化医药行业(生化、生物药、化学原料药)、电力行业(火力发电)、商物粮行业、建材行业(新型建筑材料工程)、市政行业(给水工程、城镇燃气工程、热力工程)和环境工程(固体废物处理处置工程)专项设计乙级资质；机电安装工程施工总承包二级资质、建筑装饰装修工程设计与施工二级；工程咨询、工程造价、工程监理甲级资质以及压力容器设计、压力管道设计许可证；中华人民共和国海关进出口货物收发货人报关注册登记证书、对外贸易经营者备案登记表、中华人民共和国对外承包工程资格证书和自理报检单位备案登记证明书；质量、环境和职业健康安全管理体系认证证书；国家高新技术企业认证证书。

中轻国际是国际咨询工程师联合会（FIDIC）、中国勘察设计协会、中国国际工程咨询协会、中国工程咨询协会等国际及国内100余个协会、学会的主要成员。1995年1月在世界银行“DACON”数据库认可登记（登记号：576）。1992年6月在国内设计单位中首批获得国家授予的对外经营权。2009年通过国家高新技术企业认证，2015年通过复评审核。

中轻国际于1997年12月率先在轻工设计系统通过ISO 9001质量体系认证。2008年8月通过质量体系、环境管理体系、职业健康安全管理体系“三标”认证。

中轻国际现有从业人员779人，其中，在岗702人，返聘48人，劳务派遣29人，其中，国家级设计大师2人、享受政府特殊津贴的专家7人、轻工行业设计大师6人，在岗人员中教授级高级工程师72人、高级职称226人、中级职称192人、初级职称及以下212人，各类国家注册工程师258人次、工程总承包项目经理61人。

中轻国际为国内5000余家大中型企业，国外20多个国家、60余个大中型项目提供了工程设计、咨询、项目管理、总承包等服务，与国内外著名的300余家大型公司建立了实质性合作和业务往来关系。

中轻国际高度重视工程设计成果的创优评优工作。自1980年以来，共获得部（委）级以上各种嘉奖410余项，其中国家级优秀设计、咨询奖和科技进步奖50余项，共拥有102项专利，其中发明专利24项。

经过60余年的创业、发展、壮大，中轻国际已成为国内外知名的大型科技型企业，中轻国际坚持以市场为导向，以项目为中心，以创新为动力，以服务为宗旨，以质量为保证，为顾客提供全过程、多方位、专业化、质量高、效果好的满意服务。

中轻国际通过科技兴业、质量强业、管理治业的可持续发展之路，正在向科技型国际工程公司目标迈进。

董事长：张建新

总经理：王　军

技术总监：靳福明

地址：北京市朝阳区白家庄东里42号

邮编：100026

电话：010－65826358

传真：010－65823590

邮箱：cliec@cliec.cn

网址：www.cliec.cn

山西省轻工设计院有限公司

山西省轻工设计院有限公司是由山西省轻工设计院转企改制的国有科技型企业，注册资本1277万元，隶属于山西省工业和信息化厅。

山西省轻工设计院有限公司成立于1958年，是山西省轻工行业专业设计院，主要承担轻工、商物粮、民用建筑行业以及与本行业相近的化工、医药、建材、电子、环保、农业等行业的工程勘察设计和咨询业务。

建院60年来，完成了4000余项工业和民用建筑工程设计（咨询）项目（包括省、部级重点大中型工程项目），为我国工程建设做了大量工作，尤其是对山西省及周边地区的轻工业发展做出了重要的贡献，多次荣获有关部门的奖励和表彰。为了肯定该院在白酒行业现代化设计的能力，1987年轻工业部批准该院为传统白酒设计资质。

服务范围：

工程设计：工业、民用工程设计、初步设计、设施设计专篇、职业病防护设施专篇等，可从事资质证书许可范围内相应的建设工程总承包业务以及项目管理和相关的技术与管理服务。

工程咨询：可行性研究报告、产业（行业）规划、节能评估、项目建议书（申请报告），清洁生产评估、评审，生产标准化评审等。

公司拥有一支高素质的技术和管理团队，拥有专业类别齐全的专业队伍。现有工程技术人员80人，其中，高级工程师23人，工程师36人。现设科室有办公室、财务室、生产经营办和5个设计所。

山西省轻工设计院有限公司组织机构健全，管理制度完善，实现了生产、管理的电子、网络和信息化。经过多年的积累，公司有多行业完整的技术图书和标准册、图纸资料及专家库等。

公司以“规范、质量，使命、品牌、规则、诚信”的管理和设计理念，为用户的建设工程设计（咨询）提供全面、全过程的贴心服务。

法人代表：郝　威

地址：山西省太原市新建南路13号

邮编：030001
电话：0351－4052817
传真：0351－4052817
邮箱：sxsqgsjy@ 126. com
网址：www. sxqgsj. com

辽宁省轻工设计院有限公司

辽宁省轻工设计院有限公司成立于1955年，历经60余年的不断发展，已经成为从事轻工、化工、电力、建筑、环保等行业的工程设计、工程咨询、产业园区规划、设备成套、项目管理和工程总承包等综合业务设计院；是具有较强综合技术力量的国家化工、轻工甲级，电力、轻纺、商物粮、建筑、环境工程行业乙级，压力容器（A1、A2类）、压力管道（GB2/GC1/GD1）设计、咨询、工程总承包资质的设计单位。公司拥有各类专业技术人员170余人，其中，高级工程师60余人、教授级高级工程师8人，注册工程师和注册咨询工程师60余人。

公司以务实的工作作风不断夯实设计手段和设计技术水平，通过工程总承包进一步完善了企业工程化能力。几年来，公司致力于有机硫化工、精细化工、玉米深加工、食品、生物发酵行业的新技术研发工作，汇集众多应用技术领域精英、研发团队及行业技术专家，研发并整理出一些国内领先、世界一流的新产品和新技术，以期在供给侧改革时代为广大业主提供更加优质的技术服务和设计服务。

辽宁省轻工设计院有限公司造纸工程技术中心近年来的主要技术研究成果：

（1）尿素催化剂法生产本色或全无氯漂白纸浆、纸和纸板，综合利用农业秸秆，蒸煮废液可灌溉，废弃物制饲料、沼气，沼渣制硅肥。

（2）生物质精炼技术综合利用玉米秆。玉米秆除髓后，叶和穰添加ΠAB保鲜剂制饲料。皮制溶解浆，水解液制木糖醇、糠醛，蒸煮黑液制二甲亚砜后进行碱回收。清洁生产，节能减排，环境友好，经济效益突出。

（3）常压蒸煮—漂白一步法制漂白纸浆。

（4）菊芋秆制浆造纸及其尿素催化剂法制浆废液和硅肥相结合生产固沙沙漠改良剂。

（5）硅肥技术。硅肥可以提高农作物生产量、质量（抑制作物吸收有毒有机物和重金属）。当前稻米镉等有害物超标，此项研究更具深远意义，已于2008年12月15日通过沈阳市科技局验收。

总经理：陈 溥
总工程师：徐军强
造纸中心主任：罗少初
地址：辽宁省沈阳市皇姑区泰山路46号
邮编：110031
电话：024－86808529
传真：024－86802976
邮箱：lnqgy@ qq. com
网址：www. lnqgy. cn

黑龙江省造纸工业研究所有限公司

黑龙江省造纸工业研究所有限公司占地面积2. 2公顷，建筑面积1. 2公顷。设有黑龙江省制浆造纸中试基地和黑龙江省造纸技术研究中心。是省级专业期刊《黑龙江造纸》编辑部、黑龙江省造纸产品质量监督检验站、黑龙江省造纸学会挂靠单位。

黑龙江省造纸工业研究所有限公司为从事制浆造纸应用研究的省属研究所。主要研究方向为农业、工业特种纸材料，同时开展制浆造纸技术研究及相关咨询服务，促进造纸行业及地方经济发展。

现有正式员工38人，科技人员17人，其中，研究员级高级工程师3人，高级工程师11人，中级职称1人；享受国务院政府津贴待遇2人。近年来，共取得科研成果25项，其中，获国家科技奖励1项，省级科技奖励9项，市级科技奖励13项，获国家专利7项。

现有1条特种纸中试生产线、3条自主研发系列育苗纸筒生产线、1条自主设计的印制板钻孔用上垫板生产线，水电气配套设施齐全。可进行纸张材料的基础研究、新产品研发、科研成果的转化及部分产品的批量生产。

目前，可批量生产的产品为甜菜、林木、蔬菜、玉米、棉花、西瓜等农林系列育苗纸筒；工农业用特种纸；区电印制板行业配套材料等。育苗纸册年生产能力200余万册，垫板年生产能力20万米^2。

法人代表/所长：杨易平
总工程师：任国庆
地址：黑龙江省牡丹江市阳明区光华街5号
邮编：157013
电话：0453－6332195、6332060（销售）
传真：0453－6332195、6332060（销售）
邮箱：hzskyb@ 163. com
网址：www. hljzzyjs. com

中国海诚工程科技股份有限公司

中国海诚工程科技股份有限公司隶属于国务院国有资产监督管理委员会监管的中国保利集团公司所属中国轻工集团有限公司，由成立于 1953 年的原轻工业部下属中国轻工业上海设计院经整体改制而设立，主要从事工程总承包、设计、咨询和监理，是国内第一家专业设计服务业上市公司(股票代码：002116)。公司服务领域涵盖轻纺、商物粮、农林、机械、市政公用、化工医药、建筑等行业，其中制浆造纸工程的全过程服务是公司主要业务之一，客户遍及世界各地。

公司总部设在上海市，并在北京、广州、长沙、武汉、南宁、成都、西安等地拥有 11 家全资子公司。上海总部从业人员 1059 人，其中，国家设计大师 1 名，轻工行业设计大师 5 名，享受国务院特殊津贴专家 9 名，教授级高级工程师 116 名，高级工程师 221 名，各类注册工程师 408 名。

自 1953 年至今，承担了数以万计的工程设计项目。其中，国内工程 9800 余项，外商投资项目 1600 余项，海外工程近百项；非标设备设计 8500 余台套。

公司致力于设计和建造优质精品工程，累计荣获国家、部、省(市)级各类奖项 800 余项，其中，国家级奖项 79 余项，拥有专利 90 余项(发明 40 项)，开发登记计算机软件著作多项。自 1992 年以来，连年被国家建设部、统计局评为中国勘察设计综合实力百强单位。自 2004 年起，连续 15 年被美国《工程新闻记录》(ENR)与中国《建筑时报》评为“中国勘察设计企业 60 强”公司被认定为“上海市高新技术企业”，相继荣获“2008 年度上海市建设工程质量先进企业”和“2009 年度上海市勘察设计质量诚信企业”，2013 年获得“全国工程勘察设计先进企业“荣誉称号，并连续 12 届蝉联上海市“文明单位”称号，并于 2014 年首次荣获“全国文明单位”荣誉称号

董事长：徐大同

地址：上海市宝庆路 21 号

邮编：200031

电话：021 - 64370093

传真：021 - 64334045

邮箱：info@ haisum. com

网址：www. haisum. com

中国林业科学研究院制浆造纸研究开发中心

中国林业科学研究院制浆造纸研究开发中心为国家林业局从事林纸一体化技术研究和开发的专业机构，设有林产化学加工工程博士点、轻工技术与工程硕士点和林业工程博士后流动站。主要研究方向：①人工林制浆性能早期预报和技术经济评价；②速生材、小径材、木材加工剩余物、竹材和农业秸秆等不同类型纤维原料的高得率制浆技术研究及工程设计；③高效、低耗清洁制浆及漂白技术研究；④制浆造纸废水高效低成本处理工艺技术研究及工程设计；⑤制浆造纸过程生物质精炼技术开发。

研发中心拥有完备的纤维形态及化学成分分析、制浆造纸性能评价、废纸回收利用、废水污染物特征等检测分析手段，全套进口化机浆中试系统，中试涂布机及压光机，废水污染物大型分析仪器，废水处理小试及中试系统，以及 FQA 纤维质量、胶黏物、纤维束分析仪、纤维筛分仪、毛细管孔隙仪、涂布器等大型专业测试仪器。致力于纤维资源及纸浆材性评估、制浆造纸新技术、造纸及环保化学品、木质素纤维类生物质转化与利用、生产过程纤维类废弃物资源化利用、造纸工业节能减排新技术的研究开发与工程化应用。承接高得率制浆生产线、废水处理系统的设计、工程建造、运行优化任务。国家林业局林化产品检测中心(南京)能够承接纤维原料、纸浆和纸产品第三方检测任务。

目前主持国家“十三五”重点研发计划项目“人工林剩余物资源化利用技术研究”、国家精准扶贫科技成果推广项目以及国家林业和草原局基金项目共 12 项。承担了“七五”至“十二五”国家科技项目、自然科学基金倾斜项目、“948”先进生产技术引进、国家外专局引智及江苏省科技攻关等 30 余项，ACIAR、UNDP、SIDA、EU、UNESCO“BIO-DEV”等国际合作项目近 20 项。与澳大利亚 CSIRO、法国国家农科院丝状真菌研究所、普鲁旺斯大学、波尔多第一大学、加拿大造纸研究所、魁北克大学、纽布朗斯维克大学、美国林产品实验室、安德里茨春田研究开发中心、马来西亚国家林业研究院等学术机构建立密切广泛的科技合作联系。20 余项科技成果在全国 10 多个省市 50 余家大中型企业获得推广应用，为国内外设计建造了具有完全自主知识产权的清洁制浆生产线 9 条。

中心主任：房桂干
地址：江苏省南京市锁金五村 16 号
邮编：210042
电话：025 – 85482548、85482542
传真：025 – 85413445、85482620
邮箱：fangguigan@ icifp. cn
网址：www. icifp. cn

浙江省造纸研究所（浙江鹏辰造纸研究所有限公司）

浙江鹏辰造纸研究所有限公司即浙江省造纸研究所，是由浙江省造纸研究所二次改制，在承继普瑞科技(原浙江省造纸研究所)改制类院所相关政策的基础上建立而成。公司现有职工 100 余人，其中：专业技术人员占比 1/3 以上，教授级高级工程师 6 人。

公司是国内以化学合成纤维、无机纤维、矿物纤维等特种纤维抄造特种功能纸技术的开拓者，是我国特种功能纸科研生产基地，建有特种纸省级高新技术研究开发中心和特种纤维纸基功能材料技术研究重点实验室。公司技术力量雄厚，已完成的省部级以上科研成果 155 项中，国家科技攻关项目 6 项。获省部级科技进步奖 27 项。近年申请国家专利 19 项，其中发明专利 16 项，已授权的 13 项专利中，发明专利 10 项。

公司制定有完善的质量管理体系，具有完整的生产能力，装备有 3 条湿法造纸生产线、2 条干法造纸生产线，其中引进国际先进斜网成形器的湿法造纸生产线和引进气流成网干法造纸生产线各 1 条，配备了完善的造纸工艺试验设备、纸张性能测试仪器和特性指标测试仪器，为研制产品的中试与生产提供了良好条件。公司的主导产品有电池隔膜材料系列、超净擦拭纸系列、高低温隔热材料系列、农用功能材料系列、过滤材料系列、医疗卫生用纸等特种功能纸。近年国内首创并批产的气凝胶隔热材料达到国际先进水平，投放市场后获得用户高度赞扬与好评。长期以来，全体员工本着“敬业、诚信、创新、实效”的企业精神，以“技术创新，质量一流，强化管理，用户至上”的方针，为国防高新工程和国民经济高新行业提供了大量优质材料和良好服务。

董事长/所长：郑鹏遵
地址：浙江省杭州市萧山经济技术开发区鸿兴路 181 号
邮编：311215
电话：0571 – 88170685
传真：0571 – 88173641
邮箱：zjprime@ 263. net
网址：www. zjprime. com

轻工业杭州机电设计研究院有限公司

轻工业杭州机电设计研究院有限公司是专业从事制浆造纸装备设计开发研制的国家级重点设计研究单位，同时具备制浆造纸工程设计、设备研发和配套电气控制系统研制能力，是国家发展和改革委“制浆造纸国家工程实验室”的依托建设单位之一。中国造纸学会机械设备专业委员会、全国轻工机械标准化委员会及造纸机械、食品机械分标委员会、全国压力容器标准化委员会专用压力容器分标委员会、全国食品加工机械标准化技术委员会、中国轻工总会造纸食品日用化工塑料机械质量监督检测中心、工业和信息化部工业(轻工机械)产品质量控制和技术评价实验室、国家中小企业公共服务示范平台、中国科技核心期刊《轻工机械》杂志社等均设在本院。具有中国对外承包工程经营资质，工程设计甲级资质，工程咨询资质，一、二、三类压力容器设计资质和 GC1 级管道压力设计资质等证书。

近年来，承担国家科技攻关项目多项，其中，承担和完成国家“863”项目 2 项、国家十一五科技支撑项目 3 项和科技部“科研院所技术开发研究专项资金”项目 10 项和国家重点研发计划重点专项项目 4 项，“社会公益研究专项”项目 1 项，省科技计划项目 3 项。获得各种奖励共 110 项(其中，国家科技进步二等奖 1 项，三等奖 6 项，省部级科技进步一等奖 2 项，二等奖 13 项，三等奖 42 项，其他奖励 46 项)，获得国内专利 50 项，完成行业标准编制 80 多项。

共完成设备研究设计项目 900 余项，工程咨询项目 170 余项，工程设计项目 220 余项，产品生产 3000 余台(套)，生产线成套项目 30 余项。包括出口俄罗斯的隔音板等项目。

主要提供：生物能源技术、非木材原料生物制浆成套装备技术；连续蒸煮关键设备及系统集成；高效节能置换蒸煮关键设备及自动控制系统；中、高浓无氯和少氯漂白关键装备技术；双辊挤浆机，节能碎浆机，湿浆板机；特种纸设备关键技术和成套技术(对位芳纶纸、工业滤纸、玻纤纸、电池隔膜纸、茶叶滤纸、绝缘纸及纸板等)伸性装置(水泥袋纸、电线电缆纸等）；各类涂布机（热敏纸、无碳复写纸、不干胶标签纸、美纹纸等）。

法人代表：刘安江

总工程师：杨　旭

地址：浙江省杭州市余杭区高教路970号

邮编：311121

电话：0571－85186716

传真：0571－85186432

邮箱：hzjdy@hmei.com.cn

网址：www.hmei.com.cn

济南市造纸科学研究所

济南市造纸科学研究所隶属济南市经信委，主要从事造纸工业新产品、新工艺的研制，纸张物理检测和技术咨询服务。研究所拥有高中级工程技术人员。研制的“电子阅卷纸”曾荣获国家科技奖；煤矿井下堵炮眼纸、井下吸尘纸受到煤矿行业的好评；制浆造纸清洁新工艺得到了省专家的认可，已通过省级鉴定，此项目填补了国内空白。

所长：张建军

地址：山东省济南市槐荫区经一纬九路273号1号楼2单元314室

邮编：250012

电话：0531－86911272、86150010

传真：0531－86150010

邮箱：jnzzhkys@163.com

山东省造纸工业研究设计院

山东省造纸工业研究设计院始建于1978年11月，隶属于山东省轻工业协会。现有在职职工120人，专业技术人员80人，院内设有科研所、设计所、检测中心、《中华纸业》杂志社、造纸技术开发公司、中试基地等主要业务部门。另外，山东省造纸学会、山东省纸张质量监督检验站、山东省涂布加工纸技术重点实验室、山东省造纸行业生产力促进中心等均设在该院。

科研工作曾多次荣获省科技进步奖。目前与多家造纸企业及造纸化学助剂等相关企业建立了合作关系，已承担企业委托项目200余项，收到了良好的经济效益和社会效益。

设计工作具有国家建设部颁发的轻纺行业（制浆造纸）工程设计甲级证书和国家发展改革委颁发的轻工工程咨询甲级证书。近年来，完成制浆造纸工程咨询设计项目600余项，多次荣获省级优秀勘察设计奖、省级优秀工程咨询成果奖和中国轻工业优秀工程咨询成果奖。

《中华纸业》是中国造纸协会会刊，由中国造纸协会和该院共同主办。它是由创刊于1979年的《山东造纸》发展而来，期间经历了《北方造纸》重要的阶段，《中华纸业》从原技术刊转型定位于“行业综合性”刊。自1996年以来的10多年间，由季刊改为半月刊，在内容、版面设计、广告策划上都具有自己的独特风格，成为我国造纸行业最有影响力的期刊之一。

检测工作主要承担全省纸张产品质量监督检验、第三方评价性检验、产品质量仲裁检验和各单位委托检验。为全省造纸企业提供检测技术服务、质检员培训、新标准宣贯等工作。山东省纸张质量监督检测站是山东省质量技术监督局授权机构。

技术开发公司主要致力于造纸工业新技术、新产品、新设备的开发应用，为造纸行业提升技术水平提供优质服务。

实验厂承担省科技厅下达的中试任务，实验生产了过滤纸、一次性医疗器械包装用纸、水果吸湿纸等一系列具有先进水平的产品，同时研究开发无毒环保的纸塑复合包装产品。

近年来，该院在科研单位改革改制的推动下，树立以市场为导向，以优良的服务为纽带，以质量求生存，以信誉求发展的经营理念，解放思想，开拓创新，充分发挥自身优势，急企业之所急，全面服务企业。

院长/法人代表：王泽风

总工程师：陈　东

地址：山东省济南市工业南路101号

邮编：250100

电话：0531－88947041

传真：0531－88947041

邮箱：shandongpaper@163.com

中轻建设（安徽）设计工程有限公司（原安徽省轻工业设计院有限公司）

中轻建设（安徽）设计工程有限公司（原安徽省轻工业设计院有限公司）始建于1979年，是专业从事轻工行业、民用建筑工程、环境工程设计的具有国家甲级工程设计证书、甲级工程咨询证书的综合设计机构。现有员工近200人，专业设置齐全，拥有众多国家注册建筑工程师、注册结构工程师、注册规划工程师、国家注册化工工程师、注册设备工程师、注册电气工程师、注册咨询工程师、注册环保工程师等高级专业人才。

主要承接制浆造纸工程、食品发酵工程、皮革工程、烟草工程、五金工程、日化工程、塑料工程、家电电子及日用机械、日用硅酸盐工程、新能源工程等工业项目设计与规划；居住小区、公共建筑、商业地产、文化地产等民用建筑工程设计与规划、室内外装饰设计及景观设计；市政废水、工业园区废水、工业厂区内的废水处理等环境工程设计及总承包。提供项目咨询、项目建议书、可行性研究报告、节能评价报告、资金申请报告、项目立项报告、公司上市项目包装、产业发展规划、清洁生产审核报告等。

法人代表：李　伟

单位负责人：陈明邦

地址：安徽省合肥市马鞍山南路富城大厦 9-11 层

邮编：230022

电话：0551－62628422

传真：0551－63486209

邮箱：1347335539@qq.com

网址：www.clicah.com

中国轻工业武汉设计工程有限责任公司

中国轻工业武汉设计工程有限责任公司(原名：中国轻工业武汉设计院，)始建于 1958 年，现系中国海诚工程科技股份有限公司(股票代码：002116)全资子公司，是集工程总承包、工程咨询、工程设计、工程监理及工程项目管理等多功能于一体的知识密集型国有科技型企业。拥有国家颁布的轻工行业、民用建筑、医药、环保设计、工程咨询、工程监理等 7 项甲级资质，已形成工程设计、咨询、监理和总承包四大主业，并顺利完成了“三标一体”的认证工作。拥有中国轻工行业勘察设计大师 3 人，国家级、省部级专家及教授级高级工程师 40 余人，各类注册工程师 160 余人，高级工程师 120 余人。

制浆造纸是该公司工程设计的传统行业，有着 60 多年的设计历史。历年来完成制浆造纸行业工程设计及服务 800 余项，多项设计获部、省级奖励。

设计和服务范围涵盖制浆、造纸、碱回收、废水处理、纸加工、热电及综合利用等造纸行业的各个环节。在非木材制浆及碱回收、无氯漂白、化学机械浆、特种纸、纸板、废水处理、废纸制浆轻渣及污泥生物质混合发电等方面形成独立的技术集成、特色技术和多项专利专有技术，具有较高的市场占有率；其中非木材制浆(竹子芦苇秸秆)及碱回收是国家环保部最佳实用技术依托单位。项目地域覆盖全国包括台湾在内 30 多个省、市、自治区及俄罗斯、缅甸、巴基斯坦、尼泊尔、孟加拉、吉尔吉斯斯坦、印度尼西亚、马来西亚、埃塞俄比亚、越南、伊朗、加纳和加蓬等国家。

法人代表：周　波

总工程师：杨晓臻

联系人：梁　斌

地址：湖北省武汉市武昌区首义路 176 号

邮编：430060

电话：027－88044007、13808641636

传真：027－88043744

邮箱：13808641636@163.com

网址：www.qgsj.com

中国轻工业长沙工程有限公司

中国轻工业长沙工程有限公司(以下简称“CEC”)，原名为中国轻工业长沙设计院，创建于 1952 年，是中国成立较早的大型咨询设计单位之一。2002 年 12 月改制重组后，成为中国海诚工程科技股份有限公司的全资子公司，公司注册资金为 5000 万元。

CEC 主营业务为工程设计、工程咨询、工程监理和工程总承包，服务于制浆造纸、能源环保、制盐及盐化工、家用电器、食品、建筑、市政等行业领域。持有国家主管部门颁发的轻纺、建材、市政、农林、建筑、环境工程(水污染防治工程、固体废物处理处置工程)甲级工程设计证书和与之相对应的甲级工程总承包资格、甲级工程咨询资格证书、甲级工程造价咨询单位资质证书；持有电力(火力发电、新能源)、化工、机械、商物粮、风景园林行业乙级设计资质证书，城市规划编制乙级资格证书，压力容器及压力管道设计许可证；持有工程监理综合资质证书；拥有对外经营权、对外承包工程经营资格。1998 年通过 ISO 9001 质量管理体系认证，2007 年通过 ISO 14001 环境管理及 GB/T 28001 职业健康安全管理体系认证；拥有 60 余项专利技术，并广泛运用于项目中，2008 年被认定为高新技术企业。

CEC 集聚了大量的优秀人才和技术资源，公司现有员工 1500 余人，享受政府津贴专家 7 人，教授级高级工程师88人，高级职称技术人员203人，具有国家注册各类个人资质500余人次。

CEC从事工程咨询设计60余年，完成工程咨询、设计、工程承包、工程监理等项目3000余项，市场占有率和核心竞争力均处于行业前列。自1982年国家开展评选优秀设计以来，公司获得国家及省部级优秀设计奖、科技进步奖200余项，其中，在制浆造纸行业获国家优秀设计铜奖10余项。

CEC的工程总承包业务，涵盖了项目投资、选址、规划、技术经济分析、设计、造价、采购、施工、安装、开车等各个方面，凭借先进的工程管理理念、多年的行业经验、优秀的项目团队以及广泛的项目合作伙伴，全程把握项目的实施和控制，以最佳的资源打造优质的工程产品。作为总承包商，公司先后承建了缅甸、巴基斯坦、埃及、印度、白俄罗斯、湖南湘丰特种纸业有限公司纸业、焦作瑞丰纸业有限公司、福建省青山纸业股份有限公司、中国造纸装备有限公司、江门星辉造纸有限公司等国内外多项总承包工程，其中，缅甸YENI制浆造纸项目获第五届优秀工程总承包金钥匙奖，湖南湘丰特种纸业有限公司纸业总承包工程获第五届优秀工程总承包铜钥匙奖及轻工行业第三届优秀工程总承包项目一等奖，焦作瑞丰纸业有限公司总包工程获轻工行业第四届优秀工程总承包项目二等奖，福建省青山纸业股份有限公司获第七届优秀工程总承包项目铜钥匙奖，南通经济技术开发区中水回用示范工程获第八届全国优秀工程总承包银钥匙奖及2016年度轻工业优秀工程总承包一等奖，江门星辉造纸有限公司(日资)年产30万吨高档白纸板工程获第八届全国优秀工程总承包铜钥匙奖，及2016年度轻工业优秀工程项目管理一等奖。

CEC下属全资子公司“长顺管理”是公司服务体系的重要部分，拥有工程监理综合资质、招标代理及公路监理甲级资质，现已是湖南省及轻工领域监理行业的知名品牌企业。

CEC凭借多年的资源积累，与多家国际知名公司均有合作与交流，与业内知名企业建立了战略合作伙伴关系，形成了广泛的产业战略联盟，借助金融机构的融资平台，形成多方合作共赢的格局。公司现已发展成为集工程咨询、设计、造价、监理、项目管理和工程总承包于一体、为工程建设实施全方位、全过程服务的科技服务型企业。

CEC奉行“诚信、严谨、创新、高效”的理念，坚持以顾客满意为中心、以环境友好为己任、以安全健康为基点的价值观，坚持以打造国际知名的服务品牌为企业目标，一如既往地为国内外顾客提供优质的技术服务和工程产品。

董事长：陈志明

总经理：林　卫

地址：湖南省长沙市雨花区环保科技园新兴路268号

邮编：410114

电话：0731－85770333

传真：0731－85584415

邮箱：office@ cecchina. com

网址：www. cecchina. com

湖南省造纸研究所有限公司

湖南省造纸研究所有限公司是经湖南省科技厅认定的集科、工、贸于一体的由省属科研事业单位转制而成的高新技术企业，是湖南省造纸产品质量监督检验授权站、湖南省造纸学会等机构组织挂靠单位。始建于1972年，占地面积3.5公顷，固定资产1200万元。现有员工109人，其中，专业从事研究开发人员36人，本科以上学历28人，中级以上职称32人，高级职称6人。

多来年，先后完成了国家、部级科技攻关项目80余项。其中，27项获国家、部、省等各级科研成果技术奖，已有30多项科研成果转化为生产力。公司现有3条特种纸生产线和纸包装箱生产线，年生产特种纸在5000吨以上，纸包装箱250万米^2。特种纸生产线包括2条特种工业用纸生产线，年生产量3000吨，主要生产高强纱管封面纸、各类纤维板表层纸等。产品占国内市场较大份额。1条涂布纸生产线，年生产量可达2500吨，所产彩喷纸、高光数码相纸、名片纸等涂布纸，可以替代进口产品。纸包装生产线包括2条本色纸箱生产线和1条彩色纸箱生产线。

公司于2002年通过了ISO 9001:2000质量管理体系认证，本着“创造卓越品质，追求持续满意”的质量方针，建立了持续、稳定、有效的科学管理体系，产品质量达到了国际先进水平。近几年来，公司紧跟市场需求，发展更加迅猛，致力于文化创新、科技创新、管理创新，积极培育和提升核心竞争力，形成了以市场带动科研、以科研促进生产、以生产服务市场的良好循环轨道。

法人代表：宋善军

地址：湖南省湘潭市建设中路7号

邮编：411104

电话：0731－58523214、58561602
传真：0731－58561602
网址：www.hnprc.com

广东省造纸研究所

广东省造纸研究所(以下简称：省造纸所)创建于1973年，占地面积7500米²，是广东省唯一的省级造纸研究所，是“广东省高新技术企业”，所内建设有“广东省造纸技术与装备公共实验室”“广东省造纸精细化学品工程技术研究中心”，并通过了ISO 9001质量管理体系认证。拥有一支高素质(包括教授级高工在内)的工程技术人员队伍，全所在职职工57人，专业技人员25多人。省造纸所以“打造品牌、开拓创新、持续发展”为宗旨，全体职工团结一致，共同奋斗，创造了优秀的业绩。

经过40多年的发展，省造纸所发展呈现出喜人局面，市场销售网络日趋成熟，经济、社会效益和企业知名度不断提高，企业信誉良好。已发展壮大成为业务范围涵盖造纸行业科研、开发、产品检测与鉴定、技术咨询、技术服务、技术培训、技术承包和项目设计，销售造纸原料、造纸仪器等多方面业务，集科研开发、检验检测、生产、销售于一体的多元化科技企业。每年承接省技监局、工商局、海关等政府机构的抽样检测任务。主要产品有PPE造纸湿强剂、干强剂、剥离剂、柔软剂，白钢纸、阻燃型绝缘钢纸板、复印纸等，是省内多家大型造纸企业的原料供应商。

省造纸所拥有1000多米² 的专业试验室，拥有完备的小型试验和中型试验装备，有设备齐全的制浆工艺研究室、造纸实验室、涂布加工纸实验室纸张物理性能实验室、纸张化学性能实验室和无菌实验室等。近年来，省造纸所共承担升级以上科研项目20多项，拥有专利技术近22项，曾获得省部级奖励10多项。目前省造纸所在全国同类造纸科研院所中，科研综合实力排在前3名以内。

国家轻工业纸张质量监督检测广州站、广东省质量监督造纸产品检验站(下简称检验站)设在省造纸所内，是政府授权检测机构。检验站成立于1978年，1989年获得国家质量监督检验检疫总局和广东省质量技术监督局的认证和审查认可，并多次通过了复评审，被授权具有造纸和包装产品159个品种及物理、化学、光学性能等52个参数的检验资格，检验设施完善，设备先进，拥有华南地区检测装备最为先进、实力最强的造纸专业检测室，在国内同类检验站处于领先水平。省造纸所是全国造纸标准化委员会第三分技术委员会主任单位，秘书处设在检验站。检验站致力于做好造纸标准化的推广和宣贯，近年先后主持制定国家标准、行业标准、地方标准10多项，2010年被广业公司评为标准化制定突出贡献单位。

和广东省造纸学会合办了《造纸科学与技术》期刊。近年来所内科技人员在国内核心刊物和省级以上刊物上发表论文多篇。

省造纸所科研产业化基地位于增城市中新镇大田工业区内，基地占地面积为25000米²，已建成了1800多米² 的造纸助剂生产车间、纸张整饰及涂布加工纸生产车间和特种纸车间，具有年产7000吨造纸助剂的能力。自主研发的造纸助剂、冷压自粘胶带纸、阻燃钢纸等科研成果已实现产业转化，经过多年的市场培育，造纸助剂形成的产业规模，助剂年产销量达到3000吨，省内外100多家造纸及相关企业使用我们的产品。

法人代表：曾寿龄
技术负责人：陈继伟
地址：广州市海珠区新港西路154号
邮编：510300
电话：020－34300901
传真：020－34300901
业务电话：020－34300599
邮箱：zaozhisuo@qq.com
网址：www.gdzaozhisuo.com

中国轻工业南宁设计工程有限公司

中国轻工业南宁设计工程有限公司(简称中轻南宁公司)创建于1974年，前身为轻工业部南宁设计院、中国轻工业南宁设计院。2002年12月改制成为由国务院国资委监管的中央企业——中国轻工集团有限公司下属的科技型企业，2017年改制重组后，成为保利集团公司下科技型企业。2010年荣获高新技术企业证书。

中轻南宁公司持有国家颁发的工程设计甲级、工程咨询甲级、工程总承包甲级、工程建设监理甲级、工程造价甲级、机电安装工程施工总承包贰级、工程招标代理等多项资质证书、对外承包工程经营资格和进出口经营许可证书。中轻南宁公司建立了严格规范的现代企业管理制度，获得了质量、环境、职业健康安全管理体系认证证书。公司现有员工500余人，各类专业技术人员460余人。

公司凭借先进的技术、优质的服务、良好的信誉和勇于创新的精神，大力开拓国内外市场并获得了丰硕成果，累计完成了工程设计、工程咨询项目4200多项，工程监理项目530多项和工程总承包项目60多项，项目遍及全国各地东南亚东欧及非洲部分国家。公司始终坚持技术创新，在多个行业工程建设领域中取得了众多先进的技术成果，获得了230多项国家和首部级科技进步奖、科技成果奖和优秀工程名询、设计、总承包奖。开发并拥有一批高水干的发明专利、新型实用授权专利和专有技术，被评为中国优秀勘察设计企业中国勘察设计行业“创优型”企业。

中轻南宁公司在制浆造纸方面具有很强的优势，一直致力于用成熟先进的技术为广大客户提供全方位的科技服务，所承担的制浆造纸工程咨询、设计、监理及总承包项目遍布广西、广东、湖南、江苏、云南、重庆等省区以及越南、缅甸、印度尼西亚、马来西亚、泰国、白俄罗斯等国家，项目多达500余项。制浆造纸工程项目涵盖碱法制浆、酸法制浆、废纸制浆、化学机械浆等，涉及的原料有木材(软、硬木)和竹子、甘蔗渣、桑枝，产品涵盖国内现有的各种浆、纸品种。中轻南宁公司目前在漂白木浆、漂白甘蔗渣浆、漂白竹浆、纸张生产线等设计方面居国内领先地位，先后有多个项目荣获国家、省部级优秀工程一、二、三等奖。

法人代表：唐明明
地址：广西壮族自治区南宁市星光大道42号
邮编：530031
电话：0771－4800448、4800440
传真：0771－4830802
邮箱：cnec@ vip. 163. com
网址：www. ndcchina. com

重庆造纸工业研究设计院有限责任公司

重庆造纸工业研究设计院有限责任公司始建于1953年，是我国制浆造纸工业和轻工、军工重要的综合性科研和生产基地；是重庆制浆造纸工程中心和重庆市高新技术企业；是国家轻工业造纸质量监督站重庆站、重庆市造纸产品质量监督检验站和重庆市造纸产品计量站所在地。该院拥有较完备的制浆造纸和特种纸研究科研和中试手段，拥有一批高素质的管理、科研、生产团队，拥有大量的科研成果和雄厚的研发实力；在特种纸特别玻璃纤维特种纸张研制、生产、技术装备和检测手段方面处于国内领先地位。该院通过了ISO 9001:2000质量管理体系认证和军工生产许可证认证等，完善健全了现代化的管理体系，为科研生产蓬勃发展奠定了基础。

重庆造纸工业研究设计院有限责任公司以雄厚的科技实力，优质的产品质量，良好的企业信誉，为客户提供满意的服务。

法人代表/院长：孙　骏
地址：重庆市南岸区茶园新区蔷薇路26号
邮编：401336
电话：023－62489092、62489095
传真：023－62489094
邮箱：cqzz666@ 163. com
网址：www. cqzzyiy. com

中国轻工业成都设计工程有限公司

中国轻工业成都设计工程有限公司(原中国轻工业成都设计院)，始建于1958年，于2002年12月改制为国有控股公司，是中国轻工集团有限公司所属的上市公司中国海诚工程科技股份有限公司(深市代码002116)的全资子公司，隶属于中国保利集团公司。是从事工程咨询、设计、监理、工程总承包、全过程咨询的科技服务型企业。公司通过质量、环境、职业健康安全管理体系认证，系“四川省重合同守信用企业”“成都市劳动关系和谐企业”“成都市模范单位”和“高新技术企业”。

改制以来，公司领导班子以新的经营理念和发展思路带领全体员工锐意进取、不断开拓，使公司进入了良性发展的快车道。公司面貌焕然一新，既继承了“央企”的优良传统，又注入了适应时代发展的时尚元素，体制更完善、管理更规范、经营更灵活、业务范围更宽泛，已从原来单一的轻工行业咨询、设计拓展到物流、能源、环保、市政工程等领域，并拥有从产品及原材料购销、工程咨询、工程设计、工程监理、工程总承包、全过程咨询等在内的较为完整产业链的工程建设提供商。

公司拥有轻纺、农林、建筑、商物粮、电力、环境工程、化工石化医药、市政等行业的工程设计资质证书、工程造价咨询企业甲级资质证书、工程监理综合资质证书、压力管道设计许可证。

公司拥有中国轻工业勘察设计大师及享受国务院政府特殊津贴专家1人，专业技术人员占员工总数的95%，其中已获得各类工程师职称的人员约占60%。60年来，公司先后承担了国内外工程咨询、工程设计、工程监理和工程总承包项目5000多个。其中，广安综合食品厂、焦作纸厂、长江纸厂、缅甸糖厂荣获部优工程设计一等奖，四川省广安顺泰纸业有限公司5万吨/年竹浆以及宜宾纸业股份有限公司天竹9.5万吨/年竹纤维浆浆粕荣获部优工程咨询一等奖；缅甸糖厂荣获中国勘察设计协会与中国工程咨询协会的"工程总承包银钥匙奖"；川渝中烟工业有限责任公司长城雪茄烟厂可研报告荣获全国优秀工程咨询成果一等奖。

公司下属项目管理分公司在其所从事的工业与民用建筑、规划工程、生活小区等各项项目管理和工程监理中，有着较高的信誉和良好口碑，在业内极具竞争力，并呈现出良好的发展势头。

董事长：崔玉琦

总经理：王康健

联系人：罗建雄(13111868788)

地址：四川省成都市少城路9号

邮编：610015

电话：028－86630940、86634360

传真：028－86643706、86634360

邮箱：qrsjljx@126.com

网址：www.qrsj.com

中国轻工业西安设计工程有限责任公司

中国轻工业西安设计工程有限责任公司(以下简称"中轻西设")是隶属于中国海诚工程科技股份有限公司的子公司，前身为成立于1958年中国轻工业西安设计院，2003年改制为有限责任公司，是集工程咨询、设计、总承包、监理、项目管理等多种功能为一体的知识、技术和管理密集型国有科技企业。

中轻西设拥有国家颁发的轻纺工程、建筑工程、工程咨询、工程造价、环境影响评价和工程监理的甲级资格证书；电力、电子通讯、广电、化工、石化、医药、农林、商物粮、市政公用工程、城市规划，劳动安全评价、压力容器和压力管道工程设计资格证书；同时具有工程总承包、工程招标代理、对外经济技术合作和出口企业等资质。

中轻西设长期从事制浆造纸、食品发酵、甜菜制糖、皮革轻化、农副产品加工、畜牧产品加工、塑料制品、民用建筑及市政公用工程等行业的咨询、设计和工程总承包服务，并积累了丰富的经验。近年来，在制浆造纸、生物能源、热电工程、环保工程、工程总承包和项目管理方面又有了新的开拓和发展，能为业主提供各类工程服务。

中轻西设具备完善的技术、经营、生产、财务管理制度。2000年通过了GB/T 19001/ISO 9001质量管理体系认证，2009年通过了陕西省高新技术企业认定，2010年通过GB/T 24001—2004环境管理体系认证、GB/T 28001—2001职业健康安全管理体系认证，在生产及管理方面实现了电子化、网络化、信息化。

第一工程事业部是中轻西设以制浆造纸专业为主业的综合设计所，已有50多年的历史。现有专业人员51人(其中，制浆造纸工艺专业18人)，具有高级职称23人(其中，教授级高级工程师8人)，均长期从事制浆造纸行业的咨询、设计和总承包工作，具有丰富的工作和实践经验。

第一工程事业部先后完成了200余项制浆造纸工程设计及服务项目，涵盖制浆、造纸、碱回收、造纸废水处理、纸加工、特种纸、热电联产等造纸行业的各个环节，项目覆盖全国20多个省、市、自治区及马来西亚、阿尔及利亚、越南等国家，设计产品包括生活用纸、包装用纸、文化用纸、石头纸、特种纸等。在生活用纸、包装用纸、非木材纤维制浆等方面居国内领先地位。

总经理：尚宇笑

地址：陕西省西安市柿园路222号

邮编：710048

电话：029－82487813

传真：029　82487815

邮箱：sj1@haisum-xa.com

网址：www.haisum-xa.com

甘肃省轻工研究院有限责任公司

甘肃省轻工研究院有限责任公司(原甘肃省轻工业科学研究所)始建于1959年，是甘肃省最早成立的以轻工、化工研究开发为主的科研院所，2001年9月转制为科技型企业，2017年12月按国企改革的要求，改制为甘肃省轻工研究院有限责任公司，是集科研开发、技术服务、成果转化、工程咨询、清洁生产审核、节能审核及评估、产品检验、人员培训为一体的应用开发研究单位，是甘肃省重点科研院所，甘肃省高新技术企业。

公司现有职工80人，内设食品发酵研究室、分离中心、工艺设计室、造纸室、环境保护与资源综合利用研究室、质检中心、中试车间等部门，拥有科研、办公等场地面积10000米^2，试验和中试科研仪器设备400多台套。

公司拥有轻工、医药、化工和商务粮专业工程咨询甲级资信等级；清洁生产审核资质、节能量审核机构资质和甘肃省固定资产投资项目节能评估机构资质；国家工信部备案的银河培训机构资质，全国工业品生产许可证(配制酒)。

公司下属甘肃中轻轻工产品质量检验检测有限责任公司具备 28 大类食品以及食品添加剂、化妆品、洗涤用品、塑包产品、纸及纸制品等产品的检验检测能力，拥有甘肃省食品检验机构认证资质和甘肃省检验机构计量认证资质。

多年来公司以科技创新与服务体系建设为中心，加强团队培养和能力建设。通过创新平台和服务体系建设，不断提高自身创新与服务能力，形成创新链与服务链，具备了开展线上线下相结合的创新与服务能力。针对我省农产品加工行业的现状和中小企业的技术创新需求，产学研结合，协同攻关，为企业提供新产品开发、技术服务、技术咨询、企业标准、中试研究、工艺改进、设备选型、人员培训、产品检验检测等全方位的技术转移服务，并深入企业现场服务，提供技术指导、管理咨询、发展规划、项目谋划等全面技术咨询与服务，形成“研发—中试—产业化(工程化)”创新服务模式，发挥在行业科技进步中的引领和支撑作用，提升我省优势特色农产品深加工及资源综合利用的科技创新能力，促进我省中小企业发展。

法人代表/院长：赵　煜

总工程师：赵起政

地址：甘肃省兰州市城关区金昌南路 101 号

邮编：730000

电话：0931－8126510、8126518

传真：0931－8124557

邮箱：707891113@qq.com

网址：www.gsqgyjy.com

轻工业设计研究院(新疆)控股有限责任公司

轻工业设计研究院(新疆)控股有限责任公司前身为新疆轻工业设计研究院，成立于 1958 年，是新疆唯一从事轻纺工业勘察设计、研究、工程咨询、轻工产品质量监督检验、工程监理、工程总承包和国外承包工程劳务合作经营等业务的综合性勘察、设计、研究单位。2001 年 3 月完成了企业化转制。现有专业技术人员 122 人，其中，高级职称以上 50 多人，国家一、二级注册建筑师 14 人，国家一级注册结构工程师 5 人，国家注册监理工程师 25 人，注册造价工程师 5 人，其他注册工程师 30 余人。

公司在 2000 年 10 月通过“工程咨询、工程设计(含设备设计)” ISO 9001 和“工程建设监理”ISO 9002 标准质量体系认证。2003 年通过了换版认证。公司全力推广 CAD 技术，是新疆 CAD 应用先进单位，微机装备达到先进水平，拥有先进的计算机局域网络，CAD 出图率达到 100%。被国家科技部授予“全国 CAD 应用工程示范企业”，并获得“自治区 CAD 应用先进单位”“自治区勘察设计行业 CAD 软件正版化示范单位”称号，获“自治区级文明单位”称号，2007 年取得首批“新疆勘察设计行业诚信单位”称号。

公司拥有轻纺、建筑、商物粮行业工程设计，工程咨询，房屋建筑工程监理、设备安装工程监理甲级资质；化工石化医药、农林、市政公用工程、电力行业工程设计乙级资质；压力管道 GB 类(GB2 级)、GC 类(GC2 级)设计资质；工程勘察、城市规划编制咨询、工程总承包乙级资质；国外承包工程劳务合作经营许可证及进出口企业资格证书。所从事的轻工行业工程有：甜菜制糖、食品、发酵、啤酒、麦芽、果酒、白酒、饮料、乳制品、味精、各类罐头、制浆造纸、毛革毛皮及其制品、塑料制品及节水灌溉设施、农副产品加工、制盐及盐化工、日用化工、日用硅酸盐等。

近年来获得国家级、部级及自治区级和市级各种优秀设计、咨询、勘察奖项数 10 项。其中，年产 2 万吨农用节水滴灌材料项目获“2004 年国家优秀设计金奖”、自治区“第十二届优秀工程设计一等奖”，国家康居示范工程华美·文轩家园 2006 年获“国家康居住宅示范工程建筑设计金奖”。拥有国家专利局授予的 2 项发明专利、10 项实用新型专利。

法人代表：卢向豹

总工程师：董晓辉

地址：新疆维吾尔自治区乌鲁木齐市新华北路 8 号红山新世纪 A 座 30-31 层

邮编：830004

电话：0991－8861777、8862777

传真：0991－2826506

邮箱：dL@xjd.cn

网址：www.xjdl.cn

(王　斌)

国家认定的造纸企业技术中心简介

Introduction of National Certificated Enterprise Technical Centers in Paper Industry

河南江河纸业股份有限公司企业技术中心

河南江河纸业股份有限公司企业技术中心组建于2002年，2007年被认定为省级企业技术中心，2013年被认定为国家级企业技术中心，是一家主要从事高速成套造纸装备、关键造纸设备、自动化控制和特种纸涂布机等后加工设备以及成套化学机械浆设备的研发和制造，赶超世界造纸装备先进水平的企业技术中心。

技术中心由公司董事长、总经理、享受国务院特殊津贴专家、第二批国家“万人计划”科技创业领军人才、教授级高级工程师姜丰伟任主任，总工程师刘铸红任常务副主任，中心现有员工261人，其中，中高级工程师98人，博士9人，硕士研究生5人。并与华南理工大学、浙江大学、天津科技大学、陕西科技大学等大专院校合作，形成了以“设备制造业”和“用户企业”紧密结合的研发创新体系。与行业大专院校及骨干企业建立产学研创新联盟，形成了以院士为指导，以享受国务院特殊津贴专家、博士、高级工程师为核心的研发团队。并且大部分研究人员为中青年专业技术人员，与行业院校联合培养专业人才，有效保证了团队的可持续性。技术中心拥有实验室造纸机、压光机、涂布机、纸张抗张力实验机、纸张质量控制系统、石油产品水分试验机、压光机检测系统等一大批国际一流的实验检测仪器。技术中心仪器设备原值7780万元，拥有研究开发建筑面积1965 米^2，中试基地面积2916 米^2。

技术中心坚持贯彻科学发展观，以自主创新为主，以“适用、创新、经济、先进”为原则，研发造纸设备，提高产品质量档次，降低生产成本，提高企业核心竞争力和行业装备技术水平及节能减排技术水平。技术中心承担国家计划项目8项，省级科研项目2项，掌握并实践了高速纸机的关键、集成、运行技术，相继研制出800米/分、1000米/分、1200米/分造纸成套设备。完成国家“十一五”重点科技支撑计划“国产高速造纸机的研制”项目，研制1台幅宽5600毫米、工作车速达到1350米/分的高速文化用纸机，达到国际先进水平。并对稀释水流浆箱、夹网成形器、靴式压榨、膜转移涂布机等纸机核心基础部件有重大创新和突破。已研制成功的造纸成套装备和单体装备、涂布机、化学机械浆成套设备等都是国内领先或国际先进水平。拥有国家发明专利8项、实用新型专利121项，受理发明专利7项、省部级科技成果15项，获得省部级科技进步一等奖2项、二等奖7项、三等奖1项，多项技术成果获得行业和地市科技进步奖。

技术中心以“赶超世界先进水平，振兴民族造纸工业”为己任，经过长期卓有成效的创新和不懈追求，研发的造纸装备已经达到国际先进水平。独具特色的创新模式、稳固的产学研联盟、完善的研究开发试验条件和强有力的创新团队，必将在造纸装备自主化方面创造出更加显著的业绩，对于整个造纸行业结构调整和产业升级将产生重要的影响。

法人代表：姜丰伟
总工程师：刘铸红
地址：河南省武陟县城文化路555号
邮编：454950
电话：0391－7268191
传真：0391－7268389
邮箱：wzjhzy@ 126. com
网址：www. jianghe. com

华泰集团有限公司企业技术中心

华泰集团有限公司技术中心组建于 1997 年，1999 年被认定为省级企业技术中心，2001 年被认定为国家级企业技术中心，是一家含废纸综合利用实验室、节能节水与废水资源化实验室、造纸废弃物综合利用实验室等 8 个科研所的大型企业技术中心。

技术中心现有员工 379 人，高级专家 36 人，中高级职称 200 余人，形成了以博士和高级工程师为核心的研发团队。团队中 3 人享受国务院特殊津贴、1 人入选科技部创新人才推进计划、3 人入选山东省泰山产业领军人才建设工程。中心拥有扫描电子显微镜、实验室压光机、涂布机、粒度分布仪、超高剪切黏度计、动态滤水仪等一大批国际一流的实验检测仪器。实验仪器设备原值达 1.7 亿元。依托完备的实验设施和充沛的科研经费，中心重点进行废纸制浆、造纸废弃物资源化利用、低等级木材高得率清洁制浆等领域的研究。

多年来，技术中心贯彻落实科学发展观，不断加大科研投入，技术创新工作取得了丰硕的成果。中心先后参与了"十三五"国家重点研发计划"高效清洁制浆与功能化产品生产技术研究"1 项，"生物质基废纸再生环保助剂的研制及应用""废纸制浆关键技术研究"等国家科技支撑计划项目 5 项，国家水体污染控制重大专项、山东省自主创新专项、山东省科技攻关计划项目等省级以上科技计划项目 20 多项。申请专利 164 项，授权专利 95 项。制定国家(行业)标准 19 项，其中主持制定 5 项。荣获省部级以上科技奖励 21 项，其中国家科技进步二等奖 4 项。

法人代表：李建华

总工程师：张凤山

地址：山东省东营市广饶县潍高路 251 号

邮编：257335

电话：0546－7798857

传真：0546－6888018

邮箱：jszx@ huatai. com

网址：www. huatai. com

山东泉林集团有限公司企业技术中心

山东泉林集团有限公司始建于 1976 年，是以秸秆制浆造纸综合利用为核心的大型集团化企业，是国家创新型企业、国家第一批循环经济试点单位、全国循环经济工作先进单位、国家级循环经济标准化试点单位、国家级技术创新示范企业、国家第一批工业品牌培育示范企业、全国环保印刷纸张标准化试验与推广基地、中国造纸行业十强企业，曾荣获"全国五一劳动奖状""中国工业大奖表彰奖"等多项荣誉称号。

2000 年公司成立了企业技术中心，董事长李洪法兼任技术中心主任。2007 年 9 月 20 日被国家发展改革委、科技部、财政部、海关总署、国家税务总局批准为国家认定企业技术中心。

技术中心以企业发展和环境保护的双赢为目的，以创新和环保为着力点，进行了一系列技术创新，构建了基于农作物秸秆综合利用的独具泉林特色的循环经济发展技术。目前已形成以涵盖秸秆收储、备料、制浆、纸制品制造、肥料、环保、热电铵法脱硫、装备制造八大系统的 200 余项专利技术和"秸秆清洁制浆""环保型秸秆本色浆制品"等 6 项国际领先技术为支撑，以农作物秸秆为原料，构建并不断完善了秸秆生产本色浆及本色浆制品、制造黄腐酸肥料、废气氨法脱硫后副产品作为制浆化工原料、制浆中段水综合治理后回用于生产 4 项主要的循环经济生产技术，被誉为"泉林模式"。"泉林模式"不仅破解了制约造纸企业发展的纤维原料、环境保护和水资源三大技术瓶颈，还实现了资源—产品—再生资源的良性循环，环境、经济、社会效益显著，形成了公司独特的产业竞争优势。

截至目前，技术中心科技活动人员 748 人。其中，高级技术职称人员 142 人，泰山学者 1 人，国家、省政府津贴 9 人，博士 13 人，硕士 36 人，外部专家 23 人。下设浆纸、环保、肥料、纸浆模塑、装备等多个专业研究机构，技术力量雄厚。

法人代表：李洪法

地址：山东省高唐县光明东路 15 号

邮编：252800

电话：0635－3961721

传真：0635－3961597

邮箱：06353177@ 163. com

网址：www. tranlin. cn

泰格林纸集团股份有限公司技术中心

泰格林纸集团股份有限公司技术中心(简称泰格林纸技术中心)，成立于 2000 年 3 月，并于同年 7 月获湖南省级技术中心认证。2005 年 10 月被国家发展与改革委员会等部委认定为国家级技术中心。泰格林纸技术中心拥有科技人员150人，其中，省市级专家15人，博士2人，硕士研究生25人，公司级技术专家5人，高级工程师32人，高、中级以上技术职称人数占技术中心总人数70%。形成了一支知识层次合理，技术水平高，具有丰富实践经验的高素质创新人才队伍，逐步将技术中心打造成以企业为主体，以市场为导向，产学研相结合的科研团队。

泰格林纸技术中心承担着整个集团公司的新技术引进、消化吸收、推广应用及新产品开发、生产调研、工程设计、林业研究、技术咨询服务职能；承担着制浆造纸、化工原材料的分析与检验、环境监测、造纸助剂的研发；承担着各类标准及新产品标准的制定、重大项目前期方案策划、知识产权保护与专利申报等专业领域的科研工作。

泰格林纸公司下属各子公司主要分布在湖南省境内的岳阳、益阳、怀化等地市，为便于工作开展，各子公司分别成立了分技术中心。集团技术中心负责各子公司的科研项目和1100名专业技术、科研人员的归口管理及对各子公司技术中心工作进行指导，对各子公司项目建设和技术改造项目编写可研报告、节能减排及生产系统工艺调研方案策划、生产系统波动提出改进建议和具体措施，为各子公司系统稳定运行、降低成本提供技术服务和技术支撑。

泰格林纸技术中心拥有专门用于试验研究、设计开发、项目前期策划于一体的科技办公楼，符合ISO标准的恒温恒湿实验室，最新的CAD设计中心。拥有专门的调研分析试验室，各类分析、检测、实验设施齐全。近两年又不断添置扩充了一批国际先进水平的科研仪器和设备，中心的科研开发条件居全国同行业之前列。

泰格林纸技术中心逐年加大企业科研开发经费的投入，研究开发经费支出已占到销售收入的5.0%以上。中心大力开展科技研发活动，每年开展科技活动近100余项。中心研发的“意大利杨APMP新工艺制浆及其应用”是企业屈指可数、造纸行业中企业独立完成的获国家科技进步二等奖项目，其核心专利技术意大利杨盘磨漂白制浆工艺获2007年“第十届全国优秀专利奖”。意大利杨APMP制浆新工艺研究应用，为我国速生丰产林高得率制浆技术的发展方面树立了样板，为缓解我国木材资源紧张局面、推动速生丰产林基地的建设、保护生态环境、带动地方经济发展等方面发挥了重要的作用。

泰格林纸技术中心已与世界著名奥地利安德里茨公司、芬兰美卓公司、德国福伊特公司，加拿大林产品创新研究院、中国制浆造纸研究院有限公司、中国林科院南京林化所、华南理工大学、陕西科技大学、长沙理工大学等20多所知名高校和科研院所和企业建立了产学研合作关系。2002年，泰格林纸技术中心与中国林科院南京林化所合办研究开发机构，成立泰格林纸集团技术中心南京试验室；2006年，与华南理工大学合作成立泰格—华工生物质化工合作试验室；2009年泰格林纸加入林产化工产业技术创新战略联盟。公司拥有高得率制浆及其应用、高得率浆配抄高档文化用纸、碱法草浆白泥精制碳酸钙作造纸填料、荻苇浆ECF漂白工艺、废纸脱墨浆配抄轻量涂布纸、木材纤维制浆等多项核心技术。

技术中心研究成果、专利及获奖情况：

(1)知识产权建设　获国家授权有效专利84项，其中，发明专利73项，专利形成标准10项。同时公司获得湖南省首批知识产权培育工程优势企业，获第四批全国企事业单位知识产权试点企业等荣誉称号。

(2)科技成果情况　先后获得国家级新产品6项，省部级以上科技进步奖28项、专利发明奖6项。

(3)承担科技项目情况　先后承担国家科研计划项目8项，省级科研项目22项。

法人代表：黄　欣
总工程师：朱宏伟
邮编：414002
电话：0730－8590222
传真：0730－8561262
网址：www. tigerfp. cn

中冶纸业银河有限公司企业技术中心

中冶纸业银河有限公司企业技术中心成立于1995年，2006年被山东省经贸委认定为省级企业技术中心，2009年被认定为国家级企业技术中心。

技术中心科研楼总面积2000多米^2，包括中心实验室、化验分析室和恒温恒湿实验室，拥有纤维质量分析仪、Zeta电位测定仪、PCD-04胶体电荷测定仪、动态滤水仪、纸页动态成型器、IGT印刷适性仪、纸张匀度分析仪、L&W粗糙度测试仪、激光粒度分布测试仪、TSO测试仪等先进的仪器设备。

技术中心拥有专业技术人员148人，其中，具有中高级职称的56人，本科以上学历141人，形成了一支结构合理和业务水平较高的技术人才队伍。

技术中心在产品创新、芦苇/麦草制浆及碱回收新工艺开发、制浆造纸环保技术创新和循环经济开展等方面处于国内领先水平。

近几年，技术中心自主开发了一系列高附加值且在行业内具有重要影响力的产品，主要有高白纯质纸、雅质纸(《舌尖上的中国》及作家出版社出版的《莫言文集》用纸)、象牙白纸(《朱镕基讲话实录》及《乔布斯传》用纸)、银河书纸、无碳复写原纸、热转移印花原纸、机制宣纸、水果保鲜纸等产品。其中开发项目"雅质印刷纸的生产技术"及"高白纯质纸生产技术"通过了山东省科技厅的鉴定，其技术水平均填补了国内空白。

技术中心与陕西科技大学合作开发的"制浆和碱回收过程优化控制系统的研究与应用"项目荣获国家科学技术进步二等奖；国家火炬计划"草浆碱回收联产轻质碳酸钙研究"项目荣获全国造纸行业节能减排优秀技术创新成果一等奖及中国轻工业联合会科学技术进步三等奖；碱回收白泥精制碳酸钙荣获国家重点新产品证书；"10万吨/日造纸废水深度处理及中水回用技术"项目获得中国轻工业联合会科学技术进步二等奖；技术中心与清华大学合作开发的"有机酸法制浆技术与工艺研究"及自主研发的"造纸混合污泥生产有机肥技术""稳定并提高轻型纸白度的技术"项目通过了山东省科技厅的鉴定，技术水平均达到国内领先水平。

技术中心共拥有有效专利122项，其中发明专利9项。2012年技术中心被中国轻工业联合会评为"'十一五'轻工业科技创新先进集体"。

"十三五"期间，技术中心将继续深入开展禾本科原料清洁制浆、工业加工原纸及机制宣纸等特种纸的技术研究，加大创新平台的建设力度，为加快制浆造纸技术新旧动能转换提供技术支撑。

法人代表： 李良英
地址： 山东省临清市西门里街297号
邮编： 252600
电话： 0635－2433943
传真： 0635－2432945
邮箱： yhjszx@163.com
网址： www.mccyinhe.com

山东太阳纸业股份有限公司企业技术中心

山东太阳纸业股份有限公司企业技术中心1999年成立，2002年被认定为市级技术中心，2007年被认定为省级技术中心，2010年被认定为国家级企业技术中心。

(1)机构设置　技术中心由公司董事长、总经理李洪信任技术中心主任，副总经理、总工程师应广东任常务副主任，拥有研发人员400多人，建筑面积5000米^2，拥有符合CNAS标准的恒温恒湿实验室、20多个专业实验室，包括生活用纸研发实验室、生物质材料实验室(溶解浆、木糖)、包装用纸研发实验室、制浆、环保、印刷实验室、中试车间等机构，配备先进的制浆造纸实验仪器设备。

(2)科研课题及成果　承担了国家科技部"863"项目、国家重大水专项、"十三五"科技支撑计划、国家级企业技术中心创新能力建设项目等国家、省部级重大科研项目60余项，完成新技术、新产品、新项目100多项。先后获得国家、省部级奖20多项，包括国家科技进步二等奖、国家技术发明二等奖、教育部科技进步一等奖、山东省科技进步奖、山东省技术发明一等奖、中国轻工业联合会科技进步一等奖等。

技术中心不断实现技术专利化，专利标准化，对创新成果实施有效保护，获得授权专利共计80项，其中，发明专利24项，国际发明专利4项，实用新型48项，外观设计4项，共主持参与21项国家行业标准的制订与修订。

(3)科研投入　技术中心不断加大科技研发经费的投入，研发费用占产品销售收入的3.2%以上，用于技术中心基础设施的建设、先进设备购置和科研开发经费，不断提高技术中心核心竞争力。

(4)产学研合作　中心与中国制浆造纸研究院有限公司、华南理工大学、齐鲁工业大学、陕西科技大学、天津科技大学、山东大学所等一批科研院所和高等院校建立长期合作关系，实现产学研紧密结合和优势互补。

法人代表： 李洪信
总工程师： 应广东
地址： 山东省济宁市兖州区友谊路1号
邮编： 272100
电话： 0537－7928719
传真： 0537－7928719
邮箱： zhangwei@sunpaper.cn

山东晨鸣纸业集团股份有限公司技术中心

山东晨鸣纸业集团股份有限公司技术中心(以

下简称“晨鸣集团企业技术中心”)成立于 1996 年，1999 年 3 月被山东省政府认定为省级企业技术中心，2000 年 1 月被国家发展和改革委等部门认定为国家级企业技术中心。

晨鸣集团企业技术中心设有制浆工艺研究室、造纸工艺研究室、涂布印刷研究室、特种纸技术开发研究室、造纸湿部化学研究室、环保研究室和精密仪器分析室 7 个研究室。研发设施齐全，技术装备先进，现拥有国际先进的双管循环药液蒸煮器、纸样抄取器、高剪切黏度计、微观扫描仪、电动涂布机、实验用超级压光机等研究实验仪器和设备 130 多台。拥有抗张强度测试仪、高精度厚度仪、粗糙度仪、撕裂度仪、匀度仪、挺度仪、耐折度仪、平滑度仪等国际先进的检测仪器和设备 240 多台。

晨鸣集团企业技术中心加大人才队伍建设，并积极与南京林业大学、齐鲁工业大学、天津科技大学、青岛科技大学、中国林业科学研究院林产化学工业研究所等研究机构和高等院校开展产学研合作，培养了一大批技术水平高、具有实践经验的专业技术带头人。现技术中心拥有研究与试验发展人员 1838 人，其中，高级专家 5 人，形成了一支知识层次合理、技术水平高，具有丰富实践经验的高素质创新人才队伍，逐步将技术中心打造成以企业为主体，以市场为导向，产学研用相结合的科研团队。

山东晨鸣纸业集团股份有限公司以国家级企业技术中心为依托，大力开展科技研发活动，每年开展科技活动达 80 余项。其中，2018 年公司开展技术创新项目 85 项，累计投入科技活动经费达到 92987.3 万元。

技术中心研究成果、专利及获奖情况：

(1)知识产权建设　共获得国家专利授权 217 项，其中，发明专利 18 项，涵盖热磨化学机械浆、化学浆、再生纤维浆、涂布纸、防伪纸等技术领域。

(2)科技成果情况　先后获得国家级新产品 7 项、省级以上科技奖励 13 项、山东省优秀新产品及优秀成果 8 项。

(3)承担科技项目情况　先后承担国家级科研计划项目 5 项，省级科研项目 54 项。

法人代表：陈洪国

地址：山东省寿光市农圣街 2199 号

邮编：262700

电话：0536－2158571

传真：0536－2156111

邮箱：cmbgs09@163.com

网址：www.chenmingpaper.com

广西粤桂广业控股股份有限公司企业技术中心

广西粤桂广业控股股份有限公司企业技术中心(原广西贵糖(集团)股份有限公司企业技术中心)成立于 1996 年，是国家认定的企业技术中心。企业技术中心抓住技术创新 6 要素(企业、市场、人才、技术基础、资金、环境)，制定企业创新规划和创新激励机制，充分实现创新资源的优化配置与创新活动的相互促进。

(1)组织建设　为了实现规范化、制度化，技术中心形成了领导重视，职工积极参与技术创新、产品创新、工艺创新的极好的创新环境和文化氛围。技术中心下属有博士后科研工作站、制糖研究所、造纸研究所、环保研究所、计算机信息中心“一站、三所、一中心”。

公司拥有各类专业工程技术人员 355 人，具备非常强的新产品、新技术研究开发能力。企业技术中心根据企业发展需要，继续引进高素质的人才进行产品和技术创新，为研究开发工作提供更为有利的科研条件。为了拓展博士后研究工作的领域，企业博士后科研工作站先后招收了 8 名博士。博士在站期间做了多项研究，其中，有 4 个课题的研究成果已应用于公司的生产实践中。

(2)创新机制建设　2018 年公司强化科技投入保障机制，确保研究经费支出额占产品销售收入的 3% 以上。不断完善科技研发项目的年度计划、可行性分析机制，统一活动经费管理机制，建立适应新形势的科技经费监督管理和绩效评估体系，提高科技活动经费的使用效率及项目研发取得的知识产权管理。

技术中心采取“走出去，请进来”等多种形式开展广泛的技术交流与合作，了解和掌握行业最尖端科学技术的研究发展状况和应用状况，及时引进、消化和吸收行业最尖端科学技术和应用技术，确保公司的产品科技含量和生产工艺技术处于同行业先进水平。

技术中心根据公司的实际情况和未来发展的要求，积极向国家知识产权局开展专利申请工作，截至 2018 年年底，获得授权的专利共 57 项，其中，发明专利 12 项，实用新型专利 35 项，外观设计专利 10 项。

(3)基础设施建设　公司建立中心综合实验室，各种科研设备进行集中调配，并不断添置用于新产品开发和研究的试验仪器设备，既有独立的实验室，又实现了资源共享；同时配备了一批具有研发能力的工程技术人员，取得了可喜的科研成果。如具有先进水平的运用甘蔗渣制浆抄造中高档文化用纸和生活用纸技术、造纸白水回收技术、中段废水处理技术等。2018年中心完成广西贵糖特种纸研究院筹建工作，提升造纸研发能力。

现企业技术中心的研究试验设施、检测设施、信息化设施有：

精制糖生产澄清工艺——糖汁碳酸法-离子交换树脂清净处理中试流程，膜超滤技术应用的设备与生产流程，高速试验纸机研发生活用纸新品种流程，以蒸煮器、筛浆机、打浆机、纸页成形器为主的造纸中试及新产品开发的设备和流程，建立沼气提纯净化实验室，配备相应的分析仪器，IC厌氧中试反应器1套，碳酸钙小试设备和流程，并配备颗粒测量仪器和水分快速检测仪各1套，能通过配置的软件进行数据的分析处理，制浆造纸废水好氧生化处理中试设备1套，特种纸研究中试设备1套。

法人代表：黄祥清

地址：广西壮族自治区贵港市幸福路100号

邮编：537102

电话：0775－4201380

传真：0775－4260088

邮箱：gt426088@163.com

网址：www.guitang.com

恒安集团技术中心

恒安集团技术中心成立于2003年，经多年管理变革及职能优化，逐步形成了以技术委员会与专家委员会为技术评估决策机关、下设5个技术管理部门及6个研究所的创新体系。2008年，经国家五部委联合认定，授予“国家认定企业技术中心”资格。2012年12月，技术中心实验室被福建省科技厅认定为“福建省一次性卫生用品企业重点实验室”，2013年经CNAS评定委员会审定，CNAS秘书长批准，恒安集团检测中心获国家实验室(CNAS)认可。2018年已通过复评。

(1)主要职能　技术中心承担着恒安集团新技术、新材料、新工艺、新产品的研究开发、产品测试以及对制造系统的技术支持，负责制定并实施企业中长期科技发展规划，同时担负公司标准、专利、成果等管理工作。2018年度，技术中心研发项目立项62项，完成28项，科研费用投入总计1.46亿元。

(2)研发成果　截至2018年，技术中心共取得科技成果381项，经鉴定达到国际先进水平的科技成果11项；累计申请专利362个，版权1048个，授权发明专利29项；获省科技进步奖8项，多项地市级科技、专利奖项；2010年获全国知识产权示范单位、全国质量工作先进单位、福建省第一批实施技术标准战略试点等称号，2016年经联合国环保组织授予“国际碳金奖”。

(3)研发设施　技术中心目前拥有中心实验室(产品研发、材料应用研究)、中心检验室和4个中试基地，仪器设备6000多万元，占地面积5000多米^2，各种仪器设备基本齐全，具备了试验、小试和中试的能力。

中心所属实验室拥有的研发及试验基础条件包括：产品测试、材料测试、化学测试、中试实验、数据信息五大系统，配备有液相色谱仪、气质联用仪、傅里叶变换红外光谱仪、万能拉力测试仪、钠离子浓度测量仪、透光率/雾度测定仪、计算机动态模拟测试系统、粒径分布测试仪等先进测试仪器，覆盖了《卫生巾(含卫生护垫)》《纸尿裤(含纸尿片/垫)》《一次性使用卫生用品卫生标准》《卫生纸(含卫生纸原纸)》《纸巾纸(含湿巾)》等国家和行业标准的所有检测项目。

(4)科研团队　技术中心现有员工227人，其中，博士4人，硕士研究生毕业生26人，高级职称8人，中级职称60人。

技术中心所辖材料应用、精细化工、产品开发、机电设备和专利情报等相关技术部门，均有高级工程师或以博士、硕士为主的技术带头人，涵盖了机电、化学、化工、非织造布、高分子材料、工业设计、材料工程、制浆造纸等不同专业背景，形成了老中青三代技术人员组成的梯次型创新队伍。

法定代表：许连捷

造纸总工室总经理：张群富

地址：福建省晋江市东石镇井林安东工业区

邮编：362271

电话：0595－85526583

传真：0595－85708666－5508

邮箱：zhangqf@hengan.com

网址：www.hengan.com

(雷　煌)

国内高校制浆造纸研究机构简介

Introduction of Pulp and Paper Research Institutions in Domestic Universities

江南大学造纸研发中心

江南大学造纸研发中心成立于2003年12月，具有制浆造纸工程硕士、博士学位点及博士后流动站。拥有专业教师4名，其中，教授2名，副教授2名；博士生导师1名，硕士生导师2名。截至2018年12月底已毕业博士生6名，硕士生37名，博士后出站8名。目前在校硕士和博士生共18名，在站博士后2名。研发中心自成立以来，主持和承担各类科研项目50余项(其中，国家级和省部级科研项目20余项)，获得发明专利37项。在国内外学术刊物上发表学术论文400余篇(其中SCI收录论文100余篇)，出版专著8部。并荣获国家科技进步二等奖1项，省部级科技进步一等奖1项、二等奖3项、三等奖4项，市局级一等奖10余项。同时，中心教师先后荣获中国造纸学会第五届青年科技奖(2005年度)(2006年度中国青年科学家提名人)、江苏省科协“首席专家”、中国造纸学会第七届理事会学会优秀工作者、中国造纸学会特种纸专业委员会“中国特种纸产业技术发展贡献奖”、江苏省“青年骨干教师”“江苏省双创计划”和无锡市社会事业领军人才计划等多项个人荣誉。中心一直积极参与社会科技创新和服务体系建设，推进科技成果产业化，与国内外多家单位建立了全面合作关系，在纸基功能材料、特种纸、造纸等轻化工助剂和生物质综合利用等方面已初步形成了一定的特色。

隶属单位：教育部

法人代表：陈　坚

造纸研发中心主任：龙　柱

造纸研发中心所在学院：江南大学纺织服装学院

地址：江苏省无锡市蠡湖大道1800号

邮编：214122

电话：0510-85912107

手机：13771579993

传真：0510-85912009

邮箱：longzhu@ jiangnan. edu. cn

网址：www. jiangnan. edu. cn

研究生招生：每年招收硕士生2~4名，博士生1名，另招收博士后1~2名。

研究方向：纸基功能材料和特种纸，造纸等轻化工助剂，生物质综合利用。

浙江理工大学制浆造纸研究所

浙江理工大学制浆造纸研究所创建于2003年9月，现有专业教师和工程技术人员7人，其中，教授3人、副教授2人、讲师1人、工程师(实验员)1人。其中有博士生导师2人、硕士生导师5人。研究所2003年9月在“材料加工工程”和“材料物理与材料化学”2个硕士点招收制浆造纸工程和包装材料方向硕士研究生。2004年5月申报成功“轻工技术与工程”领域工程硕士专业学位授权点。2004年9月在“轻化工程”专业中开始招收制浆造纸工程专业方向本科生，在“轻工技术与工程”领域招收制浆造纸工程、包装材料和印刷技术方向工程硕士专业学位研究生。2008年9月起在纺织工程学科博士点招收纺织材料方向博士研究生。在读研究生45名。

研究所主要研究方向有：植物纤维资源化学加工与生物转化利用，制浆造纸科学技术，制浆造纸化学品与废水处理技术和纸基功能材料和包装印刷材料等。主要在研科研项目有国家重点研发计划政府间专项子课题1项、国家重点研发计划项目子课题1项、国家自然科学基金1项、中国博士后科学基金、浙江省科技厅计划重点项目、浙江省公益技术应用研究计划项目、浙江省环保厅计划项目、浙江省自然科学基金、国家和省部重点实验室基金等国家级、省部级纵向项目 40 余项。

研究所成立以来主要研究成果有：获国家环保部环境科学技术进步二等奖 1 项、获国家科学技术进步二等奖 1 项，在国内外学术期刊和国际会议上发表论文 500 余篇，获国家授权发明专利 40 余件，培养硕士和博士生研究生（含在读）140 余名，参编国家级统编教材 1 本（获国家级精品教材），一名教师获得“浙江理工大学教学名师”称号和香港桑麻基金会桑麻奖。

隶属单位：浙江省教育厅

所在学院：浙江理工大学材料与纺织学院

制浆造纸研究所所长：薛国新

地址：浙江省杭州市下沙高教园区西区 2 号大街 928 号浙江理工大学 17 号楼 339 室

邮编：310018

电话：0571－86843263

传真：0571－86843263

邮箱：xueguoxin@ 126. com

陕西科技大学造纸环保研究所

陕西科技大学造纸环保研究所成立于 2005 年，依托陕西科技大学雄厚的科研实力和广泛的国际交流与合作渠道，在借鉴和吸收国内外工业及市政领域污染治理先进技术的基础上，致力于新技术的开发集成与成果转化。研究所拥有供气式低压射流曝气系统，HSASB 高速厌氧反应器及射流循环 Fenton 深度处理 3 项核心专有技术。配套有生产加工基地（咸阳得林环保设备有限公司）及环保工程公司（西安隆华环保技术有限公司）。已在造纸、食品、饮料、发酵及化工等多个行业及市政领域完成近 160 余项环保处理工程项目。

研究所共有专家团队成员及工程技术人员 52 人，其中，教授、高级工程师 10 人，工程师 26 人。核心技术团队成员均具有造纸和环保双学历。截至目前，研究所自主研发申请了供气式低压射流曝气器等 16 项国家专利，先后承担了国家及陕西省多项废水处理技术科技攻关项目，其中，“高效厌氧反应器结合改良氧化沟技术处理有机工业废水研发及推广”荣获中国轻工联合会科学技术进步奖二等奖，“高效厌氧好氧二级生化加芬顿氧化技术用于有机废水处理的技术推广”获陕西省科学技术奖二等奖，“供气式低压射流曝气技术开发及其在诚镇生活污水处理中的应用”获陕西高等学校科学技术奖二等奖。研究所于 2013 年获批为陕西省技术转移示范机构，于 2015 年获批为陕西省研究生联合培养示范工作站。

近年来，秉承发展生态环保的理念，研究所在积极开展末端治理新技术的研发基础上，同时注重现有废水处理系统过程优化及节能升级改造，其中优化改造后的供气式低压射流曝气工艺在保证系统运行效率的前提下，可实现节能 15%～20%；防钙化 HSASB 高速厌氧反应器处理效果稳定、在冬季低温情况下运转良好，长期运行无结垢现象；催化射流循环 Fenton 流化床深度处理技术药剂消耗量少，运行成本低，适用于受纳水体环境容量有限的区域的上游废水处理系统；另外，针对加强高浓废水生化系统微生物活性的生物菌种及生物促生剂、废水深度处理专用 SF 系列强化絮凝剂、DC 系列脱色剂也已完成中试并正在进行推广。

环保研究所作为专业的高科技环保服务机构，将始终不渝地坚持以适用的先进技术为支撑，在专业技术团队的共同努力下治理环境污染，让环保扎根现在，用绿色昭示未来。

隶属单位：陕西科技大学

法人代表：张安龙

所长：张安龙

手机：13991006901

邮箱：anlongzh63@ 163. com

总工程师：景立明

手机：13891914541

邮箱：jingmolla@ 163. com

造纸研发中心所在学院：陕西科技大学轻工科学与工程学院

地址：陕西省西安市经济技术开发区凤城十二路凯瑞 B 座 704－705

邮编：710021

电话：029－89600026

传真：029－89600026

邮箱：susthbs@ 126. com

网址：www. susthbs. com

研究生招生情况：作为陕西省研究生联合培养示范工作站单位，每年与陕西科技大学联合培养 1～2 名博士研究生和 2～5 名硕士研究生。

研究方向：有机工业废水处理及废弃物污染控制技术。

湖北工业大学制浆造纸研究院

湖北工业大学制浆造纸研究院成立于2016年，为湖北工业大学直属科研实体。研究院目前拥有专职和兼职科研人员共22余人，其中，教授4人、副教授6人、湖北省“楚天学者”特聘教授1名、湖北省有突出贡献中青年专家1名、享受国务院特殊津贴专家1名。实验仪器设备总值1100余万元，实验室面积1200米^2。

近5年来，研究院先后承担国家自然科学基金项目7项，省部级项目30项，企事业单位委托科研项目71项，其中，获省部级奖5项，国家发明专利26项，发表学术论文400多篇，其中有近140篇被三大索引收录。

制浆造纸研究院针对造纸行业的资源、环境以及产业升级等问题，在纤维原料的开发、绿色制浆新技术与污染控制、特种纸及纤维复合材料等领域进行了较深入的研究。立足于造纸工业纤维原料的可持续供给的要求，在速生制浆材的选育、化学成分特点、纤维素/半纤维素/木素等主要成分的结构和综合利用等方面做了大量的工作。主要研究高得率制浆等新型制浆工艺、污染控制技术及关键设备。近年来，在新型造纸法烟草薄片、装饰原纸、无甲醛纤维板、木素基聚氨酯保温材料等产品的研发方面做了大量的研究工作。

隶属单位：湖北工业大学

院长：谢益民

地址：湖北省武汉市洪山区南李路28号

邮编：430068

电话：027－59750459

传真：027－59750459

邮箱：ppymxie@163.com

研究生招生情况：研究院十分注重高层次人才培养，每年招收5～8名研究生。还与华中科技大学等国内著名院校联合培养了多名优秀研究生。近年来，国际交流也十分活跃，与日本名古屋大学、京都大学、美国佐治亚理工学院等院校建立了紧密的合作关系。

主要研究方向：植物纤维资源化学、绿色制浆技术与污染控制、特种纸及纸基复合材料

郑州大学制浆造纸研究所〔造纸技术(河南)服务公司〕

郑州大学制浆造纸研究所成立于2003年6月，是郑州大学校级科研机构，其职能主要是面向制浆造纸企业，进行全方位的产学研结合和技术服务，并将科研成果实施产业转化。

郑州大学制浆造纸研究所拥有一支高素质的科研开发队伍，现有人员16人，其中，特聘教授1名、教授5人、副教授和高级工程师6人、工程师3人。现有喷爆制浆、无氯漂白、特种纸等技术。

郑州大学与美国、芬兰、俄罗斯、加拿大、日本、澳大利亚、韩国、中国台湾等国家和地区的80所知名高校建立了校际合作关系。2008年6月引进外资与技术联合成立“造纸技术(河南)服务公司”，立足河南省面向全国对制浆造纸企业提供技术服务。

郑州大学制浆造纸研究所(造纸技术(河南)服务公司)为企业提供如下便利服务。

(1)项目建议书、可研报告的编写，项目论证、工程咨询、工厂设计、专利申报等。

(2)清洁生产、节能减排、环境评价方案的制定等。

(3)“四新”(新产品、新技术、新设备、新工艺)技术的鉴定和推广等。

(4)名牌(河南、中国)产品的推荐工作等。

(5)国际ISO 9000、ISO 14000、ISO 18000(质量、环境、安全)咨询认证等。

(6)为企业提供免费法律咨询服务、律师聘请等。

法人代表：王三保

单位负责人：李尚武

地址：河南省郑州市文化路97号

邮编：450002

电话：0371－87520359

传真：0371－63886906

邮箱：hnszzxh@126.com

华南理工大学造纸与污染控制国家工程研究中心

华南理工大学造纸与污染控制国家工程研究中心(以下简称“中心”)是国家发展和改革委于1996年3月批准依托华南理工大学建设的国家科技发展项目。“中心”建设资金包括世界银行贷款300万美元及2800万元人民币。2005年通过国家发展和改革委建设验收，先后通过两年一度评价5次，均获得良好评价结果，被授予“重大成就奖”称号。2015年完成了由国家发展和改革委批准投资3000万元的创新能力建设，完成多项技术研发平台建设，提

高了“中心”技术成果工程化能力，为行业技术升级和产业结构调整提供了有力支撑。

“中心”是集高新技术装备研发推广和人才培养于一体的工程化技术和装备研发机构，是科研成果向生产力转化的“通道”，是高新技术与产品的创新研发平台，其建设宗旨是将国内外有市场价值的重要科研成果进行后续工程化研究和系统集成，开发制浆造纸行业节能减排清洁生产、污染治理、特种纸基材料等工程化共性集成技术与装备，提升我国制浆造纸节能减排清洁生产和特种纸基材料和产品技术水平。

目前，“中心”建设了多个工程化技术研发平台，包括“制浆造纸废水循环回用技术研发平台”“节能技术与装备研发平台”“制浆造纸废弃物资源化研发平台”“特种纸与纸基复合材料研发平台”和综合实验室。“中心”下设清洁生产、环境与生态、纸页成型、节能技术、特种纸基材料、固废资源化等技术、装备与产品研发部门。在制浆造纸清洁生产、纸浆绿色漂白、造纸废水处理与生态循环回用、企业系统能耗优化、高效节能中浓磨浆、固废资源化利用、特种纸基功能材料等方面的技术和装备研发推广成绩卓越。

“中心”与相关大型企业建立了良好的合作关系，联合建设研发基地，实现技术与成果共享和对接。未来希望与更多的企业建立产学研合作关系。

“中心”建立了独立法人经济实体，进行高新技术和产品服务与经营。

“中心”现有各类人员 50 多人，包括正高职称 20 人，副高职称 22 人和中级职称 6 人。其中，具有博士学位30 多人，参研研究生近100 人，研发设计经营人员配套齐全。

依托单位：华南理工大学

主任：李友明

单位负责人：高　松

地址：广州市五山路381 号华南理工大学

邮编：510640

电话：020 – 87112614

传真：020 – 87113840

邮箱：pperc@ scut. edu. cn

网址：www. pperc. com. cn

研究生招生情况：每年招收硕士、博士研究生和博士后40 多人。

主要研究方向：制浆造纸清洁生产、环境工程、节能与控制、废弃物资源化利用、植物资源高效利用和特种纸基功能材料等。

广西大学造纸科学研究所

广西大学造纸科学研究所成立于 1997 年，隶属于广西大学，依托教育部“糖业及综合利用”工程研究中心、广西清洁化制浆造纸与污染控制重点实验室、广西清洁化制浆造纸与污染控制人才小高地、广西印刷包装工程技术中心等科研平台。其职能主要是面向企业，进行全方位的“产、学、研”合作，并将高等院校的科研成果实施产业化。经过 10 多年的建设发展，目前研究所已初具规模，并逐渐形成了自己的特色。已成为广西壮族自治区制浆造纸、轻工环保等行业的主要研究单位，在国内同行业中具有较高的影响力。研究所拥有一支高素质的科研开发队伍，现有研究人员 29 人，其中，教授 6 人，副教授 5 人，拥有博士学位 27 人，留学回国人员 18 人，形成了结构较为合理的人才梯队。

研究所依托广西大学轻工与食品工程学院，拥有良好的基础设施和实验设备条件，其中，中试车间拥有小型制浆造纸生产线、工业有机废水厌氧及好氧中试线。实验室拥有液相色谱仪、离子色谱仪、电感耦合等离子体发射光谱仪、顶空气相色谱质谱联用仪、红外光谱仪、紫外光谱仪、流动分析仪、FS300 纤维测定仪、Zeta 电位仪、PFI 磨浆机、TAPPI 标准纸页成形器、包装材料透气性测试仪、包装振动实验机等大型仪器。还拥有 ISO 标准恒温恒湿纸张检测室，配备有 L&W 抗张度仪、TMI 撕裂度仪、TMI 耐破度仪、PPS 表面粗糙度仪、IGT 拉毛强度仪等纸张性能测试设备。近年来，实验室不仅满足教师及学生的科研要求，还逐步办成了开放实验室，积极为企业提供分析检测服务，大大促进了企校之间的合作与交流。

近年来，研究所先后负责承担国家 863 计划重大项目 1 项，国家 973 计划项目 1 项，国家科技攻关项目 1 项，国家自然基金 8 项，广西重大专项 1 项，取得了多项科研成果实现产业化。大型二氧化氯制备技术及关键装备打破了我国造纸企业大型二氧化氯生产系统均为国外成套进口的现状，提高纸浆漂白过程的清洁化程度推动造纸工业产业结构调整，成果已成功应用在 APP 集团印尼 IKPP 浆厂（35 吨/日）和 LONTAR 浆厂、海南金海浆纸业有限公司（35 吨/日）、广西永鑫华糖集团有限公司等国内外 30 多家企业。获得 2018 年度教育部技术发明奖一等奖、2015 年度广西科技进步奖一等奖、中国轻工业联合会技术发明奖一等奖。以高浓有机废水高效厌氧处理、高效异相催化氧化等技术和装备为核心的成果已成功应用于俄罗斯赤塔州阿玛扎尔北极星纸浆工业联合体、白俄罗斯戈梅里州多布鲁斯市劳动英雄造纸厂、缅甸 CTMP 新闻纸厂、玖龙纸业(控股)有限公司、广东理文造纸有限公司、山东博汇集团有限公司等国内外 200 多家企业，先后获得 2016 年度国家科技进步二等奖、2013 年度教育部科技进步一等奖、2013 年度中国轻工业联合会科技进步一等奖。竹子清洁化制浆造纸与资源化利用关键技术开发及应用项目开发了基于深度脱木素的竹子置换蒸煮系统、高配比竹浆高档文化用纸及生活用纸的生产技术、高得率竹浆制浆技术以及竹子半纤维素提取及高值化利用技术，技术经济指标达到国内先进水平，已应用于广西贺达纸业有限公司、广西柳江造纸厂、赣州华劲纸业有限公司等多家企业，获得了 2017 年度广西科技进步二等奖。

所长：王双飞

地址：广西南宁市大学路 100 号

邮编：530004

电话：0771－3237097

传真：0771－3237079

网址：gxulif. gxu. edu. cn

邮箱：cppkl@ gxu. edu. cn

（王　斌）

国内制浆造纸专业教育机构简介

Introduction to the Domestic Education Institutions Offering Pulping and Papermaking Courses

北京林业大学

造纸专业所在院系：材料科学与技术学院化学工程系

材料科学与技术学院院长：于志明

地址：北京市海淀区清华东路 35 号

邮编：100083

电话：010－62338152、62338358

隶属单位：教育部

专业设置时间：1987 年

专业课程设置：植物纤维化学、制浆原理与工程、造纸原理与工程、制浆机械与设备、高效清洁制浆、造纸助剂、废纸再生利用技术、加工纸、制浆造纸工厂设计、林化概论、专业英语、造纸工业环境污染与控制、造纸专业实验技术、木质素利用技术、生物工程概论、专业课程设计、纸的结构与性能、纸张概论、纸张与包装、纸张与印刷等。

2018 年在校专业学生人数：本科生 130 人，硕士生 60 人，博士生 20 人。

至 2018 年专业毕业生总人数：本科毕业生 1230 人，硕士生 220 人，博士生 62 人。

2018 年毕业生人数：本科生 40 人，硕士 20 人，博士生 6 人。

2018 年专业教师情况：专业教师 18 人，其中，长江学者特聘教授 1 人，青年长江学者 1 人，教授 9 人，副教授 2 人，讲师 5 人，高级实验师 2 人。

2018 年招收本科生人数：30 人。

2018 年招收专业硕士生人数：25 人。

2018 年招收硕士生的指导教师：许凤、蒲俊文、樊永明、姚春丽、吴玉英、金小娟、宋先亮、张学铭、李瑞、彭锋、李明飞、曹学飞。

2018 年招收专业博士生人数：9 人。

2018 年招收博士生的指导教师：许凤、蒲俊文、樊永明、姚春丽、张学铭、宋先亮、彭锋、金小娟。

中国制浆造纸研究院有限公司

董事长：曹春昱

地址：北京市朝阳区望京启阳路 4 号中轻大厦

邮编：100102

电话：010－64778000

传真：010－64778001

网址：www. cnppri. com

隶属单位：中国轻工集团有限公司

专业设置时间：1982 年

专业课程设置：制浆造纸的生物技术、造纸助剂与湿部化学、纸张结构与性能、制浆化学、制纸科学、非木材造纸、造纸工业环境保护。

2018 年在读专业学生人数：硕士生 11 人。

至 2018 年专业毕业生总人数：硕士生 74 人。

2018 年毕业生人数：4 人。

2018 年专业教师情况：专业教师 11 人。

2018 年招收专业硕士生人数：3 人。

2018 年招收硕士生的指导教师：曹春昱、卢宝荣、刘文、彭建军、冯文英、庄金风、刘金刚、陈曦、张清文、李杰辉、陈雪峰。

天津科技大学

造纸专业所在院系：造纸学院

造纸学院院长：刘　忠

地址：天津经济技术开发区第十三大街 29 号

邮编：300457

电话：022－60601293

传真：022－60601293

隶属单位：天津市

专业设置时间：天津科技大学前身为1939年的中央技术专业学校，随后相继与北洋大学、四川化工学院等相关学科合并迁至天津大学。1959年和1971年分两次将造纸专业调至天津轻工业学院。2015年4月天津科技大学造纸学院成立。至今该学科已有80年的历史。

专业课程设置：植物纤维化学、植物纤维化学实验、制浆原理与工程、造纸原理与工程、制浆造纸工艺实验、高分子物理与化学、过程测控、制浆造纸工程设计、仪器分析、环保工程、化工设备、加工纸、废纸再生利用、化工助剂、高得率制浆、浆料流体力学、生物化学导论、制浆造纸清洁生产原理与技术、生物质精炼、制浆造纸导论等。

2018年在校专业学生人数：本科生427人，硕士生123人，博士生15人。

至2018年专业毕业生总人数：本科生3074人，专科生496人(包括高等教育自学考试)，硕士生363人，博士生97人。

2018年毕业生人数：本科生89人，硕士生21人，博士生2人。

2018年专业教师情况：专业教师共33人，其中，教授11人，副教授5人，讲师9人。

2018年招收本科生人数：98人。

2018年招收专业硕士生人数：47人。

2018年招收硕士生的指导教师：倪永浩、刘忠、潘学军、侯庆喜、司传领、刘廷志、高玉杰、李群、王高升、裴继诚、刘泽华、张红杰、惠岚峰、刘洪斌、刘鹏涛、张文晖、刘苇、王冠华、刘海棠、温洋兵、戴林。

2018年招收专业博士生人数：5人。

2018年招收博士生的指导教师：倪永浩、潘学军、刘忠、侯庆喜、李群、司传领、刘廷志、刘洪斌、张红杰、曹振雷、王昶、陈嘉川、秦梦华、杨桂花、马隆龙、王铁军、傅英娟。

大连工业大学

造纸专业所在院系：轻工与化学工程学院

轻工与化学工程学院院长：张绍印

地址：辽宁省大连市甘井子区轻工苑1号

邮编：116034

电话：0411－86323327

传真：0411－86323649

隶属单位：辽宁省教育厅

专业设置时间：1959年

专业课程设置：植物纤维化学、制浆原理与工程、造纸原理与工程、轻化工仪表及自动化、轻化工设备、轻化工环境保护、轻化工工艺实验、热工与节能、文献检索、轻化工科技英语、轻化工工厂设计、废纸回收工程、制浆造纸化学品、植物纤维资源综合利用、加工纸、设备维护与过程控制、制浆造纸前沿技术等。

2018年在校专业学生人数：本科生331人，硕士生58人。

至2018年专业毕业生总人数：本科生3023人，硕士生282人。

2018年毕业生人数：本科生79人，硕士生14人。

2018年专业教师情况：专业教师和工程技术人员20人，其中，教授8人，副教授(含副研究员和高级工程师)7人，讲师(含工程师)5人。

2018年招收本科生人数：91人。

2018年招收专业硕士生人数：26人。

2018年招收硕士生的指导教师：周景辉、平清伟、韩颖、石海强、张健、孙广卫、李海明、郭延柱、王海松、李娜、鲁杰、李尧、王兴(吕艳娜、姜洋)。

注：括号里面的导师为印刷包装专业教师，在我校的一级学科硕士点下招生。

东北林业大学

造纸专业所在院系：材料科学与工程学院

材料科学与工程学院院长：刘守新

地址：黑龙江省哈尔滨市香坊区和兴路26号

邮编：150040

电话：0451－82191744、82190394

传真：0451－82191744

隶属单位：教育部

专业设置时间：1987年

专业课程设置：无机化学、分析化学、有机化学、物理化学、轻化工程专业导论、化工原理、植物纤维化学、纤维原料各论、专业英语、制浆原理与工程、造纸原理与工程、湿部化学与助剂、轻工机械与设备、轻工工程设计、纸张加工与纤维材料、专业综合实验、高分子科学基础、生物质纳米复合材料、轻化工材料科学基础、图文传输工程概论、微生物及其新材料、轻化工过程测量与控制、计算机在轻化工中应用、新型纤维分离技术、轻化工创新导论、专业综合技能训练、废弃物资源化利用、环境污染与控制等。

2018 年在校专业学生人数：本科生 191 人，硕士生 33 人，博士生 4 人。

至 2018 年专业毕业生总人数：本科毕业生 916 人，硕士生 84 人，博士生 15 人。

2018 年毕业生人数：本科生 49 人，硕士生 6 人。

2018 年专业教师情况：专业教师和工程技术人员 14 人，其中，中国工程院院士 1 人（外聘），教授 4 人，副教授（含副研究员和高级工程师）6 人，讲师 2 人，工程师 1 人。

2018 年招收本科生人数：58 人。

2018 年招收专业硕士生人数：11 人。

2018 年招收硕士生的指导教师：钱学仁、刘文波、岳金权、沈静、杨冬梅。

2018 年招收专业博士生人数：2 人。

2018 年招收博士生的指导教师：钱学仁、沈静。

齐齐哈尔大学

造纸专业所在院系：轻工与纺织学院

轻工与纺织学院院长：郑永杰

地址：黑龙江省齐齐哈尔市文化大街 42 号

邮编：161006

电话：0452－2738192

传真：0452－2738192

网址：www. qqhru. edu. cn

隶属单位：黑龙江省教育厅

专业设置时间：1988 年

专业课程设置：轻化工合成材料基础、轻化工生物技术、计算机在轻化工程中的应用、植物纤维化学、制浆造纸原理与工程、制浆造纸机械与设备、加工纸原理与技术、造纸助剂、造纸仪表与自动化、造纸环保与污染治理技术、制浆造纸工厂设计等。

2018 年在校专业学生人数：本科生 381 人（轻化工程专业）。

2018 年专业毕业生人数：本科生 108 人。

2018 年专业教师情况：专业教师 7 人，其中，教授 2 人，副教授 4 人，助教 1 人。

2018 年招收本科生人数（轻工类）：183 人。

东北电力大学

造纸专业所在院系：化学工程学院

化学工程学院院长：张海峰

地址：吉林省吉林市长春路 169 号

邮编：132013

电话：0432－64806371

传真：0432－64806620

隶属单位：吉林省教委

专业设置时间：中专 1950 年，本科 2001 年

专业课程设置：植物纤维化学、植物纤维化学实验、轻化工仪表自动化、轻化工计算机辅助设计、轻化工环境保护、制浆原理与工程、造纸原理与工程、工艺实验、印刷工艺学、包装原理与工程、文献检索、专业外语（英）、制浆造纸机械与设备、轻化工工厂设计、制浆漂白新技术（英）、造纸湿部化学、制浆造纸助剂、化工设备、生物技术在造纸工业中应用、加工纸与特种纸、二次纤维回用技术等。

2018 年在校专业学生人数：本科生 136 人。

至 2018 年专业毕业生总人数：本科生 895 人。

2018 年毕业生人数：本科生 34 人。

2018 年专业教师情况：专业教师和工程技术人员 32 人，其中，教授 6 人，副教授（含副研究员和高级工程师）24 人，讲师（含工程师）2 人。

2018 年招收本科生人数：36 人。

南京林业大学

造纸专业所在院系：轻工与食品学院

轻工与食品学院院长：金永灿

地址：江苏省南京市玄武区龙蟠路 159 号

邮编：210037

电话：025－85428793

传真：025－85428793

隶属单位：江苏省教育厅、国家林草局

专业设置时间：1963 年

专业课程设置：（1）本科生专业课程主要为：植物资源化学、制浆原理与工程、造纸原理与工程、制浆造纸机械与设备、制浆造纸过程系统控制、制浆造纸工程设计、造纸化学、纸加工原理与技术、废纸再生利用技术、植物资源化学实验、制浆造纸工艺实验、制浆造纸专业英语、现代造纸机械状态监测与故障诊断（加实验）、制浆造纸机械制

造工艺、制浆造纸设备腐蚀与防护(加实验)、制浆造纸设备安装与维修(加实验)等。(2)研究生专业课程主要为：高等木材化学研究方法(含实验)、木质素化学、糖类化学、制浆化学、造纸化学、制浆造纸专题、现代造纸机械监诊学、工程信号采集与处理、制浆造纸装备专题、高等纸浆与造纸分析方法等。

2018 年在校专业学生人数：本科生 648 人，硕士生 110 人，博士生 34 人。

至 2018 年专业毕业生总人数：专科生 1063 人，本科生 3618 人，硕士生 482 人，博士生 86 人。

2018 年毕业生人数：本科生 164 人，硕士生 39 人，博士生 2 人。

2018 年专业教师情况：专业教师和工程技术人员 58 人。教授 17 人，副教授(含副研究员和高级工程师)25 人，讲师(含工程师)16 人。其中，国际木材科学院院士 2 人，江苏省“333”高层次人才培养工程中青年学术带头人培养对象 4 人，江苏省“青蓝工程”中青年学术带头人培养对象 3 人，美国特聘教授 1 人，国内外兼职教授 9 人。

2018 年招收本科生人数：207 人。

2018 年招收硕士生人数(含全日制工程硕士)：47 人。

2018 年招收硕士生的指导教师：张辉、翟华敏、戴红旗、曹云峰、周小凡、童国林、金永灿、景宜、龚木荣、吴彩娥、杨益琴、时留新、吴淑芳、苏二正、宋君龙、任浩、程金兰、王志国、吴伟兵、王琪、邢洁芳、石瑞、刘鸿斌、吴文娟、刘祝兰。

2018 年招收专业博士生人数：8 人。

2018 年招收博士生的指导教师：张辉、曹云峰、戴红旗、周小凡、童国林、金永灿、景宜、魏先福、房桂干、吴彩娥、宋君龙、苏二正。

江南大学

造纸专业所在院系：纺织服装学院轻化工程系

纺织服装学院院长：付少海

地址：江苏省无锡市蠡湖大道 1800 号

邮编：214122

电话：0510－85912107

传真：0510－85912009

网址：www. jiangnan. edu. cn

隶属单位：教育部

专业设置时间：2003 年

专业课程设置：现代制浆造纸理论及研究前沿、纤维表面物理与界面科学(双语)、造纸物理、造纸湿部化学、现代包装材料学、近代仪器分析实验、制浆化学、造纸助剂、制浆造纸分析与检测、纸页结构与性能、废纸再生技术、印刷适性与材料分析、生物质能源与化工、非织造技术进展、纤维材料表面功能化(双语)、二次纤维利用新技术、高聚物结构与性能、制浆造纸科技前沿讲座、加工纸与特种纸等。

2018 年在校专业学生人数：硕士生 15 人，博士生 4 人。

至 2018 年专业毕业生总人数：硕士生 35 人，博士生 7 人。

2018 年毕业生人数：硕士生 5 人，博士生 1 人。

2018 年专业教师情况：专业教师和工程技术人员 4 人，其中，教授 2 人，副教授 2 人。

2018 年招收专业硕士生人数：6 人。

2018 年招收硕士生的指导教师：龙柱、蒋学、张丹。

2018 年招收专业博士生人数：1 人。

2018 年招收专业博士后人数：1 人。

2018 年招收博士生的指导教师：龙柱。

浙江科技学院

造纸专业所在院系：环境与资源学院

环境与资源学院院长：沙力争

地址：浙江省杭州市留和路 318 号

邮编：310023

电话：0571－85070771

传真：0571－85070787

隶属单位：浙江省教育厅

专业设置时间：2005 年

专业课程设置：植物纤维化学、植物纤维化学实验、制浆原理与工程、造纸原理与工程、制浆造纸过程模拟与控制、工艺实验、制浆造纸机械与设备、制浆造纸工厂设计、轻化工环保、加工纸与特种纸、制浆造纸专业英语、包装原理与工程、制浆造纸助剂、二次纤维回用技术等。

2018 年在校专业学生人数：本科生 149 人，硕士生 12 人。

至 2018 年专业毕业生总人数：本科生 455 人，研究生 7 人。

2018 年毕业生人数：本科生 41 人，研究生

3 人。

2018 年专业教师情况：专业教师和工程技术人员 13 人，其中，教授 4 人，副教授（含副研究员和高级工程师）5 人，讲师（含工程师）4 人。

2018 年招收本科生人数：35 人。

浙江理工大学

造纸专业所在院系：材料与纺织学院制浆造纸研究所

材料与纺织学院制浆造纸研究所所长：薛国新

地址：浙江省杭州市下沙高教园区西区 2 号大街 928 号

邮编：310018

电话：0571－86843263

传真：0571－86843263

隶属单位：浙江省教育厅

专业设置时间：2004 年 9 月在“轻化工程”专业中开始招收制浆造纸工程专业方向本科生，2003 年 9 月在“材料加工工程”和“材料物理与材料化学”两个硕士点招收制浆造纸工程和包装材料方向硕士研究生，2004 年 5 月申报成功“轻工技术与工程”领域工程硕士专业学位授权点，2004 年 9 月在“轻工技术与工程”领域招收制浆造纸工程、包装材料和印刷技术方向工程硕士专业学位研究生，2008 年 9 月在纺织工程学科博士点招收制浆造纸工程和包装材料方向博士研究生。

专业课程设置：植物纤维化学、工业微生物、制浆原理与工程、造纸原理与工程、制浆造纸机械与设备、制浆造纸过程控制与自动化、废纸再生利用技术、制浆造纸工程综合实验、制浆造纸工程专业英语、制浆造纸环境保护、制浆造纸工程设计概论、纸与纸板的结构与性能、特种纸与加工纸制造技术、制浆造纸化学品与纸机湿部化学、植物资源化学与工程、制浆造纸新技术导论、包装印刷概论等。

2018 年在校专业学生人数：本科生 37 人，研究生 63 人。

至 2018 年专业毕业生总人数：本科生 260 余人，硕士生 106 人，博士生 1 人。

2018 年毕业生人数：本科生 15 人，硕士生 12 人。

2018 年专业教师情况：专业教师和工程技术人员 7 人，其中，教授 3 人（薛国新、唐艳军、夏新兴），副教授 2 人（张秀梅、张勇），讲师 1 人（周益名），工程师 1 人（实验员）。

2018 年招收本科生人数：0 人。由于某些原因，暂时停止招收本科生。

2018 年招收硕士生情况：招收硕士研究生 19 人。

2018 年招收硕士生的指导教师：薛国新、唐艳军、夏新兴、张秀梅、张勇，及“轻工技术与工程”领域工程硕士专业学位授权点的包装材料、环境保护工程和轻工化学品等方向指导教师 10 余名。

福建农林大学

造纸专业所在院系：材料工程学院轻化工程系

材料工程学院院长：陈建辉

地址：福建省福州市闽侯县溪源宫路 63 号

邮编：350100

电话：0591－83715175

传真：0591－83715175

隶属单位：福建省教育厅

专业设置时间：1986 年设制浆造纸专科，1989 年设制浆造纸工程本科，2003 年设制浆造纸工程硕士点，2010 年设轻工技术与工程专业硕士点。

专业课程设置：化工原理、植物纤维化学、制浆原理与工程、造纸原理与工程、制浆造纸机械与设备、制浆造纸工厂设计、废纸再生利用技术、造纸化学品、天然产物化学、精细化学品生产工艺学。

2018 年在校专业学生人数：本科生 213 人，研究生 148 人，其中，学术硕士 73 人，专业硕士生 47 人，博士生 28 人。

2018 年毕业生人数：本科生 58 人，研究生 18 人，其中，学术硕士 12 人，专业硕士生 5 人，博士生 2 人。

2018 年专业教师情况：专业教师 32 人，其中，教授 9 人，副教授 12 人，讲师 11 人。

2018 年招收本科生人数：60 人。

2018 年招收研究生人数：67 人，其中，学术硕士 29 人、专业硕士生 29 人，博士生 9 人。

2018 年招收硕士生的指导教师：倪永浩、陈礼辉、谢拥群、黄六莲、黄彪、林金国、曹石林、黄方、欧阳新华、郑德勇、卢泽湘、罗小林、吴慧、苗庆显、刘凯、马晓娟、张敏、刘婧、胡会超、肖禾、李建国、张慧、郑清洪、周吓星。

齐鲁工业大学

造纸专业所在院系：造纸与植物资源工程学院

造纸与植物资源工程学院院长：孔凡功

地址：山东省济南市长清区大学路 3501 号

邮编：250353

电话：0531－89631681

传真：0531－89631163

隶属单位：山东省教育厅

专业设置时间：1978 年

专业课程设置：造纸植物资源化学、制浆原理与工程、造纸原理与工程、制浆造纸机械与设备、制浆造纸分析与检测、制浆造纸环境保护概论、制浆造纸助剂、加工纸与特种纸、制浆造纸设备安装与维修、制浆造纸工厂设计。

2018 年在校专业学生人数：本科生 709 人，硕士生 85 人。

至 2018 年专业毕业生总人数：本科生 2899 人，硕士生 332 人。

2018 年毕业生人数：本科生 145 人，硕士生 8 人。

2018 年专业教师情况：专业教师和工程技术人员 56 人，其中，泰山学者特聘教授 1 人，特聘教授 3 人；教授 15 人，副教授（含副研究员和高级工程师）18 人，讲师（含工程师）16 人。

2018 年招收本科生人数：235 人。

2018 年招收硕士生情况：31 人。

2018 年招收硕士生的指导教师：陈嘉川、赵传山、刘玉、杨桂花、刘温霞、傅英娟、徐清华、孔凡功、李宗全、王正顺、刘娜、王代启、吴朝军、王振、庞志强、王哲、王慧丽、王守娟、吕高金、王强、王锋、吉兴香、李荣刚、王兆江、韩文佳、刘姗姗、陈洪雷、宋兆萍、于得海、孙海燕、吴芹、张志良。

青岛科技大学

造纸专业所在院系：海洋科学与生物工程学院

海洋科学与生物工程学院院长：陈夫山

地址：山东省青岛市四方区郑州路 53 号

网址：www. qust. edu. cn

隶属单位：山东省教育厅

专业设置时间：2003 年

专业课程设置：天然高分子化学、轻化工工艺、轻化工设备、轻化工环境保护、造纸湿部化学、制浆造纸助剂、生物质化工、制浆造纸生物技术、加工纸与特种纸、轻化工设计、科技文献检索、二次纤维回用技术等。

2018 年在校专业学生人数：本科生 215 人，硕士生 48 人，博士生 6 人。

至 2018 年专业毕业生总人数：本科生 600 人，硕士生 87 人。

2018 年毕业生人数：本科生 55 人，硕士生 7 人。

2018 年专业教师情况：专业教师和工程技术人员 19 人，其中，教授 5 人，副教授（含副研究员和高级工程师）8 人，讲师（含工程师）6 人。

2018 年招收本科生人数：67 人。

2018 年招收专业硕士生人数：16 人。

2018 年招收硕士生的指导教师：陈夫山、武玉民、于世涛、刘福胜、黎振球、范金石、张恒、何为、王松林、宋晓明、张芹芹，吉喆，逄锦慧。

2018 年招收专业博士生人数：3 人。

2018 年招收博士生的指导教师：陈夫山、武玉民、刘福胜、于世涛。

山东工业技师学院

造纸专业所在院系：海洋生化系

海洋生化系主任：郝培军

地址：山东省潍坊市西环路 6789 号

邮编：261053

电话：0536－8337236

传真：0536－8338768

网址：www. gyjsxy. com

隶属单位：山东省人力资源和社会保障厅

专业设置时间：1978 年

专业课程设置：制浆造纸工艺、制浆造纸设备与操作、制浆造纸化验与物检、制浆造纸自动控制、制浆造纸安装与维修。

2018 年在校专业学生人数：技师 120 人。

至 2018 年专业毕业生总人数：中级技工 1300 人，高级技工 5100 人，技师 1090 人。

2018 年毕业生人数：技师 50 人。

2018 年专业教师情况：专业教师和工程技术人员 24 人，其中，副教授（含副高级实习指导教师）12 人，讲师（含工程师）11 人。

2018 年招收技师人数：40 人（不再招收中级工、高级工）。

湖北工业大学

造纸专业所在院系：制浆造纸研究院轻化工

程系

制浆造纸研究院院长：谢益民

地址：湖北省武汉市洪山区南李路 28 号

邮编：430068

电话：027－59750459

传真：027－59750459

隶属单位：湖北省教育厅

专业设置时间：1977 年湖北轻工业学院成立后，设置了化工系制浆造纸工艺教研室；1998 年该专业获得制浆造纸工程硕士授予权；1999 年本科专业制浆造纸工程更名为轻化工程；2002 年开始招收轻工技术专业工程硕士；2009 年制浆造纸工程批准为“湖北省楚天学者计划”设岗学科，同年成立了制浆造纸工程研究所，2016 年 3 月成立制浆造纸研究院（含轻化工程系），2017 年获批轻工技术与工程一级学科博士点。

专业课程设置：植物纤维化学、植物纤维化学实验、制浆原理与工程、造纸原理与工程、制浆造纸工艺实验、无机化学、分析化学、有机化学、物理化学、化工原理、机械设计基础、机械设计与制造、加工纸工艺、制浆造纸机械与设备、轻工自动化仪表、造纸湿部化学、造纸化学品、轻工产品设计、废纸再生利用、高得率制浆、轻化工环保等。

2018 年在校专业学生人数：本科生 98 人，硕士生 12 人。

至 2018 年专业毕业生总人数：本科生 2505 人，硕士生 149 人。

2018 年毕业生人数：本科生 22 人，硕士生 4 人。

2018 年专业教师情况：专业教师共 16 人，其中，教授 4 人，副教授 4 人，讲师 7 人，高级实验师 1 人。

2018 年招收本科生人数：35 人。

2018 年招收硕士生人数：5 人。

2018 年招收硕士生的指导教师：谢益民、袁世炬、杨海涛、文琼菊、刘智、王鹏、冯清华。

湖北轻工职业技术学院

造纸专业所在院系：轻化工程学院

轻化工程学院院长：徐　兵

地址：湖北省武汉市洪山区石牌岭东二路

邮编：430070

电话：027－87156391

传真：027－87156391

网址：www. hbliti. com

隶属单位：湖北省教育厅

专业设置时间：中专 1956 年、高职 2001 年

专业课程设置：植物纤维化学、制浆工艺、造纸工艺、制浆造纸机械设备与操作、制浆造纸分析与检验、纸加工工艺、制浆造纸环境保护概论、制浆造纸仪表自动化，新品小样制作。

2018 年在校专业学生人数：专科生（高职）54 人。

至 2018 年专业毕业生总人数：中专毕业生 1510 人，专科生（高职）1120 人。

2018 年毕业生人数：专科生（高职）25 人。

2018 年专业教师情况：副教授 5 人，工程师 1 人，高级实验师 1 人，楚天名师 1 人。

2018 年招收专科生（高职）人数：29 人

长沙理工大学

造纸专业所在院系：化学与生物工程学院轻化工程系

化学与生物工程学院院长：杨荣华

地址：湖南省长沙市雨花区万家丽南路二段 960 号

邮编：410114

电话：0731－85258733

传真：0731－85258733

网址：www. csust. edu. cn

隶属单位：湖南省教育厅

专业设置时间：1958 年

专业课程设置：植物纤维化学、制浆原理与工程、造纸原理与工程、制浆造纸机械与设备、制浆造纸清洁生产、造纸化学品、涂布加工纸与特种纸、印刷工艺学、包装防伪技术等。同时开设以高新技术为主导的不同专业方向的系列选修课程及自主实践性强的综合性实验。

2018 年在校专业学生人数：本科生 242 人，硕士生 26 人。

至 2018 年专业毕业生总人数：本科生 695 人，硕士生 94 人。

2018 年毕业生人数：本科生 65 人，硕士生 14 人。

2018 年专业教师情况：专业教师和工程技术人员 21 人，其中，教授 5 人，副教授（含副研究员和高级工程师）11 人，讲师（含工程师）5 人。

2018 年招收本科生人数：58 人。

2018 年招收专业硕士生人数：16 人。

2018 年招收硕士生的指导教师：马乐凡、张运雄、胡可信、王萍、王玉珑、晏永祥、夏畅斌、肖忠良、陈启杰、张雄飞。

华南理工大学

造纸专业所在院系：轻工科学与工程学院

轻工科学与工程学院书记：张建功

地址：广东省广州市天河区五山街 381 号

邮编：510640

电话：020 – 87112841

传真：020 – 87112841

网址：www. scut. edu. cn

隶属单位：教育部

专业设置时间：1952 年

专业课程设置：植物纤维化学、植物纤维化学实验、轻化工仪表自动化、工业设计基础、轻化工计算机辅助设计、轻化工环境保护、制浆造纸原理与工程、制浆造纸工艺实验、印刷工艺学、包装原理与工程、科技文献检索、林产化学、专业英语、制浆造纸机械与设备、轻工工厂设计、制浆漂白新技术(双语教学)、造纸湿部化学、制浆造纸助剂、纤维素功能化、化学制浆技术(全英教学)、生物技术在造纸工业中应用、加工纸与特种纸、废纸回收回用技术等。

2018 年在校专业学生人数：本科生 356 人，硕士生 296 人，博士生 121 人。

至 2018 年专业毕业生总人数：本科生 3174 人，硕士生 817 人，博士生 308 人。

2018 年毕业生人数：本科生 93 人，硕士生 70 人，博士生 18 人。

2018 年专业教师情况：专业教师和工程技术人员 86 人，其中，中国工程院院士 1 人，教授 31 人(含教授级高级工程师)，副教授(含副研究员和高级工程师)45 人，讲师(含工程师、助理研究员)10 人。

2018 年招收本科生人数：本科生 83 人。

2018 年招收硕士生人数：招收全日制学术型硕士研究生 71 人，全日制专业学位研究生 33 人。

2018 年招收硕士生的指导教师：陈港、陈广学、陈克复、陈奇峰、陈小泉、樊慧明、方志强、高文花、侯轶、胡健、雷利荣、李擘、李海龙、李继庚、李军、李军荣、李友明、梁云、刘德桃、刘建安、刘明友、马邕文、莫立焕、沈文浩、唐爱民、陶劲松、田君飞、万金泉、万小芳、王斌、王习文、王宜、武书彬、徐桂龙、徐峻、杨飞、杨进、杨仁党、叶君、张宏伟、赵光磊、赵丽红、朱小林、曾劲松、敖日格勒、谌凡更、付时雨、雷以超、刘传富、刘颖、吕发创、彭新文、祁海松、钱丽颖、任俊莉、宋涛、田英姿、王小慧、王小英、项舟洋、张春辉、钟林新、周雪松、庄军平、岳凤霞、李亦宸、洪蒙纳、曾靖山、胡庆喜、李兵云、刘浩、刘梦茹、满奕、牟洪燕、王钦雯

2018 年招收博士生人数：招收全日制学术型博士研究生 29 人，全日制工程博士 6 人。

2018 年招收博士生的指导教师：陈克复、陈港、陈广学、谌凡更、付时雨、侯轶、胡健、李海龙、李继庚、李军、李友明、梁云、刘传富、吕发创、彭新文、祁海松、任俊莉、沈文浩、田君飞、王小慧、王小英、武书彬、杨仁党、曾劲松、赵光磊

2018 年工程博士指导教师：陈克复、陈广学、付时雨、胡健、武书彬、杨仁党

广东轻工职业技术学院

造纸专业所在院系：轻化工技术学院

轻化技术学院院长(二级学院)：李　荣

地址：广东省广州市海珠区新港西路 152 号

邮编：510300

电话：020 – 61230200(院办)、61230950(系办)

传真：020 – 61230000(院办)、61230951(系办)

网址：www. gdqy. edu. cn

隶属单位：广东省教育厅

专业设置时间：1958 年

专业课程设置：制浆工艺学、造纸工艺学、造纸化学品、纸的加工技术、制浆造纸工厂设计概论、制浆造纸企业管理、制浆造纸分析与检验、制浆造纸机械设备、制浆造纸设备安装修理、制浆造纸工业环境保护、专业英语、纸文化。

2018 年在校专业学生人数：专科生 217 人。

至 2018 年专业毕业生总人数：本科生 191 人，专科生 1129 人，中专生 1331 人，技工 415 人。

2018 年毕业生人数：专科生 93 人。

2018 年专业教师情况：专业教师和工程技术人员 10 人，其中，教授 4 人，副教授(含高级实验师)5 人，讲师 1 人。

2018 年招收专科生人数： 60 人。

广西大学

造纸专业所在院系： 轻工与食品工程学院

地址： 广西壮族自治区南宁市大学路 100 号

邮编： 530004

电话： 0771－3237301、3231382

传真： 0771－3237097

网址： www. gxu. edu. cn

隶属单位： 教育部

专业设置时间： 1978 年

专业课程设置： 植物纤维化学、制浆工艺学、造纸工艺学、造纸湿部化学及化学品的应用、制浆造纸机械与设备、轻化工程设计概论、加工纸、化工仪表与自动化、二次纤维回用技术。

2018 年在校专业学生人数： 本科生 205 人，硕士生 76 人，博士生 25 人。

至 2018 年专业毕业生总人数： 本科生 1344 人，硕士生 314 人，博士生 42 人。

2018 年毕业生人数： 本科生 30 人，硕士生 19 人，博士生 2 人。

2018 年专业教师情况： 专业教师 21 人，其中，教授 7 人，副教授 5 人，讲师 9 人。

2018 年招收本科生人数： 51 人。

2018 年招收专业硕士生人数： 38 人。

2018 年招收硕士生的指导教师： 王双飞、覃程荣、周敬红、朱红祥、Liming Zhang、闵斗勇、农光再、宋雪萍、骆莲新、梁辰、王志伟、刘新亮、聂双喜、李许生、李薇、张健、沙九龙、尹勇军、姚双全、何辉。

2018 年招收专业博士生人数： 6 人。

2018 年招收博士生的指导教师： 王双飞、覃程荣、黄崇杏、朱红祥、闵斗勇。

四川工商职业技术学院

造纸专业所在院系： 轻工工程系

轻工工程系主任： 余　勇

地址： 四川省都江堰市天府大道聚源段 8 号

邮编： 611830

电话： 028－87282243

传真： 028－87282095

网址： www. sctbc. net

隶属单位： 四川省经济和信息化委员会

专业设置时间： 1959 年

专业课程设置： 植物纤维化学、制浆技术、造纸技术、制浆造纸机械设备与操作、制浆造纸分析与检验、纸加工技术、制浆造纸环境保护概论、制浆造纸化学助剂等。

2018 年在校专业学生人数： 专科生 40 人。

至 2018 年专业毕业生总人数： 2800 人，其中，中专生 1850 人，大专生 950 人。

2018 年毕业生人数： 大专生 40 人。

2018 年专业教师情况： 专业教师 8 人，其中，教授 2 人，副教授 3 人，讲师 3 人。

四川轻化工大学（原四川理工学院）

造纸专业所在院系： 生物工程学院 轻化工程系

生物工程学院院长： 罗惠波

地址： 四川省宜宾市临港经济技术开发区大学城 188 号

邮编： 644005

电话： 0831－5980223

隶属单位： 四川省教育厅

专业设置时间： 1991 年

专业课程设置： 专业导论、植物纤维化学、制浆原理与工程、造纸原理与工程、专业实验、制浆造纸机械与设备、制浆造纸环境保护、专业外语（英）、造纸助剂及湿部化学、加工纸与特种纸、二次纤维回用技术、制浆造纸工厂设计、化工仪表自动化、计算机辅助设计等。

2018 年在校专业学生人数： 本科生 301 人，专科生 17 人。

至 2018 年专业毕业生总人数： 本科生 1025 人，专科生 355 人。

2018 年毕业生人数： 本科生 59 人。

2018 年专业教师情况： 专业教师 10 人，其中，教授 4 人，副教授 2 人，讲师 3 人，助理实验师 1 人。

2018 年招收本科生人数： 本科生 87 人。

昆明理工大学

造纸专业所在院系： 化学工程学院生物质工程系

化学工程学院院长： 梅　毅

地址： 云南省昆明市呈贡大学城昆明理工大学化工楼生物质工程系

邮编：650500

电话：0871－5920298

传真：0871－5920171

隶属单位：云南省教育厅

专业设置时间：1979 年

专业课程设置：植物纤维化学、高分子化学与物理、制浆造纸原理与工程、生物质精炼技术、天然高分子材料、卷烟工艺学、轻工机械与设备、植物纤维实验技术、造纸化学品、加工纸与特种纸、轻工设计基础训练、轻工过程模拟及控制、印刷包装技术概论、轻工专业英语、轻工企业管理概论等。

2018 年在校专业学生人数：本科生 110 人，硕士生 13 人，博士生 2 人。

至 2018 年专业毕业生总人数：本科生 775 人，硕士生 50 人。

2018 年毕业生人数：无本科生毕业，硕士生 1 人。

2018 年专业教师情况：专业教师 12 人，其中，教授 3 人，副教授 5 人，讲师 3 人，实验师 1 人。

2018 年招收本科生人数：30 人（按化工大类招生）。

2018 年招收专业硕士生人数：4 人。

2018 年招收硕士生的指导教师：陈克利、周学飞、彭林才、刘玉新、何亮、高欣、张俊华。

2018 年招收博士生的指导教师：陈克利、彭林才。

陕西科技大学

造纸专业所在院系：轻工科学与工程学院

轻工科学与工程学院院长：弓太生

地址：陕西省西安市未央大学园区陕西科技大学

邮编：710021

电话：029－86132609

传真：029－86168236

网址：www. sust. edu. cn

隶属单位：陕西省教育厅

专业设置时间：1958 年

专业课程设置：有机化学、物理化学、化工原理、植物纤维化学、制浆原理与工程、造纸原理与工程、制浆造纸机械与设备、制浆造纸工程设计、制浆造纸实验、加工纸原理与技术、二次纤维利用技术、制浆造纸专业英语、制浆造纸环境工程技术等。

2018 年在校专业学生人数：本科生 538 人，硕士生 137 人，博士生 24 人。

至 2018 年专业毕业生总人数：本科生 5886 人，硕士生 459 人，博士生 26 人。

2018 年毕业生人数：本科生 167 人，硕士生 15 人，博士生 4 人。

2018 年专业教师情况：专业教师和工程技术人员 52 人，其中，教授 15 人，副教授（含高级工程师）17 人，讲师（含工程师）20 人。

2018 年招收本科生人数：129 人。

2018 年招收专业硕士生人数：56 人。

2018 年招收硕士生的指导教师：张美云、李新平、韩卿、李志健、倪永浩、王志杰、徐永建、张素风、林涛、王建、李金宝、陆赵情、张安龙、李佩燚、钱立伟、张召、段超、王雪青、杨金帆、姜慧娥、戴磊、钱立伟、谢璠、薛白亮、岳小鹏、宋顺喜、杜飞、刘汉斌。

2018 年招收专业博士生人数：3 人。

2018 年招收博士生的指导教师：倪永浩、张美云、李新平、李志健、徐永建、张素风。

（林 媛）

国内主要造纸期刊介绍

Domestic Main Periodicals Related to Pulp and Paper

《中国造纸学报》

《中国造纸学报》是由中国造纸学会主办、中国制浆造纸研究院有限公司承办的造纸学术性期刊，创刊于1986年。主要刊登造纸专业研究论文、学术报告及综合性评述，反映我国造纸工业在原材料、制浆、造纸、废液综合利用及污染防治、机械设备、分析检验、工艺和质量控制自动化以及制浆造纸专业基础理论等方面的新进展和新成果，是我国造纸工业理论性强、水平高的学术性期刊。它为我国造纸工业提供了一个极好的学术交流平台，对国内造纸工业的技术进步做出了较大贡献。该刊的固定栏目有：研究论文与综述等。

《中国造纸学报》连续多年入选“中文核心期刊”“中国科技论文统计源期刊”“中国科学引文数据库来源期刊”“中国科学文献评价数据来源期刊”，入选“中国科协精品科技期刊工程第四期(2015—2017)项目”，并被Scopus、CA等国外著名期刊索引收录。《中国造纸学报》为国内外公开发行刊物。

《中国造纸学报》为季刊，出版日期为3月25日、6月25日、9月25日、12月25日；刊号：ISSN 1000-6842，CN 11-2075/TS，自办发行。

《中国造纸学报》为大16开本。国内定价：纸质版30元/期，电子版30元/期，纸质版+电子版50元/期；国外及港澳台地区定价：纸质版30美元/期，电子版30美元/期，纸质版+电子版50美元/期。

地址：北京市朝阳区启阳路4号院中轻大厦607室

邮编：100102

电话：010－64778173(发行部)

64778162/8163(编辑部)

传真：010－64778174

邮箱：tcpp@ vip. 163. com

网址：www. cppmp. com

《中国造纸》

《中国造纸》为专业技术性刊物，国内外公开发行，由中国造纸学会和中国制浆造纸研究院有限公司主办，主要报道我国造纸工业在原材料、制浆、造纸、废液综合利用及污染防治、机械设备、分析检验、工艺和质量控制自动化以及制浆造纸专业基础理论等方面的新成就和重要科技成果。

《中国造纸》除及时报道各研究机构、高等院校在科研理论方面取得的突破成果外，还注重报道各制浆造纸厂引进或自行研究探索的新工艺、新技术。《中国造纸》将理论与实践有机结合，更好地满足了科研工作者以及制浆造纸工厂技术人员的需要。《中国造纸》是我国造纸界权威性技术期刊，连续入选“中文核心期刊”“中国科技论文统计源期刊”“中国科学引文数据库来源期刊”“中国科学文献评价数据来源期刊”，并已被Scopus、CA等国外著名的期刊索引收录。入选“中国科协精品科技期刊工程第四期项目”。

《中国造纸》(刊号：CN 11-1967/TS，ISSN 0254-508X)为月刊，每月25日出版，大16开。国内定价：纸质版25元/期，电子版25元/期，纸质版+电子版40元/期；国外及港澳台地区定价：纸质版40美元/期，电子版40美元/期，纸质版+电子版70美元/期。

《中国造纸》国内总发行：北京市报刊发行局，邮发代号：2-194；国外总发行：中国出版对外贸易总公司，发行代号：DK11070。

地址：北京市朝阳区望京启阳路4号院中轻大厦607室

邮编：100102

电话：010 - 64778173（发行部）
64778158 - 61（编辑部）
传真：010 - 64778174
邮箱：cpp2108@ vip. 163. com（编辑）
网址：www. cppmp. com

《造纸信息》

《造纸信息》是由中国造纸协会、中国造纸学会和中国制浆造纸研究院有限公司共同主办的造纸综合信息类刊物。已被“中国期刊全文数据库”和“万方数据——数字化期刊群”收录。

《造纸信息》全面、及时、准确地报道我国和世界造纸工业以及相关行业的信息，是我国造纸行业唯一公开发行的综合信息类刊物。

《造纸信息》以为造纸企事业单位及相关行业提供国内外造纸工业信息服务为主要宗旨，汇集行业专家观点、聚焦行业热点问题、展示领军企业风采，及时报道行业政策、企业动态、新技术和新成果，以及全球造纸企业的最新动向，为读者全方位了解造纸行业提供独家参考，为企业提供政策性指导和经营决策信息。

常设栏目有：企业风采、政策法规、节能减排、行业纵横、新建扩建、企业报道、市场动态、分析/预测、行业热点·焦点论坛、管理与营销、新产品/新技术、环球视角、协会·学会动态、会展传真等。

为使海外读者更多了解中国造纸工业的发展情况，特在每年第 8 期增加英文内容。

《造纸信息》为国内外公开发行（刊号：ISSN 1006-8791，CN 11-3667/TS），月刊，每月 25 日出版。全彩色大 16 开，另附彩色及专色广告。国内定价：纸质版 25 元/期，电子版 25 元/期，纸质版 + 电子版 40 元/期；国外及港澳台地区定价：纸质版 25 美元/期，电子版 25 美元/期，纸质版 + 电子版 40 美元/期。邮发代号：82- 881，国外发行代号：DK11071。

地址：北京市朝阳区望京启阳路 4 号院中轻大厦 607 室
邮编：100102
电话：010 - 64778165/8170/8171（编辑部）
64778173（发行部）
64778166/8168（广告部）
传真：010 - 64778174
邮箱：cpi@ vip. 163. com
网址：www. cppmp. com

《Paper and Biomaterials》

《Paper and Biomaterials》是由中国造纸学会和中国制浆造纸研究院有限公司主办的造纸及生物质材料方面的学术性英文期刊。本刊聚焦国内外制浆造纸及生物质材料学科的前沿热点，反应制浆造纸及生物质材料学科的科研成果、技术进步和发展趋势，促进国际间的学术交流与合作，推动制浆造纸技术和相关生物质产业技术快速发展；主要刊登制浆造纸及生物质材料方面的研究论文、技术进展及相关领域的文献综述。

《Paper and Biomaterials》为季刊，出版日期为 1 月 15 日、4 月 15 日、7 月 15 日、10 月 15 日；刊号：ISSN 2096-2355，CN 10-1401/TS，自办发行。

《Paper and Biomaterials》为大 16 开本。国内定价：纸质版 40 元/册，电子版 40 元/册，纸质版 + 电子版 70 元/册；国外及港澳台地区定价：纸质版 40 美元/册，电子版 40 美元/册，纸质版 + 电子版 70 美元/册。

地址：北京市朝阳区望京启阳路 4 号院中轻大厦 607 室
邮编：100102
电话：010 - 64778173（发行部）
64778162/8163（编辑部）
传真：010 - 64778174
邮箱：pbm@ vip. 163. com
网址：www. cppmp. com

《中华纸业》

《中华纸业》是中国造纸协会会刊，行业综合指导类科技期刊，国内外公开发行，是中国学术期刊（光盘版）、中国期刊网、万方数据资源系统、中文科技期刊数据库、美国《化学文摘》等统计源期刊。

办刊宗旨：研讨发展战略、促进科学管理、推动技术进步、服务产业经济。

报道内容：产经综合版（上半月刊）国家产业政策，行业发展规划，市场分析预测，企业发展战略，纸业新闻资讯；技术进步版（下半月刊）行业技术进步，企业技术创新，企业生产实践，国外前沿技术，技术动态信息等。

内容特色：具有导向性、创新性、前瞻性、实用性和时效性。

读者对象：造纸企业决策层和经营管理者，企业工程技术人员，行业协(学)会组织，政府有关部门及产业经济研究人员，科研设计及大专院校有关工作人员。

《中华纸业》(国内统一刊号 CN 37-1281/TS，国际标准刊号：ISSN 1007-9211)为半月刊，大 16 开，彩色印刷。国内定价 10 元/期，全年订价 240 元；港澳台及国外地区 10 美元/期，全年 240 美元。邮发代号：24-136。

地址：山东省济南市工业南路 101 号中华纸业杂志社

邮编：250100

电话：0531－88522949、88929286、88935343

传真：0531－88926310

邮箱：adv@ cppi. cn(广告部)
cbb@ cppi. cn(采编室)

QQ：609352141、940438201

网址：www. cppi. cn

《纸和造纸》

《纸和造纸》系中国造纸学会主办，四川省造纸学会和四川工商职业技术学院联办，以知识性、实用性、导向性、科学性为特色制浆造纸专业权威性科技期刊。自 1982 年创刊以来，本刊始终坚持“普及制浆造纸科技知识，介绍先进适用的生产工艺、装备技术和管理经验，沟通相关信息，促进造纸工业的科技进步和持续发展，为提高造纸、用纸从业人员的素质服务”的办刊宗旨。曾被原轻工业部、中国科学技术协会评为优秀期刊，曾连续多年入选“中文核心期刊”，是“中国学术期刊综合评价数据库来源期刊”“中国期刊全文数据库”“万方数据——数字化期刊群”等大型刊库全文或摘要收录，是造纸科技期刊中，知名度很高，发行量很大和影响面很广的一种。

《纸和造纸》开设有专论与综述、企业风采、工艺技术、装备器材、试验研究、造纸化学品、环保与综合利用、分析检验、仪表自控、知识之窗、产品天地、探讨与质疑等多个常设栏目，全面报道有关造纸的新知识、新技术、新原料、新产品、新装备，以及中国造纸工业的方针政策和技术经济信息、市场动态、纸制品等方面内容。

《纸和造纸》为双月刊，大 16 开，内页双色印刷，逢单月出版，国内外公开发行。国内统一刊号：CN 11-2709/TS，国际连续出版物刊号：ISSN 1001-6309，邮发代号：62-111。国内定价 10 元/期，全年 60 元；国外及港澳台地区 10 美元/期，全年 60 美元。

地址：四川省都江堰市天府大道聚源段 8 号四川工商职业技术学院内

邮编：611830

电话：028－87281943(编辑部)
87284769(广告部)
87267806(发行部)

传真：028－87203119

邮箱：myppm@ 263. net(编辑部)
wuyingppm@ 126. com(发行部)

QQ：1838372807

《轻工机械》

《轻工机械》(刊号：CN 33-1180/TH、ISSN 1005-2895)创刊于 1983 年，由中国轻工机械协会、中国联合装备集团有限公司与轻工业杭州机电设计研究院联合主办，是一份在国内有较高影响力、历史悠久的轻工机械领域的专业性科技期刊。以报道轻工机械、自动化技术、机电一体化、工艺设计及其应用为特色。

本刊系中国科技论文统计源期刊(中国科技核心期刊)，已加入《中国学术期刊(光盘版)》和“中国期刊网”“万方数据资源系统”“中文科技期刊数据库”，并被《中国学术期刊文摘》、英国《科学文摘》(SA，INSPEC)、美国化学文摘(CA)、美国剑桥科学文摘(CSA)、美国乌利希期刊指南(Ulrich)等收录。

双月刊，大 16 开，每册定价 10. 00 元，全年 60. 00 元。邮发代号：32-94。

地址：浙江省杭州市余杭区高教路 970 号西溪联合科技广场 4 号楼 711 室

邮编：311121

电话：0571－85186130、85187520

邮箱：qgjxzz@ 126. com

网址：www. qgjxzz. com

《造纸科学与技术》

《造纸科学与技术》是广东省造纸学会会刊，荣获《中国科技核心期刊》(中国科技论文统计源期刊)收录证书，并编入《中国学术期刊(光盘版)》，获《中国学术期刊(光盘版)》《中国期刊网》全文收录证书、《中国学术期刊综合评价数据库来源期刊证书》以及《中国知网统计刊原证书》。

《造纸科学与技术》由广东省造纸学会和广东省造纸研究所主办，华南理工大学制浆造纸工程国家重点实验室承办。

主要刊登制浆造纸科学与工程的论文与报告、实践与经验，介绍制浆造纸原理与技术、造纸化学品、分析与检测、制浆造纸生物技术、设备与控制以及生物质精炼的研究进展与技术进步、企业转型升级、清洁生产与环境保护、节能减排与低碳经济，还设立了科普园地。内容丰富、可读性强，是造纸行业中水平较高的期刊之一。

《造纸科学与技术》为双月刊，逢双月底出版，大16开本，国内统一刊号：CN 44-1532/TS，国际连续出版物刊号：ISSN 1671-4571，全年订费90元。

地址：广州市华南理工大学制浆造纸工程国家重点实验室《造纸科学与技术》编辑部

邮编：510640

电话：020－87112854

传真：020－87112854

邮箱：gdtappi@ vip. 163. com

《生活用纸》

由中国造纸协会生活用纸专业委员会承办的《生活用纸》杂志，自1993创刊以来，经过20多年的不断努力和改进，已成为生活用纸及相关行业从业人员的重要信息来源和参考资料。

办刊宗旨：推进生活用纸及相关行业技术进步，促进科学管理，宣传产业政策，服务企业发展，提供国内外发展动态信息和市场产销信息。

内容：卫生纸、面巾纸、手帕纸、餐巾纸、厨房用纸、擦手纸等卫生纸品；女性卫生用品、婴儿纸尿裤/片、成人失禁用品、宠物卫生用品、擦拭巾、一次性医用非织造布制品等卫生用品；相关原辅材料及设备等。

主要栏目：协会工作、行业动态、发展论坛、市场与营销、质量与管理、技术与设备、他山之石、消费与流行趋势、环球资讯等。

本刊是国内唯一关于生活用纸和卫生用品行业的专业性科技类综合性刊物，内容丰富，专业性、时效性强，是生活用纸及相关行业的企业管理人员、市场营销人员、工程技术人员以及技术工人的良师益友。

本刊为月刊，每月10日发行，全年12期，大16开，全彩版印刷。刊号为：CN 11-4571/TS，ISSN 1009-9069。国内零售18元/本，全年订价平邮200元，快递320元，国外及港台地区全年订价700元或120美元。

地址：北京市朝阳区望京启阳路4号院中轻大厦

邮编：100102

电话：010－64778181、64778182（编辑部）
64778193、64778194（广告部）
64778186、64778187（发行部）

传真：010－64778197（编辑部）
64778199（广告部）

邮箱：editor@ cnhpia. org（编辑部）
cidpex@ cnhpia. org（广告部）

网址：www. cnhpia. org

《造纸化学品》

中国造纸化学品工业协会会刊《造纸化学品》是由中国造纸化学品工业协会、全国造纸化学品信息站、杭州市化工研究所联合主办的国内外公开发行、全面报道造纸用化学品唯一的全国性科技期刊。

主要报道造纸用化学品（尤其是精细化学品）的研制、开发、应用及国内外发展动向等。《造纸化学品》以造纸界、化工界、科研机构、事业单位从事科研、生产的广大科技人员、技术工人、管理干部及大专院校相关专业的师生为服务对象。

《造纸化学品》是“中国核心期刊（遴选）数据库”收录期刊，“中国学术期刊（光盘版）”“中国期刊网”“中国学术期刊综合评价数据库”“万方数据——数字化期刊群”“中文科技期刊数据库”全文收录期刊，“中国学术期刊综合评价数据库”统计源期刊。美国《化学文摘》、波兰《哥白尼索引》收录期刊。

《造纸化学品》为双月刊（国内刊号 CN 33-1202/TQ，国际刊号：ISSN 1007-2225，为双月中旬出版，全年6期），全年订价140元。

地址：浙江省杭州市上塘路石灰坝7号《造纸化学品》编辑部

邮编：310014

电话：0571－88315561

传真：0571－88315561

邮箱：paperchemj@ 163. com

网址：www. paperchemicals. org

《华东纸业》

《华东纸业》是由上海、山东、江苏、浙江、福建、江西、安徽七省市造纸学会主办的科技类制浆造纸工业专业技术刊物。原《纸业周刊》于 2015 年并入《华东纸业》，进一步丰富了杂志内容。

《华东纸业》办刊宗旨：面向全国造纸行业，传播纸业信息，推广高新造纸技术与成果。打造纸业信息交流平台，使之成为经验交流的园地，市场信息的窗口，是拓展我国纸业技术、参与国际市场竞争的企业家和广大科技人员的良师益友。

《华东纸业》主要栏目：专题与综述、企业家论坛、制浆与造纸工艺、设备与电仪、涂布纸与特种纸、造纸化学品、环保与节能、脱水器材、国内外纸业信息等。全面报道有关造纸的新材料、新技术、新工艺、新产品、新装备的应用以及中国造纸工业的方针政策和技术经济信息、市场动态等内容。

《华东纸业》是广大企业家和工程技术人员科技活动的园地和论坛。

《华东纸业》为双月刊，大 16 开，面向国内外公开发行。国内统一连续出版物号：CN31-2034/TS，国际标准连续出版物号：ISSN 1674-6937。每册定价 10 元，全年订价 60 元。

地址：上海市武宁路 1500 号南楼 403 室

邮编：200063

电话：021 – 52040673

传真：021 – 52040673

邮箱：menger2010@ 126. com

《造纸装备及材料》

《造纸装备及材料》是为造纸装备制造企业、材料制造企业专业服务的期刊，国内统一刊号：CN43-1535/TS，国际刊号：ISSN2096-3092，是中国核心期刊(遴选)数据库的入编期刊。

《造纸装备及材料》的办刊宗旨：传播造纸装备及材料制造行业先进科技，搭建造纸、纸加工企业与造纸装备、材料制造企业沟通桥梁，促进造纸科研与技术应用紧密结合，服务造纸装备与材料技术进步。

《造纸装备及材料》是湖南省造纸学会、湖南省造纸研究所有限公司主办，以及多家企业、公司、科研院校协办，面向全国发行的专业期刊。为了更好地服务于造纸装备制造企业、材料制造企业，本刊全新编排加入了新期刊栏目：造纸装备及材料制造企业风采；装备与自动化；材料制造和应用；造纸装备、材料产品介绍；造纸装备、材料项目简讯等。

造纸装备内容包括：制浆造纸装备、造纸自动化控制装备、加工纸装备、环保节能装备、造纸辅助设备。

造纸材料内容包括：造纸配件、造纸消耗品、造纸化学品。

《造纸装备及材料》全年共出版 4 期，大 16 开版，自办发行，每季度末出版，全年订费 46 元。

地址：湖南省湘潭市建设中路 7 号《造纸装备及材料》编辑部

邮编：411104

电话：0731 – 58523295

传真：0731 – 58523295

邮箱：paperem@ 163. com

《黑龙江造纸》

《黑龙江造纸》是由黑龙江省造纸工业研究所、黑龙江省造纸学会主办的制浆造纸综合性技术刊物，是中国学术期刊综合评价数据库统计源期刊，被中国期刊全文数据库全文收录，在“万方数据——数字化期刊群”全文上网，被《中国核心期刊(遴选)数据库》收录。

本刊立足黑龙江省内，报道国内外制浆造纸行业中科研、生产、经营、管理的先进技术、实践经验和市场信息，可供广大技术工人、科技人员、管理干部及大专院校的师生参考。

《黑龙江造纸》为季刊，国内统一刊号：CN23-1258/TS，国际标准刊号：ISSN 1673-0283，全年订价 25 元。

地址：黑龙江省牡丹江市光华街 17 号黑龙江省造纸工业研究所《黑龙江造纸》编辑部

邮编：157013

电话：0453 – 6320013

传真：0453 – 6331516

邮箱：hlj_ zz@ sina. com

《天津造纸》

《天津造纸》于 1979 年创刊，由天津造纸厂有限公司和天津市造纸学会主办。已编入中国学术网络出版宗库、《中国学术期刊(光盘版)电子杂志社(CNKI)》、中华期刊网、北京万方数据核心期刊(遴选)数据库、重庆维普资讯中文期刊数据库、教育阅读网全文数据库。是“中国科技论文统计源期刊”“中国科学引文数据库来源期刊”及“中国科学文献评价数据来源期刊”。

本刊主要栏目有论著、制浆与造纸、造纸设备、环保节能、造纸化学品、新产品新技术、纸厂经验及经营管理等方面的科研成果和应用报告。主要报道行业内的最新技术成果、行业发展动向以及市场变化等情况。主要面向造纸企事业单位的工程技术人员、经营管理人员、技术工人、大专院校相关专业的教师和学生以及国内外相关行业机构和人士。

《天津造纸》为季刊，大 16 开，国内统一刊号：CN 12-1155/TS，国际标准刊号：ISSN 1674-5469，定价 5 元/册。

地址：天津市津南区双港工业园发港南路 29 号

邮编：300350

电话：022－88823020－8010

邮箱：tjzzs@126. com

（王　斌）

《中国造纸》2018 年度“诚铭化工杯”优秀论文获奖名单

“Chengming Chemical Cup” Excellent Papers of *China Pulp & Paper* in 2018

2018 年度《中国造纸》优秀论文评选活动是第 19 次举办，此次评选得到了广东诚铭化工科技有限公司的支持。该活动在促进造纸行业学术交流、提高《中国造纸》科技论文的质量与水平方面具有重要作用，推动了我国造纸行业的科技进步和技术创新。

本次评选依然坚持科学性、导向性、创新性与实用性的原则，邀请了我国造纸行业及相关领域的知名专家、学者担任评委，并同时进行了微信线上投票，经初评及复评后，于 2019 年 1 月 16 日在北京召开了《中国造纸》2018 年度“诚铭化工杯”优秀论文终评会，20 多名专家出席了终评会，经评议最终评选出 15 篇优秀论文。

一等奖(1 篇)

纤维素酶和聚木糖酶处理改善溶解浆性能的研究(第 5 期)

田 超 石 瑜 翟丙彦 乔 军 应广东

山东太阳纸业股份有限公司，中国制浆造纸研究院有限公司

二等奖(2 篇)

原纤化过程对纸基空气滤材结构和性能的影响(第 1 期)

张美云 马珊珊 杨 斌 宋顺喜 鲁 鹏 苏治平

陕西科技大学轻工科学与工程学院，中国轻工业纸基功能材料重点实验室，轻化工程国家级实验教学示范中心，广西清洁化制浆造纸与污染控制重点实验室，东华大学纤维材料改性国家重点实验室，华南理工大学制浆造纸工程国家重点实验室

碱回收炉烟气排放及控制措施可行性技术分析(第 3 期)

靳福明

华南理工大学，中国中轻国际工程有限公司

三等奖(5 篇)

再生纤维素基交联改性纳滤膜的制备及对无机盐截留性能的研究(第 3 期)

李 诗 程雨桐 黄 方 林 珊 马晓娟 曹石林 陈礼辉 黄六莲

福建农林大学生物质基功能材料研究中心

纳米 MnO_x 负载纸的制备及其甲醛去除性能的研究(第 7 期)

王 萍 辛 昕 周万鹏 安显慧 钱学仁

东北林业大学生物质材料科学与技术教育部重点实验室，宣城市产品质量监督检验所

改善溶解浆在 NMMO 水溶液溶解体系中润胀性能的研究(第 1 期)

石 瑜 田 超 倪建萍 龚 琛 杨小博 刘艳钊

中国制浆造纸研究院有限公司，制浆造纸国家工程实验室

油水分离滤纸的制备及其性能研究(第 5 期)

司景航 许孟杰 周雪松

华南理工大学制浆造纸工程国家重点实验室

蔗渣和桉木混合制浆的研究与探索(第2期)

孙廷聪 段经奎 张富华

云南云景林纸股份有限公司

优秀奖(7篇)

基于生态成本的废纸产业政策、市场结构和生产工艺优化(第4期)

戴铁军 赵鑫蕊

北京工业大学循环经济学院

特种纸技术发展现状(第7期)

刘 文 肖贵华 李 政 朝鲁门 贾程瑛

中国制浆造纸研究院有限公司，制浆造纸国家工程实验室，中国制浆造纸研究院有限公司衢州分院

纤维表面润湿性能及其与纤维结合性能的响应关系研究(第12期)

安 帅 谢晶磊 王 欣 程 芸 张红杰

天津科技大学天津市制浆造纸重点实验室

酚化改性蔗渣硫酸盐木素制备酚醛树脂胶黏剂(第9期)

贾 转 万广聪 张清桐 李明富 罗 斌 郭晨艳 王双飞 闵斗勇

广西大学轻工与食品工程学院，广西清洁化制浆造纸与污染控制重点实验室

纤维素微纳颗粒的硅烷化改性对制备超疏水材料的影响(第12期)

朱兆栋 郑学梅 付时雨 朱文远

华南理工大学制浆造纸工程国家重点实验室，南京林业大学江苏省制浆造纸科学与技术重点实验室

纳米微晶纤维素-NaClO氧化淀粉的制备及其对纸张性能的影响(第11期)

夏媛媛 林兆云 杨桂花 彭建民 陈嘉川

齐鲁工业大学(山东省科学院)生物基材料与绿色造纸省部共建国家重点实验室/制浆造纸科学与技术教育部重点实验室

基于DCT同态滤波的纸病图像去噪算法研究(第5期)

曲蕴慧 汤 伟 文 豪 雷 涛

陕西科技大学电气与信息工程学院，西安医学院计算机教研室

(刘振华)

大事记

EVENTS

8

2018 年中国造纸工业 10 项要闻

Top Ten News of China's Paper Industry in 2018

2019 年 1 月 3 日，由中国造纸杂志社《造纸信息》杂志举办的 2018 年中国造纸工业 10 项要闻评选会在中国制浆造纸研究院有限公司召开。中国造纸工业 10 项要闻评选活动自 2000 年开始举办以来，在各级领导和业界同仁的关怀和大力支持下，在广大读者的热心关注与积极参与下，中国造纸工业 10 项要闻评选已成为造纸行业的品牌活动，成为业内人士梳理和总结过去一年产业和市场发展脉络的重要渠道，是中国造纸行业最为重要的年度事件之一。

本届评选会召开前，对在全国部分省市造纸协会、造纸学会、大专院校、科研院所和企业领导及专家推荐基础上初选的新闻进行了微信线上投票。最终的 2018 年度造纸工业 10 项要闻，由应邀出席评选会的 16 名北京地区有关领导专家，参考前期行业专家线下推荐及微信线上投票情况，经现场评议最终确定。评选会上，围绕科技、环保、原料、市场、投资等最受关注的行业热点，认真梳理了我国造纸行业 2018 年所发生的具有影响力的重要事件。

1. 1 月 5 日，环保部发布国家环境保护标准《制浆造纸工业污染防治可行技术指南》（HJ2302—2018）。《指南》规定了制浆造纸工业废气、废水、固体废物和噪声污染防治可行技术，包括污染预防技术、污染治理技术和污染防治可行技术，自 2018 年 3 月 1 日起实施。

2. 1 月 8 日，2017 年度国家科学技术奖励大会在北京人民大会堂举行，陕西科技大学张美云教授主持完成的“高性能纤维纸基功能材料制备共性关键技术及应用”项目获国家科技进步奖二等奖。

3. 1 月 27 日，由中国科协主办的“中国工业遗产保护名录”发布会举行。始建于 1922 年的杭州华丰造纸厂入选首批“中国工业遗产保护名录”。

4. 3 月 1 日，环保部与国家质量监督检验检疫总局联合发布修订后的《进口可用作原料的固体废物环境保护控制标准——废纸或纸板》（GB 16487. 4—2017）正式实施。《标准》规定，进口废纸夹杂物含量应不超过 0. 5%。

5. 4 月 22 日，由淄博泰鼎机械科技有限公司和仙鹤股份有限公司共同完成的“4575/1000 超级压光机”项目通过由中国轻工业联合会组织并主持的产品科技成果鉴定。该超级压光机达到国际先进水平，并已成功用于格拉辛纸生产。

6. 5 月 21 日，山东太阳纸业股份有限公司位于老挝沙湾拿吉省的年产 30 万吨化学浆项目顺利投产。

7. 8 月 31 日，《中国造纸》《中国造纸学报》继续双双入编《中文核心期刊要目总览》第 8 版之“造纸工业”类的核心期刊。这是自 1992 年北京大学出版社建立《中文核心期刊要目总览》以来，连续入选的两本造纸行业专业期刊。

8. 10 月 24 日，全国工商联在北京举行新闻发布会，恒安集团有限公司董事局副主席、首席执行官许连捷入选改革开放 40 年百名杰出民营企业家名单。

9. 11 月 13 日，山东晨鸣纸业集团的黄冈晨鸣浆纸有限公司年产 30 万吨化学木浆项目顺利投产。

10. 11 月 27 日，经国务院批准，纸浆期货在上海期货交易所正式上市运行。

（郭彩云）

2018 年中国造纸工业大事记

Important Events of China's Paper Industry in 2018

1 月

1 月 7 日，财政部、国家发展和改革委、环境保护部、国家海洋局等 4 部门联合下发《关于停征排污费等行政事业性收费有关事项的通知》，正式对《挥发性有机物排污收费试点办法》及《中华人民共和国环境保护税法实施条例》的执行进行了权威解答：自 2018 年 1 月 1 日起，在全国范围内统一停征排污费和海洋工程污水排污费。

1 月 8 日，2017 年度国家科学技术奖励大会在北京人民大会举行。共评选出 271 个获奖项目和 9 名科技专家。陕西科技大学张美云教授主持完成的"高性能纤维纸基功能材料制备共性关键技术及应用"项目获国家科技进步奖二等奖。

1 月 9 日，山东太阳纸业股份有限公司发布公告，拟出资 1.4 亿美元（约合 9.12 亿元）给太阳纸业控股老挝有限责任公司。资金用于老挝年产 30 万吨化学浆项目的配套工程，本次增加投资完成后，太阳纸业老挝公司的投资总额将增加到 4.33 亿美元（约合 28.2 亿元）。

1 月 16 日，山东恒安纸业有限公司 5 号纸机成功开机。该纸机幅宽 5600 毫米，设计车速 2000 米/分，以进口商品木浆为原料生产高档生活用纸，年生产量 5 万吨。

1 月 18 日，工业和信息化部发布了第二批绿色制造示范名单公示，恒安（芜湖）纸业有限公司、东莞建晖纸业有限公司和玖龙纸业（重庆）有限公司 3 家纸厂入选绿色工厂名单。东顺集团股份有限公司的顺清柔共享本色抽取式面巾纸入选绿色设计产品。

1 月 20 日，河南许昌晨鸣纸业股份有限公司年产 10 万吨文化用纸生产线投产。该公司共投资 1 亿多元对年产 10 万吨文化用纸生产线及附属系统进行全面提升改造，完善了在建的 75 吨锅炉等设施，开机运行了 200 吨/日碱回收系统，2.5 万吨中段水项目也同步建成投用。

1 月 24 日，中国造纸杂志社《中国造纸》杂志举办的 2017 年度"山鹰国际杯"优秀论文终评会在北京召开，最终评选出 15 篇优秀论文。其中：一等奖 1 篇，二等奖 2 篇，三等奖 5 篇，优秀奖 7 篇。

1 月 27 日，由中国科协主办的"中国工业遗产保护名录"发布会举行。始建于 1922 年的杭州华丰造纸厂入选首批中国工业遗产保护名录。

1 月 28 日，由国务院发展研究中心指导，中国企业评价协会主办的第十六届中国企业发展高层论坛召开。论坛发布了《中国企业发展报告 2017》及"2017 中国企业社会责任 500 优"榜单，山东太阳纸业股份有限公司位居榜单第 84 位，是前 100 强中唯一上榜的造纸企业。

1 月 31 日，福建省青山纸业股份有限公司与福建铙山纸业集团有限公司及建宁县国有资产投资经营有限公司签署了《股东合作协议书》。3 方共同出资在福建省三明市建宁县设立福建青铙山新材料有限公司，并以新公司为主体，投资建设"4000 吨/年高档引线纸"项目，项目建设期为 12 个月。新公司注册资本 4518 万元。

2 月

2 月 6 日，恒生指数公司发布公告，恒安国际集团有限公司等 10 家企业入围"恒生中国企业指数"。据悉，恒生中国企业指数于 1994 年 8 月 8 日首次公布，旨在为投资者提供一个反映在香港上市的中国企业的股价表现指标。

2 月 8 日，理文造纸有限公司与佛山市宝索机械制造有限公司签订了订购 4 台宝拓 C1300-2850 新月型卫生纸机的合同。该项目落户理文造纸江西有限公司；纸机设计车速 1300 米/分，幅宽 2850 毫米；4 台卫生纸机将为理文造纸江西有限公司增加年产能 6.8 万吨，项目于 2018 年年底投产。

2 月 12 日，广西壮族自治区人民政府发布了 2017 年度广西科学技术奖励的决定，对 148 项技术水平高、经济社会效益好的科技成果给予了奖励。其中广西大学覃程荣教授主持完成的“竹子清洁化制浆造纸与资源化利用关键技术开发及应用”项目获得科学技术进步奖二等奖。

2 月 26 日，全国中小企业股转系统公告显示，天津广大纸业股份有限公司的挂牌申请获得批准，并于近日挂牌。

2 月 27 日，仙鹤股份有限公司 IPO 顺利通过证监会发审委的审核，将成为国内第 5 家主板上市的特种纸企业。

2 月 28 日，《2018 中国造纸年鉴》编撰工作启动会在北京市召开。中国造纸学会常务副理事长曹振雷、秘书长曹春昱、中国造纸学会编辑工作委员会和《中国造纸年鉴》执行编委等人出席了本次会议。

2 月 28 日，河北保定安信纸业有限公司 1 号纸机成功开机。该纸机净纸幅宽 3550 毫米，设计车速 1000 米/分，干燥部选用直径 3 米的钢制扬克烘缸，以商品木浆为原料生产高档生活用纸，年生产量 2 万吨。

3 月

3 月 5 日，由中顺纸业有限公司投资 18 亿元的 30 万吨/年生活用纸项目在湖北省孝感市奠基。3 年后，湖北省孝感市孝南区的生活用纸产能将从现在的 100 万吨/年扩大到 200 万吨/年，届时将占全国生活用纸产能的 1/5，成为名副其实的生活用纸“纸都”。

3 月 5 日，陕西炳智机械有限公司为河北晨松卫生用品有限公司提供的第 2 台 3500/800 新月型卫生纸机成功开机，开机第 2 天纸机速度达到 720 米/分，目标车速为 820 米/分。

3 月 6 日，云南云景林纸股份有限公司 6 万吨/年生活用纸项目正式开工建设。项目总投资 3.36 亿元，计划于 2019 年年底建成投产。项目建成投产后，云南云景林纸股份有限公司生活用纸总体规模将达到 9 万吨/年。

3 月 7 日，四川省造纸行业工作会暨省造纸行业协会、省造纸学会 2017 年年会、省造纸行业协会包装纸板分会成立大会在四川省成都市召开。

3 月 8 日，2018 中国纸浆高层峰会在四川省成都市召开。大会围绕“稳定造纸原料供给、促进纸业可持续发展”的主题，邀请经济学家、行业及咨询机构、证券公司等资深专家做报告，共商纸业发展大计。

3 月 8 日，山东太阳纸业股份有限公司 20 万吨/年高档特种纸项目成功开机。项目纸机幅宽 3800 毫米，设计车速 1000 米/分，可年产文化用纸 20 万吨。

3 月 9 日，重庆理文造纸有限公司生活用纸制造有限公司的第 10 条产能 5.5 万吨/年生活用纸生产线正式建成并投产。至此，包括此前陆续建成投产的 9 条生产线，重庆理文生活用纸制造有限公司已建成了产能 43.5 万吨/年的生活用纸生产线。

3 月 14 日，2018 中国国际纸浆高峰论坛在上海召开。论坛以“理性面对平衡发展共享健康浆纸产业链”为主题，来自全球 10 多个国家的纸浆、造纸、贸易领域的企业家和各界人士 460 多人出席了活动。

3 月 15 日，第六届(2018)国际纸浆研讨会在上海举行。来自中国、美国、芬兰、加拿大、澳大利亚、新加坡、日本、印度、巴西等国的约 400 名代表参加了本届研讨会。

3 月 23 日，生态环境部发布关于《水污染防治行动计划》2017 年造纸行业清洁化改造任务完成情况的公示。

3 月 26 日，由恒安(昌吉)纸业有限公司在昌吉投资 6 亿元新建的生活用纸生产线正式投产。该生产线采用的工艺处于国际领先水平，产品除供应新疆市场外，还将销往内地并出口中亚。新生产线是恒安(昌吉)纸业有限公司二期扩建项目。

3 月 27 日，金砖国家工商理事会 2018 年中期会议在上海市召开，来自 5 国理事会、新开发银行等合作机构的约 250 名代表参加会议。中国造纸协会作为农业经济小组组长单位出席了农业经济工作组会议，中国造纸协会理事长赵伟主持了会议。

3 月 30 日，上海唯尔福集团有限公司引进的第 6 台川之江造纸机械(嘉兴)有限公司 BFW10S 卫生纸机顺利投产。该纸机幅宽 2760 毫米，设计车速 850 米/分，产能达 1.5 万吨/年。

3 月 31 日，云南弘源纸业有限公司 5 万吨/年生活用纸项目投产。2 月 24 日，云南弘源纸业有限公司与宝拓造纸设备有限公司战略合作，引进的 2 台 SF10-900 卫生纸机中的第 1 台纸机开机投产。

4月

4月10日，金凤凰纸业(孝感)有限公司成功投产了2台高强瓦楞原纸机。纸机净纸幅宽5200毫米，设计车速800米/分，主要抄造高强瓦楞原纸，单机年生产量20万吨。目前，金凤凰纸业(孝感)有限公司年总产能达100万吨。

4月16日，广东省汕头市曜德纸业有限公司二期项目一次性试车成功并顺利出纸。纸机幅宽4500毫米，设计车速500米/分，主要生产涂布白纸板，年产能25万吨。

4月18日，第25届生活用纸国际科技展览及会议(2018年生活用纸年会暨妇婴童、老人卫生护理用品展会)在南京国际博览中心举办。

4月23日，中国造纸化学品工业协会与国家造纸化学品工程技术研究中心、中国纸业网等单位共同举办的2018(第十二届)中国造纸化学品开发应用国际技术交流会在浙江省杭州市召开。

4月23日，福建恒安集团股份有限公司以1166万欧元正式认购芬浆发行股本约36.46%的股份。标志着福建恒安集团股份有限公司的业务扩展至上游纸浆制造行业。芬浆目前正规划在芬兰建造大型生物质纸浆厂，预计将于2021年建成，目标是每年向全球市场供应约1120万吨北方漂白阔叶木硫酸盐浆(NBSKP)及其他生物质制品。

4月24日，2018山东省造纸行业年会在山东省德州市召开。会上公布了2017年度山东省造纸行业“十强企业”和“十佳企业”名单，行业领导为获评企业颁发了证书和牌匾。

4月26日，由中国造纸学会造纸器材专业委员会组织召开的“中国造纸网、毛毯团体应用标准”立项启动会在北京市召开。

4月26日，2018年河南省造纸年会在河南省登封市召开。会上发布了2017年度河南省造纸行业“十强企业”和“先进企业”获奖企业名单，并为获评企业颁发了牌匾。

4月30日，工业和信息化部发布公告，郑州运达造纸设备有限公司起草的《干式散包除渣机》轻工行业标准予以公布，并于2018年9月1日正式实施。《干式散包除渣机》是造纸领域首个废纸散包除渣行业标准。

5月

5月10日，由四川省造纸行业协会、四川省造纸行业协会包装纸板分会主办的全省包装纸板行业工作会暨四川省造纸行业协会包装纸板分会第一届第二次理事(扩大)会在四川省成都市召开。

5月10日，全国造纸工业标准化技术委员会秘书处工作会议在北京市召开。

5月16日，由中国造纸学会主办，广西大学、广西造纸学会承办的中国造纸学会第十八届学术年会在广西壮族自治区南宁市召开。来自国内外高等院校、科研院所、造纸学会、造纸及相关企业和公司、媒体等260余位代表出席了会议。

5月17日，中国造纸学会第七届理事会第五次(扩大)会议在广西壮族自治区南宁市召开。会议审议通过了学会2017年工作总结，通报了学会2018年工作计划，审议通过了关于副理事长单位及会员单位申请，并表彰了第三届中国造纸蔡伦奖获奖者。

5月18日，“融合共享 再创华章 华章科技上市五周年庆典”在浙江省乌镇举行。来自造纸及相关行业、政府部门的有关领导、嘉宾、媒体代表等近500人出席了庆典活动。

5月21日，由博闻锐思商务咨询(北京)有限公司主办的第19届RISI亚洲峰会成功举办。会上，山鹰国际控股股份有限公司总裁吴明武被授予“RISI亚洲年度CEO奖”。

5月25日，由广东省造纸行业协会、广东省造纸行业工会联合会等单位主办的第十五届广州国际纸展在广州保利世贸博览馆举行，纸展涵盖文化用纸、包装用纸、印刷用纸、工业用纸和特种纸、造纸机械与设备、化学品等领域，有效贯穿纸张产业链上下游。

5月，江苏丰凯纸业有限公司高强瓦楞原纸生产线安装完毕，开始试生产。此项目为公司一期项目，主要生产定量110~140克/米^{2}高强瓦楞原纸，设计产能10万吨/年。

6月

6月9日，重庆理文造纸有限公司17号纸机成功开机。纸机净纸幅宽5600毫米，设计车速2000米/分，设计产能6万吨/年。

6月12日，竹产业技术研发中心战略合作签约仪式在四川省乐山市犍为县举行。陕西科技大学、中国轻工业成都设计工程有限公司、四川省犍为凤生纸业有限责任公司3方签署合作协议，共同发起组建竹产业技术研发中心。

6 月 12 日，江苏省造纸行业协会第四届三次会员大会在江苏省南通市召开。

6 月 20 日，中国轻工业百强企业高峰论坛在北京市召开。论坛上发布了 2017 年度中国轻工业百强企业评价结果。9 家造纸企业入围 2017 年度中国轻工业百强企业综合榜单：玖龙纸业(控股)有限公司、山东晨鸣纸业集团有限公司、华泰集团有限公司、理文造纸有限公司、山东太阳纸业股份有限公司、金东纸业(江苏)股份有限公司、山鹰国际控股股份公司、无锡荣成环保科技有限公司和山东博汇纸业股份有限公司。

6 月 21 日，南宁香兰纸业有限责任公司 2 台生活用纸机成功开机。此次投产运行的 2 台纸机，净纸幅宽 2850 毫米，设计车速 1300 米/分。每台纸机设计产能 1.65 万吨/年。

6 月 22 日，2018 福建省造纸行业年会暨福建省纸业协会第六届理事会第二次会议在福建省厦门市召开。中国造纸协会领导、兄弟省份造纸行业协会领导，福建省造纸企业及省内外相关企业、媒体代表参加了会议。

6 月 26 日，保定恒信纸业有限公司 7 号纸机成功开机。纸机净纸幅宽 3500 毫米，设计车速 1200 米/分，主要使用商品木浆和竹浆为原料生产高档生活用纸，年生产量 1.8 万吨。

6 月 26 日，中国制浆造纸研究院有限公司与中国纸业投资有限公司在北京市签署战略合作协议。按照协议，双方将在技术和产品开发、共建合作平台、标准检测、会展服务、战略咨询、专业人才培养等领域开展深入合作。

6 月 26 日，陕西科技大学推进“双一流”建设暨建校 60 周年庆祝大会举行。

6 月 27 日，江西泰盛纸业有限公司首台高速生活用纸机成功开机。纸机净纸幅宽 5600 毫米，设计车速 2000 米/分，年生产量 5 万吨。

6 月 28 日，山东恒安纸业有限公司(四期)生活用纸项目第 2 台纸机成功开机。纸机净纸幅宽 5600 毫米，设计车速 1900 米/分，原料全部采用进口商品木浆，年产高档生活用纸 5.5 万吨。

6 月 29 日，由中国轻工工艺品进出口商会主办的 2018 国际(眉山)竹产业交易博览会在四川省眉山市召开。博览会期间还举行了中国竹产业高端论坛和研讨会、竹产品展示展销、竹产业和竹产品招商推介暨合作签约等活动。

6 月 30 日，太阳宏河纸业有限公司 36 号纸机一次性投料试产成功。纸机幅宽 6660 毫米，设计车速 1150 米/分，年产 40 万吨高档箱纸板。

7 月

7 月 1 日，湖北金装科技再生资源有限公司二期项目成功开机。项目总投资 3.5 亿元，设计产能 20 万吨/年，设计车速 700 米/分，纸机净纸幅宽 5100 毫米，主要生产定量 90 ~ 140 克/米^2 箱纸板。

7 月 10 日，财富中文网发布了 2018 年《财富》中国 500 强排行榜。有 6 家造纸企业入围，分别是：玖龙纸业(控股)有限公司、山东晨鸣纸业集团股份有限公司、理文造纸有限公司、恒安国际集团有限公司、山东太阳纸业股份有限公司和山鹰国际控股股份公司。

7 月 12 日，辽宁兴东纸业有限公司二期高强瓦楞原纸项目成功开机。纸机由上海轻良实业有限公司提供，幅宽 5200 毫米，车速 700 米/分。项目达产后，辽宁兴东纸业有限公司的总产能将超过 40 万吨/年，成为目前辽宁最大的造纸企业。

7 月 26 日，工业和信息化部发布了《关于公布 2018 年国家技术创新示范企业复核评价结果的通知》，工信部对 2015 年认定及通过复核的 150 家国家技术创新示范企业组织开展了复核评价。山东泉林纸业有限责任公司作为唯一入选国家技术创新示范企业的造纸行业企业，顺利通过了工信部的复核。

7 月 30 日，位于广东省阳江的维达护理用品(广东)有限公司生活用纸生产项目首期开始试产，首期规划年产高档生活用纸 19 万吨。该项目是维达集团的第 10 个生产基地，总投资 70 亿港元，以进口木浆为原料，总规划产能为 50 万吨/年高档生活用纸及卫生用品。

8 月

8 月 13 日，由科技部主办、中国制浆造纸研究院有限公司承办的非木材制浆造纸技术培训班在北京市举行。此次培训班共有来自菲律宾、朝鲜、马来西亚等 10 个国家的 19 名学员参加。培训按专题讲座、实验技能培训、工厂参观和学术交流 4 部分开展，旨在让学员们深入了解我国制浆造纸行业的先进技术、工程设计、产品及装备。

8 月 21 日，阳光王子(寿光)特种纸有限公司二期年产 6.5 万吨装饰原纸项目试产成功，二期项目总投资 2.6 亿元，新规划 2 条装饰原纸生产线及其他配套设施。二期项目全面投产后公司年产装饰原纸将达到11.5万吨。

8月28日，中国造纸学会第七届常务理事会第十次会议在上海市召开。会议通报了学会2018年上半年主要工作和即将开展的重要活动，并审议通过了《中国造纸学会第八届理事会换届筹备方案》。

8月29日，2018中国民营企业500强峰会在辽宁省沈阳市举办。峰会以"提振发展信心实现高质量发展"为主题，揭晓了"2018中国民营企业500强"系列榜单，共有8家造纸企业入围，依次为山东晨鸣纸业集团股份有限公司、华泰集团有限公司、玖龙纸业(控股)有限公司、山东太阳纸业股份有限公司、山东博汇集团有限公司、福建恒安集团股份有限公司、山鹰国际控股股份公司和浙江胜达集团有限公司。

8月29日，由中国造纸协会、中国造纸学会和中国制浆造纸研究院有限公司联合主办，中国制浆造纸研究院有限公司中国造纸杂志社承办的2018中国国际造纸科技展览会及会议在上海世博展览馆举办，再次引发业界同仁对造纸行业创新技术装备、市场、原料、环保、政策、发展趋势等的聚焦关注。

8月29日，由中国造纸学会、中国造纸协会和中国制浆造纸研究院有限公司共同主办，中国制浆造纸研究院有限公司中国造纸杂志社承办的2018中国国际造纸创新发展论坛在上海市召开，来自全球20多个国家的300多位嘉宾参加了论坛。

8月29日，南宁市圣大纸业有限公司年产5万吨生活用纸项目二期工程竣工投产。二期工程为2台山东大正机械有限公司生产的1300米/分新月型高速卫生纸机和2台车速1000米/分的PF-EB全自动高速盘纸分切机。

8月30日，由中国造纸学会、中国制浆造纸研究院有限公司与芬兰林纸工程师协会共同主办，中国制浆造纸研究院有限公司中国造纸杂志社承办的2018国际造纸技术报告会在上海世博展览馆召开。来自中国、芬兰、加拿大等国的科研院所、大专院校、制浆造纸厂等的200多名代表参加了技术报告会。

9月

9月3日，国家知识产权局下发《关于确定2015年度国家知识产权示范企业和优势企业通过复核企业及2018年度国家知识产权示范企业和优势企业的通知》，亚太森博(山东)浆纸有限公司被确定为"2018年度国家知识产权优势企业"；河南江河纸业股份有限公司通过国家知识产权优势企业复核。

9月4日，太阳宏河纸业有限公司37号纸机一次性投料试产成功。该纸机由福伊特公司提供，幅宽6660毫米，设计车速1150米/分，设计产能40万吨/年。

9月5日，维达纸业(广东)有限公司阳江基地首期项目第一批次生产线正式投产，预计年产7万吨高档生活用纸及护理用品。

9月6日，晋江市与中国制浆造纸研究院有限公司正式签约，双方将合作成立中轻(晋江)卫生用品研究有限公司。新成立的中轻(晋江)卫生用品研究有限公司将建立以检测、标准、研发、认证、培训为基础，服务于卫生用品产业的公共服务平台，内设标准检测中心、研究开发中心、技术培训中心等。

9月6日，由山东省造纸行业协会、山东造纸学会、山东金蔡伦集团有限公司、山东泉林纸业有限责任公司、中冶纸业银河有限公司共同主办的2018山东造纸行业"四新"技术交流及推广会议在山东省聊城市召开。

9月10日，停产已达4年之久的厦门新阳纸业有限公司正式复产。新阳纸业一期6万吨高档生活用纸工程于2012年9月正式投产，于2014年止式停产。纸机幅宽5600毫米，设计车速1900米/分，年产能6万吨。2018年新加坡的新东洋国际控股有限公司通过租赁设备的方式将纸机重新运转起来。

9月13日，第十届"中华慈善奖"表彰大会在北京人民大会堂举行，恒安国际集团有限公司董事局副主席、首席执行官许连捷获奖。

9月15日，河北满城金博士集团有限公司3号纸机顺利投产。该纸机由山东信和造纸工程股份有限公司提供，幅宽3600毫米，车速1200米/分，产能约2万吨/年。

9月15日，宜宾纸业股份有限公司新的生活用纸生产线投产。该纸机幅宽2850毫米，车速1600米/分，为意大利亚赛利纸业设备公司提供的新月型卫生纸机，这台纸机开机后，还有4台相同的纸机也将陆续开机。

9月15日，山东晨鸣纸业集团股份有限公司全新的文化用纸机在晨鸣九厂成功开机。该纸机幅宽10500毫米，设计车速1800米/分，是目前全球幅宽最大和车速最高的文化用纸机，用于生产高档双胶纸、静电纸，年生产量可达51万吨。纸机投产后，文化用纸总产能将达到400万吨/年，稳居全球文化用纸产能前10位。

9月16日，“三十年初心担当·新时代筑梦远航”中国纸业新时代可持续发展论坛在北京会议中心举行。

9月22日，在世界经济与环境大会（简称WEC）上，金光集团APP（中国）投资有限公司获得了大会授予的“国际碳金·生态实践奖”。世界经济与环境大会从2011年开始开展“国际碳金奖”的调研评选活动，寻找以低碳理念履行社会价值的最佳企业。

9月24日，环龙集团有限公司斑布安州基地原纸系统3号纸机成功开机；10月17日，4号纸机开机；12月19日，5号卫生纸机成功开机。纸机均为SF12-1000B，产能1.5万吨/年，车速为1000米/分，由佛山市南海区宝拓造纸设备有限公司供货。

9月25日，香港森信集团下属的远通纸业（山东）有限公司高档包装用纸项目正式打桩开工。该项目占地面积14.5万米^2，总建筑面积7.3万米^2，项目建成后，将新增年产30万吨牛皮卡纸和牛皮挂面箱纸板，预计2020年正式投产。

9月26日，中工国际工程股份有限公司承建的白俄罗斯40万吨/年纸浆厂项目顺利通过75%产能测试。这标志着项目建设工作圆满完成，具备移交业主投入商业运营的条件。

9月26日，安徽省十三届人大常委会五次会议审议通过的《安徽省淮河流域水污染防治条例（修订草案）》明确，禁止在淮河流域新建化学制浆造纸企业和印染、制革、化工、电镀、酿造等污染严重的小型企业。

9月26日，国务院常务会议决定，从2018年11月1日起，降低1585个税目工业品等商品进口关税税率，其中，纸制品等部分资源性商品及初级加工品平均税率由6.6%降至5.4%，并对同类或相似商品减并税级。至此我国关税总水平将由2017年的9.8%降至7.5%。

9月28日，甘肃兰州红安纸业有限公司废纸（废黄纸板）造纸二期项目举行开工仪式。红安纸业有限公司目前瓦楞原纸和箱纸板年生产量15万吨。二期项目将新建1条年产能20万吨的瓦楞原纸项目，投产后，红安纸业有限公司有望成为西北5省区单机产能最大的造纸企业。

10月

10月3日，每两年一次的维美德公司全球客户活动——2018维美德客户节，在奥地利维也纳举办。活动的主题是“筑基于220年产业史上的新发展”，吸引了来自41个国家的230多名客户参加，共有15名中国客户参加了这次活动。

10月8日，国务院常务会议决定：从2018年11月1日起，按照结构调整原则，参照国际通行做法，将现行货物出口退税率进行调整：15%的和部分13%的提至16%；9%的提至10%，其中，部分提至13%；5%的提至6%，部分提至10%。

10月14日，山东世纪阳光纸业集团有限公司年产20万吨生物机械浆项目正式启动。项目以麦草为原料，采用清洁制浆技术，被山东省科技厅列为最新科技成果转化项目。

10月17日，江西泰盛纸业有限公司1台新的生活用纸机8号纸机成功投产。该纸机是由福伊特公司提供的4台XcelLine卫生纸机中的第2台。这4台XcelLine纸机全部投产后，每年将新增24万吨的生活用纸产能。

10月17日，山东奥海纸业有限公司举行开工奠基仪式。奥海纸业项目占地面积12.33公顷，总投资10.6亿元，含2条年产10万吨文化用纸生产线、2条年产2.5万吨薄页纸生产线、10万吨生物法杨木化学机械浆生产线1条。

10月21日，美国《PAPER 360》杂志以2017年（部分企业为财年）企业营业收入为依据，公布了最新的全球纸业100强名单，美国的国际纸业、P&G公司和WestRock公司位列前3位；日本的Oji公司、芬兰的UPM公司紧随其后。共有14家中国企业进入全球100强，其中9家企业的排名都比前一年有所提高。玖龙纸业（控股）有限公司排名中国企业第1位，2017年营业收入达到57.93亿美元，山东晨鸣纸业集团股份有限公司、理文造纸有限公司、山东太阳纸业股份有限公司和山鹰国际控股股份公司位列中国企业的第2到第5位。报告还公布了全球57家纸及纸板生产量超过100万吨的造纸企业名单，国际纸业排名第1位，玖龙纸业（控股）有限公司和WestRock公司位列第2、3位。有4家中国企业生产量进入全球前15强，分别是玖龙纸业（控股）有限公司、理文造纸有限公司、山东晨鸣纸业集团股份有限公司和山鹰国际控股股份公司。

10月23日，2018全国特种纸技术交流会暨特种纸委员会第十三届年会在广东省湛江市召开。本次会议共有来自国内外 130 家特种纸及相关企业的 280 多位代表参加。

10 月 24 日，RISI 亚太卫生用品行业论坛在福建省厦门市举办。会议吸引了来自金佰利公司、宝洁公司等 75 家公司的 142 位业内知名企业的管理、市场、研发等人士参会。

10 月 25 日，山东太阳纸业股份有限公司有关人员表示，公司拟出资 63664.40 万美元在老挝再建年产 120 万吨造纸项目。该项目主要以进口废纸为原料，建设 1 条年产 40 万吨再生纤维浆板生产线和 2 条年产 40 万吨高档包装用纸生产线，年浆、纸产能将达到 120 万吨。

10 月 25 日，由江苏省人力资源和社会保障厅、江苏省总工会和江苏省造纸行业协会共同主办的江苏省造纸行业职工技能（电工）大赛在金东纸业（江苏）股份有限公司举办。来自江苏省造纸及相关企业的 50 名电工选手参加了比赛。

10 月 25 日，河南省造纸工业协会主办的 2018 河南省造纸行业“四新”技术交流及推广会议在河南省周口市召开。

10 月 25 日，浙江省杭州市富阳区有关部门发文，为进一步改善市秋冬季环境空气质量，确保完成 2018 年全区的节能目标，要求在 2018 年 11 月 1 日—2019 年 2 月 28 日期间，造纸、化工、水泥、铸造、砖瓦等行业实施错峰生产。其中涉及的造纸企业有 89 家。

10 月 26 日，玖龙纸业（控股）有限公司董事长张茵向中山大学附属第一医院捐赠 5000 万元设立人才基金，支持该院人才发展。

11 月

11 月 1 日，玖龙纸业（控股）有限公司收购位于美国西弗尼吉亚州的费尔蒙（Fairmont）浆厂，至此，玖龙纸业（控股）有限公司已在美国成功收购 4 家制浆造纸厂，另外 3 家分别是位于缅因州的 Rumford 工厂和 OldTown 纸浆厂、位于威斯康星州的 Biron 工厂。收购前，4 家工厂主要生产木浆、包装用纸、部分文化用纸和生活用纸。

11 月 2 日，2018 年纳尔科造纸新技术研讨会在山东省济南市召开。研讨会由艺康集团纳尔科（中国）环保技术服务有限公司主办，吸引了来自山东、山西等地的近 40 位纸企代表参会。

11 月 2 日，由大连工业大学轻工与化学工程学院主办的第一届生物质能源与材料前沿青年论坛在大连工业大学召开。美国加州大学洛杉矶分校、北京大学、清华大学、中科院等国内外 18 所高校和科研单位的生物质能源与材料领域的 22 位著名专家、青年才俊做了精彩的学术报告。

11 月 6 日，工业和信息化部公布第三批绿色制造名单。其中，绿色工厂 391 家、绿色设计产品 480 种、绿色园区 34 家、绿色供应链管理示范企业 21 家。玖龙纸业（天津）有限公司等 11 家造纸企业被认定为“绿色工厂”。

11 月 7 日，中芬创新企业合作委员会工作组会议在江苏省昆山市召开。作为中芬创新企业合作委员会森工组的中方主席单位，中工国际工程股份有限公司与中方秘书处中国机电产品进出口商会、芬兰国家商务促进局共同组织了此次森工组工作会议。来自中芬两国森林工业及生物质经济产业链 40 余家知名企业的 80 余位代表参加了此次会议。

11 月 7 日，中央企业交易团中国诚通交易分团在首届中国国际进口博览会上举办集体签约仪式。中国纸业投资有限公司等 4 家企业，分别与来自俄罗斯等 11 个国家和地区的 14 家外商签署采购协议。

11 月 7 日，首届中国国际进口博览会期间，以“美好生活，‘纸’为你我”为主题的金光纸业 APP（中国）投资有限公司年度《可持续发展报告》发布会在展会期间举行。

11 月 8 日，芬欧汇川集团在中国国际进口博览会芬兰国家展台举办 UPM 在华 20 周年庆典仪式。

11 月 8 日，浙江省杭州市富阳区春江街道开始第二批工业企业拆迁工作，春江街道 2018 年第一批拆除企业 68 家，总土地面积 42 公顷。第二批拆迁企业 86 家，涉及土地面积 73.27 公顷。几轮拆除后，该地区将削减造纸产能近 60%。

11 月 8 日，海关总署发布公告，根据《进口可用作原料的固体废物检验检疫监督管理办法》和《进口可用作原料的固体废物装运前检验监督管理实施细则》的规定，公布了第一批准予备案的进口可用作原料的固体废物装运前检验机构名单。名单中共有 21 家企业，除中国检验认证集团阿拉木图有限公司外，其余 20 家企业都可以进行回收（废碎）纸及纸板的检验。

11 月 8 日，由中国再生资源回收利用协会主办的第三届中国回收纸行业大会在福建省厦门市召开。大会探讨了新的政策环境下，中国回收纸行业即将迎来的新战略和新秩序，400 余名代表参加了本次会议。

11 月 9 日，2018 年度“安永企业家奖”颁奖典礼在浙江省杭州市举行。山东太阳纸业股份有限公司董事长李洪信荣获本年度制造业“安永企业家奖”。

11 月 12 日，阿根廷生产与就业部于官方公报发布 2018 年第 108 号决议，宣布对原产于中国、奥地利、芬兰和美国的铜版纸做出反倾销日落复审肯定性终裁：对涉案产品继续以 FOB 价格征收反倾销税：中国为 39.56%、美国为 63.51%、芬兰为 91%、奥地利为 98%。

11 月 12 日，由南京林业大学、华南理工大学和天津科技大学共同举办的 2018 年第 5 届国际制浆造纸和生物技术会议在南京林业大学召开。

11 月 12 日，由中国造纸协会商品浆工作委员会、上海期货交易所主办的 2018 中国纸浆市场形势研讨会在浙江省宁波市召开。研讨会吸引了来自全国各地的造纸企业、经销商、纸浆期货行业等相关人员 800 多人参会。

11 月 12 日，由中国造纸协会主办的 2018 中国造纸周系列活动——中国浆纸环保论坛在浙江省宁波市召开。来自国家环保部门、高等院校、科研院所、造纸及相关企业及媒体记者共 100 多人参加了会议。

11 月 13 日，黄冈晨鸣浆纸有限公司年产 30 万吨化学木浆项目投产。项目以进口木片为原料，主要产品为黏胶纤维，再用黏胶抽丝生产无纺布。

11 月 13 日，由中国造纸协会、中华纸业杂志社主办的 2018 中国造纸周之中国浆纸技术论坛暨第九届中华纸业浆纸技术论坛在浙江省宁波市举行。来自国内外制浆造纸企业、上下游行业企业、行业协会、科研院所、高校、咨询公司、行业媒体的 300 余位代表参加了本次论坛。

11 月 13 日，由中国造纸协会主办的 2018 中国国际造纸和装备博览会暨全国纸张订货交易会在浙江省宁波市国际会展中心举办。

11 月 13 日，PAP-FOR RUSSIA 2018（第十五届俄罗斯国际纸浆造纸、林业、生活用纸及纸包装展览会）在圣彼得堡 Expoforum 展览会议中心召开，中国造纸杂志社再次组织国内企业参加本届展会，展出面积 131 米^2。

11 月 14 日，以“携手同心，共创数字化未来”为主题的“2018 ABB 电力与自动化世界”活动在福建省厦门市拉开帷幕。活动通过开幕论坛、5 场行业论坛、112 场技术讲座以及 6800 米^2 的展览展示全方位展现了 ABB 最前沿的技术成果。

11 月 16 日，洞庭湖区造纸企业引导退出工作推进会在湖南省岳阳市召开。会议要求，2018 年环洞庭湖三市一区坚决退出制浆产能和落后造纸产能，2019 年全面退出造纸产能。

11 月 16 日，中国制浆造纸研究院有限公司总经理孙波率领研发领导访问俄罗斯中央造纸科学研究院股份有限公司，与俄罗斯纸院总经理、研发副总经理等主要领导就中俄两国造纸产业发展情况、双方研究院概况以及可能的合作方向和技术领域进行会谈、交流。

11 月 16 日，东莞骏业纸业有限公司年产 20 万吨高强瓦楞原纸生产线成功开机。新纸机主体设备由上海轻良实业有限公司提供，纸机幅宽 5400 毫米，设计车速 750 米/分，年生产量 20 万吨。新纸机投产后，公司包装用纸总产能将突破 50 万吨/年。

11 月 19 日，江西泰盛纸业有限公司 48 万吨/年生活用纸一期项目中的第 3 台和第 4 台 XcelLine 高速生活用纸机分别于 11 月 19 日和 29 日成功开机。这 2 台纸机幅宽 5600 毫米，设计车速 2000 米/分，产能 6 万吨/年。2 台纸机均由福伊特公司提供。

11 月 19 日，由拓斯克造纸机械（上海）有限公司提供的 2 台领先型 2.0 M 卫生纸机在维达护理用品（中国）有限公司的湖北省孝感工厂开机。这 2 台卫生纸机合计产能 6 万吨/年，均配备了大直径的第二代拓斯克钢制扬克缸、靴式压榨和干燥优化节能方案等。

11 月 20 日，由全国工商联纸业商会联合 20 多家单位共同主办的第 11 届中国纸业发展论坛在博鳌召开，来自全球 10 多个国家及中国造纸行业各界人士 300 多人出席论坛。此届论坛主题为“变局与破局”，邀请各界专家就当前国际经济形势，造纸行业面临的不确定因素叠加的影响以及未来产业发展机遇与挑战进行了深入的分析与探讨。

11 月 22 日，湖北省造纸行业年会在湖北省荆州市召开。此届年会由湖北省造纸协会主办，比亚迪叉车和沙市轻工机械有限公司协办，造纸及相关行业人士约 60 余人参会。

11 月 24 日，由中国新闻社、中国新闻周刊主办，工业和信息化部、市场监督管理总局、国务院侨务办公室、中华全国总工会指导的第十四届中国·企业社会责任国际论坛在京举行。金光纸业 APP（中国）投资有限公司荣获“2018 年度责任企业”

称号。

11月27日，经国务院批准，纸浆期货在上海期货交易所正式上市运行。从中长期来看，纸浆期货为造纸相关企业提供了风险对冲工具，有利造纸及相关产业链的稳定发展。

11月27日，赤道几内亚总统府发布法令，决定自2019年1月1日起禁止原木出口。根据2017年原木进口数据统计，赤道几内亚是中国最大的原木进口国，年进口量达到105.6万米^3，约占从非洲进口原木总量的1/4。

11月28日，2018年广东省造纸行业协会年会在广东省中山市召开。造纸及相关行业人士350余人参加会议。

11月29日，江苏省生态环境厅发布消息：根据《江苏省秋冬季错峰生产及重污染天气应急管控停限产豁免管理办法(试行)》，污染排放水平明显好于同行业其他企业或者涉及重大民生保障的企业，在确保符合环境管理要求和达标排放的前提下，在江苏省执行秋冬季错峰生产计划时，免予执行停产、限产，或者在重污染天气应急管控过程中，原定预警响应级别要求停产的，免予执行停产，按照最低限产比例执行限产。在第一批200家停限产“豁免企业”企业名单中，永丰余造纸(扬州)有限公司是其中唯一一家造纸企业。

11月29日，浙江新胜大控股集团有限公司与马来西亚吉打州投资促进机构InvestKedah签署投资备忘录，将投资12亿马来西亚令吉(约2.87亿美元)在马来西亚吉打州居林县投资建设涂布白纸板厂。项目一期筹建3条涂布白纸板生产线，合计年产能70万吨。若相关事项进展顺利，新工厂预计将于2020年投产。

12月

12月2日，由中国工程院主办，华南理工大学等单位承办的第271场中国工程科技论坛在华南理工大学召开。此次论坛以“轻工领域生物质资源高值化利用技术”为主题，聚集了来自轻工领域大专院校、科研院所、企业单位的700多名专家学者、在校学生参会。

12月3日，凯米拉化学品(兖州)有限公司与山东天成万丰化工公司成功签约，2家公司共同组建合资企业——凯米拉天成万丰化学品(兖州)有限公司。新公司将主要生产AKD蜡粉及其关键原料脂肪酰氯(FACL)，预计将在2019年7月投产。

12月4日，浙江省发展和改革委印发了《2018年省重点建设项目增补和退出名单》的通知，43个项目将退出省重点建设项目名单。其中，浙江金励环保纸业有限公司年产100万吨环保再生高档包装用纸项目也被涵盖其中。

12月7日，第七届RISI国际废纸及箱板瓦楞纸会议在深圳召开。会议吸引了来自26个国家、122家公司、183位业内知名企业的管理、市场、采购等人士参会。

12月12日，宜宾纸业股份有限公司第3台iDEAL®新月型卫生纸机顺利开机。该纸机由意大利亚赛利公司供货，为双方签订的5台纸机项目中开机的第3台。纸机设计车速1600米/分，幅宽为2850毫米。

12月13日，红塔仁恒纸业有限公司的“无淋膜环保纸杯卡”项目通过了广东省造纸协会组织的成果鉴定。无淋膜环保纸杯卡实现了纸杯卡纸正、反面机内涂布阻隔性涂层，最终达到淋膜纸杯纸的热封及阻隔性能。该产品在制造及后加工过程中产生的边角料可直接回用抄造，提高纤维利用率，环境友好。

12月17日，河北省保定市东方造纸有限公司宣布，首条生活用纸生产线(年产能1.5万吨)已完成建设和设备安装，并获得了相关的环保批准手续，正式投产。

12月18日，《东莞市实施重点排污企业错峰生产工作方案》正式实施。2018年年底至2019年1月31日，广东省东莞市将对涉VOCs排放及涉颗粒物排放两大类共905家企业实施差别化错峰生产。其中，造纸业被要求从12月18日起分时段错峰生产，最长将停限产至2019年1月31日，污染严重企业将面临强制停产检修。

12月19日，四川环龙新材料有限公司斑布安州基地原纸车间5号高速卫生纸机经过安装、调试后，一次性投料试机成功。该卫生纸机型号为SF12-1000B，产能1.5万吨/年，车速为1000米/分，由佛山市南海区宝拓造纸设备有限公司供货。

12月21日，山鹰集团联盛纸业有限公司与长泰县政府举行技改项目签约仪式，公司将投资20亿元对6个项目进行技改，以减少污染物排放。项目包括：集中供热技改项目、资源综合利用项目、造纸科技博物馆建设项目、生产线技改项目、水处理工程技改项目及厂内零星技改项目等。

12月23日，保定正浩纸业有限公司新的卫生纸机成功开机。该纸机由保定市维拓造纸机械有限公司提供，幅宽 3500 毫米，车速 1300 米/分，产能 2.2 万吨/年。

12 月 23 日，广东诚铭化工科技有限公司的子公司——Cheng Ming Chemical (Tailand) Co., Ltd. 在泰国春武里府(Chonburi)正式成立，主要负责东南亚市场业务，进一步夯实了公司在造纸化学品行业的领先地位。

12 月 24 日，新疆芳菲达纸业有限公司新卫生纸机投产。纸机型号为 SF10-900 真空圆网卫生纸机，幅宽 2860 毫米，设计车速 900 米/分。佛山市南海区宝拓造纸设备有限公司为本项目提供了从备浆、流送、纸机、分切复卷机及系统控制等的总承包工程。同一型号的另一台卫生纸机计划于 2019 年年中投产。

12 月，东莞市中堂潢涌造纸企业发展公司拟将下属的 2 家纸厂，东莞市潢涌银洲纸业有限公司和东莞金洲纸业有限公司合并为一家公司。合并后，公司的包装用纸总产能将超过 100 万吨/年。

2018 年，国家环保部固废中心共公布了 26 批限制进口类申请明细表，其中核定废纸进口量为 1815.5651 万吨。与 2017 年核定废纸进口量相比减少约 991.31 万吨。

（郭彩云）

2018 年造纸行业会展信息

Exhibition and Conference News of Paper Industry in 2018

1 月 24 日，《中国造纸》2017 年度“山鹰国际杯”优秀论文终评会在北京市召开，评选委员会 30 余名专家参加了会议，经专家评议，评选出 15 篇优秀论文，其中，一等奖 1 篇，二等奖 2 篇，三等奖 5 篇。

2 月 28 日，《2018 中国造纸年鉴》编撰工作启动会议在北京市召开，中国造纸学会编辑工作委员会和《中国造纸年鉴》执行编委等 10 人出席会议。会议讨论了编撰框架，强调了选题、资料搜集、撰写等环节应注意的问题。

3 月 7 日，四川省造纸行业工作会暨省造纸行业协会、省造纸学会 2017 年年会，省造纸行业协会包装纸板分会成立大会在四川省成都市召开。会议审议通过了“四川省造纸行业协会、学会 2017 年度工作报告”“四川省造纸行业协会 2017 年度监事会工作报告”“四川省造纸行业协会 2017 年度财务收支报告”。对四川省 2017 年造纸行业生产运行情况进行了总结，选举产生了四川省造纸行业协会包装纸板分会第一届理事会，毛灵当选会长，罗福刚当选副会长兼秘书长，会议审议通过了分会章程。

3 月 8 日，由中国造纸协会、上海期货交易所、厦门建发纸业有限公司共同主办的 2018 中国纸浆高层峰会在四川省成都市召开。来自行业领导，协会会员单位、科研院所、造纸相关企业及媒体约 500 位代表参加了会议。会议围绕“稳定造纸原料供给、促进纸业可持续发展”的主题，邀请经济学家，行业及咨询机构、证券公司等资深专家做报告，共商纸业发展大计。

3 月 14 日，2018 中国国际纸浆高峰论坛在上海市召开。相关部委的领导、行业专家和来自 10 几个国家的制浆、造纸、贸易领域的 460 多位代表出席活动。此届论坛主题为：“理性面对 平衡发展 共享健康浆纸产业链”。会议围绕中国浆纸产业发展、中国对纸浆市场的影响、浆纸行业新形势、浆纸市场行情趋势、废纸政策等内容进行了演讲。会议期间进行了高端对话环节，分别围绕“新需求 新供给 新矛盾 新秩序——2018 年纸浆市场展望”和“谁来填补千万吨废纸缺口”的话题进行了讨论。

3 月 15 日，由 Hawkins Wright 公司主办、上海易达国际旅行社承办的第六届(2018)国际纸浆研讨会在上海市举行。会议围绕整个行业的市场发展，中国的市场现状及未来走势进行了研讨。来自中国、美国、芬兰、加拿大、澳大利亚、新加坡、日本、印度、巴西等国家的近 400 位代表参加了会议。

3 月 27 日中国工程院“新材料强国 2035 战略研究”课题的分课题：“先进基础材料请过战略研究”项目启动会在中国工程院召开。该项目由中国科协先进材料学会联合体承担，课题涉及的成员学会负责专家近 30 人出席了会议。会议明确了各自的研究范围，并对课题研究提出了一些建设性意见。

4 月 5—7 日，由孟加拉造纸技术杂志社主办的孟加拉第三届造纸技术展览会在孟加拉首都达卡举行。来自孟加拉国内和中国、印度、英国、德国、巴西等国家的纸浆造纸企业、造纸设备和造纸化学品供应商，以及纸张加工、贸易、进出口等领域的共计 110 家展商参加此次展会。郑州运达造纸设备有限公司、郑州磊展科技造纸机械有限公司、山东晨钟机械股份有限公司、许昌中亚造纸设备有限公司、河南大指造纸装备集成工程有限公司等 15 家来自中国的造纸设备、化学品等企业参展。

4 月 16—17 日，2018 生活用纸国际研讨会在江苏省南京市召开。此次研讨会设立生活用纸、卫生用品、市场营销三大专题会场。围绕市场动态、前沿趋势、技术进展、材料、设备升级、新零售等行业热点开展了 28 场主旨演讲及互动论坛，730 余位代表参加了会议。

4 月 18—20 日，由中国制浆造纸研究院有限公司主办，中国制浆造纸研究院有限公司和中国造纸协会生活用纸专业委员会联合承办的第 25 届生活用纸国际科技展览会(2018 年生活用纸年会暨妇婴童、成人卫生护理用品展会)在江苏省南京市举办。国内外参展企业 802 家，展出面积为 8 万米^2。

4 月 23—25 日，由中国造纸化学品工业协会主办的2018(第十二届)中国造纸化学品开发应用国际技术交流会在浙江省杭州市举行。170 多位代表参加了会议。此次会议的主题包括：制浆化学品相关新产品新技术、湿部化学品和功能化学品相关研究进展、特种纸化学品的开发和应用、水处理化学品的开发和应用、造纸化学品相关绿色化工过程的新发展等。

4 月 24—25 日，由山东省造纸行业协会主办的 2018 山东省造纸行业年会在山东省德州市召开。来自山东省相关部门、造纸及相关企业代表 300 人参加了会议。会议介绍了 2017 年山东省造纸行业生产运行情况，认定了“2017 年度山东省造纸行业‘十强企业’‘十佳企业’”，并组织了企业交流活动。

4 月 26 日，由中国造纸学会造纸器材专业委员会组织召开的“中国造纸网、毛毯团体应用标准”立项启动会在北京市举行。会议针对全国造纸工业标准化技术委员会调研国内造纸企业造纸网、毛毯的应用情况，造纸网、毛毯企业的生产、技术和市场需求情况进行了探讨。造纸网、毛毯团体应用标准将开创国内外先河，将对我国造纸、造纸网和毛毯行业的技术进步起到推动作用。

4 月 26—27 日，由河南省造纸工业协会主办的 2018 年河南省造纸年会在河南省登封市召开。会议介绍了 2017 年河南省造纸行业生产运行情况，通报了协会 2017 年度工作、财务收支情况及 2018 年工作重点，表彰了“2017 年度河南省造纸行业‘十强企业’‘十佳企业’”，并组织了企业交流活动。

5 月 10 日，由四川省造纸行业协会、四川省造纸行业协会包装纸板分会主办的四川省包装纸板行业工作会暨四川省造纸行业协会包装纸板分会第一届第二次理事(扩大)会在四川省成都市召开。会议对四川省造纸行业及包装纸板行业发展情况做了介绍，明确了下一阶段的发展方向和亟待解决的问题。会议期间还选举产生了四川省造纸行业协会包装纸板分会原料收购小组和包装纸板产品销售小组负责人，郭平担任产品销售小组组长，陈琴担任原料收购小组组长。

5 月 17 日，中国造纸学会第七届理事会第五次(扩大)会议在广西壮族自治区南宁市召开。会议出席人数 260 余人，其中，理事和理事单位代表 87 人。会议审议通过了学会 2017 年工作总结；通报了学会 2018 年工作计划；审议通过了学会 2017 年财务报告；审议通过了关于副理事长单位芬欧汇川(中国)有限公司变更副理事长代表的请示。向第三届“中国造纸蔡伦青年科技奖”“中国造纸蔡伦科技奖”获奖者颁奖。

5 月 17—18 日，由中国造纸学会主办，广西大学、广西造纸学会承办的中国造纸学会第十八届学术年会在广西壮族自治区南宁市召开。来自国内外高等院校、科研院所、造纸及相关企业单位等 260 余人出席了会议。会议针对制浆技术、纸浆清洁漂白技术、造纸废水资源利用、低定量文化用纸的研究与应用、高性能芳纶云母等的研究、绿色环保蜂窝纸芯高热阻保温板材料、国产新型造纸设备的研发与设计、造纸工业互联网及数字化平台技术、生物精炼技术、制浆造纸行业科研焦点热点分析等技术领域进行了学术交流与探讨。此次会议共收录论文 86 篇，评选出优秀论文一等奖 3 篇、二等奖 9 篇、优秀奖 10 篇。18 日下午，参会代表前往广西大学轻工与食品学院和广西博世科环保科技股份有限公司进行了访问和技术交流。

5 月 21—23 日，由博闻锐思商务咨询(北京市)有限公司主办的第 19 届 RISI 亚洲峰会在上海市召开。会议围绕全球及中国宏观经济展望、中美贸易战对行业上下游的影响、环保政策、原材料市场、纸张消费趋势、电商平台的发展、新兴市场的分析等内容进行了交流。会议期间举行了圆桌论坛，就“废纸进口政策及其对供需市场的影响”这一问题进行了探讨。

5 月 25—27 日，由广东省造纸行业协会、广东省造纸行业工会联合会联合山东、江苏、河南、浙江、四川、广西、福建、湖南、湖北、江西十省(区)造纸及相关协会主办的 2018 第十五届广州国际纸展在广东省广州市召开。10 多个国家的 175 家企业参展。展览面积 8000 米^2。展会设置了纸业、制浆造纸装备、造纸化学品 3 个专题展区。展会同期还举办了广东省造纸行业绿色清洁生产与技术创新交流会和 2018 第三届十省(区)纸业交流会。

5 月 29—31 日，由芬兰林纸工程师协会和 PulPaper 公司主办的 2018 年芬兰国际纸浆造纸展览会(PulPaper 2018)在芬兰首都赫尔辛基 Messukeskus 世博会和会议中心举行。来自中国在内的 23 个国家的制浆造纸设备及辅助设备制造、造纸化学品加工、纸张加工、森林工业及制浆造纸行业相关的新技术、新产品开发等领域的482家展商参展，展览面积7000米^2。展会同期还举办了机械木材加工(Wood)、包装行业(Pactec Helsinki)和全球生物质能源盛会，经济论坛，3D打印生物质材料研讨会等活动。

5月30日，中国造纸协会第四届理事会第五次会议(扩大)在辽宁省鞍山市召开。来自93个理事单位和全国地方造纸协会、行业骨干企业、大专院校、科研院所以及造纸相关行业的会员单位共计131位代表出席了会议。大会审议并通过了中国造纸协会第四届理事会第五次会议工作报告、中国造纸协会第四届理事会2018—2019年度工作计划、中国造纸协会第四届理事会2017年度财务报告、中国造纸协会第四届理事会2018年度收支预算等内容。此次会议还讨论了造纸原料近期情况及未来走势。

5月30—31日，由中国造纸协会、鞍山钢峰风机有限责任公司联合主办，中华纸业杂志社承办的“2018中国纸业高层峰会”在辽宁省鞍山市召开。来自政府机关、造纸企业、造纸相关企业、协会组织、科研院所、高校等260多位代表参加了会议。此次会议针对纸业新时代面临的形势、纸与纸板主要品种市场变化趋势、全球制浆造纸发展前景及海外投资策略、环保新形势下废水处理运营模式等内容进行了探讨。会议举行了主题为“新时代下纸业高质量可持续发展暨东北产业振兴”的高层对话。

6月12—13日，由江苏省造纸行业协会主办的江苏省造纸行业协会第四届第三次会员大会在江苏省南通市召开。150位代表参加了会议。会议通报了江苏省造纸工业2017年生产运营情况，回顾了协会2017年重要工作，介绍了协会2018年重点工作计划，对2018年江苏省造纸行业形势做了展望。会议期间对行业形势、高新技术企业申报新政、环保和能源政策、原料行情等内容进行了解读和交流。还进行了2017年江苏省造纸行业职工技能(电焊工)大赛表彰典礼和2018年江苏省造纸行业职工技能(电工)大赛启动仪式。

6月14—15日，由河南省工业和信息化委员会、焦作市人民政府主办，河南省造纸学会等协办的河南省工业绿色化改造造纸和纺织行业水校对标达标工作现场会在河南省焦作市召开。会议对工业节水现状与形式，造纸工业污染治理现状、政策和技术，印染行业发展现状及节水减排技术进行了交流。

6月20日，由中国轻工业联合会主办，中国轻工业信息中心承办的“让人民生活更美好”中国轻工业百强企业高峰论坛在北京市召开。国家部委领导、中国轻工业联合会领导、轻工和行业协会及地方行业组织领导、获奖企业代表、相关机构和媒体代表等500多人出席了会议。会上发布了2017年中国轻工业百强企业和分项指标百强企业，2017年中国轻工业食品行业50强企业，2017年中国轻工业装备制造行业30强企业。玖龙纸业(控股)有限公司等9家造纸企业入围2017年中国轻工业百强企业，山东晨钟机械股份有限公司等2家制浆造纸机械企业入围2017年中国轻工业装备制造行业30强企业。会议期间还对改革开放40年来取得的成就和发展状况进行了交流。

6月22日，由福建省造纸协会主办的2018福建省造纸行业年会暨福建省纸业协会第六届理事会第二次会议在福建省厦门市召开。相关领导及企业代表约150人参加了会议。会议审议通过了福建省造纸协会第六届理事会2017年度工作报告、2018年度工作计划、工作总结、财务收支情况的报告。讨论了关于促进福建省造纸行业绿色发展转型升级的指导意见。在交流环节，嘉宾围绕伺服电机节能、污泥处理、节能泵高效节能风机和透平真空泵、环保解决方案等内容进行了分享。

6月25—27日，首届世界竹藤大会在北京市召开。来自竹藤组织成员国、有关国际组织和非政府组织、科研院所、高校、企业的约1200位代表参加了会议。此次会议是及科学研究、技术交流、成果展示、产品贸易于一体的全球性、综合性会议。会议期间，四川环龙新材料有限公司携手有关单位共同召开了“竹浆纤维产业的绿色可持续发展”主题研讨会。会议围绕竹材全质综合利用技术、竹浆纤维在造纸纤维材料中的地位和特点、竹纤维精炼技术等内容进行了交流。

6月29日，由中国轻工工艺品进出口商会主办，四川省眉山市人民政府、四川省林业厅、四川省文化厅、四川博览事务局承办的2018国际(眉山)竹产业交易博览会在四川省眉山市举行。该博览会是国际竹藤大会的重要组成部分，展会主题为：竹子联通世界。展览面积6000米^2，参展单位300家。主要展示了中国竹编艺术、中国特色竹乡、竹制品配套产业、竹创意设计、竹旅游及美食、夏凉用品等内容。展会期间还举办了中国竹产业高端论坛。

8月28日，中国造纸学会第七届常务理事会第十次会议在上海市召开。会议通报了学会 2018 年上半年主要工作和即将开展的重要活动；审议通过了《中国造纸学会第八届理事会换届筹备方案》。会议期间，中国造纸学会党委召集与会的党委委员，进行了党员专题学习活动。

8 月 29—31 日，由中国造纸协会、中国造纸学会和中国制浆造纸研究院有限公司联合主办，中国造纸杂志社承办的 2018 中国国际造纸科技展览会及会议在上海世博展览馆举办。来自 20 多个国家和地区的近 200 家企业参展。集结创新产品及前沿技术。此次展会特设了纸品展示区，汇集了近 30 家造纸集团和企业的纸产品。

8 月 29 日，由中国造纸学会、中国造纸协会和中国制浆造纸研究院有限公司共同主办，中国造纸杂志社承办的 2018 中国国际造纸创新发展论坛在上海市召开。此届论坛以“创新赋能生态・进化重塑未来”为主题，针对造纸行业的创新发展、生态构建、进化模式、未来趋势、市场动态、前沿探索等热点话题进行了探讨。论坛期间发布了《2018 中国造纸产业竞争力报告》《2018 中国造纸化学品产业发展研究》。

8 月 30 日，由中国造纸学会、中国制浆造纸研究院有限公司与芬兰林纸工程师协会共同主办，中国造纸杂志社承办的 2018 国际造纸技术报告会在上海市召开。此次会议邀请中国、芬兰、加拿大的专家学者，围绕高性能纤维基功能材料研究热点及技术进步，欧洲及中国在废水排放、废气排放、废物填埋等领域的法律法规及最佳可行性技术(BAT)，高性能纤维的特性及其发展趋势，基于帘式涂布技术开发的新产品，高品质纤维素、半纤维素和无硫木素的新型的高效分离技术，造纸过程节能技术以及打浆过程纤维均匀性控制技术等制浆造纸领域最前沿的技术研究与应用做了报告。200 多位代表参加了会议。

9 月 6—7 日，由山东省造纸行业协会、山东造纸学会等主办的 2018 山东造纸行业“四新”技术交流及推广会议在山东省聊城市召开。会议旨在助推新旧动能转换，实现造纸产业高质量发展，切实履行“创新、协调、绿色、开放、共享”的理念，推动“新技术、新工艺、新材料、新设备”的研发成果在行业上的应用。来自造纸及相关企业的 200 多位代表参加了会议。

9 月 16 日，“三十年初心担当・新时代筑梦远航”——中国纸业新时代可持续发展论坛在北京市举行。中国纸业投资有限公司以发展为题，以论坛为形，向改革开放 40 周年献礼，以此纪念自己 30 载的光辉历程，也以此标记自己逐梦未来的新起点。论坛期间，由中国纸业发起的“可持续发展共同行动”战略构想正式启动。相关单位的 300 余位嘉宾出席论坛。

10 月 23 日，中国造纸学会特种纸专业委员会第十三届会员大会在广东省湛江市召开。会议通报了特种纸专业委员会 2017 年工作情况，讨论 2018 年工作安排和发展思路。参会代表们就行业现状和存在的问题进行了交流。会议期间还进行了会员专享讲座，围绕 2017 中国特种纸产业发展现状及分析、造纸厂节水技术与废水零排放探讨、我国特种纸产业高价值专利培育、厌氧技术和高级氧化技术在造纸行业的应用介绍、碳纳米加热纸等内容进行了交流分享。

10 月 23—25 日，由中国造纸学会、中国制浆造纸研究院有限公司、造纸工业生产力促进中心主办，中国造纸学会特种纸专业委员会承办，广东省造纸学会等协办的 2018 全国特种纸技术交流会暨特种纸委员会第十三届年会在广东省湛江市召开。来自国内外 130 多家特种纸及相关企业的 280 多位代表参加了会议。会上颁发了 2018 中国特种纸产业创新企业奖。会议围绕新形势下中国特种纸企业发展的思考、特种纸产业的产品应用创新、纤维素基装饰纸、高阻隔性能纸基材料的研究与应用、石墨烯速热食品包装用纸的研制、负离子纸基功能材料制备与性能的研究、数码热升华转印纸的研究与开发、帘式涂布在特种纸上的产业化应用等内容进行了技术交流。此届年会共收录论文 32 篇，评选出优秀论文 10 篇。大会同期召开了广东省造纸学会 2018 年学术年会。

10 月 24—26 日，RISI 亚太卫生用品行业论坛在福建省厦门市举办。来自国内外 75 家企业的 142 位代表参加了会议。会议围绕婴儿纸尿裤市场竞争格局，成人失禁用品市场发展趋势，不断升级的消费者需求以及行业热点、创新技术驱动走向等内容进行了解读。会议期间还组织了 2 场圆桌论坛，以及主题为“成人失禁用品市场”“推进消费新趋势——自然柔软，场景扩展”2 场专题研讨会。

10 月 25—26 日，由江苏省人力资源和社会保障厅、江苏省总工会和江苏省造纸行业协会共同主办的江苏省造纸行业职工技能(电工)大赛在江苏省镇江市金东纸业(江苏)股份有限公司举办。来自江苏省内的纸浆造纸企业以及装备制造等造纸相关企业的 50 名生产一线的电工代表参加了此次比赛。

经过激烈角逐，比赛共评选出一等奖 3 名，二等奖 5 名，三等奖 8 名。

10 月 25—26 日，由河南省造纸工业协会主办的 2018 河南省造纸行业“四新”技术交流及推广会议在河南省周口市召开。会议通过交流制浆造纸新技术、新工艺，对提升造纸企业技术装备水平，节能降耗、减少排放和三废资源化综合利用具有积极推动作用，100 多位代表参加了会议。

10 月 30—31 日，由中国林业科学研究院主办，中国林业科学研究院林业科技信息研究院承办，中国森林认证委员会(CFCC)、国际林联 5. 12 学科组和美国农业部林务局协办，国际林业研究中心(CI-POR)支持的森林认证国际研讨会在北京市举行。来自国内外森林组织机构的约 130 为代表参加会议。会议研讨了森林认证对森林可持续经营的影响及面临的机遇和挑战。

11 月 2—4 日，由大连工业大学轻工与化学工程学院主办的第一届生物质能源与材料前沿青年论坛在大连工业大学召开。来自 44 所高校和研究单位的 170 余人参加了此次论坛。来自国内外 18 所高校和科研单位的生物质能源与材料领域的 22 位专家做了学术报告。此次论坛促进了生物质能源与材料领域研究人员的学术交流，深入探索了生物质资源与材料领域研究。

11 月 7 日，在中国国际进口博览会举办期间，中芬创新企业合作委员会工作组会议在江苏省昆山市召开。会议分别就生物经济发展方向和取得的成果，以及加强国际合作、促进可持续发展等方面做了交流。来自中芬两国森林工业及生物经济产业链 40 余家企业的 80 余位代表参加了会议。

11 月 8 日，由中国再生资源回收利用协会主办、中国再生资源回收利用协会废纸分会承办的第三届中国回收纸行业大会在福建省厦门市召开。此届大会以“新政策、新战略、新秩序”为主题，探讨新的政策环境下，我国回收纸行业即将迎来的新战略和新秩序。大会分为 3 个议题：新政策、新战略与新秩序，智慧废纸和绿色回收，标志着未来回收纸行业发展的方向。会议期间还发布了《2017 年中国回收纸行业发展报告》和《2017 年度中国回收纸行业 20 强企业调查报告》。400 余位代表参加了会议。

11 月 12 日，由中国造纸协会商品纸浆工作委员会、上海期货交易所主办的 2018 中国纸浆市场形势研讨会在浙江省宁波市召开。来自造纸企业、经销商、纸浆期货行业等相关人员 800 多人参会。会议期间围绕 2018 年国内纸浆产销情况、商品浆近期动态、全球纸浆市场分析与展望、纸浆期货交易等内容进行了研讨。

11 月 12 日，由中国造纸协会主办、轻工业环境保护研究所承办的中国造纸周之中国浆纸环保论坛在浙江省宁波市召开。来自国家环保部门的领导、高等院校、科研院所、造纸及相关企业等 100 多人参加了会议。论坛期间围绕环保方面的政策、标准、技术及成果进行了分析、展示、交流。

11 月 12—14 日，由南京林业大学、华南理工大学和天津科技大学共同举办的 2018 年第 5 届国际纸浆造纸和生物技术会议(5th ICPPB)在南京林业大学召开。此次会议以“制浆造纸转型与生物质新材料的前沿发展”为主题，深入研究植物资源原料分离与高效利用、纳米新材料技术、制浆造纸工业发展、生物质精炼推进等方面议题，深度探讨行业未来发展方向以推动相关学科的发展。会议共进行了 146 场学术交流，投稿论文 416 篇。

11 月 13—14 日，由中国造纸协会、中华纸业杂志社主办的 2018 中国造纸周之中国浆纸技术论坛暨第九届中华纸业浆纸技术论坛在浙江省宁波市举行。此届论坛以“高质高效绿色新技术与新产品”为主题，围绕原料开发、节能降耗、提质增效、绿色低碳、智能控制的新技术、新产品进行了探讨。300 多位代表参加了会议。

11 月 13 日—15 日，由中国造纸协会主办的 2018 中国国际造纸和装备博览会暨全国纸张订货交易会在浙江省宁波市举办。此次展会展示范围涵盖：纸浆、纸及纸板、纸制品、机械设备、原辅材料、造纸助剂及相关化学品等。参展企业 100 余家，展览面积 1 万余米^2。

11 月 20 日，由全国工商联纸业商会主办的第 11 届中国纸业发展大会在海南省博鳌镇举行，来自全球 10 多个国家 300 多位代表参加了会议。此届论坛的主题为“变局与破局”，围绕当前国际经济形势，造纸行业面临的不确定因素叠加的影响，未来产业发展机遇与挑战进行了分析与探讨。论坛期间还分别举行了主题为“中国造纸行业格局演进与走出去的机遇”的高端对话和“非木纤维重出江湖”的专题对话，进行了绿色包装用纸团体标准编制单位的授牌。

11 月 22 日，湖北省造纸协会第五届第四次理事会、湖北省造纸学会第七届第四次理事会(扩大)会议在湖北省荆州市召开。会上宣布了《湖北省经济和信息化委员会直属机关委员会文件》关于同意成立中国共产党湖北省造纸协会党支部的批复；传达了《省经信委关于行业协会、商会与行政机关脱钩的通知》；审议通过了修改后的《湖北省造纸协会章程》；汇报了协会、学会 2017 年财务报告。

11 月 23 日，湖北省造纸行业年会在湖北省荆州市召开。会议期间介绍了 2017 年湖北省造纸工业生产经营情况。围绕造纸产业政策、国家新的环保政策、湖北省内主要造纸企业面临的行业形势进行了交流。

11 月 28 日，广东省造纸行业协会第六届第七次理事会（扩大）暨监事会会议在广东省中山市召开。会议审议修改了并通过了《广东省造纸行业协会章程》；审议通过了广东省造纸行业协会第六届第四次会员大会暨 2018 年年会议程；介绍了 2018 年星级工会评选及名单；宣布了能效对标先进单位和先进个人；介绍了 2019 年换届工作。

11 月 29 日，2018 年广东省造纸行业协会年会在广东省中山市召开。会议发布了 2018 年广东省造纸行业年度报告；对 2017 年广东省造纸行业能效“领跑者”、能效对标先进单位和先进个人、2018 年广东省造纸行业星级工业名单进行了表彰；汇报了 2018 年协会秘书处的各项工作。会议期间结合宏观经济对行业发展的影响、纸浆期货、煤改气等问题进行了探讨。

11 月 30 日，由杭州市化工研究院有限公司组织召开的杭州市生物基功能性新材料制造业创新中心建设研讨会在浙江省杭州市召开。与会专家就创新中心定位、发展方向、创新成果的产业化等方面提出了建议。会议期间还围绕生物及纳米纤维素的绿色化制备及应用、生物基可降解和高值化功能性新材料的开发与应用、生物质精炼在生物化工与纸浆造纸产业中的发展机遇、淀粉基功能性新材料最新研究成果等内容进行了学术交流。

12 月 2 日，由中国工程院主办，华南理工大学、中国工程院环境与轻纺工程学部、华南理工大学制浆造纸工程国家重点实验室承办的第 271 场中国工程科技论坛在华南理工大学召开。此次论坛以“轻工领域生物质资源高值化利用技术”为主题。来自轻工领域大专院校、科研院所、企业单位的 700 多名专家学者，在校学生参加了会议。论坛从产业需求、学科发展的角度出发，围绕生物质资源高值化利用技术的最新研究成果和发展态势进行了学术交流。

12 月 7 日，第七届 RISI 国际废纸及箱板瓦楞原纸会议在广东省深圳市召开。来自 26 个国家的 183 位代表参加了会议。会议围绕着“后政策影响时期——供需市场的缺口如何解决”这一主题，解读了宏观经济、区域市场发展规律，展望废纸行业，箱纸板以及瓦楞原纸市场发展趋势。

（王　斌）

地方造纸工业

LOCAL PAPER INDUSTRY

广东省造纸工业
山东省造纸工业
浙江省造纸工业
江苏省造纸工业
福建省造纸工业
河南省造纸工业
湖北省造纸工业
四川省造纸工业
广西壮族自治区造纸工业
天津市造纸工业
江西省造纸工业
辽宁省造纸工业
山西省造纸工业

9

广东省造纸工业

Paper Industry in Guangdong Province

【行业概况】

2018 年，广东省造纸行业纸及纸板生产量及利润均呈现同比下降的趋势，是近 10 年来纸及纸板首次出现下降。广东省造纸工业规模以上企业 252 家，平均用工人数达 20.95 万人，同比下降 3%；机制纸及纸板生产量 2094.55 万吨，同比下降 3.5%，生产量仍居全国首位；完成工业增加值 528.24 亿元，同比下降 0.2%。全年造纸及纸制品业实现利润总额 144.41 亿元，下降 10.2%；主营业务收入 2506.47 亿元，同比增长 9.8%；资产合计达 2245.67 亿元，同比增长 0.9%；负债达 1125.72 亿元，同比下降 4.4%。表 1 所示为 2018 年广东省造纸工业主要产品生产量。

表 1　2018 年广东省造纸工业主要产品生产量

单位：万吨

纸及纸板品种	生产量		同比 /%
	2018 年	2017 年	
纸及纸板	2094.55	2177.7	-3.82
1. 新闻纸	38.06	34.3	10.96
2. 未涂布印刷书写纸	248.15	220.8	12.39
3. 涂布纸(含白卡纸)	104.30	105.0	-0.67
4. 生活用纸	106.43	97.7	8.93
5. 包装用纸(含灰卡纸)	112.62	124.2	-9.32
6. 白纸板	265.08	292.0	-9.21
7. 箱纸板	657.90	730.0	-9.88
8. 瓦楞原纸	502.65	515.0	-2.40
9. 特种纸及纸板	51.36	49.1	4.56
10. 其他纸及纸板	8.00	9.7	-17.10
商品浆	159.00	159.0	0

【原料】

广东省造纸工业所用的纤维原料主要来自回收纤维，占比超过 80%。2018 年，受废纸进口环保许可和进口检验标准约束，废纸进口量逐减。年初，废纸原料供应紧张，国内回收废纸价格一直维持在高位，到 2018 年四季度，进口废纸配额相对放松，但由于成品库存较多，市场供应不旺，导致成品纸和废纸价格都大幅下降，价格的大幅波动，严重影响到以废纸为原料的企业经济效益。为了应对今后进口废纸不断减少的局面，部分大型箱纸板企业直接在海外建立废纸浆厂，保证国内废纸的需求，如何保障广东省包装用纸行业原料的稳定供应将是今后该行业是否能够健康发展的关键。在原生浆方面，湛江晨鸣浆纸有限公司化学浆、化学机械浆生产正常，大大地提升了木浆的自给率。全省商品浆的年生产量达到 159 万吨，全部用于省内消费，另外，每年还要进口或从外省购买商品木浆约 200 万吨，非木材浆的使用比例很小，只是在极少数卫生纸厂使用。

【重点造纸企业情况】

2018 年，广东省纸及纸板产能超过 10 万吨的造纸企业 46 家，其中，100 万吨以上的企业有 5 家，30 万～100 万吨的企业有 24 家，10 万～30 万吨的企业有 17 家。2018 年广东省重点造纸企业主要产品及生产量见表 2。

【名优产品】

2018 年广东省著名商标的评选于 2019 年才开展。2018 年，有 6 个产品被评为广东省名牌产品，分别是佛山市宝索机械制造有限公司的“宝索机械”生活用纸加工设备、佛山市南海区德昌誉机械制造有限公司的生活用纸加工设备、广州市兴世机械制造有限公司的“XINGSHI”生活用纸加工设备、广东中穗纸品有限公司“柔庭”食品包装纸制品、珠海经济特区诚成印务有限公司的食品包装纸制品和东莞

表2　2018 年广东省重点造纸企业主要产品及生产量

单位	生产量/万吨	主要产品
玖龙纸业(控股)有限公司	525	牛卡纸、涂布纸板、瓦楞原纸、白卡纸
广东理文造纸有限公司	280	箱纸板、瓦楞原纸、涂布白纸板
湛江晨鸣纸业有限公司	180	漂白硫酸盐阔叶木浆、高档文化用纸
东莞建晖纸业有限公司	98	单面涂布灰底白纸板、环保牛皮箱纸板
亚太森博(广东)纸业有限公司	90	高档文化用纸
广州造纸集团有限公司	56	新闻纸、文化用纸
珠海经济特区红塔仁恒纸业有限公司	60	高档涂布白卡纸、高档涂布白纸板
东莞金洲纸业有限公司	65	高强瓦楞原纸、高档牛皮箱纸板
维达纸业(广东)有限公司	44	生活用纸
中顺洁柔纸业股份有限公司	25	生活用纸
广东冠豪高新技术股份有限公司	20	无碳纸、热敏纸、不干胶标签纸

建晖纸业有限公司的“建晖”涂布白纸板。

【清洁生产】

2018 年，广东省造纸行业 10 家企业获“广东省清洁生产企业”称号，分别是广东松炀再生资源股份有限公司、玖龙纸业(东莞)有限公司、东莞市潢涌银洲纸业有限公司、正隆(广东)纸业有限公司、维达纸业(中国)有限公司江门分公司、维达纸业(中国)有限公司新会分公司、亚太森博(广东)纸业有限公司、维达纸业(中国)有限公司广东分公司、广东冠豪高新技术股份有限公司和月亮(英德)纸品有限公司。

广东省造纸行业有 3 家企业获得“2018 年度粤港清洁生产优越伙伴(制造业)标志”，分别是东莞建晖纸业有限公司、东莞石华堂纸品印刷有限公司和江门仁科绿洲纸业有限公司；有 2 家企业获得“2018 年度粤港清洁生产伙伴(制造业)标志”，分别是惠州锦胜纸业有限公司和东莞明彩纸品有限公司。

【环境保护与绿色发展】

2018 年，广东省造纸工业继续深化供给侧结构性改革，推动经济转型升级。坚定不移把供给侧结构性改革作为经济工作的主线，注重用改革的办法破解深层次结构性问题，不断提高供给体系质量和效率。坚持推动产业结构调整和转型升级，坚决淘汰落后产能，大力改造提升传统产能，加快培育新动能，坚持开发生产绿色产品，采用先进的清洁生产工艺技术和高效末端治理装备，建立资源回收循环利用机制，推动用能结构优化，实现工厂的绿色发展。2018 年广东省造纸工业淘汰落后产能 20 万吨，各造纸企业加大对废气、废水和废渣的治理，大大地改善了环境；同时各企业积极采用新技术和新装备，提高生产线的自动化程度，在节能减排和生产效率方面都取得了不错的成果。

2018 年 1 月，工业和信息化部正式公示了第二批绿色制造示范名单，东莞建晖纸业有限公司入围第二批国家级绿色工厂示范名单；2018 年 10 月，工业和信息化部正式公示了第三批绿色制造示范名单，东莞金州纸业有限公司、玖龙纸业(东莞)有限公司、广东冠豪高新技术股份有限公司、东莞顺裕纸业有限公司入围了第三批国家级绿色制造示范单位名单，说明广东省造纸工业在生态文明建设、清洁生产、节能减排、低碳发展和废物资源化利用等领域取得了较好成绩。

（雷以超　陈　竹）

山东省造纸工业

Paper Industry in Shandong Province

【行业概况】

1. 主要经济指标

2018 年山东省造纸行业实现销售收入 1350 亿元，同比下降 3.91%，占全国（统计口径）的 16.56%；利税总额合计 122 亿元，同比下降 6.87%；利润总额 79 亿元，同比下降 11.23%，占全国（统计口径）的 16.95%；行业资产总计 1750 亿元，同比增长 1.16%，占全国（统计口径）的 16.66%。全年平均从业人数约 10 万人。

2. 主要品种生产量

2018 年山东省造纸行业纸及纸板生产能力 2300 万吨，实际生产量 1810 万吨，同比下降 3.47%，占全国（行业口径的）的 17.35%。主要纸及纸板生产量：印刷书写纸 350 万吨（其中：轻型印刷纸 90 万吨，比 2017 年减少 5 万吨），比 2017 年减少 10 万吨，占全国的 20%；涂布纸 235 万吨（其中：铜版纸 220 万吨，比 2017 年减少 20 万吨，同比下降 8.33%，占全国的 33.59%），比 2017 年减少 20 万吨，同比下降 7.84%，占全国的 33.33%；新闻纸 30 万吨，比 2017 年减少 45 万吨，同比下降 60%，占全国的 15.79%；生活用纸 102 万吨，比 2017 年增加 4 万吨，同比增长 4.08%，占全国的 10.52%；特种纸及薄页纸 95 万吨，比 2017 年减少 6 万吨，同比减少 5.94%；白纸板 370 万吨（其中：涂布白纸板 335 万吨，比 2017 年减少 5 万吨，同比下降 1.47%，占全国的 26.27%），与 2017 年持平，占全国的 27.72%；箱纸板 240 万吨，比 2017 年增加 15 万吨，同比增长 6.67%，占全国的 11.19%；瓦楞原纸 230 万吨，比 2017 年减少 5 万吨，同比下降 2.13%，占全国的 10.93%；其他纸及纸板 158 万吨。

【原料】

2018 年，山东省造纸行业自制原生浆生产量 550 万吨，同比增长 9.78%，其中：（1）溶解浆（特种纤维素）51 万吨（其中木片溶解浆 49 万吨），比 2017 年增加 2 万吨。（2）造纸用浆 499 万吨，比 2017 年增加 47 万吨，占全国总生产量的 28.40%。其中：草浆 22 万吨，比 2017 年减少 19 万吨，同比减少 46%，占全国草浆总生产量的 8.80%，主要是山东泉林纸业有限责任公司减产的影响；木浆 477 万吨，比 2017 年增加 66 万吨，同比增长 16.06%，占全国木浆总生产量的 41.59%，主要是亚太森博（山东）浆纸有限公司增产的作用。其中：化学木浆 278 万吨，比 2017 年增加 48 万吨，同比增长 20.87%；化学机械浆 199 万吨，比 2017 年增加 18 万吨，同比增长 9.94%。

2018 年，山东省纸浆消耗总量约 1480 万吨，其中：自制原生纸浆 399 万吨，进口和国产商品原生纸浆 490 万吨，以进口和国产废纸制造的废纸浆 591 万吨。木浆、废纸浆、非木材浆的比例为：55:40:5，原料结构实现了进一步优化。

【生产企业】

2018 年，山东省造纸企业数量 198 家，其中：大型企业（浆纸生产量 100 万吨以上）6 家，中型企业（30 万～100 万吨）12 家，小型企业（10 万～30 万吨）22 家。山东省部分大企业世界排名提升，经济规模持续增加。山东晨鸣纸业集团股份有限公司、华泰集团有限公司、山东太阳纸业股份有限公司、山东博汇纸业股份有限公司、山东世纪阳光纸业集团有限公司 5 家企业入围 2017 年度世界造纸百强，其中：山东晨鸣纸业集团股份有限公司排名第 22 位（与 2016 年相同），山东太阳纸业股份有限公司排名第 31 位（2016 年 39 位），华泰集团有限公司、山东博汇纸业股份有限公司、山东世纪阳光纸业集团有限公司位次均有提升，体现了山东省企业的综合实力。山东晨鸣纸业集团股份有限公司、华泰集团有限公司、山东太阳纸业股份有限公司、山东博汇纸业股份有限公司 4 家企业入围 2018 年度全国造纸工业 10 强。

为发挥标杆企业的示范作用，依据企业实际，山东省造纸行业协会认定了"2018 年度山东省造纸行业'十强企业''十佳企业'"。十强企业分别为：山东晨鸣纸业集团股份有限公司、华泰集团有限公司、山东太阳纸业股份有限公司、山东博汇纸业股份有限公司、亚太森博（山东）浆纸有限公司、山东世纪阳光纸业集团有限公司、齐峰新材料股份有限公司、山东恒联投资集团有限公司、东顺集团股份有限公司、中冶纸业银河有限公司；十佳企业分别为：邹平汇泽实业有限公司、山东仁丰特种材料股份有限公司、淄博永丰环保科技有限公司、德州泰鼎新材料科技有限公司、山东恒安纸业有限公司、枣庄华润纸业有限公司、山东江河纸业有限责任公司、汇胜集团股份有限公司、山东金蔡伦集团公司、山东天和纸业有限公司。行业"十强企业""十佳企业"在 2018 年度生产经营、安全生产、环保节能、精细管理、转型升级和创新发展等各项工作中业绩优良，为加快推进产业新旧动能转换，促进产业可持续健康发展做出了重要贡献。2018 年度山东省造纸行业 10 万吨以上企业见表 1，2018 年山东省造纸行业销售收入前 10 名企业见表 2。

表 1 2018 年度山东省造纸行业 10 万吨以上企业

序号	企业名称	生产量/万吨
1	山东晨鸣纸业集团股份有限公司	457
2	山东太阳控股集团有限公司	460
3	华泰集团有限公司	314
4	山东博汇集团有限公司	175
5	亚太森博（山东）浆纸有限公司	251（含纸浆198 万吨）
6	山东世纪阳光纸业集团有限公司	131
7	中冶纸业银河有限公司	691
8	邹平汇泽实业有限公司	61
9	淄博永丰环保科技有限公司	53
10	山东联合纸业有限公司	51
11	汇胜集团股份有限公司	47
12	东顺集团股份有限公司	46
13	德州泰鼎新材料科技有限公司	45
14	枣庄华润纸业有限公司	41
15	山东仁丰特种材料股份有限公司	40
16	齐峰新材料股份有限公司	39
17	山东泉林纸业有限责任公司	38
18	山东恒联投资集团有限公司	35
19	远通纸业（山东）有限公司	34
20	山东泰和纸业有限公司	26
21	莱州鲁通特种纸业有限公司	22
22	山东荣华纸业股份有限公司	22
23	山东江河纸业有限责任公司	21
24	山东恒安纸业有限公司	21
25	山东丰源通达电力有限公司中科生态分公司	20
26	山东省寿光市鲁丽纸业有限公司	20
27	烟台大展纸业有限公司	19
28	山东庞疃纸业有限公司	19
29	山东天和纸业有限公司	18
30	枣庄市恒宇纸业有限公司	15
31	山东秦世集团有限公司	14
32	山东德派克纸业有限公司	14
33	青岛海王纸业股份有限公司	14
34	枣庄市海象纸业有限公司	14
35	威海龙港纸业有限公司	13
36	滨州海华科技包装材料有限公司	13
37	德州华北纸业有限公司	12
38	临沂利华纸业有限公司	10
39	山东华泰斯道拉恩索纸业有限公司	10
40	山东标典纸业有限公司	10

表 2 2018 年山东省造纸行业销售收入前 10 名企业

序号	主要指标	销售收入/万元
1	山东太阳控股集团有限公司	5022135
2	山东晨鸣纸业集团股份有限公司	4539295
3	华泰集团有限公司	3739984
4	山东博汇集团有限公司	1414249
5	亚太森博（山东）浆纸有限公司	1146571
6	山东世纪阳光纸业集团有限公司	564445
7	东顺集团股份有限公司	486000
8	齐峰新材料股份有限公司	367909
9	山东恒联投资集团有限公司	357534
10	中冶纸业银河有限公司	342240

【基建与技改】

据山东省造纸行业协会对全省 30 家骨干企业调查显示，2018 年度新建项目和技改投资总额约 101 亿元，同比增长 3.06%。2018 年 2 月，山东省政府印发《山东省新旧动能转换重大工程实施规划》《山东省实施新一轮高水平企业技术改造三年行动计划(2018—2020 年)》。主要目的是加快推进新旧动能转换，全面提升发展质量和效益，实现制造强省建设目标。近 2 年，全行业又建设了 20 余条先进水平的浆纸生产线，加快了新旧动能转换步伐。山东晨鸣纸业集团股份有限公司建成 2 条 50 万吨/年高档文化用纸生产线、大型化学木浆生产线；山东太阳纸业股份有限公司建成 4 条高档纸板、20 万吨/年特种纸、30 万吨/年高得率本色阔叶木浆生产线和在建 20 万吨/年本色针叶木浆项目；山东博汇集团有限公司 20 万吨/年化学木浆技术改造项目和在建 150 万吨/年包装用纸生产线；山东世纪阳光纸业集团有限公司 80 万吨/年高强瓦楞原纸和 50 万吨/年生物机械浆项目；东顺集团股份有限公司东顺工业园二区、东顺永芳互联网 + 智能研发制造新动能项目、中煤东顺清洁能源有限公司和东顺新时代广场商业综合体项目；淄博永丰环保科技有限公司幅宽 5650 毫米纸机节能技术改造项目；日照华泰纸业有限公司整体搬迁提升改造和威海龙港纸业有限公司等国际国内先进技术生产线的逐步建成投产，将进一步提升山东省浆纸技术装备的自动化、信息化、智能化水平。

【科研与技术进步】

2018 年，山东晨鸣纸业集团股份有限公司、山东太阳控股集团有限公司、山东世纪阳光纸业集团有限公司、临朐玉龙造纸有限公司、山东天和纸业有限公司、山东鲁南新材料股份有限公司、山东莱阳银通纸业有限公司等 14 家造纸企业荣获高新技术企业。华泰集团有限公司依托七大科研平台，为持续开展技术创新和产品研发提供了强有力的技术支撑和人才保障，承担的“重点流域造纸行业水污染控制关键技术产业化示范”等多项国家重点科研课题取得突破性进展。2018 年山东太阳纸业股份有限公司申请国家发明专利 20 余项，获得教育部科技进步一等奖 1 项，承担国家、省部级重大项目 3 项，2 项成果被鉴定为国际领先水平。山东恒联投资集团有限公司正在建设恒联生物基新材料产业园项目和恒联工业园搬迁升级改造项目，将为差异化发展和永续经营奠定坚实基础。汇胜集团股份有限公司依托山东省企业技术中心和山东省特高压变压器绝缘材料工程研究中心，新产品销售收入占到总额的 60% 以上，2018 年获得 17 项实用新型专利，创新为企业赢得了市场和可持续发展空间。

2018 年 10 月，科技部和山东省人民政府联合下达国科发基【2018】224 号文件：《科技部 山东省人民政府关于批准建设省部共建生物基材料与绿色造纸国家重点实验室的通知》，主管部门：山东省科技厅，依托单位：齐鲁工业大学，实验室主任：陈嘉川。

【环境保护与节能】

1. 持续加大环保投入，提升能源管控水平

山东晨鸣纸业集团股份有限公司始终将环保作为“生命工程”，先后累计投资 80 多亿元用于“三废”治理，2018 年配套建设了中水回用膜处理项目，中水回用率由 40% 提高到 70% 以上，吨纸耗水量达到行业领先水平。华泰集团有限公司按照山东省政府“四增四减”的要求，继续投入近 4 亿元建设中水回用、煤棚全封闭工程等近 10 个节能减排项目。汇胜集团股份有限公司建有能源管控中心，通过在线数据监控系统实时采集、对比、监测，及时预报预警生产过程中出现的能源消耗异常状况，显著提高了能源利用效率。邹平汇泽实业有限公司投资亿元建设电厂脱硫脱硝项目和废水处理厂二期改造。

2. 在不断提高污染物治理水平的同时，重点实施异味治理

亚太森博(山东)浆纸有限公司、山东恒联投资集团有限公司、山东仁丰特种材料股份有限公司、山东江河纸业有限责任公司等企业围绕烟气和异味治理加大投入，其中，山东江河纸业有限责任公司投资逾千万元对氧化沟采用双 T 板封闭、水解酸化池实施钢构封闭，新安装逆流雾化碱吸收塔和逆流雾化氧化处理塔等，厂区大气环境根本转变。

3. 做好清洁能源和废物资源化利用，践行循环发展

淄博永丰环保科技有限公司、山东世纪阳光纸业集团有限公司等企业利用厂房屋顶闲置资源建设分散式光伏电站，丰富能源供应结构。亚太森博(山东)浆纸有限公司、中冶纸业银河有限公司等企业大力实施资源综合利用，充分利用制浆造纸过程中产生的生物质，开发固废处置新途径。

4. 绿色发展理念更加深入人心，产业环保治理水平得到社会认可

山东金蔡伦集团公司陈立仁董事长荣获“山东

省2018年循环经济十大年度人物”。华泰集团有限公司被评为“循环经济示范单位”“资源贯穿综合利用先进单位”。山东太阳纸业股份有限公司推进了烟囱拆除和脱白工程，固废实现了资源化再利用，各类污染物稳定达到了最严苛的超低排放标准，被工业和信息化部授予“绿色工厂”。东顺集团股份有限公司“顺清柔共享本色抽取式面巾纸”荣获全国“绿色设计产品名单”。亚太森博(山东)浆纸有限公司成为30多所学校的环境教育基地、山东省环境教育基地、山东省工业旅游示范基地。

【发展目标】

1. 加快转变增长方式，坚持创新发展、高质量发展

不以产能规模论英雄，而以质量效益创新发展论高低。山东省委、省政府印发《山东省加强污染源头防治推进“四减四增”三年行动方案(2018－2020年)》《山东省打赢蓝天保卫战作战方案暨2013—2020年大气污染防治规划三期行动计划(2018—2020年)》，其中“调整产业结构，减少过剩和落后产业，增加新的增长动能；调整能源结构，减少煤炭消费，增加清洁能源使用”的“两减两增”与我们行业密切关联，倒逼转变发展方式，以“新技术、新产业、新业态、新模式”加快新旧动能转换，以自动化、智能化先进技术淘汰低效落后产能，加快绿色制造与智能制造的融合步伐。

2. 继续优化原料结构、丰富产品结构

坚持原料供应结构多元化，在环境资源允可的情况下加快发展自制浆，严格废纸分级收购标准，探讨使用新型原材料。研发适销对路的新产品新花色，不断丰富产品结构，提升产品差异化。市场认可的就是好产品，市场不认可的产品附加值再高也没有多大意义，坚决淘汰低效落后浆纸生产线和市场萎缩产品。山东晨鸣纸业集团股份有限公司、华泰集团有限公司、山东太阳控股集团有限公司、山东博汇集团有限公司等大型制浆项目，要在完善环评、能评等各项审批报备手续的前提下，加快建设步伐。

3. 抓好安全生产，承担安全主体责任，实现和谐发展

2019年2月15日，东莞双洲纸业有限公司发生的中毒事件，造成7死2伤的惨剧。应急管理部门认定这是一起安全生产主体责任不落实，违章作业、盲目施救而引发的较大生产安全责任事故，直接经济损失约1200万元。全行业必须吸取深刻教训，杜绝侥幸心理，开展自查自纠，扎实做好安全工作。从企业董事长、总经理到企业员工，必须坚持安全第一，不符合安全操作规范和安全生产标准化的事情不做，不以追求效益和企业发展为由牺牲员工人身安全、身心健康，坚定践行和谐发展、安全发展。

4. 始终践行“创新、协调、绿色、开放、共享”“绿水青山就是金山银山”的发展理念

履行社会责任，不断加大环保节能投入，做好节能降耗、节水减排，资源化无害化合理处置废弃物，实现低碳、绿色、循环的可持续发展，为满足人民日益增长的美好生活需要做出新贡献。

(赵振东　高兴杰　丁洪杰　孔凡功)

浙江省造纸工业

Paper Industry in Zhejiang Province

2018 年是全面贯彻党的十九大精神的开局之年，是改革开放 40 周年，是决战全面建成小康社会，实施“十三五”规划承上启下的关键之年，在国家宏观经济“稳中有变”“稳中有缓”的形势下造纸行业也遭遇了市场需求减少，原材料成本上升，利润下降等困境，造纸企业经营难度加大。加上外部环境变化、中美贸易摩擦、人民币汇率变化、环保管理趋严等多种因素叠加在一起，使得 2018 年度浙江省造纸产业整体生产运行问题增多，难度加大，突出表现在企业亏损面扩大，行业经济效益下滑。

尽管过去的一年整个行业遇到了诸多难题，但浙江省造纸产业运行整体情况仍保持平稳态势。利润虽然比 2017 年有所下降，但仍是浙江省造纸史上较好的一年。这一年，我们始终坚持“纸业绿色发展和坚持高质量发展”的方向，通过供给侧结构性改革，增强了创新能力，增添了新动能，向造纸强省转变迈出了可喜的步伐。

【行业概况】

据浙江省统计局统计，2018 年浙江省规模以上造纸企业 259 家，平均从业人员 55555 人，同比下降 1.8%。完成机制纸及纸板生产量 1869.10 万吨，同比下降 1.5%；完成工业总产值 964.13 亿元，同比增长 9.7%；实现主营业务收入 923.30 亿元，同比增长 9.6%；上缴税金 65.19 亿元，同比增长 8.6%；实现利润 44.40 亿元，同比下降 30.7%。全年行业应收账款 173.62 亿元，同比下降 1.8%；其中，产品库存 49.98 亿元，同比增长 8.9%；行业资产合计 1072.87 亿元，同比增长 0.3%；负债合计 651.30 亿元，同比下降 1.8%。亏损企业亏损总额 7.43 亿元，同比增长 55.6%。

浙江省造纸和纸制品行业规模以上企业 926 个，2018 年完成工业总产值 1583.87 亿元，同比增长 11.08%；实现工业销售产值 1561.43 亿元，同比增长 10.38%；出口交货值 163.26 亿元，同比增长 7.63%；新产品产值 559.22 亿元，同比增长 20.35%；产销率 98.58%，同比减少 0.63 个百分点。实现利税总额 158.52 亿元，同比减少 7.90%；其中，上缴税金 84.05 亿元，同比增长 7.60%；实现利润 74.47 亿元，同比减少 20.80%。全省纸制品业 2018 年完成生产量 663.68 万吨，同比增长 0.40%，其中，瓦楞纸板 312.89 万吨，同比下降 20.90%。

浙江省无纺布行业规模以上企业 136 家，2018 年完成生产量 74.21 万吨，同比增长 10.3%。2018 年浙江省造纸工业运行情况见表 1。

表 1　2018 年浙江省造纸工业运行情况

	完成机制纸及纸板生产量/万吨	完成工业总产值/亿元	实现主营业务收入/亿元	上缴税金/亿元	实现利润/亿元
一季度	416.15	213.64	201.64	14.92	9.39
二季度	501.25	261.94	251.25	18.76	13.50
三季度	474.29	245.65	228.91	15.96	9.79
四季度	476.41	242.90	241.48	15.54	11.72
全年	1869.10	964.13	923.30	65.19	44.40

从表 1 可以看出，2018 年一季度由于春节放假等因素，各造纸企业纷纷停机检修，生产处于低潮。

从全年走势看，2018 年年初至 5 月，原材料和纸价震荡上行。5 月底到年底，纸价一路下滑。虽各纸种不断发出提价通知函，但下游客户接受度不高。由于销售不畅，各地纸厂纷纷采取停机限产降库存，希望通过停机限产降库存来保利润以维护企业正常运转。虽然一直不停的停机，但停机减少的产能幅度仍赶不上需求萎缩的幅度。

人们期盼四季度旺季的到来会有所好转，寄厚望于旺季。没想到 2018 年旺季不旺，继续跌势。原纸的下游客户刚需采购，经销商多持看跌心态，备货减少，转为观望。造成造纸企业旺季销售不旺，库存增加，效益下滑。

造纸原料瓶颈凸显。其一主要原料废纸，全年生态环保部共审批了 26 批进口废纸许可证，全国有 83 家造纸企业获批，合计 1815.57 万吨，实际进口废纸 1703 万吨。浙江省有 40 家造纸企业获批，合计获批 299.39 万吨(实际进口量小于此数)。另据中国再生资源回收利用协会废纸分会统计，全国 2017 年国内废纸回收量为 5460 万吨，其中浙江省回收废纸 400 万吨。从以上两个数据看出，浙江省造纸用的废纸原料尚有很大的缺口，需从国内其他省市采购解决。

2018 年全年进口废纸政策趋严。2018 年 1 月 1 日开始全面禁止进口混合废纸；3 月 1 日开始执行进口废纸含杂率 0.5%；5 月 4 日开始进口美废 100% 开箱检验；6 月 1 日开始外废装运前全面检验检疫并加强对检验机构的监管；8 月份开始执行固废国内收货人实施新的注册登记制度；8 月 23 日开始对进口美废、美浆增加 25% 关税。致使废纸价格全年处于高位运行。

另一造纸主要原料木浆则需全部进口解决。2018 年进口针叶木浆、阔叶木浆、本色浆现货平均价格处于近 5 年的高位，分别较 2017 年均价上涨 13%、6%、18%。仅化学机械浆下降 4%。

据浙江省统计局统计，从 2018 年工业生产者购进价格主要指数看：燃料、动力类购进价格指数为 108.0，化工原料类购进价格指数为 106.8，木材纸浆类购进价格指数为 105.4。

2018 年工业生产者出厂价格主要指数显示纸和纸制品出厂价格指数为 105.4，均低于构成造纸企业主要成本因素的燃料动力和化工原料购进价格指数，与木材纸浆类购进价格指数相同。

从另一类构成工业生产者主要成本的职工工资薪酬看，造纸和纸制品业全年共付职工薪酬 71.84 亿元，同比增长 7.3%。

从以上数据可看出造纸行业的成本压力是显而易见的。

2018 年造纸企业环保治理投入巨大。由于环保政策日趋严格，同时遵循绿色发展的需要，这一年浙江省各造纸企业在环保设施上投入了大笔资金。以嘉兴大洋纸业股份有限公司为例(生产量 20 万吨/年左右)，全年共投入环保治理设施的费用为 3255 万元，主要用于废水处理沉淀池、污泥池、好氧池加盖封闭、废纸堆放场地搭棚、大气治理脱白除臭等。据该公司测算，吨纸成本平均增加 290 元。

【生产企业】

2018 年浙江省各地区完成机制纸及纸板生产量情况见表 2。

表 2 2018 年浙江省各地区完成机制纸及纸板生产量情况

区域名称	企业数量/家	生产量/吨	同比/%	占比/%
浙江省	259	18690517.7	-1.5	100
杭州市	118	5846067.4	-14.4	31.28
嘉兴市	22	4691795.4	2.1	25.11
宁波市	13	3137904.0	7.8	15.79
衢州市	34	1740447.4	11.8	9.32
绍兴市	13	782863.0	-7.1	4.19
台州市	9	687296.1	37.6	3.77
金华市	14	680919.6	1.4	3.64
湖州市	15	548562.9	-3.9	2.93
温州市	11	362716.1	19.3	1.94
丽水市	10	211945.1	7.7	1.13

2018 年浙江省完成机制纸及纸板生产量 30 万吨以上的造纸企业共有 7 家见表 3。这 7 家造纸企业合计完成机制纸及纸板生产量 745.48 万吨，占全省完成机制纸及纸板生产量的 39.88%。

2018 年浙江省特种纸年生产量 10 万吨以上造纸企业共有 6 家见表 4。这 6 家造纸企业完成特种纸生产量 128.34 万吨。

2018 年完成工业产值前 10 名的造纸企业见表 5。这 10 家造纸企业合计完成工业产值 416.53 亿元，占全省造纸企业完成工业总产值的 43.20%。

表 3　2018 年浙江省完成机制纸及纸板生产量 30 万吨以上的造纸企业

序号	企业名称	生产量/万吨
1	宁波亚洲浆纸业有限公司	190.00
2	浙江山鹰纸业有限公司	158.67
3	浙江景兴纸业股份有限公司	138.72
4	平湖荣成环保科技有限公司	92.26
5	宁波中华纸业有限公司	61.85
6	浙江荣晟环保纸业股份有限公司	52.00
7	台州森林造纸有限公司	51.98

表 4　2018 年浙江省特种纸年生产量 10 万吨以上的造纸企业

序号	企业名称	生产量/万吨
1	仙鹤股份有限公司	48.94
2	浙江夏王纸业有限公司	23.50
3	浙江五星纸业有限公司	16.00
4	杭州华旺集团股份有限公司	15.21
5	民丰特种纸股份有限公司	14.21
6	浙江华川实业集团有限公司	10.57

表 5　2018 年浙江省完成工业产值前 10 名的造纸企业

排名	企业名称	产值/亿元
1	宁波亚洲浆纸业有限公司	100.51
2	浙江山鹰纸业有限公司	63.20
3	浙江景兴纸业股份有限公司	60.58
4	仙鹤股份有限公司	43.85
5	平湖荣成环保科技有限公司	38.91
6	浙江夏王纸业有限公司	27.81
7	宁波中华纸业有限公司	21.55
8	浙江荣晟环保纸业股份有限公司	20.50
9	台州森林造纸有限公司	20.14
10	浙江华川实业集团有限公司	19.47

2018 年浙江省上缴税金前 10 位的造纸企业为浙江景兴纸业股份有限公司、浙江山鹰纸业有限公司、浙江荣晟环保纸业股份有限公司、台州森林造纸有限公司、仙鹤股份有限公司、浙江华川实业集团有限公司、浙江金龙纸业有限公司、宁波中华纸业有限公司、嘉兴大洋纸业股份有限公司和平湖荣成环保科技有限公司。这 10 家企业合计上缴税金 23.58 亿元，占全省造纸产业上缴税金的 36.17%。

2018 年浙江省实现利润前 10 位的造纸企业为浙江山鹰纸业有限公司、宁波亚洲浆纸业有限公司、浙江景兴纸业股份有限公司、仙鹤股份有限公司、平湖荣成环保科技有限公司、台州森林造纸有限公司、浙江华川实业集团有限公司、浙江夏王纸业有限公司、浙江荣晟环保纸业股份有限公司和浙江金龙纸业有限公司。这 10 家企业实现利润 38.10 亿元，占全省造纸产业实现利润的 81.01%。

【新建和技改项目】

(1)浙江和泓环保纸业有限公司项目一期竣工验收。作为舟山定海区 2018 年度重点建设项目之一的浙江和泓环保纸业有限公司年产 20 万吨瓦楞原纸项目(一期)自 2017 年 7 月在定海工业园区马岙区块开工建设以来，进展顺利。工作人员已进行设备调试，并于 2019 年春节前投料生产。该项目总投资 4 亿元，占地面积 40020 米^2，建筑面积 32300 米^2。一期可解决舟山岛 10 万吨废纸回收用于生产。

(2)浙江金龙纸业有限公司在龙游城北工业园区内建设的 100 万吨再生高档包装用纸项目，一期 30 万吨单面灰底白纸板和 20 万吨高强瓦楞原纸生产线以及 90 吨固废焚烧热电联产主要设备已经订货。预计 2020 年度可竣工投产。

(3)华邦古楼新材料有限公司建设年产 12.5 万吨高档环保型特种纸项目，自 2017 年开工建设以来，进展顺利。新建项目主要包括生产车间、辅助生产车间及公用工程等。建成 2 条生产线，年生产量分别为 5.5 万吨和 7 万吨。该项目已进入设备安装调试阶段，预计近期建成投产。

(4)2018 年 5 月 21 日，悦声纸业(中国)有限公司年产 3 万吨高端艺术纸项目在嘉兴市南湖区凤桥举行开工仪式。悦声纸业(中国)有限公司是一家专业生产高端包装用纸的高新技术企业，该项目总投资 5000 万美元。一期力争 2019 年年底建成，二期将在 2020 年开工。建成后，年产值达 5.2 亿元，实现年税收 3900 万元。

(5)浙江弘伦纸业有限公司计划投资 1.2 亿元在龙游县经济开发区内，采用腾笼换鸟方式，整体受让原另一公司的厂房及土地，建设特种纸生产线，于 2017 年 6 月开始建设，计划 2018 年建设 12 条特种纸生产线，已完成了一半安装，已在建年产 2 万吨生产线项目，一期年产 6000 吨特种纸。

(6)台州森林造纸有限公司2号纸机成功完成升级改造。该纸机幅宽3800毫米，原生产瓦楞原纸。公司根据市场形势变化，决定进行产品转换。技改主要包括将普通浸泡施胶机改为膜转移施胶+空气转向器、大辊径改为中辊三压、烘干部齿箱传动改为导辊无声传动，烘缸提速至700米/分。还将敞开气罩改为密闭气罩，增加了面网稀释水流浆箱、可控中高硬压光机和无绳引纸等。经努力改造，项目在规定时间内高质量顺利完成，各项指标均达到要求。

(7)仙鹤股份有限公司旗下的新建及技改项目：①浙江哲丰新材料有限公司年产10.8万吨特种纸扩建项目，总投资6亿元，建设4条生产线，其中，3条生产线已在2017年建成投产，第4条生产线于2018年8月建成投产。②仙鹤股份有限公司年产3.5万吨高档食品包装原纸、数码喷绘热转印纸项目，总投资1.4213亿元，于2018年开始土建。③浙江唐丰特种纸公司年产1.2万吨高档烟用接装原纸项目，总投资7976万元，于2018年12月开始厂房建设。④浙江哲丰新材料有限公司年产22万吨高档纸基新材料项目，总投资13.0496亿元，纸机主要设备已完成订货，计划2019年3月开始厂房建设。⑤浙江夏王纸业有限公司技改项目，总投资3.5亿元，对KDPM4年产5.5万吨装饰纸机进行改造，于2018年10月投产。

【科研和技术进步】

(1)多项特种纸产品列入“浙江制造”标准发布。2018年“浙江品牌”建设联合会共发布了五批《浙江制造》标准制定协议。其中，仙鹤股份有限公司生产的单面光烟用接装原纸列入第二批发布；华邦古楼新材料有限公司生产的壁纸原纸、金昌特种纸股份有限公司生产的人造革离型纸、晶鑫特种纸有限公司生产的美纹纸、仙鹤股份有限公司生产的字典纸和烘培原纸、凯恩特种材料股份有限公司生产的电解电容纸被列入了第三批发布；还有舜浦新材料科技有限公司生产的编织原纸、凯丰新材料股份有限公司生产的精密不锈钢保护垫纸、凯恩特种材料股份有限公司生产的热封型茶叶滤纸列入第五批发布。共有10项特种产品列入《浙江制造》标准制定计划。

(2)龙游县特种纸科技创新管理服务中心通过实验资质认定。2018年12月8—9日，浙江省质量技术监督局组织评审组对龙游县特种纸科技创新管理服务中心申请的“实验室资质认定”进行了现场评审。3位专家通过现场参观、现场试验考核、现场提问与座谈察看记录报告及设备档案资料查阅等方式，对中心的管理体系运行进行了审核，提出了不符合项，评审结论为：基本符合，并限期30天对不符合项进行有效整改。经过1个月的整改及后续整改资料的提交，于2019年1月18日，中心拿到了实验室资质证书。这标志着龙游县特种纸科技创新管理服务中心正式成为具有产品第三方检测资质的机构。中心表示下一步将积极申请省级特种纸质检中心。为提升浙江省特种纸产业核心竞争力，实现“以质取胜”和质量强省战略目标的助推器。

(3)浙江华章科技股份有限公司制造的HZAC4120.01电气交流传动系统，在先进环保装备重点领域，被列入浙江制造精品。

(4)多项产品荣获2018年浙江省优秀工业新产品称号。浙江金龙纸业有限公司生产的高戳穿复合瓦楞原纸荣获2018年浙江省优秀工业新产品(新技术)一等奖；仙鹤股份有限公司生产的烘培型工艺包装原纸、浙江恒达新材料股份有限公司生产的低定量阻菌医用原纸、浙江美特新材料股份有限公司生产的高光降焦保健水松纸荣获二等奖；浙江荣晟环保纸业股份有限公司生产的低定量全废纸瓦楞原纸和低定量全废纸牛皮卡纸荣获三等奖。

(5)中国轻工业联合会发布《关于2018年度中国轻工联合会科学技术奖励的决定》，共有182项，其中，造纸领域项目共有3项获得技术发明奖、7项获得科技进步奖。浙江省杭州市化工研究院、杭州纸友科技有限公司的姚献平、郑丽萍、姚臻等人申报的“高性能淀粉基系列功能产品绿色制备技术与应用”获得技术发明二等奖；轻工业杭州机电设计研究院有限公司的杨旭、胡健、程洪玉、沈栋等申报的“以一种斜网成形器结构”获得技术发明三等奖，浙江金昌特种纸股份有限公司的童树华、华飞果等人申报的“人造革离型原纸耐高温技术的开发及其产业化”项目获得科学技术进步三等奖。

【环境保护与节能减排】

(1)仙鹤股份有限公司被认定为国家绿色工厂

工业和信息化部发布了“关于发布第三批绿色制造名单的通知(公信函2018)341号”，确定了全国391家绿色工厂名单，共有10家造纸企业被认定为绿色工厂，浙江省仙鹤股份有限公司名列其中。

(2)民丰特种纸股份有限公司海盐分公司顺利通过清洁生产审核

民丰特种纸股份有限公司海盐分公司基建已完成并顺利投入生产。2018 年 12 月 20 日，由海盐县经信局和环保局组成的清洁生产审核组对民丰特种纸股份有限公司海盐分公司清洁生产进行审查以及对清洁生产报告的审核。经内部论证评估，最后的结论是公司生产标准符合相关标准要求，顺利通过审核。

通过此轮审核，民丰特种纸海盐分公司工业增加值能耗、单位产品电耗、单位产品原辅料消耗量 3 项指标已完成了计划目标，经济效益、环境效益均有所提高。

(3)浙江省造纸产业环境治理又上新台阶

为落实国家及省有关大气治理，水及固体废物治理的一系列要求，达到相关排放标准，认真落实环保督察的整改措施，浙江省造纸企业纷纷投入大笔资金完善环保治理。这一年多数造纸企业完成了废水处理的沉淀池、污泥地、斜筛、生化系统好氧池密封加盖，废气收集后进行处理，废纸等原料场搭棚，防止日晒雨淋；纸机烘干部脱白除臭、纸机水环式真空泵改造等。有的企业甚至厂房屋面雨水进行收集回用。通过这一年造纸企业环境设施的进一步完善，环境质量(无论是水、气、固废、噪声)得到了极大的提升，厂容厂貌得到了极大的改善。可以说浙江省造纸企业在环境治理方面走在了全国的前列。

【2019 年的展望】

2019 年是新中国成立 70 周年，也是高水平全面建成小康社会的关键之年，必须全面贯彻党的十九大和中央经济工作会议精神，高举习近平新时代中国特色社会主义思想伟大旗帜，坚持稳中求进缓中求好，坚持推进高质量发展，以供给侧改革为主线，坚持市场化改革，扩大高水平开放，以创新为第一动力，坚定不移推进造纸强省建设，以优异成绩迎接中国人民共和国成立 70 周年。

当前，正值新一轮科技革命和产业变革大潮与我国加快发展方式形成历史性的重要节点。是造纸工业实现产业升级，由大变强，由快变好的重要时期，是实施创新驱动发展的关键时期。

近期，浙江省造纸产业在经历了黄金十年(2001—2010 年)阶段所积累的一些问题开始集中爆发，如造纸纤维原料依赖进口，产品结构不均衡，同质化严重，一些高端产品依赖进口，国内废纸回收系统不完善等问题。2018 年造纸行业受到贸易摩擦以及环保持续趋严，原料供给受限在浙江省尤为突出，已有企业开始布局投资海外，通过产业链上下游延伸向产业一体化方向发展，寻找从源头控制原材料降低成本，开拓包装业务缓解需求受市场波动的影响程度。

展望 2019 年，显然外部环境仍存在诸多不确定因素，国内经济下降压力在增大，因此造纸产业依旧会是挑战与机遇并存的一年。2019 年行业或延续低迷状态，行业整体形势不容乐观，这波严峻考验就像大浪淘沙，剩者为王。

多年以来造纸产业虽然时起时落，我们的企业也经历过严峻的考验，可以说是从大风大浪中挺过来的。造纸业是与国民经济和社会发展关系密切的重要基础原材料产业的性质没有变，造纸业的景气度仍较好。

造纸业的下游渗透国民经济的各个领域，行业景气度基本紧随宏观经济波动，具有较强的周期性特征，且由于属制造业产业链的中后端，与宏观经济周期的波动较为同步。

我国造纸业政策走向仍为加紧淘汰落后产能和日益严格的环保标准，有些地方政府，由于种种原因，会推出负面清单，限制造纸业的发展。行业集中度会持续提升，大中型企业面临较好的发展机遇。

展望 2019 年，浙江省造纸产业将面临：

第一、造纸纤维原料紧缺的矛盾，仍将突出存在。国家进口废纸政策不会放松，且有收紧的迹象，进口数量仍将逐步减少。国内废纸回收已接近极限。所以原料紧缺的矛盾仍将十分突出。

第二、2019 年开年以来下游需求不容乐观，国内需求疲软，加上贸易战导致出口订单减少的局面没有得到根本性改变，不少厂家无单可做，企业面临库存压力。为减库存，2019 年将会延续 2018 年纸企停机减库存的现象。

过去的一年多来，某些纸张经销商、包装企业，甚至某些造纸企业从境外(特别是东南亚国家)进口纸板。东南亚正逐步“夺走”我国部分市场。所以 2017 年、2018 年包装纸板进口量大增，对国内造纸企业冲击很大。

近两年出现的怪象是：一方面国家在淘汰落后产能，小厂关闭，一方面中西部大量的新产能在建设投产。另一方面已投产的企业在大面积的停产限产，有效产能得不到发挥。可以预期停机及淘汰落后减少的产能幅度远远赶不上需求萎缩和新增产能的幅度。所以在我国停机限产将会较长时期存在，带来 2019 年纸张价格震荡下行的压力仍较大。

第三、2019 年浙江省机制纸和纸板生产量会有实质性的减少。根据有关报道“杭州市富阳区削减造纸产能超 6 成”。该报道称已关停 66 家造纸企业，退出造纸产能 490 万吨。据我们了解，有些退腾的纸企，由于种种原因，2018 年仍在生产或部分生产，真正削减产能将在 2019 年和 2020 年体现。到 2020 年年底将全面完成腾退，届时可累计腾退造纸企业 100 多家，削减产能 780 万吨。4 家热电厂燃煤锅炉 27 台，3462 蒸吨。由于富阳造纸产能的实质性腾退，所以 2019 年浙江省机制纸及纸板生产量会有较大幅度的减少。

第四、传统产业智能化改造将逐步推开。制造业的智能化改造已提到国家层面，浙江省也将制造业智能化改造作为 2019 年工作的重点。浙江省提出将要基本建成全国传统制造业转型升级的示范区。

现代造纸机智能化生产主要配备生产全过程智能化控制系统，智能化在线监测与故障诊断。造纸生产全过程的集散控制，纸张质量的全自动控制。智能化监测实现纸幅高速运行在线监测，纸病在线监测和设备运行状态在线监测与故障诊断全自动执行。可随时根据用户的订单智能调整生产，自动切换生产品种控制。智能管理系统实现从制定生产计划到生产质量管理、成本管理、生产跟踪、入库和发货等全过程智能管理，实现造纸的智能化制造。未来造纸必将朝这方向发展。

面对新机遇新挑战，以供给侧结构性改革为抓手，提高行业生产力水平，转变发展方式，从数量增长转向质量提高，结构优化。推进生态文化建设，实现低碳绿色发展，通过增强创新能力，推动产业优化升级，提质增效，实现健康理性和平衡发展，为早日建设成为造纸强省而努力。

（陆文荣）

江苏省造纸工业

Paper Industry in Jiangsu Province

【行业概况】

2018 年受到中美贸易战、环保大检查、供给侧改革、废纸政策变化等多重政策影响，宏观经济形势较为严峻，企业原料供给受限，生产成本增长，另外加上市场需求疲软，行业不景气，纵观 2018 年江苏省造纸工业整体形势较 2017 年呈现出下降趋势，总产能和经济效益水平有所下滑。主要生产经济指标完成情况如下：

1. 机制纸及纸板总生产量

据江苏省造纸行业协会调查统计，2018 年江苏省造纸工业累计生产机制纸及纸板总生产量达到 1322 万吨，比 2017 年的 1421 万吨下降了 7%。纸及纸板总生产量全国排名第 4 位。

2. 主要纸种生产量

(1)文化用纸

2018 年全省文化用纸总生产量为 363 万吨，占全省机制纸及纸板总生产量的 27.5%，比 2017 年的 390 万吨下降了 6.9%。其中：铜版纸生产量 221 万吨，比 2017 年的 247 万吨下降了 10.5%；双胶纸和复印纸原纸生产量 142 万吨，比 2017 年的 143 万吨减少了 0.7%。

(2)包装用纸及纸板

2018 年全省包装用纸及纸板总生产量为 789 万吨，占全省机制纸及纸板总生产量的 59.7%，比 2017 年的 838 万吨下降了 5.8%。其中：瓦楞原纸生产量 256 万吨，比 2017 年的 287 万吨下降了 10.8%；箱纸板生产量 371 万吨，与 2017 年的 372 万吨基本持平；涂布白纸板生产量 80 万吨，比 2017 年的 82 万吨下降了 2.4%；纸管原纸生产量 6.4 万吨，比 2017 年的 12 万吨下降了 46.7%；涂布白卡纸生产量 76 万吨，比 2017 年的 85 万吨下降了 10.6%。

(3)生活用纸

2018 年全省生活用纸总生产量为 145 万吨，占全省机制纸及纸板总生产量的 11%，比 2017 年的 149 万吨下降了 2.7%。

(4)特种纸及纸板

2018 年全省特种纸及纸板总生产量为 25 万吨，包括无碳复写纸、防伪票证纸、热敏纸、纸杯原纸、三滤纸、蚊香片纸、箱包纸板、鞋底纸板等，占全省机制纸及纸板总生产量的 1.8%，比 2017 年的 44 万吨下降了 43.2%。

3. 区域生产量分布情况

2018 年，苏南地区造纸总生产量合计 1002 万吨，占全省造纸总生产量的 75.9%，占比较 2017 年同期上升了 0.4 个百分点；苏中地区造纸总生产量合计 112 万吨，占全省造纸总生产量的 8.5%，占比较 2017 年同期下降了 0.2 个百分点；苏北地区造纸总生产量合计 208 万吨，占全省造纸总生产量的 15.7%，占比较 2017 年同期下降了 0.2 个百分点。

4. 内、外(合)资企业生产量的比例

2018 年全省内资造纸企业生产量合计 290 万吨，占全省机制纸及纸板总生产量的 21.9%，比 2017 年的 21.7% 下降了 0.2 个百分点，生产量比 2017 年的 337 万吨下降了 13.9%，内资企业生产量大幅下降的原因在于江阴新浩再循环纸业有限公司的搬迁以及企业根据市场需求调整产能引起的；全省外(合)资企业生产量合计 1032 万吨，占全省机制纸及纸板总生产量的 78.1%，比 2017 年的 76.3% 上升了 1.8 个百分点，生产量比 2017 年的 1084 万吨下降了 4.8%，这是由于部分企业生产量小幅向下波动引起的。

5. 实现产值、销售收入、税金及利润情况

据江苏省造纸行业协会统计，2018 年江苏省造纸工业总计完成工业总产值 690 亿元，比 2017 年的 674 亿元增长 2.4%；实现销售收入 693 亿元，比 2017 年的 665 亿元增长 4.2%；上缴税金 27 亿元，

比 2017 年的 28 亿元降低 3.6%；实现利润 58 亿元，比 2017 年的 64 亿元降低 9.4%；江苏省造纸工业整体降幅与中国造纸行业平均水平基本持平。江苏省亏损制浆造纸企业共 8 家。

【原料】

2018 年全省纸浆总消耗量 1218 万吨，比 2017 年的 1306 万吨下降了 6.7%。全省木浆、废纸浆、非木材浆原料结构分别为 34.6%、64.9%、0.4%。其中，木浆消耗量 422 万吨，与 2017 年的 422 万吨持平；占总消耗浆量的 34.6%，比 2017 年的 32.3% 增加了 2.3 个百分点。

废纸浆消耗量 791 万吨，比 2017 年的 882 万吨减少了 10.3%；占总消耗浆量的 64.9%，比 2017 年的 67.5% 减少了 2.6 个百分点；折合耗用废纸 989 万吨。

非木材浆消耗量 5 万吨，比 2017 年的 2 万吨增长了 150%；占总消耗浆量的 0.4%，与 2017 年的 0.2% 基本持平。

【运营情况】

1. 主要纸种生产量变动分析

(1)2018 年铜版纸生产量减少了 26 万吨，双胶纸和复印纸原纸总生产量减少了 1 万吨，主要原因是部分大型文化用纸生产企业品种结构的调整和生产量的正常波动。

(2)2018 年包装用纸生产量的减少主要是瓦楞原纸、纱管纸和涂布白卡纸生产量减少导致的，全省瓦楞原纸生产量同比减少 33 万吨，箱纸板生产量与 2017 年相比下降 1 万吨；纱管原纸生产量减少了 5.6 万吨。全省涂布白卡纸生产量减少了 9 万吨，涂布白纸板减少了 2 万吨。产能下降的主要原因是由于 2018 年进口废纸价格持续升高，提高了生产成本以及由于国内外需求低迷，企业产能结构调整导致的。

(3)2018 年生活用纸总生产量同比减少 4 万吨，主要是生活用纸企业根据市场需求及时调整策略，对产能微调造成的。

2. 大中型造纸企业的市场份额继续扩大

国家环保政策对落后产能的淘汰力度逐步加大，2018 年至今减产、停产现象较为普遍。年产 10 万吨以上的大中型造纸企业 2018 年合计生产量达到 1262 万吨，占全省造纸总生产量的 95.5%，比 2017 年的 1358 万吨减少 7.1%。其中，年生产量 50 万吨以上的大型造纸企业 2018 年合计生产量达到 1062 万吨，占省造纸总生产量的 80.3%，比 2017 年的 1121 万吨减少 5.3%，是企业产能受市场波动需求不定造成的；2018 年全省大中型造纸企业的平均规模达到 70 万吨，比 2017 年的 65 万吨增长 7.7%。

【生产企业】

2018 年纸及纸板生产量达到 10 万吨的造纸企业共 18 家，生产量在 50 万吨以上的企业有如下 9 家(见表 1)。年产 200 万吨以上规模企业 1 家；年产 100 万～200 万吨规模企业 3 家；年产 50 万～100 万吨规模企业 5 家；年产 10 万～50 万吨规模企业 9 家，较 2017 年减少了江阴新浩再循环纸业有限公司、江苏华泰纸业有限公司和江苏久兴纸业有限公司等 3 家企业。

表 1　2018 年江苏省纸及纸板生产量在 50 万吨以上的企业

序号	企业名称	生产量/万吨
1	玖龙纸业(太仓)有限公司	277
2	金东纸业(江苏)股份有限公司	191
3	江苏理文造纸有限公司	121
4	金红叶纸业集团有限公司	113
5	芬欧汇川(中国)有限公司	87
6	江苏博汇纸业有限公司	76
7	无锡荣成纸业有限公司	73
8	永丰余造纸(扬州)有限公司	65
9	金华盛纸业(苏州工业园区)有限公司	59
	合计	1062

【未来趋势】

江苏省造纸企业以外资大型现代化造纸企业为主，年产 50 万吨以上 9 家企业总产能占江苏省造纸工业总产能的 80.39%。10 万吨以上重点企业总产能占江苏省造纸工业总产能的 90% 以上。2018 年下半年起国内外市场需求明显下滑，受到市场的影响，江苏省造纸企业普遍根据市场形势及时调整生产量及品种以适应市场竞争。10 万吨及以下的中小型企业，在市场竞争中艰难前行，许多小企业在环保、成本压力等多因素下，2018 年多次停产、减产。2019 年形势仍然不容乐观。特别是大型新增产能的即将开建，中小企业仍将面临巨大的转型升级、创新发展的压力。

受到长江环保带建设的影响，江苏省新建产能逐步呈现出沿海化的趋势。APP 集团在如东长沙镇以东 10 公里洋口港建设年产 400 万吨高档生活用纸项目，盐城滨海港建设年产 300 万吨黏胶纤维生产线、450 万吨卡纸生产线、250 万吨箱纸板及石膏纸板生产线，现已完成 2 个项目前期准备阶段。灌云燕尾港利民纸业有限公司年产 200 万吨项目已部分投产。盐城博汇纸业有限公司 100 万吨白卡纸项目预计 2019 年 5 月开机。淮安、盐城、徐州等地区虽然有部分企业关闭，20 万～50 万吨的新增造纸项目也在如火如荼的进行中。与此同时，许多大中型工业包装用纸企业均有技术改造和产能提升的计划。未来，江苏省造纸工业将汇聚大型、特大型特色化造纸企业，江苏省造纸工业将开启高质量发展之路。

（刘　克）

福建省造纸工业

Paper Industry in Fujian Province

2018 年是不平凡的一年。这一年里，经济形势瞬息万变，中美贸易博弈、外废进口严标限量、国内环保监管持续保持高压态势。福建省造纸行业倍感行业下行压力沉重、生产成本上升、市场需求下降、产品销售困难、产品价格低迷、企业盈利空间缩小。总体说，2018 年福建省造纸行业产销运行行情不如 2017 年顺利，但是，福建省造纸行业在党的领导下，众志成城，不懈努力，扬长避短，砥砺前行，终于使得行业运行整体态势保持基本平稳，稳中有进。

【行业概况】

1. 福建省造纸业运行统计数据

(1)生产量　纸浆(原生浆及废纸浆)38.38 万吨，同比增长 1.0%。此外，福建省青山纸业股份有限公司还生产溶解浆 32687 吨，比 2017 年减产 64.8%，溶解浆不属于造纸工业统计范围。机制纸及纸板 771.41 万吨，同比增长 5.0%。纸制品 440.51 万吨，同比增长 1.5%。其中：瓦楞原纸 190.52 万吨、卫生用纸制品 18.70 万吨。

(2)销售产值　造纸及纸制品行业销售产值 1316 亿元，同比增长 12.2%。其中：纸浆 8.5 亿元，同比增长 11.5%；造纸 520 亿元，同比增长 10.1%；纸制品 787 亿元，同比增长 13.7%。

(3)营业收入　造纸及纸制品行业营业收入 1172.88 亿元，同比增长 11.8%；其中：纸浆 2.57 亿元，同比下降 14.9%；造纸 454.03 亿元，同比增长 9.2%；纸制品 716.28 亿元，同比增长 13.7%。

(4)出口交货值　造纸及纸制品行业出口交货值 55 亿元，同比增长 1.8%。其中：造纸 15 亿元，同比下降 3.2%；纸制品 40 亿元，同比增长 3.6%。

(5)产销率　造纸及纸制品行业 94.23%，同比下降 0.58%。其中：纸浆 95.31%，同比下降 3.62%；造纸 94.6%，同比下降 2.87%；纸制品 93.98%，同比增长 0.89%。

(6)企业单位数　造纸及纸制品行业 437 家，其中：制浆 2 家，造纸 121 家，纸制品 314 家。

(7)利润总额　造纸及纸制品行业利润总额 92 亿元，同比增长 15.7%。其中：制浆 0.12 亿元，同比下降 40.0%；造纸 44.48 亿元，同比增长 27.3%；纸制品 47.4 亿元，同比增长 6.8%。

(8)税金总额　造纸及纸制品行业税金总额 27.75 亿元，同比增长 20.5%。其中：制浆 0.07 亿元，同比下降 41.7%；造纸 13.49 亿元，同比下降 31.3%；纸制品 14.2 亿元，同比下降 6.1%。

(9)平均用工人数　造纸及纸制品行业平均用工人数 8.24 万人，同比下降 1.3%。其中：制浆 0.04 万人，与 2017 年持平；造纸 2.55 万人，同比下降 0.4%；纸制品 5.65 万人，同比下降 1.9%。

2. 主要产品品种产销概况和主要生产企业产能变化概况

(1)主要产品品种产销概况

①未涂布印刷书写用纸　生产量 28.21 万吨，占福建省纸及纸板生产量的 3.66%，同比增加 2.62 万吨，增长 10.2%。主要生产企业：泉州华祥纸业有限公司完成 24.10 万吨，同比增长 4.3%；福建尤溪永丰茂纸业有限公司完成 1.37 万吨，同比增长 30.6%，其他文化用纸中有光纸产销情况较好。

②涂布类印刷用纸　生产量 10.40 万吨，占福建省纸及纸板生产量的 1.4%，同比增加 1.78 万吨，增幅为 20.7%。

③生活用纸(原纸)　生产量 31.72 万吨，占福建省纸及纸板生产量的 4.1%，同比减少 1.60 万吨，下降 4.8%。主要生产企业恒安(中国)纸业有限公司完成 24.32 万吨，同比增长 1.4%；其他生活用纸(原纸)生产企业多数都有不同程度的减产。

④包装用纸及纸板　生产量约 578 万吨，占福

建省纸及纸板生产量的 75.0%。同比增长 0.7%。其中：福建省青山纸业股份有限公司纸袋纸生产量 24.35 万吨，同比增长 20.8%，销售情况也很好；箱纸板及瓦楞原纸等受中美贸易摩擦影响较大，除 4 家大型生产企业〔联盛纸业(龙海)有限公司、金诺纸业(福建)有限公司、玖龙纸业(泉州)有限公司、长泰联盛纸业有限公司〕凭借其在福建省造纸行业中的各种优势，生产量有小幅增长外，其他纸企均因市场需求不旺不得不减产。箱纸板类生产企业全年合计生产量550 万吨，同比减少 11 万吨，下降 2%。

⑤薄页纸、特种纸及纸板　生产量 51.2 万吨，占福建省纸及纸板生产量的 6.6%，同比减少 1.8 万吨，下降 3.4%。主要生产企业福建铙山纸业集团有限公司生产量 13.44 万吨，同比下降 1.3%；福建省晋江优兰发纸业有限公司生产量 22.84 万吨，同比下降 16.7%。近年薄页纸和拷贝纸等薄页纸特种纸产品受新增产能过多影响，产销形势总体不乐观。

⑥人造纤维浆粕　生产量 3.27 万吨，同比减少 6.02 万吨，下降 64.8%。福建省该产品只有福建省青山纸业股份有限公司独家生产。

(2) 主要生产企业概况及 2018 年产能变化

福建省对造纸产业是严格限制产能的，一般不允许造纸企业在进行新建和改扩建工程项目时增加产能，建设项目必须按照之前政府有关部门的立项批文核对产能。在不增加污染物排放强度和总量的前提下，可以进行造纸产能等量或减量技改，不能借技改之机增加产能。按政府批文，目前福建省造纸行业年产能 100 万吨以上(有批文)的企业只有联盛纸业有限公司 1 家。联盛纸业有限公司原有 2 个生产基地，一个在漳州市长泰县，企业名称为福建联盛纸业有限责任公司(简称“联盛长泰”)。2017 年年底，联盛长泰卖给山鹰集团，但企业名称没有变化，还是叫福建联盛纸业有限责任公司，业内也称之为山鹰集团联盛纸业公司。按之前政府批文，联盛长泰年产能是 75 万吨/年。批文是生产高档特种包装用纸及纸板，设计年产能确实只有 75 万 ~ 80 万吨。如果生产普通包装纸板(瓦楞原纸、箱纸板、灰纸板等)等厚实的产品，其年产能有 100 万吨，所以山鹰集团购买联盛长泰时，媒体报道联盛长泰年产能100 万吨。联盛长泰 2018 年实际年生产量为 84 万吨，所以福建省造纸协会根据实际情况，评估该公司年产能为 90 万吨。原联盛纸业还有一个生产基地在龙海市，企业名称为联盛纸业(龙海)有限公司(简称“联盛龙海”)。截止 2017 年年底，联盛龙海年产能是 170 万吨。此时，联盛龙海有 1 条新的年产能 45 万吨包装纸板生产线建成投产，2018 年一直正常运行，所以现在联盛龙海年产能是 215 万吨。此外，按文件批复产能在 30 万 ~ 100 万吨的企业有 7 家：福建联盛纸业有限公司、晋江冠朗集团有限公司、玖龙纸业(泉州)有限公司、福建省青山纸业股份有限公司、恒安(中国)纸业公司、漳州盈晟纸业有限公司、福建利树浆纸有限公司。晋江冠朗集团有限公司是原福建优兰发集团实业有限公司更名而来，其下属生产基地有：晋江优兰发纸业有限公司、泉州华祥纸业有限公司、福建希源纸业有限公司、福建金诺纸箱包装有限公司等。该集团的建设项目是由各生产基地上报给其所在地政府有关部门的，总产能只能把这些生产基地的年产能加在一起计算。如果把晋江冠朗集团有限公司各生产基地的年产能都加在一起，年产能指标不足 100 万吨。近年来，晋江冠朗集团有限公司纸及纸板实际年生产量大约都在 95 万吨左右，2018 年为 91 万吨。由于其生产的产品品种是薄页纸、薄型特种纸和高档文化用纸为主，如果产品品种下调为厚实的普通纸及纸板，其年产能有可能超过 100 万吨。玖龙纸业(泉州)有限公司目前生产的是高档包装纸板，年产能 65 万吨，由 2 条生产线组成。其 3 号机生产线 2018 年开始施工，尚未宣布建成投产，如果该生产线建成投产，公司年产能将超过 100 万吨。上述 4 家企业是福建省造纸行业第一梯队，大致属于纸及纸板年产能 100 万吨以上或有望达到 100 万吨的企业。此外，还有 4 家造纸企业纸及纸板年产能在 30 万 ~ 100 万吨：福建省青山纸业股份有限公司、恒安(中国)纸业公司、漳州盈晟纸业有限公司、福建利树浆纸有限公司。前 3 家企业年产能与 2017 年一样，变化不大。但是，利树浆纸除本身有正在建设年产能 30 万吨的项目外，由于老厂所在地(建瓯市兴宁工业区)城建规划更变，暂时允许该公司继续生产，但必须尽快搬迁到笋竹城去，根据眼前产销实际情况，利树股份和利树浆纸公司(老厂加新厂)合计年产能 25 万 ~ 30 万吨，到该公司年产能 30 万吨项目建成投产时，该公司年产能将达到 50 万 ~ 60 万吨。

福建省造纸企业纸及纸板年产能 30 万吨以下的造纸企业有 112 家。其中：较大的有漳州港兴集团有限公司(年产能 25 万吨)、漳州友利达纸业公司(20 万吨)、敦信纸业有限责任公司(20 万吨)、福建铙山纸业集团(薄页纸特种纸类产品 15 万吨)、华发纸业(福建)股份公司(15万吨)等。

【原料】

纸浆制造业是福建省造纸工业的弱项。2018年，福建省原生纸浆制造企业只有福建省青山纸业股份有限公司、福建腾荣达制浆有限公司、福建省祥安纸业有限公司和福建省尤溪永丰茂纸业有限公司4家企业，其中：福建腾荣达制浆有限公司年产销纸浆量只有3.45万吨。福建省青山纸业股份有限公司生产2.53万吨硫酸盐木浆，福建省祥安纸业有限公司生产5.5万吨CTMP竹浆(横管连蒸加热磨)，福建省尤溪永丰茂纸业有限公司生产非木材(麻竹或芒秆等)爆破浆，但是都没有作为商品纸浆销售。其他福建省造纸企业生产的纸浆主要是流体浆(湿浆)，是作为企业自己生产纸及纸板的原材料使用。

2018年，福建省造纸工业纸浆消耗量840万吨，其中：木浆消耗量84万吨，占福建省纸浆消耗量的10%；非木材浆42万吨，占5%；其他714万吨为废纸浆，占85%。福建省消耗的84万吨木浆中，约30万吨来自省内，54万吨来自省外或外国，以进口为主。42万吨非木材浆中有9万吨来自省内(主要是竹浆和芒秆浆)生产，其他33万吨来自省外(主要是麦草浆和芦苇浆)。福建省造纸工业废纸浆消耗量714万吨，其中：90%以上是造纸企业用废纸自制的，只有不到10%的废纸浆是市场上购买的。福建省制造废纸浆用的废纸80%以上是国废，包括玖龙纸业(泉州)有限公司使用的废纸原料主要也是国废。福建省生产的废纸浆只有不到20%的比例是用外废制造的。到2018年年底，进口废纸数量还在不断减少，国产废纸浆相对进口废纸浆的比例还在快速上升。

【生产企业】

2018年，福建省纸及纸板年产能100万吨及以上的大型企业只有联盛(龙海)纸业有限公司1家。中型企业(30万~100万吨)有7家。小型(30万吨以下)制浆造纸企业112家。2018年福建省纸及纸板年产能前10位的企业情况如表1所示，生产量、工业总产值、利税总额前10位的企业情况如表2~表4所示。

表1 2018年福建省纸及纸板年产能前10位的企业

序号	企业名称	产能/(万吨/年)	产品品种	备注
1	联盛(龙海)纸业有限公司	215	包装用纸及纸板	
2	晋江冠朗集团有限公司	95	薄页纸、复印纸等	
3	福建联盛纸业有限责任公司	90	包装用纸及纸板	
4	玖龙(泉州)纸业有限公司	65	包装纸板	
5	福建青山纸业股份有限公司	45	纸袋纸、食品包装用纸等	
6	恒安(中国)纸业有限公司	30	高档生活用纸	
7	漳州盈晟纸业有限公司	30	包装纸板	
8	福建利树浆纸有限公司	25	包装纸板	含利树股份
9	漳州港兴纸业有限公司	20	包装纸板	
10	漳州友利达纸业有限公司	20	包装纸板	

注：敦信纸业有限责任公司，厂址在漳州市长泰县，是一家造纸及纸制品产销企业，主导产品为扑克牌专用纸板和扑克牌，年产能20万吨，2018年因遭遇意外，企业运行曾一度陷于停顿状态，现已全部恢复正常，并已在境外投资建设废纸制浆项目。

表2 2018年福建省纸及纸板生产量前10位的企业

序号	企业名称	生产量/万吨	产品品种	备注
1	联盛(龙海)纸业有限公司	181	包装用纸及纸板	
2	晋江冠朗集团有限公司	91	薄页纸、复印纸	
3	福建联盛纸业有限责任公司	84	包装用纸及纸板	
4	玖龙(泉州)纸业有限公司	64	包装纸板	

续表

序号	企业名称	生产量/万吨	产品品种	备注
5	福建省青山纸业股份有限公司	27	纸袋纸、食品包装用纸	
6	恒安(中国)纸业有限公司	26	生活用纸(原纸)	
7	福建利树浆纸有限公司	21	包装纸板	含利树股份
8	漳州盈晟纸业有限公司	17	包装纸板	
9	漳州港兴纸业有限公司	14	包装纸板	
10	福建铙山纸业集团有限公司	13	薄页纸、特种纸	

表 3　　2018 年福建省造纸工业总产值前 10 位的企业

序号	企业名称	产值/亿元	产品品种	备注
1	恒安国际集团有限公司	205.00	生活用纸及纸品	
2	联盛(龙海)纸业有限公司	80.00	包装纸板	
3	晋江冠朗集团有限公司	48.00	薄页纸、复印纸等	
4	玖龙(泉州)纸业有限公司	30.00	包装纸板	
5	福建省青山纸业股份有限公司	18.00	纸袋纸	
6	福建利树浆纸有限公司	11.00	包装纸板	
7	漳州盈晟纸业有限公司	7.00	包装纸板	
8	华发纸业(福建)有限公司	5.94	包装纸板	
9	漳州港兴纸业有限公司	5.58	包装纸板	
10	漳州友利达纸业有限公司	4.00	包装纸板	

表 4　　2018 年福建省造纸工业利税总额前 10 位的企业

序号	企业名称	利税总额/亿元	产品品种	备注
1	福建恒安集团有限公司	注 1	生活用纸及纸品	
2	联盛(龙海)纸业有限公司	5.00	包装纸板	
3	晋江冠朗集团有限公司	4.00	薄页纸、复印纸	
4	福建省青山纸业股份有限公司	1.60	纸袋纸、食包纸	
5	漳州港兴纸业有限公司	1.20	包装纸板	
6	华发纸业(福建)有限公司	1.00	包装纸板	
7	漳州盈晟纸业有限公司	0.77	包装纸板	
8	漳州友利达纸业有限公司	0.75	包装纸板	
9	福建利树浆纸有限公司	0.40	包装纸板	
10	福建腾荣达制浆有限公司	0.20	包装用纸等	

注：1. 福建恒安集团有限公司的报表没有填报利税总额统计数据，在其旗下生产原纸的企业〔恒安(中国)纸业公司〕的报表中该子公司的利润总额为 8197 万元。

2. 玖龙纸业(泉州)有限公司的报表中没有填报利税总额数据，所以本表排序不含玖龙(泉州)纸业。

【基建与技改】

福建省重点建设项目：

(1)福建省青山纸业股份有限公司 2018 年全面提质增效技改项目。技改投资约 1.2 亿元，项目建设主要内容：①碱回收环保提升改造，3 号碱回收锅炉已于 10 月 14 日正式生产，1 号碱回收锅炉已于 12 月 25 日正式生产，改造已初显成效。②热电厂 1 号、2 号、5 号汽轮机凝汽器循环水改造项目。

③3号纸机的提质增效改造，针对纸幅横幅水分不均问题，重点改造压辊，实施压辊研磨和调整压辊中高等措施，取得良好效果，成纸合格率有较大提高，汽耗、电耗大幅下降。④浆粕车间技改，使浆粕生产线能够适应化学浆的生产的需要。主要工作是在现有设备基础上，改造联合筛、更换二段筛筛笼，并结合蒸煮工艺关键参数优化和筛选工艺参数调整，项目已经完成，顺利实现化学浆生产切换，取得较好的效益。⑤连蒸筛选技改提高筛选能力，主体设备盘磨磨片国产化，降低磨片成本。⑥1号纸机除砂器改造和复卷机改造及纸机传动系统升级等多项技改项目。

(2)福建省青山纸业股份有限公司建设年产50万吨食品包装用纸及纸板项目。现项目内容调整为3个部分：①将3号纸机生产线改造成年产20万吨的食品包装原纸生产线。该项目已经投资1亿多元，完成第一步改造目标，达到年产13万吨高档机制纸(目前为纸袋纸)生产能力，由于缺乏原计划中的超声波纸浆做原料进行进一步试运行，向年产20万吨的食品包装原纸生产线的目标继续技改的工作暂缓进行。②年产25万吨清洁制浆(超声波制浆)生产线建设。项目已经通过有关审批手续，但是工程建设尚未正式开始。③新建年产能30万吨的涂布食品包装用纸生产线，已经通过项目有关审批手续，工程尚未开始建设。鉴于福建省青山纸业股份有限公司是上市公司，项目具体情况，以将来企业发布的公告为准。

(3)玖龙纸业(泉州)有限公司二期工程建设项目。工程投资20亿元，建设单机年产65万吨包装用纸(以高强瓦楞原纸和牛卡纸为主)生产线，项目涵盖二期主要生产系统以及二期和三期的辅助生产系统和附属系统全部内容。纸机为幅宽8500毫米，设计车速1300米/分的夹网纸机。该纸机是当今全球规模最大、自动化水平最高的包装用纸机，2018年开工建设，目前尚未宣布建成投产。三期工程建设内容为1条年产50万吨高档包装用纸(牛卡纸、高强瓦楞原纸)生产线，投资18亿元。三期工程已经进入前期工作程序。鉴于玖龙纸业(集团)有限公司是上市公司，玖龙纸业(泉州)有限公司是其子公司，具体准确信息以集团公告为准。

(4)联盛纸业(龙海)有限公司9号纸机生产线(年产能45万吨)项目于2017年12月29日建成投产，经联盛职工积极努力，2018年全年运行正常。10号纸机生产线项目原设计为1条年产60万吨废纸制浆造纸生产线，产品品种为高档涂布白纸板，纸机幅宽6600毫米，车速1300米/分，定量范围100~140克/米^2。根据近年来造纸工业行情变化，项目产品品种拟改为120克/米^{2}高档白底牛卡纸，纸机技术装备参数也改为幅宽8600毫米，车速1300米/分。由于产品品种和主要技术装备参数有重大变化，按福建省规定需要重新环评，重新环评通过以后才能继续建设，有关重新环评等项工作正在有序推进，可望2020年4月建成。

(5)2018年，福建利树股份有限公司继续续建年产30万吨餐桌农产品包装用挂面白纸板工程技改项目，项目进展一切正常。2019年，福建利树浆纸有限公司需要“退城入园”搬迁到笋竹城，即有1条年产10万吨废纸制浆造纸生产线搬迁重建项目。福建利树浆纸有限公司搬进入笋竹城工业区后，暂时还是以两个公司的名义继续运行(即尚无成立总公司的打算)。

(6)泉州华祥纸业有限公司在2018—2019年要实施搬迁改造7车间项目，前期工作审批通过，建设内容是在确保生产线年产能7.2万吨和污染物排放总量和强度不增加的前提下，将4台2800毫米普通包装纸板机，改成4台现代化的全程自动控制的幅宽1880毫米高速薄型特种纸机。技改目标是通过技术装备水平提升，增加高档薄型特种纸份额、提升产品质量档次、提高生产效率和节能降耗，以增强企业的综合竞争力和盈利能力。

(7)福建联盛纸业有限责任公司(也称为山鹰集团联盛纸业有限公司)实施综合技改，项目投资20亿元。此项目建设内容包括：集中供热技改、资源综合利用、造纸科技博物馆建设、现有生产线技改、水处理工程技改、厂内零星技改项目等多项内容。

(8)福建省尤溪永丰茂纸业有限公司提质增效技改项目。投资约2800万元。技改内容有：①全无元素氯漂白系统建设，新增预浸螺旋搓磨机、高浓挤浆机和洗浆机等工艺装置。②中段水深度处理系统，新增厌氧处理塔、平浮过滤机和曝气机等。

【科研与技术进步】

2018年，福建农林大学生物质基功能材料研究中心科技立项课题25项(项目负责人陈礼辉、黄六莲等)，获得科研经费878.6万元。通过验收项目4项(环保型多功能室内墙体装饰新材料的研发、竹木溶解浆及其纤维素膜的研发与产业化、竹材预水解过程半纤维素反应机制及其强化途径研究、催化精馏制备生物柴油过程中反应与分离协同机制及其调控)。发表学术论文 39 篇，其中 SCI 收录 32 篇，EI 收录 1 篇。授权专利 12 项，申请专利 16 项。此外还完成企事业单位委托的科技计划项目 3 项，项目收入 120 万元。具体如下：①与福建省青山纸业股份有限公司合作，完成高透气度纸袋纸抄造及其湿部化学工艺优化项目(项目负责人苗庆显)；②与福建省青山纸业股份有限公司合作，完成竹溶解浆生产技术研究及原料贮存期对溶解浆反应性能的影响项目(项目负责人胡会超)；③与山东信友新材料股份有限公司合作，完成竹溶解浆生产技术研究及原料贮存期对溶解浆反应性能的影响项目(项目负责人欧阳新华)。

福建恒安集团有限公司注重以科技创新，推进产品及其制造技术创新，2018 年恒安(中国)纸业有限公司获得 2017 年度泉州市科技进步二等奖。

【环境保护与节能】

2018 年，由福建省纸业协会负责编制的 4 个造纸产品(包装用纸及纸板、文化用纸、生活用纸、薄页纸和特种纸)单位产品能耗标准获得福建省质量技术监督局审查通过，在全省发布实施。之后，由福建省节能中心负责组建课题组，根据这 4 个标准，对福建省制浆造纸企业进行能源审计、节能量计算和实施奖惩。

为减少废纸中的废物对我国生态环境的负面影响，2018 年国家出台了严格的造纸废纸进口含杂率和限制废纸进口数量的政策，对造纸工业环境保护工作起到了促进作用。目前福建省造纸行业使用的废纸浆绝大多数是造纸企业用废纸自制的，只有不到 10% 的废纸浆是市场上购买的。福建省制造废纸浆用废纸原料 80% 以上是国废，只有不足 20% 比例是用外废制造的。大幅度减少了洋垃圾对福建省生态环境的负面影响。目前，福建省造纸行业遇到的最大的困难就是废纸中固废如何处理处置。福建省只有少数大型造纸企业，经政府环保部门批准，配置有固废燃烧发电装置，有资质处理废纸中固废。由此，2018 年福建省造纸企业环保工作在固废处理处置方面下了大气力，先是探讨废纸中的固废(尤其是塑料废物)交由有资质的废料燃烧发电企业处理的可能性，试行没有成功(例如华能电厂只能处理废塑料含量低于 45% 的固废，因造纸固废中废塑料含量远高于 45%，华能电厂也无权处理，做了一次试烧以后就叫停了)，接着研究交由有废塑料回收利用资质的造纸业以外企业的处理，结果也只能解决一部分废纸固废处理问题(有此资质的企业其处理固废产能太小)，还有很多固废等待好方案处理处置。

【发展目标】

福建省造纸行业总体发展目标就是力求以最大企业规模、最新信息化管理、最先进的技术装备和最小的资源能源消耗谋求最大的社会效益、经济效益和生态环境效益。福建省造纸行业总产值规模已迈过 1 千亿元大关，成为福建省消费品工业的一个重要分支，到 2025 年，福建省造纸产业具体发展目标是各项经济技术指标达到国内同行业先进水平，进一步提高造纸产业集中度，纸及纸板制造企业平均规模在 2018 年的 6.4 万吨基础上，按每年 2% ~3% 的速度提升。纸及纸板年产能在目前只有 1 家企业超百万吨的基础上，再培育 1 ~2 家年产能 100 万吨以上造纸企业。前 10 位企业，技术研发经费支出占主营业务收入比例全部提高到 2% 以上，研发投入年均增长 10% 以上；单位增加值能耗、废水排放量、用水量年均分别下降 2%、1%、2% 以上。

(郑宝琛)

河南省造纸工业

Paper Industry in Henan Province

【行业概况】

根据河南省造纸学会对综合信息资料调查，2018 年河南省机制纸及纸板生产企业约 110 家，机制纸及纸板总生产量 379.1 万吨，同比下降 1.9%；纸制品 318.9 万吨，同比增长 14%；主营业务收入 762.5 亿元，同比增长 8.9%；利润总额 50.78 亿元，同比增长 5.5%。2018 年与 2017 年相比河南省机制纸及纸板总生产量有所减少，纸制品增加较多，主营业务收入增幅较多，利润、税收有所增加。

河南省造纸企业主要分布在漯河、濮阳、焦作、新乡、驻马店、郑州等地区，2018 年全省造纸企业生产能力超过 10 万吨的企业 20 家，占全省纸及纸板生产量的 80% 以上；麦草等非木材浆造纸生产量约 10 万吨，占全省的 3.3%，废纸造纸生产量约 200 万吨，占全省的 52.8%；木浆造纸生产量约 169 万吨，占全省的 44.6%。主要产品：书刊印刷纸、双胶纸、书写纸、无碳复写纸等文化、工业用纸约 150 万吨，箱纸板约 90 万吨，瓦楞原纸约 100 万吨，生活用纸约 29 万吨，其纸及纸板约 10 万吨。

河南省所有制浆造纸企业全部按省和地方环保部门要求达标排放。重点骨干企业生产和效益都有增加。

【原料】

河南省木材资源缺乏，全省有杨木枝桠材制浆企业 7 家，能力 70 万吨/年。长期以来，制浆造纸原料主要以麦草为主，现在原料结构发生了质的变化，主要以废纸、木浆为主。随着河南省纸及纸板生产量的平稳增加，原料结构调整初见成效，问题基本得到解决。2018 年河南省纸浆消费总量约 303 万吨，其中：木浆 135.2 万吨，非木材浆 8 万吨，废纸浆 160 万吨，分别占纸浆消费总量的 44.6%、2.6% 和 52.8%。河南省木浆消耗本地产木浆只有 60 多万吨，比例为 44.4% 左右。从国内外进口依存度看，2018 年河南省外购木浆 75 万吨，外购废纸浆 100 万吨，外购木浆和外购废纸浆约占河南省原料总消耗木浆量和废纸浆量的 55.5% 和 62.5%。河南省 2018 年纸浆消耗量 303 万吨的 57.8% 要依靠外购，影响河南省造纸行业健康持续发展。林纸一体化发展虽已形成共识，但河南省只有焦作瑞丰纸业有限公司的 15 万吨/年、濮阳龙丰纸业有限公司的 10.8 万吨/年、新乡新亚纸业集团股份有限公司的 10 万吨/年、河南江河纸业股份有限公司的 5 万吨/年、河南天邦集团纸业有限公司的 5 万吨/年及新乡鸿泰纸业有限公司的 5 万吨/年化学机械浆，驻马店白云纸业有限公司的 10 万吨/年等木片化学浆。

为了解决造纸原料问题，河南省各级政府部门、大型造纸企业都非常重视造纸原料的开发，认真贯彻落实国家发展和改革委、财政部、林业局《关于加快造纸工业原料基地建设的若干意见》。按照全国造纸工业“十一五”发展规划，结合河南省实际，从河南省国民经济和造纸工业发展的战略高度，积极倡导和实施林纸一体化，扎实细致地做好沿黄、沿淮及其他宜林地区的速生杨丰产林基地建设工作，已先后在三门峡、洛阳、焦作、新乡、开封、濮阳、南阳、信阳、商丘等地建立了造纸用林基地。河南省木浆生产企业引导木片供应商发动群众购买木片削片机，响应政府号召，采取公司加农户方式，既降低了企业原材料成本，又增加了农民及木片供应商的收入。

【生产企业】

2018 年年底，河南省制浆造纸企业约 110 家，其中：以麦草等非木材为原料的化学、半化学制浆造纸生产企业 5 家；使用废纸造纸的企业 80 家；木浆造纸企业 25 家。50 万～100 万吨企业 4 家，30 万～50 万吨企业 3 家，30 万吨以下企业 103 家。

河南省主要造纸企业2018年纸及纸板生产量、主营业务收入、利税总额、利润总额前10名的企业情况见表1～表4。

表1　2018年河南省纸及纸板生产量前10名的造纸企业

序号	单位名称	生产量/万吨
1	大河纸业有限公司	107.17
2	新乡新亚纸业集团有限公司	82.35
3	漯河银鸽实业集团有限公司	61.84
4	河南省龙源纸业股份有限公司	58.39
5	濮阳龙丰纸业有限公司	42.22
6	驻马店白云纸业有限公司	31.32
7	河南江河纸业股份有限公司	31.00
8	新乡鸿泰纸业有限公司	20.00
9	河南天邦集团纸业有限公司	13.36
10	河南华鑫纸业有限公司	10.34

表2　2018年河南省主营业务收入前10名的造纸企业

序号	单位名称	主营收入/亿元
1	大河纸业有限公司	41.16
2	新乡新亚纸业集团有限公司	40.90
3	漯河银鸽实业集团有限公司	31.64
4	河南江河纸业股份有限公司	24.70
5	河南省龙源纸业股份有限公司	23.46
6	濮阳龙丰纸业有限公司	20.07
7	驻马店白云纸业有限公司	19.20
8	新乡鸿泰纸业有限公司	11.92
9	河南华鑫纸业有限公司	7.26
10	河南天邦集团纸业有限公司	7.30

表3　2018年河南省利税总额前10名的造纸企业

序号	单位名称	利税总额/万元
1	大河纸业有限公司	66000
2	河南省龙源纸业股份有限公司	42000
3	驻马店白云纸业有限公司	26900
4	漯河银鸽实业集团有限公司	24700
5	河南江河纸业股份有限公司	20080
6	濮阳龙丰纸业有限公司	20070
7	焦作瑞丰纸业有限公司	19000
8	新乡鸿泰纸业有限公司	11400
9	河南天邦集团纸业有限公司	4375
10	河南华鑫纸业有限公司	4110

表4　2018年河南省利润总额前10名的造纸企业

序号	单位名称	利润总额/万元
1	大河纸业有限公司	40300
2	河南省龙源纸业有限公司	25140
3	驻马店白云纸业有限公司	16000
4	焦作瑞丰纸业有限公司	10800
5	濮阳龙丰纸业有限公司	10000
6	河南江河纸业股份有限公司	8740
7	新乡鸿泰纸业有限公司	7800
8	河南天邦集团纸业有限公司	4031
9	河南华鑫纸业有限公司	1793
10	河南顺捷科技环保有限公司	430

【基建与技改】

2018年河南省造纸行业四季度销售疲软，价格下降，投资不多。2018年完成和在建的造纸项目主要有：河南江河纸业股份有限公司新建年产10万吨化学机械浆项目、30万吨文化用纸续建项目；河南天邦纸业集团有限公司完成年产5万化学机械浆项目；新乡鸿泰纸业有限公司年产10万吨白纸板项目；河南省龙源纸业有限公司年产20万吨瓦楞原纸项目；河南顺捷科技环保有限公司改造原济源腾盛纸业有限公司年产15万吨瓦楞原纸项目；河南中峰集团纸业有限公司年产15万吨箱纸板项目等。

【科研与技术进步】

造纸科学技术为河南省造纸工业的发展起到了推动作用，并使产品档次逐渐提高，品种逐渐增多，也使造纸行业装备水平稳步提高。

2018年，河南省内有对防油纸、无碳复写纸、热敏纸、离型原纸、防水防油热敏纸、彩色喷墨打印纸、石膏板原纸、装饰原纸、耐磨纸等技术进行了研究。有能力的企业都成立了科研开发机构，如河南江河纸业股份有限公司成立院士工作站、国家级企业技术中心，漯河银鸽实业集团有限公司建立院士工作站，濮阳龙丰纸业有限公司、驻马店白云纸业有限公司、焦作瑞丰纸业有限公司、濮阳中泰纸业有限公司、河南永威纸业有限公司等成立了省级技术中心，为企业新产品开发生产服务。这些科研开发机构在新原料、新工艺、新技术、新产品、新助剂和新设备等的研究、开发、使用方面投入了大量的人力、物力，对企业的发展和技术进步起到了重要的促进作用。

河南江河纸业股份有限公司研制开发了车速1000米/分、1200米/分、1500米/分文化用纸机，河南大指造纸装备集成工程有限公司逐渐开发了水力式稀释水流浆箱、顶网和夹网成形器、靴式压榨、膜转移施胶(涂布)机、空气转向器、气浮干燥箱、可控中高软压光机、纸幅稳定器、自动全副循环式高压网毯清洗装置、高压引纸水针、涂料压力筛、全自动高速分切机、盘纸分切机、热敏纸小卷分切机、纸病检测系统、纸机DCS系统、定量阀、10万吨/年化学机械浆生产线等新技术新设备，焦作市崇义轻工机械有限公司开发了车速1200米/分新月型高速卫生纸机，郑州磊展科技造纸机械有限公司研究开发了节能型压力筛，郑州运达造纸设备有限公司开发了废纸散包机、封闭式筛选系统、卫生纸打浆系统，河南博奥泵业有限公司研究开发了高性能系列苏澳泵等。

河南省造纸工业加大了科技投入和人才的培养，河南省大、中专院校为造纸企业培养了大批制浆造纸专业技术人员，除此之外，较大企业每年都选送在职职工到陕西科技大学、郑州大学、河南大学、郑州轻工业学院等大学学习，充实一线技术人员，还不断从外省招聘高技术人才。

河南省造纸工业在科技投入和人才培养方面，做了大量的工作，促进了造纸工业快速、健康、可持续发展。目前，许多企业认识到，市场竞争是产品竞争；产品竞争是技术竞争；技术竞争归根到底是人才竞争。许多企业在市场竞争中，尝到了重视科技、重视人才、重视新产品开发，加大科技和人才培养投入的甜头，不断转变观念，适应市场发展的需求，发展和壮大自己，抢占市场竞争制高点，抓人才、抓科技、抓产品、抓市场、抓效益。

【环境保护与节能】

为了贯彻国家保护生态环境的有关政策、法规，使淮河、黄河、海河、长江等河流在河南省出境断面符合国家和人民的要求，河南省把治理污染作为全省造纸行业的重点工作来抓。随着国家加大对水污染防治立法、执法力度，全省造纸工业加快了废水治理的步伐，并取得了较大进展。

2018年年底，河南省又关、停、并、转3万吨/年以下废纸制浆造纸企业20家。各企业普遍注意清洁生产，减少污染物的产生和排放，加强废水治理和回收利用，大多数造纸企业都通过了环保部门的验收，能达到稳定达标排放。

2018年前没有做环评的历史遗留制浆造纸企业全部补充了环境评价，全年制浆造纸企业淘汰落后生产线产能50多万吨。

【发展目标】

近几年是河南省造纸行业实现传统造纸工业向可持续发展的现代绿色造纸工业转变的关键阶段。河南省造纸行业做了原料结构、产品结构调整，淘汰落后产能取得实效，产业集中度不断提升，装备水平提高很快，资源消耗不断降低，污染排放明显下降。

1. 发展目标

(1)原料结构　到2019年年底，全省纸浆生产量将达到320万吨/年；纸浆结构为：木浆30%、废纸浆67%、非木材浆3%。

(2)造纸生产量　到2019年年底，全省造纸产能保持1160万吨/年，中高档纸及纸板产能比例达到75%。实际生产量达400万吨，继续保持全国第6地位。

(3)企业规模　到2019年年底，全行业平均生产规模10万吨/年，综合实力前20位企业纸及纸板生产量占全行业的80%～85%。10万吨/年以上企业数量达到30家，其中：50万～100万吨/年4家，30万～50万吨/年5家。

(4)节能减排　到2019年年底，省内重点企业达到国家发展和改革委发布的《制浆造纸行业清洁生产评价指标体系(试行)》要求。全行业单位产品平均综合能耗和单位产品平均取水量分别比2018年降低8%和10%，污染物COD_{Cr}排放总量降低12%。“十三五”末，节能减排工作继续走在全国前列。

2. 重点续建拟建项目

2019年河南省续建和开建的项目有：河南省武陟县广源纸业有限公司的5万吨/年和15万吨/年特种纸项目、河南护理佳纸业有限公司的5万吨/年卫生纸续建项目、漯河银鸽实业集团有限公司的12万吨/年生活用纸项目和80万吨/年箱纸板项目、洛阳市洁达纸业有限公司的5万吨/年生活用纸异地搬迁项目、新乡新亚纸业集团有限公司的20万吨/年化学机械浆和25万吨/年白卡纸项目、郑州浦发纸业有限公司的30万吨/年箱纸板项目等。

(李尚武)

湖北省造纸工业

Paper Industry in Hubei Province

【行业概况】

湖北省造纸企业主要分布在沿长江、汉江的武汉、宜昌、孝感、荆州等地区。2018 年湖北省造纸企业 54 家，生产能力超过 10 万吨的企业 10 家，占湖北省生产量的 80% 以上，其主要产品有箱纸板、瓦楞原纸，生产量 162 万吨；未涂布纸生产量 33.5 万吨；特种纸生产量 20 万吨，生活用纸生产量 39 万吨。

2018 年根据湖北省造纸协会统计主要造纸企业纸及纸板生产量为 399.03 万吨，比 2017 年的 344.09 万吨增加 54.94 万吨，同比增长 15.97%。2018 年工业总产值为 206.78 亿元，同比增长 1.93%；主营业务收入 220.78 亿元，同比增长 15.25%；利税总额 16.44 亿元，同比增长 9.82%；利润总额为 3.52 亿元，同比下降 38.57%。主营业务收入、利税总额有所增加，但利润总额有所减少。2018 年湖北省各地区主要造纸企业产品及生产量见表 1。

表 1　2018 年湖北省各地区主要造纸企业产品及生产量

区域	主要企业名称	生产量/万吨		同比/%	主要品种
		2017 年	2018 年		
武汉	武汉金凤凰纸业有限公司	83.88	104.19	24.21	瓦楞原纸
	武汉晨鸣纸业股份有限公司	22.23	22.00	-1.04	生活用纸、特种纸
	武汉木兰汉北集团有限公司	5.18	3.00	-42.08	瓦楞原纸
宜昌	湖北城东再生资源科技发展有限公司	6.00	8.12	35.33	瓦楞原纸
	湖北长江汇丰纸业有限公司	-	7.28	-	涂布白纸板
	湖北宜昌翔陵纸制品有限公司	14.57	15.09	3.57	箱纸板
	湖北宝塔沛慱循环科技有限公司	6.93	6.33	-8.66	新闻纸、未涂布印刷书写纸
	湖北鑫物再生资源有限公司	6.96	3.70	-46.84	瓦楞原纸
	湖北金民纤维材料科技有限公司	3.03	0.62	-79.54	新闻纸、未涂布印刷书写纸
	湖北金庄科技再生资源有限公司	7.34	15.12	106.00	瓦楞原纸
	湖北舒云纸业有限公司	2.00	0.80	-60.00	生活用纸、纸浆
孝感	金红叶纸业(湖北)有限公司	24.09	23.00	-4.52	生活用纸
	中顺洁柔(湖北)有限公司	1.90	1.99	4.74	生活用纸
	维达护理用品(中国)有限公司	16.50	16.40	-0.61	生活用纸
广水	湖北广发纸业有限公司	6.80	3.20	-52.94	瓦楞原纸
	湖北雅都恒兴纸业有限公司	6.91	10.99	59.04	瓦楞原纸
荆州	湖北拍马纸业集团有限公司	55.00	56.00	1.82	白纸板、白卡纸等
	监利大枫纸业有限公司	0.50	3.50	600.00	未涂布印刷书写纸

续表

区域	主要企业名称	生产量/万吨		同比/%	主要品种
		2017 年	2018 年		
	湖北祥兴纸业科技有限公司	2.20	4.10	86.36	包装用纸
	湖北荣成再生科技有限公司	24.90	55.64	123.45	箱纸板
荆门	钟祥市应强纸业有限公司	8.50	6.50	-23.53	瓦楞原纸
襄樊	湖北华海纤维科技股份有限公司	8.50	11.29	32.82	未涂布印刷书写纸、纸浆
咸宁	赤壁晨力纸业有限公司	9.47	8.87	-6.34	未涂布印刷书写纸
	湖北易立科技股份有限公司	1.00	0.90	-11.11	特种纸及纸板
仙桃	湖北盛大纸业有限公司	15.00	10.00	33.33	瓦楞原纸
合计		342.99	398.63		

【原料】

湖北省制浆造纸企业主要原材料是以回收国内废纸和商品木浆为主，产品是以生产包装用纸、生活用纸为主。这几年湖北省纸与纸板生产量不断增长，而我国对进口废纸却逐步减量，因此湖北省造纸原料供应的问题已经开始逐步显现。伴随着百万吨级项目的不断增加，未来原料供应不足，将使企业对原料争夺会愈演愈烈，甚至会影响到企业的开机率。湖北省除木材纤维原料外，草类纤维原料品种较多，有芦苇、麦草、稻草等，在大力发展林浆纸一体化产业链、废纸回收再利用同时，应积极开发湖北省现有的芦苇资源及秸秆植物纤维的综合利用。

【生产企业】

2018 年湖北省纸及纸板生产量前 10 名的造纸企业见表2，2018 年湖北省销售收入前 10 名的造纸企业见表3，2018 年湖北省上缴税金前 10 名的造纸企业见表4，2018 年湖北省实现利润前 10 名的造纸企业见表5。

表2 2018 年湖北省纸及纸板生产量前 10 名的造纸企业

序号	企业名称	生产量/万吨
1	武汉金凤凰纸业有限公司	104.19
2	湖北拍马纸业集团有限公司	56.00
3	湖北荣成再生科技有限公司	55.64
4	金红叶纸业（湖北）有限公司	23.00
5	武汉晨鸣纸业股份有限公司	22.00
6	湖北金庄科技再生资源有限公司	15.12
7	湖北宜昌翔陵纸制品有限公司	15.09
8	湖北华海纤维科技股份有限公司	11.29
9	湖北雅都恒兴纸业有限公司	10.99
10	湖北盛大纸业有限公司	10.00

表3 2018 年湖北省销售收入 10 前名的造纸企业

序号	企业名称	销售收入/亿元
1	武汉金凤凰纸业有限公司	50.54
2	湖北拍马纸业集团有限公司	36.80
3	湖北荣成再生科技有限公司	21.03
4	维达护理用品（中国）有限公司	19.19
5	武汉晨鸣纸业股份有限公司	13.02
6	金红叶纸业（湖北）有限公司	12.86
7	湖北华海纤维科技股份有限公司	6.75
8	湖北宜昌翔陵纸制品有限公司	5.90
9	赤壁晨力纸业有限公司	5.25
10	湖北金庄科技再生资源有限公司	4.45

表4 2018 年湖北省利税前 10 名的造纸企业

序号	企业名称	利税总额/亿元
1	金红叶纸业（湖北）有限公司	5.26
2	武汉金凤凰纸业有限公司	4.30
3	湖北拍马纸业集团有限公司	1.83
4	武汉晨鸣纸业股份有限公司	1.40
5	湖北华海纤维科技股份有限公司	1.28
6	湖北雅都恒兴纸业有限公司	0.58
7	湖北宜昌翔陵纸制品有限公司	0.39
8	湖北城东再生资源科技发展有限公司	0.39
9	湖北金庄科技再生资源有限公司	0.34
10	湖北赤壁晨力纸业有限公司	0.35

表 5　2018 年湖北省实现利润前 10 名的造纸企业

序号	企业名称	利润总额/亿元
1	金红叶纸业(湖北)有限公司	1.94
2	湖北拍马纸业集团有限公司	1.28
3	湖北华海纤维科技股份有限公司	0.84
4	武汉晨鸣纸业股份有限公司	0.83
5	维达护理用品(中国)有限公司	0.75
6	武汉金凤凰纸业有限公司	0.25
7	湖北城东再生资源科技发展有限公司	0.28
8	湖北盛大纸业有限公司	0.22
9	湖北宝塔沛博循环科技有限公司	0.16
10	中顺洁柔(湖北)有限公司	0.14

【基建与技改】

(1)武汉金凤凰纸业有限公司主要生产高强低定量瓦楞原纸，拥有 2 个生产基地，能提供从 60 克/米^2 到 170 克/米^2 高强瓦楞原纸全系列产品。公司现有年产能 170 万吨，其中，武汉金口基地年产 50 万吨，孝感基地年产 120 万吨。目前孝感基地在建的 1 条 10 万吨纸管原纸生产线已进入设备调试阶段，于 2019 年 5 月投产。届时，2 个基地可实现年产环保包装用纸 180 万吨的生产能力，实现产值 50 亿元，税收近 5 亿元。

(2)2016 年 9 月，湖北金庄科技再生资源有限公司投资 2.5 亿元新建二期项目(年产 20 万吨包装用纸项目和 12 兆瓦热电联产项目一期工程)，该项目已于 2018 年 6 月竣工，同年 8 月试生产。公司年产 10 万吨包装用纸生产线自 2010 年投产以来，每年回用废黄纸板 10 万余吨，年产 20 万吨包装纸生产线投产后，每年回用废黄纸板增加到 28 万余吨，2019 年 8 月公司年产 5 万吨纱管纸项目投产后，年回用废黄纸板将增加到 35 万余吨，同时纱管纸项目的实施又将对 2 条包装用纸生产线产生的渣浆循环利用。以废黄纸板为原料生产再生包装用纸不仅仅是对废纸原料的循环利用同时又减少了环境污染、改善了环境质量。

公司 12 兆瓦热电联产项目一期工程建成后在满足企业自身用热需要的同时，还可以保障当阳市金桥工业园区的集中供热。按照国家有关政策届时园区内小吨位、低效率、高污染、分散的燃煤锅炉将关停。热电联产项目的实施将大幅度地消减金桥工业园内大气污染物的排放总量，满足工业园内各工业热负荷的需求，园内供热条件将得到根本性改善，工业用汽的稳定性将得到明显的提高，大气污染物排放总量将大幅度地下降，各企业单位产品能耗也会得到降低，项目的实施具有显著的经济效益、环保效益和社会效益。

(3)湖北荣成再生科技有限公司共有 3 台纸机，其中，1 号机是 1 台三叠网纸机，幅宽 6600 毫米，设计车速 1000 米/分，主要生产 140 ~ 230 克/米^2 的牛皮箱纸板，年产能约为 40 万吨。制浆设备由福伊特公司提供，纸机主体设备由维美德公司和台湾裕力机械股份有限公司提供，其中，维美德公司提供 3 台水力式流浆箱以及二道靴压，裕力机械股份有限公司提供全部的烘缸、膜转移施胶机、二道硬压光机以及完成部的卷取和复卷设备。目前，项目已经完成固定资产投资 37 亿元，一期工程 85 万吨制浆造纸生产线全部投入生产。项目二期 2 条累计 65 万吨的制浆造纸生产线也已经建成投产。鉴于对松滋投资环境高度认可，公司还计划同步追加投资 8 亿元，新增 20 万吨产能，届时年总产能可达 170 万吨。

(4)湖北盛大纸业有限公司是于 2008 年 6 月组建的专业生产工业包装用纸的企业。从事废旧纸张收购，再生瓦楞原纸的生产、销售。注册资本 10000 万元，位于张沟镇东工业园。二期年产 20 万吨再生高强瓦楞原纸项目为扩建项目，投资 3.5 亿元，购置幅宽 5300 毫米、设计车速 700 米/分造纸生产线，配套供热，废水处理站。计划在 2019 年 8 月底竣工投产。投产后年生产量将达到 30 万吨，年销售额可超过 10 亿元，创利税 5000 万元。

(5)湖北长江汇丰纸业有限公司租赁原湖北宏发再生资源科技发展有限公司，经为期一年的技术改造与升级，于 2018 年 7 月改产高档涂布白纸板成功。纸机设计年产能 30 万吨，产品定量范围 220 ~ 450 克/米^2，单位产品水耗、标煤耗、汽耗、废气和废水排放控制标准均达到国内同类产品领先水平。一期技改工程竣工投产后，可形成年产值 10.5 亿元、年销售收入 10.5 亿元、利税总额 1.05 亿元经营规模。

【重点项目】

黄冈晨鸣浆纸有限公司林浆纤纱一体化项目为了适应长江经济带生态环境建设要求，该项目进行了 3 次重大调整，建设林业基地 21.67 万米^2、化学浆产能 30 万吨/年、黏胶纤维产能 50 万吨/年、纺纱产能 50 万吨/年，配套化学品制备和热电联产、综合码头等工程。年可实现产值206亿元，利税52亿元。为进一步优化项目布局，将黏胶及配套化学品项目调整至离长江22公里外的黄冈化工园，在六福湾原址上只有制浆、无纺布和码头项目。目前黄冈晨鸣项目建设全面推进，2018年一期工程设备安装已进入尾声。

武汉金凤凰纸业有限公司、湖北保丽纸业有限公司合资重组金凤凰纸业(孝感)有限公司，建设年产130万吨大型包装用纸项目。此项目位于孝感市孝武大道612号，即毛陈镇东海村107国道旁，公司区位优势独特，交通极为便利。占地面积含原湖北保丽纸业有限公司在内共计36.67万米^2。该项目总投资32.9亿元，分2期建成。一期投资12.9亿元的年产60万吨项目已全部建成投产，其中，年产20万吨技改项目于2015年3月投产，年产40万吨扩建项目于2016年7月投产运行；二期投资20亿元，建设2条年产60万吨高强瓦楞原纸生产线和1条年产10万吨纸管原纸生产线。目前高强瓦楞原纸生产线已于2018年7月投产运行，纸管原纸生产线正在建设中，预计2019年5月投入试生产。

山鹰华中纸业有限公司年产220万吨高档包装用纸项目在公安县青吉工业园已经开工建设。公安县杨家厂镇工业园热电联产项目总投资181572.00万元，拟使用募集资金130000.0万元。项目建成后，可保障公司年产220万吨高档包装纸板项目的用热和用电需求，大幅降低公司热蒸汽和电力使用成本，可满足周边企业的热蒸汽和电力需求。年产220万吨高档包装纸板项目将分为2期建设，共建8条生产线，一期建成30万吨/年牛皮箱纸板生产线、30万吨/年低定量牛卡纸生产线、18万吨/年低定量瓦楞原纸生产线和32万吨/年白面牛卡纸生产线各1条，二期建成2条30万吨/年低定量牛卡纸生产线、1条18万吨/年低定量瓦楞原纸生产线、1条32万吨/年食品包装用纸生产线。此外项目还包括2期的热电联产工程，其中，一期工程建设3台410蒸吨高温高压循环流化床锅炉(2用1备)，配2台60兆瓦背压式汽轮发电机组；二期工程建设2台410蒸吨高温高压循环流化床锅炉，配2台60兆瓦背压式汽轮发电机组；及一二期配套的脱硫、脱硝、除尘系统等环保设施、给排水系统等公辅设施。

【发展目标及存在问题】

近年来，位居九省通衢的湖北，已成为全国造纸行业发展的沃土，武汉金凤凰纸业有限公司、山鹰华中纸业有限公司、湖北荣成再生科技有限公司、湖北祥兴纸业科技有限公司、黄冈晨鸣浆纸有限公司等大型包装用纸企业相继投产运行，湖北正向“华中地区包装用纸生产大省”迈进。恒安集团湖北有限公司、金红叶纸业(湖北)有限公司、维达纸业(湖北)有限公司、中顺洁柔(湖北)纸业有限公司、港兴纸业有限公司等生活用纸企业，相继落户湖北省孝感市孝南区，一个新型的“华中纸都”正向“中华纸都”迈进。湖北省在把握造纸行业洗牌的机遇中，科学、合理地进行产业布局，以更高的环保标准，推动造纸工业的发展。湖北省造纸工业的发展方向是环保工程项目建设，通过原料结构、产品结构的调整，淘汰落后产能，将传统造纸工业向现代绿色造纸工业转变，不断提高装备水平，降低资源消耗，将污染排放降到最低值。面向未来，坚持创新、协调、走绿色可持续发展的道路。

(顿志强)

四川省造纸工业

Paper Industry in Sichuan Province

【行业概况】

2018 年造纸行业遭遇了市场需求减少，原材料成本上升，利润下降等困境，同时外部环境发生许多变化，诸如中美贸易问题、汇率变化问题及环保管理力度加大等，使得全年造纸行业整体生产和运行问题增多，困难加大，尤其是经济效益大幅下滑，行业加速整合。2018 年，四川省制浆造纸企业 160 家(含规模以下企业)，较 2017 年 164 家减少 4 家。其中：规模以上制浆造纸企业 110 家，共生产纸及纸板 261.47 万吨，同比增长 10.29%；规模以下企业 50 家，共生产纸及纸板 124.54 万吨，同比增长 18.61%；制浆企业 13 家，共生产原生纸浆 42.9 万吨，同比增长 14.40%。2018 年四川省共生产未涂布印刷书写纸 15.76 万吨，同比增长 119.6%；箱纸板 55.68 万吨，同比增长 59.30%；竹、木浆生活用纸 120 万吨，同比增长 4.34%；纸制品 385.68 万吨，同比增长 23.75%，其中：竹、木浆生活用纸加工 140 万吨，同比增长 12%；纸及纸板生产、生活用纸加工共计 526 万吨；纸及纸板、生活用纸消费量 520 万吨，基本达到产销平衡。全行业纸及纸板、竹和木浆生活用纸加工、纸包装制品共实现营业收入 523.7 亿元，同比增长 6.6%。2018 年四川省制浆造纸总生产量全国排名第 14 位，总生产量增长全国排名第 2 位，总生产量增速全国排名第 4 位。

【原料和产品结构】

四川省制浆造纸原料结构：木浆 7%(进口或省外商品纸浆)，自制竹浆 43%，废纸浆 50%(省内或进口)。主要产品有：商品竹浆板、食品包装纸板、包装纸板(高强瓦楞原纸、牛皮箱纸板、箱纸板、涂布白纸板、工业纸板等)、生活用纸原纸及生活用纸加工产品(卷筒、非卷)、办公文化用纸(静电复印纸、双胶纸、书写纸、打字纸、无碳复写原纸等)、工业用纸(绝缘纸、电缆纸、电容器纸、育果袋纸等)、牛皮包装用纸、牛皮食品包装原纸、特种纸及其他纸种。

【生产企业】

四川省制浆造纸重点企业：四川永丰纸业集团、宜宾纸业股份有限公司、四川省犍为凤生纸业有限责任公司、四川环龙新材料有限公司、四川银鸽竹浆纸业有限公司、夹江汇丰纸业有限公司。

四川省包装纸板重点生产企业：四川新津晨龙纸业有限公司、四川华侨凤凰纸业有限公司、四川金田纸业有限公司、玖龙纸业(乐山)有限公司。

四川省生活用纸重点生产企业：中顺洁柔(四川)纸业有限公司、维达纸业(四川)有限公司、宜宾纸业股份有限公司、四川省犍为凤生纸业有限责任公司、四川环龙新材料有限公司、夹江汇丰纸业有限公司、四川蜀邦实业有限责任公司、沐川禾丰纸业有限责任公司、四川圆周实业有限公司、成都居家生活造纸有限责任公司、成都鑫宏纸品厂、四川省金福纸品有限责任公司、四川友邦纸业有限公司、四川省津诚纸业有限公司。

四川省生活用纸重点加工企业：四川石化雅诗纸业有限公司、四川佳益卫生用品有限公司、成都市苏氏兄弟纸业有限公司、崇州市倪氏纸业有限公司、四川兴睿龙实业有限公司、成都纤姿纸业有限公司、四川省什邡市望风青苹果纸业有限公司、四川省什邡市迪邦卫生用品有限公司、成都市阿尔纸业有限责任公司。

【基建与技改】

2018 年新建项目和重点技改项目：宜宾纸业股份有限公司年产 12 万吨高档生活用纸项目。该项目由中国轻工业成都设计工程有限公司总承包(EPC)，备浆采用全套安德里茨公司设备，造纸采用5台亚赛利公司幅宽2850毫米、车速1600米/分新月型卫生纸机，以100%自制竹浆为原料生产高档竹浆生活用纸，已顺利投运，实现了生活用纸由零到12万吨/年的目标，其金竹牌竹浆生活用纸荣获第三届中国(上海)国际竹产业博览会金奖；四川石化雅诗纸业有限公司扩建年产5万吨高档竹浆生活用纸加工项目已投产；四川省犍为凤生纸业有限责任公司新增年产12万吨高档生活用纸项目已部分投产；四川金红叶纸业有限公司在遂宁市新建年产12万吨高档生活用纸项目，二期年产6万吨正在建设中。四川金红叶纸业有限公司在雅安市新建年产12万吨高档生活用纸项目正在建设中；四川金田纸业有限公司新建年产60万吨工业纸板项目，二期年产30万吨已投产。

【科研与技术进步】

2018年6月12日，为构建新型战略合作关系，推动竹产业转型升级发展，陕西科技大学、中国轻工业成都设计工程有限公司、四川省犍为凤生纸业有限责任公司为了发展产-学-研优势，在四川省犍为凤生纸业有限责任公司成立“竹产业技术研发中心”。至此，四川省造纸行业已批准成立省级技术研发中心4个，市级技术研发中心5个。

【节能减排、淘汰落后产能】

为贯彻国家保护生态环境、节能减排、淘汰落后产能的相关政策，四川省地处长江上游，为保护长江上游生态屏障，四川省环保厅对全省制浆造纸企业实行严格监管措施，对企业排污口实施全天候监控管理，每个企业必须达标排放。四川省经信厅每年向制浆造纸企业下达节能减排、淘汰落后产能工作目标，根据四川省淘汰落后产能工作协调小组办公室关于下达2018年全省淘汰落后和过剩产能目标任务的通知，全省制浆造纸企业淘汰落后产能16个企业，淘汰落后产能30.5万吨，关闭造纸企业12家。

【发展目标及重点拟建项目】

2019年总体发展目标是：转型升级，结构调整，狠抓重点，稳步发展。竹浆：根据竹子资源情况，按照国家及省上相关环保政策适度新增化学和机械竹浆生产线，技改部分现有竹浆生产线；纸板：根据废纸资源情况，按照国家及省上相关环保政策适度新增部分纸板产能；生活用纸：重点抓好竹浆生活用纸的有序发展，制定竹浆生活用纸技术标准。

（罗福刚）

广西壮族自治区造纸工业

Paper Industry in Guangxi Zhuang Autonomous Region

【行业概况】

2018 年广西壮族自治区制浆造纸行业的发展形势与全国形势一样，行业总生产量及消费量持续增加，制浆造纸行业营业收入稳中有涨，整体生产营业稳定，市场景气度比 2017 年上升，往年营业不正常、停机、停产的一些企业，通过多方面融资、贷款、租赁或收购等方式对企业实行整改升级、改造、完善环保设施等，恢复生产，总体形势良好。

2018 年广西壮族自治区原生浆生产量 221 万吨，同比增长 13.2%，其中：化学浆生产量 114 万吨(其中：蔗渣浆 70 万吨，木浆 40 万吨，竹浆 4 万吨)，化学机械木浆 107 万吨。机制纸及纸板生产量达 292 万吨，与 2017 年生产量持平，其中：生活用纸 75 万吨，文化用纸 8 万吨，特种纸 7 万吨，白卡纸 154 万吨，纱管纸 18 万吨，瓦楞原纸 30 万吨。纸浆模塑制品约 1.2 万吨。工业总产值 295 亿元。

1. 主要浆纸品种概况分析

(1)木浆生产情况

随着国家严抓环保，区外一些制浆企业关停，中美贸易战导致进口浆纸(废纸)加征关税，纤维原料市场愈发紧张，广西壮族自治区原料优势凸显，制浆企业落实环保政策，生产形势良好。木浆生产企业广西金桂浆纸业有限公司生产量稳中有升；广西永凯六景纸业集团有限责任公司、广西宏瑞泰纸浆有限责任公司(原广西劲达兴纸业有限公司)、广西春盛纸业有限公司(原广西金荣纸业有限公司)通过经营方式整合，经过工艺技改后恢复生产，逐渐走上正轨；一些原蔗渣浆生产线，调整生产原料，转产桉木浆，生产线基本上满负荷生产。广西壮族自治区竹木浆生产量达 151 万吨，同比增长 18.6%，为近年来生产量较高的年份，所生产的纸浆品种为化学机械木浆、漂白化学木浆、本色木浆。现生产木浆的企业有：广西金桂浆纸业有限公司、斯道拉恩索(广西)浆纸有限公司、广西宏瑞泰纸浆有限责任公司、广西永凯六景纸业集团有限责任公司、广西广业贵糖糖业集团有限公司、广西来宾东糖纸业有限公司、横县东糖糖业有限公司纸业分公司、柳州两面针纸业有限公司、防城港宏源浆纸有限公司、广西和发强纸业有限公司等。

(2)蔗渣浆生产情况

广西壮族自治区蔗渣浆生产量约 70 万吨，总体上与 2017 年持平，纸浆品种为漂白化学浆和少量本色浆，生产企业主要有：广西来宾东糖纸业有限公司、横县东糖糖业有限公司纸业分公司、广西湘桂华糖制糖集团来宾纸业有限责任公司、龙州南华纸业有限公司、田阳南华纸业有限公司、广西博冠环保制品有限公司、广西农垦糖业集团天成纸业有限公司、广西广业贵糖糖业集团有限公司、广西凤糖鹿寨纸业有限公司等，产品主要供应给生活用纸企业和纸浆模塑企业。广西博冠环保制品有限公司、田阳南华纸业有限公司等蔗渣浆企业配备浆板机，生产蔗渣浆板，增大其销售半径。

(3)生活用纸生产情况

广西壮族自治区生活用纸企业开机率约 85%，生产量 75 万吨，与 2017 年生产量基本持平，产品还是以大轴原纸为主，生活用纸后加工比例不足 30%。往年是以小机台、蔗渣浆为主抄造，品质相对较低，通过几年的转型升级改造，目前中高速纸机已有 25 台，其生产量占了生活用纸生产量的 1/2。生活用纸的纤维原料结构比例中木浆比例日益增长，现中高速纸机大多数使用区内生产的桉木浆配加 10% 左右的针叶木浆，生产品质较高的生活用纸，以适应市场的需要；原以蔗渣浆为主的低速窄幅的纸机大多数也配加了 15% 左右的木浆抄造，以提高生活用纸质量。主要生产企业有：广西田东南华纸业有限公司、柳州两面针纸业有限公司、南宁市佳达纸业有限责任公司、广西天力丰生态材料有限公司、广西龙州曙辉纸业有限公司、广西广业贵糖糖业集团有限公司、广西横县江南纸业有限公司（擦手纸）、柳州市柳林纸业有限公司、广西嵘兴中科发展有限公司、广西和发强纸业有限公司、广西桂海金浦纸业有限公司等。

(4)其他纸种生产情况

文化用纸生产量与2017年持平；通过技改及生产管理，白卡纸主要生产企业广西金桂浆纸业有限公司和斯道拉恩索（广西）浆纸有限公司的生产量稳中有增，白卡纸总生产量同比增长9.1%；特种纸生产量几乎减半，主要是因为一些特种纸生产企业由于产品销路及环保问题关停，现特种纸生产企业主要有：桂林奇峰纸业有限公司、广西贺州市红星纸业有限公司、南宁侨虹新材料股份有限公司。纱管纸生产量持平。包装用纸（瓦楞原纸）原料大多是本地回收废纸，产品销路也是本土及周边省份，受贸易战及国家进口废纸原料减少等因素影响较小。包装用纸（瓦楞原纸）因自身产能较小，总生产量不高，对广西整体制浆造纸生产量影响不大，其生产量与2017年相比下降25%。主要原因是广西金荣纸业有限公司停产，广西春盛纸业有限公司通过经营方式整合，经过技改恢复生产，下半年逐渐走上正轨。主要生产企业有：广西贵港市澳华纸业有限责任公司、广西贵港红旗纸业有限公司、广西永凯大桥纸业有限责任公司、广西象州龙腾纸业有限责任公司、广西春盛纸业有限公司、柳州市桂中纸业有限公司等。

2. 新产品开发

蔗渣浆是广西壮族自治区生活用纸主要原料，同时也是纸浆模塑制品（食品餐具）的好纤维原料，突出的优点是有良好的挺度，成型后的模塑制品刚性强，深受消费者欢迎。

广西侨旺纸模制品有限责任公司是广西壮族自治区纸浆模塑制品的生产先行者，目前正实施扩大生产能力。此外，新增加的纸浆制品公司有：广西沃华环保科技有限公司、广西洁丰科技有限公司、广西华宝纤维制品有限公司、广西福斯派环保科技有限公司；有意向发展纸浆模塑制品项目的企业有：广西博冠环保制品有限公司、广西湘桂华糖制糖集团来宾纸业有限责任公司、广西天力丰生态材料有限公司等。产能主要集中在来宾市，可以预测来宾市或将成为我区“纸浆模塑制品工业园区”。2018年纸浆模塑制品生产量约1.2万吨，预计2019年将有4万吨产能投产；到2020年，产能将达20万吨，很有可能成为我国纸浆模塑制品的主要产区。

蔗渣浆用于擦拭纸生产也有其优势，广西江南纸业有限公司2018年生产量已达3万吨，新扩建产能投产后，2019年擦拭纸生产量将达5万吨。

【原料】

2017年，制浆主要纤维原料为蔗渣、桉木、林业加工剩余物、废纸等，具体如下，蔗渣149万吨（绝干），木材206万吨（绝干），竹子8万吨（绝干），废纸53万吨（绝干）。造纸纤维原料结构大约为：蔗渣浆24%，木浆53%，竹浆2%，废纸浆21%。

【主要生产企业】

到目前为止，广西壮族自治区大型制浆造纸企业只有广西金桂浆纸业有限公司、斯道拉恩索（广西）浆纸有限公司，其余绝大多数是中小企业。2018年广西壮族自治区主要生产企业见表1和表2。

表1 2018年广西壮族自治区主要制浆生产企业

序号	企业名称	产 品	生产量/万吨
1	广西金桂浆纸业有限公司	化学机械木浆	90.0
2	斯道拉恩索（广西）浆纸有限公司	化学机械木浆	16.9
3	广西东糖集团有限公司（广西来宾东糖纸业有限公司、横县东糖糖业有限公司纸业分公司）	蔗渣浆、木浆、竹浆	19.9
4	广西洋浦南华糖业集团有限公司（田阳南华纸业有限公司、龙州南华纸业有限公司）	蔗渣浆、木浆、竹浆	16.6
5	广西湘桂华糖制糖集团来宾纸业有限责任公司	蔗渣浆	11.2
6	广西宏瑞泰纸浆有限责任公司	木浆、竹浆	9.8
7	广西博冠环保制品有限公司	蔗渣浆、木浆	8.3
8	广西广业贵糖糖业集团有限公司	蔗渣浆、木浆、竹浆	8.0
9	广西农垦集团天成纸业有限公司	蔗渣浆	7.7
10	柳州两面针纸业有限公司	木浆	6.6

表2　2018年广西壮族自治区主要造纸生产企业

序号	企业名称	生产量/万吨
白卡纸		
1	广西金桂浆纸业有限公司	109.1
2	斯道拉恩索(广西)浆纸有限公司	39.7
生活用纸		
1	广西田东南华纸业有限公司	6.0
2	柳州两面针纸业有限公司	4.6
3	南宁市佳达纸业有限责任公司	4.0
4	广西天力丰生态材料有限公司	3.8
5	广西龙州曙辉纸业有限公司	3.8
6	广西广业贵糖糖业集团有限公司	3.3
7	广西横县江南纸业有限公司(擦拭纸)	3.0
特种纸		
1	桂林奇峰纸业有限公司	3.5
2	广西贺州市红星纸业有限公司	0.9
3	南宁侨虹新材料股份有限公司	0.8
瓦楞原纸		
1	广西贵港市澳华纸业有限责任公司	12.0

【基建与技改情况】

(1)广西凤糖鹿寨纸业有限公司、广西来宾东糖纸业有限公司、田阳南华纸业有限公司、防城港宏源浆纸有限公司等制浆企业进行二氧化氯漂白工艺改造，或改产本色浆，通过改造进一步提高清洁生产水平。

(2)淘汰落后产能，实现生产装备升级改造，不少生活用纸企业新建中高速纸机或升级改造原有纸机，顺利投产运行，如南宁市佳达纸业有限责任公司、广西天力丰生态材料有限公司、柳州市柳林纸业有限公司、南宁香兰纸业有限责任公司等。纸产品质量提高，生产量增加，能耗、成本下降，进一步提高了市场竞争力。

(3)广西金荣纸业有限公司及广西劲达兴纸业有限公司以被承租方式恢复生产，承租方分别为广西春盛纸业有限公司、百色绿兹源环保科技有限公司；原广西东亚纸业有限公司通过拍卖，由华劲集团股份有限公司接手，成立崇左华劲纸业公司，目前正在维修，进行生产准备工作。

(4)广西博冠环保制品有限公司完成锅炉燃烧工艺调整节能技术改造项目、浆板车间新增白水回收塔项目；2018年度获国家级“绿色工厂”、自治区“工业节水型企业”。

(5)广西金桂浆纸业有限公司完成了年产6万吨淋膜食品级白卡纸技改项目、热电站超低排放技改工程。

(6)广西侨旺纸模制品股份有限公司、广西洁丰科技有限公司、广西沃华环保科技有限公司、广西华宝纤维制品有限公司、广西福斯派环保科技有限公司等蔗渣浆模塑制品公司陆续完成生产线安装并投入生产。广西侨旺纸模制品股份有限公司完成16台机械手配套安装及验收并已正式投入生产，完成锅炉高效布袋除尘及节能降耗技改等。

【科研与技术进步】

(1)根据《广西壮族自治区人民政府关于2017年度广西科学技术奖励的决定》(桂政发〔2018〕10号)，由广西大学、赣州华劲纸业有限公司作为主要完成单位的“竹子清洁化制浆造纸与资源化利用关键技术开发及应用”项目获得科学技术进步奖二等奖。

(2)2018年11月23日中国轻工业联合会发布“2018年度科学技术奖获奖项目公告”，广西大学轻工与食品工程学院、广西博世科环保科技股份有限公司、北京林业大学和广西博冠环保制品有限公司合作完成的“大型二氧化氯制备系统关键技术研发及其在纸浆清洁漂白中的应用”获得技术发明奖一等奖。

(3)广西侨旺纸模制品股份有限公司获得“广西名牌产品”称号和8项实用新型专利。横县东糖糖业有限公司纸业分公司开发的“一种采用无硫蒸煮工艺生产板皮浆的方法”申请专利已获专利登记。

(4)广西壮族自治区造纸行业高新技术企业有：广西金桂浆纸业有限公司、桂林奇峰纸业有限公司、南宁侨虹新材料股份有限公司、广西天力丰生态材料有限公司。

(5)广西金桂浆纸业有限公司获得“两化融合管理体系评定证书”“广西智能工厂示范企业”、自治区“守合同重信用”公示企业、自治区认定的“企业技术中心”“钦州市科学技术特别贡献奖”“钦州市2018年度节水型企业”。

(6)南宁侨虹新材料股份有限公司荣获“广西质量管理先进单位”、首届“广西—东盟经济技术开发区主任质量奖”。

【发展中的问题】

(1)原料优势未凸显，没能科学利用

2018年，广西壮族自治区森林面积达1480万公顷，森林覆盖率达 62.37%，居全国第 4 位；活立木蓄积量 7.6 亿米^3，居全国第 8 位；丰产林面积 533 多万公顷(桉树面积 200 多万公顷)，居全国第 1 位；广西壮族自治区木材生产量达 3200 万米^3，占全国商品材总生产量的 41.88%，居全国第 1 位；木材原料十分丰富；大径竹材生产量 4.32 亿根。

广西壮族自治区木材生产量为 3200 万米^3(大部分做板材，少部分供制浆造纸)，经测算，木材加工等三剩物原料约 800 万吨(绝干)/年，蔗渣原料 150 万吨(绝干)/年，竹子原料 120 万吨(绝干)/年，若能将以上原料全部利用，保守估计可生产 500 万吨浆。而目前，广西壮族自治区纸浆的年生产量为 230 万吨左右，有相当部分出售到周边省份企业，还有相当部分未得到利用。如何充分利用这些原料资源，很值得大家探索及尝试。

蔗渣浆应用面较小，目前多用于生活用纸，在未来发展中，应拓宽其产品种类，如擦拭纸、纸浆模塑制品等。

生活用纸增加木浆比例，发展高档产品，重视品牌建设。

(2)节能减排

节能减排是制浆造纸发展永恒的主题，要把绿色发展放在第 1 位，2017—2018 年，广西壮族自治区执行环保政策，加强环境保护，运行良好，但也有少数企业被亮黄牌。企业要加强资源循环利用，提高资源综合利用水平，防治污染。

(3)落后的生产工艺及设备阻碍造纸工业高质量发展

还有相当部分漂白化学浆生产线未能实行清洁生产(二氧化氯)改造，加快无元素氯漂白改造步伐。现浆需求较大，要抓紧机遇发展广西壮族自治区纤维资源优势，争取市场。现广西化学浆的突出问题是，外围省份企业缺少浆原料，而广西壮族自治区有浆卖不出去，这是由于这部分纸浆大多是湿浆，运输成本较高，要根本解决以上问题，必须建设浆板机。

生活用纸机，虽然建设了不少中高速纸机，但还是有很多小纸机。这些小纸机在能源消耗、抄造效率、产品质量、生产成本等方面没有竞争力，已不适应发展，要加紧淘汰。宽幅的普通圆网生活用纸机可通过技术改造提高车速、降低能耗，提高市场竞争力，还有成熟经验借鉴。以蔗渣浆为主要原料生产生活用纸的纸机车速都很难提高，必须考虑开发以蔗渣浆为主要抄纸原料的工艺及装备。

(4)在蔗渣浆、桉木浆应用方面缺乏科研投入

人们生活质量及生活要求越来越高，而在如何利用科学手段改善浆使用性能(如柔软度)，近年来都没有相关课题研究，没有科研投入，产品越来越不受主流市场欢迎。企业和高校都应重视这个问题。蔗渣浆在擦拭纸、纸浆模塑制品(食品餐具)方面有很好的发展前景，但浆的质量及纸浆模塑制品防油防水性能等方面如何达到要求，国内研究很少，使用的化学品需要进口，价格居高不下，影响发展。

(5)高端生产管理人才缺乏

广西壮族自治区造纸工业相对于全国来说，还是比较落后的，高端生产管理人才也比较缺乏。这需要政府和行业政策支持，企业主导，引进高端生产管理人才，为广西壮族自治区造纸工业发展带来新理念和新机遇。

(覃程荣　石美玲)

天津市造纸工业

Paper Industry in Tianjin City

【行业概况】

2018 年，天津市造纸行业克服外部宏观经济和废纸进口政策的压力，紧密结合本地资源特点和周边市场需求，依托港口优势，以和谐发展、科学发展为指导思想，坚持环境友好型造纸企业建设理念，选择废纸及生物机械浆为多元化造纸原料，以进口美废为主，国废和少量自制浆原料的使用规模也在日益提高，以现代化纸板生产线完成各种包装纸板产品大规模生产，进一步提高产业的集中度和生产的集约化，不断适应周边市场对于不同等级产品的多层次需求。

2018 年，天津市造纸工业规模以上机制纸生产量 286.4 万吨，较 2017 年增长 3.3%，其产品种类包括各等级的高强瓦楞原纸、挂面箱纸板、多种牛卡纸、白卡纸、灰底白卡纸、白面牛卡纸等产品，逐步丰富天津市纸张产品类型。全市有规模以上造纸及纸制品相关工业企业 121 家，工业总产值 253.2 亿元，较 2017 年增长 7.4%，从业人员人数 15020 人。其中，大中型企业 9 家，工业总产值 145.8 亿元，较 2017 年增长 3.7%，从业人数 6016 人。全市规模以上造纸及纸制品相关工业企业资产总值 254.6 亿元；固定资产总值 120.6 亿元；固定资产投资 48.1 亿元，较 2017 年下降 9.6%。主营业务收入 244.3 亿元，较 2017 年增长 4.7%；利税总额 23.6 亿元；利润总额 16.0 亿元，较 2017 年增长 11.9%。

【生产企业】

天津市造纸工业的发展面临着水资源和林产资源短缺等不利因素，同时也具有港口城市交通便利、进出口贸易发达等优势。这些因素共同决定了天津市的造纸工业发展必须遵循低污染、低消耗，主要原料和产品均为外购外销等发展途径。一些落后的生产经营方式难以适应新的发展形势和需求，因此必将被逐步淘汰。今后，随着天津市整体工业构架的逐步明晰和完善，具有一定生产规模、适应天津市资源特点的造纸企业，将逐步成为天津市造纸工业发展的中流砥柱。根据现有资料，目前发展态势较好并具有一定生产规模的部分企业如下。

1. 玖龙纸业(天津)有限公司

玖龙纸业(天津)有限公司坐落在宁河经济开发区，由香港上市公司玖龙集团投资建设。玖龙集团的造纸布局主要位于广东东莞、江苏太仓、天津、重庆、福建泉州、辽宁沈阳、四川、河北、以及位于“一带一路”的越南等 9 个基地。

天津生产基地占地面积 240 公顷，目前已完成投资 105 亿元，建成了 5 条现代化生产线，引进世界一流的生产设备和先进工艺，主要生产环保型牛卡纸、高强瓦楞原纸、灰底涂布白纸板、白卡纸等高档包装用纸。实现就业 2500 人，其中：吸收本地就业人员比例达到 55%。2017 年实现生产量 207 万吨，产值 75 亿元，上缴税收 5 亿元。

一期工程于 2009 年 9 月投产，2 条生产线年产能 80 万吨。二期工程于 2011 年 5 月投产，2 条生产线年产能 80 万吨。三期工程于 2012 年 6 月投产，新建 1 条年产能 55 万吨生产线。所有项目设备全部采用世界最先进的造纸设备和控制系统，制浆及造纸的主体设备由美国、芬兰和德国提供；控制系统由 ABB、SIEMENS 等提供。纸机幅宽 6660 毫米，车速 1000 米/分。其中三期工程采用靴式压榨、红外干燥、软压光等先进工艺技术生产涂布白纸板、涂布白卡纸等产品，达到世界同类纸种生产最尖端水平。

在环保治理方面，天津玖龙优先使用节能环保设备，严格执行国家和地方的环保政策，各项排放指标都做到优于国家标准。同时，坚决贯彻党的十九大提出的“绿水青山就是金山银山”的理念，力争把基地建设成行业最新、国际领先的现代化企业，打造循环经济型、绿色环保型的工厂。

在废水处理方面，天津基地引进了世界先进的造纸生产工艺，从源头抓污染，将吨纸耗水量控制在5吨以下，同时采用荷兰进口的厌、好氧生物处理+三级深度处理工艺实现 COD_{Cr} 排放指标不超过60毫克/升，远低于国家排放标准。2016年投资6000万元新建中水处理循环使用项目，实现75%的废水循环利用率；在废水处理过程中产生的轻渣和沼气，输送到焚烧炉进行焚烧用于产生蒸汽和发电。在烟气处理方面，建厂之初采用全套进口脱硫设备和炉内喷钙加湿法脱硫的二级处理技术。2017年投资7000万元新建了2台烟气超净排放设备，烟气排放指标达到了天然气的排放标准。

生产线采用了废纸制浆、热分散处理、稀释水流浆箱、靴式压榨等先进的工艺技术，同时也应用了白水回收、热回收、回用水利用等高效的节能环保技术，体现了玖龙集团"没有环保，就没有造纸"的理念。

2. 天津广聚源纸业有限公司

天津广聚源纸业有限公司坐落在天津市津南区咸水沽镇的海河科技园区，始建于2005年，厂区占地面积40公顷，建筑面积8万米²，注册资金1.665亿元，现有员工400余名，拥有大批专业技术人才和生产骨干，企业年产值2亿元。公司以高新技术为依托，本着建设资源节约型、环境友好型企业的宗旨，努力促进循环经济的发展，打造环保、低碳、高效的新型企业。曾荣获天津市劳动和社会保障局授予的"A级劳动关系和谐企业"、政府授予的"津南区纳税大户""循环经济示范企业"等荣誉称号，已成为地区支柱产业。

天津广聚源纸业有限公司经营范围涉及机制纸及纸板制造、生物纸浆及销售等。拥有国内先进的生产技术和设备，公司现有1条造纸生产线，年生产能力6万吨。今年拟建设节能型年产12万吨高档工业原纸(4200/500)生产线以及相应的辅助系统改造。包括新增1台DCS、QCS自控双叠网4200/500纸机、自动制浆生产线1套及可控热泵系统、密闭气罩热能回收装置等附属设备6台。该公司正式投入生产运行以来，连续2年总产值过亿元。企业2010年年末投产的二期建设项目使产能再扩大3倍，年产值将达到12亿元以上，开始驶入加速发展的快车道。现正在逐步形成集绿色循环产业、餐饮服务业、娱乐观光业和房地产业于一体的大型综合性集团公司，已拥有43000米² 创意中心和占地面积13.33公顷的绿色生态园，显示出自己独特的风格和魅力。

广聚源纸业以高新技术为依托，本着建设资源节约型、环境友好型企业的宗旨，努力促进循环经济的发展，以农作物废弃物(稻草、棉秆)和生活包装废弃物(废纸箱)为纤维原料，将废弃物转化为再生资源，不仅变废为宝，而且保护了环境，促进了循环经济的发展。在实际生产中，企业积极引进科技手段，采用生物预处理机械浆制浆技术生产稻草、棉秆高得率本色浆，制浆得率高、能耗低、质量好、污染轻，形成了具有自主知识产权的清洁制浆技术。该公司主要使用城市污水处理厂的中水为主要生产用水，在工艺流程设计中对生产过程的用水采取了节流-治污相结合的方法，水的重复利用率超过了90%，保证企业步入了清洁、节能的生产轨道，实现了资源优化配置。

【基建与技改】

目前在天津市生存和发展的造纸企业，大都具有资源消耗最小化、污染控制技术有特色、有成效等技术特点，这是天津市自然条件、政策条件以及市场条件等多种因素共同作用的必然结果，也是天津市造纸工业可持续发展的必经之路。

2018年天津市造纸及纸制品制造以及制浆设备制造行业投资项目完成46个，计划投资40亿元，2018年完成投资36亿元；新建技改项目19个，计划投资9.5亿元，2018年完成技改投资8.4亿元。

【科研与技术进步】

目前天津市造纸行业坚持走"产学研结合"技术发展之路，各企业和科研院所以科技创新为先导，积极开展科研项目合作以及技术开发工作，达到促进企业良性健康发展之目的。天津市造纸大中型工业企业科学研究与试验发展(R&D)活动积极开展，有R&D活动的企业数为35家；2018年企业R&D活动经费内部支出总额3.71亿元，较2017年增长4.2%；R&D项目数为149个。大中型工业企业科技机构8个；科技机构R&D活动经费支出2.63亿元，较2017年增长15.4%；专利申请数281件，其中，发明专利99件，较2017年下降13.2%。

2015年4月天津科技大学造纸学院自成立之初，就与天津市乃至国内外众多造纸企业保持着紧密合作关系。现已完成来自于国际合作、国家"十一五"规划、"十二五"规划和天津市科委以及全国大中型造纸企业的委托科研项目多项，对促进我国造纸工业的技术进步和发展起到了重要的作用。

天津科技大学承担的在研的国家级、省部级重大科研项目如下。

(1)科技部重点研发计划项目，基于造纸过程的纤维原料各组分清洁分离利用及环境评价，研究经费441万元；

(2)科技部重点研发计划项目，微纳米纤维素关键制造技术及中试示范，研究经费115万元；

(3)科技部重点研发计划项目，木质素分离纯化新技术研究，研究经费50万元；

(4)科技部重点研发计划项目，生态型短流程清洁制浆造纸技术研发及产业化示范，研究经费53万元；

(5)国家自然科学基金项目，水热耦合机械预处理木质纤维吸附纤维素酶行为及调控机制的研究，研究经费61万元；

(6)国家自然科学基金项目，自水解预处理木质纤维超微结构及化学组成对后续制浆碱液吸收影响机制的研究，研究经费63万元；

(7)国家自然科学基金项目，纤维素酶在高得率浆纤维上的分布和扩散机制研究，研究经费62万元；

(8)国家自然科学基金项目，木质素基纳米粒子水凝胶药物载体的构筑及智能释放行为调控，研究经费25万元；

(9)国家自然科学基金项目，纳米纤丝纤维素凝胶化机理及纤维表面能调控机制研究，研究经费27万元；

(10)国家自然科学基金项目，木质素酸催化协同缩合控制定向解聚机制及其高抗氧化低聚产物构效关系研究，研究经费23万元；

(11)国家自然科学基金项目，“漆酶-木聚糖酶”双功能作用预水解液促半纤维素转化糠醛机理研究，研究经费27万元；

(12)天津市重点基础项目，农业剩余物联产纸浆、葡萄糖和沼气技术的研究，研究经费20万元；

(13)天津市重点基础项目，高浓/高剪切工况微纤化纤维素阳离子改性反应特性，研究经费20万元。

【环境保护与节能】

天津市作为国内重要的大型工业城市，历来重视环境保护工作，对于所属企业的污染排放限制提出了严格的要求。本市的造纸工业非常重视此项工作，在实际运行中，投入了大量的技术和资金力量对水资源利用和排放进行了重点治理。其中比较有代表性的玖龙纸业(天津)有限公司，秉承“没有环保就没有造纸”的理念，积极推动碳减排，立足于循环经济，实现可持续发展，并取得了“中国环境标志产品”认证，实现了吨纸消耗清水5吨以下。通过采用荷兰的厌氧、好氧+三级深度处理技术，实现了废水 COD_{Cr} 排放低于60毫克/升；对烟气处理，增加了进口脱硫设备，采用炉内喷钙加湿法脱硫，实现了 SO_2 排放不超过100毫克/米^3，粉尘排放指标不超过30毫克/米^3；在综合利用方面，实现了废水处理系统产生的沼气收集进行生物发电；利用污泥干化再利用系统，废纸脱墨产生的脱墨污泥进行干化处理，作为燃料在热电锅炉中燃烧回收热能；在行业率先引入环保燃烧炉，对造纸轻废渣进行了燃烧利用。2009年玖龙纸业天津基地被评为天津市循环经济试点单位。在此基础上，天津玖龙纸业积极推行清洁生产，将工作重点放到实施生产工艺和设备的技术改造方面，进一步节能降耗，完成清洁生产审核和能源审计工作。

【发展中的问题】

天津市具有良好的制浆造纸工业基础，积极整合资源、充分发挥现有技术力量和设备条件，提高产业产品竞争力，充分利用口岸优势，扩大废纸资源利用率，多途径拓展造纸原料来源，提高农业废弃物等非木材植物纤维资源，解决原料问题，是天津市造纸工业保持良性发展的关键。

（惠岚峰）

江西省造纸工业

Paper Industry in Jiangxi Province

【行业概况】

2018 年江西省造纸行业继续稳步发展。据江西省工业和信息化委员会统计，2018 年，全省规模以上机制纸及纸板完成生产量 214.5 万吨，同比增长 5.3%，纸浆完成生产量 15.8 万吨，同比减少 2.6%。

据国家统计局统计及江西省造纸协会调研资料统计，江西省制浆、造纸、纸制品工业规模以上工业企业共有 130 家，其中，规模以上造纸企业 70 家，纸制品制造企业 60 家。

造纸产品主要有以下四大类：(1)文化印刷用纸。主要品种有：轻型纸、低定量涂布纸等薄型文化用纸系列产品暨教材专用纸、中小学生作业本专用纸、书写纸、双胶纸。(2)包装用纸。主要品种有：涂布白纸板、箱纸板、瓦楞原纸、食品包装用纸板、纱管纸、牛皮纸、黑卡纸、色卡纸、牛皮卡纸。(3)生活用纸。主要品种有：纸巾纸、卫生纸、普通湿巾、宠物湿巾、卫生巾、纸尿裤、擦手纸、厨房用纸。(4)特种纸与加工纸。主要品种有：鞋用纸板、载带封装用纸板、引线纱纸、电容器纸、烟花鞭炮纸、鞭炮红纸、红炮包装纸、花炮纸、连四纸。

【原料】

江西省是国内生态环境较好的省份，植物纤维原料丰富。据省林业厅发布的公告，江西省森林资源覆盖率63.1%，位于全国的第 2 位。但由于政府管理部门考虑制浆对环境的影响等多方面的原因，江西省内绝大部分丰富的可利用的小山竹等多品种造纸植物纤维原料除少部分销往邻省外，均未得到利用，资源优势未转化为经济优势。

据调查，江西省内造纸企业采用原生植物纤维原料制浆的企业主要有江西晨鸣纸业有限责任公司，该企业有 1 条采用木材为主要原料的漂白化学热磨机械浆(BTMP)生产线，该生产线实际年产能力达 25 万吨左右，主要用该浆配抄轻型纸暨低定量涂布纸系列产品。该生产线自投产后至今运行正常，年生产量从最初的 18 万吨到现在已实现年生产量 25 万吨。

赣州华劲纸业有限公司用立锅蒸煮自制的杂木原生浆配比生产纸巾纸、卫生纸及文化用纸产品，现该企业主要采用当地家具厂生产家具时产生的针叶木和阔叶木废料为原料制浆，生产生活用纸及文化用纸产品。由于充分利用了当地丰富廉价的木材剩余物加工废料，降低了原料生产成本，企业经济及社会效益均较好。除以上 2 个企业采有原生植物纤维原料外，其他造纸企业所用的造纸纤维原料主要依靠外购各种纸浆板和废纸。生产生活用纸的企业除赣州华劲纸业有限公司大部分采用自制木浆为主要原料外，其余企业均是采用针叶木、阔叶木浆板原料配比生产；生产牛皮纸的企业采用回收废报纸为原料生产；生产箱纸板的企业采用本色针叶木浆挂面，芯浆底浆均采用废纸原料生产；生产瓦楞原纸、涂布白纸板等产品的企业全部采用废纸原料生产。

【生产企业】

据统计，江西省规模以上制浆、造纸、纸制品企业有 130 家，其中，规模以上造纸企业有 70 家，纸制品制造企业 60 家。自制原生浆造纸的企业有 2 家。另有近百家生活用纸后加工小型企业。据调查，江西省内目前只有江西理文造纸有限公司年生产能力 100 万吨以上。年生产能力 30 万 ~100 万吨的中型企业只有 3 家，年生产能力 5 万 ~30 万吨的小型企业有 31 家，剩余企业均是年生产能力 5 吨以下的小型企业。年生产能力 30 万吨以上造纸企业情况见表1，年生产能力10 万 ~30 万吨造纸企业情况见表2。

表 1　2018 年江西省年生产能力达 30 万吨以上的造纸企业

序号	企业名称	年生产能力/万吨	主要品种
1	江西理文造纸有限公司	150	牛皮箱纸板、瓦楞原纸、生活用纸
2	江西晨鸣纸业有限责任公司	70	轻涂纸、低定量涂布纸、食品包装纸板
3	赣州华劲纸业有限公司	35	高档生活用纸、文化用纸

表 2　2018 年江西省年生产能力 10 万 ~30 万吨的造纸企业

序号	企业名称	年生产能力/(万吨)	主要品种
1	广丰县芦林纸业有限公司	70(2019 年年底达产)	高档箱纸板、瓦楞原纸
2	吉安丰顺达纸业有限公司	15	色卡纸
3	江西柯美纸业有限公司	30	箱纸板、牛皮卡纸、瓦楞原纸、烟花鞭炮纸
4	江西明盛实业有限公司	15	涂布白纸板
5	江西省新洪兴纸业有限公司	10	高档包装用纸
6	江西富丰纸业有限公司	10	牛皮纸、涂布白纸板
7	上栗县萍锋纸业有限公司	30	牛皮纸、涂布白纸板
7	萍乡旭日纸业有限公司	10	包装纸
9	瑞金市晶山纸业有限公司	20	包装用纸
10	上栗县恒达纸业有限公司	30	包装用纸
11	共青城顺风纸业有限公司	15	包装用纸
12	江西永新南方纸业有限公司	10	涂布白纸板
13	峡江县富兴纸业有限公司	10	涂布白纸板
14	泰和县金丰实业有限公司	10	涂布白纸板
15	广丰双鼎纸业有限公司	15	包装用纸
16	江西顺达纸业有限责任公司	10	涂布白纸板
17	广丰县华龙实业有限公司	10	箱纸板、瓦楞原纸
18	江西泰盛纸业有限公司	24	生活用纸
19	峡江金威纸业有限公司	10	涂布白纸板

【基建与技改】

(1)江西芦林纸业有限公司扩建项目

2012 年下半年，江西省发展改革委以赣发改能审专字〔2012〕157 号文下发，批准了广丰县芦林纸业有限公司年产 70 万吨高档纸板扩建项目。该项目于 2014 年 4 月开工建设，总投资 16.4 亿元，占地面积 36 公顷，全部采用废纸原料生产高强瓦楞原纸暨高档箱纸板产品。截至 2015 年年底已完成投资 8 亿元，计划 2016 年再完成投资 8.4 亿元，项目达产达标后，可年产各类包装用纸 70 万吨，年产值达 20 亿元以上，实现利税 2.5 亿元，税金 1.5 亿元。该项目主要建设内容包括新建 1 条高强瓦楞原纸生产线，1 条牛皮箱纸板生产线，1 座给水处理站，1 座废水处理站，锅炉及 2×12 兆瓦汽轮发电机能力的自备动力车间、仓库、附属用房及环保设施等。目前已完成 12000 米^2 成品库及 2 个造纸车间的土建工程暨部分配套设备安装。由于资金投入不及时等多种原因，工程进展缓慢，预计 2019 年才能全部完成设备安装并开始调试生产。

(2)广丰县双鼎纸业有限公司年产 15 万吨纸制品新建项目

广丰县双鼎纸业有限公司位于江西省上饶市广丰县芦洋产业园 A 区，2016 年上半年开始开工建设。现企业生产各类纸制品，并有 1 条年产 2 万吨的瓦楞原纸生产线。新建项目总投资 2 亿元，占地面积 6 公顷，计划新建年产 15 万吨的高强瓦楞原纸生产线。项目全部达产达标后可实现产值 5 亿元，税收达 3000 多万元。该项目于 2018 年投产并运行。

(3)江西映山红特种纸业有限公司新建项目

该新建项目位于江西省吉安市峡江县造纸工业园区内。该项目为年产 10 万吨薄型纸，总投资为 12 亿元，预计全部项目完工并达产达标后主营业务收入达 10 亿元，利税达 1 亿元。预计 2019 年开始生产并运行。

(4)江西富安纸业有限公司计划新开工项目

江西省工业和信息化委员会以赣工信投资字 95 号文批准了江西富安纸业有限公司年产 20 万吨涂布白纸板新建项目。该项目计划于 2015 年 6 月开工建设，2017 年 6 月竣工，项目总投资 15 亿元，建设地点为江西省吉安市峡江县巴邱镇，项目达产达标后主营业务收入预计达 15 亿元，利税 2 亿元。但由于资金等问题，目前暂未开工建设。

(5)峡江县金威纸业有限公司计划新开工项目

江西省工业和信息化委员会以赣工信投资字 95 号文批准了峡江县金威纸业有限公司年产 10 万吨涂布白纸板新建项目。该项目计划 2015 年开工建设，2017 年 6 月竣工，项目总投资 10 亿元，建设地点为江西省吉安市峡江县巴邱镇，项目达产达标后主营业务收入预计达 10 亿元，利税达 1400 万元。该项目于 2018 年投产试运行。

(6)江西泰盛纸业有限公司生活用纸新建项目

由上海泰盛制浆(集团)有限公司总投资 100 亿元的江西泰盛纸业有限公司高档生活用纸项目于 2017 年 1 月 2 日在九江市城西港区正式开工。目前该项目已完成进度的 25% 以上，其中，1 号造纸车间基础工程已全部完成，二层结构已完成 50% 以上；2 号造纸车间基础已完成约 50%；电厂主厂房正负零以下基础已全部完成；脱硫除尘区、干煤棚、生物质棚、输煤隧道等区域桩基施工已完成；其他配套工程同步推进建设。该项目占地面积 57.47 公顷，总投资 100 亿元，建设年产 48 万吨生活用纸原纸、18 万吨生活用纸成品纸和 18 亿片妇婴卫生用品。产品包括卫生纸卷纸及手帕纸、抽纸等纸巾纸产品、厨房用纸、妇婴卫生用品等。项目达产达标后，可实现年销售收入 88 亿元。该项目首台高速卫生纸机于 2018 年 6 月 27 日成功出纸。2018 年 11 月 29 日第 4 台高速卫生纸机 TM10 已投入生产运行，该纸机是福伊特公司供货的 XcelLine 卫生纸机。

(7)江西晨阳纸业有限公司新建项目

该项目由南昌旭亮卫生纸品公司投资建设，位于永修县云山工业园，总投资 3.5 亿元，占地面积约 2.67 公顷，生产生活用纸系列产品，于 2018 年初开始生产试运行。

(8)江西华旺纸业实业有限公司新建项目

该项目位于江西省九江市工业园，2016 年宣布年产 10 万吨生活用纸项目开工建设，总投资 2.7 亿元，主要生产生活用纸、纸尿裤等产品。项目采用租用厂房形式，分 3 期建设。其中，一期投资 1 亿元，建设 6 条全自动生产线。厂区占地面积 2 万米^2，一期建设年产 2.58 亿片成人护理垫生产线和 2 条年产 8600 万片成人纸尿裤生产线。预计建成并达产达标后，可实现主营业务收入 1.5 亿元，利税 5000 万元，增加就业 200 人。目前该项目仍在建设中。

(9)瑞金市晶山纸业有限公司技改项目

瑞金市晶山纸业有限公司是一家生产高强瓦楞原纸的港商合资企业，由领天国际(香港)有限公司和瑞金市丰达凯莱贸易有限公司合资创办。公司 2002 年成立，注册资本 2120 万元。2007 年晶山纸业有限公司实施异地扩能技改，在泽覃乡石水村牛尾坝兴建 3800 毫米及 3200 毫米 2 条纸机生产线，已建成年产 5 万吨瓦楞原纸生产能力，年产值 1.2 亿元。为进一步扩大企业生产能力，经公司董事会决定，总投资 2 亿元，新增 1 条年产 12 万吨高档包装纸板生产线。2016 年 4 月 27 日，晶山纸业有限公司与江西省瑞金市政府正式签约该项目。2017 年下半年，晶山纸业有限公司高强瓦楞原纸生产车间进入设备安装，环保设施在建，仓库及锅炉房建成，2018 年初投产试运行。投产后可实现年产值 3 亿元。

(10)抚州市利峰纸业有限公司改扩建项目

据抚州市环保局 2018 年 11 月公布，抚州市利峰纸业有限公司投入约 1.7 亿元，改扩建年生产量为 22 万吨。产品品种为高强瓦楞原纸、纱管纸、箱纸板。该项目属于是改扩建工程，建设地点位于抚北工业园区(原抚州市兴业实有限公司厂址内)，项目投资总额 17018.59 万元，其中，环保投资 1267.63 万元，占总投资的 7.63%。改扩建项目以废纸为原料，采用非脱墨制浆工艺，经制浆、造纸生产工艺过程生产高强瓦楞原纸、纱管纸、箱纸板产品。该项目分 2 期建设，一期技改项目将利用原有生产厂房及部分设备，新建 1 条年产 11 万吨高强瓦楞原纸、箱纸板生产线，其中，年产高强瓦楞原纸 9 万吨、箱纸板 2 万吨；二期项目新增 1 条年产 11 万吨生产线，其中，高强瓦楞原纸 6 万吨、纱管纸 2 万吨、箱纸板 3 万吨。总建设规模为年产高强瓦楞原纸 15 万吨、纱管纸 2 万吨、箱纸板 5 万吨。现企业拟在原有厂房基础上利用原有部分设备进行改扩建，以及将原有的 10 蒸吨锅炉淘汰，新建 1 台 25 蒸吨燃煤锅炉，用于一期技改供热。一期技改项目建设高强瓦楞原纸、箱纸板生产线 1 条，并配套废水处理站、锅炉烟气治理系统、事故池等环保工程；二期项目建设高强瓦楞原纸、纱管纸、箱纸板生产线 1 条，二期废水处理设施、事故池等均依托一期技改项目。

(11)江西省桃源纸业有限公司新建项目

江西省桃源纸业有限公司新建项目位于永丰县工业园西区，项目总投资 2.25 亿元，年产 10 万吨高档箱纸板项目，目前已完成环境影响评价公示，项目以废纸为原料生产。主要建设生产车间、制浆车间、原料棚、成品库各 2 栋，以及办公楼、锅炉房、机修间、供水、供电等共用及辅助工程，废水处理站、锅炉烟气治理系统、固废暂存房等环保工程。

【发展中存在的问题】

江西省造纸行业近几年来获得了稳步发展，但整体发展缓慢，特别是与东部发达的省份相比差距较大，其主要原因是政府管理部门没有将造纸行业列入工业优先发展行业，影响了行业的发展。今后几年，随着省内造纸企业的技改及不断的投入，全省纸及纸板生产量暨产值将会有较大的提高。

(雷建民)

辽宁省造纸工业

Paper Industry in Liaoning Province

【行业概况】

辽宁省从 2008 年开始对制浆造纸工业实施严格环保政策，逐步淘汰落后产能，企业数量逐年减少。2018 年辽宁省规模以上造纸及纸制品企业数量仅存 85 家，目前的从业人员为 8603 人，其中：国有经济单位 708 人，城镇集体经济单位 334 人，其他经济单位 7561。2017 年扭转了从 2011 年开始至 2016 年生产量逐年下降趋势后，2018 年规模以上企业总生产量增加至 106.9 万吨，较 2017 年增加了 33.2 万吨，预示着辽宁省造纸及纸制品产业走向良性发展之路。近 10 年来辽宁省规模以上企业纸及纸制品生产量变化趋势如图 1 所示。

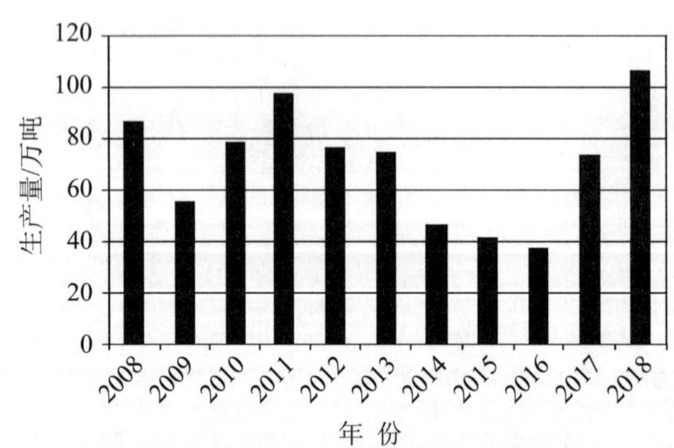

图1 近10年来辽宁省规模以上企业纸及纸制品生产量变化趋势

目前，辽宁省造纸企业主要分布在沈阳、辽阳、丹东、大连、营口、朝阳、鞍山、本溪、抚顺、铁岭、锦州、阜新等几个规模较大城市或地区。2016—2018 年辽宁省不同地区规模以上造纸企业的生产量变化如表 1 所示。

辽宁省现有 85 家造纸及纸制品企业中，按资产投入分类，国有及国有控股企业 1 家，约占 1.18%，外商投资企业为 20 家，占 23.53%，其余资金投入为 64 家，占比 75.29%；按企业规模分类，大中型企业数量较少，与 2017 年持平，为 13 家，约占 15.29%；从资产规模看，2018 年折算后总资产 134.4 亿元，其中，国有企业资产为 3.0 亿元，占 2.23%；其他资产 131.4 亿元，占 97.77%。2018 年 500 万元以上施工项目 27 项，其中，新开工 15 项，全部建成投产项目 11 项。从能耗角度分析，2018 年纸张与纸制品产业煤炭消费量 57.91 万吨，电力消费量 10.11 亿千瓦时。辽宁省造纸企业性质与经营情况详见表 2。

表1 2016—2018 年辽宁省不同地区纸及纸板生产量 单位：万吨

地区	生产量		
	2016	2017	2018
沈阳	5.9	15.8	33.2
大连	15.5	16.3	17.8
丹东	3.5	3.8	4.5
锦州	4.2	5.6	4.8
阜新	1.3	8.6	11.6
盘锦	5.4	5.6	6.8
铁岭	0.3*	18.0	25.2
鞍山	–	–	3.0

注：* 铁岭实际生产量应远高于 0.3 万吨。

表2 2018 年辽宁省造纸企业性质与经营情况

企业性质	数量/个	资产/亿元	主营收入/亿元	利税总额/亿元
国有企业	1	3.0	1.50	0.10
其　　他	84	131.4	103.20	12.60
合　　计	85	134.4	104.70	12.70

2018 年辽宁省造纸及纸制品加工企业发展势头向好，辽宁省相关企业主营业务收入 104.70 亿元，利税总额 12.70 亿元。由于辽宁省对制浆废液排放的严格限制，很多制浆造纸厂转型发展，现在生产

特种纸和纸基功能材料的企业占大多数。这些企业的特点是，虽然生产规模不大，但仍保持较好经济效益。而大中型企业虽然生产量较大，但利税额较低。

从产品产销情况看，产销基本平衡，产品销售率仍保持较高水平，为98.0%。

【原料】

辽宁省造纸原料以芦苇和废纸为主，外购部分商品浆。盘锦辽河三角洲是我国第二大芦苇产区，金城造纸股份有限公司和辽宁振兴生态造纸有限公司就是以盘锦辽河三角洲的芦苇为原料制备文化用纸和商品浆板。废纸资源，国内外各占50%左右。琥珀纸业有限责任公司、辽宁兴东科技有限公司、大连金洋纸业有限公司生产的箱纸板主要以国内废纸及欧美废纸为原料。

【生产企业】

1. 锦州金日纸业有限责任公司

锦州金日纸业有限责任公司前身金城造纸股份有限公司和金城造纸厂，1939年由日本王子株式会社始建，经多次变更，是一个具有70余年发展历史的企业，是我国原八大书刊印刷纸厂之一，是国家大型一类企业。金城造纸股份有限公司占地面积294万米^2，建筑面积25万米^2，现有年生产能力15万吨，副产品黏胶剂(木质素磺酸盐)年生产能力18万吨。主要产品有胶印书刊纸、胶版印刷纸、书写纸、期刊专用纸。

制浆废液(红液)浓缩后的产品为亚硫酸氢镁型黏合剂，主要应用在建材、冶金等行业，不仅拥有国内市场，作为世界上为数不多的酸法制浆工艺生产的木素磺酸盐还销售到日本、韩国、东南亚、中东等国际市场。

2. 辽宁兴东科技有限公司

辽宁兴东科技有限公司是辽宁兴东纸业有限公司全资子公司，辽宁兴东纸业有限公司是铁岭市委、市政府调整地区产业发展布局，招商引资落户在铁岭开原市造纸产业园区的首家企业，于2012年5月入驻开原市造纸产业园区，规划建设年产100万吨的高档包装纸板项目，计划总投资12亿元，分3期工程实施。该项目以废纸为原材料，生产高档包装纸板，属于国家鼓励的“资源循环利用，清洁环保生产”的循环经济产业项目，产业发展前景良好。

一期工程项目占地面积10.13公顷，建筑面积3.2万米^2，完成投资3.8亿元，建成1条年产20万吨的高档包装纸板生产线，于2014年年初投产运营。在夯实主业的基础上，组建了经营物资回收、供热等项目的关联企业，现已发展成为一家专业化造纸企业集团。一期工程投产运营以来，企业经营发展战略定位准确，持续推进管理提升，注重品牌建设和研发投入，产品质量优良，市场占有率持续提升，生产经营发展趋势良好，产品主要销往辽宁、吉林、黑龙江及北京、天津、河北、内蒙古等地区，增长潜力明显。目前企业年实现产值在6.5亿元以上，安置当地就业人员370多名。2017年纳税额达到4600余万元，已成为地区产业支柱和重点纳税企业，为推进地区经济和社会事业的发展做出了重要贡献。企业荣获铁岭市五一劳动奖状、A级纳税企业、重合同守信誉单位等荣誉称号。

二期工程已于2017年5月开工建设，计划投资3.5亿元，工程占地面积13.78公顷，建筑面积4.88万米^2。二期工程采用目前国内一流水平的生产工艺和技术装备，建设年产30万吨的高档包装纸板生产线，目前已进入设备安装阶段，已完成安装工程总量的85%，于2018年5月中旬建成投产运营，企业达到年产包装纸板50万吨的产能，实现产值18亿元，实现纳税额1亿元左右，增加就业人员300余人。

三期工程计划投资4.7亿元，再建2条高档包装纸板生产线，于2021年之前建成达产，届时企业将形成年产100万吨高档包装纸板的生产规模，预计实现年产值36亿元以上，年纳税额2亿元以上，再新增就业岗位600人左右；形成具有辐射效应的产业发展格局，企业成长为东北地区包装纸板行业的排头兵，并对地区经济和社会事业的发展起到重要的产业牵动作用。

3. 琥珀纸业有限责任公司

琥珀纸业有限责任公司是抚顺矿业集团的全资子公司。公司一期工程投资64.5亿元，占地面积83公顷，企业注册资金8.1亿元。目前已经建成投产5万吨/年生活用纸生产线和30万吨/年箱纸板生产线。

生活用纸生产线采用世界领先的奥地利安德里茨公司的新月型纸机，深加工生产线采用美国、意大利等先进国家设备。生产的产品有卫生卷纸、手帕纸、面巾纸、餐巾纸、宾馆小卷纸等。“琥珀”牌系列生活用纸产品采用100%进口原生木浆制造，原纸生产全程自动化控制，全自动化的分切和包装，保证产品安全卫生，产品投放市场以来无论品质和市场占有率均取得了行业及消费者认可。

箱纸板生产线由制浆系统、抄纸系统、复卷机系统构成。纸机设计车速为 1200 米/分，卷纸幅宽为 6660 毫米，定量范围 100 ~ 250 克/米^2。该生产线主体设备由福伊特公司提供，并采用世界先进的 DCS、QCS 控制系统，对整条生产线的车速、质量和操作全方位监控，设备配置属国际一流水准。该生产线主要附属设备均由国外造纸机械制造商亚塞利、西门子、GAW 和杰利维(GL&V)等公司提供，与之相配套的其他设备也由国内一流生产商供货。

箱纸板生产线于 2013 年 5 月投产，现已进入平稳高速运行阶段，其生产的“金珀”“银珀”“铜珀”系列牛卡箱纸板品质得到了下游用户的认可，2017 年公司生活用纸年生产量 3.3 万吨，箱纸板生产量 15 万吨。

4. 辽宁振兴生态造纸有限公司

辽宁振兴生态造纸有限公司是集芦苇原料基地、制浆、造纸生产为一体的大型企业，成立于 2007 年，注册资本 5.7 亿元，坐落于辽宁省盘锦市辽河口经济区东郭造纸工业园，属于辽宁振兴生态集团。公司已于 2009 年 11 月 17 日全线投料生产。生产采用碱法连续蒸煮、氧脱木素、真空及双辊黑液提取、封闭热筛选、二氧化氯漂白(ECF)、白水封闭循环、碱回收、石灰脱硫和烟气净化，清洁生产高档无元素氯漂白芦苇浆和文化用纸。

公司计划在 8 年内达到漂白苇浆年生产量 40 万吨，二次纤维浆年生产量 60 万吨，生活用纸年生产量 25 万吨，文化用纸年生产量 70 万吨，包装用纸及纸板年生产量 105 万吨。累计浆的总生产量为 120 万吨/年，纸及纸板总生产量为 200 万吨/年，总建设投资 115 亿元。

5. 沈阳思特雷斯纸业有限责任公司

沈阳思特雷斯纸业有限责任公司创建于 2005 年，是由沈阳防锈包装材料有限责任公司为主体投资，是集研发、生产、服务为一体的国内专业的特种纸知名造纸企业，是辽宁省高新技术企业。主导产品为食品包装用纸、医用包装系列用纸、金属板带衬纸、玻璃衬垫用纸等特种纸。思特雷斯纸业生产线装备 2640 毫米、2400 毫米、1092 毫米多条特种纸机设备。2011 年与宁波宝新不锈钢有限公司战略合作，合资兴建的宁波思特雷斯金属防护材料公司。生产 25 ~ 80 克/米^2 特种纸，原料采用 100% 进口漂白或本色木浆，综合产能达到 4 万吨/年。公司始终贯彻跟踪国际先进技术和市场需求动向，实施标准化管理，在行业内率先通过 ISO 9001 质量管理体系认证和 ISO 14001 环境管理体系认证和 FSC 森林认证，并于 2017 年 11 月获得 SC 食品生产许可证，是国标 GB/T22869—2008 的主要起草单位。

公司具有防锈材料和造纸 2 个省级研发中心，与东北林业大学、大连工业大学等高校合作，共享科研成果，设立研究生培训基地、院士专家工作站等进一步保障技术、研发能力的创新。公司投资 1300 余万元购置先进的技术检测设备，按照国内外相关标准，实施纸的理化指标检测和各项分析检测工作。2016 年，检测中心获得中国合格评定国家认可委员会实验室认可证书(注册号：CNAS L8430)。

6. 大连金洋纸业有限公司

大连金洋纸业有限公司于 2001 年建立，注册资金 9000 万元。公司集废纸再生造纸、纸板、纸箱制作印刷一条龙服务。曾经创下了“大连地区包装行业第一”“东北三省最大的包装企业”以及“同行业的龙头企业”的辉煌业绩。具有进出口商检许可、商标许可、环评认证。公司现有员工 300 余人，技术力量雄厚，中高级技术人员 30 余名，生产产品的主要原料是废弃纸制品，循环再生，利国利民。

公司现有现代化造纸生产线多条，生产线连线生产，能充分地对生产过程中的余热、余压、废渣和废水进行综合利用。主机及配套设施采用高科技、节能、降耗、环保、循环利用。年产 30 余万吨，生产稳定。在大连地区市场占有率 80% 左右。

7. 辽宁豪唐纸业股份有限公司

辽宁豪唐纸业股份有限公司是一家集生活用纸研发、生产、销售为一体的专业化造纸企业。主要产品为中高档生活用纸及成人与婴童尿裤、尿片和卫生巾、湿巾等系列卫生用品。公司的造纸设备是新引进国际领先的新月型高速卫生纸机。原材料采用进口原生木浆，并以高科技技术治污、排污，环保达到国家标准。公司于 2015 年 7 月成立，注册资金 7900 万元。2015 年被列为铁岭市重大项目，2016 年被列为辽宁省十大重点支持企业。公司预计分 3 期投入，总投资 10 亿元，规划征地面积 30.4 公顷。其中，一期年生产量 3.5 万吨生活用纸，实现年产值 2.5 亿元，利润 2500 万元；二期年生产量 9 万吨生活用纸及纸制品，实现年产值 6 亿元，利润 6000 万元；三期年生产量 15 万吨生活用纸及纸制品，实现年产值 10 亿元，利润 12000 万元。3 期投产后将成为东北地区纸品行业的龙头企业。设备采用国际领先的韩国设备，采用新月型喷浆工艺，纸机车速 1300 米/分，能耗低，生产量高，质量好。工厂形成自动化流水线，大大降低了生产成本。

【环境保护与节能】

从2008年起，辽宁省造纸企业一直执行严格的环保标准(辽宁省地方标准，DB21/1627—2008)。该标准规定，制浆企业吨浆用水不高于40米^3，造纸企业吨纸不高于10米^3，浆纸联产企业不高于30米^3。废水处理厂排放废水需要达到如下主要指标：SS≤20毫克/升，BOD_5≤10毫克/升，COD_{Cr}≤50毫克/升。该标准的实施，淘汰了落后产能，一些规模小、污染大、效益差的企业纷纷被关停，造纸企业数锐减，一些大中型企业开始落户辽宁省。同时，也促进了现有企业环保与节能技术的进步。2018年纸及纸制品吨产品煤耗0.54吨、电耗945.7千瓦时。下面以3家规模企业的节能减排技术为例加以说明。

金日纸业有限责任公司注重节能减排，公司现有环保系统8套，包括已经完成的三段漂白、白水回收、废水生化处理、废水厌氧处理、电厂脱硫除尘等系统，以及废水生物净化和红液蒸发系统。

辽宁振兴生态造纸有限公司建立环保产业，公司拥有高度一致、超前的生态环保理念和区域综合利用措施走可持续发展道路。公司斥巨资引进国内先进的碱回收生产线，有效解决造纸行业中的黑液污染难题。同时，在废水处理方面，公司引进具有国际先进水平的荷兰卡鲁塞尔2000版氧化沟、直径长达15米的超效浅层气浮器等设备和工艺，形成"厂内三级处理+厂外氧化塘、潜流湿地"废水处理系统，变废为宝。经过处理后的水再进入1333.3公顷芦苇湿地灌溉区，实现水资源的综合循环利用，实现真正意义上的"绿色制浆，生态造纸"的理念，为实现循环经济(即3R模式)打下了坚实的基础。

琥珀纸业有限公司通过技术改造，基本实现了用水的封闭循环，降低了吨纸用水消耗量，也为企业带来显著的经济效益。

辽宁兴东科技有限公司建有日处理能力6000吨的废水处理站，还建设了单台装机容量75吨/时的产业园集中供热中心。

【发展目标】

2018年辽宁省制浆造纸工业出现良好势头，500万元以上施工项目27项，其中：新开工15项，改扩建项目121项。2018年公示的较大项目5项：辽宁金叶纸业有限公司欲在辽宁新民市建设年产12万吨/年的生活用纸项目、辽宁雨森卫生用品有限公司欲在辽宁鞍山市建设年产16万吨高档生活用纸工程项目、辽宁荣耀纸业科技有限公司欲在辽宁鞍山市建设年产50万吨高强瓦楞原纸项目、辽宁鸿洋纸业有限公司欲在建设年产30万吨包装用纸工程项目；达成合作意向的1项：山鹰纸业欲在辽宁省东港市建设年产100万吨包装用纸项目。

(平清伟)

山西省造纸工业

Paper Industry in Shanxi Province

【行业概况】

2018 年山西省造纸工业经济运行态势呈上行趋势。2018 年全年工业总产值约 63 亿元，利税总额约 10.5 亿元。主要产品种类为瓦楞原纸、箱纸板、石膏板护面纸板、生活用纸、文化用纸，薄页纸，包装类纸 7 种。山西省造纸企业数量 41 家。机制纸及纸板生产能力达到 189 万吨/年，其中，瓦楞原纸 125 万吨/年，箱纸板 5 万吨/年，石膏板护面纸板 30 万吨/年，生活用纸 9 万吨/年，文化用纸 10 万吨/年，薄页纸 5 万吨/年，特种纸 5 万吨/年。2018 年山西省机制纸及纸板生产量约 145.7 万吨，其中，瓦楞原纸 90.3 万吨，箱纸板 2 万吨，石膏板护面纸 39.2 万吨，文化用纸 6.2 万吨，生活用纸 6 万吨，薄页纸 2 万吨。从业人数约 3000 人。

【原料】

山西省纸浆生产以废纸为主，自产杨木浆企业有 1 家，自产杨木浆没有形成规模，偶尔生产。有少量制浆企业生产麦草、棉秆浆，个别企业生产破布浆。生产的纸浆为自用，并外购部分商品浆。

2018 年山西省造纸工业使用的原料仍以废纸为主，麦草、棉秆、商品浆等占一定比例，个别企业使用废纺织物、灌木和枝桠材以及矿物纤维为原料。废纸占原料比例约 91.9%。山西省仅有山西强伟纸业有限公司一家获批进口废纸配额，2018 年进口废纸 48494 吨。国内废纸以采购山西省内废纸为主。收购破布量较少。

【生产企业】

2018 年山西省造纸企业约 41 家，其中，中型企业(30 万～100 万吨)2 家，10 万～30 万吨的企业 7 家；5 万～10 万吨的企业 2 家，剩余 30 家是 5 万吨以下的小型企业。主要企业产能和生产量见表 1。

表 1 2018 年山西省主要造纸企业产能、生产量

序号	企业名称	产能/万吨	生产量/万吨	产品种类
1	山西强伟纸业有限公司	30	39.2	石膏板护面纸板
2	运城市自强纸业有限公司	30	25	瓦楞原纸
3	山西省外贸平遥包装印刷(集团)造纸有限公司	25	18	瓦楞原纸
4	山西合盛工贸有限公司	15	10	瓦楞原纸
5	山西华南纸业股份有限公司	10	8	纸板
6	太原市晋源区吉兴造纸厂	10	8	瓦楞原纸
7	山西恒悦纸业有限公司	10	7.5	瓦楞原纸
8	稷山县新嘉源纸业有限公司	10	6.8	瓦楞原纸
9	绛县鑫珑纸业有限公司	10	5	瓦楞原纸
10	临猗县力达纸业有限公司	6	4	生活用纸
11	山西则天纸业有限公司	5	0	特种纸

续表

序号	企业名称	产能/万吨	生产量/万吨	产品种类
12	襄汾宏峰林纸有限公司	3	2	文化用纸
13	山西东方纸业有限公司	2	1.2	文化用纸
14	山西云冈纸业有限公司	3	2	生活用纸
	其他厂家	10	5	瓦楞原纸
		5	2	包装纸
		5	2	薄页纸
	合计	189	145.7	

注：生产量数据除山西强伟纸业有限公司提供数据外，其余为估计数据。

【基建和技改】

(1)山西华天基纸业有限公司年产30万吨高档包装用纸项目，分2期建设，一期建设10万吨高强瓦楞原纸生产线，二期建设20万吨高强瓦楞原纸生产线。一期工程于2018年10月完工。

(2)山西一帆纸业有限责任公司年产60万吨高强瓦楞原纸生产线，分3期建设，一期工程建设规模为年产15万吨高强瓦楞原纸生产线，截止2018年年底已完成碎浆、制浆、纸机厂房等主体建设。

(3)运城临猗县力达纸业有限公司年产10万吨高档生活用纸技改项目，其中，卫生卷纸5万吨，面巾纸原纸1.7万吨，餐巾纸原纸1.7万吨和手巾纸1.6万吨。目前进行设备购置和安装。

(4)山西强伟纸业有限公司扩建80万吨纸板类项目，目前已开工建设。

(5)平遥县康华纸业有限责任公司年产10万吨瓦楞原纸项目，已完成厂房建设，后期寻求合作。

(6)襄汾县荣保昌纸业有限公司年产6万吨薄页纸项目，目前已开工建设。

(7)山西大同云冈纸业有限公司新建2条卫生纸机生产线，新增产能近5万吨/年。目前1号卫生纸机已投产，2号卫生纸机目前正在进行设备安装中。

【环境保护与节能】

2018年山西省造纸行业受环保政策驱动，企业自觉加大环保力度，进行改造、新建环保设施。具有代表性的企业山西强伟纸业有限公司，积极推进大气污染防治工作，通过对锅炉烟气处理实施脱硫、除尘、脱硝等工艺升级改造，加装湿电除尘系统，经过升级改造后，企业的烟气排放量减少到了5毫克/米^3，达到了超低排放标准。对企业初沉池实施膜加盖工程，对废水的污染物因子各项数据进行实时监控，从源头上控制污染物的排放。2018年中央督察组对公司环保管理做出的举措表示极大的肯定，并给予了充分指导和鼓励。

2018年在节能减排方面，已建企业中山西强伟纸业有限公司、运城市自强纸业有限公司、山西合盛工贸有限公司、山西恒悦纸业有限公司实施了自备热电厂，在建企业山西华天基纸业有限公司、山西一帆纸业有限责任公司配套自备热电厂。

企业应用的节能技术主要有机电变频技术、绿色照明改造，对冷凝水余热余压循环利用，对废塑料、污泥资源化利用。

【发展目标】

总体发展目标：技术装备提升，资源利用高效，产销效益稳增，绿色可持续发展。

预计2019年生产量达到160万吨，增长率9.8%。

2019年重点拟建项目：山西省外贸平遥包装印刷(集团)造纸有限公司年产55万吨高强瓦楞原纸技改扩建项目。该项目分2期建设：一期将淘汰幅宽4000毫米、车速400米/分纸机(原年生产量为10万吨)，技改为幅宽5700毫米、车速650米/分的生产线，年生产量为20万吨；恢复原幅宽4600毫米、车速500米/分的生产线，年生产量为15万吨，技改后年生产量由原25万吨增加到35万吨。将原有3台链条炉排锅炉整合为1台120蒸吨循环流化床锅炉，同时配备布袋除尘，脱硫脱硝装置，达到超低排放标准。利用锅炉预热预压配套建设12兆瓦背压发电机组，供企业自用；二期技改新建1条幅宽5700毫米、车速650米/分的生产线(年生产量20万吨)，年生产量由35万吨增加到55万吨。

(武乃玲)

重点企业介绍

KEY ENTERPRISES

玖龙纸业(控股)有限公司
理文造纸有限公司
山鹰国际控股股份公司
山东太阳控股集团有限公司
山东晨鸣纸业集团股份有限公司
华泰集团有限公司
宁波中华纸业有限公司
宁波亚洲浆纸业有限公司
无锡荣成环保科技有限公司
金东纸业(江苏)股份有限公司
亚太森博(山东)浆纸有限公司
金红叶纸业集团有限公司
浙江景兴纸业股份有限公司
山东世纪阳光纸业集团有限公司
维达纸业(中国)有限公司
广西金桂浆纸业有限公司
海南金海浆纸业有限公司
恒安(集团)有限公司
芬欧汇川(中国)有限公司
新乡新亚纸业集团股份有限公司
大河纸业有限公司
漯河银鸽实业集团有限公司
金华盛纸业(苏州工业园区)有限公司
中顺洁柔纸业股份有限公司
河南省龙源纸业股份有限公司
山东恒联投资集团有限公司
东顺集团股份有限公司
河北省保定市东方造纸有限公司
河南江河纸业股份有限公司

10

玖龙纸业(控股)有限公司

Nine Dragons Paper (Holdings) Limited

【企业概况】

玖龙纸业(控股)有限公司(以下简称“玖龙纸业”)成立于1995年，总部位于广东省东莞市，在各级政府的关心和支持下已成长为世界最大的废纸环保造纸的现代化包装用纸制造集团和中国造纸的龙头企业。玖龙纸业于2006年在香港成功上市，目前已在东莞、太仓、重庆、天津、泉州、沈阳、唐山、乐山设立造纸基地，并积极响应国家“一带一路”号召，在越南建立造纸基地。2018年还收购了4家位于美国的浆纸一体化工厂。玖龙纸业是中国首个年产能过千万吨的造纸集团(2018年集团年产能超过1500万吨，年总产值600多亿元)，连续多年蝉联中国造纸行业榜首，2018年名列中国民营企业500强第111位(中国民营企业制造业500强第53位)。

集团主要生产各类牛卡纸、高强瓦楞原纸、涂布灰底白纸板、涂布牛卡纸、环保型文化用纸等产品。为客户提供多元化产品系列和包装用纸的一站式服务，占据行业龙头地位，引领纸包装行业往绿色低碳方向发展。

玖龙纸业一贯秉承“没有环保，就没有造纸”的理念，致力于环境保护和节能减排，倡导可持续发展的循环经济。不仅使用可以回收循环利用的废纸作原料，还与时俱进，不断加大环保投入，使玖龙纸业各项环保和能耗指标都做到优于国家标准，是资源节约型和环境友好型企业的典范。

制造业是GDP的基石，未来，玖龙纸业将以实现“六化”、打造企业工业4.0为目标，继续朝着环保、节能型、智能化管理的企业目标迈进，巩固行业龙头地位，奠定企业百年基业。

总部地址：广东省东莞市松山湖产业园新城路12号

联系电话：0769－89289999 **联系传真：**0769－38822888

联系邮箱：info_group@ndpaper.com **公司网址：**www.ndpaper.com

企业性质：香港上市集团公司

法人代表：张 茵

成立时间：1995年，职工总数：1.8万余人

2018年纸浆、纸及纸板生产能力：1530万吨

主要产品：各类包装用纸、环保型文化用纸、特种纸、纸浆

主要纤维原料：废纸

(卢燕芳)

理文造纸有限公司

Lee & Man Paper Manufacturing Limited

【企业概况】

理文造纸有限公司于2003年9月在香港联合交易所上市，股份编码：02314。主要产品有包装用纸和卫生用纸：包装用纸有牛皮箱纸板、瓦楞原纸及涂布白纸板等，总年产能为778万吨；生活用纸有生活用纸原纸和成品纸，公司拥有“亨奇”和“理文”2个生活用纸品牌，下设不同系列产品，年总产能为87万吨。理文造纸有限公司是行业内最具规模及实力的造纸厂之一，也是亚太地区同类产品最大的造纸厂商之一。

理文造纸有限公司由创办之初至迅速发展，得到各方友好的鼎力支持。目前在我国设有5家造纸工厂，分别为：广东理文造纸有限公司、东莞理文造纸厂有限公司、江苏理文造纸有限公司、重庆理文造纸有限公司、江西理文造纸有限公司；并设有3家生活用纸生产工厂，分别为：重庆理文卫生用纸制造有限公司、江西理文卫生用纸制造有限公司、广东理文卫生用纸有限公司。同时还在越南的芹苴市设有越南理文造纸有限公司，在美国、欧洲等地也有办事处。

理文造纸有限公司配有完善的配套设施，包括先进的造纸生产线、汽电一体化的发电站、水厂、废水处理站、码头、大型废纸堆场、成品仓库及庞大的运输车队等；并设有现代化的办公大楼及完善的生活设施，如饭堂、运动场、图书室、网吧及员工娱乐中心等。

理文造纸有限公司自有庞大的水陆运输队伍，能充分保障及时快捷地将成品送到客户指定的地点。公司采用全计算机化管理，从原料采购、原料运输、生产成品，到成品纸运送给客户的过程，可全程查询，让公司的供货更快捷、更准确、更可靠。

理文造纸有限公司由创立至今，非常注重节能环保工作，始终秉持质量管理及环境保护宗旨，生产过程严格按照国际环境保护管理体系要求执行。公司已获得ISO 14001、ISO 9001、OHSAS 18001、QCO 80000、FSC-COC产销监管链国际认证，以及能源管理体系认证，并获得了“清洁生产企业”称号。在公司蓬勃发展中，公司将力争成为世界上环保节能和创新型的诚信企业。

单位地址：香港九龙观塘敬业街61—63号利维大厦5字楼

联系电话：00852-2319-9889　**联系传真：**00852-2319-9393

联系邮箱：samco_liu@leemanpaper.com　**单位网址：**www.leemampaper.com

企业性质：中外合资

法人代表：李文斌，**经营负责人：**李文俊，**技术负责人：**李文斌

成立时间：1994年，**职工总数：**11583人，**其中技术人员数：**1605人

2018年纸浆生产量：19.68万吨，**纸和纸板生产量：**500.74万吨，**卫生用纸生产量：**62.43万吨

2018年销售收入：288.31亿元，**利税总额：**50.50亿元，**利润总额：**35.15亿元

主要产品：牛卡纸、瓦楞原纸、涂布灰底白纸板、竹浆、生活用纸

主要纤维原料：废纸、竹浆、木浆

纸机总数：36台

蒸(球)煮器总数：7台

【主要生产线】

主要制浆生产线

生产线名称	纤维原料	制浆方法	蒸煮器	主体设备供货厂商	产品品种	生产能力/(万吨/年)	投产时间
BKP1	竹片	硫酸盐法	DDS 间歇蒸煮锅	GL&V 公司、潍坊凯信机械有限公司	漂白或本色(氧脱)竹浆	18	2008-10

主要造纸生产线

生产线名称	纸机			主体设备供货厂商	产品品种	纤维原料	生产能力/(万吨/年)	投产时间
	网部形式	幅宽/毫米	工作车速/(米/分)					
PM1	长网	3200	300	辽阳造纸机械厂	瓦楞原纸	废纸	5.5	1998-04
PM2	二叠网	3200	300	辽阳造纸机械厂	仿牛卡纸	废纸	5.5	1998-07
PM3	三叠网	4200	700	日本小林制作所	牛卡纸	废纸、木浆	22	2000-08
PM4	夹网	5500	1100	福伊特公司	牛卡纸	废纸、木浆	40	2002-09
PM5	三叠网	4400	750	日本小林制作所	牛卡纸	废纸、木浆	32	2003-11
PM6	二叠网	6600	900	韩国金星机械公司	仿牛卡纸	废纸	35	2004-10
PM7	三叠网	6650	1000	三菱重工业株式会社	牛卡纸	废纸	50	2006-01
PM8	三叠网	6600	1000	维美德公司	牛卡纸	木浆、废纸	50	2007-02
PM9	三叠网	6650	1000	维美德公司	牛卡纸	木浆、废纸	50	2007-06
PM10	三叠网	5500	800	日本小林制作所	白面牛卡纸	木浆、废纸	40	2007-09
PM11	三叠网	5500	800	日本小林制作所	牛卡纸	木浆、废纸	40	2007-07
PM12	二叠网+顶网	6650	1000	韩国金星机械公司	仿牛卡纸	废纸	45	2008-05
PM13	三叠网	5500	800	日本小林制作所	牛卡纸	废纸	40	2008-06
PM15	二叠网	6650	1100	维美德公司	牛卡纸	废纸	50	2011-08
PM16	长网+夹网	5500	900	韩国金星机械公司、日本小林制作所	仿牛卡纸	废纸	40	2011-11
PM17	四叠网+MB 网	6650	750	维美德公司	涂布灰底白纸板	废纸、木浆	60	2012-07
PM18	长网	6650	1000	韩国金星机械公司	挂面箱纸板	废纸	35	2013-06
PM19	三叠网	6650	900	韩国金星机械公司	白面牛卡纸、挂面箱纸板、瓦楞原纸	废纸	40	2017-03
PM20	三叠网	6650	1000	维美德公司	瓦楞原纸	废纸	40	2014-07
PM21	二叠网	6650	1200	维美德公司	瓦楞原纸	废纸	40	2017-09
TM1	圆网	2760	1000	日本川之江造机株式会社	生活用纸	竹浆、木浆	1.5	2014-07
TM2	圆网	2760	1000	日本川之江造机株式会社	生活用纸	竹浆、木浆	1.5	2014-07
TM3	新月型	5600	2000	福伊特公司	生活用纸	竹浆、木浆	6	2015-06

续表

生产线名称	纸机			主体设备供货厂商	产品品种	纤维原料	生产能力/(万吨/年)	投产时间
	网部形式	幅宽/毫米	工作车速/(米/分)					
TM4	新月型	5600	2000	维美德公司	生活用纸	竹浆、木浆	6	2015-10
TM5	新月型	5600	2000	维美德公司	生活用纸	竹浆、木浆	6	2016-09
TM6	新月型	5600	2000	维美德公司	生活用纸	竹浆、木浆	6	2016-10
TM7	新月型	5600	2000	维美德公司	生活用纸	竹浆、木浆	6	2016-11
TM8	新月型	5600	2000	维美德公司	生活用纸	竹浆、木浆	6	2016-12
TM9	新月型	5600	2000	福伊特公司	生活用纸	竹浆、木浆	6	2017-05
TM10	新月型	5600	2000	福伊特公司	生活用纸	竹浆、木浆	6	2017-06
TM11	新月型	5600	2000	福伊特公司	生活用纸	竹浆、木浆	6	2017-11
TM12	新月型	5600	2000	福伊特公司	生活用纸	竹浆、木浆	6	2017-12
TM13	新月型	5600	2000	维美德公司	生活用纸	竹浆、木浆	6	2018-01
TM15	新月型	5600	2000	维美德公司	生活用纸	竹浆、木浆	6	2018-03
TM16	新月型	5600	2000	维美德公司	生活用纸	竹浆、木浆	6	2018-05
TM17	新月型	5600	2000	维美德公司	生活用纸	竹浆、木浆	6	2018-06
TM18	新月型	2850	1300	佛山市南海区宝拓造纸设备有限公司	生活用纸	竹浆、木浆	1.7	2019-09（预计）
TM19	新月型	2850	1300	佛山市南海区宝拓造纸设备有限公司	生活用纸	竹浆、木浆	1.7	2019-09（预计）
TM20	新月型	2850	1300	佛山市南海区宝拓造纸设备有限公司	生活用纸	竹浆、木浆	1.7	2019-10（预计）
TM21	新月型	2850	1300	佛山市南海区宝拓造纸设备有限公司	生活用纸	竹浆、木浆	1.7	2019-10（预计）
TM22	新月型	2850	1300	佛山市南海区宝拓造纸设备有限公司	生活用纸	竹浆、木浆	1.7	2019-11（预计）
TM23	新月型	2850	1300	佛山市南海区宝拓造纸设备有限公司	生活用纸	竹浆、木浆	1.7	2019-11（预计）

（刘　凯）

山鹰国际控股股份公司

Shanying International Holdings Co., Ltd.

【企业概况】

山鹰国际控股股份公司是一家集再生纤维、造纸、包装、印刷、环保、贸易、物流、港口码头等为一体的国际化企业，于2001年在上交所挂牌上市，股票代码600567，总部位于上海市。

作为国内唯一一家集再生纤维回收、造纸、包装、物流为一体的工业包装造纸企业，山鹰国际以品质占领市场，以诚信谋求发展。截至2018年11月，山鹰国际在海内外拥有9家造纸企业(安徽马鞍山、浙江嘉兴、湖北荆州、福建漳州、北欧瑞典/挪威、美国肯塔基州)，在全国各地拥有23家包装印刷设计、销售及生产企业，19家国际贸易企业，5家陆路物流、港口码头企业，2家投融资企业，以及2家环保企业。其中，有3家造纸企业为高新技术企业，1家造纸企业为博士后科研工作站。

2018年，山鹰国际销售收入达243.67亿元，净利润32.04亿元。位于全球造纸业15强，位列《财富》中国企业500强第416位，中国轻工业造纸十强，包装用纸生产量居全国第3位。

生态山鹰，百年基业。山鹰国际始终将绿色、低碳、环保、可持续发展作为企业发展的生命。不以破坏生态为代价，坚持以再生纤维为原料生产工业包装用纸，每年回收再生纤维450万吨，保护森林资源20万公顷。

山鹰国际秉承“诚信、关爱、激情、责任”的企业价值观，以“引领共创、共享、共赢的产业文明”为使命，以“成为全球最具价值创造力的生态型企业”为愿景，致力于构筑产业生态新格局。未来公司将以高瞻远瞩的姿态，抓住产业、国势和时代的变革，沿着“优化产品质量、打通产业链、构建产业生态”的路径，以纸为媒，共创美好生活。

单位地址：上海市杨浦区安浦路645号山鹰国际总部大楼　**邮编：**200082

联系电话：021－60360888　**联系传真：**021－62376799

联系邮箱：SY@shanyingintl.com　**单位网址：**www.shanyingintl.com

企业性质：民营企业

法人代表：吴明武

成立时间：1999年，**职工总数：**10948人，**其中技术人员：**1026人

2018年纸和纸板生产量：463.21万吨

2018年销售收入：243.67亿元，**利税总额：**59.21亿元，**利润总额：**39.16亿元

主要产品：涂布牛卡纸、白面牛卡纸、箱纸板、高强瓦楞原纸、新闻纸

主要纤维原料：废纸

【主要生产线】

主要造纸生产线

生产线名称	产品品种	纤维原料	生产能力/(万吨/年)
海盐基地/马鞍山基地/漳州基地	涂布白纸板、白面牛卡纸、箱纸板、高强瓦楞原纸、新闻纸	废纸	458
湖北基地	箱纸板、高强瓦楞原纸	废纸	250(在建)

(刘　建)

山东太阳控股集团有限公司

Shandong Sun Holding Group Co., Ltd.

【企业概况】

山东太阳控股集团有限公司(以下简称“太阳集团”)始创于1982年，是全球先进的跨国造纸集团和林浆纸一体化集团，总部位于山东省济宁市兖州区。业务涉及投资、造纸、酒店等领域。旗下主要有山东太阳纸业股份有限公司(股票代码：002078)、万国纸业太阳白卡纸有限公司、山东国际纸业太阳纸板有限公司、山东万国太阳食品包装材料有限公司、山东圣德国际酒店等。截至2018年，员工1万余人，位列中国企业500强，旗下太阳纸业是中国造纸行业领军企业，位列世界造纸前30强。

公司现拥有全球最先进的制浆造纸生产线，产品逐渐形成了以高档涂布包装纸板、高档美术铜版纸、高档文化办公用纸、特种纤维溶解浆、生活用纸、高档工业包装用纸等为主导的六大系列产品结构。拥有金太阳、华夏太阳、天阳、威尔、万国骄阳、万国联邦、幸福阳光等主要品牌。

公司拥有国家级技术中心、院士工作站、博士后科研工作站、泰山学者岗等多个创新研发平台。全球首创溶解浆连续蒸煮技术；从水解液中提取出木糖、木糖醇，填补了世界空白；成功研发出世界上第一张不添加任何功能性化学药品的“无添加”系列生活用纸。幸福阳光生活用纸，被“复兴号”高铁确定为专用纸巾；29号纸机生产的轻型纸，成功被选定为中共十九大会议文件专用纸；“金太阳”品牌美术纯质纸，被中央党校出版的《习近平的七年知青岁月》《习近平在正定》等政治读本成功采用；水解液木糖研发被列入国家“十三五”科技支撑计划。

作为行业巨擘，公司始终恪守“承载万家信任，书写幸福太阳”的企业使命，胸怀以天下为己任的强烈社会责任感，肩起员工、客户、社会与股东的充分信任，持续创造价值，提升价值。在环保治理方面，公司始终坚持把环保作为一项“生命工程”来抓，累计投入60亿元用于环保治理，使水治理达到国际领先水平，大气全部实现超低排放，固废基本实现资源化再利用，碱回收白泥资源化利用项目，被列为中美绿色合作伙伴计划，取得了经济效益、环境效益和社会效益的多赢。2018年11月，太阳纸业入选国家绿色工厂，列入国家绿色制造体系建设，为助推国家和行业绿色制造示范体系建设起到良好的示范作用。

面向未来，太阳纸业正在进行着新一轮的快速发展，公司将继续秉持“崇信尚新，守正出奇”的企业精神，坚守“信于心，创于行”的核心价值观，全力提升管理水平，持续推进新旧动能转换，不断加快转型升级，努力把太阳纸业打造成可持续发展、受人尊重的全球卓越企业！

单位地址：山东省济宁市兖州区友谊路1号　**邮编：**272100

联系电话：0537－7928711、7928713　**联系传真：**0537－7928489

联系邮箱：songweihua@sunpaper.cn　**单位网址：**www.sunpapergroup.com

企业性质：民营企业

法人代表：李　鲁，**经营负责人：**李洪信，**技术负责人：**应广东

成立时间：1982年，**职工总数：**13300人，**其中技术人员数：**700人

2018年纸浆生产量：171.5万吨，**纸和纸板生产量：**459.73万吨

2018年销售收入：507.6亿元，**利税总额：**41.74亿元，**利润总额：**32.28亿元

2018年企业科研经费投入：4.53亿元

主要产品：高档涂布包装纸板、高档美术铜版纸、高档文化办公用纸、特种纤维溶解浆、生活用纸、

工业包装用纸

主要纤维原料：外购木浆和自制木浆

纸机总数：24 台

制浆线总数：11 台

【主要生产线】

主要制浆生产线

生产线	纤维原料	制浆方法	蒸煮器	主体设备供货厂商	产品品种	生产能力/(万吨/年)	投产时间
过氧化氢中浓漂白化学浆线	杨木板皮	碱法	四管连续蒸煮器	天津中轻机械有限公司	化学阔叶木浆	7	2003
碱性过氧化氢机械浆线	杨木片、桉木片等	APMP	高浓磨(主要磨浆设备)	安德里茨公司	化学机械浆	60	2008
溶解浆	进口木片	连蒸连煮	低固形物连续蒸煮	安德里茨公司	特种纤维	50	2015
半化学浆	杨木、桉木	蒸煮机械	连续蒸煮	安德里茨公司	半化学浆	40	2018
老挝溶解浆	阔叶木片	碱式化学法	连续蒸煮	美卓公司	特种纤维	30	2018

主要造纸生产线

生产线名称	纸机			主体设备供货厂商	产品品种	纤维原料	生产能力/(万吨/年)	投产时间
	网部形式	幅宽/毫米	工作车速/(米/分)					
PM24	夹网	7280	1600	福伊特公司	高档美术铜版纸	针叶木浆、阔叶木浆、化学机械浆	40	2011
高档食品包装卡纸生产线	多层网	6100	950	美卓公司	高档食品白卡纸	针叶木浆、阔叶木浆、化学机械浆	60	2012
高档生活用纸生产线	夹网	5600	1900	安德里茨公司	高档生活用纸	针叶木浆、阔叶木浆	12	2014
高档低定量牛皮箱纸板生产线	三叠网	6660	1200	福伊特公司	高档低定量牛皮箱纸板	未漂白木浆、废纸	80	2016
PM23	长网	7280	1300	美卓公司	高档文化用纸	针叶木浆、阔叶木浆、化学机械浆	30	2009
PM29	夹网	7280	1500	福伊特公司	轻型纸	针叶木浆、阔叶木浆、化学机械浆	30	2015
PM38	长网	3800	1100	维美德公司	特种纸	针叶木浆、阔叶木浆、化学机械浆	20	2018

（宋伟华）

山东晨鸣纸业集团股份有限公司

Shandong Chenming Paper Group Co., Ltd.

【企业概况】

山东晨鸣纸业集团股份有限公司(简称"晨鸣集团")是我国造纸龙头企业，世界纸业10强，中国企业500强、中国制造业100强。公司历经60年的发展，现已成为以制浆造纸、金融、林业、矿业等板块为主体，同时涉足酒店、物流、建材等领域的大型企业集团。目前晨鸣集团在山东、广东、湖北、江西、吉林等地均建有生产基地，集团总资产1100多亿元，年浆纸产能1100多万吨。

晨鸣集团是全国唯一一家A、B、H三种股票上市公司，是中国上市公司百强企业、中国十佳明星企业，被评为中国最具竞争力的50家蓝筹公司之一，公司先后荣获全国五一劳动奖状、轻工业全国十佳企业、中国企业管理杰出贡献奖、全国精神文明建设先进单位等省级以上荣誉称号200余项，企业经济效益主要指标连续20多年在全国同行业保持领先地位。

晨鸣集团坚定不移地实施林、浆、纸一体化战略，引进国际上最先进的制浆造纸技术，建成了全球规模最大、工艺装备最先进的林浆纸一体化工程，是造纸行业内产品品种最多、最齐全的企业。五大产品系列涵盖高档胶版纸、白卡纸、铜版纸、轻涂纸、生活用纸、静电复印纸、热敏纸、格拉辛纸等，主要产品市场占有率均位于全国前列。企业拥有国家级技术中心、博士后科研工作站、国家认定CNAS浆纸检测中心等科研机构。获得国家专利授权213项，其中，发明专利18项，获得国家级新产品7项，省级以上科技进步奖13项，承担国家级科技项目5项、省级技术创新项目54项。在全国同行业率先通过ISO 9001质量体系认证、ISO 14001环保体系认证和FSC-COC体系认证。

目前，晨鸣集团正在进行新一轮的快速发展，将认真贯彻落实晨鸣精神，全力提升企业管理水平，以"打造千亿企业、铸就百年晨鸣"为目标，努力使企业成为花园式的、高度环保的、一流效益的世界级大型企业集团。

单位地址：山东省寿光市农圣东街2199号 **邮编**：262700

联系电话：0536－2158000 **联系传真**：0536－2156111

联系邮箱：cm2158571@hotmail.com **单位网址**：www.chenmingpaper.com

企业性质：股份有限公司

法人代表：陈洪国，**经营负责人**：陈洪国，**技术负责人**：孙炳伟

成立时间：1958年，**职工总数**：1.5万人，**其中技术人员数**：2000余人

2018年浆纸生产量：705万吨

2018年销售收入：849亿元，**利税总额**：50.5亿元，**利润总额**：37.1亿元

主要产品：机制纸及纸板

主要纤维原料：木片，商品针叶木浆、阔叶木浆，废纸

纸机总数：24台

【主要生产线】

主要制浆生产线

生产线名称	纤维原料	制浆方法	蒸煮器	主体设备供货厂商	产品品种	生产能力/(万吨/年)	投产时间
25 万吨/年化学机械浆	木片	BCTMP		美卓公司	化学机械浆	25	2005
湛江化学浆	木片	硫酸盐法	连续蒸煮	安德里茨公司	化学浆	70	2011
寿光机械浆	木片	TMP		美卓公司	机械浆	18	2011
湛江 450 吨/日机械浆	木片	机械制浆		安德里茨公司	机械浆	16	2015
美伦化学浆	木片	硫酸盐法	连续蒸煮+轻漂白	安德里茨公司	高档漂白化学木浆	100	2019
黄冈化学浆	木片	碱法	连续蒸煮	安德里茨公司维美德公司	化学浆	30	2018

主要造纸生产线

生产线名称	纸机			主体设备供货厂商	产品品种	纤维原料	生产能力/(万吨/年)	投产时间
	网部形式	幅宽/毫米	工作车速/(米/分)					
轻涂纸生产线	叠网	4550	1280	美卓公司	高档低定量涂布纸	化学木浆	20	1998
铜版纸生产线	叠网	4685	1220	美卓公司	高档涂布铜版纸	化学木浆	30	2002
白卡纸生产线	叠网	5650	730	福伊特公司	高档涂布白卡纸	化学木浆、化学机械浆	40	2004
文化用纸改造生产线	夹网	11150	2000	美卓公司	高档双胶纸静电纸	化学木浆	50	2018
生活用纸生产线	新月型	5600	1800	安德里茨公司	卫生纸、面巾纸、手帕纸	针叶木浆、阔叶木浆	5.6	2010
低定量铜版纸生产线	夹网	11150	1560	美卓公司	高档低定量铜版纸	化学木浆	80	2011
文化用纸生产线	夹网	9850	1800	福伊特公司	高档静电复印纸、双胶纸	化学木浆	51	2018
热敏纸生产线	叠网	4038	1050	美卓公司	热敏纸	化学木浆	12	2013 年改造
特种纸生产线	顶网	4800	1250	维美德公司	格拉辛纸等	商品浆	15	2014 年改造
食品包装用纸生产线	叠网	4580	750	福伊特公司		针叶木浆、阔叶木浆、机械浆	35	2015
液体包装纸生产线	叠网	9600	1000	福伊特公司、维美德公司、安德里茨公司	白卡纸	化学木浆、机械浆	120	2016

（朱庄庆）

华泰集团有限公司

Hua Tai Group Co., Ltd.

【企业概况】

华泰集团有限公司(以下简称“华泰集团”)是一家以造纸、化工为主导产业，集印刷、热电、物流、林业、环保、商贸、房地产、金融等十大产业于一体的全国500强企业集团。公司总资产320亿元，造纸年生产能力400万吨，化工及造纸助剂年生产能力200万吨，印刷年生产能力80万色令，是全球最大的高档新闻纸生产基地和全国最大的盐化工生产基地。

按照林浆纸一体化发展模式，华泰集团分别在山东、安徽、河北、广东建成了六大浆纸基地。公司先后与德国福伊特、芬兰斯道拉恩索、比利时索尔维、美国杜邦等世界500强公司合资合作，引入国际最先进设备，建设的SC纸生产线、电子级食品级双氧水生产线，均填补国内空白。公司拥有全国造纸行业首批博士后科研工作站、国家级企业技术中心等七大省级科研平台，是国内造纸行业唯一一家荣获4项国家科学技术进步奖的企业。

多年来，华泰集团的发展成绩受到各级部门的认可，被国务院评为“全国就业先进企业”，被中组部评为“全国创先争优先进基层党组织”，先后荣获“国家重点高新技术企业”“中国上市公司百强企业”“全国守合同重信用企业”“全国五一劳动奖状”“首届山东省省长质量奖”等多项荣誉称号。2018年，华泰集团位居中国企业500强第231位，在山东省100强企业中名列第21位，在中国轻工业百强企业中排名第10位，并在“中国轻工业造纸行业十强企业”中排名第3位，彰显出强劲的发展势头和不俗业绩。

单位地址：山东省广饶县大王镇潍高路251号 **邮编：**257335

联系电话：0546-7798229 **联系传真：**0546-6888018

联系邮箱：huatairen@163.com **单位网址：**www.huatai.com

企业性质：民营企业

法人代表：李建华，**经营负责人：**李晓亮，**技术负责人：**张凤山

成立时间：1976年，**职工总数：**13280人，**其中技术人员数：**3451人

2018年纸浆生产量：280万吨，**纸和纸板生产量：**314万吨

2018年销售收入：737.8亿元，**利税总额：**74.4亿元，**利润总额：**39.5亿元

主要产品：新闻纸、铜版纸、胶版纸

主要纤维原料：废纸、杨木片

纸机总数：12台

【主要生产线】

主要制浆生产线

生产线名称	纤维原料	制浆方法	蒸煮器	主体设备供货厂商	产品品种	生产能力/(万吨/年)	投产时间
8号机	木浆板	碎浆、打浆		安德里茨公司	木浆	40	2011
9号机	废纸、木浆板	浮选脱墨		福伊特公司	脱墨浆、木浆	16	2001

续表

生产线名称	纤维原料	制浆方法	蒸煮器	主体设备供货厂商	产品品种	生产能力/(万吨/年)	投产时间
10 号机	废纸、木浆板	浮选脱墨		福伊特公司	脱墨浆、木浆	25	2003
11 号机	废纸	浮选脱墨		福伊特公司	脱墨浆	40	2005
12 号机	废纸	浮选脱墨		福伊特公司	脱墨浆	45	2006
杨木浆生产线	杨木片	BCTMP		美卓公司	杨木 BCTMP	10	2006
安徽华泰漂白化学浆	阔叶木、针叶木	硫酸盐法	超级间歇蒸煮	美卓公司、安德里茨公司	化学浆	30	2012
广东华泰650 吨脱墨线	废纸	脱墨法		美卓公司	脱墨浆	40	2011
日照华泰10 万吨阔叶浆生产线	阔叶木、针叶木	DDS 间歇蒸煮	立锅	安阳机械厂、美国ITT 公司等	针叶木浆、阔叶木浆	10	2010
河北华泰新闻纸机	废纸	浮选脱墨		福伊特公司	脱墨浆	30	2005

主要造纸生产线

生产线名称	纸机			主体设备供货厂商	产品品种	纤维原料	生产能力/(万吨/年)	投产时间
	网部形式	幅宽/毫米	工作车速/(米/分)					
8 号机	夹网	8100	1700	美卓公司	铜版纸	木浆	70	2011
9 号机	叠网	6500	1400	福伊特公司	文化用纸	脱墨浆、木浆	16	2001
10 号机	夹网	7100	1800	福伊特公司	文化用纸	脱墨浆、木浆	25	2003
11 号机	夹网	10200	1800	福伊特公司	新闻纸	脱墨浆	40	2005
12 号机	夹网	11000	2000	福伊特公司	新闻纸	脱墨浆	45	2006
安徽华泰 1 号机	叠网	4450	1000	美卓公司	文化用纸	自制化学浆、机械磨木浆	15	2012
广东华泰 1 号机	夹网	6100	1800	美卓公司	新闻纸	脱墨浆	40	2011
河北华泰新闻纸机	夹网	7900	1950	美卓公司	新闻纸	脱墨浆	30	2005

（任爱丽）

宁波中华纸业有限公司

Ningbo Zhonghua Paper Co., Ltd.

【企业概况】

宁波中华纸业有限公司是金光集团 APP(中国)旗下企业，位于浙江省宁波市海曙区，成立于 1992 年，占地面积 63 万米^2，年产各类高档涂布白纸板约 60 万吨。

公司利用木浆和废纸浆作为主要原料，加工生产工业包装用纸，主要产品有高档白卡纸、高档铜版卡纸、灰底白纸板等。其中双面涂布铜版卡纸曾被评定为国家级重点新产品，“金贝”牌单面涂布灰底白纸板曾获得国家质量金奖，“金贝”“金鸥”“彩蝶”牌涂布白纸板为浙江省名牌产品。“金鸥”商标获浙江省著名商标称号。

公司秉承集团“绿色造纸”的理念，投资 3 亿多元用于环保及其配套工程，对白水、废水、废渣、废气等污染物进行全面综合治理。1999 年公司率先通过了 SGS 国际认证机构 14001 环境管理体系认证，成为中国首家通过该体系认证的造纸企业，并在 2005 年荣获国家环保局企业最好环保荣誉——“国家环境友好企业”称号。其后，公司相继通过了 ISO 14064 温室气体排放监管体系、PEFC 森林监管链管理体系等认证。公司还积极进行节能技改，先后获得了“宁波市节能标兵”“浙江省节能先进集体”等荣誉称号。

单位地址：浙江省宁波市海曙区段塘镇丁家街 108 号 **邮编：**315000

联系电话：0574 - 87464811 **联系传真：**0574 - 87493450

单位网址：www. zhonghua-paper. com

企业性质：中外合资

法人代表：黄志源，**经营负责人：**刘继春，**技术负责人：**仇如全

成立时间：1992 年，**职工总数：**1081 人，**其中技术人员数：**106 人

2018 年纸及纸板产量：61. 85 万吨

2018 年销售收入：27. 96 亿元，**利税总额：**1. 19 亿元，**利润总额：**0. 40 亿元

2018 年企业科研经费投入：0. 723 亿元

主要产品：高档白卡纸、铜版卡纸、灰底白纸板等

主要纤维原料：废纸、木浆

纸机总数：3 台

【主要生产线】

主要造纸生产线

生产线名称	纸机			主体设备供货厂商	产品品种	纤维原料	生产能力/(万吨/年)	投产时间
	网部形式	幅宽/毫米	工作车速/(米/分)					
1 号纸机		2400	150	日本小林制作所	灰底白纸板	木浆、废纸	5	1994-09
2 号纸机		4270	500	福伊特公司	高档白卡纸、铜版卡纸	木浆、废纸	55	1996-11
3 号纸机		4270	500	福伊特公司	高档白卡纸、铜版卡纸	木浆、废纸		1997-05

〔APP(中国)〕

宁波亚洲浆纸业有限公司

Ningbo Asia Pulp and Paper Co., Ltd.

【企业概况】

宁波亚洲浆纸业有限公司位于浙江省宁波市北仑青峙工业区，项目总投资118亿元，实施分阶段建设，其中一阶段项目产能100万吨，于2004年年底建成。二阶段项目年产能50万吨，于2014年6月底投入生产。

公司现有2台大型现代化纸机，配备了世界上最完善的QCS质量控制系统及国际领先的DCS自动化控制系统，其中1台为世界上单机产能最大、生产技术最先进的纸板机。

公司主要生产高档涂布白卡纸、铜版卡纸、烟卡纸、食品卡纸等，为客户提供多元化系列产品。其中金采单面涂布白卡纸，独具抗菌功能，适用于各式需抗菌功能保护的商品包装。白纸板系列产品通过中国环境标志II型产品认证。

生产经营，环保先行。公司投资10亿多元用于环保建设，各项排放指标远低于国家标准。在废水回收利用方面，采用全封闭的白水回收系统，大幅提升了水的循环利用，也成为国内耗水最低的造纸企业之一。公司先后通过ISO 14001环境管理体系、ISO 9001质量管理体系、OHSAS 18001职业健康安全管理体系、PEFC森林监管链管理体系认证及ISO 14064温室气体排放监管体系核查申明，并获得“浙江省绿色企业”“宁波市‘十一五’节能降耗先进单位”“浙江省中外合资合作百强企业”等荣誉称号。

单位地址：浙江省宁波市北仑区小港青峙工业区宏源路88号　**邮编：**315012

联系电话：0574－86989888　**联系传真：**0574－86989898

单位网址：www. zhonghua-paper. com

企业性质：中外合资

法人代表：黄志源，**经营负责人：**刘继春，**技术负责人：**仇如全

成立时间：2002年，**职工总数：**1470人，**其中技术人员数：**139人

2018年纸及纸板生产量：190. 26万吨

2018年销售收入：85. 27亿元，**利税总额：**5. 98亿元，**利润总额：**5. 35亿元

2018年企业科研经费投入：2. 83亿元

主要产品：高档白卡纸、铜版卡纸、烟卡纸、食品卡纸等

主要纤维原料：废纸、木浆

纸机总数：2台

【主要生产线】

主要造纸生产线

生产线名称	纸机			主体设备供货厂商	产品品种	纤维原料	生产能力/(万吨/年)	投产时间
	网部形式	幅宽/毫米	工作车速/(米/分)					
6 号纸机	五层长网	8100	1000	维美德公司	高档白卡纸、铜版卡纸、烟卡纸	木浆、废纸	100	2004-10
4 号纸机	三层长网	6100	600	维美德公司	高档白卡纸、食品卡纸	木浆、废纸	50	2014-06

〔APP(中国)〕

无锡荣成环保科技有限公司

Wuxi Long Chen Greentech Co., Ltd.

【企业概况】

无锡荣成环保科技有限公司系苏台合资企业，成立于 1997 年，注册资本 17180 万美元，投资总额 36090 万美元，占地面积 37.33 公顷。长期以来全体员工秉持“致力于发展高效率利用资源的技术，制造生活必须的纸制品，我们有责任留给子孙更多的资源及更干净的生活环境”为经营信念。

目前生产规模年产 90 万吨箱纸板，分 3 期投资，一、二期工程投资额为 9800 万美元，年产 10 万吨高档牛皮箱纸板的 PM1 于 2000 年投产，年产 25 万吨高强瓦楞原纸的 PM2 于 2004 年投产。三期工程投资总额 26290 万美元，年产 25 万吨低定量高强瓦楞原纸的 PM3A 于 2010 年投产，年产 30 万吨制浆造纸的 PM3B 于 2013 年 7 月投产。

配套环保设施投资 1.17 亿元，设置厌氧 + 好氧 + 深度氧化工艺处理，确保废水排水 COD_{Cr} 符合太湖流域国家标准 60 毫克/升。

公司有良好的技术开发力、市场开拓力和品质竞争力，在江苏乃至华东地区有较高的知名度和影响力。公司上下有强烈的环保意识，公司先后荣获“省优秀包装企业”“中国 200 强先进包装企业”“省环保先进企业”“全国模范职工之家”“全国五一劳动奖状”等称号。2018 年销售收入 30 亿。

单位地址： 江苏省无锡市惠山区洛社镇中兴西路 43 号 **邮编：** 214187

联系电话： 0510－83316666 **联系传真：** 0510－83311826

联系邮箱： w5015@longchengreentech.com **单位网址：** www.longchengreentech.com

企业性质： 苏台合资

法人代表： 陶龙法，**经营负责人：** 姚长坤，**技术负责人：** 高威宏

成立时间： 1997 年，**职工总数：** 800 人，**其中技术人员数：** 100 人

2018 年纸和纸板生产量： 96 万吨

2018 年销售收入： 30 亿元，**利税总额：** 0.1 亿元，**利润总额：** －1.5 亿元

2018 年企业科研经费投入： 0.3 亿

主要产品： 工业包装用纸

主要纤维原料： 废纸

纸机总数： 4 台

【主要生产线】

主要制浆生产线

生产线名称	纤维原料	纸浆方法	蒸煮器	主题设备供货应商	产品品种	生产能力 /（万吨/年）	投产时间
PM1	废纸			安德里茨公司	纸板	10	2000
PM2	废纸			福伊特公司	瓦楞原纸	20	2004
PM3A	废纸			福伊特公司	瓦楞原纸	25	2010
PM3B	废纸			福伊特公司	纸板	30	2013

主要造纸生产线

生产线名称	纸机			主体设备供货厂商	产品品种	纤维原料	生产能力/(万吨/年)	投产时间
	网部形式	幅宽/毫米	工作车速/(米/分)					
PM1		3200	480	裕力机械股份有限公司	纸板	废纸	10	2000
PM2		4650	600	裕力机械股份有限公司	瓦楞原纸	废纸	20	2004
PM3A		6600	825	韩国金星造纸技术有限公司、福伊特公司	瓦楞原纸	废纸	25	2010
PM3B		6600	825	裕力机械股份有限公司、福伊特公司	纸板	废纸	30	2013

（许武军）

金东纸业(江苏)股份有限公司

Gold East Paper (Jiangsu) Co., Ltd.

【企业概况】

金东纸业(江苏)股份有限公司(以下简称“金东纸业”)地处长江第三大港——江苏省镇江大港，占地面积533万米^2，现有员工3000余名，总投资223.4亿元，年产铜版纸200万吨以上，已成为世界上单厂规模最大的铜版纸生产企业之一。

作为金光集团APP(中国)的旗舰企业，金东纸业秉承集团永续经营的理念，不断实践着循环经济和绿色造纸，走出了一条可持续发展的新型工业化道路，迄今环保投入已超17亿元。金东纸业在环保建设中所做的努力得到了中国各级政府的充分肯定，荣获国家级、省级、市级多项荣誉称号。

成立至今，金东纸业连续多年入选“中国500强企业”和“中国轻工业百强企业”等排行榜。在管理领域，金东纸业将6Sigma、CTR等先进工具引入企业管理中，提高了企业运营效率。先后通过了ISO 9001质量管理体系认证、ISO 14001环境管理体系认证、OHSAS 18001职业健康安全管理体系认证和PEFC(森林认证认可计划)认证。

金东纸业主要产品有：双面铜版纸、单面铜版纸、亚光铜版纸、轮转铜版纸、数码专用纸、手袋专用纸等。主要品牌有：“太空梭”“东帆”“长鹤”“神盾”“NEVIA”“Space Shuttle”“XPLORE”“Nireus ”“Art-tech”“Sunbrite”等，其中“太空梭”连续多年被评为“江苏省重点培育和发展的国际知名品牌”。

单位地址：江苏省镇江市大港兴港东路8号 **邮编**：212132

联系电话：0511-88998888 **联系传真**：0511-88997000

联系邮箱：service@goldeastpaper.com.cn **单位网址**：www.goldeastpaper.com.cn

企业性质：中外合资

法人代表：黄志源，**经营负责人**：王自力，**技术负责人**：吴锦济

成立时间：1997年，**职工总数**：3060人，**其中技术人员数**：607人

2018年纸和纸板生产量：191.03万吨

2018年销售收入：91.00亿元，**利税总额**：16.33亿元，**利润总额**：13.04亿元

2018年企业科研经费投入：3.64亿元

主要产品：单面铜版纸、双面铜版纸、亚光铜版纸、轮转铜版纸、数码专用纸

主要纤维原料：原生木浆

纸机总数：3台

【主要生产线】

主要造纸生产线

生产线名称	纸机			主体设备供货厂商	产品品种	纤维原料	生产能力/(万吨/年)	投产时间
	网部形式	幅宽/毫米	工作车速/(米/分)					
福伊特纸机	夹网	9770	1500	福伊特公司	双胶纸和涂布原纸	原生木浆	54	1999-02
福伊特纸机	夹网	9770	1500	福伊特公司	双胶纸和涂布原纸	原生木浆	54	1999-05
美卓涂布机		9770	1700	维美德公司	铜版纸	原生木浆	60	1999-06
美卓涂布机		9770	1700	维美德公司	铜版纸	原生木浆	60	2001-08
集造纸涂布于一体纸机	夹网	10600	1700	福伊特公司	不含磨木浆涂布纸、铜版纸	原生木浆	70	2005-05

〔APP(中国)〕

亚太森博(山东)浆纸有限公司

Asia Symbol (Shandong) Pulp and Paper Co., Ltd.

【企业概况】

亚太森博(山东)浆纸有限公司(以下简称“亚太森博”)是世界领先的浆纸一体化企业、山东省最大的外资企业，也是浆纸行业产业升级、技术进步、绿色发展的标杆企业。

公司累计环保投资已超过43亿元，无论是环保投资总额还是占总投资的比例，均创国际同等规模浆纸工厂之最，主要环保指标达到行业领先水平，优于芬兰、日本等发达国家标准。

公司与山东省日照市共同发展，不断深化共生关系。公司带动了山东省日照市造纸、印刷、包装、化工、农业、物流、仓储、造船等相关产业200多家企业的发展，并累计投入了1亿多元用于文化、教育、扶贫、救灾、环保等社会公益事业。

亚太森博改善了全国的造纸原料结构，根据客户的需求进行订制化生产，为客户提供稳定的供应、稳定的质量、稳定的技术服务，通过订制化的产品为客户创造价值，深受客户青睐。

公司坚持开放办厂，成为30多所学校的研学基地、社会实践基地，每年接待社会各界上万人次参观。公司被评为中国优秀企业公民、中国造纸工业环境友好企业、中国社会责任典范企业、全国优秀外商投资企业、高新技术企业、山东省节能先进企业、山东省循环经济示范企业、山东省工业旅游示范点、山东省环境教育及科普教育基地、日照市功勋企业。

亚太森博的宗旨是开发永续资源，创造美好生活。我们致力于成为规模最大、管理最佳、以可持续的资源开发为基础的集团之一，保护环境，为客户创造价值，实现利民、利国、利业。

单位地址：山东省日照市北京路369号 **邮编：**276826

联系电话：0633－3369188 **联系传真：**0633－3361280

联系邮箱：xiaolei_yang@asiasymbol.com **单位网址：**www.asiasymbol.com

企业性质：中外合资

法人代表：李建绍，**经营负责人：**陈小荣，**技术负责人：**江健儿

成立时间：2005年8月，**职工总数：**2063人，**其中技术人员数：**290人

2018年纸浆生产量：198.2万吨，**纸和纸板生产量：**53.2万吨

2018年销售收入：114.7亿元，**利税总额：**22.3亿元，**利润总额：**14.8亿元

2018年企业科研经费投入：74481万元

主要产品：漂白硫酸盐化学木浆、溶解浆、高档白卡纸板(液体包装纸板、烟卡纸、食品卡纸、社会卡纸等)

主要纤维原料：桉木、相思木、针叶木

纸机总数：2台

蒸(球)煮器总数：2台

【主要生产线】

主要制浆生产线

生产线名称	纤维原料	制浆方法	蒸煮器	主体设备供货厂商	产品品种	生产能力/(万吨/年)	投产时间
一期制浆生产线	针叶木、阔叶木	漂白硫酸盐制浆法	低固形物连续蒸煮	安德里茨公司	漂白硫酸盐木浆	31.5	2002-10
二期制浆生产线	阔叶木	漂白硫酸盐制浆法	紧凑 G2 蒸煮技术	美卓公司	漂白硫酸盐木浆	170	2010-11

主要造纸生产线

生产线名称	纸机			主体设备供货厂商	产品品种	纤维原料	生产能力/(万吨/年)	投产时间
	网部形式	幅宽/毫米	工作车速/(米/分)					
一期纸板生产线	多网	3625	600	福伊特公司	高档白卡纸板	化学浆、机械浆	17	2002-10
液体包装纸板生产线	多网	4600	1000	福伊特公司	液体包装纸板	化学浆、机械浆	35	2014-06

（杨晓雷）

金红叶纸业集团有限公司

Gold Hongye Paper Group Co., Ltd.

【企业概况】

金红叶纸业集团有限公司由 APP(中国)1996 年投资建设，专业生产、销售生活用纸系列产品，产品主要有：卫生纸、面巾纸、手帕纸、餐巾纸、厨房纸巾、擦手纸和湿巾等。主要品牌有："唯洁雅""清风"和"真真"。

目前公司拥有 6 个原纸生产基地，分布在江苏省苏州市、海南省海口市、湖北省孝感市、辽宁省沈阳市、四川省遂宁市和四川省雅安市(2018 年投产)。在天津、沈阳、成都、武汉、福州、广东、海南、青岛等地设有后加工基地，并设有遍布全国的营运销售网络。是目前我国生活用纸行业产能最大的生产商。

2017 年 10 月 9 日，金光集团总投资 68 亿美元(约合 450 亿元)的高档生活用纸项目落户江苏省南通市如东县洋口港经济开发区，占地面积 566.67 万米^2，建成后可年产生活用纸 400 万吨，将成为全球最大的生活用纸生产基地。2018 年，该项目环评第二次公示，显示如东基地建年产 78 万吨高档生活用纸项目，其中原纸 24 万吨/年，成品加工 54 万吨/年，湿巾 4.734 万吨/年。

单位地址： 江苏省苏州市工业园区胜浦分区金胜路 1 号 **邮编：** 215126

联系电话： 0512－62810228 **联系传真：** 0512－62818276

联系邮箱： customer_ service@ghy. com. cn **单位网址：** www. ghy. com. cn

企业性质： 外商独资

法人代表： 黄志源

2018 年纸和纸板产能： 166 万吨

主要产品： 生活用纸

主要纤维原料： 木浆

纸机总数： 48 台

【主要生产线】

主要造纸生产线

生产基地	产品品种	纤维原料	生产能力/(万吨/年)	纸机台数
江苏苏州	生活用纸	木浆	43	12
海南海口	生活用纸	木浆	84	28
湖北孝感	生活用纸	木浆	24	4
辽宁沈阳	生活用纸	木浆	6	1
四川遂宁	生活用纸	木浆	6	1
四川雅安	生活用纸	木浆	3	2
合　计			166	48

2018 年新增生产线

生产线名称	纸机			主体设备供货厂商	产品品种	纤维原料	生产能力/(万吨/年)
	网部形式	幅宽/毫米	工作车速/(米/分)				
卫生纸机(2 台)	新月型	2860	1200	金顺公司	生活用纸	木浆	3

（中国造纸协会生活用纸专业委员会）

浙江景兴纸业股份有限公司

Zhejiang Jingxing Paper Jiont Stock Co., Ltd.

【企业概况】

公司经过 30 多年发展，由一家名不见经传的造纸作坊发展成为以造纸为龙头、集纸制品加工为一体的上市公司。公司主导产品为牛皮箱纸板、白面牛卡纸、瓦楞原纸、纸箱、生活用纸等系列产品。2006 年 9 月 15 日，景兴纸业 A 股在深圳证券交易所上市。通过上市和增发，公司迈入快速发展的轨道。公司先后被上级授予"全国首批资源节约型环境友好型企业试点""首批国家节水标杆企业""国家级工程实践教育中心""国家高新技术企业""国家水效领跑者企业"。目前公司拥有国际先进水平造纸生产线 8 条，其中，包装用纸生产线 5 条，生活用纸生产线 3 条。公司一直秉承"创新、节约、降耗、增效"的发展理念，坚持污染治理，注重发展绿色循环经济，实现可持续发展，力争实现企业长足发展。公司长期致力于纸机改造、中水回用、沼气发电、浆渣回用、光伏发电等清洁生产措施，从源头节水节能的同时，做好末端资源再利用，真正做到节能减排。2018 年开展了板框机扩容改造项目、厌氧沼气电厂燃烧项目、生产车间渣不落地改造项目、好氧污泥系统分离改造项目，进一步提升了公司的污染防治能力。

单位地址：浙江省平湖市曹桥街道 **邮编：**314214

联系电话：0573 - 85960318 **联系传真：**0573 - 85966983

联系邮箱：283900268@ qq. com **单位网址：**www. zjjxjt. com

企业性质：民营企业

法人代表：朱在龙，**经营负责人：**王志明，**技术负责人：**丁明其

成立时间：1984 年，**职工总数：**1975 人，**其中技术人员数：**256 人

2018 年纸和纸板产量：138. 72 万吨(包装用纸 133. 53 万吨，生活用纸 5. 19 万吨)

2018 年销售收入：59. 38 亿元，**利税总额：**12. 02 亿元，**利润总额：**4. 02 亿元

主要产品：牛皮箱纸板、白面牛卡纸、瓦楞原纸、生活用纸、纸箱

主要纤维原料：废纸、木浆

纸机总数：8 台

【主要生产线】

主要造纸生产线

生产线名称	纸机			主体设备供货厂商	产品品种及规格	纤维配比	生产能力/(万吨/年)	投产时间
	网部形式	幅宽/毫米	工作车速/(米/分)					
纱管纸生产线(5号)	多圆网纸机	2400	100	上海轻良造纸机械厂	300～500 克/米^2 C/BJ 纱管纸	100% LOCC	6	2013
纱管纸生产线(6号)	四叠网纸机	2400	100	上海轻良造纸机械厂	300～500 克/米^2 C/BJ 纱管纸	100% LOCC	6	2013
箱纸板生产线(10号)	四叠网纸机	4800	500	辽阳造纸机械厂	200～300 克/米^2 AJ/UJ 箱纸板	面：UKP 衬芯底：LOCC/JOCC/AOCC	20	2002
箱纸板生产线(12号)	三叠网纸机	5650	1000	美卓公司	110～200 克/米^2 AJ/UJ 箱纸板	面：UKP 衬芯底：LOCC/JOCC/AOCC	45	2007
瓦楞原纸生产线(13号)	二网超成形纸机	5200	450	日本小林制作所	110～200 克/米^2 AJ/UJ/瓦楞原纸	面：UKP 衬芯底：LOCC/JOCC/AOCC	15	2004
白面牛卡纸生产线(15号)	三叠网＋顶网	4880	700	华东造纸机械有限公司	125～200 克/米^2 白面牛卡纸/石膏板护面纸	面：NBKP/UBKP 衬：DIP 底：LOCC/JOCC/AOCC	25	2010
高强瓦楞原纸生产线(16号)	单长网＋顶网	5650	1000	维美德公司	70～120 克/米^2 AJ 瓦楞原纸	LOCC/EOCC/AOCC	30	2015
生活用纸1号纸机	真空圆网	2850	1800	安德里茨公司	12～24 克/米^2 面巾纸、卫生纸、餐巾纸等	100%原生木浆	3	2015
生活用纸2号纸机	长网	2850	1800	安德里茨公司	12～24 克/米^2 面巾纸、卫生纸、餐巾纸等	100%原生木浆	3	2015
生活用纸3号纸机	真空圆网	2850	800	广东宝拓科技股份有限公司	12～24 克/米^2 面巾纸、卫生纸、餐巾纸等	100%原生木浆	0.8	2014

（章爱其）

山东世纪阳光纸业集团有限公司

Shandong Century Sunshine Paper Group Co., Ltd.

【企业概况】

山东世纪阳光纸业集团有限公司成立于2000年，2007年在香港联合证券交易所主板挂牌上市。现拥有山东阳光概念包装有限公司、昌乐新迈纸业有限公司、山东华迈纸业有限公司、潍坊申易物流有限公司、昌乐盛世热电有限责任公司、潍坊大环再生资源有限公司、天为环保科技公司、昌东废纸收购有限公司、阳光王子(寿光)特种纸有限公司、上海王的实业有限公司10个子公司，34个国内销售分公司和6个国外分公司，总资产100亿元，造纸年产能150万吨，是中国民营企业500强，全国造纸行业15强，全球造纸100强，国家级高新技术企业，连续10年进入潍坊百强企业，纳税额居潍坊市前10名。企业以独特的产品定位和差异化战略，确立了在我国纸业细分市场领域的优势地位，是我国白面牛卡纸、涂布白面牛卡纸、纸管原纸等高档包装用纸生产规模较大、装备能力较强、产品档次较高的生产基地和全球较先进的预印产品基地。

企业大力实施创新驱动战略，建有省级技术中心，拥有50多项自主知识产权，主导产品均获国家专利，制定了白面牛卡纸系列产品的4套国家标准。2018年集团实现主营业务收入65.86亿元，实缴税金6.1亿元，同比分别增长13.9%和29.16%。

为进一步扩大产业规模优势，巩固行业领先地位，除新建年产80万吨高档瓦楞原纸外，还配套建设废水处理厂、50万吨生物机械浆，2019年计划新建11万吨集束包装用纸，以项目组团推进发展。组团项目全部投产达效后，可新增主营业务收入50亿元，利税5亿元。3年内，公司利润、税收均超过10亿元，实现再造一个“新阳光”的战略目标。

单位地址：山东省潍坊市昌乐开发区龙角村北 **邮编：**262400

联系电话：0536－6856001 **联系传真：**0536－6856006

联系邮箱：zhangchy@ sunshinepaper. com. cn **单位网址：**www. sjygbgs@ 126. com

企业性质：民营企业

法人代表：王东兴，**经营负责人：**王长海，**技术负责人：**慈晓雷

成立时间：2000年，**职工总数：**4000人，**其中技术人员数：**600人

2018年纸和纸板生产量：124.26万吨

2018年销售收入：65.86亿元，**利税总额：**9.56亿元，**利润总额：**4.78亿元

2018年企业科研经费投入：2.38亿元

主要产品：涂布白面牛卡纸、白面牛卡纸、纸管原纸等

主要纤维原料：漂白商品木浆、OCC等

纸机总数：7台

【主要生产线】

主要造纸生产线

生产线名称	纸机			主体设备供货厂商	产品品种	纤维原料	生产能力/(万吨/年)	投产时间
	网部形式	幅宽/毫米	工作车速/(米/分)					
PM1/PM2	长网	3200/4400	650/840	国产	白面牛卡纸	漂白商品木浆、OCC	42	2004/2006
PM3	长网	3400	350	国产	纸管原纸	OCC	29	2008
PM4	长网	6600	1200	美卓公司	涂布白面牛卡纸	漂白商品木浆、OCC	64	2010

（张春燕）

维达纸业(中国)有限公司

Vinda Paper (China) Co., Ltd.

【企业概况】

维达纸业(中国)有限公司(简称“维达”)专注研发生产高档生活用纸。2007 年在香港上市,时至今日,维达已从一个地方性民营企业成长为一个以“维达”品牌为核心的中国名牌企业。

维达时刻力求创新和进步,并以敏锐的目光洞察市场需求,产品推陈出新以满足消费者不断变化的需求。专注生产卫生卷纸、手帕纸、盒装面巾纸、软包抽取式面巾纸等高品质生活用纸系列产品。2012 年开始推出婴儿纸尿裤、卫生巾,以多元化的产品巩固了维达品牌地位。2018 年维达生活用纸第 10 个生产基地在广东省阳江市建成投产,先期投产了 6 万吨/年生活用纸产能,目前维达在全国已有 10 个生活用纸生产基地,巩固了维达“米”字形的生产战略布局。

2014 年 7 月,维达集团以总价 11.4 亿港元收购爱生雅集团(SCA)在中国内地、香港及澳门的商业营运业务,取得了 SCA 品牌“Tempo 得宝”“Dr. P 包大人”及“Sealer 嘘嘘乐”“TORK 多康”“TENA 添宁”“Libresse 轻曲线”“Libero 丽贝乐”在中国内地、香港及澳门的商标拥有权或独家使用权。新业务整合有助于维达拓展卫生用品业务,通过各品牌的市场定位及营销策略,提升集团整体市场份额。2016 年,维达完成了对爱生雅马来西亚、爱生雅韩国、爱生雅台湾的收购,为维达多元化发展奠定了基础。

2018 年维达实现营业收入 148.79 亿港元,比 2017 年增长 10.3%;利润 6.49 亿港元,比 2017 年增长 4.5%。其中生活用纸业务收入 121.11 亿港元,比 2017 年增长 11%,占整体收入的 81%;个人护理用品业务收入 27.67 亿港元,比 2017 年增长 7.3%,占整体收入的 19%。

维达积极适应渠道的变化,强化在电商渠道的领先地位,2018 年电商渠道的收益占公司整体收益的 25%,比 2017 年增长了 4 个百分点;电商渠道营业额 37.20 亿港元,比 2017 年增长 31.36%。

单位地址: 广东省江门市新会区东侯工业开发区 **邮编:** 529100
联系电话: 0750 - 6168535 **联系传真:** 0750 - 6124027
联系邮箱: guangdong@vinda.com **单位网址:** www.vindapaper.com

企业性质: 中外合资
法人代表: 李朝旺
成立时间: 1985 年
2018 年纸和纸板产能: 122 万吨
2018 年销售收入: 148.79 亿港元,**利润总额:** 6.49 亿港元
主要产品: 生活用纸、卫生用品
主要纤维原料: 木浆
纸机总数: 62 台

【主要生产线】

主要造纸生产线

生产基地	产品品种	纤维原料	生产能力/(万吨/年)	纸机台数
广东江门新会会城	生活用纸	木浆	6.0	3
湖北孝感	生活用纸	木浆	24.0	15
北京	生活用纸	木浆	3.0	3
四川德阳	生活用纸	木浆	7.5	5
广东江门新会双水	生活用纸	木浆	12.0	6
浙江龙游	生活用纸	木浆	21.0	10
辽宁鞍山	生活用纸	木浆	5.5	4
广东江门新会三江	生活用纸	木浆	26.0	10
山东莱芜	生活用纸	木浆	11.0	4
广东阳江	生活用纸	木浆	6.0	2
合　计			122.0	62

2018 年新增生产线

生产线名称	纸机			主体设备供货厂商	产品品种	纤维原料	生产能力/(万吨/年)
	网部形式	幅宽/毫米	工作车速/(米/分)				
卫生纸机(4 台)	新月型	保密	保密	拓斯克公司	生活用纸	木浆	12

(中国造纸协会生活用纸专业委员会)

广西金桂浆纸业有限公司

Guangxi Jingui Pulp & Paper Co., Ltd.

【企业概况】

广西金桂浆纸业有限公司是APP(中国)投资建设的第17家制浆造纸企业，也是目前国内实现林浆纸一体化的企业之一。厂区实际占地面积220公顷，总投资117亿元，生产规模为年产75万吨浆和100万吨纸。

公司是国内大型的桉木化学机械浆生产企业，生产的“金钱豹”牌桉木化学机械浆具备松厚度高、不透明度高的特性，可用于多种纸和纸板的抄造。公司使用国际先进的大型机内涂布白卡纸机，设计最高车速1400米/分，纸幅净宽8100毫米，所生产的白卡纸产品印刷适性好，主打的食品级白卡纸适用于食品、药品、化妆品、香烟等产品的包装。

作为国家高新技术企业、国家林业重点龙头企业以及广西林业产业龙头企业，公司是信息化与工业化融合促进安全生产重点推进项目承担单位，还先后荣获“中国林业产业突出贡献奖”“安全生产标准化二级企业”“广西北部湾经济区优秀创业企业”“广西五一劳动奖状”“广西智能工厂示范企业”等多项荣誉称号。

公司希望透过林浆纸一体化，注重资源的循环利用及环境保护，以实践绿色循环，传承造纸文明，提升生活质量为使命，致力于打造中国白卡纸第一品牌，积极履行社会责任和经济责任，不断推动我国造纸业的现代化革新。

单位地址：广西壮族自治区钦州市钦州港金光工业园 **邮编：**535008

联系电话：0777－3698888 **联系传真：**0777－3696666

联系邮箱：gxjg3696666@163.com **单位网址：**www.appjg.com.cn

企业性质：中外合资

法人代表：黄志源，**经营负责人：**黄俊彦，**技术负责人：**何传棋

成立时间：2003年，**职工总数：**1513人，**其中技术人员数：**440人

2018年纸浆生产量：90.01万吨 **纸和纸板生产量：**109.09万吨

2018年销售收入：89.31亿元，**利税总额：**8.085亿元，**利润总额：**7.78亿元

2018年企业科研经费投入：2.95亿元

主要产品：化学机械浆、单面涂布白卡纸、高松厚度单面涂布白卡纸、超高松厚度艺能卡纸、单面涂布食品白卡纸、高松厚度涂布食品卡纸、超高松厚度涂布食品卡纸、超高松厚度餐盒原纸、超高松厚度纸杯原纸、超高松厚度面碗原纸、高档纸杯原纸

主要纤维原料：桉木

纸机总数：1台

【主要生产线】

主要制浆生产线

生产线名称	纤维原料	制浆方法	主体设备供货厂商	产品品种	生产能力/(万吨/年)	投产时间
化学机械浆生产线	桉木木片	APMP	安德里茨公司	漂白化学机械浆	50	2011
		BCTMP	美卓公司	漂白化学机械浆	25	2015

主要造纸生产线

生产线名称	纸机			主体设备供货厂商	产品品种	纤维原料	生产能力/(万吨/年)	投产时间
	网部形式	幅宽/毫米	工作车速/(米/分)					
白卡纸生产线	三长网	8100	1000～1200	福伊特公司	高档白卡纸	桉木浆、松木浆	100	2013

〔APP(中国)〕

海南金海浆纸业有限公司

Hainan Jinhai Pulp & Paper Co., Ltd.

【企业概况】

海南金海浆纸业有限公司是金光集团 APP(中国)投资建设的特大型制浆造纸企业，地处海南省洋浦经济开发区，占地面积533 万米^2。一期工程年产100 万吨化学漂白硫酸盐桉木浆，总投资105 亿元，项目于1999 年注册成立，2003 年5 月动工兴建，2005 年3 月28 日正式投产。二期工程年产160 万吨造纸项目，总投资115 亿元，第一阶段年产90 万吨文化用纸项目2011 年7 月6 日建成投产；第二阶段年产70 万吨生活用纸项目于2016 年年底投产。

在环境治理方面，公司以“绿色造纸，保护环境”为己任，先后投入35 亿元进行节能、环保设施建设，是目前行业内世界上最先进的清洁生产企业。浆、纸生产线环保排放指标远优于国家环保标准，彻底颠覆了传统制浆造纸行业污染环境的固有形象。

在取得生态效益、经济效益的同时，公司还积极致力于公益捐赠、慈善事业来回报社会。截至目前，公司在教育与环保等方面累计捐赠已达到4600 万元。

秉持“植树造林，造福自然；制浆造纸，服务人民”的经营理念，公司以“科学营林、环保制浆和绿色造纸”来实现经济效益、社会效益和生态效益同步发展，通过实践林浆纸一体化大循环和企业节能减排，综合利用的小循环，创造了可持续发展的绿色循环经济。

单位地址： 海南省儋州市洋浦经济开发区 D12 区　**邮编：** 578001

联系电话： 0898 – 28821568　**联系传真：** 0898 – 28828256

联系邮箱： yp_ pr@ appjh. com. cn　**单位网址：** www. appjh. com. cn

企业性质： 中外合资

法人代表： 黄志源，**经营负责人：** 刘若飞，**技术负责人：** 杨长建

成立时间： 1999 年，**职工总数：** 2277 人，**其中技术人员数：** 155 人

2018 年纸浆生产量： 173 万吨，**纸和纸板生产量：** 104 万吨

2018 年销售收入： 106 亿元，**利税总额：** 30 亿元，**利润总额：** 14 亿元

主要产品： 漂白硫酸盐桉木浆，文化用纸，生活用纸

主要纤维原料： 桉木

纸机总数： 1 台

蒸(球)煮器总数： 1 台

【主要生产线】

主要制浆生产线

生产线名称	纤维原料	制浆方法	蒸煮器	主体设备供货厂商	产品品种	生产能力/(万吨/年)	投产时间
制浆生产线	桉木	硫酸盐蒸煮及无元素氯(ECF)漂白	连续蒸解釜	阿克-克瓦纳公司	漂白硫酸盐桉木浆	100	2005

主要造纸生产线

生产线名称	纸机			主体设备供货厂商	产品品种	纤维原料	生产能力/(万吨/年)	投产时间
	网部形式	幅宽/毫米	工作车速/(米/分)					
文化用纸生产线	夹网	10960	1800	福伊特公司	高档文化用纸	漂白硫酸盐桉木浆等	90	2011

〔APP(中国)〕

恒安(集团)有限公司

Hengan International Group Co., Ltd.

【企业概况】

恒安(集团)有限公司(以下简称“恒安集团”)创立于1985年，是我国最早进入卫生巾市场的企业之一，1997年进军生活用纸行业。目前生产和经营领域涉及一次性卫生用品和生活用纸两大系列，销售和分销网络覆盖全国，并积极发展出口业务，产品已出口43个国家和地区。恒安集团1998年在香港上市。2018年恒安集团实现营业收入205.14亿元，比2017年增长13.5%；净利润38.00亿元，比2017年增长2.6%。其中生活用纸业务收入102.27亿元，比2017年增长18.8%；生活用纸业务约占集团整体业务收入的49.9%，比2017年提高了2.3个百分点。

恒安集团不断推动电商渠道的发展，通过与国内知名大型电商平台的战略合作，利用大数据更精准地了解消费者的网购习惯及喜好，有助灵活调配生产、供货及销售资源，提高销售效益。2018年电商渠道营业额达29亿元，比2017年增长50%以上。电商对恒安集团整体销售额贡献上升至14.4%，比2017年提高了3.8个百分点。

恒安集团以中国驰名商标“安尔乐”和“心相印”，以及“安乐”“七度空间”“安儿乐”“安而康”等著名品牌为依托，生产、销售100多个规格、品种的妇女卫生巾、婴儿纸尿裤和成人纸尿裤、湿巾等一次性卫生用品，以及纸巾纸、卫生纸等生活用纸系列产品。恒安集团目前的生活用纸原纸在湖南常德、山东潍坊、福建晋江、安徽芜湖、重庆巴南、新疆昌吉共拥有6个生产基地。

2017年，恒安集团成功收购马来西亚皇城集团50.45%股份，2018年恒安集团旗下产品成功进入马来西亚市场，引进高档成人纸尿裤及便利妥品牌。2018年四季度，恒安集团在马来西亚推出创新性迷你湿巾，销售及口碑良好，以此开拓当地市场。

2018年集团完成投资俄罗斯厂房，计划2019年投入生产，将纸尿裤业务拓展到俄罗斯市场。

2018年4月投资芬兰芬浆有限公司，规划在芬兰库奥皮奥(Kuopio)建造120万吨/年北方漂白针叶木硫酸盐浆厂及其他生物制品厂，拓展生活用纸上游纸浆业务。

单位地址：福建省晋江市安海镇恒安工业城 **邮编：**362261

联系电话：0595-85708749 **联系传真：**0595-85708666

联系邮箱：hengan@hengan.com **单位网址：**www.hengan.com.cn

企业性质：民营企业

法人代表：许连捷

成立时间：1985年

2018年纸和纸板产能：143万吨

2018年销售收入：205.14亿元，**利润总额：**38亿元

主要产品：生活用纸、卫生用品

主要纤维原料：木浆

纸机总数：26台

【主要生产线】

主要造纸生产线

生产基地	产品品种	纤维原料	生产能力/(万吨/年)	纸机台数
湖南常德	生活用纸	木浆	30	6
山东潍坊	生活用纸	木浆	30	5
福建晋江	生活用纸	木浆	30	5
安徽芜湖	生活用纸	木浆	24	4
重庆巴南	生活用纸	木浆	24	4
新疆昌吉	生活用纸	木浆	5	2
合　计			143	26

2018 年新增生产线

生产线名称	纸机			主体设备供货厂商	产品品种	纤维原料	生产能力/(万吨/年)
	网部形式	幅宽/毫米	工作车速/(米/分)				
卫生纸机(2 台)	新月型	5600	2000	维美德公司	生活用纸	木浆	12

(中国造纸协会生活用纸专业委员会)

芬欧汇川(中国)有限公司

UPM (China) Co., Ltd.

【企业概况】

芬欧汇川(中国)有限公司(以下简称"芬欧汇川")是芬欧汇川集团的全资子公司，芬兰在华最大的单项投资项目，投资总额已达到20亿美元，年生产能力为140万吨，是中国最大的全化学木浆胶版纸、复印纸和未涂布特种纸生产企业之一。公司拥有代表当前国际最佳技术的3台纸机生产线，分别于1999年、2005年和2015年投产，同时配备有电厂、废水处理厂、码头等完善的现代化生产设施，集生产、研发、电力、环保、储运设施于一体。公司曾被评为中国进出口"红名单"企业，其自备电厂也成功并入国家华东电网。

芬欧汇川一贯坚持可持续发展的原则，不断提升自身的经济、社会和环境表现。在过去的10年间，芬欧汇川常熟纸厂的吨纸水耗降低了15%，吨纸电耗减少了15%，吨纸废物填埋量削减了80%，吨纸二氧化硫排放量减少了95%。在此期间，使用认证纤维的比例达到85%。凭借出色的环境表现，芬欧汇川常熟纸厂相继被授予国家环境友好企业、江苏省环境友好企业、常熟绿色企业的荣誉，其复印纸品牌也一直被列入中国政府绿色采购目录。除此之外，2019年，芬欧汇川再次荣获年度"中国杰出雇主"及"中国最佳健康雇主"的殊荣。

2018年，芬欧汇川根据中国和全球纸张市场的变化，着手利用现有的第3条造纸生产线所具备的多功能可转换产品的独特性能，投资引进新的超级压光设备，进一步实施技术改造并同时开发格拉辛纸底纸这一特种纸产品。这一举措也将更好地支持芬欧汇川在全球范围内实施的特种纸发展战略。

不仅如此，芬欧汇川还将"芬兰式"的领导力文化和独具中国特色的运营方式相结合，把可持续发展和企业社会责任的理念引入中国，注重安全和员工健康，做到绿色环保和可持续发展，经济效益和社会效益共赢。

单位地址：江苏省常熟经济技术开发区兴业路2号 **邮编：**215536

联系电话：512-52651818 **联系传真：**512-52652300

联系邮箱：upm. asia@ upm. com **单位网址：**www. upmchina. com

企业性质：外商独资

法人代表：ERKKI PETTERI KALELA

成立时间：1995年，**职工总数：**1404人

2018年纸和纸板生产量：100万吨

主要产品：文化用纸

主要纤维原料：全木浆纤维

纸机总数：3台

【主要生产线】

主要造纸生产线

生产线名称	纸机			主体设备供货厂商	产品品种	纤维原料	生产能力/(万吨/年)	投产时间
	网部形式	幅宽/毫米	工作车速/(米/分)					
1 号纸机	夹网成形	9700		美卓公司	全木浆未涂布纸	木材纤维	45	2005
2 号纸机	夹网成形	8660		美卓公司	全木浆涂布纸、全木浆未涂布纸	木材纤维	35	1999
3 号纸机	长网成形	7500		福伊特公司	全木浆未涂布纸、全木浆未涂布特种纸	木材纤维	60	2016

（胡蓉晖）

新乡新亚纸业集团股份有限公司

Xinxiang Xinya Paper Group Co.，Ltd.

【企业概况】

新乡新亚纸业集团股份有限公司是以制浆造纸为主，集热电联产、医药化工、物流商贸、机械制造、林基地开发、环保综合治理于一体的股份制企业集团。公司占地面积 175 万米^2，下设 18 个生产单位与子公司，拥有各种型号的造纸生产线 23 条，总资产 60 亿元，年制浆能力 60 万吨，造纸生产能力 83 万吨。产品通过了国家 ISO 9001 质量体系认证和 ISO 14001 环境体系认证，是中国质量管理达标企业、中国企业改革示范单位、中国制浆造纸研究院有限公司试验基地。公司为河南省产能规模最大的制浆造纸企业、河南省百户重点企业、河南省转型升级试点企业、河南省综合效益先进企业、河南省优秀民营企业、河南省农业、林业产业化重点龙头企业、新乡市利税大户、新乡市重点保护企业、新乡县域经济支柱企业。

公司拥有 2 个省级技术中心——河南省企业技术中心和河南省造纸污染治理工程技术研究中心，拥有 30 多名由知名专家、工程师和技术骨干组成的研发队伍。近年来，在制浆造纸工艺、资源循环利用、环保综合治理等领域取得科技成果 20 余项，其中麦草半化学浆黑液碱回收技术荣获全国节能减排技术二等奖。

公司主营产品为包装用纸、文化用纸、生活用纸三大系列。主要品种有涂布白卡纸、食品液体包装用纸、瓦楞原纸、箱纸板、胶版印刷纸、静电复印纸、电脑打印纸、双面写纸、中高档生活用纸。“新亚”“新辉煌”“新锦绣”等系列品牌荣获河南省十大驰名品牌、著名商标。

单位地址：河南省新乡纸制品工业园区（107 国道 686 公里处） **邮编：**453731

联系电话：0373－5681188 **联系传真：**0373－5680286

联系邮箱：xinyaren@126.com **单位网址：**www.xinyapaper.cn

企业性质：民营企业

法人代表：宋敬志，**经营负责人：**宋敬亮，**技术负责人：**张 伟

成立时间：2003 年，**职工总数：**3800 人，**其中技术人员数：**560 人

2018 年纸浆生产量：58.19 万吨，**纸和纸板生产量：**82.35 万吨

2018 年销售收入：40.3156 亿元，**利税总额：**2.2024 亿元，**利润总额：**1.3686 亿元

2018 年企业科研经费投入：2350 万元

主要产品：文化用纸、白卡纸、瓦楞原纸、生活用纸

主要纤维原料：杨木化学机械浆、废纸制浆、漂白麦草浆、本色麦草浆

纸机总数：23 台

蒸（球）煮器总数：12 台

【主要生产线】

主要制浆生产线

生产线名称	纤维原料	制浆方法	蒸煮器	主体设备供货厂商	产品品种	生产能力/(万吨/年)	投产时间
化学机械浆生产线	杨木	碱性过氧化氢法	高浓磨浆机	安德里茨公司	APMP 化学机械浆	10	2008
本色麦草浆生产线	麦草	微碱法	蒸球		本色麦草浆	10	2017
漂白麦草浆生产线	麦草	碱法	立式蒸煮器		漂白麦草浆	5	2017
漂白麦草浆生产线	麦草	碱法	连蒸	天津轻工业机械厂	漂白麦草浆	5	2005
废纸浆	废纸		D 型碎浆机	郑州磊展科技造纸机械有限公司	非脱墨废纸浆	30	2017

主要造纸生产线

生产线名称	纸机			主体设备供货厂商	产品品种	纤维原料	生产能力/(万吨/年)	投产时间
	网部形式	幅宽/毫米	工作车速/(米/分)					
涂布白卡纸	长网多缸纸机	4260	600	昆山中联造纸设备厂	涂布白卡纸	木浆	12	2008
涂布印刷纸	长网多缸纸机	2640	500	辽阳造纸机械股份有限公司	涂布印刷纸、静电复写纸	化学机械浆、麦草浆	10	2005
一厂瓦楞原纸	长网纸机	3200	250	江苏沪太造纸机械厂	瓦楞原纸、牛皮纸、果袋纸	废纸浆、麦草浆	25	2009
二厂瓦楞原纸	长网纸机	3520	600	四川宜宾造纸机械厂	瓦楞原纸	废纸浆、麦草浆	10	2009
口杯纸生产线	叠网纸机	3200	250	四川宜宾造纸机械厂	淋膜原纸	木浆	5	2004
铸涂原纸	长网纸机	1880	250	江苏沪太造纸机械厂	铸涂原纸	木浆	12	2002
箱用夹芯纸	长网纸机	3200	200		箱用夹芯纸	废纸浆	5	2010
生活用纸生产线	长网纸机	2900	200	诸城大正机械有限公司	高档生活用纸	木浆	2	2010
美术纯质纸	长网纸机	3200	250	上海机械厂	美术纯质纸	木浆	2	2010

(曹守学)

大河纸业有限公司

Dahe Paper Co., Ltd.

【企业概况】

大河纸业有限公司(以下简称“大河纸业”)系河南投资集团全资子公司，受河南投资集团委托，按照集团化、精细化、专业化的要求，专业经营林、浆、纸、板业务，注册资金5.5亿元，企业资产总规模52亿元。旗下控股浆、纸、板企业5家，分别为濮阳龙丰纸业有限公司、驻马店市白云纸业有限公司、焦作瑞丰纸业有限公司、周口大河林业有限公司和大河纸业(香港)有限公司。

大河纸业主要生产销售产品包括：中高档全木浆文化印刷用纸(双胶纸、静电原纸等)、特种工业用纸(热敏原纸、高档加工原纸、珠光原纸、纸袋原纸、彩色卡纸等)、APMP杨木化学机械浆(湿浆、浆板)、ECF漂白阔叶木化学浆、中高密度纤维板等。目前，公司文化印刷用纸年产能65万吨、杨木化学机械浆年产能30万吨、阔叶木化学浆年产能12万吨、中高密度纤维板年产能22.5万米^3，拥有林地1.67万公顷，是河南省首批林浆纸一体化示范企业。

大河纸业主要生产设备包括：芬兰美卓公司立式夹网纸机生产线1条、德国福伊特公司长网纸机生产线1条、德国迪芬巴赫公司中高密度纤维板生产线1条、奥地利安德里茨公司杨木化学机械浆生产线2条、ECF漂白化学浆生产线1条和多条国产纸机生产线。旗下拥有“云视界”“纸立方”“云时代”“丰赢”“丰朵”“云之彩”“云之盈”“天中”等多个文化用纸知名品牌和“丰”“云台”“大河天”等化学机械浆、纤维板品牌。其中，公司全木浆文化印刷用纸远销中东、东南亚、南美等多个国家和地区，得到广大用户的一致好评。

今天，大河纸业正在以饱满的热情、优质的产品、完善的服务，在“尊重客户，尊崇自然”的理念指导下飞速发展，阔步向前。

单位地址：河南省郑州市农业路41号河南投资大厦10楼 **邮编：**450008

联系电话：0371-69515191 **联系传真：**0371-69158697

联系邮箱：dhzy@dahepaper.com **单位网址：**www.dahepaper.com

企业性质：国有企业

法人代表：王 根，**经营负责人：**王 根

成立时间：2010年，**职工总数：**3230人，**其中技术人员数：**480人

2018年纸浆生产量：44万吨，**纸和纸板生产量：**65万吨，**纤维板生产量：**22万米^3

2018年销售收入：47亿元

主要产品：全木浆胶版纸、米黄书写纸、复印原纸、微涂双胶纸、热敏原纸、纸袋原纸等文化印刷用纸及特种纸，镂铣门板、模压门板、砂光板、压光板等中高密度纤维板，杨木化学机械浆、阔叶木化学浆等。

主要纤维原料：漂白硫酸盐针叶木浆(NBKP)、漂白硫酸盐阔叶木浆(LBKP)、碱性过氧化氢机械浆(APMP)。

纸机总数：7台

【主要生产线】

主要制浆生产线

生产线名称	纤维原料	制浆方法	蒸煮器	主体设备供货厂商	产品品种	生产能力/(万吨/年)	投产时间
瑞丰化学机械浆生产线	杨木片	APMP		安德里茨公司	APMP 杨木浆	16	2006-04
龙丰化学机械浆生产线	杨木片	APMP		安德里茨公司	APMP 杨木浆	14	2005-11
白云二期制浆	杨木、桉木	无元素氯漂白	连续蒸煮管	安德里茨公司	ECF 化学浆	12	2013-07

主要造纸生产线

生产线名称	纸机			主体设备供货厂商	产品品种	纤维原料	生产能力/(万吨/年)	投产时间
	网部形式	幅宽/毫米	工作车速/(米/分)					
龙丰纸机	夹网	7280	1400～1600	芬兰美卓公司	胶版纸、微涂纸、复印原纸、热敏纸等	NBKP、LBKP、APMP	33	2008-12
白云8号机	长网	5280	1300～1400	德国福伊特公司	胶版纸、电商专用纸、米黄书写纸等	NBKP、LBKP、APMP	22	2012
白云4号、5号、6号、7号机	长网	2640	200	宜宾造纸设备厂	胶版纸、簿册书本用纸、彩胶纸等	NBKP、LBKP、APMP	5	2005-12
白云1号机	长网	2640	450	辽阳造纸设备厂	胶版纸，高定量、高松厚度纸，珠光原纸等	NBKP、LBKP、APMP	5	2002-12

（刘金令）

漯河银鸽实业集团有限公司

Luohe Yinge Industrial Group Co., Ltd.

【企业概况】

漯河银鸽实业集团有限公司前身是始建于1967年的漯河市国营第一造纸厂，旗下拥有河南银鸽实业投资股份有限公司(沪市A股600069)、漯河银鸽生活纸产有限公司、漯河银鸽特种纸有限公司、河南银鸽工贸有限公司、四川银鸽竹浆纸业有限公司等多家企业。公司先后通过了ISO 9001质量体系、ISO 14001环境管理体系、OHS 18001职业健康安全管理体系“三标一体化”认证，逐步形成了以包装用纸、生活用纸、特种纸、文化用纸、竹浆产品为主导的高中档并举的多系列产品结构，是2018年河南省质量诚信AAA级企业、河南省五一劳动奖状、全国安康杯竞赛优胜单位获得者。

公司拥有1个国家级博士后科研工作站、2个省级技术中心和1个省级特种纸工程技术研发中心等科研机构。在制浆技术、纸品抄造、污染治理等方面具有核心技术，先后参与制定国家标准2项、行业标准2项，地方标准2项，获得国家专利30余项，其中发明专利5项。

公司将按照“以发展主业链条为基线，积极整合资源，以园区化建设为依托，延长产业链，绿色发展”的总思路进行布局，做强、做稳、做优造纸主业，生活用纸向集中生产，分散加工的模式转变。坚持“看准、评好、走稳”，寻找上下游产业合作契机，积极谋划新的产业布局，加快构建新的发展增长点。继续通过产品结构优化和技术水平提升来增强市场竞争力和经济效益。

单位地址：河南省漯河市中山路银鸽大厦 **邮编：**462000

联系电话：0395－5615581 **联系传真：**0395－5165583

联系邮箱：yinge123456@126.com **单位网址：**www.yinge.com.cn

企业性质：民营企业

法人代表：胡志芳，**经营负责人：**胡志芳

成立时间：2002年，**职工总数：**1947人，**其中技术人员数：**170人

2018年纸和纸板生产量：61.84万吨

2018年销售收入：31.54亿元，**利税总额：**2.47亿元

主要产品：包装用纸、生活用纸、文化用纸、特种纸

主要纤维原料：废纸、商品浆、竹子

纸机总数：19台

蒸(球)煮器总数：3台

【主要生产线】

主要制浆生产线

生产线名称	纤维原料	制浆方法	蒸煮器	主体设备供货厂商	产品品种	生产能力/(万吨/年)	投产时间
置换蒸煮系统	竹子	硫酸盐法	立锅	GL&V公司	竹浆	8	2013

主要造纸生产线

生产线名称	纸机			主体设备供货厂商	产品品种	纤维原料	生产能力/(万吨/年)	投产时间
	网部形式	幅宽/毫米	工作车速/(米/分)					
4400	三叠网	4400	500	辽阳机械厂	箱纸板	废纸	15	2005
4800	三叠网	4800	600	华金机械厂	箱纸板	废纸	20	2008
2650	斜网	2650	480	意大利	生活用纸	木浆	0. 5	1994
2850	新月型	2850	1000	韩国	生活用纸	木浆	1. 5	2008
2850	新月型	2850	1100	韩国	生活用纸	木浆	1. 5	2011
5600	新月型	5600	1900	德国	生活用纸	木浆	6	2012
5600	新月型	5600	1900	德国	生活用纸	木浆	6	2012
2240	长网	2240	300	日本	特种纸	木浆	1. 5	2007
3800	长网	3800	800	上海昆山机械厂	特种纸	木浆	5	2008

（齐云洹）

金华盛纸业(苏州工业园区)有限公司

Gold Huasheng Paper (Suzhou Industrial Park) Co., Ltd.

【企业概况】

金华盛纸业(苏州工业园区)有限公司是金光集团 APP(中国)于 1996 年投资建设的现代化大型造纸企业，投资总额 94.3 亿元，位于苏州市工业园区，京沪高铁、沪宁高速穿越区内，东西南北交通十分便捷。利用长江流域吴淞江支流的独特水利条件，既满足了水运需要又解决了取水难题。

公司平均年产文化用纸 60 余万吨，是目前国内的多元化特种纸供应商，连续多年被侨务办公室评选为江苏省乃至全国明星侨资企业；2009 年被中国造纸协会授予“全国制浆造纸企业 30 强”荣誉称号；2005 年至今一直被认定为“国家高新技术企业”；2010 获得中环联合(北京)认证中心认证的“中国环境标志(II 型)产品认证”证书；2010 年得到苏州市人民政府的“能效之星四星级”证书；2012 年获得中共江苏省委员会、江苏省人民政府颁发的“江苏省开放型经济先进企业”称号；2013 年通过江苏省社会信用体系建设领导小组办公室的“江苏省企业信用管理贯标证书”考核，并取得荣誉；2013 年被苏州市水务局认定为“苏州市节水教育基地”；2014 年被江苏省节能监察中心授予“中国能效之星”三星称号；2015 年被江苏省轻工业行业协会认定为“2014 年度江苏省轻工行业优秀品牌企业”；2016 年获得中环联合认证中心的“中国环境标志(II 型)”产品认证。

经过二十多年的发展，公司在中国已能生产出越来越多的成熟产品，为越来越多的客户提供周到的服务，同时我们将积极参与到保护环境和绿色可持续发展活动中，做中国绿色纸业的倡导者和实践者。

单位地址：江苏省苏州市工业园区胜浦金胜路 2 号 **邮编：**215126

联系电话：0512 - 62836666 **联系传真：**0512 - 62815491

联系邮箱：webmaster_ ghs@ app. com. cn **单位网址：**www. goldhs. com. cn

企业性质：中外合资

法人代表：黄志源，**经营负责人：**林新阳，**技术负责人：**林新阳

成立时间：1996 年，**职工总数：**1952 人，**其中技术人员数：**440 人

2018 年纸和纸板生产量：59.03 万吨

2018 年销售收入：40.85 亿元，**利税总额：**6.14 亿元，**利润总额：**4.35 亿元

2018 年企业科研经费投入：1.48 亿元

主要产品：铜版纸、铜版卡纸、无碳复写纸、热敏纸、双胶纸等系列产品

主要纤维原料：纯木浆

纸机总数：4 台

【主要生产线】

主要造纸生产线

生产线名称	纸机			主体设备供货厂商	产品品种	纤维原料	生产能力/(万吨/年)	投产时间
	网部形式	幅宽/毫米	工作车速/(米/分)					
PM1	夹网	7360	1500	日本三菱重工公司	UNCOAT/NCR/TML	纯木浆	30	1999-05
PM2	长网	3250	800	德国 ESCHR WYSS 公司	UNCOAT	纯木浆	11	2003-04
PM3	长网	3350	500	昆山中联第一造纸机械厂、福伊特公司	UNCOAT/AB	纯木浆	15	2003-09
PM4	长网	3600	1100	住友重机械工业株式会社、福伊特公司	UNCOAT/NCR /TML	纯木浆	9	2006-04

〔APP(中国)〕

中顺洁柔纸业股份有限公司

C & S Paper Co., Ltd.

【企业概况】

中顺洁柔纸业股份有限公司(以下简称“中顺洁柔”)2010 年在 A 股上市，成为国内首家 A 股上市的生活用纸企业，专业生产生活用纸系列产品，目前是居中国第 4 位的生活用纸生产商。公司分别在广东省中山市、广东省江门市、广东省云浮市、四川省成都市、浙江省嘉兴市、湖北省孝感市、河北省唐山市建有七大生产基地(2014 年年底宣布，中山基地的生产设备转移至浙江省嘉兴基地，之后中山基地不再生产原纸)，其中广东省云浮生产基地于 2014 年 5 月建成投产。公司销售网络辐射华东、华南、华西、华北、华中和港澳六大区域，产品远销东南亚、中东、大洋洲、非洲等海外市场。

七大生产基地分布在我国东、南、西、北、中部地区，串联散布全国的多家商贸公司、近 700 个经销商的营销网络，构筑了一个点线面结合、覆盖全国的全方位生产销售网络，同时公司销售团队加强 KA、GT、AFH、EC 四大渠道的建设，加快网络平台布局。

中顺洁柔依靠科技进步和科学管理促进发展，公司先后引进奥地利、德国、意大利、日本、韩国、中国台湾等国家和地区的先进造纸设备及加工设备。已通过 ISO 14001 环境体系认证、ISO 9001 质量体系认证。

2018 年公司宣布湖北基地新增生活用纸项目启动，拟新建 20 万吨/年高档生活用纸，一期 10 万吨/年计划 2019 年年底投产。另外，四川基地拟扩建 5 万吨/年高档生活用纸项目。

2018 年，中顺洁柔实现营业收入 56.79 亿元，比 2017 年增长 22.43%；利润 4.07 亿元，比 2017 年增长 16.6%。2018 年 7 月，公司推出高端新品“新棉初白”棉花柔巾，采用 100% 棉花原料，可干湿两用。

单位地址：广东省中山市西区彩虹大道 136 号 **邮编：**528411

联系电话：0760－88553333 **联系传真：**0760－88553033

联系邮箱：cnsnpaper@126.com **单位网址：**www.zhongshungroup.com

企业性质：民营企业

法人代表：邓颖忠

2018 年纸和纸板产能：66 万吨

2018 年销售收入：56.79 亿元，**利润总额：**4.07 亿元

主要产品：生活用纸

主要纤维原料：木浆

纸机总数：28 台

【主要生产线】

主要造纸生产线

生产基地	产品品种	纤维原料	生产能力/(万吨/年)	纸机台数
广东江门	生活用纸	木浆	17.0	8
湖北孝感	生活用纸	木浆	2.0	2
四川成都	生活用纸	木浆	13.0	6
浙江嘉兴	生活用纸	木浆	5.0	4
河北唐山	生活用纸	木浆	5.0	2
广东云浮	生活用纸	木浆	24.0	6
合　计			66.0	28

2018 年新增生产线

生产线名称	纸机			主体设备供货厂商	产品品种	纤维原料	生产能力/(万吨/年)
	网部形式	幅宽/毫米	工作车速/(米/分)				
卫生纸机(1 台)	真空圆网型	2850	900	潍坊凯信机械有限公司	生活用纸	木浆	1

（中国造纸协会生活用纸专业委员会）

河南省龙源纸业股份有限公司

Henan Longyuan Paper Co., Ltd.

【企业概况】

河南省龙源纸业股份有限公司是一家集包装用纸、热电、废水处理、供热和科研于一体的股份制公司。年生产能力 85 万吨，主导产品为 AA 级高强瓦楞原纸、高档箱纸板、再生箱纸板。多年来包装用纸生产规模稳居河南省首位，随着新项目的投产，产能跃居河南省造纸行业第 1 位。2016 年、2017 年、2018 年连续 3 年获得“河南民营企业纳税百强”和“河南民营企业制造业百强”，2018 年被河南省委、省政府评为“河南省优秀非公有制行业领军型企业”。已通过 ISO 9001:2008 质量管理体系认证、ISO 14001:2004 环境管理体系认证。

公司始终坚持“以质量求发展，以诚信求双赢”的宗旨，致力于“发展循环经济，推行生态造纸”的经营理念，把安全、环保工作作为长期稳定发展的生命线。先后投资 1.5 亿元用于环境治理，从源头控制，达到清洁生产、节能降耗、预防污染的目的，确保所有排放物经过处理后最终达到或优于国家一级排放标准。

公司立足纸业，在巩固其行业领先地位的同时，积极推进产业结构调整，投资 5 亿多元，于 2017 年开工建设的年产 30 万吨高档箱纸板生产线及配套热电联产二期项目，已于 2019 年 3 月建成投产，目前已达到达产状态，不仅实现了热、电自给，并承担了产业集聚区内工业供热，实现公司经营多元化。

公司的宗旨是：根据国家产业政策和行业结构调整政策的要求，以市场为导向，立足长远发展，坚持环境保护和节能减排，发展循环经济，既要金山银山，更要碧水蓝天。

单位地址：河南省太康县西二环路工业集聚区 **邮编：**450016

联系电话：0371－67187910 **联系传真：**0371－67187910

联系邮箱：mlc2888@126.com **单位网址：**www.hnlyzy.com

企业性质：民营企业

法人代表：冯新建，**经营负责人：**冯新建，**技术负责人：**王玉州

成立时间：2004 年，**职工总数：**1320 人，**其中技术人员数：**200 人

2018 年纸和纸板生产量：58.39 万吨

2018 年销售收入：23.29 亿元，**利税总额：**4.22 亿元，**利润总额：**2.51 亿元

2018 年企业科研经费投入：334 万元

主要产品：高档箱纸板、AA 级高强瓦楞原纸、再生箱纸板

主要纤维原料：国内废纸、木浆

纸机总数：6 台

【主要生产线】

主要造纸生产线

生产线名称	纸机			主体设备供货厂商	产品品种	纤维原料	生产能力/(万吨/年)	投产时间
	网部形式	幅宽/毫米	工作车速/(米/分)					
4800/500	双叠网	4800	640	上海轻良实业有限公司	A 级高强瓦楞原纸	国内废纸	18	2010-12
4400/450	单叠网	4400	480	上海轻良实业有限公司	A 级高强瓦楞原纸	国内废纸	14	2008-6
5600/850	三叠网	5600	850	许昌中亚造纸设备有限公司	再生箱纸板	国内废纸、木浆	30	2019-3

（马林冲）

山东恒联投资集团有限公司

Shandong Henglian Investment Group Co., Ltd.

【企业概况】

山东恒联投资集团有限公司前身是地处城市中心区的原国有大型企业潍坊造纸总厂和潍坊玻璃纸厂，经过改制、发展，现在已成为一家以纸业为主的综合性控股集团公司。业务涉及制浆、造纸、绿色纤维素膜、无纺布清洁材料、特种纤维素、纤维素肠衣、精细化工、房地产、热电等领域，是集新型绿色包装类材料、特种纸、清洁材料制造加工于一体的民营企业，是我国再生纤维素膜行业的龙头企业。

公司依托完善的法人治理结构和差异化发展战略，坚持推行"五化建设"、技术创新、管理创新、经营创新，全面实践"价值源于创新、规范孕育和谐"的核心价值观，围绕循环经济发展模式构建绿色纸业。现拥有山东恒联新材料股份有限公司、潍坊恒联特种纸有限公司、山东光华纸业集团有限公司、潍坊恒联美林生活用纸有限公司、潍坊恒联浆纸有限公司、岳阳丰利纸业有限公司、潍坊永新纸业有限公司、山东冠骏清洁材料科技有限公司、潍坊恒联特种纤维素有限公司、山东恒联化学有限公司等6个工业园20余家全资控股子公司，资产总额67.6亿元，银行信用等级为AA。是山东省首批"泰山产业领军人才"、潍坊市首批"鸢都学者""潍坊市创新创业人才"和"鸢都产业领军人才"设岗单位。先后荣获中国包装龙头企业、全国民营企业500强、山东省造纸行业十强企业、山东省创新驱动发展能力百强企业、山东省瞪羚企业、山东省轻工业先进企业、山东省轻工业建国六十周年功勋企业、全国工商联纸业商会十佳优秀会员企业、山东省安全生产先进单位、山东省管理创新优秀企业、全国工人先锋号等多项荣誉称号。

公司拥有省级企业技术中心、山东省玻璃纸工程技术研究中心、山东省生物基绿色纤维素膜工程实验室、潍坊恒联玻璃纸有限公司—中国科学院化学研究所纤维素新材料联合研究中心、潍坊恒联玻璃纸有限公司—中国科学院化学研究所天然高分子材料联合实验室、山东省一企一技术创新企业、潍坊市再生纤维素膜工程实验室、潍坊市植物纤维特种纸企业重点实验室等省市级科研平台，被工业和信息化部授予工业企业知识产权运用能力培育工程试点单位。到目前为止，恒联集团拥有有效授权专利149项，其中，有效国际发明专利1项，有效国内发明专利39项，排他许可发明专利3项，实用新型专利76项，外观设计专利33项，承担完成了省部级科技重大专项、技术创新项目40余项。

单位地址：山东省潍坊市高新区东风东街3019号 **邮编**：261000

联系电话：0536－8671538 **联系传真**：0536－8671538

联系邮箱：bairu888@163.com **单位网址**：www.henglianpaper.com

企业性质：民营企业

法人代表：李瑞丰，**经营负责人**：李瑞丰，**技术负责人**：赵学杰

成立时间：1946年，**职工总数**：3828人，**其中技术人员数**：661人

2018年纸浆生产量：19.7323万吨，**纸和纸板生产量**：34.6231万吨

2018年销售收入：35.7534亿元，**利税总额**：2.6528亿元，**利润总额**：1.3531亿元

2018年企业科研经费投入：1.1262亿元

主要产品：绿色纤维素膜(玻璃纸)、预涂水转印底纸原纸、工程纸、米白纯质纸、米黄道林纸、超感纸、牛皮纸、双胶纸、果袋纸、薄页纸、皱纹原纸、无碳原纸、防黏原纸、医用及食品包装用纸、卫生纸、纸巾纸、餐巾纸、擦拭纸、厨房纸巾、吸水衬纸、杨木浆、苇浆、特种纸用浆、本色浆、醋酸系列特

种浆、纤维素醚级系列用浆、硝化基系列用浆、币纸用浆、纤维素肠衣、各种无纺布等。

主要纤维原料：针叶木（红松、云杉）、阔叶木（相思、桉木）、自制漂白化学木浆、本白化学木浆、苇浆、杨木片、棉短绒、芦苇等。

纸机总数：36 台

蒸（球）煮器总数：20 台

【主要生产线】

主要制浆生产线

生产线名称	纤维原料	制浆方法	蒸煮器	主体设备供货厂商	产品品种	生产能力/（万吨/年）	投产时间
光华制浆线	木片	烧碱法	蒸球	汶瑞机械（山东）有限公司	漂白化学木浆	6.0	2000
浆纸杨木浆线	杨木片	烧碱法	横管式连蒸器	天津中轻机械有限公司	杨木浆	7.0	2010
特种纤维素线	棉短绒	湿法备料连续漂白	蒸球	山东鲁能控制工程有限公司 河北高新泵业有限公司 烟台龙港耐腐蚀有限公司 济南兴宏远造纸机械有限公司	特种纸用浆、本色浆、醋酸系列特种浆、纤维素醚级系列用浆、硝化基系列用浆、币纸用浆	12	2013

主要造纸生产线

生产线名称	纸机			主体设备供货厂商	产品品种	纤维原料	生产能力/（万吨/年）	投产时间
	网部形式	幅宽/毫米	工作车速/（米/分）					
4 号机特种纸	长网	1880	500	昆山太德隆机械有限公司	预涂水转印底纸原纸、超感原纸、米白纯质纸	针叶木、阔叶木	3.2	2006
1 号涂布机	气刀涂布机	1880	700	潍坊凯信机械有限公司	超感纸、工程纸	针叶木、阔叶木	4.0	2000
5 号光华机	长网	2640	600	淄博恒星造纸机械有限公司	胶版印刷纸	自制漂白化学木浆、进口商品木浆	6.0	2003
6 号光华机	长网	1880	500	上海造纸机械	胶版印刷纸	自制漂白化学木浆、进口商品木浆	3.0	2012
PM3	夹网	3340	1100	美卓公司	餐巾纸、擦手/擦拭纸、吸水衬纸	进口木浆	3.5	2005
PM2	新月型	2150	1000	美卓公司	卫生纸、面巾纸、吸水衬纸	进口木浆	2.0	2005
玻璃纸生产线		1880	150	瑞士毛勒公司	玻璃纸	木浆、棉浆	1.0	1988

（董正祥）

东顺集团股份有限公司

Dongshun Group Co., Ltd.

【企业概况】

东顺集团股份有限公司(以下简称“东顺集团”)专业生产、销售生活用纸和卫生用品，公司通过了 ISO 9001 国际质量体系认证及 ISO 14001 环境体系认证。主要产品有：“顺清柔”牌高档生活用纸、“A & S”牌卫生巾、“哈里贝贝”牌婴儿纸尿裤、“伴宁”牌成人纸尿裤、“洁昕”牌湿巾。东顺集团股份有限公司是近几年来生活用纸领域快速发展的企业，2015 年公司的生活用纸总产能已位居全国第 5 位。集团公司先后在山东省东平市、黑龙江省肇东市、湖南省湘西土家族苗族自治州、浙江省临安市、浙江省富阳市设立了生产基地，实现了全国市场战略布局。其中山东省东平市、黑龙江省肇东市生产生活用纸原纸；湖南省湘西土家族苗族自治州的原纸生产基地计划 2019 年投产纸机。公司引进全球领先的生活用纸和卫生用品生产设备，已经形成卫生卷纸、面巾纸、手帕纸、盒巾纸、擦手纸、纸尿裤、卫生巾、湿巾等生活用纸和卫生用品两个大系列 200 多种产品。2016 年，公司开发生产了木浆本色生活用纸。

2018 年 10 月 22 日，由东顺集团董事长陈树明全资拥有的冠均国际有限公司完成收购香港上市公司盟科控股 75% 股权，标志着东顺集团成功赴港借壳上市。

单位地址：山东省东平市东顺工业园　**邮编：**271500

联系电话：0538 – 2820378　**联系传真：**0538 – 2820378

企业性质：民营企业

法人代表：陈树明

成立时间：2000 年

2018 年纸和纸板产能：40.8 万吨

主要产品：生活用纸

主要纤维原料：木浆

纸机总数：20 台

【主要生产线】

主要造纸生产线

生产基地	产品品种	纤维原料	生产能力/(万吨/年)	纸机台数
山东省东平市	生活用纸	木浆	38	18
黑龙江省肇东市	生活用纸	木浆	2.8	2
合计			40.8	20

注：2018 年没有新增生产线。

(中国造纸协会生活用纸专业委员会)

河北省保定市东方造纸有限公司

Hebei Baoding Dongfang Paper Milling Co., Ltd.

【企业概况】

河北省保定市东方造纸有限公司（以下简称“东方纸业”）于 2009 年成功登陆美国纽交所（股票代码“ITP”），是一家集研发、生产、销售为一体，专业制造包装用纸、文化用纸、生活用纸的企业。

公司总部位于河北省保定市，地处北京、天津和石家庄之间的黄金三角地带。此外，公司在河北省邢台市威县工业园新建生活用纸和白卡纸项目。生活用纸生产线已在 2018 年年底完成建设，并投入生产，满负荷年产能 5 万吨。50 万吨白卡纸项目也将于近期启动。

目前，公司产品包括各种规格的瓦楞原纸、箱纸板、中高档胶版纸、防伪纸和生活用纸，为 100 多家包装和印刷企业客户提供多样化的产品组合。公司拥有双星、青木、芳梦来、芳清新等多个品牌。

经过多年的经营，公司已经形成稳定的销售渠道，产品畅销全国各大城市，并远销南美、南亚和北非等多个国家和地区。

展望未来，公司将一如既往以环境友好、资源节约为目标，坚持科学发展观和可持续发展观，节能减排，加大科研投入，为国家繁荣和地方经济发展贡献力量。

单位地址：河北省保定市徐水区巨力路　**邮编：**072550

联系电话：0312－8698215　**联系传真：**0312－8698212

联系邮箱：info@ itpackaging. cn　**单位网址：**www. itpackaging. cn

企业性质：民营企业

法人代表：刘振勇，**经营负责人：**刘振勇，**技术负责人：**梁树亭

成立时间：1996 年，**职工总数：**532 人，**其中技术人员数：**60 人

2018 年纸和纸板生产量：23. 5 万吨

2018 年销售收入：5. 75 亿元，**利润总额：**602 万元

2018 年科研经费投入：19. 93 万元

主要产品：高强瓦楞原纸、隔热膜原纸、双胶纸、生活用纸

主要纤维原料：国废、木浆、草浆

纸机总数：9 台

【主要生产线】

主要造纸生产线

生产线名称	纸机			产品品种	纤维原料	生产能力/(万吨/年)	投产时间
	网部形式	幅宽/毫米	工作车速/(米/分)				
5600 叠网多缸纸机	叠网	5600	1200	高强瓦楞原纸	国废	36	2012
3200 叠网多缸纸机	叠网	3200	700	低定量瓦楞原纸、隔热膜原纸	国废	5	2014
2400 长网多缸文化用纸机	长网	2400	600	双胶纸	国废	5	2006
1800 长网多缸文化用纸机	长网	1880	500	双胶纸	国废	4	2008
2850 卫生纸机	新月型	2850	1100	卫生纸、面巾纸、手帕纸	木浆	3	2014

（石彦思）

河南江河纸业股份有限公司

Henan Jianghe Paper Co., Ltd.

【企业概况】

河南江河纸业股份有限公司注册资金9000万元，占地面积56万米^2；拥有造纸生产线5条，涂布加工生产线20余条，年生产、加工特种纸能力40万吨。公司采取多元化经营，现有山东江河纸业有限责任公司、河南大指造纸装备集成工程有限公司、河南南北纸业有限公司、河南江河生物质能热电有限公司、河南开扩智能科技有限公司和焦作开通环保有限公司6家关联子公司。

公司主导产品无碳复写纸、热敏纸、离型纸、机内整饰涂布纸等，产品国内市场占有率20%以上，并远销50多个国家和地区，其中“水”牌无碳复写纸荣获中国轻工品牌竞争力优势产品、河南省名牌产品、河南省著名商标和河南省国际知名品牌；公司为省级造纸及纸制品出口基地、中国造纸装备科技创新示范基地，生产的造纸装备主要产品有中高速宽幅文化纸造纸成套设备和单体设备，技术水平国内领先。

公司拥有国家级企业技术中心、省级工程技术研究中心、省造纸装备院士工作站和省博士后创新实践基地等科研平台，并拥有127项国家专利，15项省部级科技成果。公司先后被评为“国家高新技术企业”“国家知识产权优势企业”“中国造纸工业环境友好企业”“河南省节能减排科技创新示范企业”“河南省质量诚信体系建设AAA级工业企业”“焦作市市长质量奖”等荣誉称号。

单位地址：河南省武陟县文化路555号　**邮编：**454950

联系电话：0391－7268389　**联系传真：**0391－7268389

联系邮箱：jhr2002@126.com　**单位网址：**www.jianghe.com

企业性质：民营企业

法人代表：姜丰伟，**经营负责人：**姜丰伟，**技术负责人：**刘铸红

成立时间：2002年，**职工总数：**2660人，**其中技术人员数：**986人

2018年纸及纸板生产量：28万吨

2018年销售收入：25.12亿元，**利税总额：**2.47亿元，**利润总额：**1.16亿元

主要产品：无碳复写纸、热敏纸、离型纸、机内整饰涂布纸等特种纸

主要纤维原料：商品木浆板、脱墨浆、化学机械浆

纸机总数：5台

【主要生产线】

主要造纸生产线

生产线名称	纸机			主体设备供货厂商	产品品种	纤维原料	生产能力/(万吨/年)	投产时间	备注
	网部形式	幅宽/毫米	工作车速/(米/分)						
一线	叠网	2640	800	俄罗斯	无碳纸、证券纸、格拉辛纸等	商品木浆、脱墨浆	5	2002-08	2018 年升级改造
二线	叠网	3150	1000	大指造纸装备集成工程有限公司	无碳纸、胶带纸、双胶纸	商品木浆、脱墨浆	5	2007-08	2017 年升级改造
三线	叠网	3200	1000	辽阳造纸机械股份有限公司	无碳纸、胶带纸、双胶纸	商品木浆	5	2009-08	
五线	叠网	3300	1200	大指造纸装备集成工程有限公司	离型纸、无碳原纸	商品木浆	5	2010-08	
六线	水平夹网	5600	1350	大指造纸装备集成工程有限公司	双胶纸、铸涂原纸等	商品木浆、化学机械浆	20	2012-09	

（郭胜利）

社团工作

ASSOCIATION AFFAIRS

11

在中国造纸学会第八次全国会员代表大会暨学会成立55周年庆祝会上的讲话

Congratulation Speech on the 8th National Congress of CTAPI and 55th Anniversary of Founding, Delivered by Zhang Chonghe, the Chairman of China National Light Industry Council

中国轻工业联合会会长　张崇和

（2019 年 5 月 30 日）

各位理事、各位代表：

大家上午好！非常高兴参加中国造纸学会成立55周年庆祝会暨第八次全国会员代表大会。首先，我代表中国轻工业联合会，对会议的召开表示热烈的祝贺！向为造纸行业科技进步做出积极贡献的科技工作者和企业家们，致以诚挚的问候！向长期支持造纸行业发展的有关部门领导，表示衷心的感谢！

造纸行业是我国国民经济中具有循环经济特征的基础原材料产业，是中国轻工业的重要组成部分。改革开放40年来，纸浆年生产量从345万吨发展到7949万吨，增长23倍，纸和纸板年生产量从439万吨发展到11130万吨，增长25倍，占世界总生产量的27%。在造纸行业快速发展过程中，中国造纸学会做出了积极贡献。

中国造纸学会成立于1964年6月，是成立较早的学术社团组织。经过55年的发展，造纸学会已在国内外造纸科技领域具有广泛的影响力和较高的话语权。

过去55年，造纸学会不忘初心、牢记使命，带领广大科技工作者，强化基础研究，瞄准前沿科技，攻克技术难题，引领造纸行业技术进步的方向，取得了一大批重大科研创新成果。

过去55年，造纸学会风雨砥砺、倾心耕耘，为我国造纸学科优化、造纸事业繁荣、造纸技术创新、造纸行业发展做出了重要贡献。

过去55年，造纸学会勇于创新、拼搏奋进，以行业需要为导向，以服务专家学者为己任，真正把学会建成了我国造纸界的“学术共同体”，成为造纸科技工作者的精神家园，成为推动造纸科技自主创新的重要力量。

近五年来，造纸学会领导班子带领秘书处，在推动学术发展、扩大技术交流、开展行业科普等方面，做了大量富有成效的工作。

五年来，造纸学会搭建学术平台，高质量交流学术成果。以精品战略模式举办学术年会、技术报告会、学术交流会、主题研讨会、科学家论坛，聚焦热点问题，研讨前沿理论，交流发展趋势，形成论文、技术报告1200余篇，为造纸行业学术发展和技术进步发挥了积极作用。

五年来，造纸学会实施创新工程，大力服务区域经济。集聚行业创新资源，争取中国科协项目，开展纸基功能材料提升服务工程，支持浙江省衢州市特种纸产业集群转型升级。组织专家对9家特种纸企业和14个产品的节能减排进行调研，完成特种纸新产品、特种功能材料合作开发5项，完成科研成果转让、技术服务12项，为学术组织服务区域创新、推动科技成果转化、促进区域产业发展，进行了积极的探索。

五年来，造纸学会坚持办刊宗旨，努力打造精品期刊。《中国造纸学报》《中国造纸》长期保持核心期刊学术地位，成功入选“中国科协精品科技期刊工程项目”；《造纸与生物质材料》成为我国造纸行业首家英文学术期刊。绿色环保、节能减排、清洁生产、前沿热点、技术焦点成为期刊核心内容，为宣传国家政策、交流前沿信息，引导发展趋势，发挥了重要作用。

五年来，造纸学会举荐科技人才，积极表彰行业先进。推荐14位同志分别获得中国造纸蔡伦终身成就奖、蔡伦科技奖、蔡伦青年科技奖，2位同志获得中国科协“全国优秀科技工作者”称号。推荐工程院院士3人、中国青年科技奖候选人3人。学会大力宣传表彰行业科技人才，为助推造纸科技精英成长、激发科技人才创新潜力，营造了良好的环境。

五年来，造纸学会落实科普行动，培养纸业科学认知。多种形式组织“纸为健康”“科技创新汇”“纪念蔡伦”“造纸循环经济”等科普主题活动，提升了公众的认知水平，弘扬了科学精神，传播了科学思想，创造了公众“讲科学、爱科学、学科学、用科学”的良好氛围。

我国经济进入新常态，造纸工业步入发展新阶段，对造纸学会提出了新要求。希望造纸学会和广大造纸科技工作者，与时俱进，开拓进取，推动造纸工业取得新的发展。

本次大会将选举产生中国造纸学会新一届理事会。借此机会，对造纸学会提出“四服务一加强”的希望：

一要服务造纸行业科技创新。习近平总书记指出，科技是第一生产力，创新是引领发展的第一动力。造纸学会要充分发挥对科技专家的集聚能力，发挥与国际科技机构联系的渠道优势，更多地组织技术和学术交流，更好地促进行业科技进步和创新。要紧密联系造纸行业和制浆造纸企业的实际需求，组织专家研究环境保护、节能降耗、产品升级等行业热点问题，服务造纸行业发展。要搭建专家和企业联系桥梁，推广科技创新成果，满足企业需求，促进科技成果转化应用。

二要服务造纸行业绿色发展。绿色发展是生态文明建设的必然要求，代表了当今科技和产业变革的方向。习总书记提出“绿水青山就是金山银山”，这既是对全国各行各业包括造纸行业的要求，也是对造纸学会的要求，是学会宣传交流的指引，是学会开展学术活动、推动行业发展的方向。造纸学会要搭建平台，宣传新发展理念，宣传高质量发展，宣传绿色环保和清洁生产，宣传再生资源利用，引导专家学者研究相关技术，服务造纸行业绿色发展。

三要服务造纸行业超前发展。造纸学会要凝聚广大科技工作者，凝聚行业科研力量，围绕行业前沿、热点问题，开展学术研究和技术攻关。比如，生物质精炼、全组分高值化利用、纳米纤维素制备与应用、废纸资源替代等问题，应该是造纸学会着力组织研究的问题，是造纸学会服务行业、引领行业发展的重点内容。

四要服务科技工作者。科学技术的发展主要靠科技工作者。造纸学会要为科技工作者搭建高端学术交流平台，引导造纸科技工作者参与政府公共服务项目平台，投身产学研用合作平台，参加继续教育培训平台。要表彰、奖励和宣传优秀科技工作者，关心青年科技人才成长，发现、举荐、培养青年科技工作者。要密切联系科技工作者，反映科技工作者建议，维护科技工作者合法权益，把学会真正办成科技工作者之家。

五要加强学会自身建设。新时代对社团建设提出了新要求，能力建设是现代化社团组织发挥作用的基石。造纸学会要与时俱进，开拓创新，不断加强自身能力建设。要扎实做好党建工作，把方向、谋大局、促落实，发挥党组织战斗堡垒作用。要关注和满足行业企业和科技工作者需要，提升学术前瞻能力和科技引领能力。要强化服务意识，创新服务方法，丰富服务内容，提高服务质量，提升服务能力。要注重人才培养，加强学会队伍建设，构建和谐工作团队，努力把自身建设成一个凝心聚力、自强不息、政府信赖、行业依托、会员满意、不可或缺的专业化、职业化优秀学会。

同志们！走进发展新时代，开创学会新篇章。衷心希望造纸学会和行业的同志们，始终坚持以习近平新时代中国特色社会主义思想为指导，凝心聚力，团结进取，攻坚克难，持续创新，奋力谱写造纸行业新的壮丽篇章，同心创造造纸学会美好的灿烂明天。最后，预祝本次会议圆满成功！

谢谢大家！

中国科学技术协会贺信

Congratulatory letter of China Association for Science and Technology

值此第三个“全国科技工作者日”到来之际，中国造纸学会第八次全国会员代表大会隆重召开，中国科协谨向大会的召开表示热烈的祝贺！向为推动我国造纸业发展贡献智慧和力量的广大科技工作者致以诚挚的问候和崇高的敬意！

中国造纸学会是我国造纸领域广大科技工作者的群众组织，是中国科协所属 210 个全国学会的优秀代表。长期以来，学会团结带领广大科技工作者，面向世界科技前沿、面向国家重大需求、面向国民经济主战场，围绕中心，服务大局，在党的建设、内部治理、学术交流、科学普及、期刊出版、国际合作等方面，开展了大量卓有成效的工作，取得了优异的成绩。

今年是新中国成立 70 周年，是全面建成小康社会的关键之年。习近平总书记强调：“中国要强盛、要复兴，就一定要大力发展科学技术，努力成为世界主要科学中心和创新高地。”希望中国造纸学会在新一届理事会带领下，坚持党的全面领导，深入学习贯彻习近平新时代中国特色社会主义思想和党的十九大精神，认真落实中国科协重点工作安排，以建设世界一流学会为目标，着力加强党的建设，深化学会治理结构和治理方式改革，建设世界一流学术品牌，打造世界一流学术期刊，聚焦行业热点和前瞻性问题开展学术交流，汇聚智力优势推动新旧动能转换、服务经济高质量发展，在学术、科普、智库等方面取得新突破，团结引领广大科技工作者听党话、跟党走，为建设世界科技强国做出新贡献，以优异成绩迎接新中国成立 70 周年。

祝中国造纸学会第八次全国会员代表大会圆满成功！

在中国造纸学会第八次全国会员代表大会暨学会成立 55 周年庆祝会上的开幕词

Opening Speech on the 8th National Congress of CTAPI and 55th Anniversary of Founding, Delivered by Cao Zhenlei, the Deputy Vice President of CTAPI

中国造纸学会第七届理事会常务副理事长　曹振雷

（2019 年 5 月 30 日）

尊敬的张崇和会长，

各位领导、各位嘉宾和各位代表：

大家上午好！

首先，请允许我代表中国造纸学会对各位领导、各位嘉宾莅临中国造纸学会第八次全国会员代表大会暨学会成立 55 周年庆祝会表示热烈的欢迎和衷心的感谢！还要特别感谢山东华泰纸业股份有限公司、山东太阳纸业股份有限公司、玖龙纸业（控股）有限公司、福建恒安集团有限公司和浙江华章科技有限公司对本次会议的支持！

在轻工业部和中国科协技术协会的领导下，中国造纸学会于 1964 年 6 月在北京市召开了第一次全国会员代表大会，选举产生了第一届理事会，正式宣告成立。至今已经走过了 55 个年头，也经历了 7 届理事会。55 年来，作为国家一级学会，在中国轻工业联合会和中国科协领导的大力支持和帮助下，坚持正确的办会方向，紧密的团结和依靠广大造纸科技工作者，为促进我国造纸工业的科技进步、普及与推广做出了重要贡献。充分发挥了党和政府联系广大科技工作者的桥梁和纽带作用。在此，我代表第七届理事会向中国轻工业联合会和中国科协领导的关心、支持和帮助表示感谢！向全体单位会员单位的领导多年来的关心和支持表示感谢！向行业的专家学者和全体个人会员的积极参与表示感谢！

今天，我们在浙江省杭州市召开第八次全国会员代表大会暨学会成立 55 周年庆祝大会，选举产生新一届领导机构，回顾学会 55 年来取得的成就，表彰为行业科技进步和学会发展做出卓越贡献的专家学者。值得特别祝贺的是有 3 位老专家获得第二届中国造纸蔡伦终身成就奖！向他们表示诚挚的敬意！在我国社会主义建设进入新时代，造纸工业面临新的任务和挑战的新形势下，老一辈科技工作者留下的艰苦奋斗的优良传统和作风将会激励我们全体会员努力拼搏，为推动我国造纸工业的现代化继续奋斗。

再次感谢大家的光临，谢谢！

在中国造纸学会第八次全国会员代表大会暨学会成立55周年庆祝会上的致辞

Congratulation Speech on the 8th National Congress of CTAPI and 55th Anniversary of Founding, Delivered by Chen Kefu, Academician of the Chinese Academy of Engineering

中国工程院院士　陈克复

（2019 年 5 月 30 日）

尊敬的各位领导、各位嘉宾：

大家上午好！

首先祝贺李忠正、黄运基、朱圣光 3 位尊敬的老专家获得终身成就奖！祝贺获得学会优秀工作者的同事们！

很高兴参加中国造纸学会第八次全国会员代表大会暨学会 55 周年庆祝会。在此，表示热烈的祝贺！

中国造纸学会在 55 年的发展历程中，团结和依靠广大造纸科技工作者，以科技社团独特的优势和坚持不懈的努力，为我国造纸工业的技术进步和快速健康发展做出了重要的贡献。例如：2019 年 2 月，中国造纸协会、中国造纸学会与中国新闻出版传媒集团在北京共同举办了“中国造纸可持续发展论坛”。会上协会和学会共同发布了“中国造纸工业可持续发展白皮书”。在近 40 家新闻出版媒体面前，宣布了我国造纸工业经过几十年的持续发展，已走上绿色制造的正确轨道。

在历届理事会的领导下，中国造纸学会会员队伍不断扩大，在国内外学术交流、技术咨询和推广、科技出版、科普宣传和继续教育、青年科技人才培养以及服务会员等方面开展了广泛的活动，做了大量卓有成效的工作，是我国造纸工业科技进步的推动者和引领者，在中国造纸工业现代化建设中发挥了重要作用。

当前，我国社会主义建设进入了新时代，新时代下，对造纸工业的发展提出了新的要求，资源、能源、环境是我国造纸工业发展的最大瓶颈，在此大背景下，我国造纸工业应该如何发展？节能减排和绿色环保是我国造纸工业可持续发展的必由之路，自主创新则是推动行业科技进步、维护竞争力的根本保证，相信在选举产生的新届理事会的领导下，中国造纸学会一定会以五十五周年为契机，在广大会员和科技工作者的积极参与下，在提高行业学术水平，加强产学研融合，推动自主创新和科技成果转化，为国家决策献策献言等方面做出更大贡献；为推动我国由造纸大国向造纸强国转变，实现造纸科技工作者的中国梦，再创新业绩、谱写新篇章。

在中国造纸学会第八次全国会员代表大会暨学会成立 55 周年庆祝会上的致辞

Congratulation Speech on the 8th National Congress of CTAPI and 55th Anniversary of Founding, Delivered by Li Hongxin, the Chairman of Shandong Sun Paper Co., Ltd.

山东太阳纸业股份有限公司董事长　李洪信

（2019 年 5 月 30 日）

尊敬的各位领导，各位同仁，朋友们：

大家上午好！

今天，我们在这里隆重集会，召开中国造纸学会第八次全国会员代表大会暨学会成立 55 周年庆祝大会。首先，对中国造纸学会成立 55 周年华诞表示热烈的祝贺，对学会为中国造纸工业发展所做出的贡献表示衷心的感谢！

55 年来，中国造纸学会充分发挥职能作用，在活跃学术思想，提高科技水平，推动自主创新，加快产学研融合和科技成果转化，培养专业人才，普及制浆造纸知识和促进国际科技合作与发展方面做了大量工作。参与和见证了中国现代造纸工业从小到大、由弱变强的发展历程，在推进中国造纸工业现代化和实现中国造纸生产量全球第一的过程中发挥了重要作用。

特别是最近几年，在中国造纸行业高速发展的进程中，中国造纸学会充分发挥组织平台作用，在引领行业探索前沿技术，加快技术创新，推进技术转化，实现产学研融合等方面提供了专业化服务，为行业高质量、持续健康发展提供了有力支撑。

太阳纸业在近 40 年的发展中，始终与学会携手同行，在学会行业同仁和社会各界的大力支持下，我们心无旁骛做实业，持之以恒抓创新、促转型，坚持走绿色、低碳、可循环发展的路子，努力加快新旧动能转换，推进老挝“一带一路”项目建设，实现了产业链上产品的多元化、差异化和价值最大化，走出了一条高质量发展的新路子。

当前，我国造纸行业正处于结构调整和转型升级的重要时期，在这个特殊时期，学会迎来了 55 周年华诞，这对中国造纸学会和中国造纸行业来说，都是承前启后、继往开来的重要时刻。站在新的起点，面对新的形势，我们相信学会和全体会员，一定会以 55 周年为契机，开拓创新，锐意进取，在未来的发展中谱写出更加辉煌的新篇章！

各位领导，各位同仁，朋友们，让我们携手共进，继续把中国古老的造纸发明发扬光大，为中国造纸工业的发展贡献力量，为实现全体造纸人的“造纸强国梦想”努力奋斗！

最后，祝大家身体健康、工作顺利、万事如意！

谢谢大家！

在中国造纸学会第八次全国会员代表大会暨学会成立55周年庆祝会上的致辞

Congratulation Speech on the 8th National Congress of CTAPI and 55th Anniversary of Founding, Delivered by Zhang Yin, the Chairman of Nine Dragons Paper (Holdings) Limited

玖龙纸业(控股)有限公司董事长　张　茵

(2019 年 5 月 30 日)

尊敬的各位领导、各位专家学者、各位纸业同仁、各位朋友：

大家上午好！

首先，热烈祝贺我们的前辈荣获第二届中国造纸蔡伦终身成就奖！

今年，是新中国成立 70 周年。70 年栉风沐雨，70 年风雨兼程。70 年间，勤劳智慧的中国人民在中国共产党的带领下，用拼搏和奋斗创造了一个伟大的奇迹，取得了举世瞩目的成就。

今年，也喜逢中国造纸学会成立 55 周年。在 55 年的时间里(特别是改革开放以来)，中国造纸行业走过了一条波澜壮阔的复兴之路。在国家的政策指引和行业的巨大努力下，中国造纸业从一个“落后”的行业转变为“技术装备、产品质量全球领先”的行业；从一个“污染”的行业转变为“绿色、智能”的行业；从一个“依赖进口”的行业转变为“自给自足(用民族品牌的产品满足 14 亿人民生活需求和出口包装需求)”的行业。这些成就值得我们所有造纸人无比的骄傲和自豪，更值得我们好好的珍惜。

现代造纸工业是技术密集型行业，中国造纸学会作为行业科技工作者之家，是行业最权威、最广泛、最重要的技术力量，为行业的高速发展和技术进步做出了巨大的贡献。在此，我谨代表造纸企业同仁向中国造纸学会表示最衷心的感谢！并对中国造纸学会 55 周年华诞致以最诚挚的祝贺！

当今世界正处于百年未有之大变局，政治风云变幻、经济大潮涌动，与国民经济息息相关的造纸业无法独善其身，经历了多年高速发展的中国造纸业 2018 年遭遇了首次下滑，在原料、市场等方面正经受着前所未有的考验，走到了一个发展的十字路口。如何在变化的原料结构下做出一张稳定的好纸？如何用最少的资源和能源消耗保持绿色循环生生不息？如何用智能化科技进一步提高效率、降低成本、锻造企业的持久竞争力？如何共同抵御好来自国际市场低价产品的冲击？这些问题，需要我们深思，更需要我们全体造纸人携起手来，用最大的智慧和力量去应对行业复杂的形势，去战胜所有的困难和挑战。“造纸术”是中国享誉世界的四大发明之一，将这项造福人类的伟大发明，发扬光大是我们每一位中国造纸人肩负的使命与责任。

科技是强国之本，创新是发展之源，在新时代的发展中，科技工作者大有可为，我们真诚地期盼造纸学会能够最广泛的凝聚行业专家学者和科技工作者的力量，进一步增强行业核心科技的自主研发和创新，使这个绵延了上千年生命力的传统行业绽放出最强大的科技之光，持久的屹立于世界造纸之林。

沧海横流，方显英雄本色；大浪淘沙，始见砥柱中流。相信在大家的共同努力下，“中国造纸”这个为世界文明和人类美好生活做出过杰出贡献的行业一定会在我们的国家永葆生机、代代相传！

最后，祝福祖国繁荣昌盛！祝福中国造纸业兴旺发达！祝福大家幸福安康！

谢谢大家！

南京林业大学李忠正荣获
第二届中国造纸蔡伦终身成就奖的获奖感言

Acceptance Speech of 2th Cailun Lifetime Achievement Awards of China Paper Industry, Delivered by Li Zhongzheng, Nanjing Forestry University

（2019 年 5 月 30 日）

各位领导，各位同仁：

首先，感谢中国造纸学会给予我这么高的荣誉。使我感到欣慰，同时也深感不安！我没有做出什么特别贡献，一生只追求在我平凡的岗位上，努力工作。以不辜负父母的养育之恩和党的教育和培养。

八十六载弹指一挥间，深感人生苦短，时光如梭。

我体会到，一个人一辈子能做成几件事，哪怕一、两件能留给后人的事，就很不容易。这除了个人一生的奋斗，还要有各方面的支持，特别要有一个团结合作的团队，在这当中个人的作用才能发挥。

世界上有些事情要几代人才能完成，每个人只能在前人的基础上完成接力赛中的一棒，如草类纤维的生物质精炼，这是一个复杂而艰巨的任务，我一生的大部分精力献给了这一事业，但我身后仍留下了许多遗憾，还有许多想做而没能做的事情，有待后来人完成。我相信经过几代人的努力，人类这一巨大的可再生资源，一定能开花结果，造福于全人类！

寄希望于年轻一代！

最后，祝大家身体健康，事业有成！

中国中轻国际工程有限公司黄运基荣获第二届中国造纸蔡伦终身成就奖的获奖感言

Acceptance Speech of 2th Cailun Lifetime Achievement Awards of China Paper Industry, Delivered by Huang Yunji, China Light Industry International Engineering Co., Ltd.

（2019 年 5 月 30 日）

今天我获得中国造纸蔡伦终身成就奖，心情很激动。感谢中国造纸学会和造纸界的同仁对我几十年工作的认可，更感谢诸位多年来对我以及我所在公司的爱护和支持。

我 1953 年 9 月毕业于华南工学院，来到刚刚组建的轻工业部设计院，现在叫中国中轻国际工程有限公司工作，2000 年从公司制浆造纸行业副总工程师岗位退下来后担任公司顾问总工至今。我热爱咨询设计这项工作，感恩中轻国际这个平台，更喜欢和公司的设计人员、业主技术人员一起讨论技术方案。退休后公司给了我自主的工作时间，但我还是愿意花较多的时间深入设计项目，中轻国际的团队文化让我觉得从来就没退休过。今天获得了终身成就奖，并不意味着我的咨询设计生涯画了一个圆满的句号，这只不过是我职业生涯中的又一个起点，我会和所有的中青年同行一起，有多少热，发多少光，共同努力，继续为我国制浆造纸行业的发展助力。

从业 65 年来，我亲历了中国制浆造纸行业所发生的巨大变化，见证了所取得的辉煌成就。从工作之初的向苏联老大哥学习，到自主研发制浆造纸装备，设计万吨级制浆造纸生产线，再到改革开放，引进欧美先进的制浆造纸技术装备，直到现在，我国造纸生产量和消费量多年居世界首位，百万吨级的单条制浆生产线、40 万～80 万吨级单条造纸生产线陆续建成投产。从小作坊、高污染、高能耗发展到高效率、高品质、低消耗、低排放的现代化大工业，世界上最先进的制浆造纸技术装备不出国门都可见到。这是党的政策使然，行业同仁共同努力使然。我为自己身为行业同仁中的一员并在这个行业持续从业 65 年感到自豪和骄傲。

今天也是中国造纸学会成立 55 周年的庆典大会，学会是我们所有制浆造纸工作者学习交流的平台，祝愿中国造纸学会越办越好，祝愿中国造纸行业已上新阶更上楼。

谢谢大家！

中国制浆造纸研究院有限公司朱圣光荣获第二届中国造纸蔡伦终身成就奖的获奖感言

Acceptance Speech of 2th Cailun Lifetime Achievement Awards of China Paper Industry, Delivered by Zhu Shengguang, China National Pulp and Paper Research Institute Co., Ltd.

（2019 年 5 月 30 日）

各位领导、各位来宾、各位同行、朋友们：

大家早上好！

我十分感谢中国造纸学会授予我第二届中国造纸蔡伦终身成就奖，这意味着对我一生工作的认可。我是由新中国培养的第一代高级工程师。我所取得的成绩离不开党和国家对我的培养，离不开同志们的支持和帮助。因此，我认为这个奖不是属于我个人的，而是属于全体曾与我共同工作过的所有同志的，没有他们与我的共同努力，就不可能得到今天的荣誉。

能获得这个荣誉，首先要感谢我初次参加工作时的领导——石岘造纸厂的首任厂长董晨同志，他告诫我们，知识分子必须与工人相结合，利用学到的理论知识，结合他们的经验，才能将工作做好。技术人员一定要放下架子，学会自己操作，许多工作只有亲自动手，才能发现问题，解决问题。

我特别感谢轻工业部造纸研究所的首任所长周湛同志，她为了提高年青技术人员的业务水平，要求我们年青技术人员必须向老工程师学习业务，严格执行“三老四严”的工作作风。她还多次请有关专家给我们讲课，以提高我们的业务水平；为我们请了英语、俄语和德语教师，以提高我们的外语阅读水平。所有这些，对我在技术上的成长都起了极大的作用。除此之外，她还为我解决了许多生活上的难题，使我能安心工作。

我要感谢造纸院的历届领导对我的信任，让我负责一些上级下达的重大科研项目，给我机会下厂协助解决生产上存在的问题，并给予大力的支持。不但使我在工作能力上得到锻炼，也给我取得科技成果创造了机遇。

我要感谢前泰安造纸厂、华丰造纸厂、镇江造纸厂、青州造纸厂、石岘造纸厂、富裕造纸厂、扎兰屯造纸厂、岳阳造纸厂和汉阳造纸厂等造纸厂的领导和全体职工给予我们的生产试验在技术和经济上的大力支持和帮助。

我还要感谢余贻骥总工程师，他交给我许多科研工作之外的任务，扩展了我在制浆造纸方面的知识面。

我更要感谢曾和我一起工作过的同志们，没有他们和我共同努力、刻苦钻研和辛勤劳动，我今天就不会得到如此高的殊荣。

最后，我要感谢我的家人对我工作的支持，为我承担了几乎所有的家务，给我全心扑在工作上创造了条件。

我虽然退休了，我会继续关心造纸工业的发展，在科技高度发展的今天，我相信我们的同行会发挥出高度的智慧，不断创新，使我国造纸行业的技术水平走在世界的前列。

谢谢大家！

在中国造纸学会第八次全国会员代表大会闭幕式上的致词

Closing Speech on the 8th National Congress of CTAPI, Delivered by Cao Zhenlei, the President of CTAPI

中国造纸学会第八届理事会理事长　曹振雷

（2019 年 5 月 30 日）

各位代表：

首先，我代表中国造纸学会第八届理事会感谢大家对我们的信任，我们将不辜负大家的期望，勤勉尽责，努力工作，不负使命，把学会的工作做好。

第七届理事会中的曹朴芳、詹怀宇、姜海斌、陈鄂生、张金声等 12 位专家学者，因为年龄或工作变动等原因不再进入本届常务理事会，他们在过去多年来特别是近 5 年来为学会做了大量富有成效的工作，所付出的心血和努力，令人敬佩。在此我提议，大家用热烈的掌声向他们表示衷心的感谢！学会将根据实际情况，请他们能够继续为学会的工作和行业的发展做些贡献。

在前面的工作报告中，我也提出了学会下一届的工作要点。我们要时刻牢记学会的宗旨是服务行业、服务会员，为行业人才辈出打造平台。本届理事会将继续创新发展，在进一步完善中国造纸蔡伦系列奖的基础上，研究开展高级会员和探讨建立学会会士制度。把学会打造成受会员热爱的俱乐部。今天上午张崇和会长在讲话中、中国科协在贺信中都对学会下一步的工作提出了新的要求，行业的专家和企业界的领导也提出了亲切的期望，会后秘书处要认真研究，制定出落实计划。

目前，由于受国际贸易和国内采取的限制废纸进口政策的影响，中国造纸工业进入一个新的原料结构调整平衡时期。企业面临着多方的压力，科技界也会面临多种挑战和诱惑。在此，号召全体会员要继续发扬求真务实的科学精神，以严谨的科学态度，努力开拓，为推动行业的健康发展和技术进步而努力！

我们的会议即将完成全部议程，我要再次感谢山东华泰纸业股份有限公司、山东太阳纸业股份有限公司、玖龙纸业(控股)有限公司、福建恒安集团有限公司和浙江华章科技有限公司的大力支持。明天将举办第四届造纸装备发展论坛，邀请本次大会的全体代表参加明天的会议，与行业同仁们共同探讨和分享我国造纸装备的发展与进步。

谢谢大家！

中国造纸学会第八次全国会员代表大会会议纪要

Meeting Minutes of the 8th National Congress of CTAPI

中国造纸学会第八次全国会员代表大会暨中国造纸学会成立55周年庆祝会于2019年5月30日在浙江省杭州市举行。在中国科学技术协会、中国轻工业联合会各级领导的关心支持下，在全体与会代表及工作人员的共同努力下，大会顺利完成了开幕式和换届选举两个单元的各项议程，取得了圆满成功。大会纪要如下。

5月30日上午，中国造纸学会第八次全国会员代表大会开幕式暨中国造纸学会成立55周年庆祝会在浙江省杭州市举行。中国轻工业联合会会长张崇和出席大会并讲话。中国造纸学会常务副理事长曹振雷，中国造纸学会秘书长曹春昱，中国工程院院士、华南理工大学教授陈克复，全国工商联纸业商会名誉会长、山东太阳纸业股份有限公司董事长李洪信，全国工商联纸业商会副会长、玖龙纸业(控股)有限公司董事长张茵、浙江华章科技有限公司董事长朱根荣等嘉宾在主席台就座。中国造纸学会副理事长赵伟、陈嘉川、李耀、何北海、张美云、刘忠、胡开堂、张辉以及第二届中国造纸蔡伦终身成就奖获奖人李忠正、黄运基、朱圣光出席会议并在会场前排就座。

中国造纸学会第八次全国会员代表大会的代表和来自各省级造纸学会和全国造纸科研、教学、生产、设计咨询单位的嘉宾、造纸界专家学者代表近200人出席会议。大会由曹春昱秘书长主持。

曹振雷常务副理事长首先致欢迎辞，对各位领导、嘉宾及与会代表表示热烈欢迎和衷心感谢！对山东太阳纸业股份有限公司、山东华泰纸业股份有限公司、玖龙纸业(控股)有限公司、福建恒安集团股份有限公司和浙江华章科技有限公司给予此次会议的支持表示衷心感谢！55年来，中国造纸学会在中国科学技术协会和中国轻工业联合会领导的大力支持和帮助下，能够坚持正确的办会方向，紧密的团结和依靠广大造纸科技工作者，为促进我国造纸工业的科技进步、科学普及和推广做出了重要的贡献，充分发挥了党和政府联系广大造纸科技工作者的桥梁和纽带作用。此次大会将选举产生学会新一届领导机构，回顾学会成立55周年来取得的成就，表彰为行业科技进步和学会发展做出卓越贡献的专家学者。在我国社会主义建设进入新时代，造纸工业面临新的任务和挑战的新形势下，老一辈科技工作者留下的艰苦奋斗的优良传统和作风，将会继续激励全体会员奋力拼搏，为推动我国造纸工业的现代化而继续努力奋斗。

会上，张崇和会长发表了重要讲话，对大会的召开表示热烈祝贺。他肯定了学会55年来带领广大造纸科技工作者强化基础研究，瞄准前沿科技，攻克技术难题，引领造纸行业技术进步的方向取得的成绩。对新一届理事会提出了“四服务一加强”的希望，希望学会服务好造纸行业科技创新，服务好造纸行业绿色发展，服务好造纸行业超前发展，服务好造纸科技工作者，加强学会自身建设，希望学会和广大造纸科技工作者，始终坚持习近平新时代中国特色社会主义思想为指导，凝心聚力，团结进取，攻坚克难，持续创新，开创学会新的篇章。

中国科协向大会发来贺信，对大会的召开表示热烈祝贺，中国科协高度评价了中国造纸学会是我国科技社团和造纸科技领域中的重要力量，阐述了学会团结带领广大科技工作者，面向世界科技前沿、面向国家重大需求、面向国民经济主战场，围绕中心，服务大局中发挥的积极作用。希望学会在新一届理事会的带领下，以建设世界一流学会为目标，着力加强党的建设，深化学会治理结构和治理方式改革，建设世界一流学术品牌，打造世界一流学术期刊，聚焦行业热点和前沿问题开展学术交流，汇聚智力优势推动新旧动能转换，服务经济高质量发展，为建设世界科技强国做出新贡献，以优异成绩迎接新中国成立70周年。

大会对第二届中国造纸蔡伦奖终身成就奖获奖人和七届理事会学会优秀工作者进行了颁奖表彰；并以七届理事会名义，向六届常务理事颁发了荣誉证书，以表彰并感谢他们在中国造纸学会55年发展历程中，对加强学会工作及推进我国造纸科技事业所做出的积极贡献。曹春昱秘书长宣读了表彰决定。曹振雷常务副理事长陪同张崇和会长走到会场前排，为第二届中国造纸蔡伦终身成就奖获奖人李忠正、黄运基、朱圣光颁发了奖杯和荣誉证书。3位获奖人先后发表获奖感言，分享个人几十年从事造纸行业教学、科研、设计方面的感触和经验，他们的讲话朴实而真挚，感动了在场的代表和嘉宾。

中国工程院院士、华南理工大学教授陈克复，全国工商联纸业商会名誉会长、山东太阳纸业股份有限公司董事长李洪信，全国工商联纸业商会副会长、玖龙纸业(控股)有限公司董事长张茵在会上分别致辞，对中国造纸学会55周年华诞表示祝贺，热情褒扬中国造纸学会在引领行业探索前沿技术，加快技术创新，推进技术转化，实现产学研融合，推动和引领我国造纸工业科技进步过程中发挥的重要作用，相信有各级政府部门、行业组织和各企业的紧密合作，开拓创新，锐意进取，共同努力，一定会在未来的发展中谱写出中国造纸工业更加辉煌的新篇章。

会后，出席会议的领导、嘉宾及全体代表集体合影留念。

5月30日下午，中国造纸学会第八次全国会员代表大会第一次全体会议举行。大会应到个人代表171人，单位会员代表22人(单位会员代表已经全体单位会员通讯会议选举产生)，实到个人代表148人，单位会员代表19人，根据学会章程和经中国科协批准的换届方案，符合规定人数。大会由七届理事会副理事长李耀主持。大会首先举行了预备会议，审议通过了此次大会的议程和对“八大”代表资格的审查。

按照大会议程，由常务副理事长曹振雷代表七届理事会做了工作报告，秘书长曹春昱做了《中国造纸学会章程修订说明》，副理事长刘忠做了《七届理事会财务报告》，副理事长何北海宣读了《中国造纸学会第八届理事会理事选举办法》。副理事长李耀提名刘文龙为总监票人，雷煌、王斌为监票人，张莹为总计票人。经大会代表审议通过后，采用无记名投票方式，等额选举产生了第八届理事会个人理事98人，第一届监事会3人。理事的平均年龄53.1岁，其中，新当选理事41人，占41.8%；女性候选人12名，占12.2%。

大会对《中国造纸学会会费管理办法》做了书面审议并进行了无记名投票表决，获得通过。具体表决结果为：有效票数160票，其中，同意的160票，不同意的0票，弃权的0票。

会员代表大会第一次全体会议顺利完成全部议程后，召开了第八届理事会第一次会议，第八届常务理事会第一次会议和第一届监事会第一次会议。

下午4点30分，会员代表大会第二次全体会议暨大会闭幕式举行。新当选的副理事长曹春昱主持了会议。会上，全体代表一致通过了《七届理事会工作报告》《七届理事会财务报告》《中国造纸学会章程》及《章程修订说明》。副理事长曹春昱向大会报告了由第八届理事会第一次会议选举产生的新一届常务理事会组成成员和领导人员名单，报告了由第一届监事会第一次会议选举产生的监事会监事长。副理事长王晓昕向大会报告了第八届常务理事会第一次会议决定的有关事项，一是聘任曹春昱同志为学会秘书长的决定；二是调整学会专家顾问委员会的决定；三是聘任第八届理事会副理事长单位的决定；四是向第七届理事会70岁以上理事颁发荣誉证书的决定。

最后，理事长曹振雷代表新一届理事会发表了讲话。中国造纸学会要深入贯彻落实习近平新时代中国特色社会主义思想，深化改革，在我国造纸工业切实转变发展方式，创新驱动、加快优化结构调整的重要转折点上，积极发挥学会作用，团结组织广大造纸科技工作者，依靠科技创新推进造纸工业可持续发展。第八届理事会将不辜负代表们的期望，勤廉尽责，努力工作，不负使命，学会将在蔡伦科技奖的基础上，探讨建立学会会士制度，把学会打造成受会员热爱的团体，学会秘书处将认真研究中国科协和中国轻工业联合会提出的建设性意见，把学会工作做得更好，为推动我国造纸行业科技进步而努力奋斗。

在全场代表的热烈掌声中，中国造纸学会第八次全国会员代表大会圆满结束。这次会议内容丰富、紧张高效，程序严谨，气氛热烈，顺利完成了预定任务，达到了预期效果。

(中国造纸学会)

中国造纸学会组织机构

The Organization of China Technical Association of Paper Industry (CTAPI)

理事长：曹振雷(法人代表)
副理事长：(按姓氏笔画排序)
王晓昕(女) 刘 忠 孙 波(女) 何北海
张 辉 张美云(女) 李 耀 陈嘉川 胡开堂
赵 伟 曹春昱
秘书长：曹春昱

常务理事(32人)：(按姓氏笔画排序)
王晓昕(女) 平清伟 关兴江 刘 忠 刘安江
吕 强 孙 波(女) 何北海 张 辉 张凤山
张美云(女) 李 耀 李杰辉 杨 旭 陈礼辉
陈嘉川 周 耘 房桂干 范谋斌 姜丰伟
胡开堂 赵 伟 赵 青 钱 毅 戚永宜
曹春昱 曹振雷 程言君 覃程荣 谢益民
靳福明 樊 燕(女)

个人理事(98人)：(按姓氏笔画排序)
马乐凡 孔凡功 王 波(女) 王双飞 王东兴
王华军 王志明 王晓昕(女) 王海佩 王敏良
平清伟 龙 柱 乔 军 任 浩(女) 关兴江
刘 文 刘 忠 刘 涛 刘川江 刘安江
刘国造 吕 强 孙 波(女) 孙 玲(女)
孙廷聪 朱自忠 祁国平 何北海 宋善军
应广东 张 辉 张凤山 张玉兰(女) 张安龙
张志忠 张美云(女) 李 军 李 艳(女)
李 群 李 耀 李正国 李志健 李尚武
李杰辉 李洪法 杨 旭 杨本彬 杨易平
沈 军 沙力争 陈 洋 陈 健 陈 港
陈生龙 陈礼辉 陈明邦 陈嘉川 周 耘
周 骏 周国伟 房桂干 林 媛(女)
林小琦(女) 林伟民 罗建雄 范学斌 范谋斌
奎明红 姜丰伟 姜兆宏 查瑞涛 胡开堂
贺文雄 赵 伟 赵 青 赵 恺 赵 琳
钟潜学 都兴东 钱 毅 钱学仁 戚永宜
曹春昱 曹振雷 梁 辰 黄六莲(女) 景 宜
焦 东 程言君 董 晖 覃程荣 谢宗国
谢拥群 谢益民 雷建民 靳福明 樊 燕(女)
樊永明

第一届监事会
监事长：卢宝荣(女)
监事(2人)：(按姓氏笔画排序)
杜荣荣(女) 陈奇志

副理事长单位(22个)：(按地区区划排名)
中国纸业投资有限公司 黄 欣
金光纸业(中国)投资有限公司 黄志源
牡丹江恒丰纸业集团有限责任公司 徐 祥
芬欧汇川(中国)有限公司 Petteri Kalela
山东华泰纸业股份有限公司 李晓亮
山东太阳纸业股份有限公司 李洪信
山东泉林集团有限公司 李洪法
汶瑞机械(山东)有限公司 尹 华
亚太森博(山东)浆纸有限公司 胡 伟
杭州市化工研究院有限公司 姚献平
仙鹤股份有限公司 王敏良
浙江华章科技有限公司 朱根荣
福建恒安集团有限公司 许连捷
福建省轻工机械设备有限公司 李 艳
河南江河纸业股份有限公司 姜丰伟
新乡新亚纸业集团股份有限公司 宋敬志
郑州运达造纸设备有限公司 许超峰
广州造纸集团有限公司 周 耘
玖龙纸业(控股)有限公司 张 茵
广西博世科环保科技股份有限公司 宋海农
广西广业贵糖糖业集团有限公司 陈 健

四川环龙技术织物有限公司　周　骏

办事机构

中国造纸学会秘书处为学会常设办事机构，由学术部、科普部、编辑部、会员部、账务部组成。

资深专家顾问委员会

名誉主任：王文哲　潘蓓蕾　钱桂敬　陈克复　陈思亮

主　任：曹朴芳

副主任：刘焕彬　谭国民　邝仕均

委　员：顾民达　黄运基　胡　楠　李有元　黄润斌　李威灵　谭祖光　萧启寿　马石辉　李忠正　蒋荣祺　张　熙　孙树建　黄祖壬　刘福玉　李发祥　陈鄂生　姜海斌　詹怀宇　李友生　张金声　王双飞　卢宝荣　刘　琦　李义民　韩　力　（排名不分先后）

分支机构

一、工作委员会

1. 学术交流工作委员会

主任：靳福明

副主任：陈嘉川　何北海　房桂干

顾问：邝仕均

2. 科普工作委员会

主任：曹春昱

副主任：张美云　张　辉　胡开堂　齐晓东

顾问：曹朴芳

3. 编辑工作委员会

主任：李　耀

副主任：刘　忠　卢宝荣　杜荣荣

顾问：孙树建

4. 组织工作委员会

主任：曹振雷

副主任：曹春昱　杜荣荣

5. 咨询工作委员会

主任：陈鄂生

副主任：赵　伟　姜海斌　李义民

二、专业委员会

1. 涂布加工纸专业委员会

主任委员：姜海斌

秘书长：蒋鸿勇

挂靠单位：上海新江南纸业有限公司

通讯地址：上海市普陀区武宁路 1500 号 408 室

邮政编码：200063

电话：021－52040672

2. 新闻纸专业委员会

主任委员：周　耘

秘书长：焦　东

挂靠单位：广州造纸集团有限公司

通讯地址：广东省广州市南沙区万顷沙镇新广一路 29 号

邮政编码：511462

电话：020－34663163

3. 书写印刷纸专业委员会

主任委员：崔棣章

秘书长：孙　平

挂靠单位：山东造纸工业研究设计院

通讯地址：山东省济南市工业南路 101 号

邮政编码：250100

电话：0531－88590468

4. 特种纸专业委员会

主任委员：李义民

秘书长：刘　文

挂靠单位：中国制浆造纸研究院有限公司

通讯地址：北京市朝阳区望京启阳路 4 号中轻大厦

邮政编码：100102

电话：010－64778096

5. 包装纸和纸板专业委员会

主任委员：伍泽荣

秘书长：马学逵

挂靠单位：广东省造纸研究所

通讯地址：广东省广州市海珠区新港西路 154 号

邮政编码：510300

电话：020－34301343

6. 非木材制浆专业委员会

主任委员：陈嘉川

秘书长：赵传山

挂靠单位：齐鲁工业大学

通讯地址：山东省济南市长清大学科技园大学路

邮政编码：250353

电话：0531－89631161

7. 木材制浆专业委员会

主任委员：李洪信

秘书长：应广东

挂靠单位：山东太阳纸业股份有限公司
通讯地址：山东省兖州市友谊路 1 号
邮政编码：272100
电话：0537－3658677

8. 手工纸与造纸史委员会

主任委员：陈学忠
秘书长：张黎雨
挂靠单位：中国造纸学会
通讯地址：北京市朝阳区望京启阳路 4 号中轻大厦 B 座 10 层
邮政编码：100102
电话：010－64778760

9. 节能与环保专业委员会

主任委员：邝仕均
秘书长：齐晓东
挂靠单位：中国造纸学会
通讯地址：北京市朝阳区望京启阳路 4 号中轻大厦 B 座 10 层
邮政编码：100102
电话：010－64778756

10. 造纸器材专业委员会

主任委员：杨金魁
秘书长：韩静芬
挂靠单位：上海金熊造纸网毯有限公司
通讯地址：上海市金山区枫泾镇兴塔工业园建安路 78 号
邮政编码：201502
电话：021－67361072

11. 制浆造纸化学品专业委员会

主任委员：沈一丁
秘书长：费贵强
挂靠单位：陕西科技大学
通讯地址：陕西省西安市未央大学园区
邮政编码：710021
电话：029－86168830

12. 废纸回收利用专业委员会

主任委员：曹春昱
秘书长：杜荣荣
挂靠单位：中国制浆造纸研究院有限公司
通讯地址：北京市朝阳区望京启阳路 4 号中轻大厦
邮政编码：100102
电话：010－64778156

13. 机械设备专业委员会

主任委员：刘安江
秘书长：杨　旭
挂靠单位：轻工业杭州机电设计研究院有限公司
通讯地址：浙江省杭州市余杭区高教路 970 号
邮政编码：310004
电话：0571－85183937

14. 自动化专业委员会

主任委员：朱根荣
秘书长：刘川江
挂靠单位：浙江华章科技有限公司
通讯地址：浙江省杭州市祥园路 99 号运河广告产业大厦 2 号楼 11 层
邮政编码：310012
电话：0571－88994499

15. 造纸技术经济专业委员会

主任委员：吴永和
秘书长：陈奇志
挂靠单位：中国中轻国际工程有限公司
通讯地址：北京市朝阳区白家庄东里 42 号
邮政编码：100026
电话：010－65826022

16. 纳米纤维素及材料专业委员会

主任委员：蒋兴宇
秘书长：查瑞涛
挂靠单位：中国科学院国家纳米科学中心
通讯地址：北京市海淀区中关村北一条 11 号
邮政编码：100190
电话：010－82545621

（中国造纸学会）

各省(区、市)造纸学会

Local Technical Association of Paper Industry

北京市造纸学会
理事长： 孙树建
副理事长： 马石辉(常务) 邝仕均　黄祖壬
秘书长： 马石辉(兼)
副秘书长： 赵　青
地址： 北京市顺义区空港工业 B 区安庆大街 9 号
邮编： 101300
电话： 010－80490558

天津市造纸学会
理事长： 刘　忠
副理事长： 周国伟　徐永射　李相臣　李群
秘书长： 惠岚峰
地址： 天津市泰达经济技术开发区 13 大街 29 号
天津科技大学造纸学院
邮编： 300457
电话： 022－60602006、13752173746(惠岚峰)
传真： 022－60601988

河北省造纸学会
名誉理事长： 龚德利
理事长： 刘国造
副理事长： 陈生龙　魏秋生　郭玉祥　张志忠
李增锁　袁德起　姚士平　张维田
石金环
秘书长： 童　欣
地址： 河北省石家庄市北合街 18 号
邮编： 050051
电话： 13011598208(刘国造)
15203216688(童　欣)

山西省造纸学会
理事长： 刘　涛
秘书长： 武乃玲
地址： 山西省太原市新建南路 13 号山西省轻工设计院
邮编： 030002
电话： 13835176139(刘　涛)
13453405953(武乃玲)

内蒙古自治区造纸学会
理事长： 范学斌
副理事长： 高世明　郭建军
秘书长： 王景文
地址： 内蒙古自治区呼和浩特市新城西街 4 号
(内蒙古轻工业设计研究院)
邮编： 010050
电话： 13897861555(范学斌)

辽宁省造纸学会
理事长： 张运展
秘书长： 刘秉钺
代秘书长： 平清伟
地址： 辽宁省大连市甘井子区轻工苑一号
挂靠单位： 大连工业大学
邮编： 116034
电话： 0411－86324620、13840903048(平清伟)
传真： 0411－86323736

吉林省造纸学会
副理事长： 马增源　方嘉华　刘　怀　柳风林
曹宪斌
秘书长： 徐淑敏
地址： 吉林省长春市人民大街副 54 号
邮编： 130051
电话： 0431－88829158
传真： 0431－85518433

黑龙江省造纸学会
理事长：杨易平
副理事长：白晓明　苏文强　李劲松　陈海涛
陈正旺　郑日亭　杨柏森　魏雨虹
秘书长：任国庆
地址：黑龙江省牡丹江市阳明区光华街 17 号
邮编：157013
电话：0453-6330924
传真：0453-6330924

上海市造纸学会
理事长：姜海斌
副理事长：尹　华　吴丹国　杨金魁　张荣毅
戚永宜
秘书长：蒋鸿勇
地址：上海市普陀区武宁路 1500 号南楼 403 室
邮编：200063
电话：021-52040672
传真：021-52040672

江苏省造纸学会
理事长：张　辉
副理事长：王广州　王自力　田宝凤　刘　克
李鸿斌　沈　斌　杜建功　房桂干
洪文彦　胡巧忠　高威宏　景　宜
秘书长：汤洪良
地址：江苏省南京市龙蟠路 159 号南京林业大学
轻工与食品学院 9E-315 室
邮编：210037
电话：025-85428235（办公室）
传真：025-85428235

浙江省造纸学会
理事长：胡开堂
副理事长：戈海华　毛菊仙　黄晓钢　陈万平
孙柏贵　吴明武　梁中平　陈建明
姚向荣　王敏良　叶素芳　杨　旭
刘川江　陆文荣
秘书长：陆文荣
副秘书长：李土根　郑梦樵
地址：浙江省杭州市留和路 318 号浙江科技学院
实验大楼 3 楼 334 室
邮编：310023
电话：0571-85070795
传真：0571-86958853

福建省造纸学会
名誉理事长：张道沛
理事长：陈礼辉
副理事长：柯吉熊　赵　恺　李　艳　刘明华
吴宗华　诸建华　陈德强
秘书长：黄六莲
地址：福建省福州市六一北路 204 号
邮编：350013
电话：13950283739（黄六莲）
传真：0591-83715175（黄六莲）

江西省造纸学会
理事长：管步军
副理事长：雷建民　戴圣光
秘书长：雷建民（兼）
地址：江西省南昌市北京东路 138 号
邮编：330029
电话：0791-88333891、13507911422
传真：0791-88333891

山东造纸学会
理事长：陈嘉川
副理事长：王泽风　陈洪国　李晓亮　应广东
李洪法　王东兴　张金声
秘书长：孙　平
常务副秘书长：孔凡功
副秘书长：丁洪杰　吴　芹　王桂卿
地址：山东省济南市长清区大学路 3501 号
邮编：250353
电话：13616404830（丁洪杰）
13789805983（吴　芹）

河南省造纸学会
理事长：董　晖
副理事长：李尚武　姜丰伟　刘　洁　马　冠
秘书长：李尚武（兼）
地址：河南省郑州市文化路 97 号
（郑州大学北校区）
邮编：450002
电话：0371-63886906、13608691192（李尚武）
传真：0371-63886906
邮箱：hnszzxh@126.com
网址：www.hnspaper.org
QQ：97881539

湖北省造纸学会
理事长：刘　力
副理事长：谢益民　梁　斌　徐功谨　彭宜纯
张厚蛟　周卫东
秘书长：邓振强
地址：湖北省武汉市汉口建设大道 623 号
福星科技大厦 B 座 1506 室
邮编：430030
电话：027－88064312
传真：027－88041709

湖南省造纸学会
名誉理事长：刘晓明　关以超
理事长：宋善军
副理事长：樊　燕　朱宏伟　马乐凡　薛永祥
龚　翼　吕建荣　余大论　黄费凤
李正国　周鲲鹏
秘书长：叶一心
地址：湖南省湘潭市建设中路 7 号
邮编：411104
电话：0731－58523295
传真：0731－58523295

广东省造纸学会
理事长：何北海
副理事长：陈　港（常务）　吕发创（名誉）
周　耘　林润惠　伍泽荣　王　波
钟天崎　林伟民　胡启华　吴义荣
雷江波
秘书长：雷以超
地址：广东省广州市天河区五山街 381 号
华南理工大学
制浆造纸工程国家重点实验室旧楼 301 室
邮编：510640
电话：020－87112854

广西壮族自治区造纸学会
理事长：覃程荣
副理事长：林伟民　陈　健　葛　友　曾凡新
黄俊彦　詹　磊　谭　炽　韦良斌
刘威威　戴永红
秘书长：梁　辰
地址：广西壮族自治区南宁市大学东路 100 号
广西大学轻工与食品工程学院内
邮编：530004
电话：0771－3237301、18275845299（梁　辰）
邮箱：gxtappi@ 163. com

四川省造纸学会
名誉理事长：李发祥
理事长：范谋斌
副理事长：吴和均　王康健　李文俊　赵　琳
梁　好　周传平　赵建芬　叶　剑
赵联盟　罗建平　霍　军　周　骏
刘祥军　李国友　高焱仁　罗建雄
罗福刚　王华军
秘书长：罗建雄
副秘书长：罗福刚
地址：四川省成都市成华街 5 号
邮编：610081
电话：028－83229689
传真：028－83229689

重庆市造纸学会
理事长：陈先谦
副理事长：米庆元　王友伦　冯地庆　彭支瑞
秘书长：王友伦
地址：重庆市江北区兴隆路 1 号
蔚蓝世纪 A 栋 6-6 室
邮编：400020
电话：13330275860（王友伦）

云南省造纸学会
顾问：李元禄、孙鹤章、孙光宗
理事长：彭增华
副理事长：陈克利（常务）　王　水　王亚明
杨发甲
秘书长：陈克利（兼）
地址：云南省昆明市呈贡大学城
昆明理工大学化工学院内
邮编：650050
电话：0871－65920329、13987638634（陈克利）
传真：0871－65920329

甘肃省造纸学会
负责人：赵　煜
地址：甘肃省兰州市金昌南路 101 号
甘肃省轻工业研究院
邮编：730000

电话：0931－8126518、13993170089(赵　煜)

陕西省造纸学会

理事长：张美云

常务副理事长：王志杰

副理事长：张飞跃

秘书长：张安龙

地址：陕西省西安市未央大学园区陕西科技大学环境学院 305 室

邮编：710021

电话：029－86168825

传真：029－86168230

新疆维吾尔自治区造纸学会

理事长：梅树亚

副理事长：董晓辉　徐　林　周俊英

秘书长：李云德

地址：新疆维吾尔自治区乌鲁木齐市民主路88 号新疆轻工业行业管理办公室规划处

邮编：830002

电话：0991－2825525(李云德)
15109919125(梅树亚)

传真：0991－2825525

(中国造纸学会秘书处)

2018 年中国造纸学会主要工作

Main Activities of CTAPI in 2018

一、组织机构与自身建设

(一)学会党建工作

中国造纸学会党组织在 2018 年着实践行“不忘初心，牢记使命”这一伟大使命。

1. 利用现代通讯网络宣传党建工作。继续坚持在常务理事会微信工作群发布宣传党的“十九大”“两会”精神文件及相关活动

(1) 2018 年初，编写了《中国造纸学会党委 2018 年党建工作要点》。

(2)2018 年 4 月，根据中国科协《关于推荐宣传“展风采，树楷模”全国学会优秀党员科技工作者的通知》精神，推荐张玉兰、王双飞两位同志作为“全国学会优秀党员科技工作者”的候选人参加中国科协评选。

(3)2018 年 2 月和 5 月，学会党委分别在北京市、广西壮族自治区南宁市做了深入开展党的“十九大”精神宣讲活动，党委书记曹振雷同志就党的“十九大”精神要点及贯彻落实党的“十九大”精神进行了宣讲及学习讨论。

2. 学会秘书处积极组织工作人员学习“两会”精神，结合自己的工作，做出了学习计划，积极参加社团公益活动

(1)2018 年 3 月 16 日，学会秘书处工作人员，参观觿(xi)堂文华智库——“汉纸越千年”展览，通过“纸”这一载体，体会到了中国传统文化的博大魅力和对传统科技成果的文化自信。

(2)为践行“不忘初心，牢记使命”专题学习教育活动，回顾党的光辉历程，讴歌党的丰功伟绩，2018 年 5 月 21 日，学会联合支部党员参观了位于广西壮族自治区南宁市南湖公园的李明瑞、韦拔群百色起义纪念碑和陈列馆，开展了以“不忘初心、缅怀革命先烈”为主题的活动。

(3)6 月 29 日，学会联合党支部参观了“真理的力量——纪念马克思诞辰 200 周年主题展览”，缅怀马克思伟大的人格和历史功绩，重温马克思崇高的精神和光辉的思想，重温入党誓词，加强党性教育，提高党员的马克思主义思想理论的认识。

(4)2018 年 8 月 24 日，参加中轻联、总社党委三届七次全委扩大会议暨中心组学习交流会议。进一步学习党的十九大报告和习近平总书记系列讲话精神。

(二)组织召开常务理事会

1. 中国造纸学会第七届理事会第五次会议于 2018 年 5 月 17 日在广西壮族自治区南宁市召开。会议审议通过了学会 2017 年工作总结，通报了学会 2018 年工作计划；审议通过了学会 2017 年财务报告；审议通过了关于副理事长单位芬欧汇川(中国)有限公司变更副理事长代表的请示。

2. 中国造纸学会第七届常务理事会第十次会议于 2018 年 8 月 28 日在上海市召开。会议通报了学会 2018 年上半年主要工作和即将开展的重要活动；审议通过了《中国造纸学会第八届理事会换届筹备方案》。会议期间，中国造纸学会党委召集与会的党委委员。进行了党员专题学习活动。结合中国科协《关于进一步加强中国科协所属学会党委建设的指导意见(试行)》，对学会党委建设、健全学会党委工作机制提出的要求进行学习研讨。

(三)会员工作

1. 组织 2018 年“全国科技工作者日”系列活动

根据中国科协要求，中国造纸学会领导高度重视“全国科技工作者日”活动的开展。在秘书长办公会上，由曹春昱秘书长牵头，明确了活动的开展方式，按照“深入学习贯彻习近平新时代中国特色社会主义思想和党的十九大精神，弘扬中国科学家精神，争做新时代创新先锋，为建设世界科技强国再立新功”的主题，会员部与学术部一起组织开展相

关活动。

(1)精心制作电子贺卡。按照厉行节约、节俭务实的精神要求，在“全国科技工作者日”期间，中国造纸学会会员部精心制作了中国造纸学会电子贺卡，通过网站、微信公众号、微信群和电子邮件等方式向学会广大会员、理事进行了推送，并收到会员的反馈。进一步加强了学会会员对“5·30 全国科技工作者日”的了解和认识。

(2)组织会员与专家到会员单位走访参观学习。2018 年 5 月 18 日，在第十八届学术年会期间，会员部与学术部一起组织部分会员和专家前往广西造纸学会、广西大学轻工与食品学院、广西清洁化制浆造纸与污染控制重点实验室和广西博世科环保科技股份有限公司进行了参观学习和现场交流。大家围绕重点实验室的建设、项目研究成果、成果转化等内容进行了详细的交流和探讨。

2. 发展会员

在 2018 年 5 月第十八届学术年会期间，完成了部分新个人会员的入会手续；完成了新单位会员的入会手续。为单位会员寄赠《2017 中国造纸年鉴》和由学会主办的 2018 年《中国造纸》《造纸信息》《中国造纸学报》《Paper and Biomaterials》及《纸和造纸》等专业刊物。

(四)财务工作

2018 年，学会财务部能够严格按照学会章程，认真执行中国造纸学会财务制度，遵循财务工作为学会工作服务的原则，认真完成了 2017 年度国资委、科协的部门决算、住房改革支出决算、年终决算报表及财务分析；2017 年度中央行政事业单位国有资产年度决算、行政事业单位资产等报表及固定资产盘点；完成了年度基本账户及财政账户年检、财务档案整理工作；完成了 2018 年第七届理事会第五次会议关于 2017 年中国造纸学会财务报告及第十八届学术年会的结算工作；完成了 2017 年年度审计、2018 年审计署贯彻落实国家重大政策实施情况和预算执行情况的审计、2018 年国资委 - 历年发现审计问题整改情况复核审计 3 项审计；应中国科协办公厅关于印发《关于中国科协所属全国学会进一步加强财务管理的若干规定》的通知(科协办发计字〔2018〕22 号)，完成了《中国造纸学会关于开展加强财务管理进行自查及整改工作报告》。

做好财务日常核算及管理工作，做到账账、账证相符。严格执行财务制度，为学会领导决策提供基础数据。按照规定编制季、月的各种报表统计资料，做到准确无误，并及时汇报分管领导及上级部门财务。

(五)微信公众平台和网站的管理工作

2018 年学会继续通过官方网站，加强党建工作、会员系统、学会动态、交流合作、期刊和出版物等板块内容的管理，及时发布和更新行业最新资讯、政策文件、技术进展。

学会官方微信进行了内容调整，突出了党建工作、会员服务、学术交流和科普板块，定期转载和发布行业信息、科普性质文章和学习资料，同时配合网站发布相关通知及信息。

二、学术交流工作

(一)中国造纸学会第十八届学术年会

2018 年 5 月 16—18 日，中国造纸学会第十八届学术年会在广西壮族自治区南宁市成功召开。来自国内高等院校、科研机构、企业的 260 余名制浆造纸及相关领域的专家、学者和企业界人士参加了会议。

此届学术年会内容丰富，较全面地反映了我国造纸工业近年的研发成果和技术进步，促进了专家学者与企业科技人员之间的学术交流，并将推动我国制浆造纸科学与技术的进一步发展。

年会共收到论文 94 篇，收录 86 篇，评选出优秀论文 22 篇，获奖论文以张贴海报的形式在会议现场展出。会议论文以《中国造纸学报》2018 年增刊的形式出版发行。会议现场还组织了新产品、新成果展示，多家企业以展板的形式展出新技术和产品。

会议期间组织代表参观了广西清洁化制浆造纸与污染控制重点实验室和博世科环保科技股份有限公司，围绕重点实验室的建设、项目研究成果、成果转化等内容进行了详细的交流和探讨。

(二)制浆造纸科学技术学科发展报告

(1)为中国科协学术建设发布会提供基本素材，组织编写本学科发展报告简要综述(5000 字中文摘要)，简要综述的英文摘要(1000 ~ 2000 词)，800 字的本学科发展报告介绍，本年度本学科的重大研究进展、研究成果及所属科研团队介绍 1 项，本学科需要在 2018 年学术建设发布会上展示的亮点 2 条。

(2)根据《2016—2017 学科发展报告综合卷》编写需要，组织本学科专家作为《综合卷》编写组专家，对《综合卷》(基本定稿)做函审验收。

(3)《2016—2017 制浆造纸科学技术学科发展

报告》于2018年6月1日完成印刷出版工作，正式发行。

（三）2018中国国际造纸创新发展论坛在上海市召开

2018年8月29日，由中国造纸协会、中国造纸学会和中国制浆造纸研究院有限公司联合主办，中国造纸杂志社承办的“2018中国国际造纸创新发展论坛”在上海市召开，来自全球20多个国家的300多位代表出席了活动。创新发展论坛以“创新赋能生态·进化重塑未来”为主题，诚邀工业和信息化部领导、中科院专家，以及国内外企业家、专家进行精彩演讲，聚合产、学、研各方力量，共同探讨如何通过创新，创造核心竞争力，共同关注造纸产业的未来。

（四）2018国际造纸技术报告会在上海市召开

2018年8月30日，由中国造纸学会、中国制浆造纸研究院有限公司与芬兰林纸工程师协会共同主办，中国造纸杂志社承办的2018国际造纸技术报告会在上海市召开，来自中国、芬兰、加拿大等国的科研院所、大专院校、制浆造纸企业的200多位代表参加了技术报告会。此次技术报告会邀请到国内外9名专家学者就制浆造纸前沿热点创新技术进行研讨，这些既有理论深度又有应用实践的报告，能够为造纸行业的科技研究、工厂应用提供借鉴，以助推造纸行业可持续发展。

（五）2018中国国际造纸科技展览会

2018年8月29—31日，由中国造纸协会、中国造纸学会和中国制浆造纸研究院有限公司联合主办，中国造纸杂志社承办的2018中国国际造纸科技展览会在上海市举办，再次引发业界同仁对造纸行业创新技术装备、市场、原料、环保、政策、发展趋势等的聚焦关注。以展·会携手，搭建国际、权威、高效的产业平台；汇聚来自20多个国家和地区的近200家制浆造纸装备制造、造纸化学品及与造纸相关的知名企业参展，集结创新产品及前沿技术。展会规格高，活动多，亮点频现。特设的纸品展示区汇集了近30家造纸集团和企业的纸产品，引起中外观众的广泛兴趣，成为此届展会一道亮丽的风景线。

（六）2018全国特种纸技术交流会

由中国造纸学会主办，特种纸专业委员会承办的2018全国特种纸技术交流会于2018年10月23—25日在广东省湛江市召开。来自国内外130多家特种纸及相关企业的280多位代表参加了会议。邀请了国内外14位专家、学者和企业家对特种纸产业的市场概况、发展趋势以及新产品、新技术进行了深入的探讨和交流。

（七）先进材料学会联合体工作

2018年5月25日，根据中国科协先进材料学会联合体章程要求，经中国科协先进材料学会联合体主席团会议审议，通过了中国造纸学会加入先进材料学会联合体的申请，中国造纸学会正式成为该联合体成员学会（单位）。加入联合体后的主要工作：

（1）根据科协办发学字［2018］1号文件《中国科协办公厅关于征集“引领世界科学的前沿科学问题、建设世界科技强国的技术难题”的通知》要求，开展了相关征集工作。

（2）中国科协先进材料学会联合体以科学、公正、公开为原则开展“2017年度中国材料领域十大进展”项目评选工作。中国造纸学会根据要求，积极参与并开展了推荐候选项目工作。

三、年鉴及期刊出版工作

1.《2018中国造纸年鉴》

《2018中国造纸年鉴》按计划完成编辑和校对工作。2017年2月召开年鉴启动会议，年鉴编辑工作正式启动，如期进行约稿、审稿、编辑、排版、广告征集工作。7月下旬年鉴交由出版社，进入印刷出版阶段。《2018中国造纸年鉴》客观系统地介绍了2017年我国造纸工业的发展状况，为《中国造纸年鉴》出版发行的第22卷，共有13个栏目，正文共计768页，广告56页。于2018年9月正式出版发行。

2. 期刊出版

通过积极组稿、严格审稿、认真编辑和校对，按时完成《中国造纸》《造纸信息》《中国造纸学报》《造纸与生物质材料（英文）》《纸和造纸》的编辑出版工作。

《中国造纸》除了正常出版期刊之外，还积极组织策划专题，目前已经策划2期专题：特种纸、生物质材料。每期选出2篇较好的文章做优先出版，在网络上快速发表。

《造纸信息》与广告部密切配合，为客户提供广告、采访报道、宣传策划等系列打包服务，取得初步进展。另外，密切跟踪行业热点、焦点问题，策划了6个专题。分别是“包装纸专题”“竹浆纸专题”“特种纸专题”“预见‘灰犀牛’专题”“走访芬兰专题”“纸浆专题”。

《中国造纸学报》进一步提高期刊质量，提高高质量论文比例，退稿率有所加大。为配合中国造纸学会第十八届年会，2018 年 5 月出版《中国造纸学报》增刊一期，刊文 86 篇。

2018 年初，编辑部重点着手采编平台系统流程设计、调试、网站建设工作，并于2018 年3 月正式启用。采编平台采用科睿唯安的 ScholarOne 系统。在线投审稿平台采用云计算模式，作者、审稿人等可通过电脑或智能手机完成稿件处理，极大地提高了稿件处理效率。利用 Web of Science 数据库，审稿人还可及时查找与待审稿件相关的文献，提高审稿质量。当前，网站和采编平台运行正常。

此外，各编辑部还通过采编系统、微信平台向读者、作者、审稿专家推送已出版期刊的题目及摘要，并优选文章在杂志社微信公众号上推送，扩大期刊影响力。

（中国造纸学会）

中国造纸协会办事及分支机构

Administrative and Affiliated Agency of China Paper Association (CPA)

理事长：赵　伟
秘书长：钱　毅
副秘书长：刘文龙　陈　刚　董国强
监事长：卢慧敏

1. 秘书处
(1)办公室
电话：010－68396540
传真：010－68396572
(2)会员部
电话：010－68396541
传真：010－68396572
(3)会展部
电话：010－68396542
传真：010－68396672/6572
(4)综合业务部
电话：010－68396544
传真：010－68396572
(5)信息咨询部
电话：010－68396546
传真：010－68396572
2. 中国造纸协会环境保护专业委员会
3. 中国造纸协会标准化专业委员会
4. 中国造纸协会能源专业委员会
5. 中国造纸协会生活用纸专业委员会
6. 中国造纸协会造纸工业林专业委员会
7. 中国造纸协会造纸芦苇基地分会
8. 中国造纸协会无碳复写纸、热敏纸分会
9. 中国造纸协会铜版纸分会
10. 中国造纸协会卷烟纸分会
11. 中国造纸协会新闻纸分会
12. 中国造纸协会包装纸及纸板分会
13. 中国造纸协会专家工作委员会
14. 中国造纸协会溶解浆工作委员会
15. 中国造纸协会蔗渣浆工作委员会
16. 中国造纸协会竹浆工作委员会
17. 中国造纸协会商品纸浆工作委员会

（中国造纸协会）

2018 年中国造纸协会主要工作

Main Activities of CPA in 2018

2018 年是全面贯彻党的十九大精神的开局之年，在宏观经济“稳中有变”“稳中有缓”的形势下，造纸行业遭遇了市场需求减少，原材料成本上升，利润空间下降等困境，再加上外部环境变化，诸如中美贸易摩擦问题、汇率变化、环保管理趋严等因素叠加在一起，使得 2018 年我国造纸行业整体生产和运行问题增多，经济效益明显下滑。

面对行业遇到的诸多问题，在过去的一年里，中国造纸协会在全体会员单位的共同努力和各级政府相关部门的支持下，根据协会理事会制定的工作计划和有关部门安排的工作内容，认真有序地开展了各项工作，基本完成了预定的工作任务目标，取得了较好的工作成绩和效果。现将一年来的工作情况总结汇报如下。

一、发挥协会服务功能、做好行业各项工作

协会积极配合政府相关部门工作，在造纸行业供给侧结构性改革、提质增效、节能减排、清洁生产、环境保护、商务贸易、信息统计、技术合作、资源利用等方面做了大量调查研究工作，为政府部门制定相关政策和决策提供了参考意见、建议和专业技术支撑。

1. 中国造纸协会参与了《落实禁止废纸进口的实施方案》的编制工作，独立完成《关于“禁止废纸进口”对造纸行业及相关产业影响分析》，并配合有关部委完成废纸相关情况的调研和数据收集工作。

2. 中国造纸协会与华南理工大学及山东太阳纸业股份有限公司、山东华泰纸业股份有限公司、驻马店白云纸业有限公司等企业共同承接了国家水污染治理与控制科技重大专项“重点流域造纸行业水污染控制关键技术产业化示范”课题。该课题 2018 年相继通过技术审查、成果论证、财务专家论证，于 12 月 26—27 日通过档案验收、任务验收、财务验收。

3. 受生态环境部对外合作中心委托，中国造纸协会起草编制了“中国制浆造纸行业二噁英减排项目”国家行动计划，并经过多次专家论证，2018 年 9 月 7 日，课题通过验收。经协会与生态环境部对外合作中心研究，并征询相关方意见，2018 年 9 月，国家行动计划由协会以“推进制浆造纸行业二噁英减排工作意见”的形式发布。

4. 协会受生态环境部对外合作中心委托，在造纸行业开展二噁英减排 BAT/BEP 技术推广应用企业筛选工作，现已提交相关报告，并跟踪后续推广进展情况。

5. 协同轻工业环境保护研究所、生态环境部环境工程评估中心、山东省建设项目环境评审服务中心、生态环境部环境保护对外合作中心，共同申请《排污许可证申请与核发技术规范造纸(修订)》项目。

6. 受中国水利水电科学研究院委托，协会承接的《造纸行业节水技术政策大纲修订》课题，2018 年 6 月完成验收工作。

7. 中国造纸协会派员参加商务部贸易救济调查局在北京市召开的“2018 年贸易救济与产业发展座谈会”，针对造纸行业 2018 年以来的发展状况和贸易救济工作情况做出汇报。

8. 积极配合上海期货交易所，做好纸浆期货上市前的各项准备工作，经过各方面共同努力和长期筹备，2018 年 11 月 27 日，我国第 50 个商品期货品种——纸浆期货在上海期货交易所挂牌上市，这标志着制浆造纸相关企业具备了相应的价格风险管理工具。中国造纸协会理事长赵伟出席了纸浆期货在上海期货交易所挂牌交易仪式，并接受了相关媒体采访。

9. 继续完善中国造纸协会纸浆指数平台，更好服务于行业发展。每月定期发布中国造纸协会纸浆指数。纸浆指数包括总指数与分类指数两大部分。总指数包括：价格与物量总指数；分类指数包括：

漂白阔叶木浆、漂白针叶木浆和本色浆三大类。该指数的编制为纸浆市场的关注者和参与者提供了一个纸浆价格趋势监测平台，为相关操作提供了数据基础。

10. 组织各主要省市造纸协会、重点制浆造纸企业，开展 2017 年造纸工业主要经济技术指标完成情况调查，收集各种数据，在充分调研的基础上，完成了 2017 年造纸工业年度报告，为行业和有关部门提供了完整的生产运行及消费情况，得到了社会的好评。

二、积极组织、参加多项行业活动，增强行业协会凝聚力

1. 组织召开中国造纸协会第四届理事会第五次会议(扩大)。中国造纸协会第四届理事会第五次会议(扩大)于 2018 年 5 月 30 日在辽宁省鞍山市胜利召开，来自 93 个理事单位和全国地方造纸协会、行业骨干企业、大专院校、科研院所以及与造纸相关行业的会员单位共计 131 位代表出席了会议。

中国造纸协会理事长赵伟主持大会，大会审议并通过了中国造纸协会秘书长钱毅宣读的"中国造纸协会第四届理事会第五次会议工作报告"和"中国造纸协会第四届理事会 2018—2019 年度工作计划"；中国造纸协会副理事长、中国制浆造纸研究院有限公司董事长曹春昱宣读的"中国造纸协会第四届理事会 2017 年度财务报告"；中国造纸协会副理事长、山东省造纸行业协会理事长王泽风宣读的"中国造纸协会第四届理事会 2018 年度收支预算"；中国造纸协会副理事长、河南省造纸工业协会理事长耿海燕宣读的"关于吸收 23 个单位为中国造纸协会团体会员的议案"。

此次理事会的另一个重要议题是讨论"造纸原料近期情况及未来走势"，赵伟理事长和钱毅秘书长作为主持人分别组织来自省(区、市)行业协会和中国纸业投资有限公司、金光纸业(中国)投资有限公司、玖龙纸业(控股)有限公司、维达纸业(中国)有限公司、广州造纸集团有限公司、芬欧汇川(中国)有限公司、浙江景兴纸业股份有限公司、山东晨鸣纸业集团股份有限公司、山东太阳纸业股份有限公司、华泰集团有限公司、亚太森博(山东)浆纸有限公司、山东泉林纸业有限责任公司、山东博汇纸业股份有限公司、河南江河纸业股份有限公司、漯河银鸽实业集团有限公司、新乡新亚纸业集团股份有限公司、牡丹江恒丰纸业股份有限公司等国内几十家骨干造纸企业的代表进行了分组讨论与座谈。代表们就近期国家出台的相关政策对造纸原料产生的影响以及未来可能出现的情况发表了各自的看法。

2. 根据中国轻工业联合会《关于开展 2017 年度轻工行业十强、轻工业百强企业评价工作的通知》要求，协会于 2018 年 3 月 5 日下发了《关于开展 2017 年度中国轻工造纸行业十强企业轻工业百强企业评价工作的通知》，共有玖龙纸业(控股)有限公司等 22 家企业申报参评。5 月 11 日协会将 22 家企业指标评价结果上报中国轻工业联合会。经联合会评价审定，玖龙纸业(控股)有限公司、山东晨鸣纸业集团股份有限公司、华泰集团有限公司、理文造纸有限公司、山东太阳控股集团有限公司、山鹰国际控股股份公司、山东博汇集团有限公司、金东纸业(江苏)股份有限公司、江苏荣成环保科技股份有限公司、浙江景兴纸业股份有限公司 10 家企业被评为 2017 年度轻工行业造纸十强企业。

3. 根据中国轻工业联合会《关于 2018 年度中国轻工业联合会科学技术奖励申报工作的通知》要求，协会组织并推荐了行业内企业参加此次评选活动。经中国轻工业联合会审定，协会推荐的玖龙纸业(东莞)有限公司"高值再生纸绿色制造技术的研发与应用"项目和福建省晋江优兰发纸业有限公司"国产废纸资源化综合利用技术的开发与应用"项目荣获 2018 年度中国轻工业联合会科技进步奖三等奖。

4. 根据中国轻工业联合会下发的《关于在轻工行业开展"大国工匠"推荐学习活动的通知》要求，积极组织了推荐评选工作。经协会研究决定，推荐河南江河纸业股份有限公司刘铸红总工程师、福建省晋江优兰发纸业有限公司柯吉熊技术总监和金东纸业(江苏)股份有限公司严圣建工程师参加评选。由中国轻工业联合会组织专家组投票、领导小组确认，协会推荐的福建省晋江优兰发纸业有限公司柯吉熊技术总监当选"轻工大国工匠"。

5. 根据《国家知识产权局关于评选第二十届中国专利奖的通知》，积极组织了推荐评选工作。推荐福建省晋江优兰发纸业有限公司专利"201410259788.8 一种防油纸及其制备方法"、广东冠豪高新技术股份有限公司"201110412627.4 双色防伪无碳 CB/CFB 纸及其生产工艺"和山鹰国际控股股份公司"201610153547.4 一种低克重瓦楞纸及其制备方法"3 个专利项目参评。

6. 根据工业和信息化部办公厅、中国工业经济联合会《关于组织推荐第三批制造业单项冠军企业和单项冠军产品的通知》要求，协会组织并推荐了行业内企业参加此次评选活动。推荐福建省青山纸业股份有限公司纸袋纸、杭州豪悦护理用品股份有限公司裤型卫生巾(拉拉裤)、玛纳斯源源纸业有限公司硬钢纸板产品、齐峰新材料股份有限公司装饰原纸、山东世纪阳光纸业集团有限公司主导产品涂布箱纸板参加评选。

7. 2018 年 5 月，中国造纸协会正式开始《中国造纸行业社会责任报告》(白皮书)的编制工作及相关行业公益行动，经过内容框架确认、征集企业案例及多次讨论和反复修改，现已形成白皮书讨论稿及问答 50 问讨论稿，计划在 2019 年 2 月发布。

8. 受金砖国家工商理事会南非主席单位邀请，中国造纸协会理事长赵伟等一行参加了在德班和约翰内斯堡召开的金砖国家工商理事会 2018 年会系列活动。作为中方农业经济小组组长单位，中国造纸协会以工商理事会平台推动了 5 国就森林认证互认达成共识。经过 3 年的努力，5 国农业经济小组就此备忘录基本达成共识，备忘录细节有待进一步讨论，但备忘录已经正式纳入理事会年度报告附件，并在约翰内斯堡“金砖国家领导人同工商理事会对话会”上正式提交 5 国领导人。

9. 2018 年 10 月 31 日—11 月 2 日，“第六届亚洲浆纸工业可持续发展会议”在韩国釜山召开。中国造纸协会组织相关企业参加了会议。大会汇集了来自亚洲主要国家和地区的协会代表及浆纸企业近 200 位代表，共同探讨亚洲纸业面临的形势，分享了在企业多元化发展、节能减排、保证废纸供应等方面的经验教训。赵伟理事长代表中国造纸协会做了题为“中国(大陆)造纸工业现状及发展”的报告，介绍了中国纸及纸板生产情况及发展趋势。2018 年中国政府发布了有关进口废纸的新政策，社会与生态环境部门对生态环境的日益重视对造纸行业发展产生了一定影响，原料和环保问题就成为当前行业发展面临的主要问题，这使中国造纸行业成为本次会议讨论的重点。

10. 2018 年，中国造纸协会接待了日本制纸联合会的来访，双方就中日造纸行业发展情况、中日废纸回收利用情况和有关政策展开探讨交流；接待了加拿大纸浆纸张产品理事会(PPPC)的来访，双方就纸浆、纸张产品数据交换合作工作进行了充分讨论。

三、积极组织会展活动、努力丰富会议内容

1. 中国造纸协会于 2018 年 11 月 12—15 日，在浙江省宁波市成功举办了首届中国造纸周活动。造纸周期间召开了“2018 中国国际造纸和装备博览会暨全国纸张订货交易会”，本届博览会和交易会云集了众多国内外知名厂商，充分展示了造纸行业的新产品、新装备、新技术和新成就，展示范围涵盖制浆、纸及纸板、纸制品、机械设备、原辅材料、造纸助剂及相关化学品，展示面积近 1 万米^2，参展企业 100 余家，来自全国各地的采购商及部分境外贸易商约 3 万余人参加了此次博览会。

在此届造纸周期间还举办了“2018 中国造纸周浆纸环保论坛”“2018 年中国纸浆市场形势研讨会”“中国浆纸技术论坛暨第九届中华纸业浆纸技术论坛”等多场专题研讨会，邀请了国内外知名专家学者、企业家、企业技术负责人，围绕行业发展、提质增效、节能减排、绿色低碳以及新技术、新产品，交流经验，预测行业和技术发展趋势和方向，进行了广泛交流，使广大参展企业和参会代表从此次造纸周中获得更多的信息，为造纸企业领导层的战略决策提供了有力支撑，得到了与会代表的一致好评。

2. 由中国造纸协会主办，鞍山钢锋风机有限责任公司协办，中华纸业杂志社承办的“2018 中国纸业高层峰会”在辽宁省鞍山市召开，来自政府机关、制浆造纸企业、制浆造纸相关企业、协会组织、科研院所及高校的 260 多名业界代表参加了此次峰会。此次会议围绕“纸业新时代面临的形势、机遇与挑战”“我国中长期环境经济形势与生态环保战略”“供需皆有新变化，龙头纸企稳健前行——纸与纸板主要品种市场变化趋势与行业发展前景展望”“全球制浆造纸发展前景及海外投资策略”等议题，针对新形势下造纸行业面临的困难问题与发展机遇，汇集行业的顶层智慧，共商行业、企业发展大计。

3. 2018 年 8 月，由中国造纸协会、中国造纸学会和中国制浆造纸研究院有限公司共同主办，中国造纸杂志社承办的“2018 中国国际造纸科技展览会”在上海市召开。展会同期还举办了“2018 中国国际造纸创新发展论坛”“2018 国际造纸技术报告会”，来自政府有关部门领导、行业专家、国内外企业家和业界人士 200 多人出席。针对产业趋势、战略转型、前沿技术、创新发展等议题进行深度探讨和交流。

4. 2018 年 3 月，中国造纸协会在四川省成都市举办了“2018 中国纸浆高层峰会”。峰会召集了 450 多名企业家、专家学者、经济学人士等业界精英，从宏观经济走势、国家调控目标、货币政策、大宗商品市场变动等方面提出了指导信息和行业发展建议，又从我国纸浆国内需求现状以及影响我国纸浆

市场内外因素等角度引导大家对未来纸浆行业发展情况进行深入探讨。此次峰会为纸浆行业提供了难得的交流平台，给 2018 年纸浆行业的发展提振了信心。

5. 2018 年 5 月，生活用纸专业委员会组织举办了第 24 届中国生活用纸企业家高峰论坛活动。此届活动改变传统的会议形式，组织行业企业参加了维美德技术会议，了解最新的卫生纸机技术，以及生活用纸企业的智能化和数字化生产技术；参观考察欧洲的生活用纸、相关设备等 4 家企业，学习、交流行业先进的生产技术和运营管理；2018 年 10 月，在湖南省长沙市宁乡组织召开了第四届中国卫生用品企业家高峰论坛活动。高峰论坛成员和特邀单位共计 136 人参加会议。针对行业热点和焦点问题，确定会议主题——加强国产品牌建设，推动行业健康可持续发展，活动还组织参观了 3 家卫生用品生产企业。

6. 2018 年 10 月 29 日—11 月 3 日，生活用纸专业委员会组织中国卫生用品企业参观考察团，赴日参加第四届中日卫生用品企业交流会，并参观考察日本花王株式会社、日本尤妮佳株式会社 2 家卫生用品企业的生产工厂和 1 家使用后的纸尿裤回收再利用工厂。交流会围绕环境可持续发展、合作共赢的主题，交流和讨论中日两国卫生用品行业最新的市场、技术、标准等。此次交流考察活动，中方共计有 58 家企业的 103 名代表，日本有 69 家企业的 127 名代表参加交流会，活动取得圆满成功，受到参加企业的一致好评。

四、加强协会内部建设、提升协会服务水平

1. 贯彻落实党的十九大精神，认真学习习近平同志一系列重要讲话，面对协会工作所面临的新形势和新机遇，理顺各方面关系，提升协会服务水平，促进协会健康、稳定发展。

2. 按照民政部要求，完成全国性社会团体 2017 年年检工作，顺利通过民政部年检，结果合格；完成协会非营利组织免税资格有效期满复审材料准备和申报工作。

3. 为使我国制浆造纸企业深入了解和适应我国环境管理形势的变化，根据协会工作安排，经与相关企业协商和前期工作筹备，中国造纸协会启动了环境保护专业委员会换届工作，并于 2018 年 11 月 11 日在浙江省宁波市召开了换届会议，按照《中国造纸协会环境保护专业委员会工作条例》，专业委员会审议通过了第三届成员名单，对新一届委员会工作进行了安排部署。

4. 通过加强对分支机构的领导，针对各分支机构的特点和出现的问题，积极组织协会内部各分支机构开展政策研究、市场分析和信息交流，其中，新闻纸分会、箱纸板和瓦楞原纸分会、标准化委员会、生活用纸委员会、商品纸浆工作委员会、溶解浆工作委员会、蔗渣浆工作委员会、竹浆工作委员会等先后召开主任会议或工作会议，就共同关心的专业问题开展讨论交流。

5. 会员部通过加强与企业的沟通交流，积极服务会员单位，反映企业诉求，在协会领导和各专业委员会的支持下，积极发展新会员，2018 年共发展新会员 23 个；在协会和各有关部门的共同支持下，较好地完成了 2018 年收缴会费目标和任务。

6. 加强协会与会员单位之间的联系和沟通，完善《纸协通讯》的编制工作，向国家有关部委和造纸骨干企业提供最新的协会动态和行业资讯，2018 年度共出版 12 期；努力做好网站的维护和运营，及时发布相关政策、协会动态、企业信息、行业报告，使网站信息与内容更加完整，并使内容更加丰富、新颖，有效提升了协会在行业中的影响力和知名度；通过微信公众号及时发布行业内政策法规及热点关注，并借助公众号平台对协会举办的会议、论坛等活动进行前期推广和会后报道，通过微信公众号的宣传，助力协会快速传播信息和扩大影响力。

（中国造纸协会）

中国造纸学会部分单位会员介绍

Introduction of Partial CTAPI's Company Members

（截至 2019 年 7 月 10 日）

芬欧汇川（中国）有限公司

企业性质：外商独资企业
地址：江苏省常熟市经济技术开发区兴业路 2 号
邮编：215536
法人代表：Petteri Kalela
经营负责人：Jukka Saarelainen
技术负责人：朱志坚
电话：010－85570866
传真：010－85570856
网址：www. upm. com
联系人：胡蓉晖
电话：010－85570856
邮箱：hu. ronghui@ upm. com
投产时间：1998 年
职工总数：1700 人

企业详细介绍见"重点企业介绍"栏目。

福建恒安集团有限公司

企业性质：合资企业
地址：福建省晋江市安海镇恒安工业城
邮编：362261
法人代表：施文博
经营负责人：许连捷
技术负责人：林一逮
电话：0595－85708666
传真：0595－85708666
网址：www. hengan. com
联系人：吴晓彪
电话：15759500600
邮箱：wuxiaobiao@ hengan. com
投产时间：1999 年
职工总数：2.3 万人
技术人员：2700 名

企业详细介绍见"重点企业介绍"栏目。

金光纸业（中国）投资有限公司

企业性质：外商独资企业
地址：上海市长宁区娄山关路 533 号金虹桥国际中心 II 座 31 楼
邮编：200051
法人代表：黄志源
电话：021－22838888
传真：021－22839063
网址：www. app. com. cn
联系人：刘佳欣
电话：021－22839592
职工总数：3 万余人

金光集团（英文名：Sinar Mas Group）由印度尼西亚知名华人黄奕聪先生于 1962 年创立，现已拥有数百家法人公司，曾被世界著名财经杂志《福布斯》评为印尼第一大财团。经过不断创新发展，集团已形成七大核心产业：制浆造纸业、金融业、农业及食品加工业、房地产业、能源与基础设施、移动通讯以及健康医疗。

作为金光集团的核心产业，APP（全称为 Asia Pulp & Paper）创立于 1972 年，产品横跨生活用纸、工业用纸、文化用纸以及纸制品，年生产及加工总产能约 2300 多万吨，覆盖了全球六大洲、160 多个国家。

自 1992 年进入中国以来，APP（中国）在发展过程中始终秉持可持续发展战略。目前，已建立2大育苗研究中心，19家大型林业公司，29万公顷人工林，五大事业部，七大核心浆纸业生产基地。从生态营林到环保制浆，再到绿色造纸，APP(中国)已经形成了“以林养纸、以纸促林、林纸结合”的“林浆纸一体化”绿色大循环。截至2018年年底，APP(中国)总资产约1726亿元，年加工生产能力约1100万吨，在华销售额约589亿元，拥有全职员工逾3万名。

此外，APP(中国)及其母公司金光集团也正着手于推动企业可持续发展的城市综合体及科技园项目，以实现资源多元化配置。如今，已经在上海市及长三角地区开发了5个大型城市综合体项目，包括：上海白玉兰广场、上海金光外滩中心、上海金虹桥国际中心、上海星荟中心和宁波金光中心。

唐山市冀滦纸业有限公司

企业性质： 合资企业
地址： 河北省唐山市滦州市经济开发区化工园
邮编： 063799
法人代表： 陈生龙
经营负责人： 张顺利
技术负责人： 陈生龙
电话： 0315－7477118
传真： 0315－7477118
网址： www. hengan. com
联系人： 许凤芹
电话： 18132273229
邮箱： tsjlzy@ 126. com
职工总数： 900人
技术人员： 150名

唐山市冀滦纸业有限公司主要从事工业不同级别及规格的包装用纸生产，主要生产高强瓦楞原纸、环保挂面箱纸板(T纸)、挂面牛卡纸(K纸)、高强优质牛皮挂面箱纸板(H纸)。高强瓦楞原纸主要产品有100～200克/米^{2}系列产品；T纸产品主要有110～230克/米^{2}系列产品；挂面牛卡纸主要有110～200克/米^{2}系列产品；高强优质牛皮挂面箱纸板主要有125～200克/米^{2}系列产品。

产品主要用于做各类中高档纸箱、电子产品纸箱、彩盒、纸袋等。

公司产品主要以北京、天津、唐山为中心，向华北、东北、西北辐射，形成“一个中心三个基本点”的市场战略格局；“以品质为保证、以信誉求生存”是我们始终秉承的经营理念！

客户满意是我们的执着追求！我们为客户提供快捷、高效的售后服务。

轻工业杭州机电设计研究院有限公司

企业性质： 国有企业
地址： 浙江省杭州市余杭区高教路970号
邮编： 311121
法人代表： 刘安江
经营负责人： 于　宏
技术负责人： 杨　旭
电话： 0571－85184005
传真： 0571－85186432
网址： www. hmei. com. cn
联系人： 王　飞
电话： 0571－85186596
邮箱： hzjdy@ hmei. com. cn
职工总数： 146人
技术人员： 125名

企业详细介绍见“国内制浆造纸科研设计单位简介”栏目。

华章科技控股有限公司

企业性质： 外资企业
地址： 浙江省杭州市祥园路99号运河广告产业大厦2号楼11层
邮编： 310012
法人代表： 王爱燕
技术负责人： 徐小伟
电话： 0571－88994499
传真： 0571－88994466
网址： www. hzeg. com
联系人： 王　倩
电话： 0571－88994499
邮箱： wq@ hzeg. com

华章科技控股有限公司(HK01673)成立于1993年，是一家在香港联交所上市的科技型企业，拥有20多年在造纸行业电气自动化、流浆箱及成形器、环保设备及工程的经验，是中国造纸装备的领先供应商，秉承“诚信、敬业、协作、创新”的理念，努力打造成为造纸工业的方案、设备及综合服务供应商。

公司专注于造纸装备的技术进步和品质提升，

拥有1支顶尖的技术和服务工程师团队，在研发、设计、集成制造、服务维保等方面具有核心竞争力，20多年来累计完成了2000多个工程项目，为造纸企业提供基于智能制造、清洁生产、项目总包、设备维保等全方位的装备和服务，旨在成为造纸工业的全职“保姆”，并积极参与和帮助“一带一路”沿线国家造纸项目的工程建设。

华章科技倡导保护环境、促进绿色工业发展，在水处理和固液分离技术方面拥有多项专利技术，并被广泛应用于市政、造纸、制药、化工、冶金等行业。

华章科技在香港、杭州、武汉、桐乡等地拥有办公室或生产基地。有着完善的质量、环境和职业健康安全的保障体系，率先通过了ISO 9001质量体系认证、ISO 14001环境管理体系认证及OHSAS 18001职业健康安全管理体系认证。目前拥有专利发明28项，实用新型专利86项，软件登记15项。

新乡新亚纸业集团股份有限公司

企业性质：股份制民营企业
地址：河南省新乡纸制品工业园区
邮编：453731
法人代表：宋敬志
技术负责人：张　伟
电话：0373－5681188
传真：0373－5680286
网址：www. xinyapaper. cn
联系人：张　伟
电话：13903809716
邮箱：13903809716@163. com
投产日期：1979年
职工总数：3800人
技术人员：560名

企业详细介绍见“重点企业介绍”栏目。

中国造纸装备有限公司

企业性质：国有企业
地址：北京市朝阳区望京启阳路4号中轻大厦
邮编：100102
法人代表：孙　波
经营负责人：李杰辉
电话：010－64778210
传真：010－64778210
网址：www. cpmcchina. cn
联系人：赵　涛
电话：010－64778210 18001155572
邮箱：zhaotao@cpmcchina. cn
投产日期：2012年10月

中国造纸装备有限公司是中国轻工集团有限公司的全资子公司，集造纸及其他通用装备安装、技改维修、纸机备品配件及机械加工、辊子磨削、叉车物流等服务于一体，具备全面核心技术的一流轻工装备服务商。公司总部位于北京市，现有河北分公司（永清基地）、中轻国泰机械有限公司（岳阳基地）。

ABB（中国）有限公司

企业性质：外商独资
地址：北京市朝阳区酒仙桥路10号恒通商务园
邮编：100015
法人代表：顾纯元
电话：010－84566688
传真：010－64231626
网址：www. abb. com/pulpandpaper
联系人：张　雪
电话：18101197769
邮箱：betty-xue. zhang@cn. abb. com

ABB（ABBN：SIX Swiss Ex）是全球技术领导企业，为数字化行业提供全面的产品、服务与解决方案。基于超过130年的创新历史，ABB成为以客户为中心的数字化行业领军者，拥有全球领先的4大业务——电气、工业自动化、运动控制、机器人及离散自动化，以及通用的ABB Ability™数字化平台。ABB领先的电网业务将于2020年转让给日立集团。ABB集团业务遍布全球100多个国家和地区，雇员达14.7万人。ABB在中国拥有研发、制造、销售和工程服务等全方位的业务活动，40家本地企业，1.8万名员工遍布于142个城市，线上和线下渠道覆盖全国300多个城市。

ABB在制浆造纸领域深耕百年，一直致力于为客户提升企业价值，以高质量、高可靠性的产品和解决方案帮助企业提高竞争力，打造科技前沿的数字化行业解决方案，助力企业节能增效，实现智能制造，可持续发展的愿景。

山东凯丽特种纸股份有限公司

企业性质：股份制民营企业

地址：山东省荣成市河阳东路 198 号
邮编：264300
法人代表：车明阳
经营负责人：岳 峰
技术负责人：于彦凤
电话：0631 - 7572758
传真：0631 - 7571946
网址：www. kailipaper. com. cn
联系人：王 竹
电话：13706499458
邮箱：laotouo@ 126. com
投产时间：1998 年
职工总数：610 人
技术人员：79 名

山东凯丽特种纸股份有限公司成立于 1998 年，总资产 2. 5 亿元，员工 610 人，采用绿色造纸技术，践行“以科技打造持续成长型企业”的发展理念。公司通过 ISO 9001 质量认证、ISO 14001 环境认证、FSC 国际森林认证、SA 8000 社会责任认证以及信息安全认证、知识产权认证和职业健康安全体系认证。产品涵盖定量 28 ~ 450 克/米^2 的高档艺术纸、特种防伪纸、工业用纸三大系列 300 多个品种。公司 2018 年销售收入 3. 6 亿元，高新技术产品收入超过 80%。

公司为高新技术企业，拥有山东省特种防伪纸工程技术研究中心和山东省企业技术中心两大省级研发平台。2010 年研发的再生超感纸成为上海世博会官方导览手册专用纸，用于收藏与赠送国外政要；2011 年系列特种纸获得第 20 届全国发明展览会金奖；独家为全国高铁票提供高品质原纸和为中国邮政总局提供防伪邮票纸；高档艺术纸系列进入欧洲、东南亚、中国香港和中国台湾市场，成为 cumus、dior、Gucci、Chloé 等国际知名品牌包装用纸；防伪纸系列被税务、银行、财政、公安等部门优选为防伪专用纸定点生产单位；共有 37 项产品技术获得国家发明专利授权及获得国家、行业、省、市级科学技术奖；防伪纸、艺术纸均获得名牌产品称号，并获 2 项著名商标荣誉；连年获得省级管理示范企业、省诚信企业、专利明星企业、清洁生产先进单位、环保模范企业、慈善企业、重合同守信用单位等荣誉称号。

山东硅元新型材料股份有限公司

企业性质：国有企业
地址：山东省淄博市高新区柳泉路 286 号
邮编：255086
法人代表：殷书建
技术负责人：王安英
电话：0533 - 3588517
传真：0533 - 3582244
网址：www. sicer. com
联系人：梁 健
电话：0533 - 3582419
邮箱：liang@ sicer. com
职工总数：120 人

山东硅元新型材料股份有限公司(简称硅元公司)的前身是成立于 1958 年的山东省硅酸盐设计研究院。1994 年硅元公司依托自身完备的科研平台，完成了“造纸机真空吸水箱全陶瓷面板的研制”项目，该项目 1995 年 11 月通过省级鉴定，并在 1997 年相继荣获山东省科技进步一等奖和国家重点新产品证书。此外，硅元公司自主研制的除渣器陶瓷锥体，现已形成 30 余个系列、200 多个品种，凭借抗冲击、耐磨损、耐腐蚀的卓越品质，畅销海内外高端市场。进入 21 世纪，随着我国造纸工业的高速发展，硅元公司生产的耐磨陶瓷产品已成功装备在数百条中、高速纸机生产线上，净纸幅最宽超过 6600 毫米，工作车速最高达 1300 米/分。硅元公司设计、制造的 5200 三叠网纸机脱水元件项目，工作车速最高可达 921 米/分，成功打破了国外脱水元件在我国高速纸机领域的市场垄断。装备了硅元公司耐磨陶瓷产品的纸机日均生产量突破 1000 吨，成形网使用寿命长达 125 天，超过国外品牌同类项目 38. 9%，增产节支效果显著。实现了对进口产品的同质替代。

辽宁兴东科技有限公司

企业性质：私营企业
地址：辽宁省开原市八宝镇造纸产业园
邮编：112300
法人代表：都兴东
经营负责人：孙庆明
技术负责人：孙文双
电话：024 - 73900130
传真：024 - 73900111
网址：www. lnxdzy. com
联系人：宋 瑞
电话：024 - 73900130

投产日期：2014 年
职工总数：457 人
技术人员：69 名

辽宁兴东科技有限公司是铁岭及开原市委、市政府调整地区产业发展布局，决议成立铁岭开原造纸产业园区后，开原市政府于2012 年5 月招商引进造纸产业园区的第一个造纸产业项目。兴东科技于2012 年 7 月入驻开原市造纸产业园区，建设年产100 万吨的高档包装纸板项目，项目规划分 3 期工程实施，占地面积 40 公顷，总投资 15 亿元。该项目以废纸为原料，生产高档包装纸板，属于国家鼓励的循环经济产业项目，产业发展前景良好。

一期工程投资 3.8 亿元，占地面积 10.13 公顷，建筑面积 3.2 万米^2。建设年产 20 万吨的高档包装纸板生产线，于 2014 年 1 月投产运营。

二期工程投资 3.5 亿元，占地面积 16.2 公顷，建筑面积 5.3 万米^2。采用目前国内顶尖水平的技术装备和生产工艺，高标准建设年产 30 万吨高档包装纸板生产线，于 2018 年 8 月投产运营。

企业自投产运营以来，经营发展战略定位准确，持续推进管理提升，注重人才培养和团队打造，注重品牌建设和技术投入；产品主要销往东北、华北、华南等地区，市场占有率持续提升。企业经营业绩稳步增长，预计 2019 年全年企业可实现生产量 40 万吨，产值 15 亿元，纳税额 1.2 亿元。现已发展成为铁岭地区包装纸板行业的支柱企业和重点纳税企业，带动了地区纸箱包装、物流运输、再生资源回收、机械加工、造纸化学品等相关配套产业的迅速发展，企业荣获辽宁省五一劳动奖状、铁岭市五一劳动奖状、铁岭市 2017 年度纳税百强企业、A 级纳税企业、重合同守信誉单位等荣誉称号。

目前正在推进企业上市工作，计划 2021 年实现在主板市场成功上市的既定目标。后续计划于2021 年实施三期工程建设，计划投资 7.7 亿元，占地面积 13.67 公顷，拟再建设 2 条高档包装纸板生产线，于 2022 年年底之前建成达产。

“努力超越，追求卓越”是兴东科技的企业文化核心，用真诚和品质向社会奉献一个优秀的“兴东”品牌，缔造百年兴东的梦想。

无锡荣成环保科技有限公司

企业性质：苏台合资
地址：江苏省无锡市惠山区洛社镇中兴西路43 号
邮编：214187
法人代表：陶龙法
经营负责人：姚长坤
技术负责人：高威宏
电话：0510－83316666
传真：0510－83301903
网址：www. longchenpaper. com
联系人：许武军
电话：13961848775
邮箱：w5015@ longchenpaper. com
投产日期：1997 年
职工总数：970 人
技术人员：100 名

企业详细介绍见“重点企业介绍”栏目。

玖龙纸业(控股)有限公司

企业性质：香港上市集团公司
地址：广东省东莞市麻涌镇新沙港工业区
邮编：523147
法人代表：张 茵
电话：0769－88234888
传真：0769－88824198
网址：www. ndpaper. com
邮箱：info_ group@ ndpaper. com
投产日期：1995 年
职工总数：1.6 万人

企业详细介绍见“重点企业介绍”栏目。

日惠得造纸器材(上海)贸易有限公司

企业性质：外资企业
地址：上海市长宁区仙霞路88 号太阳广场东塔502
邮编：200336
法人代表：中川诚二
经营负责人：佐藤吉保
技术负责人：村木德親
电话：021－62350159
传真：021－62080908
网址：www. felt. co. jp
联系人：丁莉勤
电话：13764306237
邮箱：lqding@ felt. co. jp
职工总数：605 人
技术人员：48 名

主要产品：制浆造纸用毛毯、网、靴套和其他工业用毛毯。造纸用毛布，制浆用毛布，石板及建材制造用毛布，造纸及其他工业用塑料织物。

业务内容：纸张、纸浆、石板及其他工业用毛布的制造、加工及销售。各种纤维制品的制作、加工及销售。工业用洗涤剂、其他化学工业药品的制造及销售等。

武汉锅炉集团工程技术有限公司

企业性质：国有企业
地址：湖北省武汉市江夏区江夏大道特一号
邮编：430070
法人代表：王保华
经营负责人：王大伟
技术负责人：杨文海
电话：027－87655092
传真：027－87655494
网址：www. whtzgl. com
联系人：杜秀珍
电话：15997459609
邮箱：40535213@ qq. com
职工总数：147 人
技术人员：90 名

武汉锅炉集团工程技术有限公司是集研发、设计、市场经营与销售及工程成套服务的专业化公司，具有对外自主经营权。公司产品规格齐全，以总承包/成套经营各种类型的锅炉(碱回收锅炉、电站锅炉、皂化液锅炉、燃油/气锅炉、立式旋风锅炉、循环流化床锅炉、水煤浆锅炉、甘蔗渣锅炉、余热锅炉及垃圾焚烧锅炉等)而著称，产品及工程成套项目遍及国内外市场。

武汉锅炉集团工程技术有限公司，自 20 世纪 60 年代初研究试制碱回收锅炉已有 50 余年，是长期坚持碱回收技术开发的专业化公司。具有丰富的碱回收技术经验，拥有碱回收锅炉设计的自主知识产权和技术专利。公司结合我国造纸工业原料的特点，潜心研究开发了以麦草浆为代表的草浆碱回收锅炉并广泛推广应用，对我国造纸工业的飞速发展做出了显著的贡献，麦草浆黑液焚烧技术处于世界领先地位。为适应造纸工业规模化、集团化发展和节能减排的需要，公司设计开发了以日处理 2200 吨黑液固形物为代表的大型碱回收锅炉及其专用辅助设备，将自动清焦、垫层火焰监视、高低浓臭气收集和处理等系统技术成功地应用于碱回收工程。

已设计生产的碱回收锅炉日处理固形物量 37. 5 ~2500 吨/日、蒸汽出口压力 1. 27 ~8. 4 兆帕、蒸汽出口温度 194 ~480℃，满足制浆造纸企业供汽或发电的要求；产品适用性广，已设计运行的碱回收锅炉能处理木材、芦苇、竹子、甘蔗渣、红麻、麦草、棉秆、桑枝等化学浆、化学机械浆和溶解浆废液；具有运行性能好、碱回收率高、连续运行时间长、吨碱耗油指标低、投资回收周期短、经济效益高等优点。

武汉锅炉集团工程技术有限公司已设计制造 300 余台各种规格、适用于处理各类浆种黑液的碱回收锅炉。目前公司已研制开发了固形物处理量为 3300 吨/日和 5500 吨/日的碱回收锅炉，具有更高的经济效益和环保指标，将逐渐抢占碱回收锅炉高端市场。

山东恒联投资有限公司

企业性质：民营企业
地址：山东省潍坊市高新区东风东街 3019 号
邮编：261061
法人代表：李瑞丰
经营负责人：李瑞丰
技术负责人：盛秀华
电话：0536－8671516
传真：0536－8665348
网址：www. henglianpaper. com
联系人：董正祥
电话：0536－8671538
邮箱：bairu888@ 163. com
成立时间：2002 年 12 月
职工总数：3086 人
技术人员：601 名

企业详细介绍见“重点企业介绍”栏目。

索理思(上海)化工有限公司

企业性质：外资企业
地址：上海市莘庄工业区申富路 688 号
邮编：201108
法人代表：丁波波
电话：021－54422323
传真：021－54421739
网址：www. solenis. com
联系人：姚丹丹

电话：021－54422323－5729
邮箱：dandan_yao@solenis.com
投产时间：2008 年
职工总数：230 人
技术人员：40 名

索理思(上海)化工有限公司是世界领先的特种化学品公司，为制浆造纸、石油天然气、化学过程、采矿、生物精炼、电力和市政建设等耗水产业提供解决方案。索理思的产品组合包括一系列工艺过程、功能性及水处理化学品以及尖端监控系统，可用于提高操作效率和产品质量，同时保护设备资产并减少对环境的影响。

公司总部位于美国特拉华州威尔明顿市，在五大洲 118 个国家拥有 30 座生产基地以及 3500 名员工。

宣城市产品质量监督检验所

企业性质：事业单位
地址：安徽宣城宣州区水阳江西大道文房四宝大厦
邮编：242000
法人代表：吴　成
经营负责人：孙　晖
技术负责人：方永义
电话：0563－3015526
传真：0563－3015526
网址：www.gjxzjyzx.com
联系人：周万鹏
电话：0563－2627051
职工总数：22 人
技术人员数：19 名

国家宣纸及文房用品质量监督检验中心在宣城市产品质量监督检验所基础上筹建。拥有文房用品国内、外最先进的检测、科研设备达 120 台(套)，包括场发扫描电镜、激光拉曼光谱仪、红外光谱热重分析联用仪、电感耦合等离子发射光谱仪、L&W 纤维测试仪、IGT 印刷适应性测定仪等。拥有 1 个微生物实验室，2 个恒温恒湿实验室，13 个物理、化学仪器分析等功能实验室。可承接纸制品、所有文房四宝等相关产品的检验检测业务以及技术服务。作为社会公益性第三方检测机构，中心将坚持“科学、公正、准确、满意”的方针，为社会提供公正的数据和优质服务。

郑州运达造纸设备有限公司

企业性质：民营企业
地址：河南省郑州市新郑市薛店镇世纪大道 168 号
邮编：451162
法人代表：许超峰
经营负责人：许超峰
技术负责人：许要锋
电话：0371－62586186
传真：0371－62587979
网址：www.zzyunda.com
联系人：李彦克
电话：17760761993
邮箱：marketing@zzyunda.com
职工总数：263 人
技术人员：30 名

郑州运达造纸设备有限公司创建于 1981 年，是我国极具竞争力的造纸备浆和流送系统成套设备生产企业。

公司制定行业标准 1 项，申请国家专利 143 项，其中，发明专利 19 项。公司是河南省高新技术企业，河南省知识产权优势企业，建有河南省企业技术中心、河南省制浆造纸装备工程技术研究中心等研发平台，并与中国制浆造纸研究院有限公司合作建立制浆造纸国家工程实验室废纸制浆研发中心。

运达公司主要研发生产备浆系统设备，如链板输送机、废纸散包干法筛选系统、鼓式碎浆机、D 型连续碎解系统、中浓碎浆机、旋鼓式粗筛、中浓压力筛、低脉冲内流压力筛、SSC&SSF 超级筛、盘式浓缩机、浮选脱墨机、双盘磨浆机、锥形磨浆机、热分散系统、造纸固体垃圾处理系统等设备。

运达公司产品畅销国内外，国内市场几乎覆盖了各省，出口量也在不断增加，主要销往越南、伊朗、印度、泰国、印度尼西亚、缅甸、孟加拉国、乌兹别克斯坦、塔吉克斯坦以及俄罗斯、芬兰、巴基斯坦、马来西亚、埃及、阿尔及利亚、澳大利亚、新加坡、阿根廷等国家。

运达公司始终坚持“精诚专业、服务造纸”的经营理念。为了扩大服务力度和空间，运达公司又于 2011 年正式成立工程技术中心，为广大客户提供售前、售中、售后服务及工程设计，开机调试等服务。

运达公司目前所处郑州国际机场薛店工业园，距新郑国际机场仅 8 公里，紧挨京、港、澳高速公路及京广高铁、107 国道、京广铁路等，交通物流快捷，通讯联络便利。在此基础上，运达公司正在兴建更高层次的研发生产基地，以扩大规模、壮大实力。并且还在不断吸引国内外各方面人才共举大业，努力为广大客户提供可靠、稳定、节能的备浆系统设备。

广州造纸集团有限公司

企业性质： 国有企业
地址： 广东省广州市南沙区珠江街新广一路 29 号
邮编： 511462
法人代表： 周　耘
经营负责人： 周　耘
技术负责人： 焦　东
电话： 020－34663302
传真： 020－84946051
网址： www. gzpaper. cn
联系人： 王向华
电话： 020－34663158
邮箱： 13527876705@ 139. com
投产时间： 1936 年
职工总数： 982 人
技术人员： 129 名

广州造纸集团有限公司位于广州市南沙自贸区，始建于 1936 年，是我国第一家生产新闻纸以及第一家采用全废纸生产新闻纸的企业。公司占地面积 73 万米^2，总资产 100 亿元，年产能 60 万吨。3 台纸机均从国外引进，代表当今国际造纸先进水平。其中 9 号纸机，年产 40 万吨新闻纸，2007 年以 1682 米/分开机车速，创造了国内造纸项目建设史的一大奇迹。凭借稳定的供应和高质的服务，主营产品新闻纸的市场占有率已达 28%，稳居国内第 2 位。2014 年开始，通过对产能富余的新闻纸生产线进行技术改造，研发生产环保书写纸、试卷纸、环保牛皮纸、冷固纸、环保淋膜原纸、防黏原纸等新产品，并快速占领市场，获得客户的认可。

公司坚持“用户至上，创新提质赢市场；绿色发展，达标减排护环境；低碳运营，节能降耗增效益；以人为本，预防治理保安康”的管理方针，通过了质量管理体系、环境管理体系、能源管理体系、职业健康安全管理体系认证，荣获许多奖项和荣誉。包括全国、省、市质量效益型先进企业、全国用户满意单位、全国节能先进集体、广东省诚信示范企业。“广纸”牌新闻纸是全国用户满意产品、广东省用户满意产品、广东省名牌产品。

公司坚持创新驱动和人才战略，通过国家高新技术企业认证，先后组建广州市制浆造纸重点技术工程研究开发中心和广东省级企业技术中心，研发工作涉及制浆、造纸、节能、环保等专业领域。多项科研成果达到国内领先水平，多个科研项目成果荣获政府、行业科技奖，培养出技术能力强、专业水平高的研发人才队伍，在行业中起到领先示范作用。

汶瑞机械(山东)有限公司

企业性质： 外资企业
地址： 山东省安丘市潍徐南路 287 号
邮编： 262100
法人代表： 尹　华
经营负责人： 马焕星
技术负责人： 王　涛
电话： 0536－4361881
传真： 0536－4362807
联系人： 刘炳贞
电话： 13863689537
网址： www. wenrui. com. cn
邮箱： liubingzhen@ wenrui. com. cn
职工总数： 356 人
技术人员： 54 名

公司始建于 1956 年，有 60 多年的机械制造经验，曾生产纺织机械、矿山机械，当前主营造纸制浆洗选漂及碱回收成套装备。1997 年改制为安丘汶瑞机械制造有限公司，2006 年增资更名为汶瑞机械(山东)有限公司。中外合资，注册资金 800 万美元。占地面积 15. 6 万米^2，车间面积 6. 4 万米^2，总资产 4. 47 亿元。

公司是我国造纸行业最大的制浆洗选漂、碱回收、蒸发、生活用纸机装备研发与制造基地。是国家环保部重点技术依托单位、国家重点高新技术企业、潍坊市第一批“鸢都学者”设岗单位、齐鲁工业大学商学院博士生工作设点单位。

主导产品有：鼓式真空洗浆机、双辊挤浆机、多圆盘过滤机、压力盘式过滤机、白泥盘式过滤机、单螺旋挤浆机、蒸发器等系列产品。置换压榨双辊挤浆机节水技术、纸机白水多圆盘分级与回用技术列入《国家鼓励的工业节水工艺、技术和装备目录》；“汶瑞”牌双辊挤浆机与多圆盘过滤机是我国制浆装备国际联盟实施“一带一路”政策重点对外推广产品。“汶瑞”牌商标被评为国家驰名商标，“汶瑞”牌洗浆机、预挂过滤机、双辊挤浆机、圆盘过滤机系列产品被评为山东省名牌产品。主持制定轻工行业标准3项，分别为：双辊挤浆机、预挂过滤机、鼓式真空洗浆机。

目前为国内外600余家造纸企业提供了3600余台(套)制浆洗选漂设备，产品出口美国、加拿大、巴西、法国、捷克、俄罗斯、印度、印尼、泰国、缅甸、越南、朝鲜、孟加拉、巴基斯坦、南非、埃塞俄比亚等国家。

江苏王子制纸有限公司

企业性质：中外合资
地址：江苏省南通市经济技术开发区通达路18号
邮编：226017
法人代表：安井宏和
经营负责人：陈卫兵
技术负责人：平林哲也
电话：0513－85996555
传真：0513－81198465
网址：www. ojiholdings. co. jp
联系人：苏　杭
电话：0513－81198117
邮箱：su168168@ oji－gr. com
投产日期：2010年
职工总数：985人
技术人员：54名

江苏王子制纸有限公司成立于2003年，是日本王子制纸集团和南通市经济技术开发区共同出资组建的合资企业。目前拥有1条年产40万吨高档铜版纸生产线和1条年产70万吨商品木浆生产线及给排水、热电厂、码头仓库等辅助配套设施。另外，年产12万吨的生活用纸项目正在筹建中，预计2020年投产。

江苏王子一期年产40万吨铜版纸项目采用福伊特公司全套设备，吸收、借鉴日本王子制纸集团140年造纸经验。自2010年投产以来，高度重视产品质量，以有光、亚光铜版和双胶类产品为主，相继开发生产了尊翡、尊玛、尊琥、文仕等高品质产品，得到了众多用户的肯定。

作为林浆纸一体化的王子制纸集团成员，江苏王子二期年产70万吨商品木浆的制浆生产线由美卓公司提供全套设备。采用ECF漂白生产工艺，尤其是采用了国际先进的臭氧漂白工艺，对环境更友好，对木浆纤维伤害更小，浆料品质更加稳定。自2014年商品木浆上市以来，在国内市场保持畅销，得到众多用户的好评和青睐。

为顺应国内纸业市场发展，在一期、二期项目相继投产后，江苏王子生活用纸项目也在积极筹建中，先期建设2条年产6万吨的生产线，预计2020年初投产。

日本王子制纸集团创立于1873年，是日本最早的造纸企业，也是日本首家股份制有限公司。经过100多年的经营发展，现已发展成为世界知名的以林浆纸一体化制浆造纸为主，兼营其他相关业务的综合性企业集团。江苏王子成立十余年来，一直秉承集团创始人涩泽荣一“论语和算盘”的经营理念，在注重生产和品质的同时，担当更多的安全防护、环境保护等社会责任。

山东太阳纸业股份有限公司

企业性质：民营企业
地址：山东省济宁市兖州区友谊路一号
邮编：272100
法人代表：李洪信
经营负责人：李洪信
技术负责人：应广东
电话：0537－7928711
传真：0537－7928489
网址：www. sunpapergroup. com
联系人：宋伟华
电话：0537－7928713
邮箱：songweihua@ sunpaper. cn
投产日期：1982年
职工总数：8600人
技术人员：1000名

企业详细介绍见“重点企业介绍”栏目。

四川环龙技术织物有限公司

企业性质：民营企业
地址：四川省成都市温江区新华大道二段519号
邮编：611130
法人代表：周　骏
经营负责人：谢宗国
技术负责人：周兴富
电话：028－82782930
传真：028－82782920

联系人：宋　鹏
电话：15196625621
网址：www. vanov. cn
邮箱：182310647@ qq. com
投产日期：2009 年
职工总数：215 人
技术人员：26 名

四川环龙技术织物有限公司是我国造纸网毯研发、生产与销售的专业供应商，拥有“GOBEAR”和“环龙”2 个造纸毛毯知名品牌，是中国造纸学会副理事长单位、中国造纸学会脱水器材专业委员会成员单位，是国家级高新技术企业，并通过了 ISO 9001:2008 国际质量体系认证，拥有先进的管理模式，丰富的生产技术经验。

30 多年来，公司业务已覆盖全国及北美、南美、欧洲、东南亚等国际市场，产品尤其受国内近千家、国外 300 多家客户的认可。公司按照“标准化、专业化、数据化”的国际服务标准，运用第四代压榨毛毯技术，为我国造纸行业特别是 1000 米/分以上的高速纸机提高运行效率，创造更多的价值。

公司致力于做世界一流的造纸毛毯服务商、以第四代造纸毛毯新技术为主流造纸机提高运行效率创造新价值，注重以技术研发为先导，做专家型企业，打造亚洲知名过滤材料供应商！公司将拓展高性能新材料在新能源、智能制造等领域的广泛应用及推广，建立世界一流的工业滤材自主高端品牌！

民丰特种纸股份有限公司

企业性质：股份制企业
地址：浙江省嘉兴市甪里街 70 号
邮编：314000
法人代表：卢卫伟
经营负责人：曹继华
技术负责人：韩继友
电话：0573 - 82839051
传真：0573 - 82831135
网址：www. mfspchina. com
联系人：王洪祥
电话：0573 - 82839052
邮箱：zjb@ mfspchina. com

企业详细介绍见“重点企业介绍”栏目。

亚太森博(山东)浆纸有限公司

企业性质：中外合资企业
地址：山东省日照市北京路 369 号
邮编：276826
法人代表：李建绍
经营负责人：陈小荣
技术负责人：江建儿
电话：0633 - 3361270
传真：0633 - 3361280
网址：www. asiasymbol. com
联系人：杨晓雷
电话：0633 - 3369188
邮箱：xiaolei_ yang@ asiasymbol. com

企业详细介绍见“重点企业介绍”栏目。

中冶纸业银河有限公司

企业性质：国有企业
地址：山东省临清市西门里街 297 号
邮编：252600
法人代表：李良英
经营负责人：李良英
技术负责人：单立伟
电话：4000635111
联系人：刘立峰
电话：0635 - 2433968
传真：0635 - 2433968
网址：www. cctyinhe. com
邮箱：13475890354@ 163. com
投产日期：1958 年
职工总数：近 3000 人
技术人员：320 名

中冶纸业银河有限公司(以下简称“银河纸业”)是中国诚通控股集团有限公司下属中国纸业投资有限公司的造纸企业之一，始建于 1958 年，坐落于山东省临清市，现有员工近 3000 人，占地面积 178. 67 公顷，拥有 5280 毫米、4400 毫米、3200 毫米、2640 毫米等多种型号造纸机台，年造纸能力 80 万吨，年制浆能力 50 万吨。

产品有印刷用纸、办公用纸和包装用纸三大系列。主导产品有：高档双胶纸、高档静电复印纸、混浆双胶纸、轻型纸、银河书纸、象牙白双胶、精印书写纸和高强瓦楞原纸，以及其他特色文化印刷用纸。其中，静电复印纸、精印书写纸为“山东名牌”产品，精印书写纸、高强瓦楞原纸为“中国名优产品”。企业拥有“银河瑞雪”“银河皓月”“银河华章”“银光”“银河祥云”“银河如意”“银河书纸”七大商标，其中，“银河瑞雪”“银河皓月”和“银光”商标为山东省著名商标，深受用户好评。

公司拥有国家认定企业技术中心和博士后科研工作站，目前拥有包括中心化验室、研发试验室、恒温恒湿实验室、原料检验室、配药室等多处独立研究室，总建设面积 2000 多米^2。先后从美国、德国、加拿大进口先进试验仪器，如纤维质量分析仪（FQA）、纸张匀度分析仪、L&W 粗糙度测试仪、激光粒度分布测试仪、Zeta 电位测试仪、PCD-04 胶体电荷测定仪、动态滤水仪、纸页动态成形器、IGT 印刷适性仪、TSO 测试仪小型蒸煮锅、抄片仪等先进的仪器设备。目前共计拥有计算机 80 余台，科研开发设备 200 余台（套）。

公司已获得专利 152 项，其中，发明专利 11 项。通过了 ISO 9001 质量管理体系、ISO 14001 环境管理体系、OHSAS 18000 职业健康安全管理体系、FSC－COC 森林管理体系、两化融合管理体系、海关高级认定企业等认定，拥有自营进出口权；先后获“国家科学技术进步奖二等奖”“中国轻工业联合会科学技术进步奖二等奖、三等奖、优秀奖”“全国造纸行业节能减排优秀技术创新成果一等奖”“全国五一劳动奖状”“中国轻工业造纸行业十强企业”“全国企业文化建设优秀单位”“全国造纸行业劳动关系和谐企业”“山东省造纸行业十强企业”“山东省守合同重信用企业”“山东省环境友好企业”“山东省标准化企业”“山东省轻工纺织行业工会工作先进单位”“低碳山东模范贡献单位”“工人先锋号”等 100 多项省级以上荣誉称号。

近年来，公司通过引进和创新，整体装备水平得到提高。麦草制浆采用干湿法备料、连蒸连漂先进工艺，纸机全部配备了水分、定量、厚度等 QCS 质量控制系统，全程实现计算机自动检测和优化控制，APMP 杨木浆采用奥地利安德里茨公司进口设备，20 万吨纸机全套设备由芬兰美卓公司制造，制浆造纸工艺技术和生产装备均达到国内一流水平。

公司始终把环保视为生命，建立了“治、用、保”相结合的治污体系，已相继投入 6 亿多元，建成了碱回收、中段水处理、白水回收和烟气脱硫脱硝除尘设施，同时还建设了白泥精制碳酸钙、污泥资源化等综合利用项目，彻底解决了制浆造纸“三废”治理难题，实现了达标排放。

面向未来，银河纸业将以市场为导向，以客户为中心，始终坚持“诚信、业绩、开放、创新”的企业核心价值观，秉承“物竞天择、适者生存、开放创新、追求卓越”的治企理念，践行“改革、挖潜、稳定、规范”经营方针，努力建设成为具有国际竞争力的现代化制浆造纸企业。

滕州力华米泰克斯胶辊有限公司

企业性质：合资企业
地址：山东省滕州市经济开发区恒源北路 366 号
邮编：277500
法人代表：朱宏伟
经营负责人：龙敦东
技术负责人：赵曰永
电话：0632－5699259
传真：0632－5699275
网址：www. sdliua. com
联系人：秦佑凤
电话：0632－5699298
邮箱：sdlihua@ vip. 163. com
投产日期：1985 年
职工总数：428 人
技术人员：100 名

滕州力华米泰克斯胶辊有限公司 2001 年与德国米泰克斯胶辊有限公司合资。2003 年在江苏省昆山市投资建成苏州力华米泰克斯胶辊制造有限公司。滕州公司占地面积 8 万米^2，昆山公司占地面积 4 万米^2，公司拥有资产 3 亿元，职工 428 人，工程技术人员 100 多名。公司拥有 30 多年制造胶辊的经验、技术，是山东省高新技术企业、省级胶辊工程研发中心。公司能够根据客户需求提供设计，包覆材料优选，辊体加工制造，维修，在线测试等业务。产品应用于造纸、钢铁、纺织印染、塑料、矿山机械、木业、印刷等工业领域。

公司始终坚持科研开发，自主创新的技术理念，适应客户需求变化，不断加大产品研发创新的力度，提升产品质量和档次。形成了橡胶、聚氨酯、纤维树脂复合材料、喷涂四大覆层系列，以及真空辊、高速导辊、大辊径制造配套的产品体系，同时还可提供辊面磨削、钻孔、动平衡等维修服务。完全能够满足纸机装备、不锈钢连续退火酸洗、碳钢酸洗、镀锌、彩涂、有色金属板带箔、高密度板辊压平压、纺织浆纱印染、塑膜等生产线的高速、高线压、高温、耐酸碱介质腐蚀等工艺性能要求。具有研磨周期长，使用寿命长，性价比高的特点。公司将以客户需求为关注焦点，提供优质的产品和服务；以技术创新为驱动力，努力打造成国内外最值得信赖的胶辊生产制造商。

河南江河纸业股份有限公司

企业性质：股份有限公司
地址：河南省焦作市武陟县城文化路 555 号
邮编：454950
法人代表：姜丰伟
经营负责人：刘铸红
技术负责人：宋志远
电话：0391－7268389
传真：0391－7268389
网址：www. jianghe. com
联系人：张家利
电话：13243038111
邮箱：wzjhzy@ 126. com
投产日期：2002 年
职工总数：2500 人
技术人员：268 名

企业详细介绍见“重点企业介绍”栏目。

福建省轻工机械设备有限公司

企业性质：民营企业
地址：福建省闽侯县铁岭北路 3 号
邮编：350109
法人代表：李祥凌
经营负责人：李　艳
技术负责人：姚红兵
电话：0591－22079777
传真：0591－22079777
网址：www. fjqj. com
联系人：林翁荧
电话：15960111535
邮箱：277718522@ qq. com
职工总数：150 人
技术人员：34 名

福建省轻工机械设备有限公司创建于 1969 年，由原地处福建省南平市的福建省轻工业机械厂经改制搬迁形成的制浆造纸机械制造企业，厂址位于福建省福州市闽侯铁岭工业区，占地面积 67000 余米^2，系福建省高新技术企业，福州市知识产权示范企业，2018 年闽侯县出口大户。2018 年被中国轻工业联合会、中国轻工机械协会联合评为制浆造纸机械行业十强企业，2017 年、2018 年连续两年荣获中国轻工业装备制造行业 30 强企业称号。

公司拥有一支能为客户提供项目咨询、工艺设计、设备制造、安装、试车、人员培训等全套交钥匙工程服务整包项目的专业技术队伍。拥有一二类压力容器设计、制造许可证，计量二级合格证。获得各类发明专利和实用新型专利 30 项。通过 ISO 质量/环境管理体系认证/两化融合管理体系。公司以依靠科技进步，提高企业素质与综合实力为企业发展的关键。在从事制浆造纸设备，特别是废纸制浆设备制造的近 50 年中，公司研制开发了多项废纸处理和废纸脱墨设备的新产品、新技术。公司的“ZNS 系列双压区双网挤浆机”荣获中国轻工联合会技术进步二等奖；“50 吨/日盘式热分散系统与设备”获中国轻工联合会技术进步三等奖；以及部级优秀新产品一等奖 1 项；部级优秀新产品奖 3 项；部级科技进步三等奖 4 项；福建省级优秀新产品奖 5 项；福建省科技进步奖 4 项。与南京林业大学联合成立了“制浆造纸装备技术研发中心”；与福建农林大学材料工程学院专家教授合作建立“专家工作站”，展开技术交流与技术合作。

目前公司能全套提供年产 40 万吨废纸 OCC 和年产 15 万吨废纸脱墨制浆设备及其他非废纸浆制浆设备，其中，碎浆设备、浓缩洗涤设备、热分散等设备的重要技术指标值达到国际先进水平。业务扩展到东南亚、印度、韩国、墨西哥、巴西、中东、非洲、俄罗斯、东欧等市场，公司的产品也服务于玖龙纸业、理文造纸、晨鸣纸业、太阳纸业、APP、SCG、DOUBLE A、BO PAPER 等全球百强企业。制浆设备和技术服务在海外市场的业绩在国内同行业中处于领先位置。

杭州市化工研究院有限公司
国家造纸化学品工程技术研究中心

企业性质：国有企业
地址：浙江省杭州市拱墅区石灰坝 7 号
邮编：310014
法人代表：赵文彦
技术负责人：王立军
电话：0571－87893088
传真：0571－88030316
网址：www. hhs. cn

联系人： 张亚萍
电话： 0571－88030316
邮箱： hhy_zyp@163.com
职工总数： 300 人
技术人员： 130 名

杭州市化工研究院成立于 1958 年，2003 年整体转制为股份制科研院所。专业从事造纸化学品、石油加工助剂、高分子材料抗静电剂、新材料等领域的研发和成果转化，编辑出版《造纸化学品》《杭州化工》期刊；是中国造纸化学品工业协会理事长单位，国家造纸化学品工程技术研究中心、全国造纸化学品信息站、浙江省造纸化学品开发工程试验基地的依托单位。领衔组建浙江省造纸化学品关键技术开发与应用创新团队，建有变性淀粉、水溶性高分子、石油化工助剂等省级企业技术研发中心，浙江省、杭州市企业技术中心。曾获得国家、部省市科技成果奖 130 多项次，14 项国家级重点新产品，34 项发明专利，多项技术具有国际领先或先进水平。在浙江、吉林、山东、广东等地建立了成果转化基地，造纸化学品产业化能力达 40 万吨/年。转制以来，杭化院成果转化收入累计 76 亿元，利税 10.8 亿元，年上交税收 5000～6000 万元。

造纸化学品主要产品：干增强剂、湿强剂、乳液松香施胶剂、表面施胶剂、表面增强剂、涂布耐水剂、纸浆纤维素酶、湿强解离剂、树脂障碍控制剂、柔软剂、剥离剂、固色剂、填料处理剂、防水剂、湿部添加淀粉系列、表面施胶淀粉系列、层间喷雾淀粉 HCT 系列、涂布润滑剂、生物基胶乳、填料改性剂、高分子增强剂。

化学品专用设备：淀粉连续蒸煮器、造纸化学品喷射混合器等。

广东省造纸研究所

企业性质： 国有企业
地址： 广东省广州市海珠区新港西路 154 号
邮编： 510300
法人代表： 曾寿龄
经营负责人： 陈　洋
技术负责人： 陈继伟
电话： 020－34300901
传真： 020－34300901
网址： www.gdzaozhisuo.com
联系人： 陈　洋
电话： 020－34300451
邮箱： zaozhisuo@qq.com
成立时间： 1973 年
职工总数： 57 人
技术人员： 25 名

企业详细介绍见“国内制浆造纸科研设计单位简介”栏目。

中轻特种纤维材料有限公司

企业性质： 国有企业
地址： 河北省廊坊市开发区紫杉路 50 号
邮编： 065001
法人代表： 朱晓红
经营负责人： 刘俊杰
技术负责人： 苗　红
电话： 0316－2575530
传真： 0316－2575609
联系人： 任　彪
电话： 0316－2575782
网址： www.sinopaper.com
投产日期： 2010 年
职工总数： 120 人
技术人员： 20 名

中轻特种纤维材料有限公司前身为廊坊中轻造纸工程技术有限公司，成立于2008 年8 月，坐落于河北省廊坊中科科技谷园区内，占地面积 3.33 公顷，注册资金 8000 万元，为中国制浆造纸研究院有限公司全资子公司，主要从事特种纤维材料的生产开发工作。公司现有员工 120 人，已通过 ISO 9001:2008 质量管理体系认证。

一期建设占地面积 2 公顷，建筑面积约 1.5 万米^2，其中，中试车间建筑面积 1.1 万米^2，规划建设有 1260/80 双圆网特种纸生产线（2 号纸机）、1260/20 高性能造纸法无石棉纤维复合密封材料生产线（1 号纸机）、1092/80 超薄型电容器纸生产线（3 号纸机），以及 600 毫米多功能涂布机试验线（4 号纸机）。

二期建设占地面积 1.33 公顷，由实验中心楼、实验中心服务楼 2 栋建筑物组成，建筑面积约 2.7 万米^2。其中，实验中心楼规划建设 1 条 600 毫米圆网试验线、1 条 600 毫米长网试验线、1 条 800 毫米长网试验线、化学助剂试验室、仪器仪表加工车间、培训中心及仓库。

中轻特种纤维材料有限公司在中国制浆造纸研究院有限公司的统一领导下，主要依托制浆造纸国家工程实验室(国家发展改革委批复建设)的科技创新实力，以"成为行业一流的制浆造纸工程化、产业化研究生产平台"为发展方向，充分把握"产研结合，以产促研，以研保产"的科学发展模式，为行业的发展和科技的进步做出突出贡献。

目前公司已形成食品过滤纸、邮资机专用签条纸、全热交换纸、药检纸、育果用纸、烟用滤纸、吸尘器纸袋纸、高透成型纸、化纤壁纸、高性能无石棉纤维复合密封材料和超薄型电容器纸等多系列产品的生产能力，在食品、医药、光学电子、建筑装潢、军工、航空航天、邮政、烟草等行业和领域得到广泛应用，是特种纸行业一个重要的研发、中试和高端特种纸产品生产的综合基地。

牡丹江恒丰纸业股份有限公司

企业性质：国有企业
地址：黑龙江省牡丹江市阳明区恒丰路 11 号
邮编：157013
法人代表：徐　祥
经营负责人：李迎春
技术负责人：李劲松
电话：0453－6886000
传真：0453－6886302
网址：www. hengfengpaper. com
联系人：李洪艳
电话：0453－6886771
邮箱：jsb@ hengfengpaper. com
投产时间：1952 年
职工总数：1777 人
技术人员：180 名

牡丹江恒丰纸业股份有限公司组建于 1952 年，是我国首家通过科技部和中国科学院认证的造纸行业重点高新技术上市公司。

牡丹江恒丰纸业股份有限公司专注并致力于各类特种纸、纸浆和纸制品的开发和生产，在国内卷烟配套用纸行业处于主导地位并积极同国外卷烟企业合作，是世界著名的卷烟配套用纸和特种工业用纸生产企业，20% 以上产品销往国际知名企业。

牡丹江恒丰纸业股份有限公司拥有 22 条造纸生产线、1 条特种浆生产线，年可生产特种纸 22 万吨、特种浆 6000 吨。产品主要包括"恒丰纸业"牌、"天鹅"牌卷烟纸、滤棒成形纸、烟用接装纸原纸和烟用内衬纸原纸等四大系列卷烟配套用纸，圣经纸、装饰原纸、纸吸管原纸、美耐皿贴花原纸、筷子包装纸、牙签包装纸等特种工业用纸，以及大麻浆、亚麻浆等特种纸浆。

公司配置了印刷机、压花涂布分切机等延伸企业产业链的生产线，可生产低引燃倾向卷烟纸、加香卷烟纸、加胶手卷纸、烟用接装纸、无铝烟用内衬纸、防油成形纸及各种彩色成形纸(含高透成形纸、普通成形纸、瓦楞成形纸、硬成形纸)等纸制品，充分满足顾客的个性化需求。

中国制浆造纸研究院有限公司

企业性质：全民所有制企业
地址：北京市朝阳区望京启阳路 4 号院中轻大厦
邮编：100102
法人代表：曹春昱
经营负责人：孙　波
技术负责人：曹春昱
电话：010－64778000
传真：010－64778001
网址：www. cnppri. com
联系人：田　超
电话：010－64778028
邮箱：bgs@ cnppri. com

企业详细介绍见"国内制浆造纸科研设计单位简介"栏目。

美国特种矿物有限公司上海代表处

企业性质：外资企业
地址：上海市长宁区江苏路 369 号兆丰世贸大厦 7 楼 F 座
邮编：200050
法人代表：黄国辉
技术负责人：旺忻曙
电话：021－62093079
传真：021－62195894
联系人：胡承伟
电话：021－62093279
邮箱：aaron. hu@ mineralstech. com
职工总数：250 人
技术人员：12 名

美国特种矿物有限公司上海代表处是一家资源和科技型公司，隶属于美国上市公司美国矿物技术有限公司，股票代码 MTX。该公司第一家造纸轻质碳酸钙卫星工厂成立于 1898 年，2014 年基于美国特种矿物有限公司的全球性公司，年销售额总计20.98亿美元。造纸轻质碳酸钙工厂共62个，其中，北美地区25个，欧洲9个，亚洲21个，拉丁美洲6个，非洲1个。1997年公司正式进入我国，在我国的第一个造纸轻质碳酸钙卫星厂于1999年开机投入运营。目前，在我国有10家企业正在运营或正在建设卫星工厂，截至2015年12月，我国卫星厂轻质碳酸钙年产能83.7万吨。

美国特种矿物有限公司采用石灰、水、二氧化碳气体，利用化学方法生产轻质碳酸钙，通过对轻质碳酸钙晶型结构、粒径大小、粒径分布、比表面积及表面化学进行有效控制，为客户量身定制高质量的轻质碳酸钙产品。

采取轻质碳酸钙卫星厂的经营模式，通过管道将轻质碳酸钙(固含20%左右)直接运输到纸机，省去巨额运输费用，达到综合效益最大化。

产品有填料级和涂布级轻质碳酸钙两大系列几十种产品。

金东纸业(江苏)股份有限公司

企业性质：中外合资企业
地址：江苏省镇江大港兴港东路8号
邮编：212132
法人代表：黄志源
经营负责人：胡巧忠
技术负责人：吴国泉
电话：0511－88998888
传真：0511－88997000
网址：www.goldeastpaper.com.cn
邮箱：service@goldeastpaper.com.cn
联系人：卜正芳
电话：0511－88996512
投产日期：1997年
职工总数：4449人
技术人员：1400名

企业详细介绍见“重点企业介绍”栏目。

仙鹤股份有限公司

企业性质：民营股份制企业
地址：浙江省衢州市衢江区百灵北路12号
邮编：324022
法人代表：王敏良
经营负责人：李志敏
技术负责人：戴贤中
电话：0570－2833055
传真：0570－2931631
网址：www.xianhepaper.com
联系人：张 诚
电话：0570－8755298
邮箱：cnzhangcheng@126.com
投产日期：1998年
职工总数：3500人
技术人员：245名

仙鹤股份有限公司创建于1997年，是一家纸基型新材料生产企业，专注并致力于各类特种纸，纸浆，纸制品和相应化学助剂的开发和生产。公司占地面积200公顷，在全国范围内拥有3个制造基地，37条现代化造纸生产线(包括子公司及合营公司)，1条纸浆生产线，21条涂布生产线和7台超级压光机，3500多名员工。仙鹤股份于2018年4月20日在上交所主板上市，股票代码603733。

仙鹤致力于提供高品质的特种纸产品，包括九大系列产品(烟草行业用纸、家居装饰用纸、商务交流及防伪用纸、食品与医疗包装用纸、标签离型纸、电气及工业用纸、转印原纸、低定量出版印刷纸、特种浆九大系列60多个品种)，年生产量超过75万吨。

仙鹤生产现场全面推行6S管理，积极推进ISO 9001(质量管理体系认证)、ISO 14001(环境管理体系认证)、OHSAS 18001(职业健康安全管理体系认证)三体系管理方针。仙鹤产品已通过FSC® COC(FSC-C 110766)产销监管链认证、QS生产许可和CMA计量认证，先后获得首批“浙江省绿色企业”“浙江省名牌产品”“浙江省转型引领示范企业”“浙江省著名商标”“国家高新技术企业”“省级技术中心”“省三名企业”“国家级绿色工厂”等荣誉。拥有目前国内门幅最宽、车速最快、能耗最低、定量最薄、智能化程度最高的产品生产线。

仙鹤一如既往秉承“匠心智造、知行合一”的经营理念，以家文化为引领，致力于打造“国内领先，国际一流”的高性能纸基功能型新材料的领军企业。为客户创造价值，为员工创造福祉，为股东创造回报，为社会创造效益。

浙江夏王纸业有限公司

企业性质：合资企业
地址：浙江省衢州市衢江区天湖南路20号

邮编： 324022
法人代表： 朱　毅
经营负责人： 王敏良
技术负责人： 骆志荣
电话： 0570－8768630
传真： 0570－8768669
网址： www. kingdecor. cn
联系人： 傅群英
电话： 0570－8768672
邮箱： qunying. fu@ kingdecor. cn
投产日期： 2006 年
职工总数： 570 人
技术人员： 105 名

浙江夏王纸业有限公司成立于 2004 年 09 月 13 日，位于浙江衢江经济开发区内，是由德国夏特装饰纸股份公司和仙鹤股份有限公司共同投资成立的合资企业，注册资本为 3260 万美元，主要从事装饰原纸的制造和销售。

公司的主导产品是装饰板专用饰面纸，主要用于地板、家具、厨具等装饰。产品销往全国各省、市、自治区，远销东南亚、澳洲、美洲及欧洲等地。公司一直以来年产销量均稳步上升，业绩在同行业特种纸中名列前茅。

2011 年 6 月、2015 年 1 月及 2018 年年底，公司二期、三期及四期生产线的分别投产，形成了年产量近 27 万吨装饰原纸的生产能力——夏王公司已经成为全球高档装饰原纸最大的生产基地。公司无论在产品质量上、新产品开发上还是在销售服务品质上都具有极强的国际竞争力。

公司先后荣获“国家高新技术企业”“浙江制造”品牌认证，“浙江名牌产品”“浙江出口名牌产品”“浙江省著名商标”“浙江省绿色低碳经济标兵企业”“浙江省绿色企业”“浙江省工业循环经济示范企业”“衢州市著名商标”“衢州市政府质量奖”“环境友好企业”“工业企业上台阶奖”“衢州市制造业 30 强企业”“衢州市制造业纳税 30 强”等诸多荣誉称号。同时，公司是《人造饰面板专用纸》国家标准起草小组主要成员、“浙江制造”《人造饰面板专用纸》标准第一批起草单位及国家标准《浸渍胶膜纸饰面胶合板和细木工板》标准主要起草单位。

公司始终以“打造国际一流的百年企业”为愿景，以“致力于全球装饰纸行业的领航者”为使命，积极推动装饰纸行业国内、国际市场。夏王公司实施“品牌战略”，拥有明确的品牌价值理念和明晰的市场定位，“KINGDECOR夏王”品牌已经跻身于国际一流的装饰纸行业舞台！

华泰集团有限公司

企业性质： 民营企业
地址： 山东省广饶县大王镇潍高路 251 号
邮编： 257335
法人代表： 李建华
经营负责人： 李晓亮
技术负责人： 张凤山
电话： 0546－6888818
传真： 0546－6888018
网址： www. huatai. com
联系人： 任文涛
电话： 18354603888
邮箱： htjt0546@ 163. com
投产日期： 1993 年
职工总数： 12632 人
技术人员： 1112 名

企业详细介绍见“重点企业介绍”栏目。

山东泉林纸业有限责任公司

企业性质： 民营企业
地址： 山东省高唐县光明东路 15 号
邮编： 252800
法人代表： 李洪法
经营负责人： 李洪法
技术负责人： 宋明信
电话： 0635－3961106
传真： 0635－3961597
网址： www. tralin. com
联系人： 郭希燕
电话： 0635－3961847
邮箱： 06353177@ 163. com
成立时间： 1976 年
职工总数： 14000 人
技术人员： 510 名

山东泉林纸业有限责任公司是以秸秆制浆造纸综合利用为核心的大型集团化企业。公司通过了国际质量、环境、职业健康与安全三合一管理体系认证和国家 AAAA 级标准化良好行为企业认证，建有国家级企业技术中心，是国家创新型企业、国家第一批循环经济试点单位、中国造纸行业十强企业，曾荣获“全国五一劳动奖状”“全国循环经济工作先进单位”“国家级循环经济标准化试点单位”“中国工业大奖表彰奖”“十二五轻工业科技创新先进集体”“实现可持续发展目标先锋企业”、国家首批“绿色工厂”等多项荣誉称号。

公司主导产品有秸秆本色浆、本色文化用纸、本色生活用纸、食品包装盒、黄腐酸肥料五大类上百个品种。其中，本色浆系列制品不经传统漂白，更加环保、健康、安全；黄腐酸肥料产品对农作物提质增产效果明显，且具有提高化肥转化利用率、减少化肥农药用量和钝化作物重金属吸收等显著功效，对保障国家粮食安全、发展绿色生态农业具有重要意义。

公同依托自主创新技术，以小麦、水稻、玉米等农作物秸秆为原料，构建并不断完善了秸秆生产本色浆制品和黄腐酸肥料、废气氨法脱硫后副产品作为制浆化工原料、制浆中段水综合治理后用于农业灌溉和回用于生产等 4 条主要循环经济产业链，被誉为“泉林模式”。“泉林模式”不仅破解了制约造纸企业发展的纤维原料、环境保护和水资源三大技术瓶颈，形成了独特的产业竞争优势，还实现了秸秆资源高附加值全效利用，对传统行业转型升级、新时期农业发展、农民增收、治理大气污染、保护生态环境等具有重大意义。

山东鲁南新材料股份有限公司

企业性质：股份有限公司
地址：山东省郯城县人民路 313 号
邮编：276100
法人代表：邱淑美
经营负责人：张余民
技术负责人：陈建华
电话：0539－6788168
传真：0539－6130863
网址：www. lunanpaper. com
联系人：刘长冬
电话：15653923356
邮箱：lunanpaper@ 126. com
投产时间：2005 年
职工总数：1510 人
技术人员：466 名

山东鲁南新材料股份有限公司是国内著名的特种纸及工业特种材料生产企业，是国内最大的建筑装饰用纸生产基地。公司的主要产品有：装饰原纸、生态纸、无纺纸、无纺滤材、电解电容器纸、隔膜纸等。其中，装饰原纸有素色类、印刷类、平衡类三大系列 200 多个品种；无纺纸有短纤维无纺纸、长纤维无纺纸、无纺纯纸、阻燃无纺纸等系列产品；电解电容器纸有低压、中高压系列产品。

公司现为山东省高新技术企业，拥有省级企业技术中心。目前共获得 28 项专利，其中，发明专利 4 项，实用新型专利 13 项，外观设计专利 11 项，参与制定了《人造板饰面专用纸》国家标准、《无纺壁纸原纸》《装饰装修材料售后服务管理规范（壁纸原纸）》行业标准。化纤无纺布壁纸原纸等多个项目被列入国家火炬计划项目和国家重点新产品。

公司长期以来重视创新和可持续发展，通过了质量管理体系、环境管理体系、职业健康安全管理体系认证，企业发展战略方向重点放在特种纸及工业特种材料领域，在国内外特种纸生产行业具有很高的企业知名度和品牌知名度。

中国轻工业长沙工程有限公司

企业性质：国有企业
地址：湖南省长沙市雨花区新兴路 268 号
邮编：410114
法人代表：陈志明
电话：0731－85770333
传真：0731－85584415
联系人：杨国庆
电话：0731－85770230

企业详细介绍见“国内制浆造纸科研设计单位简介”栏目。

四川永丰纸业集团

企业性质：股份制企业
地址：四川省乐山市沐川县永福镇
邮编：614500
法人代表：韩晓春
技术负责人：赵　琳
电话：0833－4651066
传真：0833－4651066
联系人：袁　源
电话：0833－4651066
投产日期：1982 年
职工总数：1800 人
技术人员：500 名

四川永丰纸业集团创建于 1970 年，1993 年转制为股份有限公司，是全国最大的竹浆纸一体化企业。公司现有总资产30多亿元，年浆纸产能60多万吨，年销售收入25亿元，员工2000人。公司曾荣获“全国五一劳动奖状”“农业产业化国家重点龙头企业”“国家科技进步二等奖”“国家林业重点龙头企业”“省级扶贫龙头企业”等荣誉，在全国同行业率先通过ISO 9001质量体系认证、ISO 14001环境管理体系认证和FSC国际森林体系认证。

公司竹材造纸历史悠久、产品丰富、产业链完整，技术实力全国领先。在四川省乐山市和泸州市建有2个生产基地，覆盖的核心竹原料基地13.33万公顷。主要产品有：高档竹浆板、文化用纸、生活用纸及特种纸，其中，竹浆产能55万吨/年，竹浆文化用纸产能7吨/年，均位居全国第一；以全竹本色为代表的生活用纸受到消费者的广泛认可，销量快速增长；主导品牌“永丰”牌于2005年被认定为中国驰名商标。公司下设的“四川省竹材林浆纸工程技术研究中心”是全国唯一的竹浆纸省级技术中心，拥有高级工程师15人，研究成果丰硕，并承接过国家发展和改革委重大产业技术开发专项项目。公司现为中国造纸协会竹浆工作委员会的主任委员单位。

四川是竹资源大省，竹浆纸产业既是生态产业，又是扶贫产业。竹子是非常生态的造纸原料，生产周期短，固碳能力强，且循环再生，具有持续的生态保护功能。从上世纪90年代以来，公司始终坚持竹浆纸一体化发展战略，以“当好产业龙头，致富一方人民”为指导思想，累计补贴7000多万元扶持农民栽竹，收到了基地扩大、竹农增收、山川绿化等多赢效果。生产基地所在的沐川县，竹林面积由上世纪80年代初的1333公顷上升到5333公顷，森林覆盖率达77.34%；2010年公司年产20万吨竹浆项目入驻叙永县后，当地竹林面积从6.47万公顷增加到了现在的8.67万公顷。目前，公司年用鲜竹200万吨，每年促农增收12亿元，沐川、叙永2县的竹农人均竹收入达到近2000元。持续的产业带动，将对2个贫困县(沐川县是国家乌蒙山区集中连片特困地区县，叙永县是国家级贫困县)及周边区县的脱贫攻坚和产业富民，起到积极的促进作用。公司还大力参与公益事业和当地精准扶贫，累计投入3000多万元，用于地方林区公路建设、贫困户扶持和捐资助学等。

发展不忘初心。永丰纸业将始终秉持“绿色发展、产业富民”理念，坚定不移地实施竹浆纸一体化战略，保持与环境、资源协同发展，进一步壮大产业规模、提升产业链竞争力。

广西金桂浆纸业有限公司

企业性质： 中外合资
地址： 广西壮族自治区钦州市钦州港金光工业园
邮编： 535008
法人代表： 黄志源
经营负责人： 李俊逸
技术负责人： 周雪林
电话： 0777－3698888
传真： 0777－3696666
网址： www.appjg.com.cn
联系人： 姚志桂
电话： 0777－3698012
邮箱： gxjg3696666@163.com
投产时间： 2003年
职工总数： 2000人
技术人员： 1250名

企业详细介绍见“重点企业介绍”栏目。

广西广业贵糖糖业集团有限公司

企业性质： 国有控股
地址： 广西壮族自治区贵港市幸福路100号
法人代表： 朱　冰
经营负责人： 陈　健
技术负责人： 蓝贤州
电话： 0775－4201380
传真： 0775－4260088
网址： www.guitang.com
联系人： 黄敏珊
电话： 0775－4201833
邮箱： 1249424520@qq.com
投产日期： 1956年
职工总数： 1776人
技术人员： 355名

因业务发展的需要，广西贵糖(集团)股份有限公司(以下简称“贵糖股份”)于2018年7月23日正式更名为“广西粤桂广业控股股份有限公司”(以下简称“粤桂股份”)，并于2018年8月6日成立全资子公司“广西广业贵糖糖业集团有限公司”(以下简称“贵糖集团”)，承接了原贵糖股份的糖、纸产业的全部资产和业务。

公司经营范围：食糖、纸、纸浆、食用酒精、轻质碳酸钙、酒糟干粉、有机—无机复混肥料、有机肥料、食品包装用纸、食品添加剂氧化钙、减水剂、元明粉的研发、制造、加工、销售，国内贸易，货物进出口，机械的制造；零部件加工、修理；机械设备的安装、调试；货物仓储(危险化学品除外)，人力装卸搬运服务，港口经营。

贵糖集团主要产品年生产能力为：白砂糖 15 万吨、机制纸 16 万吨、蔗渣漂白浆 15 万吨、酒精 1 万吨、轻质碳酸钙 3 万吨、回收烧碱 3.5 万吨。

公司致力于发展循环经济，走生态工业之路，初步建成了制糖、制浆造纸、酒精、复混肥、轻质碳酸钙的制糖工业共生体系；拥有制糖业企业技术中心和博士后科研工作站、广西首批自治区级人才小高地；在制糖、甘蔗渣制浆造纸和环保核心技术方面处于全国同行业的前列，拥有多项具有国内领先水平的环保自主知识产权，多次荣获“全国环境保护先进企业”“全国资源综合利用先进企业”“全国质量效益型先进企业”“全国用户满意企业”和“全国用户满意产品”等荣誉称号。生产的“桂花”牌糖产品曾于 2007 年被评为中国名牌产品，多次被评为广西名牌产品；“桂花”牌书写纸、胶版印刷纸，“纯点”牌生活用纸均多次被评为广西名牌产品。“桂花”商标和“纯点”商标多次被评为广西著名商标。

2014 年年底开工建设的粤桂(贵港)热电循环经济产业园开创了以政府规划为基础、市场化运作为主导、产业协作为核心、管理合作为手段的两广政企合作新模式，成为珠江—西江经济带规划落地实施、粤桂两省合作的典范。园区规划总用地面积约 100 公顷，预计一期投资约 15.02 亿元，二期投资约 4.61 亿元，合计投资约 19.63 亿元。计划在 2019 年、2020 年榨季完成日榨万吨的制糖厂建设并投产，到 2020 年年底完成年产 10.89 万吨的制浆厂建设并投产。园区为公司提供了一个良好的发展平台，主要是立足于本地资源优势，按照“减量化、再利用、再循环”的原则，以公司现有的制糖、浆纸业务为依托，发挥公司龙头企业带动作用，延伸制糖、浆纸产业链，实现资源的整合和综合利用；同时，将产业与资本市场、产业与科研和创新应用、产业与现代工业互联和大数据应用、产业与新型城镇化进行有机结合，走新型工业化之路，努力将产业园建设成为可持续发展的特色现代产业与绿色数字化园区。

面对机遇与挑战，公司将贯彻“创新、协调、绿色、开放、共享”的发展理念，紧紧围绕绿色发展战略，坚持质量第一、效益优先的发展原则，以厂区整体搬迁为契机，通过改革创新、并购扩张、技术革新来推动主业结构的优化，通过整合资金、资源和资本来促进主业快速壮大发展，促使企业保持持续稳定地发展。

(雷　煌)

附 

APPENDIXES

2018 年国民经济与社会发展统计公报(节选)
2018 年造纸相关政策法规摘要
2017 年世界造纸工业概况
国外开设制浆造纸专业的大学
我国制浆造纸工业图书出版目录
《Paper 360°》2017 年全球造纸排名前 100 位的公司及地域分布
国外主要造纸期刊介绍
国外制浆造纸相关团体与研究机构名录

12

2018 年国民经济与社会发展统计公报(节选)

Annual Statistic Report on National Economic and Social Development (Excerpt) in 2018

2018 年，面对复杂严峻的国际环境和艰巨繁重的改革发展稳定任务，在以习近平同志为核心的党中央坚强领导下，各地区各部门以习近平新时代中国特色社会主义思想为指导，全面贯彻党的十九大和十九届二中、三中全会精神，按照党中央、国务院决策部署，统筹推进“五位一体”总体布局，协调推进“四个全面”战略布局，坚持稳中求进工作总基调，深入贯彻新发展理念，落实高质量发展要求，以供给侧结构性改革为主线，着力深化改革扩大开放，坚决打好防范化解重大风险、精准脱贫、污染防治三大攻坚战，有效应对外部环境深刻变化，统筹稳增长、促改革、调结构、惠民生、防风险，做好稳就业、稳金融、稳外贸、稳外资、稳投资、稳预期工作，经济运行总体平稳、稳中有进，质量效益稳步提升，人民生活持续改善，保持了经济持续健康发展和社会大局稳定，朝着实现全面建成小康社会的目标迈出了新的步伐。

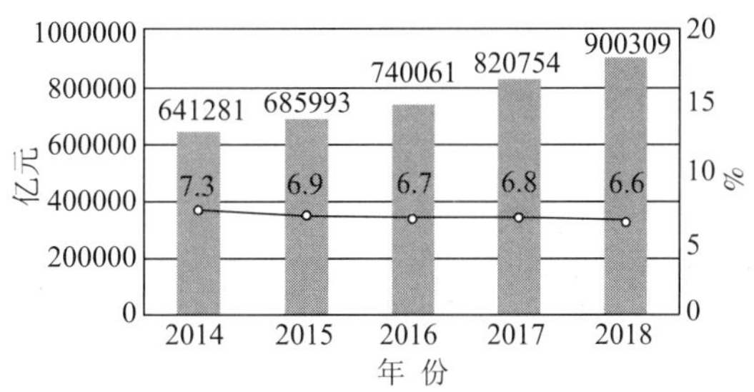

图1　2014—2018年国内生产总值及其增长速度

■国内生产总值　-o-同比增长

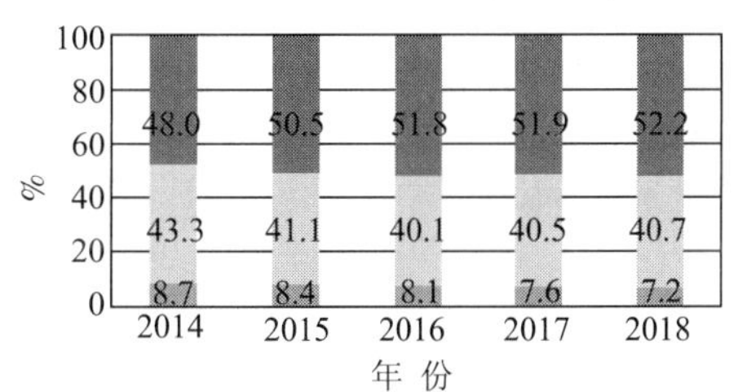

图2　2014—2018年三次产业增加值占国内生产总值比例

■第一产业　■第二产业　■第三产业

一、综　合

初步核算[1]，全年国内生产总值 900309 亿元，同比增长 6.6%。2014—2018 年国内生产总值增长速度如图 1 所示，三次产业增加值占国内生产总值的比例如图 2 所示。其中，第一产业增加值 64734 亿元，增长 3.5%；第二产业增加值 366001 亿元，增长 5.8%；第三产业增加值 469575 亿元，增长 7.6%。第一产业增加值占国内生产总值的比例为 7.2%，第二产业增加值比例为 40.7%，第三产业增加值比例为 52.2%。人均国内生产总值 64644 元，同比增长 6.1%。国民总收入 896915 亿元，同比增长 6.5%。

2018 年年末全国大陆总人口 139538 万人，比 2017 年年末增加 530 万人，其中，城镇常住人口 83137 万人，占总人口比例(常住人口城镇化率)为 59.58%，比 2017 年年末提高 1.06 个百分点。户籍人口城镇化率为 43.37%，比 2017 年年末提高 1.02 个百分点。全年出生人口 1523 万人，出生率为 10.94‰；死亡人口 993 万人，死亡率为 7.13‰；自然增长率为 3.81‰。

2018 年年末全国就业人员 77586 万人，其中，城镇就业人员 43419 万人。全年城镇新增就业 1361 万人，比 2017 年增加 10 万人。2018 年年末全国城镇调查失业率为 4.9%，比 2017 年年末下降 0.1 个百分点；城镇登记失业率为 3.8%，下降 0.1 个百分点。全国农民工[2]总量 28836 万人，同比增长 0.6%。

二、农　业

2018 年粮食种植面积 11704 万公顷，比 2017 年减少 95 万公顷。全年粮食产量 65789 万吨，比 2017 年减少 371 万吨，减产 0.6%。全年棉花产量 610 万吨，比 2017 年增产 7.8%。糖料产量 11976 万吨，增产 5.3%。木材产量 8432 万米^3，比 2017 年增长 0.4%。全年新增耕地灌溉面积 72 万公顷，新增高效节水灌溉面积 144 万公顷。

三、工业和建筑业

全年全部工业增加值 305160 亿元，比 2017 年增长 6.1%。规模以上工业增加值增长 6.2%。在规模以上工业中，分经济类型看，国有控股企业增加值增长 6.2%；股份制企业增长 6.6%，外商及港澳台商投资企业增长 4.8%；私营企业增长 6.2%。分门类看，采矿业增长 2.3%，制造业增长 6.5%，电力、热力、燃气及水生产和供应业增长 9.9%。

全年规模以上工业企业利润 66351 亿元，比 2017 年增长 10.3%[3]。分经济类型看，国有控股企业利润 18583 亿元，比 2017 年增长 12.6%；股份制企业 46975 亿元，增长 14.4%，外商及港澳台商投资企业 16776 亿元，增长 1.9%；私营企业 17137 亿元，增长 11.9%。分门类看，采矿业利润 5246 亿元，比 2017 年增长 40.1%；制造业 56964 亿元，增长 8.7%；电力、热力、燃气及水生产和供应业 4141 亿元，增长 4.3%。全年规模以上工业企业主营业务收入利润率为 6.49%，比 2017 年提高 0.11 个百分点。

全年全社会建筑业增加值 61808 亿元，比 2017 年增长 4.5%。全国具有资质等级的总承包和专业承包建筑业企业利润 8104 亿元，比 2017 年增长 8.2%，其中，国有控股企业 2470 亿元，增长 8.5%。

四、服务业

全年批发和零售业增加值 84201 亿元，比 2017 年增长 6.2%；交通运输、仓储和邮政业增加值 40550 亿元，增长 8.1%；住宿和餐饮业增加值 16023 亿元，增长 6.5%；金融业增加值 69100 亿元，增长 4.4%；房地产业增加值 59846 亿元，增长 3.8%；信息传输、软件和信息技术服务业增加值 32431 亿元，增长 30.7%；租赁和商务服务业增加值 24427 亿元，增长 8.9%。全年规模以上服务业企业营业收入比 2017 年增长 11.4%，营业利润增长 6.5%。

全年货物运输总量 515 亿吨，比 2017 年增长 7.1%。货物运输周转量 205452 亿吨公里，增长 4.1%。全年规模以上港口完成货物吞吐量 133 亿吨，比 2017 年增长 2.7%[4]。

2018 年年末全国民用汽车保有量 24028 万辆（包括三轮汽车和低速货车 906 万辆），比 2017 年年末增长 10.5%，其中，私人汽车保有量 20730 万辆，增长 10.9%。

全年完成邮政行业业务总量 12345 亿元，比 2017 年增长 26.4%。邮政业全年完成邮政函件业务 26.8 亿件，包裹业务 0.2 亿件，快递业务量 507.1 亿件，快递业务收入 6038 亿元。全年完成电信业务总量 65556 亿元，比 2017 年增长 137.9%。移动电话普及率上升至 112.2 部/百人。全年移动互联网用户接入流量 711 亿 GB，比 2017 年增长 189.1%。全年软件和信息技术服务业完成软件业务收入 63061 亿元，按可比口径计算，比 2017 年增长 14.2%。

五、国内贸易[5]

全年社会消费品零售总额 380987 亿元，比 2017 年增长 9.0%。按经营地统计，城镇消费品零售额 325637 亿元，增长 8.8%；乡村消费品零售额 55350 亿元，增长 10.1%。按消费类型统计，商品零售额 338271 亿元，增长 8.9%；餐饮收入额 42716 亿元，增长 9.5%。

全年实物商品网上零售额 70198 亿元，比 2017 年增长 25.4%，占社会消费品零售总额的比例为 18.4%，比 2017 年提高 3.4 个百分点。

六、固定资产投资[6]

全年全社会固定资产投资 645675 亿元，比 2017 年增长 5.9%。其中，固定资产投资（不含农户）635636 亿元，增长 5.9%。分区域看[7]，东部地区投资比 2017 年增长 5.7%，中部地区投资增长 10.0%，西部地区投资增长 4.7%，东北地区投资增长 1.0%。

在固定资产投资（不含农户）中，第一产业投资 22413 亿元，比 2017 年增长 12.9%；第二产业投资

237899 亿元，增长 6.2%；第三产业投资 375324 亿元，增长 5.5%。民间固定资产投资[8] 394051 亿元，增长 8.7%，占固定资产投资（不含农户）的比例为 62.0%。基础设施投资增长 3.8%。六大高耗能行业投资增长 1.4%。

七、对外经济

全年货物进出口总额 305050 亿元，比 2017 年增长 9.7%。其中，出口 164177 亿元，增长 7.1%；进口 140874 亿元，增长 12.9%。货物进出口顺差 23303 亿元，比 2017 年减少 5217 亿元。对“一带一路”沿线国家进出口总额 83657 亿元，比 2017 年增长 13.3%。其中，出口 46478 亿元，增长 7.9%；进口 37179 亿元，增长 20.9%。

全年服务进出口总额 52402 亿元，比 2017 年增长 11.5%。其中，服务出口 17658 亿元，增长 14.6%；服务进口 34744 亿元，增长 10.0%。服务进出口逆差 17086 亿元。

全年外商直接投资（不含银行、证券、保险领域）新设立企业 60533 家，比 2017 年增长 69.8%。实际使用外商直接投资金额 8856 亿元，增长 0.9%，折 1350 亿美元，增长 3.0%。其中“一带一路”沿线国家对华直接投资新设立企业 4479 家，增长 16.1%；对华直接投资金额 424 亿元，增长 13.2%，折 64 亿美元，增长 16.0%。全年高技术制造业实际使用外资 898 亿元，增长 35.1%，折 137 亿美元，增长 38.1%。

全年对外非金融类直接投资额 7974 亿元，比 2017 年下降 1.6%，折 1205 亿美元，增长 0.3%。其中，对“一带一路”沿线国家非金融类直接投资额 156 亿美元，增长 8.9%。

全年对外承包工程完成营业额 11186 亿元，比 2017 年下降 1.7%，折 1690 亿美元，增长 0.3%。其中，对“一带一路”沿线国家完成营业额 893 亿美元，增长 4.4%，占对外承包工程完成营业额比重为 52.8%。对外劳务合作派出各类劳务人员 49 万人。

八、财政金融

全年全国一般公共预算收入 183352 亿元，比 2017 年增长 6.2%。其中，税收收入 156401 亿元，比 2017 年增加 12031 亿元，增长 8.3%。

2018 年年末广义货币供应量（M_2）余额 182.7 万亿元，比 2017 年年末增长 8.1%；狭义货币供应量（M_1）余额 55.2 万亿元，增长 1.5%；流通中货币（M_0）余额 7.3 万亿元，增长 3.6%。

全年社会融资规模增量 19.3 万亿元，按可比口径计算，比 2017 年少 3.1 万亿元；2018 年年末社会融资规模存量 200.7 万亿元，比 2017 年年末增长 9.8%。2018 年年末主要农村金融机构（农村信用社、农村合作银行、农村商业银行）人民币贷款余额 169822 亿元，比年初增加 20002 亿元。

全年境内交易场所累计筹资 64365 亿元，比 2017 年增加 13572 亿元。全年发行公司信用类债券 7.79 万亿元，比 2017 年增加 1.92 万亿元。全年保险公司原保险保费收入 38017 亿元，比 2017 年增长 3.9%。

九、居民收入消费和社会保障

全年全国居民人均可支配收入 28228 元，比 2017 年增长 8.7%，扣除价格因素，实际增长 6.5%。全国居民人均可支配收入中位数[9] 24336 元，增长 8.6%。全年全国居民人均消费支出 19853 元，比 2017 年增长 8.4%，扣除价格因素，实际增长 6.2%。

2018 年年末全国参加城镇职工基本养老保险人数 41848 万人，比 2017 年年末增加 1555 万人。参加城乡居民基本养老保险人数 52392 万人，增加 1137 万人。参加基本医疗保险人数 134452 万人，增加 16771 万人。参加失业保险人数 19643 万人，增加 859 万人。参加工伤保险人数 23868 万人，增加 1145 万人。参加生育保险人数 20435 万人，增加 1135 万人。

年末全国共有各类提供住宿的社会服务机构 3.3 万个，社会服务床位 782.4 万张，共有社区服务中心 2.7 万个，社区服务站 14.5 万个。

十、科学技术和教育

全年研究与试验发展（R&D）经费支出 19657 亿元，比 2017 年增长 11.6%，与国内生产总值之比为 2.18%，其中，基础研究经费 1118 亿元。全年国家重点研发计划共安排 1052 个项目，国家科技重大专项共安排 563 个课题，国家自然科学基金共资助 44504 个项目。截至 2018 年年底，正在运行的国家重点实验室 501 个，累计建设国家工程研究中心 132 个，国家工程实验室 217 个，国家企业技术中心 1480 家。国家科技成果转化引导基金累计设立21 支子基金，资金总规模313 亿元。全年境内外专利申请 432.3 万件，比 2017 年增长 16.9%；授予专利权 244.7 万件，增长 33.3%；PCT 专利申请受理量为 5.5 万件。截至 2018 年年底，有效专利 838.1 万件。全年共签订技术合同 41.2 万项，技术合同成交金额 17697 亿元，比 2017 年增长 31.8%。

全年成功完成 38 次宇航发射。嫦娥四号探测器成功着陆月球背面并通过中继星将数据传回地球，标志着人类首次月球背面巡视探测任务正式开启；北斗三号基本系统完成建设，开始提供全球服务；我国地震立体观测体系首个天基平台中意电磁监测试验卫星、中法航天合作的首颗卫星中法海洋卫星成功发射。第二艘航母出海试航，国产大型水陆两栖飞机水上首飞，港珠澳大桥正式通车运营。

年末全国共有国家质检中心 791 家。全国现有产品质量、体系和服务认证机构 484 个，累计完成对 63 万家企业的认证。全国共有法定计量技术机构 5030 个，全年强制检定计量器具 10406 万台(件)。全年制定、修订国家标准 2668 项，其中，新制定 1935 项。全年制造业产品质量合格率为 93.93%。

全年研究生教育招生 85.8 万人，在学研究生 273.1 万人，毕业生 60.4 万人。普通本专科招生 791.0 万人，在校生 2831.0 万人，毕业生 753.3 万人。中等职业教育招生 557.0 万人，在校生 1555.2 万人，毕业生 487.3 万人。普通高中招生 792.7 万人，在校生 2375.4 万人，毕业生 779.2 万人。初中招生 1602.6 万人，在校生 4652.6 万人，毕业生 1367.8 万人。普通小学招生 1867.3 万人，在校生 10339.3 万人，毕业生 1616.5 万人。特殊教育招生 12.4 万人，在校生 66.6 万人，毕业生 8.1 万人。学前教育在园幼儿 4656.4 万人。九年义务教育巩固率为 94.2%，高中阶段毛入学率为 88.8%。

十一、文化旅游、卫生健康和体育

2018 年年末全国文化系统共有艺术表演团体 2075 个，博物馆 3331 个。全国共有公共图书馆 3173 个，总流通[10]84529 万人次；文化馆 3326 个。有线电视实际用户 2.14 亿户，其中，有线数字电视实际用户 2.02 亿户。年末广播节目综合人口覆盖率为 98.9%，电视节目综合人口覆盖率为 99.3%。全年生产电视剧 323 部 13726 集，电视动画片 86257 分钟。全年生产故事影片 902 部，科教、纪录、动画和特种影片 180 部。出版各类报纸 340 亿份，各类期刊 24 亿册，图书 95 亿册(张)，人均图书拥有量 6.85 册(张)。2018 年年末全国共有档案馆 4210 个，已开放各类档案 14016 万卷(件)。

全年国内游客 55.4 亿人次，比 2017 年增长 10.8%；国内旅游收入 51278 亿元，增长 12.3%。入境游客 14120 万人次，增长 1.2%。国际旅游收入 1271 亿美元，增长 3.0%。国内居民出境 16199 万人次，增长 13.5%。

2018 年年末全国共有医疗卫生机构 100.4 万个，其中，医院 3.2 万个，在医院中有公立医院 1.2 万个，民营医院 2.0 万个；基层医疗卫生机构 95.0 万个，其中，乡镇卫生院 3.6 万个，社区卫生服务中心(站)3.5 万个，门诊部(所)24.8 万个，村卫生室 63.0 万个；专业公共卫生机构 1.9 万个，其中，疾病预防控制中心 3469 个，卫生监督所(中心)3141 个。2018 年年末卫生技术人员 950 万人，其中，执业医师和执业助理医师 358 万人，注册护士 412 万人。医疗卫生机构床位 845 万张，其中，医院 656 万张，乡镇卫生院 134 万张。全年总诊疗人次[11]84.2 亿人次，出院人数 2.6 亿人。

全年我国运动员在 24 个运动大项中获得 118 个世界冠军，共创 15 项世界纪录。全年我国残疾人运动员在 20 项国际赛事中获得 50 个世界冠军。

十二、资源、环境和应急管理

全年全国国有建设用地供应总量 64.3 万公顷，比 2017 年增长 6.6%。其中，工矿仓储用地 13.2 万公顷，增长 7.2%；房地产用地[71] 14.4 万公顷，增长 24.6%；基础设施等用地 36.8 万公顷，增长 0.7%。

全年水资源总量 27960 亿米^3。全年总用水量 6110 亿米^3，比 2017 年增长 1.1%。万元国内生产总值用水量 73 米^3，比 2017 年下降 5.1%。万元工业增加值用水量 45 米^3，下降 5.2%。人均用水量 439 米^3，比 2017 年增长 0.6%。

全年完成造林面积 707 万公顷，其中，人工造林面积 360 万公顷，占全部造林面积的 50.9%。森林抚育面积 852 万公顷。截至 2018 年年底，国家级自然保护区 474 个。新增水土流失治理面积 5.4 万平方公里。

初步核算，全年能源消费总量 46.4 亿吨标准煤，比 2017 年增长 3.3%。煤炭消费量增长 1.0%，原油消费量增长 6.5%，天然气消费量增长 17.7%，电力消费量增长 8.5%。煤炭消费量占能源消费总量的 59.0%，比 2017 年下降 1.4 个百分点；天然气、水电、核电、风电等清洁能源消费量占能源消费总量的 22.1%，上升 1.3 个百分点。重点耗能工业企业单位烧碱综合能耗下降 0.5%，单位合成氨综合能耗下降 0.7%，吨钢综合能耗下降 3.3%，单位铜冶炼综合能耗下降 4.7%，每千瓦时火力发电标准煤耗下降 0.7%。全国万元国内生产总值二氧化碳排放下降 4.0%。

近岸海域 417 个海水水质监测点中，达到国家一、二类海水水质标准的监测点占 74.6%，三类海水占 6.7%，四类、劣四类海水占 18.7%。

在监测的 338 个地级及以上城市中，城市空气质量达标的城市占 35.8%，未达标的城市占 64.2%。细颗粒物（$PM_{2.5}$）未达标城市（基于 2015 年 $PM_{2.5}$年平均浓度未达标的 262 个城市）年平均浓度 43 微克/米^3，比 2017 年下降 10.4%。

在开展城市区域声环境监测的 323 个城市中，声环境质量好的城市占 4.0%，较好的占 63.5%，一般的占 30.7%，较差的占 1.2%，差的占 0.6%。

全年平均气温 10.09℃，比 2017 年下降 0.30℃。共有 10 个台风登陆。

全年农作物受灾面积 2081 万公顷，其中，绝收 259 万公顷。全年因洪涝和地质灾害造成直接经济损失 1061 亿元，因旱灾造成直接经济损失 255 亿元，因低温冷冻和雪灾造成直接经济损失 434 亿元，因海洋灾害造成直接经济损失 48 亿元。全年大陆地区共发生 5.0 级以上地震 16 次，成灾 11 次，造成直接经济损失约 30 亿元。全年共发生森林火灾 2478 起，受害森林面积 1.6 万公顷。

全年各类生产安全事故共死亡 34046 人。工矿商贸企业就业人员 10 万人生产安全事故死亡人数 1.547 人，比 2017 年下降 5.6%；煤矿百万吨死亡人数 0.093 人，下降 12.3%。道路交通事故万车死亡人数 1.93 人，下降 6.3%。

注释：

[1]本公报中数据均为初步统计数。各项统计数据均未包括香港特别行政区、澳门特别行政区和台湾省。部分数据因四舍五入的原因，存在总计与分项合计不等的情况。

[2]年度农民工数量包括年内在本乡镇以外从业 6 个月及以上的外出农民工和在本乡镇内从事非农产业 6 个月及以上的本地农民工两部分。

[3]由于统计制度规定的口径调整、统计执法、剔除重复数据、企业改革剥离等因素，2018 年规模以上工业企业财务指标增速及变化按可比口径计算。

[4]2018 年部分规模以上港口货物吞吐量统计范围进行调整，扩大至全港企业，相关指标增速按可比口径计算。

[5]根据第三次全国农业普查结果及有关制度规定，对 2017 年社会消费品零售总额及分项基数进行修订，2018 年增速按可比口径计算。

[6]根据统计执法检查和第四次全国经济普查单位清查结果，对 2017 年固定资产投资基数进行一些修订，2018 年增速按可比口径计算。

[7]东部地区是指北京、天津、河北、上海、江苏、浙江、福建、山东、广东和海南 10 省（市）；中部地区是指山西、安徽、江西、河南、湖北和湖南 6 省；西部地区是指内蒙古、广西、重庆、四川、贵州、云南、西藏、陕西、甘肃、青海、宁夏和新疆 12 省（区、市）；东北地区是指辽宁、吉林和黑龙江 3 省。

[8]民间固定资产投资是指具有集体、私营、个人性质的内资企事业单位以及由其控股（包括绝对控股和相对控股）的企业单位建造或购置固定资产的投资。

[9]人均收入中位数是指将所有调查户按人均收入水平从低到高（或从高到低）顺序排列，处于最中间位置调查户的人均收入。

[10]总流通人次是指本年度内到图书馆场馆接受图书馆服务的总人次，包括借阅书刊、咨询问题以及参加各类读者活动等。

[11]总诊疗人次指所有诊疗工作的总人次数，包括门诊、急诊、出诊、预约诊疗、单项健康检查、健康咨询指导（不含健康讲座）人次。

附表　　2014—2018 年国民经济与社会发展总量指标

指标	单位	2014 年	2015 年	2016 年	2017 年	2018 年
人口						
年末总人口	万人	136782	137462	138271	139008	139538
男性人口	万人	70079	70414	70815	71137	71351
女性人口	万人	66703	67048	67456	67871	68187
城镇人口	万人	74916	77116	79298	81347	83137
乡村人口	万人	61866	60346	58973	57661	56401

续表

指标	单位	2014 年	2015 年	2016 年	2017 年	2018 年
国民经济核算						
国内生产总值	亿元	641280.6	685992.9	740060.8	820754.3	900309.5
第一产业增加值	亿元	55626.3	57774.6	60139.2	62099.5	64734.0
第二产业增加值	亿元	277571.8	282040.3	296547.7	332742.7	366000.9
第三产业增加值	亿元	308082.5	346178.0	383373.9	425912.1	469574.6
人均国内生产总值	元	47005	50028	53680	59201	64644
固定资产投资和房地产						
全社会固定资产投资	亿元	512020.7	561999.8	606465.7	641238.4	645675.0
城镇固定资产投资	亿元	501264.9	551590.0	596500.8	631684.0	635636.0
房地产开发企业本年完成投资额	亿元	95035.6	95978.9	102580.6	109798.5	120263.5
对外经济贸易						
进出口总额	亿元	264241.8	245502.9	243386.5	278099.2	305050.4
出口总额	亿元	143883.8	141166.8	138419.3	153309.4	164176.7
进口总额	亿元	120358.0	104336.1	104967.2	124789.8	140873.7
实际利用外商直接投资金额	万美元	11956200	12626700	12600100	13103500	13496600
能源、资源和环境						
石油储量	万吨	343335.0	349610.7	350120.3		
天然气储量	亿米^3	49451.8	51939.5	54365.5		
煤炭储量	亿吨	2399.9	2440.1	2492.3		
水资源总量	亿米^3	27266.9	27963.0	32466.4	28761.2	27960.0
用水总量	亿米^3	6094.9	6103.2	6040.2	6043.4	6110.0
造林总面积	亿米^3	5549.6	7683.7	7203.5	7680.7	7070.0
能源消费总量	千公顷	425806.0	429905.0	435819.0	448529.1	464000.0
煤炭消费总量	万吨标准煤	279328.7	273849.5	270320.0	270911.6	273760.0
石油消费总量	万吨标准煤	74090.2	78672.6	79788.0	84323.5	87696.0
天然气消费总量	万吨标准煤	24270.9	25364.4	27904.0	31397.0	36192.0
水电、核电、风电消费总量	万吨标准煤	48116.1	52018.5	57988.0	61897.0	66352.0
工业用水总量	万吨标准煤	1356.1	1334.8	1308.0	1277.0	1285.0
主要产品产量						
农林牧渔业总产值	亿元	97822.5	101893.5	106478.7	109331.7	113579.5
粮食	万吨	63964.8	66060.3	66043.5	66160.7	65789.2
木材	万米^3	8233	7218	7776	8398	8811
原煤	万吨	38.7	37.5	34.1	35.2	36.8
原油	万吨	21142.9	21455.6	19968.5	19150.6	18910.6
天然气	亿米^3	1301.6	1346.1	1368.7	1480.4	1602.7
水泥产	万吨	249207.1	235918.8	241031.0	233084.1	220770.7
钢材产	万吨	112513.1	103468.4	104813.5	104642.1	110551.7
发电量	亿千瓦小时	57944.6	58145.7	61331.6	66044.5	71117.7

续表

指标	单位	2014 年	2015 年	2016 年	2017 年	2018 年
教育、科技、文化						
研究与试验发展经费支出	亿元	13015.6	14169.9	15676.8	17606.1	19657.0
科研和开发机构研究与试验发展经费支出	亿元	1926.2	2136.5	2260.2	2435.7	
高等学校研究与试验发展经费支出	亿元	898.1	998.6	1072.2	1266.0	
规模以上工业企业研究与试验发展经费支出	万元	92542587.0	100139329.8	109446585.6	120129588.5	
技术市场成交额	亿元	8577.2	9835.8	11407.0	13424.0	17697.0
教育经费	万元	328064609	361291927	388883850	425620069	
图书总印数	亿册	81.8	86.6	90.4	92.4	95.0
期刊出版总印数	亿册	30.9	28.8	27.0	24.9	24.0
报纸出版总印数	亿份	463.9	430.1	390.1	362.5	340.0
交通、邮电、旅游						
旅客运输量	万人	2032218.0	1943271.0	1900194.3	1848620.1	1793820.3
货物运输量	万吨	4167296	4175886	4386763	4804850	5152674
民用汽车拥有量	万辆	14598.1	16284.5	18574.5	20906.7	23231.2
私人汽车拥有量	万辆	12339.4	14099.1	16330.2	18515.1	20574.9
邮政业务总量	亿元	3696.1	5078.7	7397.2	9763.7	12345.2
电信业务总量	亿元	18138.3	23346.3	15617.0	27596.7	65555.7
快递量	万件	1395925.3	2066636.8	3128315.1	4005591.9	5071042.8
国内游客	百万人次	3611	4000	4440	5000	5539
国内旅游总花费	亿元	30311.9	34195.1	39390.0	45660.7	51278.3
国内旅游人均花费	元	839.7	857.0	888.2	913.0	925.8
卫生						
医疗卫生机构数	个	981432	983528	983394	986649	997433
卫生技术人员数	万人	759.0	800.8	845.4	898.8	951.9
卫生机构床位数	万张	660.1	701.5	741.1	794.0	840.4

（杨　扬　王　斌　整理）

2018 年造纸相关政策法规摘要

Abstracts of the Policies and Regulations Related to Paper Industry in 2018

《中华人民共和国环境保护税法》开始施行，排污需依法纳税

1 月 1 日，《中华人民共和国环境保护税法》开始施行。这是我国第一个专门促进生态文明建设，体现“绿色税制”的法律，承载着助力保护和改善环境的重要功能。与现行排污费制度的征收对象相衔接，环境保护税的征税对象是大气污染物、水污染物、固体废物和噪声等四类应税污染物。依法征收环境保护税后，将不再征收排污费。

《进口可用作原料的固体废物环境保护控制标准—废纸或纸板》发布，进口废纸含杂量应低于 0.5%

1 月 4 日，环境保护部与国家质量监督检验检疫总局联合发布了《进口可用作原料的固体废物环境保护控制标准》(共包含 11 项标准)。新标准自 2018 年 3 月 1 日起正式实施。其中，《进口可用作原料的固体废物环境保护控制标准—废纸或纸板》(GB16487.4—2017) 中，有关废纸的含杂量的描述为：进口废纸中应限制其他夹杂物(包括木废料、废金属、废玻璃、废塑料、废橡胶、废织物、废吸附剂、铝塑纸复合包装、热敏纸、沥青防潮纸、不干胶纸、墙/壁纸、涂蜡纸、浸蜡纸、浸油纸、硅油纸、复写纸等废物)的混入，总质量不应超过进口废纸质量的 0.5%。

环境保护部公布制浆造纸工业的官方治污指南

1 月 5 日，环境保护部发布了国家环境保护标准《制浆造纸工业污染防治可行技术指南》(HJ2302—2018)(简称《指南》)，以加快环境技术管理体系建设，推动污染防治技术进步，改善环境质量。《指南》规定了制浆造纸工业废气、废水、固体废物和噪声污染防治可行技术，包括污染预防技术、污染治理技术和污染防治可行技术。随着技术指南的实施，《关于发布〈造纸行业木材制浆工艺污染防治可行技术指南〉等 3 项指导性技术文件的公告》同时废止。《指南》自 2018 年 3 月 1 日起实施。

财政部等部门联合发文，挥发性有机物(VOCs)排污费停止征收

1 月 7 日，财政部、国家发展改革委、环境保护部、国家海洋局等四部门联合下发《关于停征排污费等行政事业性收费有关事项的通知》，正式对《挥发性有机物排污收费试点办法》及《中华人民共和国环境保护税法实施条例》的执行进行了权威解答：自 2018 年 1 月 1 日起，在全国范围内统一停征排污费和海洋工程废水排污费。

2015 年 6 月份，关于印发《挥发性有机物排污收费试点办法》的通知正式出台，并明确指出试点行业包装印刷行业。自此全国各地的包装印刷行业都被征收挥发性有机物排污费。但是，对挥发性有机物排污收费的规定在某些部分与从 2018 年 1 月 1 日起开始实施的《环保税法》有重合之处，包装印刷行业将面临多重收费。因此，财政部等四部门联合下发《关于停征排污费等行政事业性收费有关事项的通知》，规定挥发性有机物(VOCs)排污收费自 2018 年起停止征收！

环境保护部正式发布《排污许可管理办法(试行)》

1月10日，环境保护部正式发布《排污许可管理办法(试行)》(简称《管理办法》)。《管理办法》明确了排污者责任，强调守法激励、违法惩戒，并规定了企业承诺、自行监测、台账记录、执行报告、信息公开等五项制度。

《管理办法》是排污许可证申请与核发的主要依据。《管理办法》规定了排污许可证核发程序，明确排污许可证申请、审核、发放的完整周期以及变更、延续、撤销、注销、遗失补办等各种情形，规范企业需要提供的材料、应当公开的信息，环境保护部门受理的程序、审核的要求、发证的规定以及可行技术在申请与核发中的应用等内容。

《首台(套)重大技术装备推广应用指导目录(2017年版)》发布，造纸行业7项装备入选

1月26日，工业和信息化部发布《首台(套)重大技术装备推广应用指导目录(2017年版)》(简称《指导目录(2017年版)》)。《指导目录(2017年版)》自1月30日起实施。其中，与造纸行业相关的7项装备入选，分别是：智能化高速卫生纸机；智能化高速瓦楞纸板生产线；污泥干化处理设备；干法烟气脱硫除尘脱汞一体化装备；废水余热回收利用设备；烟气余热回收——再热装置；生物质循环流化床锅炉。

环境保护部发布《环境保护综合名录(2017年版)》，从消费链末端减少“双高”产品的流通

2月6日，环境保护部向国家发展改革委、财政部、商务部、人民银行等14个部门印送了《环境保护综合名录(2017年版)》(简称《综合名录》)，同时向社会全文公开。此次发布的《综合名录》包含两部分：一是“高污染、高环境风险”产品(简称“双高”产品)名录，包括885项“双高”产品；二是环境保护重点设备名录，包括72项设备。制浆造纸行业中，半化学纸浆(产品代码：22010102、22010201)仍然属于“双高”产品。

通过《综合名录》的指引作用，公众可以更便捷地对产品进行“双高”特性识别，进而有选择性的减少购买“双高”产品，从消费链末端减少“双高”产品的流通，从而倒逼企业绿色转型。

环境保护部发布《制浆造纸等14个行业建设项目重大变动清单》

2月9日，环境保护部发布《制浆造纸等14个行业建设项目重大变动清单(试行)》(简称《清单》)。根据《清单》，重大变动包括项目规模扩大、建设地点重新选址、生产工艺变化导致新增污染物或污染物排放量增加、环保措施变动导致不利环境影响加重等情况。

《燃煤自备电厂规范建设和运行专项治理方案(征求意见稿)》发布 国家重拳治理行动已经开始

3月22日，国家发展改革委发布了《燃煤自备电厂规范建设和运行专项治理方案(征求意见稿)》(简称《方案》)。《方案》中的重点工作任务涉及八大项24个小项，重点摘录如下：严格控制新建燃煤自备电厂；全面清理违法违规燃煤自备电厂；限期整改未公平承担社会责任问题；严格执行政策性交叉补贴政策；严格依规限期完成环保改造；承担电网安全调峰和清洁能源消纳责任；坚决淘汰燃煤自备电厂落后产能；规范管理资源综合利用自备电厂。

国务院发文，力争2020年年底前基本实现固体废物零进口

6月24日，国务院公布《中共中央国务院关于全面加强生态环境保护坚决打好污染防治攻坚战的意见》(简称《意见》)。《意见》提出，坚决打赢蓝天保卫战，着力打好碧水保卫战，扎实推进净土保卫战。

在固体废物污染防治方面，《意见》提出，将全面禁止洋垃圾入境，严厉打击走私，大幅减少固体废物进口种类和数量，力争2020年年底前基本实现固体废物零进口。这就意味着，作为进口固体废物一部分的废纸，到2020年年底前，或将全面禁止进口。

《中华人民共和国固体废物污染环境防治法(修订草案)(征求意见稿)》发布，危废违法罚款额提升

7月11日，生态环境部发布《中华人民共和国固体废物污染环境防治法(修订草案)(征求意见稿)》(简称《固废法》)，向社会公开征求意见。修订草案除了增设生产者责任延伸制度、垃圾分类制度等，还对具体罚则进行了修订，多项违法行为罚款提升至100万元，造纸企业、包装印刷企业环境违法成本进一步增大。特别需要指出的是，《固废法》修订草案增加了排污许可制度、环境保护税、环责险等多个方面内容，并重申“洋垃圾”禁止令。此外，修订草案还新增区域合作条文，统筹建设区域性危险废物集中处置设施。新法有望在2018年年底至2019年年初正式出台。

工业和信息化部发布《坚决打好工业和通信业污染防治攻坚战三年行动计划》

7月25日，工业和信息化部发布《坚决打好工业和通信业污染防治攻坚战三年行动计划》》(简称《计划》)。《计划》从调整优化产业结构和布局、加快推进绿色智能改造提升、培育壮大绿色制造产业以及加强组织领导、强化政策保障等几个方面对污染防治攻坚战行动进行了部署。共涉及11个省市的45个城市。《计划》明确，到2020年，规模以上企业单位工业增加值能耗比2015年下降18%，单位工业增加值用水量比2015年下降23%。

《计划》中与造纸行业相关的有：持续提高钢铁、石化、化工、印染、造纸和食品等高耗水行业用水效率；在冶金、建材、有色、化工、电镀、造纸、印染、农副食品加工等行业，以自愿性清洁生产审核为抓手，推进清洁生产技术改造。

全国人大表决通过《中华人民共和国土壤污染防治法》

8月31日，十三届全国人大常委会第五次会议表决通过了《中华人民共和国土壤污染防治法》(简称《土污染防治法》)，将于2019年1月1日起施行。《土污染防治法》确定了“预防为主、保护优先”等原则，落实了土壤污染防治的政府责任，建立了土壤污染责任人制度，特别是建立土壤污染状况普查和监测制度、土壤有毒有害物质的防控制度、土壤污染的风险管控和修复制度以及土壤污染防治基金制度。《土污染防治法》规定，污染土壤损害国家利益、社会公共利益的，有关机关和组织可以依照环境保护法、民事诉讼法、行政诉讼法等法律的规定向人民法院提起诉讼。

《京津冀及周边地区2018—2019年秋冬季大气污染综合治理攻坚行动方案》正式发布

9月28日，生态环境部及国家发展和改革委等十八部委联合印发通知，发布了《京津冀及周边地区2018—2019年秋冬季大气污染综合治理攻坚行动方案》(简称《方案》)。要求2018年10月1日至2019年3月31日，京津冀及周边地区细颗粒物(PM2.5)平均浓度同比下降3%左右，重度及以上污染天数同比减少3%左右。《方案》的实施范围为京津冀及周边地区，包含北京市、天津市以及河北、河南、山西、山东的多个地区(简称“2+26城市”)，动员全民共同打赢蓝天保卫战。

生态环境部发布《关于进一步强化生态环境保护监管执法的意见》

9月28日，生态环境部发布了《关于进一步强化生态环境保护监管执法的意见》(简称《意见》)。《意见》要求，强化和创新生态环境保护监管执法要重点抓好如下几个方面：一要落实企业主要负责人第一责任；二要全面推行“双随机、一公开”；三要利用科技手段精准发现违法问题；四要实施群众关切问题预警督办制度；五要集中力量查处大案要案；六要制定发布权力清单和责任清单。

《关于加强锅炉节能环保工作的通知》发布，全面提升锅炉节能环保水平

12月4日，国家市场监督管理总局、国家发展改革委、生态环境部联合发布《关于加强锅炉节能环保工作的通知》，对锅炉节能环保工作提出具体要求：城市建成区生物质锅炉实施超低排放改造；全国原则上不再新建每小时10蒸吨及以下的燃煤锅炉，重点区域(京津冀及周边地区、长三角地区和汾渭平原)全域和其他地区县级及以上城市建成区原则上不再新建每小时35蒸吨以下的燃煤锅炉；

重点区域保留的锅炉执行大气污染物特别排放限值或更严格的地方排放标准。

国家邮政局制定发布了《快递业绿色包装指南(试行)》，推动快递绿色包装

12 月 7 日，国家邮政局制定发布了《快递业绿色包装指南(试行)》(简称《指南》)，规定快递业绿色包装坚持标准化、减量化和可循环的工作目标，加强与上下游协同，逐步实现包装材料的减量化和再利用。《指南》指出，行业绿色包装工作的总体要求是，经营快递业务的企业应当按照规定使用环保包装材料。在不影响快件寄递安全的前提下，逐步选择低定量高强度的包装材料，设计和使用规格统一的包装或缓冲物；坚持规范作业生产，避免违规分拣操作；探索开发使用循环包装信息系统和回收装备。

（王　岩）

2017 年世界造纸工业概况

General Situation of Global Paper Industry in 2017

一、全球纸和纸板、纸浆的生产量及消费量

1. 纸和纸板生产量

2017 年全球纸和纸板总生产量为 4.1969 亿吨，比 2016 年的 4.1088 亿吨增长 2.0%。各大品种生产量分别是：新闻纸 2136 万吨，比 2016 年的 2312 万吨减少 7.6%；印刷书写纸 9832 万吨，比 2016 年的 9951 万吨减少 1.2%；生活用纸 3768 万吨，比 2016 年的 3630 万吨增长 3.8%；瓦楞材料（瓦楞原纸和箱纸板）1.7031 亿吨，比 2016 年的 1.6144 亿吨增长 5.5%；其他纸板 5886 万吨，比 2016 年的 5793 万吨增长 1.6%。在产品结构方面，新闻纸占 5.1%，印刷书写纸占 23.4%，生活用纸占 9.0%，瓦楞材料占 40.6%，其他纸板占 14.0%。新闻纸在纸和纸板总生产量中所占比例，连续多年出现下降趋势，2017 年所占比例较 2016 年又下降了 0.5 个百分点；相反，生活用纸和瓦楞材料所占比例逐年上升，2017 年所占比例较 2016 年分别增加了 0.2 个百分点和 1.3 个百分点。

2017 年全球纸和纸板生产量仍以亚洲最高，欧洲其次，北美洲居第 3 位，生产量分别为 1.9379 亿吨、1.0937 亿吨和 0.8231 亿吨，分别占全球纸和纸板总生产量的 46.2%、26.1% 和 19.6%。与 2016 年相比，亚洲、欧洲及北美洲生产量分别增长 3.4%、1.9% 及 0.1%。

2017 年中国纸和纸板生产量名列首位，美国居第 2 位，日本居第 3 位，生产量分别为 1.1130 亿吨、7228 万吨和 2652 万吨，分别比 2016 年增长 2.5%、0.2% 和 0.9%。这 3 个国家纸和纸板生产量分别占全球纸和纸板总生产量的 26.5%、17.2% 和 6.3%；这 3 个国家纸和纸板总生产量占全球纸和纸板总生产量的 50.1%，已超过 1/2。中国纸和纸板总生产量在全球纸和纸板总生产量所占比例由 2005 年的 15.3% 增长至 2017 年的 26.5%，超过全球纸和纸板总生产量的 1/4。

表 1 为 2017 年纸和纸板生产量排名前 10 位的国家。2016 年排名前 10 位的国家在 2017 年有所变化，瑞典挤掉加拿大进入前 10 位，前 4 位的名次不变，只是印度尼西亚超过韩国和印度位列第 5 位。在这 10 个造纸大国中，较 2016 年形势有所好转，只有韩国和印度 2 个国家纸和纸板生产量是负增长，而且幅度较小；而印度尼西亚和中国则出现 8.5%、2.5% 的高速增长。

表 1　2017 年纸和纸板生产量排名前 10 位的国家

排序	国家	生产量/万吨	同比/%
1	中国	11130	2.5
2	美国	7228	0.2
3	日本	2652	0.9
4	德国	2293	1.3
5	印度尼西亚	1186	8.5
6	韩国	1160	-0.4
7	印度	1123	-0.3
8	巴西	1059	1.2
9	芬兰	1028	1.3
10	瑞典	1026	1.6

2. 纸和纸板消费量

2017 年全球纸和纸板表观消费量为 4.2329 亿吨，比 2016 年的 4.1358 亿吨增长 2.35%。全球人均表观消费量为 57.2 千克。世界各地区中以北美洲人均表观消费量最高，为 209.7 千克，其次是欧洲和大洋洲，分别为 117.6 千克和 114.6 千克。亚洲人均表观消费量为 48.5 千克，拉丁美洲地区为 46.6 千克，非洲只有 7.7 千克。

2017 年世界各国中，中国纸和纸板表观消费量最高，为 1.0897 亿吨；其次是美国，为 7039 万吨；第 3 位是日本，为 2642 万吨。这 3 个国家的人均表观消费量分别是 78.0 千克、215.5 千克和 208.9 千克。

表 2 和表 3 分别列出了 2017 年纸和纸板表观消费量和人均表观消费量排名前 10 位的国家。

表 2　2017 年纸和纸板表观消费量排名前 10 位的国家

排序	国家	表观消费量/万吨	同比/%
1	中国	10897	4.6
2	美国	7039	-0.6
3	日本	2642	-0.1
4	德国	2035	0.6
5	印度	1374	1.3
6	意大利	1032	1.5
7	韩国	997	1.0
8	巴西	965	2.3
9	墨西哥	898	5.3
10	法国	887	1.0

表 3　2017 年纸和纸板人均表观消费量排名前 10 位的国家

排序	国家	人均表观消费量/千克
1	比利时	304.2
2	斯洛文尼亚	261.7
3	德国	252.5
4	奥地利	240.0
5	美国	215.5
6	阿联酋	212.8
7	日本	208.9
8	芬兰	199.8
9	新西兰	196.9
10	韩国	194.9

上述表观消费量超过 1000 万吨的 6 个国家中，中国、意大利、印度和德国的表观消费量比 2016 年分别增长了 4.6%、1.5%、1.3% 和 0.6%；美国和日本是负增长，分别为 -0.6% 和 -0.1%。

3. 纸浆生产量和消费量

2017 年全球纸浆总生产量为 1.8441 亿吨，比 2016 年的 1.8055 亿吨增长 2.1%。其中，化学浆生产量 1.4208 亿吨，比 2016 年增加 3.2%；机械浆生产量 2789 万吨，比 2016 年减少 2.2%。北美洲纸浆总生产量为 6430 万吨，与 2016 年持平，北美洲纸浆总生产量占全球纸浆总生产量的 34.9%。欧洲和亚洲纸浆总生产量分别为 4662 万吨和 4013 万吨，分别占全球纸浆总生产量的 25.3% 和 21.8%。全球机械浆生产集中在北美洲和欧洲，它们的生产量分别为 926 万吨和 1110 万吨。这 2 个地区机械浆生产量总和占全球机械浆总生产量的 73.0%，较 2016 年下降 0.7 个百分点。

2017 年美国、巴西和中国是纸浆生产量最多的 3 个国家，其纸浆总生产量分别是 4792 万吨、1959 万吨和 1647 万吨。

表 4 列出了 2017 年纸浆生产量排名前 10 位的国家。2016 年排名前 10 位的国家全部入围 2017 年的前 10 位。10 个国家中仅有加拿大和芬兰 2 个国家是负增长，下降幅度分别为 -0.7% 和 -0.1%。而印度尼西亚、俄罗斯、瑞典和巴西增幅较大，分别为 11.4%、5.5%、5.3% 和 4.4%。

表 4　2017 年纸浆生产量排名前 10 位的国家

排序	国家	生产量/万吨	同比/%
1	美国	4792	0.2
2	巴西	1959	4.4
3	中国	1647	3.2
4	加拿大	1638	-0.7
5	瑞典	1173	5.3
6	芬兰	1077	-0.1
7	日本	874	1.3
8	俄罗斯	865	5.5
9	印度尼西亚	811	11.4
10	智利	526	2.3

2017 年全球纸浆表观消费量为 1.8399 亿吨，比 2016 年的 1.8061 亿吨增长 1.9%。

二、全球纸业贸易概况

1. 纸浆

表 5 和表 6 分别是 2017 年纸浆净进口量和净出口量较多的国家。纸浆净进口量较多的国家有中国、德国、意大利、韩国、法国 5 个国家，纸浆净进口总量为 3358.7 万吨。与 2016 年相比，中国、

法国纸浆净进口量分别增长 12.7%、5.1%；德国、意大利、韩国分别下降 11.8%、2.7%、0.7%。除上述 5 个国家外，纸浆净进口量较多的国家还有土耳其(125 万吨)、日本(107 万吨)和印度(97.8 万吨)。纸浆净出口量较多的国家有巴西、加拿大、智利、印度尼西亚、芬兰 5 个国家，纸浆总净出口量为 3292.7 万吨。与 2016 年相比，巴西、加拿大、印度尼西亚、芬兰的净出口量分别增长 3.6%、3.5%、24.5%、7.4%；智利下降 3.5%。纸浆净出口量较多的国家还有瑞典(274.7 万吨)、乌拉圭(233.1 万吨)、俄罗斯(203.5 万吨)、葡萄牙(100.4 万吨)。

表 5　2017 年主要纸浆净进口国

排序	国家	净进口量/万吨	同比/%
1	中国	2362.1	12.7
2	德国	325.6	-11.8
3	意大利	308.5	-2.7
4	韩国	219.3	-0.7
5	法国	143.2	5.1
	合计	3358.7	

表 6　2017 年主要纸浆净出口国

排序	国家	净出口量/万吨	同比/%
1	巴西	1298.5	3.6
2	加拿大	921.3	3.5
3	智利	447.3	-3.5
4	印度尼西亚	321.0	24.5
5	芬兰	304.6	7.4
	合计	3292.7	

2. 纸和纸板产品

表 7 和表 8 分别是部分国家纸和纸板的净出口量和净进口量。由表 7 可见，芬兰和瑞典是纸和纸板净出口量最多的国家，芬兰净出口量为 918 万吨，占其纸和纸板总生产量的 89%，瑞典和加拿大净出口量分别为 870 万吨和 446 万吨，分别占其纸和纸板总生产量的 85% 和 45%。由表 8 可见，英国是纸和纸板净进口量最多的国家，其净进口量为 464 万吨，占其表观消费量的 54.6%，1/2 以上的消费量依赖于进口。净进口量较多的国家还有墨西哥、印度和土耳其，其净进口量分别为 323 万吨、251 万吨和 190 万吨。

表 7　2017 年部分国家纸和纸板净出口量

排序	国家	净出口量/万吨
1	芬兰	918
2	瑞典	870
3	加拿大	446
4	印度尼西亚	387
5	奥地利	276
6	德国	258
7	中国	233
8	美国	189
9	俄罗斯	182
10	韩国	163

表 8　2017 年部分国家和地区纸和纸板净进口量

排序	国家和地区	净进口量/万吨
1	英国	464
2	墨西哥	323
3	印度	251
4	土耳其	190
5	越南	157
6	马来西亚	152
7	比利时	147
8	波兰	137
9	菲律宾	127
10	意大利	118

表 9 是 2017 年部分国家新闻纸生产量及进出口量。2017 年加拿大的新闻纸无论是生产量还是出口量都位列第 1 位，生产量 308 万吨，出口量 251 万吨，出口量占其生产量的 81%。日本新闻纸生产量 278 万吨，位列第 2 位。中国新闻纸生产量 235 万吨，居第 3 位。俄罗斯新闻纸出口量 113 万吨，占其生产量的 75%，是国际上第二大新闻纸出口国。加拿大、日本和中国 3 个国家新闻纸总生产量 821 万吨，占全球新闻纸总生产量的 38%。中国新闻纸生产量占全球新闻纸总生产量的 11%。2017 年进口新闻纸最多的国家为印度，进口量为 154 万吨，占新闻纸表观消费量的 64%。其次是美国，2017 年新闻纸进口量为 151 万吨，占新闻纸表观消费量的 62%。美国新闻纸消费量由 2008 年的 681 万吨连续减至 2017 年的 245 万吨，9 年时间下降了 64%，这也反映了全球新闻纸消费量不断下降的大

趋势。进口新闻纸较多的国家和地区还有德国(89万吨)、英国(56万吨)、意大利(56万吨)、中国(33万吨)、荷兰(31万吨)、法国(28万吨)、土耳其(23万吨)及中国的香港地区(16万吨)和台湾省(12万吨)。

表9　2017年部分国家新闻纸生产量及进出口量

单位：万吨

国家	生产量	进口量	出口量
加拿大	308	0.6	251.0
日本	278	1.1	0.4
中国	235	33.0	1.0
德国	159	89.0	67.0
俄罗斯	150	0.3	113.0
美国	121	151.0	27.0
韩国	112	0	54.0
瑞典	101	2.0	84.0
印度	89	154.0	1.0
法国	68	28.0	59.0
英国	56	56.0	25.0

表10是2017年部分国家印刷书写纸的生产量和进出口量。生产量位居前3位的是中国、美国和日本，分别为2555万吨、1286万吨和824万吨。印刷书写纸出口量最多的依次是德国(529万吨)、芬兰(493万吨)、印度尼西亚(315万吨)、中国(285万吨)，它们的出口量分别占其生产量的78%、97%、65%和11%；印刷书写纸进口量最多的依次是德国(463万吨)、美国(415万吨)和法国(219万吨)，它们的进口量分别占其消费量的76%、27%和78%。2017年，上述国家中，除中国、德国、印度尼西亚印刷书写纸的生产量同比略有增长外，其余国家的印刷书写纸生产量都有不同程度的下降。

表11是2017年部分国家涂布印刷纸的生产量和进出口量。涂布印刷纸生产量最高的依次是中国(765万吨)、美国(498万吨)、日本(488万吨)、芬兰(329万吨)和德国(328万吨)；与2016年相比，表11中除中国、日本、德国、奥地利外各国均为减产。出口量最多的是德国(324万吨)和芬兰(322万吨)。进口量最多的也是德国(250万吨)。净出口量最多的是芬兰，达320万吨。芬兰、日本和德国的涂布印刷纸生产量占其印刷书写纸生产量比例分别高达65%、59%和48%；而中国涂布印刷纸生产量仅占其印刷书写纸生产量的30%。涂布印刷纸是中国出口量最大的纸种，2017年出口量达176万吨，仅在德国、芬兰之后。

表10　2017年部分国家印刷书写纸生产量和进出口量

单位：万吨

国家	生产量	进口量	出口量
中国	2555	108	285
美国	1286	415	178
日本	824	98	87
德国	677	463	529
芬兰	508	6	493
印度尼西亚	485	12	315
加拿大	295	70	243
瑞典	258	12	244
法国	154	219	94

表11　2017年部分国家涂布印刷纸生产量和进出口量

单位：万吨

国家	生产量	进口量	出口量
中国	765	45	176
美国	498	149	83
日本	488	35	60
芬兰	329	2	322
德国	328	250	324
意大利	201	61	138
奥地利	127	27	124
比利时	87	83	81
法国	72	108	50
瑞典	69	7	65

表12是2017年部分国家瓦楞材料的生产量和进出口量，中国的瓦楞材料生产量比美国多1000万吨以上，分别为4720万吨和3402万吨，分别占全球瓦楞材料总生产量的28%和20%，中国和美国的瓦楞材料合计生产量已占全球瓦楞材料总生产量的近1/2。瓦楞材料净出口量最大的仍为美国，净出口量达471万吨；净出口量较大的国家还有瑞典(182万吨)和德国(169万吨)。净进口量较大的国家有中国(186万吨)和意大利(165万吨)。

表13是2017年部分国家生活用纸生产量和进出口量。生活用纸生产量以中国和美国最高，分别为960万吨和802万吨。这2个国家生活用纸生产

表 12　2017 年部分国家瓦楞材料的生产量和进出口量　　单位：万吨

国家	生产量	进口量	出口量	净出口
中国	4720	202	16	-186
美国	3402	125	596	471
日本	968	4	57	53
德国	834	255	424	169
韩国	507	15	34	19
法国	363	112	148	36
俄罗斯	363	5	68	63
意大利	240	180	15	-165
瑞典	225	27	209	182
加拿大	210	97	135	38

量之和占全球生活用纸总生产量的 46.8%。生活用纸的国际贸易量较少，在表 13 所列的几个国家中，净出口量较高的有中国和意大利，均为 70 万吨。

表 13　2017 年部分国家生活用纸生产量和进出口量　　单位：万吨

国家	生产量	进口量	出口量
中国	960	4	74
美国	802	99	54
日本	179	21	2
意大利	161	12	82
德国	151	70	76

参考资料：Risi 有关数据和中国造纸协会发布的《中国造纸工业 2017 年度报告》。

（郭彩云　梁　川）

国外开设制浆造纸专业的大学

Foreign Universities Offering Pulping and Papermaking Courses

美国(AMERICA)

奥本大学

奥本大学是美国一所规模比较大的有着全面教育的公立大学，成立于 1856 年。位于阿拉巴马州的奥本大学城。奥本大学设有农业学院、建筑学院、商学院、教育学院、塞缪尔吉恩工程学院、林业和野生生物科学院、研究生院、荣誉学院、人文科学院、文理学院、护理学院、哈里森药学院、数学科学院和兽医学院，另外还设有 MBA 项目。可授予本科、硕士和博士学位，专业设置广泛。与制浆造纸相关专业有：生物工程/森林工程、化学工程、环境科学、林业、材料工程。

下设 Alabama 造纸和生物资源工程研究中心。有制浆造纸基金会。

佐治亚理工学院

佐治亚理工学院始建于1885 年10 月13 日，最初被称作佐治亚技术学校，位于美国佐治亚州的亚特兰大，是一所公立研究型大学。佐治亚理工学院是佐治亚大学系统的一部分，该校在佐治亚州的沙瓦纳、法国的梅斯、爱尔兰的阿斯龙、中国的上海和新加坡等地设有卫星校区。学院最初成立时，仅设立机械工程专业。1901 年，该校的专业已扩展到电子工程、土木工程、化学工程专业。1948 年，学校正式更名为佐治亚理工学院。目前，佐治亚理工学院共下设6 所学院，包括31 个系别，学科重点设在自然科学和技术领域。学校著名的专业有工程学、计算机、自然科学，颁发建筑学、文学和管理学。佐治亚理工学院的排名情况一直很好，在最近 10 年里，该校一直居于美国十大公立大学行列。

佐治亚理工学院的代表学科是工科。该校是美国最好的理工学院之一。造纸科技研究所(IPST)专门从事造纸科学与技术的研究及教育，是佐治亚理工学院下设的机构，在造纸科技方面处于世界一流水平。造纸科技研究所于 1989 年搬到佐治亚理工学院所在的校区，并与其建立了多方面的合作关系。学校提供有专科证书、硕士学位和博士学位，其中，硕士专业有化学与生物分子工程、化学和生物化学、材料科学与工程和机械工程等。此外还有众多的研究项目，包括防护涂层、智能包装、纤维复合材料、纳米材料、森林生物学、新化工产品、热加工、回收、环境控制、二氧化碳减排、环境可持续发展的化学处理、制浆和漂白、化学回收、脱水和干燥、涂料、腐蚀、能源、传感器和控制、全球化的影响、企业效益等。造纸科技研究所的造纸以及相关产业一直处于行业科学技术的领先水平，有着非常悠久的历史。

迈阿密大学

迈阿密大学成立于 1925 年，是一所私立的非宗教大学。迈阿密大学目前拥有建筑学院、教育学院、工学院、法学院、通信学院、工商管理学院、艺术与科学学院、海洋与大气科学学院、医学院、音乐学院、护理与卫生学院、研究生学院 12 个学院，提供180 多个本科、硕士和博士专业。有造纸科学与工程基金会。

北卡罗莱纳州立大学

北卡罗莱纳州立大学是一所公立的研究型大学，位于美国北卡罗莱纳州雷利市，是北卡罗莱纳州教育系统的主要教育机构。北卡罗莱纳州立大学于1887 年3 月7 日由北卡罗莱纳州联合会成立。如今，北卡罗莱纳州立大学在校学生超过 3 万名，是目前北卡罗莱纳州规模最大的大学。学校在农业、设计、工程和纺织品方面有着非常悠久的历史，目前学校可授予学士、硕士和博士学位，同时开设有相关领域的证书课程，专业设置广泛。

下设森林与生物材料科学系和木材与造纸科学系。

纽约州立大学

纽约州立大学最初于 1816 年成立于纽约波茨坦，随着各个州立大学的成立，直至 1948 年纽约州立大学趋于完善，由 64 个学院组成，近 47 万名在校学生和 8 万多名教职员工。在众多分校中以宾汉姆顿、布法罗、石溪和奥尔巴尼分校 4 所国家级研究型大学最为卓著。四大分校中又以宾汉姆顿分校排名和声望最高，被誉为纽约州立大学“皇冠上的珍珠”。

环境科学与林业学院——造纸与生物处理工程系设有造纸研究所。

威斯康星大学麦迪逊分校

威斯康星大学麦迪逊分校创建于 1848 年，位于美国威斯康星州首府麦迪逊市，是美国顶尖公立研究型大学，也是世界上最负盛名的公立大学。该校是威斯康星大学系统的旗帜性学校，是美国大学协会的创始会员之一，也是美国知名的十大联盟的创始成员之一，被誉为“公立常春藤”，与加州大学伯克利分校和密歇根大学齐名。

该校拥有人文科学研究所、埃尔维耶姆艺术博物馆、科勒艺术图书馆、米尔斯音乐图书馆、自然科学实验室、空间科学与工程中心、威斯康星临床癌症研究中心、生物技术中心、农业试验研究所、食品研究所、酶研究所、植物园、材料科学研究中心、贫困问题研究所、罗伯特－拉福莱特公共事务研究所、社会科学研究所、教育研究和发展中心、环境研究所、人口统计学和生态学中心、工业关系研究所、USDA 林产品实验室、国立大气研究中心、伍兹·霍尔海洋生物学实验室等一大批知名的科研教学设施。

该校设有生物化学专业和生物能源研究中心。

缅因大学

缅因大学于 1865 年成立，前身是缅因农业与机械艺术学院，1897 年成为缅因大学。1968 年，发展成为拥有 7 所独立大学校园和 10 个独立教学中心的缅因大学体系，现为缅因州最大的大学。缅因大学主校区位于美国东北部缅因州欧洛诺市（Orono）。缅因大学下设 5 个学院，分别是商业、公共政策与健康学院，教育与人类发展学院，工程学院，文学院，自然资源、森林与农业学院。学校可提供学士、硕士、博士学位课程，同时开设语言中心和继续教育网络课程，为更多的学生提供学习机会。

与造纸相关的有林业生物质产品研究所，包括制浆造纸、生物质精炼等研究方向。

明尼苏达大学

明尼苏达大学双城分校是一所位于美国明尼苏达州双城（即明尼阿波利斯市－圣保罗市都会区）的公立大学，为明尼苏达大学系统中历史最悠久、规模最大的分校，常被直接称为明尼苏达大学。校园主体面积达 1104. 8 公顷，位列全美第 6 位。

明尼苏达大学始建于 1851 年。经过 160 多年的发展，已经成为拥有 5 所分校、370 个专业、5 万多名在校学生以及众多国际知名教授和学者的高等教学和研究机构。明尼苏达大学是十大联盟的成员大学之一，位居最负盛名的大学之列，具有优秀的教育、体育和服务社会传统，被誉为“公立常青藤”。明尼苏达大学也是美国最具综合性的高等学府，该校共有 161 个学士专业、218 个硕士专业和 114 个博士专业。明尼苏达大学拥有顶尖的理工学院，其排名一直保持在全美前 20 名之列。

华盛顿大学

华盛顿大学（西雅图）建于 1861 年，是一所公立研究型大学，也是美国西岸历史最悠久的公立大学，为美国大学协会的成员。大学建校时是私立学校，到 1889 年被收归华盛顿州所有。该校设有多个学院，如人造环境学院、艺术与科学学院、迈克尔 G·福斯特商学院、口腔学院、教育学院、工程学院、森林资源学院、信息学院、亨利 M·杰克逊国际研究学院、法学院、医学院、护理学院、海洋与渔业科学学院、药学院、丹尼尔 J·埃文斯公共事务学院、公共健康学院、社会工作学院。华盛顿大学开设了多个本科、硕士、博士课程，如美国伦理研究、人类学、应用数学、艺术、亚洲语言和文学、生物学、化学、古典学、通信学、比较文学、计算机科学、舞蹈、数字艺术和实验媒体、戏剧、地球与空间科学、经济学、英语、环境研究、地理学、日耳曼语、历史、科学史与科学哲学、人文学、国际研究、法学等。

美国佛罗里达大学

佛罗里达大学（简称“UF”）是位于美国佛罗里达州盖恩斯维尔（Gainesville）的一所著名的公立研究型大学。是北美顶尖大学联盟美国大学协会（AAU）成员之一，建校可追溯至 1853 年。

佛罗里达大学是全美入学人数排名第三的大学，在新闻传播、工程、法律、药学等多个领域都设有研究生项目，在 87 个院系共设有 123 个硕士项目和 76 个博士项目。

UF 是由 21 个专门院校、100 多个研究、服务机构以及教育中心所组成，提供了超过 100 种大学部主修科系与近 200 项研究所课程，且多数的课程采用小班制，一个班级通常少于 25 人，因此教学品质能维持在较高水平。

佛罗里达大学也是研究多种能源的领先者，重点是乙醇燃料、核能和太阳能领域。该校也是世界上最大的蝶类和蛾类标本收集中心之一。

UF 设置的学院包括：农学与生命科学、商业管理、建筑设计与规划、牙医、教育、工程、现代艺术、健康与人类行为、新闻传播、法律、人文艺术与科学、医学、护理、药学、公共卫生与健康、兽医。

西密歇根大学

西密歇根大学建于 1903 年，坐落于美国密歇根州喀拉马索市，是密歇根州第四大公立大学。西密歇根大学是一所研究型大学，可提供学士、硕士、博士学位。西密歇根大学设有艺术与科学学院、航空学院、哈沃什商业学院、教育学院、工程与应用科学学院、美术学院、卫生与公共服务学院和研究生学院。

与造纸相关的有造纸工程、化学工程专业。

巴西(BRAZIL)

维索萨联邦大学

维索萨联邦大学成立于 1922 年，是一所中型规模的公立研究型综合大学。

加拿大(CANADA)

新布伦瑞克大学

新布伦瑞克大学是加拿大一所坐落在新布伦兹维克省的公立大学，是加拿大资格最老的英语语言大学，也是北美地区最早的公共院校。主校区于 1785 年建立在弗雷德里克顿市，分校区于 1964 年建立于圣约翰市。另外，还有 2 个小的卫星健康科学校区分别坐落在巴瑟斯特市和蒙克顿市。新布伦瑞克大学曾被《麦克林》杂志誉为加拿大最著名的 5 所综合性大学之一。

与造纸相关的有利莫瑞克制浆造纸中心，位于加拿大新布伦瑞克省弗雷德里顿市。

英属哥伦比亚大学

英属哥伦比亚大学是加拿大著名的 8 所大学之一。成立于 1908 年，距今已有 100 多年历史。英属哥伦比亚大学以其极高的声望和影响力，以及广泛的专业设置，吸引成千上万的国内外学生前来就读。英属哥伦比亚大学不仅是北美名牌大学之一，在国际上也享有盛誉。

与造纸相关的有制浆造纸中心。

魁北克大学三河分校

魁北克大学是为了满足魁北克社会发展需要于 20 世纪 70 年代成立的一所法语大学，由分布在魁北克省几个重要地区的 10 个分校组成，是目前加拿大办学规模最大，在校学生最多的大学。魁北克大学各个分校及学院既有合作又保持相对独立，其办学方向及课程设置各具特色，其中，蒙特利尔分校(UQAM)规模最大，三河分校(UQTR)位居第二。

三河分校地处魁北克省中心地带，位于美洲第二大法裔文明古城三河市内，建校于 1969 年，开设了包括本科、硕士、博士 3 个阶段的教育，近 150 个专业的课程，现有学生 11000 多人，其中，包括来自 57 个国家的近 900 名国际学生。

魁北克大学三河分校的办学特色在于其“以人为本，研究为上”的办学方针和宽松的学习研究氛围。全校共有约 20 多个研究团队，集中在纸浆与造纸、生物工程、工业电子、中小型企业管理等领域，具备极强的科研实力。对于母语不是法语的国际学生而言，三河分校的另一个显著特点及优势是设有帮助学生更快融入法语学习的国际法语学院。

麦吉尔大学

麦吉尔大学(McGill University)，坐落在加拿大魁北克省蒙特利尔市，于 1821 年遵循 James McGill 先生的遗嘱所建，百年来一直在国际上极负盛誉，历史上与哈佛大学齐名，是一所蜚声全球的世界顶尖研究型大学。麦吉尔大学吸引了加拿大、美国及世界各地最优秀的学生，其新生入学平均分数位居加拿大第一，是全加拿大最难申请的大学。麦吉尔大学有着辉煌历史和非凡成就，长期以来，在欧美声誉崇高，极受推崇和青睐。教学及研究水准被认为可媲美美国八大常春藤盟校，其研究水平享誉世界，被称为“北方哈佛”。多次名列加拿大第一，世界大学排名前 20 位。

与造纸相关的有环境工程、生物资源工程。

麦克马斯特大学

麦克马斯特大学成立于 1887 年，位于加拿大安大略省汉密尔顿市。作为加拿大中型规模的大学，麦克马斯特大学以其独特的创新性和求实理念而成为加拿大最著名的大学之一。其革新性的教学，具有国际竞争性的奖学金和研究成果人所共知。在加拿大一流大学评比中，麦克马斯特大学连年被誉为最富有创造力与革新精神的学府。麦克马斯特大学在能源、材料、制造、机械等传统工业方面的研究能力首屈一指，在数字通讯和电脑硬件等高科技领域也堪称一流。

制浆造纸研究中心归属化学工程系。

多伦多大学

多伦多大学是加拿大最古老、最著名的公立大学之一，学校始于 1827 年英国乔治四世颁布的皇家宪章，是殖民时代加拿大最早建立的高等学府。受英国大学制度影响，多伦多大学是美洲少数实行独立书院制的学府，各书院享有高度自治权。多伦多大学共有 3 个校区，分别是位于乔治校区（St-George Campus），也是多伦多大学的主校区；位于士嘉堡的士嘉堡校区（University of Toronto at Scarborough）；以及位于密西沙加的密西沙加校区（University of Toronto at Mississauga）。多伦多大学以其极高的声望和影响力，吸引了世界各地的大批优秀学生前来就读。多伦多大学已连续多年位于加拿大国内大学排名榜榜首，被公认为加拿大综合实力最强的顶尖学府。

制浆造纸中心归属于化学工程和应用化学系，始建于 1987 年，由 Doug Reeve 教授创建。

肯高迪亚大学

肯高迪亚大学是加拿大一所综合性的公立大学，学校位于加拿大魁北克省蒙特利尔市。该校也是加拿大最大的高等教育机构之一。肯高迪亚大学的学术根源可以追溯到 19 世纪后期，学校最早作为 2 个独立的学校存在——基督教经营的罗耀拉大学和香港中华基督教青年会的乔治·威廉姆斯大学。学校在 1974 年由这 2 个机构合并而成，名字来源于蒙特利尔市的座右铭——肯高迪亚萨卢斯，意味着安宁和睦。据巴黎高等矿业学院的全球排名统计，肯高迪亚大学毕业生占据财富五百强 CEO 位置的比例加拿大排名第一，世界排名第 33 名。肯高迪亚大学也是公认的加拿大顶级的工程学院之一。

湖首大学

湖首大学于 1946 年成立，位于安大略省的桑德贝市。学校靠近五大湖之一的苏必利尔湖。大学地处市中心，拥有良好的天然教育环境与天然实验室。

澳大利亚（AUSTRALIA）

莫纳什大学

莫纳什大学是澳大利亚规模最大的国立大学之一，始建于 1958 年。莫纳什大学是澳大利亚八大名校之一，是一所国际性的大学，在墨尔本本部有 6 个校区；在南非、马来西亚设有分校；在全球共设有 75 个研究中心，此外还与美洲、亚洲、非洲、中东地区、欧洲超过 110 个研究中心建立了全球化研究网络与交流链接。2014 年，该校将其吉普斯兰校区分离出来，与原巴拉瑞特大学合并成了澳大利亚联邦大学。莫纳什大学设有十大学院，包括艺术与设计学院、文学院、商学与经济学院、教育学院、工程学院、信息技术学院、法学院、医学护理与健康学院、制药学院以及理学院。学校的优势学科有商业与经济学、信息技术、教育、艺术与设计、工程学、法律、医学等。莫纳什大学被评为澳大利亚五星级大学。

澳大利亚制浆造纸研究院成立于 1989 年，是莫纳什大学化学工程系的一部分。

悉尼大学

悉尼大学（The University of Sydney）是一所世界顶尖研究型学府，始建于 1850 年，是澳大利亚第一所大学。悉尼大学是澳大利亚 6 所砂岩学府（Sandstone Universities）之一，也是澳大利亚八大名校（Group of Eight）的核心盟校成员，国际著名研究型大学联盟组织环太平洋大学联盟（APRU）、亚太国际贸易教育暨研究联盟（PACIBER）的成员大学之一。

与造纸相关专业有可持续技术、化学与生物分子工程。

日本（JAPAN）

东京大学

东京大学诞生于 1877 年，初设法学、理学、文学、医学 4 个学部，是日本第一所国立大学，也是亚洲最早的西制大学之一。学校于 1886 年更名为帝国大学，这也是日本建立的第一所帝国大学。1897 年，易名东京帝国大学，以区分同年在京都创立的京都帝国大学；1947 年 9 月，正式定名为东京大学。

造纸相关：农业与生命科学院生物材料科学系木材化学实验室。

北海道大学

北海道大学是日本一所国立大学，也是历史上 7 所旧制帝国大学之一，建立于 1876 年，1918 年开设大学教育。硕士、博士专业开设有文学研究科、教育学研究科、法学研究科、经济学研究科、理学院研究院、医学研究科、齿学研究科、药学研究科、工学研究科、农学院研究院、兽医学研究科、水产科学院、水产科学研究院、国际广报媒体研究科、情报科学研究科、环境科学院、地球环境科学研究院、生命科学院、先端生命科学研究院、公共政策学教育部、连协研究部。大学附属研究所包括低温科学研究所、电子科学研究所、遗传因子病制御研究所、机器分析中心、高等教育机能开发综合中心、高等法政教育中心、综合博物馆等。在日本高等教育学府中占有举足轻重的地位。

造纸相关：农学院，工学院，环境学院。

韩国(KOREA)

忠北国立大学

忠北国立大学位于韩国忠清北道清州市，至今已有半个世纪的历史，是韩国的主要 10 所大学之一。自 1957 年大学最初以清州初级农业学院成立以来，现今忠北国立大学已经成长为在韩国教育和研究领域处于领先地位的综合机构。大学共设有 12 个学院，包括人文学院、社会科学学院、自然科学学院、商业管理学院、工程学院、农生学院、法学院、教育学院、人类生态学院、兽医学院、制药学院、医学院，10 个学校，55 个系和 6 个研究生院。

大学在信息通讯、保健医疗、生命工程、农业、林业、水产业等方面独具特色，特别是被指定为国家重点支援大学。

造纸相关：农生学院木材与造纸科学系。

忠南大学

忠南大学是韩国一所 4 年制国立大学，于 1952 年成立，地处具有韩国“硅谷”之称的大德研究基地。忠南大学共开设了 13 个研究生院(包括一般研究生院、经营研究生院、教育研究生院、行政研究生院、保健研究生院、产业研究生院、专利法务研究生院、安全保障研究生院、医学专门研究生院、法学专门研究生院、分析科学技术研究生院、绿色能源技术专门研究生院、新药专门研究生院)、15 个单科学院(人文学院、社会科学学院、自然科学学院、经商学院、工科学院、农业生命科学学院、法学院、医学院、药学院、生活科学学院、艺术学院、兽医学院、师范学院、看护学院、生命系统科学学院)和 1 个自由专门学部。

造纸相关：生命科学与农业学院 - 生物质材料。

联系方式：Dept. of Biobased Materials，College of Life Science and Agriculture，Chungnam National University，Daejeon，South Korea。

江原大学

江原大学建校于 1947 年，为国立综合大学，位于韩国东北部的江原道省会城市春川，由 17 个本科大学(4 年制、5 年制)，5 个研究生院(硕士 2 年、博士 3 年、硕博连读 5 年)，2 个专门研究生院(法学专门研究生院、医学专门研究生院)，共有 288 个本科专业、120 个研究生专业、59 个博士生专业，已获得博士学位的教授占 99%。

大学设有造纸工学系。

首尔国立大学

首尔国立大学原名汉城大学，是韩国最有名望的国立大学，也是韩国三大名校之一。1946 年 10 月 15 日，根据《国立汉城大学设立相关法令》合并汉城附近 10 所学校成立汉城大学，合并的学校有：京城大学、京城法学专门学校、京城工业专门学校、京城矿山专门学校、京城医学专门学校、水原农林专门学校、京城经济专门学校、京城齿科医学专门学校、京城师范学校、京城女子师范学校。开设本科、硕士和博士课程，设立人文学院、社会科学院、自然科学院、看护学院、经营学院、理工科学院、农业生命科学学院、美术学院、法学院、生活科学学院、兽医学院、药学院、音乐学院、医科学院、自由专业学院、联合专业学院等本科学院。研究生院包括一般研究生院和专门研究生院，包括保健研究生院、行政研究生院、环境研究生院、国际研究生院、齿科研究生院、经营专门研究生院、医学研究生院、法学研究生院、融合科学技术研究生院。

造纸相关：农业与生命科学学院林业科学系。

联系方式：Department of Forest Sciences，College of Agriculture and Life Sciences，Seoul National University，151 - 921，Seoul，Korea。

庆熙大学

庆熙大学是 1949 年创办的一所综合性大学，是韩国的著名高等学府，现有 3 个校区及 20 多个系科，分布在首尔、水原和光陵。现已是代表韩国的最佳私立大学之一，在韩国排名第 5 位。该校至今开设了人文、社会、理工、医学、艺术、体育等方面的 100 多个专业，其中，经营学、经济学、医学、新闻信息学方面的研究业绩尤为突出，而且正积极引入酒店观光经营学等新学部制度。

庆熙大学开设 26 个学院和 16 个研究生院，并设有庆熙网络大学。庆熙大学开设本科、硕士、博士课程。

造纸相关：化学工程、环境工程、环境化学及新材料科学、高分子纤维新材料。

联系方式：Center for Environmental Studies，Department of Environmental Science and Engineering，Kyung Hee University，Seocheon-dong 1，Gyeonggi-Do，446－701，Korea。

印度尼西亚(INDONESIA)

茂物农业大学

茂物农业大学(IPB)兼具农、林、渔、畜以及社会科学的多种学科和领域的综合性大学，尤其热带作物研究处于世界领先水平。

马来西亚(MALAYSIA)

马来西亚国民大学

马来西亚国民大学是一所马来西亚教育部和我国教育部一致认可的公立大学。创立于 1970 年，是马来西亚一所极负盛名的综合性大学，同时也是马来西亚政府创办的第 3 所公立大学。学校排名居全亚洲前 20 位，具备学士、硕士、博士颁发资格，其工程和科技专业一直处于国内大学的领先水准。学校共设有 12 个学院，作为一所综合性大学，专业非常广泛，包括文科、理科、商科、教育、工程、法律、医学、伊斯兰研究等各类学科。

造纸相关：材料科学、环境科学。

泰国(THAILAND)

亚洲理工学院

亚洲理工学院(Asian Institute of Technology，简称 AIT)，始创于 1959 年，当时是东盟为了促进亚洲高级工程方面的教育而成立的，1967 年 11 月开始正式使用目前的学院名称。现已发展成为由全世界许多国家和地区的政府(包括我国政府)、国际组织、基金会、商务机构和个人资助的亚洲最大的国际性研究生院之一。

亚洲理工学院位于泰国巴吞他尼府，是泰国一所私立性综合大学。由 4 个学校构成：高级技术学校、内部工程学校、环境资源与开发学校和管理学校。每一个学校都具有授予博士学位、硕士学位及学士学位的资格。

造纸相关：制浆与造纸技术，环境工程管理。

印度(INDIA)

印度理工学院卢克里分校

印度理工学院是由印度政府所建设，被称为印度“科学皇冠上的瑰宝”，是印度最顶尖的工程教育与研究机构。印度理工学院培养的 IT 人才遍及世界各地，美国硅谷更是这些 IT 人才的聚集地。印度理工学院为印度软件业在世界范围内的成功作出了不可磨灭的贡献。

印度理工学院创建于 1951 年，在全国共设有 7 所校区，分别是：德里(Delhi)理工学院、坎普尔(Kanpur)理工学院、卡哈拉格普尔(Kharagpur)理工学院、马德拉斯(Madras)理工学院、孟买(Mumbai)理工学院、瓜哈提(Guwahati)理工学院和卢克里(Roorkee)理工学院。

卢克里理工学院的基础学科领域有：化学、地球科学、人类学、物理和数学；工程学科领域有：建筑、生物、化工、土木、地震、电力、电子与计算机、机械与工业、冶金以及造纸；应用研究领域有水文地理学、管理和水资源。

伊朗(IRAN)

古尔甘农业科学和自然资源大学

古尔甘农业科学和自然资源大学成立于 1957 年，大学设置 9 个学院，包括本科及研究生共 2800 人。大学位于历史古城戈勒斯坦省(Golestan)的戈尔甘市(Gorgan)。

造纸相关：制浆造纸系，林业和木材技术。

伊斯兰自由大学

伊斯兰自由大学是世界上第三大大学，世界上第一大的私立大学。总部位于伊朗德黑兰。成立于 1982 年，150 万名在校生，在国内及国外有 100 多个分支机构。

造纸相关：农业科学与自然资源系。

德黑兰大学

德黑兰大学是伊朗最古老的现代化大学，也被称作“伊朗的母亲大学”，被冠以“伊朗最好的大学”的美誉。提供 111 个学士学位项目，177 个硕士学位项目及 156 个博士学位项目。

造纸相关：自然资源系。

奥地利(AUSTRIA)

维也纳农业大学

维也纳农业大学是奥地利的一所公立高等院校，成立于1872年。该校教学与研究方向以自然科学、工程学和社会经济学等专业为主。现设有多个专业院系：材料科学与工艺技术、生物技术、水-大气-环境、纳米生物技术、化学、综合生物学和生物多样性研究、食品科学与技术、景观空间与基础设施、经济学和社会学、可持续发展农业体系、工程学与自然灾害、森林与土壤科学、应用植物科学与植物生物技术、农业生物技术和应用遗传学和细胞生物学等学院。维也纳农业大学本科课程有：食品学与生物技术、环境与生物资源管理、木材研究、农业学等；硕士专业课程有：环境与生物资源管理、景观规划与景观设计、水资源与环境、森林资源、动物学、农业生物学等；博士学位课程有：土地开垦、社会经济学。此外，维也纳农业大学还为留学生提供德语培训课程。

英国(ENGLAND)

伯明翰大学

伯明翰大学(University of Birmingham)，位于英国第二大城市伯明翰市，始建于1825年，世界百强名校，英国顶尖学府，在英国乃至全世界一直享有极高美誉。英国著名的6所“红砖大学”之一，英国名校联盟“罗素大学集团”和国际大学组织“Universitas 21”的创始成员。伯明翰大学以其优秀的教学质量与科研水平在国际上享有较高声誉。

造纸相关：环境科学。

威尔士大学

威尔士大学是一所联合大学，于1893年根据英国皇家宪章成立。2007年学校由联邦制改为独立机构，从而使其旗下的几所大学于2008年获得自主授予学位的权利，并就此成为独立的教育机构，如邦格大学、斯旺西大学、艾伯瑞斯特维斯大学等。威尔士大学因其注重教育而广为人知。

威尔士大学由6所分校和2所学院组成，这6所大学和2所学院承担了威尔士大学主要的教学和科研任务。威尔士大学是其分校和英国国内外数十所成员学院的学位证书颁发的认证和管理机构，在国内外有较大的影响。学校开设从预科到博士各种层次的专业课程，包括表演、古代史、人类学、应用哲学、考古学、中国研究、古典研究、算法、创意写作、神学、数码插图、英语与英语教学、历史学、管理与信息技术、摄影、心理学、小学教育、宗教研究、体育、旅游等。学校同时开设网络教育，主要提供研究生阶段学位和证书课程。

造纸相关：生物合成研究中心。

法国(FRENCH)

巴黎综合理工大学

巴黎综合理工大学，系1794年创立的法国工程师学校，创立时校名为“中央公共工程学院”。它是一所公立的教学、科研机构，隶属于法国国防部。从2007年起，综合理工大学成为法国高等教育和科研的核心之一——巴黎高科集团的创立成员。

巴黎综合理工大学每届培养500名工程师学生。学校还培养博士生(从1985年起)和硕士生(从2004年起)。“综合理工人”毕业后大多进入法国或者国际上的私有企业，还有20%的优秀毕业生选择进入国家高级机关单位。

麻省理工学院和哥伦比亚大学认为它是法国最负盛名的工程师大学。在世界大学排行中，《泰晤士报》将巴黎综合理工大学排在第34位；在上海交通大学的排名中位居第201位；巴黎矿业学校的“国际高等教育机构专业排名”将其排在第14位。

格勒诺布尔理工大学

格勒诺布尔理工大学(又称 le groupe Grenoble INP)成立于2007年，是由创办于1970年的国立格勒诺布尔理工学院和创建于1900年的电气学院合并而成。到2008年年初，国立格勒诺布尔综合理工学院是由6所工程师学院(土木工程学院，流体机械及环境工程学院，应用数学与信息学院，物理、电子与材料学院，国际造纸工程、印刷通讯和生物材料学院，先进系统与网络学院)、1个工程师预科班(与洛林国立理工学院和图卢兹国立理工学院合作开办)、1所博士生研究院和26个研究实验室所组成的联合体。学校主要开设的专业有：电力工程、信号处理、自动化技术、造纸工程、材料、电化学、工艺工程、机械工程、土木工程、电子学与电信、计算机信息与应用数学、核物理、固体物理、工业工程、先进工业系统。学校每年可以提供1100个文凭和近200篇博士研究论文。

下设的造纸与印刷工程学院建立于1988年，

是一所国际性的关于造纸、印刷通讯及生物材料的学校。该校是欧洲最大的工程师培训中心，属于格勒诺布尔省。法国造纸与印刷工业学校获得了 ISO 9001 认证，为有关文件印刷、包装和环境等方面培养未来的领导人。该校课程设置广泛，有很多与基础工程相结合的涉及到具体课程的选择性学科，不断适应行业的需要，随着社会的发展而发展。学校还提供了对数字信息管理的专业执照，制定了与欧洲大学合作的国际培训。该校与工业界建立了密切的合作伙伴关系，每年允许 60 个毕业生能够获得在法国甚至国外的学习机会。在纸浆和纸张工程实验室进行有助于改善流程的创新研究，以满足特定的环保要求。该校所有的这些活动都确保得到科学技术发展中的前沿教育。

芬兰(FINLAND)

阿尔托大学

阿尔托大学是一所具有古老建校历史，拥有百年经验的北欧知名全新大学，在欧洲乃至全世界享有盛誉。阿尔托大学是由欧洲顶尖级理工类院校赫尔辛基理工大学(Helsinki University of Technology)和北欧最大的艺术类院校赫尔辛基艺术设计大学(The University of Art and Design Helsinki)、全欧洲第一所商学院赫尔辛基经济学院(The Helsinki School of Economics)3 所芬兰著名大学合并建立而成，这 3 所大学分别是理工类、艺术类、经济类所属专业领域的佼佼者。世界排名第 180 位左右，国家高校排名第 2 位。

赫尔辛基理工大学于 1849 年成立于赫尔辛基市，1908 年升级为大学。目前有 246 位教授任职，超过 15000 名注册学生，分设 12 个科系，19 个学位项目。阿尔托大学颁发以下方面学位：工程学位、建筑学位、环境设计学位。

造纸相关：科技学校化学与材料科学学院林产工艺系：木材科学方向、生物质精炼方向、生物质材料方向。

埃博学术大学

埃博学术大学建于 1918 年，是一所瑞典语教学的公立大学。埃博学术大学下辖 7 个学院，分别是：艺术学院、数学与自然科学学院、经济与社会科学学院、技术学院(该学院下设信息技术系与化学工程系)、神学院、教育学院、社会与保健科学学院。埃博学术大学的主要授课语言为瑞典语，但为了吸引国际学生，该校还开设了 4 个英语授课的硕士学习项目，包括化学工程、电子与移动商务、嵌入式计算以及国际人权法。

造纸相关：纤维与纤维素工艺技术实验室。

赫尔辛基大学

赫尔辛基大学是位于芬兰首都赫尔辛基的世界级著名高等学府。1640 年创建于芬兰古都土尔库，1828 年迁至赫尔辛基。赫尔辛基大学以其悠久的历史，丰富的藏书，一流的设备，齐备的专业以及杰出的成就，闻名欧洲。它同时也是芬兰在国际上享有盛誉的著名高等学府，全球广泛使用的 Linux 操作系统于 1991 年 10 月 5 日诞生于此。世界排名第 60 位左右，国家高校排名第 1 位。

造纸相关：森林与环境工程。

坦佩雷理工大学

坦佩雷理工大学是芬兰第二大理工科类大学。约有教职员工 1800 名，其中，80% 从事教学和科研工作。学生人数为 11700 名，有 120 名海外学生在此攻读硕士学位，130 名攻读博士学位。近年来，坦佩雷理工大学吸引了越来越多的国外学生的关注，仅 2003 年就有 400 名本科交换学生。

造纸相关：造纸与包装。

奥卢大学

奥卢大学是芬兰北部城市奥卢的一所公立综合性大学，是 LAOTSE 成员学校。1958 年 7 月 8 日，奥卢大学正式成立。最早设立的学科主要为理科、工科和师范类。奥卢大学设有 6 个学院，分别是人文学院、教育学院、理学院、医学院、经济学院以及工学院。奥卢大学以研究生层次的教育为主，专业有：教育与全球化、财政与管理会计、国际商务、财政与经济学、蛋白质科学与技术、环境工程、建筑设计、极地地区的健康和福利等。

塞马应用科技大学(原南卡列里拉理工学院)

南卡列里拉理工学院位于芬兰的南芬兰省，其校区分布在该省的拉彭兰塔城和伊马特拉城，现更名为塞马应用科技大学。下辖工商管理学院、美术设计学院、卫生保健与社会服务学院、技术学院、旅游与酒店管理学院 5 个学院。塞马应用科技大学提供本科与硕士层次的高等教育，其主要授课语言为芬兰语，但为了吸引国际学生，该校还开设了一部分用英语授课的专业。塞马理工学院的本科专业有：国际商务、工商管理学、视觉艺术、设计、紧急救护、物理疗法、护理学与卫生保健、社会服务、职业病治疗、机械工程与生产、机械与制造技术、物流学、造纸技术、土木与施工工程、电气工程等，硕士专业为英语授课的工商管理学（国际商业管理方向）。

造纸相关：造纸技术。

德国（GERMAN）

弗里德里希·席勒－耶拿大学

弗里德里希·席勒－耶拿大学简称“耶拿大学”，位于德国图林根州耶拿市。耶拿大学正式成立于1558年，是一所公立的综合型大学，也是德国最古老的大学之一。

翻看耶拿大学的光辉历史，众多世界名人曾在耶拿大学讲学和进行学术研究，他们的成功和名望推动了耶拿大学成为德国学术科研的中心，耶拿市也成为闻名德国和欧洲的大学城。

德国达姆施塔特工业大学

德国达姆施塔特工业大学（Technische Universitat Darmstadt）成立于1877年，是一所世界知名的综合性大学，现有学生25000人，教职工4000人，在德国大学中综合排名前20位，工学排名第2位。该校的工程学、计算机科学和政治学等领域在国际上享有较好声誉。目前，与清华大学、同济大学、南京大学、西安交通大学、大连理工大学、香港大学、香港理工大学开展了广泛的合作与交流。

挪威（NORWAY）

挪威科技大学

1996年挪威科技大学由Tyrondeheim大学发展而成，Tyrondeheim大学是由挪威技术学院、艺术科学学院、自然历史和考古博物馆合并而成。下有7个二级学院、74个系，包括农业与美术学院、艺术学院、信息技术、数学、电气工程学院、工程科学和技术学院、药学院、自然科学与技术学院、社会科学和技术管理学院。共有在校生2000人，其中700名为外国留学生。大学每年将授予2000个专业硕士或博士学位。学校有教职工3300人。学校占地面积50公顷，学校图书馆藏书250万册，收集杂志15000册。

造纸相关：化工系生物精炼和纤维技术组。

葡萄牙（PORTUGAL）

阿威罗大学

阿威罗大学成立于1973年，迅速成为最具活力和创新的大学之一。阿威罗大学拥有近15000名学生就读本科和研究生。学校的研究领域有：环境科学与教育、自然科学与教育、数学教育、英语、葡萄牙语、葡萄牙语、法语、教育与素质教育、幼儿教育到高等教育的教师培训、工业管理、音乐、旅游、材料、工业化学品和新技术。

造纸相关：环境科学与工程。

瑞典（SWEDEN）

卡尔斯塔德大学

卡尔斯塔德大学位于瑞典卡尔斯塔德市，是一所公立大学。下设有5个系：经济学系、通讯及信息技术系、科学技术系、社会与生命科学系和艺术与教育系。大学开设了门类丰富的本科与研究生专业，包括化学、生物学、商业管理、化学工程、比较文学、计算机科学、教育学、教育工作、英语、环境和能源系统、人类地理学、信息系统、材料工程、数学、媒体和通信、护理学、物理、政治学、心理学、公共卫生学、宗教学和神学、社会学、工作生命科学、计算机科学、能源和环境工程、工程物理、地理信息系统工程、工业工程与管理、信息技术、测绘学、机电工程、创新与设计工程、信息技术、生物医学分析药剂、牙科保健等。

造纸相关：纸张表面处理中心，制浆造纸技术中心。

皇家理工学院

皇家理工学院（KTH）位于瑞典首都斯德哥尔摩市，建于1827年，与芬兰的赫尔辛基理工大学（TKK）并称为斯堪的纳维亚半岛上最大的理工类高校，同时也是欧洲理工大学的顶尖院校之一。皇家理工学院开设有丰富的英语和瑞典语授课的本科和硕士专业，如化学工程与技术、生物技术、建筑照明设计、经济创新和增长、环境和可持续的基础设施工程、大地测量学和地理信息、基础设施工程、土地管理、房地产管理、空间规划、运输系统、城市规划和设计、水系统技术、化学科学与工程、电力工程、材料科学与工程、数学、科学计算法、航空航天工程等。

造纸相关：纤维与聚合物技术学院。

（田　超）

我国制浆造纸工业图书出版目录

List of Books Related to the Pulp and Paper Industry in China

一、中国轻工业出版社造纸工业图书出版目录

1. 造纸专业科学与技术图书

序号	书名	著者	定价/元	开本	书号
1	中高浓制浆造纸技术的理论与实践(精装)——"十一五"国家重点图书/国家科学技术学术著作出版基金	陈克复　主编	60.00	16 开	ISBN978-7-5019-5877-1
2	制浆造纸现代节水与污水资源化技术——"十一五"国家重点图书出版规划项目	林跃梅　主编	58.00	异 16 开	ISBN978-7-5019-6844-2
3	纸张颜料涂布与表面施胶——芬兰造纸科学技术丛书 11 分册	[芬]Esa · Lehtinen 著/曹邦威　译	88.00	16 开	ISBN7-5019-4651-5
4	制浆造纸工业的环境治理——造纸科学与技术丛书	曹邦威　编著	45.00	异 16 开	ISBN978-7-5019-6054-5
5	制浆造纸节能新技术——造纸科学与技术丛书	刘秉钺　主编	58.00	异 16 开	ISBN978-7-5019-7114-5
6	纸和纸板的后加工——造纸科学与技术丛书	曹邦威　编著	38.00	异 16 开	ISBN978-7-5019-6643-1
7	造纸工业安全生产——造纸科学与技术丛书	万金泉　等编著	30.00	异 16 开	ISBN978-7-5019-7504-4
8	造纸助留剂与干湿增强剂的理论与应用——造纸科学与技术丛书	曹邦威　编著	58.00	异 16 开	ISBN978-7-5019-8146-5
9	当代废纸制浆技术——实用造纸技术丛书	陈庆蔚　编著	59.00	大 32 开	ISBN7-5019-4827-5
10	造纸毛毯技术与应用——实用造纸技术丛书	吕向阳　等编著	25.00	16 开	ISBN978-7-5019-6996-8
11	造纸车间技术管理的优化及技术支持——实用造纸技术丛书	张承武，段永成编著	18.00	大 32 开	ISBN978-7-5019-6953-1
12	制浆造纸厂化验室化验检验方法——实用造纸技术丛书	吴　楠　等编著	42.00	16 开	ISBN978-7-5019-6868-8
13	英汉造纸工业词汇	许向阳　编	50.00	32 开	ISBN7-5019-4269-2
14	英汉-汉英造纸工业词汇	许向阳　编	80.00	32 开	ISBN978-7-5019-6966-1
15	造纸辞典	刘仁庆　编著	35.00	大 32 开	ISBN7-5019-5153-5

续表

序号	书名	著者	定价/元	开本	书号
16	中国造纸原料纤维特性及显微图谱	王菊华　主编	200.00	16 开	ISBN978-7-5019-2345-0
17	简明中国手工纸(书画纸)及书画常识辞典	刘仁庆　编著	39.00	异 16 开	ISBN978-7-5019-6391-1
18	纸浆性质软测量原理与技术——造纸科学与技术专著丛书	刘焕彬　著	55.00	16 开	ISBN978-7-5019-6629-5
19	废纸回用过程中胶黏物障碍与控制——造纸科学与技术专著丛书	王双飞，骆莲新 编著	35.00	16 开	ISBN978-7-5019-6954-8
20	纸包装结构设计(第二版)	孙　诚　著	35.00	异 16 开	ISBN7-5019-5216-7
21	造纸趣话妙读	刘仁庆　著	28.00	大 32 开	ISBN978-7-5019-6055-2
22	最新纸机抄造工艺	[美]B. A. Thorp 编/曹邦威　译	98.00	16 开	ISBN7-5019-2536-4
23	制浆造纸手册——第九分册-纸张抄造	张承武　主编	68.00	大 32 开	ISBN7-5019-2004-4
24	造纸工业环境工程导论	万金泉，马邑文 编著	30.00	大 32 开	ISBN7-5019-4935-9
25	造纸湿部化学原理及其应用	张光华　编	16.00	大 32 开	ISBN7-5019-2254-3
26	工业纸板制造与应用	李锡香　编著	25.00	大 32 开	ISBN7-5019-2562-3
27	制浆造纸节能技术	刘秉钺　编著	30.00	大 32 开	ISBN7-5019-2405-8
28	麦草浆碱回收技术指南	张　珂　主编	23.00	大 32 开	ISBN7-5019-2461-9
29	纸加工原理与技术	张美云　编著	34.00	大 32 开	ISBN978-7-5019-2127-X
30	制浆技术问答(第二版)	梁实梅　编著	40.00	大 32 开	ISBN7-5019-4270-6
31	制浆造纸工业环境管理	联合国环境署　著	23.00	大 32 开	ISBN7-5019-2236-5
32	最新碱法制浆技术	曹邦威　译	98.00	16 开	ISBN978-7-5019-1417-3
33	表面活性剂在造纸中的应用技术	张光华　编著	25.00	大 32 开	ISBN978-7-5019-3083-8
34	棉短绒制浆概论	陈嘉川　编著	35.00	16 开	ISBN978-7-5019-7894-6
35	制浆造纸工艺计算手册	王忠厚，许志晔 主编	68.00	16 开	ISBN978-7-5019-8037-6
36	中国造纸工业绿色进展及其工程技术	陈克复　主编	70.00	16 开	ISBN978-7-5184-0659-3
37	现代造纸机械状态监测与故障诊断	张　辉　主编	50.00	16 开	ISBN978-7-5019-9188-4
38	江苏造纸简史	张　辉　主编	48.00	异 16 开	ISBN978-7-5019-9545-5
39	植物纤维资源化学	李忠正　主编	79.00	16 开	ISBN978-7-5019-8701-6
40	中国造纸年鉴 2018	中国造纸学会 编	300.00	16 开	ISBN978-7-5184-2042-1
41	山东造纸产业转型升级理论与实践研究	邹志勇 王泽风 编著	98.00	16 开	ISBN978-7-51840805-4
42	制浆技术——造纸及其装备科学技术丛书	詹怀宇　主编	89.00	16 开	ISBN978-7-5019-8866 + 2
43	造纸技术——造纸及其装备科学技术丛书	张美云　主编	68.00	16 开	ISBN978-7-5019-9488-5
44	纸张结构与印刷适性——造纸及其装备科学技术丛书	周景辉　主编	60.00	16 开	ISBN978-7-5019-9014-6
45	制浆造纸经济学——中芬合著：造纸及其装备科学技术丛书(中文版)第一卷	姜丰伟，曹振雷，胡　楠　著	68.00	16 开	ISBN978-7-5019-8692-7

续表

序号	书名	著者	定价/元	开本	书号
46	禾草类纤维制浆造纸——中芬合著：造纸及其装备科学技术丛书（中文版）第二卷	李忠正 著	68.00	16开	ISBN978-7-5019-9156-3
47	化学制浆 II 化学品和能量回收——中芬合著：造纸及其装备科学技术丛书（中文版）第三卷	刘秉钺 等译著	120.00	16开	ISBN978-7-5019-8118-2
48	环境管理和控制——中芬合著：造纸及其装备科学技术丛书（中文版）第四卷	程言君 等译	68.00	16开	ISBN978-7-5019-9735-0
49	森林资源的生物质精炼——中芬合著：造纸及其装备科学技术丛书（中文版）第五卷	孙润仓 等译	68.00	16开	ISBN978-7-5019-9736-7
50	机械制浆——中芬合著：造纸及其装备科学技术丛书（中文版）第六卷	詹怀宇 等译著	140.00	16开	ISBN978-7-5184-0036-2
51	化学制浆 I——中芬合著：造纸及其装备科学技术丛书（中文版）第七卷	刘秋娟 等译著	200.00	16开	ISBN978-7-5184-0668-5
52	造纸化学——中芬合著：造纸及其装备科学技术丛书（中文版）第八卷	张素风 等译著	90.00	16开	ISBN978-7-5184-0588-6
53	造纸 I 纸料制备与湿部——中芬合著：造纸及其装备科学技术丛书（中文版）第九卷	刘温霞 等译著	140.00	16开	ISBN978-7-5184-0494-0
54	造纸 II 干燥——中芬合著：造纸及其装备科学技术丛书（中文版）第十卷	张 辉 等译	190.00	16开	ISBN978-7-51841912-8
55	造纸 III 纸页完成——中芬合著：造纸及其装备科学技术丛书（中文版）第十一卷	何北海 等译	110.00	16开	ISBN978-7-51841102-3
56	森林资源与可持续性管理——中芬合著：造纸及其装备科学技术丛书（中文版）第十二卷	殷锡纬 等译著	160.00	16开	ISBN978-7-5184-0997-6
57	纸和纸板加工——中芬合著：造纸及其装备科学技术丛书（中文版）第十三卷	张美云 等译著	100.00	16开	ISBN978-7-5184-1105-4
58	纸和纸板品种——中芬合著：造纸及其装备科学技术丛书（中文版）第十四卷	庄金凤 等译	58.00	16开	ISBN978-7-5184-
59	纸张物理性能——中芬合著：造纸及其装备科学技术丛书（中文版）第十五卷	刘金刚 等译	100.00	16开	ISBN978-7-5184-1337-9
60	材料及其防腐和维护——中芬合著：造纸及其装备科学技术丛书（中文版）第十六卷	周 耘 等译	110.00	16开	ISBN978-7-5184-1355-3
61	森林产品化学——中芬合著：造纸及其装备科学技术丛书（中文版）第十七卷	冯文英 等译	90.00	16开	ISBN978-7-5184-1499-4
62	造纸过程控制与维护管理——中芬合著：造纸及其装备科学技术丛书（中文版）第十八卷	沈文浩 等译	120.00	16开	ISBN978-7-5184-1505-2
63	纸浆与纸张检测——中芬合著：造纸及其装备科学技术丛书（中文版）第十九卷	吕卫军 等译	80.00	16开	ISBN978-7-5184-1461-1

续表

序号	书名	著者	定价/元	开本	书号
64	纸张颜料涂布与表面施胶(第二版)——中芬合著:造纸及其装备科学技术丛书(中文版)第二十卷	王双飞　等译	160.00	16 开	ISBN978-7-5184-2385-9
65	回收纤维与脱墨——中芬合著:造纸及其装备科学技术丛书(中文版)第二十一卷	付时雨　等译	200.00	16 开	ISBN978-7-5184-1656-1
66	印刷媒体—原理、过程和质量——中芬合著:造纸及其装备科学技术丛书(中文版)第二十二卷	狄正军　等译	160.00	16 开	ISBN978-7-5184-2085-8

2. 造纸专业高等学校专业教材

序号	书名	著者	定价/元	开本	书号
1	制浆造纸工程大全(第二版)——北欧及北美造纸专业本科教材	[加拿大]G. A. 斯穆克　著/曹邦威　译	50.00	16 开	ISBN7-5019-3132-1
2	造纸工业清洁生产原理与技术——教育部高等学校轻化工程教学指导委员会推荐特色教材	何北海　主编	34.00	16 开	ISBN7-5019-5681-2
3	制浆造纸概论——教育部高等学校轻化工程教学指导委员会推荐特色教材	刘　忠　主编	30.00	16 开	ISBN978-7-5019-5740-8
4	制浆造纸专业英语——高等学校专业教材	曹邦威、张东成　编	18.00	16 开	ISBN7-5019-5349-3
5	制浆原理与工程(第三版)——普通高等教育"十一五"国家级规划教材	詹怀宇　主编	58.00	16 开	ISBN978-7-5019-6532-8
6	造纸原理与工程(第三版)——普通高等教育"十一五"国家级规划教材	何北海　主编	58.00	16 开	ISBN978-7-5019-4411-3
7	纸页的结构与性能——教育部高等学校轻化工程教学指导委员会推荐特色教材	胡开堂　主编	40.00	16 开	ISBN7-5019-5060-1
8	植物纤维化学(第四版)——高等学校专业教材	裴继诚　主编	48.00	16 开	ISBN978-7-5019-8744-3
9	制浆造纸分析与检测——普通高等教育"十五"国家级规划教材	石淑兰　主编	48.00	16 开	ISBN7-5019-3920-9
10	制浆造纸机械与设备(上)(第三版)——普通高等教育"十一五"国家级规划教材	陈克复　主编	58.00	16 开	ISBN7-5019-8137-3
11	制浆造纸机械与设备(下)(第三版)——普通高等教育"十一五"国家级规划教材	陈克复　主编	58.00	16 开	ISBN7-5019-8221-9
12	制浆造纸助剂——高等学校专业教材	安郁琴, 刘　忠　主编	28.00	大 32 开	ISBN7-5019-3925-X
13	制浆造纸污染控制——普通高等教育"十一五"国家级规划教材	刘秉钺　主编	35.00	16 开	ISBN978-7-5019-6271-6
14	制浆造纸工程设计——普通高等教育"十一五"国家级规划教材	王志杰　主编	34.00	16 开	ISBN978-7-5019-6660-8

续表

序号	书名	著者	定价/元	开本	书号
15	制浆造纸过程自动测量与控制（第二版）——普通高等教育“十一五”国家级规划教材	刘焕彬　主编	54.00	16开	ISBN7-5019-6886-2
16	加工纸与特种纸（第三版）——普通高等教育“十一五”国家级规划教材	张美云　主编	39.00	16开	ISBN978-7-5019-7130-5
17	热工基础与造纸节能（第二版）——教育部高等学校轻工与食品学科教学指导委员会推荐教材	刘秉钺　主编	36.00	16开	ISBN978-7-5019-7086-5
18	制浆造纸实验——普通高等教育轻工与食品专业实验类系列规划教材	王双飞　主编	23.00	16开	ISBN978-7-5019-7489-4
19	造纸湿部化学——普通高等教育“十一五”国家级规划教材	刘　忠　主编	35.00	16开	ISBN978-7-5019-7740-6
20	加工纸与特种纸实验教程——普通高等教育“十二五”规划教材	刘文波　主编	24.00	16开	ISBN978-7-5019-8847-1
21	现代造纸机械状态监测与故障诊断（第二版）——普通高等教育“十二五”规划教材	张　辉　主编	50.00	16开	ISBN978-7-5019-9188-4
22	现代造纸机械状态监测与故障诊断（第三版）——普通高等教育“十二五”规划教材	张　辉　主编	65.00	16开	ISBN978-7-5184-0833-7
23	制浆造纸工程设计——“十三五”普通高等教育本科规划教材	陈务平　主编	45.00	16开	ISBN978-7-5184-0819-1
24	制浆造纸污染控制（第二版）——“十二五”普通高等教育本科国家级规划教材	韩　颖　主编	55.00	16开	ISBN978-7-5184-0732-3
25	造纸技术实用教程——“十三五”普通高等教育本科规划教材	沙力争　主编	60.00	16开	ISBN978-7-5184-1270-9
26	制浆造纸概论——“十三五”普通高等教育本科规划教材	龚木荣　编著	45.00	16开	ISBN978-7-5184-2367-5

3. 造纸专业高等职业教育教材

序号	书名	著者	定价/元	开本	书号
1	制浆造纸分析与检验	林润惠　主编	36.00	大32开	ISBN7-5019-2662-6
2	制浆工艺及设备	邝守敏　主编	48.00	16开	ISBN7-5019-2912-2
3	造纸工艺及设备	吴葆敦　主编	45.00	16开	ISBN978-7-5019-2735-9
4	制浆造纸工厂设计概论	李土根　主编	36.00	16开	ISBN7-5019-2759-6
5	制浆造纸专业英语	李桂芳　主编	15.00	大32开	ISBN7-5019-2795-2
6	纸加工技术	沙力争　主编	32.00	16开	ISBN978-7-5019-6657-8/TS.3874
7	制浆造纸设备安装与维修（第二版）	李向华　主编	28.00	16开	ISBN978-7-5019-7041-4
8	制浆造纸助剂及其应用技术	刘一山　主编	30.00	16开	ISBN978-7-5019-7720-8
9	制浆技术（第三版）	陈向斌　主编	48.00	16开	ISBN978-7-5019-9473-1
10	造纸技术（第三版）	郭　纬　主编	45.00	16开	ISBN978-7-5184-1394-2

4. 造纸专业技工教材

序号	书名	著者	定价/元	开本	书号
1	制浆造纸设备与操作(第二版)	王忠厚　主编	45.00	16 开	ISBN7-5019-5266-3
2	制浆造纸工艺(第二版)	王忠厚　主编	42.00	16 开	ISBN 7-5019-5205-1
3	长网纸机抄造	曹邦威，张周宏　编	18.00	大 32 开	ISBN7-5019-2167-9

5. 造纸工业行业标准

序号	书名	著者	定价/元	开本	书号
1	中国轻工业标准汇编(造纸卷)上册	本书编写组编	108	大 16 开	ISBN978-7-5019-7025-6
2	中国轻工业标准汇编(造纸卷)下册	本书编写组编	138	大 16 开	ISBN978-7-5019-7026-1

购书办法：各地新华书店，本社网站(http//www.chlip.com.cn)、当当网(http：//list.dangdang.com/01.63.18.htm)、卓越网(http：//www.joyo.com/)、邮购联系电话：010-65241695

造纸专业编辑林媛：010－85119815/1399084423@qq.com

二、其他出版社制浆造纸工业图书出版目录

序号	书名	著者	出版单位	定价/元	开本	书号
1	制浆造纸仪表及自动化	陈　黔，张惠玲　编著	冶金工业出版社	28.00	16 开	ISBN978-7-5024-7494-2
2	制浆造纸化验(高级工)	赖建萍，陈　元　等编著	冶金工业出版社	25.00	16 开	ISBN978-7-5024-7493-5
3	制浆造纸机械与设备	金海兰，张　丹　等编著	化学工业出版社	30.00	16 开	ISBN978-7-1222-0351-9
4	制浆造纸技术专业英语	云　娜，曹晓瑶　编著	华南理工大学出版社	16.00	32 开	ISBN978-7-5623-3509-2
5	制浆造纸关键技术理论与实践	陈克复，杨仕党　等编著	华南理工大学出版社	50.00	16 开	ISBN978-7-5623-5095-8
6	制浆造纸行业全过程降污减排技术与评估方法	孙德智，张立秋　等编著	中国环境出版社	45.00	16 开	ISBN978-7-5111-1089-3
7	造纸废渣资源综合利用	汪　苹，宋　云　等编著	化学工业出版社	58.00	16 开	ISBN978-7-1223-0611-1
8	造纸工业三废资源综合利用技术	汪　苹，宋　云　等编著	化学工业出版社	80.00	16 开	ISBN978-7-1222-1150-7
9	2010—2011 制浆造纸科学技术学科发展报告	中国造纸学会　编著	中国科学技术出版社	33.00	16 开	ISBN978-7-5046-5813-5
10	无污染制浆新技术	中国科协学会学术部编著	中国科学技术出版社	18.00	16 开	ISBN978-7-5046-5042-9
11	生物质精炼技术与传统纸浆造纸工业	中国科协学会学术部编著	中国科学技术出版社	18.00	16 开	ISBN978-7-5046-6334-4
12	新概念造纸技术与纸基功能材料	中国科协学会学术部编著	中国科学技术出版社	18.00	16 开	ISBN978-7-5046-6765-6

(林　媛)

《Paper 360°》2017 年全球造纸排名前 100 位的公司及地域分布

Top 100 Paper Companies Selected by *Paper360°* and Its Geographical Distribution in 2017

2017 年全球造纸排名前 100 位的公司（按销售额排名）

公司名称及总部地址	制浆、造纸及纸加工业务				2017 年生产量		雇员人数/个
	2017 年排名	2016 年排名	2017 年销售额/亿美元	同比/%	商品浆/万吨	纸和纸板/万吨	
International Paper（Memphis，TN，美国）	1	1	217.430	3.2	370.8	2130.7	56000
Procter & Gamble（Cincinnati，OH，美国）	2	2	182.160	-0.4	0	0	95000
WestRock（Norcross，GA，美国）	3	3	146.159	4.0	50.5	1166.7	44800
Oji Holdings Company（Tokyo，日本）	4	4	132.475	3.2	220.0	1059.4	36144
UPM（Helsinki，芬兰）	5	5	97.408	-11.3	280.0	820.0	19111
Smurfit Kappa Group（Dublin，爱尔兰）	6	8	96.518	4.9		700.0	46000
Stora Enso（Helsinki，芬兰）	7	10	92.144	2.1	213.5	887.6	26206
Kimberly Clark（Dallas，TX，美国）	8	7	91.400	0.3	0	0	42000
Nippon Paper Industries Co.，Ltd.（Tokyo，日本）	9	14	85.874	58.3		579.0	4984
Essity（Stockholm，瑞典）	10		80.402			317.3	46385
Mondi（Addlestone，英国；Johannesburg，南非）	11	11	79.992	6.5		542.4	26300
DS Smith（Maidenhead，Berkshire，英国）	12	12	69.760	21.7	0	823.4	27097
Packaging Corporation of America（Lake Forest，IL，美国）	13	13	64.449	11.5	0	453.4	14600
玖龙纸业(控股)有限公司（中国广东）	14	17	57.930	22.0		1300.0	16400
Sappi（Johannesburg，南非）	15	15	52.960	3.0	120.0	539.5	12158
Domtar（Montreal，QC，加拿大）	16	16	51.570	1.2	172.2	262.2	10000
Empresas CMPC（Santiago，智利）	17	19	51.430	18.4	410.0	144.7	17139
Rengo（Osaka，日本）	18	18	50.997	11.3	0	313.5	16532
Graphic Packaging（Marietta，GA，美国）	19	20	44.037	2.5	0	248.4	13000
Sonoco Products（Hartsville，SC，美国）	20	21	39.900	6.8	0	154.2	21000

续表

公司名称及总部地址	制浆、造纸及纸加工业务				2017 年生产量		雇员人数/个
	2017 年排名	2016 年排名	2017 年销售额/亿美元	同比/%	商品浆/万吨	纸和纸板/万吨	
Metsä Group (Espoo，芬兰)	21	23	39.624	14.4	162.5	247.1	9126
山东晨鸣纸业集团股份有限公司（中国山东）	22	22	38.882	14.7		510.0	13569
Fibria Celulose (São Paulo，巴西)	23	31	36.770	22.1	564.2	0	5009
Cascades (Kingsey Falls，QC，加拿大)	24	26	33.285	8.0	0	282.4	11000
KapStone Paper & Packaging (Northbrook，IL，美国)	25	25	33.156	7.8	0	254.0	6400
Suzano Papel e Celulose (São Paulo，巴西)	26	29	32.952	6.5	350.0	115.0	8000
Sequana (Paris，法国)	27	24	31.168	-7.1	0	45.0	8200
理文造纸有限公司（中国香港）	28	38	30.590	34.6	0	600.0	7500
Klabin (São Paulo，巴西)	29	35	30.468	18.6	140.1	214.1	14207
Daio Paper (Tokyo，日本)	30	30	27.955	4.5		351.8	9549
山东太阳纸业股份有限公司（中国山东）	31	39	27.954	30.7	81.3	279.8	7544
Marubeni (Tokyo，日本)	32	9	27.201	-68.7		230.0	4458
Resolute Forest Products(Montreal QC，加拿大)	33	27	27.160	-7.9	150.0	310.6	7700
Mayr-Melnhof Karton (Vienna，奥地利)	34	34	26.342	2.8		168.5	9856
BillerudKorsnäs AB (Solna，瑞典)	35	33	26.146	3.2		277.5	4395
Lenzing Group (Lenzing，奥地利)	36	36	25.375	6.3		94.2	6488
安徽山鹰纸业股份有限公司(中国安徽)	37	46	25.238	49.1	0	357.6	9077
Verso Paper (Memphis，TN，美国)	38	32	24.610	-5.3	0	260.3	4200
Arauco (Santiago，智利)	39	41	24.510	20.1	370.0	0	14000
SCG Packaging Public Co. Ltd. (Bangkok，泰国)	40	40	24.000	9.3	11.1	296.0	11000
Hokuetsu Corporation (Tokyo，日本)	41	37	23.315	2.7	69.9	192.3	4779
Ahlstrom-Munksjö (Helsinki，芬兰)	42	60	22.094	80.5	0	0	6039
Heinzel Group (Vienna，奥地利)	43	44	20.471	3.0	52.0	79.3	2373
Sofidel (Rome，意大利)	44	42	19.434	1.1		109.8	6116
Mitsubishi Corporation (Tokyo，日本)	45	56	17.964	33.9		137.2	77164
The Navigator Company (Setúbal，葡萄牙)	46	47	17.860	3.1	31.1	169.8	3197
永丰余纸业有限公司(中国台湾)	47	43	17.681	-15.1	20.4	242.0	10245
维达纸业有限公司(中国广东)	48	50	17.306	11.9			11277
Clearwater Paper (Spokane，WA，美国)	49	45	17.304	-0.2	0.5	108.6	3280
Burgo Group (Altavilla Vicentina，意大利)	50	48	17.180	1.2	17.0	205.7	3663
Palm (Aalen，德国)	51	51	16.909	7.1			4000
Prinzhorn Holding (Wiener Neudorf，奥地利)	52	54	16.471	14.1			6551

续表

公司名称及总部地址	制浆、造纸及纸加工业务				2017 年生产量		雇员人数/个
	2017 年排名	2016 年排名	2017 年销售额/亿美元	同比/%	商品浆/万吨	纸和纸板/万吨	
Glatfelter（York，PA，美国）	53	49	15.913	-0.8	0	92.8	4175
Catalyst Paper（Richmond，BC，加拿大）	54	52	15.406	0	44.3	190.0	2600
Lecta（Barcelona，西班牙）	55	53	15.379	1.1	0	153.3	3266
荣成纸业股份有限公司（中国台湾）	56	68	15.350	43.7	0	274.5	4520
华泰集团有限公司（中国山东）	57	59	15.204	27.6		212.9	7027
Orora（Hawthorn，Victoria，澳大利亚）	58	28	14.853	-49.6			6700
Hansol Paper（Seoul，韩国）	59	65	14.657	22.9	0	191.3	1162
VPK Packaging（Aalst，比利时）	60	66	14.238	23.8		95.0	5160
正隆纸业有限公司（中国台湾）	61	58	14.018	6.4		189.1	7389
Holmen（Stockholm，瑞典）	62	57	13.412	3.1	5.4	161.8	2976
山东博汇纸业股份有限公司（中国山东）	63	64	13.182	15.2	0	183.5	4531
Svenska Cellulosa Aktiebolaget（SCA）（Stockholm，瑞典）	64	6	12.843	-87.0	49.6	157.7	4127
Bio-PAPPEL（Durango，墨西哥）	65	61	12.638	9.3	0	191.1	10944
Fedrigoni SpA（Verona，意大利）	66	63	12.194	2.6		44.7	2693
恒安国际集团有限公司（中国福建）	67	62	12.050	3.6		130.0	25000
Södra（Växjö，瑞典）	68	71	11.353	23.7	171.2	0	3402
Mercer International（Seattle，WA，美国）	69	75	10.717	26.5	150.7	0	1840
Moorim Group（Seoul，韩国）	70	67	10.519	-1.5	22.3	98.9	1286
Eldorado Brasil Celulose（São Paulo，巴西）	71	69	10.481	-1.6	170.0	0	5000
Kruger Products（Montreal，QC，加拿大）	72	70	9.860	4.2	0	38.0	2500
Neenah Paper（Alpharetta，GA，美国）	73	76	9.799	16.7	0	0	2612
EUROPAC Papeles y Cartones de Europa（Madrid，西班牙）	74	72	9.787	8.4	0	109.0	2270
Rayonier Advanced Materials（Jacksonville，FL，美国）	75	73	9.270	6.7	76.1	3.8	4200
Canfor（Vancouver，BC，加拿大）	76	77	9.227	8.7	120.5	13.8	6284
Progroup（Landau/Pfalz，德国）	77	79	9.066	9.7		101.7	1100
Koehler Paper（Oberkirch，德国）	78	78	8.833	5.8	0	50.6	1847
山东世纪阳光纸业集团有限公司（中国山东）	79	88	8.554	42.7		128.8	3500
Chuetsu Pulp and Paper（Tokyo，日本）	80	80	8.454	8.3		95.2	786
Greif（Delaware，OH，美国）	81	83	8.009	16.6	0	70.0	13000
Arctic Paper（Poznan，波兰）	82	81	7.814	-0.5		66.3	1250
West Fraser Timber（Vancouver，BC，加拿大）	83	86	7.611	11.4	117.2	12.2	8600
LEIPA Georg Leinfelder（Schwedt，德国）	84	84	7.553	8.1		137.6	1210

续表

公司名称及总部地址	制浆、造纸及纸加工业务				2017 年生产量		雇员人数/个
	2017 年排名	2016 年排名	2017 年销售额/亿美元	同比/%	商品浆/万吨	纸和纸板/万吨	
岳阳林纸股份有限公司（中国湖南）	85	85	7.099	7.9	7.1	91.0	4086
Celulose Nipo-Brasileira (CENIBRA)(Belo Oriente, Minas Gerais, 巴西)	86	93	6.872	14.8	122.0	0	4197
Tembec (Montreal, QC, 加拿大)	87	74	6.809	-21.8	0	0	0
Exacompta Clairefontaine (Etival Clairefontaine, 法国)	88	87	6.738	0		22.9	3063
RDM Group (Milan, 意大利)	89	94	6.414	19.0	0	101.2	1487
Altri (Porto, 葡萄牙)	90	90	6.380	9.7	104.2	0	729
KleanNara Co. Ltd. (Seoul, 韩国)	91	89	5.841	-5.7		51.6	607
ITC (Kolkata, 印度)	92	91	5.823	-0.7		72.8	26147
ENCE (Madrid, 西班牙)	93	96	5.808	20.1	95.7	0	909
Jeonju Paper Corporation (Seoul, 韩国)	94	95	5.509	7.9		86.0	467
SWM (Alpharetta, GA, 美国)	95	92	5.489	-1.9	0	20.6	3600
Hankuk Paper Manufacturing Ltd. (Seoul, 韩国)	96	98	4.860	3.5		52.7	525
De la Rue (Basingstoke, Hampshire, 英国)	97	97	4.786	6.3		1.2	2763
BILT-Ballarpur Industries (New Delhi, 印度)	98	100	3.953	21.4		70.0	1500
Lintec (Tokyo, 日本)	99	99	3.429	3.6		0	4794
Orchids Paper (Brentwood, TN, 美国)	100		1.624	-1.2	0	12.2	472

注：全球造纸排名前 100 位的公司是按照纸浆、纸和纸板、纸加工及纸品贸易的净销售额进行的排名。2017 年数据为 2016 年修订后的财务数据。除非下文指出，财务年度报告是从 2017 年 1 月 1 日到 2017 年 12 月 31 日。收入指税后和去除特殊项目后的净收益。

《Paper 360°》2017 年全球造纸排名前 100 位公司的地域分布

地区	公司数量[1]/个	2017 年销售额[2]/亿美元	2016 年销售额/亿美元	同比/%	占 2017 年总销售额的比例/%	商品浆生产量[3]/万吨	占商品浆总产量的比例/%	纸和纸板生产量[4]/万吨	占纸和纸板总产量的比例/%
欧洲	34	947.90	899.98	5.3	31.0	1182.2	23.2	6690.6	29.8
亚洲	31	753.86	719.55	4.8	24.7	432.1	8.3	8376.9	37.7
北美	25	1082.35	1050.18	3.1	35.4	1252.8	24.5	6084.8	27.1
拉丁美洲	8	206.12	170.14	21.1	6.7	2126.3	41.6	664.9	3.0
非洲	1	52.96	51.41	3.0	1.7	120.0	2.4	539.5	2.4
大洋洲	1	14.85	28.61	-48.1	0.5		0		0

注：1. 由于一些公司进行了兼并重组，进入全球造纸排名前 100 位的公司有所变动，其地域分布情况也随之变动。发生变动的公司按照总部所在地列在特定的区域。

2. 以上仅包括纸浆、纸及纸制品加工销售额。

3. 只包括生产商品浆的公司。

4. 只包括生产纸和纸板的公司。

《Paper 360°》2017 年全球纸及纸板生产量 100 万吨以上的公司

公司名称	全球排名	纸及纸板总产量/万吨	公司名称	全球排名	纸及纸板总生产量/万吨
International Paper	1	2130. 7	永丰余纸业有限公司	47	242. 0
玖龙纸业(控股)有限公司	14	1300. 0	Marubeni	32	230. 0
WestRock	3	1166. 7	Klabin	29	214. 1
Oji Paper	4	1059. 4	华泰集团有限公司	57	212. 9
Stora Enso	7	887. 6	Burgo Group	50	205. 7
DS Smith	12	823. 4	Hokuetsu Corporation	41	192. 3
UPM	5	820. 0	Hansol Paper	59	191. 3
Smurfit Kappa Group	6	700. 0	Bio-PAPPEL	65	191. 1
理文造纸有限公司	28	600. 0	Catalyst Paper	54	190. 0
Nippon Paper Industries Co. , Ltd.	9	579. 0	正隆纸业有限公司	61	189. 1
Mondi	11	542. 4	山东博汇纸业股份有限公司	63	183. 5
Sappi	15	539. 5	The Navigator Company	46	169. 8
山东晨鸣纸业集团股份有限公司	22	510. 0	Mayr-Melnhof Karton	34	168. 5
Packaging Corporation of America	13	453. 4	Holmen	62	161. 8
安徽山鹰纸业股份有限公司	37	357. 6	Svenska Cellulosa Aktiebolaget(SCA)	64	157. 7
Daio Paper	30	351. 8	Sonoco Products	20	154. 2
Essity	10	317. 3	Lecta	55	153. 3
Rengo	18	313. 5	Empresas CMPC	17	144. 7
Resolute Forest Products	33	310. 6	LEIPA Georg Leinfelder	84	137. 6
SCG Packaging Public Co. Ltd.	40	296. 0	Mitsubishi Corporation	45	137. 2
Cascades	24	282. 4	恒安国际集团有限公司	67	130. 0
山东太阳纸业股份有限公司	31	279. 8	山东世纪阳光纸业集团有限公司	79	128. 8
BillerudKorsnäs AB	35	277. 5	Suzano Papel e Celulose	26	115. 0
荣成纸业股份有限公司	56	274. 5	Sofidel	44	109. 8
Domtar	16	262. 2	EUROPAC Papeles y Cartones de Europa	74	109. 0
Verso Paper	38	260. 3	Clearwater Paper	49	108. 6
KapStone Paper & Packaging	25	254. 0	Progroup	77	101. 7
Graphic Packaging	19	248. 4	RDM Group	89	101. 2
Metsä Group	21	247. 1			

注：此表为《Paper 360°》2017 年全球造纸排名前 100 位的公司(按销售额排名)中生产量 100 万吨以上的公司。

国外主要造纸期刊介绍

Main Foreign Periodicals Related to Pulp and Paper

《澳大利亚和新西兰纸浆与造纸工业技术协会志》
Appita Journal（APPITA J）

主要刊载纸浆、纸张、印刷和包装方面的研究论文、技术报告等专题文章，报道国内外造纸工业动态和该协会的会议活动等。

创刊时间：1947 年

主办单位：澳大利亚和新西兰纸浆与造纸技术协会

出版周期：季刊

ISSN：1038－6807

出版国：澳大利亚

地址：Appita Inc.，PO Box 816 MACLEOD VIC 3085 Australia

电话：＋61－3－9467－9722

传真：＋61－3－9467－9778

邮箱：admin@ appita. com

网址：www. appita. com

《亚洲纸业》
Paper ASIA

亚洲领先的纸浆和造纸杂志，也涵盖了瓦楞、加工和包装。其读者所覆盖的行业非常广泛，包括一些行业的专业人士和决策者。该杂志在 20 个国家发行。2007 年，该杂志首次刊登中文对照，此举深受行业供应商和最终用户的喜爱。

创刊时间：1985 年

出版单位：SHP Media Sdn. Bhd.

出版周期：双月刊

ISSN：0218－4540

出版国：马来西亚

地址：12，0312th Floor，Block E，Phileo Damansara 1，9，Jalan 16/11，off Jalan Damansara，46350 Petaling Jaya，Selangor，Malaysia

电话：＋603－79601148

传真：＋603－79601152

邮箱：editorial. paperasia@ shpmedia. com

网址：www. paperasia. com. my

《中东生活用纸》
ME Tissue

中东地区生活用纸及无纺布行业的第一本杂志。该杂志致力于为从事生活用纸及无纺布行业的专业人士提供有关节能、安全、优质的生产解决方案、原料、技术、研究和开发等更多信息。其内容涵盖了整个生活用纸的供应链，从原材料到生活用纸生产，与生产、加工、包装相关的技术，以及无纺布行业的新趋势、新技术及研究和发展。为英语和阿拉伯语双语期刊。

创刊时间：2008 年

主办单位：MEAC Group Holding

出版周期：季刊

出版国：黎巴嫩

地址：P. O. Box：45－134 Hazmieh-Lebanon

电话：＋961－3－798－204

传真：＋961－5－450－930

邮箱：info@ metissue. com

网址：www. metissue. com

《日本造纸技术》
Japanese Journal of Paper Technology

内容涵盖制浆造纸、深加工、精加工、涂布、测量和分析技术及能源和环保措施等。

创刊时间：1958 年

主办单位：Paper Industry Times Company

出版周期：月刊

ISSN：0453－1507

出版国：日本

地址：日本东京都中央区日本桥人形町 1-9-2

电话：+81－3－5651－7161

传真：+81－3－5651－7201

邮箱：jj-paper-tech@ st-times. co. jp

网址：www. st-times. co. jp

《制浆造纸技术》
Journal of Pulp and Paper Technology

出版单位：Shizuoka Pulp and Paper

出版周期：月刊

ISSN：0287－5586

出版国：日本

地址：日本静冈县富士市大渕 2590 番地-1(静冈县工业技术研究所富士工业 技术支援中心内)〒417－0801

电话：+81－545－35－5025

传真：+81－545－35－5027

邮箱：skamipagk@ cotton. ocn. ne. jp

网址：www. shizuoka－tappi. or. jp

《日本制浆造纸协会志》
Japan TAPPI Journal

内容涉及制浆造纸行业的广泛信息，主要包括：最新研究技术报告、运行经验介绍、最新的研究技术成果、科研机构介绍、海内外制浆造纸动态及相关会议、专利信息和新产品、先进测试技术、商业新闻和显性统计和协会新闻等。

主办单位：日本制浆造纸技术协会

创刊时间：1996 年

出版周期：月刊

ISSN：0022－815X

出版国：日本

地址：日本东京都中央区银座 3-9-11(制浆造纸会馆 11 层)〒104－8139

电话：+81－3－3248－4841

传真：+81－3－3248－4843

网址：www. japantappi. org

《印度制浆造纸技术协会会志 ZA》
The Official International Journal of the Indian Pulp & IPPTA Paper Technical Association(IPPTA)

主办单位：印度浆纸技术协会

出版周期：季刊

ISSN：0379－5462

出版国：印度

地址：C. P. P. R. I. Campus，Paper Mill Road Near Himmat Nagar，P. O. Box 47，Saharanpur-247001 (India)

电话：+91 132－2714081/82

邮箱：ipptainfo@ gmail. com

网址：www. ipptaonline. org

《印度国际纸业》
Inpaper International

印度制浆造纸行业杂志，在欧洲和美国以外的其他大洲广受欢迎，涵盖了制浆造纸所有领域。内容涉及受行业关注及有争议的热点问题，业界知名公司及优秀人物介绍，行业最新技术及产品等。

出版单位：Indian Agro and Recycled Paper Mills Association

出版周期：季刊

出版国：印度

地址：404，Vikrant Tower，4，Rajendra Place，New Delhi-110008，India

电话：+91－11 25862301

传真：+91－11－25768639

邮箱：iarpma@ inpaper. com/ publicationone@ inpaper. com

网址：www. inpaper. com

《孟加拉制浆造纸》
Bangladesh Pulp And Paper

孟加拉制浆造纸行业综合类刊物，内容主要涵盖：行业资讯、最新研究论文及交流报告等。

出版周期：双月刊

出版国：孟加拉

地 址：19 Green Road，Dhanmondi，Dhaka-1205 Bangladesh

电话：+880 2 9635191
邮箱：info@ pulpandpaperbd. com
网址：www. pulpandpaperbd. com

《纸业 360°》
Paper 360°

报道世界各地造纸行业最新的资讯。
主办单位：纸浆与造纸工业技术协会、造纸工业管理协会
出版单位：Naylor Association Solutions
出版周期：双月刊
ISSN：1933－3684
出版国：美国
地址：15 Technology Parkway South, Suite 115, Peachtree Corners, GA 30092, USA
电话：+1－978－750－8400
传真：+1－770－209－7206
邮箱：jbottiglieri@ tappi. org
网址：www. tappi. org

《纸浆与造纸工业技术协会志》
TAPPI Journal

自创刊以来一直是造纸行业同行评审论文的首选论坛，提供行业内最新、最相关的研究。2009 年 12 月，从印刷期刊转为电子期刊。2011 年 6 月开始，内容涵盖来自独家刊物《纸张回收进展》(*Progress in Paper Recycling*, *PPR*)的内容。*PPR* 是一本有关纸浆、纸和纸板产品回收的科学、技术和经济性探索的杂志。
主办单位：纸浆与造纸工业技术协会
出版周期：月刊
ISSN：0734－1415
出版国：美国
地址：15 Technology Parkway South, Suite 115 Peachtree Corners, GA 30092, USA
电话：+1－770－446－1400
传真：+1－770－446－6947
邮箱：memberconnection@ tappi. org
网址：www. tappi. org

《纸浆与纸》
Pulp & Paper

刊载美国国内外造纸业经济与市场动态，造纸技术和设备的进展与新产品等方面的论文和简讯。
出版单位：C M P Media LLC
出版周期：月刊
ISSN：0033－4081
出版国：美国
地址：2018 Powers Ferry Rd, Ste 600, Atlanta, US
电话：+1－678－598－8800
传真：+1－678－589－8888
邮箱：kferguson@ mfi. com
网址：www. cmp. com

《纸张时代》
Paper Age

世界上造纸行业重要的专业期刊之一，涉及的内容包括：制浆、造纸、纸品加工、技术开发、公司介绍及与主要行业领导者独家采访。
出版单位：O'Brien Publications, Inc.
创刊时间：1884 年
出版周期：双月刊
ISSN：0031－1081
出版国：加拿大
地址：P. O. Box 25058, London BRC. Ontario, N6C 6A8, Canada
电话：+781－923－1016
传真：+781－923－1389
邮箱：jobrien@ paperage. com
网址：www. paperage. com

《纸浆与造纸科学杂志》
Journal of Pulp and Paper Science

刊载制浆和造纸科学和技术方面的研究论文和评论，是加拿大造纸工业的主要学术期刊。
主办单位：加拿大制浆造纸技术协会
出版单位：加拿大制浆造纸技术协会
创刊时间：1983 年
出版周期：季刊
ISSN：0826－6220
出版国：加拿大
地 址：740 Notre-Dame St. W., suite 1070, Montréal (Québec) H3C 3X6, Canada
电话：+01－514－392－0265
传真：+01－514－392－0369
邮箱：tech@ paptac. ca

网址：www. paptac. ca

《加拿大纸浆与纸》
Pulp & Paper Canada

刊载加拿大造纸、纸浆和木材化学等相关技术和设备应用等领域的技术论文、设备与产品介绍和消息报道。

主办单位：加拿大制浆造纸技术协会
出版单位：Annex Business Media
出版周期：双月刊
ISSN：0316 - 4004
电子版 ISSN：1923 - 3515
出版国：加拿大
地址：80 Valleybrook Drive, Toronto, Ontario M3B 2S9, Canada
电话：+1 - 416 - 442 - 5600 ext 3539
传真：+1 - 416 - 510 - 5140
邮箱：Follow@ pulppapercanada. com
网址：www. pulpandpapercanada. com

《造纸工业》
Paper Industry

北美制浆造纸行业新产品资讯的权威性刊物。报道造纸行业密切相关的技术、工艺、服务及行业新闻、产品和服务评价等最新信息。

出版单位：Paper Industry Publishing Office
出版周期：月刊
出版国：加拿大
地 址：62 Birch Hill, PO Box 263, Hudson, Quebec Canada
电话：+1 - 450 - 458 - 4571
传真：+1 - 450 - 458 - 4571
邮箱：editor@ paperindustrymag. com
网址：www. paperindustrymag. com

《纸张、薄膜及箔片加工》
Paper, Film & Foil Converter(PFFC)

刊载的内容涵盖纸张、薄膜、箔片加工及包装印刷行业的各个部分和加工行业的业务发展趋势和技术创新。

创刊时间：1927 年
出版周期：月刊
ISSN：0031 - 1138
出版国：美国
地址：5624 W. Wilson Ave. Chicago, USA
电话：+1 - 303 - 674 - 0577
传真：+1 - 303 - 674 - 0577
邮箱：tjanes@ PFFC - online. com
网址：www. pffc - online. com

《纸业技术》
Paper Technology

造纸工业技术领域的权威性刊物，报道行业的新闻、产品和服务信息，技术更新，案例研究和评论，及造纸工业技术协会会议报告等。特色栏目有纸机织物备件、造纸化学品、设备维护和自动化等。涉及的领域包括造纸及林产品等行业。

创刊时间：20 世纪 60 年代
主办单位：造纸工业技术协会
出版周期：双月刊
ISSN：0958 - 6024
出版国：英国
地 址：5 Frecheville Court, Bury, Lancs BL9 0UF, United Kingdom
电话：+44(0)300 6020 150
传真：0300 3020 160
邮箱：info@ pita. co. uk
网址：www. pita. co. uk

《纸浆、纸张及物流杂志》
Pulp, Paper & Logistics Magazine

发行人：Vince Maynard
ISSN：2045 - 8622(PRINT)
出版国：英国
地址：Tralee, Hillcrest Road Edenbridge, Kent TN8 6JS, UK
电话：+44(0)1732505724
邮箱：pulppaperlogistics@ virginmedia. com
网址：www. pulp-paperworld. com

《国际纸业》
International Paper World (IPW)

德国制浆造纸化学工程师协会 ZELLCHEMING 的官方贸易刊物。报道浆纸生产商、供应商及其国际活动，重点是报道新技术、未来发展趋势、新兴市场以及如何提高可持续性(或环境影响)。涉及的内容涵盖从森林到客户的整个产业链。

主办单位： 制浆造纸化学工程师协会

出版单位： Keppler-Junius GmbH & Co. KG

创刊时间： 1957

ISSN： 1615 - 1720

出版周期： 每年 10 期

出版国： 德国

地址： Keppler-Junius GmbH & Co. KG, Ruesterstr. 11, Frankfurt a. M., 60325, Germany

电话： +49 - 69 - 20 - 73 - 76 - 20

传真： +49 - 69 - 20 - 73 - 75 - 84

邮箱： edit@ ipwonline. de

网址： www. ipwonline. de

《专业造纸》
Professional Papermaking

深受国际造纸行业龙头企业(造纸厂、纸品供应和加工企业)领导者和高层决策者(包括业务管理人员、采购人员、销售经理等)喜爱的贸易刊物。内容涉及纸浆、纸和纸板生产的科学技术报告及公司有关提高生产力、改善质量、降低成本方面创新的信息，全球市场发展趋势，经济和公司的最新报告，涵盖贸易展览会、会议、政策等最新文章。主要栏目有备料、造纸、纸加工、废水处理和涂布。

出版周期： 半年刊

出版单位： Deutscher Fachverlag GmbH

出版国： 德国

地址： Mainzer Landstr. 251, 60326 Frankfurt am Main, Germany

电话： +49 - 69 - 7595 - 1291

传真： +49 - 69 - 7595 - 1290

邮箱： info@ professional - papermaking. com

网址： www. professional - papermaking. com

《造纸技术》
Wochenblatt Fur Papierfabrikation

刊载纸张、纸板和纸浆工业生产技术方面的技术报告、会议论文和文摘，报道造纸工业技术进展与国内外行业动态。

出版单位： dfv 传媒集团

出版周期： 月刊

ISSN： 0043 - 7131

出版国： 德国

地　址： Deutscher Fachverlag GmbH, Mainzer Landstr 251, Frankfurt Am Main, 60326, Germany

电话： +49 - 69 - 7595 - 20151/52/61

传真： +49 - 69 - 7595 - 2055

邮箱： wochenblatt@ dfv. de

网址： www. dfv. de/presse

《国际纸业经济》
IPW International Papierwirtschaft

刊载有关木浆、纸浆、纸张与纸板的生产、纤维素化学工艺和造纸业历史方面的文章，涉及专利、文摘、技术通讯、国外消息和书评等。

出版周期： 月刊

ISSN： 0070 - 4296

地址： Verein Zellcheming, Emilstr. 21, Darmstadt, 64293, Germany

电话： +49 - 6151 - 33264

传真： +49 - 6151 - 311076

邮箱： zellcheming@ zellcheming. de

网址： www. zellcheming. de

《当代纸业总览》
Aktuelle Papier-Rundschau(APR)

德国领先的纸业期刊，是造纸行业决策者不可或缺的专业杂志。读者群为造纸商、纸品加工商、纸张贸易商、废纸造纸商，以及造纸行业机械制造商及服务商等。

出版周期： 每年 8 期

出版单位： Keppler Media Group

出版国： 德国

地址： P. Keppler Verlag GmbH & Co. KG Kaiserstraße 39, 63065 Offenbach am Main

电话： +49/(0)69/15 04 33 - 200

传真： +49/(0)69/15 04 33 - 333

邮箱： o. schneider@ kepplermediengruppe. de

网址： www. apr. de

《纸张与木材》
Paper and Timeber

论述芬兰制浆、造纸、纤维与木材化学方面工艺技术与设备的研究和开发成果，报道芬兰林业的发展，介绍芬兰在造纸方面与国外的经济和技术合作以及行业动态。文章以英文、芬兰文或瑞典文发表。

主办单位：芬兰森林工业协会
出版单位：Paperi ja Puu Oy
出版周期：季刊
ISSN：0031－1243
出版国：芬兰
地址：Paperi ja Puu Oy，Spektri Business Park，Metsänneidonkuja 4，02130 Espoo，Finland
电话：＋358－10－229－1631
邮箱：irmeli. hannula@ paperjournal. fi
网址：www. paperijapuu. fi

《法国造纸工业技术协会志》
ATIP

主办单位：法国造纸工业技术协会（ATIP）
出版周期：季刊
ISSN：0997－7554
出版国：法国
地址：23，rue d'Aumale F－75009 Paris，France
电话：＋33－145 62 1191
传真：＋33－145 63 5309
邮箱：atip@ wanadoo. fr
网址：www. atip. asso. fr

《北欧纸浆和造纸研究杂志》
Nordic Pulp & Paper Research Journal（*NPPRJ*）

一本国际性的科学杂志，刊载木材或生物质成分、制浆造纸及其所涉及的植物纤维原料和废纸原料，以及制浆、生物质精炼副产品的基础研究及能源问题等方面的研究论文。

主办单位：Mid Sweden Uniersity（瑞典中部大学）
出版周期：季刊
ISSN：0283－2631
出版国：瑞典
地址：Mid Sweden University，Holmgatan 10，SE-851 70 Sundsvall，Sweden
电话：＋46（0）10－142 84 93
邮箱：info@ npprj. se
网址：www. npprj. se

《浆·纸·纸板》
Pulp · Paper · Board

为俄罗斯和独联体国家制浆造纸行业的专家所喜爱的刊物。主要栏目有技术、效率和质量、设备、自动化等。

创刊时间：1904 年
出版周期：每年 10 期
出版国：俄罗斯
地址：4，bldg. 2，Dmitrovsky per.，Moscow p/o 107031，Russia
电话：＋7－495－258－39－36/37/38
传真：＋7－495－258－39－36
邮箱：info@ cbk. ru
网址：www. cbk. ru

《纤维素》
Cellulose

刊载纤维素及其衍生物的化学、生化、物理学和材料科学特性的研究论文，以及纤维素技术开发和应用方面的研究论文、评论文章及技术说明。

创刊时间：1994 年
出版周期：季刊
ISSN：0969－0239
电子版 ISSN：1572－882X
出版国：荷兰
地址：Springer，Van Godewijckstraat 30，Dordrecht，3311 GZ，Netherlands
电话：＋49－6221－345－4303
网址：www. springer. com/10570/

《纤维素化学与工艺》
Cellulose Chemistry and Technology

刊载食品、纺织品、造纸、木材、黏合剂、医药、油田等领域碳水化合物工业应用的研究论文。栏目主要包括结构和性能研究、生物和产业开发、分析方法、化学和微生物改性、与其他材料的相互作用。除刊登原创研究论文外，也刊登短通讯、书评和读者来信等。

创刊时间：1966 年

出版周期： 双月刊
ISSN： 0576 －9787
电子版 ISSN： 2457 －9459
出版国： 罗马尼亚
地址： Editura Acad Romane, Calea 13 Septembrie NR 13, SECTOR 5, Bucuresti, 050711, Romania
邮箱： vipopa@ ch. tuiasi. ro
网址： www. cellulosechemtechnol. ro

《南非制浆造纸工业技术协会志》 *TAPPSA Journal*

主要服务于南非地区的纸浆、纸张和森林产品行业。刊登南非地区造纸行业的技术论文，以及报道全球造纸行业的发展概况。

主办单位： 南非纸浆和造纸工业技术协会
出版周期： 双月刊
出版国： 南非
地址： PO Box 1633, Kloof 3640, Southern Africa
电话： ＋27 －31 －764 －2494
邮箱： mwtappsa@ iafrica. com
网址： www. tappsa. co. za

（郭彩云）

国外制浆造纸相关团体与研究机构名录

Foreign Associations and Research Institutions of Paper Industry

日本制浆造纸技术协会(Japan TAPPI)
Kami pulp Kaikan Bldg., 11th Floor 9-11 Ginza 3-chome, Chuo-ku, Tokyo 104－8139 Japan
TEL：＋81－3－3248－4841
FAX：＋81－3－3248－4843
URL：www. japantappi. org

韩国纸业协会(KPMA)
Korea Paper Manufactures' Association
505, Sinsa-dong, Gangnam-gu, Seoul
TEL：＋82－02－549－0981
FAX：＋82－02－549－0980
E-mail：kpma@ paper. or. kr
URL：www. paper. or. kr

韩国制浆造纸工业技术协会(KTAPPI)
Korea Technical Association of the Pulp&Paper Industry
Suite 701, Chungmu Bidg., 7, Yeouidaebang-ro 69 (yuksipgu)-gil, Yeongdeungpo-gu, Seoul, 07333, Korea
TEL：＋82－2－786－8620
FAX：＋82－2－786－8621
E-mail：ktappi@ ktappi. or. kr
URL：www. ktappi. or. kr

菲律宾造纸商协会(PPMAI)
Philippine Paper Manufacturers Association Inc.
2F FMF Bus. Center, 126 Pioneer St., Mandaluyong City, Philippines
TEL：＋63－2－703－9124；405－4069
FAX：＋63－2－815－9460
E-mail：philippinepaper@ gmail. com

菲律宾制浆造纸技术协会
Technical Association of the Pulp and Paper Industry of Philippines (TAPPI-phils) c/o Fiber Processing and Utilization Laboratory, Fiber Industry Development Authority, BAI Compound, Visayas Avenue, Diliman, 1104 Quezon City, Philippines
TEL：＋63－2－929－1396
FAX：＋63－2－920－0427

越南制浆造纸协会(VPPA)
Vietnam Pulp and Paper Association
No. 59 Vu Trong Phung Street, Thanh Xuan Trung Ward, Thanh Xuan District, Hanoi.
TEL：024 6654 2872
E-mail：vanphong@ vppa. vn;
URL：www. vppa. vn

泰国制浆造纸行业协会(TPPIA)
The Thai Pulp and Paper Industries Association
Bld. 4 6th floor, 1 Siam Cement Road, Bangsue, Bangkok, 10860, Thailand
TEL：＋66 25864504, ＋66 25864511,
＋66 25864513
FAX：＋66 25862999
E-mail：kanungnc@ scg. co. th
umasrin@ scg. co. th

马来西亚制浆造纸协会
Malaysia Pulp and Paper Manufacturers Association
Suite 710, 7th Floor, Wisma Lim Foo Yong, 86 Jalan Raja Chulan, 50200 Kuala Lumpur, Malaysia
TEL：＋60－3－2482501；2484606
FAX：＋60－3－775 1519

马来西亚森林研究所(FRIM)
Forest Research Institute Malaysia

Selangor Darul Ehsan, 52109 Kepong, Malaysia
TEL: +60-3-62797000
FAX: +60-3-62731314
E-mail: feedback@ frim. gov. my
URL: www. frim. gov. my

印度尼西亚制浆造纸协会

Indonesian Pulp & Paper Association
Jalan, Cimandiri No. 6, Flat 1/2, 10330 Jakaruta, Indonesia
TEL: +62-21-31926084
FAX: +62-21-3911351
E-mail: ippasec@ indo. net. id

印度纸业生产商协会(IPMA)

Indian Paper Manufacturers Association
PHD House (4th Floor), 4/25 Siri Institutional Area, Opp. Asian Games Village, 110 016 New Delhi, India
TEL: +91-11-2651-8379; 4161-7188
FAX: +91-11-2651-3415
E-mail: sg@ ipma. co. in; secretariat@ ipma. co. in
URL: www. ipma. co. in

印度制浆造纸技术协会(IPPTA)

Indian Pulp and Paper Technical Association
CPPRI Campus, PO Box 47, 247001 Saharanpur, Uttar Pradish, India
TEL: +91-132-2714082
FAX: +91-132-2714081
E-mail: sg@ ipma. co. in
URL: www. ipptaonline. org

印度中央制浆造纸研究所(CPPRI)

Central Pulp & Paper Research Institute
萨哈兰普尔: 174, Paper Mill Road, Himmat Nagar, Saharanpur-247001, India
TEL: +91-132-2714050; 2714061; 2714062; 2714059
FAX: +91-132-2714052
E-mail: info@ cppri. org. in; director@ cppri. org. in
新德里: I-10, First Floor, Jungpura B, Near Kargil Park (Bhogal Bus Stand), New Delhi-110014, India
TEL: +91-11-24375401/65903444
E-mail: cppri@ yahoo. com; info@ cppri. org. in
URL: www. cppri. org. in

澳大利亚/新西兰制浆造纸技术协会(APPITA)

Technical Association of the Australian and New Zealand Pulp and Paper Industry
澳大利亚: PO Box 816, Macleod Vic 3085, Australia
TEL: +61-3-9467-9722
FAX: +61-3-9467-9778
E-mail: admin@ appita. com. au
新西兰: PO Box 6042, Whakarewarewa Rotorua, New Zealand
TEL: +64-7-350-2252
FAX: +64-7-350-2253
E-mail: appita. nz@ xtra. co. nz
URL: www. appita. com

澳大利亚林产及造纸工业委员会(A3P)

Australian Plantation Products and Paper Industry Council
29 Torrens Street, Braddon ACT 2612, Australia
TEL: +61-2-6273-8111
FAX: +61-2-6273-8011
E-mail: info@ a3p. asn. au
URL: www. a3p. asn. au

欧洲造纸工业联合会(CEPI)

Confederation of European Paper Industries
250 Avenue Louise, box 80, B-1050 Brussels, Belgium
TEL: +32-2-627-4911
FAX: +32-2-646-8137
E-mail: mail@ cepi. org
URL: www. cepi. org

欧洲纸板制造工业联合会(FEFCO)

The European Federation of Corrugated Board Manufacturers
Avenue Louise 250, BE-1050 Brussels, Belgium
TEL: +32-2-646-4070
FAX: +32-2-646-6460
E-mail: info@ fefco. org
URL: www. fefco. org

派诺国际

Pira International
Pira House, Cleeve Road, Leatherhead, Surrey KT22 7RU, United Kingdom
TEL: +44-1372-802000

FAX: +44 - 1372 - 802249
E-mail: info@ pira-international. com
URL: www. pira-international. com

挪威工业联合会(Norsk Industri)
Federation of Norwegian Industries
Middelthuns gate 27, Majorstuen, Oslo, Norwey
TEL: +47 - 23 - 08 - 8800
E-mail: post@ norskindustri. no
URL: www. norskindustri. no

挪威制浆造纸工业技术协会(PTF)
The Technical Association of the Norwegian Pulp and Paper Industry
Essendrops gate 3, 7, etasje, No-0305 Oslo, Norway
TEL: +47 - 90 - 93 - 87 - 13
FAX: +47 - 23 - 08 - 78 - 99
E-mail: irene. skjefstad. ptf@ treteknisk. no
URL: www. ptf . no

瑞典森林工业协会(Skogs Industrierna)
Swedish Forest Industries Federation
Box 55525, SE-102 04 Stockholm, Sweden
TEL: +46 - 8 - 762 - 72 - 60
FAX: +46 - 8 - 611 - 71 - 22
E-mail: info@ forestindustries. se
URL: www. forestindustries. se

瑞典制浆造纸研究所(INNVENTIA AB)
Drottning Kristinasvag 61, SE-11486 Stockholm, Sweden
TEL: +46 - 8 - 676 - 7000
FAX: +46 - 8 - 411 - 5518
E-mail: info. innventia@ ri. se; info@ innventia. com
URL: www. innventia. com

芬兰森林研究所(METLA)
Finnish Forest Research Institute
Jokiniemenkuja 1, Box 18, FI-01301 Vantaa, Finland
TEL: +358 - 10 - 2111
FAX: +358 - 10 - 211 - 2103
E-mail: kirjaamo@ metla. fi
URL: www. metla. fi

芬兰森林工业联合会
Finnish Forest Industries Federation
Snellmaninkatu 13, P. O. B 336, FI-00171 Helsinki, Finland
TEL: +358 - 9 - 132 - 61
FAX: +358 - 9 - 132 - 4445
E-mail: forest@ forestindustries. fi;
firstname. lastname@ forestindustries. fi
URL: www. forestindustries. fi

芬兰造纸工程师协会(PI)
Finnish Paper Engineers Association
Snellmaninkatu 13, PO BOX 118, 00171 Helsinki, Finland
TEL: +358 - 9 - 132 - 6688
E-mail: info@ papereng. fi
URL: www. papereng. fi

芬兰制浆造纸研究所(KCL)
The Finish Pulp and Paper Research Institute (Oy Keskuslaboratorio-Centrallaboratorium AB)
Tekniikantie 2, 02150 Espoo, Finland
TEL: +358 - 20 - 7477 - 100
FAX: +358 - 9 - 464 - 305
E-mail: kcl@ kcl. fi
URL: www. kcl. fi

捷克制浆造纸工业协会(ACPP)
Association of the Czech Pulp and Paper Industry
Ing. Zdeněk Musil, U Uranie 954/18, 17000 Praha 7
TEL: +420 - 416 - 803 - 934
FAX: +420 - 416 - 803 - 935
E-mail: acpp@ acpp. cz
URL: www. acpp. cz

比利时制浆造纸工业协会(COBELPA)
Association of the Belgian Pulp, Paper and Boards Industries
Avenue Louise 306 Bte, b-1050 Brussels, Belgium
TEL: +32 - 2646 - 6450
FAX: +32 - 2646 - 8297
E-mail: general@ cobelpa. be
URL: www. cobelpa. be

奥地利造纸工业协会(Austropapier)
The Association of the Austrian Paper Industry
Gumpendorferstr. 6, A-1061 Wien Austria

TEL：+43－1－58－886－0
FAX：+43－1－58－886－222
E-mail：austropapier@ austropapier. at
URL：www. austropapier. at

奥地利制浆造纸技术研究所（**IPZ**）
Institute for Paper，Pulp and Fiber Technology
University of Technology Graz，Inffeldgasse 23，A-8010 Graz，Austria
TEL：+43－316－873－30751
FAX：+43－316－873－30752
E-mail：Claudia. Baeumel@ TUGraz. at
URL：www. ipz. tugraz. at

德国制浆造纸协会（**VDP**）
German Pulp and Paper Association
Adenauerallee 55，Bonn 53113，Germany
TEL：+49－228－267050
FAX：+49－228－2670562
E-mail：info@ vdp－online. de
URL：www. vdp－online. de

德国造纸技术研究所（**PTS**）
The Paper Technology Specialists
Papiertechnische Stiftung Pirnaer Strasse 37 01809 Heidenau
Germany
TEL：+49（03529）551－60
FAX：+49（03529）551－899
E-mail：info@ ptspaper. de
URL：www. ptspaper. de

英国木浆协会（**BWPA**）
The British Wood Pulp Association
Penrallt，Copthill Lane，Kingswood，Surrey KT20 6HL，United Kingdom
TEL：+44－774－785－0249
FAX：+44－1737－363069
E-mail：bwpasec@ tiscali. co. uk
URL：www. bwpa. org. uk

英国纸业联合会（**CPI**）
The Confederation of Paper Industries
1 Rivenhall Road，Swindon，Wiltshire SN5 7BD United Kingdom
TEL：+44－1793－889600
FAX：+44－1793－878700
E-mail：info. dept@ paper. org. uk；cpi@ paper. org. uk
URL：www. paper. org. uk

英国造纸工业技术协会（**PITA**）
Paper Industry Technical Association
5 Frecheville Court，Bury Lancashire BL9 0UF，United Kingdom
TEL：+44－161－764－5858
FAX：+44－161－764－5353
E-mail：info@ pita. co. uk
URL：www. pita. co. uk

意大利纸及纸制品行业协会（**ASSOCARTA**）
Association of Italian Paper，Board and Pulp Production
MILAN
OBastioni di Porta Volta，7－20121 Milano
TEL：+39 02－290. 03018 r. a
FAX：+39 02－290. 033. 96
ROMA
Viale Pasteur，8/10－00144 Roma
TEL：+39 06－591. 91. 31/40
FAX：+39 06－591. 0876
E-mail：assocarta@ assocarta. it
URL：www. assocarta. it

意大利制浆造纸技术协会（**ATICELCA**）
Technical Association of the Italian Pulp and Paper Industry
Bastioni di Porta Volta，7－20121 Milano，Italy
TEL：+39－2－29003018
FAX：+39－2－29003396
E-mail：assocarta@ assocarta. it
URL：www. assocarta. it

法国造纸工业联盟（**COPACEL**）
The French Association of Paper Industries（COPACEL）
23－25，rue d'Aumale－75009，Paris，France PARIS
TEL：+33－153－89－2400
FAX：+33－153－89－2401
E-mail：contacts@ copacel. fr
URL：www. copacel. fr/en

法国造纸技术协会(ATIP)
Technical Association of the French Paper Industry
23, rue d'Aumale - 75009 Paris, France
TEL: +33 - 1 - 4562 - 1191
FAX: +33 - 1 - 4563 - 5309
E-mail: atip@ wanadoo. fr
URL: www. atip. asso. fr

西班牙制浆造纸协会(ASPAPEL)
Spanish Paper Institute
Association of Spanish Pulp and Paper Manufacturers
Avenida de Baviera, 15, 28028 Madrid, Spain
TEL: +34 - 91 - 576 - 3003
FAX: +34 - 91 - 577 - 4710
E-mail: aspapel@ aspapell. es
URL: www. aspapel. es

西班牙造纸研究所(IPE)
Instituto Papelero Espanol
Avenida de Baviera 15, 28028 Madrid, Spai
TEL: +34 - 91 - 576 - 3003
FAX: +34 - 91 - 577 - 4710
E-mail: ipe@ ipe. es
URL: www. aspapel. es

葡萄牙纸和纸板工业协会(ANIPCI)
National Association of Paper and Board Industries
Rua 14, No. 871 P - 4500 - 233 Espinho, Portugal
TEL: +351 - 256 - 060 - 996
FAX: +351 - 256 - 023 - 044
E-mail: geral@ anipc. pt; ambiente@ anipc. pt
URL: www. anipc. pt

俄罗斯制浆造纸企业协会(BUMPROM)
Russia Association of Pulp and Paper Organization and Enterprises
3rd krasnoselsky lane 21, str. 1 Rm. 307, 107140 Moscow, Russia
TEL: +7 - 495 - 651 - 9102
FAX: +7 - 495 - 651 - 9340
E-mail: office@ bumprom. ru
URL: www. bumprom. ru

俄罗斯造纸科学研究所(CNIIB)
Central Scientific & Research Institute of Paper
ul. Lenina 15/1, 21460 pos. Pravdinskiy, Pushkinskiy rayon, Moskovskaya Obl., Russia
TEL: +7 - 095 - 993 - 3623
E-mail: cniib@ pues. ru
URL: www. cniib. ru

美国林业及纸业协会(AF&PA)
American Forest & Paper Association
1111 19th Street, NW Suite 800 Washington, DC 20036, USA
TEL: +1 - 202 - 463 - 2700
FAX: +1 - 202 - 463 - 2785
E-mail: info@ afandpa. org
URL: www. afandpa. org

美国制浆造纸技术协会(TAPPI)
Technical Association of the Pulp and Paper Industry
15 Technology Parkway South, Norcross, GA 30092, USA
TEL: +1 - 770 - 446 - 1400
FAX: +1 - 770 - 446 - 6947
E-mail: dbell@ tappi. org
URL: www. tappi. org

加拿大林产品协会(FPAC)
Forest Products Association of Canada
Suite 410 - 99 Bank Street, Ottawa, Ontario, Canada, K1P 6B9
TEL: +1 - 613 - 563 - 1441
FAX: +1 - 613 - 563 - 4720
E-mail: ottawa@ fpac. ca
URL: www. fpac. ca

加拿大制浆造纸技术协会(PAPTAC)
Pulp and Paper Technical Association of Canada
740 Notre-Dame West, Suite 1070, Montreal, QC, Canada, H3C 3X6
TEL: +1 - 514 - 392 - 0265
FAX: +1 - 514 - 392 - 0369
E-mail: tech@ paptac. ca
URL: www. paptac. ca

巴西纸浆和纸业协会(BRACELPA)
Brazilian Pulp and Paper Association
RuaOlimpiadas, 66, 9o andar Vila Olimpia, Sao Pau-

lo, CEP 04551 –000, Brazil
TEL: +55 –11 –3018 –7800
FAX: +55 –11 –3018 –7813
E-mail: faleconosco@ bracelpa. org. br
URL: www. bracelpa. org. br

巴西制浆造纸技术协会(ABTCP)

Brazilian Pulp and Paper Technical
Association
Rua Zequinha de Abreu, 27, Pacaembu, 01250-050-S, Sao Paulo, SP, Brazil
TEL: +55 –11 –3874 –2700
FAX: +55 –11 –3874 –2730
E-mail: abctp@ abctp. org. br
URL: www. abtcp. org. br

巴西制浆造纸研究所(IPT)

Institute for Technological Research, Pulp and Paper
Av. Prof. Almeida Prado, 532 Cid.
Universitaria. 05508 –901 Sao Paulo, SP, Brazil
TEL: +55 –11 –3767 –4126
FAX: +55 –11 –3767 –4002
E-mail: sac@ ipt. br
URL: www. ipt. br

智利纤维素与造纸技术协会(ATCP Chile)

Chile or the Technical Association of Cellulose and Paper
janequeo 884 Depto. 402, Concepcion Ⅷ-Region del Biobio Chile
TEL: +56 –41 –288 –8130
FAX: +56 –41 –288 –8133
E-mail: atcpchile@ atcp. cl
URL: www. atcp. cl

阿根廷纸浆、纸张行业协会(AFCP)

Association of Pulp and Paper Manufacturers
Av. Belgrano 2852 (C1209AAN), Buenos Aires, Argenctina
TEL: +54 –011 –4931 –0051
FAX: +54 –11 –4931 –0053
E-mail: afcparg@ afcparg. org. ar
URL: www. afcparg. org. ar

南非造纸行业协会(PAMSA)

Paper Manufacturers Association of South Africa
Corner Austin&Morris Sts., Woodmead Sandton, Rivonia, 2128 South Africa
TEL: +27 –11 –803 –5063
FAX: +27 –11 –803 –6708
E-mail: jane. molony@ pamsa. co. za
URL: www. pamsa. co. za

南非制浆造纸技术协会(TAPPSA)

Technical Association of the Pulp and Paper Industry of Southern
Africa, 20 Impangele Road, Kloof, 3610 South Africa
TEL: +27 –31 –7642494
FAX: +27 –31 –7640676
E-mail: mwtappsa@ iafrica. com
URL: www. tappsa. co. za

(郭彩云)

企业名录

ENTERPRISES LIST

13

一般企业介绍

General Enterprises with Introduction

上海轻良实业有限公司

上海轻良实业有限公司成立于1998年，是一家向工业化、自动化、智能化发展的造纸机械设备公司。公司目前拥有先进的加工生产设备、专业的项目设计及管理团队，可为海内外用户提供各类造纸机机械设备及专业技术指导等服务。

公司在为客户设计最适合的定制纸机的同时，不断开拓创新，已获得了30多项实用型专利，7项发明专利。其中包括：新月型高速卫生纸机专利和四辊三压(低定量)发明专利，被上海市政府评为高新科技企业与科技小巨人。公司产品以低能耗、高稳定性、高可定制化著称，公司产品质量与项目团队的成熟管理水平也在同行业内获得好评。

近两年，公司生产环节全面信息化，纸机运行云数据库建立，与SKF公司和道达尔公司签订了战略合作协议，进一步确保纸机的运作能力，并与芬兰康克公司合作共同开拓国际市场。

公司的宗旨是：您的成功，是我们始终的追求！

四川石化雅诗纸业有限公司

四川石化雅诗纸业有限公司系世界500强中国石化所属非油气业务示范性企业，专注研发、生产、销售100%竹纤维高端本色生活用纸，位于天府之国城南门户水城新津，拥有3个自建工厂，占地面积13.33公顷，建筑面积约10万米^2，员工1000余人，其中，专业技术人员102人，教授级专家、高级工程师6人。

生活用纸成品年生产能力达20万吨以上，包括软抽面巾、盒抽面巾、有芯卷纸、无芯卷纸、厨房用纸、迷你手帕、便携手帕、柔润纸巾、竹柔巾、餐巾纸、擦手纸、湿巾纸、大盘纸、商务纸等30余个竹纤维本色纸，是我国竹浆本色纸行业成品产能最大、规格品种最齐全的生产企业。

公司系中国造纸协会生活用纸分会理事单位、四川省造纸行业协会副会长和副理事长单位、四川省生活用纸加工十强企业、四川省安全生产标准化三级企业，荣获“中国竹浆本色纸研发生产和市场推广卓越贡献奖”。本色竹纤维生活用纸产销率、市场占有率连续5年排名四川省行业第一，引领了我国竹浆本色纸的消费潮流，引导了我国竹浆本色纸的健康发展，成为了我国竹浆本色纸行业标杆企业。

公司在同行业中率先通过了ISO 9001质量管理体系认证、ISO 14001环境管理体系认证、OHSAS 18001职业健康安全管理体系认证，同时首批通过SGS国际通用标准检测，符合欧盟ROHS无毒害标准，以及欧盟AP、美国FDA食品接触用纸标准要求。“鸥露”牌本色竹纤维生活用纸是四川省首家通过中国卫生安全认证和FSC森林认证，纤维原料100%来自管理良好可持续使用的天然高山竹林，生态环保，抑菌健康，并取得了同行业首张(四川省唯一一张)天然抑菌卫生认证证书。

公司拥有国际国内先进的全自动生活用纸生产线52条，其中，卷纸生产线12条、抽纸生产线20条、盒抽生产线2条、手帕纸生产线7条、餐巾纸生产线5条、分盘纸和商务纸生产线9条，同时国内首家引进了4条国际领先水平的超级压光、4D压花超柔保湿面巾纸、竹柔巾双用生产线，以及抽取式厨房用纸生产线。其中，还引进了30余套欧美进口关键设备与品控仪器，以最大限度提升产品品质并满足客户需求。

“鸥露”牌本色竹纤维生活用纸连续10年被国家及省市县四级质量监督部门抽检合格，同时“鸥露”牌生活用纸被“中国质量万里行”监测评定为“国家质量稳定合格品牌和产品”。2016年，“鸥露”被评为成都市著名商标。产品以竹代木，具有天然环保、柔韧细腻、不含有毒有害物质、无农化残留、抑菌更健康、本色不漂白的显著优点，深受消费者信赖和好评。

公司主导了《竹浆》《竹纤维生活用纸》《医护级生活用纸》团体标准创建，在国内首家创建本色竹纤维生活用纸优等品企业标准，并报国家备案发布实施。公司拥有8项重大核心技术、20余项发明和实用新型专利，还成功研发并上市了100%竹纤维本色柔润纸巾、本色竹柔巾，以及本色竹纤维浴巾、毛巾和内衣等生活用品。目前正在全力打造国家高新技术企业和四川省企业技术中心。

根据中国石化集团及公司“十三五”发展规划，未来3年公司力争建设成为年产30万吨、销售收入超过30亿元的大型生活用纸企业，并把“鸥露”牌打造为国家名牌和驰名商标，把企业建设成为我国最具竞争力的高端竹纤维生活用纸企业。

单位地址： 四川省成都市新津工业园区A区希望路912号

邮编： 611400

联系电话： 028－61786868、88786868、82402405

联系传真： 028－61786868

联系邮箱： shyspaper@126.com

单位网址： www.yspaper.com.cn

主要产品： 生活用纸

锦州金日纸业有限责任公司

锦州金日纸业有限责任公司是以生产双胶纸、书写纸、高档生活用纸、黏合剂为主要产品，集印刷、化工、橡胶、塑料制品、机械加工等多种经营为一体的股份制企业。现有员工1300多人，公司产品行销全国20多个省、市、自治区，主导产品市场覆盖率达到90%以上。黏合剂、干粉销往全国各地，并出口日本、韩国等国家。

公司位于辽宁省凌海市大凌河东岸金城工业园区，毗邻亚洲最大的芦苇基地，具有得天独厚的原料资源和区位优势。公司生产的“金城”牌胶印书刊纸曾荣获国家质量金质奖章，双胶纸、书写纸、高档生活用纸销售覆盖我国东北、京津冀及蒙东地区。

公司现在年生产规模为：文化用纸10万吨，生活用纸1.5万吨，黏合剂12万吨，木质素磺酸镁干粉2万吨，销售收入5.2亿元。

公司于2017年投资3000多万元建设废水深度处理工程和电厂烟气脱硝工程，彻底解决了废水COD_{Cr}超标及烟气氮氧化物超标问题，并取得国家环保部颁发的排污许可证。标志着公司实现绿色、生态、可持续发展。在未来3年内，公司将全力推进技术改造，提高产能和产品档次，扩大生产规模，实现跨越性和可持续发展。

单位地址： 辽宁省凌海市金城工业园区

邮编： 121203

联系电话： 0416－8350015

联系传真： 0416－8350082

联系邮箱： 65001346@qq.com

企业性质： 民营企业

法人代表： 高成军

经营负责人： 高成军

技术负责人： 杨永彬

成立时间： 2005年

职工总数： 1300人

技术人员： 136名

2018年纸浆生产量： 4.1万吨

纸和纸板生产量： 5.1万吨

主要产品： 双胶纸、书写纸、黏合剂

柏乡县华兴纸业包装有限公司

柏乡县华兴纸业包装有限公司始建于1996年，以麦草为原料生产瓦楞原纸，根据国家产业政策要求，2015年新增了以废纸箱为原料的4400型高强瓦楞原纸生产线和5200型箱纸板生产线，是一家生产高强瓦楞原纸、箱纸板的私营企业。公司有一个团结上进、充满生机的年轻团队。公司由综合办、财务部、供应科、销售部、生产部、质检部、化验室和研发室等部门组成，此外，公司下设集中供热公司和废水处理厂两个子公司。公司生产工艺合理，节能减排达到国家环保节能标准，烟尘排放、废水排放都符合国家环保标准(超低排放)并实行在线检测，环保部门颁发了排污许可证。公司现有职工280名，其中，管理人员40名，技术人员40名，生产工人200名，注册资本1000万元，资产总额28000万元，占地面积13.33公顷，年生产规模30万吨。产品质量优越，深受新老客户好评，公司连续被省市县有关单位评为优秀民营企业、重合同守信用企业、利税缴纳先进企业。

单位地址： 河北省邢台市柏乡县西汪村北

邮编： 055450

联系电话： 0319－7733222

联系传真： 0319－7731999

联系邮箱： xinghuazhichang@163.com

企业性质： 民营企业

法人代表： 张志忠

经营负责人： 张志忠

技术负责人： 王桂元、张金辉

成立时间： 2010年1月

职工总数： 280人

技术人员： 40名

主要产品： 高强瓦楞原纸、箱纸板

华西能源工业股份有限公司

华西能源工业股份有限公司(以下简称“华西能源”)，1983年创立于四川省自贡市，2011年11月11日在深交所主板上市，股票代码002630。华西能源自

创立以来，30余年专注于新能源、环保产业、清洁电站的设计制造、系统解决方案及投资运营业务，服务顾客遍及我国30个省市自治区及全球50多个国家和地区。

华西能源以技术创新作为强企之源，共获得专利200余项，成功研制了以煤粉炉、循环流化床、炉排为主的洁净高效燃烧锅炉，以工业固废、生活垃圾为燃料的垃圾炉排焚烧余热锅炉、循环流化床锅炉、生物质燃料锅炉、高炉煤气炉、碱回收锅炉为主的绿色环保锅炉装备系列。公司先后与中国科学院、清华大学以及安德里茨公司、比利时WATERLEAU公司、比利时史格斯清水公司、美国SCS公司等科研机构、高等学府和跨国公司在以特种燃料及工业固废、生活垃圾等为燃料的高新锅炉技术开展技术交流与合作。

针对国内制浆造纸企业特点及用户需求，华西能源已形成以碱回收锅炉、制浆废渣固废锅炉、循环流化床锅炉为主的环保锅炉装备系列。

(1)碱回收锅炉　华西能源自主开发了40～3500绝干吨/日系列的低压、中压、次高压、高压碱炉，具有容量、参数适应范围广，技术新，适用浆种范围大，适应负荷波动能力强，运行周期长，能耗低的特点。并积极与安德里茨公司合作，分包其国内外大型高压碱回收炉(如怀化2200绝干吨/日、湛江4500绝干吨/日、智力2500绝干吨/日、乌拉圭5710绝干吨/日)压力部件的生产、制造。

(2)制浆废渣固废锅炉　华西能源是国内第一家选择鼓泡流化床(BFB)锅炉方案进行纸浆厂固废处理并成功商业运行。华西能源以雄厚的技术力量，通过自身的试验研究，与国内外高校及科研院所合作，技术引进和自主研发相结合，形成了从25～1050吨/时系列产品。

(3)循环流化床锅炉　该产品煤种适应性广，可燃烧煤矸石、无烟煤、平煤、烟煤、褐煤、石油焦、油页岩，还可掺烧油气、工业废气等；能在不同负荷下连续稳定运行、热效率高、有害物质排放量低、并充分达到环境保护要求。

PMP集团中国分公司——艾博(常州)机械科技有限公司

艾博(常州)机械科技有限公司成立于2007年，位于江苏省常州市，目前是PMP集团Intelli-Tissue®新月型卫生纸机的精益中心，专业从事卫生纸机的设计和制造，同时也为集团的其他重大项目提供加工支持。

PMP集团是全球性的卫生纸、文化用纸和包装用纸及纸板机技术供应商，服务于制浆造纸行业已经有165年的历史，总公司PMPoland S. A. 位于波兰，前身是Beloit波兰。目前PMP集团在波兰、美国、中国和意大利拥有6家分公司，业绩遍布六大洲33个国家。PMP集团的五大业务包括：卫生纸机、文化及工业包装用纸机、外协加工、特种产品和服务。

在生活用纸行业，PMP能够提供基于Intelli-Tissue®智能卫生纸机技术平台的整套卫生纸机设备。该技术平台涵盖了多种解决方案，纸机日产能最高可达240吨，幅宽最大可达5600毫米，操作车速最高可达2100米/分。

PMP卫生纸机配备了Intelli-Jet V®水力式流浆箱，采用单层或双层布浆器，绝干横幅定量偏差±0.25～0.30克/米^2，保证优越的成纸质量；Intelli-Former®新月成形器，结构紧凑，保证纸幅成形卓越；Intelli-SRP®真空压榨辊，最大化脱除纸幅中的水分；Intelli-YD®钢制扬克烘缸，干燥效率高，蒸汽消耗低；Intelli-Reel®卷取部，操作方便，母卷结构均一。大量的运行案例证明PMP卫生纸机生产效率超过95%，汽耗低至1.9吨/吨纸。

目前，PMP集团推出的全新的WIDE-Intelli-Tissue® Ultra超级卫生纸机解决方案(卷纸幅宽5600毫米，操作车速1800米/分)，更是结合了双层水力式流浆箱、靴压、节能气罩、大直径扬克缸等一系列的技术理念，确保获得卓越的纸品质量，进一步降低介质消耗。

针对其他纸种，基于Intelli-Paper®文化及工业包装用纸机技术平台，PMP集团还能提供整条特种纸机、纸板机及各种文化及工业包装用纸机核心部件，如Intelli-Jet V®水力式流浆箱，Intelli-Shaker®摇振装置，Intelli-Top®顶网成形器，Intelli-Nip®靴压，Intelli-Sizer®膜转移施胶机，Intelli-Reel®全自动卷纸机等。

PMP集团同样有改造和翻新现有纸机生产线的能力，紧跟市场的需求，PMP集团引领“高附加值”项目，即对现有的二手机进行整体搬迁和改造，对必要部件进行改造或利用Intelli-Paper®智能纸机技术平台加入新的核心部件，使老纸机如凤凰涅槃般的重新焕发生机。

此外，基于PMP成熟的加工能力，还能为其他行业提供精密机械的加工、制造和装配。并且PMP还能为汽车生产、航空航天业提供定制的仪表和紧固件。

多样的产品、丰富的经验、先进的技术，使得PMP在市场上获得稳步的发展，目前已经与国际纸业、宝洁公司、斯墨菲卡帕、APP公司、中顺洁柔纸业股份有限公司、永丰余造纸有限公司等国内外知名造纸企业建立长期战略合作关系。

杭州顺隆胶辊有限公司

杭州顺隆胶辊有限公司位于浙江省杭州市未来科技城创新走廊区域，是一家省级高新技术企业，专业生产造纸胶辊。公司拥有大型专业化生产设备，包括2000×12000×50T数控轧辊磨床、1600×12000×50T重型车床、自动挤出成型机、2000×12000×50T动平衡机、自动钻孔机、聚氨酯缠绕成型等高精重点设备。产品覆盖各种类型纸品、纸机用覆面辊。

自创立伊始，公司立志服务于国内外制浆造纸行业。多年来公司为各大纸厂及纸机制造商提供了系列胶辊覆面，受到广泛赞誉。

西尔伍德机械有限公司

西尔伍德机械有限公司隶属西尔伍德集团，是瑞典的一家家族企业，公司成立于1913年。公司总部位于瑞典中南部的奈舍市，在中国、德国和加拿大设有销售分公司。

西尔伍德在我国的分公司为西尔伍德机械贸易(上海)有限公司。可以为我国的客户提供技术支持和备品备件的快速相应服务。在总部有1条可以用于实际生产的废纸浆生产线，可供全球的客户进行生产测试。

西尔伍德机械有限公司为制浆造纸行业的客户开发和生产高技术含量的客户定制设备，最早的1台西尔伍德热分散系统于1973年被生产出来。西尔伍德的KRIAM卡瑞吗系列的废纸热分散系统为该领域的全球领导者。该系统可以处理各种类型的废纸，使难以回收的原料能够被妥善处理，同时又能保持较低的能耗水平。目前在全世界西尔伍德的设备每天处理超过10万吨的废纸纸浆，有600套以上的热分散系统和2800套以上的碎浆机系统遍布全球。

西尔伍德的产品主要包括：

Krima卡瑞吗热分散系统：是西尔伍德机械公司为客户提供的优化分散效果，可根据原料和需要的结果弹性操作的废纸热分散处理解决方案，操作温度最高可以达到120℃，西尔伍德热分散系统最大的优点是可以在能耗很低的前提下取得废纸中污染物最佳的分散效果，压榨螺旋的出口不是压力密封的状态，方便操作。靠专门设计的料塞螺旋来封闭系统。加热螺旋内浆料的停留时间2~3分钟，可以充分地软化污染物并可以提供在线漂白的机会，热分散的最小间隙为0.1毫米，并可以按照0.01毫米的幅度进行调整，纤维在特殊设计的盘片之间被“轻柔”的处理，保持纤维的长度，有利于增强纸页的物理强度。

Grubbens固本碎浆机系统：特别设计的碎浆机转子系统，可以高效地碎解浆板或损纸。西尔伍德提供现有碎浆机的节能和提产改造服务。

Grubbens固本浆渣分离器：带有筛板的壳体和转子，可以将废纸浆中的金属和塑料分离出来。

Grubbens固本高浓除渣器：除去废纸浆中的重杂质如金属、石块、玻璃等。

Grubbens固本纤维疏解机：纤维通过多级疏解，消除纸浆中的纤维束。

Grubbens固本中浓泵：特别为热分散出口设计的中浓泵送设备，可以输送8%~12%浓度的纸浆，能耗低，安装简单，无需立管和真空设备，操作稳定可靠。

单位地址： 上海市松江区九亭镇盛龙路8号
邮编： 201615
联系电话： 021-54961756
联系传真： 021-54960279
联系邮箱： frank. jiang@ cellwood. se
单位网址： www. cellwood. se

山东晨钟机械股份有限公司

山东晨钟机械股份有限公司始建于1954年，目前是国内知名的造纸制浆设备、污泥脱水深度干化设备专业制造商。公司目前是国家高新技术企业，中国轻机协会副会长单位、中国轻工机械协会制浆造纸装备分会会长单位、山东省轻机协会副理事长单位。公司连续2年被评为“中国轻工业装备制造行业三十强企业”“中国制浆造纸机械行业十强企业”。

公司总占地面积14.67公顷，现有员工368人，其中各类工程技术人员187人。公司已全部实现ERP管理，有省级认定的研发机构，高素质的员工队伍和雄厚的加工能力。

公司从1978年起设计制造了双盘磨浆机，此后一直致力于制浆设备的设计和制造。公司目前有200余种产品，可提供年产10万吨未漂白商品浆、40万吨废纸浆、10万吨废纸脱墨浆、年产7万吨麦草浆整条制浆生产线所需设备，可提供单机日处理量2~70绝干吨污泥脱水深度干化系统设备及污水处理项目工程。

公司可为用户提供的服务有：技术咨询、整条制浆线技术工艺方案设计及指导设备安装、调试、人员培训等。

“晨钟”牌系列产品畅销全国，同时出口至东南亚、中东、北非和独联体等国家，深受国内外用户青睐。

东莞金洲纸业有限公司

东莞金洲纸业有限公司是一家以废纸为主要原料的包装用纸生产企业，符合国家循环经济和清洁生产产业发展要求，属国家鼓励发展行业，占地总面积66.67公顷，总投资额达到45亿元，其下有2个分公司，第一分公司创建于2002年，共建有4条生产线，2条生产线主要生产高强瓦楞原纸，年产能24万吨，主打品牌“金洲芯”，质量享誉全国；另外 2 条生产线主要生产高档牛皮箱纸板，年产能 60 万吨。生产的高档优质牛皮箱纸板质量深受客户认可。第二分公司始建于 1987 年，公司经历了多次的改造升级和拆旧建新，2008 年建成 2 台具有国内先进水平的三叠网多缸高速纸机。主要生产瓦楞原纸和挂面箱纸板，年产能达到 45 万吨。

公司合理配置了国内外先进的制浆造纸设备，在实现制浆、造纸全流程 DCS、QCS 系统进行生产过程自动化控制的同时，还使用了 ERP 管理系统，实现了生产管理自动化与办公管理工业互联网应用。

为促进企业高效、绿色、科学发展，公司还非常重视环境保护与清洁生产，实现了企业与人、企业环境的和谐共存，保证了企业的可持续发展。公司先后被被评为“广东省环境保护优秀示范工程”“清洁生产企业”“绿色工厂”和“高新技术企业”。公司通过了 QES 三合一管理体系认证。

公司秉承“以人为贵，守法防治，做高效协作团队；以客为尊，精耕细作，创百年美誉品牌；以德为荣，善用资源，建和谐绿色家园”的经营管理方针，竭诚为广大新老客户提供高质量的产品和服务。

单位地址： 广东省东莞市中堂镇潢涌工业园区

邮编： 523221

联系电话： 0769－88181288

联系传真： 0769－88181277

联系邮箱： jzzy@ dgjzzy. com

单位网址： www. jinzhoupaper. com

法人代表： 黎惠华

成立时间： 2002 年

职工总数： 2819 人

技术人员： 470 名

2018 年纸浆生产量： 153. 99 万吨

纸和纸板生产量： 133. 51 万吨

主要产品： 100～180 克/米^2 高强瓦楞原纸和 110～250 克/米^2 牛皮箱纸板

王子(OJI)集团

王子(OJI)集团始于 1873 年，由日本“现代企业”之父的涩泽荣一所创立。经历了 146 年的发展，已经成长为年销售额超过 130 亿美元，在世界各地拥有 3 万余员工的全球化企业。主要业务分为生活产业资材事业，印刷情报媒体事业，功能材料事业以及资源环境贸易事业。

生活产业资材事业包括：王子包装(上海)有限公司(主要生产机制纸袋、复合纸袋等)、苏州王子包装有限公司(主要生产纸箱、重物包装箱等)、昆山王子过滤制品有限公司(主要生产全热交换器元件、除臭过滤器等)、大连三井森包装有限公司(主要生产瓦楞纸箱、彩盒)、王子制纸妮飘(苏州)有限公司(主要生产生活用纸、纸尿裤等)。

印刷情报媒体事业包括：江苏王子制纸有限公司(主要生产木浆、双胶纸、铜版纸等)。

功能材料事业包括：王子奇能纸业(上海)有限公司(主要生产干法纸、热敏材料、优泊合成纸、不干胶、防锈纸、光学胶等各种功能性纸张和膜类产品。)、阳光王子(寿光)特种纸有限公司(主要生产装饰原纸)。

资源环境贸易事业包括：王子制纸国际贸易(上海)有限公司(主要生产木材、纸浆等)

王子 1995 年开始投资中国，在上海设立代表处并成立了第一家机制纸袋生产企业。经过 20 多年的发展，王子(OJI)集团在我国大陆地区投资有多家生产加工型企业，累计销售额超过 40 亿元。

在“安全，环境，合规”的企业经营大前提下，王子(OJI)集团在我国稳步发展，不断创造可持续增长的企业价值，同时也积极履行企业的社会责任。出资 7. 5 亿日元在江苏省南通市与慈善会共同成立“王子慈善教育基金”，帮助和鼓励优秀的师生，助力教育事业的发展。定期在内蒙古自治区通辽市开展环保植树活动，为防止沙漠化贡献力量。

山东金蔡伦集团

山东金蔡伦集团是一家集造纸、热电、印刷、玻璃加工、人造板、新型建材、城区供暖、水质净化于一体的综合性现代化循环经济企业集团。集团共分为文化、能源、新型建材、民生四大板块，11 家子公司，子公司之间相互关联、闭合，形成了循环经济产业链。集团现有员工 1600 余人，占地面积 140 万米^2。其下辖的山东金蔡伦纸业有限公司始建于 1987 年，现有员工 750 余人，年产轻型印刷纸 15 万吨，是一家轻型印刷纸专业生产厂家。2001 年在国内率先研制开发出轻型印刷纸，填补了国内空白，是国内轻型印刷纸的龙头企业，还是轻型印刷纸国家标准的起草单位之一。其产品具有绿色环保、保护视力、纸质松厚、不透明度高、色泽柔和、儒雅含蓄等特点，被业内及印刷界誉为“精品”和“王牌”。山东金蔡伦纸业有限公司严抓质量管理，持之以恒、敬终如始，在历次纸张及其印刷适性检测评比中名列前茅，始终处于行业领军地位。

山东金蔡伦集团积极推进管理创新，企业现代化管理显著提升，“金蔡伦”品牌 2016 年被评为山东省著名商标，公司先后荣获“全国守合同重信用企业”“全国模范职工之家”“全国母亲河奖——绿色贡献奖”“省级环保优秀企业”“省级高新技术企业”“省级诚信企业”“省最具发展潜力企业”“省轻工行业先进企业”“国家二级安全标准化企业（轻工）”等多个荣誉称号，并于2007年通过了ISO 9001和ISO 14001认证，2017年通过了FCS-COC体系认证，2019年通过了中国环境标志（Ⅱ型）产品认证。

“金蔡伦”将秉承以质量求生存永不满足，以客户为至尊诚信经营的经营理念，发扬品立天下，诚信致远，自强不息，追求卓越的企业精神，继续以科学严谨的管理、求真务实的态度、优质高效的服务，于社会各界朋友携手共进，共创未来！

单位地址：山东省阳谷县华山路8号

邮编：252300

联系电话：0635－6173998

联系传真：0635－6173956

联系邮箱：sdjclzy@163.com

单位网址：www.goldencailun.com

企业性质：民营企业

法人代表：陈立仁

成立时间：1987年

职工总数：750人

2018年轻型印刷纸生产量：13万吨

主要产品：轻型印刷纸、微涂纸、纯质纸

国内制浆造纸企业名录

Directory of Domestic Pulping and Papermaking Companies

北 京 市

北京京纸集团有限公司
北京市朝阳区广渠路 39 号院 1 号楼
邮编：100022
电话：010 – 67043080、67043081
传真：010 – 67043080
网址：www. bjjzjt. com
产品：利乐包装纸、办公印刷纸

中国纸业投资有限公司
北京市丰台区南四环西路 188 号总部基地 6 区 17 号楼
邮编：100070
电话：010 – 83673111
传真：010 – 83673151
网址：www. chinapaper. com. cn
邮箱：admin@ chinapaper. com. cn
产品：白卡纸、白纸板、文化用纸、薄型包装纸、特种纸、溶解浆

北京造纸一厂
北京市顺义区空港工业 B 区安庆大街 9 号
邮编：101318
电话：010 – 80484585
传真：010 – 80490790
网址：www. sanyipaper. com
邮箱：office@ sanyipaper. com
产品：办公用纸、文化用纸、印刷纸

利乐包装(北京)有限公司
北京市亦庄经济技术开发区东环南路 15 号
邮编：100176
电话：010 – 67887117
网址：www. tetrapak. com
产品：液体复合包装材料(利乐包装纸)

维达北方纸业(北京)有限公司
北京市平谷区航宇街 16 号
邮编：101200
电话：010 – 69932777
网址：www. vinda. com
产品：生活用纸

永丰余家纸(北京)有限公司
北京市平谷区马坊工业区东区 1 号
邮编：101204
电话：010 – 60999688
传真：010 – 60999686
网址：www. yfycpg. com
产品：生活用纸

北京坤隆纸业有限公司
北京市房山区韩村河镇西南章村
邮编：102406
电话：010 – 61320196
传真：010 – 61320058
产品：涂布白纸板

北京市鑫宏鹏纸业有限公司
北京市房山区周口店镇瓦井
邮编：102452
电话：010 – 69309918
传真：010 – 61397195
邮箱：bjsxhpzy@ 163. com
产品：精制牛皮纸、纸袋纸、复合纸

北京爱华中兴纸业有限公司
北京市海淀区西三旗东路
邮编：100096
电话：010 – 82929866、82918325
传真：010 – 82927452
网址：www. yipianyun. com
邮箱：yipianyun@ yipianyun. com
产品：生活用纸

北京倍舒特妇幼用品有限公司
北京市密云县经济开发区远光街 1 号
邮编：101500
电话：010 – 69061748、84721230(营销中心)
网址：www. bjbest. com. cn
产品：女性卫生用品、婴幼儿纸尿裤、湿巾

天 津 市

玖龙纸业(天津)有限公司
天津市宁河县经济开发区五纬路
邮编：301500
电话：022 – 59326666
传真：022 – 59329148
网址：www. ndpaper. com
邮箱：info_ tj@ ndpaper. com
产品：高档包装纸

天津造纸厂有限公司
天津市津南区双鑫工业园发港南路 29 号

邮编：300350
电话：022－88823020/022
产品：瓦楞原纸、热敏纸、复印纸

天津广聚源纸业有限公司
天津市津南区咸水沽海河工业园福鑫路 16 号
邮编：300021
电话：022－88510939
传真：022－88823029
网址：www. gjyzy. cn
邮箱：tjgjyzy@ 163. com
产品：高强瓦楞原纸

天津市中钞纸业有限公司
天津市西青经济开发区兴华道 38 号
邮编：300381
电话：022－23960572
网址：www. tjzczy. com. cn
邮箱：zhchpaper@ vip. sina. com
产品：防伪证券纸、防伪水印纸、安全线纸

天津市韩东纸业有限公司
天津市北辰区北辰科技园景顺路 12 号
邮编：300402
电话：022－26735940
产品：生活用纸

天津津滨造纸有限公司
天津市河东区津塘路 178 号
邮编：300300
电话：022－84393208
传真：022－84397060
网址：www. tjjbpaper. com
产品：复印纸、铜版纸

天津市宝坻区发达造纸有限公司
天津市宝坻区黑狼口工业区
邮编：301822
电话：022－82489065
传真：022－82488988
邮箱：fdzaozhi@ 126. com
产品：高强瓦楞原纸

天津广大纸业有限公司
天津市北辰区红光农场工业园
邮编：300401
电话：022－26952860
产品：心电图纸、脑电图纸、胎儿监护记录纸

天津弗西比纸业有限公司
天津市津南区八里台工业园南区禄纬道 1 号
邮编：300353
电话：022－88814868
网址：www. wastepaper. com
邮箱：fcb@ wastepaper. net
产品：废纸、空白报纸、白卡纸、卫生纸、牛卡纸

河　北　省

石家庄市

元氏县金鹏纸业有限责任公司
河北省元氏县嘉惠街南段
邮编：051130
电话：0311－84623867
传真：0311－84623867
网址：www. jpzy. cn
邮箱：jpzy@ jpzy. cn
产品：高强瓦楞原纸

河北华泰纸业有限公司
河北省赵县石塔西路工业一街
邮编：051530
电话：0311－84955555－217
邮箱：jejaa@ 163. com
产品：高档彩色新闻纸

河北吉藁化纤有限责任公司
河北省石家庄市藁城区东宁路 2 号
邮编：052160
电话：0311－88042886、88041472
传真：0311－88048224、88158418
网址：www. jghx. cn
邮箱：jghx@ jghx. cn
产品：棉浆粕、纤维浆粕

石家庄市顺发纸业有限公司
河北省石家庄市鹿泉区曲寨工业园
邮编：050200
电话：0311－82295524
传真：0311－82296144
邮箱：quzhaizhiye@ 163. com
产品：箱纸板

石家庄大章纸业有限公司
河北省石家庄市藁城区南董镇南大章工业园区
邮编：052161

电话：0311－88061031
传真：0311－88469867
产品：双灰纸板、全灰纸板、高光纸板

石家庄辰泰滤纸有限公司
河北省晋州市马于镇后彭头开发区
邮编：052260
电话：0311－84455123
传真：0311－84359900
邮箱：376434659@qq.com
产品：空气滤纸、机油滤纸、空调专用滤纸、各种化工滤纸

河北辛集市宏业滤纸有限公司
河北省辛集市路南街15号
邮编：052300
电话：0311－83263083、15032102029
传真：0311－83263083
产品：滤纸、墙纸、壁纸、工业用纸

河北阿木森滤纸有限公司
河北省辛集市安定大街东段辛集工业区
邮编：052360
电话：0311－83312259
传真：0311－83312269
邮箱：ams@amslz.com
产品：阻燃纸、特种滤纸、定量滤纸、汽车滤纸

唐山市

河北永新纸业有限公司
河北省唐山市滦南县城关西马路88号
邮编：063500
电话：0315－5708150
传真：0315－4123486
邮箱：wenzuozhi@163.com
产品：牛皮箱纸板、高强瓦楞原纸、涂布白纸板

唐山融丰特种纸业有限公司
河北省唐山市路南区文化南北街88号
邮编：063001
电话：0315－7063258、7063208
传真：0315－2860340
产品：防伪纸、水松原纸、铝箔衬纸、滤嘴棒成型纸

唐山国泰纸业有限公司
河北省唐山市丰润区银城道中国动车城内
邮编：064000
电话：0315－7760089、7760096
传真：0315－7760088、7760051
邮箱：tsguotaizhiye@163.com
产品：涂布白纸板、高强瓦楞原纸、白牛皮纸

国昌天宇集团有限公司
河北省唐山市玉田县杨家套乡李官屯村西北
邮编：064102
电话：0315－7679900
传真：0315－7679901
网址：www.gtpaper.cn
产品：包装纸

河北昌泰纸业有限公司
河北省唐山市玉田县杨家套乡李官屯村北
邮编：064102
电话：0315－7679914
传真：0315－7679900
产品：石膏板护面纸、低定量瓦楞原纸

秦皇岛市

秦皇岛金茂源纸业有限公司
河北省秦皇岛市抚宁区留守营镇保安庄村
邮编：066301
电话：0335－7977778
产品：高档涂布白纸板

秦皇岛市前韩纸业有限公司
河北省秦皇岛市抚宁区留守营镇前韩家林村
邮编：066301
电话：0335－6468196
传真：0335－6468196
邮箱：qhzy.88@163.com
产品：涂布白纸板、箱纸板、瓦楞原纸

邢台市

河北东大特种纸业有限公司
河北省邢台市柏乡县西汪工业区
邮编：055000
电话：0319－7716269、13603398909
传真：0319－7716269
产品：钢纸、钢纸原纸、绝缘纸、电缆纸、干电池基纸、皱纹纸

邯郸市

汉青国际纸业有限公司
河北省邯郸市经济开发区北仓路与世纪大街交叉口汉

青工业园
邮编：056017
电话：0310－6039696
传真：0310－8058282
网址：www. hanqingpaper. com
邮箱：hqzy@ hanqingpaper. com
产品：复印纸、打印纸、热敏纸、印刷纸

保定市

保定钞票纸业有限公司
河北省保定市盛兴西路98号
邮编：071071
电话：0312－3176416
传真：0312－3178167
网址：www. bdcz. cbpm. cn
产品：钞票纸、罗纹水印纸、彩色双胶纸

保定市三联纸业有限公司
河北省保定市新市区江城乡大汲店村
邮编：071000
电话：0312－3218136
传真：0312－3250899
网址：www. bdslzy. com
邮箱：bdslzy@ 126. com
产品：牛皮箱纸板、瓦楞原纸

保定市华融纸厂
河北省保定市新市区南章村东
邮编：071000
电话：0312－3173094
传真：0312－3173094
网址：www. bdhrzc. com
邮箱：010203_happy@ 163. com
产品：乳胶纸、静电原板纸、水彩画纸、素描纸、标签纸、沟槽纸等特种纸

保定市东升卫生用品有限公司
河北省保定市满城区大册营造纸工业园区
邮编：072151
电话：0312－5578886、5578889、5578887
传真：0312－5572790
网址：www. dshpaper. com. cn
邮箱：mail@ dshpaper. com. cn
产品：高档生活用纸

保定市港兴纸业有限公司
河北省保定市满城区大册营造纸工业园区
邮编：072150
电话：0312－7021908
传真：0312－7021728
产品：卫生纸、纸巾纸、湿纸巾、卫生巾、盘纸、轴纸

保定市江城造纸厂
河北省保定市天威路
邮编：072150
电话：0312－3204686
传真：0312－3250182
产品：箱纸板、包装纸

保定市新市区天华纸制品厂
河北省保定市新市区尹家庄村
邮编：071051
电话：0312－3192458
传真：0312－3192458
产品：螺旋纸管、复合纸板

保定市兴冀特种纸业有限责任公司
河北省保定市利民街600号
邮编：071000
电话：0312－2113318、2110518
传真：0312－2116666
邮箱：rex800@ tom. com
产品：A等晒图原纸、1号制图纸、图画纸、水彩画纸、高档全木浆生活用纸

河北义厚成日用品有限公司
河北省满城区建业路333号
邮编：072150
电话：0312－5576900
传真：0312－5576655
产品：妇婴卫生用品

保定市满城永兴纸业有限公司
河北省保定市满城区造纸工业园区
邮编：072150
电话：0312－7021019
传真：0312－7022288
产品：卫生纸

保定市满城金光纸业有限公司
河北省保定市满城区大册营镇方上村
邮编：072150
电话：0312－7021707
传真：0312－7021899
邮箱：maowangpaper@ 126. com

产品：生活用纸

河北省保定市东方造纸有限公司
河北省保定市徐水县巨力路
邮编：072550
电话：0312－8698215
传真：0312－8698212
产品：高强瓦楞原纸、低定量瓦楞原纸、隔热膜原纸、双胶纸、数码相纸、生活用纸

河北小人国纸业有限公司
河北省保定市建国路 968 号
邮编：071000
电话：0312－2177998
传真：0312－2173636
网址：www. hbxiaorenguo. com
邮箱：xrgzhiye@ 163. com
产品：生活用纸、湿巾

满城县恒达纸业有限公司
河北省保定市满城区北外环胡町村南
邮编：072150
电话：0312－7068999
传真：0312－7068858
产品：箱纸板、灰纸板、双灰纸板、牛皮箱纸板、厚灰纸板、涂布原纸

保定华康纸业有限公司
河北省保定市满城区满城镇城东村
邮编：072150
电话：0312－7074774
传真：0312－7065101
网址：www. huakangzhiye. com
邮箱：huakangzhiye@ sina. cn
产品：灰纸板、茶纸板、瓦楞原纸、生活用纸

涿州市东立纸业有限责任公司
河北省涿州市刁窝镇塔照村南
邮编：072750
电话：0312－3750268、3752299
产品：石膏板护面纸板

河北雪松纸业有限公司
河北省保定市满城区大册营造纸工业园区
邮编：072150
电话：0312－7021606、7027008、7027007
传真：0312－7020869
网址：www. hbxuesong. cn
邮箱：xuesonghb@ 126. com
产品：卫生纸、餐巾纸、面巾纸、卫生巾

保定市中信纸业有限公司
河北省保定市满城区大册营镇
邮编：072150
电话：0312－7021807、7131212
手机：13933267755
传真：0312－7022988
网址：www. zhongxinpaper. com
邮箱：zx@ zhongxinpaper. com
产品：卫生纸

河北亚光纸业有限公司
河北省保定市满城区造纸工业区
邮编：072150
电话：0312－7021008
传真：0312－7021609、7026609
邮箱：yaguangpaper@ 163. com
产品：生活用纸

河北大发纸业有限公司
河北省保定市容城县容城镇东牛村大发大街 1 号
邮编：071700
电话：0312－5692818、5692828
传真：0312－5692838
网址：www. dafapaper. com
邮箱：dafapaper@ 163. com
产品：机制纸及纸板、加工纸

徐水县前进纸业有限公司
河北省保定市徐水县遂城镇栗元庄
邮编：072557
电话：0312－8903975、7021904
产品：卫生纸

河北顺达纸业有限公司
河北省保定市顺平县汽车站西两公里
邮编：072250
电话：0312－7628050
传真：0312－7628050
产品：高光防水彩喷相纸、普通高光彩喷相纸、RC 高光防水相纸、育果袋纸

张家口市

张家口市华鑫纸业有限公司
河北省张家口市桥东区姚家庄村

邮编：075000
电话：0313－4085359
产品：卫生纸

沧州市

青县恒伟纸业有限公司
河北省沧州市青县流河镇南辛房村
邮编：062650
电话：0317－4171141
产品：箱纸板、瓦楞原纸

泊头市龙达纸业有限责任公司
河北省泊头市开发区
邮编：062150
电话：0317－8318556
传真：0317－8318655
产品：高强瓦楞原纸

沧州临港资通纸业有限公司
河北省沧州市临港经济技术开发区
邮编：061108
电话：0317－5483108
产品：本色草浆、木浆

任丘市星火纸业集团有限公司
河北省任丘市新中驿乡张施村
邮编：062556
电话：0317－3326999
产品：胶印书刊纸、瓦楞原纸

廊坊市

中轻特种纤维材料有限公司
河北省廊坊市开发区紫杉路 50 号
邮编：065001
电话：0316－2575530
传真：0316－2575609
网址：www. sinolightpaper. com
邮箱：ifzq22163@ 163. com
产品：超薄型电容器纸、厚纸板、吸尘器纸袋纸、化纤壁纸、育果袋纸、烟用滤纸等

衡水市

安平金城滤纸有限公司
河北省衡水市安平县徐疃工业区
邮编：053600
电话：0318－7660566、7660888
传真：0318－7616233
产品：三滤滤纸

衡水国威滤纸有限公司
河北省衡水市安平县工业园东区纬二路北侧
邮编：053600
电话：0318－7882007
传真：0318－7515918
产品：木浆滤纸、空气滤纸、燃油滤纸、阻燃滤纸、水滤滤纸

山　西　省

太原市

太原家盛纸业有限公司
山西省太原市晋源区晋祠镇王郭村
邮编：030050
电话：0351－6985356
产品：高强瓦楞原纸

太原市晋源区吉兴造纸厂
山西省太原市晋源区姚村镇西邵村
邮编：030050
电话：13209821268
产品：高强瓦楞原纸、箱纸板

太原玉盛源能源发展有限公司
山西省太原市清徐县清源镇小北村旧 307 国道旁
邮编：030400
电话：0351－5709366
传真：0351－5722001
网址：www. tyysy. com
邮箱：taiyuanyushengyuan@ 163. com
产品：防火阻燃类纸板

晋中市

山西强伟纸业有限公司
山西省晋中市寿阳县朝阳镇半月村
邮编：045400
电话：0354－3909710
传真：0354－3909710
网址：www. qwpaper. com
邮箱：info@ qwpaper. com
产品：石膏板护面纸

运城市

山西合盛工贸有限公司造纸分公司
山西省运城市稷山县汾河桥西
邮编：043200
电话：0359－5562768
传真：0359－5562768
邮箱：jywzm@163.com
jywzm1788@yahoo.com.cn
产品：单面书写纸、胶版纸

山西运城市瑞马纸业有限公司
山西省运城市夏县朱吕村
邮编：043000
电话：0359－8948188
传真：0357－3016118－8002
产品：机制纸

临汾市

临汾新晋达纸业有限公司
山西省临汾市解放东路
邮编：041000
电话：0357－3016118、3016141
传真：0357－3016118－8002
产品：箱纸板、瓦楞原纸、再生新闻纸

襄汾县宏峰林纸有限公司
山西省临汾市襄汾县邓庄镇
邮编：041503
电话：0357－3690259
产品：邮封纸、拷贝纸

山西华达纸业有限公司
山西省临汾市襄汾县邓庄镇
邮编：041503
电话：0357－3699066
产品：邮封纸

吕梁市

山西则天浆纸有限公司
山西省吕梁市文水县胡兰镇胡兰村
邮编：032100
电话：0358－3449706
传真：0358－3081701
产品：瓦楞原纸、纸浆

内蒙古自治区

呼和浩特市

内蒙古荣信纸业有限公司
内蒙古自治区呼和浩特市土默特左旗毕克齐镇杨家堡村
邮编：010100
电话：0471－8213033
传真：0471－8213033
产品：高强瓦楞原纸

内蒙古天浩纸业有限公司
内蒙古自治区呼和浩特市金川开发区南区金2路东
邮编：010010
电话：0471－2370016
传真：0471－2370016
产品：高档箱纸板

呼伦贝尔市

内蒙古大兴安岭浆纸有限责任公司
内蒙古自治区扎兰屯市富伦街33号
邮编：162650
电话：0470－3396509
传真：0470－3302447
邮箱：zltlzr@sina.com
产品：木浆、纸袋纸、精制牛皮纸、复合原纸

辽 宁 省

沈阳市

玖龙纸业(沈阳)有限公司
辽宁省沈阳市新民市东城街工业园区
邮编：110300
电话：024－31782611/88999
传真：024－31782630
产品：牛卡纸

沈阳久九纸板有限公司
辽宁省沈阳市铁西新区卫工街北二中路39号
邮编：110000
电话：024－25847459
传真：024－25848459
网址：www.syjjzb.com
邮箱：wanghuaijun@sina.com

产品：纸板、瓦楞原纸

沈阳市宝洁纸业有限责任公司
辽宁省沈阳市和平区长白西街 68 号
邮编：110000
电话：024－23738811
传真：024－23736599
网址：www. baojiezhiye. cn
邮箱：846192331@ qq. com
产品：生活用纸、成人护理系列

沈阳市长城过滤纸板有限公司
辽宁省沈阳市皇姑区鸭绿江北街 45 号
邮编：110032
电话：024－86616852
传真：024－86671668
网址：www. cclz. com. cn
邮箱：cclz8462@ sina. com
产品：过滤纸板、滤纸

沈阳思特雷斯纸业有限责任公司
辽宁省沈阳市经济技术开发区十三号路六甲二号
邮编：110027
电话：024－89303888
传真：024－89303866
网址：www. stls. cn
邮箱：systlszy@ 163. com
yjsu1997@ 126. com
产品：金属板带衬纸、不锈钢垫纸、金属板衬纸、玻璃衬垫用纸、医用包装纸、防锈包装纸

沈阳市沙金纸业有限责任公司
辽宁省沈阳市大东区莲花街 11 号
邮编：110042
电话：024－24239280
传真：024－24239280
邮箱：sjzy@ 21cn. com
产品：书刊纸、造纸脱水器材

辽宁尚阳纸业有限公司
辽宁省沈阳市大东区东贸路 1 号 5－2 号楼
辽宁省铁岭市清河工业园区（厂址）
邮编：112000
电话：024－31810270
网址：www. lnsyzy. com
邮箱：zuolp8888@ 163. com
产品：生活用纸原纸、卷纸、手帕纸、面巾纸、抽取式卫生纸

大连市

大连吉丽纸业有限公司
辽宁省大连市经济技术开发区辽宁街 27 号
邮编：116000
电话：0411－87511908
传真：0411－87511438
网址：www. propitious. hk
邮箱：wangli@ propitious. hk
产品：工业擦拭纸、擦拭纸、吸油棉、擦拭布、无尘布、无尘纸

瓦房店大森纸业有限公司
辽宁省大连市瓦房店市轴承产业园区中拥塞纳城西北 200 米
邮编：116300
电话：0411－85646227
传真：0411－85665369
网址：www. dldszy. com
邮箱：dasen@ dldszy. com
产品：纸管、螺旋纸管

大连中诚纸业有限公司
辽宁省大连市金州区大魏家镇王家村
邮编：116110
电话：0411－87897288
传真：0411－87897555
邮箱：dlhgbz@ 126. com
产品：箱纸板、瓦楞原纸

大连金洋纸业有限公司
辽宁省大连市金州新区中长街道中长村
邮编：116110
电话：0411－87814748
产品：高档箱纸板、高强瓦楞原纸

鞍山市

维达纸业（辽宁）有限公司
辽宁省鞍山市千山区红旗南街 15 号
邮编：114011
电话：0412－8772558
传真：0412－8772528
网址：www. vindapaper. com
邮箱：sun. ql@ vinda. com
产品：高中档卫生卷纸、纸巾纸、盒装面巾纸、软包抽取式面巾纸、餐巾纸

抚顺市

抚顺矿业集团琥珀纸业有限公司
辽宁省抚顺市望花区古城子路 4 号
邮编：113001
电话：024 - 52595858
传真：024 - 52595858
网址：www. hpzy. com. cn
www. hupozy. com
邮箱：hanbiao2009@ 163. com
产品：生活用纸、箱纸板

本溪市

本溪尚琳纸业有限公司
辽宁省本溪市明山区程家街 78 栋 1 层 3 号
邮编：117000
电话：024 - 44841067
传真：024 - 44841067
网址：www. shanglinzhiye. com
产品：高档卫生纸

丹东市

辽宁铭笙纸业有限公司
辽宁省东港市前阳经济开发区
邮编：118301
电话：0415 - 7816888、7816666
传真：0415 - 7816669、7816611
产品：高强瓦楞原纸、黄纸板

丹东市新华纸业有限公司
辽宁省东港市前阳开发区安阳大街 1 - 68 号
邮编：118301
电话：0415 - 6677377
传真：0415 - 6677377
产品：瓦楞原纸、覆膜皱纹包装纸、型材包装纸

锦州市

锦州金日纸业有限责任公司
辽宁省锦州市凌海市金城工业园区
邮编：121203
电话：0416 - 8350111、8351067、8351070、
18640681188、13614069810
传真：0416 - 8350082
网址：www. jzjrzy. com
邮箱：65001346@ qq. com
产品：胶版印刷纸、书写纸、胶印书刊纸

锦州宝地纸业有限公司
辽宁省锦州市凌海市金城街
邮编：121203
电话：0416 - 8350111、8350222
传真：0416 - 8350333
网站：www. jinchengpaper. com
邮箱：jinquandisc@ 163. com
产品：胶印书刊纸、双胶纸、书写纸

营口市

营口特种纸业有限公司
辽宁省营口市西市区辽河里 75 号
邮编：115003
电话：0417 - 2638628
产品：氧化锌版纸、再湿胶带纸、浆层纸、复合纸

辽阳市

辽阳赛伦工业纸板有限公司
辽宁省辽阳市太子河区建设路 21 号
邮编：111000
电话：0419 - 3306969
邮箱：liaoyangsai@ 163. com
产品：绝缘纸板、进口木浆

辽阳博隆纸业有限公司
辽宁省辽阳市太子河区望水台委道西庄街道
邮编：111000
电话：0419 - 3306115
传真：0419 - 3301581
邮箱：lnblzy@ lnblzy. com
产品：餐巾纸原纸、生活用纸、工艺品编织用纸、马桶圈纸

辽阳嘉丰纸业有限公司
辽宁省辽阳市刘二堡经济开发区
邮编：111212
电话：0419 - 7166958
传真：0419 - 7167118
邮箱：jiafengzhiye@ 163. com
产品：瓦楞原纸

盘锦市

辽宁振兴生态造纸有限公司
辽宁省盘锦市盘山县东郭造纸工业园区

邮编：124112
电话：0427－6577000
传真：0427－6577088
网址：www. zxstjt. com
邮箱：lnstzyxzb@ 126. com
产品：文化用纸、浆板

铁岭市

辽宁省开原荣信纸业有限公司
辽宁省开原市新城街后石东村
邮编：112300
电话：004－73617698
传真：024－73617398
网址：www. rxzy. net
产品：打印纸、单胶纸、双胶纸、办公用纸、复印纸、纸品原材料

辽宁兴东纸业有限公司
辽宁省开原市八宝镇大湾村造纸工业园区
邮编：112322
电话：024－73672222
传真：024－73900168
网址：www. lnxdzy. com
产品：牛皮箱纸板、纱管纸

朝阳市

朝阳纸板总厂
辽宁省朝阳市北环路 8 号
邮编：122000
电话：0421－2814799
传真：0421－2805675
产品：包装纸板、涂布白纸板、瓦楞原纸

朝阳华晟纸业有限公司
辽宁省朝阳市双塔区朝阳大街一段 21 号
邮编：122000
电话：0421－2720324
传真：0421－2720961
产品：印刷纸

吉 林 省

白城市

吉林省华金纸业有限公司
吉林省白城市铁东区纸厂街 8 号
邮编：137000
电话：0434－3274600
产品：印刷纸、书写纸、静电复印纸、票据纸

白山市

白山市琦祥纸业有限公司
吉林省白山市八道江区东兴街长白路 49 号
邮编：134300
电话：0439－3389008
传真：0439－3389000
产品：瓦楞原纸、箱纸板

黑龙江省

佳木斯市

佳木斯龙江福浆纸有限公司
黑龙江省佳木斯市光复路 306 号
邮编：154005
电话：0454－6066887
传真：0454－6066860
邮箱：wxyjz@ 163. com
产品：精制白牛皮纸、伸性纸袋纸、本色木浆

黑龙江省佳木斯东方纸业有限公司
黑龙江省佳木斯市建国街 5 号
邮编：154005
电话：0454－8390368
传真：0454－8387461
邮箱：309290259@ qq. com
产品：打印纸、图画纸、白牛皮纸

佳木斯纸业集团有限公司
黑龙江省哈尔滨市香坊区衡山路 18 号 B 座 9 层
邮编：158000
电话：0451－82351620
传真：0451－82352489
邮箱：lzw3966@ 163. com
zwh8098@ 163. com
产品：工业包装纸、纸袋纸、水泥包装袋纸、防锈原纸、染色牛皮卡纸

牡丹江市

牡丹江恒丰纸业集团有限责任公司
黑龙江省牡丹江市阳明区恒丰路 11 号
邮编：157013

电话：0453－6331111、6886000、6886500
传真：0453－6331063、6886868
网址：www. hengfengpaper. com
邮箱：gsb@ hengfengpaper. com
产品：铜版纸、卷烟纸、铝箔衬纸、滤嘴棒纸、水松原纸、无碳复写原纸

牡丹江市三都特种纸业有限公司
黑龙江省牡丹江市爱民区大庆街 19 号
邮编：157009
电话：0453－6899237
传真：0453－6899237
产品：卫生纸、纸巾纸、擦拭纸

海林市柴河林海纸业有限公司
黑龙江省海林市柴河镇铁东路 2 号
邮编：157131
电话：0453－7528590
传真：0453－7528390
邮箱：lhzyxsb@ 163. com
产品：箱纸板、高强瓦楞原纸

上 海 市

王子制纸管理(上海)有限公司
上海市长宁区延安西路 2201 号上海国际贸易中心 3401 室
邮编：200336
电话：021－62195555
传真：021－32231101
网址：www. ojiholdings. cn
邮箱：Info-china@ oji-gr. com
产品：木浆、铜版纸、双胶纸、瓦楞纸箱、重物包装箱、环保纸袋、复合袋、干法纸、热敏纸、YUPO 合成纸、防锈纸、装饰纸、生活用纸、纸尿裤等。

泰盛科技(集团)股份有限公司
地址：上海市虹桥路 2272 号虹桥商务大厦 6 楼 F 座
邮编：200366
电话：021－62619889
网址：www. taison. cn
产品：竹浆、复印纸、双胶纸、书画纸、竹浆生活用纸、母婴原纸、卫生巾、纸尿裤

上海中隆纸业有限公司
上海市浦东康桥工业区秀浦路 489 号
邮编：201315
电话：021－58129798
传真：021－58128986
网址：www. shclc. com. cn
产品：高档牛皮箱纸板、高强瓦楞原纸

金奉源纸业(上海)有限公司
上海市奉贤县星火开发区莲塘路 251 号
邮编：201419
电话：021－57505588
传真：021－57501100
网址：www. jfy-paper. com
邮箱：jfy-paper@ app. com. cn
产品：高档食品卡纸

上海嘉龙纸业有限公司
上海市金山区金张公路 5207 号
邮编：201517
电话：021－57371450、57371707
传真：021－57371305
网址：www. jialongzy. com
邮箱：jialong00001@ 163. com
产品：瓦楞原纸、阻燃纸、纸浆

上海同孚纸制品厂
上海市崇明区港沿中路 588 号
邮编：202158
电话：021－59461824
传真：021－59461268
邮箱：sh-tongfu@ citiz. net
产品：纸浆模塑制品

上海金佰利纸业有限公司
上海市福州路 666 号金陵海欣大厦 10 楼
邮编：201600
电话：021－37813030、61327755
传真：021－37813030
网址：www. kimberly-clark. com. cn
产品：高档生活用纸

上海新江南纸业有限公司
上海市武宁路 1500 号南楼 408 室
邮编：200061
电话：021－62543871
传真：021－62543871
邮箱：xinjiangnan2006@ 126. com
产品：防伪邮票纸

上海乐凯纸业有限公司
上海市普陀区常和路 308 号

邮编：200331
电话：021－62848733、62059984
传真：021－63639043、62845219
网址：www.shanghaizhiye.luckyfilm.com.cn
产品：高档彩色相纸

上海力德纸业有限公司
上海市沪青平公路 6098 号
邮编：201713
电话：021－59230220
传真：021－59230221
网址：www.leadpaper.com
邮箱：lead@leadpaper.com
产品：透析纸、氧化锌印版纸、心电图纸

长谊特种纸（上海）有限公司
上海市宝山城市工业园区丰翔路 1369 号
邮编：200436
电话：021－36160789、62113737
传真：021－36160787、62113232
网址：www.cypnet.com.cn
产品：特种纸

骏源新材料（上海）有限公司
上海市青浦工业园区汇联路 1739 号
邮编：201707
电话：021－59706666
传真：021－59706688
网址：www.sinjunyuan.com
邮箱：webmaster@sinjunyuan.com
产品：特种纸、耐磨纸

上海三五纸厂有限公司
上海市青浦区练塘镇朱枫公路 688 弄 2 号
邮编：201715
电话：021－59251102、59251121
产品：热敏纸、电火花纸

上海合和纸业有限公司
上海市青浦区华新镇宝丰西路 888 号
邮编：201708
电话：021－59798680、59798808
传真：021－59798812、59798660
网址：www.shhehepaper.com
邮箱：hehezhiye@163.com
产品：牛皮纸、加工纸

阿波制纸（上海）有限公司
上海市奉贤区星火开发区莲塘路 355 号
邮编：201419
电话：021－57505800
传真：021－57505805
邮箱：hdh@aws.net.cn
产品：过滤纸

上海虹灵-迪茨根纸业有限公司
上海市闵行区中春路 6889 弄 3 号
邮编：201101
电话：021－64061122
传真：021－54881149
产品：晒图纸

上海全兴纸业有限公司
上海市银都西路 215 号
邮编：201612
电话：021－57684318
传真：021－56784318
产品：晒图纸

上海亚傲纸业有限公司
上海市闵行区梅陇镇金都路 1515 号
邮编：201108
电话：021－64341587
传真：021－64341587
产品：晒图纸

上海国峰纸业有限公司
上海市南汇区老港化工工业园区同强路
邮编：201302
电话：021－58053886
传真：021－58055656
产品：邮票原纸、晒图原纸、

上海繁锦纸业有限公司
上海市南汇区祝桥东海盐朝北路 8 号 209 室
邮编：201325
电话：021－68265628
传真：021－62473126
产品：晒图纸

金光纸业（中国）投资有限公司
上海市长宁区娄山关路 533 号金虹桥国际中心 II 座 30 层
邮编：200051
电话：021－22838888
网址：www.app.com.cn
产品：漂白硫酸盐桉木浆、印刷纸、包装纸、生活

用纸

上海殷泰纸业有限公司
上海市蕴川路盛桥工业小区
邮编：200942
电话：021－56649708
传真：021－56646488
产品：彩色胶印新闻纸

上海开伦造纸印刷集团有限公司
上海市奉贤区莲塘路 251 号
邮编：200050
电话：021－62400224、62104040
传真：021－62401113
网址：www. kai-lun. com
邮箱：kailun@ kai-lun. com
产品：静电复印纸、瓦楞原纸、牛皮箱纸板、折叠涂布白纸板、单面涂布白纸板、茶纸板

上海基隆腊光纸有限公司
上海松江区佘山镇天马新宅路 600 号
邮编：201603
电话：021－57662899、57663729
传真：021－57663729
网址：www. shjl-lgz. com
邮箱：tianmaxue@ sina. com
产品：各色蜡光纸

江　苏　省

南京市

南京经纬纸业有限公司
江苏省南京市江宁开发区九竹路 98 号
邮编：211100
电话：025－52106598
传真：025－52100881
网址：www. jwpaper. com
产品：纸杯纸、碗面纸、冰淇淋纸

南京瑞达纸业有限公司
江苏省南京市丰富路石榴园 330 号
邮编：210000
电话：025－84209796
传真：025－84213096
网址：www. njrdzy. com
产品：联单、热敏纸、气相防锈纸、防锈纸

南京天府纸业有限公司
江苏省南京市秦淮区龙蟠中路 536 号
邮编：210000
电话：025－84587466、84614407
传真：025－84587466
网址：www. tfpaper. com
邮箱：304157937@ qq. com
产品：书写纸、双胶纸

无锡市

无锡双龙信息纸有限公司
江苏省无锡市太湖国家旅游度假区 5 号碧波支路 3 号
邮编：214092
电话：0510－85996606、85996848
传真：0510－85995909
网址：www. slpz. com
邮箱：slpz@ sohu. com
产品：电脑打印纸、静电复印纸、票据纸、传真纸

无锡荣成环保科技有限公司
江苏省无锡市惠山区洛社镇中兴西路 43 号
邮编：214187
电话：0510－83316666
传真：0510－83311826
网址：www. longchenpaper. com
产品：牛皮纸板、瓦楞原纸、瓦楞纸板、瓦楞纸箱

无锡侨颂特种纸有限公司
江苏省无锡市滨湖区碧波支路 11 号
邮编：214092
电话：0510－85990528
传真：0510－85997742
产品：无碳复写纸

无锡锡山恒丰纸业有限公司
江苏省无锡市锡山区东亭镇杨亭村
邮编：214102
电话：0510－88260560
传真：0510－88261049
网址：www. wxhfzy. com
邮箱：wxhfzy@ 126. com
产品：纸箱、瓦楞原纸

无锡市锡山华盛纸业有限公司
江苏省无锡市东亭二泉东路赛维拉包装市场西
邮编：214000
电话：0510－88259207

传真：0510－88251877
网址：www. wxhszy. com
产品：铜版纸、双胶纸、白底白卡纸、白底白纸板、白底灰纸板、高档白卡纸和轻涂纸

无锡市齐力纸业有限公司
江苏省无锡市新世界国际印刷包装产业交易中心 B－32 号
邮编：214000
电话：0510－88231801
传真：0510－88083459
网址：www. qilizhiye. com
邮箱：qilizhiye@ 126. com
产品：包装纸、印刷纸、特种纸

无锡市天昱纸业有限公司
江苏省无锡市惠山经济开发区城塘路 18 号
邮编：214177
电话：0510－83766599
传真：0510－83761808
网址：www. wxstyzy. com
邮箱：2274739357@ qq. com
产品：淋膜口杯纸、碗面纸、餐盒纸、牛皮包装纸、白卡纸、双胶纸、化工包装纸、食品包装纸和各种防潮防水用纸

无锡市三元纸业有限公司
江苏省无锡市新区长江路 8 号
邮编：214028
电话：0510－85225388、85225088、85215127、85217491
传真：0510－85225699
网址：www. wxsyzy. com
邮箱：168163510@ qq. com
产品：双胶纸、铜版纸、轻涂纸、优光铜版纸、无碳压感原纸、牛皮纸

无锡泰极纸业有限公司
江苏省无锡市锡山经济开发区团结大道春雨路
邮编：214101
电话：0510－88262053、88266679
传真：0510－88261990
网址：www. wxtjpaper. com
邮箱：sales@ wxtjpaper. com
产品：化纤纸管、氨纶纸管、工业丝纸管、蜂窝板

无锡市越丰纸业有限公司
江苏省无锡市江海西路(312 国道)红星段
邮编：214037
电话：0510－83071988、83072988、83070988
传真：0510－83075576
网址：www. yfpaper. com
邮箱：yf-paper@ 163. com
产品：无碳复写纸、无碳复写纸用微胶囊、电脑打印纸

无锡市江海信息纸业有限公司
江苏省无锡市新区锡达路 580 号 3 号楼
邮编：214112
电话：0510－85626099、85627393
传真：0510－85627699
网址：www. jianghaipaper. com
邮箱：jhzy163@ 163. com
产品：无碳复写票证纸、记录纸、静电复印纸、传真纸、不干胶贴纸

无锡西瑞玛纸业有限公司
江苏省无锡市扬名高新技术产业园 B 区 076 号
邮编：214024
电话：0510－85418959、85418969
传真：0510－85418979
网址：www. sunrise-paper. com
www. diamondpaper. cn
邮箱：info@ sunrise-paper. com
产品：描图纸、绘图纸、草图纸、彩激纸、工程复印纸和设计蓝图纸

江阴比图特种纸板有限公司
江苏省江阴市长泾镇经济开发区兴隆路 2 号
邮编：214411
电话：0510－86305989、86301263
传真：0510－86302212
网址：www. chinabesto. com
邮箱：xuyulian@ chinabesto. com
jybesto@ chinabesto. com
patrick_ besto@ hotmail. com
产品：中底纸板、快巴纸板

江阴美源实业有限公司
江苏省江阴市梅园路 91 号
邮编：214400
电话：0510－86890068、86877625、86891508
传真：0510－86877610、86891721
网址：www. meiyuan. com
邮箱：sales@ meiyuan. com
产品：涂布纸

江阴永丰余造纸有限公司
江苏省江阴市通江南路 258 号
邮编：214433
电话：0510－86114181、86105973
传真：0510－86118748
网址：www. yfy. com
产品：涂布白纸板

无锡市江南纸业有限公司
江苏省宜兴市官林镇
邮编：214251
电话：0510－87206896
传真：0510－87200108
产品：瓦楞原纸、茶纸板

江阴新浩再循环纸业有限公司
江苏省江阴市南外环路 665 号
邮编：214433
电话：0510－68826000、68822228、68821804
传真：0510－86111319、86101863
网址：www. china-haoran. com
www. xinhaopaper. com
邮箱：sales@ xinhaopaper. com
yy-sunflower@ live. cn
产品：白纸板、废纸浆

无锡市一正纸业有限公司
江苏省宜兴市丁蜀镇陶瓷工业园
邮编：214200
电话：0510－88566366、80383311
传真：0510－88567366
网址：www. wxyizheng. com
邮箱：jinjie6366@ 163. com
产品：卷筒卫生纸、面巾纸、餐巾纸、卫生纸、成人纸尿片、成人纸尿裤

宜兴市苏南纸业有限公司
江苏省宜兴市张渚镇渚钢路 18 号
邮编：214231
电话：0510－87318286
传真：0510－87301375
产品：箱纸板、瓦楞原纸

宜兴市华法纸业有限公司
江苏省宜兴市经济开发区
邮编：214200
电话：0510－87125536、87125502、87121276
传真：0510－87121839
网址：www. yxhfzy. com
邮箱：sales@ yxhfzy. com
产品：箱纸板、瓦楞原纸

江苏湟里纸业有限公司
江苏省江阴市璜土镇工业园
邮编：214117
电话：0510－86652218
传真：0510－86652208
网址：www. hlpaper. cn
产品：箱纸板

徐州市

江苏星光纸业有限公司
江苏省徐州市铜山区刘集镇工业园区
邮编：21000
电话：0516－85197688
传真：0516－85197687
产品：瓦楞原纸、耐磨纸、装饰纸

常州市

常州市五环纸业有限公司
江苏省常州市戚墅堰劳动东路 308 号
邮编：213011
电话：0519－88771206、88771258
传真：0519－88772494、88771258
网址：www. wuhuan-cn. cn
邮箱：fivering@ wuhuan-cn. cn
产品：高强瓦楞原纸、牛皮箱纸板、茶纸板、防潮纸、包装纸、牛皮纸、条纹牛皮纸

溧阳市阳光纸业有限公司
江苏省溧阳市平陵西路 180 号
邮编：213300
电话：0519－87101328
产品：纱管纸、瓦楞原纸、箱纸板、茶纸板、白纸板

苏州市

金华盛纸业(苏州工业园区)有限公司
江苏省苏州工业园区胜浦镇金胜路 2 号
邮编：215126
电话：0512－62832118、62836666、62832600
传真：0512－62815491
网址：www. goldhs. com. cn
邮箱：webmaster_ghs@ app. com. cn

产品：无碳复写纸、热敏纸、双胶纸、铜版卡纸

金红叶纸业集团有限公司
江苏省苏州工业园区胜浦分区金胜路1号
邮编：215126
电话：0512－62810228
传真：0512－62818276
网址：www.ghy.com.cn
邮箱：customer_service@chy.com.cn
产品：卷筒卫生纸、盒装面纸、纸杯、纸巾

江苏理文造纸有限公司
江苏省常熟市经济技术开发区沿江工业园理文路
邮编：215536
电话：0512－52698888、52653333
传真：0512－52653688
网址：www.leemanpaper.com
产品：BSKP、BHKP、牛皮箱纸板、瓦楞原纸

芬欧汇川(中国)有限公司
江苏省常熟市沿江经济开发区兴业路2号
邮编：215536
电话：0512－52651818
传真：0512－52652173
网址：www.upm.com
邮箱：upm.asia@upm.com
产品：办公用纸、印刷纸

亚龙纸制品(昆山)有限公司
江苏省昆山市新南西路369号
邮编：215300
电话：0512－57536988
传真：0512－57538395
网址：www.yalongpaper.com
产品：办公用纸、纸袋、美术用纸、高光相纸

苏州新业造纸有限公司
江苏省吴江市梅堰镇工业开发一区
邮编：215225
电话：0512－63681399、63688102
传真：0512－63680888
网址：www.sz-xinye.com
邮箱：service@sz-xinye.com
产品：过滤纸

永丰余纸业(昆山)有限公司
江苏省昆山市城北镇永丰余路
邮编：215316
电话：0512－53212041、57179678
网址：www.yfy.com
产品：生活用纸、高档纸板

耐斯特纸业(昆山)有限公司
江苏省昆山市周市镇优比路358号
邮编：215314
电话：0512－57628333、57629081、57629088
传真：0512－57629088
网址：www.nicetekpaper.com.cn
邮箱：sales@nicetekpaper.com.cn
产品：白卡纸、黑卡纸、彩卡纸、珠光纸、荧光纸、背胶纸、彩色包装纸

利乐包装(昆山)有限公司
江苏省昆山市开发区顺帆南路108号
邮编：215301
电话：0512－57703148
传真：0512－57717729
网址：www.tetrapak.com
产品：包装纸、包装袋

昆山钞票纸业有限公司
江苏省昆山市震川东路1188号
邮编：215301
电话：0512－57703333
传真：0512－57702033
网址：www.kscz.cbpm.cn
产品：钞票纸、艺术纸、防伪纸

江苏荣成环保科技股份有限公司
江苏省昆山市陆家镇金阳东路33号
邮编：215331
电话：0512－57876688－111
传真：0512－57878080
网址：www.longchenpaper.com
产品：箱纸板、瓦楞原纸

王子制纸妮飘(苏州)有限公司
江苏省苏州市苏州新区金山路98号
邮编：215300
电话：0512－68258526
传真：0512－68259395
网址：www.nepia.com.cn
邮箱：nepiamk@nepia.com.cn
产品：生活用纸

苏州红光纸业有限公司
江苏省苏州市苏福公路
邮编：215009
电话：0512－68202971
传真：0512－68202971
产品：纸板

苏州名冠纸业有限公司
江苏省吴江市梅堰镇北路 168 号
邮编：215200
电话：0512－63682788
传真：0512－63682788
邮箱：su_crown@ sina. com
产品：工业滤纸、食用油滤纸、汽车滤纸

玖龙纸业(太仓)有限公司
江苏省太仓市港口开发区玖龙路 1 号
邮编：215009
电话：0512－53703888
传真：0512－53703751、53703800
网址：www. ndpaper. com
邮箱：info_tc@ ndpaper. com
产品：纸板

常熟第三造纸厂有限公司
江苏省常熟市梅李镇赵市
邮编：215518
电话：0512－52388089
传真：0512－52381190
产品：箱纸板、瓦楞原纸

苏州胜宏纸业有限公司
江苏省太仓市沙溪镇河南街 84 号
邮编：215421
电话：0512－53212041
传真：0512－53212041
产品：箱纸板、瓦楞原纸

国一制纸(张家港)有限公司
江苏省张家港市凤凰镇韩国工业园
邮编：215614
电话：0512－58423721
传真：0512－58421207
网址：www. kookilpaper. com
邮箱：maeter@ kookilpaper. com
产品：胶版纸、静电复印纸、不锈钢衬纸、纸杯原纸、无尘原纸、离型原纸、装饰原纸

张家港市华兴纸业有限公司
江苏省张家港市锦丰镇经济开发区东区郁家桥东首
邮编：250000
电话：0512－58951518
传真：0512－58951555
网址：www. jshuaji. com
产品：箱纸板、瓦楞原纸

张家港市华申纸业有限公司
江苏省张家港市后塍镇袁家桥
邮编：215631
电话：0512－58771241
传真：0512－58785231
产品：箱纸板、瓦楞原纸

南通市

南通造纸厂
江苏省南通市唐闸北市街 63 号
邮编：226002
电话：0513－85544167
传真：0512－53703800
产品：牛皮箱纸板、高强瓦楞原纸

江苏王子制纸有限公司
江苏省南通市经济技术开发区通达路 18 号
邮编：226017
电话：0513－85996555
传真：0513－85996382
网址：www. ojipaper. cn
产品：文化用纸

淮安市

江苏金莲纸业有限公司
江苏省金湖县建设东路 89 号
邮编：211600
电话：0517－86882961
传真：0517－86892515、86882875
网址：www. jlian. com
邮箱：jhzzc@ pub. hy. jsinfo. net
产品：生活用纸

江苏嘉德纸业有限公司
江苏省洪泽县工业园区东二道 5 号
邮编：223100
电话：0517－87801336
传真：0517－87801339

邮箱：zhuyuanlu@163.com
产品：包装纸

盐城市

胜达集团江苏双灯纸业有限公司
江苏省射阳县黄沙港镇双灯工业园
邮编：224341
电话：0515－82263415、82263555
传真：0515－82263999
网址：www.chinasund.com
产品：生活用纸、女性卫生用品

江苏美灯纸业有限公司
江苏省滨海县城南丁字港船闸西 300 米
邮编：224500
电话：0515－4101662、84100565
产品：生活用纸

江苏博汇纸业有限公司
江苏省盐城市大丰港石化产业园
邮编：224100
电话：0515－83287878
产品：高档包装纸

江苏京环隆亨纸业有限公司
江苏省盐城市响水县陈家港镇沿海经济开发区
邮编：224600
电话：0515－68870115
传真：0515－82076356
网址：www.longhornwin.com.cn
邮箱：ganjiping@163.com
产品：涂布白纸板

扬州市

永丰余造纸(扬州)有限公司
江苏省扬州市春江路 168 号
邮编：225131
电话：0514－7529888－2601
产品：高强瓦楞原纸、牛皮纸

高邮市卫星卷烟材料有限公司
江苏省高邮市海潮东路 8 号
邮编：225600
电话：0514－84631158
传真：0514－84631158、84061050
产品：复合铝箔纸、烫金水松纸

镇江市

江苏长丰造纸有限公司
江苏省丹阳市后巷镇
邮编：212312
电话：0511－86326666、86323088
传真：0511－86326006、86326600
网址：www.cfpaper.com
邮箱：ygz@cfpaper.com
产品：高强瓦楞原纸

金东纸业(江苏)股份有限公司
江苏省镇江市大港兴港东路 8 号
邮编：212132
电话：0511－88998888、800－8283768
传真：0511－88997000
网址 www.goldeastpaper.com.cn
产品：铜版纸、双面胶版纸、静电复印纸、画刊纸、低定量涂布纸、杂志纸、喷铝专用纸、铜版卡纸

镇江大东纸业有限公司
江苏省镇江市镇江新区大港东方路 8 号
邮编：212132
电话：0511－88820202
传真：0511－88820201
网址：www.zjddzy.com
邮箱：dadong@zjddzy.com
产品：税务发票专用纸、文化用纸、工业配套用纸、食品包装纸、餐盒用纸、防伪纸

镇江市京口纸业有限责任公司
江苏省镇江市九里街宗泽路 3 号
邮编：212008
电话：0511－85988902
传真：0511－88805606、88807606
产品：玻璃卡纸、白卡纸、铜版纸、纸杯纸

泰州市

泰州魏德曼高压绝缘有限公司
江苏省泰州市海阳路 40 号
邮编：225300
电话：0523－86566972
传真：0523－86560610
网址：www.weidmann.com.cn
邮箱：michael.xu@weidmann.com.hk
xuluping@weidmann.com.cn

产品：绝缘纸板、绝缘成型件

泰州劲松纸业有限公司
江苏省泰州市海阳路 52 号
邮编：225300
电话：0523－82848683
产品：新闻纸、高压电缆纸、电力电缆纸、晒图纸、离型纸、透析纸

浙 江 省

杭州市

杭州金泰纸业有限公司
浙江省富阳市春江街道建设村
邮编：311421
电话：0571－63583095
传真：0571－63582088
产品：涂布白纸板

杭州华胜纸业有限公司
浙江省富阳市春江工业区江南路 69 号
邮编：311421
电话：0571－63583157
传真：0571－63587098、63581717
网址：www. hzhspaper. com
产品：双面涂布白纸板、纱管纸、工艺纸板、灰纸板、厚纸板

杭州富春江宣纸有限公司
浙江省富阳市大源镇新关方家地 1 号
邮编：311414
电话：0571－63543079
传真：0571－63543518
产品：宣纸

杭州富阳亨通纸业有限公司
浙江省富阳市东州街道红旗村
邮编：311401
电话：0571－63465918
传真：0571－63465888
产品：涂布白纸板、白卡纸

杭州富阳汇泰纸业有限公司
浙江省富阳市春江工业园区华共村
邮编：311421
电话：0571－63580973
传真：0571－63580972
产品：白纸板

杭州富阳万马纸业有限公司
浙江省富阳市春江街道新建村
邮编：311421
电话：0571－63587913
产品：涂布白卡纸

杭州富阳康楠纸业有限公司
浙江省富阳市春江街道建华村
邮编：311421
电话：0571－23210111、23202260
传真：0571－23022279
网址：www. kangnan. net
产品：高档灰底白纸板、白底白纸板

浙江万信纸业有限公司
浙江省富阳市春江造纸工业园区
邮编：311421
电话：0571－63587561
传真：0571－63587870
网址：www. wxpaper. com
邮箱：xmq@ wxpaper. com
传真：涂布白纸板

浙江富阳华天纸业有限公司
浙江省富阳市春江造纸工业园区
邮编：311421
电话：0571－63581808、63584818
传真：0571－63150123
网址：www. huatianpaper. com
邮箱：huatianpaper@ 163. com
产品：涂布白纸板

浙江永正控股有限公司
浙江省富阳市春江造纸功能区
邮编：311413
电话：0571－63583521
传真：0571－63581426
产品：涂布白纸板、扑克牌纸、防伪纸

富阳中富纸业有限公司
浙江省富阳市场口镇桥头路 5 号
邮编：311411
电话：0571－63571116
产品：半透明纸、防油纸、医用包装纸、果袋纸

杭州富阳中南纸业有限公司
浙江省富阳市春江街道民主村
邮编：311421
电话：0571－63159969、63159977
传真：0571－63159911
产品：涂布白纸板、扑克牌纸、白卡纸

杭州板桥纸业有限公司
浙江省富阳市春江街道八一工业区
邮编：311401
电话：0571－63585686
传真：0571－63582058
产品：涂布白纸板

杭州富阳大华造纸有限公司
浙江省富阳市灵桥镇江丰村
邮编：311418
电话：0571－63555098
产品：卫生纸

杭州华丰纸业有限公司
浙江省杭州市拱墅区和睦路 555 号
邮编：310011
电话：0571－88091424
传真：0571－88091536
网址：www.hfpaper.com
邮箱：sales@hfpaper.com
产品：卷烟纸、滤嘴棒纸、牛皮箱纸板、复印纸、贴花面纸、铝箔衬纸、拷贝纸、电话簿纸

浙江正大纸业集团有限公司
浙江省富阳市春联工业区 1 号
邮编：311421
电话：0571－63583878
传真：0571－63583838
产品：涂布白纸板

杭州新华纸业有限公司
浙江省杭州市桐庐县春江东路 1518 号
邮编：310500
电话：0571－88075514、69817688、88803319
传真：0571－88074838、69812345
网址：www.xinhuapaper.com
邮箱：webmaster@xinhuapaper.com
产品：打字蜡纸、滤纸、茶叶袋纸

杭州新兴纸业有限公司
浙江省富阳市大源镇新关村
邮编：311414
电话：0571－63543299、58836104
传真：0571－63543147
网址：www.xinxing.cn
邮箱：xinxing@xinxingpaper.cn
产品：各种中高档薄型包装纸

临安市青山纸业有限公司
浙江省临安经济开发区南环路 168 号
邮编：311305
电话：0571－63783698、63783628
传真：0571－63781525
网址：www.ladqspaper.com
邮箱：bgs@laqspaper.com
bcl@laqspaper.com
产品：牛皮纸、白牛皮纸、钢纸原纸、胶带原纸、不干胶衬纸、涂塑纸

浙江远大纸业有限公司
浙江省富阳市春江工业园区
邮编：311421
电话：0571－63586969
传真：0571－63586969
网址：www.ydpaper.cn
邮箱：yuandapaper_china@126.com
产品：涂布白纸板

浙江永泰纸业集团股份有限公司
浙江省富阳市春江街道造纸功能区
邮编：311421
电话：0571－63583521、63587935
传真：0571－63583055、63581426
网址：www.yongtaipaper.com
产品：涂布白纸板、白卡纸、扑克牌纸、防伪纸

浙江万众纸业有限公司
浙江省富阳市春江街道山建村
邮编：311421
电话：0571－63580926
传真：0571－63580988
产品：涂布白纸板

杭州特种纸业有限公司
浙江省富阳市鹿山街道上里工业区
邮编：311407
电话：0571－63488222、63488158、63488821
传真：0571－63488497
网址：www.special－paper.com

邮箱：newstar@ newstarpaper. cn
产品：化学分析滤纸、汽车滤纸、钢纸

浙江东方纸业有限公司
浙江省杭州市艮山西路 182 号
邮编：310004
电话：0571－86096056、86095438
总机：0571－86090161
传真：0571－86944972
网址：www. eastpaper. cn
产品：纸浆

浙江金东纸业有限公司
浙江省富阳市灵桥造纸工业园区
邮编：311418
电话：0571－63558799、63525888、63558733
传真：0571－63552789、63558969
网址：www. zjjdpaper. com
邮箱：jindongpaper@ 163. com
产品：单面涂布灰底白纸板

浙江三星纸业股份有限公司
浙江省富阳市春江街道山建工业区
邮编：311421
电话：0571－63153833（销售）、63580990、63153892（办公室）
传真：0571－63581003
网址：www. zjsxpaper. com
邮箱：zjsxpaper@ fy. hz. zj. cn
产品：涂布白纸板、双面涂布白纸板、扑克牌纸

浙江涌金纸业有限公司
浙江省富阳市春江街道临江区
邮编：311421
电话：0571－63151202、0571－63151288
传真：0571－63151222
网址：www. zjyjpaper. com
邮箱：yj@ zjyjpaper. com
产品：高档涂布白纸板

杭州众力纸业有限公司
浙江省杭州市拱墅区上塘街道储鑫路 17－1 号 501 室
邮编：310015
电话：0571－88259111
产品：文化用纸、办公用纸

浙江万邦浆纸集团有限公司
浙江省杭州市庆春路 11 号凯旋门商业中心 21 楼
邮编：310009
电话：0571－87218800
传真：0571－87218822
网址：www. welbon. com
产品：纸浆、特种纸

杭州盛源纸业有限公司
浙江省杭州市绍兴路 290 号
邮编：311000
电话：0571－81826201
传真：0571－85381639
网址：www. whsyzp. com
产品：各种花纹纸、平板金银卡纸、艺术纸、珠光纸

杭州华锦特种纸有限公司
浙江省杭州市临安青山湖街道滨河北路 18 号
邮编：311300
电话：0571－63757385
传真：0571－63757936
网址：www. hzhj. cxswzx. com
产品：新闻纸、书籍用纸

杭州华旺纸业集团有限公司
浙江省临安经济开发区滨河北路 18 号
邮编：311305
电话：0571－63750043
传真：0571－61077680
邮箱：hw@ hwpaper. net
产品：新闻纸、装饰纸

杭州富桥纸业有限公司
浙江省富阳市渌渚镇百前村百丈 26 号
邮编：311400
电话：0571－63296908
传真：0571－63296918
邮箱：312080750@ qq. com
产品：淋膜原纸、口杯原纸

富阳恒富特种纸业有限公司
浙江省富阳市春江街道春联工业园 3 号
邮编：311421
电话：0571－63587198
传真：0571－63587737
网址：www. hengfuzy. com
邮箱：yaming28@ 126. com
产品：转移印花原纸、复合原纸、装饰原纸、特种包装纸

浙江高阳纸业有限公司
浙江省富阳市春江街道工业区东区块
邮编：311421
电话：0571－63153808
传真：0571－63150598
网址：www. zjgyzy. com
产品：A 级单面灰底涂布白纸板、A 级双面涂布白纸板

富阳明盛纸业有限公司
浙江省富阳市春江街道江南路 25 号
邮编：311421
电话：0571－63587983
产品：印花纸、离型纸原纸、平衡纸、壁纸原纸、滤纸原纸

浙江春胜控股集团有限公司
浙江省富阳市春江街道造纸工业园江南路 68 号
邮编：311421
电话：0571－63582288
传真：0571－63582288
网址：www. hzcspaper. com
邮箱：326232839@ qq. com
产品：白纸板

浙江上游纸业有限公司
浙江省富阳市春江街道春联村
邮编：311421
电话：0571－63583118、63587378
传真：0571－63583111
网址：www. zjshangyou. com
邮箱：webmaster@ zjshangyou. com
产品：涂布白纸板

杭州科博纸业有限责任公司
浙江省桐庐县经济开发区求实路 117 号
邮编：311500
电话：0571－64609887、64219333
传真：0571－64609887
网址：www. hzkbpaper. com
邮箱：hhbhz@ 163. com
产品：茶叶滤纸、咖啡滤纸、高透气度滤棒成型纸、热封型干燥剂包装纸、口罩纸

宁波市

宁波中华纸业有限公司
浙江省宁波市海曙区段塘丁家街 108 号
邮编：315012
电话：0574－87464811－3006
传真：0574－87493450
网址：www. zhonghua-paper. com
邮箱：infor@ mail. zhonghua-paper. com
产品：白纸板、铜版纸、白卡纸、扑克牌纸

宁波亚洲浆纸业有限公司
浙江省宁波市北仑区小港青峙工业区宏源路 88 号
邮编：315012
电话：0574－86989888、86989123
传真：0574－86989898
网址：www. nbasia. com. cn
产品：单面涂布白底白纸板、白卡纸、双面涂布环保铜版卡纸、蓝芯扑克牌纸

宁波牡牛集团有限公司
浙江省宁波市鄞州区姜山镇周韩村
邮编：315915
电话：0574－88464815、88463725、88464807、88464811
传真：0574－88465016、88463725
网址：www. muniupaper. com
邮箱：muniu@ pack. net. cn
产品：高强瓦楞原纸、箱纸板、涂布白纸板

宁波三 A 集团有限公司
浙江省慈溪市周巷镇环城东
邮编：315324
电话：0574－63301978、63330727
传真：0574－63301978、63301888
网址：www. aaa-poker. cn
邮箱：poker@ aaa-poker. cn
产品：扑克牌纸、玻璃卡纸、铜版纸、不干胶纸、高光泽金银纸

宁波市东腾纸业有限公司
浙江省宁海县茶院乡庙岭村
邮编：315000
电话：0574－65125999
传真：0574－65126156
产品：高强瓦楞原纸

宁波宁兴纸业有限公司
浙江省宁波市宁海科技园区环保城西
邮编：315000
电话：0574－65395996、13706841083
传真：0574－65395888

产品：高强瓦楞原纸、包装纸

宁波鸿运纸业有限公司
浙江省宁波市望春工业园区云林中路 168 号
邮编：315177
电话：0574－88156808
传真：0574－88156860
产品：食品防油纸、食品涂蜡纸原纸、半透明纸、防黏烘烤纸

温州市

瑞安市玉海特种纸业有限公司
浙江省瑞安市汀田镇工业园区
邮编：325200
电话：0577－65103878
传真：0577－65103878
邮箱：lizuolin1962@ hotmail. com
产品：印花纸、纱管原纸、绝缘纸

温州新意特种纸业有限公司
浙江省温州市滨海园区三道 4222 号
邮编：325025
电话：0577－55560918
传真：0577－55562085
网址：www. wzxinfeng. com
邮箱：1095260485@ qq. com
产品：格拉辛离型纸、CCK 离型纸、半透明纸、包装纸

嘉兴市

浙江景兴纸业股份有限公司
浙江省平湖市曹桥街道
邮编：314214
电话：0573－85966228、85966256
传真：0573－85966983
网址：www. zjjxjt. com
邮箱：jxtjl5@ 163. com
产品：牛皮箱纸板、高强瓦楞原纸、纱管原纸

民丰特种纸股份有限公司
浙江省嘉兴市角里街 70 号
邮编：314099
电话：0573－82839051
网址：www. minfenggroup. com
邮箱：wujianming@ mfspchina. net
产品：卷烟纸、工业配套用纸、描图纸

嘉兴市丰莱桑达贝纸业有限公司
浙江省嘉兴市角里街吴泾桥埯
邮编：314000
电话：0573－82820459
传真：0573－82820134
邮箱：liuhaining@ mfspchina. net
产品：高档离型原纸、彩色喷墨纸、格拉辛纸、奶面纸、无碳复写纸、环保型防黏纸、热敏纸

浙江民丰罗伯特纸业有限公司
浙江省嘉兴市角里街 70 号
邮编：314000
电话：0573－82814766－805
传真：0573－82819766
产品：卷烟纸、特种纸

浙江本科特水松纸有限公司
浙江省嘉兴市南湖工业园(大桥)
邮编：314006
电话：0573－83286342
产品：水松纸

浙江荣晟环保纸业股份有限公司
浙江省平湖经济开发区
邮编：314213
电话：0573－89173322
传真：0573－85986598
网址：www. rszy. com
产品：牛皮箱纸板、瓦楞原纸

浙江丰舟特种纸有限公司
浙江省嘉兴市南湖区凤桥镇工业园区
邮编：314007
电话：0573－83181738、139573344682
传真：0573－83181738
产品：包装纸、医药包装纸

浙江吉安纸容器有限公司
浙江省海盐县大桥经济开发区海港大道 2099 号
邮编：314304
电话：0573－86861625
传真：0573－86861625
邮箱：2952795798@ qq. com
产品：高档牛卡纸、轻量涂布白面牛卡纸、高强瓦楞原纸、砂管纸

浙江海利纸业股份有限公司
浙江省海盐县经济开发区新城村
邮编：314305
电话：0573－86856130
邮箱：hzx@ zjhaili. cn
产品：牛皮箱纸板

嘉兴大洋纸业股份有限公司
浙江省海盐县沈荡镇林家浜 1 号
邮编：314311
电话：0573－86722998
邮箱：chenjianming001@ 126. com
产品：牛皮箱纸板、高强瓦楞原纸

海盐县华联纸业有限责任公司
浙江省海盐县沈荡镇大桥东埏
邮编：3114311
电话：0573－86587122、13511309648
传真：0573－86766492
邮箱：Longyousheng2006@ 163. com
123456789@ qq. com
产品：箱纸板、牛皮纸

绍兴市

嵊州市宇丰纸业有限公司
浙江省嵊州市仙岩镇西鲍村
邮编：312400
电话：0575－83151888
产品：高强瓦楞原纸、砂管纸

金华市

浙江兰天纸业有限公司
浙江省金华市浦江县浦江工业园区
邮编：322205
电话：0579－84293535
传真：0579－84293399
产品：灰纸板、白纸板

衢州市

浙江恒达新材料股份有限公司
浙江省衢州市龙游县湖镇工业园区大明路 8 号
邮编：324401
电话：0570－7061199、7061686、7061111
传真：0570－7061234
网址：www. hengdapaper. com
邮箱：hd@ hengdapaper. com
391852323@ qq. com
产品：接装原纸、卷烟辅料配套用纸、医用包装原纸、装饰原纸、工业技术配套用纸

浙江天天虹特种纸业有限公司
浙江省衢州市龙游县城北开发区金星大道 33 号
邮编：324400
电话：0570－7258891、7258386
传真：0570－7258908
网址：www. tthpaper. com
邮箱：yjq@ tthpaper. com
产品：黑卡纸、彩卡纸、彩色书写纸

浙江金龙纸业有限公司
浙江省衢州市龙游县湖镇镇沙田湖工业区
邮编：324401
电话：0570－7036518
传真：0570－7035455
网址：www. jinlongpaper. cn
邮箱：mail@ jinlongpaper. cn
产品：白面牛卡纸、箱纸板、瓦楞原纸、纱管纸、厚灰纸板

仙鹤股份有限公司
浙江省衢州市沈家经济开发区
邮编：324022
电话：0570－2833055、8500999
传真：0570－2931631
网址：www. xianhepaper. com
邮箱：zjxianhe@ xianhepaper. com. cn
产品：烟用配套用纸、裱潢装饰用纸、薄型印刷纸、食品包装纸、医用包装纸、标签离型纸等

浙江夏王纸业有限公司
浙江省衢州市天湖南路 20 号
邮编：324022
电话：0570－8768600/621
传真：0570－8468777
网址：www. kingdecor. cn
邮箱：jin. wang@ kingdecor. cn
产品：印刷纸、素色纸

江山华盛纸业制造有限公司
浙江省江山市贺村十里牌
邮编：324109
电话：0570－4550085
传真：0570－4550085

产品：瓦楞原纸、牛皮纸板、纸袋纸、半透明纸

浙江晶鑫特种纸业有限公司
浙江省衢州市衢江区沈家经济开发区天湖西路 3 号南山路 66 号
邮编：324000
电话：0570 – 2831088
产品：美纹纸

浙江莱勒克纸业有限公司
浙江省衢州市沈家经济开发区春苑中路
邮编：324000
电话：0570 – 8520666、8520669
传真：0570 – 8520660
网址：www. zjlillac. com
邮箱：lilac@ zjlillac. com
产品：电解电容器纸

衢州双熊猫纸业有限公司
浙江省衢州黄坛口
邮编：324005
电话：0570 – 3621120
产品：特种纸、木浆纸、脱墨浆纸

浙江鑫丰特种纸业股份有限公司
浙江省衢州市衢江区经济开发区南山路 68 号
邮编：324022
电话：0570 – 2933322
传真：0570 – 2933322
网址：www. xinfengpaper. com
邮箱：510113951@ qq. com
产品：育果袋纸、美纹纸

浙江金昌特种纸股份有限公司
浙江省龙游工业园区金星大道 37 号
邮编：324400
电话：0570 – 7563509、7566665
传真：0570 – 7566675
网址：www. jinchangzj. 1688. com
邮箱：402625276@ qq. com
产品：壁纸原纸、白牛皮纸、转印纸等

浙江佳维康特种纸有限公司
浙江省衢州市龙游县工业园区金星大道 88 号
邮编：324400
电话：0570 – 7289999
传真：0570 – 7289999
网址：www. zjjwk. com
邮箱：569097797@ qq. com
产品：食品、医疗包装原纸、手术衣原纸、转印原纸、耐水标签原纸、喷铝原纸、信息记录原纸

浙江美鑫特种纸有限公司
浙江省衢州市东港五路 12 号
邮编：324400
电话：0570 – 8888177
传真：0570 – 8882997
网址：www. zjkjingwin. com
邮箱：fangjj@ zjmeixin. net
产品：热转印纸、特种纸

浙江圣丰纸业有限公司
浙江省衢州市龙游县工业园区北斗大道 37 号
邮编：324400
电话：0570 – 7551002
传真：0570 – 7551555
邮箱：814884992@ qq. com
产品：晒图原纸、壁纸原纸、高档食品包装纸

浙江海景纸业有限公司
浙江省衢州市龙游县工业园区金星大道 32 号
邮编：324400
电话：0570 – 7858899
传真：0570 – 7858871
网址：www. zjhjzy. com
邮箱：zj@ zjhizy. com
产品：壁纸原纸

龙游塔恩纸业有限公司
浙江省衢州市龙游县龙兰路 151 号
邮编：324400
电话：0570 – 7835580
传真：0570 – 7835211
邮箱：zhuopeng. ni@ tanngroup. com
产品：水松纸

衢州市东大特种纸有限公司
浙江省衢州市衢江区天湖西路 1 号
邮编：324022
电话：0570 – 2831966
传真：0570 – 2831966
网址：www. qudongda. com
邮箱：631335772@ 163. com
产品：食品包装原纸、热转移印花原纸

艾科赛仑有限公司
浙江省衢州市衢江市临湖北路 18 号
邮编：324000
电话：0570－3666873
传真：0570－8885298
网址：www. zgaksl. com
邮箱：Zjb2@ zjaksl. com
产品：医用、食品、烟用等特种纸

浙江天耀纸业有限公司
浙江省衢州市龙游县工业园区金星大道 36 号
邮编：324400
电话：0570－7258812
传真：0570－7258812
产品：花纹纸

浙江大盛新材料股份有限公司
浙江省衢州市龙游县工业园区金星大道 82 号
邮编：324400
电话：0570－7331329
传真：0570－7330999
网址：www. zjds-paper. com
邮箱：jzw@ zjds-paper
产品：高档装饰原纸

浙江琅素实业有限公司
浙江省衢州市衢江区天湖南路 66 号
邮编：324000
电话：0570－8877899
传真：0570－3377888
网址：www. luxss. com
邮箱：1317466798@ qq. com
产品：高档壁纸

浙江龙游辰港宣纸有限公司
浙江省衢州市龙游县灵江园区祥云路 17 号
邮编：324400
电话：0570－7251826
传真：0570－7251827
产品：宣纸

浙江凯伦特纸业有限公司
浙江省衢州市龙游县工业园区金星大道 86 号
邮编：324400
电话：0570－7029116
传真：0570－7029818
网址：www. krentpaper. com
邮箱：postmaster@ krentpaper. com
产品：高档白卡纸、口杯原纸

阿尔诺维根斯(衢州)有限公司
浙江省衢州市东港工业园区四路 9 号
邮编：324022
电话：0570－3832616
传真：0570－3832828
网址：www. arjowiggins. com
邮箱：qin. yao@ arjowiggins. com
产品：创意纸、技术用纸

浙江新亚伦纸业有限公司
浙江省衢州市龙游县工业园区同舟路 48 号
邮编：324400
电话：0570－7181601
传真：0570－7181616
网址：www. zjxylzy. com
邮箱：603853573@ qq. com
产品：食品包装原纸、离型原纸、壁纸原纸、烟用接装原纸、医用包装原纸、转移印花原纸

浙江罗贝壁纸有限公司
浙江省衢州市龙游县工业园区北斗大道 81 号
邮编：324400
电话：0570－7380188
网址：www. lobel. com
邮箱：lobel@ lobel. cn
产品：壁纸

维达纸业(浙江)有限公司
浙江省衢州市龙游县工业园区凤坤路 9 号
邮编：324000
电话：0570－7788968
传真：0570－7788968
邮箱：yang. zf@ vinda. com
产品：纸巾纸、面巾纸、餐巾纸、卫生纸

浙江五星纸业有限公司
浙江省衢州市东港四路 1 号
邮编：324000
电话：0570－8566059
传真：0570－3838208
网址：www. fivestarpaper. com
邮箱：Fan. yang@ fivestarpaper. com
产品：包装纸、口杯原纸、淋膜原纸、晒图原纸、壁纸原纸

衢州五洲特种纸业有限公司
浙江省衢州市衢江区经济开发区通波北路 1 号
邮编：324000
电话：0570－8877311
产品：高档描图纸、格拉辛纸、装饰原纸、晒图原纸

浙江常林纸业有限公司
浙江省常山县生态园区
邮编：324200
电话：0570－5125529
传真：0570－5125811
邮箱：649497670@ qq. com
产品：特种装饰纸板、多功能彩色纸板、功能性牛皮纸板

浙江华凯纸业有限公司
浙江省衢州市东港开发区东港五路 2 号
邮编：324000
电话：0570－8882826
传真：0570－8882831
网址：www. huakaipaper. com
邮箱：huakai@ huakaipaper. com
产品：热敏版纸原纸、湿强纸、蓄电池涂板纸系列、电解电容器纸、皮纸(机制宣纸)、薄型包装纸

衢州凯乐特种纸材料有限公司
浙江省衢州市衢江经济开发区乌江东路 18 号
邮编：324000
电话：0570－3375236
传真：0570－3375319
邮箱：854163439@ qq. com
产品：热敏蜡纸原纸、火药引线纱纸

浙江舜浦纸业有限公司
浙江省衢州市龙游县工业园区金星大道 22 号
邮编：324400
电话：0570－7390001、13757012787
传真：0570－7390018
网址：www. shunpupaper. com
邮箱：Group808@ shunpuzy. com
产品：高湿强薄型彩色纸、纸绳纸

台州市

台州市开来纸业有限公司
浙江省临海市经济开发区清化路
邮编：317000
电话：0576－85133001
传真：0576－85133488
产品：淋膜纸、涂布纸

台州华通纸张有限公司
浙江省临海市古城街道振兴街 172 号
邮编：317000
电话：0576－85114091、85225091
传真：0576－85117311
邮箱：ht-paper@ ht-paper. com
产品：双胶纸、铜版纸、白卡纸、办公用纸

台州市玫瑰纸业有限公司
浙江省台州市涌泉镇梅岘村
邮编：317021
电话：0576－89119709
传真：0576－89119708
网址：www. tzrose. 1688. com
邮箱：rose5680728@ 163. com
产品：美纹纸、砂管纸、和纸、美光纸、可冲散湿巾纸

丽水市

浙江凯恩集团有限公司
浙江省丽水市遂昌县环城南路 9 号
邮编：323300
电话：0578－8180210、8180221、8180220
传真：0578－8180230
网址：www. kangroup. com
邮箱：admin@ kangroup. com
产品：电容器纸、吸尘袋纸、不锈钢衬纸

浙江凯恩特种材料股份有限公司
浙江省丽水市遂昌县凯恩路 1008 号
邮编：323300
电话：0578－8123029
传真：0578－8121286
网址：www. kangroup. com
产品：电解电容器纸、电池用纸、高透气度纸、无纺壁纸、茶叶滤纸

浙江惠同纸业有限公司
浙江省丽水市遂昌县上江工业园区
邮编：323000
电话：0578－8185288、8185266
传真：0578－8185288
网址：www. huitongzy. cn
产品：耐磨纸、淋膜原纸、双面胶带原纸、工业隔离纸、礼品纸

湖州市

湖州立丰纸业有限公司
浙江省湖州市安吉县孝丰镇
邮编：313301
电话：0572－5620123
传真：0572－5620207
产品：白牛皮纸、包装纸、装饰原纸、卫生纸

安 徽 省

合肥市

合肥造纸厂
安徽省合肥市瑶海区大兴镇
邮编：230000
电话：0551－64539170
产品：生活用纸

合肥嘉东生活用纸有限公司
安徽省合肥市庙岗路 2 号
邮编：230011
电话：0551－64533152
传真：0551－64526915
邮箱：635690683@ qq. com
产品：卫生纸

安徽集友纸业有限公司
安徽省合肥市高新技术经济开发区
邮编：230088
电话：0551－63844008
产品：卷烟材料

合肥兴东纸业有限公司
安徽省合肥市瑶海区大兴东岗
邮编：230011
电话：0551－64525707、13905609405
传真：0551－64525707
邮箱：285081469@ qq. com
产品：机械包装纸及纸制品

合肥金红叶纸业有限公司
安徽省合肥市古河路 20 号
邮编：230041
电话：0551－67750182
传真：0551－67750162
产品：生活用纸

合肥博达纸业有限公司
安徽省合肥市庐阳区濉溪路 26 号
邮编：230000
电话：0551－65537733
传真：0551－65537733
产品：牛皮纸、瓦楞原纸

合肥荣昌纸业有限责任公司
安徽省合肥市庐阳区阜阳北路
邮编：230000
电话：0551－65547636
传真：0551－65539270
产品：牛皮纸、双胶纸

合肥恒生纸业有限责任公司
安徽省合肥市庐阳区濉溪路 32－10 号
邮编：230000
电话：0551－65533800
产品：无碳复写纸、双胶纸、书写纸、牛皮纸、双胶纸、书写纸

安徽康盛纸业有限公司
安徽省合肥市胜利路与琅琊山路交口蓝鲸国际大厦 2106 室
邮编：230011
电话：0551－64219078、62917396
传真：0551－62917388
QQ：873360675
邮箱：xieming@ chinadailyuse. com
产品：办公用纸

安徽精诚纸业有限公司
安徽省合肥市肥东循环经济工业园纬五路
邮编：230000
电话：0551－62520880
传真：0551－62520818
邮箱：lzw@ jcfzzb. com
产品：医用纸、生活用纸

合肥嘉富特纸业有限公司
安徽省合肥市肥东县撮镇工业聚集区
邮编：230011
电话：0551－67360257
传真：0551－67360257
邮箱：635690683@ qq. com
产品：工业包装纸、卫生纸

安徽源进包装材料有限公司
安徽省合肥市包河区南淝河路卫乡产业园

邮编：230051
电话：0551－64841544
传真：0551－64841544
邮箱：13966747344@163.com
产品：图书专用包装纸

芜湖市

安徽天力纸业有限公司
安徽省芜湖市四褐山路 101 号
邮编：241009
电话：0553－5801199
传真：0553－5805674
产品：箱纸板、瓦楞原纸

安徽耀华纸业有限公司
安徽省芜湖市经济技术开发区
邮编：241006
电话：0553－5841588
产品：瓦楞原纸

安徽豪森纸业有限公司
安徽省芜湖市新芜经济开发区
邮编：241100
电话：0553－8127996/9
产品：瓦楞原纸

恒安(芜湖)纸业有限公司
安徽省芜湖三山区临江工业区
邮编：241000
电话：0553－3912888
网址：www.hengan.com
产品：卫生巾、纸尿裤和生活用纸

蚌埠市

安徽中亿纸业有限公司
安徽省蚌埠市怀远县工业园区
邮编：233400
电话：0552－8501799、8501838
产品：纸杯原纸

淮南市

安徽景丰纸业有限公司
安徽省淮南市经济技术开发区建设南路 29 号
邮编：232008
电话：0554－3312663
传真：0554－3312663
产品：卷烟纸、成型纸、包装纸、文化用纸

马鞍山市

安徽山鹰纸业股份有限公司
安徽省马鞍山市金家庄区勤俭路 3 号
邮编：243021
电话：0555－2826300、2826390、2826360
传真：0555－2810496
网址：www.shanyingpaper.com
邮箱：sale@shanyingpaper.com
产品：箱纸板、牛卡纸、高强瓦楞原纸、涂布白纸板

安徽比伦生活用纸有限公司
安徽省马鞍山市当涂经济开发区
邮编：246317
电话：0555－6751888、6751889
产品：生活用纸

安庆市

安徽省潜山县汉皮纸厂
安徽省安庆市潜山县槎水镇逆水村
邮编：246317
电话：0556－8686005
产品：长纤维纸、新闻纸

安徽万邦特种材料有限公司
安徽省安庆市怀宁县高河镇高埠路 75 号
邮编：246121
电话：0556－4616019、4616040
传真：0556－4617888
网址：www.welbon.com
邮箱：gaosen@cntmi.com
产品：电池隔膜纸

安徽三木特纸有限公司
安徽省安庆市怀宁县高河镇高埠路 36 号
邮编：246121
电话：0556－4616888
传真：0556－4616288
网址：www.mikitoku.co.jp
产品：电气绝缘纸

安徽华泰林浆纸股份有限公司
安徽省安庆市迎江区老峰镇西湖村皖江大道 1 号
邮编：246003

电话：0556－5423758、5979326
传真：0556－5979279
邮箱：huatailfz@126.com
产品：针叶木浆、高档文化用纸

安徽美妮纸业有限公司
安徽省安庆市潜山综合经济开发区
邮编：246300
电话：0556－8686005
产品：生活用纸

安徽省三环纸业集团有限公司
安徽省怀宁工业园
邮编：246121
电话：0556－4669858、4669626
传真：0556－4669629
QQ：479878892
网址：www.ah3hjt.com
邮箱：hntzzc@126.com
产品：卷烟用纸

太湖集友纸业有限公司
安徽省安庆市太湖县观音路
邮编：246000
电话：0556－4180527
产品：卷烟用纸

安徽省潜山县鸣丰纸业有限公司
安徽省潜山县舒州东路68号
邮编：246000
电话：0556－8965019
手机：13855692188
网址：www.mfpaper.com
邮箱：mfpaper@163.com
产品：银行用纸

安庆市新宜造纸厂
安徽省安庆市人民路130号
邮编：246000
电话：0556－8729098
传真：0556－5513008
产品：生活用纸

黄山市

安徽华邦特种材料有限公司
安徽省黄山市歙县
邮编：245202
电话：0559－6523166、6523028
传真：0559－6523588
网址：www.welbon.com
产品：机制纸、转移印花纸

黄山金仕特种包装材料有限公司
安徽省黄山市歙县富堨镇徐村
邮编：245200
电话：0559－6523228
传真：0559－6523870
邮箱：850012312@qq.com
产品：机制纸、食品包装纸

滁州市

安徽兆隆纸业有限公司
安徽省天长市万寿镇
邮编：239300
电话：0550－7791111
邮箱：1826861682@qq.com
产品：高强瓦楞原纸

阜阳市

安徽天都纸业有限公司
安徽省阜阳市颍上县六十铺工业开发区
邮编：236219
电话：0558－4171024
产品：瓦楞原纸、纱管原纸

太和县鸿盛纸业有限公司
安徽省阜阳市太和县经济开发区256号
邮编：236600
电话：0558－8219069
产品：瓦楞原纸、纱管原纸

安徽金亿禾特种纸有限公司
安徽省阜阳市颍上经济开发区港口路
邮编：236000
电话：0558－2225677
传真：0558－2225698
邮箱：10120476962@qq.com
产品：高中档无碳复写纸、热敏纸

宿州市

安徽省灵璧县东风造纸厂
安徽省宿州市灵璧县东关外2公里

邮编：234200
电话：0557－6161102、6161617
传真：0557－6161102
产品：瓦楞原纸

安徽萧县林平纸业有限公司
安徽省宿州市萧县圣泉乡北城
邮编：235231
电话：0557－5526888
传真：0557－5526115
邮箱：linpingzhiye@126.com
产品：瓦楞原纸

安徽鑫光纸业股份有限公司
安徽省宿州市萧县圣泉乡薛庄
邮编：235232
电话：0557－5506918、5527980
传真：0557－5527933
产品：瓦楞原纸

六安市

安徽德森特种纸有限公司
安徽省六安市经济开发区经六路
邮编：237000
电话：0564－3630428
邮箱：ahdszy@126.com
产品：防锈原纸、胶带原纸

安徽霍山晨风纸业有限公司
安徽省六安市霍山县落儿岭镇
邮编：237283
电话：0564－3902007、3902680
邮箱：hscfzy@sina.com
产品：高强瓦楞原纸、箱纸板

六安市裕安自豪纸业有限公司
安徽省六安市裕安区独山镇龙井村
邮编：237000
电话：0564－2910107
产品：高档卫生纸

池州市

浙沅纸业有限公司
安徽省池州市贵池区梅里工业园
邮编：247100
电话：0566－2241111
产品：机制纸、瓦楞原纸

安徽合顺纸业有限公司
安徽省池州市青阳县经济开发区
邮编：247100
电话：0566－5114799
传真：0566－5114388
网址：www.ahhszy.com
邮箱：kfu@ahhszy.com
产品：生活用纸

安徽嘉合纸业有限公司
安徽省池州市贵池区百牙西路199号
邮编：247100
电话：0566－2123250
产品：包装纸、瓦楞原纸

宣城市

安徽省泾县泾川宣纸厂
安徽省宣城市泾县丁家桥镇鹿园村
邮编：242540
电话：0563－5700483
传真：0563－5701585
产品：宣纸

安徽省泾县汪六吉宣纸有限公司
安徽省宣城市泾县泾川镇
邮编：242530
电话：0563－5510041、13605632355
传真：0563－5510078
网址：www.wljxz.com
邮箱：lzm0101@163.com
产品：宣纸

安徽省泾县汪同和宣纸有限公司
安徽省宣城市泾县泾川镇官坑
邮编：242530
电话：0563－5500608
传真：0563－5500688
网址：www.wangtonghe.com
邮箱：anhui@wangtonghe.com
产品：宣纸、书画纸

中国宣纸股份有限公司
安徽省宣城市泾县榔桥镇乌溪村
邮编：242511
电话：0563－5600008、5601218

传真：0563－5601040、5600353
网址：www. hongxingxuanpaper. com. cn
邮箱：zgxzgfyxgs@ 163. com
hxxzxsb@ hongxingxuanpaper. com. cn
产品：宣纸

安徽阳光纸业有限公司
安徽省宣城市广德县开发区国华路 3 号
邮编：247100
电话：0563－8958137、13909662167
产品：办公用纸

安徽广德新星纸业有限公司
安徽省宣城市广德经济技术开发区
邮编：242200
电话：0563－6010997、6010669、6010905
传真：0563－6012213
产品：白纸板、瓦楞原纸

宁国市兆丰纸业有限公司
安徽省宁国市汪溪镇工业园
邮编：242300
电话：0563－4441678、4441598、4441679、4440777
传真：0563－4441589
邮箱：276112816@ qq. com
产品：卫生纸、环保用纸

安徽省泾县常春纸业有限公司
安徽省宣城市泾县丁家桥镇工业区
邮编：242540
电话：0563－5700348
传真：0563－5700375
产品：宣纸

安徽省泾县三星纸业有限公司
安徽省宣城市泾县丁家桥镇李元村
邮编：242540
电话：0563－5700538
产品：宣纸

安徽木易纸业有限公司
安徽省宣城市广德县桃州镇祠山岗私营工业区
邮编：242200
电话：0563－6823080
产品：宣纸

安徽泾县华盛纸业有限公司
安徽省宣城市泾县丁家镇工业区观溪路 8 号
邮编：242540
电话：0563－5700398
传真：0563－5700398
产品：卫生纸

安徽宣城万里纸业有限公司
安徽省宣城市宣州区迎宾大道 11 号
邮编：242540
电话：0563－3377177/277
传真：0563－3377177/277
邮箱：xcwlzypj@ 163. com
产品：瓦楞原纸

安徽省绩溪县向阳纸业有限公司
安徽省宣城市绩溪县临溪镇曹渡桥
邮编：245300
电话：0563－8335227、13857113338
产品：瓦楞原纸

淮北市

安徽天象龙盟环保纸业有限公司
安徽省淮北市杜集区段园镇工业集中区天汇大道 8 号
邮编：235058
电话：0561－5235888－8000
传真：0561－5236888
网址：www. ahtxlm. com
邮箱：lm@ ahtxlm. com
产品：环保纸

福　建　省

福州市

东联纸业（福州）有限公司
福建省福州市马尾区马江路 2 号
邮编：350015
电话：0591－83970330
传真：0591－83970352
产品：纸板、纸箱

歌芬卫生用品（福州）有限公司
福建省福清市出口加工区围网外北侧（自贸试验区内）
邮编：350311
电话：0591－62833660
传真：0591－62833660
产品：卷筒生活用纸、面巾纸、手帕纸等

厦门市

厦门安发纸业有限公司
福建省厦门市同安区大同镇城东工业区榕溪路 22 - 26 号
邮编：361100
电话：0592 - 7035258、7035259、7035260
传真：0592 - 7033859、7135133
邮箱：xmanfa@ vip. 163. com
产品：瓦楞纸板、纸箱

德彦纸业（厦门）有限公司
福建省厦门市海沧新阳工业区霞飞路 66 号
邮编：361022
电话：0592 - 6512288
传真：0592 - 6512277
网址：www. kingpaper. com
邮箱：service@ kpp. com. tw
产品：纱管原纸、各类纸管、高档高强耐高速纸管纸板、厚纸板、灰纸板

厦门建发纸业有限公司
福建省厦门市环岛东路 1699 号建发国际大厦 24 楼
邮编：361001
电话：0592 - 2101696
传真：0592 - 2101695
网址：www. cndpaper. com
邮箱：fjzz@ cndpaper. com
产品：铜版纸、白卡纸、白纸板、双胶纸、纸浆、废纸、造纸化学品

厦门同安兴浪纸业有限公司
福建省厦门市同安区洪塘镇石浔村
邮编：361100
电话：0592 - 7132070
传真：0592 - 7028258
产品：挂面箱纸板

厦门安妮股份有限公司
福建省厦门市集美区锦园南路 99 号
邮编：361022
电话：0592 - 3152336、3152188
传真：0592 - 3152289、3152280
网址：www. anne. com. cn
邮箱：anne@ anne. com. cn
产品：热敏纸、商务办公用纸

永丰余纸业（厦门）有限公司
福建省厦门市湖里区常和路 6 - 12 号
邮编：361006
电话：0592 - 5627266
传真：0592 - 5627141
产品：瓦楞纸板、瓦楞纸箱

厦门市麒龙纸业有限公司
福建省厦门市同安区新民镇柑岭村同明北二路 1 号
邮编：361100
电话：0592 - 7366477
产品：瓦楞原纸

厦门新阳纸业有限公司
福建省厦门市海沧区新阳街道龙门岭南路 88 号
邮编：361026
电话：0592 - 6197666
传真：0592 - 6197676
邮箱：xmxyzy@ 163. om
产品：中高档生活用纸、高级商务书写纸、静电复印纸、无碳复写纸、热敏打印纸

莆田市

莆田市南方福利涂布纸品总厂
福建省莆田市城厢区铁岭村
邮编：351100
电话：0594 - 2691946
邮箱：438820676@ qq. com
产品：灰纸板

三明市

大田弘惠纸业有限公司
福建省三明市大田县宝山路 16 号
邮编：366100
电话：0598 - 7222688
产品：卫生纸、工业用包装纸

福建华闽纸业有限公司
福建省三明市大田县城关福田工业区
邮编：366100
电话：0598 - 7260618、7228026
传真：0598 - 7222143
网址：www. fjhmzy. com
邮箱：hmzy2000@ 163. com
产品：工业用纸

福建省青山纸业股份有限公司
福建省三明市沙县青州镇
邮编：365506
电话：0598 - 5656888
传真：0596 - 5653336
网址：www. qingshanpaper. com
邮箱：web@ qingshanpaper. com
产品：纸袋纸、牛皮卡纸、高强瓦楞原纸

福建省沙县盛春纸业有限公司
福建省三明市沙县涌溪桥南
邮编：365507
电话：0598 - 5681898、5681888
传真：0598 - 5681689
产品：精制牛皮纸、精制白牛皮纸、胶带原纸、复合原纸、手提袋纸、信封纸、薄页纸

沙县华佳纸业有限公司
福建省三明市沙县高桥镇
邮编：365503
电话：0598 - 5556099
产品：箱纸板、瓦楞原纸、纸箱

福建腾荣达制浆有限公司
福建省三明市将乐县古镛镇龟山北路 225 号
邮编：353300
电话：0598 - 2332400、2324172
传真：0598 - 2339566
邮箱：trdzj@ taison. cn
huzg@ taison. cn
产品：绒毛浆、本色浆、化学机械浆

福建铙山纸业集团有限公司
福建省三明市建宁县塔下路 20 号
邮编：354500
电话：0598 - 3988840、3982712、3986762、3959766
传真：0598 - 3982705
产品：高档薄型包装用纸、拷贝纸、薄页纸、炊蒸原纸、半透明纸、打字纸、静电复印纸、生活用纸

泰宁县绿山大有纸业有限公司
福建省三明市泰宁县开善乡池塘工业区
邮编：354400
电话：0598 - 7729633
传真：0598 - 7729633
产品：牛皮纸、文化用纸、特种纸

泉州市

恒安(中国)纸业有限公司
福建省晋江市安海镇恒安工业城
邮编：362261
电话：0595 - 85729667、85708888
传真：0595 - 85729962
网址：www. hengan. com
邮箱：zhangqf@ hengan. com
产品：生活用纸

泉州贵格纸业有限公司
福建省南安市码头镇佛内工业区
邮编：362312
电话：0595 - 86461222、86451788
传真：0595 - 86461188
网址：www. guigepaper. com
邮箱：guige@ vip. 163. com
产品：牛皮卡纸

福建省晋江优兰发纸业有限公司
福建省晋江市西滨镇
邮编：362200
电话：0595 - 85123879、85123519
传真：0595 - 85123889
网址：www. youlanfa. com
产品：拷贝纸、薄型纸、复印纸、传真纸、文化用纸、牛皮箱纸板、高强瓦楞原纸

玖龙纸业(泉州)有限公司
福建省泉州市台商投资区
邮编：362123
电话：0595 - 27399888
传真：0595 - 27399889
邮箱：info_ qz@ ndpaper. com
产品：高档包装纸

福建恒利集团有限公司
福建省南安市省新工业区
邮编：362300
电话：0595 - 86252666、86251768
传真：0595 - 86252099
网址：www. fjhl. com. cn
邮箱：hengli@ fjhl. com. cn
产品：生活用纸

南安市联发纸业有限公司
福建省南安市诗山镇凤坡村五星工业区
邮编：362311
电话：0595－86483926
产品：挂面箱纸板

福建省南安市盈顺纸品有限公司
福建省南安市水头镇
邮编：362342
电话：0595－86811333
产品：再生纸

福建宏泰实业有限公司
福建省泉州市永春县榜德工业区
邮编：362600
电话：0595－23860199、23860299、23860399
传真：0595－23860499
产品：箱纸板、瓦楞原纸

福建省永春县宏美纸业有限公司
福建省泉州市永春县坑子口镇
邮编：362615
电话：0595－23991888
产品：涂布白纸板、印刷纸、包装纸

泉州联新纸业有限公司
福建省南安市码头镇丰联工业区
邮编：362312
电话：0595－86462889
产品：箱纸板

福建泰兴特纸有限公司
福建省安溪县同美工业区
邮编：362400
电话：0595－23139616、23139626、23139636
传真：0595－23269988
网址：www. fjtaixing. com
产品：特种包装纸

漳州市

福建糖业股份有限公司
福建省漳州市芗城区古塘路 55 号
邮编：363000
电话：0596－7095026
传真：0596－7095027
产品：蔗渣漂白浆

联盛纸业（龙海）有限公司
福建省龙海市角美镇凤山工业园
邮编：363900
电话：0596－6781681、6636222、6781707
传真：0596－6782678、6781501
网址：www. fjlszy. com
邮箱：fjlazyhr@ 163. com
产品：高强瓦楞原纸、灰底白纸板、牛皮箱纸板

龙海榜山民政三星造纸厂
福建省龙海市榜山镇北溪头村
邮编：363100
电话：0596－6598219
传真：0596－6597698
产品：机制纸、瓦楞原纸

福建省联盛纸业有限责任公司
福建省漳州市长泰官山工业园区
邮编：363900
电话：0596－8313788
传真：0596－8313766
网址：www. fjlszy. com
邮箱：fjlszyhr@ 163. com
产品：高强瓦楞原纸、牛皮箱纸板

福建省漳州友利达纸业发展有限公司
福建省漳州市南靖县丰田镇工业区
邮编：363612
电话：0596－7672333
传真：0596－7672988
产品：高强瓦楞原纸

漳州盈晟纸业有限公司
福建省漳州市华安县丰山工业集中区长富片区
邮编：363801
电话：0596－7288668、7286555
传真：0596－7288789
网址：www. zzyszy. com
邮箱：zys0999@ 163. com
产品：牛皮箱纸板、高强瓦楞原纸、灰纸板、纱管纸

敦信纸业有限责任公司
福建省漳州市长泰岩溪工业园区
邮编：363900
电话：0596－8313999、8288316
传真：0596－8313998、8289468
网址：www. dxwj. com
邮箱：zdm@ dxwj. com

产品：白面牛卡纸、本色牛卡纸、高强瓦楞原纸、扑克牌纸、瓦楞纸箱

福建希源纸业有限公司
福建省漳州市台商投资区吴宅工业园
邮编：363900
电话：0596－6383383
传真：0596－6760989
邮箱：xyhr@ youlanfa. com
产品：拷贝纸、薄页纸、半透明纸、转移印花纸、文化用纸(复印纸)、壁纸原纸

南平市

福建省南平延润纸业有限责任公司
福建省南平市滨江北路177号
邮编：353000
电话：0599－8808948
传真：0599－8802888
产品：静电复印纸、双胶纸、书刊纸、书写纸、轻涂纸、白牛皮纸、包装纸、纸袋纸、纱管纸、新闻纸、宗教纸、各种有色纸及各类造纸助剂

福建省南平南纸有限责任公司
福建省南平市滨江北路177号
邮编：353000
电话：0599－8808888
传真：0599－8808689、8808312
网址：www. nanpingpaper. com
邮箱：webmaster@ nanpingpaper. com
产品：胶印新闻纸、本色硫酸盐商品木浆、静电复印纸、人纤浆粕

邵武中竹纸业有限责任公司
福建省邵武市下王塘
邮编：354000
电话：0599－6541168、6541018
传真：0599－6541090
产品：漂白硫酸盐竹浆、漂白桉木浆、漂白马尾松浆、胶版印刷纸、静电复印纸、涂布原纸、白牛皮纸

福建利树浆纸有限公司
福建省建瓯市瓯宁街道兴宁工业区
邮编：353100
电话：0599－3738906、3738909
传真：0599－3738901
产品：高强瓦楞原纸、竹浆

福建利树股份有限公司
福建省建瓯市中国笋竹城D区
邮编：353100
电话：0599－3699909
传真：0599－3699920
网址：www. lishugroup. com
邮箱：fjlsgfyxgs@ 163. com
产品：挂面箱纸板、高强瓦楞原纸

福建惜恩纸业有限公司
福建省建瓯市汇丰城市花园47幢
邮编：353100
电话：0599－3738908
传真：0599－3738901
产品：高强瓦楞原纸、挂面箱纸板、卫生纸

龙岩市

福建省龙岩市祥泰造纸包装有限公司
福建省龙岩市铁山开发区
邮编：364001
电话：0597－2348234
传真：0597－2348432
邮箱：lyxt-1@ 163. com
产品：防锈纸、防水纸、涂塑纸、硅油纸、水果护套纸、全木浆生活用纸

龙岩南纸有限公司
福建省龙岩市铁山工业路36号
邮编：364001
电话：0597－2348087
传真：0597－2348737
产品：新闻纸

福建省连城县东方经济开发有限公司
福建省龙岩市连城县姑田镇新街211号
邮编：366208
电话：0597－8269869
传真：0597－8269888
产品：特种牛皮纸、精制牛皮纸

福建省龙岩市铭丰集团有限公司
福建省龙岩市龙雁新区龙雁工业集中区
邮编：364002
电话：0597－2208988
传真：0597－2790869
网址：www. mingfengzy. com

邮箱：mingfengjt@ mingfengjt. com
产品：生活用纸

福建省长汀县瑞华纸业有限公司
福建省龙岩市长汀县工贸新城
邮编：366300
电话：0597 – 6819256
传真：0597 – 6884688
产品：薄页纸、有光纸、单胶纸、书写纸

福建连城莲龙纸业有限公司
福建省连城县姑田镇九顺坪
邮编：366300
电话：0597 – 3128528
邮箱：648017454@ qq. com
产品：特种纸、育果袋纸及其纸袋、食品包装纸和民用纸

宁德市

福鼎市南阳纸业有限公司
福建省福鼎市管阳镇章边村
邮编：355215
电话：0593 – 7637988、7637999
传真：0593 – 7637288
网址：www. nanyangzy. com
产品：面巾纸、餐巾纸、卷筒纸、手帕纸及各种规格分切盘纸

福鼎万泰纸业有限公司
福建省福鼎市双岳工业区
邮编：355200
电话：0593 – 7883333
邮箱：825488002@ qq. com
产品：瓦楞原纸

江 西 省

南昌市

江西晨鸣纸业有限责任公司
江西省南昌市昌北经济开发区白水湖工业园
邮编：330013
电话：0791 – 83951998、83951968
传真：0791 – 83951889
网址：www. chenmingpaper. com
产品：轻型纸、低定量涂布纸

南昌五丰纸业有限公司
江西省南昌市青山湖区罗家镇货场工业园
邮编：330012
电话：0791 – 88394989、88395989
传真：0791 – 88395989
产品：卫生纸

江西特种纸业有限责任公司
江西省南昌市进贤县民和镇西门路 569 号
邮编：331700
电话：0791 – 85693372
产品：电容器纸

八一乡淡溪造纸厂
江西省南昌市南昌县八一乡淡溪
邮编：330201
电话：13907009689
产品：包装纸

江西省轻工实业有限公司
江西省南昌市北京东路彭桥工业园区
邮编：330029
电话：0791 – 8182414、8314201
传真：0791 – 8323123
产品：无碳复写纸

景德镇市

乐平市加金纸业有限公司
江西省景德镇市乐平市塔山工业园区内
邮编：333300
电话：0798 – 6832428、6702787
产品：箱纸板、瓦楞原纸

萍乡市

上栗县萍峰纸业有限公司
江西省萍乡市上栗县金山镇小水村
邮编：337009
电话：0799 – 3885168
产品：箱纸板、瓦楞原纸、牛皮卡纸、烟花用纸

莲花县纸业有限公司
江西省萍乡市莲花县新建东街 85 号
邮编：337100
电话：0799 – 7216158
产品：书写纸、新闻纸

上栗县萍锋纸业有限公司
江西省萍乡市上栗县小水村
邮编：337011
电话：0799－3885168
传真：0799－3885688
网址：www. slpfzy. com
产品：鞭炮烟花用纸、箱纸板

九江市

江西理文造纸有限公司
江西省瑞昌市码头工业区
邮编：332207
电话：0792－8996888－8117
产品：箱纸板

共青城顺风纸业有限公司
江西省九江市德安县甘露镇
邮编：330400
电话：0792－4371273、4349575
产品：包装纸

江西省永修县恒达纸业有限公司
江西省九江市永修县东风农贸公司
邮编：330300
电话：0792－3081801
产品：包装纸

江西兴辉纸业有限公司
江西省九江市武宁县盘溪工业园
邮编：330400
电话：13870272001
产品：文化用纸

江西绮玉纸业有限公司
江西省九江市德安县
邮编：330400
电话：0792－4551111
传真：0792－4551111
产品：纸巾纸、卫生纸

江西泽晖纸业有限公司
江西省九江市永修县虬津镇泽晖工业园
邮编：330300
电话：0792－3115646
产品：文化用纸

赣州市

赣州华劲纸业有限公司
江西省赣州市水西乡桑芫下 168 号
邮编：341000
电话：0797－8251388
网址：www. hwagain. com
产品：文化用纸、生活用纸

华劲集团赣州纸品有限公司
江西省赣州市章贡区水西基地
邮编：341000
电话：0797－8251388
网址：www. hwagain. com
产品：高档生活用纸

赣州市崇星实业有限公司
江西省赣州市沙石镇沙石村龙石头
邮编：341000
电话：0797－8185588
传真：0797－8185599
产品：卫生纸

吉安市

江西永新南方纸业有限公司
江西省吉安市永新县小屋岭
邮编：343400
电话：0796－7850858
产品：涂布白纸板

江西同泰纸业有限公司
江西省吉安市泰和县工业园区
邮编：343700
电话：0796－5404868
产品：涂布白纸板

江西明盛实业有限公司
江西省吉安市青原区富滩工业园区 A 区
邮编：343000
电话：0796－8630978
传真：0796－8630980
产品：木浆黑卡纸、木浆红卡纸

峡江县金威纸业有限公司
江西省吉安市峡江县造纸工业园区 4 号
邮编：331400

电话：0796－3683689
产品：涂布白纸板

江西运宏特种纸业有限公司
江西省吉安市永丰县工业园南区
邮编：331500
电话：0796－2221882、13507962872
传真：0796－2221616
产品：牛皮纸、防近视纸、书写纸、双胶纸、防锈原纸

泰和县华胜实业有限公司
江西省吉安市泰和县沿溪工业园区
邮编：343700
电话：0796－5403018
产品：涂布白纸板

宜春市

江西省万载县万盛纸业有限公司
江西省宜春市万载县环城北路 438 号
邮编：336100
电话：0795－8917999
产品：书写纸、转移印花纸

江西富宏纸业有限公司
江西省宜春市奉新县宋阜镇青湖村郑家洲
邮编：330702
电话：0795－4605178
产品：牛皮纸

宜丰县黄岗山兴丰造纸厂
江西省宜春市宜丰县黄冈山垦殖场内
邮编：336300
电话：0795－2923767
产品：牛皮纸、炸药包装纸

江西省樟树市临江造纸厂
江西省宜春市樟树市临江镇沿河桥
邮编：336300
电话：0795－7812756
产品：包装纸

江西省上高县造纸厂
江西省宜春市上高县镇渡乡镇南
邮编：336400
电话：0795－2540337
产品：卫生纸

宜春金太阳纸品厂
江西省宜春市袁州区新坊乡
邮编：336000
电话：0795－3195886
产品：卫生纸

抚州市

江西抚州银丰纸业有限公司
江西省抚州市临川区桐源乡
邮编：344000
电话：0794－8638558
产品：涂布白纸板

江西富临纸业有限公司
江西省抚州市临川区桐源乡
邮编：344000
电话：0794－8638386
产品：涂布白纸板

抚州金圣纸业有限公司
江西省抚州市临川区工业开发区
邮编：344000
电话：0794－8638618
产品：涂布白纸板

江西华南纸业有限公司
江西省抚州市宜黄县六里铺
邮编：344400
电话：0794－7605598、7602569
产品：涂布白纸板

抚州市兴业实业有限公司
江西省抚州市抚州北工业园区
邮编：344400
电话：0794－8457336
传真：0794－8457333
产品：瓦楞原纸、卫生纸

江西弘泰电子信息材料有限公司
江西省抚州市宜黄县六里铺工业园区
邮编：344400
电话：0794－7601995、7607069
产品：特种纸、白卡纸、电子载体纸

江西乐门纸业有限公司
江西省抚州市宜黄县六里铺工业园区
邮编：344400

电话：0794－7617077
产品：水砂原纸、牛皮纸

江西联兴纸业有限公司
江西省抚州市崇仁县巴山镇西郊 3 号
邮编：344200
电话：0794－6334588、6330937
产品：箱纸板、瓦楞原纸

恒安(江西)家庭用品有限公司
江西省抚州市东乡县(省级)经济开发区
邮编：331801
电话：0794－4381172
传真：0794－4382392
产品：生活用纸系列产品

上饶市

江西顺达纸业有限公司
江西省上饶市弋阳县圭峰大道
邮编：334400
电话：0793－5845666、5845777、5845999
产品：涂布白纸板

广丰县芦林纸业有限公司
江西省上饶市广丰县经济开发区
邮编：334600
电话：0793－2620499、2620987
传真：0793－2620486
网址：www. ll-zy. com
邮箱：554670598@ qq. com
产品：箱纸板、牛皮箱纸板、茶纸板、纱管纸

江西省余干县洪家嘴造纸厂
江西省上饶市余干县洪家嘴信和中学旁
邮编：335100
电话：13879315846
产品：瓦楞原纸、爆竹纸

广丰县月兔卫生用品有限公司
江西省上饶市广丰县芦林工业园
邮编：334600
电话：0793－2610001、2625515
传真：0793－2651900
产品：生活用纸

江西含珠实业有限责任公司
江西省上饶市铅山县城西工业园区
邮编：334500
电话：0793－5187877
传真：0793－5187777
网址：www. jxhzsy. com
邮箱：webmaster@ jxhzsy. com
产品：连四纸

上饶市林氏玉融纸业有限公司
江西省上饶市信州区同心村三江桥
邮编：334000
电话：0793－7089916
传真：0793－8157108
产品：卫生纸

山　东　省

济南市

济南灏源纸业有限公司
山东省济南市历城区西州南路 30 号
邮编：250100
电话：0531－88918888、88023100
传真：0531－88023109
产品：印刷纸、办公用纸原纸

济南含章印务有限公司
山东省济南市历城区西周大辛河东郊
邮编：250100
电话：0531－88918888
传真：0531－88012000
网址：www. hanzhang. com
邮箱：hzmaster@ sina. com
产品：电脑打印纸、静电复印纸、防伪水印纸、晒图原纸

济南银星纸业有限公司
山东省济南市历城区荷花路 67 号
邮编：250100
电话：0531－88262596
传真：0531－88262596
产品：字典纸、圣经纸、涂炭原纸、特种印刷纸、税票纸、表层纸、玻璃衬纸

章丘金华世纸业有限公司
山东省济南市章丘市明水荷花路 17 号
邮编：250200
电话：0531－83253305
传真：0531－83252347

邮箱：sdhuashi@ 126. com
产品：轻型印刷纸、无碳原纸、离型原纸、食品包装纸

济南晨光纸业有限公司
山东省济南市济洛路 158 号
邮编：250031
电话：0531 - 81601619
传真：0531 - 85951458
网址：www. jinanchenguang. cn. alibaba. com
邮箱：cgzy888@ tom. com
产品：羊皮纸

山东天阳纸业有限公司
山东省济南市济阳济北开发区泰兴东街 5 号
邮编：250000
电话：0531 - 58689186
传真：0531 - 58689187
网址：www. sdtianyangzy. 1688. com
邮箱：sdtianyang7799@ 163. com
产品：艺术类卡纸、包装纸、涂布纸、画材料用纸、工业加工用纸

济南欣易特种纸业有限公司
山东省济南市历城区临港开发区温泉西路中段
邮编：250100
电话：0531 - 88734376
邮箱：35427584@ qq. com
产品：高档文化用纸

青岛市

青岛奥华纸业有限公司
山东省青岛市四方区四流南路 245 号
邮编：266042
电话：0532 - 84885257(生产)/288(销售)
传真：0532 - 84863863
产品：无碳复写纸

青岛海王纸业股份有限公司
山东省青岛市海王路 342 号
邮编：266400
电话：0532 - 86118663、86118509
传真：0532 - 86115522、86117100、86118509
网址：www. haiwangpaper. com
邮箱：haiwang@ haiwangpaper. com
产品：文化用纸、工农业技术用纸、生活用纸、包装纸、打字纸、彩色皱纹纸、纱管封面纸、防菌纸袋

青岛天丰造纸有限公司
山东省青岛市四方区四流南路 20 号
邮编：266400
电话：0532 - 84851688
产品：钢纸、绝缘纸

淄博市

山东博汇纸业股份有限公司
山东省淄博市桓台县马桥镇工业路北首
邮编：256405
电话：0533 - 8539966、8530387
传真：0533 - 8530372
网址：www. bohui. com
邮箱：05338866@ 163. com
zqb@ bohui. com
产品：涂布白卡纸、双胶纸、轻型纸、箱纸板、石膏板护面纸板

山东贵和显星纸业有限公司
山东省淄博市桓台县唐山镇工业园
邮编：256408
电话：0533 - 8081493
邮箱：webmaster@ sdguihe. com
产品：瓦楞原纸、特种纸

山东仁丰特种材料股份有限公司
山东省淄博市桓台县起凤镇仁丰路 1 号
邮编：256407
电话：0533 - 8697688、8688836
传真：0533 - 8698159
网址：www. zbrenfeng. com
产品：高强瓦楞原纸、滤纸、壁纸原纸

山东金海洋纸业有限公司
山东省淄博市桓台县田庄镇
邮编：256402
电话：0533 - 8580035
传真：0533 - 8582888
网址：www. sdcljt. cn
邮箱：sdchenlong@ 126. com
产品：新闻纸、箱纸板

山东淄博华光纸业有限公司
山东省淄博市张店区湖田镇
邮编：255075

电话：0533－2060471
传真：0533－2060623
产品：牛皮箱纸板

山东淄博玉丰实业有限公司
山东省淄博市淄川区东坪镇
邮编：255174
电话：0533－5310325－8019
传真：0533－5310396
产品：陶瓷及玻璃用贴花纸

山东北金集团淄博广信纸业有限公司
山东省淄博市临淄区召口乡
邮编：255419
电话：0533－7602106、13616430712
传真：0533－7602106
产品：夹筋纸袋纸、牛皮纸

齐峰新材料股份有限公司
山东省淄博市临淄区朱台镇齐峰路22号
邮编：255432
电话：0533－7780161、7780179
传真：0533－7788998
网址：www. qifeng. cn
邮箱：qifengtezhi@163. com
qifengtezhi@qifeng. cn
产品：可印刷装饰原纸、素色装饰原纸、表层耐磨纸、平衡原纸、壁纸原纸

淄博市博山环球皱纹纸厂
山东省淄博市博山区北园路198号
邮编：255202
电话：0533－4231497、4231498
传真：0533－4232499
产品：皱纹纸、薄页纸

淄博王村纸业有限公司
山东省淄博市周村区王村
邮编：255311
电话：0533－6680128
传真：0533－6680128
产品：纱管原纸、箱纸板、涂布纸板

山东青苑纸业有限责任公司
山东省淄博市高青县城齐东路43号
邮编：256300
电话：0533－6961745、6967531
传真：0533－6961492
网址：www. qingyuan. com
产品：精制胶版纸、箱纸板

山东奥龙纸业有限公司
山东省淄博市高青县经济开发区
邮编：256300
电话：0533－6258156
传真：0533－6258117
网址：www. aolongzhiye. cn
产品：植物羊皮纸、装饰原纸

山东淄博沣泰纸业有限公司
山东省淄博市博山开发区银龙路
邮编：255213
电话：0533－4666299
传真：0533－4666199
产品：高档纯质纸、荷兰白卡纸、白牛皮纸、超感纸、涂布原纸、防伪纸

淄博双成纸业有限公司
山东省淄博市周村区王村镇王村村火车站
邮编：255311
电话：0533－8171250
传真：0533－6695079
产品：装饰用石膏板接缝纸、护角带纸、手提袋纸

山东标典纸业有限公司
山东省淄博市高青县城市东路43号
邮编：256300
电话：0533－6961745、15853329361
传真：0533－6967561
产品：胶版纸

枣庄市

远通纸业（山东）有限公司
山东省枣庄市薛城区常庄镇金河枣曹路3388号
邮编：277014
电话：0632－4401860
传真：0632－4401828、4401739
网址：www. upp-yt. com
邮箱：sales@upp-yt. com
产品：牛皮箱纸板、涂布白纸板、金银卡纸

枣庄华润纸业有限公司
山东省枣庄市山亭区新城工业园区
邮编：277200

电话：0632 – 8861908、8813851、8861956
传真：0632 – 8811556、8818558
网址：www. huarunpaper. com
邮箱：marketing@ huarunpaper. com
产品：石膏板护面纸板

滕州华闻纸业有限公司
山东省枣庄市滕州市级索工业园区
邮编：277518
电话：0632 – 2446928、2449888
传真：0632 – 2446556、2449567
网址：www. sdhwzy. com
产品：双胶纸、书写纸、新闻纸

山东秦世集团天龙纸业有限公司
山东省枣庄市台儿庄区长安路东首
邮编：277400
电话：0632 – 6699877
传真：0632 – 6699111
网址：www. qsjt. com. cn
邮箱：mangongwei521@ 163. com
产品：特种装饰原纸

东营市

华泰集团有限公司
山东省东营市广饶县
邮编：257335
电话：0546 – 6888808、6888818
传真：0546 – 6888018、6888158
网址：www. huatai. com
邮箱：htjt@ huatai. com
htxsgs@ huatai. com
产品：新闻纸、双面胶版纸、书写纸、铜版纸、涂布白纸板、低定量涂布纸、生活用纸

山东斯道拉恩索华泰纸业有限公司
山东省东营市广饶县大王镇
邮编：257335
电话：0546 – 7797206
传真：0546 – 7797216
产品：超级压光纸、改良新闻纸、新闻纸

烟台市

莱阳银通纸业有限公司
山东省莱阳市丹崖路 129 号
邮编：265202
电话：0535 – 7318208、7327228
传真：0535 – 7318208
网址：www. yinhaipaper. com
邮箱：lcz@ yintongpaper. cn
cxm@ yintongpaper. cn
lygzd@ yintongpaper. cn
产品：水果套袋纸、防伪纸、静电复印纸、书写纸

烟台隆祥纸业有限公司
山东省烟台市牟平区路兴街 403 号
邮编：264100
电话：0535 – 4659810、4652031
传真：0535 – 4652032
网址：www. ytlongxiang. com
邮箱：jiangliangxu@ vip. sina. com
longxiang@ ytlongxiang. cn
产品：离型纸、防黏纸、复合纸、轻型纸、纯质纸、再生新闻纸、双胶纸

烟台锦宏纸业有限公司
山东省海阳市经济技术开发区
邮编：265118
电话：0535 – 3205358
产品：文化用纸、铜版原纸

烟台市大展纸业有限公司
山东省烟台市牟平区沁水韩国工业园大展大街 388 号
邮编：264117
电话：0535 – 4659078、4659077
传真：0535 – 4659076
网址：www. yantaidazhan. com
邮箱：zjq@ yantaidazhan. com
产品：瓦楞原纸、牛皮箱纸板

山东省烟台滋禾科技发展有限公司
山东省烟台市芝罘区南大街 156 号平安大厦 709 室
邮编：264000
电话：0535 – 6696559
传真：0535 – 6696559
产品：牛卡纸、涂布牛卡纸

龙口市诸由纸板厂
山东省龙口市诸由观镇西河阳
邮编：265705
电话：0535 – 8562189、8561225
传真：0535 – 3616535
产品：双胶纸

龙口玉龙纸业有限公司
山东省龙口市滨海旅游度假区黄河营村北
邮编：265712
电话：0535－8589536、8589501
传真：0535－8589555
网址：www. yulongpaper. com
邮箱：xs@ yulongpaper. com
bgs@ yulongpaper. com
产品：胶版书刊纸、书写纸、双胶纸、静电复印纸、轻型纸、纯质纸

莱州市莱星工业纸板有限公司
山东省莱州市掖柴路
邮编：261400
电话：0535－2216646、2265906
传真：0535－2235248
网址：www. chinalaixing. com
邮箱：lzlxzb@ sohu. com
产品：工业纸板

莱州市鲁通特种纸业有限公司
山东省莱州市海庙东路 238 号
邮编：261400
电话：0535－2480641、2483050
传真：0535－2480447
产品：书写纸、有光纸、箱纸板、果袋纸、工艺品纸

莱州市圣林纸制品有限公司
山东省莱州市云峰北路北首东
邮编：261437
电话：0535－2293178
传真：0535－2293178
网址：www. lz-zb. com
邮箱：sl@ lz-zb. com
产品：双灰纸板、复合纸板、工业用纸板

潍坊市

临朐玉龙造纸有限公司
山东省潍坊市临朐县城华特路 5311 号
邮编：262600
电话：0536－3158797、3158872
传真：0536－3158568
网址：www. wanhao. com
邮箱：ylong@ china. com
产品：各种规格铜版纸、特种纸

山东恒联投资有限公司
山东省潍坊市高新区东风东街 3019 号
邮编：261061
电话：0536－8671516、8671509
传真：0536－8665348
网址：www. henglianpaper. com
邮箱：hl8671516@ 163. com
产品：铜版纸、玻璃纸、生活用纸

汇胜集团股份有限公司
山东省潍坊市高新区潍胶路 999 号
邮编：261201
电话：0536－8669008
传真：0536－8669008
网址：www. cnpaper. cn
www. huishenggroup. com
邮箱：huisheng@ cnpaper. cn
产品：纸管原纸、绝缘纸板

潍坊恒联特种纸有限公司
山东省潍坊市寒亭区海龙路 1526 号
邮编：261100
电话：0536－7288200
传真：0536－7288222
产品：水转移印底纸原纸、环保无尘纸、标签纸、白牛皮纸、胶版印刷纸

潍坊恒联新材料股份有限公司
山东省潍坊市寒亭区海龙路 609 号
邮编：261100
电话：0536－7288338
传真：0536－7288333
网址：www. hlblz. com
邮箱：www@ hlblz. com
产品：食品包装用纸、烟花包装用纸、医药包装用纸、香蜡烛包装用纸、透明胶带专用纸、电池专用纸、硅胶管专用纸、鱼竿专用纸

潍坊恒联浆纸有限公司
山东省潍坊市寒亭区海龙路 601 号
邮编：261100
电话：0536－7283106、7283107
传真：0536－7251647
邮箱：hljzxsb@ 163. com
产品：木浆、棉浆、竹浆、高档文化用纸

潍坊恒联美林生活用纸有限公司
山东省潍坊市寒亭区海龙路 609 号
邮编：261100
电话：0536－7283237、7283210

传真：0536－7283228
产品：吸水衬纸、擦手纸、餐巾纸、纸巾纸、面巾纸、卫生卷纸

潍坊华港包装材料有限公司
山东省潍坊市奎文区宝通东街 162 号
邮编：261041
电话：0536－8823918、8823899、8823878
传真：0536－8823919
网址：www. wfhgbz. com
邮箱：hgbz@ wfhgbz. net
产品：接装纸原纸、铝箔衬纸、嘴棒成型纸、接装纸、铝箔纸、真空镀铝纸、印花纸、装饰纸

青州市东南坝造纸厂
山东省青州市东坝镇
邮编：262517
电话：0536－3531031
传真：0536－3531031
产品：牛皮纸

青州市东方铜版纸有限公司
山东省青州市东阳河工业区 1188 号
邮编：262517
电话：0536－3531888、3536888
传真：0536－3536366
网址：www. dftbz. com
邮箱：dftbz@ 163. com
产品：铜版纸、玻璃卡纸

山东省青州市板纸厂
山东省青州市青州南路东一街 5 号
邮编：262500
电话：0536－3200541
传真：0536－3203802
产品：牛皮纸、离型原纸、无碳原纸、铝箔衬纸、水松原纸

山东青州齐鲁纸业有限公司
山东省青州经济开发区
邮编：262500
电话：0536－3290118、13806493038
产品：铝箔衬纸、印花原纸、木纹原纸、淋膜原纸、覆塑原纸、白牛皮纸、离型原纸、工业用原纸

山东晨鸣纸业集团股份有限公司
山东省寿光市农圣东街 2199 号
邮编：262705
电话：0536－2158000、2156333、800－918－6818
传真：0536－2156111
网址：www. chenmingpaper. com
产品：双面胶版纸、低定量涂布纸、铜版纸、胶印书刊纸、书写纸、牛皮箱纸板、静电复印纸、新闻纸、无碳复写纸、高档电话簿纸、橙色施胶新闻纸

寿光市三利板纸有限责任公司
山东省寿光市抬头镇牛头镇村东
邮编：262736
电话：0536－5542652、13805362255
传真：0536－5542652
产品：打字纸、彩书皮纸、条纹牛皮纸

山东万豪纸业集团股份有限公司
山东省潍坊市临朐县城华特路 5311 号
邮编：262600
电话：0536－3163364
传真：0536－3165340
网址：www. wanhao. com
邮箱：wanhao@ wanhao. com
产品：铜版纸、双胶纸、胶印书刊纸、防油纸、高档包装纸、卫生纸、打字纸、工艺纸、电信电缆纸、双面胶带原纸、造纸化工产品及纸业包装材料

临朐恒丰造纸有限公司
山东省潍坊市临朐县城工业街 32 号
邮编：262600
电话：0536－3165465、2198910、13335258879、13964768286
传真：0536－3163465
产品：防油纸、汉堡原纸、淋膜汉堡纸、食品包装纸、白牛皮纸、漂白防油纸、未漂防油纸、邮封纸、医用包装纸、卫生纸、爆米花纸袋纸

山东世纪阳光纸业集团有限公司
山东省潍坊市昌乐经济开发区
邮编：262400
电话：0536－6856001、6856009
传真：0536－6856006
网址：www. sunshinepaper. com. cn
邮箱：sjygbgs@ 126. com
zhanghm@ sunshinepaper. com. cn
产品：纸管原纸、牛卡纸、瓦楞原纸

山东恒安纸业有限公司
山东省潍坊市坊子区北海路 7209 号

邮编：261200
电话：0536－7666888
传真：0536－7666888
网址：www. hengan. com
产品：生活用纸

潍坊永新纸业有限公司
山东省潍坊市昌乐县营邱镇河头工业园
邮编：261200
电话：0536－6911126、6911033
传真：0536－6911126、6911033
邮箱：15064680331@163. com
　　　maliping85222@163. com
产品：铝箔衬纸、皱纹原纸、双面胶带棉纸、淋膜原纸、马桶坐垫原纸

诸城市新星纸业有限公司
山东省潍坊市诸城市辛兴镇工业园
邮编：262200
电话：0536－6062721
传真：0536－6063867
产品：新闻纸

中天纸业股份有限公司
山东省潍坊市奎文区则尔庄路 6 号
邮编：261031
电话：0536－7675079
传真：0536－7675079
网址：www. cnpaper. cn
邮箱：sunyanqing93110@sina. com
产品：绝缘纸板、纸管原纸、白面牛卡纸、箱纸板

昌乐县科苑纸业有限公司
山东省潍坊市昌乐县经济开发区新昌北路 369 号
邮编：262400
电话：0536－6295208、6295106
传真：0536－6280662
网址：www. keyuanpaper. com
邮箱：clkyzy@163. com
产品：育果袋纸

威海市

荣成荣昌纸制品有限公司
山东省威海市荣成市荣安路
邮编：264300
电话：0631－7512678
传真：0631－7512456
网址：www. homely. com. cn
产品：水印纸

荣成海盛纸业有限公司
山东省威海市荣成市好当家工业园区
邮编：264305
电话：0631－7438223
传真：0631－7438223
网址：www. homely. com. cn
产品：箱纸板、瓦楞原纸

山东凯丽特种纸股份有限公司
山东省威海市荣成市河阳东路 198 号
邮编：264300
电话：0631－7510288、7571777
传真：0631－7571946
网址：www. kailipaper. cn
邮箱：kaili@kailipaper. cn
产品：防伪纸

威海龙港纸业有限公司
山东省威海市羊亭镇凤凰山路 989 号
邮编：264204
电话：0631－5764806、5764338、5769888
传真：0631－5764806
网址：www. lgzhiye. com
邮箱：lgzhiye@163. com
产品：箱纸板、瓦楞原纸

济宁市

济宁恒丰纸业有限责任公司
山东省济宁市安居工业园区
邮编：272059
电话：0537－2312038
传真：0537－2559310
网址：www. jnhfzy. com
产品：半透明纸、铜版纸、格拉辛纸、玻璃卡纸

山东太阳纸业股份有限公司
山东省兖州市友谊路 1 号
邮编：272100
电话：0537－7925888、7928711、7928710
传真：0537－7928489
网址：www. sunpapergroup. com
邮箱：sun@sunpapergroup. com
　　　taiyangzhiye@163. com
产品：牛皮箱纸板、高档文化用纸、静电复印纸、牛

皮卡纸、涂布白纸板、白卡纸、双胶纸、新闻纸、不干胶纸、电脑打印纸、书写纸、轻涂纸、铜版纸、扑克牌面纸、蜡光原纸、无酸档案纸、素描纸

山东宏河矿业集团邹城恒翔纸业有限公司
山东省邹城市营西路 52 号
邮编：273500
电话：0537－5300318
传真：0537－5312183
网址：www.sdhhjt.com
邮箱：13583731886@126.com
产品：新闻纸

山东华金集团有限公司
山东省济宁市泗水县金庄镇 818 号
邮编：273201
电话：0537－4036894、4036807、4036979
传真：0537－4031210
网址：www.huajinpaper.com
邮箱：huajinlbz@126.com
产品：涂布白卡纸、无碳复写纸、静电复印纸、双面胶版纸、电脑打印纸、票据专用纸、离型原纸、防黏纸、书写纸

济宁昊源纸业有限公司
山东省济宁市任城区长沟镇后刘东村
邮编：272100
电话：0537－2580263
传真：0537－2580766
邮箱：haoyuanzhiye@163.com
产品：牛皮挂面纸、建筑模板纸、水松原纸、食品包装纸、防伪纸、卡纸、高档文化用纸、仿牛皮纸、单面光牛皮纸

泰安市

泰山石膏股份有限公司
山东省泰安市岱岳区大汶口
邮编：271026
电话：0538－8811449、8811293、8811078
网址：www.taihegroup.com
邮箱：tssgbgs@163.com
产品：石膏板护面纸

泰安百川纸业有限公司
山东省新泰市小协镇经济开发区
邮编：271221
电话：0538－7866147、7866947
传真：0538－7866447
网址：www.tabczy.com
邮箱：sdtabczy@163.com
产品：轻型纸、字典纸、羊皮纸、石膏板护面纸、纸管纸

东顺集团股份有限公司
山东省泰安市东平县东顺工业园
邮编：271500
电话：0538－2820378、2825077
传真：0538－2820378
网址：www.dongshunpaper.com
产品：生活用纸、一次性卫生用品

山东天和纸业有限公司
山东省泰安市宁阳文化街 1857 号
邮编：271499
电话：0538－5630399
传真：0538－5630399
网址：www.tianhepaper.net
产品：电脑打印纸、静电复印纸、热敏纸、工程纸

泰山泰和纸业有限公司
山东省泰安市岱岳区大汶口
邮编：271026
电话：0538－8812958
传真：0538－8812958
邮箱：878110856@qq.com
pufengyang@163.com
产品：石膏板护面纸

山东省东平县华东纸业有限公司
山东省东平县城平湖路南段
邮编：271500
电话：0538－6359666
传真：0538－6350009
邮箱：HDZY6350009@163.com
产品：高档静电复印纸、水印防伪纸、无碳原纸、热敏纸、防水铜版原纸、白卡纸、白牛皮纸、高档票据彩印纸

日照市

亚太森博（山东）浆纸有限公司
山东省日照市北京路 369 号
邮编：276826
电话：0633－3361270、3361111、3361000
传真：0633－3369069

网址：www. asiasymbol. com
产品：白卡纸、纸浆

日照华泰纸业有限公司
山东省日照市莒县莒州路 119 号
邮编：276500
电话：0633－6882076、6881688
传真：0633－6882881、6882519
网址：www. huatai. com
www. huataipaper. com
产品：双胶纸、铜版纸

莱芜市

山东百伦纸业有限公司
山东省莱芜市涞城区方下镇
邮编：271125
电话：0634－6611308、6613520、8675996、8675777
传真：0634－6611122
邮箱：baronpaper@ 163. com
产品：轻量涂布纸、铜版纸、书写纸、双胶纸、高档书写纸、精制双胶纸、静电复印纸、新闻纸

临沂市

临沂市鑫惠纸业公司
山东省临沂市小商品城 11 号楼 283 号
邮编：276000
电话：0539－8068186
产品：有光纸、书写纸、双胶纸、绘图纸、朱红纸、蜡光纸

临沂震元纸业有限公司
山东省临沂市苍山县建设路 72 号
邮编：277700
电话：0539－5213232
传真：0539－5211961
产品：书写纸、双胶纸

山东新凯电子材料有限公司
山东省临沂市郯城县人民路 313 号
邮编：276100
电话：0539－6221670、6128100、6130729、6130904
传真：0539－6130656
产品：耐磨纸、化妆原纸、电容器纸、墙壁原纸

山东鲁南新材料股份有限公司
山东省临沂市郯城县人民路 313 号
邮编：276100
电话：0539－6788168
传真：0539－6788168
网址：www. lunanpaper. com
产品：电解电容纸、化妆板原纸、平衡纸、耐磨纸、壁纸原纸

山东永泰纸业有限公司
山东省临沂市莒南县开发区黄海路西段
邮编：276600
电话：0539－7319666
传真：0539－7318039
邮箱：ytzy8008@ 163. com
产品：瓦楞原纸

山东光华纸业集团有限公司
山东省临沂市费县上冶镇
邮编：273401
电话：0539－5811602
传真：0539－5811102
产品：铜版纸、双面胶版纸、静电复印纸、书写纸、卫生纸

临沂华辰纸业有限公司
山东省临沂经济开发区延安路 109 号（延安路与杭州路交汇处）
邮编：276023
电话：0539－6013888
传真：0539－6013000
网址：www. huachenzhiye. com
邮箱：huachenpaper@ 163. com
产品：无碳复写纸

临沂成和银座纸业有限公司
山东省临沂市兰山区解放路 419 号
邮编：276000
电话：0539－8338215
传真：0539－8333703
网址：www. chengheyinzuo. com
产品：工业用纸、描图纸、晒图纸、复印纸、数码彩色激光纸

德州市

德州华北纸业集团有限公司
山东省德州市德城区二屯镇政府驻地
邮编：253035
电话：0534－2189079、2187309、2188791

传真：0534－2182388、2187566
网址：www. dzhbzy. net
邮箱：dzhbzy@ 163. com
产品：书写纸、复印纸、轻型纸

德州沪平永发造纸有限公司
山东省德州市平原县王打卦工业园
邮编：253102
电话：0534－4520002
传真：0534－4520598
产品：高强瓦楞原纸

山东中茂圣源纸浆有限公司
山东省德州市陵城区经济开发区
邮编：253500
电话：0534－2133500、2133535
传真：0534－2133508
产品：杨木化学机械浆

山东冠军纸业有限公司
山东省德州市齐河县潘店镇工业园
邮编：251125
电话：0534－5972085、5972888
传真：0534－5972085、5975888
网址：www. guanjunzhiye. com
邮箱：sdgjzy@ 163. com
产品：铜版纸、双面胶版纸、静电复印纸

山东江河纸业有限责任公司
山东省德州市齐河县晨鸣东路 1 号
邮编：251100
电话：0534－5691899、5028501、5678500
传真：0534－5028599
网址：www. sdjhpaper. cn
邮箱：qhcmrzc@ 126. com
产品：纸杯原纸、双胶纸、轻型纸、道林纸

德州泰鼎新材料科技有限公司
山东省德州市平原县王杲铺镇
邮编：253105
电话：0534－4562766、2162333
传真：0534－4562044、4561258
网址：www. tdxcl. com
邮箱：zd4562766@ 163. com
产品：铜版原纸、书写纸、胶印书刊纸、静电复印纸、箱纸板、卫生纸

山东泉林纸业夏津有限公司
山东省德州市夏津县建设街 45 号
邮编：253200
电话：0534－3313381
传真：0534－3312139
网址：www. tralin. com
产品：双胶纸、静电复印纸、中涂纸、轻量涂布纸、文化用纸

聊城市

中冶纸业银河有限公司
山东省临清市西门里街 297 号
邮编：252600
电话：0635－2433886、2433348、2433825
传真：0635－2436952、2433346
网址：www. cctyinhe. com
产品：书写纸、胶版纸、胶印书刊纸、静电复印纸、瓦楞原纸

茌平泉林纸业有限公司
山东省聊城市茌平县信发办事处工交路 2 号
邮编：252100
电话：0635－7115116
传真：0635－7115116
网址：www. cptralin. com
邮箱：cptralin@ 126. com
产品：特种纸、食品包装纸、文化用纸

山东信成纸业有限公司
山东省聊城市茌平县西外环高新技术工业园
邮编：252100
电话：0635－4285466、4283298
传真：0635－4287566
网址：www. sdxcgroup. cn
产品：干法无尘纸、湿纸巾、餐巾纸、柔巾卷纸、擦拭纸、分盘无尘纸

山东泉林纸业有限责任公司
山东省聊城市高唐县光明东路 15 号
邮编：252800
电话：0635－3951080
传真：0635－3953497
网址：www. tranlin. com
产品：铜版纸、复合软包装、双面胶版纸、低定量涂布纸、静电复印纸、胶印书刊纸、防黏原纸、书写纸、证券纸、字典纸、电话簿纸

山东金蔡伦纸业有限公司
山东省聊城市阳谷县华山路 8 号
邮编：252300
电话：0635－6173998
传真：0635－6173956
网址：www.goldencailun.com
邮箱：sdjclzy@163.com
产品：轻型印刷纸、微涂纸、纯质纸

滨州市

博兴兴华纸业有限公司
山东省滨州市博兴县湖滨镇寨郝工业园
邮编：256511
电话：0543－2809565
传真：0543－2800565
产品：箱纸板、瓦楞原纸

山东博兴金山联纸业公司
山东省滨州市博兴县博城三路 83 号
邮编：256500
电话：0543－2307892
传真：0543－2307890
网址：www.kinsany.com
邮箱：haoxl163@tom.com
产品：双胶纸、彩色胶版纸、不干胶底纸、铜版纸、书写纸、静电复印纸、胶印书刊纸、低定量涂布纸、牛皮纸、有光纸

山东群星纸业有限公司
山东省滨州市邹平县长山镇长星工业园
邮编：256206
电话：0543－4853668
传真：0543－4853668
产品：高档装饰原纸、静电复印纸

山东省博兴县华辰纸业有限公司
山东省滨州市博兴县寨郝工业园
邮编：256511
电话：0543－2809045
传真：0543－2809045
产品：彩色胶版纸、无碳复写纸、白牛皮纸

山东天地缘实业有限公司
山东省滨州市邹平县长山镇魏桥工业园创业大道 176 号
邮编：256212
电话：0543－4737999、4890528
传真：0543－4732777
产品：高强瓦楞原纸、生活用纸

山东省博兴县华辰纸业有限公司
山东省滨州市博兴县湖滨镇寨郝工业园
邮编：256511
电话：0543－2809045
传真：0543－2809488
邮箱：13181035689@163.com
产品：文化用纸、无碳复印纸、彩色胶版纸

山东普瑞富尔特纸业有限公司
山东省滨州市渤海六路 696 号
邮编：256600
电话：0543－3988503
传真：0543－3402216
邮箱：dhtwq@163.com
产品：汽车滤纸、商标纸、扑克牌纸、不干胶纸、瓦楞原纸

菏泽市

菏泽市宏泰纸业有限公司
山东省菏泽市牡丹区黄罡镇侯集工业园
邮编：274000
电话：0530－5660486
传真：0530－5663262
网址：www.sdhzhtzy.com
邮箱：htzy688@126.com
产品：文化用纸

菏泽牡丹纸业有限公司
山东省菏泽市牡丹区黄罡工业园
邮编：274000
电话：0530－5660775
传真：0530－5663618
邮箱：hanzhaoyun@126.com
产品：生活用纸

河　南　省

郑州市

新密市恒丰纸业有限公司
河南省新密市大隗镇铁匠沟村
邮编：452383
电话：0371－69288516
传真：0371－69288516

产品：瓦楞原纸、箱纸板

郑州华丰工贸纸业有限公司
河南省新密市大隗镇铁匠沟村工业区
邮编：450000
电话：0371－65839063、69286949
传真：0371－65839062
邮箱：gongmao1991@126.com
产品：瓦楞原纸、箱纸板

郑州永光纸业有限公司
河南省郑州市大隗镇观砦村罗湾工业区
邮编：452383
电话：0371－69276199、69271175
传真：0371－69276199
产品：瓦楞原纸、箱纸板

新密市宏远纸业有限公司
河南省郑州市大隗镇观砦村
邮编：452383
电话：0371－69288556、69288501
传真：0371－69288559
产品：箱纸板

郑州康华纸业有限公司
河南省新密市大隗镇进化村
邮编：452383
电话：0371－69288698、69271138
传真：0371－69288699
邮箱：zzkanghua001@126.com
产品：瓦楞原纸

郑州浦发纸业有限公司
河南省新密市大隗镇
邮编：452382
电话：0371－69286798、69271166、63152338
邮箱：13703986206@163.com
产品：瓦楞原纸、箱纸板

新密市荣昌纸业有限公司
河南省新密市来集镇卢村
邮编：452382
电话：0371－63150739
产品：瓦楞原纸、箱纸板

新密市汇丰纸业有限公司
河南省苟堂镇小刘砦村巴家岗
邮编：452384
电话：0371－69251337、15038252888
产品：特种纸

河南东盛纸业有限责任公司
河南省新密市矿区新华路办事处杨砦村
邮编：452370
电话：0371－69786848、69730666
传真：0371－69730666
网址：www.dongshengzhiye.cn
邮箱：dfzjbjb@sina.com
产品：高强瓦楞原纸、涂布白纸板

郑州复兴纸业有限公司
河南省登封市卢店镇唐庄工业区
邮编：452472
电话：0371－60287756、4007889169
传真：0371－69833766
网址：www.fxzhi.com
邮箱：fx55288@163.com
产品：白纸板、箱纸板

郑州东盛纸业有限公司
河南省中牟县城关镇青年路东段
邮编：451450
电话：0371－62184772
传真：0371－62193066
产品：生活用纸

舞阳银鸽纸产有限公司
河南省郑州市红旗路
邮编：450000
电话：0371－65526879
传真：0371－65526879
产品：轻型纸、打印纸

大河纸业有限公司
河南省郑州市金水区农业路东 41 号
邮编：450008
电话：0371－69515167
传真：0371－69518697
网址：www.dahepaper.com
邮箱：shichangbu@dahepaper.com
产品：胶版纸、书写纸、微涂纸、静电复印原纸、热敏原纸、铸涂原纸

洛阳市

偃师市博毅纸业有限公司
河南省偃师市偃登路

邮编：471943
电话：0379－67798566、13937986188
产品：生活用纸

洛阳市洁达纸业有限公司
河南省偃师市首阳山镇
邮编：471943
电话：0379－67568819
邮箱：ysjieda@126.com
产品：生活用纸

偃师市首阳山第二卫生纸厂
河南省偃师市首阳山镇前纸庄村
邮编：471943
电话：0379－67557919
产品：生活用纸

平顶山市

舞钢市海明纸业有限公司
河南省舞钢市安寨路1号
邮编：462512
电话：0375－8388005、8388319
传真：0375－8388868
邮箱：hmkj2007@126.com
产品：文化用纸

河南中峰集团纸业有限公司
河南省平顶山市湛河区南环路中段三和电厂院内
邮编：462512
电话：0375－7300018
产品：箱纸板

舞钢市群望纸板有限公司
河南省舞钢市八台镇人民西路
邮编：462541
电话：0375－7280291
网址：www.wgqwzb.com
产品：包装纸板

安阳市

安阳华森纸业有限责任公司
河南省滑县文明路南段
邮编：456400
电话：0372－8113988
网址：www.anyanghuasen.com
邮箱：huaxianyubei2009@163.com
产品：麦草浆、生活用纸

滑县光明纸业股份有限公司
河南省滑县道口镇道康路59号
邮编：456400
电话：0372－8133399
产品：水果套袋纸

林州市实验纸业有限公司
河南省林州市茶店贝村
邮编：456574
电话：0372－6741193
产品：特种纸

林州市众乐包装食品有限公司
河南省林州市临淇镇东淇河桥西
邮编：456575
电话：0372－6711094
产品：瓦楞原纸

鹤壁市

河南博民纸业加工有限公司
河南省鹤壁市淇县铁西工业区66号
邮编：456750
电话：0392－7223378
传真：0392－7275888
产品：生活用纸

鹤壁瑞洲纸业有限公司
河南省鹤壁市淇县铁西区工业路66号
邮编：456750
电话：0392－7277111、7277088、7277688
传真：0392－7277000
网址：www.rzpaper.com
邮箱：ruizhou2006@163.com
产品：无碳复写纸、生活用纸

鹤壁市惠协纸业有限公司
河南省鹤壁市山城区东环路故县村南
邮编：456750
电话：0392－2438888、2431388
产品：无碳复写纸、生活用纸

新乡市

河南省龙泉集团豫北纸业有限公司
河南省新乡县龙泉工业园

邮编：453731
电话：13837389664
传真：0373－5651627
网址：www. yubei. tcsw. cn
邮箱：827838894@ qq. com
产品：文化用纸、瓦楞原纸

河南新乡鸿泰纸业有限公司
河南省新乡经济开发区鸿泰大道 168 号
邮编：453700
电话：0373－5580219
传真：0373－5586269
网址：www. htzygroup. com
邮箱：htzy1@ 126. com
产品：文化用纸、无碳复写纸

新乡市兴泰纸业有限公司
河南省新乡市经济开发区
邮编：453700
电话：0373－5634908
传真：0373－5634908
产品：文化用纸、白纸板

河南奥博纸业有限公司
河南省新乡市辉县市赵固乡奥博工业园
邮编：453633
电话：0373－6956951、6955976
传真：0373－6955561
邮箱：hnabo@ 126. com
产品：无碳复写原纸、生活用纸

新乡新亚纸业集团股份有限公司
河南省新乡市新乡纸制品工业园（107 国道 686 公里处）
邮编：453731
电话：0373－5681188、5680286
传真：0373－5699888
网址：www. xinyapaper. com
邮箱：xinyapaper@ 163. com
产品：包装纸、文化用纸、生活用纸

河南天邦集团纸业有限公司
河南省辉县市东二环北段
邮编：453613
电话：0373－6855118、6855299
传真：0373－6855333
网址：www. hntbsy. cn
产品：高档双胶纸、静电复印纸、特种纸

新乡市嘉禾文化用品有限公司
河南省新乡市凤泉区新秀路中段
邮编：453012
电话：0373－5420769
传真：0373－5420769
网址：www. xxjhzy. com
邮箱：820511731@ qq. com
产品：无碳复写纸

新乡市腾飞纸业有限公司
河南省新乡市获嘉县城东楼村路口向南 100 米路西
邮编：453800
电话：0373－4778166
传真：0373－4778299
网址：www. xxtfzy. com
邮箱：tengfeizhjye@ 126. com
产品：高档无碳复写纸

焦作市

河南江河纸业股份有限公司
河南省焦作市武陟县文化路 555 号
邮编：454950
电话：0391－7268383、7268153
传真：0391－7268991
网址：www. jianghe. com
邮箱：jianghe-1@ jianghe. com
产品：无碳复写纸、无碳复写原纸、文化用纸

焦作瑞丰纸业有限公司
河南省焦作市武陟县迎宾大道 175 号
邮编：454950
电话：0391－7268809、7268650、7268710
传真：0391－7268605、7268176
网址：www. ruifengpaper. com
邮箱：jzrfzy@ 163. com
产品：化学机械浆

河南华丰纸业有限公司
河南省焦作市武陟县西滑封工业区
邮编：454981
电话：0391－7566549、7565111、7565222
传真：0391－7566548
产品：文化用纸、生活用纸

河南天虹纸业有限责任公司
河南省孟州市黄河大道东段
邮编：454750

电话：0391－8571688、8576658
传真：0391－8571688
产品：新闻纸

河南永威安防股份有限公司
河南省沁阳市西向镇
邮编：454591
电话：0391－5089666、5089700
传真：0391－5089711
网址：www. yongwei. net
邮箱：info@ yongwei. net
vip@ yongwei. net
产品：特种纸、装饰板

沁阳市盛兴纸业有限公司
河南省沁阳市灯塔街
邮编：454550
电话：0391－5622550
产品：高强瓦楞原纸、特种纸

沁阳市景瑞纸业有限公司
河南省沁阳市香港街 1 号
邮编：454550
电话：0391－5611697、5618258
产品：高档生活用纸

沁阳市宏涛纸业有限公司
河南省沁阳市西向镇洪道村
邮编：454550
电话：0391－5093354、5093431
产品：生活用纸

沁阳市联盟纸业有限公司
河南省沁阳市沁圆办事处联盟街
邮编：454550
电话：0391－5690019
产品：瓦楞原纸

河南双马纸品包装有限公司
河南省沁阳市沁北产业集聚区
邮编：454562
电话：0391－5970538、5970515
传真：0391－5970539、5970519
网址：www. henanshuangma. com
邮箱：henanshuangma@ 163. com
产品：箱纸板、瓦楞原纸

濮阳市

濮阳龙丰纸业有限公司
河南省濮阳市胜利西路西段
邮编：457000
电话：0393－8990895、8912388
传真：0393－8961906
网址：www. lfpaper. com
邮箱：lfzy@ dahepaper. com
产品：漂白杨木化学机械浆、高档文化用纸

河南省民通华瑞纸业有限公司
河南省濮阳市台前县孙口工业区
邮编：457600
电话：0393－2733777、2733888
网址：www. mthr. biz
邮箱：bnmintong@ 126. com
产品：轻型纸

濮阳市通宇纸业有限公司
河南省濮阳市范县王楼工贸示范区
邮编：457500
电话：0393－5977888、5972369
传真：0393－5977999
邮箱：pytyzy@ 163. com
产品：文化用纸、生活用纸

许昌市

河南飞达纸业有限公司
河南省许昌市许昌县河街工业园
邮编：461105
电话：0374－5668188、5666666
传真：0374－5668888
网址：www. fdgroup. com. cn
邮箱：fdgroup@ 126. com
产品：白纸板

漯河市

漯河银鸽实业集团有限公司
河南省漯河市人民东路与中山路交叉口
邮编：462000
电话：0395－5615519、5615569
传真：0395－5615583、5615569
网址：www. yinge. com. cn
邮箱：yinge@ yinge. com. cn

产品：双面胶版纸、静电复印纸、书写纸、电脑打印纸、水果套袋纸、低定量涂布纸、口杯纸、字典纸、铝箔衬纸、防伪票据纸、书写纸

漯河市银凤纸业有限公司
河南省漯河市裴城镇苏侯村
邮编：462300
电话：0395－6955241
产品：双胶纸、书写纸、彩色纸

漯河银鸽特种纸有限公司
河南省漯河市中山路银鸽第二生产基地
邮编：462005
电话：0395－2355599
传真：0395－2355117
网址：www. yinge. com. cn
产品：无碳复写原纸、离型纸原纸、格拉辛离型原纸

南阳市

河南仙鹤特种浆纸有限公司
河南省南阳市内乡县湍东工业园区
邮编：474350
电话：0377－65317785、60939188
传真：0377－65315570
网址：www. nxxhzy. com
邮箱：neixiangxh@ 126. com
产品：特种纸、麦草浆板

新野方正纸业有限公司
河南省南阳市新野县工业园区(上港乡)
邮编：473511
电话：0377－66381097
传真：0377－66381098
产品：生活用纸

邓州市一鑫实业有限公司
河南省邓州市穰东镇
邮编：474165
电话：0377－62983579
产品：文化用纸

邓州市老廷实业有限公司
河南省邓州市构林镇邓襄路 58 号
邮编：474172
电话：0377－62637188
产品：文化用纸

南阳市亿远昌纸业有限公司
河南省南阳市卧龙区龙凤路丁奉店
邮编：473000
电话：0377－66199992
传真：0377－66199992
邮箱：2651951896@ qq. com
产品：水转印纸

邓州复兴纸业有限公司
河南省邓州市构林镇邓襄路 58 号
邮编：474172
电话：13838778311
邮箱：13838778311@ 139. com
产品：双胶纸、静电复印纸、卫生纸、漂白龙须草浆板

商丘市

虞城县泰乐纸业有限公司
河南省商丘市虞城县城关镇东环路南段
邮编：476300
电话：0370－3028888
产品：纱管纸

周口市

河南省龙源纸业股份有限公司
河南省周口市太康县西二环路工业区
邮编：461400
电话：0394－6915906
传真：0394－6915908
网址：www. hnlyzy. com
邮箱：longyuan412724@ 163. com
产品：瓦楞原纸

河南护理佳纸业有限公司
河南省周口市鹿邑县产业集聚区迎宾大道西侧
邮编：477200
电话：0394－7490998
传真：0394－7491168
网址：www. hulijia. com
产品：生活用纸

驻马店市

驻马店市白云纸业有限公司
河南省驻马店市遂平县工人路 14 号
邮编：463100
电话：0396－4902206、4902211、4902218

传真：0396－4902331
网址：www. baiyunpaper. com
邮箱：byzy@ dahepaper. com
产品：书写印刷纸

西平县兴华综合纸业有限公司
河南省驻马店市西平县环城乡芳庄村
邮编：463900
电话：0396－6200888
产品：生活用纸

河南金桂特纸科技有限公司
河南省泌阳县工业集聚区
邮编：463000
电话：0396－2629298
传真：0396－2388886
邮箱：48120688@ qq. com
产品：经纬复合纸

济源市

济源市腾盛纸业有限公司
河南省济源市轵城工业园区
邮编：454672
电话：0391－6081666
传真：0391－6095666
邮箱：jystszy@ 163. com
产品：麦草浆

湖　北　省

武汉市

武汉市江岸区春晖生活用纸厂
湖北省武汉市江岸区后湖乡消湖村余家墩 57 号
邮编：430030
电话：027－85628425
传真：027－85628425
产品：生活用纸

大枫纸业集团股份有限公司
湖北省武汉市东西湖区吴家山六顺路大枫工业园
邮编：430040
电话：027－83259909、83259890、83220067
传真：027－83223133
网址：www. maxleaf. com
邮箱：maxpaper@ maxleaf. cn
产品：书写纸、双胶纸、静电复印原纸、特种彩色纸

武汉晨鸣汉阳纸业有限公司
湖北省武汉市经济技术开发区神农大道 33 号
邮编：430057
电话：027－84894245
传真：027－84896241
网址：www. whcmhy. com
邮箱：whcm@ whcmhy. com
产品：书写纸、胶版印刷纸、新闻纸、铜版原纸、静电复印原纸、铸涂原纸、轻型纸

武汉市中兴纸制品有限公司
湖北省武汉市江岸路特 1 号
邮编：430011
电话：027－82313846
产品：纸板

湖北烟草民意纸业有限公司
湖北省武汉市汉阳区黄金口工业园金砖路 8 号
邮编：430051
电话：027－84872965、84882857(销售)
传真：027－84874713
产品：水松纸

武汉金凤凰纸业有限公司
湖北省武汉市江夏区金口工业园
邮编：430209
电话：027－87987777、87988111、87988222
传真：027－87987779
网址：www. whgpp. com
邮箱：whgpp@ 163. com
whgpp123@ 126. com
产品：A 级高强瓦楞原纸

武汉市木兰纸业有限公司
湖北省武汉市黄陂区滠口经济开发区关山工业园
邮编：430311
电话：027－61864818、61864815
传真：027－61862801
网址：www. whmlpaper. com
邮箱：whmlpaper@ 163. com
产品：高强瓦楞原纸

黄石市

黄石帅伦纸业有限公司
湖北省黄石市黄石大道 105 号
邮编：435001
电话：0714－6410433、6410745

产品：双胶纸、胶印书刊纸、装饰板底衬纸、口杯原纸

宜昌市

湖北宜昌翔陵纸制品有限公司
湖北省宜昌市夷陵区龙泉镇钟家畈创业园
邮编：443112
电话：0717－7788606
传真：0717－7788166
网址：www. hbycxlzy. com
邮箱：xlzy@ 163. com
hbycxlzy@ 163. com
产品：单面白纸板、箱纸板、瓦楞原纸、纱管纸、灰纸板

湖北舒云纸业有限公司
湖北省宜昌市猇亭大道 438 号
邮编：443007
电话：0717－6536742
邮箱：bgs@ shuyunpaper. com
产品：生活用纸

湖北宝塔纸业有限公司
湖北省宜昌市猇亭工业园
邮编：443007
电话：0717－6917272、6917288
传真：0717－6917298
网址：www. baota-paper. com
邮箱：hbycbt@ 126. com
产品：新闻纸、双胶纸、书写纸

襄樊市

襄樊大枫纸业有限公司
湖北省襄樊市樊城区建设路 30 号
邮编：441002
电话：0710－3251087
传真：0710－3251290
产品：胶印（彩色）书刊纸、单双面胶版纸

湖北华海纤维科技股份有限公司
湖北省襄樊市南漳县城关镇便河路 1 号附 1 号
邮编：441500
电话：0710－5250358、5231705
传真：0710－5250398、5250386
网址：www. huahaizhiye. com. cn
邮箱：hhzy2011@ 126. com
产品：文化用纸

襄樊百灵纸业有限公司
湖北省襄樊市樊城区建设路 53 号
邮编：441002
电话：0710－3223408
产品：文化用纸、铜版原纸、低定量食品包装原纸

孝感市

恒安（湖北）心相印纸制品有限公司
湖北省孝感市湖北孝南经济开发区 316 国道复线
邮编：432100
电话：0712－2366189
传真：0712－2516299
产品：生活用纸

维达纸业（湖北）有限公司
湖北省孝感市孝南区南经济开发区 316 国道复线
邮编：432122
电话：0712－2519099
网址：www. vindapaper. com
产品：生活用纸

中顺洁柔（湖北）纸业有限公司
湖北省孝感市 107 国道八一大桥旁
邮编：432122
电话：0712－2515566
传真：0712－2515508
网址：www. zhongshungroup. com
产品：生活用纸

金凤凰纸业（孝感）有限公司
湖北省孝感市孝南经济开发区孝武大道 612 号
邮编：432020
电话：0712－2366973、13807130389
产品：高强瓦楞原纸

湖北森源纸业有限公司
湖北省孝感市孝南区东山头农场沦河咀村
邮编：432018
电话：0712－2553188
传真：0712－2553188
邮箱：1594046544@ qq. com
产品：瓦楞原纸、口杯原纸

金红叶纸业（湖北）有限公司
湖北省孝感市孝南经济开发区孝武路 468 号

邮编：432100
电话：0712－2570792
传真：0712－2570961
产品：生活用纸

荆州市

荆州麒天纸业有限公司
湖北省荆州市公安县杨厂镇新正街 188 号
邮编：434303
电话：0716－5393373
传真：0716－5393041
产品：牛皮箱纸板、涂布白纸板

公安县龙腾纸业有限责任公司
湖北省荆州市公安县藕池镇解放路 37 号
邮编：434305
电话：0716－5716728
传真：0716－5716718
产品：牛皮箱纸板

湖北监利大枫纸业有限公司
湖北省监利县容城镇沿江路 41 号
邮编：433300
电话：0716－3287457
传真：0716－3275119
产品：胶印书刊纸、书写纸、双面胶版纸、水松纸

湖北骏马纸业有限公司
湖北省荆州市荆州区拍马工业园
邮编：434034
电话：0716－8416625、8416156
传真：0716－8416156
产品：涂布白卡纸（烟卡纸）

湖北秦楚纸业有限公司
湖北省荆州市公安县青吉工业园
邮编：434300
电话：15399059511
邮箱：574817854@ qq. com
产品：涂布白纸板

黄冈市

永昌万利造纸厂
湖北省黄冈市蕲春县蕲州镇永昌路 88 号号
邮编：436315
电话：0713－7511725、7511289
传真：0713－7511852
产品：染色压纹原纸、色卡纸、喷墨打印纸、高光相纸

随州市

湖北雅都恒兴纸业有限公司
湖北省广水市广水沿河大道特 1 号
邮编：432721
电话：0722－6495555、15997897170
传真：0722－6494666
网址：www. whyadu. com
邮箱：hbyadu@ 163. com
产品：A 级高强瓦楞原纸

随州市兴丰源纸业有限责任公司
湖北省随州市淅河镇青春村 1 组
邮编：441326
电话：0722－4510125、4510539
传真：0722－4510539
邮箱：1046628857@ qq. com
产品：B、C、D 级箱纸板和瓦楞原纸

襄阳市

湖北老河口市金赞阳纸业有限公司
湖北省襄阳市老河口市
邮编：441800
电话：0710－8247392
传真：0710－8247392
产品：挂面纸、高强瓦楞原纸、高级箱纸板

恩施土家族苗族自治州

恩施市锦华纸业有限公司
湖北省恩施土家族苗族自治州巴公路 30 号
邮编：445000
电话：0718－8200925、8200569
传真：0718－8200924
网址：www. esjinhua. com
邮箱：4554541182@ qq. com
产品：卷烟纸、成型纸、卫生纸

湖　南　省

长沙市

湖南泰格林纸集团股份有限公司
湖南省长沙经济技术开发区东升路 48 号

邮编：410100
电话：0731－84025555
传真：0731－84025555
网址：www. tigerfp. com
产品：胶印书刊纸、轻涂纸、新闻纸

长沙市诗玉纸业有限公司
湖南省长沙市天心区友谊路 55 号星语林名园 6 栋 4－1007 室
邮编：410004
电话：0731－85016276
传真：0731－85016276
产品：印刷拷贝纸

湖南飞翔纸品有限公司
湖南省长沙市隆平高科技园
邮编：410125
电话：0731－84671127
产品：白卡纸、片烟纸

湖南绿洲浆纸有限公司
湖南省长沙市芙蓉中路新时代广场
邮编：410000
电话：0731－84213811
传真：0731－84213811
产品：牛皮纸、红色半透明纸

浏阳市晨鸣纸业有限公司
湖南省浏阳市大瑶镇天和社区
邮编：410312
电话：0731－83812059
产品：箱纸板、牛皮纸

浏阳市宏鑫福利造纸厂
湖南省浏阳市枨冲镇红卫村
邮编：410309
电话：0731－83741588
产品：花炮纸

中旺纸业有限公司
湖南省浏阳市金刚镇新星村
邮编：410181
电话：0731－83890076、83628666
传真：0731－83628666
产品：鞭炮纸

浏阳市东宇福利造纸厂
湖南省浏阳市大瑶镇工业园
邮编：410312
电话：0731－83810039
产品：鞭炮纸

浏阳市宏源造纸厂
湖南省浏阳市太平桥镇宏源村
邮编：410300
电话：0731－83742889
传真：0731－83742889
产品：竹胶板复合纸

浏阳集里大栗特种纸厂
湖南省浏阳市集里办事处平水村大栗坪电站
邮编：410300
电话：0731－83660462
传真：0731－83660462
产品：引线纱纸

浏阳市文家市星华纸厂
湖南省浏阳市文家市镇中洲村
邮编：410000
电话：0731－83774769
传真：0731－83774769
产品：机制纸

浏阳市连心造纸厂
湖南省浏阳市大瑶镇瑶礼路
邮编：410300
电话：0731－83801578
传真：0731－83801578
产品：高强瓦楞原纸、黄纸板

浏阳市九玖纸业有限责任公司
湖南省浏阳市大瑶镇工业园
邮编：410000
电话：0731－83805399
传真：0731－83805299
产品：高强瓦楞原纸、烟花纸、油黏原纸

浏阳市青草运辉造纸厂
湖南省浏阳市枨冲镇青草乡
邮编：410000
电话：0731－83716856、13507415541
产品：瓦楞原纸

浏阳市金江造纸厂
湖南省浏阳市普迹镇塘湾村
邮编：410000

电话：0731－83140268
传真：0731－83140268
产品：瓦楞原纸

恒辉纸业包装有限公司
湖南省长沙市宁乡县城郊纸业园
邮编：410624
电话：0731－87809218
传真：0731－87809218
产品：瓦楞原纸

湖南恒瀚高新技术有限公司
湖南省长沙市宁乡市经济开发区城郊纸业园
邮编：410600
电话：0731－88981896、88981899
传真：0731－87859217
网址：www.henghanpaper.com.cn
邮箱：sales@henghanpaper.com.cn
产品：涂布纸、热敏纸、无碳复写纸

浏阳市天和纸业有限公司
湖南省浏阳市大瑶镇造纸工业基地
邮编：410312
电话：0731－8380036
传真：0731－8381848
产品：高档涂布白纸板

浏阳市铭丰纸业有限责任公司
湖南浏阳市大瑶镇花炮原材料产业基地
邮编：410312
电话：0731－83802436
邮箱：516906991@qq.com
产品：瓦楞纸、纱管纸

湘潭市

湖南雪松纸制品有限责任公司
湖南省湘潭市建设中路 7 号
邮编：411104
电话：0731－58527581
传真：0732－58527581
产品：生活用纸、一次性抹布、纸杯等

湖南省造纸研究所有限公司
湖南省湘潭市建设中路 7 号
邮编：411104
电话：0731－57816249
传真：0731－57816249
网址：www.bpxc.cn
邮箱：sales@bpxc.cn
产品：工业涂布纸、压纹名片纸、特种工业用纸

衡阳市

衡山新金龙纸业有限公司
湖南省衡山县开云镇金龙工业园青山路
邮编：421300
电话：0734－2857888
传真：0734－2856777
产品：高强瓦楞纸、环保 T 纸、纸管原纸

邵阳市

绥宁县宝庆联纸有限公司
湖南省邵阳市绥宁县长铺路工业路 98 号
邮编：422600
电话：0739－7611455、7611234
传真：0739－7616616、7600276
产品：纸袋纸、绝缘纸板

新邵大源纸业有限责任公司
邵阳市新邵县酿溪镇新阳路 398 号
邮编：422900
电话：0739－3600977
邮箱：908822808@qq.com
产品：书写纸，烟花纸

绥宁县天成造纸有限公司
湖南省邵阳市绥宁县城工业路 101 号
邮编：422600
电话：0739－7602689
传真：0739－7602698
产品：红色半透明纸

湖南广信电工科技股份有限公司
湖南省邵阳市新邵县酿溪镇东西路 8 号
邮编：422900
电话：0739－3605663、3600756、3601566
传真：0739－3603966
网址：www.gx-ei.com
邮箱：guangxin@gx-ei.com
产品：电绝缘纸板

湖南湘丰特种纸业有限公司
湖南省邵阳市隆回县城东南工业园区
邮编：422200

电话：0739－8187993
传真：0739－8247998
产品：卷烟纸

隆回县六都寨祁都纸业有限公司
湖南省邵阳市隆回县六都察镇工业小区
邮编：422000
电话：0739－8734227
传真：0739－8733927
产品：双面拷贝纸、单面拷贝纸

南飞页纸业有限公司
湖南省邵阳市洞口县山门镇
邮编：422317
电话：0739－7240047
产品：防近视双胶纸

邵东县黄桥造纸厂
湖南省邵阳市邵东县黑田铺乡
邮编：422000
电话：0739－2123555
产品：玻璃卡纸

新宁县先锋纸业有限公司
湖南省邵阳市新宁县金石镇观双瀑桥头
邮编：422000
电话：0739－4810243
产品：拷贝纸

新邵县金龙纸业有限责任公司
湖南省邵阳市新邵县酿溪镇新阳路 253 号
邮编：422900
电话：0739－3663302
传真：0739－3667858
产品：半透明纸、书写纸

岳阳市

岳阳林纸股份有限公司
湖南省岳阳市城陵矶
邮编：414002
电话：0730－8590563、8590247
传真：0730－8560335、8561262
网址：www. yypaper. com
产品：低定量涂布纸、胶印新闻纸、轻型印刷纸、颜料整饰胶版纸、牛皮纸

岳阳丰泰纸业有限公司
湖南省岳阳市城陵矶
邮编：414002
电话：0730－8590178、8590350
传真：0730－8590300、8560451
产品：轻型纸、相册原纸、高定量双胶纸、精致书写纸、工业淋膜纸

湖南省汨罗市罗城纸业有限公司
湖南省汨罗市罗城桥区
邮编：414400
电话：0730－5223534
传真：0730－5222864
产品：白纸板

岳阳华丰纸业有限公司
湖南省岳阳县筻口镇双港村
邮编：414113
电话：0730－7370232
产品：挂面纸

汨罗市汨江造纸厂
湖南省汨罗市新市镇梅家桥
邮编：414413
电话：0730－5611605
传真：0730－5611388
产品：白纸板

汨罗市寰宇再生资源有限公司
湖南省汨罗市智峰乡
邮编：414400
电话：0730－5880868
传真：0730－5880868
产品：瓦楞原纸、箱纸板

常德市

恒安(湖南)心相印纸业有限公司
湖南省常德市德山开发区桃林路
邮编：415001
电话：0736－7307185、7300008
传真：0736－7306353、7300332
产品：生活用纸、卫生纸

湖南雪丽造纸有限公司
湖南省常德市津市襄窑路 301 号
邮编：415400
电话：0736－4212801

传真：0736－4212619
产品：静电复印纸、双胶纸

湖南常德华耀浆纸有限公司
湖南省常德市德山沿河路 1 号
邮编：415001
电话：0736－7312763
传真：0736－7312819
产品：双胶纸

常德中冶美隆纸业有限公司
湖南省常德市西洞庭管理区东北湾
邮编：415137
电话：0736－7501888
传真：0736－7501369
产品：热敏纸、无碳复写原纸

常德市天耀纸业有限公司
湖南省常德市汉寿县洋淘湖镇朱家湾村
邮编：415901
电话：0736－2031777
传真：0736－2031180
网址：www. tpghk. com
产品：色卡纸

益阳市

泰格林纸集团沅江纸业有限责任公司
湖南省沅江市书院路 358 号
邮编：413100
电话：0737－2850278、2850026
传真：0737－2850258
产品：胶印书刊纸、双胶纸

湖南金太阳纸业有限公司
湖南省沅江市南嘴镇余百新村
邮编：413104
电话：0737－2296712
传真：0737－2297399
网址：www. jty-paper. com
邮箱：jty2297399@ 163. com
产品：文化用纸

沅江漉湖林源纸业有限公司
湖南省沅江市漉湖芦苇场
邮编：413000
电话：0737－2491235、13870099572
传真：0737－2491186
网址：www. linyuanzc. com
产品：道林纸、静电复印纸、素描纸、双胶纸

湖南跃宇纸业有限公司
湖南省益阳市桃江县桃花江镇曾家坪
邮编：413400
电话：0737－8203989、8202258、15898408859
产品：拷贝纸、卫生纸

永州市

泰格林纸集团永州湘江纸业有限责任公司
湖南省永州市冷水滩区下河线路 105 号
邮编：425000
电话：0746－8470404
传真：0746－8470498
产品：铜版纸、牛皮纸、纸袋纸

怀化市

泰格林纸集团洪江纸业有限公司
湖南省怀化市洪江区萝卜湾 45 号
邮编：418201
电话：0745－7691692
传真：0745－7694376
产品：本色木浆、牛皮纸、纸袋纸

湖南五强溪特种纸业有限公司
湖南省怀化市沅陵县五强溪镇刘公溪
邮编：419635
电话：0745－4734158
传真：0745－4732958
产品：炸药纸、卫生纸

泰格林纸骏泰浆纸有限责任公司
湖南省怀化市中方县中方镇
邮编：418000
电话：0745－2837009
传真：0745－2837009
产品：纸浆

会同县宝庆恒达纸业有限公司
湖南省怀化市会同县林城镇
邮编：418000
电话：0745－8853699
传真：0745－8852660
产品：木浆板、溶解浆

娄底市

湖南正佳特种材料有限公司
湖南省娄底市双峰县
邮编：417700
电话：0738－8955673
传真：0738－8955679
产品：空气滤纸、无纺布纸、PU 纸、装饰纸

广 东 省

广州市

广州市新珠纸业有限公司
广东省广州市海珠区燕子岗南路 83 号之二
邮编：510280
电话：020－34164602
传真：020－34164602
网址：www. pspzhujiang. com
邮箱：pspxinzhupaper@ 163. com
产品：黑卡纸、全木浆黑卡纸、透芯黑卡纸、单面黑卡纸、电声黑卡纸、红卡纸、蓝卡纸、海军蓝卡纸、墨绿卡纸等色卡纸、珠光纸、充皮纸、触感纸、亮面纸、原浆压纹包装纸、礼品包装用纸、利是封纸等特种包装纸

广州珠江特种纸有限公司
广东省广州市海珠区燕子岗南路 83 号
邮编：510280
电话：020－85538904
传真：020－85524827
网址：www. pspzhujiang. com
邮箱：pspxinzhupaper@ 163. com
产品：白牛皮纸、染色原纸、防伪纸、水纹纸、硅油

广州造纸集团有限公司
广东省广州市南沙区珠江管理区新广一路 29 号
邮编：511462
电话：020－34663302
传真：020－84946051
网址：www. gzpaper. com. cn
产品：新闻纸、灰底涂布白纸板

广州市花都安达纸品制造有限公司
广东省广州市花都区狮岭镇安达路 1 号
邮编：510850
电话：020－86846886、13710821573
传真：020－86846922
产品：瓦楞纸板、瓦楞纸箱

广州市天河棠下纸业制造有限公司
广东省广州市天河区五横路新圩纸厂 1 号
邮编：510655
电话：020－85530129
产品：瓦楞原纸

广州威达高实业有限公司
广东省广州市番禺区万倾沙新广一路 39 号
邮编：511462
电话：020－84947642
传真：020－84946021
产品：涂布白纸板、白纸板、灰纸板

番禺灵山宏达造纸厂
广东省广州市番禺区南河镇墩塘村三沙街 127 号
邮编：511480
电话：020－84928108
产品：卫生纸

广州市花都长兴纸业有限公司
广东省广州市花都区花东镇大塘村 2 队 29 号
邮编：510890
电话：020－86763218
传真：020－86764838
产品：瓦楞原纸

广州宝中宝纸塑制品有限公司
广东省广州市白云区钟落潭镇宝中宝工业区
邮编：510550
电话：020－87410008、87410818
传真：020－87410838
网址：www. baozhongbao. net
产品：离型纸、胶带原纸、纸杯纸、纸餐盒纸

永丰余纸业(广州)有限公司
广东省广州市黄埔经济技术开发区东基工业区夏园路 5 号
邮编：510730
电话：020－82217761
网址：www. yfypeng. cn. gongchang. com
产品：瓦楞纸板、纸箱

广州市辽板纸业有限公司
广东省广州市经济技术开发区明珠路 16 号
邮编：510730

电话：020－82001966
传真：020－82001321
网址：www. liaoban. b2b. hc360. com
产品：精装书灰纸板、装帧灰纸板、文具灰纸板、拼图灰纸板、礼品盒灰纸板、硬纸包装箱灰纸板

广州宏港纸业有限公司
广东省广州市南沙区东涌镇南涌工业区
邮编：511460
电话：020－39010025
传真：020－39010025
网址：www. honggangpaper. com
邮箱：honggangpaper@ foxmail. com
产品：热升华转印纸、印花纸

韶关市

乐昌市裕兴纸业有限公司
广东省乐昌市城关镇河南街 143 号
邮编：512219
电话：0751－5508628
传真：0751－5503607
产品：卫生纸、瓦楞原纸

韶能集团韶关南雄珠玑纸业有限公司
广东省南雄市雄南路 38 号
邮编：512400
电话：0751－3822990
传真：0751－3870018
网址：www. snzjzy. com
产品：胶版印刷纸、中性复印纸、教材用纸

始兴县国升造纸有限公司
广东省韶关市始兴县太平镇瑶村坳城东
邮编：512500
电话：0751－3321082
产品：白色水松纸

韶关市联进纸业有限公司
广东省韶关市乳源瑶族自治县桂头镇仙湖工业园
邮编：518000
电话：0751－5395168
产品：生活用纸

韶关市始兴县联兴造纸实业有限公司
广东省韶关市始兴县太平镇瑶村坝
邮编：512500
电话：0751－3330223

产品：食品包装纸

珠海市

珠海经济特区红塔仁恒纸业有限公司
广东省珠海市前山金鸡路 508 号
邮编：519070
电话：0756－8666888
传真：0756－8615037
网址：www. htrh-paper. com
邮箱：zhhtrh@ htrh-paper. com
产品：包装纸板、饮料包装纸、口杯纸

汕头市

汕头市金平区飘合纸业有限公司
广东省汕头市鮀浦举丁工业区
邮编：515061
电话：0754－82530777、88279165、82533777
传真：0754－82515777、82543324
网址：www. piaohe. com
邮箱：piaohe1660@ sina. com
产品：生活用纸

汕头市造纸二厂
广东省汕头市杏花村护堤路 11 号
邮编：515021
电话：0754－88220921
产品：包装纸

澄海溪南东社造纸厂
广东省汕头市澄海区溪南镇东社联青路南侧
邮编：515832
电话：0754－85756188、85332618
传真：0754－85758618、85309908
网址：www. stdongshe. com
产品：瓦楞原纸、灰纸板、茶纸板

广东省汕头市万安纸业有限公司
广东省汕头市濠江区三联工业区
邮编：515031
电话：0754－82516877
传真：0754－82516877
网址：www. wananpaper. com
产品：生活用纸

汕头市造纸实业有限公司
广东省汕头市护堤路 11 号

邮编：515021
电话：0754－8220921
产品：服装百褶裙纸、压褶皱纹纸、灯饰褶景纸、裁衣纸、包装纸

佛山市

佛山市南海区嘉凌纸业有限公司
广东省佛山市南海区罗村工业园9号
邮编：528226
电话：0757－86411942
产品：白纸板、铜版纸、双胶纸、白卡纸

佛山市高明鸿源纸业有限公司
广东省佛山市高明区高明大道兴源路
邮编：528500
电话：0757－88986218
传真：0757－88986228
网址：www. hy-paper. com. cn
邮箱：88622228n@163. com
　　　hy89930668@163. com
产品：文化用纸、白牛皮纸、热敏纸、转印原纸、装饰原纸

佛山市顺德区千禧纸业有限公司
广东省佛山市顺德区陈村镇南新栏路78号
邮编：528313
电话：0757－23355799
产品：箱纸板

广东顺德勒流信东纸制品厂
广东省佛山市顺德勒流东风中路入西闸
邮编：528322
电话：0757－25567553
产品：扎钞专用纸条、纸绳、盘纸

广东省南海市西樵蓝天鹅造纸有限公司
广东省南海市西樵海舟管理区
邮编：528212
电话：0757－86828868
产品：瓦楞原纸、挂面纸

佛山市海南大冲造纸有限公司
广东省佛山市南海区里水镇大冲村
邮编：528244
电话：0757－85669589
产品：机制纸

顺德联信纸业有限公司
广东省佛山市顺德区北滘镇都宁工业区水闸边
邮编：528312
电话：0757－26636726
产品：瓦楞原纸

佛山市南海区华展造纸厂
广东省佛山市南海区里水镇丰岗
邮编：528244
电话：0757－85663210、85663773
传真：0757－85663773
产品：灰纸板、复合纸板

江门市

鹤山市造纸厂有限公司
广东省江门市鹤山市沙平镇杰州工业区
邮编：529721
电话：0750－8821033
传真：0750－8821819
产品：箱纸板、卫生纸

江门市新华造纸厂
广东省江门市文昌沙130号
邮编：529020
电话：0750－3616668、3354176
传真：0750－3354176
产品：瓦楞原纸、牛皮箱纸板、涂布白纸板

维达纸业(广东)有限公司
广东省江门市新会区东侯工业开发区
邮编：529100
电话：0750－6122846、6168333
传真：0750－6120239
网址：www. vindapaper. com
邮箱：guangdong@vinda. com
产品：纸巾纸、盒装面巾纸、餐巾纸、卫生卷纸、卫生巾、卷装擦手纸、多用纸抹布、分切盘纸

维达纸业(江门)有限公司
广东省江门市新会区双水镇广东银洲湖纸业基地
邮编：529153
电话：0750－6413111
传真：0750－6413068
产品：生活用纸

亚太森博(广东)纸业有限公司
广东省江门市新会区双水镇沙路村

邮编：529153
电话：0750－6503150
传真：0750－6503166
网址：www.aprilasia.com
邮箱：marketing@asiasymbol.com
产品：高档文化用纸

江门明星纸业有限公司
广东省江门市新会区睦洲镇丰达路1号
邮编：529143
电话：0750－6222828、6539808、6222422
传真：0750－6222965
网址：www.sspaper.com
邮箱：business@sspaper.com
产品：牛皮卡纸、挂面纸、瓦楞原纸

江门日佳纸业有限公司
广东省江门市蓬江区招商工业园1号
邮编：529090
电话：0750－3726381
产品：生活用纸

江门市长裕纸业有限公司
广东省江门市文昌沙130号
邮编：529060
电话：0750－3686266
产品：涂布白纸板

江门市新会区银湖纸业有限公司
广东省江门市新会区崖门镇崖西坑口村
邮编：529100
电话：0750－6441176
产品：箱纸板

江门市桥裕纸业有限公司
广东省江门市新会区崖门镇洞南村沙荞
邮编：529152
电话：0750－6440088
产品：箱纸板

广东华泰纸业有限公司
广东省江门市新会区双水镇工业开发区
邮编：529153
电话：0750－3411769、3411768
网址：www.huataipaper.com
产品：新闻纸、文化用纸、纸浆

江门市新会区宝达造纸实业有限公司
广东省江门市新会区大泽镇新园工业开发区
邮编：529162
电话：0750－6896236
传真：0750－6899252
网址：www.baodapaper.com
邮箱：baoda@baodapaper.com
sale@baodapaper.com
产品：生活用纸

旺佳纸业有限公司
广东省江门市新会区双水镇能源综合利用开发区
邮编：529153
电话：0750－6408002、6408018
传真：0750－6408128
产品：生活用纸

江门星辉造纸有限公司
广东省江门市新会区双水镇银洲湖纸业基地能源开发区
邮编：529153
电话：0750－6407890
传真：0750－6407999、6407878
产品：涂布白纸板

中烟摩迪(江门)纸业有限公司
广东省江门市蓬江区棠下镇堡棠路15号
邮编：529085
电话：0750－3626262
传真：0750－3385228
网址：www.ct-pdm.com.cn
邮箱：zhaojingxian@ct-pdm.com
产品：烟卡纸

江门市新龙纸业有限公司
广东省江门市新会区三江镇白庙工业区
邮编：529142
电话：0750－6208668
传真：0750－6211278
网址：www.yourapaper.com
邮箱：slxs@yourapaper.com
产品：生活用纸

江门市阿博特数码纸业有限公司
广东省江门市新会区双水镇广东银洲湖纸业基地B区－2
邮编：529153
电话：0750－6418488
网址：www.abtpaper.com
邮箱：linjh@abtpaper.com

产品：数码相纸

江门仁科绿洲纸业有限公司
广东省江门市新会区双水镇广东银洲湖纸业基地内
邮编：529153
电话：0750－6419038、6419188
传真：0750－6416666
网址：www. sivlake. com
邮箱：xz@ sivlake. com
产品：生活用纸

湛江市

广东冠豪高新技术股份有限公司
广东省湛江市经济技术开发区乐怡路 6 号
邮编：524022
电话：0759－3399898
传真：0759－3382109、2820999
网址：www. guanhao. com
邮箱：guanhao@ guanhao. com
产品：无碳复写纸、热敏记录纸、热敏传真纸、彩色喷墨纸、心电图纸、特殊防伪纸、水印纸、登机卡纸、无碳多联电脑纸

湛江冠龙纸业有限公司
广东省湛江市麻章区太平镇
邮编：524084
电话：0759－2738001、2738123
传真：0759－2738009、2738068
网址：www. glpaper. com
邮箱：guanglong@ glpaper. com
产品：热敏传真原纸、无碳复写纸原纸、CF 纸

湛江市吉城纸业有限公司
广东省湛江市遂溪县遂城镇湛化路
邮编：524300
电话：0759－7784003
传真：0759－7784509
邮箱：baixiaoming404@ 163. com
产品：瓦楞原纸、箱纸板、刮面纸

茂名市

茂名市全年红对联纸厂
广东省茂名市羊角镇东风路 112 号
邮编：525000
电话：13828635188
传真：0668－2670591
产品：红对联纸

高州市金墩纸业有限公司
广东省茂名市高州市石鼓镇西基山村
邮编：525252
电话：0668－6360345、6360380
传真：0668－6360020
网址：www. jindunzy. com
邮箱：jindunzy@ 126. com
产品：牛皮卡纸、纸袋纸、瓦楞原纸

肇庆市

广东鼎丰纸业有限公司
广东省肇庆市广宁县南街镇首约
邮编：526300
电话：0758－8659022
传真：0758－8659168
网址：www. gddfpaper. com
邮箱：dingfung@ gddfpaper. com
产品：竹木混合纸浆

广东肇庆明珠纸业有限公司
广东省肇庆市德庆县城朝阳西路 238 号
邮编：526600
电话：0758－7762615
网址：www. mingzhu-paper. com. cn
产品：浆层纸、蜡纸

封开华信纸业有限公司
广东省肇庆市封开县江口镇三元西路 8 号
邮编：526500
电话：0758－6712225
传真：0758－6712338
产品：箱纸板、静电纸、轻型纸

广东珠江特种纸股份有限公司
广东省肇庆市广宁县横迳工业区
邮编：526343
电话：0758－8719099
产品：无碳复写纸、电脑打印纸、防伪票据纸

广宁阳光特种纸品有限公司
广东省肇庆市广宁县石涧工业区
邮编：526342
电话：0758－8712349
传真：0758－8712349
产品：中性牛皮纸、超低定量牛皮纸、再湿性胶带原

纸、淋膜胶带原纸等

广宁县顺发造纸厂
广东省肇庆市广宁县排沙镇新城大道 88 号
邮编：526339
电话：0758－8828398
产品：新闻纸

广宁东阳纸业有限公司
广东省肇庆市广宁县石涧工业园
邮编：526342
电话：0758－8711999
产品：高强瓦楞原纸

高要市基业纸品有限公司
广东省高要市回龙镇步步高工业园澄湖小区
邮编：526112
电话：0758－8155299
产品：双单面白纸板、灰卡纸板

广宁县鸿程纸业有限公司
广东省肇庆市广宁县古水镇古水大道 45 号
邮编：526352
电话：0758－8751609
产品：生活用纸

惠州市

惠州市福和纸业有限公司
广东省惠州市博罗县园洲镇高头村
邮编：516123
电话：0752－6812888
网址：www. fookwoo. com
产品：生活用纸、灰纸板

惠州志豪特种纸业有限公司
广东省惠州市中星工业区仲恺二路 49 号
邮编：516000
电话：0752－2602226
传真：0752－2600729
网址：www. zhihaochina. com
邮箱：zhhaper1@ zhihaochina. com
产品：涂布热敏纸、彩喷纸

惠州市博罗凤达纸业有限公司
广东省惠州市博罗县龙溪镇龙桥大道
邮编：516121
电话：0752－6677830
产品：生活用纸

惠州市惠阳区浩德实业有限公司
广东省惠州市惠阳区淡水排坊工业区
邮编：516000
电话：0752－3356328
传真：0752－3340683
网址：www. haodeshiye. com. cn
邮箱：hdsy@ haodeshiye. com. cn
产品：生活用纸

惠州泰美纸业有限公司
广东省惠州市泰美镇金龙大道板桥工业区
邮编：516166
电话：0752－6609882
产品：生活用纸

梅州市

蕉岭县纸业有限责任公司
广东省梅州市蕉岭县文福镇乌土溪
邮编：514160
电话：0753－7883309
产品：箱纸板

清远市

森叶（清新）纸业有限公司
广东省清远市清新县太和镇工业区森叶工业城
邮编：511850
电话：0763－5383348、5383618
传真：0763－5383358、5383668
网址：www. hopfunggroup. com
邮箱：gfqx@ hopfunggroup. com
产品：高强瓦楞原纸

建滔（佛冈）绝缘材料有限公司
广东省清远市佛冈县石角镇建滔路 1 号
邮编：511600
电话：0763－4293000
传真：0763－4293558
网址：www. kingboard. com
产品：绝缘纸

金鑫（清远）纸业有限公司
广东省清远市高新技术开发区建设 3 路 11 号
邮编：511517
电话：0763－3483520

传真：0763－3483510
网址：www. appjpi. com
产品：文化用纸

金钰(清远)卫生纸有限公司
广东省清远经济开发区 15 号区
邮编：511517
电话：0763－3483520、3483530
传真：0763－3483777
网址：www. jti. com. cn
产品：生活用纸

广东省连州市联发造纸有限公司
广东省清远市连州市河南路 1 号
邮编：513400
电话：0763－6611118、6611108
传真：0763－6611238
邮箱：42172360@ qq. com
产品：瓦楞原纸、包装纸

东莞市

东莞金洲纸业有限公司
广东省东莞市中堂镇潢涌工业园区
邮编：523221
电话：0769－88181288
传真：0769－88181277
网址：www. jinzhoupaper. com
邮箱：jzzy@ dgjzzy. com
产品：高强瓦楞原纸、牛皮箱纸板

东莞理文造纸厂有限公司
广东省东莞市中堂镇潢涌管理区
邮编：523221
电话：0769－88888168
传真：0769－88899101、88885188
网址：www. leemanpaper. com
产品：牛皮箱纸板、瓦楞原纸、牛皮卡纸

广东理文造纸有限公司
广东省东莞市洪梅镇河西工业区
邮编：523160
电话：0769－88432168
传真：0769－88432188
网址：www. leemanpaper. com
产品：牛皮箱纸板、瓦楞原纸

东莞市昌众造纸有限公司
广东省东莞市长安镇莲花路 8 号
邮编：523848
电话：0769－85535571
传真：0769－85531805
产品：铜版纸、牛皮纸

东莞市大步纸业有限公司
广东省东莞市麻涌镇大步工业区
邮编：523143
电话：0769－88286288、88281718
传真：0769－88286222
网址：www. dgdabu. com
邮箱：dgdbzy@ 163. com
产品：瓦楞原纸、牛皮卡纸

东莞市东发纸品有限公司
广东省东莞市道滘镇大罗沙工业区
邮编：523061
电话：0769－88388771
传真：0769－88380279
邮箱：dongfa888@ 163. com
产品：包装纸

东莞市天盛特种纸制品有限公司
广东省东莞市虎门镇第五工业区
邮编：523932
电话：0769－85169468、85267080、85267330
传真：0769－85169959
网址：www. china-tiansheng. com
邮箱：dgts85267080@ sohu. com
产品：防伪无碳发票纸

东莞建晖纸业有限公司
广东省东莞市中堂镇潢涌村
邮编：523221
电话：0769－88888363
传真：0769－88183833
产品：涂布白纸板

东莞市龙腾实业有限公司
广东省东莞市麻涌镇麻四村
邮编：523147
电话：0769－88826898
产品：灰底白纸板、牛皮卡纸、瓦楞原纸

玖龙纸业(控股)有限公司
广东省东莞市麻涌镇新沙港工业区

邮编：523147
电话：0769－88234888
传真：0769－88824198、88828111
网址：www. ndpaper. com
邮箱：info_ dg@ ndpaper. com
　　　info_ group@ ndpaper. com
产品：牛皮卡纸、包装纸

东莞海龙纸业有限公司
广东省东莞市麻涌镇新沙港工业区
邮编：523147
电话：0769－88234888
产品：牛皮卡纸、白卡纸、包装纸、文化用纸

东莞地龙纸业有限公司
广东省东莞市麻涌镇新沙港工业区
邮编：523147
电话：0769－88234888
产品：涂布白纸板、箱纸板

东莞天龙纸业有限公司
广东省东莞市麻涌镇新沙港工业区
邮编：523147
电话：0769－88234888
产品：文化用纸、白卡纸

东莞双洲纸业有限公司
广东省东莞市中堂镇吴家涌第二工业区
邮编：523227
电话：0769－88182618
产品：瓦楞原纸、挂面纸

东莞市潢涌银洲纸业有限公司
广东省东莞市中堂镇潢涌第三工业区
邮编：523221
电话：0769－88899113、88813393
传真：0769－88180293
网址：www. dgyzzy. com
邮箱：sales@ dgyzzy. com
　　　xsb@ dgyzzy. com
产品：瓦楞原纸、箱纸板

东莞市建桦造纸有限公司
广东省东莞市中堂镇潢涌村
邮编：523221
电话：0769－88887988
传真：0769－88898303
产品：牛皮箱纸板、瓦楞原纸

东莞市华兴纸业实业有限公司
广东省东莞市万江区滘联工业区
邮编：523046
电话：0769－22180399
传真：0769－22180366
网址：www. huaxing-dg. com
邮箱：hxzy@ huaxing-dg. com
产品：卫生纸、挂面纸、妇幼用品、蜂窝纸板

东莞市宝力造纸厂
广东省东莞市洪梅镇梅沙工业大道
邮编：523160
电话：0769－88843278
产品：双灰纸板

东莞市石龙联兴实业有限公司
广东省东莞市石龙镇西湖区江南中路98号
邮编：523325
电话：0769－86110186、88496066、88496089
传真：0769－86114793、86110138
网址：www. landsing-paperpackaging. com
邮箱：sales@ landsing-paperpackaging. com
产品：纸袋纸、牛皮卡纸

东莞市祥兴纸业有限公司
广东省东莞市中堂镇袁家涌北潢公路
邮编：523223
电话：0769－88815238
传真：0769－88816788
产品：瓦楞原纸、箱纸板、挂面纸

东莞市道滘兴隆造纸厂
广东省东莞市道滘镇北丫工业区
邮编：523170
电话：0769－88835233、88381063
产品：瓦楞原纸

东莞市银丰纸业有限公司
广东省东莞市东城温塘砖窑工业区三横路19号
邮编：523120
电话：0769－22297441
传真：0769－22486787
产品：白纸板、双胶纸、铜版纸

东莞市中联造纸厂
广东省东莞市中堂镇
邮编：523220
电话：0769－88811027、88116573

传真：0769－88811705
产品：瓦楞原纸

东莞市金田纸业有限公司
广东省东莞市万江区大汾工业区
邮编：523047
电话：0769－22280688
传真：0769－22772255
网址：www.jintianpaper.com
邮箱：sales@jintianpaper.com
产品：灰纸板

东莞市新富发纸业有限公司
广东省东莞市万江区流涌尾工业区
邮编：523051
电话：0769－22711928
产品：灰纸板

东莞市伟虹纸业有限公司
广东省东莞市望牛墩杜屋村工业区
邮编：523200
电话：0769－88558198
产品：生活用纸

东莞市白天鹅纸业有限公司
广东省东莞市万江区谷涌工业区
邮编：523047
电话：0769－22172128
网址：www.dgbte.com
产品：生活用纸

东莞市上隆纸业有限公司
广东省东莞市中堂镇潢涌管理区
邮编：523221
电话：0769－88112119、88180073
传真：0769－88186968
网址：www.shanglongpaper.com
邮箱：shanglongpaper@126.com
zeng_chunming@126.com
产品：瓦楞原纸、箱纸板

东莞市常兴纸业有限公司
广东省东莞市石牌镇横山管理区钟屋工业区
邮编：523330
电话：0769－86559888、86559008
传真：0769－86559933
网址：www.changxinggd.com
www.changxingpaper.com.cn
邮箱：helena0628@yahoo.com.cn
helena0628@changxinggd.com
产品：纸尿裤

东莞顺裕纸业有限公司
广东省东莞市望牛墩镇朱平沙港口工业园
邮编：523213
电话：0769－88557988
产品：箱纸板

东莞市恩兴纸业有限公司
广东省东莞市万江油九工业区
邮编：523039
电话：0769－22288043
传真：0769－22288043
产品：生活用纸

东莞市泰昌纸业有限公司
广东省东莞市望牛墩镇下漕区
邮编：523219
电话：0769－88852607
产品：牛卡纸

东莞市达林纸业有限公司
广东省东莞市中堂镇槎滘村新沙
邮编：523231
电话：0769－88887388、88881788
传真：0769－88121882
网址：www.dalinpaper.com
邮箱：dalinpaper@gmail.com
产品：生活用纸

东莞市致远纸业有限公司
广东省东莞市万江区简沙洲虾公坝工业区连新路
邮编：523000
电话：0769－26381080
传真：0769－23291008
网址：www.zhiyuanpaper.com
邮箱：zhiyuan_88@126.com
产品：纸板

东莞市天山纸业有限公司
广东省东莞市大朗镇犀牛陂工业区
邮编：523790
电话：0769－83120598
传真：0769－83120599
网址：www.tianshanpaper.com
邮箱：tianshanpaper.com

产品：双灰纸、黑卡纸、彩色拷贝纸、包装礼盒纸

中山市

永丰余纸业(中山)有限公司
广东省中山市火炬开发区
邮编：528436
电话：0760－85335366
传真：0760－85335575
产品：瓦楞纸板、纸箱

中顺洁柔纸业股份有限公司
广东省中山市西区彩虹大道 136 号
邮编：528411
电话：0760－88553333
传真：0760－88553006、23886886
网址：www. zhongshungroup. com
产品：生活用纸

中山联合鸿兴造纸有限公司
广东省中山市 105 国道中山三桥西侧
邮编：528471
电话：0760－87796524、87395633
传真：0760－87796222
网址：www. zsrghh. com
邮箱：pmco@ zsrghh. com
　　　sales@ zsrghh. com
产品：瓦楞原纸、箱纸板

中山永发纸业有限公司
广东省中山市黄圃镇新明南路 173 号
邮编：528429
电话：0760－23220773
产品：瓦楞原纸

揭阳市

广东揭阳洁新纸业股份有限公司
广东省揭阳市揭东县新亨开发区
邮编：515500
电话：0663－3434888
传真：0663－3434999
产品：生活用纸

揭阳市信达纸业有限公司
广东省揭阳市榕城区渔湖阳美村
邮编：528445
电话：0663－8771738、8782928
传真：0663－8772738、8782283
网址：www. xinda-paper. com
邮箱：xinda@ xinda-paper. com
产品：生活用纸

云浮市

中顺洁柔(云浮)纸业有限公司
广东省云浮罗定市双东街道
邮编：527200
电话：0766－3903888
传真：0766－3902966
产品：生活用纸

云浮市新兴县龙腾纸业有限公司
广东省云浮市新兴县新城镇雨洞工业园
邮编：527300
电话：0766－2911161
产品：生活用纸

新兴县林丰造纸有限公司
广东省云浮市新兴县河头镇雅古郎公路边
邮编：527435
电话：0766－2221089
产品：白纸板、牛皮卡纸、灰纸板

新兴县兴民造纸厂有限公司
广东省云浮市新兴县车岗工业区
邮编：527425
电话：0766－2386998、2388828
传真：0766－2388888
网址：www. xxxmpaper. com
邮箱：bangwei_li@ 126. com
产品：珠光纸、卡纸等特种纸

新兴县天堂纸业有限公司
广东省云浮市新兴县天堂镇大湾电站侧
邮编：527434
电话：0766－2221737
产品：灰纸板、牛皮卡纸

广西壮族自治区

南宁市

广西华美纸业集团有限公司
广西壮族自治区南宁市民族大道 157 号财富国际广场 2 号楼 17 层

邮编：530028
电话：0771 –5775518
传真：0771 –5776100
网址：www. hmpaper. cn
邮箱：hm@ hmpaper. cn
产品：生活用纸原纸、卷筒纸、盒抽纸、手帕纸

广西华劲集团股份有限公司
广西壮族自治区南宁市民族大道 131 号航洋国际城 1 号楼 22 层
邮编：530028
电话：0771 –5568819 –5112
传真：0771 –5535766
网址：www. hwagain. com
邮箱：hwagain@ hwagain. com
产品：制浆、造纸、制糖、竹木产业

广西南宁凤凰纸业有限公司
广西壮族自治区南宁市星光大道 158 号
邮编：530031
电话：0771 –4590299、4590261、4590265
传真：0771 –4516683、4590268
网址：www. nppc. cn
邮箱：master@ phoenix-paper. com
产品：生活用纸、漂白木浆

广西南宁糖业股份有限公司
广西壮族自治区南宁市古城路 10 好
邮编：530022
电话：0771 –4911323
传真：0771 –4912771
网址：www. nnsugar. com
邮箱：nnty@ nnsugar. com
产品：复印纸、书写纸、食品包装用原纸、生活用纸、无尘纸

广西洁宝纸业有限公司
广西壮族自治区南宁市金湖路 67 号梦之岛广场 15 楼
邮编：530022
电话：0771 –5739686
传真：0771 –5739688
网址：www. jeanper. com
产品：生活用纸

横县冠桂糖业有限公司纸业分公司
广西壮族自治区南宁市横县横州镇谢圩
邮编：530304
电话：0771 –7382533
传真：0771 –7382533
产品：漂白蔗渣浆

广西南宁恒业纸业有限责任公司
广西壮族自治区南宁市江南区沙井定津路杜屋二巷 16 号
邮编：530031
电话：0771 –4862003
传真：0771 –4862006
产品：生活用纸

广西横县六景北墨造纸厂
广西壮族自治区南宁市六景工业园区
邮编：530313
电话：0771 –7265998、7372132
传真：0771 –7265998、7372132
产品：五色有光纸、高档卫生纸

广西横县江南纸业有限公司
广西壮族自治区南宁市六景工业园景港路
邮编：530313
电话：0771 –7371808
传真：0771 –7371908
网址：www. gxjnzy. com
邮箱：jn-lwj@ 263. net
产品：A 级原生浆擦手原纸、B 级仿木浆擦手原纸

南宁市鑫利纸业有限公司
广西壮族自治区南宁市宾阳县新桥镇工业开发区（宾邕公路旁）
邮编：530001
电话：0771 –8482137
传真：0771 –8482137
网址：www. gxxlzy. com. cn
邮箱：xl-hx@ 263. net
产品：生活用纸

柳州市

柳州中迪纸业有限公司
广西壮族自治区柳州市鱼峰区雒容工业园西区富容路 13 号
邮编：545616
电话：0772 –6510368、6668628、13807724821
传真：0772 –6510013
产品：卫生纸（以蔗渣浆、竹浆为原料）

柳州市丰源纸业有限责任公司
广西壮族自治区柳州市柳东新区雒容镇象岩南路 31 号
邮编：545616
电话：0772－6511372
传真：0772－6510311
产品：卫生纸

柳州两面针纸业有限公司
广西壮族自治区柳州市柳东新区洛埠镇
邮编：545011
电话：0772－2068368/369
传真：0772－2750177
网址：www. lmzzy. com. cn
邮箱：lmz0772@ 163. com
产品：漂白化学竹浆、生活用纸

桂林市

广西林业荔浦纸业有限公司
广西壮族自治区荔浦县荔城镇玉雷湾
邮编：546600
电话：0773－7233377、7233098、7233398、13878386308
传真：0773－7233397、7233464
产品：工业包装纸、牛卡纸、黑卡纸、牛皮纸

桂林奇峰纸业有限公司
广西壮族自治区桂林市苏桥经济开发区苏桥(工业)园南北大道 12 号
邮编：541805
电话：0773－6935399
传真：0773－6935326
网址：www. guilinpaper. com
邮箱：694968243@ qq. com
产品：高档特种薄型纸

防城港市

广西防城港宏源浆纸有限公司
广西壮族自治区防城港市防城区茅岭工业园
邮编：538021
电话：0770－3092918、18277024325
传真：0770－3092918
产品：漂白浆、文化用纸

钦州市

广西金桂浆纸业有限公司
广西壮族自治区钦州市钦州港金光工业园
邮编：535008
电话：0777－3698042、3221583、3698888
传真：0777－3696666、3221639
网址：www. appjg. com. cn
产品：半化学机械浆、食品包装纸及纸板

贵港市

广西贵港市安丽纸业有限公司
广西壮族自治区贵港市南梧公路覃塘收费站往东 1. 5 千米
邮编：450804
电话：0775－4869589、4569125
传真：0775－4562672
产品：生活用纸、卫生纸

广西华怡纸业有限公司
广西壮族自治区贵港市江南工业园区
邮编：537100
电话：0775－4555653
传真：0775－4592299
产品：生活用纸、卫生纸、分盘纸、纸浆

广西贵糖(集团)股份有限公司
广西壮族自治区贵港市幸福路 100 号
邮编：537102
电话：0775－4201833
传真：0775－4260088
网址：www. guitang. com
邮箱：guitangjszx@ sina. com
产品：文化用纸、生活用纸

百色市

广西劲达兴纸业有限公司
广西壮族自治区田林县新昌片 2 号
邮编：533300
电话：0776－7201170
产品：文化用纸、淋膜原纸、牛皮纸、离型纸、食品包装纸

广西田东县金荣纸业有限公司
广西壮族自治区田东县思林镇工业集中区
邮编：531504
电话：0776－5151808
传真：0776－5151808
网址：www. jinrongpaper. com
产品：高强瓦楞原纸、卫生纸、竹浆、蔗渣浆、卫生

卷纸、抽纸、餐巾纸、面巾纸、手帕纸、纸筒芯等

广西田阳南华纸业有限公司
广西壮族自治区田阳县田州镇民乐街 106 号
邮编：533600
电话：0776－3236366
产品：化学浆、文化用纸

贺州市

广西贺州市红星纸业有限公司
广西壮族自治区贺州市平桂管理区西湾工业园
邮编：542800
电话：0774－8832889
传真：0774－8833018
产品：拷贝纸、打字纸、票证纸、环保纸、卷烟纸、食品包装纸、半透明纸、字典纸、各种规格卷筒/平板纸

来宾市

广西来宾东糖纸业有限公司
广西壮族自治区来宾市河西工业园区
邮编：546100
电话：0772－4066666
传真：0772－4066622
网址：www. donta. com. cn
产品：漂白蔗渣浆、竹木浆、胶版纸、静电复印纸、淋膜纸、卫生纸

广西象州莲桂纸业有限公司
广西壮族自治区来宾市象州县石龙镇石象路 88 号
邮编：545800
电话：0772－4394988
传真：0772－4394989
网址：www. lgpi. com. cn
邮箱：lgpaper@ 163. com
产品：生活用纸

海　南　省

海口市

海南金海浆纸业有限公司
海南省洋浦经济开发区 D12 区
邮编：578101
电话：0898－28822288
传真：0898－28821260
网址：www. appjh. com. cn
产品：漂白硫酸盐桉木浆、文化用纸

海南金红叶纸业有限公司
海南省洋浦经济开发区 D12 区
邮编：578101
电话：0898－28822288
传真：0898－28828705
网址：www. apphghy. com. cn
产品：生活用纸

重　庆　市

玖龙纸业（重庆）有限公司
重庆市江津区珞璜工业园 A 区
邮编：402279
电话：023－65558888
传真：023－65558999
网址：www. ndpaper. com
邮箱：info_ cq@ ndpaper. com
产品：包装纸

重庆飞龙纸业有限公司
重庆市铜梁县蒲莒镇穆莲街 7 号
邮编：402566
电话：023－45488342
产品：皱纹卫生纸

重庆高峰造纸厂
重庆市垫江县高峰镇
邮编：408328
电话：023－74566988
产品：瓦楞原纸

重庆市超科纸业有限公司
重庆市万州区双河口工业园
邮编：404155
电话：023－58830138
产品：无碳复写纸、彩喷纸、复印纸

重庆市恒丰纸业有限公司
重庆市梁平县屏锦镇明月路 540 号
邮编：405212
电话：023－53512217
产品：文化用纸、瓦楞原纸、黄纸板、箱纸板、竹浆牛皮纸、黄裱纸

重庆龙璋纸业有限公司龙泉分公司
重庆市铜梁县虎峰镇工农街 27 号
邮编：402568
电话：023－45589806
产品：竹浆、文化用纸

重庆市潼南简氏纸业包装有限责任公司
重庆市潼南县双江镇金龙寺
邮编：402675
电话：023－44860588、44863306
传真：023－44860018
网址：www. jians. com
产品：箱纸板、彩印纸、纸箱、高强瓦楞原纸

重庆江津造纸厂
重庆市江津区夏坝镇
邮编：402268
电话：023－47681124
产品：生活用纸、油毡原纸、瓦楞原纸

重庆梁平县邵新纸业有限公司
重庆市梁平县袁驿镇邵新村
邮编：405218
电话：023－53635377
产品：瓦楞原纸

重庆盛贸纸业有限公司
重庆市铜梁县安居镇工业园区
邮编：402564
电话：023－45859158
传真：023－45859198
产品：皱纹卫生纸

重庆市富发纸业有限责任公司
重庆市潼南县双江镇金龙寺
邮编：402675
电话：023－44860388
产品：瓦楞原纸、单面白纸板、箱纸板

重庆理文造纸有限公司
重庆市永川区朱沱镇港桥工业园区
邮编：402191
电话：023－49603333－8112/8107
产品：箱纸板

重庆永川市达江纸业有限公司
重庆市永川区海通大道 69 号－1－10
邮编：402160
电话：023－49827888
传真：023－49806788
产品：生活用纸

重庆永川市渝西纸板厂
重庆市永川区红炉镇(兰天化工有限公司内)
邮编：402194
电话：023－49331215
传真：023－49331215
产品：瓦楞原纸、高强度瓦楞原纸

重庆市开县富余再生造纸厂
重庆市开县铁桥镇双桥街
邮编：405409
电话：023－52172118
产品：有光纸、包装用纸

重庆兴康纸业有限公司
重庆市巴南区金竹工业园 8 号
邮编：401320
电话：023－66219878、66230451
传真：023－66230451
网址：www. sckdl. com
产品：瓦楞原纸、纸箱

重庆市伟杰纸业有限责任公司
重庆市潼南县双江镇金龙寺
邮编：402675
电话：023－44860888
产品：瓦楞原纸、箱纸板

重庆金禾纸业制品有限公司
重庆市铜梁县华兴镇
邮编：402572
电话：023－45393098
产品：瓦楞原纸、箱纸板

重庆龙璟纸业有限公司
重庆市丰都县水天坪工业园区
邮编：408200
电话：023－67565272
邮箱：longjingxmx@126. com
产品：生活用纸、复印纸

重庆理文卫生用纸制造有限公司
重庆市永川区朱沱镇四望山村
邮编：402191
电话：023－49603333

网址：www. leemanpaper. com
邮箱：unitc. 6if@ convoy. 169electricroad
产品：高档生活用纸

四 川 省

成都市

四川石化雅诗纸业有限公司
四川省成都市新津工业园区 A 区希望路 912 号
邮编：611400
电话：028 －61786868，88786868，82402405
传真：028 －61786868
网址：www. yspaper. com. cn
邮箱：shyspaper@ 126. com
产品：100% 本色竹纤维生活用纸、100% 本色竹纤维柔润纸巾、100% 本色竹柔巾、100% 本色竹纤维内衣

成都郫县唐昌纸厂
四川省成都市郫县唐昌镇外北街
邮编：611733
电话：028 －87869151
传真：028 －87869151
产品：生活用纸

中冶峡山纸业有限公司
四川省邛崃市羊安镇工业区
邮编：611530
电话：028 －88791961
传真：028 －88791961
产品：漂白竹浆板

中顺洁柔（四川）纸业有限公司
四川省彭州市牡丹大道中段 80 号
邮编：611930
电话：028 －83806688
产品：生活用纸

成都天天纸业有限公司
四川省彭州市工业开发区
邮编：611930
电话：028 －83806888、83806688
传真：028 －83806666
产品：生活用纸

成都印钞有限公司
四川省成都市温江区新建路 60 号
邮编：611130
电话：028 －82723590 －2078、82755999
传真：028 －82755168
网址：www. cdyc. cbpm. cn
产品：钞票纸、防伪水印纸、证券纸

四川锦丰纸业股份有限公司
四川省成都市温江区成都海峡两岸科技产业开发园
邮编：611137
电话：028 －82630751
传真：028 －82630174
邮箱：zxyemail@ 263. net
产品：卷烟纸、卷烟工业配套纸

成都宏图纸业有限公司
四川省成都市双流县蛟龙工业港滨江大道三段
邮编：610200
电话：028 －85737134
传真：028 －85737144
产品：复合双灰纸板、灰底白纸板

四川新津晨龙纸业有限公司
四川省成都市新津工业园区
邮编：611430
电话：028 －82591878
网址：www. xjclzy. com
邮箱：scxjclzy@ 163. com
产品：箱纸板、瓦楞原纸

四川迅源纸业有限公司
四川省大邑县晋原镇工业集中发展区兴业大道南段兴业七路
邮编：611330
电话：028 －69268361
网址：www. f-sourcepaper. com
产品：瓦楞原纸、纸箱

成都纤姿纸业有限公司
四川省成都市郫县团结镇团三路 666 号
邮编：611745
电话：028 －87896011
传真：028 －87896041
产品：生活用纸

四川福华竹浆纸业有限公司
四川省成都市温江区海峡两岸科技开发园柳台大道西段 515 号
邮编：611137
电话：028 －61711558

传真：028－61711558
邮箱：471181563@ qq. com
产品：机制纸

自贡市

富顺县安溪纸业有限公司
四川省自贡市富顺县安溪镇
邮编：643219
电话：0813－7480335
产品：纸板

泸州市

四川银鸽竹浆纸业有限公司
四川省泸州市纳溪区渠坝乡
邮编：646300
电话：0830－4390666、4390160
传真：0830－4390777
产品：牛皮纸、胶版纸、打字纸、书写纸、信封专用纸

德阳市

四川纵横纸业有限公司
四川省德阳市八角井镇
邮编：618003
电话：0838－2600016、2600913
传真：0838－2600911
产品：黄纸板、茶纸板

四川华侨凤凰纸业有限公司
四川省广汉市向阳镇顺江南路 8 号
邮编：618308
电话：0838－6098090
传真：0838－6098001
网址：www. hqfhzy. com
邮箱：602049713@ qq. com
产品：涂布白纸板、金银卡纸、工业纸板

四川友邦纸业有限公司
四川省广汉市经济开发区（南区）友邦工业园
邮编：618300
电话：0838－5400028
传真：0838－5400158
网址：www. eupon. com
邮箱：sale@ eupon. com
产品：卫生用品、生活用纸、母婴用品

绵阳市

三台三角生活用纸制造有限公司
四川省绵阳市三台县潼川镇南河路 48 号
邮编：621100
电话：0816－5229928
传真：0816－5221277
产品：生活用纸

乐山市

乐山佳印纸业有限责任公司
四川省乐山市长清路 1458 号
邮编：614000
电话：0833－2497332
传真：0833－2497329
产品：无碳纸、票据印刷纸、打印纸

四川省夹江万安纸业有限责任公司
四川省乐山市夹江县甘江镇
邮编：614102
电话：0833－5771666
传真：0833－5772366
产品：中高档生活用纸

玖龙浆纸（乐山）有限公司
四川省乐山市犍为县清溪镇工业园区
邮编：614005
电话：0833－2299999
传真：0833－2299666
网址：www. ndpaper. com
邮箱：lsping64@ 163. com
产品：电容器纸、绝缘纸板、瓦楞原纸

四川省犍为凤生纸业有限责任公司
四川省乐山市犍为县城北凤凰山
邮编：614400
电话：0833－4251386、4251716
传真：0833－4254579
网址：www. fengshenggroup. com
邮箱：fszy666@ hotmail. com
产品：白色及彩色打字纸

四川永丰纸业股份有限公司
四川省乐山市沐川县永福镇
邮编：614500
电话：0833－4651066

传真：0833－4651066
网址：www. yfzy. com
产品：打字纸、双面胶版印刷纸、静电复印原纸、静电复印纸

四川省金福纸品有限责任公司
四川省乐山市沙湾区福禄镇
邮编：614000
电话：0833－3560358
传真：0833－3560358
邮箱：fhzb2008@ 126. com
产品：静电复印纸、有光纸、打字纸、双胶纸、书写纸

乐山三江特种纤维材料有限公司
四川省乐山市市中区苏稽镇新联村
邮编：614000
电话：0833－2558888
传真：0833－2558800
网址：www. 63tx. cn
邮箱：lssjtx@ 163. com
产品：导电发热纸、纸质超滤材料、无纺壁纸原纸、耐磨纸、电容器纸、电缆纸

宜宾市

宜宾市屏山龙华造纸厂
四川省宜宾市屏山县龙华镇
邮编：645354
电话：0831－5760278、5760858
产品：竹浆牛皮纸、包装纸

广安市

广安市拓世纸业有限公司
安琪日用品有限公司
四川省广安市观塘镇三台梨子滩
邮编：638016
电话：0826－2731093
传真：0826－2731093
产品：生活用纸

雅安市

金安浆业有限公司
四川省雅安市雨城区姚桥镇爱国路 2 号
邮编：625000
电话：0835－2850858、2850801
传真：0835－2850801、2850092
网址：www. appjap. com. cn
产品：漂白硫酸盐竹浆、胶版印刷纸

眉山市

四川绿果林农业特种纸业有限公司
四川省眉山市东坡区尚义镇熊公村六组
邮编：620000
电话：13890350222
邮箱：852813290@ qq. com
产品：农业用特种纸

巴中市

平昌县再生纸业有限责任公司
四川省巴中市平昌县江口镇小桥街东段 60 号
邮编：635400
电话：0827－6297055
产品：文化用纸、纸板

贵　州　省

贵阳市

贵阳金康包装有限公司
贵州省贵阳市乌当区金伍路 123 号
邮编：550008
电话：0851－84841603
产品：高强瓦楞纸板、纸箱

遵义市

贵州赤天化纸业股份有限公司
贵州省赤水市金华理泰路 1 号
邮编：564707
电话：0852－2879721、2879800、2879570
传真：0852－2879729、2876048
网址：www. cthzhiye. cn
产品：全竹浆 TCF 浆板、全竹浆轻 ECF 浆板、本色浆

黔南布依族苗族自治州

贵州省都匀顺发纸业有限责任公司
贵州省黔南布依族自治区都匀市黔南环东北路 8 号
邮编：558013
电话：0854－8224598

产品：纸及纸制品

云　南　省

昆明市

云南宜良红星兄弟纸业有限公司
云南省昆明市宜良县汇东桥南侧小渡口段
邮编：652100
电话：0871－67541679
传真：0871－67541689
产品：箱纸板、瓦楞原纸

昆明爱华卫生制品有限责任公司
云南省昆明市二环西路 449 号
邮编：650101
电话：0871－68310051
传真：0871－68320196
产品：生活用纸、卷纸、餐巾纸、面巾纸、盒抽纸、纸杯纸

云南科海电子有限公司
云南省昆明市人民中路 216 号丰园大厦 20 层
邮编：650051
电话：0871－63385999
传真：0871－63312778
网址：www. sciencesea. com. cn
邮箱：khgs@ sciencesea. com. cn
产品：打印纸、复印纸

曲靖市

云南陆良银河纸业有限公司
云南省曲靖市陆良县西桥工业区
邮编：655600
电话：0874－6869046
传真：0874－6869091
产品：胶印书刊纸、铝箔衬纸、水松原纸、成型纸

玉溪市

玉溪市高仓造纸厂有限公司
云南省玉溪市高仓镇
邮编：653100
电话：0877－2076532
产品：白纸板、灰底白纸板

玉溪市水松纸厂
云南省玉溪市大营街工业区
邮编：653103
电话：0877－2771902、2771667
传真：0877－2771528
产品：凹印水松纸

云南江川翠峰纸业有限公司
云南省玉溪市江川县江城镇翠峰
邮编：652601
电话：0877－8095268
传真：0877－8095268
产品：生活用纸

云南新平南恩糖纸有限责任公司
云南省玉溪市新平彝族傣族自治县夏洒镇
邮编：653405
电话：0877－7391061、13988490777
传真：0877－7391061
产品：卫生纸

云南通海汉光纸业有限公司
云南省玉溪市通海县礼乐西路 154 号
邮编：652700
电话：0877－3805792
传真：0877－3805592
产品：卫生纸

云南江川恒昌造纸有限公司
云南省玉溪市江川县大街镇朱家庄村
邮编：652600
电话：0877－8016181
传真：0877－8016181
产品：箱纸板、瓦楞原纸

玉溪华宁昊兴纸业有限公司
云南省玉溪市华宁县宁州镇环城东路白塔山脚
邮编：653899
电话：0877－5019866
产品：铝箔衬纸、水松原纸、滤嘴棒成型纸、文化用纸

保山市

云南昌宁建新纸业有限公司
云南省保山市昌宁县漭水镇共裕村
邮编：678100
电话：0875－7810566

传真：0875－7810561
产品：书写纸、双胶纸

普洱市

云南云景林纸股份有限公司
云南省普洱市景谷傣族彝族自治县林纸路 300 号
邮编：666400
电话：0879－5410198、5410634、5410228
传真：0879－5410193、5410223
网址：www. yjlzh. com
产品：针叶木浆、桉木浆、混合阔叶木浆、生活用纸

临沧市

云南双江南华化学纤维浆粕有限公司
云南省临沧市双江拉祜族佤族布朗族傣族自治县勐省镇
邮编：677300
电话：0883－7641916、7641888、7641578
传真：0883－7641569
产品：溶解竹浆板

临沧南华纸业有限公司
云南省临沧市耿马傣族佤族自治县四排山乡石佛洞村委会
邮编：677500
电话：0883－6120555
传真：0883－6120559
产品：漂白蔗渣浆、双胶纸、书写纸

红河哈尼族彝族自治州

开远泸江纸业有限责任公司
云南省开远市乐百道
邮编：661600
电话：0873－7223348
产品：卫生纸、瓦楞原纸、箱纸板

开远市明威有限公司
云南省开远市中寨
邮编：661600
电话：0873－7171169、7171158、7171218
产品：双胶纸、书写纸、打字纸

云南红塔蓝鹰纸业有限公司
云南省红河哈尼族彝族自治州建水县
邮编：654300
电话：0873－7652341
传真：0873－7652061
网址：www. ynhtbe. com
邮箱：blue_ eagle@ ynhtbe. com
产品：卷烟纸、水松纸、滤嘴成型纸

建水春秋纸业有限公司
云南省红河哈尼族彝族自治州建水县羊街工业园区
邮编：661400
电话：13769327865
产品：包装纸板

陕 西 省

西安市

西安兄弟纸业有限公司
陕西省西安市长安区镐京工业园区
邮编：710100
电话：029－85800003
传真：029－85800003
产品：A 级、C 级高强瓦楞原纸

西安市蔡伦造纸厂
陕西省西安市三桥镇北西宝高速公路口北
邮编：710086
电话：029－84517518、84518071
传真：029－84519897
产品：高强瓦楞原纸、箱纸板、白纸板、茶纸板、牛皮纸、牛皮挂面纸

陕西中港铜版纸有限公司
陕西省西安市灞桥镇东街 15 号
邮编：710024
电话：029－83610216
传真：029－83610216
产品：铜版纸

西安市惠强纸业有限公司
陕西省西安市长安区镐京工业园区
邮编：710100
电话：029－85903888
传真：029－85903666
产品：白纸板

西安秦悦纸业有限公司
陕西省西安市西户路中段

邮编：710116
电话：029－85900789
传真：029－85800110
产品：生活用纸

宝鸡市

陕西兴翔纸业有限责任公司
陕西省宝鸡市凤翔县城东
邮编：721400
电话：0917－7251114
传真：0917－7251173
产品：高强瓦楞原纸、箱纸板

陕西圣龙纸业有限责任公司
陕西省宝鸡市岐山县蔡家坡经济技术开发区西宝路龚刘工业园区
邮编：722405
电话：0917－8580189、8580821
传真：0917－8580884
产品：牛皮箱纸板、瓦楞原纸、牛皮纸、淋膜纸、水果套袋纸、彩色封面纸、纱管纸、高强瓦楞原纸

陕西法门寺纸业有限责任公司
陕西省宝鸡市扶风县城东坡路3号
邮编：722207
电话：0917－5211493、5211148
产品：印刷纸、书写纸、有光纸、卫生纸

岐山县圣龙箱板纸有限责任公司
陕西省宝鸡市岐山县蔡家坡经济技术开发区西宝路龚刘工业园区
邮编：722405
电话：0917－8580095
传真：0917－8580828
产品：箱纸板

眉县恒发纸业有限公司
陕西省宝鸡市眉县火车站道南6号
邮编：722301
电话：0917－5666369
产品：有光纸、卫生纸

岐山县全兴纸业包装有限公司
陕西省宝鸡市岐山县蔡家坡另胡村
邮编：722405
电话：0917－8582968
产品：有光纸、卫生纸

宝鸡科达特种纸业有限责任公司
陕西省宝鸡市岐山县蔡家坡经济技术开发区西三路005号
邮编：722405
电话：0917－8565320
传真：0917－8565320
网址：www. baojikeda. com
邮箱：keda0816@126. com
keda0917@163. com
产品：引线纸、扎钞纸、热压垫纸板、覆铜纸板、胶带原纸、高透纸

宝鸡市建忠五一纸业有限公司
陕西省宝鸡市陈仓区潘溪镇杨家店
邮编：721306
电话：0917－6751077
传真：0917－6751099
产品：各色半透明纸、拷贝纸、防油纸、捆纱纸、水果套袋纸

咸阳市

陕西兴包企业集团有限责任公司
陕西省咸阳市兴平市丰仪工业园
邮编：713100
电话：029－38266112
传真：029－38266112
网址：www. sxxingbao. com
邮箱：xsb@sxxingbao. com
产品：生活用纸

咸阳华西纸业有限公司
陕西省咸阳市秦都区沣东镇南关
邮编：712044
电话：029－33818655
传真：029－33816516
产品：A级高强瓦楞原纸、C级茶纸板

渭南市

陕西大荔安盛纸业有限责任公司
陕西省渭南市大荔县许庄镇
邮编：715105
电话：0913－3649292
传真：0913－3649525
产品：高强瓦楞原纸

蒲城县永丰利亚造纸有限责任公司
陕西省渭南市蒲城县永丰镇大浴河北段
邮编：715502
电话：0913－7715138
传真：0913－7715138
产品：高强瓦楞原纸

合阳县康洁纸业有限责任公司
陕西省渭南市合阳县王村镇管家河村
邮编：715307
电话：0913－6712190
传真：0913－6712190
产品：卫生纸

安康市

安康恒丰纸业包装有限公司
陕西省安康市汉滨区恒口镇工业区
邮编：725021
电话：0915－3619898
传真：0915－3619898
产品：纱管纸、瓦楞原纸、花炮纸

安康市汉滨区永林再生纸有限公司
陕西省安康市汉滨区五里镇五茨路口
邮编：725018
电话：0915－3911236
传真：0915－3911236
产品：纱管纸、茶纸板

商洛市

洛南县洛神纸业有限公司
陕西省商洛市洛南县城东郊 158 号
邮编：726100
电话：0914－7381801
产品：茶纸板

甘 肃 省

兰州市

甘肃省甘草水泥集团兰州造纸厂
甘肃省兰州市东岗镇雁儿湾
邮编：730020
电话：0931－8491189
产品：瓦楞箱纸板、涂布纸板

天水市

天水东方纸业有限公司
甘肃省天水市麦积区渭南镇南河川缑家庄 168 号
邮编：741027
电话：0938－2821318
传真：0938－2821318
产品：箱纸板、高强瓦楞原纸

平凉市

平凉市宝马纸业有限公司
甘肃省平凉市四十里铺镇
邮编：744024
电话：0933－8410019
传真：0933－8410019
产品：卫生纸

平凉市峡门造纸厂
甘肃省平凉市峡门乡白坡村
邮编：744022
电话：0933－8570035
传真：0933－8570035
产品：卫生纸

青 海 省

西宁市

青海省造纸厂
青海省西宁市傅家寨 1 号
邮编：810015
电话：0971－8238142
产品：瓦楞原纸、凸版印刷纸

宁夏回族自治区

银川市

宁夏金丰源实业有限责任公司
宁夏回族自治区银川市永宁县红星桥北侧
邮编：750100
电话：0951－8018555
传真：0951－8011578
产品：面巾纸、卫生纸

宁夏紫荆花纸业有限公司
宁夏回族自治区银川市永宁县红星桥南
邮编：750100
电话：0951－8014871、8011888、8017666
传真：0951－8014871、8013808
网址：www. zijinhua. com. cn
产品：面巾纸、餐巾纸、卫生纸

宁夏美洁纸业股份有限公司
宁夏回族自治区银川市贺兰县东街 90 号
邮编：750200
电话：0951－8061280
传真：0951－8061553
产品：中高档面巾纸、餐巾纸、卫生纸

石嘴山市

宁夏伊斯兰地质造纸厂
宁夏回族自治区石嘴山市平罗县太西镇
邮编：753401
电话：0952－6681178、6691758
传真：0952－6681178
产品：高强瓦楞原纸

吴忠市

宁夏昊盛纸业有限公司
宁夏回族自治区吴忠市侯家湾
邮编：751102
电话：0953－2661111、2661726、2662188
传真：0953－2661726
产品：书写纸、印刷纸、生活用纸

中卫市

中冶美利云产业投资股份有限公司
宁夏回族自治区中卫市柔远地区
邮编：755000
电话：0955－7679218、7679430
传真：0955－7679216
网址：www. china-meili. com
产品：书写纸、印刷文化用纸、工业包装用纸

新疆维吾尔自治区

乌鲁木齐市

新疆沙驼股份有限公司
新疆维吾尔自治区乌鲁木齐市米东区稻香北路 204 号
邮编：831400
电话：0991－3379121、3372762
产品：箱纸板、瓦楞原纸、瓦楞纸箱、彩印纸箱(盒)

昌吉回族自治州

新疆昌吉市江北再生纸业有限公司
新疆维吾尔自治区昌吉高新技术产业开发区经二路 8 号
邮编：831100
电话：0994－2260566、2260588、2260599
传真：0994－2260588
网址：www. china-jbzy. com
产品：箱纸板、瓦楞原纸

巴音郭楞蒙古自治州

新疆博湖苇业股份有限公司
新疆维吾尔自治区库尔勒市新城区楼兰路
邮编：841001
电话：0996－2159728、2160000
传真：0996－2152533、2153164
网址：www. bohureed. com
邮箱：343174664@ qq. com
产品：漂白苇浆、胶版印刷纸、静电复印纸

石河子市

新疆天宏纸业股份有限公司
新疆维吾尔自治区石河子市西三路 17 号
邮编：832009
电话：0993－7526011、7526027
传真：0993－7526088
网址：www. xjth. cn
邮箱：th-jszx@ sohu. com
产品：卫生纸、静电复印纸

国内造纸机械及其他相关产业企业名录

Directory of Domestic Papermaking Machinery Companies and Other Related Companies

北 京 市

北京国际浆纸交易中心有限公司
北京市朝阳区广渠路 39 号院 1 号楼
邮编：100022
电话：010－67043080、4000920806
传真：010－67043080
业务：国内、国际浆纸交易综合服务平台

ABB(中国)有限公司
ABB 制浆造纸部
北京市朝阳区酒仙桥路 10 号恒通广厦 B7－3
邮编：100015
电话：010－84566688
传真：010－84567626
网址：www.abb.com.cn
产品：电力、自动化技术

维美德造纸机械技术(中国)有限公司北京分公司
北京市朝阳区东三环北路 19 号中青大厦 601
邮编：100022
电话：010－65666600
传真：010－65662567
网址：www.valmet.com
产品：造纸机械

奥地利安德里茨股份有限公司北京代表处
北京市朝阳区光华路 7 号汉威大厦西区 18 层
邮编：100004
电话：010－85262720
传真：010－65006413、65006415
网址：www.andritz.com
产品：制浆造纸设备

霍尼韦尔(中国)有限公司北京办事处
北京市朝阳区霄云路 26 号鹏润大厦 B 区 17 层
邮编：100125
电话：010－64103000、64103300
传真：010－64103414、64103420
网址：www.honeywellps.com.cn
产品：自动化控制系统、传感器与控制元件

芬兰温德造纸湿部技术公司北京代表处
北京市朝阳区建国路 118 号招商局大厦 1829 室
邮编：100022
电话：010－59233822、59233823
传真：010－65662723
网址：www.wetend.com
邮箱：min.zhang@wetend.com
产品："创捷"化学品混合添加技术及装备

舍弗勒贸易(上海)有限公司北京分公司
北京市朝阳区东三环北路甲 19 号嘉盛中心 2801 室
邮编：100020
电话：010－65123621、65150288
传真：010－65123433
网址：www.schaeffler.com
产品：工业轴承

NDC 红外技术公司
北京市海淀区西直门北大街 60 号首钢国际大厦 1810 室
邮编：100088
电话：010－59935830
传真：010－59935831
网址：www.ndcinfrared.com.cn
邮箱：ndcbj@ndcinfrared.com.cn
产品：纸张水分定量检测及控制

瑞士 BMB 公司
北京市建国门内大街 18 号恒基中心 2 座 10 层
电话：010－85198688
传真：010－85198699
网址：www.bmbag.ch
www.kroenert.de
邮箱：info@bmbag.ch
产品：造纸机械

斯普瑞喷雾系统有限公司北京办事处
北京市朝阳区建国路 71 号惠通时代广场 B2－101 室
邮编：100025
电话：010－68562800、68561180
传真：010－68561036
网址：www.spray.com
邮箱：beijing@spray.com.cn
产品：喷嘴

德国冯·诺顿西工程技术有限公司
北京市朝阳区北土城西路 7 号国恒基业大厦 A 座 1102 室
邮编：100029
电话：010－82275609
传真：010－82275350
网址：www.biolak.com.cn
产品：废水处理设备

美国凯登百利可乐生公司(KBC)
北京市朝阳区东三环北路中青大厦 1809 室
邮编：100020
电话：010－65813011
传真：010－65812268
产品：制浆造纸设备、废纸处理

中国造纸装备有限公司
北京市朝阳区启阳路 4 号中轻大厦 18 楼
邮编：100102
电话：010－64778200、64778300
传真：010－64778211
网址：www. cpmcchina. cn
邮箱：cpmcchina@ cpmcchina. cn
产品：中高档高速宽幅纸机、纸板机和卫纸机

北京恒捷科技有限公司
北京市立水桥北北方明珠大厦 1520－1522 号
邮编：102218
电话：010－58607441、58607442
传真：010－58607440
网址：www. hengjietech. com
邮箱：bjhj@ hengjietech. com
产品：轻重质除渣器及除渣器备品配件、废纸制浆生产线的工艺设计及设备配套、废水处理气浮设备、纤维回收弧形筛、流浆箱孔板的设计和制造、技术咨询以及安装调试等工程项目

北京春辉新吉造纸机械厂
北京市石景山区吴家村路京城新能源(原华电大楼)108 室
邮编：100040
电话：010－68650010、68657754
传真：010－68650010
网址：www. chunhuixinji. com
邮箱：bjchxjzzjx@ 163. com
产品：高浓盘磨机、热磨机、磨片

北京伟伯康科技发展有限公司
北京市海淀区曙光花园中路农林科学院畜牧研究所
邮编：100097
电话：010－51503883
传真：010－51503796
网址：www. webcon-tech. com
邮箱：sales@ webcon-tech. com
产品：DFE 张力控制器

北京协力旁普包装制品有限公司
北京市大兴区旧宫镇工业园区北西甲 1 号
邮编：100076
电话：010－87962699
传真：010－87962476
网址：www. xlpp. com
邮箱：xlpp@ public3. bta. net. cn
产品：纸浆模塑工业包装、餐具

北京高中压阀门有限责任公司
北京市东城区东直门外大街 40 号楼
邮编：100027
电话：010－69260852
传真：010－69258687
网址：www. bvc. cc
邮箱：zzy@ bvc. cc
产品：阀门

中国联合装备集团公司
北京市西城区西黄城根南街 33 号
邮编：100032
电话：010－66075588
传真：010－66052828
网址：www. cnue. com. cn
邮箱：cnue@ cnue. com. cn
产品：纸机、APMP 设备、纸机配件

中国轻工机械协会
北京市西城区西四东斜街 14 号
邮编：100032
电话：010－66039347、66031220
传真：010－66031224、66073257
网址：www. clima. org. cn
业务：行业标准制定、产品认证及科学成果鉴定

中国制浆造纸研究院有限公司
北京市朝阳区望京启阳路 4 号院中轻大厦
邮编：100102
电话：010－64778000
传真：010－64778001
网址：www. cnppri. com
邮箱：bgs@ cnppri. com
kb@ cnppri. com
业务：造纸工业标准化、质量监督检验、信息服务等行业技术管理工作

国家林业局林产工业规划设计院
中国林业工程咨询公司
北京市东城区朝内大街 130 号
邮编：100010

电话：010－85128008
传真：010－85128008
网址：www. cfecc. com
业务：工程咨询、工程设计、工程监理、工程总承包

中国轻工建设工程有限公司
北京市丰台区洋桥北里甲6号
邮编：100077
电话：010－67247895
传真：010－67247882
网址：www. clcc. com. cn
邮箱：clcchyb@163. com
业务：工程咨询、监理、总承包

中国中轻国际工程有限公司
北京市朝阳区白家庄东里42号
邮编：100026
电话：010－65826121、65826125、65826118、65826358
传真：010－65823590
网址：www. bcel-cn. com
邮箱：cliec@ cliec. cn
业务：造纸工程咨询、设计、监理、项目管理、工程总承包

中冶京诚工程技术有限公司
北京市经济技术开发区建安街7号
邮编：100176
电话：010－67835128
传真：010－67835133
网址：www. ceri. com. cn
业务：造纸工程咨询、设计、监理、项目管理、工程总承包

中招国际招标有限公司
北京市海淀区皂君庙14号院9号楼
邮编：100081
电话：010－62108062
传真：010－62108218
网址：www. cntcitc. com. cn
业务：代理招标、政府采购

中国国际工程咨询公司
北京市海淀区车公庄西路32号中咨大厦
邮编：100048
电话：010－68733109
网址：www. ciecc. com. cn
邮箱：wangzhan@ ciecc. com. cn
业务：工程咨询

中国技术进出口总公司
北京市丰台区西三环中路90号通用技术大厦16－22层
邮编：100055
电话：010－63349206、63349195
传真：010－63373713
网址：www. cntic. com. cn
邮箱：cntic@ cntic. genertec. com. cn
业务：引进大型制浆和纸机成套设备、造纸设备制造技术

中国包装进出口总公司
北京市朝阳区东三环北路3号幸福大厦B座
邮编：100027
电话：010－64616359、64616369
传真：010－64616437
网址：www. chinapack. net
邮箱：biz@ chinapack. net
　　　cpmail@ chinapack. net
业务：包装材料、机械进出口贸易

中国纸张纸浆进出口公司
北京市朝阳区劲松九区910号
邮编：100021
电话：010－67780346
传真：010－67747294
网址：www. chinalight. com. cn
邮箱：info@ cnppc. com
业务：纸浆、纸张、木材进出口贸易

颇尔过滤器（北京）有限公司
北京市经济开发区宏达南路12号
邮编：100176
电话：010－87225588
传真：010－67802329、67802328
网址：www. pall. com
邮箱：china_ls@ ap. pall. com
产品：过滤器

中国国旅贸易有限公司
北京市朝阳区永安东里通用国际中心A座19层
邮编：100022
电话：010－58793322
传真：010－58793093
网址：www. cittc. com. cn
邮箱：cittc@ mx. cei. gov. cn
经营：SC、LWC、铜版纸、双胶纸、白卡纸、牛皮卡纸

美国纸源有限公司北京办事处
北京市海淀区花园东路 30 号 5204 室
邮编：100083
电话：010－62360817
传真：010－62365579
经营：不干胶纸、硅油纸、涂塑原纸、铜版纸

英特耐国际纸业贸易(上海)有限公司北京办事处
北京市朝阳区建国门外大街 19 号国际大厦 1905A 室
邮编：100004
电话：010－65271825
传真：010－65270603
产品：进口牛皮卡纸、白卡纸

北京浩宇星光纸业有限公司
北京市永定门外沙子口西革新里 120 号
邮编：100077
电话：010－87258232
传真：010－67248325
网址：www. haoyuxingguang. com
经营：办公、文化、制图系列用纸

北京文满原纸业有限责任公司
北京市永定门外沙子口革新南路 2 号
邮编：100077
电话：010－67229598、67224105
经营：厂家代理

北京汇森纸制品有限公司
北京市丰台区分钟寺倪庄二分公司院内
邮编：100078
电话：010－87692442
传真：010－87697826
经营：日本纪州纸、黑卡纸、彩狐色花纹纸、彩狐珠花纸、牛皮纸

北京市华伦纸业有限公司
北京市朝阳区王四营路百子湾火车站旁胜墅旅馆 118 号
邮编：100023
电话：010－67383602
传真：010－67379442
经营：胶版纸、书写纸、轻型纸及纸浆

北京兴普森商贸有限公司
北京市丰台区莱户营西街 235 号
邮编：100073
电话：010－63363371、13901224404
传真：010－63367723
网址：www. xingpusen. com
邮箱：lhy8166@ sina. com
经营：牛皮纸、白牛皮纸、黄牛皮纸

北京云中赢纸业有限公司
北京市大兴区瀛海镇笃庆堂村笃庆北路 4 号
邮编：100076
电话：010－69281750
传真：010－69281750
经营：铜版纸、灰纸板、书写纸

北京巨鑫华瑞工贸有限公司
北京市通州区马驹桥镇景盛南二街 15 号(北区四号厂房)
邮编：101102
电话：010－56370772/3/4/5
传真：010－56370779
产品：造纸用全不锈钢饰面辊(防伪水印辊)及网部脱水元件

北京高科物流仓储设备技术研究所有限公司
北京市海淀区长春桥路 5 号 10－906#
邮编：100089
电话：010－82561876
传真：010－82563983
网址：www. gaoko. com
产品：自动化立体仓库物流仓储设备系统

天 津 市

斯普瑞喷雾系统有限公司天津办事处
天津市和平区南京路 129 号世贸广场 B－1303 室
邮编：300051
电话：022－27126918
传真：022－27126928
网址：www. spray. com
邮箱：tianjin@ spray. com. cn
产品：喷嘴

丹佛斯(天津)有限公司
天津市武清开发区 5 号路
邮编：301700
电话：022－82126400
传真：022－82126407
网址：www. danfoss. com/china
产品：变频器

天津环球高新造纸网业有限公司
天津市西青区杨庄子大堤外玉门路
邮编：300112
电话：022－27795246
传真：022－27796246
产品：造纸用聚酯网、聚酯干网、螺旋干网

天津市轻工业机械厂
天津市西青区西青道杨柳青
邮编：300380
电话：022－27392930
传真：022－27390401
产品：制浆设备、碱回收设备

天津市第一轻工机械厂
天津市南开区长江道怀安环路 11 号
邮编：300193
电话：022－27380290、27380260
产品：长网、圆网纸机，烘缸，辊胎等

天津市华星工业用呢新技术开发有限公司
天津市南开区玉泉路岳湖道 18 号
邮编：300193
电话：022－27372507
传真：022－27372507、27495045
网址：www. tjgynch. com. cn
产品：造纸用呢、工业用呢

天津派普伟业造纸科技有限公司
天津市南开区航海道金航大厦 2－4－802（科技园）
邮编：300192
电话：022－87898375
产品：特种纸技术、造纸设备及材料

天津中天宏大纸业有限公司
天津市北辰区小淀镇刘安庄工业园区佳丰道 22 号
邮编：300402
电话：022－86994250、26992717
传真：022－26991355
网址：www. abypaper. com
邮箱：mxy@ abypaper. com
产品：标签、热熔胶涂布机、不干胶材料分切机

天津市轻工业设计院
天津市南开区长江道 179 号
邮编：300193
电话：022－27380422
传真：022－27380423
网址：www. tlidi. com
邮箱：jy@ tlidi. com
业务：工程总承包、工程咨询、工程设计、工程管理、工程监理

天津市轻工业造纸技术研究所
天津市津南区双港工业园发港南路 29 号
邮编：300350
电话：022－81312685
传真：022－81312685
产品：特种纸、过滤纸、制浆造纸技术、过滤材料、滤芯等

国家轻工业纸张质量监督检测天津站
天津市津南区辛庄工业园区发港路
邮编：300350
电话：022－88823003
业务：一般纸张类、纸浆检测

天津市禹晖科技有限公司
天津市南开区鑫茂科技园
邮编：300081
电话：022－27373367
传真：022－27373367
产品：气浮器

威宁（天津）国际贸易有限公司
天津市北辰区津围公路小淀刘安庄工业区
邮编：300402
电话：022－26997137
传真：022－26997093
经营：硅油纸、不干胶、美纹纸、过滤纸、彩喷纸、照相纸、热敏纸、白卡纸、无尘纸

天津中包进出口有限责任公司
天津市河西区宾水道 9 号
邮编：300061
电话：022－28371658、28371659
传真：022－28371678
网址：www. ticpack. com
经营：白纸板、进口白纸板、进口牛皮卡纸、进口胶版纸

天津力天世纪国际贸易有限公司
天津市河西区大沽南路 501 号恒华大厦 1－1505
邮编：300202
电话：022－58196268、8071809、15902240996
传真：022－58196298

经营：箱纸板、PP 膜卡纸、无碳复写原纸、涂层胶版纸、OCR 纸、布纹铜、玻璃铜版卡纸、白卡纸、防湿纸

天津中海商贸有限公司
天津市南开区黄河道 467 号
邮编：300110
电话：022－27419209、13302022371
经营：淋膜纸、PE 相纸、照相原纸、胶版纸、轻涂纸、铜版纸、牛皮纸、彩喷纸、高光相纸、硅油纸、墙壁原纸、无碳纸

天津市俄林浆纸商贸有限公司
天津市北辰区万科新城
邮编：300402
电话：022－26300100
传真：022－26300100
经营：废纸、卫生纸切边、桉木浆、漂白针叶木浆、竹浆、本色浆、硬杂木

河 北 省

石家庄市

福利造纸毛毯厂
河北省石家庄市晋州市马于镇吕家庄
邮编：052260
电话：0311－84359142
产品：造纸毛毯

唐山市

唐山天兴科技有限公司
河北省唐山市开平区现代装备制造工业区南路
邮编：063000
电话：0315－6322550、6322551、8086688
传真：0315－6322552
网址：www. txtech. cn
邮箱：csy@ txtech. cn
tstxhb@ sina. com
产品：CQF 气浮系统

唐山市热力强盛工贸有限公司
河北省唐山市路北区朝阳道 22 号
邮编：063000
电话：0315－2022779、2015822
传真：0315－2031273
网址：www. tsrlqs. com
邮箱：religs@ 163. com
产品：铜版纸、拷贝纸

邯郸市

邯郸市造纸机械设备厂
河北省邯郸市成安县东彭留村
邮编：056700
电话：0310－7260612
产品：盘磨磨片

保定市

高阳县津联工业用呢有限公司
河北省保定市高阳县城东 2 公里路北
邮编：071500
电话：0312－6602373
传真：0312－6603733
产品：工业用呢

保定市晨光造纸机械有限公司
河北省保定市北二环路 699 号
邮编：071051
电话：0312－3173685、3530191、3173703
传真：0312－3172452
网址：www. chgjx. com. cn
邮箱：chenguangjixie@ 126. com
产品：造纸设备、废水处理工程

保定市华光机械有限公司
河北省保定市周庄村东
邮编：071051
电话：0312－3117623、3128810、3017250
传真：0312－3128810、3174481
网址：www. bdhuaguang. com
邮箱：bdhuaguang@ 126. com
产品：生活用纸加工设备

保定巨龙高能开发有限公司
河北省保定市合作路副 10 号
邮编：071000
电话：0312－5066001、5013685
传真：0312－5028183
网址：www. bdjulong. com. cn
邮箱：julong@ bdjulong. com. cn
产品：红外加热设备

保定市晨光环保设备厂
河北省保定市隆兴西路 3132 号

邮编：071051
电话：0312－5555518
传真：0312－5955517
网址：www. cghb. com. cn
邮箱：chengguanghuanbao@ sina. com
产品：TWC 系列同向流净水器及纤维回收、脱泥设备

保定市中通泵业有限公司
河北省保定市南二环 2162－8 号
邮编：071000
电话：0312－2138886、2139278、8920037
传真：0312－2138887
网址：www. zhongtongpump. com
邮箱：pump@ zhongtongpump. com
产品：泵

中国造纸开发保定设计公司
河北省保定市广济路 230 号
邮编：071000
电话：0312－2025534
传真：0312－2036695
业务：工程设计

保定华融经贸总公司
河北省保定市纸厂路 98 号
邮编：071071
电话：0312－3198353、3172128
经营：机制纸、防伪纸

沧州市

沧州市通用造纸机械有限公司
河北省沧州市经济技术开发区东海路 33 号
邮编：061000
电话：0317－3098909、3098959、3098346
传真：0317－3098959、3098909
网址：www. cztyzzjx. com. cn
邮箱：zjf. 576@ 163. com
产品：磨浆机

东兴纸箱机械厂
河北省沧州市东光县城南古树于工业区
邮编：061001
电话：0317－7752228
传真：0317－7752228
产品：各种纸箱、包装机械

官厅特种工业用呢厂
河北省沧州市沧县官厅乡
邮编：061029
电话：0317－4058201
产品：造纸毛毯

爱美德网带有限公司
（原东光县造纸网厂）
河北省沧州市东光县找王镇后屯
邮编：061600
电话：0317－7780800、7780610、7725002
传真：0317－7780610
网址：www. hbamity. com
邮箱：amity@ vip. 163. com
产品：造纸网

青县拓实新兴冲筛有限公司
河北省沧州市青县城东觉道庄老子湖工业区
邮编：062650
电话：0317－4087374、4299898、4087027
传真：0317－4087027
网址：www. tsxxcs. cn
邮箱：root@ tsxxcs. cn
产品：筛板

廊坊市

廊坊开发区东润卫生材料有限公司
河北省廊坊经济技术开发区汇源道
邮编：065001
电话：0316－6071870
传真：0316－6088171
产品：一次性医用敷料、柔中卷、湿纸巾、清洁擦布

东纶科技实业有限公司
河北省廊坊经济技术开发区汇源道 8 号
邮编：065001
电话：0316－6086145、6071866、6087699、6071870
传真：0316－6088171
网址：www. eastex-china. com
产品：涤纶、黏胶、锦纶、丙纶等原料的水刺非织造布

衡水市

河北鹤煌网业股份有限公司
河北省衡水市安平县新盈大街 17 号
邮编：053600
电话：0318－7524840、7978279
传真：0318－7520806

产品：造纸网

河北华强网业有限公司
河北省衡水市枣强县肖家镇
邮编：053100
电话：0318－8489236
传真：0318－8489288
网址：www. hbhuaqiang. com
邮箱：huaqiangwangye666@ aliyun. com
产品：造纸网

河北冀州市亚华特种胶辊厂
河北省冀州市兴华南大街 1666 号
邮编：053200
电话：0318－6829928
传真：0318－6829956
产品：造纸、冶金用胶辊

河北深州市王家井东斌胶厂
河北省深州市王家井镇王庄
邮编：053873
电话：0318－3465347
产品：造纸橡胶、尼龙制品

河北亚圣实业有限公司
河北省枣强县玻璃钢城
邮编：053100
电话：0318－8228718
传真：0318－8222297
产品：刮刀

河北衡水长虹包装装潢有限公司
河北省衡水市红旗南大街 117 号
邮编：053000
电话：0318－2123321
传真：0318－2123321
经营：各种规格彩色印刷包装纸箱、纸盒、商标

山 西 省

晋中市

山西省轻工机械厂
山西省晋中市榆次区
邮编：030600
电话：13303544343
产品：造纸机械设备

内蒙古自治区

呼和浩特市

内蒙古轻纺工业设计研究院有限责任公司
内蒙古自治区呼和浩特市新城区艺术厅南街 82 号怡海明苑 B 座 3 楼
邮编：010010
电话：0471－6923184 转 8005
业务：工程咨询、工程设计

辽 宁 省

沈阳市

辽宁飞鸿达蒸汽节能设备有限公司
辽宁省沈阳市东陵区泉园 3 路 69 号
邮编：113122
电话：024－54319988、54319989
传真：024－54319990
网址：www. syfhd. com. cn
　　　www. lnfhd. com
邮箱：syfhd@ 163. com
产品：纸机烘干热泵、蒸球乏汽回收成套装置、热泵式凝结水回收装置

沈阳春光造纸机械有限公司
（原沈阳市造纸机械厂）
辽宁省沈阳市铁西区卫工南街 46 号
邮编：110141
电话：024－85400088、85400666
传真：024－85361535
网址：www. syzzjxc. cn
邮箱：bqwsy@ 126. com
产品：浆泵、卫生纸机、压力泵、真空泵、除渣器

大连市

大连迈仕通机械有限公司
辽宁省大连市金州工业配套园区银泉街 3 号
邮编：116100
电话：0411－87663998
传真：0411－87663938
网址：www. microstone. com
邮箱：2003@ microstone. com
产品：超微粉新型竖式立磨机、超微湿式研磨机、高效气流式分级系统、全自动精密过滤器、除铁过滤器、

活性处理设备

大连嘉迅机械有限公司
（原大连民乐工业总厂）
辽宁省大连市甘井子区辛寨子镇小辛工业园区
邮编：116033
电话：0411－86310998、86310596
传真：0411－86310998
产品：真空泵、减速机、筛浆机

丹东市

丹东博威磨片有限公司
辽宁省丹东市振安区武营路 99 号
邮编：118001
电话：0415－4189189、4189389
传真：0415－4188488
网址：www. ddbwjx. com
邮箱：ddbwjx@ 163. com
产品：造纸磨片、淀粉磨片、密度板磨片

丹东东方轻工机械有限公司
辽宁省丹东市同兴镇龙兴街 69 号
邮编：118011
电话：0415－6135777、6135888
传真：0415－6135999
网址：www. ddf. com. cn
邮箱：dfqj999@ 126. com
产品：制浆造纸设备及零件

丹东市江城轻工机械有限公司
辽宁省丹东市振兴区安民镇
邮编：118004
电话：0415－7600777、7608280
传真：0415－7608629
网址：www. ddjcm. cn
邮箱：jcjx@ ddjcm. com
产品：制浆造纸机械设备及零件

丹东鸭绿江磨片有限公司
辽宁省丹东市浪头镇
邮编：118009
电话：0415－6155888、6155355
传真：0415－6156158
网址：www. jinquan-disc. com
邮箱：jinquandisc@ 163. com
产品：高浓磨磨片

丹东兴和机械有限公司
辽宁省丹东市振兴区浪头镇天津街 201 号
邮编：118009
电话：0415－6155458
传真：0415－6155207、6279276
网址：www. ddxinghe. net
邮箱：dd-syg@ 126. com
产品：长网、叠网、圆网造纸机、涂布机、压光机、复卷机、切纸机、包装机

丹东山河技术有限公司
辽宁省丹东市汤池工业园区 35 号
邮编：118303
电话：0415－6256966、6256906
传真：0415－6256956
网址：www. sunhightech. com
邮箱：mail@ sunhightech. com
　　　sunhightech@ 163. com
产品：造纸过程传感器与控制系统

丹东烘缸制造厂
辽宁省丹东市东港市前阳镇平安村
邮编：118000
电话：0415－7162062
传真：0415－7162062
产品：烘缸、压榨辊

辽阳市

辽阳造纸机械股份有限公司
辽宁省辽阳市铁西路 76 号
邮编：111004
电话：0419－3132329
传真：0419－3132877
网址：www. lyzj. com
邮箱：lyzj@ lyzj. com
产品：纸机

辽阳天义造纸设备有限公司
辽宁省辽阳市太子河区望水台乡庞夹河村 10 号
邮编：111000
电话：0419－3229841、3991577
传真：0419－3229841
网址：www. lytyzz. com
邮箱：007hanfei@ 163. com
　　　lytyzz@ lytyzz. com
产品：打包捆扎机、油压机、切板机、叠包机

吉林省

长春市

吉林省轻工业设计研究院
吉林省长春市飞跃路 2688 号
邮编：130021
电话：0431－85657719、85652015、85653595
传真：0431－85657579
网址：www. jlsqgy. com
邮箱：qgy@ public. cc. jl. cn
业务：工程咨询、工程设计、工程监理

长春纸张试验机有限责任公司
吉林省长春市安达街 1456 号
邮编：130061
电话：0431－88528095
传真：0431－88527195
网址：www. cczzsyi. net
邮箱：xsk@ cczzsyj. net
产品：纸张物理检测仪器

长春市月明小型试验机有限责任公司
（原长春小型试验机厂）
吉林省长春市经济技术开发区会展大街（乐群街）906 号
邮编：130033
电话：0431－84627751、84627353
传真：0431－84627752
网址：www. ccxxsyj. com
产品：纸张检测仪器

吉林市

吉林轻工业设计院
吉林省吉林市林荫路 16 号
邮编：132002
电话：0432－6946813、6946842
传真：0432－2775622
网址：www. eli. cn
业务：工程设计、监理、咨询

吉林市诚信实业有限责任公司
吉林省吉林市丰满区二道 120 号
邮编：132107
电话：0432－64721456
传真：0432－64722622
网址：www. jlcxmp. com
邮箱：jlcx@ jlcxmp. com
产品：特钢磨片

四平市

四平市桦鑫包装有限公司
吉林省四平市铁东区北八马路 19 号
邮编：136001
电话：0434－3520221
产品：纸制品

黑龙江省

哈尔滨市

哈尔滨宇达电子技术有限公司
黑龙江省哈尔滨市动力区和兴路 17 号
邮编：150040
电话：0451－82131929、82120636、82190118
传真：0451－82120636
网址：www. yudadz. com
邮箱：544893590@ qq. com
产品：纸张水分仪、稻麦草水分仪、纸浆浓度测定仪

哈尔滨泽恩磨浆机有限公司
黑龙江省哈尔滨市南岗区文库街智力大厦 503 室
邮编：150040
电话：0451－82293443
产品：双螺旋辊式磨浆机

黑龙江省轻工业设计院
黑龙江省哈尔滨市动力区和平路 121 号
邮编：150040
电话：0451－82620961
传真：0451－82655374
网址：www. hcel. cn
邮箱：post@ hcel. cn
业务：工程设计、工程咨询与规划、工程勘察与监理

佳木斯市

佳木斯造纸网有限公司
黑龙江省佳木斯市东风区光复路 302 号
邮编：154005
电话：0454－8375399、8332018
产品：造纸网

牡丹江市

黑龙江省造纸工业研究所
黑龙江省牡丹江市阳明区光华街 5 号
邮编：157013
电话：0453 -6332195、6332060
传真：0453 -6332195
业务：工农业特种纸研制开发、制浆造纸技术的研究与开发

牡丹江市中德轻工机械制造厂
黑龙江省牡丹江市西小太平路 28 号
邮编：157000
电话：0453 -6424176
产品：分切机

上　海　市

亚赛利中国
切利(上海)机械设备有限公司
上海市金山工业区九工路 928 号
邮编：201506
电话：021 -67225070
传真：021 -67225073
网址：www. acelli. it
邮箱：calvin. liu@ acelli. cn
产品：卫生纸机、卫生纸生产线备浆系统、复卷机(适用于各种纸类及纸板生产线)

西尔伍德机械有限公司
上海市松江区九亭镇盛龙路 8 号
邮编：201615
电话：021 -5496 1756
传真：021 -5496 0279
网址：www. cellwood. se
邮箱：frank. jiang@ cellwood. se
产品：KRIMA 卡瑞吗热分散系统、Gurbbens 固本碎浆机系统、Gurbbens 固本浆渣分离器、Gurbbens 固本高浓除渣器、Gurbbens 固本纤维疏解机、Gurbbens 固本热分散出口配套中浓泵、Algas 微滤机系统

恩斯克投资有限公司(日本精工中国总部)
上海市仙霞路 319 号远东国际广场 A 栋 10 楼
邮编：200051
电话：021 -62350198
传真：021 -62351033
网址：www. cn. nsk. com
产品：造纸设备专用轴承

贝卡尔特管理(上海)有限公司
上海市遵义南路 88 号协泰中心 16 楼
邮编：200000
电话：021 -62952233
传真：021 -62193158、62952234
网址：www. bekaert. com. cn
产品：打包钢丝、非接触式干燥系统、装订钢丝

上海大晃泵业有限公司
上海市奉贤区南桥镇桥行工业区 128 号
邮编：201400
电话：021 -57196294 -16
传真：021 -57196294 -18
网址：www. shzz. org. cn
产品：多头螺旋离心泵、双螺杆泵系列

霍尼韦尔(中国)有限公司
上海市遵义路 100 号虹桥上海城 A 座 35 楼
邮编：200051
电话：021 -62370237
传真：021 -63272827、62372332
网址：www. honeywell. com
产品：自动化控制系统传感器与控制元件

布鲁奇维尔(上海)通风技术有限责任公司
上海市奉贤区坞桥镇环北路 2 号
邮编：201402
电话：021 -57406923
传真：021 -57406923
网址：www. brunnschweiler. com
产品：气罩、风箱、冷凝水系统、热回收系统

川佳机械集团股份有限公司
川佳机械(集团)华东办事处(上海)
上海市徐汇区宛平南路 381 号宛轻大楼 509 室
邮编：200032
电话：021 -64283706、64283716
传真：021 -64283652
网址：www. new-bonafide. com
邮箱：newbona@ ms25. hinet. net
产品：制浆造纸机械

光华爱而美特仪器有限公司
上海市闵行经济技术开发区东川路 3160 号
邮编：200245
电话：021 -64300150

传真：021－64300812
产品：电磁流量计等

华阳检测仪器有限公司
上海市长宁区昭化路 515 号
邮编：200050
电话：021－62400193
传真：021－62403841
网址：www. sh-huayang. com
邮箱：hy@ sh-huayang. com
产品：造纸检测、测量仪器

帕克环保技术(上海)有限公司
上海市浦东张江郭守敬路 351 号
邮编：201203
电话：021－50800101
传真：021－50800221
网址：www. paques. com. cn
邮箱：info@ paques. com. cn
业务：废水处理、厌氧处理技术

上海本真造纸技术有限公司
上海市普陀区中山北路 1295 号 8 号楼 316 室
邮编：200065
电话：021－56090615
传真：021－56090615
业务：制浆、造纸生产工艺和机械设备咨询、设计、制造、改造、安装和调试、新产品研制，兼营造纸原料和化学助剂

上海承天制浆造纸机械工程成套设备有限公司
上海市中心北路 1060 号 1501 室
邮编：200070
电话：021－56558038、56550377
传真：021－56558038
产品：工业滤纸成套设备、涂布机、浸渍机、二辊单压、四辊双压区、软压光机

上海泛邦自控技术研究所
上海市大木桥路 111 号 26D
邮编：200032
电话：021－64173777、64169325
传真：021－54520510
网址：www. sh-fbauto. com
邮箱：fbauto@ sina. com
　　　fbzkjs@ shcei. com. cn
产品：高精度节能型恒温自控系统

上海弘纶工业用呢有限公司
上海市金山区枫泾镇纺织工业园区建安路 78 号
邮编：201502
电话：021－67360980、67361100
传真：021－57365916
产品：造纸毛毯、工业用呢

上海开港造纸机械制造有限公司
上海市幸福路 117 号
邮编：200052
电话：021－62803874
传真：021－62803871
邮箱：liming-kaigang@ 126. com
产品：喷嘴及其移动装置、常用制浆设备及配件

上海科创设备防腐防漏技术有限公司
上海市松江区新五开发区
邮编：201606
电话：021－57874310
传真：021－57877400
产品：烘缸堵漏、表面处理

上海威尔泰工业自动化股份有限公司
上海市闵行区虹中路 263 号
邮编：201103
电话：021－64656465
传真：021－64659677
网址：www. welltech. cn
邮箱：sales@ welltech. com. cn
产品：自动化控制系统

上海赛德造纸机械电控技术有限公司
上海造纸机械电控技术研究所
上海市宝山路 888 弄 2 号 306 室
邮编：200081
电话：021－65871936
传真：021－56716875
网址：www. sh-sied. com
产品：SIED 全数字交直流调速系统产品、抄纸车间集散控制系统

上海紫华企业有限公司
上海市闵行区北松路 999 号
邮编：201111
电话：021－64093456
传真：021－64090612
网址：www. pefilm. com. cn
产品：PE 流延压纹膜、透气性流延膜和耐刺穿底膜

上海宏亚机泵制造有限公司
上海市交通西路 129 号 10 号
邮编：200065
电话：021 - 56533064、56080539
传真：021 - 56080539
网址：www. hongyapumps. com
邮箱：sales@ hongyapumps. com
产品：CZ 系列化工离心泵、G 型螺杆泵、WB 型旋涡泵、FCB 型不锈钢齿轮泵、TWZB 型无堵塞浆泵等

上海永锚泵业制造有限公司
上海市闸北区共和新路 111 弄 9 号 203 信箱
邮编：200070
电话：021 - 63802299、63171166
传真：021 - 63537433
网址：www. ympumps. com
邮箱：sales@ ympumps. com
产品：G 型系列单螺杆泵，QBY 型气动隔膜泵，ISG 系列单级单吸立式管道离心泵，CQ 型磁力驱动泵，JMZ、FMZ 自吸泵等

上海爱凯思机械刀片有限公司
上海市青浦工业园区崧泽大道 7477 号
邮编：201707
电话：021 - 59869050
传真：021 - 59868220
网址：www. iks-sh. com
产品：打浆机刀具

上海新阿波隆数控设备有限公司
上海市闸北区共康路 658 弄 28 号
邮编：200443
电话：021 - 56488221
传真：021 - 56438622
产品：数控及普通软压光机、配件

上海宝刀机械刀片厂
上海市青浦工业区盈中
邮编：201700
电话：021 - 59203592
产品：机械刀片

上海大禹自控阀门有限公司
上海市南汇区航头镇大麦湾工业园区文汇报航川路 66 号
邮编：201204
电话：021 - 68220075
传真：021 - 68220798
网址：www. dayupv. com
邮箱：sales@ dayupv. com
产品：调节阀门

上海东华高压匀浆泵厂
上海市沪闵路镇泾河东 11 号
邮编：201108
电话：021 - 64890907
产品：高压浆泵

上海福昌造纸机械厂
上海市浦东新区黄楼镇西首
邮编：201205
电话：021 - 58941309
产品：切纸机

上海高新造纸技术有限公司
上海市南大路 15 号
邮编：200436
电话：021 - 66507871
网址：www. nhpaper. cn
邮箱：nhpaper@ sina. com
业务：造纸制浆技术开发、造纸工程设备成套技术、造纸机械

上海工业用呢厂诸翟分厂
上海市闵行区金辉路 1688 号
邮编：201107
电话：021 - 62211136
产品：工业用呢

上海沪昌造纸机械有限公司
上海市沪太路 555 弄 3 号 503 室
邮编：200070
电话：021 - 56557226
传真：021 - 56555227
产品：压力筛、冲浆泵、造纸机

上海化工机械厂有限公司
上海市奉贤区上海工业综合开发区肖南路 368 号
邮编：201400
电话：021 - 33655535
传真：021 - 33655532
网址：www. scmp. net. cn
邮箱：sale@ scmp. net. cn
产品：过滤机、洗浆机

上海荟安筛网实业有限公司
上海市中原路 60 弄 1 号
邮编：200438
电话：021－65572389
网址：www. huian. com. cn
邮箱：web@ huian. com. cn
产品：丝网

上海吉井环保设备有限公司
上海市长宁区宋园路 46 弄 9 号楼
邮编：200336
电话：021－62083399
传真：021－62706689
网址：www. yosii. com. cn
邮箱：yosii@ sh163. net
yosii@ nikkiso. com. cn
产品：系列计量泵、输送泵、环保设备

上海金熊造纸网毯有限公司
上海市金山区枫泾镇兴塔建安路 78 号 2 栋
邮编：201502
电话：021－67361666
传真：021－67361071
网址：www. vanov. cn
产品：造纸毛毯、工业用呢

上海浦东合丰造纸机械有限公司
（原上海造纸机械配件厂）
上海市浦东新区合庆镇奚阳路朝阳村
邮编：200052
电话：021－58971946
传真：021－62820949
产品：疏解机、圆盘磨

上海轻良实业有限公司
上海市青浦白鹤工业区鹤祥路 68 号
邮编：201709
电话：021－59741536
传真：021－59741437
网址：www. shqlsy. com
邮箱：shqlsy@ shqlsy. com
产品：造纸设备

上海瑞华（集团）有限公司
上海市广顺路 8 号
邮编：200335
电话：021－52186390
传真：021－62617381
网址：www. ruihuagroup. com. cn
邮箱：ruihua@ ruihuagroup. com. cn
产品：传动及控制系统、造纸机械

上海瑞沪造纸机械有限公司
上海市南翔镇新翔黄路 625 号
邮编：201802
电话：021－59173130
产品：切纸机

上海太新造纸机械有限公司
上海市交通路 4703 弄 6 号 702 室
邮编：200331
电话：021－62778894
传真：021－62778886
产品：活动弧形辊、纸机配件

上海星空自动化仪表有限公司
上海市青浦工业园区新水路 575 号
邮编：201701
电话：021－59702153、59705999
传真：021－59705989
网址：www. xk-sh. com
邮箱：xsb@ xk-sh. com
产品：流量计等仪表

上海新光明泵业制造有限公司
（原光明水泵厂）
上海市武定路 576 号
邮编：200040
电话：021－62156413、62586878、62583382
传真：021－62156276
网址：www. gmpumps. com
邮箱：info@ xinguangminggroup. com
产品：隔膜泵、高温油泵、清水离心泵、化工泵、污水泵

新华控制技术（集团）有限公司
上海市闵行经济技术开发区文井路 160 号
邮编：200245
电话：021－64304308
传真：021－64302778
网址：www. xinhuagroup. com
邮箱：xhg@ xinhuagroup. com
产品：自动控制

意大利亚赛利造纸机械有限公司上海代表处
上海市凯旋路 3500 号华苑大厦 1 号楼

邮编：200030
电话：021－64870654
传真：021－64872928
网址：www. acellipaper. it
产品：造纸及无纺布机器

中达工业用呢有限公司
上海市金山区吕巷镇新浜村 12 组 5000 号
邮编：201517
电话：021－57371309
传真：021－57371242
产品：工业用呢

中国海诚工程科技股份有限公司
中国轻工业上海工程咨询有限公司
上海市宝庆路 21 号
邮编：200031
电话：021－64717908
传真：021－64718347
网址：www. haisum. com
邮箱：info@ haisum. com
业务：工程设计、工程咨询、工程监理

ITT 工业公司
上海市遵义路 100 号虹桥城市中心 A 座 30 楼
邮编：200051
电话：021－22082888
传真：021－22082999
网址：www. gouldspumps. com
　　　www. pumpsmart. net
产品：泵

中国船舶重工集团公司第 704 研究所
上海市衡山路 10 号
邮编：200031
电话：021－64718118－4506
传真：021－64330521
网址：www. smeri. com. cn
邮箱：jy704@ 21cn. com
产品：纸卷输送系统

九益机电(上海)有限公司
上海市嘉定区宝安公路 2775 弄 98 号
邮编：201802
电话：021－69158205、69158208
传真：021－69158209
网址：www. cutes. com. tw
邮箱：sales@ cutes. com. tw
产品：真空泵、鼓风机

法国 PCM 泵业公司上海代表处
上海市延安西路 2299 号世贸商城 10A01
邮编：200336
电话：021－62362521
传真：021－62362428
网址：www. pcm-pump. com
产品：泵

上海理查包装机械有限公司
上海市军工路 1300 号
邮编：200433
电话：021－65482025、65338674、65483939
传真：021－65492533
网址：www. shrichard. com. cn
　　　www. richard. online. sh. cn
邮箱：shangrichard@ 126. com
产品：包装机

福伊特造纸(中国)有限公司
上海市长宁区兴义路 8 号上海万都中心 25 楼
邮编：200336
电话：021－52080388
传真：021－52080355
网址：www. voithpaper. com
　　　www. voith. com. cn
产品：造纸机械

柯尔柏机械设备(上海)有限公司
上海市外高桥保税区华京路 418 号 41 号楼 C 部位
邮编：200131
电话：021－50462933、50462822
传真：021－50462303
网址：www. kpl. net
　　　www. koerberprocess. com
邮箱：mirjam. rolfe@ koerber. de
产品：复卷机、分切机

斯普瑞喷雾系统(上海)有限公司
上海市松江工业区书林路 21 号
邮编：201611
电话：021－57684882、67600882
传真：021－67600548
网址：www. spray. com
　　　www. autojet. com
邮箱：shanghai@ spray. com. cn
产品：喷嘴

上海乾丰轻工机械厂
上海市嘉定区江桥工业园区丰华公路 1580 号
邮编：201803
电话：021－59143443
传真：021－69111165
邮箱：chunginglu@126. com
产品：磨刀机、复卷机、除渣器

埃尔依(上海)工业设备有限公司
上海市嘉定区曹安路 3652 号
邮编：201812
电话：021－39115191
传真：021－39115192
网址：www. l-e. de
产品：纸机密闭气罩、袋通风与热回收系统、车间通风系统、涂布机干燥系统、蒸汽冷凝水系统

丹佛斯(上海)自动控制有限公司
上海市宜山路 900 号科技大楼 C 座 20 层
邮编：200233
电话：021－61513000
传真：021－61513100
网址：www. danfoss. com/china
邮箱：shanghai@danfoss. com
产品：变频器

上海东方泵业(集团)有限公司
上海市宝山区富联路 1588 号
邮编：201906
电话：021－33718888
传真：021－56025566
网址：www. eastpump. com
邮箱：eastpump@163. net
产品：泵

罗斯蒙特公司
艾默生过程控制有限公司
上海办事处：021－38954788
北京办事处：010－58211188
广州办事处：020－83486098
西安办事处：029－83255563
乌鲁木齐办事处：0991－5802277
网址：www. ap. emersonprocess. com
邮箱：csc. china@emerson. com
产品：压力变送器

西派克(上海)泵业有限公司
上海市浦东新区宣中路 399 号
邮编：201300
电话：021－38108888
传真：021－38108889
网址：www. seepex. com
邮箱：info. cn@seepex. com
产品：泵

瑞士 BMB－Kroenert 集团公司
中国总代理香港捷成洋行有限公司
上海市延安东路 588 号东海商业中心 11 楼 C 座
邮编：200001
电话：021－63527002
传真：021－63527330
网址：www. bmbag. ch
产品：涂布加工设备

博索尼奥拉茂(上海)叉车属具有限公司
上海市闵行区陪昆路 206 号 B 区 11 号
邮编：201111
电话：021－64093050
传真：021－64093060
网址：www. bolzoni-auramo. com
产品：纸浆包夹、废纸包夹、纸箱夹

上海奥鼎机械设备有限公司
上海市番禺路 390 号时代大厦 3 楼 E－F 室
邮编：200052
电话：021－62815511
传真：021－52581476
网址：www. aoding. com
邮箱：info@aoding. com
产品：造纸机械

深圳市联欧贸易发展有限公司上海分部
上海市浦东桃林路 18 号环球广场 B 座 702 室
邮编：200135
电话：021－68556062
传真：021－58214208
网址：www. euro-me. com
邮箱：euromesh@euro-me. com
产品：纸机

铁姆肯(中国)投资有限公司总部
上海市虹桥路 1 号港汇中心 1 座 27 层
邮编：200030
电话：021－61138000
传真：021－61138001
网址：www. timken. com

产品：轴承

伊顿工业过滤(上海)有限公司
上海市长宁区临虹路 280 弄 3 号楼
邮编：200335
电话：021 - 52000400
网址 www. eaton. com. cn
产品：造纸过滤设备

上海恒伦纸业有限公司
上海市广中西路 99 弄 30 号 201 室
邮编：200072
电话：021 - 66310898
传真：021 - 66310090
经营：漂白针叶木浆、针阔叶木混合浆、本色浆、漂白桉木浆、高强瓦楞原纸、新闻纸、双胶纸、书写纸、包装纸

美国福瑞斯国际贸易有限公司
上海盛托瑞国际贸易有限公司
上海市定西路 988 号 507 室
邮编：200050
电话：021 - 62112130、62116810
传真：021 - 62120563
经营：牛卡纸、白牛皮纸、PE 口杯纸、彩色卡纸、轻涂纸、废纸

上海德杰实业发展有限公司
上海市宁国路 313 弄 9 号 709 室
邮编：200090
电话：021 - 65196311
传真：021 - 65196311
经营：轻涂纸、铜版纸、哑光纸、灰纸板、白卡纸、玻璃卡纸、布纹纸、双胶纸

瑞典赛尔玛(CELLMARK)有限公司上海代表处
上海市茂名南路 205 号瑞金大厦 2007
邮编：200020
电话：021 - 64730266
传真：021 - 64730030
经营：漂白针叶木浆、桉木浆、漂白阔叶木浆、本色浆、化学机械浆、牛皮纸、牛皮卡纸、瓦楞原纸、涂布白卡纸、废纸

上海华宝物资实业有限公司
上海市真诚路 426 号
邮编：200331
电话：021 - 66270073
传真：021 - 66270090
经营：废纸、纸筒芯

新鸿纸业有限公司
上海市黄浦区宁波路 633 号
邮编：200001
电话：021 - 63225771
传真：021 - 63225771
经营：双胶纸、打字纸、书写纸、拷贝纸、牛皮纸、新闻纸、彩色半透明纸、热敏纸、电缆纸、电话簿纸、铝箔衬纸、水果袋原纸、防油纸

上海云开纸业有限公司
上海市南翔惠平路 12 弄 3 号
邮编：201802
电话：021 - 59128010、59128011
传真：021 - 59128011
经营：牛皮纸、纸袋纸、白卡纸

上海万戈工贸发展有限公司
上海市共祥路 255 号
邮编：201906
电话：021 - 51099553
传真：021 - 51879227
经营：卡纸

上海中立贸易发展有限公司
上海市杨浦区大连路 950 号海上海新城 8 号楼 407 室
邮编：200092
电话：021 - 55969137
传真：021 - 65625655
经营：废纸

上海宾高纸业有限公司
上海市青浦区支家路 21 弄 3 号楼 110 室
邮编：201700
电话：021 - 59720299、13801662351
传真：021 - 59731297
经营：牛卡纸、牛皮纸

经纶全讯(香港)有限公司上海代表处
上海市浦东张杨路 707 号生命人寿大厦 1405 - 6 室
邮编：200041
电话：021 - 58360371
传真：021 - 52921841
经营：单面铜版纸

上海润泰纸业有限公司
上海市宝山区富锦路 3159 号

邮编：201901
电话：021－56390688
传真：021－56865815
经营：铜版纸、双胶纸、白纸板、美国进口白卡纸

上海峰联浆纸有限公司
上海市浦东南路 855 号世界广场 30H
邮编：200120
电话：021－58209888
传真：021－58888056
经营：漂白针叶木浆

上海年瑞进出口有限公司
上海市浦东崂山路 528 号江苏大厦(紫金山大酒店)14 楼 A5 室
邮编：200122
电话：021－58358662、68868850
传真：021－58358676、68868577
网址：www. yearich. com
邮箱：poster@ yearich. com
经营：牛皮纸

上海伟忠纸业有限公司
上海市闵行区 788 弄 9 号 1204 室
邮编：201103
电话：021－62951710、62951713、62951712
传真：021－62951711
网址：www. weizhongzhiye. cn
经营：废纸

上海吉圣包装纸业有限公司
上海市南翔镇扬子路 18 号
邮编：201802
电话：021－59179049、13901911699
传真：021－59179049
经营：牛卡纸、牛皮纸

上海华臻绫术文化传播有限公司
上海市闸北区灵石路 721 号 8 幢 201 室
邮编：200000
电话：021－36030216、36030217、56034661
传真：021－56034661
网址：www. chinalinks. org
邮箱：chinalinks@ sh163. net
sales@ chinalinks. org
经营：双面灰纸板、白牛皮纸、未涂布白铜版卡纸

上海千悦贸易有限公司
上海市延安西路 2077 号 2501 室
邮编：200000
电话：021－62190989、62191189、62192806
传真：021－62192806
经营：白卡纸

上海爱建纸业有限公司
上海市大田路 129 号 A 栋 28 楼 D 座
邮编：200041
电话：021－62170000
传真：62870433
经营：纸张

上海田源纸业有限公司
上海市天平路 248 号 3 楼 I 座
邮编：200030
电话：021－64077805、64073270、64077842
经营：铜版纸

上海中产纸业有限公司
上海市龙漕路 135 弄 8 号楼 801 室
邮编：200235
电话：021－64757868、64517782
传真：021－64757868、64517782
经营：进口纸

大仓纸业商事(上海)有限公司
上海市仙霞路 88 号太阳广场东塔 501
邮编：200336
电话：021－62700643、62700645、62700644
传真：021－62700645
网址：www. okurash. com
邮箱：homepage@ okurash. com
经营：白纸板

日惠得造纸器材(上海)贸易有限公司
上海市长宁区娄山关路 85 号东方国际大厦 C1108 室
邮编：200336
电话：021－62350159
传真：021－62195442
网址：www. felt. co. jp
邮箱：lqding@ felt. co. jp
产品：制浆造纸用毛毯、网以及其他工业用塑料织物

上海晶杨商贸有限公司
上海市建国西路 91 弄 5 号楼 902 室
邮编：200020

电话：021－63049414、51532091、51532092
传真：021－63049974
网址：www.sha-jingyang.com
邮箱：support@sha-jingyang.com
经营：液体染料、有机颜料分散液、进口Manildra造纸专用系列淀粉、进口荧光增白剂、测色仪器、在线颜色测色系统

上海景兴实业投资有限公司
上海市南京西路1366号恒隆广场48楼01室
邮编：200040
电话：021－62882866
传真：021－62887671
网址：www.zjjxjt.com
邮箱：shanghaijingxing@163.com
经营：废纸、木浆、纸板、瓦楞原纸、胶版纸

上海宝星纸浆模塑有限公司
上海市宝山区盛桥石太路699号
邮编：200942
电话：021－56152355
传真：021－56158568
产品：一次性餐盒

江　苏　省

南京市

中国林科院林产化工研究所
江苏省南京市锁金五村16号
邮编：210042
电话：025－85482401
传真：025－85413445
网址：www.forinchem.com
邮箱：info@forinchem.com
业务：木质和非木质林产品化学加工与利用

江苏省出版印刷物资公司
江苏省南京市中央路276－1易发五洲大厦2楼208室
邮编：210037
电话：025－83113670
传真：025－83112029
经营：卷筒纸、铜版纸、双胶纸、木浆

松林国际刮刀锯制造有限公司
江苏省南京市中山北路281号虹桥新城市广场01幢1815室
邮编：210003
电话：025－58811772、83171371
传真：025－58812039
网址：www.paperblade-ssl.com
邮箱：ssl@paperblade-ssl.com
产品：刮刀、圆刀、切刀、开槽刀、专用磨床

清来机械有限公司南京办事处
江苏省南京市白下区太平南路333号金陵御景园2幢203座
邮编：210012
电话：025－84505849
传真：025－84505849
网址：www.chinglai.com.tw
产品：控制复卷机、裁纸机附叠纸机、刮刀、直降系统、散浆机、去污机、磨浆机、浓缩机、脱水机、筛、分离机、离解机

南京神克隆科技有限公司
江苏省南京市江宁区东山华意泰富广场2幢1101室
邮编：211100
电话：025－52196484
传真：025－52196654
网址：www.shenkelong.com
产品：废水处理

南京君昇包装有限公司
(原南京纸箱总厂纸板圆桶分厂)
江苏省南京市江宁区江宁街道上湖工业园
邮编：210000
电话：025－52814369、84573359
传真：025－52803452
网址：www.nxzt.com
邮箱：lhj@nxzt.com
产品：环保纸板圆桶及各类纸罐

苏宁新技术应用研究所
江苏省南京市虎踞路175号环保楼
邮编：210013
电话：025－83706725
产品：新型臭氧发生器、废水处理设备

无锡市

无锡锐帆技术有限公司
地址：江苏无锡新吴区硕放工业园新农路6号
电话：0510－85256299、18661014966
邮箱：di.wu@refine-tech.cn
网址：www.refine-tech.cn

产品：提供制浆造纸设备维修和改进服务、各类辊子维护及升级改造

无锡沪东麦斯特环境工程有限公司
江苏省无锡市国家高新技术开发区
邮编：214142
电话：0510－85300555、85300777
传真：0510－85300878
网址：www. chinahudong. com
邮箱：hz. hudong@ 263. net
产品：气浮设备、废水处理设备

敷岛工业织物(无锡)有限公司
江苏省无锡市国家高新技术产业开发区 B－18－G 号
邮编：214112
电话：0510－85258665
传真：0510－85258607
网址：www. shikibo. co. jp
产品：造纸用干网

华都琥珀环保机械制造有限公司
江苏省宜兴市高腾镇隔湖路 8 号
邮编：214214
电话：0510－87894476
产品：废水处理设备

江阴市利港羊毛辊厂
江苏省江阴市利港镇黄丹街
邮编：214444
电话：0510－86631242
传真：0510－86631051
产品：压花辊、轧光辊

江阴市国光轧光机纤维辊有限公司
江苏省江阴市利港镇西利路 88 号
邮编：214444
电话：0510－86631242
传真：0510－86631051
网址：www. cngrand. cn
邮箱：cngrand@ yahoo. cn
产品：压光机、辊筒

江阴市利港针织印染机械厂
江苏省江阴市利港镇新街村 38 号
邮编：214444
电话：0510－86631469
传真：0510－86092290
产品：压花辊、轧光辊、纤维辊、橡胶辊、羊毛辊

江阴市双叶化工机械有限公司
江苏省江阴市北外北国镇北新街 48 号
邮编：214413
电话：0510－86351528、86351508、86354777
传真：0510－86951386、86351029、86351030
网址：www. shuangye. cn
邮箱：shuangye@ shaungye. cn
产品：高岭土研磨设备

无锡德华彩印包装有限公司
江苏省无锡市锡山区鹅湖镇
邮编：214116
电话：0510－88748181
传真：0510－88741377
产品：彩印包装产品

无锡江川环境工程成套设备有限公司
江苏省无锡市东亭镇民营科技工业园 A 区 10 号
邮编：214131
电话：0510－85601196
传真：0510－85601665
产品：环境工程设备

锡山鸿顺机械制造有限公司
江苏省无锡市锡山区鸿声镇鸿后路 5 号
邮编：214115
电话：0510－88582317
产品：真空辊、漂白设备、废纸处理设备

无锡市蓝星轻工机械设备有限公司
江苏省无锡市硕放镇薛典村
邮编：214142
电话：0510－85304690
产品：造纸辊、吸水箱

无锡市瑞普环保工程有限公司
江苏省无锡市苏锡西路 163 号
邮编：214131
电话：0510－85602199
传真：0510－85610899
网址：www. ruipuchina. com
产品：气浮净水设备

无锡市荣成造纸机械厂
江苏省无锡市滨湖区硕放镇硕放村
邮编：214144
电话：0510－85302971
产品：真空辊

无锡腾旋技术有限公司
江苏省无锡市新区梅村工业集中区新都路 6 号
邮编：214112
电话：0510－8159438、8159440
传真：0510－8159405
网址：www. tengxuan. net
邮箱：sales@ tengxuan. net
　　　market@ tengxuan. net
产品：虹吸器、扰流棒、视镜

凯登约翰逊（无锡）技术有限公司
江苏省无锡市新区闽江路 1 号
邮编：214028
电话：0510－85212218
传真：0510－85212038
网址：www. kadantjohnson. com. cn
产品：蒸汽冷凝水系统、烘干部检测、烘干部系统优化软件、虹吸器、旋转接头、扰流棒、热泵、过热蒸汽降温器、汽水分离器工作站、金属软管、视镜、安装服务

无锡林州干燥机厂
江苏省无锡市前洲镇塘村
邮编：214181
电话：0510－83391436、83391336
传真：0510－83391442
网址：www. linzhou. com
　　　www. linzhou. net
邮箱：wollen101010@ gmail. com
产品：干燥设备

无锡市德意机电设备制造有限公司
（原江苏省宜兴市第三纺织机械厂）
江苏省宜兴市屺亭镇骏马路 90 号
邮编：214213
电话：0510－87861769、87861868、87868222
传真：0510－87861769、87867909
网址：www. deyijidian. com
邮箱：deyi@ deyijidian. com
产品：无级变速系列、调速电机系列、防爆电机系列

铁姆肯（中国）投资有限公司无锡分公司
江苏省无锡市锡锦路 8 号
邮编：214028
电话：0510－85523888
传真：0510－85523885
网址：www. timken. com
产品：轴承

无锡市金城应用电子仪器厂
江苏省无锡市扬名高新技术开发区 C 区 38 号
邮编：214024
电话：0510－85407018、85744385
传真：0510－85407028
产品：静电消除器

无锡中联造纸机械有限公司
江苏省无锡市锡山区鸿声镇新兴路 2 号
邮编：214115
电话：0510－88580431
传真：0510－88580719
网址：www. wxzlzj. com
邮箱：sales@ wxzlzj. com
产品：真空辊、压榨辊、吸移辊

锡山天元轧辊厂
江苏省无锡市锡山区南泉镇
邮编：214128
电话：0510－85952034
产品：造纸胶辊

无锡东亭气动自动化设备厂
江苏省无锡市东亭二泉东路 228 号
邮编：214101
电话：0510－88700891
传真：0510－88700891
网址：www. wxyyzdh. com
邮箱：info@ wxyyzdh. com
产品：电磁阀

无锡市阿丹纸业有限公司
江苏省无锡市长降路降上 10 号
邮编：214000
电话：0510－82447047
传真：0510－82447047
经营：各类书写纸、有光纸、双胶纸

徐州市

徐州工业用呢厂
江苏省徐州市湖北路 30 号
邮编：221006
电话：0516－85795900、85795904
传真：0516－85696034、85796891
网址：www. xzgyync. com
邮箱：fulin@ xzgyync. com
产品：造纸毛毯

常州市

艾博(常州)机械科技有限公司
(PMP 集团中国分公司)
江苏省常州市武进高新区龙翔路 7 号
邮编：213164
电话：0519－86225355、86225356
传真：0519－86225320
网址：www.pmpgroup.com
产品：造纸设备

佩姆派(常州)造纸设备有限公司
江苏省常州市新北区天山路 49 号
邮编：213022
电话：0519－85068585、85068586
传真：0519－88222812
产品：造纸设备

常州市伯山机械有限公司
江苏省常州市新北区薛家工业园
邮编：213125
电话：0519－85951315
传真：0519－85951315
网址：www.czboshan.com
邮箱：boshanjixie@163.com
产品：辊筒、压光机、施胶机

常州轻工机械厂
江苏省常州市钟楼区大仓路 85 号
邮编：213016
电话：0519－86852274
产品：造纸机、完成设备

江苏武进松海轻工机械厂
江苏省常州市武进区潘家镇南宅街
邮编：213178
电话：0519－86201239
产品：网笼、压光机

常州市优力干燥设备有限公司
江苏省常州市青龙路 61 号
邮编：213017
电话：0519－88899987、85350288
传真：0519－85351388
网址：www.you-ly.com
邮箱：youxiaod@gmail.com
产品：纸机干燥设备

常州市科艺钢印花辊厂
江苏省常州市马杭大路工业园
邮编：213162
电话：0519－86700665、86550788
传真：0519－86700757
网址：www.kyhg.com
邮箱：kyhg@kyhg.com
产品：压花辊

江苏五龙机械有限公司
江苏省常州市湟里镇镇北开发区
邮编：213151
电话：0519－83341024、83346278
传真：0519－83341556
网址：www.china-wulong.com
邮箱：wulong@china-wulong.com
产品：污泥脱水机、压滤机

江苏保龙机电制造有限公司
江苏省溧阳市经济开发区昆仑北路 75 号
邮编：213300
电话：0519－87301885、87302016、87303618、87305803
传真：0519－87301886
网址：www.jsbaolong.com
邮箱：baolongco@163.com
产品：剥皮设备、削片机、摇筛、输送设备、料仓

苏州市

常熟市金鹰工业用呢厂
江苏省常熟市冶塘镇和平村
邮编：215554
电话：0512－52406507
产品：造纸毛毯

常熟市轻工机械厂
江苏省常熟市南门洙泾桥堍常熟造纸厂内
邮编：215500
电话：0512－52787309
产品：疏解机、磨浆机

太仓市造纸机械一厂
江苏省太仓市王秀镇
邮编：215426
电话：0512－53855469、53855180
产品：制浆、造纸设备

江苏华机集团
江苏省张家港市江苏经济开发区振兴路 5 号
邮编：215600
电话：0512－58189158、58951518
传真：0512－58989366、58951518
网址：www. jshuaji. com
邮箱：hjjt@ public 1. sz. js. cn
产品：湿法备料及连续蒸煮系统、黑液蒸发器、二氧化氯制备系统、碱回收苛化系统

江苏华机环保设备股份有限公司
江苏省张家港市民营科技园振兴路 5 号
邮编：215600
电话：0512－58189158
传真：0512－58989366
网址：www. jshuaji. com
产品：黑液蒸发器、冷凝器、换热器

铨展环能设备（昆山）有限公司
江苏省昆山市东部工业区珠竹路 18 号
邮编：215331
电话：0512－57874691、57874692、57874693
传真：0512－57874791
网址：www. cjks. com. cn
邮箱：support@ cjks. com. cn
产品：气罩、隔音罩、热回收和通风系统

苏州工业区亚太纸品加工有限公司
江苏省苏州市跨塘镇镇北路 212 号
邮编：215122
电话：0512－62743888
传真：0512－62742005
网址：www. ascend-stationery. com
产品：双胶纸、白卡纸（全木浆各种规格）、办公用纸

苏州静冈刀具有限公司
江苏省太仓市郑和东路 55 号
邮编：215400
电话：0512－53569377、53570761
传真：0512－53569376
网址：www. shizuoka. com. cn
产品：刮刀

苏福马股份有限公司
江苏省苏州市新区何山路 378 号
邮编：215129
电话：0512－66627621、66627806、66627810
传真：0512－66627620、66627818
网址：www. sufoma. com
产品：削片机、剥皮生产线

杰而固中国有限公司苏州代表处
江苏省苏州工业园区馨都广场 1A02 号－03 号 A2
邮编：215021
电话：0512－62521441
传真：0512－62521551
网址：www. clouth. com
产品：刮刀系统及零附件

远东化工（集团）
中国业务总部电话：021－63048833
苏州办事处电话：13706212929
珠海办事处电话：0756－3351082、3351102
济南办事处电话：13706410637
网址：www. chemcentralgroup. com. cn
产品：实验室涂布机

太仓嫦娥工业用呢有限公司
江苏省太仓市沙溪镇新北西路 132 号
邮编：215421
电话：0512－53212049、53213490
传真：0512－53214871
网址：www. chang-e. net. cn
　　　www. tcce. cn
邮箱：change@ vip. 163. com
产品：造纸毛毯

太仓沪太嫦娥造纸设备有限公司
江苏省太仓市沙溪镇新北西路 130 号
邮编：215421
电话：0512－53221907、53229628、53212629
传真：0512－53212993
网址：www. tchtce. cn
产品：纸机、复卷机、卷纸机、压光机、烘缸

太仓市兴良造纸制浆成套设备有限公司
江苏省太仓市沙溪镇民营科技园区 2 号
邮编：226000
电话：0512－53221744
传真：0512－53221758
网址：www. xlpaper. com
邮箱：webmaster@ xlpaper. com
产品：圆网浓缩机、复式纤维分离机、高浓压力筛、内流压力筛、不锈钢片式圆网笼、喷浆成形器

巨桥造纸毛毯有限公司
江苏省张家港市鹿苑镇

邮编：215616
电话：0512－58477783
产品：造纸毛毯

太仓市宇航造纸机械厂
江苏省太仓市璜泾镇王秀管理区
邮编：215426
电话：0512－53857323
产品：水印辊、真空辊、浓缩机

吴江凯富纺织工业有限公司
江苏省吴江市平望镇
邮编：215221
电话：0512－63661058
传真：0512－63661801
产品：造纸毛毯、石棉板、管板毯及工业用过滤材料

张家港市鸿新机械密封件有限公司
江苏省张家港市德积镇
邮编：215635
电话：0512－58751485
产品：机械密封件

张家港市华杭造纸制浆设备有限公司
江苏省张家港市民营科技园振兴路 5 号
邮编：215600
电话：0512－58189666
产品：湿法备料、连续蒸煮制浆生产线、真空洗浆机、碱性过氧化氢机械浆生产线（APMP）

昆山福乐国际贸易有限公司
江苏省昆山市长江南路 1128 号日月星城国际商务广场三楼 307 室
邮编：215300
电话：0512－86165538
传真：0512－86165539
网址：www. formulaintl. com
经营：热敏纸、镜面铜版纸、黄牛皮纸

江苏华东造纸机械有限公司
江苏省昆山市玉山镇古城中路 368 号
邮编：215300
电话：0512－57800000
传真：0512－57800001
网址：www. kszlzz. com
邮箱：kszllgq@ 163. com
kszljjg@ 126. com
产品：成套造纸装备

南通市

海安县金剑轻工机械刀片厂
（原海安县轻工机械刀片厂）
江苏省南通市海安县鑫来路 80 号
邮编：226600
电话：0513－88921192、88911085
传真：0513－88833485、88921192
网址：www. jjdp. net
邮箱：lx@ jjdp. sina. net
产品：打浆刀片

海门造纸毛毯厂
江苏省海门市三条桥
邮编：226132
电话：0513－82662300
产品：造纸毛毯

江苏金呢工程织物股份有限公司
江苏海门市悦来三条桥工业区
邮编：226113
电话：0513－82181300、82181600
传真：0513－82181100
网址：www. jsjinni. cn
产品：成形网、干网、造纸毛毯

江苏省海门市工业用呢厂
江苏省海门市麒麟镇通海路 129 号
邮编：226125
电话：0513－82615001
传真：0513－82615001
网址：www. hmgyyn. cn
邮箱：info@ hmgyyn. cn
产品：造纸毛毯

海门纸毛毯二厂
江苏省海门市德胜镇
邮编：226101
电话：0513－82281511
产品：造纸毛毯

连云港市

江苏省连云港市机电设备总厂
江苏省连云港市新浦区康泰南中 55 号
邮编：222004
电话：0518－85413716

产品：生活用纸加工设备

连云港根深纸制品有限公司
江苏省连云港市连云开发区云山企业园新光路
邮编：222043
电话：0518－82341648、82340456、82802003、82800298
传真：0518－82341472、82346812、82802223
网址：www. genshen. net. cn
产品：淋膜口杯纸、瓦楞纸板、纸箱

连云港市精达计量泵有限公司
江苏省连云港市灌南县六塘街东首
邮编：222000
电话：0518－83462697、83462888
传真：0518－83461697
网址：www. gn900. com
www. lygjlb. cn
邮箱：lygjdjlb@163. com
产品：单、双缸计量泵

淮安市

江苏淮安第一出版印刷物资有限公司
江苏省淮安市（原淮阴市）爱民路 38 号
邮编：223001
电话：0517－83676058、83939915
传真：0517－83650488、83939915
网址：www. jspmc. com
邮箱：jspmc@163. com
经营：胶版纸、铜版纸、铜版卡纸

盐城市

盐城市宏宇造纸机械有限公司
江苏省盐城市盐都区楼王镇人民路 188 号
邮编：224031
电话：0515－88650158、88656969、88658777
传真：0515－88659588
网址：www. hongyuyj. com
邮箱：hongyugs@126. com
产品：脱水原件

盐城市文港造纸机械厂
江苏省盐城市文港北路 49 号
邮编：224002
电话：0515－88249806
产品：密封件、脱水器材

盐城市佳诚机械有限公司
江苏省盐城市秦南工业园区泽夫南路 1 号
邮编：224000
电话：0515－89805252、89807272、89882680
传真：0515－89806278、89806378
网址：www. jxmachine. com
邮箱：jcsw000001@163. com
jcsw000002@163. com
产品：流浆箱、卫生纸机、成形板、刮水板、吸水箱

扬州市

扬州市尚宝罗泵业有限公司
江苏省扬州市宝应城西（二桥）工业集中区尚宝罗路 1 号
邮编：225800
电话：0514－88209222、13901440177
传真：0514－88224929
网址：www. sblpump. com
邮箱：sblpump@163. com
产品：泵

江都新风造纸网业有限公司
江苏省江都市真武镇真武路 59 号
邮编：225265
电话：0514－86271080、86274767
传真：0514－86271080
网址：www. lkxf. com
邮箱：lk@lkxf. com
产品：造纸铜网

扬州双扬机械有限责任公司
江苏省扬州市洼字街 22 号
邮编：225003
电话：0514－87246044、87243768、87243956
传真：0514－87246169
网址：www. yzsy. com. cn
邮箱：sym@yzsy. com. cn
xsb@yzsy. com. cn
产品：切纸机、减速机

江苏迎浪科技集团有限公司
江苏省扬州市宝应县北郊工业区
邮编：225806
电话：0514－88362429、8366888、8366999
传真：0514－88366111、88366777
网址：www. yinglang. com
www. ylpump. com
邮箱：yl@ylpump. com

产品：造纸用泵

镇江市

金顺重机(江苏)有限公司
江苏省镇江市大港兴港东路 18 号
邮编：212132
电话：0511－88998082
传真：0511－88998988
网址：www. goldsunmachinery. com
邮箱：goldsun@ goldsunmachinery. com
产品：高速卫生纸机、复卷机、烘缸、纸机改造工程

镇江恒星科技有限公司
江苏省镇江市中山西路 89 号凯旋广场 5 号楼
邮编：212000
电话：0511－85027947
传真：0511－85636500
网址：www. hx-kj. com
邮箱：china@ hx-kj. com
产品：烘缸堵漏

镇江澳志金茂轻工机械制造有限公司
江苏省镇江市丹徒区阳谷镇镇南工业集中区宝路 1 号
邮编：212143
电话：0511－85935601
传真：0511－85935602
网址：www. zjjinmao. com
邮箱：zjjinmao@ 263. net
产品：备料、制浆、输运设备

江苏大唐机械制造有限公司
江苏省镇江市润州民营开发区镇句路东 88 号
邮编：212021
电话：0511－85621574、85630399、85992667
传真：0511－85621574
网址：www. jzdt. net
邮箱：thaoa@ 163. com
产品：备料设备

镇江良久轻工机械制造有限公司
江苏省镇江市朱芳路 108 号
邮编：212005
电话：0511－85632962
传真：0511－85623415
产品：制浆设备

镇江中富马机械有限公司
江苏省镇江市学府路 300 号
邮编：212016
电话：0511－88798188、88798618、88781320
传真：0511－88798066、88781062
网址：www. zjzfm. com
邮箱：zjzfm@ jsmail. com. cn
zjzfmyxb@ 126. com
产品：造纸备料设备

镇江金龙包装材料有限公司
江苏省镇江新区机电工业园
邮编：212132
电话：0511－83378588
经营：包装纸

江苏句容市兴文包装有限公司
江苏省句容市经济开发区航北路 108 号
邮编：212400
电话：0511－87266201、87271390
传真：0511－87262705
网址：www. xingwen. com
产品：瓦楞纸板、纸箱、彩印包装

泰州市

泰州市永达绳业器材厂
江苏省泰州市高港科技创业园高港区许田路许南
邮编：225324
电话：0523－86110982、13801432315
传真：0523－86116788
网址：www. yongkui. com
邮箱：admin@ yongkui. com
产品：引纸绳、柔性吊带、吊钩系列、起重链条系列

靖江耐腐蚀泵厂
江苏省靖江市新港套闸西首
邮编：214518
电话：0523－84211906
产品：浆泵、泵阀

靖江市飞驰环保实业有限公司
江苏省靖江市四墩子北大街
邮编：214536
电话：0523－84331256、84334512
传真：0523－84331256
网址：www. jjfchb. com
邮箱：fc_hope@ yahoo. com. cn
产品：废水处理设备

江苏靖江市大地机械制造有限公司
江苏省靖江市城北工业园长新路 8 号
邮编：214513
电话：0523－84852441、84850441
传真：0523－84820441
网址：www. 84852441. com
邮箱：d05234852441@ 126. com
产品：黑液磺化设备

江苏苏东化工机械有限公司
江苏省泰兴市古溪镇溪镇工业园区苏东路 1 号
邮编：225417
电话：0523－87791016
传真：0523－87795139
网址：www. aaa-ylj. com
邮箱：wthtx@ pub. tz. jsinfo. net
sales@ aaa-ylj. com
产品：造纸环保设备

泰兴市金星筛板制造有限公司
江苏省泰兴市江平北路杨庄桥北收费站南 200 米
邮编：225400
电话：0523－87685583
传真：0523－87739428
网址：www. txjinxin. com
邮箱：txjxsb@ yahoo. com. cn
产品：造纸机械配件

江苏省泰兴市电除尘设备厂
江苏省泰兴市城区工业园振兴路 6 号
邮编：225400
电话：0523－87683876、87683865
传真：0523－8686865
网址：www. landiancn. com
邮箱：lddccq@ landiancn. com
产品：造纸碱回收除尘器

泰兴市仕宁机械有限公司
江苏省泰兴市城区工业园
邮编：225401
电话：0523－87996001、87996032
传真：0523－87996031
网址：www. cnjsn. com
邮箱：cw@ cnjsn. com
产品：压力筛鼓、平筛、多孔板、鳞形板、装饰消声板

泰州市鑫龙吊装器材有限公司
江苏省泰州市高港区田河振兴北路 53 号
邮编：225322
电话：0523－86938626
传真：0523－86933199
网址：www. js-xinlong. com
邮箱：info@ js-xinlong. com
产品：吊装备品、引纸绳等

兴化市造纸网厂
江苏省兴化市阳山西路西首(昭阳工业园区)
邮编：225700
电话：0523－83266368、88328158
传真：0523－83263581
产品：聚乙烯(尼龙)网、各种工业网带、塑料传送链板

泰兴市瑞和纸业有限公司
江苏省泰兴市江平北路 178 号
邮编：225400
电话：0523－87688777
传真：0523－87688888
经营：各种纸张

浙　江　省

杭州市

杭州北辰轻工机械有限公司
浙江省杭州市桐庐县凤川开发区凤翔路 88 号
邮编：311500
电话：0571－58509003
传真：0571－64219785
邮箱：2015463070@ qq. com
网址：www. fcjpm. com
产品：纸板机，膜转移施胶机，高速涂布机，顶网成型器，空气转向器等造纸成套及零配件设计、生产

杭州顺隆胶辊有限公司
浙江省杭州市余杭区余杭街道禹航路 66-5 号
邮编：311121
电话：0571－88660399、89052708、89052981
传真：0571－88672288
网址：www. hzsljg. com
邮箱：sl@ hzsljg. com
产品：造纸胶辊

杭州碱泵有限公司
浙江省杭州市西湖区三墩西湖科技园西园五路 12 号
邮编：310030
电话：0571－89905760、89905601

传真：0571－89905602
网址：www. alkalipump. com
邮箱：sales@ alkalipump. com
产品：泵

富阳武林机械有限公司
浙江省富阳市劳动路 10 号
邮编：311400
电话：0571－63369991
产品：压光机、涂布机

杭州大路实业有限公司
浙江省杭州市萧山区红山
邮编：311234
电话：0571－82699042、82699052
传真：0571－82699410
网址：www. chinalulutong. com
邮箱：lulutong168@ hotmail. com
产品：工业泵、盘磨机、浆泵

杭州美辰纸业技术有限公司
浙江省杭州市建国北路 586 号 1601 室
邮编：310004
电话：0571－85096526、85096527
传真：0571－85096527
网址：www. papermech. com
邮箱：headbox@ 126. com
产品：流浆箱

杭州高新自动化仪器仪表公司
浙江省杭州市五常工业区五常大道 150 号
邮编：310023
电话：0571－88730918
传真：0571－88730917
产品：物理检测仪器

浙江华章科技有限公司
浙江省杭州市文三路 252 号伟星大厦 12 楼 E 座
邮编：310012
电话：0571－88366555
传真：0571－88856077
网址：www. hzeg. com
邮箱：sales@ hzeg. com
产品：综合自动化系统、固液分离设备

浙江中控技术股份有限公司
浙江省杭州市滨江区六合路 309 号中控科技园
邮编：310053
电话：0571－88851888
传真：0571－86667518
网址：www. supcon. com
邮箱：supcon@ supcon. com
产品：自动化

杭州华加造纸机械制造有限公司
杭州华加纸业技术发展有限公司
浙江省杭州市文晖路大塘新村 20 号
邮编：310005
电话：0571－88801313、88801222
传真：0571－88801222
网址：www. hzhuajia. com
邮箱：yeke@ mail. hz. zj. cn
产品：流浆箱、斜网成形器

中建材轻工业自动化研究所有限公司
（原杭州轻通博科自动化技术有限公司）
浙江省杭州市舟山东路 66 号
电话：0571－88293902、88026010、88023152、13858178172（蒋经理）
传真：0571－88290716
网址：www. qgyzdh. com、www. qtboke. com
产品：纸张拉力仪、白度测定仪、柔软度测定仪、厚度仪、撕裂度仪、耐折度测定仪、平滑度测定仪、打浆度仪、耐破测定仪、环压仪、纸箱抗压机、球形耐破度测定仪、掉粉率测定仪等纸与纸制品检测设备

杭州萧山美特轻工机械有限公司
浙江省杭州市萧山区坎山大道 265 号（萧山国际机场旁）
邮编：311243
电话：0571－82519727
传真：0571－82519726
产品：滤液泵、高浓除渣器

杭州西湖阀门厂
浙江省杭州市西湖区留下镇百家园路 2 号
邮编：310023
电话：0571－85225864
传真：0571－85220115
网址：www. hzxhfmc. com
产品：蒸汽阀门、疏水阀、止回阀

杭州新余宏机械有限公司
浙江省杭州市瓶窑
邮编：311115
电话：0571－88541156、88542958
传真：0571－88543365

网址：www. yhjg. com
产品：生活用纸机设备

浙江武林造纸机械有限公司
浙江省富阳市春江工业园区裕丰村
邮编：311421
电话：0571－63587966、63587967、63587968
传真：0571－63150990
网址：www. zjwulin. com
邮箱：sales@ zjwulin. com
产品：造纸机械

桐庐造纸机械设备有限公司
浙江省杭州市桐庐县横村镇
邮编：311512
电话：0571－64671173、89825164、64671778
传真：0571－64671305
网址：www. ztpm. com
邮箱：ztpm@ ztpm. com
产品：造纸设备

杭州振兴工业泵制造有限公司
浙江省杭州市萧山区红山农场 3 号桥
邮编：311234
电话：0571－82600999、82699701、22822991
传真：0571－82699329、82699856
网址：www. zhenxingpump. com
产品：泵

浙大双元科技开发有限公司
浙江省杭州市莫干山路 1418 号
邮编：310015
电话：0571－88867823
传真：0571－88910049
网址：www. zjusy. com
邮箱：info_ zjusy@ 163. com
产品：自动控制系统

中国轻工业总会自动化研究所
浙江省杭州市舟山东路 66 号
邮编：310015
电话：0571－88290715
传真：0571－88290716
网址：www. qgyzdh. com
邮箱：qgyzdhyjs@ 163. com
业务：传感器、智能仪器仪表、生产过程自动控制装置和系统机电一体化产品

轻工业杭州机电设计研究院
浙江省杭州市体育场路 71 号
邮编：310004
电话：0571－85186556、85186716(总机)
传真：0571－85186432
网址：www. hmei. com. cn
邮箱：hmi@ mail. hz. zj. cn
　　　hzjdy@ hmei. com. cn
产品：造纸设备

杭州董氏工贸有限公司
浙江省杭州市东兴路 551 号颜三路 8 号
邮编：310005
电话：0571－85383446、85386422
传真：0571－85386423
经营：灰底白纸板、白卡纸、瓦楞原纸、箱纸板、铜版纸、双灰纸、包装牛皮纸、双胶纸、书写纸、拷贝纸

浙江省普瑞科技有限公司
浙江省杭州市萧山经济技术开发区鸿兴路 181 号
邮编：311215
电话：0571－88170685
传真：0571－88173641
经营：隔膜纸、过滤纸

宁波市

宁波鹏程纸业有限公司
浙江省宁波市鄞奉路 536 号
邮编：315010
电话：0574－87474197
传真：0574－87481099
经营：高、中、低档灰底、白底纸板，白卡纸，铜版纸，双胶纸

上海振华港机(集团)宁波传动机械有限公司
宁波伟隆传动机械有限公司
浙江省宁波市东钱湖旅游度假区工业区
邮编：315121
电话：0574－88372266(总机)、88370604、88373131
传真：0574－88372264
网址：www. weilongme. com. cn
邮箱：wlme@ mail. nbptt. zj. cn
产品：传动机械

宁波宁菱机器制造有限公司
宁波宁菱磁粉离合器有限公司
浙江省宁波市嵩江西路 86 号

邮编：315192
电话：0574－88213463、88215639
传真：0574－88213753
产品：分切机、涂布机

宁波市奇兴无纺布有限公司
浙江省慈溪市掌起工业开发区
邮编：315313
电话：0574－63751612、63742606、63751608、63744609
传真：0574－63740408
网址：www.china-nonwoven.com
www.airlaids.com
邮箱：qxgx@public.cx.nbptt.zj.cn
产品：无纺布、无尘纸及其生产线、一次性卫生制品、湿面巾、生活及工业用各种擦拭布

宁波远东进出口有限公司
浙江省宁波市环城北路东段287－2号远东仓库
邮编：315000
电话：0574－87308169、13736010054
传真：0574－87300054
经营：涂布白卡纸、金银卡纸、牛皮纸、档案袋专用纸、画框卡纸、黑卡纸进出口

宁海精工机械有限公司
浙江省宁波市宁海强蛟工业区
邮编：315612
电话：0574－65198067、65198523
传真：0574－65198599
网址：www.nhjg.cc
邮箱：nhjg@nhjg.cc
产品：涂布机系列、高速切纸机系列

温州市

瑞安市金斯顿喷淋机械有限公司
浙江省瑞安市塘下镇上金工业区
邮编：325204
电话：0577－65500050、65354710
传真：0577－65380926
网址：www.jinsidun.cn
邮箱：jinsidun123@tom.com
产品：喷头、喷嘴、校网器

浙江瑞萌自动化设备有限公司
（原瑞安调节阀厂）
浙江省瑞安市汀田镇寨下东新路18号
邮编：325206
电话：0577－65500100
传真：0577－65505510
网址：www.cn-rtf.com
邮箱：rtf@cn-rtf.com
产品：调节阀

瑞安市金邦喷淋技术有限公司
浙江省瑞安市塘下镇里北垟村旺垟东路84号
邮编：325204
电话：0577－65380305、65359286
传真：0577－65380306
网址：www.jinwenpin.com
邮箱：gfssnozzle@yahoo.com.cn
jw@jinwenping.com
产品：喷嘴、除渣器头

瑞安市远洋机电有限公司
浙江省瑞安市塘下镇上金工业区5号地
邮编：325204
电话：0577－65390539
传真：0577－65397900
产品：轴承退卸套、紧定套、切草机、飞刀、底刀、喷嘴、匀浆机、卷纸辊、磨浆机主轴、浆泵衬套、浆泵叶轮、烘缸刮刀、疏水阀

温州金虎包装材料有限公司
浙江省温州市平阳县敖江机电工业园区104国道130号
邮编：325401
电话：0577－63018373、63696666、63696601
传真：0577－63696606
网址：www.wzjinhu.com
产品：纸塑复合包装及塑料复合包装

温州市曙光起动设备有限公司
浙江省乐清市柳市大兴西路431号
邮编：325604
电话：0577－62726973、61720973
传真：0577－62721973
网址：www.china-shuguang.com
邮箱：info@china-shuguang.com
产品：起动器

温州市利普自控设备有限公司
浙江省温州市鹿城区炬光园中路125号
邮编：325007
电话：0577－88608601

网址：www. leap. com. cn
产品：工业过程控制阀及自控设备

德宝纸杯机械有限公司
浙江省瑞安市飞云镇远东路 21－29 号
邮编：325207
电话：0577－65568789
传真：0577－65568799
网址：www. debaochina. com
邮箱：db@ debaochina. com
产品：纸杯、纸杯机、纸碗机、碟盒机等

温州仪器仪表有限公司
浙江省温州市经济技术开发区经八路
邮编：325011
电话：0577－86533644
传真：0577－86554149
产品：光学分析仪器、白度计

温州市华威机械有限公司
浙江省温州市龙湾区沙城镇南片工业区永工南路 6 号
邮编：325025
电话：0577－86810726、86817863
传真：0577－86821728
网址：www. hwd-cn. com
邮箱：zhangchao6698@ vip. sina. com
产品：压力筛、分散槽、弧形筛、过滤器

温州银翼造纸筛选设备有限公司
浙江省温州市高新技术园区炬光园（牛山北路）
邮编：325000
电话：0577－88609960、88609899、88609860
传真：0577－88608862、88608861
网址：www. wzyinyi. com
邮箱：yinyi@ wzyinyi. com
产品：压力筛、除节机、过滤机、分级筛

浙江力诺阀门有限公司
浙江省瑞安市潘岱泸浦力诺工业园
邮编：325211
电话：0577－65097777
传真：0577－65386988
网址：www. cn-linuo. com
邮箱：linuo@ linuovalve. com
产品：造纸控制阀

浙江瑞安市金斯顿喷淋机械有限公司
浙江省瑞安市汽摩配产基地登峰路 588 号
邮编：325204
电话：0577－65500050、65354710
传真：0577－65380926
网址：www. jinsidun. cn
邮箱：jinsidun123@ 163. com
产品：喷嘴

浙江亚达不锈钢制造有限公司
浙江省温州市龙湾区沙城镇食品机械工业园区安兴路 155 号
邮编：325025
电话：0577－86812378
传真：0577－86810869
网址：www. cnyada. net
产品：不锈钢输送管道及管件阀门

温州巨顺机械有限公司
浙江省温州市郭溪街道长城路 20 号
邮编：325017
电话：0577－86106117、13600666117
传真：0577－86110931
网址：www. cnjushun. cn
邮箱：master@ cnjushun. cn
产品：G 型单螺杆泵、浓浆泵、刀型闸阀、浆液阀、浆料阀、气动插板阀、疏水阀、造纸机专用螺丝、喷淋管、喷嘴

苍南自动化仪器总厂
浙江省温州市苍南县城堡西路 5 号
邮编：325800
电话：0577－64700611、64775191
传真：0577－64758918
产品：电动机保护器

中国丰华科技发展有限公司
浙江省温州市金乡朝阳东路 279 号
邮编：325805
电话：0577－64562111、64561700
传真：0577－64575088
网址：www. fenghua-china. com
邮箱：fh@ cn-fenghua. com
经营：不干胶系列产品

嘉兴市

浙江德威不锈钢管业制造有限公司
浙江省嘉兴市经济开发区城北路 1522 号沭阳路口
邮编：314001

电话：0573－82222170、82211692、82220928、82223107、82224609
传真：0573－82224609、82219891
网址：www. dwbxg. com
邮箱：sales@ zjdewei. cn
产品：不锈钢大、中、小口径焊管及不锈钢管件

海宁市浙宁印刷包装机械有限公司
（原海宁市伊桥轻工机械厂）
浙江省海宁市联合西路
邮编：314400
电话：0573－87224695
传真：0573－87222033
产品：电脑凹版印刷机、盘纸分切机、纸膜横切机、金卡纸印刷机

平湖市青云建材机械有限公司
（原平湖市建材机械厂）
浙江省平湖市通界桥
邮编：314215
电话：0573－85944078、13706739400
传真：0573－85944032
网址：www. phqy2008. com
邮箱：zj@ phqy2008. com
产品：输送机、捆包机

桐乡市造纸毛毯厂
浙江省桐乡市晚村镇
邮编：314513
电话：0573－88511541
产品：造纸毛毯

湖州市

安吉美伦纸业设备有限公司
浙江省湖州市安吉县递铺镇阳光工业园区
邮编：313300
电话：0572－5302977、5302966
传真：0572－5302977
网址：www. china-meilun. com
邮箱：qmf@ china-meilun. com
产品：饰面辊

诸暨市

浙江省诸暨市中太造纸机械有限公司
浙江省诸暨市牌头镇工业区
邮编：311825
电话：0575－87052818
传真：0575－87057716
网址：www. zjzhongtai. cn
邮箱：lingfeng_ z@ 163. com
产品：流浆箱、透平机

绍兴市

诸暨造纸机械厂
浙江省诸暨市牌头工业区
邮编：311825
电话：0575－87051260
网址：www. zjzzj. cn
邮箱：zjzzj@ zjzzj. cn
产品：切纸机

绍兴市恒申纸业有限公司
浙江省绍兴市袍江工业区郡贤路南区 A 块群贤路
邮编：312071
电话：0575－88036188
传真：0575－88037333
网址：www. sxhengshen. com
邮箱：web@ sxhszy. com
经营：工业用纸管、化纤

金华市

浙江武义华东印刷机械有限公司
浙江省金华市武义县环城东路 18 号
邮编：321200
电话：0579－87625769
传真：0579－87622188
网址：www. wyhdpm. com
邮箱：303373352@ qq. com
产品：扑克机械、包装机械

台州市

浙江省临海市王开机筛有限公司
浙江省临海经济开发区东方大道 138 号
邮编：317000
电话：0576－85121181、85121418
传真：0576－85121428
网址：www. wangkai. com
邮箱：hengwei@ wangkai. com
产品：筛板、筛鼓

温岭市南方粉体设备制造厂
浙江省温岭市肖家桥工业区
邮编：317502
电话：0576－86580583
传真：0576－86581283
网址：www. nf-sb. com
邮箱：nf-sb@ nf-sb. com
产品：振动筛分机、高效混合机、加热搅拌机、制粒机、输送机、乳化机、溶解机

台州神通烫印机械有限公司（纸品部）
浙江省台州市天台县城西工业区上科山
邮编：317200
电话：0576－83730208、83730598
传真：0576－83730818
网址：www. ttshentong. com
经营：纸制笔记本、纸制文具套装、纸制相册

安　徽　省

合肥市

安徽华联造纸机械联合公司
安徽省合肥市潜山路 287 号
邮编：230031
电话：0551－5562211
传真：0551－5562211
产品：造纸机械

安徽省轻工设计院有限公司
安徽省合肥市马鞍山南路富成大厦 10 层
邮编：230001
电话：0551－62677951、62673909、62628422
传真：0551－62673755
网址：www. ahlidi. com
邮箱：ahlidi@ 163. com
业务：工程设计、咨询、监理、环境工程、总承包

芜湖市

安徽华辰造纸网股份有限公司
安徽省芜湖市开发区港湾路 33 号
邮编：241006
电话：0553－5848295
传真：0553－5848290
产品：聚酯网、铜网

安庆市

安庆市朝阳胶辊密封件有限责任公司
安徽省安庆市十里乡吴咀村 206 国道旁
邮编：246005
电话：0556－5369004
产品：造纸胶辊、油封件

滁州市

天马泵阀集团有限公司
安徽省天长市新河北路 53 号
邮编：239300
电话：0550－7029888、7321888
传真：0550－7029688、7321688
网址：www. ahtmbv. com
邮箱：sales@ ahtmbv. com
产品：泵及泵阀

阜阳市

安徽华泰网业有限公司
安徽省阜阳市太和县城关镇工业园
邮编：236600
电话：0558－8668196
传真：0558－8669196
产品：造纸网、聚酯成形网、螺旋干网

安徽太平洋特种网业有限公司
安徽省阜阳市太和县城关镇工业园内
邮编：236000
电话：0558－8639313
传真：0558－8655653
网址：www. 0558tpy. com
邮箱：thliulin@ 126. com　lqq100805@ 163. com
产品：造纸成型网、干网、方孔网、工业滤布

福　建　省

福州市

福建省浆纸质量监督检验站
福建省福州市台江区上海东市场 2 层
邮编：350005
电话：0591－83334751
传真：0591－83362442

业务：浆、纸和纸板及纸制品的检测

福建省建筑轻纺工业设计院
福建省福州市东大路华源大厦
邮编：350001
电话：0591－87550637
传真：0591－87520875
网址：www.fjaltdi.com
邮箱：admin@fjaltdi.com
fjaltdi@163.com
业务：造纸工程设计、咨询

福建省造纸工业公司
福建省福州市省府路1号金皇大厦13层
邮编：350001
电话：0591－87527473
传真：0591－87520308
经营：造纸原料、造纸设备、仪器仪表

福州灵丰造纸开发有限公司
福建省造纸工业研究所
福建省福州市西洋路163号西洋公寓1034室
邮编：350005
电话：0591－83319455、13600855541
传真：0591－83304465
产品：造纸铜网毛毯、检测仪器、化工产品

星光造纸新技术研究开发中心
福建省福州市工业路祥坂第三工业区8号楼
邮编：325002
电话：0591－83053185
传真：0591－83053196
网址：www.linbaohua.com
邮箱：fjxglbh@163.com
产品：造纸脱水器材

福建省轻工机械设备有限公司
福建省福州市闽侯县铁岭北路3号
邮编：350100
电话：0591－22079888、22079666
传真：0591－22079777
网址：www.fjqj.com
邮箱：fjqj@fjqj.com
fjqj_yxb@vip.163.com
业务：提供年产30万吨废纸OCC浆、年产15万吨废纸脱墨浆和化学机械浆全套设备，高浓水力碎浆机、脱墨浮选机、双网挤浆机、盘式热风散等设备，项目咨询、工艺设计、设备制造、安装、试车、人员培训等全套交钥匙工程服务

福建福州杭华实业有限公司
福建省福州市塔头路3号山明水秀大厦6101室
邮编：350011
电话：0591－87336866、87330076
传真：0591－87338818、87330053
网址：www.fjhanghua.com
经营：纸张、纸浆、松香

厦门市

卡斯卡特（厦门）叉车属具有限公司
福建省厦门市海沧区阳光路668号
邮编：361026
电话：0592－6512500、6512570
传真：0592－6512571
网址：www.cascorp.com.cn
邮箱：cascade@cascorp.com.cn
产品：侧移器、纸卷夹、纸箱夹、旋转器

厦门乘工阀门制造有限公司
福建省厦门市湖里工业区枋湖东路958号2号厂房
邮编：361000
电话：0592－5560772
传真：0592－5560773
网址：www.xmcgfm.com
邮箱：13806030138@139.com
产品：造纸专用系列阀门

厦门永顺纸业开发有限公司
福建省厦门市江头圆山工业区2号厂房
邮编：361009
电话：0592－5521851、5521852、5521853
传真：0592－5520291
经营：纸制品印制

厦门新友联贸易有限公司
福建省厦门市思明区湖滨北路15号外贸大厦9层9010－9012
邮编：361000
电话：0592－5166709
传真：0592－5166707
网址：www.xmxyl.com
邮箱：xinyoulian@yahoo.com.cn
经营：文化用纸

厦门鸿益顺环保科技有限公司
福建省厦门市海沧区南海路 689 号
邮编：361000
电话：0592－6585525
邮箱：flyhys@163.com
产品：造纸行业专用水煤浆

莆田市

莆田市东南纸业工贸有限公司
福建省莆田市城厢区天妃路 278 号
邮编：351100
电话：0594－2391389、2291389
传真：0594－2381389
网址：www.ptdnzy.com
邮箱：gmanager@ptdnzy.com
产品：彩色薄页纸、彩色纸巾纸、彩色皱纹纸、彩色印刷工艺花纸、彩色碎纸条、金银印刷工艺纸

国家浆纸产品质量监督检验中心
福建省莆田市东圳东路三亭街
邮编：351100
电话：0594－2692330
邮箱：gz2692330@126.com
业务：食品包装用纸及容器、纸板，生活用纸，印刷用纸和纸板，文化、办公用纸和纸板及其他制浆造纸类产品的检测

三明市

福建省三明三洋造纸机械设备有限公司
福建省三明市列东高岩新村一幢 402 室
邮编：365000
电话：0598－8245329
产品：制浆设备

泉州市

福建省石狮市锦兴机械制造有限责任公司
福建省石狮市厝仔工业区
邮编：362700
电话：0595－88912783
传真：0595－88913636
网址：www.cnjxjx.com
邮箱：sales@cnjxjx.com
产品：瓦楞纸板生产设备

漳州市

华发（福建）实业有限公司
福建省龙海市东园镇厚境华发纸地
邮编：363102
电话：0596－6708555
传真：0596－6709811
经营：原纸

南平市

福建南平星光机械制造安装有限公司
福建省南平市滨江北路 177 号
邮编：353000
电话：0599－8810277
传真：0599－8810277
业务：制浆、造纸设备制造、安装维修

福建顺昌蓝海轻工机械设备有限公司
福建省南平市顺昌县新屯工业园
邮编：353200
电话：13656966006
传真：0599－7824116
产品：碎浆机、筛、除渣器、废水处理设备

福建南平福一轻工机械有限公司
福建省南平市江南新区工业园祥瑞路 17 号
邮编：353000
电话：0599－8635577、8635262
传真：0599－8635416
业务：造纸制浆设备、年产 20 万吨废纸 OCC 浆处理系统成套设备和年产 10 万吨废纸脱墨浆处理系统成套设备

福建省南平星光纸业设计有限公司
福建省南平市滨江北路 177 号
邮编：353000
电话：0599－8808505、8808501
邮箱：huang.c.b@nanpingpaper.com
npwrs@163.com
业务：从事轻纺行业制浆造纸工程设计、乙级资质相应范围内的建设工程总承包业务以及项目管理和相关的技术与管理服务

龙岩市

长汀县宝顺纸品厂
福建省龙岩市长汀县汀州镇中心坝变电站路 2 号

邮编：366300
电话：0597－6831545
传真：0597－6831545
产品：瓦楞纸箱

宁德市

福安城阳磨片厂
福建省福安市大溪边
邮编：355000
电话：0593－6381286
产品：盘磨机磨片

福安市轻工机械一厂
福建省福安市城北荷塘坪 89 号
邮编：355000
电话：0593－6382064、6588531
传真：0593－6382472
产品：打浆机、纸机配件

江 西 省

南昌市

江西洪都精工机械有限公司
江西省南昌市新溪桥
邮编：330024
电话：0791－8467083、8468229
传真：0791－8467080、8468228
网址：www.jxhdjg.com
邮箱：zwf@jxhdjg.com
salse@jxhdjg.com
产品：压力筛、水力碎浆机

江西省轻工业研究所
江西省南昌市北京东路 138 号
邮编：330029
电话：0791－8333891
传真：0791－8329214
业务：相关油墨制品研发、造纸相关研究

江西省纸张质量监督检验站
江西省南昌市北京东路 138 号
邮编：330029
电话：0791－8333891
传真：0791－8329214
业务：纸张质量检验

南昌轻工机械厂
江西省南昌市迎宾大道 77 号
邮编：330030
电话：0791－5212116
产品：纸机打浆机、碱回收设备

宜春市

江西德源胶辊有限公司
江西省宜春市上高县五里岭工业园
邮编：336400
电话：0795－2577599
传真：0795－2577699
网址：www.cn-deyuan.com
邮箱：cn-deyuan2008@163.com
产品：工业胶辊

江西特种电机股份有限公司
江西省宜春市城南工业园环城南路 581 号
邮编：336000
电话：0795－3272270、3267900、3278147
传真：0795－3263554、3274523
网址：www.jiangte.com.cn
邮箱：jtsales@263.net
产品：变频调速电机

山 东 省

济南市

山东绿泉环保科技股份有限公司
山东省济南市高新区舜华路 2000 号舜泰广场 6#1602
邮编：250101
电话：0531－83530711、83531398
传真：0531－83530922
网址：www.lvquan.cn
邮箱：sdlqhb@126.com
产品：废水处理工艺流程及配套设施

ABK 中国代表处
山东省济南市高新区世纪财富中心 B 座 10 楼 1002 室
邮编：250101
电话：0531－86510508、13705315507
传真：0531－86510507
网址：www.abkmachinery.com
产品：流浆箱、上网成形器、软压光机、膜转移施胶涂布机及整台纸机和特种纸机等

济南金拓亨机械制造有限责任公司
山东省济南市经济开发区南园国道路 6001 号
邮编：250301
电话：0531 -87229688、13905411910
传真：0531 -87367881
网址：www. jintuoheng. com
邮箱：jintuoheng@ 163. com
产品：造纸机械、制浆设备、筛选设备

济南华章实业有限公司
山东省济南市天桥区东宇大广街以西
邮编：250032
电话：0531 -85719751、85704203
传真：0531 -85704203
网址：www. jinanhuazhang. com
www. jinanhuike. com
邮箱：jnhuazhang@ 163. com
产品：纸机部件

济南机械装备实业公司
山东省济南市经十路 388 号
邮编：250022
电话：0531 -87966524
传真：0531 -87957271
产品：纸机、涂布机、拉幅机

济南兰光机电技术中心
山东省济南市无影山路 144 号
邮编：250031
电话：0531 -85953155
传真：0531 -85062108
网址：www. labthink. cn
邮箱：marketing@ labthink. cn
产品：胶黏剂检测试验仪器、包装印刷检测仪器

济南市长清育才机械厂
山东省济南市长清区城南孙庄村
邮编：250300
电话：0531 -87263421
产品：打浆备件

济南鑫泰液压机械有限公司
山东省济南市北工业园
邮编：251400
电话：0531 -81171588、81171599
传真：0531 -81171599
网址：www. xtsjj. com
www. xintaijixie. com
产品：挤浆机、洗浆机、浓缩机、碎浆机、磨浆机、精浆机、纤维疏磨机、筛、除渣器、纤维分离机、脱墨机、热分散机、除节机、混合器、漂白塔、输送机、推进器、搅拌器

济南城东机械制造有限公司
山东省济南市经十东路刘志远路口
邮编：250100
电话：0531 -88882862、88883478、88886385
传真：0531 -88882576
网址：www. dongchengchina. com
邮箱：jndcjx@ sina. com
产品：螺旋卷管机、封灌机、制袋机、铸涂机、挤出复合机、贴标机

济南兴宏远造纸机械有限公司
山东省章丘市官庄开发区
邮编：250217
电话：0531 -83320518、15966303999
网址：www. xhyjxzz. com
产品：复卷机、切纸机、卷纸机等造纸完成系列设备

山东造纸机械厂有限公司
山东省济南市荷花路 65 号
邮编：250100
电话：0531 -88265149、88263157
传真：0531 -88263129
网址：www. sdzzjxc. com
邮箱：szj@ sd-zzjx. com
产品：压榨辊、分切机、切纸机、复卷机、卷纸机、压光机、接纸台

山东省造纸工业研究设计院
山东省济南市工业南路 101 号
邮编：250100
电话：0531 -88952358、88590459
传真：0531 -88934142
网址：www. sprd. cc
邮箱：sprd@ 163. com
产品：离心甩浆机

山东章丘大星造纸机械有限公司
山东省章丘市埠村镇商业街南首
邮编：250215
电话：0531 -83711050、13356683703
传真：0531 -83713868
网址：www. sd-daxing. com
邮箱：3711050@ sd-daxing. com

sdzqdaxing@163. com
产品：铸造压榨压光系列辊、卷纸缸

长春纸张试验机有限责任公司山东办事处
山东省济南市天桥区东工商河路 18－1 号 7 号楼 2 单元 202 室
邮编：250031
电话：0531－85910865
传真：0531－85910865
网址：www. cczzsyj. net
产品：纸张物理检测仪器

山东省章丘市造纸机械厂
山东省章丘市枣园镇
邮编：250214
电话：0531－83651411、83650068
传真：0531－83651869
网址：www. zq-zzjx. com
邮箱：zzjx@zq-zzjx. com
产品：压光机、卷纸机、复卷机、单，双刀切纸机、接纸台、退纸架、理纸机、施胶机、打包机、分切机

长清吉祥造纸机械有限公司
山东省济南市长清区城南孙庄
邮编：250300
电话：0531－87263639
传真：0531－87263639
产品：造纸机械

长清县恒振兴造纸机械有限责任公司
山东省济南市长清区城南
邮编：250300
电话：0531－87263412
传真：0531－87263418
产品：筛选设备、浓缩机、双盘磨浆机

长清县中联造纸机械厂
山东省济南市长清区城南三公里孙庄
邮编：250300
电话：0531－87263422
产品：纸机打浆备件

济南新世纪造纸机械有限公司
山东省济南市明水赭山工业园内
邮编：250200
电话：0531－83261898
传真：0531－83261878
网址：www. ctrl. net. cn
邮箱：jnxsjzzjx@163. com
产品：复卷机、切纸机、压光机、卷纸机、打包机

川佳机械集团股份有限公司华北办事处
山东省济南市无影山东路 38 号
邮编：250031
电话：0531－85863156、85863256
传真：0531－85863056
网址：www. new-bonafide. com
产品：废纸制浆、打浆等成套设备

青岛市

麦斯凯包装系统(青岛)有限公司
山东省青岛市南京路 2 号绮丽大厦 1803 室
邮编：266000
电话：0532－85797620
传真：0532－85797619
网址：www. msk-covertech. cn
邮箱：info@msk-covertech. cn
产品：燃气热缩包装机

青岛恩东物产有限公司
山东省青岛市城阳区流亭赵红路
邮编：266108
电话：0532－84908345、84908348
传真：0532－84908349
网址：www. eundong. com
邮箱：lilyvci@eundong. com
产品：气化性防锈膜、防锈纸、防锈粉末、防锈液

青岛乾坤机械有限公司
山东省青岛市延安三路 114 号金环广场 C 座 1303 室
邮编：266071
电话：0532－85820485、83652556
产品：化学品计量泵

青岛欧美进出口有限公司
山东省青岛市市南区东海西路 35 号 4 栋 12 层
邮编：266071
电话：0532－85757515
传真：0532－85710992
网址：www. qea. cn
邮箱：qea@qea. cn
经营：桉木浆、蔗浆、漂白阔叶木浆、漂白针叶木浆、本色木浆、脱墨浆

青岛达全洋进出口有限公司
山东省青岛开发区江山南路 628 号贵信花园 2－404 室
邮编：266555
电话：0532－86768605、15969884768
传真：0532－86769605
经营：美国乱码纸、牛皮卡纸、牛皮纸、铜版纸、玻璃卡纸进出口

青岛冠宇纸业有限公司
山东省青岛市李沧区玖水东路市南工业区旁边
邮编：266100
电话：0532－87609718、87608628、87608608
传真：0532－87609799、87609798
经营：牛皮卡纸

青岛澳宇贸易有限公司
山东省青岛市崂山区海尔路 63 号数码科技中心北楼 703 中港大厦 1405 房间
邮编：266061
电话：0532－80998176、13953200097
传真：0532－80999990
经营：牛皮卡纸、白纸板、挂面纸、废纸

青岛茂源经贸有限公司
山东省青岛市衡阳路 1 号甲
邮编：266000
电话：0532－84683966、84683988、84685999
传真：0532－84683977
经营：纸张

青岛瑞宝纸业有限公司
山东省青岛市瞿塘峡路 43 号金色海岸
邮编：266002
电话：0532－82688762
传真：0532－82654552
经营：纸、纯白纸边、卫生纸边、扑克牌原纸、牛皮纸袋纸、牛卡切边

青岛森信商贸有限公司
山东省青岛市浦口路 8 号 504
邮编：266021
电话：0532－83021477、83024166、13906421070
经营：铜版纸、双胶纸、邮封纸、PE 牛皮纸、牛皮卡纸

青岛坤博进出口有限公司
山东省青岛市福州南路 9 号 1028 室
邮编：266071
电话：0532－85770827
传真：0532－85770827
经营：废铝箔纸、铝箔包装纸、卫生纸边、废塑料、铝塑膜、半透明纸、白包装用纸

青岛宏业林浆纸有限公司
山东省青岛市观音峡路 24 号 2504 室
邮编：266002
电话：0532－82685988
传真：0532－82670827
经营：漂白针叶木浆

淄博市

淄博浩瀚陶瓷科技有限公司
山东省淄博市淄川区昆仑镇磁村工业园
邮编：255100
电话：0533－5553606、13626448388
传真：0533－5553606
网址：www. zbhhtc. com、www. zbhhkj. com
产品：除渣器整组及其配件、耐磨陶瓷管道

临淄闻韶世兴源机械配件服务部
山东省淄博市临淄区稷下办
邮编：255400
电话：0533－7314282
传真：0533－7314282
产品：造纸机、塑料机零配件、造纸网毯洗涤器、校正器

山东恒星股份有限公司
山东省淄博市周村区恒星路 98 号
邮编：255300
电话：0533－6553030、6556038
传真：0533－6553041
产品：各种型号、系列造纸机，板纸机，超级压光机等

山东晨钟机械股份有限公司
山东省淄博市桓台县周荆路 2608 号
邮编：256402
电话：0533－8580059
传真：0533－8588059
网址：www. chenzhong. com. cn
邮箱：chenzhong@ chenzhong. com. cn
产品：DD 系列双盘磨浆机、锥形磨浆机、水力碎浆机、压力筛、高浓磨浆机、盘式热分散系统、污泥挤压脱水系统

山东海天造纸机械有限公司
山东省淄博市王村兴华路 320 号
邮编：255311
电话：0533－6682999
传真：0533－6680898
网址：www. haitianjx. com
邮箱：haitianjx@ 126. com
产品：1760～4400 毫米系列长网多缸文化用纸机，2400～4400 毫米系列圆网压力成形器，超短网成形器纸板机，2400～4400 毫米系列长网多缸瓦楞原纸机，2400～4400 毫米系列三叠网、四叠网纸板机

山东硅苑新材料科技股份有限公司
（原山东省硅酸盐研究设计院）
山东省淄博市高新区柳泉路 286 号
邮编：255086
电话：0533－3582419
传真：0533－3582244
网址：www. sicer. com
邮箱：sicer@ sicer. com
产品：陶瓷系列脱水器件、除砂器、除杂器

山东省淄博市临淄区宏强造纸设备厂
山东省淄博市临淄区炼厂西路
邮编：255400
电话：13355231527
产品：气动洗涤驱动装置、水动成套配件、水动装置、气动校正器

山东省淄博市临淄区辛店富发造纸设备厂
山东省淄博市临淄区大武生活区分 146 号
邮编：255400
电话：0533－7481761
传真：0533－7481761
产品：造纸网毯洗涤器

山东富安集团真空科技有限公司
山东省淄博市博山区富安工业园
邮编：255200
电话：0533－4208888、4208666
传真：0533－4208999
网址：www. shandongfuan. com
邮箱：shandongfuan@ sina. com
产品：真空泵

佶缔纳士机械有限公司
纳西姆工业（中国）有限公司
山东省博山经济开发区纬五路 18 号
邮编：255213
电话：0533－4650168、4654888、4652266
传真：0533－4651466、4650166
网址：www. gdnash. com. cn
邮箱：mk. gdnc@ gardnerdenver. com
产品：系列真空泵、压缩机

淄博东方机械有限公司
山东省淄博市桓台县田庄西外环路北首
邮编：256402
电话：0533－8581000
产品：制浆设备及配件

淄博国信轻工机械有限公司
山东省淄博市桓台新城
邮编：256403
电话：0533－8880446
传真：0533－8880440
网址：www. gxqj. net
邮箱：gxqj@ gxqj. net
产品：转鼓式碎浆机等废纸制浆设备

淄博明信造纸机械有限公司
山东省淄博市周村区正阳路 1688 号
邮编：255339
电话：0533－6161856、13905335172
传真：0533－6161058
产品：文化用纸机、瓦楞原纸机、箱纸板机

淄博锦秀电器自动化有限公司
山东省淄博市周村区正阳路北首
邮编：255339
电话：0533－6531786、6536726、6536797
传真：0533－6531786
网址：www. zbjxdq. com
邮箱：zbjxdq@ 163. com
产品：制浆 DCS 系统、变频传动系统、定量水分析

淄博泰鼎造纸机械有限公司
山东省淄博市周村区恒星路 98 号
邮编：255300
电话：0533－6556085
传真：0533－6557368
网址：www. zbtd. com. cn
邮箱：sdzbtd@ sina. com
产品：超级压光机系列

淄博市周村庆宁过滤设备厂
山东省淄博市周村区米河路北首

邮编：255300
电话：0533－8775090、6804678
传真：0533－6804678
产品：过滤设备

淄博全通机械有限公司
山东省淄博市王村镇
邮编：255311
电话：0533－6680247、6681128
传真：0533－6680249
网址：www. cnquantong. com
邮箱：quantong@ cnquantong. com
cnquantong@ sina. com
产品：双螺旋高效挤浆机、纸板机、复合纸机、软辊压光机

淄博市临淄春光机电有限公司
山东省淄博市临淄区梧台镇温江路 3 号
邮编：255420
电话：0533－7666048
传真：0533－7669098
网址：www. cgjd. com
邮箱：cgjd@ cgjd. com
产品：造纸网毯洗涤器及其驱动装置，中、低浓双盘磨浆机，长网双辊挤浆机，长网洗浆机

淄博市临淄科比造纸设备厂
山东省淄博市临淄区
邮编：255400
电话：0533－7327902
传真：0533－7327902
产品：网毯洗涤、校正器、造纸设备

淄博水环真空泵厂有限公司
山东省淄博市博山区柳杭路 48 号
邮编：255200
电话：0533－4178155、4175945
传真：0533－4179957
网址：www. shzkb. com
邮箱：shzkb@ shzkb. com
产品：2BEC、2BEA、2BVA、SZ、SZB、SK、2SK、2SK－P等系列水环式真空泵，压缩机及真空机组，HZN 柠檬酸强制循环泵

淄博陶瓷机械厂
山东省淄博市淄川区昆仑镇铁路街 203 号
邮编：255129
电话：0533－5780113、5781921
产品：高速超细粉碎机

淄博市临淄八方园包装制品有限公司
山东省淄博市临淄区金岭镇金岭南路 1905 号
邮编：255410
电话：0533－7480058
传真：0533－7480128
产品：纸杯、纸碗、纸餐盒

枣庄市

山东明源智能装备科技有限公司
山东省枣庄市台儿庄经济开发区阿里山路
邮编：277400
电话：0632－6715666
传真：0632－6715888
网址：www. mingyuansd. com
邮箱：mingyuan_ jx@ 163. com
产品：造纸机械（软辊压光机，可控中高压光机、无冲击高频摇网器、膜转移施胶机等）、造纸机械数控系统、工业自动控制系统、物联网技术服务

山东鲁台集团凯利得数控设备有限公司
山东省枣庄市台儿庄区经济开发区
邮编：277400
电话：0632－6662999、6662998、6687999
传真：0632－6662998
网址：www. lutaikld. com
邮箱：calender@ 126. com
产品：软压光机、数控传动

山东鲁台造纸机械集团有限公司
山东省枣庄市台儿庄工业园鲁台路 1 号
邮编：277400
电话：0632－6681888、6681999、13561113888
传真：0632－6611569
网址：www. lutaijt. com
邮箱：lutaigroup@ 163. com
产品：SD 压滤机、造纸机、碎浆机、烘缸

山东台儿庄万通纸业总公司
枣庄市亿利达造纸机械有限公司
山东省枣庄台儿庄区长捷西路
邮编：277400
电话：0632－6618915、6611105、6618626
传真：0632－6612639
网址：www. zzyld. com
邮箱：yldtec@ 163. com

产品：软压光机、污泥脱水机、湿抄机、造纸机

枣庄市亿丰造纸机械有限公司
山东省枣庄市台儿庄区长捷路中段(区党校东)
邮编：277400
电话：0632－6666068
传真：0632－6661958
产品：造纸机械

枣庄市得盛机械设备有限公司
山东省枣庄市驿地西昌路
邮编：277100
电话：0632－3318777、13361438256
传真：0632－3555558
产品：流浆箱、污泥脱水机、烘缸、压光机、压榨洗涤过滤机

枣庄市汉森造纸数控设备有限公司
山东省枣庄市台儿庄区鸿发街北段
邮编：277400
电话：0632－6637338、13906326595
传真：0632－6602988
网址：www.hastenzz.com
邮箱：hastenzz@126.com
hs@hastenzz.com
产品：压光机

滕州市

滕州市德源高新辊业有限公司
山东省滕州市恒远路经济开发区 299 号
邮编：277500
电话：0632－5155518
传真：0632－5155519
网址：www.cn-deyuan.com
邮箱：cn-deyuan2008@163.com
产品：工业胶辊

滕州市润升辊业有限公司
滕州市洪绪镇龙园大道南 200 米
邮编：277500
电话：0632－5912071、18763205889
传真：0632－5915884
网址：www.tzrsgy.1688.com
产品：软压光辊、聚氨酯盲孔沟纹辊、斜列式和膜转移施胶辊、真空压榨辊、高速导辊

山东省滕州市臻宇造纸环保设备厂
山东省滕州市平行路 268－3 号
邮编：277500
电话：0632－5573861
传真：0632－5573861
产品：黑液提取设备、浆液分离机

山东省滕州市科创轻工机械有限公司
山东省滕州市东城经济工业园
邮编：277500
电话：0632－5687391、5687390
传真：0632－5687390
网址：www.sdkechuang.com
邮箱：tzkechuang@163.com
产品：制浆造纸废水处理、废纸脱墨设备

滕州力华米泰克斯胶辊有限公司
山东省滕州市平行南路 76 号
邮编：277500
电话：0632－5699298、5699450
传真：0632－5699275
网址：www.sdlihua.com
邮箱：salihua@vip.163.com
lihua@sdlihua.com
产品：工业胶辊、其他金属零件覆胶

滕州市晨光波纹管有限公司
山东省滕州市长途汽车总站北后屯工业区
邮编：277500
电话：0632－5552837
传真：0632－5552171
网址：www.cgbwg.com
邮箱：chengguanggongsi@126.com
产品：旋转接头、波纹补偿器

滕州市东方波纹管有限公司
山东省滕州市平行北路 41 号
邮编：277500
电话：0632－5512430
传真：0632－5513248
网址：www.tzdfbwg.com
邮箱：dfjs2008@163.com
产品：金属软管、旋转接头

滕州市锻压机床二厂
山东省滕州市学院路 1 号
邮编：277500
电话：0632－5512006、5502318

传真：0632－5599753
网址：www. tz2d. com
　　　www. tz2d. com. cn
邮箱：tz2d@ sina. com
产品：挤浆机、洗浆机、污泥脱水

滕州市华方旋转接头有限责任公司
山东省滕州市大同北路 5 号
邮编：277500
电话：0632－5525608、5594683
传真：0632－5528571、5516498
网址：www. 5525608. com
邮箱：5525608@ 163. com
产品：旋转接头及不锈钢金属软管

滕州市金旋波纹管有限公司
山东省滕州市平行南路 88 号
邮编：277500
电话：0632－5585138、5553666
传真：0632－5586527
网址：www. xzjt. com
邮箱：tzjinxuan@ 163. com
产品：金属软管、旋转接头

滕州约翰逊旋转接头制造有限公司
山东省滕州市大同北路 139 号(北首)
邮编：277500
电话：0632－5513203、5512111
传真：0632－5516244
产品：各种规格、型号的旋转接头及配套金属软管、疏水阀

烟台市

烟台华正轻工机械有限公司
山东省烟台市牟平区北关大街 755 号(汽车站向西 500 米路北)
邮编：264100
电话：0535－4223727、4266018
传真：0535－4266016
网址：www. hzqj. net
产品：打浆、除渣设备，真空泵

烟台造纸机械总厂
山东省烟台市莱山区
邮编：264101
电话：0535－6752024
产品：磨浆、浓缩、除渣、真空系列浆泵

莱州市永丰造纸机械有限公司
山东省莱州市平里店镇驻地
邮编：261414
电话：0535－2615565－8318
　　　0535－2615566－8318
传真：0535－2615567
网址：www. yongfenggroup. com
邮箱：admin@ yongfenggroup. com
产品：制浆造纸设备、单/复式纤维分离机、外流式高浓压力筛、双锥体高浓除渣器、方浆池推进器、浆池搅拌器、卧/立式水力碎浆机、自洗式振动平筛、槽式打浆机、出口五金工具、硬度计、工业纸板、纸塑制品

山东莱州市磁粉离合器厂
山东省莱州市城山路 200 号
邮编：261416
电话：0535－2754132
产品：纸机用离合器

蓬莱市自控设备成套厂
山东省蓬莱市海市路
邮编：265600
电话：0535－5641224、5631224
传真：0535－5601224
网址：www. penglaisugar. com
邮箱：plwzq@ 163. com
产品：汽水分离、冷凝水排出

潍坊市

山东科力华电磁设备有限公司
(原山东省临朐县科力电磁设备厂)
山东省潍坊市临朐县城南工业园
邮编：262600
电话：0536－3181088、3181099、3181077、
　　　13953602126
传真：0536－3181099
网址：www. sdklh. net
　　　www. sdklh. com
邮箱：kelidianci@ hotmail. com
产品：电磁除铁器、磁滚筒、永磁铁、金属探测仪

潍坊同步造纸技术有限公司
山东省安丘市经济开发区
邮编：262100
电话：0536－4733666、4224610、13953661000
传真：0536－4733667
网址：www. wftbzz. com

邮箱：dgt777@126. com
产品：纸幅横向水分调节系统、纸幅横向定量调节系统、刮刀、空气转向器、纸幅稳定器、洗涤器、分条机，水力式流浆箱等

潍坊天宏机械制造有限公司
山东省安丘市华安路中段西首
邮编：262100
电话：0536－4256398
传真：0536－4256397
网址：www. wfth. cn
邮箱：th6230@sohu. com
产品：除渣器

山东华特磁电科技股份有限公司
山东省潍坊市临朐县经济开发区华特路中段
邮编：262600
电话：0536－3214543、3158866、3112577
传真：0536－3110552
网址：www. sdhuate. com
邮箱：htcd@chinahuate. com
产品：除铁器、给料器

潍坊开发区造纸毛毯厂
山东省潍坊市北海路628号
邮编：261061
电话：0536－8883680
传真：0536－8888367
产品：造纸毛毯

潍坊凯信机械有限公司
山东省潍坊市高新技术开发区桐荫街7号
邮编：261061
电话：0536－2966966、2966902
传真：0536－2966999
网址：www. hicredit. net
邮箱：wfkxjx@vip. sina. com
产品：造纸机械成套设备及相关自控系统、气垫式干燥浆板机

潍坊市石辊厂
山东省安丘市红沙沟街
邮编：262124
电话：0536－4671466
传真：0536－4671957
产品：纸机用辊

潍坊扬帆机械有限公司
山东省潍坊市胜利西街3858号
邮编：261011
电话：0536－8552655、8552366
传真：0536－8550840
网址：www. yangfanjixie. com
邮箱：yangfan@yangfanjixie. com
产品：备料、制浆设备，废水处理设备

潍坊科创浆纸工程有限公司
山东省安丘市经济开发区
邮编：262123
电话：0536－4732506、2269600
传真：0536－4732507
网址：www. wfkc. cn
产品：除渣器、螺旋挤浆机、搅拌器

青州市益丰造纸机械有限公司
山东省青州市南郊
邮编：262501
电话：0536－3810143
传真：0536－3811611
网址：www. chinayifeng. cn
邮箱：yifengjixie@sohu. com
产品：备料、制浆设备

山东青州市鸿立造纸机械有限公司
（原青州市益都造纸机械厂）
山东省青州市东方路678号
邮编：262500
电话：0536－3201582、3297849
传真：0536－3205539
网址：www. sdyidu. com
邮箱：zcl@sdyidu. com
zhaichangli@sdyidu. com
产品：制浆、备料设备

山东诸城国安机械有限公司
山东省诸城市经济开发区西首
邮编：262233
电话：0536－6017288
传真：0536－6017288
产品：制浆造纸设备、废水处理设备

诸城市明大机械有限公司
山东省诸城市皇华工业园
邮编：262233
电话：0536－6587669、6589330
传真：0536－6342866
网址：www. mingdajixie. cn

邮箱：mdjixie330@163.com
产品：卫生纸机

山东省诸城市汉通奥特造纸设备有限公司
山东省诸城市龙都工业园
邮编：262200
电话：0536－6218640
传真：0536－6113828
网址：www.chinahantong.com
邮箱：aote7910@163.com
产品：制浆设备、卫生纸机、废水处理设备

山东省弘扬机械有限公司
山东省诸城市龙都街道办事处西土墙工业园
邮编：262200
电话：0536－6358838
传真：0536－6358278
产品：筛选、碎浆、打浆、除砂及纸加工设备，废纸脱墨成套设备，废水处理成套设备及工艺设计，制浆造纸工艺设计及技术指导，爆破法制浆，新型环保制浆方法技术咨询

山东省诸城市精益造纸机械厂
山东省诸城市密州街道办事处东徐工业园
邮编：262200
电话：0536－6065718、6083680、13606476897、13791630807
传真：0536－6083680
产品：纤维分离机、挤浆机、脱墨机、压滤机、离解机、精浆机、碎浆机、气动刮刀、双盘磨浆机、圆网浓缩机、旋翼筛

诸城市中天机械有限公司
山东省诸城市西土墙工业园
邮编：262200
电话：0536－6358676、6881548、6358673
传真：0536－6358679、6358675
网址：www.zhongtianjixie.com
邮箱：ztjxxx@163169.net
zhongtianhuanbao@sohu.com
产品：环保设备、造纸设备、承接环保工程

山东省诸城市金三扬机械设备制造厂
山东省诸城市经济开发区横五路东首
邮编：262200
电话：0536－6125578、6125588、13806366474
传真：0536－6184876
产品：废水处理设备、制浆设备、脱墨设备、锅炉除尘设备

山东省诸城市金隆机械制造有限责任公司
山东省诸城市德利斯大道中段
邮编：262200
电话：0536－6081658、6116888
传真：0536－6081808
网址：www.cnjinlongjixie.com
邮箱：jl@cnjinlongjixie.com
产品：打浆设备、磨浆设备、筛选净化设备、浮选脱墨设备、浓缩洗浆设备、废水处理设备、高速卫生纸机、机械制浆设备、热分散系统、浆泵、推进器

山东诸城市东泰造纸机械有限公司
山东省诸城市西外环中段化肥厂西300米
邮编：262200
电话：0536－6017669、6018669、13505369679
网址：www.dongtaijixie.com
邮箱：dongtai6018669@126.com
产品：筛、除渣器、污泥压滤机、气浮废水处理、纸机、湿抄机、脱墨设备、洗涤磨浆设备、磨浆机、爆破制浆技术及设备

山东省诸城市新日东机械厂
山东省诸城市皇华工业园
电话：0536－6067736、6060117
传真：0536－6060796
网址：www.xrdjx.com
www.xinridong.cn
www.sdxrd.com.cn
邮箱：xinridong@sina.com
产品：脱墨机、碎浆机、磨浆机、洗浆机、搓磨分丝机、纤维分离机、卫生纸机、压力筛

山东省诸城市双益机械有限公司
山东省诸城市密州路29号
邮编：262200
电话：0536－6327018
传真：0536－6050758
产品：压力筛、纤维分离机、磨浆机、脱墨机、浓缩机、压滤机、气浮机

诸城市中泰机械有限公司
山东省诸城市龙都工业园
邮编：262200
电话：0536－6350336、6184887
传真：0536－6356235
网址：www.zhongtaijixie.com

邮箱：mail@ zhongtaijixie. com
产品：卫生纸机、压力筛、分离器、纤维分离器、脱墨机、洗浆机、碎浆机、挤浆机、污泥脱水机、搓磨机

山东省诸城市金日东造纸机械有限公司
山东省诸城市开发区压山路 18 号
邮编：262200
电话：0536－6213740、6213221
传真：0536－6213221
网址：www. ridong. com
产品：卫生纸机、螺旋网带洗浆机

山东省诸城市天工造纸机械有限公司
山东省诸城市开发区顺都路 263 号
邮编：262233
电话：0536－6805066、6805088
传真：0536－6805000
网址：www. tiangongmachinery. com
邮箱：fam@ tiangongmachinery. com
产品：废纸处理设备、制浆设备、环保设备

山东省诸城市增益造纸设备有限公司
山东省诸城市密州路东首外贸街 9 号
邮编：262200
电话：0536－6066260、6065123
传真：0536－6065719
网址：www. zengyihuanbao. com
产品：碎浆机、筛浆机、脱墨机、浓缩机、废水处理设备和纸机

山东惠祥专利造纸机械有限公司
（原山东省诸城市专利造纸机械厂）
山东省诸城市辛兴镇兴中路 38 号
邮编：277400
电话：0536－6011600
传真：0536－6011700、6011800
网址：www. zlzzjx. com
邮箱：zl@ zlzzjx. com
sales@ zlzzjx. com
产品：废纸设备

山东诸城市宏升机械有限公司
山东省诸城市东城工业项目区（昌城行寺路南）
邮编：262216
电话：0536－6406869、6402998
传真：0536－6407989
网址：www. hongshengjixie. com
邮箱：hsjx@ hongshengjixie. com
产品：制浆造纸设备

山东诸城市旭日东机械有限责任公司
山东省诸城市隆源路
邮编：262200
电话：0536－6081238
传真：0536－6087785
网址：www. xuridong. com
邮箱：mail@ xuridong. com
产品：制浆、抄纸、纸加工、废水处理设备

诸城市大正机械有限公司
山东省诸城市南外环路东段南侧
邮编：262200
电话：0536－6329913、15095299364
传真：0536－6056488
网址：www. dzco. net. cn
邮箱：dazhengjixie2002@ dzco. net. cn
产品：链式压滤机、卫生纸机

诸城市汇川机械厂
山东省诸城市郝戈庄镇（诸城西南外环交点向南 13 公里处）
邮编：262226
电话：0536－6591383
传真：0536－6591855
网址：www. jienengshebei. com
邮箱：hcjxshj@ 163. com
shj6699@ 163. com
产品：造纸机械环保设备

诸城市造纸机械厂
山东省诸城市密州路 26 号
邮编：262200
电话：0536－6213221
产品：制浆、脱墨设备

山东荣光不锈钢制品有限公司
山东省寿光市高新技术开发区
邮编：262703
电话：0536－5196955
传真：0536－5109897
产品：造纸容器

汶瑞机械（山东）有限公司
山东省安丘市潍徐南路 287 号
邮编：262100
电话：0536－4362288、4361880

传真：0536－4372633
网址：www. wenrui. com. cn
邮箱：info@ wenrui. com. cn
产品：黑液提取碱回收设备、双螺杆制浆机

安丘市石辊厂
山东省安丘市红沙沟镇驻地
邮编：262124
电话：0536－4671098
传真：0536－4671065
网址：www. aq-sg. com
邮箱：aqsg@ aq-sg. com
产品：石辊、盘磨、打浆机刀片

安丘科扬机械有限公司
山东省安丘市东城工业园
邮编：262100
电话：0536－4261398、4709888
传真：0536－4252598
网址：www. keyang. cc
邮箱：keyang108@ 163. com
产品：气浮、净水器、洗浆机、换热器、搅拌器

安丘市天利机械制造有限公司
山东省安丘市南工业园石泉路口
邮编：262100
电话：0536－4252801、4252805
传真：0536－4252813
网址：www. sdtljx. com
邮箱：tljt6699@ sohu. com
产品：除渣器、压力筛、苛化器、挤浆机

安丘天瑞机械制造有限公司
山东省安丘市石泉路口南 1. 5 公里路东
邮编：262100
电话：0536－4250801、13964701658
传真：0536－4255979
网址：www. aqtianrui. com
邮箱：tianruijixie@ 163. com
产品：制浆设备

安丘市峰胜永安机械有限责任公司
山东省安丘市东外环路南首
邮编：262100
电话：0536－4381608
传真：0536－4381608
产品：洗浆机、碎浆机、脱墨、除渣器

安丘市信金机械制造有限公司
山东省安丘市和平路中段
邮编：262100
电话：0536－4262678
传真：0536－4265977
网址：www. shine-xinjin. com
邮箱：gxn@ shine-sinjin. com
产品：除渣器系列、造纸机械

实耐格(潍坊)包装有限公司
山东省寿光市西环路
邮编：262702
电话：0536－5211111
传真：0536－5211611
产品：纸芯、纸管

济宁市

济宁新华天机械有限公司
山东省济宁市高新技术开发区机电二路
邮编：272000
电话：0537－2481588、13605371432
传真：0537－2481598
网址：www. xhtjx. com
邮箱：jnxhtjx@ 163. com
产品：筛鼓

济宁安联轻工机械有限公司
山东省济宁市嘉祥经济开发区嘉诚路中段
邮编：272400
电话：0537－3218138、3218139
传真：0537－3218137
网址：www. alqj. com
邮箱：alqj@ alqj. com
alqjx@ 163. com
产品：碎浆机、纤维分离机、粗选机、压力筛、黑液过滤机、纸机流送系统、除渣器、除气器、苛化器

山东高新机械设备有限公司
山东省邹城市经济开发区兴业路 618 号
邮编：273500
电话：0537－5342256、5353899
传真：0537－5344036
网址：www. gaoxfc. com
邮箱：gaoxfc@ gaoxfc. com
产品：压力筛、除杂器等

昌平集团科技开发公司
山东省邹城市宏达路中段

邮编：273500
电话：0537－5296863
产品：疏解泵、中浓泵

泰安市

山东泰安松源网业有限公司
山东省泰安市泰山区省庄工业园九星街77号
邮编：271000
电话：0538－8332939
传真：0538－8332939
产品：造纸用聚酯成形网、双层网、双层半网、聚酯干网、螺旋网、洗浆网、压滤网、造纸铜网

威海市

文登市永飞刀片厂
山东省文登市米山南郑
邮编：264424
电话：0631－8872082
产品：涂布、烘缸刮刀

临沂市

山东华源锅炉有限公司
（原山东临沂锅炉厂）
山东省临沂市枣沟头镇永安路55号
邮编：276004
电话：0539－8164060、8153350
传真：0539－8162423
网址：www. lyboiler. com
www. hyboiler. cn
邮箱：hyboiler@ msn. cn
0539glc@ 163. com
产品：固体废弃物焚烧锅炉

沂春机械股份有限公司
山东省临沂市费县胜利街
邮编：273400
电话：0539－5221136
产品：纸机、分切机、真空泵

聊城市

聊城诚信造纸技术服务有限公司
山东省聊城市东昌东路58号
邮编：252021
电话：0635－8315880、8973915
传真：0635－8315880
产品：专利技术及设备

山东信和造纸工程股份有限公司
山东省聊城开发区黄河路26号
邮编：252000
电话：0635－2933333
传真：0635－2938333
网址：www. sdxhzz. com
产品：长网、圆网纸机

聊城华林机械有限公司
山东省聊城市凤凰工业园纬一路8号
邮编：252000
电话：0635－2126008、2126001
传真：0635－2126006、2126001
网址：www. cnchanghua. com
邮箱：hmcqin@ 163. com
产品：中高速卫生纸机

山东聊城联舰造纸技术服务有限公司
山东省聊城市东昌府区凤凰工业园富民路2号
邮编：252000
电话：0635－6969248、13561275265、13646380001
传真：0635－6969248
产品：楔斜式压力挤浆机、喷浆式压力纸幅成形器

山东昌华造纸机械有限公司
山东省聊城市凤凰工业园南外环路178号
邮编：252000
电话：0635－2128866、2128818
传真：0635－2128877
网址：www. cnchanghua. com
产品：1760～5280系列文化用纸机、2850～6000系列长网瓦楞原纸机、2640～4800系列叠网纸板机、烘缸、气垫式流浆箱、BM成形器、宽压区压榨

山东茌平鲁丰机械厂
（原茌平县造纸机械厂）
山东省聊城市茌平县城工业区
邮编：252100
电话：0635－4282839、13963006273、15063599901
传真：0635－4282839
产品：除渣器、分浆箱、搅拌罐、碎浆机、校正器、张紧器、振框筛

富尔德－富元制浆造纸机械有限公司
山东省临清市北门里街
邮编：252600
电话：0635－2437377、2437677
传真：0635－2437930
产品：造纸机械

滨州市

山东黄河玻璃钢厂
山东省滨州市阳信县城南
邮编：251800
电话：0543－8231322
产品：除渣器

山东博兴铁龙泵业有限责任公司
（原博兴水泵厂）
山东省滨州市博兴县兴福镇
邮编：256510
电话：0543－2422457、2888863
网址：www. tlby. com. cn
邮箱：xiaoshou@ tlby. com. cn
产品：LJ、WLJ 系列纸浆泵、Y 型醪料泵

滨州东瑞机械有限公司
山东省滨州市博兴县曹王镇纬中路 113 号
邮编：256509
电话：0543－2413186、2413189、2300468
传真：0543－2413186
网址：www. bzdrjx. com
产品：中高端纸浆泵系列

山东长星集团有限公司
山东省滨州市邹平县长山镇朱家村
邮编：256206
电话：0543－4852225、4833999
传真：0543－4819128、4833999
产品：真空辊

山东省邹平兴忠光泽缸表面处理厂
山东省滨州市邹平县临池镇望京村
邮编：256200
电话：0543－4537555、13605336222
传真：0543－4537777
网址：www. xingzhongguangzegang. com
产品：各种规格镀铬辊、印花辊等及烘缸修复翻新

山东杰锋机械制造有限公司
山东省滨州市邹平县长山工业园
邮编：256206
电话：0543－4851388
传真：0543－4851918
网址：www. sdjiefeng. com
邮箱：jishaichang@ 163. com
产品：中高端压力筛、浓缩机

邹平电镀厂
山东省滨州市邹平县临池镇东黄村
邮编：256200
电话：0543－4531538
传真：0543－4531538
产品：电镀烘缸、电镀辊

山东北方造纸机械有限公司
山东省邹平北方起重机设备有限公司
山东省滨州市邹平县临池镇古城村
邮编：256220
电话：0543－4534999、13708946611
传真：0543－4534999
产品：纸机、起重机、烘缸表面处理

邹平鲁伟机械有限公司
山东省滨州市邹平县长山镇开发区
邮编：256206
电话：0543－4859777、13465050999
传真：0543－4819666
网址：www. luweijixie. com
邮箱：luweijixie@ 163. com
产品：切草机、切竹机、劈木机、剥皮机、削片机

邹平县顺鑫造纸机械有限责任公司
山东捷登机械制造有限公司
山东省滨州市邹平县好生镇工业园
邮编：256219
电话：0543－4502588、13805431944
传真：0543－4504999
网址：www. sdshunxin. com
邮箱：sdzp1944@ 163. com
产品：制浆成套设备及配件

河　南　省

郑州市

河南轻工业设计院有限公司
河南省郑州市纬四路 12 号北楼
邮编：450003

电话：0371－65944137、65944125
传真：0371－65944137
网址：www. yqsj78. com
邮箱：hnqgsjy@ 163. com
业务：造纸工业项目设计、咨询

河南博奥泵业有限公司
河南省郑州市上街区阀门产业园锦江南路
邮编：450041
电话：0371－63279997
传真：0371－63279995
网址：www. suaop. com
邮箱：suaop@ 126. com
产品：纸浆泵、废水泵、浆渣泵

郑州磊展科技造纸机械有限公司
河南省郑州市新密大隗镇河屯工业区
邮编：452383
电话：0371－69288115、69272219
传真：0371－69271850
网址：www. zzleizhan. com
邮箱：Liujianpo@ hotmail. com
产品：制浆设备

河南省弘达造纸设备有限公司
河南省新密市大槐镇河屯工业区
邮编：452383
电话：0371－69272219
传真：0371－69271850
产品：制浆造纸设备

郑州运达造纸设备有限公司
河南省郑州国际机场薛店工业园世纪大道 168 号
邮编：451162
电话：0371－62586196
传真：0371－62581811
网址：www. zzyuda. com
产品：制浆设备

河南曙光两相流泵厂
（原河南省巩义市两相流泵厂）
河南省巩义市米河镇
邮编：451263
电话：0371－64339559
传真：0371－64338181
网址：www. cnlxl. com
邮箱：cnlxl@ cnlxl. com
产品：纸浆泵、废水泵、浆渣泵

郑州非尔特网毯有限公司
河南省新密市袁庄村工业园
邮编：452370
电话：0371－69821471、69875777
传真：0371－69875000
网址：www. hnyn. com
邮箱：3321838@ qq. com
产品：造纸毛毯

河南润扬环境科技有限公司
河南省郑州市航海路东段
邮编：450000
电话：0371－86662338
传真：0371－86662338
产品：环保设备及工程安装

河南亚神环保科技有限公司
河南省郑州市金水东路 122 号
邮编：450000
电话：0371－66832103
传真：0371－66832103
网址：www. hnyshbkjgs. com. cn
邮箱：yashen0371@ 163. com
产品：环保设备及工程安装

开封市

开封市第四机床厂
河南省开封市城隍庙后街 3 号
邮编：475001
电话：0378－5696872、5696409
传真：0378－5696500
网址：www. kfdsjcc. com
产品：“两相流”纸浆泵、除渣器、盘磨机、螺旋推进器、水力碎浆机、纤维回收机

安阳市

中国联合装备集团安阳机械有限公司
河南省安阳市长江大道 158 号
邮编：455000
电话：0372－2160928
传真：0372－2160985
网址：www. ayqj. com
产品：多圆盘过滤机、蒸煮锅、喷放锅、真空洗浆机

安阳鑫炬环保设备有限公司
河南省安阳市汤阴城东工业园

邮编：456150
电话：0372－5527868
传真：0372－5527868
产品：锅炉配套设备

鹤壁市

淇县双盘磨造纸设备厂
河南省鹤壁市淇县铁西工业区袁庄路口
邮编：456750
电话：0392－7271329、7270989
传真：0392－7222118
网址：www. qxspm. com
邮箱：zxm_918@163. com
产品：纸浆高浓磨

新乡市

新乡市金利达化纤有限公司
河南省新乡市封丘县产业集聚区186号
邮编：453300
电话：0373－8252898
传真：0373－8252577
网址：www. jldhx. com
邮箱：jldhxc@163. com
产品：底网造纸毛毯、聚酯螺旋网

新乡市蓝海环保机械有限公司
河南省新乡市新乡县古固寨工业区玉源路
邮编：453700
电话：0373－5795999
传真：0373－5795916
网址：www. lhhbjx. com
邮箱：lhhbjx. @163. com
产品：环保设备

辉县市造纸机械有限公司
河南省辉县市东二环中段
邮编：453600
电话：0373－6883299
产品：造纸机械

新乡市工业泵厂有限公司
河南省新乡市牧野区吕村工业区
邮编：453000
电话：0373－3692900、3692901
传真：0373－3692906
网址：www. xxgybgs. com
邮箱：cnxxgyb@163. com
产品：纸浆泵

新乡工神锅炉有限公司
河南省新乡市北环386号
邮编：453002
电话：0373－2693893
传真：0373－2693717
网址：www. gongshen. cn
产品：工业锅炉

焦作市

焦作市崇义轻工机械有限公司
河南省沁阳市建设南路10号
邮编：454500
电话：0391－5611697、5055120
传真：0391－5611697
网址：www. cyqg. com
邮箱：cyqg1958@163. com
产品：纸机、涂布机

河南省德沁高新辊业有限公司
河南省沁阳市葛村工业区
邮编：454586
电话：0391－5938539
传真：0391－5938539
产品：胶辊包胶

沁阳市第一造纸机械有限公司
河南省沁阳市葛村工业区
邮编：454500
电话：0391－5936384、5936945
传真：0391－5936384
网址：www. qyyj. com. cn
产品：纸机

河南大指造纸装备集成工程有限公司
河南省焦作市武陟县迎宾大道388号
邮编：454950
电话：0391－7268787、7268933
传真：0391－7268787
网址：www. dazhipaper. com
邮箱：dazhipaper@163. com
产品：化学机械浆生产线，高速纸机、特种纸涂布机

沁阳市运强环保造纸机械厂
河南省沁阳市太行办事处马坡工业区

邮编：454550
电话：0391－5687369
传真：0391－5687369
产品：制浆设备

许昌市

许昌中亚工业智能装备股份有限公司
河南省许昌市延安路 18 号
邮编：461000
电话：0374－3313662
传真：0374－3318978
产品：造纸机械

漯河市

河南省四海工业用呢公司
河南省漯河市人民路 25 号
邮编：462000
电话：0395－2624572
传真：0395－2624572
产品：工业用呢

临颍工业用呢有限公司
河南省漯河市临颍县黄龙工贸城
邮编：462600
电话：0395－8662688
传真：0395－8662688
产品：工业用呢

周口市

河南锦弘网业有限公司
河南省周口市沈丘县沙北工业园区
邮编：466300
电话：0394－5206586
传真：0394－5206586
产品：聚酯干网、螺旋网

河南省华丰网业有限公司
河南省周口市沈丘县工业园区
邮编：466300
电话：0394－5108788
传真：0394－5108588
网址：www. huafeng999. com
邮箱：henanhuafeng999@ 163. com
产品：聚酯干网、螺旋网

河南晶鑫网业科技有限公司
河南省周口市沈丘县北城产业集聚区
邮编：466300
电话：0394－5228866
传真：0394－5106388
网址：www. jxwykj. com. cn
产品：环保用网、三层网

驻马店市

驻马店市安装工程有限公司
河南省驻马店市雪松路 16 号
邮编：463000
电话：0396－3813750
传真：0396－3813750
网址：www. zmdaz. com
产品：碱回收设备安装

驻马店市红星网业有限公司
河南省驻马店市文化路西段刘阁工业园
邮编：463000
电话：0396－2873188
传真：0396－2873588
网址：www. zmdhxwy. com
邮箱：hnzmdhxwy@ 163. com
产品：造纸毛毯

湖 北 省

随州市

湖北双剑鼓风机股份有限公司
湖北省随州市广水市经济技术开发区
邮编：432721
电话：0722－6430098、6430068
手机号码：13886856858
传真：0722－6430444
网址：www. hbfj. cn
邮箱：hbsjxs@ sohu. com
产品：鼓风机、通风机

武汉市

武汉船用机械有限责任公司
湖北省武汉市武昌青山区武东街 9 号
邮编：430084

电话：027－68867114、68867018、68867088
传真：027－68867461、68867462
网址：www. wmmp. com. cn
邮箱：whcj@ wmmp. com. cn
产品：浆料推进器

武汉同力机电有限公司
湖北省武汉市洪山区武昌珞狮路 122 号武汉理工大学东院内
湖北省武汉市东西湖九支沟武汉中小企业城内(厂址)
邮编：430070
电话：027－82666969、87217887、87877876
传真：027－87663469
网址：www. whtem. com
邮箱：tlem@ whtem. com
产品：传动控制

武汉研发张力自动控制有限公司
湖北省武汉市汉口永清路 7 号
邮编：430010
电话：027－82410195
传真：027－82867573
网址：www. yfzl. com
邮箱：yfzl@ yfzl. com
产品：张力控制装置

武汉中轻机械有限责任公司
(原武汉轻工业机械厂)
湖北省武汉经济技术开发区枫树二路 21 号
邮编：430056
电话：027－83832237、84951266、84951286
传真：027－83831892
网址：www. cwlm. com. cn
邮箱：whqj@ cwlm. com. cn
产品：聚氨酯成套设备、复合薄膜包装设备

武汉市红桥橡胶厂
湖北省武汉市汉口三眼桥路 155 号
邮编：430015
电话：027－82627905、82630814
传真：027－82605825
产品：胶辊、密封件、减震制品、耐腐蚀橡胶衬里

武汉市生威自动化工程有限公司
湖北省武汉市江岸区解放公园路 34 号 1－2
邮编 430010
电话 027－82932923、82932823
传真 027－82932923
产品：制浆造纸行业专用仪表、特种阀门

武汉特种锅炉成套设备工程有限责任公司
湖北省武汉市武珞路 586 号江天大厦 12 楼
邮编：430070
电话：027－87655853
传真：027－87655055
网址：www. whtzgl. com
邮箱：whtzgl@ 263. net. cn
产品：碱回收炉及其系列配套辅助设备

武汉宇通仪表有限公司
湖北省武汉市汉口惠济路 50 号
邮编：430019
电话：027－82432896
产品：纸浆浓度变送器

中国轻工业武汉设计工程有限责任公司
湖北省武昌市首义路 176 号
邮编：430060
电话：027－88043744
传真：027－88043744
网址：www. qgsj. com
邮箱：qgsj@ qgsj. com
业务：工程设计、工程咨询、工程监理

武汉中轻工程设计有限公司
湖北省武汉市新华路 231 号阳光新天地大厦 20 层
邮编：430022
电话：027－59526528、59526513
传真：027－59526529
网址：www. chinalid. net
邮箱：zqdesi@ chinalid. net
zhaopin@ chinalid. net
业务：工程设计、工程咨询

湖北省轻工业科研设计院
湖北省武汉市汉阳区杨泗港路 1 号
邮编：430052
电话：027－84520635、84523440、84520283
传真：027－84523440
网址：www. hbqgy. com
邮箱：hbqgy@ 163. com
业务：科研、工程设计、工程监理

武汉金申伦科技发展有限公司
湖北省武汉经济技术开发区佳和馨居 12－13
邮编：430056

电话：027－84476289
传真：027－84476289
邮箱：zhj0725@126. com
产品：造纸相关产品

武汉武锅能源工程有限公司
湖北省武汉市庙山开发区江夏大道特 1 号
邮编：430223
电话：027－81560985，87655091
传真：027－87655055，87655494
网址：www. wgjt. com. cn
产品：锅炉工程承包

荆门市

荆门市万泰机械有限公司
湖北省荆门市掇刀区深圳大道 34 号
邮编：448000
电话：0724－2447008
传真：0724－2447007
网址：www. jmwt. cn
邮箱：hw@jmwt. cn
产品：固体废弃物处理装备

孝感市

应城市恒达工业用呢有限公司
湖北省应城市民营经济园
邮编：432400
电话：0712－3251880
传真：0712－3251885
网址：www. tcce. cn
www. chang-e. net
邮箱：change@vip. 163. com
产品：造纸毛毯

荆州市

荆州市江海泵业机械有限公司
湖北省荆州市开发区江津东路与红光路交汇处
邮编：434000
电话：0716－8311559、8311881
传真：0716－8311008、8311881
网址：www. gaokecn. com
邮箱：info@gaokecn. com
tel@gaokecn. com
产品：造纸用泵

沙市轻工机械有限公司
湖北省荆州市汇湖路 21 号
邮编：434000
电话：0716－8524393、8524381、4314148
传真：0716－8103654、8524375、4314180
网址：www. slmc. com. cn
邮箱：slmc@vip. 163. com
产品：涂布机，制浆、造纸设备

黄冈市

武穴市轻纺机械厂
湖北省武穴市大桥边 136 号
邮编：436401
电话：0713－6222689
产品：洗浆机、除尘器

仙桃市

仙桃市华伟造纸机械有限公司
湖北省仙桃市杜台经济开发区 8 号
邮编：433000
电话：0728－3206812
传真：0728－3206035
网址：www. hwzzjx. com
邮箱：hw@hwzzjx. com
产品：纸机配件、橡胶胶辊

广水市

湖北省风机厂有限公司
湖北省广水市十里河工业区 001 号
邮编：432700
电话：0722－6249111
手机：13872855618
传真：0722－6249222
网址：www. hbfan. com
邮箱：hbfan777@163. com
产品：纸机真空系统透平风机、废水处理风机

湖　南　省

长沙市

湖南三匠人科技有限公司
湖南省长沙市雨花区万家丽中路三段 36 号喜盈门国际大厦 1213

电话：13607318509、13974881396
传真：0731－85783481
网址：www. hnsjrtech. com
产品：双网热风干燥浆板机，TAD 穿透式热风干燥系统、特种涂布机及涂布热风干燥系统、多缸纸机密闭气罩以及通风系统、扬克气罩以及通风系统、气罩排风尾气除雾装置

长沙长泰智能装备有限公司
湖南省长沙市湖南环保科技产业园新兴路 118 号
邮编：410117
电话：0731－85651518、88238288
传真：0731－85570597、88238287
网址：www. chaint. net
邮箱：chaint99@ yahoo. com. cn
产品：造纸输送包装设备

湖南正大轻科机械有限公司
湖南省长沙市雨花区洞井镇桃阳村环保科技产业园
邮编：410116
电话：0731－82883828
传真：0731－82883812
网址：www. zdqk. com
邮箱：cszdjrqc@ vip. sina. com
产品：纸机烘干部通风、干燥系统

中国海诚长沙工程院
中国轻工业长沙设计院
湖南省长沙市雨花区环保科技园新兴路 268 号
邮编：410114
电话：0731－85770333
传真：0731－85584415
业务：制浆造纸工程咨询、设计

湖南省轻工纺织设计院
湖南省长沙市向东南路 168 号
邮编：410005
电话：0731－85152081
传真：0731－85153047
网址：www. xqfs. cn
业务：制浆造纸工程咨询、设计

长沙市神州机械有限公司
湖南省浏阳市永安制造产业基地纬 1. 5 路
邮编：410323
电话：0731－83285566
传真：0731－83204889
网址：www. changsha-cathy. com
邮箱：changsha-cathy@ qq. com
srjsrj@ vip. sina. com
产品：纸机通风设备等

株洲市

株洲新时代输送机械有限公司
湖南省株洲市栗雨工业园 E 区
邮编：412007
电话：0731－22877833、22877838
传真：0731－22877822
网址：www. nte. com. cn
邮箱：shusong@ nte. com. cn
产品：链式拉木输送机、剥皮鼓、辊式输送机、皮带输送机、沙石输送机、脱水输送机、木片螺旋输送机

岳阳市

中轻国泰机械有限公司
湖南省岳阳市康王经济开发区
邮编：414000
电话：0730－8751189
传真：0730－8751192
网址：www. gtjx. cn
邮箱：yygtj@ guotaijx. com
产品：纸机

湘潭市

湖南中勤热科技术有限公司
湖南省湘潭市高新区科技企业加速器工业园
邮编：411100
电话：0137－83881998
产品：零排放造纸干燥部废气循环利用杨克汽罩、密闭汽罩、车间通风等。

广　东　省

广州市

广东省造纸研究所
广东省广州市海珠区新港西路 154 号
邮编：510300
电话：020－34300599
传真：020－34301273、34300613
网址：www. gdzaozhisuo. com
产品：离型纸、黏胶带纸、防霉纸、扬声器用黑纸、

黑白钢纸、涂布纱面纸、涂布彩纸、湿水胶带纸、无碳复写原纸、水稻育秧纸、唛架纸、电脑绣花纸、食用油滤纸、清新香片、PPE 湿强剂、干强剂、剥离剂、分散松香乳液、脱墨剂

斯普瑞喷雾系统有限公司广州分公司
广东省广州市科学城彩频路 11 号 D 座 302 室
邮编：510045
电话：020－83546866
传真：020－83546829
产品：喷嘴

浙江嘉兴亚达不锈钢制造有限公司华南分公司
广东省广州市番禺区南村镇坑头东线路七横路 4 号
邮编：511442
电话：020－34699222
传真：020－34699277
网址：www. cnyada. net
产品：不锈钢管件、阀门

广州华工环源绿色包装技术有限公司
广东省广州市科学城科学大道 99 号科汇金谷 C3 栋 1103
邮编：510640
电话：020－62327808
传真：020－62327809
网址：www. hghuanyuan. com
邮箱：hghy@ vip. 163. com
产品：纸浆模塑设备

广州广一泵业有限公司
（原广州市第一水泵厂）
广东省广州市科韵南路 133 号
邮编：510320
电话：020－66834613、66834616、66834618
传真：020－66834619
网址：www. gygcn. com
邮箱：sales@ gygcn. com
产品：泵

华南理工大学造纸与污染控制国家工程研究中心
广东省广州市天河区五山路华南理工大学造纸与环境工程楼
邮编：510640
电话：020－87112614、87112982
传真：020－87113840
网址：www. pperc. com. cn
产品：成形器、技术服务

丹佛斯（天津）有限公司广州办事处
广东省广州市珠江新城花城大道 87 号高德置地广场 B 塔 704 室
邮编：510623
电话：020－28348000
传真：020－28348001
网址：www. danfoss. com/china
邮箱：guangzhou@ danfoss. com
产品：变频器

番禺市沙西造纸机械有限公司
广东省广州市番禺区沙湾镇拱桥路 1 号
邮编：511483
电话：020－84732328
产品：碎浆机、分离机、打孔机

川佳机械集团股份有限公司华南办事处
广东省广州市东风西路 233 号
邮编：510180
电话：020－83543253
传真：020－83543257
产品：内流式压力筛

中国轻工业广州设计工程有限公司
广东省广州市盘福路医国后街 1 号
邮编：510180
电话：020－81326513
传真：020－81325759
网址：www. gdecn. com
邮箱：gzgs@ gdecn. com
业务：工程设计、工程咨询、工程管理

广东省轻纺建筑设计院
广东省广州市东风东路 744 号
邮编：510080
电话：020－87621916
传真：020－87621911
网址：www. gladi. com. cn
业务：工程设计、工程咨询、工程管理

广州欧克机械制造有限公司
广东省广州市番禺区沙湾镇福龙工业区 2 号
邮编：511483
电话：020－84732658
传真：020－84734555
网址：www. gz-ok. com
邮箱：sales@ gz-ok. com
gz-ok@ 163. com

产品：包装机、纸品包装机

广州约顿电子科技有限公司

广东省广州市科学城科学大道 182 号创新大厦 C1 栋 1102 室
邮编：510663
电话：020－28065028、87303571
传真：020－28065018
网址：www.joton-guangzhou.com
邮箱：postmaster@joton-guangzhou.com
产品：恒温恒湿空调机

广州瑞辰盛达生物技术有限公司

广东省广州开发区科学城开源大道 11 号科学城 A1 座 3 楼
邮编：510500
电话：020－32203968
传真：020－32203392
网址：www.rcsd.com.cn
邮箱：gzrcsd@163.com
产品：聚能酶 TM 纤维改性技术

广州御信机械设备有限公司

广东省广州市天河区东圃镇珠村灵山路珠村十社工业园内
邮编：510620
电话：020－82167943、82168513
传真：020－82168513
网址：www.xin-square.com
邮箱：grom@21cn.com
产品：高速卷筒纸分切机

奥伯尼国际(中国)有限公司

广东省广州市番禺区桥南街陈涌中荣工业园 H 座
邮编：511400
电话：020－34832876
网址：www.albanydoors.com
邮箱：sales.ads.cn@albint.com
产品：高速卷帘门

国际纸业(广州)包装有限公司

广东省广州市新滘仑头村工业区 2 号
邮编：510320
电话：020－34088208
产品：瓦楞纸箱、纸板

广州嘉承纸品有限公司

广东省广州市番禺区兴业路东三横路
邮编：511483
电话：020－34732527
产品：瓦楞纸板、纸容器

广州市同昌纸品有限公司

广东省广州市花都区莲塘村
邮编：510800
电话：020－36822020
产品：瓦楞纸板、纸箱

广州市浚龙纸业有限公司

广东省广州市番禺区沙湾镇奥林匹克花园文化长廊 64 号
邮编：511400
电话：020－34733083、34733080
传真：020－34736613
经营：衬纸、环保纸、丝毛棉、稻香纸、纯质纸、莱妮纹、云彩纸、虎皮纹、自在纹、古石纹、色书纸、彩色描图纸、牛油纸

广州市鸣瑞贸易有限公司

广东省广州市中山大道 190 号骏景花园骏翔轩 G1203 室
邮编：510630
电话：020－38671842、38671985、38671377
传真：020－38671269
经营：双铜纸、单铜纸、白卡纸、双胶纸、白纸板

南蒲纸业广州销售部

广东省广州市芳村区海北西浦
邮编 510378
电话：13829756552
传真：020－81419835
经营：有光纸、书写纸、胶版纸、纸杯原纸、卫生原纸

百孚纸业有限公司

广东省增城市新塘镇甘湖工业区
邮编：511340
电话：020－82776488
传真：020－82774942
经营：特种纸

广州市多宝纸业有限公司

广东省广州市芳村区东教北路茶窖大田仓 3 号
邮编：510370
电话：020－81576005
传真：020－81593169
经营：印刷纸

韶关市

广东绿洲纸模包装制品有限公司
广东省南雄市全安镇营堡前
邮编：512426
电话：0751－3703889
网址：www. sn0601. com
产品：一次性纸盘、一次性纸饭盒、一次性纸托盘、一次性纸碗等

深圳市

深圳光荣机械有限公司
广东省深圳市上梅林梅华路 103 号
邮编：518049
电话：0755－83318564、83310794
传真：0755－83310783
网址：www. koeiind. com. cn
邮箱：sz_ koei@ 126. com. cn
产品：电动执行器

长江机械设备股份有限公司
广东省深圳市沙井镇街道办上寮蚝四南安科技工业园
邮编：518104
电话：0755－29887068
产品：卷筒纸分切机、卷筒切纸机、复印纸分切机

深圳市新环机械工程设备有限公司
广东省深圳市福田区彩田南路中深花园 B 栋 2103 室
邮编：518033
电话：0755－82997309、82997256
传真：0755－82995262、82996258
网址：www. sznecn. com
邮箱：xh@ sznecn. com
产品：机械格栅、除砂机、砂水分离器、滗水器、刮吸泥机、自动溶药投药装置

深圳市联欧贸易发展有限公司
广东省广州市天河北路 616 号金海花园金灏阁 607 室
邮编：510630
电话：0755－38735296
传真 0755－38735297
网址：www. euro-me. com
邮箱：euromegz@ euro-me. com
经营：驱动传动系统、液压气动部件、自动化元器件

鸿源实业(深圳)有限公司
广东省深圳市布吉镇上水径恒通工业城 6 栋 2 楼
邮编：518112
电话：0755－28522294
传真：0755－28522748
经营：卫生纸、盒装面纸、手帕纸、妇女卫生巾

安兴纸业(深圳)有限公司
广东省深圳市龙岗区同富裕工业园
邮编：518112
电话：0755－28557320
经营：复印纸、传真纸

深圳市永利隆纸品有限公司
广东省深圳市布吉上李朗莱茵工业城
邮编：518112
电话：0755－89702138
传真：0755－89702117
经营：瓦楞原纸、纸箱、彩盒

深圳市悦声纸业有限公司
广东省深圳市龙华镇龙城工业区 12 幢 1 楼
邮编：518109
电话：0755－27740846
传真：0755－27741089
经营：花纹纸

元丰纸业(深圳)有限公司
广东省深圳市宝安区松岗镇沙埔围第二工业区
邮编：518105
电话：0755－27052676
传真：0755－27052259
经营：瓦楞原纸、牛皮纸

深圳协利纸业有限公司
广东省深圳市宝安区应人石区村外贸轻工业区
邮编：518108
电话：0755－27625336
经营：瓦楞纸板、纸箱

致昌纸品(深圳)有限公司
广东省深圳市龙岗区白泥坊村横东岭工业区
邮编：518111
电话：0755－84663188
经营：白纸板、铜版纸

富士达纸品(深圳)有限公司
广东省深圳市龙岗区中浩工业区
邮编：518129
电话：0755－89600129

经营：卫生纸、纸面巾、纸手帕

珠海市

珠海凌丰机械有限公司
广东省珠海市前山梅溪双龙山工业区
邮编：519070
电话：0756－8508438
传真：0756－8532585
网址：www. winfull. cn
www. winfull. com. cn
邮箱：sales@ winfull. com. cn
产品：复卷机、分切机

珠海天力哈希仪器仪表有限公司
广东省珠海市翠微西路 668 号
邮编：519071
电话：0756－8623616、8610123、13809800007
传真：0756－8623636
网址：www. teknik. cn
邮箱：teknik9@ 188. com
teknik@ 126. com
产品：流量计、变送器、数显控制仪表

广东天章信息纸品有限公司
广东省珠海市人民东路 125 号工商大厦 19 楼东座
邮编：519002
电话：0756－2629000
传真：0756－8157555、2629012
网址：www. tzpaper. com
经营：复印纸、打印纸、传真纸、收银纸

珠海市宏进纸业发展有限公司
广东省珠海市斗门区珠峰大道西富山工业区
邮编：519100
电话：0756－5655777
传真：0756－5652576
经营：瓦楞原纸

汕头市

广东省汕头市国平纸类包装厂有限公司
广东省汕头市光华北二路 15 号
邮编：515000
电话：0754－88222129
传真：0754－88113762
产品：彩箱、彩盒、纸筒、胶纸

汕头市化建纸业公司
广东省汕头市达濠区达濠西山前
邮编：515071
电话：0754－87380165
传真：0754－87360788
经营：黄纸板、灰纸板、复合纸板、白纸板、双胶印刷纸、热压纸板、书写纸

汕头市中联胜贸易有限公司
广东省汕头市长平路丽涛大厦 B 座 U902 室
邮编：515041
电话：0754－88736835、88873996
传真：0754－88736535
网址：www. zlstrade. com
经营：糖纸、轻涂纸、防水单铜纸、牛皮纸、标签纸、玻璃卡纸

佛山市

索戴包装（佛山）有限公司
广东省佛山市南海区牡丹灶镇横江环保工业园
邮编：528216
电话：0757－85445688、85407817
传真：0757－85443278
网址：www. stek. cn
邮箱：afbi007@ vip. 163. com
产品：塑钢带、打包机

佛山安德里茨技术有限公司
广东省佛山市禅城区城西工业区天宝路 9 号
邮编：528000
电话：0757－82969257
传真：0757－82969209
产品：制浆造纸设备

德昌誉机械制造有限公司
广东省佛山市南海区罗村大桥南侧镇岐岗工业区内
邮编：528227
电话：0757－86435166、86435177、86435188
传真：0757－86435199
网址：www. dechangyu. com
邮箱：master@ dechangyu. com
产品：卫生纸加工设备

顺德区光阳包装机械有限公司
广东省佛山市顺德区北滘镇碧江工业区 1 号
邮编：528311
电话：0757－26636485

产品：纸箱、纸品包装机械

佛山市精拓机械设备有限公司
广东省佛山市顺德陈村镇赤花工业区4路南2号
邮编：528313
电话：0757－23301128
传真：0757－23301128
网址：www. jingtuo. net
邮箱：jt2007best@163. com
产品：卷筒纸包装机

宝索机械制造有限公司
广东省佛山市南海区平洲夏南一工业区
邮编：528252
电话：0757－86763798、82777529、86799938
传真：0757－86785529
网址：www. baosuo. com. cn
邮箱：master@baosuo. com
产品：生活用纸设备

宝拓造纸设备有限公司
广东省佛山市南海区平洲夏南一工业区
邮编：528251
电话：0757－81273377
产品：生活用纸设备

佛山市南海区新力机械制造有限公司
广东省佛山市南海区狮山科技工业园C区恒兴北路7号
邮编：528226
电话：0757－86688191、86688182、86688183、86688184
传真：0757－86688186
网址：www. nhxinli. com
邮箱：master@nhxinli. com
产品：生活用纸设备

江门市

江门鸿荣新材料科技有限公司
广东省江门市蓬江区杜阮镇井根骑龙山工业区，杜阮南路33号
电话：0750－2632699
传真：0750－3598787
网址：www. gd-hr. cn
产品：三层成型网、二层半成型网、单层成型网、扁丝干网、圆丝干网

江门市新会远东网业有限公司
广东省江门市新会区会城城东工业开发区潮兴路62号之一
电话：0750－6100456、6101108
传真：0750－6126202
网址：www. xhzhongxin. com
产品：三层成型网、二层半成型网、单层成型网、扁丝干网、圆丝干网

新会远东网厂有限公司
新会中兴造纸网厂
广东省江门市新会区会城镇城东工业开发区
邮编：529100
电话：0750－6100456
传真：0750－6126202
网址：www. tianjian-china. com
产品：聚酯成形网、干网

开平市宏兴造纸机械厂
广东省开平市水口镇台山路段
邮编：529321
电话：0750－2732222、2718889、2996619、2732838
传真：0750－2726619
产品：磨浆机、磨片、碎浆机、筛浆机、筛、脱墨机、洗浆机、纤维分离机、浆池推进器、除砂机

江门晶华轻工机械有限公司
广东省江门市东升路138号
邮编：529000
电话：0750－3065011、3979999
传真：0750－3565002
网址：www. jm-jinghua. com
邮箱：3979999@jmjhqj. com
产品：各类型号的造纸设备和备品备件

湛江市

广东伟兴机械制造有限公司
（原东莞市伟兴造纸机械有限公司）
广东省湛江市坡头区麻坡路
邮编：524057
电话：0759－3957098
产品：造纸设备

东莞市

东莞佳鸣机械制造有限公司
广东省东莞市沙田镇民田工业区
邮编：523991
电话：0769－88862099、88866210、

88864360、88688201
传真：0769－88862066
网址：www. jumping. com
邮箱：jumping@ jumping. com. cn
产品：卫生纸机及后加工设备

东莞市业兴网毯有限公司
广东省东莞市高埗镇护安围
邮编：523279
电话：0769－88731749、88734262
传真：0769－88737340
网址：www. dgyexing. com
邮箱：yxwf1991@ 163. com
产品：造纸毛毯、特种工业用呢、电热衬毯、螺旋网、聚酯网

东莞市中堂镇金峰造纸机械厂
广东省东莞市中堂镇中兴路悦和街5巷21号
邮编：523220
电话：0769－88895138
产品：制浆造纸专用通用设备、水力碎浆机、纤维热碎解机、双圆盘磨浆机、纤维分离机、压力筛、除渣器等

东莞市兴发纸业(贸易)有限公司
广东省东莞市万江区万兴路
邮编：511717
电话：0769－22282516
传真：0769－22177603
经营：文化用纸、包装纸

中山市

中山市中侨纸业有限公司
广东省中山市东区东苑路62号
邮编：528403
电话：0760－88286098、88290298
传真：0760－88286089
网址：www. zhongqiao. net
邮箱：zhongqiao@ china. com
经营：复合金银卡纸、紫外光防伪卡纸、珠光卡纸、玻璃卡纸

潮州市

潮州市海博机械有限公司
广东省潮州市永护路4号
邮编：521011
电话：0768－2356894
产品：中浓液压磨浆机，中低压力容器，废水处理设备

广西壮族自治区

南宁市

广西轻工业科学技术研究院
广西壮族自治区南宁市国家经济技术开发区迎凯路8号
邮编：530031
电话：0771－4518909
传真：0771－4518912
网址：www. gxqgy. com
邮箱：gx-qgy@ qq. com
业务：科研、设计

广西壮族自治区国营林场开发公司
广西壮族自治区南宁市东葛路107号
邮编：530022
电话：0771－5633460、5633461
传真：0771－5633460
产品：原木、板材

中国轻工业南宁设计工程有限公司
广西壮族自治区南宁市星光大道42号
邮编：530031
电话：0771－4800448、4800493
传真：0771－4830802、4800493
网址：www. zqnn. cn
邮箱：cnec@ vip. 163. com
业务：制浆造纸工程咨询、设计、监理和总承包

南宁市庆维造纸设备有限公司
广西壮族自治区南宁市良庆区银海大道西四里六巷20号
邮编：530200
电话：0771－4503343
传真：0771－4505353
产品：高浓磨浆机，高、低浓或D型水力碎浆机，立、卧推进器，中、低浓抽浆泵，除砂器，压滤机，压力筛，文化用纸机，卫生纸机，塑料网槽，压力成形器以及二手造纸机设备

广西横县华宇工贸有限公司
广西壮族自治区南宁市六景工业园区
邮编：530313
电话：0771－7265998、7372132
传真：0771－7265998、7371038

网址：www. gxhyzy. com
产品：五色有光纸、高级卫生纸

南宁市乖仔工贸有限责任公司
广西壮族自治区南宁市福建路 15 - 1 号(江南区政府对面巷直入)
邮编：530031
电话：0771 - 4885918、4885968、4885998
传真：0771 - 4885968
网址：www. nngzgm. com
邮箱：1195173656@ qq. com
经营：生活用纸、纸巾、纸盒

广西博世科环保科技股份有限公司
广西南宁市高新区科兴路 12 号
邮编：530007
电话：0771 - 3299118
传真：0771 - 4960252
网址：www. bossco. cc
产品：环保设备制造

柳州市

永丰利机械刀片有限公司
广西壮族自治区柳州市柳邕路二区 3 号
邮编：545005
电话：0772 - 3224776
传真：0772 - 3226174
产品：打浆机、切纸机刀片、各种刀片

梧州市

瑞典 FORITECAB 造纸咨询公司中国办事处
广西壮族自治区梧州市西堤三路 1 号 21 座 703 单元
邮编：543002
网址：www. foritec. com
业务：工程咨询、技术咨询

玉林市

广西玉林市江南造纸器材经营部
广西壮族自治区玉林市城站路 17 号
邮编：537001
电话：0775 - 3825202、13907756395
经营：造纸器材

重 庆 市

重庆造纸工业研究设计院
重庆市南岸区茶园新区蔷薇路 26 号
邮编：401336
电话：023 - 63862408
传真：023 - 63609345
网址：www. cqzzyjy. com
邮箱：cqzz666@ 163. com
业务：科技服务、咨询服务、生产玻璃纤维纸系列产品和特种工业用纸

四 川 省

自贡市

华西能源工业股份有限公司
四川省自贡市高新工业园荣川路 66 号
邮编：643001
电话：0813 - 6666666
传真：0813 - 4732222
网址：www. cwpc. com. cn
邮箱：cwpc@ cwpc. com. cn
产品：循环流化床锅炉、自然循环燃煤粉锅炉、污泥焚烧锅炉、生物质燃料锅炉、碱回收锅炉、高炉煤气锅炉、垃圾焚烧锅炉、油泥砂锅炉、余热锅炉

成都市

成都工业用呢总厂
四川省成都市青羊区文家
邮编：610091
电话：028 - 87074323、87074901
传真：028 - 87074901
产品：工业用呢

四川环龙技术织物有限公司
四川省成都市温江区成都海峡两岸科技产业开发园新华西路 519 号
邮编：611130
电话：028 - 82782682
传真：028 - 82782615
网址：www. hl-cd. cn
邮箱：huanlong_ sale@ vanav. cn
产品：压榨毛毯

成都拓世达科技有限公司
四川省成都市武侯区洗面桥街 22 号 12 楼 6 号
邮编：610041
电话：028 - 85537128、85537138

传真：028－85571538
产品：变频器、纸机传动设备

成都希望森兰变频器制造有限公司
四川省成都市西南航空港经济开发区机场路 181 号
邮编：610225
电话：028－85964751、85960127、85963211
传真：028－85962488
网址：www. chinavvvf. com
邮箱：markd@ chinavvvf. com
产品：变频器

四川天一科技股份有限公司
四川省成都市外南机场路近都段 87 号
邮编：610225
电话：028－85961873、85964843、85881771、85965341
传真：028－85884502、85881909、85884329
网址：www. tianke. com
邮箱：zjb@ tianke. com
wuke@ tianke. com
产品：制氮机、制氧机、浓缩乙烯、提纯氢气、提纯一氧化碳、提纯二氧化碳

四川省纸联浆纸有限公司
四川省成都市福兴街 30 号
邮编：610016
电话：028－86754023
传真：028－86740587
经营：造纸纤维原料及专、辅材料

四川省都江堰华西轻工机械有限责任公司
四川省都江堰市灌温路 78 号
邮编：611830
电话：028－87284625
传真：028－87283997
产品：真空泵、浆泵

中国轻工业成都设计工程有限公司
四川省成都市少城路 9 号
邮编：610015
电话：028－86630940、028－86634360
传真：028－86643706、028－86634360
网址：www. qrsj. com
业务：工程设计、工程咨询、工程总承包、环境影响评价

绵阳市

奥科工控技术开发有限公司
四川省绵阳市绵兴路西段 40 号
邮编：621000
电话：0816－2531108
传真：0816－2543272
产品：ZNS－纸浆浓度实时控制仪、特殊防腐型 ZNS－纸浆浓度控制仪

绵阳同成智能装备股份有限公司
四川省绵阳市高新区火炬东街 47 号
邮编：621000
电话：0816－2536111、2531333
传真：0816－2543408
网址：www. tchngh-tec. com
产品：制浆造纸、化工、电厂、垃圾处理等行业生产过程自动化控制

绵阳星恒节能环保有限公司
四川省绵阳市梓潼县城外北街 92 号
邮编：622150
电话：0816－8212197、8260288
传真：0816－8212219
网址：www. myxingheng. com
邮箱：xh@ myxingheng. com
产品：蒸汽回收、除尘

四川高达科技有限公司
四川省绵阳市游仙区绵山路 64 号
邮编：640000
电话：0816－2489999、800－8861199
传真：0816－2281210
网址：www. scgdkj. com
邮箱：gd@ scgdkj. com
产品：自动化技术

内江市

四川省资中县隆升机械有限公司
（原资中轻工机械厂）
四川省内江市资中县城区永兴路 28 号
邮编：641200
电话：0832－5510532、5529418
传真：0832－5529419
网址：www. zzlsjx. com
邮箱：zzlsjx@163. com

产品：制浆设备、黑液及中段废水处理设备，城市生活污水处理设备，中小型制糖设备的设计、制造和研发

乐山市

乐山市泰辉机械制造有限公司
四川省乐山市高新技术开发区东高路 4 号
邮编：614000
电话：0833－2595661
传真：0833－2595038
产品：纸板机、浆板机、文化用纸机、涂布机、压光机

四川井研轻工机械厂
四川省乐山市井研县研城镇和平街 114 号
邮编：613100
电话：0833－3715668、3712312
传真：0833－3711459
产品：新闻纸机、文化用纸机、特种纸机、浆板机、箱纸板机、瓦楞原纸机、涂布白纸板机、涂布白卡纸机、纸机后续整饰完成设备

宜宾市

四川省宜宾市造纸旋转接头厂
四川省宜宾市青年街 5 号
邮编：644000
电话：0831－8223747
传真：0831－8224270
产品：旋转接头、密封件

宜宾长江造纸仪器厂
四川省宜宾市马鞍石
邮编：644004
电话：0831－3601740
产品：造纸检测仪器

宜宾市纺织器材厂
四川省宜宾市南岸蜀南大道西段 5 号
邮编：644002
电话：0831－2382278
传真：0831－5193308
产品：聚四氟乙烯密封件、机械密封圈、管套、轴套、复卷机轴承、烘缸旋转进汽接头、蒸球进汽和喷放接头

中国联合装备集团宜宾机械有限公司
四川省宜宾市宜宾县城北新区
邮编：644600
电话：0831－6233668、6233518、6233528
传真：0831－6233669
网址：www. zlzbyb. com. cn
邮箱：ybzjc8245@163. com
产品：文化用纸机、包装纸机、卫生纸机、箱纸板机、浆板机和特种纸机

贵 州 省

遵义市

凤冈县天河纸业股份合作公司
贵州省遵义市凤冈县龙泉镇
邮编：564200
电话：0858－5222597
产品：造纸机械及行业设备、纸加工机械

云 南 省

昆明市

昆明轻工业机械厂
云南省昆明市西郊大普吉
邮编：650102
电话：0871－8307251
产品：造纸设备、碱回收机、压力容器

云南省轻纺工业设计院
云南省昆明市东风东路 169 号
邮编：650041
电话：0871－3315932
传真：0871－3315482
业务：工程设计、咨询、承包

玉溪市兴伦纸业有限公司
云南省玉溪市
邮编：653100
电话：0877－2050233
产品：纸箱

陕 西 省

西安市

中国轻工业西安设计工程有限责任公司
陕西省西安市东关柿园路 222 号
邮编：710054
电话：029－82497399、82477822
传真：029－82487813、82487815

网址：www. haisum-xa. com
邮箱：webmaster@ haisum-xa. com
业务：工程设计、咨询

美卓造纸机械技术(西安)有限公司
陕西省西安市阿房四路
邮编：710086
电话：029－84363218、84363155
传真：029－84363000、84363433
网址：www. mesto. com
产品：高级文化用纸机、无碳复写原纸机、新闻纸机、涂布纸板机、挂面纸板机、薄页纸机

西安中轻造纸机械集团公司
陕西省西安市阿房四路 6 号
邮编：710086
电话：029－84363019、84363428、8436410
传真：029－84363418
网址：www. xianpm. com
邮箱：xianpm@ xianpm. com
产品：纸机、纸板机

轻工业西安机械设计研究所
陕西省西安市阿房四路 6 号
邮编：710086
电话：029－84363407、84369596
传真：029－84369035
网址：www. xaqys. com
产品：全自动纸箱封箱机、圆孔打孔机

凯德(西安)造纸机械织物有限公司
陕西省西安市长安区马王街办
邮编：710115
电话：029－85850701、85850750
传真：029－85851282
产品：聚酯网

斯普瑞喷雾系统有限公司西安办事处
陕西省西安市二环南路西段 88 号老三届世纪星大厦 9D
邮编：710065
电话：029－88310727、88312157
传真：029－88310337
网址：www. spray. com. cn
邮箱：xian@ spray. com. cn
产品：喷嘴

西贝胶辊有限公司
陕西省西安市西郊阿房四路
邮编：710086
电话：029－84623445
传真：029－84514448
网址：www. xianpm. com
产品：造纸胶辊

西安维亚造纸机械有限公司
陕西省西安市三桥老街 146 号
邮编：710086
电话：029－84517451
传真：029－84517451－803
网址：www. wyjx. com
邮箱：weiya500@ sina. com
产品：70～1200 米/分不同车速的水力式、气垫式、开启式流浆箱

陕西科技大学造纸环保研究所
陕西省西安市未央区大学园
邮编：710021
电话：029－86168229
传真：029－86168230
网址：www. susthbs. com
邮箱：susthbs@ 126. com
经营：造纸工业废水生物处理技术及设备、废水深度处理及回用技术和设备

西安力源光电科技有限责任公司
陕西省西安市高新区科技二路 77 号西安光电园 A209
邮编：710075
电话：029－88452568
传真：029－88452578
网址：www. xalygd. cn
邮箱：xalygd95@ 126. com
产品：DCS、QCS 控制系统

陕西欧润造纸机械有限公司
陕西省西安市雁塔区鱼化工业园三排 1 号
邮编：710077
电话：029－84686114、84217343
传真：029－84686114
网址：www. all-run. com
产品：脱水元件、张紧器、校正器

咸阳市

咸阳通达轻工设备有限公司
(原陕西科技大学机械厂)
陕西省咸阳市人民西路 49 号

邮编：712081
电话：029－33617016，400－698－9690
传真：029－33617775
网址：www. tdqg. cn
邮箱：xy3361@163. com
产品：实验蒸煮器、蒸煮小群罐、漂洗机、筛浆机、实验室打浆机、PFI 磨浆机、打浆度测定仪、纸页成形器、纸页压榨机、实验纸机、水力碎浆机、浮选脱墨机、纤维筛分仪、纤维标准疏解机、离心脱水机、回转干燥机

陕西西微测控工程有限公司
陕西省西咸新区沣西新城总部经济园区先河之星 1-18-3
邮编：712000
电话：029－33577113
传真：029－33577920
网址：www. xiweicekong. com
邮箱：qywjs@163. com
产品：高速卫生纸控制系统、DCS 控制系统、纸机 QCS 控制系统

兴平中通试验装备有限公司
陕西省咸阳市兴平市南关路综合市场北排 8 号
邮编：713100
电话：18220070547、18691049730
传真：029－38832639
网址：www. ztsyzb. cn
邮箱：zsylong@126. com
产品：造纸实验打浆机、全自动抄取器、纸页成型器、蒸煮锅、PFI 磨浆机、手动抄取器、漂洗机、筛浆机、浮选脱墨机、浆料脱水机、鲍尔筛分仪。

陕西科达电气有限公司
陕西省咸阳市人民西路明远华庭 B 座
邮编：712000
电话：029－38100692
传真：029－38100693
网址：www. kedadq. com
产品：造纸机的变频传动、复卷机的传动控制、DCS 和 QCS

汉中市

陕西省汉中聚贤日化产品商贸有限公司
陕西省汉中市西环路民航路
邮编：723000
电话：0916－2237171
传真：0916－2237171
经营：纸张、纸制品

商洛市

商洛市华阳造纸专利技术有限公司
陕西省商洛市商州区南门路 28 号
邮编：726000
电话：0914－2320526
传真：0914－2391666
网址：www. slhyzz. com
产品：耐腐漂液阀、真空液氯旋转混合器、除胶脱墨剂、除胶剂等

甘 肃 省

兰州市

甘肃省轻工业科研所
甘肃省兰州市玉泉路 162 号
邮编：730000
电话：0931－8126511、8126518
业务：工程设计、工程咨询

耐驰(兰州)泵业有限公司
甘肃省兰州高新技术产业开发区刘家滩 506 号
邮编：730010
电话：0931－8555000
传真：0931－8556650
网址：www. netzsch. com. cn
邮箱：info@nlp-netzsch. com. cn
产品：单螺杆泵

国内造纸化学品企业名录

Directory of Domestic Papermaking Chemicals Enterprises

北 京 市

瓦克化学(中国)有限公司北京分公司
北京市朝阳区太阳宫中路 12A 太阳宫大厦
11 层 1108 室
邮编：100028
电话：010－84439700
传真：010－67877107
网址：www. wacker. com
邮箱：jenny. xiao@ wacker. com
产品：VAE 乳液、聚合物树脂、多晶硅、聚乙烯醇溶液、硅烷及硅酸盐、有机硅树脂等

陶氏化学(中国)投资有限公司北京分公司
北京市东城区东长安街 1 号东方广场东方经贸城
西三办公室 11 层 1101 室
邮编：100738
电话：010－85279199
传真：010－85279299
网址：www. dow. com/greaterchina/ch
产品：丁苯胶乳、造纸用杀菌剂

恩赛华垦(北京)科技有限公司
北京市西城区阜成门外大街 37 号国侨宾馆 416 室
邮编：100037
电话：010－88360919
传真：010－88367023
网址：www. ensaibio-tech. com
邮箱：business@ ensail. com
产品：RAP 强效型中性施胶剂、SAA 表面施胶剂、阳离子松香胶、改性松香胶、ASA 专用乳化剂、高分子松香专用乳化剂

中粮集团生化能源事业部
北京市朝阳区朝阳门南大街 8 号中粮福临门大厦
16F－05
邮编：100020
电话：010－85018581
传真：010－85623866
网址：www. cofco. com
邮箱：bcbe@ cofco. com
产品：玉米淀粉、L 乳酸

杜邦中国集团有限公司北京分公司
北京市朝阳区建国路 91 号金地中心 A 座 18 层
邮编：100022
电话：010－85571000
传真：010－85571888、85571999
网址：www. dupont. com
产品：纸浆、纸张防油剂，化工制剂

北京兴美亚化工有限公司
北京市朝阳区北苑路 170 号凯旋中心 3 号楼
1 单元 2002 室
邮编：100012
电话：010－59273092
传真：010－59273091
代理：罗地亚、陶氏化学等公司助剂

巴斯夫(中国)有限公司北京分公司
北京市朝阳区东三环北路霞光里 18 号佳程广场
A 座 25 层
邮编：100027
电话：010－56831500
传真：010－56831751
网址：www. greater-china. basf. com
产品：化学品、功能性聚合物、特性化学品、聚氨酯

万源荷田生物化工有限公司
北京市建国门外大街 19 号国际大厦 16 层 1605 室
邮编：100004
电话：010－85262436、85262438
传真：010－85261607
网址：www. wanyuanhetian. com
邮箱：info@ wanyuanhetian. com
产品：马铃薯、红薯淀粉

信汇集团
北京市海淀区西小口路 66 号东升科技园北领地
C1 三层
邮编：100192
电话：010－82156616
传真：010－82156606
网址：www. cenway. com
邮箱：dyestuff@ cenway. com
产品：液体荧光增白剂、直接染料、酸性染料

诺维信(中国)投资有限公司中国总部暨研发中心
北京市海淀区上地信息路 14 号
邮编：100085
电话：010－62987888
传真：010－62981283
网址：www. novozymes. com
邮箱：pzho@ novozymes. com

产品：造纸工业酶制剂等

北京施澳德瑞科技有限公司
北京市西城区广义街4号8幢611室
邮编：100053
电话：010-63031356、13701105795
传真：010-63031356
产品：消泡剂、防腐剂

北京达瑞森化工有限责任公司
北京市通州区永乐店工业开发区东路1号
邮编：101105
电话：010-69564430
传真：010-69564437
网址：www. chinapam. cn
邮箱：daruisen4430@ 126. com
产品：聚丙烯酰胺絮凝剂、造纸分散剂、纸张增强剂、助留助滤剂

北京瑞普特商贸有限公司
北京市朝阳区西大望路27号
北京市平谷区平谷镇西寺渠村
邮编：100021
电话：010-87704710、13439605558
传真：010-67768643
邮箱：miula3036@ sina. com
产品：白乳胶、聚乙烯醇

北京恒聚化工集团有限责任公司
北京市通州区漷县工业开发区
邮编：101109
电话：010-80589588
传真：010-80585511、80587077
网址：www. hengju. com. cn
邮箱：jianglixin@ hengju. com. cn
hengju@ hengju. com. cn
产品：助留助滤剂、增强剂、聚合氯化铝、絮凝剂、聚丙烯酰胺

北京天使专用化学技术有限公司
北京市通州工业开发区广源东街4号
邮编：101114
电话：010-61566998、61502702、61506173
传真：010-61503113
邮箱：tianshi@ ashland. com
产品：助留助滤剂、纸张干强剂、还原性漂白剂、消泡剂、除气剂、多功能水质稳定剂、絮凝剂

北京天擎化工有限公司
北京市平谷区中关村科技园平谷园光谷A区兴谷西路3-5号
邮编：101200
电话：010-89983180、89982440
传真：010-89989252、89989251
网址：www. tianqing. com. cn
邮箱：zhangjb@ tianqing. com. cn
产品：纸浆防腐剂、造纸污泥及沉淀物控制剂、纸机系统清洗助剂、造纸网毯保洁剂、浆块及树脂障碍控制剂

北京东方亚科力化工科技有限公司
北京市通州区滨河路143号
邮编：101149
电话：010-61564660、61564437、61502343
传真：010-61568154、61502343
网址：www. act-chem. com
邮箱：actmarket@ act-chem. com
产品：丙烯酸乳液

天　津　市

天津新研化工科贸有限公司
天津市武清区曹子里乡瓦同道9号
邮编：300203
电话：022-82910357、82910307
传真：022-23062515
网址：www. surfyane. com
邮箱：shane@ surfychem. com
产品：防腐杀菌剂、涂布消泡剂、分散剂、润湿剂

天津市合成材料工业研究所有限公司
天津市河西区洞庭路29号
邮编：300220
电话：022-28341651、28347200
传真：022-28340113
网址：www. tsmri. cn
邮箱：tsmri@ vip. 163. com
产品：阳离子表面施胶剂、阳离子中性施胶剂、湿强剂等

天津市迪赛福技术有限公司
天津市滨海新区大港海洋石化科技园区凯旋街1602号
邮编：300270
电话：022-63100717
传真：022-63100717
邮箱：tjzxtt@ sina. com

产品：多硫化钠蒸煮助剂、防腐杀菌剂

天津赛菲化学科技发展有限公司
天津市武清区曹子里开发区正华道 2 号增 1 号
邮编：300203
电话：022－82910355、82910317
传真：022－23062515
网址：www. surfychem. com
邮箱：shane@ surfychem. com
产品：水基消泡剂、防腐剂

诺维信(中国)生物技术有限公司
天津市经济技术开发区南海路 150 号
邮编：300457
电话：022－25322062
传真：022－25322064
网址：www. novozymes. com
邮箱：pzho@ novozymes. com
产品：酶制剂

天津市尤奈特科技发展有限公司
天津市南开区华苑产业区物化道 2 号 A 座 3065 室
邮编：300384
电话：022－23728608
传真：022－23728608
产品：防水剂、纸箱防潮剂、阻燃剂、特种纸防油剂、杀菌灭藻剂

天津市昌维生物科技有限公司
天津市东丽区金钟河大街 1499 号
邮编：300350
电话：022－84459017
传真：022－84459017
邮箱：caitf@ changzyme. com
cw@ changzyme. com
产品：生物酶加工

天津亚东化工有限公司
天津市滨海新区大港中塘镇东河筒村栖凤南里 29 号
邮编：300221
电话：022－63132064
传真：022－63131296
网址：www. yadongchem. com
邮箱：yadongchem@ tjyadong. cn
产品：染料

天津市雄冠科技发展有限公司
天津市北辰区大张庄镇二闫庄村九园公路南
邮编：300405
电话：022－86852685、86852666
传真：022－86852381
网址：www. xgkj. com
邮箱：xg@ xgkj. com. cn
产品：废纸脱墨剂、造纸毛毯清洁剂、消泡剂 GPS 系列、抑泡剂 PS 系列

中海油天津化工研究设计院有限公司
天津市红桥区丁字沽三号路 85 号
邮编：300131
电话：022－26689009、26370175、26647736
传真：022－26689070、26689067
网址：www. trici. cn
www. trici. com. cn
邮箱：trici@ trici. cn
产品：分散剂、絮凝剂、清洗剂、杀菌剂

天津天女化工集团股份有限公司
天津东丽区津赤路 9 号
邮编：300300
电话：022－84783830、84781332
传真：022－84783658
网址：www. angeichem. com
邮箱：postmaster@ angeichem. com
产品：颜料、表面活性剂

天津达一琦精细化工有限公司
天津经济技术开发区汉沽现代产业园区翠薇街 8 号
邮编：300480
电话：022－67162002、67162057、67162018
传真：022－67162001、67162027
网址：www. dai-ichi. com. cn
邮箱：webmaster@ dai-ichi. com. cn
产品：造纸助剂、脱墨剂、表面活性剂

中化塑料有限公司天津分公司
天津市河西区南京路 58 号
邮编：300042
电话：022－23146216
传真：022－23146215
网址：www. sinochemtianjin. com
邮箱：tianjin@ sinochem. com
产品：染料、颜料、助剂(荧光增白剂、阻燃剂、硅油)

河　北　省

石家庄市

石家庄天源淀粉衍生物有限公司
河北省石家庄市高新技术开发区昆仑大街55号
邮编：050035
电话：0311－87786216
传真：0311－87770584
网址：www. tianyuanjia. com. cn
邮箱：wugangchem@ 126. com
产品：涂布剂等系列淀粉衍生物产品

石家庄通力化学品有限公司
河北省石家庄市鹿泉区北降壁
邮编：050225
电话：0311－83823893、83804877
传真：0311－83823893
邮箱：info@ tonglichem. com
产品：湿强剂，助留增强剂，AKD中、碱性施胶剂，消泡剂等

石家庄市乔多造纸化工助剂有限公司
河北省石家庄市新华区中华业大街298号
颐宏大厦02单元0816
邮编：050061
电话：0311－87721245、13833175940
传真：0311－87709314
产品：湿强剂、漂白助剂、助留剂、消泡剂、分散剂、荧光增白剂VBL等

石家庄天宏伟业贸易有限公司
河北省石家庄市新华区高东街115号
邮编：050061
电话：0311－87735240
传真：0311－87735240
邮箱：jintianhong@ sohu. com
产品：废纸脱墨剂、毛毯清洗剂、助留助滤剂、阳离子淀粉、分散剂、湿强剂等

石家庄旺纸科技有限公司
河北省石家庄市元氏县天山国际制造产业园伟业路1号
邮编：050081
电话：0311－86782869、13731103560
传真：0311－84531706、83993905
网址：www. wangzhitech. com
邮箱：sales@ wangzhitech. com
产品：表面施胶剂、中性胶、高效助留剂

河北星宇化工有限公司
河北省鹿泉区获鹿镇石柏南大街9号
邮编：050200
电话：0311－69122818、69122831
传真：0311－69122813、69122838
网址：www. xingyuchem. com
邮箱：jacky@ xingyuchem. com
产品：荧光增白剂及其中间体系列、碱性染料及其中间体系列、二氧化硫脲

石家庄市三兴钙业有限公司
河北省石家庄市井陉县北固底工业区
邮编：050300
电话：0311－82359777
传真：0311－82359555
网址：www. sjzssxgy. com
邮箱：sjzssxgy@ 163. com
产品：轻质碳酸钙、轻质活性碳酸钙

石家庄冀亨助剂有限公司
河北省石家庄市赵县新寨店工业区
邮编：051530
电话：0311－85941169
传真：0311－85941136、67660963
网址：www. hbjh. com. cn
邮箱：sjyhgysh@ 163. com
产品：湿强剂、AKD等造纸助剂

晋州市富强精细化工有限公司
河北省晋州市后彭头工业开发区
邮编：052260
电话：0311－84358066、4008778066
传真：0311－84359666
网址：www. cellulose-cn. com
邮箱：fuqiang@ cellulose-cn. com
产品：非离子型纤维素醚、阳离子醚化淀粉、表面施胶淀粉、磷酸酯淀粉、增强助留剂

晋州市大成变性淀粉有限公司
河北省晋州市后彭头工业开发区
邮编：052260
电话：0311－84359111、84359555
传真：0311－84319239
产品：氧化淀粉、阳离子淀粉、表面施胶剂、助留剂、蜡乳液等

晋州市三木助剂纸品厂
河北省晋州市东台村
邮编：052260
电话：0311－84301148
传真：0311－84301138
产品：AKD 蜡粉、AKD 施胶剂、湿强剂

晋州市万达纸业材料有限公司
河北省晋州市总十庄镇工业区
邮编：052260
电话：0311－84301296
传真：0311－84301296
产品：中性施胶剂、湿强剂、蜡乳液、涂布乳胶、抗水剂等

河北兴泰纤维素有限公司
河北省石家庄市晋州小樵开发区
邮编：052260
电话：0311－85128833、13383210317、18931111383
传真：0311－85125050、0311－84404728
网址：www. hebhec. cn
www. xingtaixws. com
邮箱：youlangte@ yahoo. com. cn
hbxtxws666@ 126. com
产品：羧甲基纤维素、羟丙基甲基纤维素等

唐山市

唐山奥东化工有限公司
河北省唐山市唐海镇孙家林北
邮编：063200
电话：0315－98713056、98711511
传真：0315－98711512
网址：www. oba. cn
邮箱：akd100@ 126. com
产品：荧光增白剂，阴离子松香系列中性施胶剂，阳离子松香系列施胶剂，AKD 中、碱性施胶剂

秦皇岛市

秦皇岛市金佳絮凝剂有限公司
河北省秦皇岛市高新经济技术开发区六盘山路 14 号
邮编：066004
电话：0335－8500966、8017706
传真：0335－8500609
网址：www. jinjiaxnj. com
邮箱：jinjiaxnj@ 163. com
产品：羟丙基瓜尔胶、聚丙烯酰胺助留剂、助滤剂

邯郸市

河北信佳生物淀粉科技有限公司
河北省邯郸市成安工业区聚良大道 4 号
邮编：056700
电话：0310－5231206、5231209
传真：0310－5231200
网址：www. china-xinjia. com
邮箱：business@ china-xinjia. com
产品：复合改性淀粉辅料(造纸表面施胶剂)、阳离子改性淀粉辅料(造纸浆内添加及涂布)

邢台市

沙河市白错利恒造纸瓷土厂
河北省邢台市沙河市八里庄村西
邮编：654100
电话：13623290251
产品：造纸瓷土加工、销售

沙河市远辉造纸瓷土厂
河北省邢台市沙河市白错村北
邮编：054102
电话：0319－8891056
产品：造纸瓷土加工、销售

沙河市富源造纸瓷土厂
河北省邢台市沙河市新城镇新城村东
邮编：054102
电话：0319－8886925
产品：造纸瓷土、涂布纸

沙河市顺达造纸瓷土厂
河北省邢台市沙河市白错村东北(沙河市第二运输公司院内)
邮编：054102
电话：0319－8889256
传真：0319－8889256
邮箱：13653337518@ 139. com
产品：瓷土加工

沧州市

沧州康宏化工有限公司
河北省沧州市献县河街支路 8 号(老化肥厂院内)
邮编：062250
电话：0317－4601777

传真：0317－4601666
网址：www. kanghongchem. com
邮箱：khhg2016@126. com
产品：羟基丁苯胶乳、丁二烯、苯乙烯、丙烯酸

河北威尔化工有限公司
河北省河间市束城镇工业园区威尔大街 23 号
邮编：062450
电话：0317－3219668、3219588、3813188
传真：0317－3219778
产品：改性造纸施胶剂、湿强剂、干强剂

任丘市万方化工有限公司
河北省任丘市梁召镇辛安庄工业区
邮编：062550
电话：0317－2225851、2913996
传真：0317－2212299、2913788
网址：www. wanfangchem. com
邮箱：wanfanghuagong@163. com
产品：聚丙烯酰胺、分散剂、复合型高效废水处理剂、絮凝剂、聚丙烯酸钠

廊坊市

廊坊市盛源化工有限责任公司
河北省廊坊市开发区鸿润道 20 号
邮编：065001
电话：0316－6070680、6082666、6086611
传真：0316－6060808
网址：www. lfsychem. com
邮箱：service@lfsychem. com
产品：干、湿增强剂，聚丙烯酰胺，助留剂，助滤剂，分散剂，废水处理剂，染料

文安县亿源化工有限公司
河北省廊坊市文安县孙氏化工园区
邮编：065812
电话：0316－5012861
传真：0316－5012368
网址：www. yiyuanhg. com
邮箱：yiyuanhg@126. com
产品：造纸专用分散剂、造纸助剂、增强剂、废水处理剂，并代理日本三井株式会社产品

廊坊亚太龙兴化工有限公司
河北省廊坊市大城县东汪工业园
邮编：065903
电话：0316－5708338、5706548
传真：0316－5709699、0316－5706338
网址：www. ytlx-chem. com
邮箱：15128678801@163. com
13833673703@163. com
ytlxchem@163. com
产品：氯化钙、高纯度硫酸亚铁

山　西　省

太原市

山西长庆化工有限公司
山西省太原市晋源区北关街 16 号号
邮编：030025
电话：0351－4050417、4845966
传真：0351－4168444
邮箱：sxcqhggs@163. com
产品：钛白粉

晋中市

山西琚丰高岭土有限公司
山西省晋中市榆次工业园区
邮编：030600
电话：0354－2666606、2666608
传真：0354－2666607
网址：www. jufengkaolin. com
邮箱：jf@jufengkaolin. com
产品：煅烧高岭土

忻州市

山西金洋煅烧高岭土有限公司
山西省忻州市忻府区兰村乡北场 211 地质队院内
邮编：034001
电话：0350－2136545、2641111
传真：0350－2136242、2136958
网址：www. jinyangkaolin. com
邮箱：jinyang@jinyangkaolin. com
产品：涂布级煅烧高岭土

内蒙古自治区

呼和浩特市

内蒙古三保高岭土有限公司
内蒙古自治区呼和浩特市金川开发区金海路
邮编：010080

电话：0471－3601393、3601037
传真：0471－3601169
产品：造纸涂布级煅烧高岭土

鄂尔多斯市

内蒙古蒙西高岭粉体股份有限公司
内蒙古自治区鄂尔多斯市蒙西工业园
邮编：016014
电话：0473－2552329、2554516、2552340
传真：0473－2552329、2554291
网址：www. mxkaolin. com
邮箱：glftxs@ mengxigroup. com
产品：高岭土

内蒙古鹏博高岭土有限责任公司
内蒙古自治区鄂尔多斯市准格尔旗薛家湾镇工业开发区
邮编：010300
电话：0477－4701366
传真：0477－4701777
产品：高白度煅烧高岭土

辽 宁 省

大连市

大连星原化学有限公司
辽宁省大连市西岗区新开路 99 号珠江国际大厦 1205 室
辽宁省大连市普湾新区松木岛化工园区(厂址)
邮编：116011
电话：0411－83702309、83702329
传真：0411－83702319
网址：www. dlxingyuan. com
邮箱：info@ dlxingyuan. com
产品：异噻唑啉酮、有机溴等系列杀菌防腐剂

大连汇邦化学有限公司
辽宁省大连市甘井子区玉境路 74 号 1－6 号
邮编：116038
电话：0411－85990185
传真：0411－85990187
邮箱：hb－tina@ 163. com
产品：防腐剂、杀菌灭藻剂、水处理剂、防霉剂、杀菌剂、异噻唑啉酮

鞍山市

合山化工(辽宁)有限公司
辽宁省海城市经济技术开发区泰山街 5 号
邮编：114235
电话：0412－3600699
传真：0412－3600325
网址：www. microstone. cn
邮箱：microstone@ 126. com
产品：超细碳酸钙粉、超微细造纸滑石粉

海城市合成微细钼石粉厂
辽宁省海城市牌楼镇北铁村工业区
邮编：114207
电话：0412－3939970
传真：0412－3204553
网址：www. hcwxf. com
邮箱：hctalc@ 126. com
产品：滑石粉、轻烧镁粉、氧化镁粉、硅石粉、重质碳酸钙粉

辽宁东宇化矿集团有限公司
辽宁东宇新材料有限公司
辽宁省海城市英落镇草庙工业园
邮编：114213
电话：0412－3172999
网址：www. cnlndy. com
产品：滑石粉

海城天慈滑石有限公司
辽宁省海城市海州管理区新立委
邮编：114200
电话：4006168611、13998010576
网址：www. mhsytalc. com
邮箱：services@ mhsytalc. com
2756293453@ qq. com
产品：造纸级滑石粉、涂料级滑石粉

海城市正欣滑石粉有限公司
辽宁省海城市马风镇范马峪
邮编：114204
电话：0417－6221940
传真：0417－6221940
网址：www. zxtalc. com
产品：碳酸钙、滑石粉

海城市他山滑石粉厂
辽宁省海城市感王镇他山村
电话：0412－3798028
网址：www. tshsf. com
邮箱：tshsf@ tshsf. com
产品：滑石粉

抚顺市

佳化化学股份有限公司
辽宁省抚顺市顺城区方晓工业园
邮编：113122
电话：024－56109152
网址：www. jiahua-china. com
邮箱：sales@ jiahua-china. com
产品：表面施胶剂

锦州市

辽宁沈宏集团股份有限公司
锦州宏塔高岭土开发有限公司
辽宁省凌海市班吉塔镇
邮编：121225
电话：0416－8840495、8841065
传真：0416－8840495
网址：www. singhorn. com
邮箱：singhorn@ singhorn. com
产品：超细煅烧高岭土、耐火级煅烧高岭土

营口市

营口康如科技有限公司
辽宁省营口市老边区钢铁工业园区
邮编：115005
电话：0417－6659759、13130577987
传真：0417－3801048
网址：www. kangru. com
邮箱：kangru@ kangru. com
产品：施胶剂、脱墨剂

辽阳市

辽宁科隆精细化工股份有限公司
辽宁省辽阳市宏伟区万和七路 36 号
邮编：111003
电话：0419－5589880、4001555678
传真：0419－5589837
网址：www. kelongchem. com
邮箱：kelong@ kelongchem. com
产品：表面活性剂

辽宁奥克化学股份有限公司
辽宁省辽阳市宏伟区万和七路 38 号
邮编：111003
电话：0419－5169268、5161428
传真：0419－5314298
网址：www. oxiranchem. com
产品：环氧乙烷及其衍生精细化工材料

辽宁华兴集团化工股份有限公司
辽宁省灯塔市西马峰镇新生开发区
邮编：111302
电话：0419－8320928、8320388
传真：0419－8320808、8322991
网址：www. huaxingchemical. com
邮箱：inquiry@ huaxingchemical. com
产品：废纸脱墨剂、脂肪醇、脂肪醇聚氧乙烯醚、壬基酚聚氧乙烯醚、聚乙二醇

盘锦市

盘锦兴建助剂有限公司
辽宁省盘锦市经济开发区兴隆工业园新开东路北
邮编：124010
电话：0427－2887131、2886669
传真：0427－2886660
产品：聚丙烯酰胺助留剂、助滤剂、水处理助剂

吉　林　省

长春市

吉林省正豪改性淀粉科技开发有限公司
吉林省长春高新技术产业开发区创新路 761 号
邮编：130012
电话：0431－86773871、86773872、86773873、86773878
传真：0431－86773875
网址：www. jilinzh. com
邮箱：ccyuhuai2005@ sina. com
yuhuai@ jilinzh. com
产品：酯化淀粉、氧化淀粉、酸变性淀粉

长春大成实业集团有限公司
吉林省长春市西环城公路 886 号
邮编：130062
电话：0431－87879541、87879944

传真：0431－87870773
网址：www. ccdccg. com
产品：表面施胶剂、喷淋淀粉、涂布淀粉、浆内添加淀粉

长春市大地精细化工有限责任公司
吉林省长春市二道区三道镇卫星工业园区
邮编：130123
电话：0431－84840674
传真：0431－84840674
邮箱：1123603226@ qq. com
产品：聚氧化乙烯(PEO)

吉林省轻工业设计研究院
吉林省长春市飞跃路 2688 号
邮编：130012
电话：0431－85652015、85633297
传真：0431－85657579
网址：www. jlsqgy. com
邮箱：qgykyc@ 163. com
产品：玉米变性淀粉

吉林市

吉林市莲花化工厂
吉林省吉林市昌邑区珲春北街 6 号号
邮编：132001
电话：0432－62735352
产品：蒸煮助剂

松原市

嘉吉生化有限公司
吉林省松原经济技术开发区江南工业开发区
邮编：138000
电话：0438－2779061、2779096
传真：0438－2779027、2779063
网址：www. cargill. com. cn
产品：氧化淀粉、表面施胶剂、阳离子玉米变性淀粉

黑龙江省

绥化市

黑龙江省兰西县国文造纸助剂厂
黑龙江省兰西县粮食路 118 号
邮编：151500
电话：0455－5620787、13845527782
传真：0455－5620787
网址：www. guowenchem. com
产品：生物制浆促进剂、蒸煮助剂、纸品挺硬剂、纸品拉力增强剂、消泡剂、脱墨剂

上 海 市

道康宁(上海)有限公司
上海市浦东张江高科技园区张衡路 1077 号
邮编：201203
电话：021－38997919、38995500、4008807110
传真：021－50796567
网址：www. dowcorning. com. cn
产品：有机硅

上海吉康生化技术有限公司
上海市黄家路 18 号 10 楼(中华路口)
邮编：200010
电话：021－63761515
传真：021－63767366
网址：www. shluckychem. com
邮箱：luo@ shluckychem. com
产品：热敏、压敏色素(结晶紫内酯)，感光及电子化学品，染料，助剂

上海晶杨商贸有限公司
上海市建国西路 91 弄瑞金花园 5 号楼 902 室
邮编：200020
电话：021－63049414、51532091
传真：021－63049974
网址：www. sha-jingyang. com
邮箱：support@ sha-jingyang. com
产品：液体直接染料、碱性染料、活性染料、荧光增白剂、淀粉、助留助滤剂、湿强剂、消泡剂、表面施胶剂

上海大宇生化有限公司
上海市淮海中路 887 号永新大厦 1206 室
邮编：200020
电话：021－64378211、64310031
传真：021－64379012、62505763
网址：www. caco3. cn
邮箱：sales@ caco3. cn
产品：碳酸钙系列产品

杜邦中国集团有限公司上海分公司特殊化学品部
上海市浦东新区张江高科技园科苑路 399 号 11 号楼
邮编：201203

电话：021－38622888、63866366－2007
传真：021－38622889
网址：www. dupont. com
邮箱：Techy-n. l. Du@ chn. dupont. com
产品：防油剂、大豆蛋白聚合物

索理思（上海）化工有限公司
上海市莘庄工业区申富路 688 号
邮编：201108
电话：021－54422323、54425533、54422085
传真：021－54424580
产品：水处理化学品与技术、造纸助剂

陶氏化学（中国）投资有限公司
上海市浦东张江高科技园区张衡路 936 号
邮编：201203
电话：021－23019436、38511000
传真：021－53535508、58951818
网址：www. dow. com/china/cn
产品：丁苯胶乳、造纸用杀菌剂

池上交易株式会社
浪速（上海）包装贸易有限公司
上海市黄浦区宁海东路 200 号申鑫大厦 1809 室
邮编：200021
电话：021－63743992、63743993
传真：021－63747978
网址：www. ikegamikoeki. com
邮箱：ikegamib@ public. bta. net. cn
产品：分散剂、脱墨剂、消泡剂、柔软剂、絮凝剂

名远化工贸易（上海）有限公司
上海市徐汇区赵家滨路 388 号华泰大厦 6 楼 B 座
邮编：200031
电话：021－63048833
传真：021－63048822
网址：www. chemcentralgroup. com. cn
邮箱：chq@ chemcentralgroup. com. cn
产品：湿部、施胶及涂布用淀粉，CMC，瓷土

登吉化工（苏州）有限公司上海销售部
上海市宛平南路 420 弄 4 号 103 室
邮编：200030
电话：021－34240708
传真：021－54248558
产品：纸张刚挺剂、涂料用耐水剂、表面上胶剂、纸力干强剂、湿强剂

上海康亦兴贸易有限公司
上海亦立兴业股份有限公司
上海市漕溪北路 737 弄 2 号楼 103 室
邮编：200030
电话：021－64272772、64644599
传真：021－64285786
网址：www. yie-lie. com
邮箱：yieliesh@ public. sta. net. cn
产品：高岭土、碳酸钙、涂布用助剂、淀粉衍生物（包括湿部、喷淋、表面施胶及涂布）、杀菌剂、网毯清洗剂

圣诺普科（上海）有限公司
上海市肇家浜路 680 号金钟大厦 503 室
邮编：200031
电话：021－64662391－106
传真：021－64662393
网址：www. sannopco-sh. com
邮箱：sst@ sannopco-sh. com
产品：消泡剂、抑泡剂、分散剂、润滑剂、分离剂

美国特种矿物有限公司上海代表处
上海市长宁区江苏路 369 号兆丰世贸大厦 7 楼 F 座
邮编：200050
电话：021－62093079
传真：021－62195894
产品：轻质碳酸钙

纳尔科化学（苏州）有限公司上海办事处
上海市大渡河路 168 弄 18 号
邮编：200062
电话：021－61832500
传真：021－61832400
网址：www. nalco. com
产品：树脂障碍控制剂、消泡剂、ASA、助留助滤剂

星悦精细化工商贸（上海）有限公司
上海市静安区恒丰路 638 号 1201 室
邮编：200040
电话：021－52283211
传真：021－62187200
网址：www. seikopmc. com. cn
邮箱：otoiawasechina@ seikopmc. co. jp
产品：抗水剂、表面施胶剂、干强剂、湿强剂

上海欣盛颜料化工有限公司
上海市静安区武定路 1088－1 号阳光科技广场 5 号楼 3 层 310 室

邮编：200041
电话：021－62533265、62583662
传真：021－62583662、62154215
网址：www. shxsyl. com
邮箱：webmaster@ shxsyl. com
产品：造纸调色剂、乳胶着色剂

上海恒宜化工有限公司
上海市嘉定区江桥镇高潮路 11 号
邮编：200052
电话：021－59117391
传真：021－69115376
网址：www. hy-chem. cn
邮箱：hy@ hy-chem. cn
产品：湿强剂、干强剂、助留助滤剂、纸浆专用分散剂、苯丙乳液、烘缸剥离剂

上海埃格环保科技有限公司
上海市共和新路 912 号云华科技大厦 1003 室
邮编：200070
电话：021－66600285
传真：021－51172969
网址：www. higradechemicals. com. cn
邮箱：zhuyq@ 133sh. com
产品：松香中性胶、清洁造纸助剂、脱墨剂

上海青草地环保科技有限公司
上海市虹口区海伦路 178 号 3 楼
邮编：200086
电话：021－27596129
传真：021－65034003
网址：www. shqcd. cebiz. cn
邮箱：hecaoming@ 163. com
产品：聚合硫酸镁、聚双酸铝铁、聚丙烯酰胺、复合混凝剂、高效脱色剂、钛白粉、造纸助留助滤剂

凯米拉化学品(上海)有限公司
上海市东方路 69 号裕景国际商务广场 A 座 1001 室
邮编：200120
电话：021－58778550
传真：021－58797128
网址：www. kemirachina. com
邮箱：kemira-sh@ kemira. cn
产品：助留剂、杀菌剂、毛毯清洗剂、固着剂、分散剂、AKD、ASA、松香施胶剂、水处理用化学剂

凯米拉(上海)管理有限公司
上海市虹梅路 1801 号 A 区凯科国际大厦 2504－2507 室
邮编：200233
电话：021－60375999
传真：021－33678400
邮箱：colin. liu@ kemira. com
网址：www. kemira. com
产品：施胶剂、助留剂、消泡剂、黏合剂

三井化学(上海)有限公司
上海市浦东银城中路 200 号中银大厦 2501 室
邮编：200121
电话：021－58886336
传真：021－58886337
网址：mccn. mitsuichemicals. cn
产品：助留剂、分散剂、高分子絮凝剂聚丙烯酰胺

上海开爻化工有限公司
上海市五莲路 1769 弄 41 号 401 室
邮编：200129
电话：021－87660162
传真：021－33828633
网址：www. kaiyaochem. com
邮箱：kaiyaochem@ hotmail. com
产品：阳离子乳液松香施胶剂、特级消泡剂、荧光增白剂、荧光消除剂、过氧化氢漂白剂

上海谊久化工有限公司
上海市浦东新区季景路 19 弄 70 号 11 室
邮编：200137
电话：021－58624554
传真：021－58624554
网址：www. 19chem. com
邮箱：info@ lgchem. com
产品：造纸专用阴离子、阳离子、非离子乳化蜡，造纸用特效防水剂，表面施胶乳化蜡，纸内施胶乳化蜡

上海新诺化工有限公司
上海市奉贤区楚华北路 858 号
邮编：201400
电话：021－68660222
传真：021－58612099
网址：www. sinowax. com
邮箱：root@ sinowax. com
产品：乳化蜡、施胶剂、防水剂、上光剂

上海高桥巴斯夫分散体有限公司
上海市浦东新区浦东北路 1929 弄 99 号
邮编：200137

电话：021－58670303、20680800
传真：021－58675050
网址：www. sgbd. com. cn
邮箱：sgbd@ sgbd. com. cn
产品：涂布用胶乳（羧基丁苯胶乳）、塑性颜料

巴斯夫（中国）有限公司
上海市浦东江心沙路 333 号
邮编：200137
电话：021－20391000
传真：021－20394306
网址：www. greater-china. basf. com
产品：化学品、功能性聚合物、特性化学品、聚氨酯

浙江日华化学有限公司上海分公司
上海市松江区民益路 201 号 12 楼 3 层
邮编：201600
电话：021－54277288、54277300
传真：021－54277377
网址：www. nicca-sh. com
邮箱：solution@ nicca. com. cn
产品：表面活性剂、螯合分散剂、低聚物分散剂、渗透剂、消泡剂、柔软剂、固色剂、平滑剂、防水剂

科莱恩化工（中国）有限公司
上海市徐汇区漕河泾开发区桂箐路 69 号 25 幢 1－3 楼
邮编：200233
电话：021－64851000
传真：021－64851388
网址：www. paper. clariant. com
　　　www. clariant. cn
邮箱：paper－china@ clariant. com
产品：染料、增白剂、防油剂

巴斯夫特性产品有限公司
上海市漕河泾开发区田州路 99 号 13 号楼 202 室
邮编：200137
电话：021－20391072
产品：染料、助留助滤剂、涂布胶乳、施胶剂

上海众高化工有限公司
上海市徐汇区漕宝路 70 号（光大会展中心）C 座 1004 室
邮编：200235
电话：021－64326322、64326317
传真：021－64326566
网址：www. zhonggao. cn
邮箱：zgc@ zhonggao. cn
产品：防腐杀菌剂、氟碳类防霉杀菌剂、清洗剂和保洁剂

上海东升新材料有限公司
上海市田林路 388 号 1 幢楼 7 层
邮编：200233
电话：021－64838680
传真：021－64518499
网址：www. dssun. com
邮箱：dssun@ dssun. com
产品：PCC、GCC、苯丙胶乳、瓜尔胶、干强剂、阴离子捕捉剂、AKD 中性施胶剂、分散剂、絮凝剂、脱墨剂、润滑剂

上海恩脉化学有限公司
上海市宝山工业园上大路 218 号
邮编：200436
电话：021－66516340、60962322、60962092
传真：021－66516340、56670591
网址：www. enmai88. com
邮箱：dfyu8728@ 126. com
产品：荧光增白剂、干强剂、湿强剂、中性施胶剂、表面施胶剂

上海浩天变性淀粉有限公司
上海市宝山区共康路 651 号
邮编：200443
电话：021－56416150
传真：021－56433814
邮箱：haotians@ eastday. com
产品：涂布淀粉系列、湿部淀粉、特种表面施胶淀粉

卡马斯化工（上海）有限公司
上海市宜山路 2016 号（合川大厦）7 楼 B 座
邮编：201103
电话：021－61280488
传真：021－61280490
产品：毛毯、成形网、干网保洁剂，杀菌剂，消泡剂，抑泡剂，胶黏物处理剂

上海源泉石油化工有限公司
上海市浦东向城路 29 号爵士大厦 A29C 室
邮编：201200
电话：021－58318532
传真：021－68670836
邮箱：yqpcc@ yqpcc. com
产品：淀粉、湿强剂、干强剂、表面施胶剂、湿强解离剂、高强表面增强剂

上海必康国际贸易有限公司
上海市龙阳路 1880 弄万邦都市花园 15 号 501 室
邮编：201204
电话：021－58446691
传真：021－58446680
邮箱：slw_become@ sina. com
产品：PAM 高分子凝集剂、聚合氯化铝（PAC）、重金属捕集剂

上海吉臣化工有限公司
上海市浦东东陆路 95 号
邮编：201206
电话：021－58341051、58341052
传真：021－58341052
网址：www. jichenchem. com
邮箱：jichen@ jichenchem. com
产品：烘缸剥离剂、干/湿强剂、脱墨剂、湿强解离剂、助留助滤剂、柔软剂、抗水剂、杀菌剂、水处理絮凝剂

上海联胜化工有限公司
上海市浦东新区曹阳路镇华东路 1069 号
邮编：201209
电话：021－68680248、68681055
传真：021－68681497
网址：www. peo. com. cn
邮箱：liansheng@ lainsheng-chemical. com
产品：PEO 分散剂、PEA 湿强剂、剥离剂、消泡剂、助留助滤剂、抗水剂、杀菌剂、水处理絮凝剂

上海天坛助剂有限公司
上海市星火开发区浦星公路 9500 号
邮编：201419
电话：021－57502198
传真：021－57502679
网址：www. chinasam. com
邮箱：atc@ chinasam. com
产品：BLA 液体增白剂、脱墨剂、柔软剂、涂料分散剂、消泡剂、渗透剂

巴克曼实验室化工（上海）有限公司
上海市青浦工业区崧泽大道 8500 号
邮编：201700
电话：021－69210188
传真：021－69210500
网址：www. buckman. com
邮箱：asia@ buckman. com
产品：胶黏物控制酶、沉积物控制剂、蒸煮助剂、洗涤助剂、系统清洗与网毯保洁剂、湿部及涂料消泡剂、除垢剂、抑垢剂、助留助滤剂、干/湿强剂

久联化学工业（上海）有限公司
上海市外高桥保税区芬菊路 152 号
邮编：200131
电话：021－50481691
传真：021－50480635
产品：造纸涂料、地毯背胶、食品包装用胶黏剂

上海申伦科技发展有限公司
上海市虹口区汶水东路 181 弄三九大厦 2 栋 1608 室
邮编：200437
电话：021－65360566
传真：021－65605707
产品：纸用化学品

上海湛和贸易有限公司
上海市徐汇区南丹东路 188 号久隆大厦 2101 室
邮编：200030
电话：021－64873737
传真：021－64873700
经营：贸易、科研、生产以及技术服务为一体，代理日本明成化学工业株式会社造纸化学品

上海赫达富化工科技有限公司
上海市嘉定区金华路 168 号
邮编：201824
电话：021－59192480
传真：021－59192480
产品：蒸煮催化剂、造纸助剂

上海恒皓创新酰胺有限公司
上海市杨浦区定海港路 434 号
邮编：200090
电话：021－65660734
传真：021－65660735
产品：聚丙烯酰胺系列产品

上海宏达着色剂厂
上海市静安区共和新路 3737 号 B 栋 706－708 室
邮编：200435
电话：021－36360002
传真：021－66530468
产品：造纸用调色、增白剂

上海化工研究院有机化工研究所
上海市普陀区云岭东路 345 号
邮编：200062
电话：021－52809752
传真：021－52800850
产品：杀菌剂

上海浦东菱花造纸助剂厂
上海市浦东新区中高路 8 号
邮编：200137
电话：021－58642136
产品：分散松香、分散剂

上海碳酸钙厂
上海市徐家汇路 558 弄 1 号 C 座
邮编：200025
电话：021－64158822
传真：021－64673933
产品：造纸用碳酸钙

创恩国际贸易（上海）有限公司
上海市普陀区白兰路 137 号 B 座 2604 室
邮编：200063
电话：021－62863397
传真：021－62863389
产品：瓷土、瓜尔胶、CMC、保水增稠剂、抗水剂、印刷适应改良剂、消泡剂

三菱商事（中国）有限公司
上海市浦东新区迎春路 96 号三菱商事办公楼
邮编：200127
电话：021－68543030
传真：021－68541911
网址：www. mitsuhishicorp. com. cn
产品：化学品

瓦克化学（中国）有限公司
上海漕河泾开发区虹梅路 1535 号 3 号楼
邮编：200233
电话：021－61655683
传真：021－61655697
邮箱：henry. fan@ wacker. com
产品：造纸助剂

池上交易株式会社浪速包装（上海）有限公司
上海市漕河泾开发区虹梅路 1535 号 3 号楼
邮编：200233
电话：021－51035209
传真：021－63747978
邮箱：han. weinhui@ naniwapack. com
产品：分散剂、脱墨剂、消泡剂、柔软剂、絮凝剂

上海瑞治贸易有限公司
长宁区遵义南路 8 号锦明大厦 5D
邮编：200336
电话：02162592075
传真：02162592162
网址：www. mariocottach. com
邮箱：smsh@ switchmeans. com
产品：造纸助剂

上海格纳斯化工有限公司
上海市莘松路 415 弄 2 号 902 室
邮编：201100
电话：021－54132280
传真：021－54132280
邮箱：byjcn@ 163. com
产品：杀菌剂、防腐剂、防霉剂、水处理剂

上海怡括贸易有限公司
上海市宝山区陆翔路 111 号 6 号楼 1112 室
邮编：201907
电话：021－61126202
传真：021－56751125
网址：www. ecorcn. com
邮箱：fa037998@ 163. com
产品：钢水清净剂、除渣剂、保温发热剂、丝光化木浆

易力淀粉（上海）科技有限公司
上海市松江区九亭工业区 9 州匕路 777 号
邮编：201615
电话：021－61994566
传真：021－69583396
网址：www. eli-starch. com
邮箱：armin@ eli-starch. com
产品：木薯淀粉、木薯变性淀粉、马铃薯变性淀粉

可乐丽国际贸易（上海）有限公司
上海市徐汇区虹桥路 3 号港汇中心二座 2207 单元
邮编：200030
电话：021－61198111/2305
传真：021－61198585
网址：www. kuraray-sh. com. cn
邮箱：liming_ zhu@ kuraray. co. jp
产品：聚乙烯醇、聚乙烯醇缩丁醛

惠彩化学材料(上海)有限公司
上海市漕河泾开发区古美路 1515 号凤凰大厦 1004B 座
邮编：200233
电话：021－54037399
传真：021－54041968
网址：www. hcchem. com
邮箱：derek. ytr@ hccchem. com
产品：异氰酸酯、胶黏剂

爱森(中国)絮凝剂有限公司
上海市北京西路 1465 号国立大厦 1401
邮编：200040
电话：021－52120049
传真：021－52120057
网址：www. snfchina. com
邮箱：zhangqi@ snfchina. com
产品：絮凝剂

蓝星有机硅(上海)有限公司
上海市莘庄工业区金都路 3966 号
邮编：201108
电话：021－54426600
传真：021－54423733
网址：www. bluestarsilicones. com
邮箱：kevin. sun@ bluestarsilicones. com
产品：有机硅

栗田工业(大连)有限公司上海分公司
上海市浦东张杨路 500 号华润时代广场 11 楼 C－D 室
邮编：200122
电话：021－58873948
传真：021－58876867
网址：www. kurita. cn
邮箱：likelei@ kurita-chemical. com
产品：造纸助剂、造废废水处理

宁柏迪特种化学(上海)有限公司
上海市化学工业区北银河路 100 号
邮编：201507
电话：021－64863366、64863168
传真：21－64874855
邮箱：jerry. hu@ lamberti-cn. com
产品：印花糊料印花浆料

拓纳贸易(上海)有限公司
上海市吴中路 1099 号吴中商务大楼 701－704 室
邮编：201103
电话：021－61271988
传真：021－61202900
网址：www. tanatexchemicals. com
邮箱：tony. sun@ tanatexchemicals. com
产品：三防整理剂

路博润管理(上海)有限公司
上海市浦东新区芳甸路 1088 号紫竹国际大厦 10 楼
邮编：200120
电话：021－38660366
传真：021－58876987
网址：www. lubrizol. com
邮箱：paul. yu@ lubrizol. com
产品：树脂、助剂、丙烯酸树脂、黏合剂

中核华原(上海)钛白有限公司
上海市浦东新区祖冲之路 2290 弄展想广场 1001 室
邮编：201203
电话：021－60729988、5634
传真：021－60729977
网址：www. sinotio2. com
邮箱：tangshangbin@ sinotio2. com
产品：钛白粉、金红石钛白粉

万华化学集团股份有限公司
上海市浦东新区秀浦路 2500 号招商中心 11 楼
邮编：201315
电话：021－22151541
传真：053－56837390
网址：www. whchem. com
邮箱：yiqian@ whchem. com
产品：异氰酸酯系列产品、芳香多胺系列产品、热塑性聚氨酯弹性体系列产品

路博润特种化工(上海)有限公司
上海市浦东新区芳甸路 1088 号紫竹国际大厦 10 楼
邮编：201204
电话：021－38660366
传真：021－58877687
网址：www. lubrizol. com
邮箱：york. lu@ lubrizol. com
产品：树脂及基料、丙烯酸树脂、聚氨酯树脂、助剂及溶剂、防结皮剂、表面活性剂及分散剂、流变改进剂、流平剂、增滑助剂及滑润剂

栗田工业(大连)有限公司
上海市浦东新区浦东南路 1289 号华融大厦 2201 室
邮编：200122
电话：021－58873948

传真：021－58876867
邮箱：sunflower_312@ sohu. com
产品：水处理药剂、石油添加剂、锅炉水处理药剂

斯泰隆丁苯胶乳(张家港)有限公司上海分公司
上海市张江高科技园区华佗路 68 号 10 号楼 101 室
邮编：201203
电话：021－38520512/13
传真：021－33847657/55
网址：www. styron. com
邮箱：aichen@ styron. com
产品：丁苯胶乳

上海埃玛森化学品有限公司
上海市松江区乐都路 251 号 15C 座 1501 室
邮编：201600
电话：021－62090079
邮箱：guwenbiao@ amazon-papyrus. com
产品：树脂、沉积物控制剂、黄色染料及包裹型树脂分散剂、毛布清洗剂

上海孚惠德工业油净化科技有限公司
上海市青浦区公园路 348 号 509－1 室
邮编：201700
电话：021－59735081
邮箱：Fanghy123@ 163. com
产品：净化剂

赢创特种化学(上海)有限公司
上海市闵行区春东路 68 号
邮编：201108
电话：021－61191032
传真：021－61191473
网址：www. evonik. com
邮箱：violin. huang@ evonik. com
产品：有机硅表面活性剂等化学品

盛禧奥聚合物(张家港)有限公司上海分公司
上海市浦东新区张江高科技园区华佗路 68 号 10 号楼 101 室
邮编：201203
电话：021－38520654
网址：www. trinseo. com
产品：丁苯胶乳、聚碳酸酯混合物及聚碳酸酯/ABS 混合物

双日纤维(上海)有限公司
上海市延安西路 2201 号 2702
邮编：200040
电话：021－62781001－228
传真：021－62787722
网址：www. sojitz. com
产品：化工、合成树脂

可乐丽贸易(上海)有限公司
上海市淮海中路 918 号 18 楼 F
邮编：200020
电话：021－64155216
传真：021－64157285
网址：www. kuraray-sh. com. cn
www. kuraray. ypb. cn
产品：可乐丽的 EVOH 树脂(乙烯－乙烯醇共聚物)

上海申伦科技发展有限公司
上海市虹口区汶水东路 181 弄 2 座 1608 室
邮编：200437
电话：021－65360566
传真：021－65605707
产品：表面施胶剂、高电荷密度的水性树脂、除气消泡剂、造纸增强树脂、合成涂布增稠剂与涂料辅助粘合剂、颜料涂布用涂料消泡、抑泡剂、颜料涂布用 PH 稳定剂

上海世展化工科技有限公司
上海市钦州北路 1199 号 88 幢 8 楼
邮编：200233
电话：021－54277770
传真：021－54277771
产品：造纸助剂

江　苏　省

南京市

江苏精科嘉益工业技术有限公司
江苏省南京市黄埔路 2－2 号黄埔大酒店 12 楼 D 座
邮编：210016
电话：025－56213209
传真：025－56213208
网址：www. jts. cn
邮箱：charlee@ all-plus. net
产品：杀菌防腐剂、施胶剂、微生物和黏泥控制剂、助留助滤剂、脱气剂、消泡剂、胶黏物树脂控制剂、干/湿强剂

南京四新科技应用研究所有限公司
江苏省南京市鼓楼区幕府东路 199 号紫金(下关)科技创业特别社区 A22 栋

邮编：210028
电话：025－85080901、85080914、
85080928、85080923
传真：025－85080900、85080904
网址：www. sixinchem. com
邮箱：sixin@ sixinchem. com
产品：制浆及黑液工序、湿部及白水循环脱水、涂布、废水处理用消泡剂

南京四诺精细化学品有限公司
江苏省南京市江东北路 91 号典雅居大厦 1506 室
江苏省南京市雨花工业区（厂址）
邮编：210036
电话：025－86472370
传真：025－86473843
网址：www. snowfc. cn
邮箱：snowchemnanjing@ yahoo. com. cn
产品：分散剂、助留助滤剂、干强剂、施胶剂、脱墨剂、废水处理剂、污泥脱水剂

南京东正化轻有限公司
江苏省南京市鼓楼区建宁路 61 号中央金地广场 1 楼 1605 室
邮编：210037
电话：025－85634308
传真：025－85619676
网址：www. njdz. com. cn
邮箱：yang@ njdz. com. cn
产品：分散剂、水处理剂、纸浆黑液专用消泡剂、助留剂、高吸水树脂

林产化学工业研究所
中林（江苏）胶黏剂有限责任公司
江苏省南京市玄武区锁金五村 16 号
邮编：210042
电话：025－85482476、85482442
传真：025－85429691
网址：www. forinchem. com
邮箱：wangcpg@ hotmail. com
forinchem@ 163. com
产品：乳液黏合剂、造纸用乳液胶

沙索（中国）化学有限公司
江苏省南京市化学工业园方水路 68 号
邮编：210047
电话：025－58391111－2806
传真：025－58392285、58392222
网址：www. sasolasia. com. cn
邮箱：in. li@ cn. sasol. com
产品：表面活性剂、消泡剂

南京宏桥精细化工科技开发有限公司
江苏省南京市高新技术产业开发区经一北路 17 幢
邮编：210061
电话：025－58840197、57673881
传真：025－57673881、57672881
网址：www. hongqiaochem. com
邮箱：water@ hongqiaochem. com
产品：造纸白水浮选剂、无泡沫生物黏泥剥离剂、有机溴氯杀菌灭藻剂

南京久三生物化学品研究所
江苏省南京市孝陵卫 200 号南京理工大学 525 栋 21 号
邮编：210094
电话：025－86205540
传真：025－86180359
邮箱：feiyang79@ 21cn. com
产品：速效净水剂、杀菌杀藻剂、絮凝剂、消泡剂

无锡市

无锡市兴顺助剂化工厂
江苏省无锡市锡山区东港镇
邮编：214199
电话：0510－88761431、13951509592
传真：0510－88761488
产品：阳离子乳液松香中性施胶剂、环压增强剂、助留剂及聚合氯化铝

宜兴市绿波水处理化学品有限公司
江苏省宜兴市东山西路 66 号
邮编：214205
电话：0510－87975887
传真：0510－87975997
产品：阳离子高效有机混凝剂、聚合氯化铝、聚合硫酸铁、高效脱色絮凝剂、杀菌灭藻剂、高效消泡剂

宜兴市天使合成化学有限公司
江苏省宜兴市芳庄镇
邮编：214246
电话：0510－87674303、87678600
传真：0510－87671303
网址：www. jsjhc. com
邮箱：lzj@ jsjhc. com
产品：光稳定剂、抗氧剂、聚合氯化铝、净水剂、水

处理化学品

宜兴市绿科环保有限公司
江苏省宜兴市洋溪镇
邮编：214262
电话：0510－87572928
传真：0510－87572929
网址：www. lvkeyx. cn. alibaba. com
邮箱：liwind042@ sina. com
产品：废水处理脱色剂、絮凝剂、消泡剂、分散剂

江阴市恒达化工有限公司
江苏省江阴市华士镇
邮编：214421
电话：0510－86201302、86201303、86201304
传真：0510－86201304
产品：造纸和涂布专用 CMC

宜兴市通达化学有限公司
江苏省宜兴市分水镇
邮编：214262
电话：0510－87551228
产品：CMC、高效絮凝剂

徐州市

徐州市昌盛化工材料供应站
江苏省徐州市中山路 163 号 1 楼 26－29 号
邮编：221005
电话：0516－83879398
传真：0516－83879398
产品：脱墨剂、膨化剂、分散剂、消泡剂、毛毯清洗剂、显白剂、防腐剂、助留助滤剂

常州市

常州市科威天使环保科技股份有限公司
江苏省常州市天宁区武澄工业园舜三路 8 号
邮编：213114
电话：0519－88107275
传真：0519－88107275
产品：高分子絮凝剂（聚丙烯酰胺阴、非、阳离子系列）、生物药剂系列高效水处理产品、表面施胶剂、杀菌剂

常州汉诺斯化学品有限公司
江苏省常州市北大街 96 号兰洋大厦 A－905
邮编：213000
电话：0519－82619888、81000008
传真：0519－82619000、81000009
网址：www. hanschina. cn
邮箱：admin@ hans-china. com
产品：纤维素纤维改性剂、涂料染色阳离子改性剂、功能性整理剂

常州市梅港淀粉有限公司
江苏省常州市戚墅堰经济开发区
邮编：213011
电话：0519－88773640
传真：0519－85015021、88374238
邮箱：kzqjlj@ 163. com
产品：变性淀粉产品（表面施胶淀粉、喷淋淀粉、磷酸酯淀粉、阳离子淀粉、PVA 替代品）

常州市天义化工有限公司
江苏省常州市新北区太湖东路府琛大厦 1－617
邮编：213022
电话：0519－85120181、85120182
传真：0519－85120180
网址：www. cntychem. com
邮箱：zhangyi@ cntychem. com
产品：杀菌剂、防霉剂、消泡剂、水性分散剂

常州精科霞峰精细化工有限公司
江苏省常州市新北区长江北路 29 号
邮编：213022
电话：0519－85132088、85130788
传真：0519－85133788
网址：www. jincoxf. com
邮箱：adminjcxf@ jincoxf. com
产品：清洗剂、除垢剂、分散剂、缓蚀剂、杀菌剂等系列产品

常州碳酸钙有限公司
江苏省常州市洛阳镇洛阳路 206 号
邮编：213104
电话：0519－88791230、88520658
传真：0519－88522128
网址：www. cn-wunan. com
邮箱：wunan8@ hi2000. com
产品：纳米碳酸钙、微细活性碳酸钙、轻质活性碳酸钙、轻质（沉淀）碳酸钙、重质及重质活性碳酸钙

江海环保有限公司
江苏省常州市天宁区郑陆镇武澄工业园
邮编：213116

电话：0519－88902294、88902295、88905378
传真：0519－88902149
网址：www.jhhg.com
邮箱：jhhg@jsmail.com.cn
产品：水处理剂、杀菌灭藻剂

江苏永葆环保科技有限公司
江苏省常州市武进区横山桥镇朝阳路朝阳大桥西侧
邮编：213119
电话：0519－86393009
传真：0519－86390093
网址：www.jsyongbao.com
邮箱：yangb@jsyongbao.com
产品：聚合氯化铝、聚合氯化铝铁、聚丙烯酰胺

常州市武进运波化工有限公司
江苏省常州市前黄镇运村
邮编：213175
电话：0519－86131034
传真：0519－86134317
网址：www.yunbochem.com
邮箱：info@yunbochem.cn
产品：无甲醛抗水剂、改性三聚氰胺甲醛树脂抗水剂、润滑剂、表面施胶剂、分散剂、纸品乳液、PAE湿强剂

苏州市

苏州市恒康造纸助剂技术有限公司
江苏省苏州市桐泾北路26－6恒丰大厦362室
邮编：215000
电话：0512－67209673、87679776
传真：0512－67202673
网址：www.hkzj.cn
邮箱：rainbow_2525@163.com
产品：丝光柔顺剂、剥离增光剂、造纸湿强剂、卫生纸多元增强剂、防腐杀菌剂、纸浆分散剂、树脂控制剂

苏州汇鸿复合材料有限公司
江苏省苏州市西园路430号
邮编：215008
电话：0512－62037751
传真：0512－68298894
网址：www.cmccms.com
产品：羧甲基纤维素钠、对羟基苯甲醛、苯亚磺酸钠

纳尔科化学（苏州）有限公司
江苏省苏州市苏州新区塔园路88号
邮编：215009
电话：0512－68255001
传真：0512－68250130
上海：021－63588282
宁波：0574－87052235
广州：020－34402066
网址：www.nalco.com
产品：蒸煮剂、增强剂、助留助滤剂、消泡剂及助洗剂、树脂控制剂、微生物/沉积物控制剂、涂布添加剂、废水处理剂

天禾化学品（苏州）有限公司
江苏省苏州市吴中区木渎镇花苑东路199号
邮编：215101
电话：0512－68097320、66261097
传真：0512－68240792
网址：www.tianmapharma.com
邮箱：gurry@tianmapharma.com
paperchem@tianmapharma.com
产品：AKD蜡、AKD中性施胶剂、阳离子松香胶、表面施胶剂、助留助滤剂、阳离子醚化剂、湿强剂、脱气剂、杀菌防腐剂

苏州市佑震化工有限公司
江苏省苏州市吴中区木渎镇西跨塘
邮编：215101
电话：0512－66363293
传真：0512－66369890
邮箱：yuyqxt@tianmapharma.com
产品：表面施胶剂、抄纸用脱水剂、干强剂、助留剂、树脂分散剂等浆内添加和表面处理用药品，以及润滑剂、保水剂、分散剂等

苏州市鸿绮化工有限公司
江苏省苏州市吴中区友新路旺吴路西50号
邮编：215100
电话：0512－65277776
传真：0512－65272603
邮箱：52willgood05@hotmail.com
产品：造纸用直接、盐基性、酸性染料，活性染料，分散型染料

依卡化学品（苏州）有限公司
江苏省苏州工业园区苏虹中路302号
邮编：215122
电话：0512－62582276

传真：0512－62586772
网址：www. akzonobel. com. cn
产品：制浆化学品、施胶剂

苏州高峰精细化工有限公司
江苏省苏州市吴中经济开发区双桥工业园
邮编：215128
电话：0512－65654153
传真：0512－65629401
网址：www. gaofengstarch. com
邮箱：business@ gaofengstarch. com
产品：阳离子表面施胶淀粉、变性淀粉

苏州峰达精细化工有限公司
江苏省苏州市相城区黄桥金峰
邮编：215132
电话：0512－65461729、65850753
传真：0512－65461729
网址：www. fdhg. cn
邮箱：fdjxhg@ 163. com
产品：杀菌防腐剂、抄纸分散剂、湿增强剂、沉积物控制剂、消泡剂、烘缸剥离剂、助留助滤剂、网毯保洁剂

苏州联胜化工有限公司
江苏省苏州市相城区渭塘镇沿塘工业区 1 号
邮编：215134
电话：0512－65907588
传真：0512－65901660
网址：www. lshx. cn
邮箱：service@ lshx. cn
产品：羟乙基乙二胺、乙二胺四乙酸四钠

登吉化工(苏州)有限公司
江苏省苏州市吴江市同里镇(屯村)
邮编：215216
电话：0512－63375899
传真：0512－63376099
产品：纸张刚挺剂、涂料用耐水剂、表面上胶剂、纸力干强剂、湿强剂、表面干强剂

昆山密友实业有限公司
江苏省昆山市民营科技工业园望山南路 16 号
邮编：215316
电话：0512－5796666、57767965
传真：0512－57791241
网址：www. miyou. com. cn
邮箱：miyou@ miyou. com. cn
产品：重质微细碳酸钙、重质微细碳酸钙(研磨)浆、超细滑石粉

苏州天马化工原料有限公司
江苏省苏州市浒关工业园
邮编：215101
电话：0512－66261097
产品：AKD 施胶剂

常熟市支塘粮油食品厂
江苏省常熟市支塘镇林园路 6 号
邮编：215531
电话：0512－52551634
产品：阳离子淀粉

欧米亚钙业(常熟)有限公司
江苏省苏州市常熟市碧溪镇沿江工业园通港路长春路 18 号
邮编：215537
电话：0512－52649708
产品：高级重质碳酸钙

张家港市

张家港市国业施胶材料厂
江苏省张家港市南丰镇港路 1 号
邮编：215628
电话：0512－58629197
传真：0512－58629197
产品：粉状施胶剂、改性松香胶、脱墨剂、助留助滤剂

星光精细化工(张家港)有限公司
江苏省张家港市金港镇江苏扬子江国际化学工业园长江路 18 号
邮编：215634
电话：0512－58937250
传真：0512－58937601
产品：印刷适性改良剂、干强剂、表面施胶剂、湿强剂、起皱剂、抗水剂

张家港市三惠化工有限公司
江苏省张家港市凤凰镇西
邮编：215613
电话：0512－56887377、58400502
传真：0512－58491329
网址：www. cmcsanhui. com
产品：纤维素钠、CMC

张家港市一星日化厂
江苏省张家港市凤凰镇
邮编：215613
电话：0512－58496121
传真：0512－58496158
网址：www. cmcyixing. com
产品：CMC

南通市

海安县正达化工有限公司
江苏省南通市海安县海化路 28 号
邮编：226600
电话：0513－88832111
传真：0513－88866940
网址：www. zhendachem. com
邮箱：info@ zhendachem. com
产品：乳化剂、洗净剂、消泡剂

南天农科化工有限公司
江苏省如皋市白蒲镇
邮编：226511
电话：0513－88573113
传真：0513－88573112
产品：聚丙烯酰胺系列

淮安市

江苏天士力淀粉有限公司
江苏省淮安市清浦区城南西路 29 号
邮编：223002
电话：0517－82806173
传真：0517－83806173
产品：表面施胶类、喷雾淀粉、涂布专用系列

镇江市

镇江市天亿化工研究设计院有限公司
江苏省镇江市千秋桥街 16 号
邮编：212001
电话：0511－85033207
传真：0511－85030898
邮箱：tianyiche@ sohu. com
产品：干强剂、湿强剂、中性施胶剂 AKD 乳液、AKD 乳化剂

镇江科力生物技术有限公司
江苏省镇江市丁卯桥路 160 号
邮编：212009
电话：0511－8888991、8888832
传真：0511－8888891
网址：www. koly. cn
邮箱：xgf@ koly. cn
产品：杀菌剂、防霉剂

泰州市

江苏九洲化工有限公司
江苏省泰州市永安洲化学工业园区
邮编：225321
电话：0523－86967813
传真：0523－86967814
网址：www. ncc-js. com
产品：表面施胶剂、润滑剂、防腐杀菌剂、分散剂、涂料保水剂

江苏聚成精细化工有限公司
江苏省泰州市泰兴商城 D 区 4 楼
邮编：225400
电话：0523－87722751、87722761
传真：0523－87722753
网址：www. jucheng-chem. com
邮箱：jucheng-chem@ 163. com
产品：聚丙烯酰胺，阳、阴、非离子高分子絮凝剂，水处理剂，甲基丙烯酸二甲氨乙脂（DM），甲基丙烯酰氧乙基三甲基氯化铵（DMC）

泰兴市中纺助剂厂
江苏省泰兴市大生工业开发区（三联）
邮编：225400
电话：0523－87626328、87906508
传真：0523－87623833
网址：www. zfchem. cn
邮箱：tjh3921@ 163. com
产品：水性聚氨酯固化剂、水性分散剂

江苏省姜堰市华光化工有限公司
江苏省姜堰市溱潼镇溱西路 125 号
邮编：225508
电话：0523－88616339、88616327
传真：0523－88619365
网址：www. jyhuaguang. com
邮箱：sales@ jyhuaguang. com
产品：黏合剂、纸品乳液、羧基丁苯胶乳、CMC、抗水剂

盐城市

江苏康乐新材料科技有限公司
江苏省盐城市滨海县滨淮镇头罾村
邮编：224555
电话：0515－89907616、88334667、89908216、88203550
传真：0515－88243418
网址：www.calechem.com
产品：叔丁基二甲基氯硅烷、5-溴吲哚、1-乙烯基咪唑、咪唑醛、咪唑、2-甲基咪唑、1，2-二甲基咪唑、N-甲基咪唑、4-硝基咪唑、HD-100交联剂、盐酸、硫酸、甲醇

浙　江　省

杭州市

杭州杭化哈利玛化工有限公司
浙江省杭州市萧山经济技术开发区鸿达路87号
邮编：311231
电话：0571－82696228、82697060
传真：0571－82695381
网址：www.hh-harima.com
产品：干增强剂、湿增强剂、浆内施胶剂、表面施胶剂、涂布造纸助剂、特种纸化学品

杭州佳波化工有限公司
浙江省杭州市西湖区莫干山路569号副楼2402室
邮编：310005
电话：0571－88823021
传真：0571－88823543
网址：www.hzjiabo.cn
产品：造纸制浆增稠粉、分散剂、杀菌剂

浙江金科化工股份有限公司
浙江省杭州市密渡桥路1号白马大厦8楼(总部)
邮编：312369
电话：0571－85812300
传真：0571－85812333
网址：www.jinke-chem.com
邮箱：jinke@jinke-chem.com
产品：低温漂白活性剂、过碳酸钠、过硼酸钠、过氧化钙、过氧化乙酸消毒剂

杭州德高化工开发有限公司
浙江省杭州市清秦街509号富春大厦19层
邮编：310009
电话：0571－87831038、87832038
传真：0571－87989060、87827833
网址：www.dekao.com
邮箱：dekao@163.com
产品：杀菌防腐剂、脱墨剂、消泡剂、增白剂、螯合剂

杭州银湖化工有限公司
浙江省杭州市天目山路224号中融城市花园2幢1单元1201室
邮编：310012
电话：0571－85028645
传真：0571－85028640
网址：www.yinhuchem.com
邮箱：yuping0571@hotmail.com
yinhuchem@yinhuchem.com
产品：纸用导电剂、助留剂、纸浆分散剂、湿强剂、抗水剂、杀菌灭藻剂、消泡剂、絮凝剂

杭州丹江化工科技有限公司
浙江省杭州市拱墅区仓基新村2幢2单元
邮编：310014
电话：0571－88082805
传真：0571－88082805
网址：www.seihan.co.kr
邮箱：dlz670330@yahoo.com.cn
产品：表面施胶剂、树脂控制剂、滤水促进剂、淀粉硬化剂、耐水滑剂、防黏剂、干强剂

杭州纸友科技有限公司
浙江省杭州市下沙经济技术开发区白杨街道3号大街50号
邮编：310018
电话：0571－86911227、86912268、86840952
传真：0571－86913870
网址：www.hzzykj.cn
邮箱：zykjgs@mail.hz.zj.cn
zykj@hzzykj.cn
产品：湿部添加淀粉、层间或表面喷雾淀粉、聚合物表面施胶剂、彩喷纸专用淀粉

杭州绿兴环保材料有限公司
杭州绿色助剂研究所
浙江省杭州市石桥路永华街127号
邮编：310022
电话：0571－85818982－8206

传真：0571－85818953
网址：www. hzlvxinghuanbao. cn
邮箱：green@ greenadditive. com
产品：烘缸剥离剂、柔软剂、消泡剂、固色剂、促白剂

杭州格林费尔生活技术有限公司
浙江省杭州市滨江区东流路 1805 号
邮编：310053
电话：0571－86697638、86696238－1660
传真：0571－86697618、86697628
网址：www. greenphile. com
邮箱：greenphilebiotech@ gmail. com
产品：生物酶树脂控制剂、生物酶脱墨剂、生物酶助漂剂、生物酶腐浆控制剂

杭州绿典化工有限公司
浙江省杭州市萧山区新街镇双圩村
邮编：311217
电话：0571－82853800、82853881
传真：0571－82853883
网址：www. ldchemical. com
邮箱：ld@ ldchemical. com
产品：荧光增白剂、脱墨剂、固色剂、柔软剂

杭州凯丽化工有限公司
浙江省杭州市萧山区河庄镇一工段
邮编：311222
电话：0571－82962668、82961777
传真：0571－82962777、82965706
网址：www. kalichemical. com
邮箱：sales@ kailichemical. com
产品：彩色纸专用色浆、造纸调色剂、装饰纸用色浆

浙江传化华洋化工有限公司
浙江省杭州市萧山经济技术开发区鸿达路 125 号
邮编：311231
电话：0571－82696688、82695822
传真：0571－82696488
网址：www. transfarwhyyon. com
邮箱：whyyon@ etransfar. com
产品：荧光增白剂、染料、脱墨剂、网毯清洗保洁剂、助留助滤剂

杭州杭化哈利玛化工有限公司
浙江省杭州市萧山经济技术开发区桥南区鸿达路 87 号
邮编：311231
电话：0571－82697060、82695381
传真：0571－82697129
网址：www. hh-harima. com
邮箱：info@ hh-harima. com
产品：乳液松香、增强剂、涂布加工纸用化学品系列、脱墨剂系列、表面施胶剂系列、纸张固色剂、防水剂、消泡剂

浙江日华化学有限公司特殊精密化学品部
浙江省杭州市萧山经济技术开发区桥南区鸿达路 289 号
邮编：311231
电话：0571－82697366、82697550
传真：0571－82697551
网址：www. nicca. cn
邮箱：m-kusakabe@ nicca. com. cn
产品：纸用固色剂、分散剂、柔软剂、膨松剂、脱墨剂、消泡剂

杭州致远印染助剂有限公司
浙江省杭州市萧山区临港工业园区
邮编：311234
电话：0571－82507795、82507790
传真：0571－82507790、82507796
网址：www. chinaositerchem. com
邮箱：IBD@ chinaositerchem. com
产品：荧光增白剂

临安市神马化工有限公司
浙江省临安市横潭路 58－8 号
邮编：311300
电话：0571－63746418
传真：0571－63746428
网址：www. hzsmhg. com
邮箱：webmaster@ hzsmhg. com
产品：湿强剂、表面施胶剂、消泡剂、阳离子分散松香胶、阴离子松香施胶剂、AKD-4 新型中性施胶剂

临安市荣盛化工有限公司
浙江省临安市於潜镇衡横山工业区
邮编：311311
电话：0571－63885968
传真：0571－63888819
网址：www. larshg. com
邮箱：rs968@ 163. com
产品：表面施胶剂、涂布抗水剂、干/湿强剂、中性施胶剂

富阳宏帆化工有限公司
浙江省杭州市富阳富春街道春华村
邮编：311400
电话：0571－63368915
传真：0571－63369917
网址：www. 3814332. 7lab. com
产品：超细轻质碳酸钙、分散剂、抗水剂、润滑增光剂、硬脂酸盐

富阳市发泰造纸净水材料厂
浙江省富阳市大源镇四季路6号
邮编：311400
电话：0571－63398046
传真：0571－63581007
网址：www. zdjbbn. b2b168. com
邮箱：zdjbbn@126. com
产品：新型净水助剂(蒽醌废酸、苯乙酮废酸、以及所有含铝离子废酸均可使用)、硫酸铝、聚合氯化铝

富阳飞马化工有限公司
浙江省富阳市富春街道春华朱山路
邮编：311400
电话：0571－63369968
传真：0571－63369522
产品：干强剂、湿强剂、脱墨剂、表面施胶剂

杭州先进科技化工有限公司
浙江省富阳市富春街道春华村
邮编：311401
电话：0571－23296888
传真：0571－23299777
网址：www. hzacc. com
邮箱：acc@hzacc. com
产品：纳米级轻质碳酸钙

富阳市万通化工有限公司
浙江省富阳市大源镇大源村
邮编：311413
电话：0571－23225198
传真：0571－23225197
网址：www. fywthg. com
邮箱：webmaster@fywthg. com
产品：松香施胶剂、表面施胶剂、消泡剂

浙江三力星化学品有限公司
浙江省富阳市春江工业园区蔡伦西路
邮编：311421
电话：0571－63589277
传真：0571－63589277
网址：www. sanlixing. com
邮箱：libin@sanlixing. com
产品：浆内施胶剂、助留剂、表面施胶剂、杀菌剂、清洗剂

富阳市固能粉体材料有限公司
浙江省富阳市春江造纸工业园区10号楼
邮编：311421
电话：0571－63587761
传真：0571－63587763
邮箱：info@llgn. com
产品：超细重质碳酸钙

桐庐贝斯特化工有限公司
浙江省杭州市桐庐县横村镇方埠工业园区
邮编：311502
电话：0571－64698303
传真：0571－64698302
邮箱：196317462@qq. com
产品：浆内消泡剂、纸张隔离剂

谢菲尔考克碳酸钙(杭州)有限公司
浙江省杭州市和睦路567号
邮编：310011
电话：0571－88186166、88091424－523
传真：0571－88186166
网址：www. schaeferkalk. net. cn
产品：碳酸钙

杭州市化工研究院有限公司
浙江省杭州市湖墅石灰坝7号
邮编：310014
电话：0571－88314437、88319461
传真：0571－88314437
网址：www. hhs. cn
产品：增强剂、湿强剂、废纸脱墨剂、阻燃剂、中性施胶剂、印刷适性改进剂(无甲醛型)、卫生纸起皱黏合剂、烘缸剥离剂、柔软剂、固色剂、变性淀粉、松香施胶剂

杭州颜料化工厂
浙江省杭州市萧山区义莲镇外六工段
邮编：311225
电话：0571－82989828
传真：0571－82989920

产品：颜料、染料、中间体

宁波市

宁波乐嘉化工有限公司
浙江省宁波市中兴路 717 号华宏国际中心 15B－1
邮编：315040
电话：0574－87849999－101
传真：0574－87858833－101
网址：www.lkchem.com
邮箱：zlhcheer@163.com
产品：醇醚溶剂、非离子表面活性剂、氯化溶剂、环氧树脂

宁波亚中精细化工有限公司
浙江省宁波市科技园区（梅墟工业区）光华路 323 号
邮编：315103
电话：0574－88482178
传真：0574－88487713
网址：www.nb-yaguang.com
邮箱：yazhong@mail.nbppt.zj.cn
产品：脱墨剂、絮凝剂、增白剂、漂白剂、胶黏物控制剂、液体无铁硫酸铝、分散剂、增强剂、烘缸剥离剂、毛毯清洗剂

宁波天源化学有限公司
浙江省宁波市鄞州区宁南北路 818 号
邮编：315192
电话：0574－88216239
传真：0574－88216417
网址：www.tianyuan818.com
邮箱：sale@tianyuan818.com
产品：造纸润滑剂、耐水化剂、PAE 湿强剂、纸用上光涂料（水性油光）、流变改质剂

温州市

浙江省苍南县望鑫制胶厂
浙江省温州市苍南县灵溪镇兴城街 13 号
邮编：325800
电话：0577－64804168
传真：0577－64804168
网址：www.yp.com.cn/wangxin
邮箱：zxcvgtyu@126.com
产品：阴离子分散胶、阳离子分散胶、阳离子助留剂、阳离子废水处理剂

嘉兴市

嘉兴瑞升化工贸易有限公司
浙江省嘉兴市泰坤国际大厦 622 室
邮编：314010
电话：0573－82106320
传真：0573－82208763
网址：www.xsd7063.chinapaper.net
邮箱：xsd7063@126.com
产品：分散剂聚丙烯酰胺产品、助留剂、瓜尔胶、烟草薄片助留剂、阴离子膨润土

绍兴市

浙江弘利防渗胶有限公司
浙江省绍兴市滨海工业区
邮编：312073
电话：0575－85523026
传真：0575－85523022
网址：www.zjhlhg.com
邮箱：zjhl@zjhlhg.com
zjhlzcl@sina.com
产品：中性造纸施胶剂、表面施胶剂、中性施胶 AKD 乳液、助留助滤剂、阴/阳离子高分散松香胶

绍兴市南方化工有限公司
浙江省嵊州市罗柱岙工业园区嵊州大道 619－1 号
邮编：312000
电话：0575－83102159
传真：0575－83187126
网址：www.sousacide.com
邮箱：sousacide@163.com
产品：系列防腐杀菌剂

金华市

兰溪市泛士达造纸化学品厂
浙江省兰溪市婺江路 60 号 2 座 2－102
邮编：321100
电话：0579－88823238
传真：0579－88823238
网址：www.fanshida.cn.alibaba.com
产品：脱墨剂、蜡乳液、润滑增光剂、消泡剂、中性表面施胶剂、网毯清洗剂、絮凝剂

浙江益纸淀粉有限公司
浙江省金华市金磐开发区（新区）尖山路 1 号

邮编：321016
电话：0579－84662081、89171868
传真：0579－84669939
产品：增强剂、新闻纸专用增强剂、中性施胶剂、季铵型阳离子淀粉、阳离子助留助滤剂、喷雾淀粉

衢州市

龙游富田造纸精化有限公司
浙江省衢州市龙游县城南开发区德贤路 29 号
邮编：324400
电话：0570－7255255
传真：0570－7029436
网址：www. lyftpaper. com
邮箱：yoyosf@ mail. china. com
产品：AKD 中性施胶剂、阳离子分散松香胶、表面施胶剂、明矾、造纸复合型保留助剂、胶乳、抗水剂、杀菌剂、脱气剂、湿强剂

浙江奥仕化学有限公司
浙江省江山市经济开发区江东区兴工七路 2 路
邮编：324123
电话：0570－4351991、4351873
传真：0570－4351772、4351775
网址：www. chinaositerchem. com
邮箱：Ositer@ chinaositerchem. com
产品：荧光增白剂

丽水市

浙江池禾化工有限公司
浙江省丽水市遂昌县妙高镇梅溪路 90 号
邮编：323300
电话：0578－8170374
传真：0578－8170685
网址：www. chihechem. com
邮箱：scch@ mail. lsptt. zj. cn
产品：纸板增强剂、湿强剂、柔软剂、阳离子松香胶、表面施胶剂、分散剂、润滑剂、耐水剂、烘缸剥离剂

安　徽　省

合肥市

合肥健坤化工有限公司
安徽省合肥市黄山路 459 号华林家园 12－204
邮编：230022
电话：0551－2361108
传真：0551－2361108
网址：www. chempowder. com
邮箱：chempowder@ 126. com
产品：硅藻土、高岭土、碳酸钙、造纸废水处理净化剂、纳米碳酸钙

芜湖市

安徽芜湖三维造纸助剂有限公司
安徽省芜湖市长江路 223 路
邮编：241004
电话：0553－5842013
传真：0553－5843138
产品：阴离子分散松香胶、中性分散松香胶、阳离子分散松香胶、消泡剂、助留助滤剂、液体荧光增白剂

芜湖华仁科技有限公司
安徽省芜湖市高新技术开发区
邮编：241000
电话：0553－5842013
传真：0553－5843138
产品：施胶剂、消泡剂、助留剂、助滤剂、液体荧光增白剂

马鞍山市

马鞍山市华吉实业有限公司
安徽省马鞍山市当涂县城关东门经济开发区
邮编：243100
电话：0555－6717488、6730033
传真：0555－6711204
网址：www. anhui-huaji. com
邮箱：hjsy@ ah163. com
产品：松香胶、阳离子分散松香胶、湿强剂、干强剂、AKD 中性施胶剂、中/碱性施胶剂、表面施胶剂

淮北市

安徽巨成精细化工有限公司
安徽省淮北市濉溪开发区水杉路 33 号
邮编：235102
电话：0561－6063692、6063507
传真：0561－6063507、6065121
网址：www. cjccchem. com
邮箱：sales@ cjccchem. com
产品：分散剂、水处理絮凝剂、聚丙烯酰胺

滁州市

安徽省明光市曼迪矿业科技有限公司
安徽省明光市池河大道 98 号
邮编：239400
电话：0550－8153100、8582888
传真：0550－8156979
网址：www. medyfk. com
邮箱：mgmd@ medyfk. com
产品：膨润土系列、硅藻土系列、碳酸钙系列

宿州市

安徽省宿州市金兄弟化工有限公司
安徽省宿州市砀山西城开发区
邮编：235300
电话：0557－8185681
传真：0557－8186688
邮箱：717934375@ qq. com
产品：多元助留增强剂、分散剂、中性施胶剂、脱墨剂、增柔膨化剂、聚丙烯酰胺、荧光增白剂、丁苯乳液、苯丙乳液

池州市

安徽巢东九华钙业高新材料有限责任公司
安徽省池州市青阳县木镇河南村
邮编：242803
电话：0566－2833838
传真：0566－2833838
产品：重钙粉及其改性造粒产品

福　建　省

福州市

威尔(福建)生物有限公司
福建省福州市工业北路 548 号创业大厦北楼 4 层
邮编：350002
电话：0591－83774227、83770618
传真：0591－83770328
网址：www. welltouch. com. cn
邮箱：welltouch@ 163. com
产品：消泡剂、脱墨剂、稳定剂

福清达青化工有限公司
福建省福州市福清元华路东刘村
邮编：350300
电话：0591－85160968
传真：0591－85160887
网址：www. terceltraing. com
邮箱：tom@ howellco. com. cn
产品：微生物控制剂、白水系统污染控制剂、防腐剂、造纸涂料专业微生物、防霉剂、抗菌剂

福建大学环境与资源学院
福建省福州市闽侯上街大学城内
邮编：350108
电话：0591－22866078
传真：0591－22866070
网址：www. er. fzu. edu. cn
产品：水处理化学品(絮凝剂、吸附剂、除油剂、还原剂、阻垢剂、缓蚀剂)、印染助剂、水煤浆添加剂、染料分散剂、油田降黏剂、胶黏剂等

厦门市

三洋化学(中国)有限公司
福建省厦门市嘉禾路永升新城嘉园里 45 号大厦 1103 座
邮编：361024
电话：0592－5151598
传真：0592－5151858
网址：www. sunyo. ebigchina. com
产品：聚乙烯酰胺系列、助留助滤剂、消泡剂、阴离子干扰物固定剂、沉积物控制剂、杀菌剂、干强剂、还原性漂白剂、多功能水质稳定剂、清洗剂和保洁剂

三明市

福建省嘉丰生物化工有限公司
福建省永安市尼葛开发区尼葛路 2233 号
邮编：360000
电话：0598－3802233
传真：0598－3632233
产品：生物脱墨酶 JFM-958、脱墨剂 F-80、脱墨剂 F-80A

泉州市

南安市应用化学研究所
福建省南安市帽山工业区
邮编：362300
电话：0595－86353508、13905066005
产品：中性松香胶、强化松香胶、分散松香胶、助留剂、表面施胶剂

福建省晋江市银响精细化工科技开发有限公司
福建省晋江市永和镇英墩沪坑工业区 7 号
邮编：362235
电话：0595 – 88081961
传真：0595 – 88022901
网址：www. yinxiang-cn. com
邮箱：webmaster@ yinxiang-cn. com
产品：湿强剂、剥离剂、分散剂、消泡剂、柔顺剂、FAS 纸浆漂白剂、造纸固色剂、打浆酶、生物施胶酶、防腐杀菌剂、漂水、水玻璃、水处理剂

南平市

福建南平市星光永昇造纸化工有限公司
福建省南平市滨江北路 177 号
邮编：353000
电话：0599 – 8808838
传真：0599 – 8808838
网址：www. liujianhua. chinapaper. net
邮箱：jianhualiu8616@ 163. com
产品：脱墨剂、双氧水稳定剂、柔软剂、施胶剂、变性复合淀粉、助留助滤剂、泡花碱、分散松香胶

龙岩市

龙岩高岭土有限公司
福建省龙岩市登高东路 154 – 13 号
邮编：364000
电话：0597 – 2325664、2332166
传真：0597 – 2325664
网址：www. lka. com. cn
邮箱：lkc0915@ publi. lyptt. fj. cn
产品：高岭土原矿、水洗高岭土

福建龙岩三虹科技有限公司
福建省龙岩市新罗区适中工业区
邮编：364011
电话：0597 – 2978888
传真：0597 – 2972270
邮箱：fjsanhong@ 263. net
产品：硅灰石造纸专用复合材料系列、造纸用超细重钙系列、纳米碳酸钙系列、超细研磨碳酸钙

福建漳平市振幅化工有限公司
福建省龙岩市漳平市永福工贸小区
邮编：364401
电话：0597 – 7882735
传真：0597 – 7881088
邮箱：fjzfhg@ 126. com
产品：脱墨剂、涂布润滑剂、高效废水处理剂、无水硅酸铝、超细硅酸铝

江　西　省

南昌市

江西省兴沪助剂有限公司
江西省南昌市洪都中大道 158 号 B 栋 B 单元 402 室
邮编：330001
电话：0791 – 8518310
传真：0791 – 8518310
产品：湿强剂、脱墨剂、增白剂、分散剂、生活用纸调色剂、乳化剂

南昌市龙然实业有限公司
江西省南昌市长堎外商投资工业区物华路 229 号
邮编：330013
电话：0791 – 3671122、3671121
传真：0791 – 3671123
网址：www. longran. cn
邮箱：nclongran@ longran. cn
产品：松香胶、AKD 乳液、中/碱性施胶剂、干强剂

江西嘉汇商贸有限公司
江西省南昌市广州路华东工业博览城 E6 栋 9 号江大南路 149 号 4 – 198
邮编：330029
电话：0791 – 8488808
传真：0791 – 8488808
网址：www. jxjhsm. com
邮箱：jiahuifanna@ 163. com
产品：分散剂、荧光增白剂、湿强剂、柔软剂、脱墨剂、施胶剂

江西东永科技发展有限公司
江西省南昌市高新大道中段南昌大学科技园 A708 室
邮编：330000
电话：0791 – 8112636
产品：变性淀粉

江西东永实业有限公司
江西省南昌市莲塘龚南路 3 号
邮编：330200
电话：0791 – 5713982、5712489
传真：0791 – 5734961
网址：www. dysygs. com. cn

邮箱：dysy2002@ sina. com
产品：变性淀粉

南昌市安义县凤凰化工厂
江西省南昌市安义县京庄苍 63 号
邮编：330500
电话：0791－3421113
传真：0791－3421113
产品：造纸助剂

江西省高科合成化工厂
江西省南昌市进贤县工业园区东一路
邮编：331700
电话：0791－5650033
传真：0791－5656003
产品：废纸脱墨剂、湿强纸解离剂、防腐杀菌剂

九江市

瑞昌市全游离松香胶厂
江西省瑞昌市黄金北路
邮编：332200
电话：0792－4222518
产品：全游离分散松香胶

萍乡市

萍乡市碳酸钙实业有限公司
江西省萍乡市湘东镇狮形山工业区道田村
邮编：337019
电话：0799－3375368
传真：0799－3375098、3375978
网址：www. pxtsg. com
邮箱：webmaster@ pxtsg. com
产品：轻质碳酸钙、活性碳酸钙、纳米碳酸钙

赣州市

江西嘉龙造纸助剂工业有限公司
江西省赣州市龙南县龙泉大道 71 号(县委党校院内)
邮编：341700
电话：0797－3540440
传真：0797－3540440
产品：纸张增强剂、湿强剂、脱水助滤剂、消泡剂、毛毯清洗剂、废水处理剂、脱墨剂、柔软剂、纤维分散剂

抚州市

江西博大化工有限公司
江西省抚州市东乡县(省级)经济开发区
邮编：331800
电话：0794－4380168
传真：0794－4380166
网址：www. jxbdhg. com
邮箱：bodahg2007@ 163. com
产品：变性淀粉，纸箱黏合剂，增强、助留助滤剂，新闻纸专用增强剂，表面施胶剂

江西顺昌隆实业有限公司
江西省抚州市东乡县大富岗工业开发区
邮编：331800
电话：0794－4332619
传真：0794－4332586
网址：www. scl-starch. com. cn
邮箱：jxsclsy@ scl-starch. com. cn
产品：浆内添加淀粉、表面施胶淀粉、涂布淀粉、喷雾淀粉、瓦楞纸板黏合剂、胶带纸瓶签黏合剂

江西省东乡县宏大化工有限公司
江西省抚州市东乡县圩上桥镇东乡工业区
邮编：331801
电话：0794－4330506
传真：0794－4330508
邮箱：company@ jxhongda. net
产品：阳离子淀粉、表面施胶淀粉、喷雾淀粉、涂布淀粉、浆内添加淀粉、纸箱黏合剂

江西添光化工有限公司
江西省抚州市抚北镇工业区
邮编：344001
电话：0794－8355555
传真：0794－8352555
网址：www. tg-chem. com
邮箱：yxb@ tg-chem. com
产品：钛白粉、硫酸、精制硫酸铝、硫酸亚铁、普钙

江西红星变性淀粉有限公司
江西省抚州市东乡县红星省级经济开发区
邮编：331801
电话：0794－4383169、4383013
传真：0794－4383088
产品：变性淀粉

江西雨帆化工有限公司
江西省抚州市东乡县
邮编：331800
电话：0794 - 4332239
传真：0794 - 4332281
网址：www. jxyufan. com
邮箱：jxyfan@ sina. com
产品：变性淀粉

山 东 省

济南市

济南市顺康助剂有限公司
山东省济南市英雄山路南首
邮编：250002
电话：0531 - 82772228
传真：0531 - 82776966
邮箱：jnzxdz@ 163. com
产品：分散剂、拉力剂、助留助滤剂、脱墨剂、膨化剂、蒸煮助剂、消泡剂、废水处理剂、荧光增白剂、聚丙烯酰胺、挺硬剂

济南市化工研究所
山东省济南市工业南路 106 号
邮编：250100
电话：0531 - 88195963
传真：0531 - 88528627
网址：www. jnhg. com
邮箱：jnhgs@ 163. com
产品：氨基树脂抗水剂、工业防腐剂、高效助燃剂、高分散游离松香乳液、松香乳液(阴离子酸性施胶用)专用乳化剂、石蜡松香乳液专用乳化剂

济南塑邦精细化工有限公司
山东省济南市历城区高新技术产业开发区大学科技园
邮编：250100
电话：0531 - 81901282、81901583
传真：0531 - 81901283
网址：www. sbchem. com
邮箱：sbchem@ yahoo. com
产品：荧光增白剂、有机颜料、染料中间体及有机胺催化剂

济南金星助剂有限公司
山东省济南市历城区荷花路西段
邮编：250108
电话：0531 - 86898689
传真：0531 - 88770218
网址：www. jnjx. com
邮箱：sdjn-gs@ 163. com
产品：防腐剂、分散剂、润滑剂、抗水剂、PAE 湿强剂

山东达盛科技有限公司
山东省济南市经十东路东部达盛集团工业园
邮编：250220
电话：0531 - 83684656、83684256
传真：0531 - 83682426
网址：www. sddsjt. com
邮箱：sakosako@ 163. com
　　　sddsjt@ 163. com
产品：消泡剂、脱墨剂、润滑剂、分散剂、脱墨剂、施胶剂

青岛市

青岛市海大化工有限公司
山东省青岛市新泰安路 27 号如意大厦 2105 室
邮编：266001
电话：0532 - 82867216、82867217
传真：0532 - 82867215
网址：www. hualuqd. com
邮箱：haida@ hualuqd. com
　　　dingdl@ public. qd. sd. cn
产品：造纸专用特种色素碳黑系列产品、阻燃剂、钛白粉、荧光增白剂、煅烧高岭土、防水剂

青岛三中化成精密有限公司
山东省青岛市城阳区钱桃树村委南 100 米路西
邮编：266109
电话：0532 - 87733585
传真：0532 - 87733631
邮箱：jly318@ hanmail. net
产品：脱墨剂、毛毯清洗剂、消泡剂、污染防治剂、凝固剂

青岛圣博生物科技有限公司
山东省青岛市胶州市中云工业园
邮编：266300
电话：0532 - 87298077
传真：0532 - 87298078
邮箱：hi7810@ tom. com
产品：聚合物分散剂、减水剂、灭菌剂、杀菌防腐剂、阻垢剂

青岛如相化工有限公司
山东省平度市平度同和工业园
邮编：266706
电话：0532－82696059
传真：0532－87360020
产品：防腐杀菌剂、工业灭藻剂、网毯清洗剂、水处理剂、消泡剂、荧光增白剂

淄博市

淄博万科化工有限公司
山东省淄博市张店区潘南西路20号
邮编：255047
电话：0533－3181892
传真：0533－3183893
网址：www. zbwanke. com
邮箱：wang@ zbwanke. com
产品：抗氧化剂、PAE湿强剂、湿强废纸再生剂、助留助滤剂

淄博振河塑胶化工有限公司
山东省淄博市张店区昌国路良乡工业园
邮编：255071
电话：0533－2092016
传真：0533－2091839
产品：聚合氯化铝、聚丙烯酰胺、聚合硫酸铁系列净水剂、助留剂、表面施胶剂、消泡剂等造纸助剂

淄博东方聚合物有限公司
山东省淄博市张店区昌国路良乡工业园（内环路原309国道）1号路2号门
邮编：255071
电话：0533－2090527、2090973
传真：0533－2090799
网址：www. eastpolymer. com
邮箱：fengxiangyuan@ eastpolymer. com
产品：聚丙烯酰胺、高吸水性树脂、N-羟甲基产品丙烯酰胺

张店东方化学股份有限公司
山东省淄博市张店区东四路南首
邮编：255071
电话：0533－2081515、2092157
传真：0533－2081047
网址：www. orientchem. com
邮箱：zhaijun@ orientchem. com
产品：助留剂、废水处理剂

淄博爱普浆纸科技有限公司
山东省淄博开发区高科技创业园B座309室
邮编：255086
电话：0533－6219777
传真：0533－6207207
网址：www. zbalpu. cn
邮箱：aipu@ 163. com
产品：脱墨剂、中性施胶剂、阴离子分散松香剂、表面处理剂、助留助滤剂、制浆造纸设备

山东省桓台县金龙化工有限公司
山东省淄博市桓台县新城镇工业园区
邮编：256403
电话：0533－8886555、3151273
传真：0533－8886555
网址：www. jinlongchem. net
邮箱：jinlong@ jinlongchem. net
产品：水处理药剂、水质稳定剂系列、高效杀菌剂、灭藻剂

淄博津利精细化工厂
山东省淄博市周村区南郊镇永和村
邮编：255302
电话：0533－6061262、6063068
传真：0533－6062320
网址：www. jinlichem. com
邮箱：jinlichem@ 126. com
产品：造纸助剂

淄博竹林超细化工材料厂
山东省淄博市博山区山头南圈路1号
邮编：255215
电话：0533－4418510
产品：超细重质碳酸钙

山东聚鑫化工有限公司
山东省淄博市桓台县唐山镇
邮编：256401
电话：0533－8510968
传真：0533－8519379
网址：www. juxinchem. cn
邮箱：juxin@ juxinchem. cn
产品：聚丙烯酰胺干粉、胶体

瑞丰化工公司有机化工厂
山东省淄博市沂源县城保丰路26号
邮编：256100
电话：0533－3220025

产品：造纸助剂、脱墨剂

枣庄市

枣庄林美发展有限公司
山东省枣庄市峄城经济开发区福兴中路 7 号
邮编：277300
电话：0632－7789888
传真：0632－7721388
网址：www. linmeichem. com
邮箱：lm@ linmeihg. com
产品：变性淀粉系列、涂布黏合剂、湿部添加剂、表面施胶剂、羧甲基纤维素钠、固体胶乳胶黏剂

山东神州翔宇科技集团有限公司
山东省枣庄市台儿庄区马兰屯镇淀粉工业园
邮编：277412
电话：0632－6711135
传真：0632－6711177
网址：www. xiangyudianfen. com
邮箱：xydf@ xiangyudianfen. com
产品：醋酸酯淀粉、磷酸酯淀粉、氧化淀粉、阳离子淀粉、阳离子表面施胶剂

东营市

东营市德胜化工有限公司
山东省东营市东营开发区大渡河路 251 号
邮编：257091
电话：0546－8313666
传真：0546－8739138
邮箱：deshengshiye@ 163. com
产品：表面施胶剂、塑性颜料、湿强剂、废纸再生剂、分散剂、剥离剂、抗水剂、消泡剂

山东东营华泰精细化工有限责任公司
山东省东营市东营开发区东二路 2 号
邮编：257091
电话：0546－8351964
传真：0546－8351967
网址：www. huatai. com
邮箱：sp0546@ sohu. com
产品：增白剂、废纸脱墨剂、螯合剂、中性表面施胶剂、杀菌灭藻剂、废水处理剂

东营瑞特精细化工有限公司
山东省东营市广饶县经济开发区兵圣路 817 号
邮编：257300
电话：0546－6923636、6440020
传真：0546－6923599、6445118
网址：www. right-china. com
邮箱：rightgroup@ 126. com
产品：废水处理剂、助留助滤剂、湿强剂、纸张增强剂、施胶剂、聚丙烯酰胺乳液

东营市三龙精细化工有限责任公司
山东省东营市广饶县李鹊镇高新技术园区
邮编：257333
电话：0546－6286210
传真：0546－6286268
网址：www. chinaslhg. com
邮箱：web@ chinaslhg. com
产品：表面施胶剂、脱气剂、树脂控制剂、杀菌剂、助留助滤剂、AKD 施胶剂、淀粉硬化及纸粉防止剂、保水剂、阳离子松香胶

利津县冠亚化工有限责任公司
山东省东营市利津县工业区
邮编：257440
电话：0546－5318788
网址：www. sdguanya. com. cn
产品：丙烯酰胺、造纸分散剂、助留助滤剂、水解聚丙烯酰胺、杀菌灭藻剂、缓蚀阻垢剂

烟台市

烟台鸿成精细化工有限公司
山东省烟台市福山高新产业区振华街 887 号
邮编：265500
电话：0535－6326779、6326087
传真：0535－6301817
网址：www. ythongcheng. com
邮箱：hc@ ythongcheng. com
产品：荧光增白剂系列、施胶剂系列、消泡剂、抗水剂

龙口市华瑞新材料科技有限公司
山东省龙口市遇家复兴机械北临
邮编：265701
电话：0535－8529786
传真：0535－8543088
网址：www. hray-chem. com
邮箱：wn. yang@ 163. com
产品：微乳化合成蜡乳液、有机硅乳液消泡剂、微乳化蜡纸箱防水剂、造纸消泡剂

龙口市联源纸张助剂有限责任公司
山东省龙口市诸由观镇辛家
邮编：265705
电话：0535－8572299
传真：0535－8572299
网址：www. lyxez. com
邮箱：lzx@ lyxez. com
产品：烷基烯酮二聚体（AKD 蜡粉）、乳化剂、中性施胶剂、湿强剂

达斯特克化工有限公司
山东省烟台市化工路
邮编：264002
电话：0535－6530669
传真：0535－6530939
网址：www. dasteck. com
邮箱：ytd@ dasteck. com
产品：造纸漂白剂

潍坊市

潍坊信业化学有限公司
山东省潍坊市潍城区 309 国道 338 公里处路北
邮编：261000
电话：0536－8399162
传真：0536－8399062
网址：www. xinyehx. com
邮箱：xinyehx@ 163. com
产品：无甲醛抗水剂、聚酰胺聚脲（PAPU）抗水剂、涂布用抗水剂、湿强剂、消泡剂、防腐杀菌剂、螯合剂、有机分散剂

潍坊恒兴化工有限公司
山东省潍坊市奎文区鸢飞路 912 号
邮编：261031
电话：0536－8665901、8671737
传真：0536－8665900
网址：www. hengxingchem. cn
邮箱：gxjchem@ 126. com
sdmzl@ 163. com
产品：中性施胶剂、润滑剂、重质液体碳酸钙、防腐杀菌剂、涂布抗水剂、消泡剂、有机分散剂

潍坊润丰造纸助剂有限公司
山东省潍坊市玄武东街 123 号
邮编：261031
电话：0536－8661277
传真：0536－8662837
网址：www. rfzj. com
邮箱：rfzj888@ yahoo. com. cn
产品：醚化剂、PPE、助留助滤剂、脱墨剂、制浆消泡剂、网毯清洗剂、挺度剂、涂布润滑剂、抗水剂

潍坊千龙造纸助剂有限公司
山东省潍坊市寒亭区益新街 342 号
邮编：261100
电话：0536－8659603
传真：0536－8659603
网址：www. wfql. com
邮箱：grgrth66@ 163. com
产品：防腐杀菌剂、剥离剂、抗水剂、增白剂、助留剂

潍坊瑞光化工有限公司
山东省潍坊市寒亭区东环路南首
邮编：261100
电话：0536－7262976、7252436
传真：0536－7270136
网址：www. ruiguangchem. com
邮箱：ruiguang@ ruiguangchem. com
产品：颜料分散剂、有机硅消泡剂、柔软剂、脱墨剂、涂料色浆、表面活性剂、增强剂

潍坊金水源化工有限公司
山东省潍坊市寒亭区河滩镇北庄（309）国道北庄处
邮编：261112
电话：0536－7580515
传真：0536－7580595
网址：www. wfjsy. com
邮箱：yuliqu@ 126. com
产品：非硅高效消泡剂、分散剂、抗水剂、脱墨剂、中碱性施胶剂、纸品柔软剂

华普化学品（潍坊）有限公司
山东省安丘市关王工业园区
邮编：262122
电话：0536－2261336
传真：0536－4331198
网址：www. huapuchem. com
邮箱：mail@ huapuchem. com
产品：显（助）白剂、抄纸消泡剂、玻璃纸用保湿剂、AKD 中碱性施胶剂、松香施胶剂、防腐杀菌剂

潍坊浩鑫造纸助剂有限公司
山东省潍坊市昌乐县城南歇头仓

邮编：262408
电话：0536－6762567
传真：0536－6762567
邮箱：jianghai@ zaozhizhuji. com
产品：纸板挺度剂、高效生物酶脱墨剂、纸张表面强度剂、阳离子淀粉、喷淋淀粉、阳离子助留增强剂

山东省青州市万利化工有限公司
山东省青州市开发区东方北路 2066 号(北 50 米)
山东省青州市南环路 55 号(公司)
邮编：262500
电话：0536－3529668
传真：0536－3529667
网址：www. wanlichem. com
邮箱：djx@ wanlichem. com
产品：纸品乳液、颜填料分散剂、增稠剂、杀菌剂

山东青州友邦化工有限公司
山东省青州市开发区东方一路东侧
邮编：262500
电话：0536－3262828
传真：0536－3262688
网址：www. henglichem. com
邮箱：hllm@ henglichem. com
产品：纸浆漂白剂、脱墨剂

青州市晨鸣变性淀粉有限公司
山东省青州市北西关
邮编：262500
电话：0536－3262808、3260762
传真：0536－3260762
产品：表面施胶剂、喷淋淀粉、涂布淀粉、石膏板增强剂

潍坊兆冠化工集团有限公司
山东省潍坊市临朐县经济技术开发区秦池路 38 号
邮编：262600
电话：0536－3212680、3121055
传真：0536－3120817
网址：www. zhaoguan. com
邮箱：mail@ zhaoguan. com
产品：二氧化氯、消毒剂、杀菌剂、保鲜剂、漂白剂、防腐剂、除臭剂、脱色剂

山东万豪集团临朐纸业化工有限公司
山东省临朐县治源工业园
邮编：262605
电话：0536－3631262
传真：0536－3631262
网址：www. wanhao. com
邮箱：wanhao@ china. com
产品：AKD 中性施胶剂

寿光蔡伦申兴精细化工有限公司
山东省寿光市晨鸣工业区
邮编：262700
电话：0536－2156339、2156421
传真：0536－2156416
网址：www. cailunchem. com
邮箱：sales@ cailunchem. com
产品：中性施胶剂、重质碳酸钙、AKD 乳液、松香胶、增白剂、消泡剂

寿光金远东变性淀粉有限公司
山东省寿光市学院路北首
邮编：262700
电话：0536－5185399
传真：0536－5110077
网址：www. cn-jyd. com
邮箱：jyd@ cn-jyd. com
产品：表面施胶淀粉、湿部添加剂、多元变性淀粉、漂白淀粉、阳离子淀粉

潍坊天方圣鸿化学有限公司
山东省寿光市晨鸣工业园(建新西街与文昌路交叉口)
邮编：262700
电话：0536－5672088
传真：0536－5672058
邮箱：tfsh@ tfshchem. com
产品：湿强剂、表面施胶剂、抗水剂、消泡剂、润滑剂、无甲醛抗水剂、柔软剂、湿强解离剂、中性施胶剂

青州市北联淀粉有限公司
山东省青州市海军路 568 号
邮编：262500
电话：0536－3260906、3263278
传真：0536－3260906
网址：www. sdbldf. com
邮箱：qzbldf@ 163. com
产品：造纸用淀粉

济宁市

济宁新格瑞水处理有限公司
山东省济宁市嘉祥工业园

邮编：272415
电话：0537－6985888、6988006
传真：0537－6988088
网址：www. jngreen. net
邮箱：jngr@ jngreen. net
xingerui@ yahoo. com. cn
产品：施胶剂、系统清洗剂、系统除垢剂、阻垢缓蚀剂、生物酶脱墨剂、聚丙烯酰胺、废水絮凝剂、杀菌消毒剂、消泡剂

山东阳光颜料有限公司
山东省济宁市车站南路
邮编：272000
电话：0537－2317897、2311908
传真：0537－2311908
网址：www. sino-pigment. com
邮箱：market@ sino-pigment. com
产品：有机颜料、无机颜料、荧光颜料、高档彩色专用色浆

济宁市华强化工有限公司
山东省济宁市任城区开发区济邹路南接庄镇政府西1 公里
邮编：272015
电话：0537－2631588
传真：0537－2631088
网址：www. hqchem. com. cn
邮箱：sales@ hqchem. com. cn
产品：高效造纸助留剂、多功能造纸增强剂、絮凝剂

济宁市信慧化工科技有限公司
山东省济宁市任城经济开发区山博路
邮编：272100
电话：0537－2316691
传真：0537－2333786
网址：www. cenwise. cn
邮箱：jnxhhg@ 263. com
产品：松香胶、液体染料、增白剂、PAM 干强剂

兖州天成化工有限公司
山东省兖州市北站西路 66 号
邮编：272100
电话：0537－3482493
传真：0537－3414528
网址：www. yztchg. com
邮箱：yztchg@ 163. com
产品：AKD、干/湿增强剂、复合型中性胶

兖州东升精细化工有限公司
山东省兖州市兴隆庄镇驻地
邮编：272101
电话：0537－3873264、3873331
传真：0537－3873918
网址：www. dssun. com
产品：表面施胶剂、PP 塑性颜料、阳离子胶乳、分散剂、AKD 施胶剂、脱墨剂、净水剂、废水絮凝剂、超细重质碳酸钙、超细轻质碳酸钙、高白度高岭土、润滑剂

济宁红日化工轻化助剂有限公司
山东省济宁市 105 国道与 327 国道交汇处
邮编：272141
电话：0537－2113179
传真：0537－2113179
网址：www. hrqh. cn
邮箱：hrqhzjgs@ 163. com
产品：造纸制浆催化剂、高效消泡剂系列、柔软剂

泰安市

泰安市东岳助剂厂
山东省泰安市泰汶路 199 号
邮编：271000
电话：0538－6611988
传真：0538－6610809
网址：www. dyzjc. com
邮箱：dylh-paper@ tom. com
产品：抄纸分散剂、增白剂系列、废纸脱墨剂、助留助滤剂、蒸煮助剂、聚丙烯酰胺、树脂障碍消除剂、消泡剂、废水处理剂

泰安鑫泉精细化工有限公司
山东省泰安市高新技术开发区北集坡
邮编：271000
电话：0538－8920760、13563803298
传真：0538－8920388
网址：www. xq1688. com
邮箱：zhanghong8513@ 163. com
产品：多元助留助滤增强剂、纸品挺度增强剂、瓦楞纸杯环压增强剂、烘缸剥离剂、消泡剂

山东省新泰市兰泰化工有限公司
山东省新泰市翟镇西 1 公里
邮编：271204
电话：0538－7500078
传真：0538－7500078

网址：www. lthuagong. com
邮箱：lthugnong@ 163. com
产品：硫酸铝、AKD 乳液、中碱性造纸施胶剂、分散松香胶

山东一滕化工有限责任公司
山东省肥城市工业二路西首
邮编：271600
电话：0538 – 3368999、3368666
传真：0538 – 3366226
网址：www. yitengchem. cn
www. sdytjt. com
邮箱：yitengchem@ 163. com
产品：聚阴离子纤维（PAC）、羧甲基纤维素（CMC）、羟丙基甲基纤维素（HPMC）

山东鲁岳化工有限公司
山东省肥城市安站镇
邮编：271603
电话：0538 – 3680358、3680386
传真：0538 – 3680368
网址：www. luyue. com
邮箱：sales@ luyue. com
产品：二烯丙二甲氯化铵、助留助滤剂、干湿增强剂、阴离子导电剂、阳离子熟化促进剂

泰安市山口环保化工厂
山东省泰安市岱岳区山口镇
邮编：271038
电话：0538 – 8611946
传真：0538 – 8611946
产品：净水剂

威海市

威海凯瑞造纸技术有限公司
山东省威海市高新技术开发区创新创业基地318 室
邮编：264200
电话：0631 – 5629496
传真：0631 – 5629496
网址：www. whchrom. com. cn
邮箱：market@ whchrom. com. cn
whchrom@ 163. com
产品：表面施胶剂、表面处理剂、浆料预处理剂、树脂控制剂、生物助留剂

日照市

日照金马化工有限公司
山东省日照市山东路 589 号
邮编：276825
电话：0633 – 3387318
传真：0633 – 3387358
网址：www. jinmachem. com
邮箱：info@ jmchem. com
产品：羧基丁苯胶乳、苯丙乳液、分散剂、润滑剂、增稠剂

临沂市

临沂三水科技有限公司
山东省临沂市临沭县经济开发区朝阳街道路北
邮编：276700
电话：0539 – 6341066
传真：0539 – 6341099
产品：表面施胶剂、脱气剂、固着剂、胶粘物控制剂、淀粉增强剂、网毯清洗剂等造纸用化学品

临沂爱森化工有限公司
山东省临沂市鲁南化工城 A 区 450 号
邮编：276000
电话：0539 – 3120808
传真：0539 – 3120809
网址：www. lyaisen. cn
邮箱：guoguo19810520@ sina. com
产品：阳离子、阴离子、非离子聚丙烯酰胺系列，造纸分散剂，造纸助留助滤剂

临沂市天科工贸有限公司
山东省临沂市中国商城会展中心化工区 A 区 22 号
邮编：276000
电话：0539 – 8020352
传真：0539 – 3120331
网址：www. cntianke. com
邮箱：yuemingqiang@ hotmail. com
tiankegongmao@ yahoo. cn
产品：废纸胶黏物去除剂、瓦楞纸杯环压增强剂、纸浆分散剂、助留助滤剂、干强剂、脱墨剂、絮凝剂

临沂市成丰化工有限公司
山东省临沂市临西十一路与双玲路交汇处
鲁南化工市场 A 区 – 76 号

邮编：276000
电话：0539－3120238
传真：0539－3120238
产品：荧光增白剂、蒸煮助剂、消泡剂、防腐杀菌剂、ABC 调色剂、高效分散剂、脱墨剂、湿强剂

临沂欧贝化学有限公司
山东省临沂市临沭县白旄镇周官庄村
邮编：276715
电话：0539－6341099
传真：0539－6090617
网址：www. oubei66. com
产品：表面施胶剂、脱墨剂、过氧化氢稳定剂、干强剂、纸力增强剂、助留剂、杀菌剂、涂布纸用料、消泡剂、脱气剂

德州市

陵县佳隆化工染料厂
山东省陵县陵城镇威灵小区
邮编：253500
电话：0534－8223215
产品：造纸助剂、脱墨剂、清洗剂

聊城市

聊城市凤民净水原料有限公司
山东省聊城市东昌府区双力路 58 号
邮编：252000
电话：0635－8688000、8465670、13869598799
传真：0635－8688256
网址：www. fmjs. com. cn
邮箱：fmjs123@ 163. com
产品：聚丙烯酰胺及其他水处理药剂、聚丙烯酸钠、生物脱墨剂、卫生纸用分散剂、网毯清洗剂、拉力增强剂

山东阳光化工(集团)有限公司
山东省聊城阳谷县城西工业园区化工路
邮编：252300
电话：0635－6381010、6381105
传真：0635－6324198、6383729
网址：www. sdyghg. com
邮箱：jcf926@ sohu. com
产品：聚丙烯酰胺、造纸助剂、硫酸铵、羧甲基纤维素、聚丙烯酸钾、二氯异氰尿酸钠

山东阳谷鲁燕淀粉加工有限公司
山东省聊城市阳谷县大布工业区
邮编：252300
电话：0635－6580666、18906350700
传真：0635－6580333
邮箱：ygluyan@ 126. com
产品：变性淀粉

滨州市

博兴县天元化工有限公司
山东省滨州市博兴县工业园区顺河路 6 号
邮编：256500
电话：0543－2303345
传真：0543－2303345
产品：造纸用中性施胶剂 AKD 蜡粉、AKD 乳液、AKD 专用乳化剂及系列产品

山东滨州嘉源环保有限责任公司
山东省滨州市滨城区黄河五路 560 号
邮编：256619
电话：0543－2118158
传真：0543－3312324
产品：二甲基二烯丙基氯化铵、有机高分子絮凝剂、阳离子絮凝剂系列、脱色剂、复合絮凝剂、反相破乳剂

菏泽市

山东菏泽阿可迪化工科技有限公司
山东省菏泽市牡丹区牡丹办事处日东高速入口东 500 米
邮编：274000
电话：0530－5644488
传真：0530－5644488
网址：www. sdakd. com
邮箱：gwww-lyf@ 163. com
产品：AKD 蜡粉、表面施胶剂、高效干增强剂、湿强剂、乳液松香施胶剂

山东润鑫精细化工有限公司
山东省菏泽市定陶县东外环路南段路东
邮编：274000
电话：0530－2264418、2263168
传真：0530－2264466
网址：www. runxinchemical. com
邮箱：salesdirector@ runxinchem. com
kelvinsong1982@ runxinchem. com

产品：2-溴丁酸甲酯、DT 杀菌灭藻剂、N-4-异噻唑-3-酮

河　南　省

郑州市

郑州市中瑞洁水化工原料有限公司
河南省郑州市陇海路与桐柏路交叉口
邮编：450000
电话：0371－68632711
传真：0371－68633711
产品：水处理药剂、聚丙烯酰胺

河南南浦化工有限公司
河南省郑州市玉凤路与福元路交叉口南浦国际金融中心
邮编：450002
电话：0371－65655608、86560100、86560977
传真：0371－65655609
邮箱：nanpu. huagong@ 163. com
产品：阴、阳、非和两性离子聚丙烯酰胺，无机高分子絮凝剂，XM 系列浮选剂，PFS 聚合硫酸铁（液体），PFS 聚合硫酸铁（固体），PAC 聚合氯化铝

河南省道纯化工技术有限公司
河南省郑州市文化路 128 号航天大厦 15 楼 A8
邮编：450002
电话：0371－63563761、63563762、63563763
传真：0371－63563936
网址：www. dchg. com. cn
邮箱：dchgyx@ tom. com
产品：施胶剂、氧漂稳定剂、蒸煮助剂、脱墨剂、消泡剂、氧漂激活剂、分散剂、湿强剂、杀菌剂、显白剂、乳化剂

郑州中吉精细化工有限公司
河南省郑州市民航路 19 号企业 1 号 614 室
邮编：450003
电话：0371－66560787
传真：0371－63284918
网址：www. zjpp. com
邮箱：info@ zjpp. com
产品：乳液造纸助留增强剂、瓦楞原纸环压增强剂、增光剥离剂、增柔膨化剂、纸张挺硬剂、中性施胶用分散松香胶、显白剂、阳离子淀粉、消泡剂

郑州金源微粉材料有限公司
河南省郑州市中原区郑上路 744 号
邮编：450042
电话：0371－67811493
传真：0371－67813794
产品：煅烧高岭土、硅微粉、重质碳酸钙、高白滑石粉

郑州市恒茂昌贸易有限公司
河南省郑州市南阳路 170 号清华园商贸楼 16 楼 166 室
河南省郑州市惠济区新城街道固城村南（厂址）
邮编：450053
电话：0371－63603392、63673216
传真：0371－63673216
邮箱：zzhmc@ sina. com
产品：分散剂、助留剂、生物酶脱墨剂、湿强剂、干强剂、表面施胶剂、染料、聚丙烯酰胺

巩义市奥林滤材有限公司
河南省巩义市东区嵩山路
邮编：451200
电话：0371－85602626
传真：0371－85602626
网址：www. aolinlc. com
邮箱：aolinlc@ 163. com
产品：阻垢分散剂、杀菌灭藻剂、净水药剂系列、活性炭系列

巩义市益民淀粉厂
河南省巩义市八零八路
邮编：451250
电话：0371－64371718
传真：0371－64371792
产品：变性淀粉、磷酸酯淀粉、酸化淀粉、玉米氧化淀粉、阳离子淀粉、醋酸酯淀粉

巩义市清滢精细化工厂
河南省巩义市康店镇黑石关 665 仓库（康店镇工业园区）
邮编：451200
电话：0371－64126767、64116356
传真：0371－64126767
邮箱：hngyqy@ 126. com
产品：防腐杀菌剂、润滑增光施胶剂、消泡剂、絮凝剂聚合氯化铝

巩义市宇清净水材料有限公司
河南省巩义市河洛镇工业区

邮编：451251
电话：0371－64156198、64158648
传真：0371－64156198
网址：www. yqjs. com
邮箱：yqjs1995@ 163. com
产品：聚合氯化铝、聚合氯化铝铁、复合铝铁、硫酸铝、铝酸钙粉、结晶氯化铝

巩义市恒豪净化材料有限公司
巩义市豫泉净化材料有限公司
河南省巩义市芝田镇羽林庄工业区
邮编：451252
电话：0371－64108882
传真：0371－64108883
网址：www. hnyuquan. com
邮箱：hnhenghao@ hnhenghao. com
产品：聚合氯化铝、碱式氯化铝、聚丙烯酰胺、活性炭、铝酸钙粉

郑州华旗助剂有限公司
河南省新密市大隗工业区黄湾寨
邮编：452370
电话：0371－69281615
传真：0371－69281811
邮箱：zzhqzj@ 163. com
产品：松香系列施胶剂、中性施胶剂、湿强剂、助留剂、剥离剂、乳化剂

巩义市华麟化工有限公司
河南省巩义市开发区永安路 12 号
邮编：451281
电话：0371－64031888
传真：0371－64031999
邮箱：lilian64032111@ 163. com
产品：水处理剂

河南省新密市力达化工实业公司
河南省新密市大镇观寨村 34 号
邮编：452383
电话：0371－69271070
传真：0371－69271070
邮箱：xueling2004007@ eyou. com
产品：聚合氯化铝、涂布纸专用乳液、分散型松香胶、涂布分散剂、防水剂、消泡剂、润滑剂、高效脱色助沉剂、助留剂、增强剂、中性施胶剂、淀粉黏合剂

洛阳市

偃师太学染化有限公司
河南省洛阳偃师市佃庄镇东大郊
邮编：471942
电话：0379－67436138
传真：0379－67436438
网址：www. chinataixue. com
产品：造纸粉状染料、造纸液体染料、造纸专用染料

新乡市

卫辉市通达变性淀粉有限公司
河南省卫辉市唐庄工业开发区 107 国道旁（代庄村）
邮编：453100
电话：0373－4221908、4225055
传真：0373－4221908
邮箱：tongdadianfen@ sohu. com
产品：氧化淀粉、AKD 乳化剂离子型专用淀粉、涂布淀粉、多元变性淀粉、磷酸酯淀粉、接枝淀粉、氧化醋酸淀粉、阳离子淀粉

新乡市永平助剂厂
河南省新乡市大召营镇文营村
邮编：453700
电话：0373－5470178
传真：0373－5469308
网址：www. xxypzj. com
邮箱：xxypzjc@ 126. com
产品：液体荧光增白剂、显白剂、脱墨剂

新乡市飞马化工有限公司
河南省新乡市大召营工业区
邮编：453700
电话：0373－5469199
传真：0373－5461595
邮箱：fm811@ feimahg. com
产品：AKD 中性施胶剂、PAE 湿强剂、助留助滤剂、蒸煮助剂

新乡市瑞丰化工有限责任公司
河南省新乡市新乡县大召营镇（新获路北）工业园
邮编：453700
电话：0373－5466556、5466665
传真：0373－5466000
网址：www. sinoruifeng. com
邮箱：sale@ sinoruifeng. com

产品：无碳复写纸树脂显色剂、活性白土显色剂、阳离子醚化剂、高碱性硫化烷基酚钙

新乡市和诚化工有限公司
河南省新乡市朗公庙镇曲水村北
邮编：453731
电话：0373－5712168
传真：0373－5712366
产品：聚丙烯酰胺、高效聚合引发剂、聚二甲基二烯丙基氯化铵

新乡县长明冶炼有限公司
河南省新乡市新乡县小冀镇西环路
邮编：453731
电话：0373－5592335
产品：聚丙烯酰胺、增强剂

焦作市

河南佰利联化学股份有限公司
河南省焦作市中站区
邮编：454191
电话：0391－3126553、3126903
传真：0391－3126818、3126275
网址：www. billionschem. com
邮箱：zztcwmb@ sina. com
sales@ billionschem. com
产品：钛白粉、硫酸铝、二氧化锆、碳酸锆

河南省沁阳市新兴化工有限公司
河南省沁阳市南洛公路 7 公里处/崇义工业区
邮编：454550
电话：0391－5056698、5051606
传真：0391－5055042
网址：www. qysxxhg. com
邮箱：qysxxhg@ 163. com
产品：涂布淀粉、造纸淀粉、卫生纸增韧剂、助留助滤剂

河南省武陟县智辉化工有限责任公司
河南省焦作市武陟县城东占泗路北贾桥西
邮编：454950
电话：0391－7268190、7268192
传真：0391－7268193
网址：www. zhihuichem. com
邮箱：zhihuichem@ 163. com
产品：无碳复写纸专用树脂显色剂、活性白土显色剂、微胶囊、无碳压敏染料溶剂油、微胶囊专用分散乳化剂、石蜡乳液

温县宏泰水处理材料厂
河南省焦作市温县岳村工业区 66 号
邮编：454800
电话：0371－66551628、66551601、66558919
传真：0371－68396167、66551938、66558918
网址：www. wxhtgs. com
邮箱：wxhtscl@ 163. com
产品：聚合氯化铝、碱式氯化铝、活性炭系列产品、填充系列产品

濮阳市

濮阳市中润聚合物有限公司
河南省濮阳市东高新技术开发区前县徐岭村南
邮编：457600
电话：0393－5326588
传真：0393－2217588
产品：污泥脱水剂、分散剂、助留剂、聚丙烯酰胺、羧甲基纤维素

许昌市

许昌凯特精细化工厂
河南省许昌市经济技术开发区屯里东段
邮编：461000
电话：0374－8306088、8306090
传真：0374－8306087、8306091
网址：www. xckate. com
邮箱：kate7888@ 163. com
产品：消泡剂、脱墨剂、分散剂、增白剂、显白增强剂

许昌市远征化工有限公司
河南省许昌市北郊营庄村
邮编：461000
电话：0374－4391909
传真：0374－4391909
产品：VBL 增白剂、脱墨剂、新型固体膨松剂、PEO 分散剂、光亮剂、除胶剂、挺力剂、显白剂、剥离剂、消泡剂、干/湿强剂、助留剂、聚丙烯酰胺

漯河市

漯河市天马化工有限公司
河南省漯河市衡山路 21 号
邮编：462000
电话：0395－2637588

传真：0395－2650929
邮箱：1214192437@qq.com
产品：AKD中性施胶剂、阳离子分散松香胶、硅溶胶、分散剂、乳化剂

商丘市

商丘市金茂工业助剂有限公司
河南省商丘市虞城县李家工贸区
邮编：476300
电话：0370－4833167
传真：0370－4833167
产品：聚丙烯酰胺、水处理剂、造纸助剂

驻马店市

西平县佳佳纸业有限公司
河南省驻马店市西平县王店工业区
邮编：463900
电话：0396－6253336
传真：0396－6253336
产品：助留助滤剂、增强互补型造纸专用助剂、生物强力助剂、强力渗透剂

济源市

河南清水源科技股份有限公司
河南省济源市轵城镇
邮编：454650
电话：0391－6698121、6089345
传真：0391－6086299
网址：www.qywt.com.cn
邮箱：qysales@qywt.com.cn
产品：水处理剂产品(单体)和复配剂，提供配方筛选和水处理技术服务

湖　北　省

武汉市

武汉华东化工有限公司
湖北省武汉市汉口西北湖新世界国贸大厦十八楼
邮编：430012
电话：027－82944688、59523266、59523188
传真：027－82944743
网址：www.ecch.com.cn
邮箱：hdhg@ecch.com.cn
　　　lignin027@ecch.com.cn
产品：木质素磺酸钙、碱木质素、木质素磺酸盐、羧甲基淀粉钠

武汉新大地环保材料股份有限公司
湖北省武汉市硚口区南泥湾8号长丰科技产业园(西区)8号
邮编：430034
电话：027－83305573、83305779
传真：027－83305570
网址：www.newlandchem.com
邮箱：ywx@newlandchem.com
产品：防腐杀菌剂

武汉市羽佳化工有限公司
湖北省武汉市东湖高新开发区大学园路11号
邮编：430074
电话：027－52101188
传真：027－52101188
网址：www.yj1188.com
产品：干强剂、水处理剂、消泡剂

武汉市雨田高分子材料有限公司
湖北省武汉市蔡甸区永安街万岭特1号
邮编：430105
电话：027－69305728、59843713
传真：027－69304916
产品：CMC、脱墨剂、润滑剂、抗水剂、分散剂

武汉市新洲区耀华化工有限公司
湖北省武汉市阳逻开发区平江东路123号
邮编：430415
电话：027－86963113
传真：027－86963113
产品：新型造纸制浆蒸煮剂、脱墨剂、固体/液体消泡剂、剥离剂、助留剂

武汉葛化集团有限公司
湖北省武汉市洪山区葛化街化工路31号
邮编：430078
电话：027－87602513
传真：027－87600357
网址：www.whghjt.com
邮箱：whghjt@chem.com.cn
产品：烧碱、液氯

黄石市

黄石龙骏化工科技有限公司
湖北省黄石市沈下路661号

邮编：435004
电话：0714－5379335
传真：0714－5379336
产品：阴/阳离子松香胶专用乳化剂、松香胶、中性施胶剂、表面施胶剂、AKD 熟化促进剂、助留增强剂、絮凝剂

大冶市鑫晟精细化工有限公司
湖北省黄石市大冶市金湖街道栖儒村
邮编：435102
电话：0714－8990989
传真：0714－8990989
邮箱：hs8483@163.com
产品：干/湿强剂、中性造纸施胶剂、印刷适性改良剂、AKD 乳液、荧光增白剂、瓦楞纸板环压增强剂、纸浆消泡剂、废纸脱墨剂

宜昌市

湖北宜化集团有限责任公司
湖北省宜昌市沿江大道 52 号
邮编：443000
电话：0717－8868298
传真：0717－8868298
网址：www.hbyihua.cn
邮箱：hgb@hbyihua.cn
产品：烧碱

襄樊市

襄樊惠邦化工有限公司
湖北省襄樊市江汉路 25 号
邮编：441002
电话：0710－3955939
传真：0710－3112389
产品：分散剂、胶黏剂

襄樊市化工设计研究所
湖北省襄樊市江北路 60 号
邮编：441002
电话：0710－3963009
传真：0710－3220183
邮箱：xb-email@163.com
产品：造纸用增光润滑剂、分散剂、抗水剂、施胶剂、渗透剂

湖北新四海化工股份有限公司
湖北省枣阳市南城王家湾社区居委会五组 3 幢（华夏工业园区）
邮编：441200
电话：0710－6221764、6245064
传真：0710－6229927
网址：www.hbxshhg.com
邮箱：z6241188@163.com
sihaichem@163.com
产品：消泡剂、抗水剂、润滑剂

荆门市

钟祥市金汉江纤维素有限公司
湖北省钟祥市金汉江大道
邮编：431900
电话：0724－6318585、6318532
传真：0724－6318536
网址：www.chinajhj.com
邮箱：jhj@chinajhj.com
产品：精制棉、CMC

荆州市

湖北达雅生物科技股份有限公司
湖北省荆州市国家经济开发区达雅西路 86 号
邮编：434000
电话：0716－8806608
传真：0716－8806618
网址：www.hbdaya.com
邮箱：hbdaya@126.com
产品：涂布专用 CMC、润滑剂、纳米级微粒高效造纸助留助滤剂

荆州市旭升化工助剂有限公司
湖北省荆州市荆州区纪南镇拍马工业园区
邮编：434020
电话：0716－8480596、8677782、8416799
传真：0716－8416699
网址：www.jzxshg.com
邮箱：xshg2002@163.com
产品：阳离子淀粉、助留助滤剂、交联表面施胶剂、高效废纸脱墨剂、阴离子分散松香胶、中碱性施胶剂、蒸煮助剂、湿强剂

咸宁市

湖北中之天科技股份有限公司
湖北省咸宁市嘉鱼县鱼岳镇徐家庄 167 号
邮编：437200
电话：0715－6321909、6364417
传真：0715－6329868

网址：www. laopeng. com. cn
邮箱：13807247197@ vip. 163. com
产品：蒸煮助剂、高效漂白剂、荧光增白剂、脱墨剂、湿强剂、显白剂

湖北省赤壁市明光化工厂
湖北省赤壁市中伙镇
邮编：437315
电话：0715 – 5600149、13707242141
产品：涂层、保温层

仙桃市

仙桃市闻捷福工贸有限责任公司
湖北省仙桃市经济开发区青鱼湖路 16 号
邮编：433000
电话：0728 – 3257939、3200828
传真：0728 – 3257939
产品：脱墨剂、蒸煮助剂

湖北嘉韵化工科技有限公司
湖北省仙桃市刘口工业园叶河二路 1 号
邮编：433000
电话：0728 – 3255688、3601188
传真：0728 – 3255601
网址：www. jiayunchem. com
邮箱：666@ jiayunchem. com
999jiayun@ 163. com
产品：环氧聚酯湿强剂、蒸煮催化剂、固着剂、AKD 中性施胶剂、表面施胶剂、助留助滤剂、防腐杀菌剂、干增强剂、抗水剂、柔软剂、剥离剂

湖北新恒兴材料科技有限公司
湖北省仙桃市郭河工业园区
邮编：433013
电话：0728 – 2745177
传真：0728 – 2745990
网址：hbxhx. bm；ink. com
邮箱：newhengxing@ 163. com
产品：阳离子中碱性施胶剂、阳离子中性表面施胶剂、新型涂料胶乳、湿强剂、干强剂

湖 南 省

长沙市

湖南超牌化工有限公司
湖南省长沙市芙蓉中路二段 198 号新世纪大厦 9003 室
邮编：410015
电话：0731 – 85179028、85179029、85819266
传真：0731 – 85179099
网址：www. hnsuper. com. cn
邮箱：fjming88@ 21cn. com
cplcb@ superkaolin. com
产品：超细研磨碳酸钙、超细煅烧高岭土

长沙市力波化工有限公司
湖南省长沙市马王堆凌霄路 301 号
邮编：410001
电话：0731 – 84786498、84735309
传真：0731 – 84720135
网址：www. lbsun. com
邮箱：sales@ lbsun. com
产品：分散剂、脱墨剂、光亮剂、施胶剂等造纸化学品及各种羧甲基纤维素、甲基纤维素、羟丙基甲基纤维素、聚合氯化铝、聚丙烯酰胺

湖南美莱精化有限公司
湖南省长沙市国家高新技术开发区火炬城 M0 号
邮编：410003
电话：0731 – 88809919、88496308
传真：0731 – 88911458
网址：www. hnmeilai. com
邮箱：meilai2013@ sina. com
产品：蒸煮助剂

长沙鸿鹰化工科技有限公司
湖南省长沙市西湖路 34 号鸿信大厦北 B 座 906 室
邮编：410002
电话：0731 – 85132075
传真：0731 – 85132075
产品：造纸化学品

株洲市

株洲升阳精细化工有限责任公司
湖南省株洲市董家段南路南方航空摩托厂内
邮编：412300
电话：0731 – 22789788
传真：0731 – 28559469
产品：氟化钠、氟硅酸钠、白炭黑

湖南省醴陵市华中化工有限公司
湖南省醴陵市王仙科技工业园
邮编：412200
电话：0733 – 23518818、5324411
传真：0733 – 23518818

产品：分散松香胶、干强剂、脱墨剂、毛毯洗净剂、松香、乳化剂

湘潭市

湖南省湘潭市弘联科技开发有限公司
湖南省湘潭市高新区芙蓉中路 9 号
邮编：411100
电话：0731－58377118
传真：0731－58377118
产品：瓦楞纸板线用淀粉胶抗水剂、增强剂、耐水增强剂

湖南森泰生物科技有限公司
湖南省湘潭天易示范区吴家巷工业园
邮编：411228
电话：0731－57259988
网址：www. xtsentai. com
邮箱：1126343262@ qq. com
产品：造纸级羧甲基纤维素钠，系列 CMC、PAC、CMS

湘潭市麓安造纸材料研究所有限公司
湖南省湘潭市雨湖区高岭路
邮编：411100
电话：0731－58270759
传真：0731－58270759
产品：造纸化学品

衡阳市

湖南超牌粉体科技有限公司
湖南省耒阳市水东江振兴路
邮编：421800
电话：0734－4370523
传真：0734－4370470
邮箱：hncphg@ 163. com
产品：超细 GCC、高岭土

邵阳市

湖南省邵阳市天成实业（集团）公司
湖南省邵阳市桃花工业园
邮编：422000
电话：0739－5385276
传真：0739－5385277
邮箱：sytcsy@ 163. com
产品：蒸煮催化剂、松香胶

岳阳市

湖南海正生物科技有限公司
湖南省岳阳市经济技术开发区现代工业产业园
邮编：414000
电话：0730－8118899、15990098899
传真：0730－8831188
邮箱：hzgs8899@ 163. com
产品：打浆酶、滤水酶、胶粘物控制酶、施胶酶、脱墨酶、助漂酶、木片预处理酶、除臭酶、溶解浆用酶、树脂控制酶、木粉软化酶

广　东　省

广州市

广州纬森普化科技有限公司
广东省广州市越秀区寺右新马路南二街 22 号
邮编：510000
电话：020－87362138
传真：020－87371198
邮箱：meilan20@ yeah. net
产品：湿强剂

广东迪美生物技术有限公司
广东省广州市先烈中路 100 号科学院内
（广东省微生物研究所）
邮编：510070
电话：020－87688093、87688061
传真：020－87688093、87685989
网址：www. gd-demay. com
邮箱：gddemay@ 126. com
产品：防腐剂、防霉剂、抗藻剂、消毒剂

广州市中化贸易有限公司
广东省广州市人民北路 691 号金信大厦 15 楼
邮编：510170
电话：020－81083877、81080060
传真：020－81084009
产品：有机硅消泡剂、防腐剂、杀菌剂、防霉剂、钛白粉、煅烧高岭土、滑石粉、光引发剂、分子式吸附剂

广州宇洁化工有限公司
广东省广州市海珠区宝岗大道 268 号中新大厦
12 楼 12－13B 室
邮编：510240

电话：020－34371818、34371600
传真：020－34141884
网址：www. yujiechem. cn
产品：聚丙烯酰胺、丙烯酰胺、聚合氯化铝、脱色剂

广州精细化学工业公司
广东省广州市海珠区工业大道中石岗路 11 号
邮编：510288
电话：020－84352112
传真：020－84309844
产品：聚丙烯酰胺、分散剂、湿强剂、助留助滤剂、水处理絮凝剂、脱水剂、表面活性剂

广州欧普龙化工科技有限公司
广东省广州市机场路景丽街 9 号翠逸家园三区
303－306 室
邮编：510403
电话：020－86446416
传真：020－86446215
产品：有机硅消泡剂、蒸煮助剂、净水剂、抗水剂、绒毛浆膨松剂

广州市黄埔天泰化轻有限公司
广东省广州市越秀区五羊新城寺右新马路 111 号
五羊新城广场 2209 室
邮编：510600
电话：020－87383533、87391206、87390588
传真：020－87392590、87382704
网址：www. tt020. com
邮箱：info@ tt020. com
产品：纸浆专用防霉防腐杀菌剂、荧光增白剂、钛白粉、超细滑石粉

广州兰泉环保科技有限公司
广东省广州市增城宁溪镇融海高新产业园
邮编：510600
电话：020－32035350、82525387、82318552
传真：020－32035330
网址：www. jiequanhuanbao. com
邮箱：jiequan07@ 163. com
产品：废水处理药剂、循环冷却水处理药剂、RO 膜反渗透水处理剂

广州元源造纸化学品有限公司
广东省广州市天河区黄埔大道西 191 号广信大厦
牡丹阁 1005 房
邮编：510620
电话：020－38900979
传真：020－38900552
邮箱：guangzhouyuanyuan@ 163. com
产品：浆内施胶剂、瓦楞纸杯环压增强剂、多元助留增强剂、表面施胶剂

广州汇普化工新材料有限公司
上海和氏璧化工有限公司
广东省广州市黄埔大道 159 号富星商贸大厦西塔 25 楼
邮编：510620
电话：020－22220222、87568088－2294
传真：020－87595606
网址：www. ncmchem. com
产品：聚乙烯醇、防黏硅油、高效消泡剂

华夏化工集团
广州市华夏助剂化工有限公司
广东省广州市天河北路 177 号祥龙花园祥龙阁 1703 室
邮编：510620
电话：020－85251113
传真：020－85251290
网址：www. cn-hpc. com
邮箱：gzhxadd@ cnhxg. com
产品：国外系列涂料助剂、华夏品牌助剂

广州市君伦纸业化工有限公司
广东省广州市天河区龙口西路 577 号天隆花苑
三楼 3130 号
邮编：510635
电话：020－38470568
传真：020－38470569
邮箱：gz-kingdom@ 163. com
产品：杀菌防腐剂、流程清洗剂、系统保洁剂、杀菌抑菌剥离剂

广州智尚化工技术开发有限公司
广东省广州市五山路华南理工大学科技园
2 号楼 606 室
邮编：510640
电话：020－22237168
传真：020－81408303
邮箱：keepwon128@ 163. com
产品：水处理用水溶性消泡剂、异噻唑啉酮类、季铵盐类杀菌防腐剂、缓蚀阻垢剂、造纸用杀菌防腐剂、絮凝剂、新型含氟聚有机硅氧烷类油溶性流平剂

广州慧谷化学有限公司
广东省广州市黄埔区永和经济区新业路 62 号
邮编：511356

电话：020－32222928、85283301、85280932
传真：020－32222928－6026、38676620
网址：www. humanchem. com
邮箱：hg@ huamanchem. com
产品：纳米二氧化硅消光新材料、彩色喷墨打印纸涂料

广州市华鹏高岭土厂
广东省广州市花都区梯面镇
邮编：510870
电话：020－86782018
传真：020－86782018
产品：高岭土

广州市慧之海(集团)科技发展有限公司
广州市瑞洋表面活性剂有限公司
广东省广州市番禺区石基镇新桥村
泰安路西横六街3号
邮编：511400
电话：020－84553577
传真：020－84553788
网址：www. surfactantchem. com
邮箱：sales@ surfactantchem. com
ruiyang@ how188. com
产品：乳化剂、消泡剂、杀菌防腐剂

中科院广州化学研究所
广东省广州市天河区兴科路368号广州化学研究所
邮编：510650
电话：020－85231815、85231295、85231230、85232176
网址：www. gic. ac. cn
产品：胶黏剂

深圳市

深圳市三力星聚合同创科技发展有限公司
广东省深圳市福田区梅林街道北环路梅林多丽工业区1栋409
邮编：518000
电话：0755－83733558
传真：0755－83733596
网址：www. sanlixing. com
邮箱：info@ sanlixing. com
产品：助留助滤剂、增强剂、表面施胶剂、染料、颜料、中性施胶剂、清洗剂、消泡/抑泡剂、脱墨剂、防腐杀菌剂、分散松香胶、纸张成形剂

深圳市华苏科技发展有限公司
广东省深圳市南山区南山大道南海大厦B栋6G
邮编：518054
电话：0755－86250096
传真：0755－86250096
网址：www. tengtuo. com
产品：杀菌防腐剂、荧光增白剂、水处理药剂、甲基纤维素、羟乙基纤维素、聚乙烯醇、分散剂

深圳绿微康生物工程有限公司
广东省深圳市南山区龙珠大道龙珠三路光前工业区21栋7－8楼
邮编：518057
电话：0755－26031010、86005292
传真：0755－26031910
网址：www. leveking. com
邮箱：leveking@ leveking. com
产品：生物脱墨剂、胶黏物处理剂、废水处理剂

深圳市索雷亿科技有限公司
广东省深圳市宝安区宝民一路碧涛苑1栋B座103室
邮编：518133
电话：0755－86251400
传真：0755－27803785
邮箱：solaye@ chinasolsye. com
产品：过氧化物引发剂、抗氧化剂、紫外线吸收剂、光引发剂、防腐剂、抗静电剂

深圳清源净水器材有限公司
广东省深圳市南山区南海大道水务集团南山大楼8楼
邮编：518052
电话：0755－26978809、26978819
传真：0755－26978825
产品：聚合氯化铝废水处理剂、造纸施胶剂、杀菌灭藻剂、重金属捕集剂

珠海市

珠海市骏兆丰进出口有限公司
广东省珠海市红山路288号珠海国际科技大厦B508室
邮编：519000
电话：0756－3331388
传真：0756－3362737
网址：www. bikin. cn
邮箱：info@ bikin. cn
产品：造纸化工涂料

广东溢多利生物科技股份有限公司
广东省珠海市南屏科技工业园屏北一路 8 号
邮编：519060
电话：0756 - 8676888
传真：0756 - 8673999
网址：www. yiduoli. com. cn
邮箱：vtr@ vtrbio. com
产品：生物酶

佛山市

佛山市华昊华丰淀粉有限公司
广东省佛山市文沙路晒莨地 1 号
邮编：528000
电话：0757 - 82827301
传真：0757 - 82828713
邮箱：rjc@ foshan. sti. gd. cn
产品：湿部添加剂、涂布黏合剂、表面施胶剂、阳离子淀粉、纸制品再湿胶黏剂

佛山市南海大田化学有限公司
广东省佛山市南海区狮山科技工业园 B 区科园路 1 号
邮编：528000
电话：0757 - 82262088、82267788
传真：0757 - 86698585
网址：www. dtdefoamer. com
邮箱：datian@ dtdefoamer. com
产品：纸浆、涂布、废水处理用消泡剂

佛山市特森化工有限公司
广东省佛山市同华西 2 路南华 1 街 13 号首层（同济派出所侧）
邮编：528000
电话：0757 - 82386663、83330428、83330783
传真：0757 - 83331428
网址：www. fstesen. com
邮箱：fstesen@ 163. com
产品：净水剂、聚丙烯酰胺、高效脱色剂、聚合硫酸铁、硫酸铝

佛山市骏能化工有限公司
广东省佛山市南海区狮山镇罗村芦塘工业区
邮编：528226
电话：0757 - 86414462、86413060、86410016
传真：0757 - 86414522、88395329
网址：www. jn668. com
邮箱：jn@ jn668. com
产品：干强剂、湿强剂、挺硬剂、助留助滤剂、涂布胶乳、中性松香胶、中碱性施胶剂、表面施胶剂、防水防潮剂、脱墨剂、消泡剂、絮凝剂

广东奇力士石油化工有限公司
广东省佛山市顺德区大良大门堤围路 8 号
邮编：528333
电话：0757 - 22329333
传真：0757 - 22329308
产品：聚硅氯化铝、聚硅氯化铝铁、硫酸铝、聚丙烯酰胺、无铁硫酸铝、复合聚硅氯化铝、复合聚硅氯化铝铁

佛山市高明区友本化工有限公司
广东省佛山市高明区明城镇官迳路
邮编：528518
电话：0757 - 88930638
传真：0757 - 88836686
产品：中性施胶剂、干/湿增强剂、离缸剂、助虑增强剂

江门市

江门市慧信净水材料有限公司
广东省江门市港口二路 10 号
邮编：529000
电话：0750 - 3167388
传真：0750 - 3167343
邮箱：wealthchem@ 163. com
产品：水处理剂

赫克力士化工（江门）有限公司
广东省江门市高新技术开发区金瓯路 345 号
邮编：529081
电话：0750 - 3866500、3866590
传真：0750 - 3866561、3866580
产品：造纸专用 CMC

江门市新会区辉昊化工有限公司
广东省江门市新会区会城朝江路 6 号 103
邮编：529100
电话：0750 - 6116733、6807018
传真：0750 - 6116733
邮箱：hww82830@ 126. com
产品：干强剂、分散剂、脱墨剂、助留助滤剂

江门市大中科技企业发展有限公司
广东省江门市礼乐文昌花园 99 座首层
邮编：529060
电话：0750 - 3610763、3612763、3615763

传真：0750－3612762
产品：造纸化学品

量子高科生化工程有限公司
广东省江门市高新区金瓯路 184 号
邮编：529081
电话：0750－3795666、3869188、8258999
传真：0750－3796430、3869168
网址：www. qht. cc
产品：纤维素 CMC

茂名市

茂名市银华高岭土实业有限公司
广东省茂名市茂南区新坡镇黄塘工业区
邮编：525011
电话：0668－2717589、2717860
传真：0668－2717889
网址：www. mmyhkaolin. com
邮箱：welcome@ yhkaolin. com
产品：高岭土

肇庆市

高要宝时化工有限公司
广东省肇庆市高要市南岸镇上元路 37 号
邮编：526100
电话：0758－8361055
传真：0758－8361052
产品：EDTA、DTPA、表面施胶剂、湿强剂、网毯清洗剂、双氧水稳定剂、胶黏物控制剂、涂布分散剂、涂料润滑剂、涂料耐水剂

惠州市

惠州联宏化工有限公司
广东省惠州市大亚湾石油化学工业区 H2 地块西南角
邮编：516081
电话：0752－5599101、5599888
传真：0752－5599180
邮箱：braveheartxianen@ 126. com
产品：表面施胶剂

清远市

大和(清远)石矿化工有限公司
广东省清远市禾云镇 107 国道旁
邮编：511517
电话：0763－5672399
传真：0763－5672488
网址：www. chinamicron. com
邮箱：info-xm@ chinamicron. com
产品：滑石粉、碳酸钙

东莞市

广东诚铭化工科技有限公司
广东省东莞市松山湖高新技术产业开发区科技 10 路 5 号国际金融 it 研发中心 19 栋 B 座
邮编：523808
电话：0769－38851966
传真：0769－38851968
网址：www. chengming. com
产品：造纸制浆、造纸过程助剂、功能助剂、丁苯胶乳等涂料加工助剂、纸用染料和水处理等化学品。

杜道亚太(中国)化工有限公司
广东省东莞市新城市中心区第一国际百安中心
A 座 809 室
邮编：523000
电话：0769－22825567
传真：0769－23180867
产品：消泡剂、表面控制助剂、湿润分散剂、高档氟碳助剂

东莞天傲化工有限公司
广东省东莞市莞城区
邮编：523000
电话：0769－22191114
传真：0769－23035975
产品：消泡剂、乳化剂、渗透剂、聚醚、柔软剂、破乳剂

东莞市粤星纸业助染有限公司
广东省东莞市万江石美社区雨云楼 11－13 号铺
邮编：523040
电话：0769－22272839、22279289
传真：0769－22172089
网址：www. yuexingdg. com
邮箱：yuexing@ yuexingdg. com
产品：造纸染料、分散剂、增白剂、施胶剂、湿强剂、剥离剂、柔软剂、脱墨剂、絮凝剂

广东中成化工股份有限公司
广东省东莞市麻涌镇第二工业区

邮编：523130
电话：0769－88825606、88828576
传真：0769－88822342
网址：www. zhongcheng. gd. cn
邮箱：zhongcheng@ china. com、sales@ zhongcheng. gd. cn
产品：双氧水、保险粉、过氧碳酸钠、焦亚硫酸钠、亚硫酸盐

广东汇美淀粉科技有限公司
广东省东莞市麻涌镇大步工业区
邮编：523143
电话：0769－88286638、88287336
传真：0769－88287332
网址：www. huimei-starch. com
邮箱：hmdfkj@ 126. com
产品：两性淀粉、涂布胶黏淀粉、表面喷雾淀粉、湿部添加阳离子淀粉、层间喷雾淀粉、表面施胶淀粉

东莞市中堂华兴造纸材料厂
广东省东莞市中堂镇江南远兴工业区
邮编：523230
电话：0769－88187118、88186095
传真：0769－88186095
产品：分散松香胶、中性施胶剂、增白剂

东莞东美食品有限公司
广东省东莞市高埗镇北王路护安围工业区
邮编：523279
电话：0769－88731228、88735188、88878448
传真：0769－88874888
网址：www. dm-starch. com
邮箱：dmstarch@ 126. com
产品：表面施胶淀粉、涂布淀粉、草木浆增强淀粉、两性淀粉、层间喷雾淀粉、阳离子淀粉、生活用纸增强淀粉、表面喷雾淀粉

中山市

广东金威达淀粉有限公司
广东省中山市小榄镇联丰四村乐丰北路（联丰工业区）
邮编：528415
电话：0760－2125676
传真：0760－2125675
产品：木薯淀粉、变性淀粉、越南木薯淀粉

广西壮族自治区

南宁市

广西欧派淀粉有限公司
广西壮族自治区南宁市怡宾路 1 号 4 层
邮编：530000
电话：0771－5844158、4306950
传真：0771－5591182
产品：预糊化淀粉、氧化淀粉、纸管（纱管）专用胶

南宁巨港化工产品有限公司
广西壮族自治区南宁市白沙大道 30 号
邮编：530003
电话：0771－4918536
传真：0771－4908536
产品：杀菌剂、保洁剂、清洗剂、表面施胶剂、阳离子分散松香胶、中性施胶剂、助留助滤剂、消泡剂、湿/干强剂、黏缸剂/剥离剂、柔软剂、树脂控制剂

广西南宁春城助剂有限公司
广西壮族自治区南宁市五一西路 61 号
邮编：530045
电话：0771－4864243
传真：0771－4861026
邮箱：chuncheng@ gxcczj. com
产品：消泡剂、乳化剂、表面活性剂、松香高分散施胶剂

广西武鸣县宁武镇灵泉淀粉厂
广西壮族自治区南宁市武鸣县城
邮编：530102
电话：0771－6238349
传真：0771－6230728
产品：阳离子变性淀粉、层间喷淋淀粉、涂布胶黏剂、表面施胶剂

广西武鸣华洪淀粉化工有限责任公司
广西壮族自治区南宁市武鸣县陆斡工业开发区
邮编：530111
电话：0771－6223818
传真：0771－6222401
产品：表面施胶剂、涂布胶黏剂、层间喷淋淀粉、浆内添加剂、表面喷淋剂、增强剂、两性淀粉、木薯淀粉

广西武鸣县安宁淀粉有限公司
广西壮族自治区南宁市武鸣县罗波镇商业城
邮编：530112
电话：0771－6081368、6082107
传真：0771－6082170
网址：www. anningstarch. com. cn
邮箱：gxwmandf@ 163. com
产品：木薯淀粉、层间喷淋淀粉、涂布胶黏剂、表面施胶剂、复合木薯变性淀粉、阳离子淀粉

广西明阳生化科技股份有限公司
广西壮族自治区南宁市江南区明阳工业开发区
邮编：530226
电话：0771－4218423、4217336
传真：0771－4218423、4216729
网址：www. mystarch. com
邮箱：mystarch@ mystarch. com
产品：涂布黏合剂、阴离子/阳离子表面施胶淀粉、新型湿部添加用两性淀粉、湿部添加增强/助留剂、新闻纸专用增强剂、层间或表面喷雾淀粉、卷烟专用聚合物

南宁乐森松香有限公司
广西壮族自治区南宁市园湖南路东一里 5 号
邮编：530022
电话：0771－5883637
传真：0771－5867346
产品：林产化工产品

桂林市

广西桂林光华矿粉有限公司
广西壮族自治区桂林市灵川县潭下镇
邮编：541208
电话：0773－6305888
传真：0773－6305598
邮箱：china-guanghua@ hi2001. com
产品：重质碳酸钙、超细滑石粉

梧州市

梧州荒川化学工业有限公司
广西壮族自治区梧州市西提三路 1 号
邮编：543002
电话：0774－3830228、3830388
传真：0774－3830386
网址：www. gxwzarakawa. com. cn
邮箱：dabuhdm@ 263. com
wzarakawa@ wzarakawa. com. cn
产品：分散松香、树胶酯

广西永盛造纸化工有限公司
广西壮族自治区梧州市岑溪市建设五街
邮编：543210
电话：0774－8225159
传真：0774－8225159
产品：生物酶催化剂、AKD 中碱性施胶剂、聚丙烯酰胺、助留助滤剂、脱墨剂

北海市

北海宏泉淀粉科技有限公司
广西壮族自治区北海市平头岭工业开发区
邮编：536005
电话：0779－2081122
传真：0779－2081123
产品：表面施胶剂、涂布胶黏剂、层间喷涂剂、增强剂、淀粉

玉林市

广西玉林松脂厂
广西壮族自治区玉林市石岭子工业区
邮编：537000
电话：0775－3870038、3870709
产品：松香胶、马来松香

海　南　省

海口市

海南洋浦椰岛淀粉工业有限公司
海南省洋浦经济开发区工业十区
邮编：578101
电话：0898－28821722、66532911
传真：0898－28821979
邮箱：ydstarch@ ydstarch. com
产品：阳离子/阴离子表面施胶剂、增强剂、阳离子助留助滤剂、阳离子淀粉、层间喷淋淀粉、涂布淀粉、木薯变性淀粉

重　庆　市

重庆力宏精细化工有限公司
重庆市南岸区江峡路 6 号
邮编：401336

电话：023－62525311、62950127、62503763
传真：023－62500141
网址：www. lihong. net
邮箱：office@ lihong. net
产品：羧甲基纤维素钠（CMC）

中国石化集团四川维尼纶厂
重庆市长寿区维江路 36 号
邮编：401254
电话：023－68974625、68974061、68974146
传真：023－68974094
网址：www. svwpc. com. cn
产品：聚乙烯醇树脂（PVA）

重庆科源造纸化学品有限公司
重庆市合川区三汇镇
邮编：401535
电话：023－42428586
传真：023－42428586
邮箱：357346496@ qq. com
产品：中性造纸施胶剂、助留助滤剂、瓦楞纸板环压增强剂、纸张挺度增强剂、纸品拉力机、纸浆分散剂

重庆新华化工有限公司
重庆市潼南县梓潼镇民业街 298 号
邮编：402660
电话：023－68737926、87288005
传真：023－68737926、87288008
网址：www. xinhuachemical. com
邮箱：xinhua@ xinhuachemical. com
xhhgxzb@ 163. com
产品：高档锐钛型钛白粉

四 川 省

成都市

成都嘉丰精化有限公司
四川省成都市成华区龙潭总部经济城华翰路 89 号 8 号楼 12 层 AB 座
邮编：610052
电话：028－65199000
传真：028－65199355
网址：www. jiafengchina. net
产品：阳离子助留剂、着色剂、液体增白剂、阳离子分散松香胶、助留助滤剂、改性皂土、脱气剂、絮凝剂、纸张刚挺剂、表面施胶剂

四川蓉丰化工有限责任公司
四川省成都市二环路南三段 5 号
邮编：610041
电话：028－84397018
传真：028－84397058
产品：分散剂、填料、钛白粉

成都市锦都三丰化工有限公司
四川省成都市武侯区机投镇花龙门工业园
邮编：610045
电话：028－87482146
传真：028－87482146
网址：www. jdsanfeng. com
邮箱：wangdu@ cn-sanfeng. com
产品：中性造纸施胶剂、AKD 乳液、分散松香胶、干增强剂、湿强剂、助留助滤剂、增白剂、消泡剂

成都博翔顺达科技有限公司
四川省成都市武侯区太平南街好望角 2 幢 415 号
邮编：610068
电话：028－84400282、86786867、82684528
传真：028－68692192、85238290
产品：脱墨剂、造纸染料、松香胶

都江堰钙品股份有限公司
四川省都江堰市青城工业区（灌温路 239 号）
邮编：611830
电话：028－87283139
传真：028－87283339
产品：造纸专用碳酸钙

自贡市

自贡市中光精细化工有限公司
四川省自贡市富顺县牛佛镇田冲头街 38 号
邮编：643208
电话：0813－7300161
传真：0813－7300164
产品：中性施胶剂

德阳市

四川煤田地质局 141 队亚兴化工厂
四川省德阳市汉江路 116 号
邮编：618000
电话：0838－2820554、2822168
传真：0838－2820554

网址：www. scmtdz. gov. cn
邮箱：sc141@ 126. com
产品：AKD 乳液、阳离子分散松香胶、乳化剂、中性造纸施胶剂、柔软剂、绒毛浆解键剂

绵阳市

绵阳市助友化工工业有限责任公司
四川省绵阳市三台县北泉路北塔
邮编：621100
电话：0816 – 5345170
传真：0816 – 5345170
邮箱：myzyhg@ myzyhg. cn
产品：分散松香胶、绒毛浆解键剂、湿强剂、脱墨剂、聚合氯化铝

陕　西　省

西安市

陕西华润实业有限公司
陕西省西安市西北二路 1 号 512 室
邮编：710003
电话：029 – 87333574
传真：029 – 87335479
网址：www. sxhuarun. com
邮箱：sxhuarun@ 126. com
产品：杀菌剂、分散剂、消泡剂、荧光增白剂、助留剂、高效废纸脱墨剂、光亮柔软剂、水处理剂

西安道尔达化工有限公司
陕西省西安市汉城北路 152 号雅盛 1 号 A – 18 – 4
邮编：710077
电话：029 – 62969851、62969808
传真：029 – 62969852
网址：www. kldhg. cn
邮箱：dld@ kldhg. cn、daoerda@ 163. com
产品：膨化剂、杀菌剂

西安吉利电子化工有限公司
陕西省西安市高新区高新路 25 号
邮编：710075
电话：029 – 88212585、88272803
传真：029 – 88231475
网址：www. xajili. com
邮箱：jili@ tchweb. net
产品：杀菌防腐剂、沉积物分散剂、系统清洗剂、柔顺剂、蒸煮助剂、脱墨剂、高档卷烟纸包灰剂

陕西省石油化工研究设计院
陕西省西安市西延路 61 号
邮编：710054
电话：029 – 85542590、85542624、85542602
传真：029 – 85542625、85542591
网址：www. shaanxipci. com
邮箱：pciyingxiao@ 126. com
产品：杀菌防腐剂、增白剂、水处理剂

西安市美佳化工有限公司
陕西省西安市长安区韦兆街
邮编：710103
电话：029 – 85889228、85889310
传真：029 – 85889228
网址：www. xamjhg. com
邮箱：xamjhg@ 163. com
产品：助留助滤剂、表面施胶剂、分散剂、显白剂

咸阳市

咸阳陶瓷研究设计院
陕西省咸阳市渭阳西路 35 号
邮编：712000
电话：029 – 33578005、33579267、33576575
传真：029 – 33572148
网址：www. xytcy. com
产品：填料、涂料

甘　肃　省

兰州市

兰州市兰州新化工贸易有限责任公司
甘肃省兰州市西固东路 205 号
邮编：730060
电话：0931 – 3330626
传真：0931 – 7585188
产品：羧甲基淀粉、氧化淀粉、熟胶粉、造纸表面及浆内施胶剂

青　海　省

西宁市

青海威思顿署业集团有限责任公司
青海省西宁市生物科技产业园区经二路 58 号
邮编：810016
电话：0971 – 5317182、8527016、8318736

传真：0971－5317162、5317821
网址：www. qhwsd. com
邮箱：weisidun5584@ sina. com
产品：马铃薯淀粉

宁夏回族自治区

银川市

银川吉龙造纸助剂有限责任公司
宁夏回族自治区银川市开发区
邮编：750002
电话：0951－5035454
传真：0951－5035454
产品：分散松香胶

中卫市

宁夏丰茂造纸助剂有限责任公司
宁夏回族自治区中卫市迎水桥工业区
邮编：751700
电话：0955－7679378
传真：0955－7678490
产品：中性施胶剂、杀菌剂、助留助滤剂、超细碳酸钙

新疆维吾尔自治区

乌鲁木齐市

乌鲁木齐智达化工有限公司
新疆维吾尔自治区乌鲁木齐市沙依巴克区西山路95号附2－147号
邮编：830000
电话：0991－7723668
传真：0991－4541511
产品：AKD中性胶、分散松香胶

伊犁哈萨克自治州

伊犁市雪龙精淀粉有限责任公司
新疆维吾尔自治区伊宁市经济技术合作区辽宁路仁和集团10号
邮编：835000
电话：0999－8192009－666
传真：0999－8192229－866
邮箱：lgs8492200@ 126. com
产品：淀粉

SS2系列
普通/本安型智能定位器

EI系列
角行程电动执行器

EP系列
机械式定位器

MEI系列
多回转电动执行器

玖龍紙業(控股)有限公司

NINE DRAGONS PAPER (HOLDINGS) LIMITED

玖龙纸业成立于1995年，总部位于广东省东莞市，在各级政府的关心和支持下已成长为世界领先的废纸环保造纸的现代化包装纸制造集团。

玖龙纸业（控股）有限公司于2006年3月3日在香港成功上市，目前已在东莞、太仓、重庆、天津、泉州、沈阳、唐山、乐山以及位于“一带一路”的越南建立造纸基地。2018年还收购了4家位于美国的浆纸一体化工厂。2018年集团年产能超过1500万吨，年总产值600多亿元，已连续多年蝉联中国造纸行业榜首，2018年名列中国民营企业500强第111位（中国民营企业制造业500强第53位）。

公司在引进国际领先的技术和设备的同时，不断创新，在国内包装纸领域已达到国际先进水平。玖龙纸业高度重视系统化管理，应用先进的SAP系统管理平台，不断提升企业的科学管理水平，被评为“外商投资先进技术企业”“高新技术企业”和国家首批“信息化和工业化融合管理体系贯标试点企业”。

公司主要生产各类牛卡纸、高强瓦楞原纸、涂布灰底白纸板、涂布牛卡纸、环保型文化用纸等产品，为客户提供多元化产品系列和包装纸的一站式服务，占据行业领先地位，引领纸包装行业往绿色低碳方向发展。

公司一贯秉承“没有环保，就没有造纸”的理念，致力于环境保护和节能减排，倡导可持续发展的循环经济。不仅使用可以回收循环利用的废纸作原料，还与时俱进，不断加大环保投入，使公司的各项环保和能耗指标都做到优于国家标准。除获ISO 14001环境管理认证和清洁生产认证外，各生产基地还连续多年被当地环保部门评为“环保诚信企业”，并被评为“中国造纸工业环境友好企业”，多次荣获“全国

造纸行业节能减排达标竞赛优胜企业”，被授予“全国五一劳动奖状”。

东莞基地

公司实行以人为本，民主、智慧加科学相结合的管理模式，不断提升员工的福利待遇，形成了“尊重关爱员工、细化创新管理、传承百年品牌、弘扬拼搏精神”的具有玖龙特色的企业文化。公司积极开展形式丰富的员工培训，从安全教育、专业技能、管理水平、企业文化等各个方面不断提升员工素质。还定期开展各种文化、体育活动，在丰富员工精神文化生活的同时，弘扬积极向上和团结奋斗的正能量。

公司自1998年7月第一条生产线顺利建成投产至今，在增加税收、带动上下游产业链的升级、促进地方经济发展、创造就业机会（员工总人数1.7万余人）、共建和谐社会等方面，为国家和地方的经济建设做出了突出的贡献。

公司一向积极履行社会责任，近年来在各种公益活动中投入超过3亿元。长期坚持精准扶贫，在广东扶贫济困日活动中，捐款超过1.9亿元。多年开办“玖龙班”（迄今已培养学员900多人），资助偏远山区贫困学生学习深造，提供就业机会；建立多个爱心基地，为贫困学生提供“玖龙爱心午餐”；捐款520多万元支持中华慈善总会“一张纸献爱心”活动，在积极倡导废纸回收的同时救助先心病患儿；在重大灾难发生时，公司第一时间向汶川、玉树和雅安地震灾区捐赠了1500万元、1000万元和1200万元，支援灾区人民抗震救灾，重建家园。在香港，通过新家园协会、团结香港基金、香港侨界社团联会等捐款超过6200万港元，为社会奉献爱心。被授予“中华慈善奖”“全国脱贫攻坚奖”“华商贡献奖”“广东扶贫济困红棉杯金杯”等多项荣誉。

制造业是GDP的基石，未来，玖龙纸业将以实现“六化”、打造企业工业4.0为目标，继续朝着环保、节能型、智能化管理的企业目标迈进，巩固行业龙头地位，奠定企业百年基业。

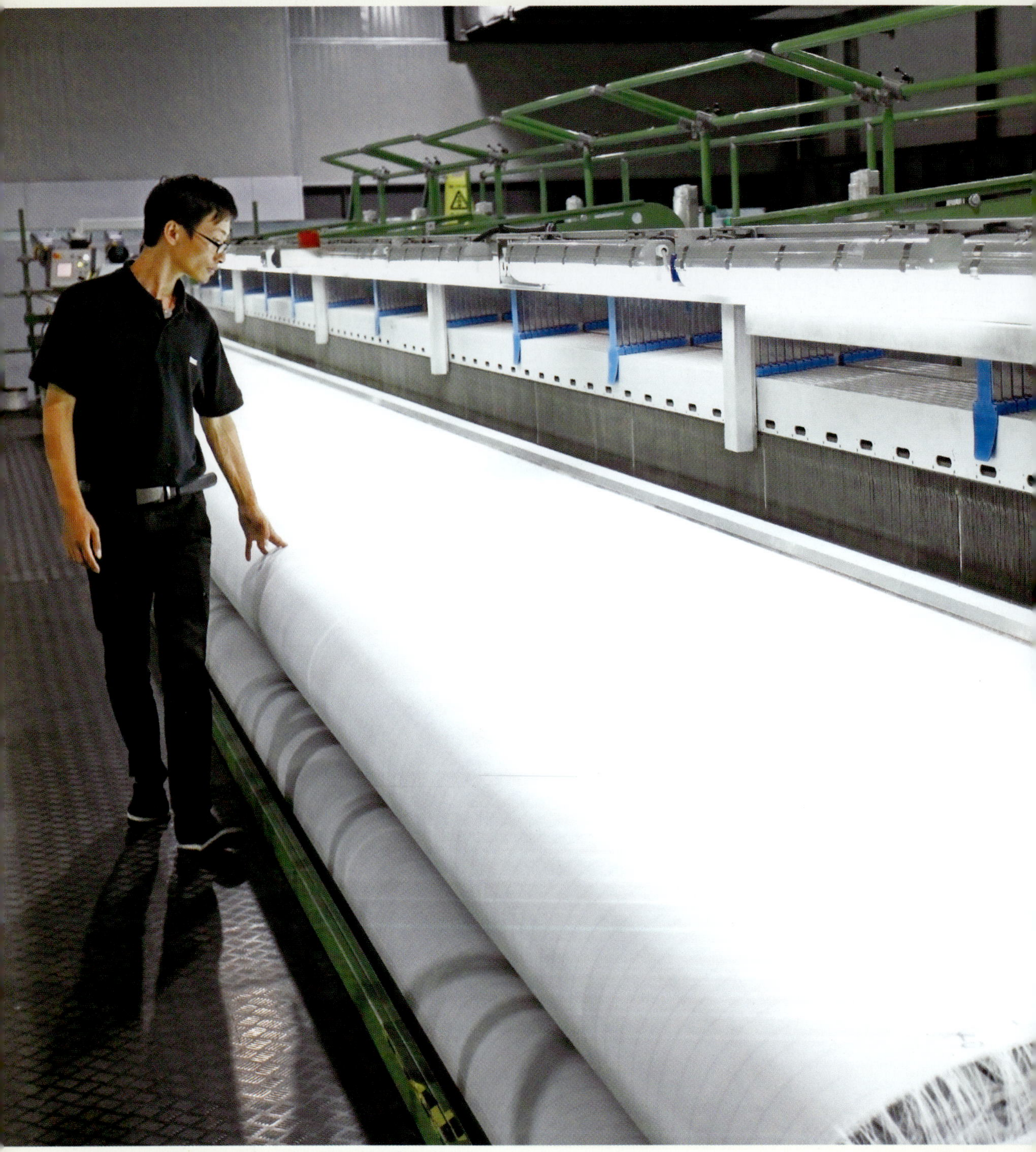

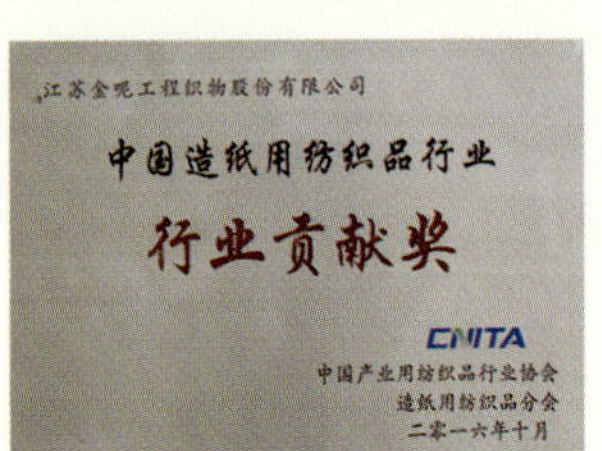

江苏金呢工程织物股份有限公司
中国造纸用纺织品行业
行业贡献奖
CNITA
中国产业用纺织品行业协会
造纸用纺织品分会
二零一六年十月

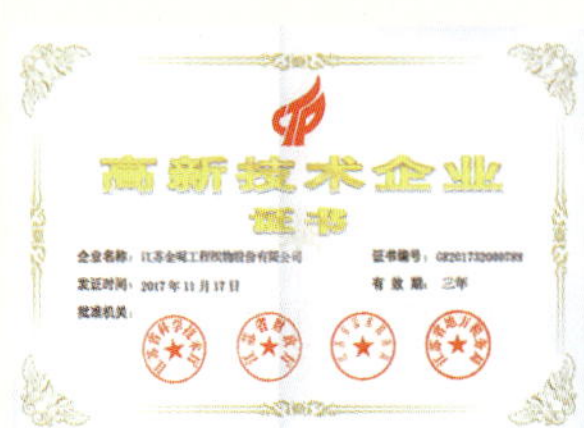

高新技术企业
证书
有效期：三年

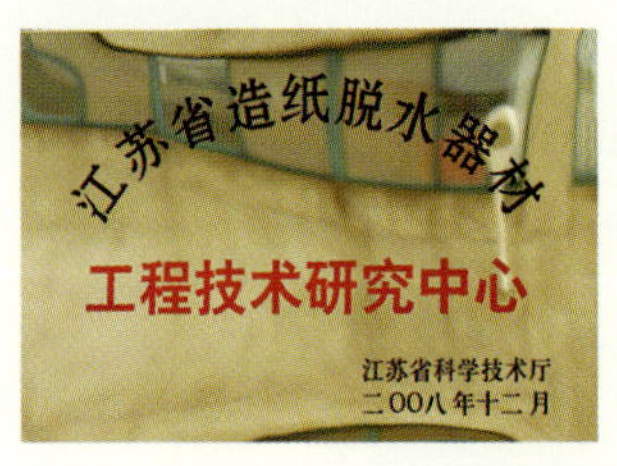

江苏省造纸脱水器材
工程技术研究中心
江苏省科学技术厅
二OO八年十二月

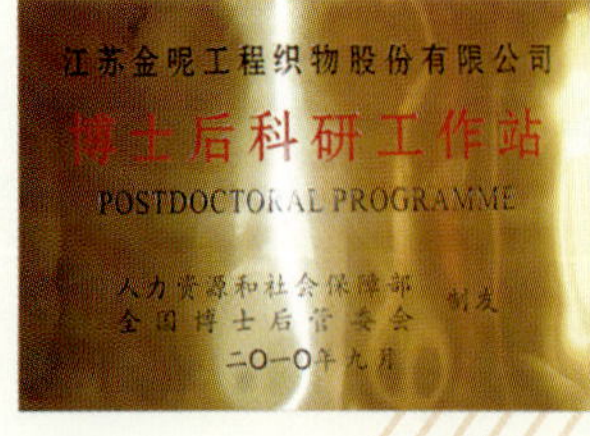

江苏金呢工程织物股份有限公司
博士后科研工作站
POSTDOCTORAL PROGRAMME
人力资源和社会保障部
全国博士后管委会
制发
二O一O年九月

地址：江苏省海门市悦来三条桥工业区　　电话：0513-82181300　0513-82181600

江苏金呢工程织物股份有限公司

Jiangsu Jinni Engineered Fabric Co.,Ltd

一流的设备

一流的服务

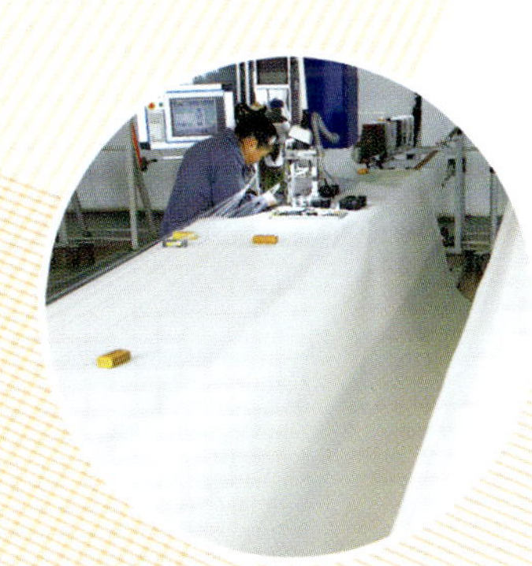

一流的产品

江苏金呢工程织物股份有限公司（股票代码 832334）是我国唯一一家集造纸成形网、造纸毛毯及造纸干网为一体的国家高新技术企业。

公司前身是 1986 年创立的海门县造纸毛毯厂，2002 年 5 月开始投产成形网项目，2016 年开始投产扁丝干网。公司自成立以来，始终坚持以市场为导向，技术创新为主导，坚持质量第一，服务到位的方针。

公司一直坚持自主知识产权作为企业发展的战略目标，先后开发了 20 多个系列 100 多个产品的毛毯、成形网、干网产品，现拥有 28 项实用新型专利和 5 项发明专利。公司拥有江苏省著名商标，并成立省级工程技术研究中心和省级企业技术中心，是国内目前造纸用脱口器材行业唯一的省级研究、技术中心。公司凭着先进的技术理念共主导并参与制定了 5 项国家标准和 4 项行业标准。

江苏省认定

企业技术中心

江苏省经济和信息化委员会

传真：0513-82181100　　网址：http://www.jsjinni.cn

河北省保定市东方造纸有限公司(纽交所上市企业,股票代码:ITP)成立于1996年,是一家位于中国北方地区的大型造纸企业。

公司利用回收纸作为其主要原材料（生活用纸除外），生产和销售多种类型的纸制品，包括瓦楞原纸，胶版印刷纸和生活用纸产品等。公司自2009年12月挂牌纽约证券交易所伊始，公司一直秉承锐意创新进取精神，如今已拥有多条国内外领先的生产线及自控设备，为100多家包装和印刷企业客户提供多样化的产品组合，产品畅销全国多个省市，并远销南美、南亚和北非等多个国家和地区。

2019年企业继续加速产业升级，首条生活用纸生产线已全面投入生产，以“青木”为核心品牌的系列生活用纸，开始进军数十万亿规模的快速消费品市场。在产业布局上，东方纸业从最初的纸制品制造企业，转型升级为废旧物资回收再利用节能环保企业。经过多年的技术研发持续性投入，目前企业已实现废水近零排放，回收纸再循环利用。

废水处理厂

公司经过24年发展与积累，现已成为全球领先的造纸行业领军企业。展望未来，公司将继续秉承“节能环保，打造循环经济”的理念，秣马厉兵，砥砺前行。

河北省保定市东方造纸有限公司
地址：河北省保定市徐水区巨力路
电话：0312-8698215
传真：0312-8698212
电邮：info@itpackaging.cn
网址：www.itpackaging.cn

太阳纸业老挝林地

新时代 新动能 新太阳

山东太阳纸业股份有限公司（股票代码：002078）创立于1982年，是世界先进的林浆纸一体化跨国造纸集团，中国造纸行业领军企业，位列中国企业500强。

太阳纸业秉持“崇信尚新，守正出奇”的企业精神，坚守“信于心，创于行”的核心价值观，逐渐形成了以高档涂布包装纸板、高档美术铜版纸、高档文化办公用纸、特种纤维溶解浆、生活用纸、高档工业包装用纸为主导的六大系列产品结构。拥有金太阳、华夏太阳、天阳、威尔、乐考、酷印、幸福阳光等主要品牌。拥有国家企业技术中心、院士工作站、博士后科研工作站、泰山学者岗等多个创新研发平台，有效推动造纸产业的高质量发展。

太阳纸业始终恪守“承载万家信任，书写幸福太阳”的企业使命，胸怀以天下为己任的强烈社会责任感，肩起员工、客户、社会与股东的充分信任，持续创造价值，提升价值。累计投入67亿元用于环保治理，使水治理达到国际领先水平，大气全部实现超低排放，固废基本实现资源化再利用，碱回收白泥资源化利用项目，被列为中美绿色合作伙伴计划，取得了经济效益、环境效益和社会效益的多赢。2018年11月，公司入选国家绿色工厂，列入国家绿色制造体系建设，为助推国家和行业绿色制造示范体系建设起到良好的示范作用。

太阳纸业把持续向市场提供更有品质、更加卓越的产品和服务视为自身发展的机遇，致力于提高企业关键核心技术创新能力，致力于研发贴近市场、差异化、有竞争力的产品，致力于打造可持续发展、受人尊重的全球卓越企业。

先进的造纸生产线

高档生活用纸生产线

国家企业技术中心

国际先进的水处理中心

幸福阳光微信

官方微博

官方微信

芬兰兰泰克系统有限公司

纸机真空&脱水及运行性专家

芬兰兰泰克英文名Runtech = Run + Tech, **运行** + **技术**

兰泰克前身由一群芬兰造纸专家于1989年成立，专业为制浆造纸行业提供节能及运行性优化的解决方案。

芬兰兰泰克系统有限公司正式成立于1996年。2008年收购Ecopump公司，2011年收购Selotek公司，2017年收购EV Group公司。公司分别位于Kotka与Kolho两处加工基地总计8000m^2。

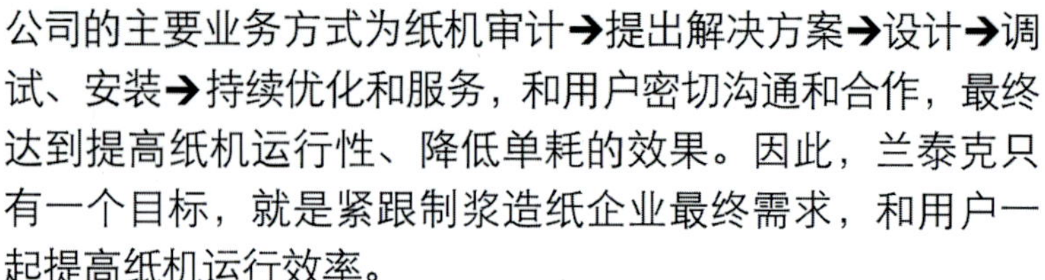
公司的主要业务方式为纸机审计➔提出解决方案➔设计➔调试、安装➔持续优化和服务，和用户密切沟通和合作，最终达到提高纸机运行性、降低单耗的效果。因此，兰泰克只有一个目标，就是紧跟制浆造纸企业最终需求，和用户一起提高纸机运行效率。

2018年2月，美国Gardner Denver（格南登福）并购兰泰克并将其归入工业事业部。加入Gardner Denver后，兰泰克启用Runtech by Gardner Denver品牌，继续服务于全球制浆造纸行业。

真空对造纸生产线湿部非常重要，真空系统的能耗约占造纸生产线的1/3。真空的合理使用不仅影响纸机生产能耗而且还关系着成纸质量及纸机运行效率。

真空设备升级：Runtech变速透平机是利用高速旋转的叶轮直接对空气进行离心抽吸和气体压缩，变速透平机实际运行效率在60%以上，运行效率稳定。

真空应用工艺：造纸湿部工艺是一个非常复杂的过程，生产过程中真空会随各种造纸工况条件改变而发生变化。针对于造纸工况条件多样化的特点，Runtech利用自身多年真空脱水实际应用经验及专利技术来帮助造纸湿部各个真空点在不同工况下合理应用真空，并结合芬兰兰泰克发明的变速透平机释放此部分因合理使用真空而产生的工艺节能空间。变速透平机通过调节转速达到不同造纸工况下实际所需的抽气量和真空度，结合芬兰兰泰克真空脱水技术，不仅可以消除真空系统设计时的“过度设计”，而且还可以实现纸机真空高效合理化应用、提升纸机湿部脱水效率及纸机运行性的目标，从而实现纸机整体运行效率优化。

真空系统优化：真空管道的设计&选型&走向、阀门的设计&选型&应用、汽水分离系统的设计&选型&位置等真空工艺系统的好坏，不仅会给纸机带来很大的能耗损失，也会给纸机工艺系统及实际运行效率造成巨大干扰，甚至影响纸机的开机。

芬兰兰泰克以专业化的技术团队为基础，从系统多方位多角度思考，以纸机运行性&运行效率提升为目标，从纸机运行、工艺、系统的角度去诊断并给出专业的整体优化方案，进而实现多方位节能。

 www.runtech.fi，24h电话：187 2154 2154

真空系统　　刮刀及压区脱水　　Ecoflow在线脱水测量系统

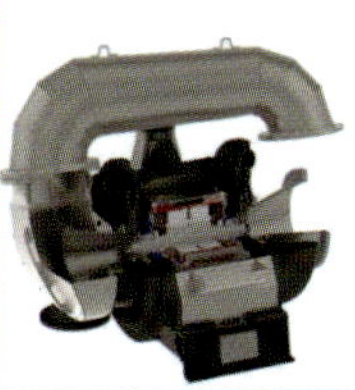

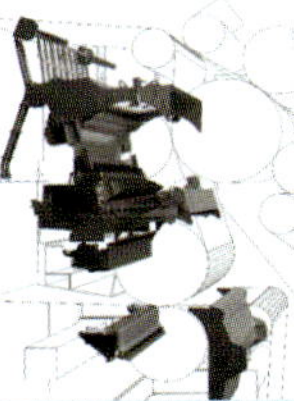

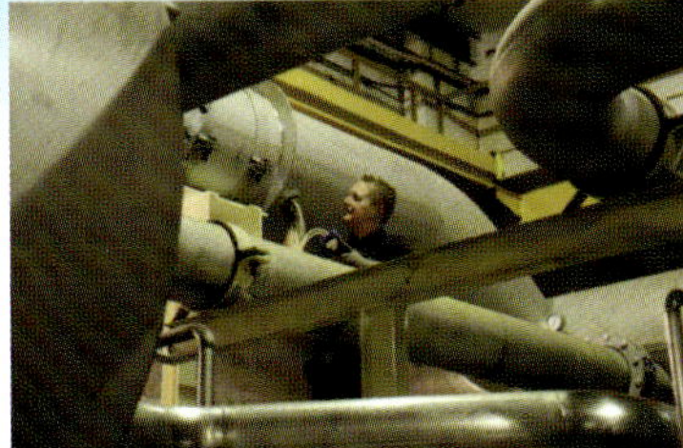

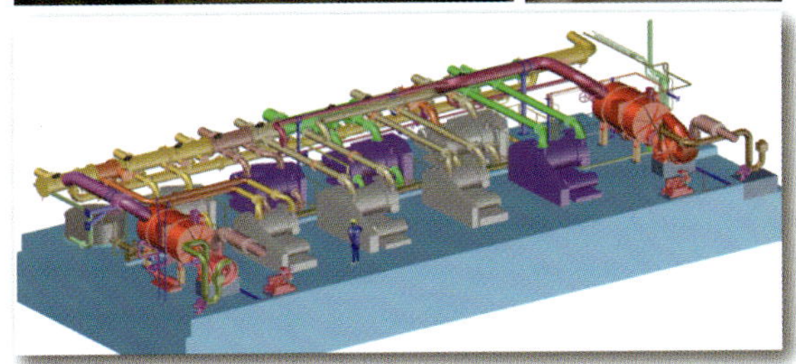

Runtech真空及脱水系统优化技术

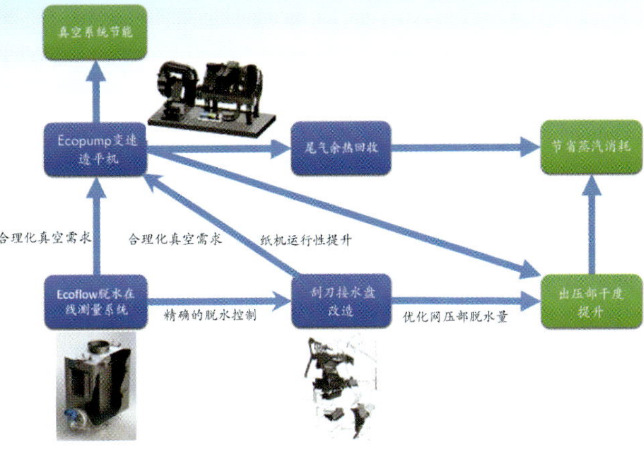

流浆箱	ProfiVaneTM碳复合漂片
网部	真空及脱水技术 - Ecopump 变频透平真空系统 - Ecoflow&Ecoflow Multi 脱水在线测量 - EcoSep &EcoDrop 汽水分离系统
	EV MRS 网部除雾系统
	EV Online Cleaning System 网部在线清洗系统
	EV Heat Recovery 余热回收
	水针及喷淋优化: - EV Trim Booster 纸边增压系统 - Fabiny Trim&Tail Cutter切边&定边水针系统 - Fabiny Shower System 高压及低压喷淋水优化
	成形网优化
	网部审计及排障

压榨部	真空及脱水优化: - Ecopump 变频透平机 - Ecoflow 脱水在线测量 - RSP Air Blade 空气刮刀 - RSE Air Blade 空气刮刀 - WingBlade 边刮刀 - Double doctor 双刮刀 - CompoAdapt 碳复合刮刀架 - CompoDoc 碳复合刮刀梁 - Save-all 接水盘 - EcoSep&EcoDrop 汽水分离系统
	EVp Web Stabilizer 压区稳纸系统
	引纸优化: - EV Threading Roll SP引纸辊引纸技术 - EV Tail Transfer Shooter 纸尾吹送装置 - Press Run Shooter 压部引纸技术
	EV Online Cleaning System 毛毯在线清洗系统
	EV Heat Recovery 余热回收
	喷淋优化: - Fabiny Shower System 高压及低压喷淋水优化
	毛布优化
	压部审计及排障

Runtech在制浆造纸行业其他解决方案

烘干部	引纸优化: - Run Shooter 纸尾吹送装置 - Tail Blade 引纸刮刀 - Single Blow 引纸技术 - EV Iron Finger 绳区纸尾引纸装置
	稳纸优化 : - EV Easy One 单挂稳纸器 - EV Easy Go 单挂稳纸器 - EVsf web stabilizer 单挂稳纸器 - EVdf web stabilizer 双挂稳纸器
	袋区通风 - Evstventilator 单挂袋区通风 - Evpv pocket ventilators 双挂袋区通风
	纸机通风 - EV Hood Manager 密闭气罩通风系统
	干部监控 - EV Web Eye 纵向湿度及温度在线监测
	干部清洁 - EV Cleaner 干网清洗系统 - EV ReDoc 烘缸表面清洁装置
	CompoAdapt 碳复合刮刀架 CompoDoc 碳复合刮刀梁
	EV Heat Recovery 余热回收
	干部审计及排障

大力发展循环经济 推进生态文明建设

绿色循环经济项目

- 发展林浆纸一体化
- 回收废纸造纸
- 废渣燃烧发电
- 废灰生产建材
- 沼气提纯生产天然气
- 烟气余热回收发电
- 中水循环利用

华泰集团坚持“产量是钱，环保是命，不能要钱不要命”的理念，投资30多亿元增上国际一流设备，对废纸、废渣、废水、废气进行循环利用，形成“资源—产品—再生资源”的闭环式循环生态链。

依托七大科研平台 构筑企业核心竞争力

七大科研平台

- 博士后科研工作站
- 国家企业技术中心
- 国家CNAS认可实验室
- 山东省"泰山学者岗"
- 山东省废纸综合利用工程技术研究中心
- 山东省废弃物综合利用重点实验室
- 山东省院士工作站

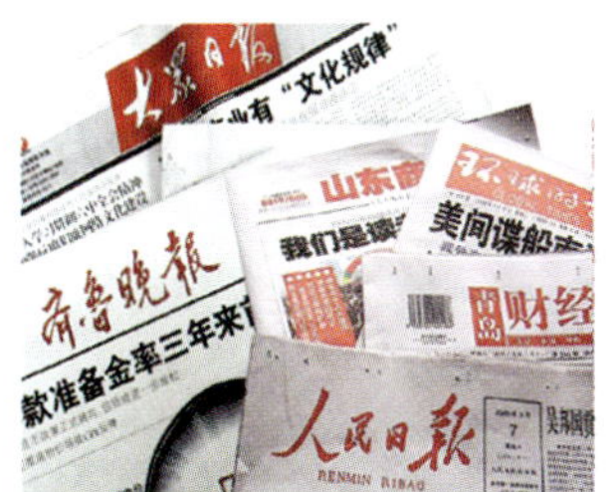

华泰纸成为中央机关报社、出版社、杂志社专用纸

芬欧汇川 森领未来 创想无限

芬欧汇川提供可再生和负责任的解决方案，以创新驱动一个超越化石能源的未来。我们的业务遍布六大领域：芬欧汇川生物精炼、芬欧汇川能源、芬欧蓝泰标签、芬欧汇川特种纸纸业、芬欧汇川传媒用纸纸业以及芬欧汇川胶合板。集团在全球拥有19,000名员工，年销售额约105亿欧元。集团股票在纳斯达克-OMX集团赫尔辛基证券交易所上市。2018年9月，芬欧汇川第六次位列道琼斯欧洲和世界可持续发展指数（DJSI）2018-2019年度森林和纸业行业领袖。

自1998年进入中国以来，芬欧汇川在华业务发展迅速，累计投资近20亿美元，在位于江苏省常熟经济技术开发区的厂区内，相继建成包括文化用纸和标签材料等生产企业以及亚洲研发机构，并建有完备的配套设施。芬欧汇川（中国）有限公司【前身为芬欧汇川（常熟）纸业有限公司，2011年9月1日更名】，产品包括印刷、办公用纸和特种纸，现有3条生产线分别于1999年、2005年和2015年建成，年生产能力达140万吨，是芬兰在华最大的单项投资项目，也是中国最大的全化学木浆胶版纸和复印纸生产企业之一。目前，芬欧汇川常熟纸厂3号纸机生产线技改项目的土建工作已进入尾声。该项目预计于2019年底交付使用。项目完成后，将显著提升3号纸机生产线离型底纸的产能，更好地支持芬欧汇川在全球范围内实施的特种纸发展战略。

芬欧汇川集团一贯坚持可持续发展的原则，不断提升自身的经济、社会和环境表现。凭借始终如一的良好的环保表现，芬欧汇川（中国）有限公司于2005年被国家环保总局授予了中国环保最高殊荣——“国家环境友好企业”称号。2008年，芬欧汇川（中国）有限公司率先成为首家持有中国环境标志的复印纸生产企业。2009年6月1日，获得中国环境标志的“新绿佳印”复印纸以其复印纸品牌第一个“十环标志”产品代表复印纸被正式纳入中国政府绿色采购清单第四批目录。2017年12月，芬欧汇川（中国）有限公司在2017年度重点用水企业水效领跑者引领行动遴选中，成为当年江苏省唯一一家国家级水效领跑者企业。2018年初，芬欧汇川成为第一批获得“中国环境标志产品认证证书”的文化用纸生产企业之一。2019年初，芬欧汇川常熟纸厂“2号纸机真空系统升级改造项目”获批江苏省“2018年度第二批省级工业和信息产业转型升级项目”。

不仅如此，集团也在投身中国社会公益事业方面做出了积极努力。从1999年开始，集团相继与北京惠黎基金会、北京桂馨慈善基金会以及《环境教育》杂志社合作开展了生态助学、桂馨书屋、桂馨小科学家实验室以及绿书架项目。目前，项目遍及陕西、江苏、四川、贵州、云南、河南和山西等地的十余所学校，受益学生累计达到数千人次，极大地推动了贫困地区基础教育的改善，促进了环保理念的宣传。

芬欧汇川愿积极参与中国的发展，助力中国打造创想无限的美好未来！

Sustainable and safe products for everyday use

可持续和安全的日用品

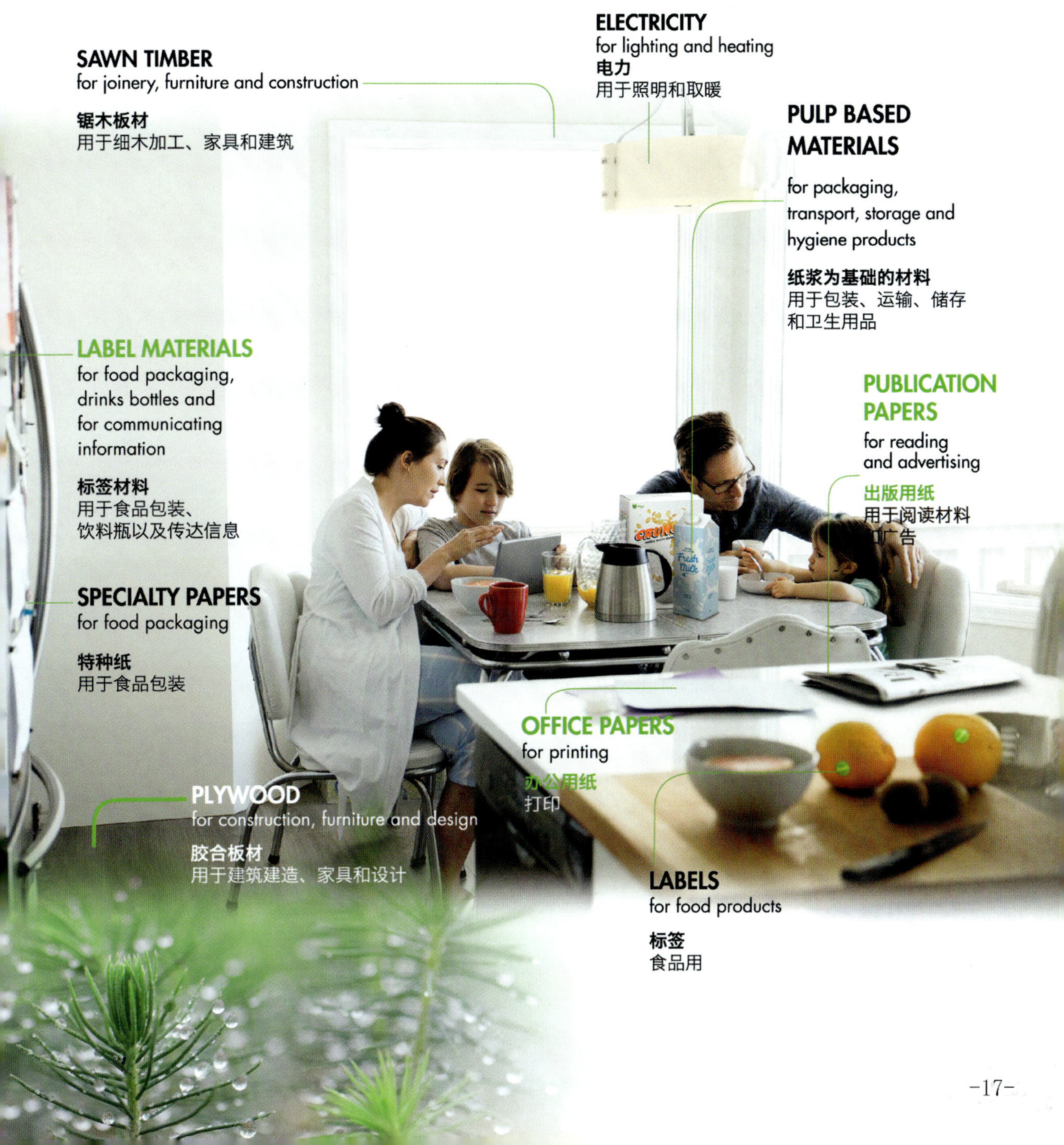

SAWN TIMBER
for joinery, furniture and construction

锯木板材
用于细木加工、家具和建筑

ELECTRICITY
for lighting and heating
电力
用于照明和取暖

PULP BASED MATERIALS
for packaging, transport, storage and hygiene products

纸浆为基础的材料
用于包装、运输、储存和卫生用品

LABEL MATERIALS
for food packaging, drinks bottles and for communicating information

标签材料
用于食品包装、饮料瓶以及传达信息

PUBLICATION PAPERS
for reading and advertising

出版用纸
用于阅读材料和广告

SPECIALTY PAPERS
for food packaging

特种纸
用于食品包装

OFFICE PAPERS
for printing

办公用纸
打印

PLYWOOD
for construction, furniture and design

胶合板材
用于建筑建造、家具和设计

LABELS
for food products

标签
食品用

中国海诚工程科技股份有限公司
CHINA HAISUM ENGINEERING CO.,LTD.

地址：上海市宝庆路21号
电话：86-21-64370093
E-mail：info@haisum.com
网址：www.haisum.com

邮编：200031
传真：86-21-64334045
Zip Code: 200031
Fax: 86-21-64334050

ADD: NO.21 Baoqing Road,Shanghai,China
Tel: 86-21-64370093
E-mail: info@haisum.com
Web: www.haisum.com

设计项目

UPM(常熟)有限公司(1号机，2号机，3号机)

金东纸业(江苏)有限公司(1号机，2号机，3号机)

宁波亚洲纸业有限公司年产75万吨涂布白纸板工程

制浆造纸是中国海诚最主要的工程服务领域之一，历史悠久。1953年成立的中央轻工业部基本建设局设计院（后经多次改制更名为中国海诚）是新中国成立时建立的专业设计院之一，六十多年来在国内外已完成六百多项制浆造纸工程的咨询、设计、监理、工程管理和EPC总承包项目，多年的耕耘积累了大量宝贵经验，2015年发布实施的中华人民共和国国家标准《制浆造纸厂设计规范》（GB51092-2015）是由我公司主持编制出版。公司在为国内外客户提供优质服务的同时，也为造纸技术更新换代、造纸企业的健康蓬勃发展做出了应有的贡献。

中国海诚拥有一支专业服务团队，涵盖制浆造纸工艺、机械管道、动力、总图、建筑、结构、电气、仪表、暖通、给排水、设备监造管理、现场施工管理、开机培训等专业，现拥有造纸行业设计大师2名，教授级高工24名，高级工程师70名，技术力量雄厚，竭诚为国内外新老客户提供项目前期咨询、设计、监理、工程管理、EPC总承包等项目全过程优质专业服务。

山东亚太森博浆纸有限公司
年产100万吨包装纸板工程项目

理文集团项目

斯道拉恩索(北海)浆纸一体化项目

海南金海纸业有限公司

近年来，以设计为先导的工程EPC交钥匙总承包服务成为中国海诚股份主要业务，公司先后承担了广东森叶纸业有限公司自备电站、芬欧汇川纸业（常熟）有限公司二期工程纸加工车间、越南安化年产13万吨漂白化学木浆项目、孟加拉KPM漂白车间项目、重庆理文造纸有限公司湿浆改造、江苏王子制纸有限公司年产71.4万吨漂白化学阔叶木浆生产线及其配套工程、泰国SKIC16PM项目、越南理文年产40万吨包装纸生产线项目、SCG公司越南二号机项目、广东森叶纸业有限公司一号纸机二号纸机提产改造项目、SCG公司菲律宾项目提产改造、正隆平阳造纸废水处理工程等。

总承包项目

泰国SCG公司越南项目

泰国SKIC16PM项目

孟加拉KPM漂白车间工程

越南理文年产40万吨包装纸生产线项目

江苏王子制纸有限公司KP项目

越南安化年产13万吨
漂白化学木浆项目

正隆平阳造纸废水处理工程

山东欧佩德昌华华林造纸机械有限公司是国内大型造纸机械供应商，其前身为山东昌华机械科技有限公司。主要生产幅宽10m以内，车速1800m/min以内的各种规格的文化纸机、包装纸机、特种纸机及生活用纸机。近年来公司顺应市场变化，加大研发投入，相继开发了靴型压榨、膜转移施胶机、高频摇振器、DST刮刀及无绳引纸系统等纸机关键部件，多项填补过国内空白。

山东欧佩德昌华华林造纸机械有限公司

Shandong OPD Changhua Hualin Paper Machinery Co.,Ltd

地 址：山东省聊城市东昌府区凤凰工业园南外环路178号
电 话：0635-2128866 2126218 2126026 2128877(FAX)
联系人：谢庆文 13806351172

汶瑞机械（山东）有限公司

——制浆洗选漂碱回收装备研发基地

汶瑞机械（山东）有限公司现服务全球 1000 余家造纸企业。各类洗浆设备在国内有较高的市场占有率，并且出口到加拿大、美国、印度、印尼、俄罗斯、泰国、缅甸、越南、巴西、孟加拉、巴基斯坦等国家。

公司于 1999 年在行业内通过了 ISO 9001质量体系认证， 2012 年通过了美国地区压力容器制造 ASME “U” 钢印认证。

Presently, Wenrui has serviced for more than 1000 pulp & paper mills all over the world, pulp washing equipment has a higher domestic market share. Our equipment was export to Canada, Brazil, India, Indonesia, Russia, Thailand, Myanmar, Vietnam, Bangladesh and Pakistan etc.

Wenrui was certified with ISO9001 quality system authentication in 1999, and was also certified with American ASME “U” stamp authentication for pressure vessel in 2012.

机械驱动双辊洗浆机 Wash Press by Mechanical drive

竹浆500T/D配套项目
For 500T/D bamboo pulp project

双辊挤浆机 Twin Roll Wash Press

印尼OKI纸浆厂
OKI Mill,Indonesia

鼓式真空洗浆机 Vacuum Drum Washer

四川宜宾纸业
Sichuan Yibin Paper

板式降膜蒸发器 Plate Falling Film Evaporator

加拿大HSPP浆厂
Canada HSPP Pulp Mill

压力盘式过滤机 Pressure Disc Filter

巴西 JARAUGUA公司
Brazilian JARAGUA Company

圆盘过滤机 Multi-Disc Filter

浙江荣成纸业
Zhejiang Rongcheng Paper

汶瑞机械(山东)有限公司

地址：山东安丘市青龙湖西路21号　营销热线：+86 (536) 4362288 / 4372632　技术热线：+86 (536) 4933616
客服热线：400-6583158　传真：+86 (536) 4362807　网站：www.wenrui.com.cn　邮箱：info_wr@wenrui.com.cn

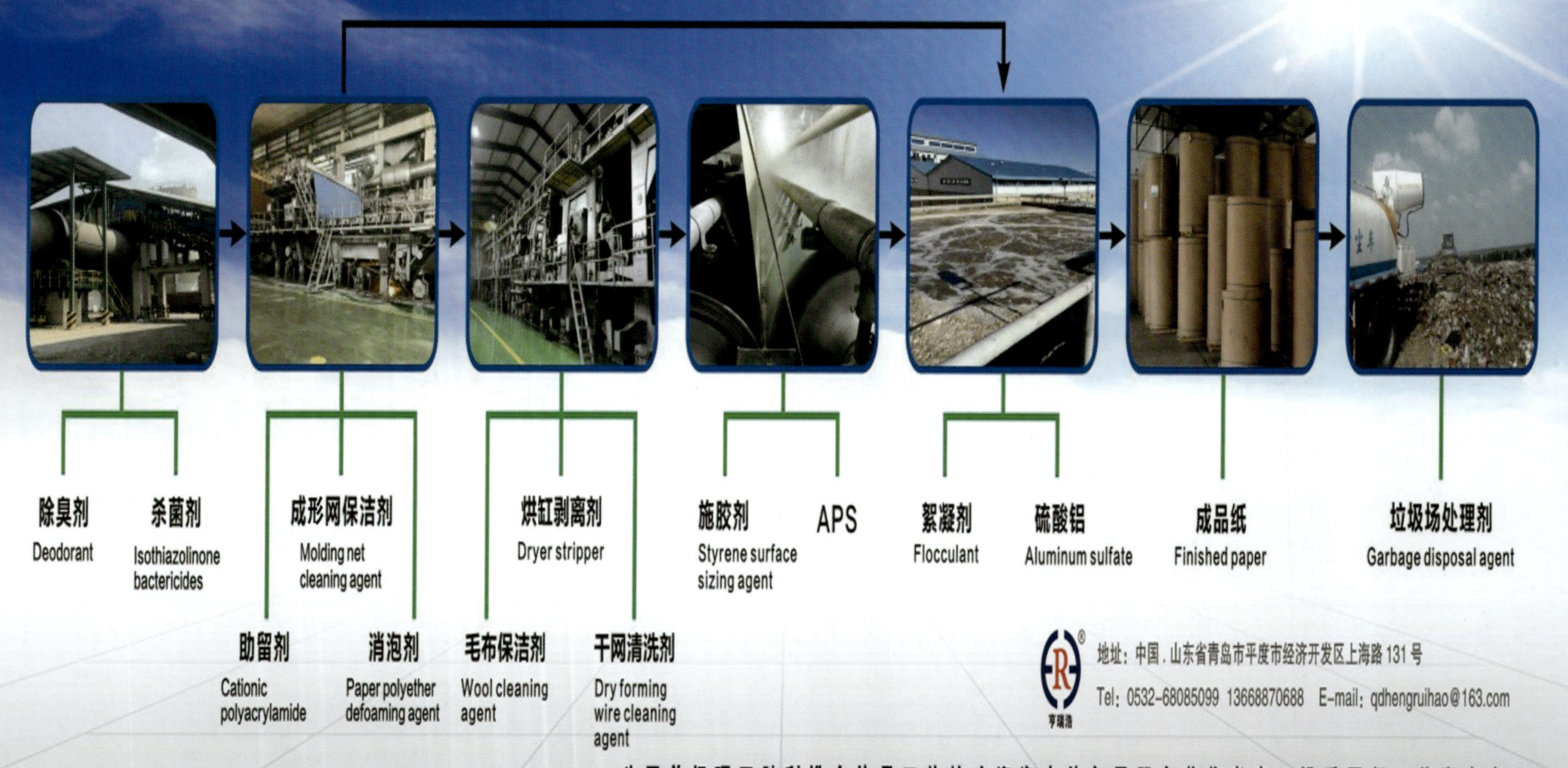
青岛亨瑞浩化工有限公司
Qingdao Hengruihao Chemical Co.,Ltd.
青岛冠亿通国际贸易有限公司
Qingdao Guan Yi Tong International Trade Co.,Ltd.
除臭剂
Deodorant
杀菌剂
Isothiazolinone bactericides
成形网保洁剂
Molding net cleaning agent
助留剂
Cationic polyacrylamide
消泡剂
Paper polyether defoaming agent
烘缸剥离剂
Dryer stripper
毛布保洁剂
Wool cleaning agent
干网清洗剂
Dry forming wire cleaning agent
施胶剂
Styrene surface sizing agent
APS
絮凝剂
Flocculant
硫酸铝
Aluminum sulfate
成品纸
Finished paper
垃圾场处理剂
Garbage disposal agent
亨瑞浩
地址：中国．山东省青岛市平度市经济开发区上海路 131 号
Tel：0532-68085099 13668870688 E-mail：qdhengruihao@163.com
公司总经理王胜利携全体员工热忱欢迎海内外各界朋友莅临考察，携手同行，共赢未来！

可持续发展

自1992年以来，APP将“林浆纸一体化”的先进理念成功引入中国，从生态营林到环保制浆，再到绿色造纸，已经形成了“以林养纸、以纸促林、林纸结合”的“林浆纸一体化”绿色大循环。

APP（中国）重视企业可持续发展管理，从战略层面到执行层面全面契合可持续发展理念，通过保障利益相关方的有效参与，不断优化自身运营与管理，致力于实现企业与利益相关方在经济、社会及环境方面的共同发展，助力造纸工业朝着低耗、环保、高效的现代化大工业方向不断前进。

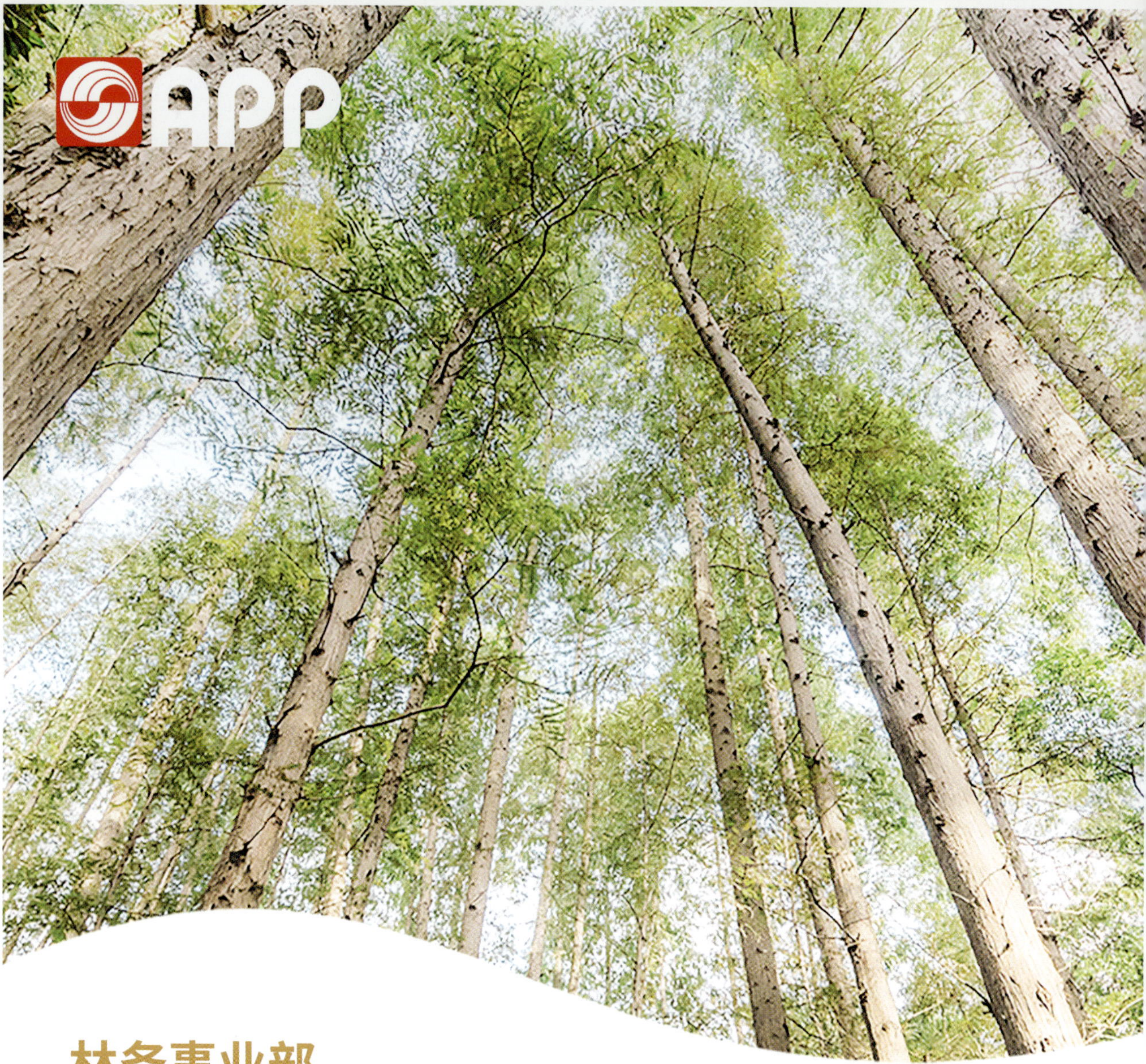

林务事业部

APP（中国）林务事业部下辖17家林业公司及2家大型苗圃，从1995年起陆续在中国的广东、海南、广西、云南、河南、江西、安徽等8个省区种植人工林面积近29万公顷。

2001年，APP（中国）林务事业部建立环境管理体系，成为国内首批通过ISO 14001国际环境管理体系认证的林业企业。同年，海南、广东、广西的5家林业公司通过中国CFCC-FM认证，成为国内首批通过此认证的林业企业。截至目前，通过CFCC-FM / PEFC-FM 认证面积超25万公顷，占APP（中国）自营林总面积的88%。

在推进人工林可持续经营的过程中，APP（中国）林务秉承“依法营林、科技营林、生态营林、和谐营林、永续发展”的理念，透过林、浆、纸一体化经营，成为世界领先的可持续绿色产业。

www.app.com.cn

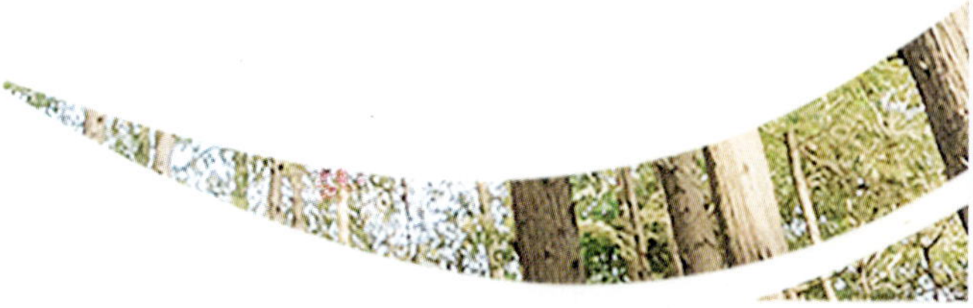

APP

纸浆事业部

APP（中国）纸浆事业部，主要下辖海南金海浆纸业有限公司以及广西金桂浆纸业有限公司。

海南金海，作为目前中国最大的纸浆厂之一，年产100万吨化学漂白硫酸盐桉木浆，旗下“龙头”牌产品，适用性广，可广泛应用于文化纸、卫生纸及纸板面浆多种领域。广西金桂则是目前国内最大的桉木化机浆生产企业之一，其生产的“金钱豹”桉木化机浆具备松厚度高、不透明度高的特性，可用于多种纸和纸板的抄造。

APP（中国）纸浆事业部始终坚持“绿色制浆，保护环境”的理念，在采购设备、供应商选择时就已经充分考量环境保护要求，同时已建成整套清洁生产体系，确保在生产过程中提高资源利用率，降低污染物产生，充分体现循环经济的价值。

www.app.com.cn

金光集团APP（中国）

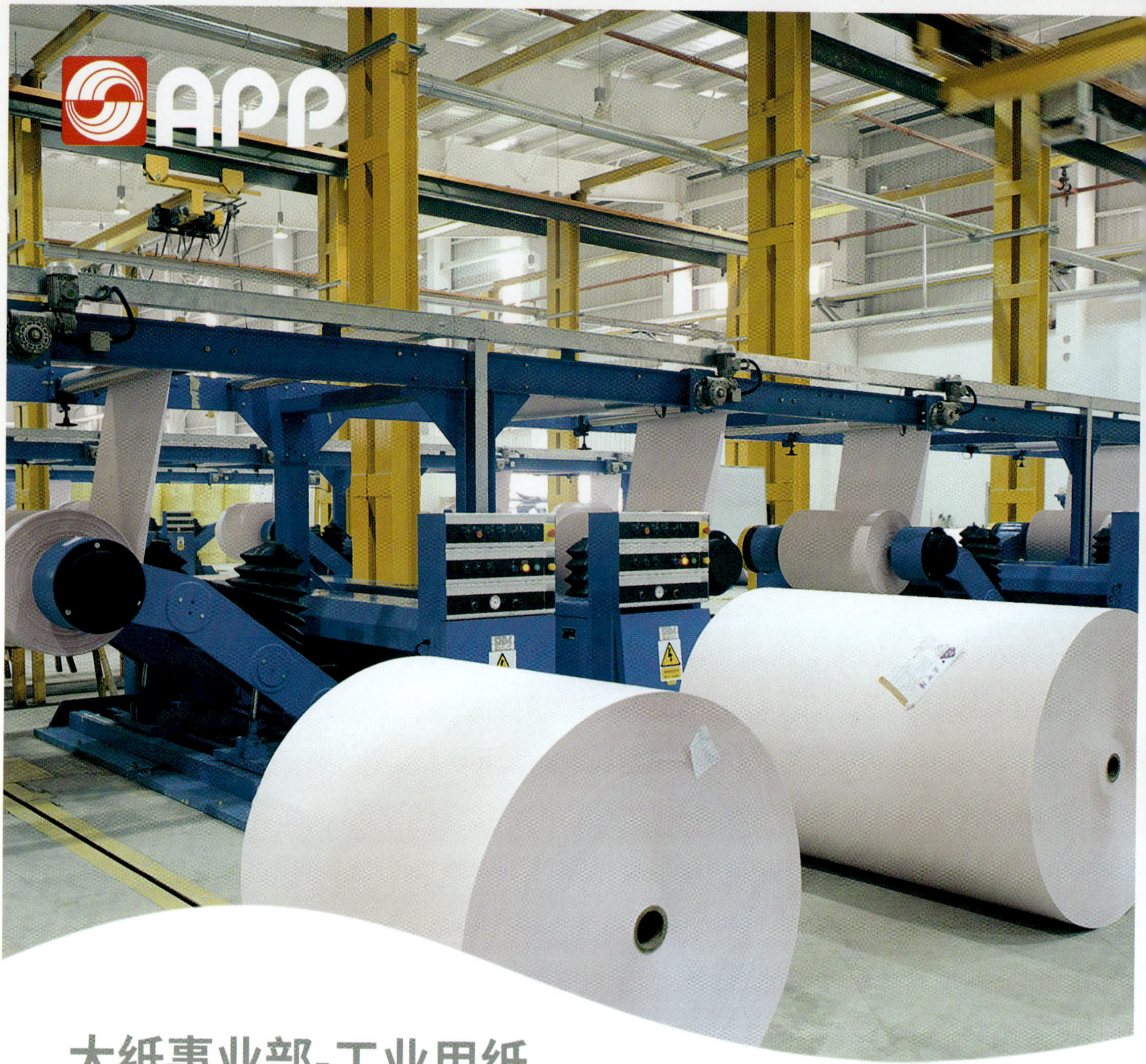

大纸事业部-工业用纸

APP（中国）旗下大纸事业部，包括工业用纸和文化用纸两个部分。

其中，工业用纸产品主要包括可用于食品、药品、化妆品、香烟等各类产品包装的高档涂布白卡，以及铜版卡纸、白纸板、扑克牌专用纸等，主要品牌包括知名的“金贝”“金鸥”“彩蝶”等。工业用纸产品的生产工厂为：宁波亚洲浆纸业有限公司、宁波中华纸业有限公司及广西金桂浆纸业有限公司。

鉴于优异的工艺和精良的技术，APP（中国）工业用纸产品品牌获得过多个奖项和认证：宁波中华生产的的“金鸥”多次被评为浙江省著名商标；“金贝”单面涂布灰底白纸板曾获得国家质量金奖，双面涂布铜版卡纸曾被评定为国家级重点新产品。宁波亚浆的扑克牌产品系列中的蓝芯扑克牌纸获国家专利，白纸板系列产品通过中国环境标志II型产品认证。

www.app.com.cn

APP

大纸事业部-文化用纸

APP（中国）旗下大纸事业部，包括工业用纸和文化用纸两个部分。

其中，APP（中国）文化用纸的生产工厂有：金东纸业（江苏）有限公司、海南金海浆纸业有限公司以及金华盛纸业（苏州工业园区）有限公司，产品线广泛，提供铜版纸/卡纸、双胶纸、数码专用纸、手袋专用纸、办公用纸和无碳复写纸等多种产品，产品远销全球各地。

APP（中国）在文化用纸领域积累深厚，旗下多个品牌和产品屡获殊荣，在国内外均得到高度认可。其中“太空梭”在 2007 年被认定为“中国驰名商标”，其知名度、满意度、市场占有率排名在全国同行业中遥遥领先，并入选“2014-2016 年度江苏省重点培育和发展的国际知名品牌”。金华盛纸业的产品还曾被选为第四届亚太经合组织技术展示交易会指定用纸。

www.app.com.cn

金光集团APP（中国）

APP

清风拂面焕新家
不负生活本色

生活用纸事业部

无论是个人居家还是外出，面巾纸、卫生纸、湿巾等生活用纸已然成为所有人生活中不可分割的一部分。

APP（中国）生活用纸事业部，旗下金红叶纸业集团已经发展成为生活用纸市场的领导者，目前，重点打造的“唯洁雅”“清风”“真真”“铂丽雅”4大核心品牌，已经走入了千家万户。“唯洁雅”和“清风”更是屡次获选江苏省名牌产品和著名商标。

与其他生活用纸不同的是，APP（中国）生活用纸事业部生产的产品全部使用100%原生木浆，原纸经超高温处理，绝不含荧光剂，带给广大消费者安全、舒适、柔韧的生活用纸体验，满足了全方位高品质的生活需求。

www.app.com.cn

山东环发科技开发有限公司

山东环发科技开发有限公司成立于1999年，公司服务于制浆造纸、食品化工及环保行业，专业从事废水、臭气处理工程和清洁生产的设计、工程承包及服务，并致力于相关化学品、环保助剂的研发和经营。公司是国家高新技术企业，已通过ISO 9001国际质量标准认证体系，拥有2项国家发明专利，6项国家实用新型专利，4项系统自动控制软件著作权。

十几年来公司在制浆造纸技术、废水及恶臭气体处理技术方面创新发展，形成了多种专有工艺技术：废水深度处理技术、废水生物脱盐及废水封闭循环回用技术、厌氧生化技术及恶臭气体处理技术等，已在APP金光集团、华泰集团、福建青山、广西永鑫、柳州两面针、河南银鸽、阿尔诺维根斯、河北金水湾、莱州鲁通、阳谷金蔡伦、台山邦泰等省内外几十家制浆造纸、食品化工企业得到应用。经生产验证，各系统工艺先进、运行稳定，全面优于国家最新排放标准，赢得了用户的普遍好评。

主要业务：废水及臭气处理工程设计改造承包、开机调试运营管理、清洁生产、废水净化回用、造纸湿部化学品控制等。

化学助剂：造纸化工及环保助剂：助留剂、絮凝剂、氧化剂、生物絮凝剂、造纸分散剂、生物活性增强剂、环保型杀菌剂等。

◎ 一体化厌氧系统

该技术为公司专有专利技术产品，其优点如下：

a.技术先进，COD_{Cr}去除率高（较IC系统去除效率提高15%以上），沼气产量高。

b.启动及运行时不需外购或补充颗粒污泥，运行稳定，大大节省费用。

c.进水温度适应范围广，占地面积小，操作维护简单，耐冲击。

工程生产证明一体化厌氧是现在制浆造纸厌氧装置的换代产品。一体化厌氧系统运行高效稳定，进水COD4000~11000mg/L，出水COD基本稳定达到1000mg/L以下，大大节约曝气功耗，降低水处理成本。

◎ PACA深度处理系统

该公司的专利技术，针对制浆造纸废水的特点研发的低成本深度处理技术，目前已经开发出第四代产品，大大降低了运行费用，较其他深度处理工艺，运行费用减少50%～80%，运行稳定性好，操作简单。

PACA深度处理系统特点：

a.处理效果良好，反应产物无毒无害，不需要进行二次处理，出水稳定达标排放。

b.处理费用低；二沉出水COD_{Cr}200~400mg/L，出水达标运行费用仅需几毛钱。如福建青山纸业股份有限公司40000m^3/d废水深度处理项目采用氧化还原法，COD_{Cr}从300mg/L降至60mg/L以下，运行成本约0.6元/吨水。

c.药品添加量少，污泥产生量低且容易处理。

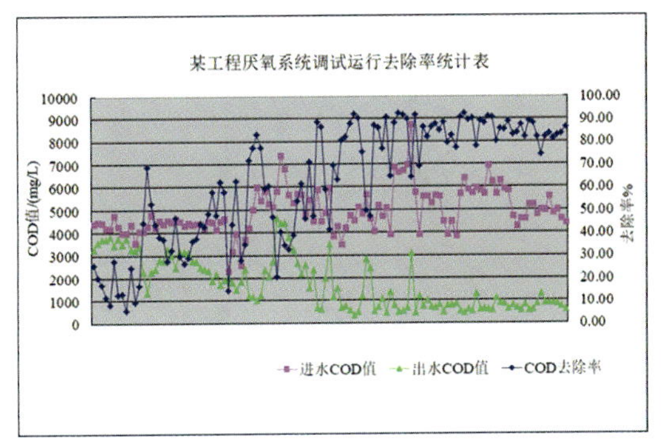

◎ 制浆造纸废水脱盐及循环回用技术

针对制浆造纸行业给排水发展状况，提高制浆造纸企业废水回用率，减少水及污染物排放量，满足山东省废水综合排放标准中规定的含盐量标准，该公司开发了第三代厌氧生物脱盐系统即在一体化厌氧生物处理系统中植入专有的脱盐技术，将废水中的盐分分离出去，在保持污染物高去除率的同时，有效降低回用水的含盐量。废水中含盐量的高低是影响回用水质量的关键指标，含盐量的降低，为实现封闭循环创造了重要条件。该技术为国内独创，技术先进，工艺成熟，具有去除效率高，沼气产量多，投资少，管理方便等特点。

◎ 制浆造纸用水封闭循环技术

该公司开发的制浆造纸封闭用水工艺采用新技术，投资少、运行成本低，本技术已走在国内的前列，并已经成功应用于多家企业的封闭水处理系统中，近期该公司已与多家制浆造纸企业签订了废水封闭循环处理项目建设合同。该系统集该公司包括生物脱盐等多种新技术于一体，处理后水的各项指标均可以满足除少数特种纸以外的不同纸种不同车速纸机对生产用水的要求。

联系人：寇清芬 13793173926　地址：济南市高新区汉峪金谷A3-1-1602室　电话：0531-88588896/88588996
传真：0531-88199756　邮址：sdhf166@126.com　网址：www.hfkjsd.com

中国造纸杂志社

China Pulp and Paper Magazines Publisher

●主办：中国造纸协会　中国造纸学会　中国制浆造纸研究院有限公司

编辑出版

（杂志可通过网站及微信公众号阅读电子版）

欢迎订阅、投稿、刊登企业宣传

- 《中国造纸》月刊　中文核心期刊
  入选“中国科协精品科技期刊工程项目”

- 《中国造纸学报》季刊　中文核心期刊
  入选“中国科协精品科技期刊工程项目”
- 《造纸信息》月刊 彩色印刷
- 《Paper and Biomaterials》季刊　面向国际发行
- 中国造纸产业竞争力报告

组织海外考察

- 2020年第九届越南国际造纸展览会
  2020年6月16-18日，胡志明
- Pap-For 2020俄罗斯纸展
  2020年11月24-27日，圣彼德堡
- 迪拜造纸及生活用纸展
  2020年12月6-8日，迪拜

信息咨询及活动策划

- 产业智库
- 专业资源
- 数据中心
- 信息平台

中国国际造纸科技展览会及会议（CIPTE）

中国国际造纸科技展览会及会议自1987年创办已有32年历史，为造纸企业及相关行业搭建了交流、沟通、展示的平台。历届展会均吸引了来自20多个国家和地区的200多家造纸装备制造、造纸化学品及与造纸相关的知名企业参展，维美德、福伊特、安德里茨、华章科技、ABB、西门子、芬兰展团等行业巨头都悉数亮相展览会。展览会同期举办的创新发展论坛及国际造纸技术报告会内容丰富，契合时代发展趋势，受到了展商及听众的一致好评。造纸科技展览会已经发展成为造纸及相关领域名副其实的品牌展。

2020 CIPTE主要活动：

- 中国国际造纸科技展览会（特设纸品展示区）
- 2020中国国际造纸创新发展论坛
- 2020国际造纸技术报告会

相约2020

Http://www.chinapaperexhibition.com

诚挚邀请您参展、参观

Welcome to take part in and visit 2020 CIPTE!

地　址：北京市朝阳区望京启阳路4号院中轻大厦606/607室　邮编：100102
社长室：（010）64778157　邮箱：cpmp@vip.163.com
展览部：
广告部：（010）64778156/66/67/68　邮箱：zhilinzhan@sina.com　cpg@vip.163.com
编辑部：（010）64778158/71　邮箱：cpp2108@vip.163.com　cpi@vip.163.com
发行部：（010）64778173　邮箱：cpi@vip.163.com
传　真：（010）64778174　网址：www.cppmp.com　www.chinapaperexhibition.com

ISSN 1001-6309
CN 11-2709/TS
邮发代码：62-111

《中国学术期刊综合评价数据库》来源期刊·中国科协优秀期刊

《纸和造纸》(双月刊)系中国造纸学会主办，四川省造纸学会和四川工商职业技术学院联办，以知识性、实用性、导向性、科学性为特色的制浆造纸专业权威性科技期刊。自1982年创刊以来始终坚持以普及制浆造纸科技知识，介绍先进适用的生产工艺、装备技术和管理经验，沟通相关信息，促进造纸工业的科技进步和持续发展，提高造纸、用纸从业人员的素质服务的办刊宗旨。曾被原国家轻工业部、中国科学技术协会评为优秀期刊，并连续多年入选“中文核心期刊”“《中国学术期刊综合评价数据库》来源期刊”，是知名度很高，发行量很大和影响面很广的造纸科技期刊。《纸和造纸》全成报道有关造纸的新知识、新技术、新原料、新产品、新装备，以及中国造纸工业的方针政策和技术经济信息、市场动态、纸制品等方面内容。

BRIEF INTRODUCTION OF PAPER AND PAPER MAKING

PAPER AND PAPER MAKING, the most popular and authoritative paper magazine in Chinese pulp and paper industries, with knowledge, practical, leading and scientific for feature, is sponsored by China Technical Association of Paper Industry, Sichuan Technical Association of Paper Industry and Sichuan Technology & Business College. Since established in 1982, it has insisted consistently on popularizing and introducing advanced and applicable manufacturing technology, advanced equipment and administration experiences in the world for promoting the technical advancement and sustained development of Chinese paper industry. It also helps the paper stuff and paper users to improve their diathesis, and to exchange the technical and economical information between paper industry to related trade, manufacture, research, design and education. It is an excellent periodical rated by Former Ministry of Light Industry and China Science & Technology Association, and selected for the Core Chinese Journals and China Academic Journal Comprehensive Evaluation Database Source Journals in the past years.

PAPER AND PAPER MAKING full coverage new knowledge, new technology, new material, new product, new equipment of pulping and paper making. And reports guidelines and policies, technology and economy information, market dynamics of China Paper Industry.

邮编：611830
地址：四川都江堰市四川工商职业技术学院内
单位：都江堰《纸和造纸》编辑广告发行部
电话：（028）87267806 87284769（广告、发行）
87281943（编辑）

中华纸业传媒

浆纸技术

中华纸业杂志社
努力打造行业综合传媒服务新平台

《中华纸业》：中国造纸协会会刊，全年 24 期，有较高权威性和影响力。关注纸业发展进程，深刻解读行业大环境下产业政策、制度革新、产业发展战略、行业技术进步、企业现代化管理、为企业创新转型发展提供决策参考。

中华纸业网（www.cppi.cn）：国内制浆造纸行业门户网站，为制浆、造纸、包装、印刷等行业企业提供资讯服务。

微信公众号：中华纸业传媒（cppinet）：作为权威媒体向业界发布行业海量资讯和深度报道，关注人数近 40000 人，覆盖行业细分领域。**浆纸技术（pulp-paper）**：专注于制浆造纸行业技术交流和信息共享的互动新媒体，促进行业学术交流、技术推广和创新发展。

新浪微博：中华纸业杂志社（http://weibo.com/cppi）：在新浪的官方微博，每日为您传递最新行业资讯。

行业品牌活动：

★"中国纸业高层峰会" 其前身是"中华纸业产业高层峰会"在业内有着广泛的关注和影响，每届参会人数均在 200 以上，其中 70% 以上为大中型造纸及造纸相关企业的董事长或总经理等企业高管。

★"中华纸业浆纸技术论坛" 创设于 2009 年，是中华纸业杂志社联合各专业领域内"产、学、研"多方优势力量，共同为造纸产业技术人员搭建的一个规范、专业的技术交流和学习平台，旨在开展企业间技术交流，促进企业发展与行业技术进步。以专业性、权威性、先进性、实用性的特点受到众多参会人员和企业的好评。

★组团参展：中华纸业杂志社是纸业最早组织国内企业出国参展、考察、交流的单位之一。2007—2018 年成功组团 19 次，有超过 200 多家企业的 600 多人次参团。

★行业摄影大奖赛：环龙杯摄影大奖赛两年一届，已成功举办四届。摄影爱好者可在赛前随时将参赛作品发至邮箱：cppi2@cppi.cn【格式为：参赛作品 + 作品标题 + 作品说明（50 字以内为宜）+ 作者姓名 + 单位 + 联系方式】

★行业篮球赛："中国造纸及造纸装备行业篮球赛"现已成功举办四届，用篮球架起纸业人友谊的桥梁。

敬请关注中华纸业，欢迎投稿，欢迎刊登广告！

采编部：电话：0531-88935343 传真：0531-88926310 Email：cbb@cppi.cn QQ：2994959500
市场运营部：电话：0531-88522949 传真：0531-88926310 Email：adv@cppi.cn QQ：609352141/940438201
"中华纸业网"（www.cppi.cn）【官方微博】新浪：@中华纸业杂志社
【官方微信】"中华纸业传媒" cppinet

www.cppi.cn

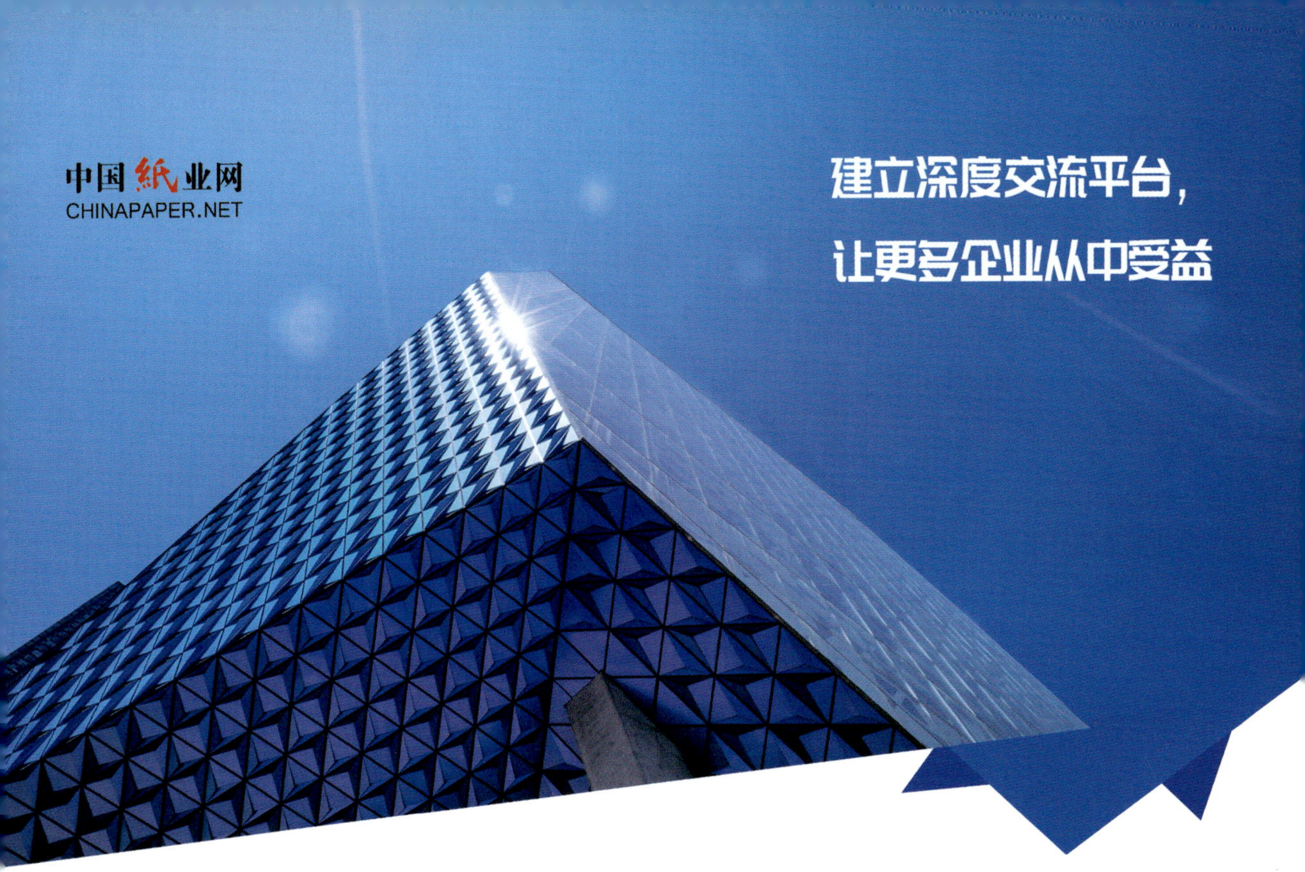
中国纸业网
CHINAPAPER.NET
建立深度交流平台，
让更多企业从中受益

北京高科物流仓储设备技术研究所有限公司

BEIJING GAOKO MAT -F&W. EQ. RESEARCH INSTITUTE CO.,LTD.

北京高科物流仓储设备技术研究所有限公司，是国内率先开发研制自动化立体仓库物流仓储系统的单位之一。我们专注于从事自动化立体仓库、物流仓储系统的规划设计、系统集成和项目实施。近30年的不断追求与创新，使得我们在节能降耗和安全运行方面拥有多项专利技术，积累了300多个项目的实施经验。其中第三方物流、冷库、库架合一、防爆、重型车辆(10吨以上)、长件物料(铝型材)等自动化物流仓储系统等，多次获得国家有关部门的科学技术鉴定和科技进步奖项。其产品广泛应用于机械、电子、电气、电力电网、石油石化、化工、造纸、煤炭、医药、食品、轻工、烟草、纺织、建材、航空航天、军工、部队、铁路、民航、航运、港口、保税、储运、冷藏等各行业。

公司积极致力于为用户提供优化的自动化物流仓储系统解决方案、高质的设备和优质的服务。

AGV自动搬运系统

立体库存储系统

机器人自动码垛系统

箱式自动分拣系统

移动机器人拆垛系统

环形穿梭车系统

穿梭板系统

电话：010-82561876　13581826556　网址：www.gaoko.com

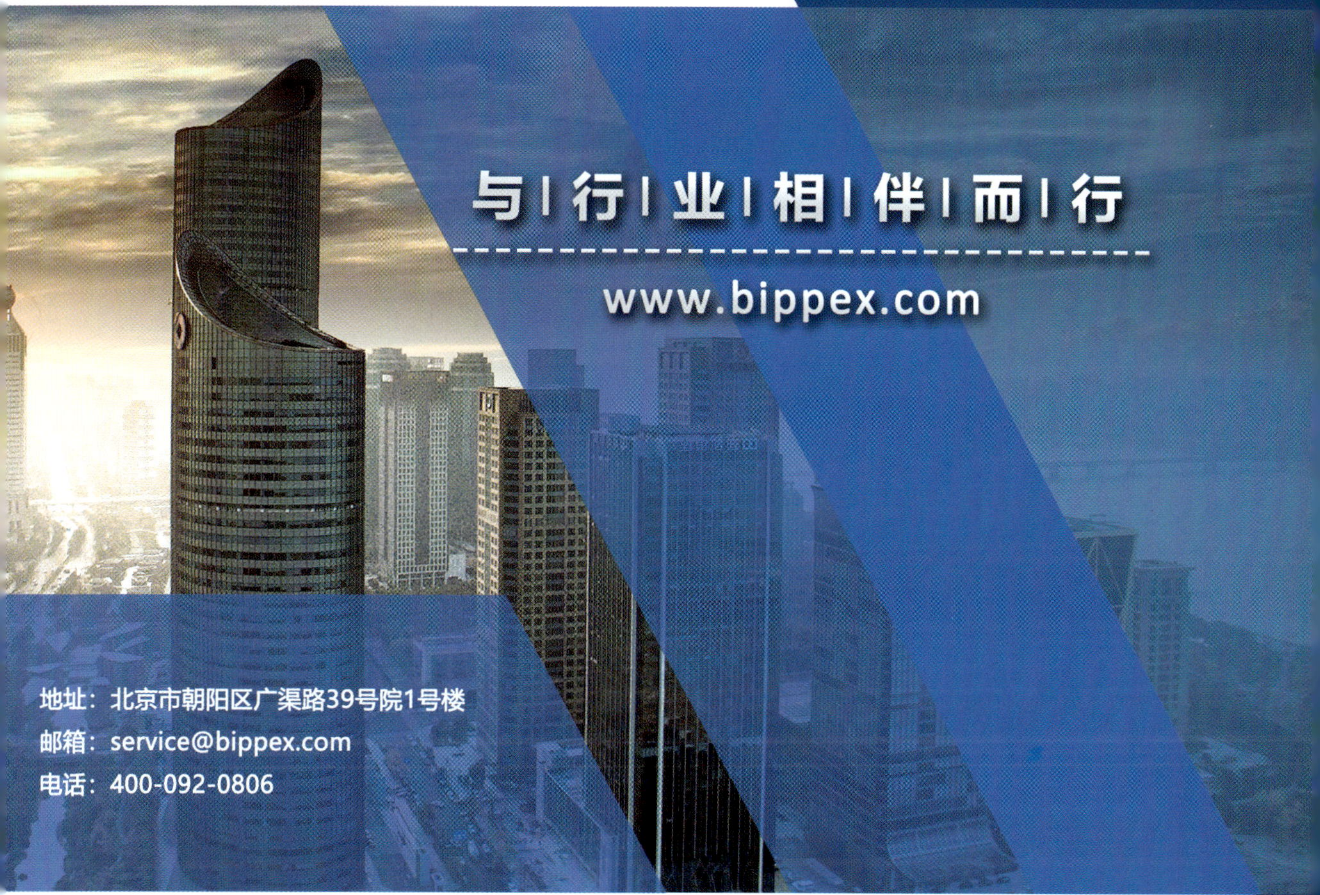
与 | 行 | 业 | 相 | 伴 | 而 | 行
www.bippex.com
地址：北京市朝阳区广渠路39号院1号楼
邮箱：service@bippex.com
电话：400-092-0806

KS无堵塞无泄漏纸浆泵

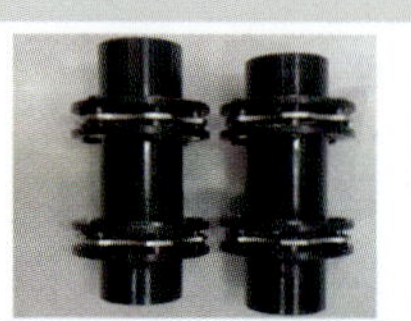

江苏凯恩斯泵阀有限公司坐落于美丽富饶的“鱼米之乡”扬州市宝应县城北工业区，是一家多年专业从事各种泵类产品的设计，制造生产型企业。

该公司目前已具有丰富的生产经验及良好的市场信誉，具备承接各类泵产品的配套生产和安装能力，该公司生产的KS系列高效节能无堵塞无泄漏纸浆泵；KAP、TWZB系列无堵塞纸浆泵；KJ系列低脉冲纸浆泵；DG、DY、DF系列多级离心泵；Is系列清水泵；ISR系列热水泵；KPY系列热水循环泵；S、SH系列单级双吸离心式清水泵；DH系列化工泵；ZW系列自吸排污泵；Qw系列潜水排污泵；ISG系列立式管道泵等。广泛用于造纸、化工、冶金、环保、电力、制药、印染、矿山、市政工程等行业。

该公司坚持质量打品牌，以信誉赢得市场，严格执行质量管理体系，完善的售后服务为宗旨，积极热忱的工作态度和灵活方便的经营方式，欢迎并邀请国内外客商和各界朋友莅临指导，友好合作，携手并进共铸辉煌。

浆泵要耐磨 选择凯恩斯

江苏凯恩斯泵阀有限公司

地　址：江苏省扬州市宝应县城北工业区
电　话：0514-88240518　传真：88242118
销售服务热线：0514-88242210
联系人：戚凤国 13901440621　18012329788
E-mail: yzkes@kespump.com 网址：www.kespump.com

江苏兴洲工矿设备有限公司

JIANGSU XINGZHOU INDUSTRIAL AND MINING EQUIPMENT CO., LTD

江苏兴洲 服务于造纸

江苏兴洲工矿设备有限公司专业生产适用于造纸系列产品

引纸绳：兴洲牌引纸绳采用杜邦丝（PA66）材料八股编制而成，具有伸长率小耐磨耐高温，可代替进口产品。

空芯引纸绳 **POWERLINE UNO**

类型	直径 8mm 5/16·	直径 10mm 23/64·	直径 12mm 15/32·	直径 14mm 35/64·	直径 16mm 5/8·
重量（g/m）	48	56	62	68	76
破断力（kg）	2000	2800	4000	5100	6000
材质	Polyamide66 绵纶66 (PA66)				
每卷长度	500m				
颜色	标准颜色-白，黄				

实芯引纸绳 **POWERLINE DUO**

类型	直径 8mm 5/16·	直径 10mm 23/64·	直径 12mm 15/32·	直径 14mm 35/64·	直径 16mm 5/8·
重量（g/m）	56	64	72	78	91
破断力（kg）	2200	3100	4350	5400	6500
材质	Polyamide66 绵纶66 (PA66)				
每卷长度	500m				
颜色	标准颜色-白，黄				

断纸带：“兴洲”牌断纸带有牛皮纸断纸带，文化纸断纸带，纤维编织断纸带。

吊装带：扁平吊带，柔性吊带，吊装绳，¢36～104mm各种规格打浆绳，新产品超高分子聚乙烯纤维吊装绳具有耐磨耐穿刺使用周期长的特点。

吊　梁：兴洲牌纸卷吊梁有平衡吊梁，旋转平衡吊梁，纸卷轴专用吊钩。

防坠器：”兴洲”0.2T-5T工业重型防坠器广泛应用于车间提升门、造纸机护罩门及其他起重设备的防坠落安全防护。

断纸带

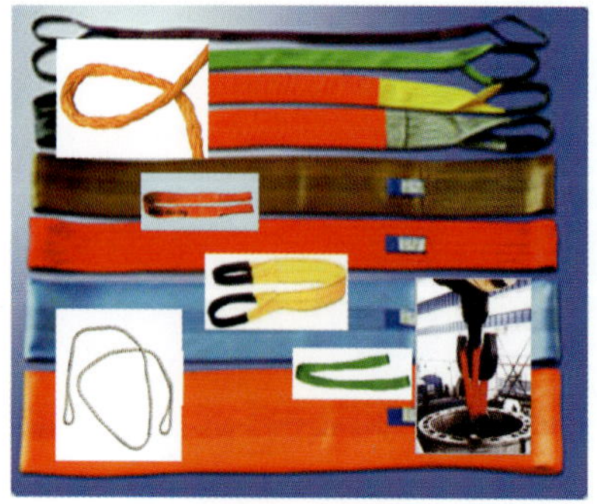

吊装带、打浆绳

纸卷吊梁

防坠器

地址：江苏省泰州市高港区许庄科技创业中心6号厂房区　邮编：225300
电话：0523-86112333　15152991688　传真：0523-86112111
网址：www.jsxzok.com　邮箱：jsxzlidq@163.com

廉江市莲达机械设备厂

专　业

1、中高速（铸件、钢制）烘缸缸面、研磨、喷涂、修复

2、烘缸缸体和法兰漏汽修复

3、烘缸轴头修复

4、防腐工程、表面硬化工程

5、汽轮机高调结合面磨削加工

部分工程案例

高速机烘缸缸面喷涂

- 东莞市白天鹅纸业
- 东莞市中桥纸业
- 东莞市达林纸业
- 广西华怡纸业
- 南宁市佳达纸业

钢制烘缸缸面喷涂

- 广西华盛纸业
- 四川绵阳安县纸业 4台2820、3660烘缸
- 保定信捷纸业有限公司2台3550、1300米/分设备
- 保定明月纸业1台3550

汽轮机高调结合面磨削加工

- 东莞市建晖纸业2台

我们的团队　专业的技术　优秀的服务

地址：广东省廉江市横山镇　　电话：0759-6797478

联系人：陈怀 13702686741　　邮编：524443

浙江凯恩特种材料股份有限公司
Zhejiang KAN Special Material CO.,LTD.

浙江凯恩特种材料股份有限公司前身遂昌造纸厂，成立于1940年，是一家致力于生产和开发高性能特种纸的高新技术企业，公司位于浙江省遂昌县，注册资本4.68亿元，公司总资产17亿元。公司先后被列为浙江省绿色企业、浙江省龙头骨干企业，并荣获国家重点高新技术企业、国家创新型试点企业、省重点创新团队等荣誉称号。

公司在特种长纤维纸和电气用纸上拥有非常丰富的生产经验和研发能力，是国内唯一能系列化生产电解电容器纸的企业，也是国内重要的电子元件材料生产配套企业。

公司拥有省级特种纸研发中心和省级企业研究院，每年R&D投入占销售收入比例均在5%以上，公司多次承担国家、省部级的科研计划，曾获全国科学大会奖，省部级科技进步奖等。企业拥有特种纸生产的关键技术和自主知识产权，拥有专利23项，其中发明专利19项。作为第一起草单位制定了国家、国家军工、国家行业标准及浙江制造标准共计40项。

站在行业与科技的前沿，凯恩股份将继续坚持以市场为导向，以经济和社会效益最大化为目标，以主业为依托，以科学化管理为手段，专注于高附加值特种纸的研究和开发，力求通过做精、做强特种纸业务，把公司建成世界一流的特种纸研发、生产基地。

我们专注于制浆造纸行业流体控制阀的研发与制造！

控制流体，造福人类是我们存在的价值与意义！

我们服务于制浆造纸行业的智能制造，为制浆造纸行业提供流体控制整体解决方案，致力于让制浆造纸行业流体控制更稳定、更精准！

工厂占地面积40000㎡，现有员工600余人，为温州首家新三板挂牌企业，2018年12月29日力诺创业板首发上市申请材料正式被证监会受理！

PICATIM 2020
2020中国制浆造纸自动化技术与智能制造研讨会

神点 烘缸喷涂… 够硬耐腐.中国技术
自主研发：中高计算 喷涂 研磨 修复 维护
金属涂层：设计使用寿命15年
加工尺寸：生活用纸缸面≤7.0 m，直径不限
加工尺寸：工业用纸缸面≤13.6m，直径不限
陈尊：139 2920 1018
东莞市神点纳米喷涂科技有限公司
神点 烘缸喷涂…